华东师范大学第二附属中学
60周年校庆纪念文集

师说传薪火（上）

PASSING THE TORCH:
OUR TEACHERS (PART 1)

华东师大二附中校友会 编

上海三联书店

《师说传薪火》征文编辑组

统　　筹：蒋建国

统　　稿：张炼红

编　　辑：蒋建国　童蒙志　周人杰　宋　雅
　　　　　王静怡　高　兴

友情支持：何　雄　王建良　何旭东　戴伟佳
　　　　　俞　励　严蓓雯　楼冠琼　尹　荣
　　　　　校友会各届召集人　　各班联络人

顾　　问：顾朝晶　李志聪

目录

1

【采访记】　穿越时空的师说

下 卷

【桃李言】 神的教学，人的处世

【自述篇】 得天下英才而教育之

【忆念集】 **通往天国的书信**

写在前面的话

李志聪

2018 年,华东师大二附中走过了 60 年的峥嵘岁月。如今都说二附中名闻遐迩,在上海位居"四大名校",今年还被某网站排到全国百强中学前列。然而,时光倒回 60 年前,二附中可没有这般风光。

1958 年,当华东师大和普陀区决定选址金沙江路建校时,学校周遭还多是乡野阡陌。为了宣传这所无名新校,老师们甚至无奈地把招生广告贴在了电线杆上。即便如此,据首任校长毛校长当年的工作日记记载,高中报名也只有 49 个人,参加考试 46 人,最终录取 45 人,后来还是靠区教育局从其他学校调剂,才勉强凑够两个班级。建校之初我们也还没有自己的校舍,临时在华东师大地理馆、化学馆、数学馆借用几间教室和办公室,到了上下课时间,老师们就要摇着手摇铃,从一幢楼跑到另一幢楼。

抚今追昔,令人感慨万千。感慨之余,我常常会想,究竟是什么神奇的力量,60 年里让这所学校历尽艰辛而奋勇向前,不断攀登上新的高峰。今天人们常把二附中简称为"华二",还谐称为"花儿",那花儿又为什么这样红呢?

为了庆祝二附中建校 60 周年,年初校友会筹备组自发提议编撰几本书作为纪念,书名校友们也想好了,分别是《我与二附中》《校友风采录》和《师说传薪火》。

《我与二附中》记录的是校友和二附中的缘分,多写当年就读时的难忘经历,《校友风采录》则侧重写校友后来的成长,《师说传薪火》顾名思义就是写当年的老师了。起初,我还不是很确定,工作如此繁忙又身处世界各地的二附中校友能否如期把书编出来,但我对这套书所表现的三个角度倒是很感兴趣:什么样的学校,什么样的老师,什么样的校友,这不正是解答花儿为什么这样红的最好角度么。

工程浩大。六个月后,这套书居然奇迹般地完成了。翻看着这一篇篇用心、用情写下的文章,读罢这一个又一个动人的青春故事,答案也已经跃然纸上。的确,二附中不是一开始就有一流的好生源,学校也并没有一流的硬件设施,但我们的的确确拥有一流的好老师!这些真正一流的好老师,多少年来都珍藏在校友的心灵最深处。他们的情怀、学养无愧人师,他们共同拥有的爱心、平等心和平常心更令校友铭感一生。拥有这样的老师,二附中自然会弥漫着宽松、自由的空气,校园就注定是一片最能滋养学生茁壮成长的水土,从中也必然会走出洋溢着大气、大雅气质的学生,而当他们走向社会得到历练之后,也就更能成为一个个卓尔不群、气宇轩昂的二附中人。

作为一个还在为天下校友守护着这一方精神家园的二附中人,感谢校友们老师们笔下满含深情的叙事,让我更明白什么是好学校,也让我知道怎样才能让二附中发展得更好!

这套书,就是解码花儿为什么这样红的秘笈。

花儿为什么这样红?
红得好像燃烧的火……
它是用了青春的血液来浇灌!

歌如是。是为序。

2018 年 8 月 15 日

上卷

访谈录

为师之道

为师之道

——季振宙老师访谈录

陆广祥（1968 届初中）

[教师简介]

季振宙，1925 年出生。1945 年上海大同大学工商管理系肄业。1949 年入职光华附中（华东师大一附中前身），1958 年参与创建华东师大二附中，任语文教师、班主任兼年级组长。1984 年任教导处副主任。中学高级教师。1953 年加入中国民主同盟，1986 年加入中国共产党。1985 年被评为上海市推广普通话先进工作者。

为采访季振宙老师，我们曾几度犹豫，毕竟老师已是耄耋之年。但作为季老师的学生，作为二附中的学生，我们总想为母校60周年校庆做点什么。经多次反复"纠缠"，我们总算如愿了。老人家的记忆力惊人，见到50多年从未谋面的学生，他竟能一口叫出姓名并说出你家曾在哪儿。面对同学们的惊讶和赞叹，他笑呵呵地说："活到老，学到老！"

1974年寒假，季振宙老师回苏州探亲，摄于虎丘

　　在近三个小时的访谈过程中，季老师精神矍铄，思路清晰，侃侃而谈，唯独不愿谈及自己的经验和成绩。行胜于言，我们也深知季老师一贯的低调个性和处事风格。40年教书育人，把心掏给学生，把爱献给学生，用情感化学生，以德引导学生，他就是这样终生践行着"为师之道"。

　　老人家是新中国第一代人民教师，从他的言谈举止、衣着陈设上，你看不到一丝一毫的"市侩"气息，至今依然是荡涤人心的清风傲骨！在他身上，仿佛岁月未曾流逝，风雨也无从侵蚀。重聚欢谈间，记忆不断闪回到当年情形，令我们温故而知新。

　　陆广祥（以下简称陆）：季老师您一辈子都在从事教师工作，能否说说您的经历？

　　季振宙（以下简称季）：我今年93岁，一辈子就干了一件事，就是教书育人。在教师三尺讲台上整整待了40年（前10年在一附中，后30年在二附中）。

　　1958年，毛校长从一附中抽调了一个"小班子"去筹建二附中，我是其中的两名教师之一。毛校长给我的任务是：在语文教学的同时，担任初一年级班主任，指导帮助青年教师，为新建的二附中打好基础——创立适应时代要求的新校风，培育社会主义事业的建设者。当时二附中的教师来源主要是师大刚毕业的大学生，于是当年33岁的我，就成了二附中一名"老教师"。没想到这一干就是30年！我前后做了

40 年的老师,带教的学生主要是初一新生,连续担任了十届初中班主任。

1985 年,我应该到龄退休的,学校让我再干三年,筹备二附中 30 周年校庆。校庆任务完成后,我办理了退休手续。因当时二附中办学经费困难,校办厂增建了一个印刷车间,印制全国 20 多家航空公司机票,学校经研究返聘我担任印刷车间负责人,直到 70 岁才第二次退休。因此,我在二附中实际工作了 37 年。

1952 年夏,季老师在一附中昆山路集体宿舍中备课

陆:40 年教学生涯中,您如何践行"为师之道"?

季:为师之道,是一门社会科学。古人云:"师者,所以传道授业解惑也"。说白了,就是怎样当好老师,怎样教好学生。社会称我们教师为"灵魂工程师",可见我们教师的责任之重大。但我这 40 年教学生涯却是普普通通、平平淡淡,既无"大师""栋梁"可言,也没什么经验之谈,唯一能说的就是八个字:为人师表,真心执教。

陆:我们深知您一贯的低调个性和处事风格。在长达 40 年的教学生涯中,尤其是在 10 年班主任工作中,您摸索积累了一套丰富的育人经验。作为初一年级的班主任老师,您事事处处把握好自己,以自身的思想、品行、情操、修养、学识,潜移默化地教育和影响我们这些未成年学生。记得当时您还常年单身住校,将近 40 岁时才考虑成家,20 多年夫妻分居,全身心投入到教育事业中。我们也很想知道,您40 年教书育人最大的心得是什么?

季:"因人施教",这是我 40 年教书育人的心得体会。"因人施教"的前提是要摸清学生的家庭情况、学生的禀性素养与个性特征。回顾 40 年的教学生涯中,每当接手一个新班级时,我总要迈开双脚走访每个学生家庭,主动与学生家长联系,取得家长对学校教育的支持。同时注意发挥每个学生的特长,在班级中结对开展"一帮一、一对红"活动。最后是注重抓好问题学生的帮教。我利用自身"住校"的优势,经常对住校晚自习有困难的同学进行个别辅导。

这三项措施综合运用后,充分调动了广大学生的积极性,使学校教育在学生的教育培养中起到了主导作用,具体表现为:因人施教,按社会对个体的基本要求,对学生个体的发展方向作出社会规范,即个体社会化;因人施教,是注重加速个性发展的特殊功能,即学生个体个性化;因人施教,尤其是基础教育和素质教育对学生的个体发展影响巨大,千万不可急功近利;因人施教,要注意开发学生个体特殊才能和发展个体的功能,为具有"特殊才能"和"一技之长"的学生发展创造条件。

1988 年 10 月,初中 1966 届六班同学为季振宙老师光荣退休而聚会

陆:40 年教书育人的最大欣慰是什么,说说您印象最深的事例吧?

季:40 年教书育人的最大欣慰,就是看到教育能对学生产生真实的效果,并且具有持久的影响力。

要说印象最深的事例,就是我带的班级曾被命名为"古丽雅"班。古丽雅,是前苏联卫国战争时期的一位女英雄。1951 年,我在一附中担任初一年级班主任期间,偶然读了前苏联翻译小说《古丽雅的道路》后深受教育,于是我推荐给全班同学人手一册,设想通过读红色书刊活动开展爱国主义教育。活动开展以后,全班同学的学习热情和精神面貌焕然一新。为将这一活动深入持久地开展下去,经家长委员会讨论后决定,将班级命名为"古丽雅班",上海《文汇报》先后三次来校采访,进行跟踪报道。

"古丽雅班"爱国主义系列教育活动,在同学们幼小的心灵中深深地扎下了根。60 多年后他们来看我,还会这样自报家门:"我们是'古丽雅'班的!"如今这批学生都已八十多岁,有近 20 人经常保持联系并多次聚会。每次聚会,我们共同回顾峥嵘岁月的教学生活,共同回顾爱国主义教育给每个人人生道路上的引领。60多年后,学生们还记得那样清晰,那样深刻,对我这个老教育工作者来说,这可真是最大的欣慰!

"2018年6月1日,我的一附中1956届初中甲班的学生,为纪念60多年前难忘的少先队生活,到我家聚会庆祝。我当年兼任一附中少先队大队辅导员。这些学生都是高级知识分子,如今也已七十多岁了。"(季老师亲自撰写的图片说明)

陆:真是很感谢季老师,您把大半辈子都交给了学生,可谓是"捧着一颗心来,不带半根草去"。您觉得自己人生的最大价值体现在哪里?

李:我人生的最大价值,就是当了一名华师大附中的教师,普普通通,平平淡淡。我的职责就是为学生打好基础教育的根底,为各种人才培养、深造甘当"人梯",就像是竞技体育的启蒙教练,默默无闻,但决不能少。如今,我的学生已遍布世界各地和大江南北,当他们在各自岗位上做出成绩,还想到当年老师对他们人生第一步的指引和关心帮助,我就知足啦!

其实,我们二附中有一大批普普通通、默默无闻、无私奉献、甘当人梯的教师,奉献青春,奉献毕生,其中不少人都未能看到二附中的今天,未能等到二附中60周年校庆!我真是个幸运儿,我还能看到二附中进入了新时代!尤其是当今的二附中在"追求卓越"的教育理念指导下,学校的各项事业有了巨大发展,与当年金沙江路建校时相比,真可谓是翻天覆地的变化!可以预见,10年以后、20年以后、40年以后二附中的卓越发展……不瞒你们说,我还真想参加二附中的百年校庆呢!

陆：让我们一起为母校祈福，也祝季老师您健康长寿！二附中的今天来之不易，正是因为有您这样一批又一批不计名利的好老师，以青春年华和毕生精力传承着"师魂"与"师道"啊！

"1988年2月，我与王鸿仁校长去拜访苏步青教授，请苏老为二附中三十周年校庆题词。右边一位张霭珠老师是复旦大学教务长，是我一附中1951年的学生，也是苏老的学生。此照在苏老家里拍摄。"（季老师亲自撰写的图片说明）

访谈时间地点：2018年4月20日，于师大一村季振宙老师家中

[校友简介]

陆广祥，中共党员。1951年出生，1965年至1968年就读于华东师大二附中。先后任职于普陀区沙洪浜街道办事处、中共普陀区委组织部、普陀区计划经济委员会、普陀区发展改革委员会、普陀区国有资产监督管理委员会。2011年退休。

教学相长，自由翱翔

——戴德英老师访谈录

蒋雄文　李芸（1982 届初中/1985 届高中）

[教师简介]

　　戴德英，1958 年毕业于华东师大中文系，同年入职华东师大二附中，是参与建校的第一批老师。在二附中期间担任语文老师，并长期兼任班主任，1990 年退休。其间曾代表学校参与在 1980 年代影响力巨大的全国首本作文刊物《作文通讯》的编辑工作，培养出一批热爱写作的优秀学生。

1985届作为二附中的中生代,其实可算是极为幸运的一届。我们亲身经历了二附中在联合国教科文组织支持下从金沙江路到枣阳路的第一次迁徙,更有幸的是接受了诸多老一辈优秀教师的谆谆教诲。戴德英老师自1958年建校即开始了在二附中30多年的耕耘,用时下流行的网络术语,也近乎是"联合创始人"之一了。

　　采访者(以下简称访):您能说一下您是怎样来到二附中成为一名教师的?在二附中教了多少年书?

　　戴德英(以下简称戴):我1958年从华东师大中文系毕业时,正赶上大跃进。当时国家还是很重视发展教育的,要依托华师大新成立一所中学,就是华东师大二附中。当时从一附中调来了毛仲磐校长、总务主任,和其他几位教师。而我刚好毕业,系里让我去二附中报到。那时都是党叫干啥就干啥,我就成了二附中的第一批教师。我在二附中一待就是30多年,一直教语文,直到1990年退休。除了最后那几年,我还长期担任班主任。

1951年,戴德英老师(前排左三)与中学同学的合影

　　访:原来您还是二附中的元老啊!您能给我们讲讲二附中建校初期的情况吗?

　　戴:建校初期条件很艰苦,连校舍都还没有。我们报到是在华师大的数学馆,就是现在数学系的楼。学生上课是借用华师大的数学馆、化学馆的教室,经常是在那里一间一间地找,哪里有空就在哪上;而操场也是用华师大的操场。那时候除了大学预科是全上海市招生,初高中是按学区分配的,有曹杨新村的、师大一村的、枣阳路的……工作上挑战也是挺大的,虽然还没积累多少教学经验,但初中、高中、大学预科的语文却都要教,还要做班主任。当然,挑战越大,自己的成长也就越快。那时候我刚毕业,也很年轻,还住在华师大四人一间的宿舍里,过着大学一样的生活。学生也都跟我们差不多大,老师就像大哥哥大姐姐一样,师生之间关系非常融洽。平时我们经常和学生一起跑步锻炼,我结婚时学生还帮我们整理布置房间。当时最早的一批学生现在年纪大的都已七十多快八十岁了,遍布世界各地,还会经常联系,这样真挚的师生情感弥足珍贵……

戴老师保存着学生们毕业后寄来的越洋书信、卡片和照片

访：您能跟我们讲讲那个年代特别的故事吗？

戴：那个年代学生每年都要学农、学工，而且一学就是半年时间，老师们也跟着一起。我曾经把我5岁的大女儿一起带到乡下去学农，因为家里没人照顾，而如果我不去，就得由其他老师顶，他们就无法照顾自己的家庭了。学生待我们也像亲人一样，炊事班的同学做好饭菜了，都会给老师预先留好。记得有一次在嘉定农村学农半年，回城时学生们个个归心似箭。在绿杨桥转公共汽车，老等不来，好不容易来了一辆，学生们拉着我一起蜂拥而上。司机批评学生不遵守规矩，直接拉着学生去总站批评教育，后来把学生放了却把我给扣下来。没想到公交公司来处埋此事的人

1979年，戴老师和同事们在苏州（左起：戴德英、王绍霞、陈亚仁、张友荣）

员也是我的学生,承认是公交公司的车误点了,得负主要责任,不能全怪学生,他们道歉后还把我送回了家。

访：您觉得二附中之所以能成为顶尖的中学,最重要的原因是什么?

戴：二附中之所以能成为上海的名校,首先她本身背靠华师大,在师资来源上有一些优势,在教学发展、改革的研究和探索上也有一定的依托和传承。我觉得另一个更重要的原因是师生相互尊重、教学相长。二附中启校的时候,学生成长的环境比较自由,我们也没什么功底,就是靠这么一批不怎么懂教育的年轻人带着学生,教学相长,一步一步发展起来的。"文革"后二附中的学生来源比较好,很多学生本身的水平就较高,老师有几斤几两他们心里完全清楚。老师也不是万能的,在某些方面未必比学生知道得多,但二附中的学生都很尊重老师,是他们的鼓励给了我很大的信心去胜任这份语文教学的工作,也是他们的表现督促我去学习积累更多的知识以提高教学水平。我不觉得人才是教出来的,而主要是靠学生的自律、自强、自身的努力铸就的。学校和老师需要做的是努力创造一个相对宽松、自由的学习环境,给予适当的引导。二附中的学生很自律。举个例子,很多喜欢打球的男生都是早起打球,然后洗完澡去早自习,要不是我偶然有一次早到学校看到,根本不知这些早自习毫不放松的孩子经常会早起打球。学生好学,进步快,对老师也是种压力,也推动着老师不断去吸取新的知识,就这样,教学相长,相互促进。

访：您在二附中教了 30 年语文,二附中学生的语文功底好是有口皆碑的,您能

1980 年代中后期,戴老师(左二)和学生在枣阳路校园(南面的艺术楼还在建造中)

分享一下您在语文教学方面的经验吗?

戴:二附中的语文教学确实很有特色,老师们都富有创造性,框框少,发挥各自的特长,采用自己长期积累的教学理念和教学方法,提高学生的兴趣。在开展写作活动时,我比较喜欢采用大家一起对对联的方式,生动有趣,容易激发学生的兴趣,提高参与度。我们也十分重视古文的教学,也会要求学生背诵经典的古诗文名篇。这些语文的教学对学生的影响还是很大的。有的理科生告诉我,在一些学生活动时,他没有其他才艺,就用朗诵《将进酒》等诗词来充当节目;更有当两位老板对公司决策有不同意见时,则由能背诵更多古诗词的那人来做决定的趣事。

1983 年,戴老师(前排右一)在天津参加十三校《作文通讯》编辑工作会议

印象最深的,还是《作文通讯》这本首个全国发行的作文刊物。《作文通讯》是由天津新蕾出版社出版、刊登全国 13 所重点中学推荐的优秀作文的刊物,这 13 所中学分布于上海、北京、天津、南京、苏州、杭州、福州等城市。该通讯成立伊始,我便代表二附中参加了编辑工作。由于当时《作文通讯》是全国发行,在全国中学生里的影响力相当人,因此哪个学生的作文登上了《作文通讯》,那是一件很了不起的事,对学生、对老师都是一种鼓舞。借助《作文通讯》这个平台,我们也确实培养出一批对写作充满热情的优秀学生,其中很多是理科生,例如李劲、宓群、曹明华、陈捷、徐捷等等。二附中的语文教学期望达到的目标就是阅读与写作齐飞、人生与事业一色。这真是前程远大,追求无限……

参与访谈:1985 届高中一班　李芸、邵岚、王红维、李晓林
访谈时间地点:2018 年 5 月 6 日,于师大一村戴德英老师家中

　　蒋雄文，1979 年至 1985 年就读于华东师大二附中。曾供职中国外运、中海集团、上海兰生集团和商船三井等不同经济体，担当营销和区域管理。2013 年移居瑞典，目前过着半退休的闲居生活。

有了信念就能克服一切困难

——曹康绥老师访谈录

潘晓红(1987 届初中/1990 届高中)

[教师简介]

曹康绥,地理特级教师。1958 年从华东师范大学地理系毕业后,成为二附中的首批老师,并一直任教至 1992 年退休。其间曾担任政治课教师,并于 1964 年赴京参加高、中等学校政治理论课工作会议。曹老师温婉干练,带领学生开展天文、气象、地质等课外活动,在全市青少年科技活动中产生积极影响,学生论文在历届上海市青少年科学讨论会上获奖。她本人于 1983 年获评全国"五讲四美为人师表"活动优秀教师;1982 年、1987 年两度被授予"全国优秀青少年科技辅导员"称号。

当年,在特别钟爱我的小学地理老师的推荐和建议下,我一进二附中就参加了曹康绥老师组织的校气象兴趣小组,并且认认真真地读了五年多的温度计、湿度计、雨量计和云量,初步学会了判断各种云,区别云和雾,以及简易地预测次日天气。所以,进入高中后虽然地理改由其他老师授课,但我依然几乎周周能见到曹老师。从这个意义上说,曹老师是中学里教我时间最长的老师。遗憾的是,我这个学生虽有兴趣,但不够钻研,资质也有限,在一些相关比赛中即便是进入复赛和决赛,最终也未获得过任何奖项,实在惭愧。在毕业多年后回忆二附中岁月,突然体会到,曹老师给我带来的最大感悟,莫过于"只要有兴趣,不管条件如何有限,不管何时何地,人对于自然的探索都并非遥不可及",这也是我如今热爱旅游、热爱徒步的一大缘由吧。

用我们的双手建设美丽的校园

潘晓红(以下简称潘):曹老师您好,我们都知道您是二附中建校元老之一,那就从建校故事说起吧?

曹康绥(以下简称曹):1958 年我大学毕业,当时填志愿就是想去中学当地理老师,恰好二附中建校,系里老师征求我意见,我就过来了。噢,当时参与建校的有三批人:除了像我们这样的应届毕业生,还有华师大各系搞教材教法的老师,还有就是毛校长从一附中带来的教师,包括季振宙老师,认识吧? 我们进校时还有一句口

1988 年,30 周年校庆之际,在校工作 30 年的老教师合影
一排左起:姜法珍、许晓梅、戴德英、曹康绥、荣丽珍、黄素行
二排左起:徐冠利、陈延沛、毛仲磐、范仲伯、鲍友才、季振宙
三排左起:陈志超、万琳、蒋坤玉、杨永健、陈清翰、唐彬钰

号的，我也记得特别牢："用我们的双手，建设美丽的校园。"当时和我一起进校的老师，比如许晓梅、戴德英、杜秀林，等等，我们那时都很年轻啊，大家一起备课，一起参加建校劳动，做什么事都很有热情……你们想啊，一群年轻人整天在一起，那真是充满青春活力。碰到政治学习啊，集中开会啊，叽叽喳喳热闹得不得了，毛校长就用眼镜脚敲敲杯子，好啦好啦大家安静点！……（笑）

潘：毛校长是我们嘉定人哎，可惜我们进二附中的时候他已经退休了，但也经常听到老师们提起他，大家都特别敬重他。那您还记得进校后带的第一批学生么？有什么印象特别深的事情么？

曹：记得记得，而且印象特别深。那时还是普招，二附中也是就近招生。我带的班级是个高中的文科班，万琳老师带的理科班，基础更好些。那时候学生都是要动员来的，年龄相差很大，20多岁的也有，因为以前可能家庭困难等原因没机会读书。这些学生大多来自"三湾一弄"这样的地方，基础不太好，有些因为家庭太困难就不想读书了。二附中教学楼还没有落成，我们就借师大教室上课，师大校园那么大，下课十分钟就不晓得他们跑哪里去了，我们经常要把学生找回来读书，有时候就用大喇叭叫他们回来上课。此外印象很深的就是带学生一起劳动，一起下乡，一起拉练……

潘：大学毕业生当时是社会最优秀的知识精英了，结果一工作就投入各种劳动，还要和劳动人民家庭的孩子朝夕相处，您当时有什么感想啊？

曹：你们要是看见了劳动场景也会很感动的，这些学生劳动起来真是好得不得了，包括下乡啊，拉练啊，工厂劳动啊，他们都是吃苦耐劳不甘落后的。比如在拉练的时候，有些平时调皮的学生表现就特别好。记得有一次走夜路，要过一座小桥，当时农村里的桥哪有栏杆啊，我就怕有谁不小心掉到河里去，同学们就手拉手，站在两边当护栏。这些孩子平时调皮得很，这时候就能发挥作用，这样的事例太多了！所以我的体会是劳动人民家庭的孩子确实很淳朴，很懂得感恩，对老师感情也特别深。后来他们有的参军，有的进工厂，到现在我们每年都聚会，跟我说起他们家里的情况，特别是孩子的情况，我发觉那些小家伙都还蛮有出息的，想想也是蛮为他们高兴的。

潘：您教这批学生的时候，一定也花了很大力气吧？碰到的困难也很多吧？
曹：我就是希望他们不要自暴自弃，只要看到有一点点进步就赶紧鼓励他们，我也起劲,他也起劲。我也希望自己做个好老师,不管学生怎样,总要想尽办法鼓励他们,让他们有信心赶上来,哪怕从 20 分提高到 30 分,也要为他们鼓掌,因为这是他们自己最真实的进步啊!

那时候师生关系都很密切的。有个阶段提出"三红三化",我们有时候还会在实验室睡通铺,老师和同学们一起过夜。他们睡在大实验室,我就睡在准备室。当时还有"劳卫制",你们可能不知道,就是"劳动卫国制",我记得刘钝文老师天天带着学生一起锻炼,跑到最后自己都吃不消了,吐白沫了。当时老师们都是这样啊,对学生都非常关心。还有像凌贤骅老师,原先教俄语的,后来通过自学改教英语,她在教学上那真是全力以赴,对学生也非常好,非常爱,那可不是一般的投入啊,凌老师很不简单!

潘:提起早年的老同事您就这么激动,您对他们感情也特别深啊!

曹:确实是这样,那时候毛校长对我们的关心支持就不用说了,像英语啊语文啊物理啊生物啊也都是老教师带新教师,这种新老传承关系保持得特别好,学校的教风也非常好,而且一代一代传下来,成了我们二附中的好传统。

特别值得一提的是,二附中作为教改实验基地,教师队伍的团结也是其中很关键的一点,像特级教师黄素行老师、周建英老师、教你们物理的许晓梅老师、物理组另一位女将孙杏君老师,她们都非常棒,不仅教学方面很厉害,而且都很爱学生!

我还有个印象,就是当时不管搞教学的还是管后勤的,教师和员工们大家都很齐心。二附中就是在这种齐心协力、同舟共济的氛围里创建起来的,现在回想起来都是很让人怀念的,这些好传统也是很值得珍惜的。

在课外实践中培养研究性、探索性的学习能力

潘:我们那时印象最深的就是地理课外活动多。记得我参加了气象小组活动,可以拿着钥匙自己到实验楼顶上观测气象,记录数据,那种感觉现在回想起来还是很带劲的。我还记得您带我们去天马山捡石头,我们还从山上采回了宝石花……

曹:是啊我们地理课有好多课外小组,除了你说的气象组以外,地质组、天文组的课外活动也很丰富的!看月全食,看"九星连珠",特别是"九星连珠",你们记得吧……怎么,你们年级没看到啊,那可能是更早的学生了。当时我们还从师大物理

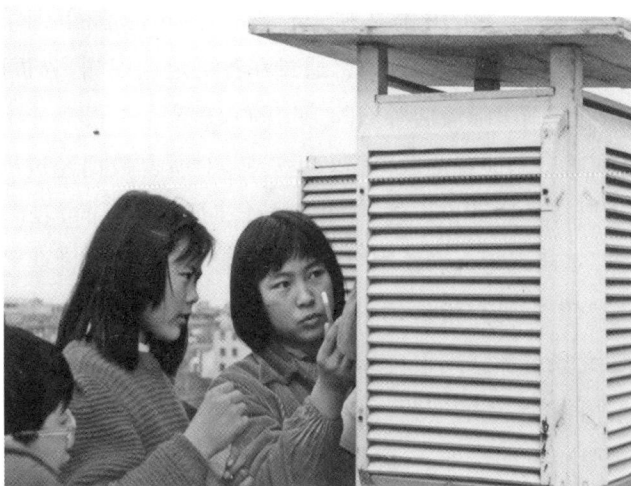

1986 年，气象小组的同学在观测记录数据（左一为潘晓红，访谈人）

系和市少科站借来了天文望远镜，同学们看得起劲啊，到现在都还念念不忘！记得当时钱老师一个人带着孩子，她爱人沈明岚老师还没从安徽调回来，家里晚上没人带孩子，怎么办呢，她就把孩子也带到学校里来睡觉了。[1]

那时候大家干劲都很大，都想多做点事情，那你要做事情就只能是这样的，教学以外的其他问题都可以这么不管不顾的。课外活动么，总是要占用老师其他时间的，而且当时很多老师上有老，下有小，其实都忙得团团转。记得有一次带学生观察月全食，物理组的石义志老师从头到尾坚持带我们拍摄了全过程，那他也是非常辛苦的！

当然，为了让各科老师也能支持我们搞课外活动，我就提前给学生打预防针，你们白天不要在课堂上打瞌睡噢，如果影响到正常学习了，以后再想搞活动就会有老师提意见，那就不太容易得到学校支持啦。还好大家都很懂事的，后来也没听说谁上课打瞌睡，哈哈！

潘：这些活动太有意思了，印象特别深的，还有您带我们去佘山观测气象。当时我们按您的指导，分别在山脚、坡道、山顶选择不同位置进行测量，我当时站在花岗岩边上，最后测下来确认是最热的地方，然后您就和我们一起比较分析各组数据，最后绘制图表，写成研究报告……后来看到女儿中学里的课程情况，我才意识到我们初中时就开始了现在所谓的研究性课程！

---

[1] 编注：这场"九星连珠"应是 1982 年，详见 1986 届校友韩频、陈晓的回忆文章《师母和师父——记钱滨凤、沈明岚老师》，收入本书"桃李言"专辑。

曹：是啊，我自己印象深的还有在师大地理系老师的支持下带学生开展城市气象观测活动，比如到国际饭店、体育总会，通过在各层定点观测，分析数据，同学们后来戏称这次活动为"大闹国际饭店"。开心是开心，辛苦也是很辛苦。

我们强调必须通过实地观测取得第一手资料，对所得数据经过严密订正、验证、分析整理，才能得出科学的结论。展开"热岛效应"观测活动时，我们有二十几条路线、上百个观测点，实地观测之后绘制"热岛效应图"，分析造成这些差异的自然和人为因素，然后指导学生写研究报告，并且制定进一步探索相关问题的调查计划。看到这些成果出来，大家也都感到很自豪，学习劲头就更大了。

坚持开展地理科技活动的实践，也使我们认识到：激发学生浓厚的兴趣和强烈的求知欲，是吸引学生参加课外活动的前提条件；活动内容由浅入深逐步提高，活动方式丰富多彩，才能使课外活动持之以恒；重视科学素质的培养，既是开展科技活动的要求，又有利于培养科技人才幼苗。同学们在实践活动中培养出的这种学习与钻研的能力，特别是研究性、探索性的学习能力，不仅能让大家更好更灵活地掌握知识和技能，而且这种实践精神，研究精神，实事求是的科学精神，包括在艰苦测量中锻炼出来的吃苦耐劳的品质，对将来走上工作岗位都是有很大帮助的。

1982 年，曹老师指导同学开展城市气象观测活动

潘：是这样的，曹老师，二附中特别注重学生对这种学习能力的培养！所以那时候在我印象里好像也没有主课、副课的明显差别，分数压力确实也不像现在这么大，同学们都有各自感兴趣的课程，尤其像地理课的课外实践活动这么丰富，确实吸引了很多同学投入到学习中，这种探索精神从老师到学生都是特别感染人的。

曹：这个其实也和我们学校的发展特色相关，作为华东师大的教育实践基地，我们二附中最与众不同的也就是不断处在教改实验过程中。像我们的教材一直在变的,我教了那么多年的地理,几乎没有重复过。这就要求老师始终处在研究和探索中,而且是带着学生一起研究,一起探索。

好在我们那时候二附中就在师大校园里,一碰到什么问题就可以跑回系里请教大学老师,包括前面说到"热岛效应"活动,我也是请教了好几位老师,现在想想真是很方便的。师大的科研氛围、雄厚的师资力量,都是我们的坚强后盾,事实上也成为我们二附中得天独厚的发展优势,近水楼台先得月嘛!

还有个情况,你们那时候可能不太知道,当时我们课外活动多,其实也是有校外科技指导的大背景在支持的,比如市少科站啊、市少年宫啊,他们的指导工作都做得很好很到位,我们还经常跑去请教,还要借望远镜什么的,总之他们都很支持学校开展课外活动的。

但最最关键的,我觉得就是当时我们地理组啊物理组啊彼此联系很密切的,各科老师也都互相支持,互相帮衬。像我们地理组搞教改,带学生开展各种课外活动,物理组的石义志老师就忙前忙后负责各种器材设施。后来地理园搬来搬去的,我们那位姓陈的老木匠师傅也是功不可没。总而言之,各科教职员工之间团结一致、相互协作,进而形成了一个富有战斗力的集体,这也是我们能长期坚持开展课外活动的重要因素。

只要有了信念,你就能克服一切困难!

潘:有件事情不知道曹老师您还记得吧,我的小学地理老师王伦英,跟您一起参加过科技辅导员活动,特别敬佩您,得知我考上二附中特别高兴,特地写了封信托我交给您,并且让我多参加您的课外活动。后来我真的就把这封信带给您了。也可能时间太久了,您想不起来了吧?

曹:哈哈原来你还有这个故事啊,这倒不记得了。我从小也碰到很多好老师,甚至有的给我一辈子的影响。我想要做老师,选择考华师大地理系,也都是因为我的中学地理老师的影响,记得他当时说现在中学老师中没有真正从地理系毕业的,我就默默下了这个决心。还有,看了苏联电影《乡村女教师》,我也很受感染。家里也是很支持的,爸爸妈妈都很尊重我的选择。当时报考地理专业是要加考地理这一门的,所以至今还记得整个礼堂里就我和沈明岚两个人在考地理。

潘:曹老师您的孩子有没有受爸爸妈妈影响做老师啊?您家有几个孩子啊?

曹：我就一个儿子，做贸易的。我和他爸爸除了专业上、业务上的交流，平常其实都各忙各的。都是为了事业，他也非常支持我，真的是全力支持，互相理解。我怎么可能多要孩子啊，我们连一个孩子都管不过来呢。记得儿子 18 个月就送托儿所全托了，总是礼拜六开开心心接回来，到了礼拜天就要哭哭啼啼了。当时有个教师孩子的托儿所就在江苏路上，礼拜一早晨送儿子去，走到江苏路口一转弯他就知道了，哭啊！……说实话那时候实在太忙了，我跟儿子接触也不太多，开始一直把他放在我妈妈家里，也不是长久之计，想想还是全托吧……后来我们家搬到过同济，那时交通不方便，上班就很远，记得常常天不亮就出门的，到了静安寺，看看天还蒙蒙亮……

潘：我们初中进来时，心里还是蛮紧张的，对有些老师怕怕的，当时就觉得曹老师脾气特别好，整天笑眯眯的特别亲切、特别温暖，真的是有一种慈母般的感觉，可您却忙得顾不上自己的孩子！

曹：唉，顾不上也没办法啊，想想是很对不住儿子的，不过后来他也能理解的。你说的脾气好么，我是生来就这样的，要凶也凶不起来，所以万琳老师一直说你别学我噢，想学你也学不像的！万老师对学生确实很严厉的，但回过头来安抚得也很好的，她做班主任确实很有经验的，对学生也真是尽心尽力没话说的。

老同事重聚在曹老师家中，左起：陈亚仁、曹康绥、万琳

潘：二附中老师，有原则，但不教条，说实话我们每次回母校，看老师，其实不单

单是看老师,更重要的是我们也都能重新感受到老师们时刻给予的这种爱!

曹:二附中老师确实很爱学生的,老师之间关系也挺融洽的,学校气氛很像大学。人家说二附中老师不坐班,但工作时间其实比人家坐班的还要长,特别是很多老师住在师大一村二村的,老早就到学校看学生早锻炼了,晚上再晚都还会在学校里做好自己该做的事情,这个真是没有底的。学校没要求,老师自己会来做的,好的校风、教风,就是这样传承下来的。

二附中发展到今天,靠的就是有这么多好老师啊!你看我们不管哪门课,都会有很多好老师!比如杜秀林老师音乐课上得呱呱叫啊,那可不只是让学生唱唱歌,还要学乐理,再加音乐欣赏,学生特别喜欢她的课,她也特别爱孩子,全心全意扑在孩子身上的!教你们美术的鲍老师,那也是好得不得了,他是归国华侨,很敬业,很爱学生,很不简单。还有前面说到的我们地理组的钱老师,钱滨凤老师,我和她和沈老师都是地理系同届毕业生,他俩同班,恋爱成了家。两地分居多年后沈老师从安徽调进来,按相关规定钱老师就要调出去,到了一个民主党派机构工作,但她心里就是喜欢当老师,后来还是到了第一师范。那时候常常就住在教研室里,整天整夜地搞教学,带学生搞课外活动也没有一分钱,老师们连想都没想过这个报酬问题。

潘:老师对学生这么好,但听说二附中在"文革"中也有学生打老师的现象,那实在是很令人痛心的,对此您怎么看啊?

曹:我先说个事实吧,二附中1978年之所以能被确定为全国重点,很重要的因素之一,就是学校设施在"文革"中没有破坏掉。你知道为什么?就是因为有老师们护校,学生也听老师的,一起把这个基础都给保住了!说到底,学生和老师还是有感情的,即使是造反派,包括造反派里的老师,也是很爱学校的,一起带着学生护校的。

当然,我也被贴过大字报,那么大一张大字报,标题好像是"不准吃洋面包"!就是那种一元三毛钱的白面包,是因为有几次实在忙得来不及吃早饭,就边吃面包边去学校了,可能让人看到了,哈哈你说好玩吧!……后来我们也被抄过好多次家,抄到最后竟然把所有东西都拿走了,那我就有点火了,连冬天衣服都拿走了我们不要过冬啦!他们还把家里墙壁咚咚咚敲,我说这是学校财产啊!……这些学生也晓得自己做过的事情不对头,回想起来肯定也后悔的,但那时候的潮流就这样,大环境,大局势,这个没办法的,做老师的也没法怪他们,事情过去也就算了吧。

1980年代，曹老师指导学生开展课外活动

潘：从二附中退休以后，您还去过其他学校任教么？

曹：我退休后没有再任教。还没退休的时候，工会俱乐部来请我上课。那不是要影响正常教学工作么，我就没答应。时间精力就这些，顾不过来的。

潘：这么多年坚持不断教改，开展各种创新活动，您觉得主要的动力来自哪里？

曹：我的理想是做一个好老师，你要问做事情的动力啊，那就是要做一个好老师，好的地理老师，我要把这个理想贯彻到底。老师在学校里上课，就能看到学生在成长，看到他们实实在在的进步，你想想那有多开心啊！

此外我还有一个特别深的体会，就是在长期坚持开展课外活动的过程中，需要我们不断创新和突破，那就会不断碰到各种困难，身为老师和科技辅导员必须具有高度的责任感和强烈的事业心，要以更大的热情投入其中，并以最大的毅力克服困难，坚持到底。当我看到科技幼苗在实践活动中学有所获、茁壮成长，那就是最大的欣慰和快乐！

潘：有没有什么事情会影响到您作为老师的这种快乐，比如说遇到特别难的时候？

曹：真心喜欢教师这个职业，你就会付出最大的爱，做什么都会很快乐。因为这样一来，你考虑问题往往都是从大处去想的，小事情从来不会影响心境，哪怕遇到特别难的时候，只要有了信念，你就能克服一切困难！真的是这样，你越想多做点事情，困难自然就越多，好在办法总比困难多啊！

1964年，曹老师赴京参加全国高、中等学校政治理论课工作会议

在曹老师家，我们都留意到了墙上的两张集体照。一张是1983年，全国优秀青少年辅导员和科技活动先进集体表彰大会的合影。另一张是1964年的全国高、中等学校政治理论课工作会议，包括毛主席在内的中央领导几乎全部在场。曹老师说她当时就站在陈毅元帅身后不远，但大家都很守纪律，没有一个人上前去和领导们握手。讲到这些，曹老师依然是淡淡的笑容，带着微微的自豪。

访谈时间地点：2018年5月12日，于师大一村曹康绥老师家中

〔校友简介〕

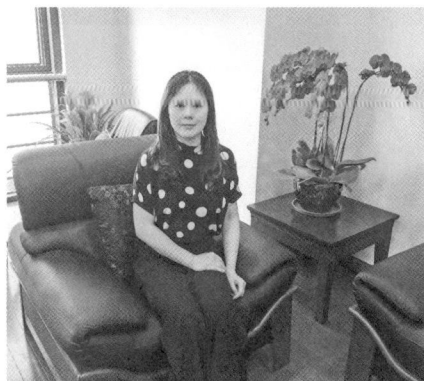

潘晓红，1984年至1990年就读于华东师大二附中。先后毕业于华东理工大学生化工程系、上海交大安泰管理学院和伦敦大学国王学院。机缘巧合，在工作近十年后回到家乡——嘉定区政府产业部门和综合管理部门任职。现任嘉定出口加工区管委会副主任、嘉定出口加工区发展有限公司董事长、总经理。

以立人为本，尊重关爱并济

——严秀英老师访谈录

李芸(1982 届初中/1985 届高中)

［教师简介］

严秀英，中共党员。1959 年至 1964 年就读于华东师范大学中文系，毕业前夕被选拔加入上海市教育局组织的中学语文教学调研组。大学毕业后入职华东师大二附中，任语文教师，并长期担任班主任，兼任年级组长，1993 年退休。1984 年至 1986 年曾借调至华东师大三附中（金山）参与建校并任教，1985 年获评金山县先进教师。此外，1970 年代获评普陀区先进工作者，1972 年参加上海市教育工作者先进表彰活动。1983 年赴京参加江浙沪语文教学研讨会，介绍二附中语文教学教改的成效。

李芸（以下简称李）：严老师好，您是哪年来二附中工作的？教什么学科，教过多少届学生？

严秀英（以下简称严）：我 1964 年从华东师范大学中文系毕业后，便来到华东师大二附中任教。除了教语文，我还长期担任班主任并兼任年级组长，教过 1967、1968、1972、1973、1978、1980、1982、1983、1984、1990 届初中生，1993 届高中生（其中1984—1986 年借聘于华东师大三附中任教语文）。直到 1993 年按教育局规定的年龄退休，我在二附中执教共计 29 年。

李：您为何选择教师这个职业？一辈子教书您觉得值吗？有没有后悔过？

严：1949 年前，因家境贫困无力支付学费而被学校拒之门外。我非常羡慕背着书包上学的小朋友。建国以后，是党和政府免费让我跨进学校大门。此时，我暗下决心：以后我当老师，不收钱，让更多的小朋友进学校读书。我高考填表时，表格上全填上师范大学、师范学院。当然华东师范大学是我第一志愿，毕业后便成为了一名中学教师。初中是一个人最重要的成长阶段，在二附中的教学生涯中，我迎来送往了一届届的学生，看着一个个学生从最初入校时的懵懂，到毕业时无论从身体上

1990 年前后，严老师参加学校组织的班主任暑期活动
前排左起：何雄、吴一敏、葛淑琴、陈双双、蔡玲玲、张如伟、王建兰、陈国强
中排左起：陈稼菁、王绍霞、蔡尔韵、陈贵瑶、麦嘉馨、施文菊、万琳、易小珏、严秀英
后排左起：黄大兴、严鸿淇、戴秀珠、田伟、唐斌、唐彬钰、季振宙、陆觉明、刘鼎立

还是心智上的成长和成熟,内心充满着欣喜。如果让我现在再选择一次,我依然会选择教师这个职业。

李:您在二附中执教近三十年,能给大家分享一些具体经验和感悟吗?

严:我想分享两方面的经验和感悟。

第一,最大程度地尊重每一个学生。虽然我带的都是初中学生,但那个年纪的学生其实已有了很强的自尊心。相互尊重是彼此信任、沟通顺畅的基础,虽尊为师长,也需要对学生给予充分的尊重。当我需要对学生进行批评教育的时候会十分注意措辞,避免伤了他们的自尊心。当着班级所有学生时,我通常会对事不对人地讲道理,晓之以理、动之以情;对于需要给予较严厉批评的,我会课后把学生叫到办公室,单独进行沟通和教育。

第二,和学生见面之前就最大程度地了解每一位学生的情况。记得华东师范大学校长常溪萍到中文系巡视卫生工作,他到我宿舍时,看到我就说:你是四班班长严秀英吗?当时我惊讶,我激动,我佩服,这么大的一个学校校长还能叫出我这个区区小班长的名字。这件事我终生难忘,对我今后的教育工作有很大的推动作用。我在二附中每接一个新的班级,在与学生见面之前都会仔细查看学生登记表,尽可能多地了解学生的情况,还会对着照片记住学生的名字。第一次给学生上课,我就能叫出大部分学生的名字,学生们往往觉得很惊奇,这样更容易拉近师生之间距离,建立信任感。二附中的大部分学生都是住校生,在平时的学习和住校生活中,我也会针对学生不同的情况给予有针对性的支持和帮助。

严秀英老师(左二)、蔡尔韵老师(左三)和学生在一起

李:您在执教生涯中最难忘的事情是什么,令您印象最深的是哪些学生?请说说他们的故事吧。

严：在我的执教生涯中确实有很多令人难忘的人和事，就说说你们同班的一个同学的事吧。有一次语文测验，你们班的一个同学交卷挺早的，但之后发现卷子的反面没做，立即跑来请求拿回试卷继续做。我没有同意，那位同学很沮丧，也有很多同学不理解。事后我将那位同学叫到办公室，除了告诉他交卷离开教室后老师是不能再将卷子给学生补做的原则外，更开导他从这件事上吸取教训，培养自己细心严谨、一丝不苟的习惯；人生旅途漫漫，将来会遇到这样那样不同的挫折和坎坷，要学会去面对；同时还劝慰他不必过分在意一两次考试的成绩。我始终相信，犯错是不可避免的，我们为之付出了代价，同时要从中吸取教训、总结经验，才会不断有长进。

严老师担任班主任的 1982 届初中一班毕业照

前排老师，左二起：钱越民、顾朝晶、叶立安、王鸿仁、刘宗章、蔡多瑞、毛仲磬、陈延沛、严秀英、王云仪、姚瑞榆、麦嘉馨

每一届、每个班的学生都有他们各自的特点，都是我可爱的学生，我对他们也都一视同仁。从感情角度讲，你们 1982 届的初中学生让我感到更亲近，见到你们每每让我想到我的大女儿。我曾有个大女儿五岁时患上白血病，辗转治病，结果还是人财两空，还背负一身债……记得葬殓后第二天，我就到校上课，我不能因为一个女儿而影响五十几个学生的课，我要将爱奉献给我的学生。我强压心中的悲痛，尽力克制不让自己忧伤的情绪流露出来，上完了所有的课，学生们毫无察觉。既然教育是我所热爱的职业，我就需要为我的学生做到最好。那可以说是我执教生涯中令我印象最为深刻的一天。

1982 届初中一班：李芸、张路云、邬一名、李晓林、王红维

访谈时间地点：2018 年 4 月 24 日，于严秀英老师家中

访谈感想

　　自从通过同班同学联系上严秀英老师后,近几年,我们初中 1982 届一班的同学每年都会去探望严老师。今年适逢校庆,探望严老师时,交谈之中便更多地聊起了二附中以及我们在校时的往事。虽然探望前并未确定是访谈,但老师的回忆弥足珍贵,着实值得记录下来。当将初稿发给严老师看并请求提供简历时,老师给了我如下回复:"二附中校园内,人才济济,佼佼者颇多,我在二附中是个极普通的教师,怀着一颗热爱教育事业,热爱学生的灼热的心,在教育园地耕耘近三十年。本着'俏也不争春,只把春来报,待到山花烂漫时,它在丛中笑'的情怀,做个普普通通的合格的人民教师。"老师的意思很明了,简单的几句话却再一次深深地感动了我。一直很庆幸能在二附中度过那人生成长中最重要的六年时光。正是有严秀英老师那样的一位位简历看似并不夺目却以自身品德和素养潜移默化润泽了我们的二附中老师,才成就出一批批在各自领域做出了贡献的校友,才使得二附中成为莘莘学子向往的学校。"师者,传道授业解惑也。"知识是可教的,但人格品质不可教。二附中的老师以其德、行和人格魅力,感染、熏陶和引导着学生;他们用生命影响着生命,用尊重赢得了尊重。

2018 年 4 月 24 日,访谈合影

[校友简介]

李芸，1979 年至 1985 年就读于华东师大二附中。1991 年毕业于上海医科大学（现复旦大学附属医学院），获医学本科学位；2006 年毕业于中欧国际工商管理学院，获工商管理硕士学位。先后在西安杨森、默沙东、百特及碧迪等公司从事药品、医疗器械的市场营销工作。

开启学生大数据思维的引路人

——杨琳仙老师访谈录

王峥　肖波（1987 届初中/1990 届高中）

[教师简介]

杨琳仙,中学高级教师。1959 年考入华东师大数学系,1964 年 7 月毕业,分配至华师大二附中数学教研组工作,直至 1995 年退休,之后在民办进华中学任 9 年数学教师。曾担任华师大二附中数学教研组副组长。

杨琳仙老师是我们初中的数学老师,从 1984 年到 1987 年教了我们这一届一班和二班整整三年。杨老师温文尔雅,待人谦和,教学认真,上课生动,深受同学们的喜爱和尊重。一晃 28 年没有见到杨老师了,我们怀着激动的心情造访了杨老师位于中山公园后门的高层公寓。一开门,杨老师就认出了我们。虽然她平添了几丝华发,但思维仍然敏捷,样子还像以前那样神采奕奕。入座以后,我们和杨老师一起回忆了在二附中的历历往事。

　　王峰(以下简称王):杨老师,您是哪一年到二附中教书的?

　　杨琳仙(以下简称杨):我是 1959 年考入华师大数学系,1964 年分配到二附中的。那年从华师大分配到二附中的有好几位老师。刚毕业时,我就住在丽娃河边的大学学生宿舍,离学校很近。"文革"期间,二附中是就近招生的,有不少师大子弟,也有附近社区的子弟,由于当时的社会环境,大部分学生的成绩并不是很突出。

　　王:恢复高考后,二附中声誉鹊起,那是什么样的一段辉煌呢?

　　杨:"文革"后全国都非常重视教育,1978 年二附中由于师资力量雄厚而被教育部定为全国重点中学,在小升初时,由二附中到各区优先招生。当时我到卢湾区招生,区里的老师非常热情地推荐了区里最优秀的学生,我们经过审核和评估,挑到了一批好苗子。当然学生素质好了,我们老师有了动力,也有了压力。那时我每天晚上备课到深夜,教案改了一遍又一遍,心里就是想要把底子这么好的学生带到一个新的高度。学生们也很努力,不少同学在初中就开始自学高中的课程,几年后绝大部分考进了名校。在这样的良性互动下,二附中一直在上海所有的中学里名列前茅。

　　肖波(以下简称肖):杨老师,我们是 1984 年进校的,您带了我们三年,我还是数学课代表,记得您当时经常在我们班上公开课。

　　杨:我从 1984 年开始带你们这届的初一,你们这届也是不错的。校领导经常把上公开课的任务交给我,有时早上过来拍拍我的肩膀,说:"小杨,今天区里有人来,就到你班上听课。"那年我 45 岁,在年龄上是最后一年可以参加上海市中青年教师教学大奖赛。我就带了你们班级(二班)参加了这次比赛,因为你们班的同学发言相对比较活跃。其实数学公开课挺难选题的,因为有些内容比较单调,但又不能为了参加竞赛而跳着讲知识点,我就根据教学进度尽量选择比较合适的课题。记得参加区里的复赛,讲的是三角形全等,还挺难上的;在市里那次是二次根式综合练习课,倒可以多发挥一点,同学们表现得也很好,最终获得了市里的优胜奖。

1988 年春,杨琳仙老师在二附中枣阳路校园中的留影

王:现在我们这些同学也有了下一代,也参加各种奥数补习班,他们感到很辛苦啊,可当时上您的数学课,我们一点都没有感觉到枯燥。

杨:那时是没有多媒体教学工具的,我会在课前准备好几个小黑板,把重点内容和题目抄在小黑板上,再在大黑板上把整个推导和运算过程演示出来,这样表述会更清晰一点。我是很强调理解概念的,在课堂上也会尽量通过一些形象的举例把概念讲透,只要概念讲透了,再掌握一些运算方法,很多题目就迎刃而解了。数学思维的训练是艰苦的,但我不赞成题海战术,这可能也是二附中同一些只追求应试教育的学校的区别。我想中学期间的数学教育主要是训练人的逻辑思维能力、分析和解决问题的能力。

肖:是的,我现在还记得杨老师在课堂上带领大家一起推导分析,大大提高了我们的逻辑思维能力。现在大数据思维已经渗透到当今每一个行业和领域,今后社会经济的发展在很大程度上要依靠从数据到智能的转化和运用。我想班里的同学们虽然从事着不同的行业,但经过您当年悉心的指导和训练,都打下了坚实的数学思维的基础。

王:杨老师,我们毕业之后,您在二附中的工作情况怎样?

杨:你们毕业之后,我还完整地带了一届初中,不过那时我的眼睛出现了一些问题,批几何作业看不太清楚,就只能教代数,不能教几何了。后来通过积极治疗,眼睛又恢复了很多。民办进华中学成立后,我又在进华上了 9 年数学课,之后就正式离开了三尺讲台。

2001年,老同事聚会(前排左起:姚瑞榆、朱千红、严秀英、姜法珍;后排为杨琳仙、顾驷驷、何桂芸)

王: 您退休之后的生活如何?

杨: 我退休后生活得很充实,家离公园很近,天天去那里锻炼身体。二附中定期会安排老师聚会,老同事见面聊聊天很开心,和同学们的聚会也很欢乐。2014年,1978级的同学们回来了,纪念毕业30周年,邀请我们这些老师一起搞了隆重的活动,他们特地去看了二附中在金沙江路上的老校舍,还参观了在浦东的新校舍。2010年,你们这届的一班搞了"20年后再相会"的活动,我也去了,学生来的很多,在美国不能赶回来的同学还通过视频连线做了交流。

聊起同学们的情况杨老师就特别开心,我们发现她对很多同学都记得非常清楚,包括名字、模样、特点,可见她当年对学生们是多么上心,才会把这一切深深地印在脑海中。

2018年6月6日,杨老师接受访谈

时间过得飞快,不知不觉和杨老师聊了近 3 个小时,我们起身准备告辞,杨老师的爱人邀请我们参观一下他们温馨的家。来到主卧,明亮的窗口正对着中山公园的整片丛林,凭栏远眺,眼前一片郁郁葱葱,生机勃勃。

正所谓:十年树木,百年树人。在 60 周年校庆之际,我们发自内心地感谢杨琳仙老师和二附中所有的老师,感谢为我们当年的学习和成长付出的努力,感谢对我们曾经的少不更事给予的关爱和包容。

访谈时间地点:2018 年 6 月 6 日,于杨琳仙老师家中

〔校友简介〕

王峥,1984 年至 1990 年就读于华东师大二附中。从复旦大学中文系毕业后入职中国人民保险公司上海分公司,后在多家国际性保险公司工作,现于国家卫生健康委员会(中国卫健委)下属环球医疗救援公司担任董事,从事商业医疗保险的设计和健康数据模型的开发。

肖波,1984 年至 1990 年就读于华东师大二附中。从上海交通大学电子工程系毕业后,在德国 Fraunhofer 协会 IPSI 研究所从事协同信息系统研究,回国后加入中科院上海微系统与信息技术研究所,现任职于华东师范大学计算机科学与软件工程学院,进行网络架构、物联网等科研工作。

万紫千红总是春

——朱千红老师访谈录

朱颖　汪黎(1987 届初中/1990 届高中)

〔教师简介〕

朱千红,1959—1964 年就读于华东师范大学中文系,在校期间曾担任校女篮队长,国家二级篮球运动员。1964 年大学毕业后到华东师大二附中任教,在初中部担任语文教师 23 年。1987 年,因家庭原因离开二附中到大同中学任教。1992 年,离开大同中学到市三女中任教,直至 1996 年退休。退休后继续发挥余热,1998—2006 年受聘担任进华中学语文教师。

想到采访朱千红老师,起初心里还是有些忐忑,毕竟都是30多年前朱老师的学生了,而且当年我们也并非班里最出挑的,岁月荏苒,不知道桃李满天下的朱老师是否还对我们有印象?

一个周末的早晨,我们按响门铃,推开朱千红老师的家门,朱老师的灿烂笑容和亲切拥抱瞬间打消了我们的顾虑!朱老师喊着我们的名字,一个劲地夸我们变漂亮了,原来老师一直都记得我们,心里顿时感觉很温暖,如沐春风。

坐定下来,看到朱老师还为我们精心准备了水果和巧克力,访谈在轻松愉快的气氛中开始了。

2018年6月9日,访谈合影(左起:汪黎、朱千红老师、朱颖)

朱颖(以下简称颖):是什么契机促使朱老师您选择投身于教师这个职业? 您是否还记得当年的第一堂课,第一批学生,第一次家长会……

朱千红(以下简称朱):在我的学生时代,有两位老师对我影响最大。一位是我在市六女中读初一时的班主任叶淑娟老师。叶老师对每个学生都非常关心,平时慈爱善良,有一次,她发现我胃不舒服,就主动给我送水送蛋糕,对我嘘寒问暖,感觉如家人般的温暖。小时候我经常徘徊在学校走廊,就为了多看一眼亲爱的叶老师……正是因为叶老师,使我从小萌发了长大后当老师的愿望。另一位是我中学的语文老师后学裘老师,是他发现了我擅长写作的天赋。后老师在我们班朗读我的作文,还把我的文章当作范文在其他班级传阅,他对同学们说"好多年没有看到这样的好文章"。老师的话鼓舞了我,使我增强了信心,并让我立志选择了中文系作为我大学攻读的专业。

说实话，当年的第一堂课上得很糟糕。由于我的普通话不是很标准，学生们也不太听我这个年轻教师的话，再加上我接的又是二附中资深教师季振宙老师的班，当时的我简直有些手足无措了，场面可想而知。第一次家长会也已经记不太清了，估计也是因为刚当老师经验不足不太好意思面对家长吧。

老学生们簇拥着叶淑娟老师(前排右三为叶淑娟老师,右一为朱千红老师)

汪黎(以下简称汪)：朱老师，如果用几个词语来概括您的教学理念，您认为会是什么？教学实践最能体现这种理念，能否举一两个典型的课例或者事例？

朱：我的教学理念是：得法于课内，得益于课外。培养学生接受能力，用耳听，用眼读；培养学生的表达能力，用口说，用手写。提倡多读多写，我手写我心。另外还有一点，就是"养不成习惯的习惯"和"养成不好的习惯"要不得。

为了培养学生对语文学习的兴趣，我会鼓励帮助学生多发表文章，记得当时我们三班的张炼红、徐立钧、叶海、范翼中、陈耿弘都有文章见诸报章杂志。我当年还参与了二附中自编教材《语文·初中学习水平自测》的编辑和教学，该教材在全国教育系统好评如潮。

颖：二附中最让您感到自豪的是哪些方面？您认为二附中最值得坚持的优良传统是什么，又是如何形成并发展的？

朱：二附中最让我感到自豪的是教师队伍基础扎实，学生队伍素质良好，领导很放手。二附中最值得坚持的优良传统是教师勇于表达自己的观点，畅所欲言，这

朱千红老师参与编辑的《语文　初中学习水平自测》,少年儿童出版社 1988 年出版

也是开明的管理层为教师营造了这样的氛围。

颖:从青年教师到资深教师这一路走来,您能分享给大家一些具体经验和感悟吗?

答:我的感悟是热爱自己的职业,喜欢自己的教学对象。我最感欣慰的是有好几届同学因为我留在预备班带下一届,他们也表示要留一级来留住和我共处时光的愿望。记得退休前的最后一堂课我讲的是"因为爱你们,所以爱你们",这个"你们"指的是我的学生;而我的学生讲的是"因为爱你,所以爱你",这个"你"指的是老师。

颖:能否告诉我们一两位对您影响至深的教育战线的老前辈,特别是当年的老同事? 他们对您的具体影响有哪些?

朱:二附中对我影响至深的老前辈有毛仲磐校长、陆文华书记、王鸿仁校长。陆书记平易近人,当年我体质不好,家又住得远,中午她就安排我在宿舍休息。她还十分关心我的个人问题,及时帮我解开心中的疙瘩。

在华师大读书时我最感恩的是当时华师大的校长常溪萍。大学时我是校篮球队队长,常校长不但关心我的学习和生活,对我们篮球队也非常关心,经常给我们打气。记得有一年,他们男篮得了冠军,女篮压力很大。常校长就宽慰我们,男篮已经拿冠军了,女篮就不必拿冠军了,我们卸下了包袱,结果也拿了个冠军。我毕业时常校长还力邀我留校任教,是命运的安排让我来到二附中。后来常校长在"文革"中惨遭迫害,我当年没有留任华师大也使我在"文革"中躲过了一劫。

英姿飒爽的女篮队长　　　　华东师大女篮合影　　　　华东师大常溪萍校长

汪:您在执教生涯中印象最深的学生有哪些,请说说他们的故事吧?

朱:我执教生涯印象最深的学生有印海蓉、张炼红、赵秋花。印海蓉普通话标准,朗读水平高,我教的课文几乎都是她负责朗读的,她也很擅长演戏,当年我让班上的同学张晨发表的文章《我班的小演员》讲的就是印海蓉。张炼红是当年上海少先队《我们一百万》报的主编,她非常优秀,而且善解人意,当年课上经常有她精彩的发言,并能注意到和老师互动,营造良好的课堂气氛,对我的教学帮助很大。同时她也是一个非常孝顺的孩子,记得当年她的作文《我的奶奶》和《我的妈妈》都非常感人,字里行间能感受到她的一片孝心。赵秋花更早,是1975届的,在班里出类拔萃,我们的感情保持至今。

问:您有没有想过换环境?如有过,那又是什么让您坚持下来呢?

朱:坦率地说,曾经动摇过离开教师岗位。当年有位老同学邀请我去《铁道报》当编辑,曾经也有机会去黄浦区进修学校工作,但都是由于对二附中的不舍,最终没有离开。现在回想过去,一点都不后悔,退休那么多年仍然有那么多同学记得我们,就觉得一辈子当教师真的很值。

汪:您有哪些业余爱好?如果不当老师,您会选择什么职业呢?

朱:我年轻时喜欢打篮球,曾经是国家二级运动员。除此之外,我的业余爱好还有听戏、看戏,比如越剧、沪剧、评弹。如果不当老师,我想不出有什么别的职业可以选择。有件有意思的事和你们分享,在我退休进民办中学教书时,我的学生的孩子成了我的学生,我教了他们两代人,我真的为自己从事的职业感到无比骄傲。

颖:能否说说您生平最大的愿望是什么? 你觉得这个愿望实现得怎么样? 那现在您最深切的愿望又是什么呢?

朱:我生平没有最大的愿望,自认为"善待他人"这一点做得还可以吧。现在我最深切的愿望就是希望我的孩子和孩子的孩子、我的学生和学生的孩子快乐健康每一天!

2018 年 6 月 6 日,朱千红老师和老同事们参加 1973 届毕业 45 周年师生联谊会(左起:蒋建国、徐玉仑、严秀英、朱千红、刘钝文、李新殿)

听着朱老师娓娓道来,我们仿佛又回到了 30 多年前在二附中读书生活的美好时光。朱老师的话语朴实无华,情真意切。字里行间我们能感受到她对自己一辈子从事的教师职业的无限热爱。万紫千红总是春,人如其名,朱老师总是带给我们如沐春风的温馨感觉。依依不舍地和朱老师道别,衷心祝她身体健康,平安喜乐,有机会我们再来看望亲爱的朱老师!

访谈时间地点:2018 年 6 月 9 日,于朱千红老师家中

[校友简介]

朱颖,1984 年至 1990 年就读于华东师大二附中,1994 年毕业于上海大学国际商学院英语系攻读国际贸易专业。2008年在伦敦政治经济学院(LSE)获得理科硕士学位。曾在官方投资促进机构及 500 强跨国企业工作超过 17 年。现为捷豹路虎中国政府事务副总裁。

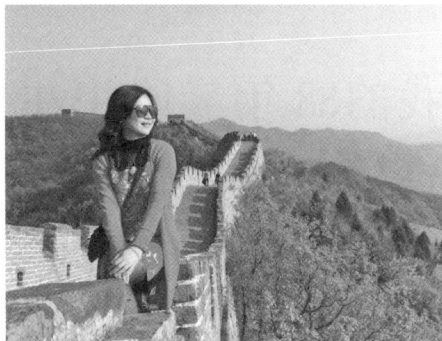

汪黎,1984 年至 1990 年就读于华东师大二附中。毕业于上海工程技术大学纺织学院化学工程系。1994 年至 1997 年就职于上海康达纺织服装有限公司,1997 年调动到上海申达股份有限公司下属八达纺织印染服装有限公司,担任进出口部门经理,国际商务师。

我的38年二附中生涯

——顾朝晶老师访谈录

文言　徐旻怡（2018 届高中）

[**教师简介**]

　　顾朝晶，语文特级教师，华东师大二附中原校长。1939 年 5 月出生于贵阳市，1958 年毕业于上海市南洋模范中学。1962 年毕业于华东师大中文系中国语言文学专业，9 月起任教于华东师大二附中，历任教导副主任、教导主任、副校长、校长；曾任教育部中学校长培训中心兼职副主任。论文《美国中学培养目标与课程设置》获亚太地区华文教学成果金奖、世界华人教育优秀论文一等奖；调查报告《全国初中语文调查与分析》获国家教委科学技术进步奖三等奖。

一直未曾离开

顾朝晶,毕业于华东师范大学中文系,曾于 1987. 10—1988. 8、1991. 7—1994. 5 期间担任华东师范大学第二附属中学副校长;1988. 8—1989. 7、1994. 5—1999. 3 期间担任校长,为中学语文特级教师。

1962 年毕业后,顾老师在二附中的执教生涯可谓是从一而终:从 1962 年担任普通语文教师开始,直到何晓文校长(现华二初级中学校长)接班。二附中一开始设立在华师大校园内部的金沙江路校区,20 世纪 80 年代后期搬至枣阳路校区,顾老师见证了学校成立与起步的完整过程。21 世纪初学校搬到张江校区后,顾老师就从校长岗位上退了下来。退休期间,顾老师曾担任二附中的校长顾问,兼任华东师大校长培训中心的副主任。从教师成长为年级组长、教导主任、副校长、最后成为校长,他为二附中服务了整整 38 年。在华二历史上,顾老师是唯一的一名从毕业到校执教后就没有离开过的校长。

1996 年秋,顾朝晶老师在枣阳路校园

"1＋1＋3"

顾老师曾被评为上海首批语文高级教师，1996年被评为语文特级教师。他对于语文教学有着深刻而独特的理解，而这些20年前的语文教学理念如今看来依旧耐人寻味。

在《对语文教学问题的几个思考》中，顾老师曾经提到他教学发展的三个立足点：讲台梦、桃李梦、下一个梦。讲台梦是这三个梦的基础与开端，是梦开始的地方。

顾老师在学习本科课程时，导师就曾经指导他们担任语文教师的基本功，简称"1＋1＋3"：一口普通话，一手好字，腹藏三百篇古今中外的名篇。这个经验让他终生受用。

1997年，语文教研组为郑启楣老师庆寿
前排左起：严秀英、张友荣、童乃文、朱千红、郑启楣、王佩娥；
后排左起：季振宙、张以谦、骆蔚、叶瑾、成以玲、李宝山、顾朝晶、周其聪、瞿平、李晓辉、刘钝文、潘明刚、王乐昌

顾老师非常重视传统语文教学方法，"因为这些都是语文老师基本功的体现"。与之相反，当下有不少年轻教师喜欢利用演示文稿、幻灯片等方式进行授课，他不以为然："我上课没有用PPT的习惯，现在也没有。"顾老师认为，相比传统教学，PPT有其独特优势，但是语文教学理念是不会随科技发展而变化的，"要好好钻研每一篇课文，做好自我理解。目前老一辈的语文教学专家，都保留对使用PPT的看法，他们更侧重于对文案的理解和品读。"只有当课文需要形象、直观的表达时（"比如课文内容涉及游历过程时，才采取电脑制作"），才需要PPT来呈现，这样可以让学生们

走入课文描写的境界。如果是课文中有的语言文字,就没有必要再使用PPT,PPT只是辅助教学手段之一,滥用是本末倒置。

顾老师曾经要求班上的学生在语文课上做到"眼到、口到、心到"——"阅读就一定要朗读啊"——来体会最纯正的语文。乍一看,顾老师的教学方法与其他教师没有差别,但细想之下,能踏踏实实地在教学过程中让学生做到这"三到"也并非易事。

顾老师认为,语文老师要尤其重视自己对课文的阅读和体会——"绝知此事要躬行"——然后对内容进行讨论分析。例如,顾老师曾经就曹禺的《雷雨》中提到的周朴园对初恋鲁侍萍的情感的真假,在课堂上让同学们展开分析和争辩。这种做法调动了学生们的积极性,他们得到了各式各样的结论,有些甚至"颠覆传统观点",但句句在理。这样教学就获得了非常好的效果。

总之,顾老师认为,作为一名优秀的语文教师,第一,要重视调动学生的积极性,不能一味地研究考纲或是教学参考资料;第二,要重视朗读在语文教学中的使用。第三,要重视思维探究在语文学习中的重要意义。

关于高中和初中语文的关系,顾老师还有一个"三个馒头"的讲法,很有趣。第一个"馒头",是指初中的基础——垫底,它通常都是在一个人饥饿时的最佳食粮,重要性可见一斑。第二个"馒头",是高一高二的积累——目的是为了吃饱,语文知识与赏析能力都是通过课文来培养的。而第三个"馒头",是高三的语文教学——要吃好。这是一个循序渐进的过程,层层深入丰富造"造金字塔"般,即使是语文高考也需要三者齐全。

1980年代,毛仲磐校长和语文教研组部分教师的合影
前排左起:戴德英、陈亚仁、朱千红、张友荣、王佩娥、严秀英
后排左起:吴翼鹏、毛仲磐、叶瑾、汤文鹏、顾朝晶

那段特殊时光

纵观校史,关于"文革"的这一段是隐晦的,因此校史是割裂的,顾老师认为这不客观,也不科学。作为历史,"文革"是客观存在的,我们也可以在一定限度内讨论。

二附中是"文革"的重灾区。学校被严重破坏、教师被打倒,他们不堪被剃"阴阳头"之辱,甚至有人为此而自尽。学生中有加入"革命"的,但更多的则在暗中保护老师。正值"复课闹革命",二附中开门办学("文革"期间,学生们都就近入学),老师带领学生们去农村、工厂、部队,进行实践和学习。顾老师当时负责协调工作,为学生联系农村、工厂、部队等实践基地。这些学生们的表现非常优秀,在向工农兵学习的过程中,不但学到了劳动生产经验,还磨练了意志和品格。当时的理科教材叫《工业基础》,生物教材叫《农业基础》,谐音简称"公鸡母鸡"。

在那段特殊时光,二附中并没有完全停下教学工作,而是因地制宜地开展多种类型的教育,以适应当时的形势。此外,教师们也接受了一场历练,一改以往"只会教好学生"的框框,在那段时期,由于就近入学,接收了长征公社、曹杨路街道等不同层次的学生,但照样能把这些学生教得非常出色!

提到二附中的校名称呼,顾老师回忆:"当时华东师范大学等5所学校合并成了'上海师范大学',二附中也成了'上海师范大学附中',校徽上印着'师大附中'。只是这段历史不长,马上又改回来了。我们比较习惯叫自己的学校'二附中',而不习惯人们现在叫'华二',当然你们也已经习惯了。"

1988 年,30 周年校庆,顾老师(左五)、王鸿仁校长(左四)和
1972 届初中学生的合影

回首光辉岁月

从 80 年代起,一直到 90 年代初,二附中的学生常常包揽上海市的文科、理科和外语状元。顾老师清晰记得那段光辉岁月,文科前 6 名都是二附中的,理科前 10 名中也有 6 位是二附中的(这 6 位有理科天赋的学生,多数是他教的)。当时二附中学生的考试成绩非常优秀,一本线率连续多年超过 98%! 顾老师还分享了一个小插曲:当时有相当一部分课业成绩优秀的学生可以获取大学保送资格,但学校还是希望他们能够名列前茅,为二附中争光。

然而,自从学校取消"完中"制度后,再加上海中学等学校的崛起,从此二附中就只能在高原驰骋了。如今社会上用高考状元、全国排名、金牌数量来衡量中学水平,这对学校、教师和学生的压力都很大。和上海中学相比,二附中保送(目前只有国家集训队成员才可以保送)、出国的数量相对较多,因此会出现排名的波动。对此,二附中很早就主动出击,让教师出国研修、提升学历等,为的就是为了提高师资、提高教学水平,而这一切说到底就是为了提高教学质量,提高毕业生的素质。

当时二附中的初中部也为华二输送了大量优质生源,高中 4 个班里,有 3 个班甚至 3.5 个班的学生都是二附中直升的,外面学校考进来的也是极其优秀的孩子。这些学生一般都住校,不但自理能力强,而且自学能力也超前。

顾老师认为,目前初高中的脱钩,甚至有些重点高中原来的初中部都脱钩成了民办学校,可以说是不太妥当的,这对生源的质量、数量都有不利的影响。华二是全

2008 年,50 周年校庆,顾老师和他教过的 1967 届初中四班学生

市最后一个完成初高中脱钩的学校。随着高中的班级越来越多,对教学管理和生活管理都带来了压力。顾老师坚持主张控制规模,确保数量和质量,才是对学生真正的负责。对于某初中"糖炒栗子,熟能生巧"的教学理论——即从初中预备班开始就一直做初三的卷子,力求初三提高重点高中的升学率——他质疑说,这完全违背了教育的规律性和循序渐进的特征。

"创新"与"金牌"

科创的概念非常宽泛,教改也可以算是科创的一部分。90年代开始,上海市教委就提出了提高学生创造能力的要求。习近平总书记特别注重科创建设。上海一流的高中,大多是2000年开始引入科创的教学的。90年代教育部选定北大附中、清华附中、北师大附中和华师大二附中这4所重点高中开办"全国理科班",在全国招收理科特长生进行培养,旨在探索这些智优生的培养道路以及中学大学的科学教育的衔接。二附中在当时就开始了"小课题研究"的试点,在上海属于较早的学校之一。顾老师认为,不能一味地追求竞赛的"金牌",但是需要培养"金牌精神",那是一种不言放弃的拼搏精神。金牌不一定人人可得,但是这种精神人人可以学习,并能贯穿学生的终身。普及和提高相结合,才能培养出"精英 + 大众"的科创培养模式。顾老师深切体会到,"海龟"不断回国,就是我国科创事业发展的很好例证。

"桃李梦"

2018年是二附中60周年校庆。每逢10年的大校庆,校领导们都会做出阶段性总结。

对于二附中学生的素质教育,学校设定的目标是"优秀 + 特长",包含了思想品德素质、科学素质、身体素质都要好的要求。所谓"特长",它可以超越学科上的限制。在二附中校友中,有两位副市长,有著名主持人印海蓉,有电脑科学家,有排球国手……各行各业都有二附中优秀的校友。顾老师觉得要给学生提供自我学习的时间和空间,让他们自由成长,这样,"优秀 + 特长"的学生能在看似"轻松"的环境中成长,发挥自己的个性特长,不去成为应试教育生产线上的成品,而是成为创造未来的人。为什么是创造未来,而不是适应未来? 只有创造未来的人,才能推动社会的发展! 就像手机从大砖块逐渐演变成智能手机,高铁、机器人等发明创造了无限的社会财富。我们就是需要创造未来的人、推动社会的发展的人。

2018 年 7 月 8 日,高尔农庄,顾老师和沈明岚老师参加学生聚会

　　"桃李满天下",全世界都有了二附中的学生。校庆 50 年时,二附中出版了一本《50 位校友访谈录》,顾老师便建议学校在 60 年校庆时出版一本续集,希望更多在世界各地发出光芒的学生们能为人所知。这些出色的校友,现在早已经出现在美国的硅谷、华尔街的最前沿,出现在美国最顶尖的高校或者核心部门。除了这些理科人才外,又例如蒋琼耳、闾丘露薇、赵轶璐都是非常出名的艺术家、新闻工作者。此外还有国际著名画家胡炜,等等……顾老师认为,二附中的目光要更远,要创办成世界一流的高中,为此就要有具有国际视野的教师、管理者;最终,二附中的校友要成为世界舞台上的佼佼者。这一未来的梦,就需要我们莘莘学子和教师们共同来实现。

　　顾老师还有一个很好的建议。他认为这一系列采访,应该邀请在职教师和校友一起参与,这样就能更好地回忆珍贵的细节和数据。老教师手中的资料也非常珍贵,而且面更广。校庆不但是怀旧和回忆,更要成为一种推动力,要立足现实、面向未来。办好现在的二附中,而且在不久的未来,把二附中办成世界一流的高中。

访谈时间地点:2017 年 8 月 22 日,顾朝晶老师家中

〔校友简介〕

　　文言,2015 年至 2018 年就读于华东师大二附中。性格坚韧,学习成绩优异,有很强的时间管理能力,自控力和责任心较强。担任晨晖社核心组成员,多次参与课题研讨设计。对他来说,不放弃任何锻炼机会就意味着增添了实现理想的可能性。实践晨晖社"脚踏实地,敢于摸天"的精神,严于律己,不断探索,将自身奉献于国家和人民。

　　徐旻怡,2016 年至 2019 年就读于华东师大二附中。高一加入晨晖社后,她用以诚待人、踏实做事的态度积极参与晨晖社的各类活动。除此以外,高一时她曾被评为浦东新区三好学生,在科创课题研究上也小有成果,还担任根与芽环保社团的社长。晨晖社使她有更多机会接触社会,学会为人处世,不断提升自己。

真心诚意，做学生的良师益友
—— 刘鼎立老师访谈录

陈国发（*1973 届初中*）

〔教师简介〕

刘鼎立，1964 年从上海教育学院毕业后即到华东师大二附中执教，成为首批四名英语教师之一。曾与华东师大外语系教授合作开展"听说领先、读写跟上、情景教学"的英语教研项目。1980 年至 1981 年参加由外籍教师任教的"上海市高级中学教师进修班"。1987 年参加国家教委委托的《中学英语拾级读物》编写工作，主编第五级读本（高一）。1988 年至 1989 年主编《中学学科自测 ABC》（第一至第四册）。1980 年代中期至 1999 年担任外语教研组长，在教研组全体老师的努力下，1989 年获评上海市优秀教研组。1992 年作为交流教师赴澳大利亚悉尼 Hills Grammar School 工作数月。2005 年带领学生赴美国加州 La Jolla Country Day School 学习交流。1999 年至 2001 年担任教务处副主任，2005 年退休。

在喜迎校庆 60 周年的欢快日子里，我们的班主任刘鼎立老师主动要求参加
1973 届师生聚会活动筹备工作，他乐意为大家出谋划策献金点子，还特意拿来从海
外带回的好酒款待筹备组的同学们。聚餐会上师生久别重逢格外亲切，对母校的眷
恋之情溢于言表，刘老师的到来也给师生相会增添了活跃的气氛，仿佛我们又回到
了纯真的中学时代。如今见到老师两鬓斑白，不免感觉岁月催人老。但他还是那么
精神，仍那么健谈有亲和力，真是魅力不减当年。聚餐会上大家举杯祝愿，师生情谊
融入酒怀。相隔那么多年，思念、感恩之情涌上心头，你一言我一句，不经意中刘老
师成了我们访谈的中心。他思维敏捷，思路清晰，回应诙谐，充满着正能量的传递，
大家也对刘老师的执教生涯产生了浓厚兴趣。

2018 年 6 月，刘鼎立老师和 1973 届校友商量筹备年级聚会

A 同学：刘老师，45 年前您担任我们 1973 届九班的班主任，那时您既年轻又帅
气，风华正茂。不知您对我们班级同学印象如何？

刘老师：我曾担任过两轮班主任，1973 届第一次，1978 届第二次。带这两届的
学生是稍有区别的，1978 届学生相对要好带些。1969 年秋季开始，我担任 1973 届
九班的班主任，带了整整四年，直至中学毕业，总体说来我对班里学生印象不错的，
乖巧机灵有上进心。在那个特定的年代，虽然教育课程设置受限制，教学要求不高，
但同学还是有求知欲望，读书比较自觉，大部分学生家住师大一村，家庭教育、学习
氛围还是可以的，这些学生比较本分，不太会惹事。整个班级学生来源不同，学习基
础有点参差不齐。和我此前教过的 1967 届高中生相比就有些不同，他们读书更自
觉，整体基础也更好。再说说我带的 1978 届学生，学习目的明确，课堂纪律好，不用
花太大精力来管理。他们有的哥哥、姐姐也是 1973 届的，我教过不少的。我教过的

那几届学生现在很多去了国外,他们留学深造并有所发展,有的学有所成、报效祖国。做好一个班主任不容易,确实要有责任担当,要有乐于奉献的精神,因为管理班级要比上课更花时间和精力,那时候也确确实实锻炼了像我这样的年轻教师。记得我带领1973届九班同学,一起学工、学农、学军,一起野营拉练,同吃同住同劳动。那时我年纪轻,照顾学生不知疲倦,不知劳累,师生间互相体贴、关心、帮助,这样建立起来的师生情谊特别深,也特别难得,至今印象都很深刻。

B 同学:那时候我们都很喜欢上您的课,觉得您教英语有与众不同的教学方法,上课有幽默感、趣味性,特别善于启发、调动学生的学习积极性。

刘:我1963年高中毕业,当时充满激情,一心想去新疆,结果没准备高考,新疆最后也没去成。我的理想是当教师,我哥哥也是一名教师,我很热爱教师这个职业,后来机缘巧合,终于让我如愿以偿。在上海教育学院培训一年,1964年需要英语教师的学校真不少,王鸿仁校长来培训班听课时选中了我。于是,7月我就来二附中报到,这也是二附中开英语课的第一年,所以说我见证了二附中英语教学的开端。

二附中1958年建校时学生学的外语是俄语,1964年秋季开始才将英语作为外语科目纳入教学中,我有幸成为首批四名英语教师中的一员。当时初中有6个平行班,其中2个俄语班,4个英语班。我进校工作时才19岁,与学生仅差5岁到6岁。进校当年我就担任1967届五班的副班主任,并担任五班、六班的英语教学工作。当时我住校,要去看学生晚自修,感觉整个学校的学习气氛非常浓。二附中外语教研组的风气也特别好,第一任教研组长凌贤骅老师给我留下了深刻印象。她对青年教师既严格要求又十分关心,想方设法精心培养,并且处处以身作则。她是俄语教师,

约 1981/1982 年,刘老师(左一)和 1983 届初中同学于龙华塔前

除了参加各个年级的备课活动,她还经常来听我们的英语课,跨语种听课。毛仲磐校长是学生物的,但也会经常来坐堂听课,然后指出不足,给我们年轻教师很大的鼓励。

学校里这种很好的学风影响了我,教学上我坚持不断改革与探索,以敢于创新的精神,先后与华师大外语系的吴棠教授、杭宝桐老师、章兼中教授合作开展"听说领先、读写跟上、情景教学"的英语教学研究项目,尝试用新方法来改变当时学生学英语中普遍只会做题但听不懂、开不了口的状况。记得在 1978 届搞了个《新活用英语》(New Active English)的引进教材试点,采用轻松幽默的、同学欢迎而易接受的教学方法,收到了很好的效果。

那时教师们干劲十足,学生们聪明加勤奋,因而各科教学质量都有很大提高。值的自豪的是,我们华师大二附中曾经是全市唯一的一所高三毕业生英语会考免试的学校。在 1985 年国家教委对全国部分重点中学毕业班学生的英语教学质量抽查中,我校的初三、高三学生均获得全国第一名。这两个年级我都参与执教,因此也很欣慰。80 年代中期到 1999 年,我还担任了十几年的外语教研组长。在教研组全体老师的努力下,1989 年我们教研组被上海市教委评为先进教研组。

1988 年,30 周年校庆,刘老师和外语教研组老师们在一起
左起:张根荣、周建英、章兼中(华东师大外语系教授)、何桂芸、刘鼎立

C 同学:同学们都知道刘老师兴趣广泛,尤其爱好文艺、体育活动,那您现在的退休生活也很丰富吧?

刘老师:我的业余爱好就是喜欢听评弹,评弹是一门古老、优美的说唱艺术,江南苏州味特浓,它吸引观众的本事和老师吸引学生是一样的,方法手段触类旁通,包括怎么丰富上课的内容,怎么激发大家的学习兴趣,多听评弹对我的教学大有好处,教学实际上也是一种艺术。体育方面我喜欢乒乓、排球。那时举办过校际排球联赛,我们二附中排球队曾夺得普陀区冠军。年轻时我属于活跃分子,艺术陶冶情操,锻炼增强体魄,这些都对提升教师素质大有好处。

我在二附中当教师41年,直至2005年退休。退休后调整状态,注重家庭与健康,喜欢自由行,去过美国、澳大利亚、欧州等国。说到这里就想起两件巧事,一次是在1992年,我作为交流教师赴澳大利亚悉尼学习三个月,有一天走在路上迎面碰到了1973届九班的徐迎同学。另一次是在地铁进口处,我碰到了正在用上海话与家人交谈的1966届学生沈銘德。哈哈,有时真的觉得世界很小啊!

2017年8月,刘老师漫步在好莱坞星光大道上

D同学:在同学们的心目中,您是个亦师亦友的老师,和同学朝夕相处中您最难忘的事情是什么?

刘:我一生恪守着"认认真真教书,清清白白做人"的信念。在二附中执教41年里,无论是做班主任还是任课教师,我始终发自内心地热爱学生、热爱教学。从进校时把学生当作自己弟弟妹妹,到后来把他们当作自己的孩子,无微不至地关心着他们的成长,无论是在怎样为人处事方面,还是如何提高学习成绩方面。在日常生活中也是如此,学生的事情总是放在心上的。1986届学生童辉在上学途中被车撞伤了骨头,得到消息后我立刻把他送往市六医院,在他住院期间还多次烧了骨头汤送去给他喝,家长很是感动。有些住校学生身体不适时,我也会烧些稀饭什么的带去给他们吃,让他们觉得像住在家里一样。身为老师,这样关心着自己的学生,我才觉得心里踏实。也因此,大家和我在感情上很贴近,都会把我当朋友,有什么心里话和思想也愿意和我交流。真心诚意,做学生的良师益友,这就是我秉承的教育理念。

E 同学:辛勤园丁献青春,满园桃李入梦来。如今您有什么特别的感慨吗?

刘:当年的青春不知不觉已经逝去,如今我们都慢慢地变老了。我这一路走来,目睹了华师大二附中的变迁与辉煌,就好比一列人生列车,有的同事、校友、学生提前下车了,现在我们师生还能一路前行,同庆母校60周年华诞,实在很值得庆幸。

离我们远去的老同事、老校友,他们把自己的毕生精力和才华奉献给了华师大二附中的教育事业,我深深地怀念他们。想当初我们同窗读书,合作共事,培养了一批又一批学生,为国家输送了大量优秀人才,我们干的事业是崇高的事业。选择人民教师这个职业是我的初心,一辈子无怨无悔。我也真诚地感激组织的培养、前辈的扶持和同事们的携手共进。特别是看到一批又一批学生毕业后,自强不息,奉献社会,作为老师真是很欣慰,也很自豪。

想想我带的1973届九班这些学生,其实他们特别不容易,中学毕业后学历文凭没有相应的认可,还得为学历拼文凭,为工作求生存,为圆梦而竞争。好在我的学生

2018年6月6日,1973届毕业45周年师生联谊会,刘老师和学生合影留念

都是要强的，不气馁，不畏难，不言败，勇于战胜困惑和磨难，如今有许多学生在生活历练中成为了强人和能人。我从心里感到欣慰和自豪，也期待更多走出二附中校门的同学们事业有成，为母校增光添彩。

　　一次聚餐会，就这样成了师生间的交流会。刘老师侃侃而谈，坦露心声，同学们细细品味着老师的精彩人生，敬佩之情油然而生。刘老师"教育根植于爱"的真诚信念、为人师表的敬业精神、执教 41 年的不忘初心，这些都深深地感动了我们。这样的交流机会实在难得，让我们分享了刘老师丰富的人生体验，也更多了解到母校的历史渊源。二附中的老师水平一流，二附中的学生人才辈出，身为二附中人，我们一直感到很骄傲，这是校友共同发自肺腑的心声。我们也怀着共同的美好祝愿，祝母校华师大二附中越办越好，在未来岁月里再创辉煌！

［校友简介］

　　陈国发，1970 年至 1973 年就读于华东师大二附中。大专学历，统计师，政工师职称，1979 年 6 月入党。从二附中毕业后曾去崇明新海农场，然后入伍参军，1976 年复员到纺织局第十八漂染厂，单位兼并重组多次，于 2016 年在棉纺印管理中心工会岗位退休。懂得感恩，真诚待人。

从高中 1986 届三班学生的成长看教育

——王运生老师访谈录

蒋知勤（1983 届初中/1986 届高中）

［教师简介］

王运生，1970 年和 1981 年在华东师大化学系本科和硕士毕业。1981 年至 2000 年在华东师大二附中工作，历任化学教师、化学教研组长、教导主任和副校长。2000 年 9 月起在复旦附中工作，历任民办复旦万科实验学校校长等。1996 年 9 月 8 日被评为"上海市化学特级教师"。上海市《高中科学》副主编，上海市初中科学课程标准解读和初中选修课程"生活中的科学"主编，国家初中科学课程标准的编写和修改的核心组人员，上海市中小学教材审查委员会《初中科学课程》和《小学自然》教材的审查组负责人。

蒋知勤（以下简称蒋）：王老师，值此 60 年校庆之际，谢谢您同意接受我的书面访谈。您是我们高中 86 届三班的班主任，还教了我们整整三年化学。自离开母校，我们时时想念您，也常常回忆咱们师生在一起共度的难忘三年。能在成长的关键时刻遇到了您，真是我们的莫大幸运。想问问您对这段经历是如何评价的？

王运生（以下简称王）：你流露着真情的提问把我的思绪带到了近 40 年前。"文化大革命"后的 1978 年，华东师大二附中被教育部命名为部属重点中学（上海市的唯一）。你们都是在 1980 年从全上海选拔出来的最优秀的小学生，由各区敲锣打鼓送到华东师大二附中来，你们在二附中度过了一生中最宝贵的初中和高中生活。我当时硕士毕业后被二附中送到英国伦敦大学的数学和科学教育中心进修了一年，回国后第一次也是唯一一次担任班主任就遇到了你们。以后由于工作需要，经历过高中及九年制学校的化学教师、教研组长、教导主任、副校长、校长等岗位，但再也没有机会做班主任了，所以你们的容貌、行为特征时时刻刻都记在我的心中。至今我还保留了一本当时的高一(3)班的学生情况表，会经常拿出来翻翻，回忆起当时的种种情景。

蒋：请您根据我们在二附中接受的教育及此后的成长过程，说说对我们这届学生的总体评价吧。

王：我和高中 1986 届三班学生的接触过程中，我觉得你们是二附中优秀学生的代表，我既看到了你们的成长过程，也看到了你们现在的思考。你们是 批接受了中国最好的教育，也经历了 40 年来国内的改革和国外生活磨练的不断追求卓越的精英，你们的成长过程具有非常独特的价值。这对如何认识过去和现在的教育，以及教育如何进行改革具有启示作用。

2006 年，王运生老师在复旦万科实验学校工作

蒋：您从我们的成长过程中,获得了那些主要的启示?

王：我觉得,从高中1986届三班这个优秀学生群体的成长过程,对我们主要有以下四方面的启示:

第一,无论是过去还是现在,我发现教师都并不了解学生,同样也不了解优秀的好学生在想什么。你们后来告诉我的许多当年的情节,这些我以前并不知道,比如为了追当时的"明星"——中国女排队员和中国乒乓球队员,班主任和老师眼里的优秀学生也会如此的痴迷和疯狂,偷偷外出追星,翻墙回校,整夜不回宿舍;为了与哥哥比一比,又会出现许多不寻常的行动等。真正了解学生是我们努力的方向和一种理想状态,但学生与老师之间总会有一段距离,即使建立了非常亲密、和谐的师生关系,学生也不可能把所有的秘密都告诉老师。而老师眼里认识的学生,也只是看到了海上冰山的一角,对学生深不可测的内心世界并不了解。所以,除了严重的问题外,老师要学会对学生宽容,老师要做的只是引导和鼓励。人在学生时代总会犯些错误,也许这些错误有着种种老师并不了解的原因,有些更是成长过程中的错误,甚至只是大人眼里的错误;对这些错误,孩子到了一定阶段能够自己认识和纠正。"追星"的优秀学生就是这样成长的。

第二,回忆当年许多鲜活的事实,尖锐地提出这样的一个问题:我们应该提供什么样的教育,我们能提供什么样的教育? 这些教育是教育家们、家长们的教育,还是孩子们需要的教育? 现在的中学课程内容与20世纪80年代相比较确实有了许多变化,但再仔细一看,学生的学习活动和班级活动仍是学校活动中最主要的形式,至少物理、化学的课程内容并没有本质的变化。80年代提倡的启发式教育的精髓——学生的主动参与,直到现在还是课堂教学改革主要目标。班级仍旧是学生在学校里体验社会关系和人际交往的最基本的载体。三十多年后再看当时教育的效果,我们会发现结果和我们当时设想的并不完全一致。我回忆当年自认为的一项重大的改革,是在你们班级里打破班干部的连任制度,实行班干部的轮换制。我们看到的结果是:既有三十多年前由于实施班干部轮换制后才当上班干部的学生,今天成了银行的行长;又看到从来没有担任班干部的普通学生,今天也成为大公司的领导和管理者;还看到三十多年后,你们又选出了自己的新班长。回忆当年为锻炼学生实践能力和接触社会而设置的学农活动,那时要自己做饭、干农活、访问农民,这样的活动给学生留下了深刻的印象。而今天学农已成为一种形式,蜕变为被大人们安排好的一次集体活动。学生受锻炼的机会被剥夺了,学生根本不能接触到真正的社会。什么是最有效果的班级组织形式? 什么是最能影响学生一生的活动? 这值得我们深思。

2010 年，王老师在北京参加全国初中科学课程标准修改工作

　　第三，你们高中 1986 届三班与当时的一班和二班（当时的试点班）相比，是一个普通班级，但正是你们这批学生充分展示了最优秀的学生是如何成长的。当时你们没有数学、物理、化学、生物等学科的奥林匹克竞赛，但有丰富多彩的课外生活。你们都显得十分普通，但你们中有一位同学成为 1986 年上海理科高考的第一名，还有三位同学早在高二就进入了著名高校的少年班。三十多年后的今天，你们这些 80 年代进入华东师大二附中的优秀少年，都已成为社会的中坚力量。归纳你们的成长过程，有三个共同点是值得我们借鉴的。首先是你们在中学阶段打下了坚实的基础和形成了丰富的积累，这包括知识基础和方法基础。例如在二附中的初中除了使用国内统一的英语教材外，还引入了国外教材"*New Concept English*"，打下了坚实的英语基础；又例如二附中初中要求学生背《成语词典》。这些额外的要求并没有让二附中的优秀学生感到负担重，也没有占据你们活动和玩的时间。相反，在掌握学习方法后，会使学习更有效率，所以一刀切地减轻学生的负担，一味实施只针对中考要求的教学，会使优秀的学生长期吃不饱，这对人才的培养是非常不利的。第二是要养成想学习和会学习的良好习惯，尤其是能自主、主动地学习。那时二附中的老师课后布置的作业并不是很多，也从来不补课，更没有什么家教，留给学生较大的自主学习的空间。长期的住校生活，使学生必须学会自己安排时间，必须学会自己在课外找到适合自己发展的读物。中学阶段，尤其是初中阶段，是养成孩子良好学习习惯的关键阶段，是否养成良好的想学习和会学习的习惯将影响孩子的一生。第三是要引导和保持学生的好奇心，以及具有追求新的创意、新的体验的冲动。这就是一种追求卓越的原动力。仔细观察你们的成长轨迹，你们的生活经历都是在这种动力下形

成的。十年前在一次老同学相聚时提出并成功出版《时光飞过 30 年》一书,就是不断追求新创意和新体验冲动的体现。也充分说明了在你们身上所具有的这种特征。

2010 年,83 届王峻、蒋知勤等 12 位同学合作编撰出版《时光飞过 30 年》

　　第四,让我们思考了教育的根本目标是什么。教育不是为了单纯让学生能上一个好学校,将来有一个好工作,在事业上能得到发展,教育更重要的是要为明天美好的生活做准备。这种生活不仅是物质上的,还要有精神上的满足、和谐的人际关系、健康的身体和心理。这种返朴归真的观点充分地反映在你们的生活经历中。二附中建校已经 60 年,在培养优秀学生方面已取得了巨大成功,如果时光再飞驰 60 年,我期待二附中能从理论和实践两个方面真正回答这个问题。

2013 年,王老师在蒋知勤家中做客

蒋：谢谢王老师，您的回答高屋建瓴，发人深思。我和三班同学都一致认为您是特别难得、特别优秀的好老师。当年您获得理科硕士又在英国留学深造，吸收融合了最优秀的中西文化。您在化学专业上学术有专攻，在教学理念上又能高瞻远瞩，理科强，人文底蕴也深厚，教育更是糅合中西文化之长。您对班级管理非常民主，信任学生，很多事情放手让我们去做。对学生从来只有鼓励支持和各种正面引导，因此我们对您只有尊敬和感佩，从无半点惧怕。谢谢您给了我们积极宽容的成长环境，让我们快乐健康地长成现在出息的模样。这些年来您也一直关心我们，和我们保持紧密的联系，在我们出书、教育下一代等方方面面仍然给予我们引领和帮助。衷心地感谢您，您是我们的恩师，也是我们学习的榜样和永远的楷模。

王：教学相长，我和你们的师生情是永恒的。

2018 年 5 月 2 日

〔校友简介〕

蒋知勤，1980 年至 1986 年就读于华东师大二附中。毕业后考入上海交大，后留学美国获理工科博士学位。现为休斯敦社区大学教授，业余担任美国侨报特约记者专栏作者。

学会学习，学会生活，学会做人

——严鸿淇老师访谈录

肖晴(1986 届初中/1989 届高中)

〔教师简介〕

严鸿淇，中学高级教师，1977 年恢复高考第一届考入华东师大生物系，1982 年留二附中任教，2004 年退休。在二附中任年级组长多年，所带年级组曾获上海市三八红旗集体。严老师曾获上海市园丁奖、普陀区园丁奖、长风地区优秀教师等各奖项。还曾多次在上海市开设生物公开课，其生物课授课视频被作为华师大生物系教学示范课教案。发表省市级以上生物教学论文数十篇，编写有关生物教材 4 册，所带学生在全国首届生物学竞赛中分别获得一、二等奖。

一个初夏的午后，我相约当年的两位同班同学及室友一起探望初中的班主任严鸿淇老师。严老师的家就在枣阳路600号二附中老校舍旁边的师大一村。走进华师大的边门，一眼看到了当年二附中的教学主楼，虽然偌大的操场和周边很多楼房都是后来新建的，但是一看到那幢熟悉的教学楼，30多年前的记忆开始复苏，带着有点激动的心情，我们敲开了严老师的家门。

严老师还是保持着她标志性的特点：瘦高的个子，鼻梁上架着一幅高度近视眼镜，由于近年来身体不好，她看上去有些虚弱，不复当年的"严厉"——也许"严厉"只是我们这些"小鬼"的感觉罢了。老师的记忆力仍非常好，一见面，就准确地叫出了我们三人的名字。她依然保持着一丝不苟的个性，根据事先的电话沟通，为这次采访做了精心的准备，翻出了当年的《二附中教育工作经验汇编》等材料，为我们一一讲述这些文章背后的小故事。透过这些纸张已泛黄的资料，我们深深感受到二附中的老教师们投身工作的热情，以及为教书育人无私奉献的精神，话匣子也由此打开。

2018年5月26日，访谈合影（左起：肖晴、沈妮、严鸿淇老师、夏燕如）

肖晴（以下简称肖）：严老师，您是我们班的班主任，也是我们这一届的年级组长。我们是1983年上初中的，这也是您工作的第二年，您是怎么来管理我们这些"小不点儿的"？您在二附中的时候，一直身兼生物老师和班主任/年级组长的工作，而且做得非常好，获得过上海市和普陀区的园丁奖，早在1984年的时候，就得到联合国教科文组织的邀请出国考察，是36个国家中唯一的一名教师代表。您能否概括一下您的教育理念，谈一些印象深刻的典型事例？

严鸿淇（以下简称严）：我是1982年从华师大生物系毕业的，当时的二附中校领导来学校挑选毕业生，经过严格的筛选才能到二附中任教。我是恢复高考后的第一届考生,之前工作过,因此毕业时已经 30 多岁,比一些高中毕业应届高考的同学大了 10 岁左右,可能这也是学校安排我当班主任和年级组长的原因之一。

我的教育理念,就是要让学生"学会学习,学会生活,学会做人"。

先谈谈学会生活吧,二附中大部分学生是住校的,十一二岁的孩子,都是家里的宝贝疙瘩,80 年代中期没有手机,没有私家车,通信、交通都不方便,家长不可能天天来看孩子,也不可能时时和孩子通电话。所以,班主任老师事无巨细都要管。有些学生不愿意洗澡,我就让小干部陪着一起去洗;还"逼"着学生自己洗衣服,当看到自己的劳动成果,学生们都很高兴地和父母汇报,父母也很高兴,专门来感谢我。对于初中的孩子,二附中设立了很多培养生活自理能力的活动,在班会的时候教孩子们订扣子、做酒酿、做酸奶,还评比做菜等,作为生物老师,我在生物活动课上还教了孩子们急救包扎、量血压、打金针等日常护理技能,都是寓教于乐,孩子们乐此不疲,既学到了技能,又培养了集体生活、互相帮助的观念。还记得你们寝室有一个空床位,晚上值班的时候,我就睡在你们寝室里,其实你们的纪律是很好的,我不是来"管"你们,我是来陪你们的,我自己没有孩子,就把你们看作自己的孩子,我愿意和学生待在一起,培养深厚的感情。

再说说学会学习。培养学生学习的自觉性和自学能力,一直是二附中的教育理念。我们要求学生课前预习、课后复习,每次上完课,不急于做题,而是要吃透课本内容,不懂的内容及时问老师、同学,要求弄懂为止。鼓励学生阅读科技杂志、做摘抄、写体会,培养学生的自学能力。在课堂上有意识地培养学生爱思考、敢提问、善表达的能力,鼓励举手发言,还让小干部做统计。二附中的学生知识面广、对科学抱

1998 年,40 周年校庆,严老师与孟东海老师及学生合影

有浓厚的兴趣,求知欲望高,我在教学中不墨守成规,而是因材施教。还记得有一位学生主动向我提出,"生物课本上的知识我都会了,我要求自学大学生物的课程",我一口就答应了。就是这位学生,后来成为生物领域的知名学者,他很感激我对他的启发、引领和宽容。

最后讲讲学会做人。这是培养孩子关心集体、关爱他人、处事应变的基本能力。作为班主任,我十分注重对学生的爱国主义、集体主义、助人为乐的教育。在这样的教育下,学生们自发地做好人好事蔚然成风。你们这个班就有很多事例:一个女生小队,坚持一周两次,到周边居民新村的孤老家里送温暖,帮腿脚不便的老人干生活琐事,陪她拉家常,春节假期,还相约从家里赶来,各自带着年货给老人过年,和老人结下了亲如祖孙的情谊;班里有一位同学的父亲病逝了,三位女生组成"秘密小组"关心他,帮他补课,到他家里帮助打扫卫生,还把零花钱省下来给他买文具,这些都是同学们之间最宝贵的关爱之情,一切出于本心,毫无功利。可以说当年的德育教育是十分成功的,而这样的教育,在今天也仍然应该坚持,不会"过时"。

当时,每个月都有主题班会,都是小干部自己选题、自己组织完成的。有一次市里来抽查的公开主题班会,当场命题,半小时左右准备,你们完成得非常好,半小时的准备效果就如同准备了两周的效果,得到了一致好评,我作为班主任从头到尾都没有干预。

肖:是的,在二附中的中学时光,现在印象最深的就是每次主题班会、每年文艺汇演之前,大家一起分头准备、群策群力的忙碌情景。珍惜集体的荣誉,为集体的事情尽心尽力,做出自己力所能及的贡献,现在时髦的话叫做"团队精神",这是一种基本的素质,对我们每个人后来的职业生涯都是非常有帮助的。我们何其有幸,在少年时代得到了良好的教育和锻炼,使这一素质强化为了一种自然而然的习惯。

严:你们这个班的小干部就很能干。记得有一次我出国两周,也没有请临时班主任代班,全部靠小干部自理,依然把班级管理得井井有条。你们刚才问到我一直做班主任,管理初中学生从思想到生活的各种琐事,是否觉得累。我认为,只要方法得当,把学生当作自己的孩子,是不会觉得累的。我的方法就是充分发挥小干部的力量。

肖:我们二附中的学生是十分幸运的,我们的老师都是华师大品学兼优的毕业生,热爱教育事业,综合素质非常高。您长期担任班主任/年级组长工作,有什么印象深刻的人和事?

1993 年，严老师所在的年级组获评"上海市三八红旗集体"
前排左起：孟东海、贺雪斐、严鸿淇、李振芳、曹康绥、易小珏、顾朝晶
后排左起：丁军、蔡玲玲、郑桂华、葛淑琴、麦嘉馨、杨琳仙

严：我姓严，也是以严厉出名的，我知道有不少学生都很怕我。这也算是我的风格吧，对学生的关心和爱护不轻易在口头表达。但是我很欣慰，学生长大以后，能够体会到这份苦心。有一位学生，现在已经成名成家了，他跟我说，非常感谢严老师对我的严格要求，对我的鼓舞和帮助。我很意外，也很感动，我甚至已经不太记得他的名字，也不记得自己为他做过什么，这种"无心插柳柳成荫"的结果，是每一位老师都会感到骄傲的。

还有就是你们这个班，一个班级 49 名学生，在中考时，48 人都考进了二附中高中部，可以说创造了一个奇迹。

2004 年，严老师和易小珏老师（左二）访问韩国

当然,现在时代不同了,当年那些严厉的方式,也已经过时了。如果现在我还在一线带学生,我也会与时俱进,适当改变风格的。

肖:您是我们的生物老师,虽然我们几位现在的工作都与生物领域沾不上边,但是我们对初中三年的生物课印象还是很深的,从植物学、动物学,到人体科学,我们自认为生物学方面的基本科学素养是很完备的。而我本人印象最深的,是初一时参加了一个全市的生物竞赛,最后得了一等奖。比赛的细节我记不清了,但肯定没有事先大量准备,似乎轻轻松松就得奖了。如果放在今天,这是不可思议的事情。现在回头看,这些都归功于二附中在教学上基础扎实,又进行了有效的拓展。您能说说,在生物教学上,您有哪些"诀窍"吗?

严:"诀窍"谈不上,我认为结合学生的年龄特点,采用"启发式"而不是"填鸭式"教学很重要,结合课堂知识补充课外知识,拓宽知识面,可以使学生的求知欲和兴趣不间断的持续下去。例如,上输血与血型这一节内容时,课本上只讲了输血的原则,但没有提及其中的原理,我就在生物课上补充讲解输血的原理和有关知识,并教会了学生在直系亲属之间推算血型的方法,还创造条件,让学生人人动手,测定自己的血型。通过这些方法,学生们牢固掌握了输血与血型这一知识点。

还有一点是充分运用实验手段,让学生直观、动手。在讲到食物的营养成分一节内容时,我就让学生做了关于测定一粒花生米所含热量的试验。当同学们将一粒小小的花生米点燃以后,发现竟然能将一试管的冷水烧开,同学们都很惊奇,对于脂肪燃烧能够释放较多热量的概念也有了深刻的记忆。讲到血液的成分时,就让同学们用显微镜观察了自己血液中的红细胞和白细胞,大家的学习兴趣非常浓厚,动手能力和观察能力都得以加强。

我多次在市里开设生物公开课,我所上的当时全市新教材试点的第一节公开课"人体与卫生"非常成功,后来被作为华师大生物系的教学示范课教案。

二附中注重培养学生的思维能力、动手能力、创新能力,开展小发明、小创造活动。这其实与今天推崇的科创教育思路一致,但是二附中在30年前就能坚持以这样的理念培养学生,可以说意识是十分超前的。

肖:相比十年前,随着互联网经济蓬勃发展,现在的社会大环境发生了很大变化,学校的教学硬件、软件都有了很大提升,您对现在的二附中,现在的学生有什么寄语?

严:我很感谢二附中的领导,鼓励和肯定我在工作中的勤恳和创新,也给了我

2001年，严老师在澳大利亚访问时与孩子们合影

不少荣誉，我获得过市园丁奖、区园丁奖，所带年级组获得过市三八红旗集体，学校还给予我多次出国学习考察的机会，这在80年代中后期，可算是很高的褒奖了。可惜我因为身体的原因，在2003年就退休了，退休后也没有精力将教学思想、工作心得进行系统的总结，这是我的一大遗憾。

现在的中学生都已经是00后一代，他们伴随着手机、互联网和全球化长大，视野和思路都大大开阔。我自身已离开一线十多年，老的观念有很多已经过时了，因此也提不出什么"寄语"。但是，教育学生"学会学习、生活、做人"的基本理念是不会变的。"师者，传道授业解惑也。"教师的职责也是不会变的。二附中所倡导的发挥学生的主观能动性，学生之间的互相学习、互相激励的传统也应该保持。希望二附中与时俱进，越办越好。

不知不觉，我们已经聊了整整3个半小时，不得不暂时说"再见"了。眼前的严老师，年届70，身形瘦弱，但是讲起当年的点点滴滴，她的声音变得清亮，眼神变得敏锐，当年那个威严、干练、风风火火的严老师又回来了。看到当年的学生成才，带着二附中的精神烙印，亦是"师者"最为欣慰的事情了吧。

祝严老师身体健康、永葆青春！祝我们的母校蒸蒸日上，再创辉煌！

2018年5月26日

[校友简介]

　　肖晴，1983 年至 1987 年就读于华东师大二附中，后转学至浙江省杭州市学军中学，1989 免试直升进入同济大学电气工程系，先后就读本科、硕士、博士研究生，1998 年获得工学博士学位。现为中国电信上海公司浦东电信局技术总监，教授级高级工程师。信息通信技术专家，曾获上海市科技进步一等奖等多项科技奖项，获评"上海领军人才"，享受国务院政府特殊津贴。

班主任与学生的化学反应

——郑隆海老师访谈录

高兴(1991 届初中/1994 届高中)

〔教师简介〕

郑隆海,中学高级教师,1948 年 10 月生,祖籍安徽旌德。1962 年至 1969 年在华东师大二附中学习。1969 年至 1973 年在贵州插队落户。先后毕业于贵州工学院(现贵州大学)化工系、华东师大化学系。1979 年 8 月至 1987 年 2 月在安徽建筑工业学院(现安徽建筑大学)基础部任化学教师。1987 年 2 月至 2003 年 10 月在华东师大二附中任化学教师,其中 9 年为班主任。1994 年底率先开展的"小课题研究",成为学校后来落实学生素质教育的重要抓手之一。曾指导 1992 届高中学生沈珺获得第 24 届国际中学生奥林匹克化学竞赛金牌(1992 年),指导 1998 届高中学生胡文君获得第 4 届国际中学生奥林匹克环境科研项目竞赛铜牌(1996 年)。

曾在我们班的群里做过一个小问卷：你眼睛一闭，马上说出郑老师给你留下最深印象的是什么？

你能猜出答案吗？

居然不少人说"郑老师明显爱出汗""感觉她一年四季拿着块'毛巾绢头'在擦汗"……

我们说的这个爱出汗的郑老师，就是我们大家非常爱戴的 1994 届高中三班班主任郑隆海老师。

爱出汗，细细一想，可推断出两点：一是身体好，能量足。你看到过老病鬼酣畅淋漓地出汗吗？老病鬼拿手帕，多半是咳血。二是人微胖，好相处。胖的人容易出汗，我们郑老师，用她自己的话说，"以前大家都叫我小皮球"，心宽体胖嘛。

2017 年，郑隆海老师七十寿宴，高兴与老师合影

郑老师的确就是这样一个人。去年我们班里一帮同学给郑老师过七十岁大寿时发现，多年不见，郑老师在外形上几乎没变，还是胖乎乎的圆脸，皮肤皙白、光洁、饱满，精神状态非常好，根本看不出已经七十岁了。席间她还专门为我们落落大方地表演了一段舞蹈。舞蹈没有名字，是若干年前郑老师隔壁邻居小女孩的保留节目，她居然即兴拿过来就给我们表演（真该给她在抖音再开个帐号），当时气氛一下就被调动起来了，后来好多人都表演了节目。

为老师祝寿的聚会，最后弄成一个非常嗨皮的 Party，也只有郑老师有这个本事。要知道，我们都已经四十出头了，最放不下身段时候。

郑老师就是一枚开心果：一枚自带光环的开心果，一枚充满生命力自带光环的开心果，一枚自带光环充满生命力又有号召力的开心果。

好多同学都说，我们高中三年可能是我们人生中最快乐的时光，至少对我肯定是。而且，我们班级同学之间的关系非常融洽，这与郑老师潜移默化对我们的影响肯定有关系，用化学术语说，这是班主任与学生之间起的化学反应。说句真心话：真是太感谢她了！

好吧，我的汗也要流出来了。赶快搬张躺椅，听听我与郑老师的对话吧。

高兴（以下简称高）：郑老师，在 20 世纪 90 年代后，二附中的理科学生在国际上获得了许多重量级的奖项，二附中也因此有了"金牌学校"的美誉，在社会上的知名度极高。您也有好几名学生获得殊荣，请介绍一下她们现在的情况如何。

郑隆海（以下简称郑）：应该说，在学校领导的支持下，通过老师与学生们的共同努力，在那十几年里，二附中的确在国际中学生的各类理科竞赛中，获得了不少好成绩。我带教过的学生也很争气，在国际、全国以及市级比赛中都有所斩获。其中，1992 届高中的沈珺，获得了国际中学生奥林匹克化学竞赛金牌，1998 届高中的胡文君获得国际中学生奥林匹克环境科研项目竞赛铜牌。沈珺后来毕业于哈佛大学医学院，获医学遗传学博士学位，现在哈佛大学医学院附属医院从事遗传学科研和教学工作。胡文君从英国剑桥大学获计算机博士学位后，曾在微软北京亚洲研究院工作了 3 年 10 个月，现在美国耶鲁大学电子工程系与计算机系任教。

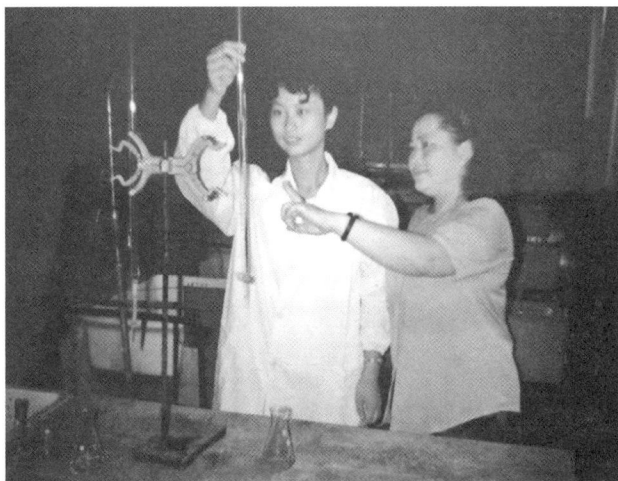

郑老师正在指导沈珺做实验，摄于二附中化学实验室

高：如果现在让您回忆一下当时沈珺的获奖过程，您记得最清楚的是什么？对其他人有什么启迪？

郑：沈珺我带了四年，从初三到高三。我是通过兴趣小组这种方式，慢慢培训他们对化学这门学科的强烈兴趣。是的，强烈兴趣。当时这样的学生有一批。到了高中时，不少拔尖的学生已经在学大学的内容，我想办法给他们提供各种各样学习与实验的机会。我记得，沈珺中学毕业时，已经看了不下 20 本大学化学的相关书籍。参加奥林匹克竞赛前，她代表上海先去了北京集训，最后被选中成为中国代表团一员，集训时的辅导老师很多都来自大学。她是那届国际大赛上唯一获得金牌的女学生。比赛结束后，我记得当时高三同学已经毕业放假了，我们后来是 8 月上旬专门为她开了一个庆功会。

我觉得，兴趣是学生的第一个老师，在学习与钻研的过程中能够获得乐趣，这种乐趣又会不断地触发你自发的学习，不断地接触新事物，这就形成了一个良性循环。所以，即使像沈珺、胡文君这样的女学生，一旦对理工科有了强烈兴趣，她们照样有机会在世界舞台上崭露头角。

1992 年，沈珺夺冠后与郑隆海老师的合影，摄于二附中校园

高：您还做了多年的班主任。在您看来，一名合格的二附中班主任，最重要的是什么？最需要具备的能力是什么？

郑：我觉得最重要的是，要当学生的朋友，要让学生愿意和我交心。二附中的生源普遍比较好，但人聪明、学习好，不等于什么都好。尤其在中学这段时间，是学生人生观、世界观养成的重要时期，帮助学生成为一个心智健全、懂得感恩、能换位思考的人，我觉得对他们之后的人生，极为重要。

高：有具体什么例子吗？

郑：最好的例子就是胡文君与吴玢(bin)的故事。她们一直是很要好的朋友，用现在的话说，是闺蜜。尽管她们当时不同班，但两人还是合为一组，参加了我组织的有关苏州河水质综合监测与治理设想的"小课题研究"，结果获奖，被推送代表中国队参加1996年在土耳其举行的第4届国际中学生奥林匹克环境科研项目竞赛。但问题来了，根据竞赛要求，她们两人中只能有一个去参加比赛。

高：那选谁？从客观的成绩与能力看，胡文君更好一些？

郑：不是不是。说心里话，她们两个都非常优秀，真要我取舍，非常困难。没想到的是，当我无奈地把这个残酷的事实告诉她们后，她们的反应比我想象得要好得多，"我们谁去都一样的！"当天没过多久，她们就跑来告诉我，决定由胡文君去，"我们是掷分币决定谁去的！"更令人欣慰的是，之后，两人还一直在一起备战，直到胡文君离开上海。胡文君夺得铜牌回国时，吴玢还专门去机场接她。直到现在，她们两个都是很要好的朋友（现在她们都在美国工作）。这非常难得的，我觉得这就是我学生的可贵之处，没有在个人荣誉与利益面前忘记做人最重要的理解、宽容以及团队精神。我为她们的友谊感到自豪。

郑老师正在辅导胡文君(右)与吴玢(左)做实验

高：我们还记得，当年您特别支持我们参加各种活动，学农时组织我们跳交谊舞，还有卡拉OK比赛，鼓励我们积极参加学校的各类文艺体育比赛，您当时的出发点是什么？

郑：这是一种多元的兴趣爱好。一个人，除了其最基本的学习能力外，他还需要有一定的社交能力。这种能力是需要去培养的。而且多一些兴趣爱好，会使我们的身心更加健康。现在，社会对此已经有了普遍的认同。

高：您的 6 年中学生涯也是在二附中度过的，您在二附中又当了 17 年老师，您觉得，二附中这么多年来，始终未变的是什么？

郑：做学问，追求卓越；做人，宽以待人。

高：在我们印象中，您总是笑嘻嘻的，精力充沛，能量十足。能说说您退休后的生活吗？

郑：我退休后的生活理念是：始终保持乐观向上的心态，活到老学到老。始终将身体健康放在第一位，始终关爱自己的家人与朋友。

访谈感想

5 月 13 日母亲节那天，我专门去郑老师家采访。当天，她刚刚从外地旅游回来。对的，一如既往的汗。

不过，还要加上我的汗——在访谈过程中，郑老师的一丝不苟给我留下极深的印象：每一个涉及到数字日期的，她都会拿出原始材料给我看，相当一部分是小册子、手稿与剪报。"虽然不是写传写史，但我总要对我说出去的话负责。"甚至为了核对一个简单的细节，她还当场打电话给胡文君妈妈。之后两天，她又给我陆续发来一些补充材料，虽然许多内容不需要用了，但我非常感动，被震撼了。这就是一个带出过"金牌学生"的优秀二附中化学老师对细节追求到极致的严谨科学态度。

［校友简介］

高兴，1988 年至 1994 年就读于华东师大二附中。毕业于复旦大学新闻学院。曾任《新民晚报》体育记者、驻美记者、《新民网》主编、新媒体编辑部主任、阿基米德 FM 首席内容官，现任东方网总编辑助理、焦点新闻中心主任，兼任纵相新闻主编。

"六个百分百"与"教师第一"
——何晓文老师访谈录

徐睿喆（2018 届高中）　韩易蓓　萧子瑄（2019 届高中）

〔教师简介〕

　　何晓文,回族,中共党员,教育学硕士。1978 年大学毕业后任教于华东师范大学中文系,1978 年至 1981 年曾在华东师大二附中开展语文教改试验。1991 年至 1999 年在上海师资培训中心从事教师培训和教育科研工作。1999 年 2 月至 2014 年 8 月任华东师大二附中校长。现任上海民办华二初级中学校长,华东师范大学教授。获评上海市特级校长,当代教育名家,享受国务院特殊津贴。

2018年10月,华师大二附中将迎来她的第60个生日。在这里我们想问问大家,这到底是怎样的一所中学呢? 为什么这么多人愿意拼尽全力,想要成为其中一员呢?

很多人的答案可能是这样的:华师大二附中位列上海"四大名校"之一,能进二附中学习,那一只脚就已经跨进名牌大学了;又或是,二附中在学科竞赛和创新比赛上是全国顶尖的,来此就读一定能提高竞赛方面的实力。

不管你的答案是什么,让我们来听听曾任华师大二附中校长、现任上海民办华二初级中学校长何晓文老师心目中的二附中。2017年7月,何校长接受晨晖社采访,向我们道出了许多外界可能没有看到的二附中细节。

二附中校园里的金钥匙

晨晖社(以下简称晨):何老师,谢谢您接受晨晖社的采访。也许,我们应该从二附中的历史说起,二附中是怎么来的呢?

何晓文老师(以下简称何):好的,让我们先从她的诞生讲起吧。一份写于1958年1月8号的华东师大校长办公室的文件,可以帮助我们揭开她的面纱。1957年,苏联凯洛夫教育学彻底退出中国教育舞台。当时的中国,以华东师大副校长刘佛年先生为代表的一批有理想有抱负的教育理论工作者,希望能够架构属于我们自己的中国的教育理论。刘佛年先生建议,华师大应该有自己的教育实验基地。适逢那个特定时代背景下,上海几个高校受命创办工农预科,于是华东师大二附中应运而生。

1958年9月1日,华师大二附中正式开学。可以看出,从那时起,她便肩负着为教育改革冲锋陷阵的使命。可好事多磨,"文革"的爆发让学生们失去了读书的环境。好在二附中是大学的附属中学,师资力量保存得相当完整,这也成为"文革"后能重振学校的关键所在。正因为能迅速振作起来，所以她也成了教育部直属的重点中学，为日后能大刀阔斧进行教改打下了扎实的基础。

二附中校训：卓然独立，越而胜己

晨：二附中的校训是"卓然独立，越而胜己"，您怎么理解其内涵？

何：我非常赞同叶澜教授的解读。"卓然独立"就是"志向不狭窄、人格不依附、思维不趋同、言行不虚浮"；"越而胜己"就是"自我日清晰、反思成习惯、人生有选择、发展能自觉"。我想，二附中校训更强调自我挑战、自我超越，攻坚克难，敢为人先。例如，新世纪初，在成绩上一流的二附中遇到了难题，校舍破旧、资金缺乏成为二附中改革路上的一道坎儿。二附中怎么能够"再出发"呢？于是，就有了后来的东迁浦东。

2002年9月2日，何晓文校长在浦东新校落成暨开学典礼上致辞

晨：能具体说说2002年的二附中东迁吗？

何：这主要得益于当时浦东新区政府的全力支持，他们出资为二附中建立了新的校区。正式落户后，浦东政府也投入了大量资金帮助二附中办学，而二附中也顺利度过了她成长路上的又一个转折点——东迁浦东。通常，在这种情况下，学校的第一反应是如何获得更多、更好的生源，而我们当时的第一个想法是：浦东给了我们如此大的帮助，我们应该怎么样为浦东的父老乡亲谋求利益呢？这样的想法不仅仅是基于感激，更是源于学校骨子里的使命感：让整个学校都为"办人民满意的教育"而努力。

晨：东迁浦东之后，二附中在办学上有什么新的突破？能介绍一下"六个百分百"是怎么来的吗？

何：东迁浦东后，二附中的确迎来了新的历史时期。我们不仅加强了对于校本教材的修改和编辑，同时也加强了对创新拔尖人才的早期培养，为许许多多未来优秀的创新型人才的发展打下了坚实的基础。由于许多优秀学生早早就拿到了名校的入学通行证，高三的学习生活有时便显得索然无趣，因此，二附中优秀的教师团队向那些已被保送的学生提出了"做课题"的建议，一方面可以丰富他们的学习生活，另一方面也能培养他们的社会适应性。一次完整的课题研究需要学生全身心的投入，要自己查资料，做实验，还要进行论文答辩，一切都远比简单刷题要有意义得多。没想到无心插柳柳成荫，当时的"小课题研究"获得了巨大的成功，从而有更多的学生投入其中，也使得二附中的科创成为一块金字招牌。于是我们决定推而广之，鼓励所有的孩子都要做一个课题。这也是二附中"六个百分百"的创建初心。后来我们就逐步构建了"六个百分百"素质教育的育人模式：百分百的学生做100课时的志愿者，百分百的学生开展小课题研究，百分百的学生完成100个实验，百分百的学生选修校本课程，百分百的学生参与社团活动，百分百的学生学会游泳。

晨：原来初衷是为了帮助保送生排遣寂寞啊。那么后来怎么会变成一个全校的特色呢，包括"学生社团"的兴起？

何：当时由学生自发组织的社团被校领导发掘之后，在认可、鼓励学生之间相互交流、相互学习的基础上，学校协助学生自己创建社团，随后也推出了"所有学生都要加入一个社团，让所有的孩子都能找到自己的喜好，培养多样的兴趣"的措施。随着学校的发展，社团的数目也不断增加，东迁浦东后全校有四十多个学生社团。

2004年，中央出台了加强未成年人思想道德建设的文件。为了让孩子们高尚道德的养成有一个很好的切入点，也能够让他们更好地融入社会，学校又推出了"所有学生都要做志愿者"；增强动手能力，"每个学生要做100个实验"；"阳光体育"，鼓励每个孩子学会游泳等多项活动。经过五六年的推广和不断改进，这些都成为二附中的特色，也有了现在的"六个百分百"。

到了申报全国教育系统先进集体的时候，其他学校的材料都包括升学率或是升名校的学生数量，而华东师大二附中是全国唯一的一所不谈升学率的学校。我们提出的"六个百分百"育人模式获得了"完胜"，得到了学生、家长以及社会的认可，当然也获得了全国教育系统先进集体的称号。这是党和国家对二附中创新、突破、改革精神的充分肯定。

晨：您认为二附中的"六个百分百"对当代教育起到什么积极作用呢？

何：在"知识至上"的年代，学生们学习很刻苦，但过分强调学习的重要性，往往就忽视了综合素质的发展。二附中的"六个百分百"回答了时代的命题，打破了人们认为"素质教育和应试教育处于对立面"的想法，破解了"应试教育向素质教育转化"的难题，可谓是在教改的路上又跨过了一道难关，这就是一所拥有历史使命感的学校所具有的觉悟。

2003年10月，欢迎极地科考队(前排左三为陈胜庆老师，中为何晓文与李志聪老师)

晨：一所有竞争力的学校，老师是最核心的资源。您能说说二附中的老师吗？

何：二附中的教师团队是最优秀的，学校的氛围是轻松的。对老师而言，学校管理并不像等级制那样一级压过一级,而是希望老师们能够有自己的发展,希望每一位老师都可以对自己的未来有一个规划,都能够借助二附中这个平台实现自己的价值。同样,也希望每一位学生能从老师那里学到自己所需要的、所缺少的知识和能力,从而成为一个更加完美的人。这是一种大学文化的传承,并不是一个校长统领着一个学校,而是所有的人都能够和这所学校一起成长,每个人的个性都能够充分的展现,并把自身潜在的能力挖掘出来。

"二附中的老师非常棒,卓然独立,越而胜己。"——这就是我们评价老师的第一句话。

晨:能否说说《人民教育》是怎么想到专门派记者来采访二附中老师的?

何:二附中评上全国教育系统先进集体前,我在会议上认识了《人民教育》的梁伟国副主编,他认为二附中是一所可写的学校,便在会后带着一位记者对二附中老师作了一个群体的画像,并写了一篇万字报道《教师第一》。这篇文章体现了二附中有关教师队伍建设的理念,即每个人都能得到最好的发展,鼓励老师在各自专业领域成为专业人士。二附中把老师当作共同发展的资源,而不是校长的雇员,学校和老师不是雇佣关系。我们非常珍惜资源,每位教师都可以在二附中实现自己的人生价值。这也让二附中老师在各方面都有所建树,有自己的专著,成为特级教师,成为教授级教师,努力在专业上谋求最大发展。"撑起一座名校的是名师",正因为我们坚信这个理念,在我担任校长的 15 年中,有 2 位老师晋升为特级校长书记,13 位老师晋升为特级教师,特级教师在当年是教师的最高荣誉。二附中的师资也成为上海第一,这正是我们的传统和优势所在。

晨:这里头有没有让您印象深刻的故事? 能给我们举一些例子吗?

何:二附中建校时有三部分老师,第一部分是华东师范大学各系的青年教师,第二部分是毛校长带过来的华师大一附中的有经验的教师,还有就是华师大的应届毕业生,这三部分老师都在专业上有着较高的追求,通过教改、编教材、做研究等,达到在专业上的不断发展。

说到印象深刻的老师,这里可以举一下周靖老师的例子。周靖老师大学毕业前,就在二附中实习,后来留校成为二附中的一名历史老师,现在已经成为历史教育领域相当知名的教师了。她为了教学实践事业,两次放弃了在外人看来非常难得的机会。第一次,她可以提拔为上海市教育局教研室的历史教研员,但她更愿意留在二附中做一线教师,因而放弃了这次机会。第二次,放弃了去考试院做研究人员的机会。有一年上海高考历史泄题,原本担任 A/B 角色的两个命题组只剩下一个组,这个组之后可能要年年命题。但是周靖老师与我约定,一年命题,一年任课,为此她拒绝了考试院想要调她去做历史命题负责人的邀请。

第二个例子很有趣,就是与娄维义老师的缘分。2002 年的寒假,二附中准备东迁浦东。2002 年秋季,生物教学将从一个年级扩展到两个年级,急缺生物老师。有一天,我骑着电瓶车前往学校查看,正好看到有一个男生在学校里四处转悠,四处张望,我就在他面前停下车,询问"你在找什么?"当时还是东北师范大学研究生的娄维义老师回答说"我在找工作"。于是我们俩就聊了起来。娄维义老师是生物系三年级研究生,打算来上海就业,想找一所寄宿制示范性高中。时值寒假,学校只有值班人员。此前他已走了几所学校,都被各学校的门卫拦在门外。恰巧他住的旅店有人向他推荐了二附中,他抱着试一试的想法来了,门卫也很同情他,让他进校园看一看,恰巧被我撞上了。那个时候,我心里已经有了想要录用他的念头,但当时人事是李志聪校长分管的,我就对娄维义老师说:"我们商量一下再给你答复。"于是娄维义老师坐火车回去了。他本以为自己被拒绝了,可刚进家门就听到电话铃响,原来是二附中的人事干部打电话告诉他被录用了。娄维义老师来二附中,第一是有缘,第二也有具体困难。他一个人要撑起一家四口,不得不用业余时间去做物理家教,学校便帮了他一把,让他放弃做家教。当时我们有个政策,可以为具备研究生学历或者在职两年以上的老师提供购房无息贷款 5 万元,这个政策帮助娄老师购买了住房,解决了家庭实际生活困难。娄老师在专业上特别有追求,他把别人逛马路、喝咖啡的时间都用在上网查找资料、完成博士学业、带领学生做课题上了,现在他已经被评为教授级的老师,成了二附中的"一张名片"。所以我们相信,只要肯努力,愿付出,一定会有更美好的生活。

第三个例子,关于"二附中的天是解放区的天"。刘长君老师,一位从东北来的老师,在进入二附中后发出了这样一句感叹,被我们称为是最形象地展现出二附中特色的一句话。他在没调来二附中以前,习惯于接受校长、副校长、教导主任等多级布置下来的任务,因此刚来二附中时,二附中宽松的氛围、自由的校园文化还让他有些不适应,但后来就如鱼得水,如同解放区的军民,很享受火热的工作学习生活。这或许就是大学附中所具有的一种学校文化,这种附中文化使得每位老师都可以独当一面,发挥各自的特长,当然我们也鼓励团队合作。在这种氛围下,老师的个性得到最充分的发挥,每位老师都得到了适合自己发展的空间。

晨：听说学校也很重视对老师的激励，具体怎么处理好精神鼓励与物质奖励之间的关系呢？

何：正因为有大学的人文背景和文化传承，二附中也成了能让老师在专业上不断成长、并且有所建树的好学校。二附中的老师从骨子里都有一种拼劲，都有一种吸引人的魅力。二附中是一所体现人文精神、人文关怀的学校，只要自己有追求，学校一定会让他有所发展。以前学校在并不富裕时就有一项规定，只要带出奥赛金牌或英特尔大赛获奖学生，就可以获得十万元奖金。有人曾认为这是不公平的，但是我们说："只要想拿并且有能力拿的人，都可以拿！"这不仅仅是一笔奖金，更是对老师的努力付出的一种鼓励。其实，某些老师做家教的收入可能几十倍于带出一块金牌所得到的奖金，但他们为了带好参加竞赛的学生，付出了很多的时间和心血。其实我们应该这样说："做家教是吃二附中的牌子，而带奥赛金牌或英特尔大赛获奖学生是创二附中的牌子。"那么，这十万元绝对不算多，只要你愿意，人人都可以争取。

2002 年 8 月 28 日，何老师与二附中首任校长毛仲磐(中)、第二任校长蔡多瑞(右)在校史展览室

二附中是全国第一个推出"首席教师制"的学校，旨在从教师中培养有领军作用的人物。一个教研组的水平取决于其最高水平，一位首席教师能带动一个团队。二附中确实也推出了许多激励教师发展的措施，用精神鼓励和各种奖励，来调动老师的积极性，让他们能在专业方面产生持续向上的内驱力。希望老师们能在三尺讲台上实现各自的人生价值，这就是我们历任校长对二附中老师最大的期待。

2017 年 7 月

徐睿喆,2015 年至 2018 年就读于华东师大二附中。

韩易蓓,2016 年至 2019 年就读于华东师大二附中。

萧子瑄,2016 年至 2019 年就读于华东师大二附中。一个看似在班级和学生会中都担任着普通的职务、有着普通的兴趣爱好的普通高中女生,但是她绝不被表面的普通限制。

时时处处为学校师生着想

——石义志老师访谈录

聂焱(2001届高中)

［教师简介］

石义志,中学高级教师。人生中有 6 年知青经历,后经推荐上了大学。1978 年毕业于华东师大物理系,同年留校到二附中工作,在校担任过物理教师、电教组长、劳技教师、总务主任,直至 2012 年退休。之后被学校返聘到华东师大紫竹教育园区、华东师大二附中前滩学校,继续发挥余热。曾管理和参建、建设了二附中枣阳路校区、张江校区、张江集团学校、华东师大紫竹教育园区、温州森马学校等多所学校。

石义志老师为二附中多个校区的建设和改造工程做出了很多贡献，为一代代二附中人提供了舒适安全的校园环境。但我们自己做学生的时候，由于主要精力都放在学习和各类校园活动上，更熟悉经常和我们在一起的班主任和任课老师，而对石义志老师以及历届总务处主任等从事后勤工作的老师所付出的努力知之甚少，因此这个访谈机会显得尤为难得和特别。

石义志老师的工作非常忙碌，于是这次访谈的地点就安排在了新建成的华东师大二附中前滩学校。访谈开始前不久，石老师还在和施工队一起仔细检查前滩学校中新安装好的一处楼梯扶手，反复和工人师傅确认扶手的安装情况，以及是否会对在校学生造成安全隐患等细节。有这样一位精通业务而又细致负责的总务处主任，真是所有二附中师生的幸运。

聂焱（以下简称聂）：石老师您好！就从您当初是如何来二附中工作的说起吧？

石义志（以下简称石）：我是1978年大学毕业后被分配到二附中的。我和蒋建国老师是大学同学，都毕业于华东师大物理系，他在一班，而我在二班。当时和我们一起分配到二附中的一共有8位老师，分别负责教授物理、化学、体育、外语、语文等科目。当时二附中的校区还在金沙江路，因为这个校区和华东师大校区是相互连通的，因此，我们进校后的第一感觉是校园环境和整体氛围都与华东师大很接近，有和师大相似的气息。我和蒋建国老师当初是一起被分配到物理组，觉得物理组的老师们都非常好，尤其是组里的年长老师特别谦虚，待人诚恳，其他教研组老师也都是如此。我觉得二附中老师这个群体对我的影响非常大，学校整体的氛围非常的平等、民主，教学研究气氛踏实而又浓郁。二附中的校领导与老师之间的关系，师生之间、同事之间的关系也都是平等、简单而又融洽，在这样的环境中工作，心情非常舒畅。

聂：也请您大致回顾一下您来二附中工作后的经历（物理教学、电化教学、总务主任等）。

石：我进校后先是教了四五年物理。80年代初，联合国教科文组织通过教育部，为国内提供了一批先进的电化教学仪器和实验仪器，因为二附中是教育部直属重点中学，所以教育部也分配给了二附中一批价值3万多美元的仪器，以多媒体设备为主，其中包括与物理、化学、生物、地理各科教学相关的设备。因为我是学物理的，也有一些无线电的基础，于是校领导就让我来负责这批仪器的安装和使用，并相应地分配到各个学科的教研组。也因为这批仪器的说明书和标识都是英文或日文，所以当时还得依靠外文字典来学习如何使用这批仪器。这批仪器在教学和教学改

1980 年 12 月,物理教研组去松江二中交流(后排左一为石义志老师,前排右一为蒋建国老师)

革中发挥了一定的作用。

就拿当时和生物组黄素行老师的合作为例,我们利用这批设备,在课堂上拍摄的两部生物教学录像片,不仅作为电化教学仪器的使用成果之一上报给了中央电化教育馆,还成为联合国教科文组织项目在二附中的成果。此外,我们还利用这批设备,在 80 年代初就建成了校园有线电视网络和校园电视台,开展了一系列的教学活动。像这样的成果,在 80 年代初期的初等教育中是十分少见的。

总务处的工作,那是从 1994 年起,我和蒋建国老师一起被分配到了总务处,当时他是主任,我是副主任(1994—1996 年)。那几年(1994—1998 年间)可以说是二附中历史上的一段艰难岁月。由于体制和隶属关系,上海经济发展的红利,二附中无法同步分享,当同档次的学校如上海中学、复旦附中和交大附中的教育经费大量增加时,二附中的经费还在原地踏步,教育经费的水平在向远郊的农村学校看齐。当时的经费非常紧张,教育部下拨经费只有 35 万左右,且不能按时拨付,需要用于支付工资、水、电、煤、教育活动、设施设备添置、校舍维修等各项费用。虽然学校还有学费的收入,校办工厂也在陈清翰、严长兴老师带领下全体职工努力,通过生产教研仪器、印刷航空机票等业务,每年也能有一些进项,但在物价上涨的当时,仍然远不足以应付学校各项日常开支。可以说是捉襟见肘,一度连正常支付工资都有困难。那时学校的硬件设施十分陈旧,路灯不亮、水管不通、房屋漏水、墙面大块水泥脱落、设备陈旧、食堂破旧不堪、绿地杂乱,已经到了无以言表的地步——那就是我们接手时的印象。从1983年到1994年,学校从未经过像样的修缮,整个校园中出现的破落景象,与二附中在社会上的鼎鼎大名形成了鲜明的对比。

面对这样的困境,陈胜庆校长、蒋建国老师和我想了很多办法来筹措经费,竭尽所能地改善学校教学和生活条件,诸如对教学楼的厕所进行改造、维修水管和路灯、修缮学生宿舍、翻修教学楼、修建田径场塑胶跑道、改造教师办公室、安装教师办公室空调、增添必要的教学设备等。举个例子,在1996年时,学校的电脑还是286、386这些比较老的机型,无法适应新的教学任务,我们通过向市教委相关领导反映,最终争取到了约100台新电脑,装备了两间计算机教室,从而解决了计算机教学的瓶颈。1998年,我们又与复旦大学的林立教授合作建立了校园网。由于当时经费匮乏,相关建网费用等到3年后才支付。此外,我们还和科技网合作,以优惠的价格获得独立带宽为10兆的出口,从而基本解决了老师和学生的上网、学校的对外宣传问题,为学校、学生和老师们提供了不少便利。凡此种种,现在看来不是问题的问题,在当时确实是学校实实在在的困难,也是二附中历史上无法抹去的过往经历。

1990年代后期,枣阳路校园的教学楼

聂:您是在什么情况下接任总务主任工作的? 之后又是如何带领总务处及食

堂一班人辛勤工作努力确保教学第一线的？请您大致谈谈相关情况好吗？

石：我在1996年时担任了总务处主任。当时的校园真是陈旧，田径场的煤渣跑道粉煤灰漫天飞舞，足球场荒草丛生；宿舍楼没有洗澡水，水电不畅通；教学楼墙面大块水泥脱落，教室灯光昏暗；教师办公室冬冷、夏热。通过我们的努力，从市教委、财政局相关部门申请到专项经费，在三年中先后对宿舍、教学楼、田径场、教师办公室进行了改造和修缮。记得我们曾请学生在出操时把操场上的黄沙踩实，铺设了天然草坪和塑胶跑道。经过这几年的建设，校园环境有了明显的改善。这些都是在学校经费非常紧张，老师的工资赶不上同类学校老师的工资水平的情况下完成的（这是我们至今觉得遗憾的地方，由于能力有限，没能给当时的老师以更高的收入）。我还记得1996年七八月份时，李玉英老师告知账面资金不足，为了支付老师的工资，我们向市教委借了100万元，缓解了资金困难，这才没有拖欠老师的工资，这笔借款也是过了四五年才得以还清。

关于食堂的管理，李玉英、朱宝林老师积极出谋划策，我们先是从硬件条件上进行改善，完善蒸汽设备、煤改气的燃烧方式，添置师生餐桌椅，改善餐厅的就餐条件等。同时徐冠利、陈定辉、陆石飞老师动了很多脑筋来增加学生营养菜谱和餐次，严把采购渠道，提高烹饪水平，改善师生伙食。就这样，从管理上，从学校经费上为师生的伙食改善做工作，让老师和学生们感受到学校对他们的关心。

枣阳路校园，学生食堂前

聂：您先后参与了二附中张江校区、闵行校区以及前滩校区的前期建设与验收，请您谈谈您是如何代表学校参与三个校区的前期建设与验收的？在此过程中，您最深刻的体会是什么？

石：在张江校区的建设中，何晓文老师（时任校长）、李志聪老师（时任二附中总支书记）、吴群老师为张江校区奠定了基础。而后，我和李志聪老师，每年都要同袁军老师（时任副校长）、蒋建国老师（时任总支副书记）、刘金海老师、毛永利老师、李国平老师等一大批老师，共同为张江校区建设和完善付出辛勤的汗水。比如，当时为了采购到理想的空调、办公家具等，和李志聪老师一起冒着酷暑，走了很多商家，做了很多调研。在学校搬迁中，仅设备、家具的招投标就花了一个多月的时间，每天早出晚归，非常辛苦。但通过学校领导和全校教职工的努力，学校的办学条件有了质的飞跃。这也要感谢华东师大和浦东新区领导，给二附中在硬件和办学经费方面的大力支持。

二附中搬入张江校区后，每个工作日的晚上我都住在学校，以保证在下班后也有老师能随时处理校园和学生安全方面的突发情况。当时由于刚搬到新环境，学生们都还不大适应。尤其在第一年，经常有感冒发烧或是摔伤等意外发生。最频繁的时候，我一周里可能要有两三次送学生去医院。

此外，张江校区的硬件虽然有了很大改善，但校园改造任务仍然非常繁重。例如计算机房、网管中心、实验室等和学生宿舍的供电系统由于设计等原因，无法满足使用需求。在随后的几年时间里，我们将这些地方的供电系统全部改建，保障了教学的需求。我们在资金使用上也是精打细算，例如当时南北宿舍两幢楼（15000平方米）电路的改造，我们自己买来材料请工人施工。一方面购买的都是标准最高的原材料，如熊猫电线、德国施耐德开关等，一方面也是精打细算，达到了很好的效果。此外，游泳馆、体育馆、音乐厅、报告厅等场馆在使用时也遇到了各种问题，我们和刘金海老师等相关的老师也花了不少时间和精力进行改造，收到了很好的效果。

张江校区

闵行（紫竹）校区的建设上，我确实也花费了很多精力。例如在2011年到2012年间，有半年的时间里每天都工作到凌晨一点之后才能休息。当时所有设备的清单都是我负责完成的，三千多万的经费，从废纸篓、家具、实验室设备器材到网络交换机，学校所有的一切都必须逐一列出品名和价格，同时还需要反复沟通确认，工作量很大。工程项目的整改方面也颇费周章，以灯光为例，设计的照明不符合国家和上海的标准,但在需要整改时往往很难得到开发商、设计方、工程队等相关各方的配合,因此需要花大量的时间和精力来进行协调和争取。另外再以音乐厅的建设为例,为保证获得良好的舞台灯光和声学效果,同时也为了符合安全、实际使用的便利等要求,我们逐级提出整改意见,最后请了同济大学的教授重新进行声学设计,避免了不讲科学、只图美观而产生的大笔资金浪费现象。

这种需要整改的情况在新校区的建设过程中其实是常有的事情,而往往由于设计者并没有实际管理学校的经验,也很少得到学校的确切反馈,只是从本本出发,或者只是机械地从规范出发,设计的校园总有不切合实际的情况。而我们总是从学生安全、实用可靠、教师便利、校园美观、设施设备的科学且适当超前等多个方面出发,提出相应的整改意见。再比如紫竹教育园区的篮球场和田径场,施工质量不符合要求,要让施工方彻底从基础开始翻建,那是让人家做亏本买卖的,其中困难可想而知。但是由于我们的坚持,最终还是彻底解决了问题,为学校日后的正常教学提供了保障。这类整改工作落实起来往往很复杂,需要花很多的时间去反复协调。不仅如此,还要和庄辉明校长、何晓雯校长、李志聪书记、邹淑君校长到闵行区政府、区财政、教育局以及相关部门争取学校经费,以及争取相关人员编制,为紫竹校区的后续工作提供了较好的基础保障。

闵行(紫竹)校区

相对而言,前滩校区的建设得到了陆家嘴集团的大力支持,我们提出整改意见后,他们会负责去与相关方面沟通,所以管理任务相对来说轻松一点。

聂:学校每年暑假都要进行一些项目的维修。您是如何进行维修项目的规划与实施的？暑假师生们都休息了，您几乎天天到校，您是如何处理大家与小家的关系的呢？

石：因为学校的修缮只能在暑假进行，所以我每年的暑假一直是在学校的，很少有休息天。因为每次维修改造都要涉及到很多方面，所以当时有一大批老师，如刘金海老师、毛永立老师、焦培文老师、宋仁康老师、李国平老师等一批老师也都做了很多工作，尤其是在施工过程中帮忙照看相关细节和容易被忽略的地方。比如在2007年时，为了迎接2008年二附中50周年校庆，我们重新油漆了张江校区的钢架，因为要先把旧的油漆铲除后再重新粉刷，而钢架原有的油漆不易彻底铲除，所以工作难度和工作量非常大。当时有300余名工人同时施工，要想有好的工程质量，必须对施工进行必要的监督，盛夏酷暑和高空作业，仅靠一两个质监人员是没办法做好全部质量监督工作的，我和老师们冒着酷暑，经常到施工作业面监督检查，基本保证了施工质量，那次油漆的效果在十年后的今天看来也还是不错的。

由于工作繁忙，家里的事情我很少有时间过问，可算是"三不管"：钱不管、物不管、事情不管（笑）。除了周末，平时基本都在学校。但幸运的是，家人们都非常理解和支持我的工作，我也从心底里感谢家人的包容。

聂：如今的张江校区绿树成荫，整个校区的绿化非常美观协调。当初您是如何参与规划与实施的呢？

石：我现在再来二附中张江校区，觉得校园环境特别舒适，大树参天，绿树成荫，让人感觉来到了园林之中。中学校园特别是新建校园里有这么多大树真是不常见的。我们当初搬迁至张江校区时，校园里的乔木一是瘦小，二是树形不佳，三是品种欠缺，和壮观的建筑非常不协调、不匹配。学校领导也意识到，一所校园如果只有现代建筑，而没有像样的大树来支撑，那是远远不够的。

因此，从2005年开始，在学校领导班子的支持下，由李志聪老师挂帅和实施，蒋建国老师、刘金海老师、毛永利老师等人和我一起去外省市寻找比较高大的、美观的乔木，包括樟树、广玉兰、银杏、女贞、水杉、松树、龙柏等乔木来装点校园。那几年我们经常奔驰在沪杭高速、沪宁高速、沿江高速等高速路上，足迹遍布浙江、江苏、山东、安徽各省区。当初的辛勤奔波换来了校园的绿树成荫，高大乔木遍布校园。

尤其引以为傲的，就是校园北广场的那棵大樟树和6棵大银杏。大樟树原来是在江苏吴江一位新四军老战士居住了几十年的院子里，老战士的儿子、孙子辈都是在这棵树下长大的，也陪伴了老战士几十载，后来这处院子需要动迁，听说是学校要买，老战士让我们很顺利地在2007年买了下来。这棵树当时的胸径就已达到了71

厘米,冠径则达到了 20 多米,主干在 6 米以上,树形堪称美观匀称、树干挺拔笔直、枝叶繁茂翠绿,在华东地区很是少见。移植时树根土球的直径达到 4 米,我们动用了载重能力为 100 吨的平板车才把这棵树运到学校。为了保证这棵树在移植后能够顺利存活,我们真花了不少心思和代价,日夜关注它。在种植时,由深到浅依次铺上了石头、山泥、营养土,还配备了水井、水泵、微喷设备、遮阳棚等,如今这棵樟树在二附中又开始了新的生命,枝叶又开始繁茂起来,为二附中洒下一片绿荫,也成为上海地区屈指可数的高大乔木,堪称樟树王,成为我们的镇校之宝。

石老师与校园北门的大樟树合影留念

再说说那 6 棵大银杏树,应该是在 2006 年、2007 年间买来的。当时我们看了不少地方(江苏如皋、东山、西山、吴江和山东临沂),最后是从山东临沂买到了它们(当时胸径已有 50 厘米)。这 6 棵银杏是从多个村落、很多棵树中挑选出来的,形状都很对称,也很挺拔。为了选购到满意的银杏,我和蒋建国老师一起曾经在一周内去了三次临沂。当时都是自己开车过去,单程需要花费 6 个多小时,路上非常辛苦。此外,为了保证这几棵银杏树的顺利交接,后勤处的毛永立老师当时还专门在临沂住了一周,日夜照看它们。由于银杏不容易移植,特别是大型银杏是不易种活的(确实有单位发生过花了大价钱买来，但没有种活的情况），移植三年后再死亡的情况也很常见。所以那三年我们一直非常小心地照看、呵护这6棵银杏，直到第四年的时候，看到银杏树长得还很健康，这才放下心来。

石老师与校园中的六棵银杏树合影留念

最后说一下教学楼中间的两棵大樟树。它们是在2006年移植来的，当时也是花了大功夫的。因为车子开不进去，我们专门做了一个搬树用的钢架，下面垫上钢管，然后组织了50名工人，完全靠人力慢慢搬进去。如今大树参天，枝叶繁茂。总之，我们移植的树木，大树成活率达到了99%，胸径50厘米以上的大树，成活率达到了百分之百。

一所学校，没有大树就没有绿荫，也没有历史感。建筑总要衰老，设备总要淘汰，人来了又走了，只有那些见证学校历史的大树，会伴随着一代代学生、一批批老师长久挺立下去。我们在它们的余荫下，享受着夏日的清凉，呼吸着它们给我们提供的氧气，让我们感受自然的美好馈赠，完成一代代二附中人的历史使命——这就是我们最初的想法。

聂：学校的消防及安保工作是相当重要的。您是如何带领一班人做好消防及安保工作的呢？

石：学校最大的安全是学生的安全。我们的理念是从学生出发，消除不安全因素，让学生平安度过他们的在校时间。学生在一个不安全的校园环境中是很难顺利成长的，当然要做到尽善尽美是很困难的，但我们一直在努力。说到安全，有治安、突发事件和消防安全，我们一直督促物业的安保人员参加义务消防员培训，和浦东

石老师与教学楼中的两棵大樟树合影留念

新区的张江消防支队、张江派出所、交警五大队的干警等合作,每年带领学生进行消防、安全疏散的演习,还成立了学生交通安全社团,在道路上向社会公众义务宣传交通安全法规。这一方面是为了提高学校的安全保障,同时也能够有效地培养学生的安全意识,今后万一遇到险情时能够正确地进行自我保护。这也是学生素质教育的一部分,我们在上海的中学里比较早的自觉地开展了这类工作。关于安保工作,最重要的在于人,也就是说负责安保的人员要时时处处关心学生的安全,任何工作都要考虑到学生的安全。另外,校园内和安保相关的设施和设备都要确保安装到位。学校对于安全保障也拟定了相关制度和预案,保证在遇到突发事件时有章可循。

聂:您觉得当一名总务主任最所需的素质是什么? 您又是如何要求自己去做到的?

石:这里我特别想说说二附中的老总务主任范仲伯老师,他 1958 年开始在二附中工作,直到"文革"后还在二附中做总务主任。他真是时时处处为学校师生着想,从不计较个人得失,时刻注意维护学生的利益,维护老师的利益,维护学校的整体利益,这都是非常值得我们这些后辈学习的。每每听到校友对范老师的赞赏,我也深为他的这种崇高精神所感动,提醒自己要把工作做得更好。

与此同时,做好总务主任还要求精通相关的业务知识,要与时俱进,要能对水、电、煤、信息网络、校园绿化、建设标准、家具、消防、安保、交通安全、环境保护、饮食安全等学校的各个方面都有全面深入的了解,而这也要求一名总务主任需要在工作中时刻留心跟踪这些方面的新发展,不断学习新知识,还要有意识地更新观念,紧跟时代发展的步伐。

此外，做好这份工作还要有创新意识。比如张江校区的创新实验室，这是我们在校领导的支持下建设的。建造之初，我们和袁军副校长去深圳、上海郊区各生产厂考察了生产能力和水平。建成之后全国各地的许多学校都来学习我们的经验，也为二附中的创新实验提供了良好的平台。二附中如果要在相关领域走在前列，就一定要注意高标准建设。二附中的学生都是非常拔尖的，我们尽可能地为他们的成长提供一流的学习环境和后勤保障。

聂：二附中之所以有今天的辉煌，是与二附中几代人的新老传承分不开的。60年是一个甲子，值得好好总结。回顾二附中这60年的办学过程，您认为后勤工作在为教学一线服务中有哪些特色？有哪些值得总结和发扬的宝贵经验？

石：二附中今天的辉煌是建立在一代代二附中人不断努力的基础之上的。在做后勤工作时，需要时时处处想到学生、老师和学校。而且不仅仅只是想到，更需要时刻思考如何能在校园建设、装备、管理、实施等各方面做得更好、更到位。这就要求我们，首先踏踏实实地做好每项工作，其次要勤观察、勤思考、勤落实，不漏过每一个细节。每一届总务主任都要努力在岗位上做出成绩，良好的校园环境、完善的设施设备、高标准的办公和学习条件，是历届总务主任和所有老师、所有学生、所有领导共同的历史任务，也是所有二附中人共同努力的成果。

2018年6月4日访谈结束后，石老师和聂焱的留影

结束访谈，我想起在欧洲求学时曾听过一场很有意思的报告，主讲人是我所在的研究所里一位即将退休的后勤事务主管，他提出的观点耐人寻味：后勤主管部门

多数时候对于其他员工来说其实是"隐形"的，因为人们容易把自己身处的环境和享受到的后勤服务视为理所当然，而忽视了为建设和维护这一环境付出大量时间和精力的后勤部门员工。"喝水不忘挖井人"，我也希望这次访谈能够帮助更多的校友和在校师生们来了解，以石义志老师为代表的学校历代后勤老师在建设校园环境时所做出的卓越贡献。让我们在享受或者怀念二附中美好生活的同时，都由衷地怀有一份感激之心。

2018 年 6 月 11 日

［校友简介］

聂焱，1995 年至 2001 年就读于华东师大二附中。2005 年获得复旦大学物理学学士学位，2008 年获得瑞典皇家工学院生物物理学硕士学位，2012 年获得欧洲分子生物学实验室及法国格勒诺布尔第一大学联合培养的分子生物学博士学位。现任上海科技大学副研究员、诺贝尔奖实验室共同课题组长（课题组长为 2006 年诺贝尔化学奖得主 Roger D. Kornberg）。聂焱校友长期从事生物医学研究，获得过"国家优秀自费留学生奖学金""上海高校青年东方学者"等多项荣誉。

英语课是师生共同创造的一种生活方式

——刘砚老师访谈录

王静怡（1992 届初中）

[教师简介]

刘砚，华东师大二附中 1969 届校友，上海市英语特级教师，曾任华东师大二附中英语首席教师。经历过动荡的年代，在东北农村插过队。大学毕业后，在中学从事英语教育教学工作，历时 38 年。2014 年退休后，参与学校培养青年教师等工作。

看到《师说》征文,说要采访一位印象最深刻的老师。对我来说,那非英语老师刘砚莫属。多年来,刘老师在我脑海里留下的几个画面,一直让我心生好奇,刚好可以趁这个机会搞明白……

王静怡(以下简称王):您留在我脑子里的代表形象,就是梳着个大麻花辫,甩到肩膀前,穿着一身白裙子,腰里系着一根粗粗的腰带,像极了那时港剧里的明星。那么您觉得,外貌气质对于英语老师来说,是不是很重要?

刘砚(以下简称刘):……(爽朗地笑)我实际上不是个很会打扮的人,穿着、打扮基本上是比较注重主观感受,怎么穿舒服就怎么穿,怎么觉得好看就怎么打扮自己,其他也没有什么特别讲究的。但是我从来不太化妆,我觉得还是比较朴素些的好,只是在衣服选择上注意点色彩搭配就可以啦。

我当时就想:刘老师要是更花些心思,这得多美呀!

王:那时您给我们每位学生都取了个英文名字(那可是在 80 年代哦),据我所知,很多同学都跟我一样,把您取的名字一直用到现在。这在当时是很少见的,这是您自己的点子还是教研组的一致意见呢?您给每个孩子取名字的时候,有什么特别讲究吗?

刘:因为我们要用全英语来授课,课堂上会有许多师生间或者同学间的英语互动交流,而在交流过程中,我请学生回答问题,或者跟他交流一个什么想法,不叫对方的名字呢,就显得很不礼貌,可是如果叫一个中文名字呢,又不符合整个课堂的英语气氛,所以呢,我就觉得给每个人取个英语名字要比在英语授课时突然叫出一个中文名字好得多。取英语名字这件事并不是教研组的规定,就是我自己感觉这样比较好。很高兴现在有很多同学还在用我以前取的名字。

王：我们原来上英语课，从来没什么"起立""老师好"之类的，只记得您每次捧着一叠材料，还没完全踏进教室就听到了您愉快的声音：Hi boys and girls！似乎您从来就没有过不开心的时候，那您是怎么让自己每次上课都那么情绪高涨的呢？

刘：是的，我们上课好像从来没有什么"上课""起立""老师好"这样的问候，因为我自己这么多年教书下来的感觉是，在课堂教学当中，那种符合学生水平的情境，如果可以调动他们的情绪，是有助于学生的学习认知的。那么从这个意义上来讲呢，就是英语课堂教学中教师和学生互相之间的情感交流是有助于完成这堂课的认知目标的，哪怕是一个眼神的交流，哪怕是一个微笑，只要是发自内心的，就会起到创造良好课堂气氛的作用。所以在走进课堂的时候，在关注认知过程的同时，我觉得我好像更注重学生在对自己、对事物、对他人、对整个班级群体的那种健康的、丰富的情感体验，以及老师和学生互动中营造出来的那种富有人文气息的课堂气氛。因为我一直说，英语课堂教学作为一种人与人之间的特殊的交往，是老师和学生共同创造出来的一种生活方式。既然是一种生活方式，我就不可能让学生对着老师起立说"老师好"，这个问候形式，我就觉得至少对我来说不习惯。

至于为什么我每次上课都能情绪高涨，是因为每次上课前我都会绞尽脑汁设计许多自然的、真实的语言交际情境，那么，自己既然设计了，就会有一种期望，也有一种好奇心，想看看学生到底在活动当中会有什么表现。事实上，每次我都发现，一旦学生的情绪或者热情被调动起来，就会给我带来意想不到的惊喜。刚才说了整个课堂就是师生共同创造的一种生活方式，这种意想不到的惊喜，就为我们共同创造的这种生活方式提供了很多的幸福指数。幸福指数提高了，所以你说，怎么会不快乐呢？每天都觉得生活充满阳光，充满希望，充满快乐的因素。而课堂里的活动也是

"每天都觉得生活充满阳光，充满希望，充满快乐的因素……有时候从教室走到办公室都快乐得想要唱唱歌"

生动的丰富多彩的,当上课结束走出教室的时候,也是有着满满的成就感和满足感,有时候从教室走到办公室都快乐得想要唱唱歌。

王:那时的英语课,几乎2/3是演小品的,最多1/3是用来讲课文的,所以我们都特别喜欢上英语课,这也是您自己的教学方式,还是教研组一致推崇的呢?

刘:我从来不认为教师在课堂当中灌输得越多、讲得越多,学生就能掌握得越多。学生如果只是靠上课听讲做笔记来学习的话,那么就算他当时听得很认真,笔记做得很认真,其实这些知识可能很快就会忘记。我一向认为学生只有全身心参与到课堂学习活动当中,才会真正运用到语言知识,才有可能用学到的语言知识来表达自己的思想和情感。当时二附中的整个教学环境是很宽松的,也给教师很大的想象空间,教研组里也没有什么硬性的规定,所以我有这么宽松的环境和空间可以去放手创造。那时候我自己感觉如鱼得水,可以按照自己的方式去实践自己的理念和想法。然后我也通过学生了解到,我用的那种方法还是起到了很好的教学效果的,最后学生考试的成绩也是非常理想的。这也是为什么教学会给我带来这么多快乐的原因。

王:可是当我高中考到了别的学校,上英语课时,老师特别强调语法,习惯了英语课就是演小品的我,很不适应。您觉得我们在语法方面的薄弱,对英语学习是不利因素吗?(我知道当然不是,但还是想听听您怎么回答,哈哈)

刘:学生在各个年龄阶段学习的内容和方法应该是不一样的,我们初中阶段的学生在学习英语的时候,实际上就像小孩子从小学习自己母语一样,是通过实际生活中的交际,不知不觉地学会的。如果在初中的时候就把语法作为一个重点来教,在教的时候又运用许多语法中的术语,那么这样的学习肯定是很枯燥乏味的,不利于帮助学生建立起对学习英语的兴趣。而且很多术语对初中的学生来说是比较难以理解的,就算当时听的时候理解了,可是照样不会用。我们在3L教材的教学过程中并不是没有语法教学,但是我们在交流、在讲句子当中已经贯穿了语法的规则,只不过我们没有说这句话它的主语是什么,谓语是什么,宾语表语是什么,而是把所有这些放到了语言结构中,放到了句子结构中,让学生很完整地去掌握这个语言的结构,然后用到自己的生活实践当中。就像我们在讲中文的时候,我们从来不去考虑哪个是主语,哪个是谓语、定语或者状语,但是我们可以把中文的作文写得很好。我记得我小学里的作文一直是被老师作为范例读出来的,但是我从来不知道句子的结构是什么。这就是语言,是在不知不觉当中学会的,是通过视、听、说的方式,利用我们学生已经掌握的语言认知结构去理解。学生对通过情景对话所传递出来的信息，去进行模仿和操练，不知不觉就背出来了。其实孩子们已经把课文原句背出来了，可是在表演的时候不大会有背诵的痕迹，这样学生在学习的过程中就会感到非常的有趣，而不是觉得很有压力。而且在这个基础上，学生可以把已经模仿过、操练过的东西进行一些加工，就是你们那时自编自演的情景对话和小品。这个过程也就是一种迁移，也是一种创造。所以，看似我们那时候不强调语法，可是已经把语法融进了句子结构，让同学很好地、很正确地掌握了每一个句子的结构，这个结构当中本身含有语法规则，只不过学生不知道他用什么术语来表达，但是学生都会用。其实大量的交际活动能让学生耳濡目染，在不知不觉当中习得一门语言。

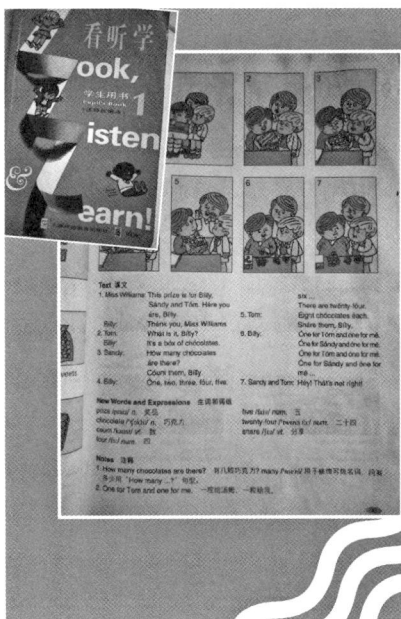

令我们印象深刻的 3L 教材，刘老师说，其实你们初中学的东西真的又有趣又实用！

王：当时我们用的 3L 教材，让我们印象可深了，有些课文现在还背得出。这套教材当时是怎么引进的呢？您印象最深的课文中三句话是什么？

刘：当时有了这套教材后，市里面就从几所学校挑选了几个教师，作为试点。我印象最深的有，在第一册中 Sandy Tom Billy 共同获得奖品，是一盒巧克力，共 24 粒要平均分。Tom 说："share them, Billy." Billy 边数边分着："one for Sandy and one for me；one for Tom and one for me ..."

课本中的人物都太可爱了,属 Billy 最搞笑。第二册中有一课 narrator 说"At a school party all the children bought raffle tickets. The first prize was a bicycle."大家推选 Billy"draw a number"。Billy 闭上眼睛抽出中奖号是 13,而 Billy 的彩票号码正好是 13,所以 Billy 叫起来"I've got number thirteen, thirteen is my lucky number"! 当时课堂上好欢乐,大家都给出自己的幸运数,印象很深。

第三册中有一课说的是罗马数字和阿拉伯数字,有这样的句子"I'm certain some of you don't like arithmetic at all . . . Can't you add DCCLXVII and CCVI? A Roman child couldn't do this sum. . . . Here it is in Arabic number 767 + 256 = 1023. . . Who says arithmetic is difficult? We don't have to use Roman number and we must thank Arabic for this."

其实你们初中学的东西真的又有趣又实用。

王:您给很多学生留下了非常深刻和美好的印象,那么您在几十年的教学生涯中,印象最深的学生是哪些类型的呢?

刘:但凡是我的学生,我不太会把学生做一个横向的比较。因为我觉得每个学生都有自己的特点,都有长处,只要这个学生后面比前面做得好,一点点在成长,每天有进步就可以了。对于学生的智力,传统观念就是仅限于语言或者数理化逻辑方面的智力,好像语言成绩高或者数理化的成绩高就说明很聪明一样,其实我觉得不尽然,因为有一些同学,他可能语言的方面不是很突出,在数理化逻辑方面也不是很好,可是在别的方面,比如音乐、美术、艺术方面,还有体育运动、人际交往方面,或者自我反省啊,认识自然界啊,等等,这些方面的能力应该是和语言数理逻辑的能力同等重要。我对我的学生不是以成绩论英雄的,我觉得智力是一种身心方面的潜能,可以帮助你解决实际问题,以后可以创造出社会所需要的其他能力,我觉得这才是智力。

现在似乎语言和数理化成绩很好的就能进名牌大学,在我的学生中,有些并没有考进所谓的名牌大学,但后来也有很好的表现和发展。至于说我比较欣赏哪一类学生,那就是在上课时表现出积极态度的那些孩子,哪怕成绩不是很高,却能很积极地参与到课堂的活动当中,在课堂学习过程当中会大胆运用语言来表达自己的真实思想和情感,这样的学生,我是比较欣赏的。

我自己也毕业于二附中,我以前的老师都是非常敬业,非常严谨,对学生非常负责任的。他们对我产生的影响也是很大的。后来我大学毕业后到了二附中工作,以前在中学教我的老师有一段时间成了同事,后来看着他们都一个个退休了。在做同事的时候,我也在他们身上学到了好多好多优秀的品质。所以我也很感激我的老前辈,我的老师。我对二附中很有感情,因为既是我的母校,又是我工作了这么多年的学校。作为老师,我非常幸运能碰到那么好的学生!

刘老师与她学生时代的班主任曹康绥老师合影。曹老师也教过我们地理课!

王:感谢刘老师接受我的采访。想告诉您的是,很长时间以来,我觉得英语老师就该是这样的,英语课就该这么上的。感谢您给我们留下了那么美好的记忆!

2018 年 5 月

[校友简介]

王静怡,1988 年到 1992 年就读于华东师大二附中。大学毕业后在上海电视台担任记者、制片人、新闻副总监,中国新闻奖获得者,北京奥运会火炬接力上海站、世界劳伦斯体育大奖颁奖典礼红毯秀、北京申冬奥特别报道等直播总导演。现任阿里巴巴体育集团公关总监、新闻发言人。

阴差阳错当了老师之后

——叶瑾老师访谈录

施文伟（1986 届高中）

［教师简介］

叶瑾，中学高级教师。人生中有 8 年知青经历，后凭借自学上了大学。1983 年毕业于华东师大中文系，同年留校到二附中工作，在一线任语文教师直至 2014 年退休。之后被学校返聘到国际部任教，继续发挥余热。曾担任二附中语文教研组长长达 17 年，为历任组长之最。曾是上海市教育考试院命题专家，并曾担任《作文通讯》《中学生优秀作文》杂志编委。

从二附中毕业之后的三十多年里，和叶老师有过很多次的会面，有同学聚会的，也有到他家拜访的，但是像今天这样，带着话题而来，还是第一次。叶老师得知我受三班、五班同学的委托要去采访，他就认真地做了回忆，反复思考了有关选题，并且仔细考证了每一个时间节点。采访时，师母丁老师也在座，参与回顾。

2018年5月17日，施文伟校友访谈叶瑾老师（师母拍摄）

施文伟（以下简称施）：叶老师，您好！您是我们这一届高一和高二的语文老师，也曾担任我们三班的班主任，尤其特别的是，我们是您从教后的第一批学生。1983年您给我们上了高中的第一堂语文课，1986年我们毕业，您继续教学。后来我们得知，您在1995年担任了二附中语文教研组副组长，1997年后任组长，直到2014年退休。历经三十多年，您成为了一个优秀的中学语文老师，可以说，你做了一辈子的老师，而且做好了一个老师，一个成功的语文教师。可是，我记得在您刚教我们的那段时间，您有流露过，其实您并不情愿做老师，至少这不是你的理想，是吗？

叶瑾（以下简称叶）：确实是这样。借用现在的说法，教师工作原来还真不在我的职业规划里，虽然我妈妈做了一辈子的小学老师，我爸爸也曾在大学教过书。那时我最想做的是编辑、记者，在大学读书时我发表过小说、报告文学；或者想做一点文艺方面的研究工作，那时自己对电影、戏剧蛮有兴趣，也发表过这方面的文章。阴差阳错吧，分配工作时留校到了二附中，还一干就是三十多年。想想真有意思！

那时我不想做老师，还有一个原因，就是我一直觉得自己不擅长讲话，做不好老师的。说实话，直到现在，看到那些在课堂上侃侃而谈、特别擅长表达的老师，我仍然很羡慕。

在刚开始教书的几年里，我总想离开二附中，而这样的机会还年年都有。印象特别深的是 1985 年暑假前,有一个机会,是回大学中文系做一份文艺理论杂志的编辑。我就向学校要求调动工作。当时的校长王鸿仁知道情况后,二话不说,立刻找到中文系的领导,指责他们是在"挖二附中的墙脚",说当年到系里挑选我到二附中,就是"将来要做教研组长的"。这样一来,这件好事当然就结束了。王校长还跟我说:"你不要埋怨,没有一个领导不是本位主义的。"那时候在我们教研组里我年龄最小,和其他老师相差一二十岁,从发展来看,教研组也真需要有后备力量。看看,我就这样被"定位"了,是不是既悲哀又很光荣?

施:作为您的第一批学生,我最大的感触是您没有架子,不像是学生的长辈,更多的是我们的朋友。1983 年,您刚走出大学校门,虽然有过内蒙插队的经历,但还是带着学生气,您总会给我们讲些书本之外的知识和您下乡时的见闻。记得在我高一的下半学期,您的大学时代的作品被刊登在《文汇报》上,我清晰地记得那是在第三版,几乎整整一个版面,同学们都争相拜读。这对于我们,您当时在教授的学生是一种莫大的荣耀,也给予我们这些爱好文学的同学以极大的鼓舞,但同时,我们暗暗担心,觉得这样有才气的老师应该不会在中学教师的岗位上逗留太久……

叶:才气谈不上,不过大概还不算笨。你说的那篇文章至今仍是让我感到骄傲的。文章题目叫"光明的使者",写了盲童学校老师的事迹,是和同宿舍一位同学一起写的。我们在 1982 年投的稿,最后发在 1984 年 1 月份《文汇报》的"笔会"栏目,占了整整一版。据文汇报的编辑告诉,文汇报自从创刊以来还从来没给在校学生发过这样一整版的文章。

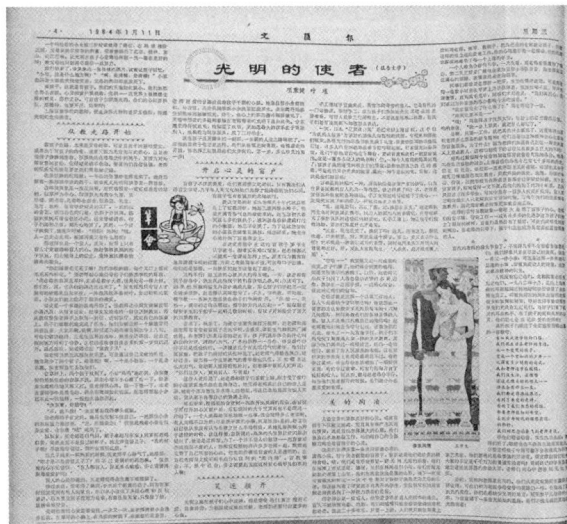

1984 年 1 月 11 日,叶瑾老师发表于《文汇报》的报告文学《光明的使者》

我上大学前,曾有八年上山下乡的经历,在内蒙古西部沙漠里一个叫巴音毛道的地方。然后读了四年大学,再到二附中,那时 29 岁。我们这代人的知识结构是有大缺陷的。我念完小学五年级就"文化大革命"了,所以基本就等于没有读过中学。后来考大学,主要靠自学,路子比较野。来二附中工作后,看到班级里的学生,其中一多半是从初中直升上来的,记得我曾说过,"在二附中,你们是我的前辈"。说这话一方面是想拉近与你们的关系,另一方面,也确实感到要好好通过你们了解中学,了解中学生。

　　可能也是受传统教育的影响,我们这代人,责任感还都比较强,所以虽然那时不情愿做中学教师,但对工作,我还是从不马虎。在教学中,也就是在与你们的交往互动中,我逐渐了解了中学教育和中学生。先在高中,以后到初中,然后又是高中,后来做了组长更是常常初中、高中同时上课。我的办公桌上放着中学七个年级的十四本教科书,有哪个班要去顶一节课,随时拿起一本书就可以进教室。

　　也就在这样的过程里,我渐渐发觉自己或许本来也只适合做个中学老师,或者说其他工作对我已经不合适了,所以后来虽然也曾有过几次换工作的机会,但最终我在二附中一直做到了退休。

　　教育上有一句老话,叫作"教学相长"。我对这句话实在感触深刻。做教师的这些年,我其实是在和学生一起成长。单就说学科知识吧,因为我没正规上过中学,文言文基础相当薄弱。我们在大学读的专业全称是中国语言文学,我那时只对文学类课程有兴趣,语言类课程学得都不用心。当老师后特别碰到的是二附中的学生,他们基础好,要求又高,真是倒逼着我必须不断继续学习,几轮教学工作做下来终于提高很多。后来我对语言类的知识也越来越感兴趣,我开过一门有关汉语词汇与中国文化的选修课,连续多年都受到学生欢迎。

2007 年,叶瑾老师在学校"晨晖讲坛"作讲座

施：在这么多年的教师生涯里，您也感受到了，教育，或者说基础教育，在越来越受到社会各方面的重视，教师的地位也在不断地提高。那么，这三十多年来，如果我们按平均三年一批学生来计算，您也是带过了十几批孩子。第一批是我们这些60年代末的，直到以后的九〇后、〇〇后，您觉得不同年代的学生有什么不同的特质？而您作为一个老师，尤其是语文老师，又是如何在坚持自己的教学理念的同时，去适应这样的变化和不同的呢？

叶：六〇后和九〇后的不同就太多了。你们自己的孩子大概就是九〇后、〇〇后吧，家长对孩子的情况肯定都有了解。我觉得现在的学生与你们那时候相比，有一个大"不同"，就是他们更加的"现实"。其实包括现在的家长甚至整个社会，都很讲现实、很功利的。学习就是为了拿高分，拿到高分就能考上好大学，考上好大学就是为了找到一份好工作，找到好工作就能挣到更高的工资、过上更好的生活。所以学习纯粹就是为了应付考试得到高分的工具。这和以前的你们希望学到更多的知识来提升自己，做自己喜欢的事情，希望有更多的社会经验、更好的文化素养，很享受学习的过程，差别太大了。

我倒不认为学生很"现实"就一定不好，会考试的人往往其他能力也很强。现在中国社会的发展就到了这样一个追求实际利益的阶段，讲现实、讲功利也无可厚非。问题是如果整个教育都围绕"应试"转，教学上天天是做卷子、改卷子、分析解题思路、研究怎么得高分，就比较麻烦了

无趣，这是应试教育到后来给人的最大感受。本来，中学的各门课程都应该很有趣的。但这是社会问题，单单靠教师个人，或者教育一个部门，无法改变目前的状况。我们的社会如果没有整体的进步，就像许多发达国家那样，蓝领白领相差不大，问题不会根本解决。

作为教师，能做的就是在满足学生和家长得好分数、进好学校的前提下，尽力让学生感受到一些"有趣"的东西，学到一些"无用"的知识，提升一些"无关分数"的情怀。我在当组长时，我们教研组就坚持让全体学生每人都做一个人文方面的研究小课题。这与考试无关，可凡是认真去做这个小研究的学生，许多方面都有收获。

施：我有听人说您是上海中学语文考试的命题专家。您曾几次为上海市的高考出卷，更常常参加区里的统考命题，作为一个老师，这是最高的评级了吧。从当初不愿意做老师，到如今的乐在其中，卓有成就，您有什么可以告诫我们的孩子们的，比如，如何走好职业生涯中的每一步，尤其在理想和现实有错位的时候？

叶：大概有十几年吧，我很喜欢出试题，感觉就像在玩游戏一样。有些题目几

2001年，叶瑾老师作为市级作文竞赛评委在阅卷

年后仍受到同行夸赞，还真有一种满足感。

回顾自己这几十年的生活，当知青那几年忽略不计，算是做了一辈子的中学老师。在我大学同学里，出了不少大教授、名专家，有成就的官员、企业家也不少，与他们相比，有时候难免会有淡淡的失落感。不过我对自己这些年来的生活，自我感觉还很充实。特别是看到一届届的二附中毕业生在中国乃至世界成为各行各业的精英，在各自的生活道路上都有很好发展，心里充满宽慰。我现在觉得做个中学老师，尤其是做二附中的老师，很不错！

你提到的问题让我想到了"命运"。说实话，在三十多年前，中学教师可不是一个招人喜爱的行当，社会地位不高，有人笑话说"连老婆都不好找"。那时我跟同样当了中学老师的同学说过，首先我们自己要看得起自己。在我们的职业生涯中，不可能事事顺心，更多的是不如意，会出现我们设想之外的变化。在这种时候硬对着干行不行？对着干的结果很可能头破血流。但是垂头丧气甚至满怀怨恨也不行，这样只会让自己的处境越来越差。比较好的做法是顺势而为。"顺势"不等于不抗争，关键点在"为"，就是要有积极的行动，要顺着那个不合我们心意的变化努力地去争取一个好的结果。

叶瑾老师和 2002 届毕业生王晓东(上)、2003 届毕业生娄伊琳(下)

其实大多数人年轻时并不知道自己最终会做成什么事,会走出一条怎样的人生路。既然这样,那么我们可以做到的就是努力走好眼前的这一段路,到出现变化,再把这变化了的下一段路努力走好。这样一段一段地走下来,最后回头看走过的路,一定感到自己的命运还行。

这是我和叶老师见面他说话最多的一次,娓娓道来,时时若有所思。我想与其说他是在回顾,不如说在总结:"阴差阳错"听起来有些玄妙,但是结果却告诉我们,对于一个实实在在,积极向上的人来说,无论命运如何安排,他都可以有一个光明的结局。

对于我们学生,有一位对文学有着执念的语文老师,是多么的幸运。虽然我们如今开枝散叶,各自峥嵘,投身各行各业,但是老师对理想的热情、对职业的尊敬、对专业的追求,早已沉淀在曾经的每一堂课、每一句评语中,渗透在我们成长的岁月里。

感动于老师无私的奉献,感恩让我们有幸成为你们的学生,得到你们的传道授业解惑,如果可能,下辈子,请继续做老师,让我们继续做你们的学生。

2018 年 5 月

[校友简介]

施文伟,1980 年至 1986 年就读于华东师大二附中,1990 年毕业于上海海运学院(现为上海海事大学)国际航运系国际航运专业,并于 2001 年获得MBA 硕士学位。长期从事国际货运代理工作,现为某瑞士公司中国区总经理。

More than a teacher of English!

——孟东海老师访谈录

叶海(1987 届初中/1990 届高中)

[教师简介]

孟东海,生于 1957 年,上海市徐汇区龙山中学毕业,其间学习俄语,后进入上海师大(原华东师大与上海师大合并)干校外语培训班学习英语。培训班结束后在中学执教 12 个月,1979 年考取华东师范大学英语系,1983 年进入华东师大二附中执教,直到 2017 年退休。

任教期间多带高三毕业班,曾任英语教研组副组长、国际部主任;两次获得区园丁奖。从 2002 年起到退休,一直担任上海市高级职称评审委员会委员。退休前还在高三年级担任英语教学工作。

我印象中的孟东海老师高大、帅气,有着上海人的干练、豁达和幽默。这次《师说》征文,让我有机会访谈了孟老师,请他回顾了在学校教学以及和学生、老师交往的点点滴滴⋯⋯

叶海(以下简称叶):孟老师,您是哪年来二附中工作的?您是否记得当年的第一批学生?如果用一两个词语来概括您的教学理念,您认为会是什么?教学实践最能体现这种理念,能否举一两个典型的课例或者事例?

孟东海(以下简称孟):1983年,我26岁起在华东师大二附中带了第一个班,从1983年9月一直带到1989年7月高三毕业。第一个班从初一开始带,全身心投入。

我的教学一直是比较"开通",讲究"学习方法",授人以渔。

记得当年不少同学在准备托福考试,我和他们说,可以在掌握课堂基础的前提下,在课堂上复习准备托福考试,我认为他们也是在学习英语,殊途同归。

我在教 NCE II 的时候,让同学们进行了听说读写拓展。让同学们听过课文后,我在黑板上写几个英语单词提示,然后让同学们用自己的话把单词连成整篇短文。学生接受了新的知识信息,并能根据提示,进行 Paraphrase。这样的教学方法比较新颖,普陀区英语教研员杨雪君老师听了我的课后就让我专门开了一堂公开课,组织区里的英语老师来二附中听了这堂公开课,并对这种教学方法给予极高的评价。杨老师对我的关怀和鼓励对我后来的英语教学研究起到了推动作用。

针对部编教材,我讲究语言点,语法的讲解和掌握。而新概念英语的教学我重点在"听说领先,读写跟上"。在学生英语词汇量不大的情况下,要求学生用掌握的简单的词汇复述、paraphrase 和写作,强调"Simple, Clear, To the point",学以致用!

另外,我还特别强英语单词的读音、英语词典的用法和课外简易原版著作的阅读。

通过对不同教材使用不同的教学方法,教学侧重点的迁移,使学生在英语学科上有了较大的提高。记得你们1990届学生的班级高考英语成绩达到平均136分。

叶:在二附中的教学生涯中,您认为二附中最值得坚持的优良传统是什么,又是如何形成并发展的?

孟:最关键的一点,二附中的教师不单单是教课本里的知识内容,他们教会学生的是一辈子都受用的"学习方法",是一把开启知识大门的金色"钥匙",而不是死记硬背。

就我个人而言,我教会学生的是,如何看懂和使用英语词典——英语词典永远是学生最好的英语"教师";教会学生如何"找食吃",学生们自己先后使用过,*Step by Step*,*Linguaphone Course*,*Essential English*,*English 900*,听中国国际广播电台"Radio Beijing"的各类英语节目,VOA 的 Words and Their Stories,英国 BBC 的英语习惯用语的节目,英语原版电影的观摩和配音,从而达到拓展学生的听、说、读、写能力。

第二点就是,自学、拓展、提问、解惑!

来二附中学习的学生都很好学,在他们学习英语的过程中,不断地给他们拓展最新的跨学科、跨领域的知识,让他们在思考的同时,提出自己的疑问,我负责解惑。

我一直觉得,古话说得对:"夫师者,所以传道、授业、解惑也!"

叶:那您能不能再告诉我们一两位影响过您的前辈教师,特别是当年的老同事?他们对您的具体影响有哪些?

孟:令我尊敬的老师有两位。一位是周建英,英语教研组的老组长。她心地善良,待人真诚、谦虚,是一位德高望重的老前辈,对新教师关心备至,鼓励他们大胆实践自己特有的教学方法,形成具有自己特色的教学方法。

第二位是严鸿淇,生物老师,班主任、年级组长。她会和新教师们主动沟通,及时反馈学生对新教师课程的意见,包括教师上课的优点和不足之处,以便新老师们不断改进、修正。

叶:在执教生涯中印象最深的学生有哪些,请说说他们的故事吧?

孟:我印象深刻的有四位同学:李劲、丛霖、沈海冰和胡慧。

丛霖,一位聪敏伶俐的女孩。在课上她有时候会貌似不专心,做些自己的事情。比如,上课时我看到她在画画,但当我问她我刚才讲的内容时,她每次都可以马上完整地回答出来。她有一心两用的本领,一边听课,一边做些自己想做的事。她非常聪明,智商很高。在 1989 年的高考中,150 分的英语考卷她考到了 148 分。

李劲,一位长相憨厚,智商极高的男孩。在我的印象中他一直都是一个书包斜背,和老师见面总是礼貌地 90 度鞠躬的乖学生,但他却是一位不可多遇的高智商的学生。邓小平当时在上海市少年宫就是看到他和丛霖在操作计算机后,摸了摸他的头说:"计算机应该从娃娃抓起。"

沈海冰,一位乖巧的女学生,英语课代表。她对英语有着很高的敏感度,反应奇快,临场发挥颇佳!有一次上海日本人学校的英语老师来我校飞行听课。我刚开时上课,教比较级。再让学生用学过的句子和语法造句时,沈海冰给出的例句是"Which is richer, fish or meat?"让我和日本老师都对她的临场发挥击节赞叹,她用词简单,含义却非常丰富!

还有一位学生是 1989 届的胡慧,这位女学生的音色甜润,非常有感染力。在 1988 年中国国际广播电台主办的英语朗诵比赛中,她朗诵的"The Gift",获得了评委里中外专家的一致好评。在朗诵中,她把自己的情感深深地融入了角色,获得了唯一的一个一等奖。

1998 年,40 周年校庆,孟东海老师与 1989 届毕业生合影

叶:您觉得,如何才能尽早让学生建立起自己的内生动力,并且培植他们终生学习的愿望和能力,尤其是卓尔不群的独立思考能力?

孟:作为一名英语教师,我不能仅仅教会他们英语知识,更重要的是要让他们自己有学习的内生动力。只要自己想学,就会有极大的兴趣,遇到困难就不会胆怯,而是自己去想办法解决。所以一有机会,我就会给他们讲我自己的人生阅历,分享经验和我自己的处事方法。我对自己的定位是"More than a teacher of English!"

我告诉我的学生自己如何发奋图强的经历。我中学学的是俄语,而在培训班中,其他同学之前都是学英语的。在这样的班级里,我一直是倒数第一。但我并没有气馁,而是给自己制定了一个奋斗计划。从英语零基础开始,努力学习,早上在河边的一小时早读和半小时的 VOA 或是 BBC 英语广播的新闻是必不可少的。第二学年期中超过了班里的大部分同学,毕业时已经名列班级前茅。

"动力、努力、奋斗!"我常常把这些理念灌输给我的学生。

我在图书馆看的书不单单是英语语言类的书籍,还有很多奋斗、向上、拼搏,不畏艰难困苦的书籍,如现代美国小说作家海明威的《老人与海》等。其中我最喜欢的是美国作家理查德·巴赫的"Seagull"（全名为 Jonathan Livingston Seagull），讲述一只不安于平庸的海鸥乔纳森，他终生的快乐就是学会飞翔，因此而遭到族群的惩罚，在悬崖边过着离群索居的生活。但对于飞翔的热爱令他坚持不懈，他终于碰到了一群志同道合的海鸥，也在不断飞翔学习中接近着心中的天堂。我传达给学生的，正是海鸥乔纳森那种如何为目标而坚持不懈的奋斗精神。

叶：如何培养学生的仁爱感恩之心，立志回报家人、社会和世界？

孟：一个人最大的快乐莫过于给人帮助，特别是在别人最困难的时候。而在得到别人的帮助后一定要懂得感恩。所以，对学习上有困难的学生，我会特别关心，他们只要有进步我就会加以表扬和鼓励。有时候我会让某一位学生去做一些助人的事，之后我会在课堂上表扬他，这样的表扬会让该学生懂得助人为乐是多么的幸福快乐，而以后他也会主动去做和带动其他学生一起参与，让学生们懂得感恩，立志回报家人、社会和世界是他们应尽的责任。

叶：请说说您在执教生涯中印象最深最难忘的人和事情分别是什么？

孟：刚到二附中，我发现学生们非常诚实！测验时，老师发完考卷后不进班级，45 分钟后收考卷，没有人作弊。

最难忘的人是课后擦黑板的学生，特别是那些个子矮小的值日生。他们在擦黑板顶部的时候，每次都要跳起来，而每跳一次只能擦一点点，对于满黑板的字，你可以想象得出他们有多累，每次看到这情景我都会自己擦或是让班级干部安排高个子的学生来擦黑板，逐渐地，高个子学生会自觉地帮助他们。

叶：能否说说您在教育实践中最感欣慰和颇为遗憾的事例，您有没有想过换环境？如有过，那又是什么让您坚持下来的呢？

孟：我的遗憾是，还没有把我自己的全部知识传授给学生。虽然我的头脑里有很多学生需要的知识，但是到了退休年龄，体力和精力大不如前，自己头脑里的知识已经没法传授给学生了。如果能再年轻 10 年该多好！

我最欣慰的事情就是没有离开二附中。

1988 年的时候，我每月 60 元工资加上 40 元其他津贴和奖金，而外资企业工资已经到了 300 元！我想过离开二附中，去外企工作。但是想到这么多我爱和爱我的学生，我最后选择留在了二附中。这一留，就留到了退休。

2002年10月，孟老师为来访的欧盟成员国教育专家一行做翻译

叶：您认为在新时代面向未来的教育中，二附中的办学理念、特色和经验有哪些应当保留，哪些方面需要与时俱进？

孟：需要保留的是"追求卓越"的学习理念，和谐、融洽的学习氛围。每一位二附中人都需要与时俱进，跟上时代的脉搏，不断追求卓越，终身学习，完善自我！

叶：如今新旧中外错综交汇，众声喧哗，那在教学、教育中怎么平衡怎么取舍，您对此有何看法和建议呢？

孟：我们鼓励"T字型"的知识结构。"T"型知识结构是指学生们不仅在横向方面有广博的知识面，而且纵向方面要有较深的专门学问，两者构成一个"T"型的知识结构。在鼓励学生们扩大知识面的同时，老师们上课也需要灵活生动。最好的老师，就是能够在课堂中随机应变，随时调整上课进度以适应学生的需求，不断开拓学生们的眼界，为他们的自学指明道路。

叶：如果今天是您退休前最后一堂英语课，您会给学生讲些什么？

孟：我会讲授的是：作为一名二附中人，应该懂得如何回报母校、父母和祖国！如何做一个正直、感恩、终生学习的人！

叶：您有哪些业余爱好？如果不当老师，您会选择什么职业呢？一辈子做老师对您意味着什么？您觉得值吗？有没有后悔过？

孟：我喜欢摄影,吹笛子、运动、阅读欣赏小说。

做老师,我无怨无悔。如果有下辈子,我还是做老师,把这辈子没有教会学生的东西,全都教给学生!

作为老师,我充满了成就感和幸福感!学生的成就也就是我的幸福!我把自己的一份力量、信息传递给他们,在他们成功的身影中看到自己的影子。我对学生们说过:你们的成功就是对我最好的回报!

2018 年 6 月,孟老师在桂林

叶：长期从事教育工作,让您看到了哪些事物或角度,往往是其他人看不到、想不到的?

孟：在教育界待了这么多年,不但对学生的一举一动,他们的一个眼神、一个皱眉、一个不经意的小小动作我都了如指掌,知道他们想说什么,所以在与学生的谈话中往往会一语道破天机,使得学生对你佩服得五体投地,把你当成了至交,把心里的话都掏出来。这对做好学生的思想工作很有帮助。

同时对教育教学改革也会有一些前瞻性的预测,也会提前看到教育教学改革的一些利与弊。

叶：能否说说您生平最大的愿望是什么?您觉得这个愿望实现得怎么样?那现在您最深切的愿望又是什么呢?

孟：最大的愿望是教好学生!让他们用我传授给他们的知识在各个舞台上充

分展现二附中人的形象。如果要我从 0—100 分来评价自己，我只能把这个权利交给我的学生，由他们来打分。学生最有发言权！

我希望能在有生之年，看到我所教过的学生在不同的岗位上展现二附中人的靓丽风采，看到我这个园丁培育的花朵在祖国各地、在世界各地绽放。

2018 年 6 月 19 日

〔校友简介〕

叶海，1984 年至 1990 年就读于华东师大二附中。同济大学 MBA，多伦多大学 EMBA。先后在上海采埃孚转向系统有限公司、上汽集团和华域汽车工作，担任采购、物流、项目管理、董事会管理等职务。目前主要负责华域汽车的集团战略、集团业务组合管理，包括合资合作、并购整合、新业务拓展等。

师说

——李志聪老师访谈录

沈军（1987 届初中/1990 届高中）

［教师简介］

李志聪，华东师大二附中校长，中学正高级教师，上海市中小学特级校长（书记）。毕业于上海师大中文系，曾先后担任上海幼专副校长、华东师大学前与特教学院党委书记。2000 年 4 月调二附中任党委书记、副校长，2017 年 1 月任校长。曾获首届上海市优秀教师"园丁奖"和"育才奖"，获评上海市"优秀青年班主任""高校优秀青年教师"，也是"上海市普教系统名校长培养工程"的首批培训员。

在一个明媚初夏的午后,我们回到母校二附中,采访了现任校长李志聪老师。刚走到校长室门口,李老师就微笑着迎上来握手,沉稳而谦和。作为二附中第九位校长,他已经与二附中共度了 18 个年头,年近六旬仍显得特别年轻。李老师 1978 年毕业于上师大中文系,从上海幼专的一名普通语文老师做起,三十岁出头就成为该校副校长,正处级干部,评上高级职称,后来又成为华东师大学前特殊教育学院首任党委书记。他一路分管过后勤、基建、财务,兼任过图书馆馆长,做过工会主席、党委书记,凡学校的管理岗位基本上都做过了。有很长一段时间,他在每一个领导岗位上都属于班子里最年轻的干部,难怪后来被同事们戏称为"老干部"。

2018 年 5 月 24 日,李志聪校长办公桌上有当年毛校长记录的"大事记"影印件

二附中东迁后摆脱了财务困境,随着摘金夺银高潮的到来,加上各项狠抓教育教学质量措施的到位,学校再次迎来复兴

沈军(以下简称沈):您是如何与二附中结缘的呢?

李志聪(以下简称李):2000 年 4 月初,那时我还是华师大学前特殊教育学院的党委书记,学校党委书记把我约到办公室,说想把我调往华师大二附中。他说二附中是"捧着金饭碗在要饭",这话我记忆犹新。当时办学情况很困难,大学也穷,无法向二附中提供更多的拨款。刚好有个机会,浦东愿意为二附中新建校舍,愿意资助学校办学,但要整体搬迁去浦东。他说学校的各个岗位你都干过,你现在分管的学院规模和二附中差不多,行政管理经验很丰富,你的任务就是配合何校长把二附中的教师队伍完整带到浦东去。书记说你考虑一下吧,明天给我答复。当天我就骑车去二附中看了看,第二天就明确答复了他。

沈:说当时二附中是"捧着金饭碗在要饭",这具体怎么理解呢? 除了经济困难,当时学校还遇到哪些问题? 后来是怎样逐步走出困境的?

李:原先二附中的财务状况相当困难。我刚来时,华师大领导给我看了一份市教育局的督导报告,上面就写着"二附中教师的工资收入相当于崇明县老师的水准"。全市普教系统的结构工资改革是从1993年开始的,但2000年我到二附中时结构工资改革都还没搞,记得副校长的待遇是每月60元,二附中老师能在当时那种情况下坚守下来真的很不容易!

何校长1999年担任二附中校长时学校正处在一个困难时期,生源和升学率都受到影响。其中一个主要原因就是学校财政困难,教师收入低。我们后来一直开玩笑说,当年教师队伍没有流失,我们最该感谢二附中周围的民办学校请老师去兼课,要怪只能怪当时资源有限,学校也没本事弄到更多的办学经费。

再说生源问题,因为没钱只能扩招,我刚来的时候,学校还有一个企业办的委培班,按人头每个学生交五万元学费。但越是这样,考试成绩就越差,报考二附中的好学生也就越少,这就进入了恶性循环。二附中能成为名校,源于几代老教师们的辛勤耕耘,而蚁溃千里,可能也就是两三届毕业生成绩的低落就能显现。当时何校长分析了情况的严重性,提出一个后面被证明切实有效的对策方案,依靠我们学校可以开办全国理科班的独有政策(当时全国只有四所学校可以开办理科班,其中包括北大附中、清华附中、北师大实验中学在内这三所学校都在北京,而上海只有我们华师大二附中一家),吸引到了来自全国各地的物理和数学竞赛的尖子生。通过一块金牌重奖十万元的激励机制调动起了老师们的积极性,这样的奖金数额在当时还是很震动的。正是因为有了这些好生源,我们集中在这些学生中打造出金牌,收效显著,二附中又迎来一波摘金夺银的高潮。学校也重振了往日雄风,再加上各项狠抓教育和教学质量措施的到位,二附中再次迎来了复兴。

2001年春，李老师在二附中迁至浦东的张江校区奠基仪式上

能够做到整体搬迁有很多原因，其中很重要的一个原因，就是我们二附中老师对于二附中学生的这种感情，所谓天下三乐之一，"得天下英才而教育之"

沈：当时学校整体搬迁中最大的挑战是什么呢？整体搬迁最终能取得这样好的结果，您认为最主要的原因是什么？

李：华师大党委当时交付的任务是"把二附中的教师队伍完整地带到浦东去"。这个任务其实很有挑战。当年上海有几所学校的搬迁就是我们的前车之鉴，有些学校原本很强，但搬迁之后就面目全非，元气大伤。有的学校70％的骨干师资都流失了。人家为什么要搬去那么远的地方呢？ 二附中的老师从来不用坐班，离家又近，大多住在华师大新村，为什么要跑到30多公里之外的地方去呢？而且当年浦东可不是现在这样的环境，周边几乎都是农田，地铁也只通到龙阳路。中午下课后，学生常常跑去周边村庄里看看。要想做到整体搬迁过来真的很不容易。但最终结果非常好，所有的教研组长、所有的特级教师都来了，一个也没有流失，只走了一位化学高级教师。之所以能够做到整体搬迁有很多原因，其中很重要的一个原因，就是我们二附中的老师对于学生的这种感情，就是孟子所说的君子三乐之一，"得天下英才而教育之"。二附中有这么优秀的学生，如果你真的有志于做老师，那么做二附中老师真可谓做到了职业生涯的顶峰，无论是对教师个人的成就感、满足感和人生的幸福感都有很大的激励效应。我觉得这是最最根本的原因。

沈：在与教师们的切身利益息息相关的问题上，学校又做了哪些工作以确保顺利搬迁的呢？除了师资队伍的稳定，当时还面临哪些风险和不确定因素？

李：当年学校为了确保顺利东迁，作为书记，我专门对涉及教师切身利益的问题进行深入调研，了解教师最关心的具体问题，并拿出切实的解决方案。比如针对上下班交通问题，我们安排了五部班车。原先许多教师住在华师大，上班都是骑车或步行的，我们就把班车停到教师家门口；在教师待遇上，也比原先有很大的改善；针对教师子女的就学问题，我们争取到浦东外国语学校等方面的支持；而在住房方面，通过政府补贴、协调房产开发商让利，我们在张江找了几片房源，现在房价早已飙升；在职业发展方面，我们通过人事制度改革，为教师们提供更多上升通道和发挥才能干事业的舞台。就这样，我们通过"五子登科"的方案，比较顺利地应对了整体东迁的挑战，完成了保留师资力量的大目标。

2001年暑假，李老师和蒋建国老师在张江校区建筑工地，周围还是农田和民居

除了师资，还有生源问题。原来二附中在浦东只招20名学生。东迁后，浦东区当时希望我们招生中至少有一半名额分配给他们。我们为此据理力争，如果一半招生名额来自浦东新区，那我们二附中就不是教育部重点学校而只是浦东重点了。后来实际生源中有差不多三分之一来自浦东。好在上海大发展，浦东是人口导入区，生源质量还是相当好的，这一步走得也很顺利。如果当时在生源上出问题，后果会很严重。对于一个学校，师资、学生生源和办学条件都是根本，都很重要。空有好的办学条件而没有好的师资和好的生源，最后也不可能成功。所以当时整体搬迁真的是面临很大的风险和不确定因素的，幸好过程比较顺利，结果很不错，我们也相当欣慰。

新校园的设计借鉴了国外很多先进理念，但最让我留恋的可能就是这些树了

沈：新校园的设计建造中融合了怎样的理念？体现了怎样的想法？在今天的新校区中，最让您留恋甚至动情的是什么？

李：当时的领导都很关心二附中，周禹鹏、龚学平、周汉民等领导都对新校区的建设给予指导，大方案、大原则由大领导拍板，学校从使用角度也提了一些需求。当时请了两家美国公司做概念设计，最终一家的方案胜出。校园设计借鉴了国外很多先进理念，目前采用的这个设计方案就是强调"校园内任意两点之间均可在三分钟内到达"，这是一个非常好的理念，我们实际使用下来的确感到很方便。当然，我们在后期也作了一些调整和改造，如科创实验室就是我们自己提出并改造的，在搬来后的第二年我们搞了十个创新实验室。再如外墙的颜色，我们希望能够接近原枣阳路校址中图书馆的外墙颜色。这个图书馆是原校址中我认为最具特色的一栋建筑。新址苦于没有空间了，否则真想把这个图书馆原样复制过来，这会很有意义。

正因为有这样的经历，所以我对新校区的感情很深，一草一木背后都有故事，我都可能亲手参与或筹办的。当时我分管总务后勤，在学校建设方面投入了不少心血。哪栋楼的颜色是如何确定的，哪处细节是基于怎样的设计意见，哪棵树又是怎么想办法从哪里移来的……很多地方、很多细节都历历在目。将来退休后，如果有人问我，二附中校园里你最留恋的是什么，我想我最留恋的可能就是这些树了。树对于一所学校是非常重要的一个元素，不仅仅是美化环境的问题，还是一种生命力的象征。如果校舍是簇新的，但树却很差，那就缺失了很多。所以，我们这里的绿化最后都改造过，所有的行道树都换种了。我们当时曾想把老二附中的几棵雪松搬过来。一问搬运费吓一跳，比新买还贵，而且还要打报告走流程，相当复杂。但我们还是尽力把一些树移植过来了，樱花是移过来的，好些枇杷树也是从老校区移过来的，"腾飞"的雕塑也是，这样就可以多留一些念想。那六棵银杏当年是从山东临沂拉过来的，如今的市场价已经飞涨了！香樟大多是从苏州移植过来的，现在校园环路上的香樟来自于当时的市政动拆迁，我们就把整条马路的树全都搬到这里来了。大树还给人一种守望的感觉，总之我对这里的树特别有感情。

2018 年 6 月,李老师拍摄的二附中校园,繁花匝地,绿树成荫

二附中一以贯之的是素质教育,也就是注重素质、注重能力,从来没有改变过

沈:二附中创办 60 年来,您认为有没有一以贯之、坚持不变的东西?如果有,会是什么,大体是怎样形成的?

李:从本质来看,二附中一以贯之的是素质教育,也就是注重素质、注重能力,从来没有改变过。从 1958 年建校的第一任校长毛校长开始,我们就留下了历任校长的工作日志。今年春节我一直在翻阅这些"大事记"。我觉得,二附中这所学校内在的基因和成立之初的第一批老师有很大关系。第一批教师中,一部分是毛校长带来的原光华大学附中、当时华东师大一附中的师资。光华大学在解放前是非常著名的,培养了乔石、姚依林、尉健行等一大批名人。光华附中在当时就非常注重素质教育,毛校长其实是把国内一个著名中学的素质教育实践带了过来。另有一部分老师是华东师大各系研究教材教法的教授,他们把大学教授的教育情怀和教育理念带了过来。作为高级知识分子,老教师们对于教育的规律有着更为本质的把握,也使二附中成为重要的教改实验基地。还有一部分老师来自华师大精挑细选的优秀毕业生。这三拨人组成了二附中的第一批师资队伍,从一开始就奠定了二附中的文化基因。后来无论经历怎样的变化,在讲素质、讲能力这一点上从未动摇,尽管当时还没有素质教育这一提法,但现在很多的实践教育都可以追溯到当时的源头上。

二附中创办 60 年来,我是第九位校长。我们的学校有一些很神奇的东西,60 年来,经历了一任又一任校长,一批又一批老师,一届又一届学生,有些东西却从来没有改变过,这在一般的学校是做不到的。如果每任校长上来都要打上自己的烙印,九个人喊九个口号,就成笑话了,那样的话到头来一定是连一个口号也留不下的。在近20年中,我们甚至于连一些具体的提法也没有改变过。比如"追求卓越,培养创造未来的人才",这是从20世纪90年代中就开始讲的,是由当时华师大的叶澜副校长总结提炼的。这么多年来,内涵上会有与时俱进的调整,但这句口号从来没有变过的。再比如,何校长当时提出"六个百分百",戴校长来了也是延续这一思路,我现在也是如此。并不是来一任新校长就要全部重起炉灶,学校发展一定是建立在前面基础之上的,只要提得对的、做得好的,那就要继续坚持去做。动不动就改弦更张,缺乏延续性,这恰恰是中国文化里面不足的东西。

二附中最值得珍惜的传统就是"自由、开放"

沈: 在学校管理中,您认为二附中最独特的氛围是什么?最值得珍惜的传统又是什么?

李: 二附中最值得珍惜的传统就是"自由、开放"。我们的教育强调"公民义务",而对"公民权利"重视不够,有时甚至可以说是漠视的。二附中的氛围相对比较自由、开放,师生关系比较平等,职务权威在这里是起不了很大作用的。这个学校的运转主要不是靠职务权威,依靠职务权威指手画脚、颐指气使是行不通的,指挥不了人,也维持不久。这种氛围非常重要,我也非常看重这一点。我经常和老师们说,大家都感到推动社会民主发展的迫切,但很重要的一环其实就在我们的学校管理中,在我们的课堂教育中,就看我们的公民教育做得怎样,我们是否有承担义务、伸张权利的意识,有没有规则意识和民主意识。在没有规则意识的情况下搞民主,结果就是一片混乱。学校整体搬迁过程中,我们只走了一名教师,我当时就在想,这其实也很好,代表了99%对1%的尊重。我们不会强迫每个人都要来,教师有自主选择权,可以留可以走,我们尊重每个人的选择。我经常讲,"四大名校"招收了全市前2%的优秀学生,这部分人是什么品质就意味着这个国家的未来将会是什么样子。在这个学校里做老师,这份责任是很重的。所以维护好"自由、开放"的氛围,我个人认为是重中之重。

沈: 学校在日常管理中是如何体现"教师治校"的?

李: 戴校长因为是从大学过来的,非常重视"教授治校"和学术在学校管理中的地位。他来后不久就成立了教育教学指导委员会,由全校所有的特级教师和首席教

秋日，同学们用银杏落叶即兴创作的校园小品：EFZ, LOVE

师组成。学校重大决策由这个委员会先讨论，教指委就曾否决过学校领导的一些提议。例如，学校党政联席会议曾讨论提议撤销特色班，但被教指委否决了。教指委提出几个方面的意见：一来这是二附中的传统特色；其次，撤销后可能对招生宣传不利；另外，如果决定要撤销，也需要找到其他凸显特长培养的替代方案，给家长和学生一个交代，哪怕特色班建制撤了但学校对于个性化培养不仅没有削弱反而得到加强，所以撤销特色班的提案应该有更周详的计划。再比如职称评定，都必须由教指委先通过，如果教指委投票不过半数，评定材料都送不上来。学校凡有重要、重大事项，一般都会经过教指委的审议。

沈：在学校的教学管理中，又是如何尊重和凸显教师的个性化教学特色的？

李：我们这所学校和别的学校很不相同，老师们都很有个性，学校也注意尊重和保护老师们的个性特色。教学中，我们通常仅在教学目标、教学进度和最后考试安排上做统一。在此框架内教师自由发挥的空间很大，可以根据自己的风格和班级特点自由挥洒。

当然不同的管理风格都各有利弊。"自由、开放"这种模式的弊病也是有的。应该说，二附中的这种做法面对二附中这样的学生是有效的，但在某些模式下培养出来的学生，来到二附中后就会感到很不适应。有些学校有专门教高三的老师，那就需要每个年级一环一环扣得很紧；不像我们学校是老师一路带上去的，自己的学生三年负责到底。老师有这个意识，尽管可以按照自己的思路来安排教学，但不能走偏，三年后是要见分晓的。

沈：除了内在基因和代代传承，二附中之所以能取得今天的成绩，有没有体制上的原因？

李：二附中能够发展到今天有很多原因，其中之一就是我们在体制上有优势。这种体制别人也学不像。说是教育部直属吧，教育部在北京；说是华师大附属吧，华师大的管理重心在大学，何况现在又离得远了；上海市教委主要是业务领导，不负责拨付办学经费；浦东区政府呢，校舍建好，经费缺口补足，但因为现在经费补得不多，管理力度也不大。这就使得我们学校最能体现所谓的现代学校制度，独立法人地位，校长办学自主权在这里体现得相对比较充分。50周年校庆时我们搞了一个"大学附中论坛"，我认为中国存在一种"大学附中现象"，各省的大学附中办得都不错，这里面是有规律的，而规律可能就是大学附中所受到的不符合学校办学特点的掣肘和管束相对较少。试想如果方方面面都被管得死死的，哪还谈得上什么特色？所以目前教育管理体制上的某些弊端在这里就不太明显。

在对于体育的理解和重视，以及对公益服务和志愿者活动的关注与投入上，我们与世界一流名校仍有很大差距

沈：如果与世界一流名校相比，您认为二附中还存在哪些差距？

李：我来讲个事例。有一次接待美国哈佛大学和布朗大学的招生官员，我给他们介绍"六个百分百"。我一讲完，他就开始问我体育开展了哪些项目，具体做些什么，当时我还以为这个老外对体育特别感兴趣。后来去美国一个友好学校也是当地知名私立高中访问，我一进去就看见门廊里挂满了奖牌，没有一个学科竞赛的，全是体育比赛的，里面竟然还有北京奥运会游泳项目上的冠军奖牌。我一直以为二附中体育设施很不错，但和人家完全没法比。两个美式橄榄球场、两个足球场、高尔夫球场，还有室内田径场、室内冰球场，还有个室内健身房大到全上海都不一定找得到可比的。没想到体育设施竟会如此集中，让我目瞪口呆。中国驻芝加哥总领事也是华师大校友，聊天时他告诉我，美国人视体育为培养美国精神的一个载体、一种象征。后来我仔细想想，发现的确很有道理。有哪门课能像体育课那样，每一节课、每一次活动都在培养学生的勇敢、顽强和意志品质，还有坚持、合作和规则意识，遗憾的是我们对于体育运动的理解还仅仅停留在强身健体的层面上。

沈：除了体育，您认为还有哪些方面是差距比较大的？

李：我还是回到刚才这个例子来说明。除了体育，这个老外最感兴趣的还有公

球迷校长,偶尔也会驰骋球场(右三)

益活动。问题清单里年级排名第几不重要,他的问题是:作为志愿者参加过哪些公益活动? 有什么体会? 有什么收获? 所以无论在什么样的社会制度中,培养下一代都一定是要培养他关心他人、关心社会的公民责任,否则人类社会是不会繁衍生息、不会薪火相传的。如果人人都只关心自己,人类社会可能早就灭绝了。

还有一次,我和一位台湾校长交流。他问我,为什么要求学生做 100 个学时的志愿者服务? 我就向他解释,但从他茫然的表情来看还是没能理解,我当时搞不懂他为什么不能理解。后来去了台湾,我一下就明白了,因为在台湾做志工是很普遍的,他是觉得我们规定学生做 100 个学时的志工这件事本身很奇怪。做志愿者,这的确有一个从不自觉到自觉的过程。

北京奥运会志愿者的口号是:"我参与,我奉献,我快乐。"这句话是有层次的。首先,有没有做? 做了。其次,有没有全情投入? 投入了。但更重要的是快乐! 在参与和奉献中我得到了,而不仅仅是付出,所谓"赠人玫瑰,手有余香"。如果只是想着自己在付出,就不一定会有这种自觉,也就不可能全情投入。在这方面我们真是还有很大的差距。

上海新高考改革之后,综合素质评价要求全上海每一个学生都要做 60 个学时的志愿者服务,但我们还是坚持要 100 学时,我们觉得这很重要,不只是为了高考,不只是为了完成指标。在这一点上我们是很坚持的。

成就一流名校就是要发展人的潜能。真正重要的是如何沉下心来,真正按照教育规律办事,按照学生身心成长的规律办事

沈:您所认同或者说向往的教育理念是什么?

李：不妨再说一件让我印象深刻的事。有一次从澳大利亚参加海外研习回来，我发现差距很大。我们一直在讲"两年素质教育，一年应试教育"，认为这总比别的学校三年应试教育要好。但我们前两年只不过每星期有半天选修课，而澳大利亚学校的高三有超过 50% 的课程是选修课。他们的口号是："教育就应该尽可能地把每一个学生培养成为他可能成为的人。"这句话有点拗口，但我觉得是真理，回来后也一直在宣传。这应该成为我们追求的一种境界。学校就应该为学生创造无限的可能，我们应该经常反思自己有没有做到。当然，人家是富国办小教育，我们是穷国办大教育，国情不同，不能够生搬硬套，但我们一定要知道正确的方向在哪里，走得可以慢一点，步子可以小一点，但不能南辕北辙。我们有这么好的生源，如果还在搞应试教育，还在为了一分两分去拼，那是暴殄天物，是在犯罪。在这些方面我们和世界一流名校还有差距，成就一流名校就是要发展人的潜能。人的天性就是千姿百态，而我们有太多标准化的、齐步走的东西。"让每个学生充分发挥自己的潜能"不能仅仅停留于口号，关键还在于有没有"发挥"？学校创造了哪些条件让学生"充分发挥"？这是我们作为学校的管理者真正需要去做的。

沈：您如何看待现在所流行的教育绩效评价的量化指标？

李：很多教育家生前从未想到过自己要成为教育家，或者意识到自己已经是一个教育家，他们只是在做教育的实践。教育的效果往往是在 10 年、20 年、30 年之后才能看见，当下往往是看不出来的，如果想要立竿见影就一定会去注意那些显性的指标，比如升学率之类的。平心而论，即便成为高考状元，10 年、20 年之后又能算什么呢？我觉得，真正重要的是我们如何沉下心来，按照教育的规律办事，按照学生身心成长的规律办事。校长能不能不要太在意自己是不是教育家，是不是这个或那个并不重要，注重教育实践才更有意义。

我一直感到遗憾的是，60 年来我们培养的很突出、很杰出的校友还不够多，和学校的地位还不匹配

沈：二附中目前所取得的成就中，让您感到不足或者遗憾的是什么？

李：二附中目前在社会上的知名度的确很高。但我一直感到遗憾的是，60 年来我们培养的很突出、很杰出的校友还不够多，和学校的地位还不匹配。所谓一流学校，最重要的其实还是培养出多少人才的问题。我一直在思考：从我们这样的学校出来，有这么好的天资，受过这好教育的学生，能不能为社会多做贡献呢？也因

李老师和学生在一起

此,我经常讲三个负责:第一,为学生的三年负责,帮助他们考上向往的大学;第二,为学生一辈子负责,为学生的终身幸福奠定基础;第三,为社会负责,为民族复兴、为人类进步培养有使命担当的领袖人才。

现在的孩子大多是独生子女,生活条件优裕,又处在互联网时代,这些因素集中作用在孩子身上,造成他们与以往的孩子有很大的不同。总体来看,现在的孩子比较自我中心,很多事情他更在意自己的感受,在意这事对我有用没用。这是今天教育面临的一个很大的挑战。二附中的学生,作为上海前2%的学生,如果只关心自己能否考上向往的大学,只关心自己个人的幸福,变成一个"精致的利己主义者",那我们国家的未来还有什么希望?我希望二附中学生不仅仅关注自己的发展,更应该关心他人、关注这个社会,所以这些年来我们一直很注重这方面的教育。

沈:学校在这方面是如何影响和引导学生的?

李:年轻人做事需要激励,需要社会来关注。学生有激情,有感动,有兴奋,有热情,这些都需要我们去呵护。比如"晨晖社"的同学们关心社会现实,展开调研和思考,还给党和国家领导人写信送材料,学校都鼓励他们去做。国家领导对此很关注,也以各种方式给予回复,这对于学生是很好的鼓舞。我们最近还准备把晨晖社改成"晨晖学院",希望更全面、更系统,覆盖面更广。这些孩子真的很不容易,即便到了高三,每星期还用固定时间来讨论与高考无关的事,还会去搞社会调研做课题。我相信10年、20年后,他们中间一定会有杰出人物。我们所做的,我不确定现在就有多少用。说到底,"晨晖"事关未来,其意义之深远也不是我们一眼就能看见,但我愿意通过这样的努力寄希望于将来。

二附中就是要培养学生的社会责任和担当意识。所谓精英,无非就是你比别人各方面条件好一点,受的教育高一点,那就要让学生意识到你应该承担更多更大的责任,不能自己小日子过好就行了。这个社会需要10%的人带领90%的人向前走。在二附中做老师就要有这种教育的意识。最后成不成还不好说,是否真的有效也不清楚,但做了总比不做要好。

2017 年 12 月,李老师参加二附中校友文艺晚会(60 周年校庆专场)

政治就是人心,所以一定要润物细无声。德育无痕,春风化雨,直抵人心

沈：您会怎么概括自己的领导和管理风格?

李：我属于性情比较温和的,善于倾听,比较尊重人。尤其当学校步入一个常态发展轨道时,主要问题还是如何调动大家的积极性。教师的工作属于良心活,多做一点也可以,少做一点也可以;上课多说一句也可以,少说一句也可以。而教师特别看重尊严,需要受到切实的尊重。那学校就要在这方面多做些工作,平时多建立情感联系和互动。我老家在广东中山,为给父亲过冬我买了一套房,学校有好几十个同事去那里住过,彼此都是朋友的感觉。此外,我在与人合作中也有自己的原则。

因长期担任书记，在与校长的合作中我始终认为学校只能有一个一把手，而在中学里校长就是一把手。大合唱几个声部必须是和谐的，作为书记我就做好书记该做的事。我在决定是否与之通力合作时，也会看对方是否一心一意为了学校的利益和发展，至于个性上的差异，大家都可以相互包容的。

沈：能不能用一个具体的例子来说明您的教育理念和教育风格？

李：我以前管过德育。我一直认为，德育的内容应该具有普世性，什么时候都不会过时，到哪里都管用。德育不能跟风转，那样到头来只能一事无成。只有把握住人之为人的根本，把它们确定为德育教育的内容，坚持去做就一定会有成效。另外，方式方法也很重要。何校长有一个叫"汤论"的德育理念，我很赞同。她说德育就像盐，盐对人的身体是很重要的，但也不能直接把盐吃下去，所以只能熬一锅美味可口的汤，慢慢喝下去，那就吸收了。政治是什么？政治就是人心，一定要做到润物细无声。德育无痕，春风化雨，才能直抵人心。反之要是采取贴标签喊口号的方式强硬灌输，结果往往适得其反。

做领导，我这人还是能够从善如流的，和大家的关系也比较好，能够倾听，能够把大家的智慧凝聚起来

沈：您的这种个性风格是怎样形成的？

李：对我自身教育理念和特点的形成影响最大的是我个人的经历和我所接触的人。我1967年上的小学，从来没上过幼儿园，我的学前教育是祖母在家里教的。进入小学一年级的时候我就已经有了相当于小学二三年级的水平，遥遥领先其他同学，绝对不是"零起点"，所以一开始就做了小干部。那时"文化大革命"时期还有校革会，我还当过学生委员，夹在大人们中间，你想会有多少发言权？所以多数时候是在听，听的过程中是有收获的，不光是听，我还会想，所以听和想就使得人更成熟。后来在大学里，我也是属于年轻的。当时刚恢复高考，周围的同学大多比我大十几岁。后来在工作中，我有很长一段时间也一直是领导班子里最年轻的，周边同事都是四五十岁，只有我是三十出头。一直都是这样。这让我养成了谦恭、倾听、成熟思考后再发言的习惯。做领导，我这人还是能够从善如流的，和大家关系也比较好，能够倾听，能够把集体智慧凝聚起来，这一点我相信是可以做到的。

沈：您这样的风格，有没有受到一些前辈领导的影响？

二附中教师骑游队整装待发，摄于华东师大

李：有一位对我影响特别深的人，就是我在幼专时的党委书记。他原来是上海大学的人事处处长，后来调任高教局党办主任，又做了幼专党委书记。这是我见到过的领导干部中最好的一位。这位前辈最大的特点就是能为他人着想。所有同事的事他都会放在的心上，每一个人最需要什么，他都会关心到、帮助到。当时我是班子里最年轻的副校长，结婚不久，爱人刚怀孕，手头管了很多杂事。他就对我说："小李，这样吧，从下周开始你不要坐班了，每周只需参加一次校务会，你的事情我来担掉。但你要做好两件事：第一，你现在高级职称没评好，外语需要花时间，你去把外语学好，把高级职称评出来；第二，你爱人怀孕了，把家里照顾好。学校的事我来做。"不仅仅是对我，他对其他同事都能无微不至、关心到位。有一次他生病住院，我们去探望。一见我们进病房，他就马上示意我们退出，以免影响到别人，结果我们就站在电梯口和他见面。这样的大事小情不胜枚举。他对我的影响很大，我认为做干部就应该这样，最重要的就是以身作则，调动好大家的积极性，大家心情舒畅了，主观能动性发挥出来了，事情就好办多了。

我认为，二附中学生就应该是胸怀天下的，学校应当引导和创造这样一种氛围

沈：您说自己很喜欢做老师，但后来大部分时间都花在学校行政管理上，这其

中是否有遗憾？如何去弥补？

李：就我个人意愿来说，做管理工作肯定不是我最初的愿望，但因为从小就担任干部，我对于管理工作不陌生，也不排斥，我可以在管理工作中收获成就感。我做事情是很在意这种成就感的，如果有你不多、没你不少，那你的存在就没有太大价值了。我觉得在管理岗位上还是有很多工作可以做的，一个集体中，因你而有所不同，这才是更有意义的。

即便如此，我仍然很喜欢课堂。直到现在，我也从未离开过课堂。我给学生开设了一门选修课《国内外热点问题研究》，这门课从东迁浦东到现在一直没有停过。我自己对这些问题有浓厚的兴趣，一直都有思考。我还开过一门《领导素质和领导力》的课程，但目前还是聚焦在《国内外热点问题研究》上。我认为，这门课对于二附中学生还是很重要的。回想自己当年读书的时候作业不多，一放学同学们不是在操场上打球就是在教室里谈天说地。回头来看，当年谈天说地、纵论天下的那群同学后来发展得都还不错。我认为，二附中学生就应该是胸怀天下的，学校应当引导和创造这样一种氛围。所以当时讨论选修课的设置时，我就感叹怎么可以缺失这样一门课程呢，然后我就自己承担了这个工作。让我感到欣慰的是学生们非常欢迎这门课，网上选课很快就报满了。记得有一年有位同学没选上，还拿着录音机来录音。

李老师在晨晖讲坛作讲座

沈：您在这门课的教学中发现学生存在着什么样的问题吗？又是如何去引导的？

李：应该说，同学们还是很关心天下事的。但这里有一个怎么关心的问题，尤其是怎样培养他们的理性思维和批判性思维。青少年是国家和社会的未来，将来他们会进入各领域的领导岗位的。如果未来是由一群不理性的人来掌握权力,那后果不堪设想。记得中日关系有段时间非常紧张,许多人上街游行。我在课堂上问学生:"中日两国在哪些问题上存在意见分歧和冲突?"同学们纷纷发言,举出参拜靖国神社、篡改教科书、东海油气资源等问题。我继续问:"那中方的观点是什么?"同学们个个回答得振振有词,像外交部发言人一样。我再问:"对于这些问题,日方持何种观点?"这时没有一个人讲得出来。于是我说:"大家分为两组,一半同学代表中方,另一半同学代表日方,课后去研究一下中日双方的观点,下次上课我们模拟双方会谈,先阐明各自观点,再找出共同点,然后发表共同声明。吵完还要共同解决问题,得寻找共同点。"这门课上下来效果很好。时隔多年还有学生回来和我说:"这是我们第一次那么认真地研究日方观点。"我并不是让学生一定去接受日方观点,但如果在主张自己的观点时连对方的观点是什么都搞不清楚,也不愿去搞清楚的话,这怎么能行?所以我们的学生不是不关心时政,我们需要做的事如何引导他们作理性分析和辩证思考。

我一直和学生说,很多事情我也不一定讲得清楚,但我认为最需要坚持的就是理性地判断和思考。对于一件事情,首先要搞清楚"是什么",再搞清楚"为什么",然后再想一想"应当做什么",不要做愤青。这种想法的形成和我小时候的成长经历有关,特别是受到我父亲的影响。我一直认为要倾听不同的声音,明辨真伪,相信"真理往往可能是在两个极端中间的",不能偏执于一隅,有时还需要多角度的换位思考。

李老师收藏的二附中校园航拍照

我希望我们学校真的成为一所幸福的学校

沈：您说年轻时曾有过文学梦？您现在是否仍有这个梦想？

李：作家梦是不可能了，但我对于文字一直有所偏爱，也喜欢写点东西，凡重要的事情我都会有详细记录，作为档案存录。将来想写一本回忆录，那时可以重温一下青年时的文学梦，但要等我退休十年之后才能解密（微笑）。

沈：最后一个问题，您将来离任时希望后人如何评价当年的李校长？

李：真的很难说学校会因为我而变得怎样，但我希望大家说我们曾经有过一个像好朋友一样的校长，我希望大家说曾经我们朝夕相处的这段时光是快乐的，如果是幸福的那就更好，如果我们的学校真的成为一所幸福的学校，那就是一个至高的理想境界了。

访谈时间地点：2018 年 5 月 24 日，华东师大二附中

〔校友简介〕

沈军，1984 年至 1990 年就读于华东师大二附中。先后毕业于上海交通大学、中欧国际工商管理学院，从事企业管理和企业战略咨询逾 20 年，历任总监、合伙人、高级合伙人等职务。现为某财富五百强企业战略咨询团队董事总经理。

幸福就是能做自己喜欢的事

——任冬鸣老师访谈录

孙文倩（1987 届初中/1990 届高中）

[教师简介]

任冬鸣，1981 年 7 月入职华东师范大学第二附属中学，任体育教师；1982 年至今担任班主任工作，现任华二羽毛球专项班教师、高三基科班班主任，中学高级教师。所获奖项和荣誉主要有：上海市体育教学大奖赛一等奖、上海唐君远教育基金会第 28 届优秀教师"君远奖"、华东师大三八红旗手、二附中先进个人等。

离开学校已经 20 多年,每次走进母校,面对老师,心里总是会有莫名的温暖和感动。特别是看到校门口石碑上的校训——"卓然独立、越而胜己",如今重温真是非常感慨。我所理解的二附中对于"追求卓越"的育人理念,不仅仅体现在学生的课业上,更在于如何做人。比如作为一名学生家长,3 月 25 日我参加了二附中的自招考和宣讲会,当日有数百名"冲考"学生到场,远超学校的预期。校领导就说了,请家长放心,我们保证每一位考生顺利参加考试,并且吃到午饭。二附中对待"冲考"学生的尊重和关爱,其实就是从细微处体现出了学校的教书育人理念:做一个卓越的人,从仁爱善良开始,这也是一种竞争力。正是这样的心情,我认领了《师说》二附中老师访谈的任务。

说起任冬鸣老师,那可是当年我们一群小姑娘心目中的女神,是校园最靓丽的风景线,她对我们既严厉又亲切。两年前和同学们一起重访枣阳路老校区时见到依然活力四射的任老师,还是那么亲切,好像从未远离。对于这次采访,任老师更是一口答应,还在学校咖啡吧,现磨了咖啡招待我们,就这样开启了访谈。

孙文倩(以下简称孙):谢谢任老师接受我们的采访。您觉得今天面向未来的教育中,二附中在教育理念和办学特色上和以往有什么不同吗?

任冬鸣(以下简称任):二附中的教育理念,办学特色,一直以来都是"以学生为本",强调学生的个性化发展。学校为推进素质教育,形成了"N 个百分百"的育人模式,比如百分百的学生做 100 课时志愿者,百分百的学生参与"小课题研究",百分百的学生选修校本综合课程,百分百的学生参与学校社团活动,百分百的学生完成 100 个实验,百分百的学生学会游泳,等等。这些创新实践的目的,就是要给学生选择权和足够的发展空间,学习自己喜欢的课程,研究自己真正感兴趣的课题,和小伙伴们一起组建自己的社团。就像我教的体育课,由学生们来挑选选修课程,如果没有相应的条件来支持,学校就外聘专业团队来做保障,学校很愿意倾听学生们的意见并为此加大投入。大家都有经验:做自己喜欢做的事,会更愿意为之努力,学习效率会更高,学习效果也会更好;学生的个性也由此得到发展,能量得到调动,学生未来的求学、工作道路都会拓展得更顺畅一些。

孙:现在面对 00 后这一代,您看到什么欣喜之处,碰到什么挑战,或者有什么担忧?

任:现在的 00 后的学生个性没有 70、80 甚至 90 后来得那么强烈,他们的棱角几乎都被应试教育磨平了。所以说,00 后更需要教师,特别是有经验的老教师来引导,那我们做老师,尤其是做班主任的确实任重而道远。我们不能仅仅教学生一门学科的知识和技能,而更要培养学生对这门学科的热爱和思考。另外,这些孩子相对来说更加自我,从小都是家里的宝贝,习惯了以自我为中心,很多学生开口闭口都是"我觉得……",那我就常常要追问一句,"我觉得……"就是理所当然的吗?其实不然!你看这样的学生更需要老师好好引导,让他们不断地审视自己,更多考虑他人的感受。分清什么事可以做什么事不能做,预想到如果做了可能会引发的结果……引导他们想清楚了再去做。而自私、自我中心、自我保护、出了问题就归咎于别人,还有所谓"精致的利己主义者",等等,希望我们二附中学生对这些能有清醒意识,并在日常学习和生活中努力克服,尽量避免。

孙:作为一个初三男生的家长,特别头疼的是如何帮助孩子找到自己喜欢做的事情,让他产生自发性,由此建立内生的驱动力,并且培植终生学习的愿望和能力。您在这方面有什么建议吗,或者您有什么故事印象深刻的可以分享吗?

任:如果孩子能够找到自己喜欢的事,而刚好又是能和学业进展合拍的,那是最好的。什么是幸福?不就是能够做自己喜欢的事嘛!只要孩子喜欢的是符合三观的,大方向正确,那就行了!

孙:如果孩子喜欢的就是打游戏呢?

任:这也是老师最担心的事情。但我们做老师的也要先学会倾听,并且与时俱进。你们70后一定无法想象,就在某次班会上,一位学生头戴耳机,醉心于周杰伦的新歌,我提醒了他,居然说等我听完这个听完这个……

孙:哈哈,学一句自家00后孩子的话,好骚气啊,还有这样的操作?

任:这确实有点不可思议吧?当时我印象中周杰伦唱歌口齿不清,于是就流露出看不起这个歌手的意思,学生立马顶了我一句:"老师你看不起他,我就看不起你!你不懂的!"这句看似玩笑的气话,促使我想要了解能让这个学生这么喜欢的究竟是什么,所以就回去认认真真听了周杰伦的歌,实在是口齿不清,最后不得不看了歌词。第二天,我就和这位学生聊起来:"你说看不起,我很在意,回去又听了听,我还是觉得周杰伦口齿不清,但旋律真的很好听,看来真是有才气!"这个学生听了就很开心,觉得和我有了共同语言!孩子其实也知道轻重的,以后就不会在班会上听歌了。这样的效果会好过当时就生硬地批评教育,当老师也要学会包容和换位思考。说到这里不妨再举个例子,我的做法可能也跟以往不一样。过去大家都觉得班干部的头衔更多的是荣誉,只有成绩好的同学才能当班干部,那么学习相对弱的同学慢慢就成了班里的隐形人。而我认为当班干部的前提是有一颗服务同学的心,同学们只要愿意为大家服务就可以当班干部,不看成绩好坏,不搞无记名投票,有意愿的同学完全可以根据自己的兴趣爱好毛遂自荐,轮流当班干部。充分发挥大家的主观能动性,这样班里的同学都有机会发出自己的声音,付出时间和努力,从中得到锻炼。另外也更能体会其他同学当班干部时的不易,换位思考,多了理解,少了抱怨。

孙:我们1990届很多同学都记得任老师当年的女神范儿,我们都特别喜欢您,您记不记得自己怀孕后期还在教我们跳箱,即便不能做示范,也能把动作要领讲得明明白白,我们女生都记忆犹新,特别佩服!听说您已经执教三十多年了,我冒昧地问一下,当中学老师是您曾经的梦想吗?如果用一个词来形容,您觉得做老师最重要的品质是什么?

任:要说实话么,我本来觉得自己可以做大学老师的,哈哈,1981年进二附中时还有点不适应,等到第二年开始做班主任,我就发现自己还是很喜欢和学生在一起的。学生有什么想法,我也能想到。后来结婚生子,更加能换位思考,想着要是我的孩子,将心比心我会怎么处理这些事情。是做老师的责任,让我走到今天。所以我认为做一名老师,最重要的就是责任心。每一个孩子的天赋各有不同,每一个孩子都承载着家庭的期望,我做班主任的职责就是让每个学生把自己的优势和能量发挥到极致,让每个学生在高中阶段都能努力成长为更好的自己,这样我才对得起学生,对得起他们的家庭,那我做老师的就可以问心无愧。

孙:能否说说您在教育实践中有什么最感欣慰的事例?

任:我曾经带过一届高三毕业班,在这个新接手的理科班上,有位男生因为文理成绩不均衡,渐渐感觉学习跟不上去,综合成绩一度落到了二本线以下,他对自己完全失去了信心,和关系密切的同学说"心里空落落的",整天沉溺于网络小说,一度还萌生了退学之意。学校也在犹豫这样的学生还能否留在理科班,但我坚持要把这个已经自暴自弃的孩子留在班里,带在身边。我的想法很简单,就是不能放弃任何一个学生,要呵护好一个青春期男生敏感的自尊心。首先就要让他建立起自信,同班同学们也都要换位思考、伸出援手,拉上小伙伴一起往前跑。比如,我就跟全班都说了,只要他有问题不明白的,不管问到谁,你就要好好回答,大家都要尽力帮他!最终这位同学在高考中考出了好成绩,带着满满的自信心,开始大学生活。这也给班里的每一位学生上了一课,我们所在的团队就像一个相亲相爱的大家庭,不能让一个兄弟姐妹掉队!当小伙伴低迷困顿的时候,一个关注的眼神,一句关切的话语,

左上：1981 年的任冬鸣老师　左下：2016 年 2 月，任老师和孙文倩在聚会中
右上：2018 年 3 月，任老师在常熟尚湖　右下：2018 年 5 月，任老师和学生在学校

都像是冬日里温暖的阳光，拉着小伙伴及时站起身来，加油鼓劲，一起前行。相信在以后的人生道路上，大家也都能从这样的年少经历中得到滋养和启发。

听任老师讲故事，让我们感受到一位资深教师对学生热忱而深厚的责任心。以学生为本，如切如磋，如琢如磨，把学生的优势和能量发挥到极致，这正是二附中"追求卓越"校训的具体实践，也让我们深切体会到，教书要义更在育人，把学生培养成对社会有用的人——这样的价值理念和精神追求，始终温暖着我、引领着我和我们二附中人！

访谈时间地点：2018 年 4 月 2 日，华东师大二附中

[校友简介]

孙文倩，1984 年至 1986 年就读于华东师大二附中。曾在复旦大学获得国际经济与贸易学士学位。现为 DELL EMC 中国研发集团运营及政府关系高级经理，负责中国研发集团运营及政府关系、企业社会责任和员工关系；身兼 DELL EMC 精益六西格玛见习黑带、黄带课程讲师及项目导师。此外也是长跑爱好者、烘焙控。

田径场上的教父

——汪亚平老师访谈录

徐立钧　史海敏（1990 届高中）

〔**教师简介**〕

　　汪亚平，毕业于上海体育学院，1982 年 2 月进华东师大二附中体育教研组工作至今，现任体育教研组长。曾任二附中田径队短跑及中长跑组教练，在市级和全国各项比赛中取得一系列优异成绩，前后培养近 20 名二级运动员。

刚认识汪老师的时候，大家就感觉他很严肃，无论是上课时还是在训练场都是不苟言笑，整天拿着个秒表，嘴里不断地叫着"快、快、快"。后来慢慢熟悉了，才发现他其实是个特别有目标、有追求的老师，他的严格认真似乎并非个性使然，更多是源于他对自己投身的这份事业的热爱。

高中时汪老师带我们班下乡学农，大家又发现了他的风趣幽默，同时对学生十分体贴关爱。当年炊事班的同学，更是对这位不动声色、亲力亲为的领班老师印象深刻，这也是汪老师和我们高中90届三班的特殊缘分吧。

六月初的一个午后，我们两个约了汪老师做了一次访谈，老师除了头发变得花白了，其他似乎都没啥变化。他一见我们就打开了话匣，讲述了许多鲜为人知的故事。

徐立钧（以下简称徐）：汪老师，您是如何走上体育道路的？

汪亚平（以下简称汪）：那得从我小学谈起了，我小学是闸北区的和田路小学。我那时的体育老师非常有意思，上体育课时会让我们慢跑，不比速度，从慢跑中发现体育苗子。现在回想起来，他当时是看我们的脚腕力量，跑的时候脚步是否轻盈，是否有弹性。这也是我至今佩服他的地方。

史海敏（以下简称史）：您后来好像也是这样挑选体育人才的。

汪：是的（笑）。我从小学开始了运动。当时主要训练短跑和长跑。后来我们这些运动成绩比较好的学生在区里参加比赛的时候，被上海第六十中学看中，统一录取到他们的一个运动班。

那时正逢"文化大革命"，中学不分高中初中，我中一中二的时候运动成绩并不是很好，到中三的时候才开始出成绩，相当于现在高一高二的样子，别人讲我大器晚成。我当时在上海市的比赛中拿了个200米的冠军，成绩大概是23秒多一点。那个时候我百米的成绩在11.2秒左右。

1977年国家恢复高考，12月份高考招春季班，我1977年在烟台参加全国比赛拿了名次，被上海体院（当时叫上海师范大学体育系，半年后恢复为上海体育学院）的老师看中，1978年2月进入体院。这样说来，我也算读了两所大学了（笑）。我是粉碎"四人帮"后的第一届大学生。

徐：听说您百米的最佳战绩是10.8秒，这个成绩是什么时候取得的？

汪：是我在读大学时参加上海市比赛时取得的。那个时候受条件限制，成绩手工计时，并且在煤渣跑道上比赛，如果换成现在的塑胶跑道，我的成绩可能还要好些，有可能就变成一级运动员了（众人笑）。

徐：您大学毕业后怎么会到二附中任教的呢？

汪：我们毕业分配的时候，陈志超老师来体院招人。陈老师当时是二附中体育教研组长。由于二附中是田径传统学校，所以体院就推荐了我。后来我们有同学说我本事大，好几个师大子弟也想进二附中没有成功，别人不了解情况的还以为我有关系呢。其实我进学校前连陈老师的面都没见过。陈老师听了我们学院的推荐，直接把材料调走了。（笑）我们当时属于分配制，我很庆幸进了二附中这样一所好学校。

2008年，50周年校庆，汪亚平老师和同事及队员合影
左起：胡东辉、施振兴、袁征、汪亚平、徐戟、刘金海

史：那您应该是1982年进的二附中，当时二附中有多少体育老师？

汪：我一个，陈志超老师、任冬鸣老师、蔡德胜老师、刘金海老师、蒋钟挺老师，一共只有6个体育老师。我那时一周上6节体育课，带2个初中班，1985届的初三男生班和1986届的初二女生班。现在电视台的著名播音员印海蓉当时就在那个女生班上。我同时也带田径队的训练。学校有田径队和排球队，二附中是田径传统学校、排球重点学校，水平都不差的。

徐：可否谈谈您当时带队的情况？

汪：我刚来时情况不熟悉，刘金海老师给我很多帮助。他帮我把原先王长根老师带过的运动员一个个找了回来。第一批队员有十个左右。印象比较深的有1985届的冯岚，1984届的王培勇。这批学生原来一个礼拜只训练三次，我来了以后，组织他们系统训练，一个礼拜训练六次。

徐：汪老师这个蛮狠的。照理当时礼拜六上半天课，吃完午饭，住校一周的同学都急着回家，他还把别人留下来训练。

汪：徐立钧说得对，我对田径队的训练真的很严格。平时大家嘻嘻哈哈开开玩笑没关系，但是训练时必须认真。

史：这个我深有体会，我之前初中在体校训练的时候，平时训练跑个一百米啥的教练不大揢秒表的，可是来了二附中，每一次训练跑步汪老师都要揢表。

徐：您第一次把田径队拉出去比赛还记得是哪一年的事吗？

汪：大概是1983年或者1984年，那年带队去重庆参加全国中学生比赛。

1989年8月，扬州，汪老师带学生参加"长江杯"全国田径邀请赛
左起：童育蕾、徐雯、汪亚平、葛亚娟

徐：您到目前为止印象最深的是哪一届田径队？

汪：应该是1991届，就是徐健、李楠楠那届。1994届也不错。现在回想起来，前前后后一共培养了近20个二级运动员。李楠楠是我最早培养出来的二级运动员。初一时她妈妈还半信半疑，结果带了一年多，初二时候就获得了二级运动员称号。

徐健也是一个有天赋的孩子。他800米突破了2分钟大关,这个成绩很优秀了。说到徐健,我给大家讲个小故事。90年代以后我们周六不训练了,当时我住在大名路那里,他住浦东。我说这样,周六我送你回去。其实就是要求他跑回去,我骑自行车在后面监督,一个礼拜就是一个越野跑啊。徐健的成功跟他的父亲也有很大关系。他父亲每次比赛的时候都会在终点给他掐秒表计时,我当时还要照顾其他队员,关心不过来。

史：现在想想,您真的是责任心强,哪个老师下班了还愿意这样盯着学生训练啊,您这有点像马俊仁了。(众人笑)

汪：我觉得我不比老马差了。事业心是建立在喜欢的基础上的。我真的是喜欢这项工作,喜欢了,就能自觉地去把事情做好。如果不喜欢,想做得怎么好、怎么出色都是不可能的。

徐：您的队员们是否都有详细的训练计划呢?

汪：那当然,有时候根据队员的情况还要及时做调整。我认为训练比赛要系统科学。比如,冬天要打好基础,春天把冬训的储备往外拔,减少训练量,增加训练强度,迎接春季运动会;夏天天气炎热,主要是加强力量训练;秋天收尾参加一系列的比赛。

以前我们一年大大小小的比赛有十几个呢。看看现在的运动会,不论是比赛的数量还是质量都下降了(叹息摇头)。比如现在的乒乓球比赛,一年区里只有一次,如果能晋级参加市里的比赛,也就最多再增加一次比赛机会。为了应付各种考试,教育局学校压力大,比赛越来越少了。

徐：现在是不是大部分学校都很难有高水平的运动员和运动队了?

汪：是啊,现在下午学生下课都要快4点了,最多练个把小时。当初我们从下午3点开始,差不多训练到晚上6点,然后洗个澡就来看学生晚自习。那时我住在华师大宿舍里,可以一门心思抓学生训练。

徐：促使您做出这一切的,除了有时间,更主要的应该还是热爱吧。

汪：是的,因为喜欢,所以就想把事情做好。

2018年，二附中排球队在四大名校排球对抗赛中一举夺冠（左一为汪老师）

徐：您认为像二附中这样的名校，在体育方面应该再做些什么努力呢？

汪：我还是希望二附中能像过去那样，恢复高水平的运动队。可以适当地特招一些学习不错、运动水平高的学生。现在二附中没有高水平的运动队还是很可惜的。虽然这次二附中在四所名校的排球比赛中拿了冠军，但水平不能和以前比了，这从一个侧面也反映出其他学校的运动水平也降低了。

徐：汪老师，您觉得像我们二附中这样的名校，体育应不应重视，应不应该搞？

汪：应该搞。有人说搞运动会影响学习，其实我认为不影响。啥道理不影响？优秀的体育人才首先要聪明，如果不聪明，运动是搞不好的；其次，经常参加运动能增强对抗压力的能力；第三，运动就是要争取胜利，不轻易认输。所以运动员一般都比较有担当，遇到困难会自己想办法解决。

徐：您现在作为体育教研组长，有些什么新的举措吗？

汪：我做了组长以后推出了专项课改革，开设了田径、足球、篮球、排球、游泳等八个专项课。学生可以自己在网上抢课，三年可以学三个项目。所以现在虽然有11位体育老师，每位老师每周要上18节课，上课量还是蛮大的。前不久我们的乒乓球队和羽毛球队都拿到了浦东新区比赛的冠军。看来专项课改革还是有点成果的。

2018 年 4 月，为迎接 60 周年校庆，体育艺术组老师集体合影于田径场

徐：从 1982 年开始到现在，您已经在二附中执教 36 年了。这 36 年中，您对哪一届学生的印象比较深？

汪：我对你们 1990 届三班的印象还是蛮深的，我跟你们一起学过农，这也是我唯一一次跟同学下乡学农。你们班的俞励现在碰到我还说我做的红烧大排好吃，其实不瞒你们说，在下乡学农前我没像样地烧过一次菜。（众人笑）

徐：最后一个问题，如果让您重新选择，您还会选择做体育老师吗？

汪：我想我会的，因为我喜欢。

2018 年 6 月 7 日

［校友简介］

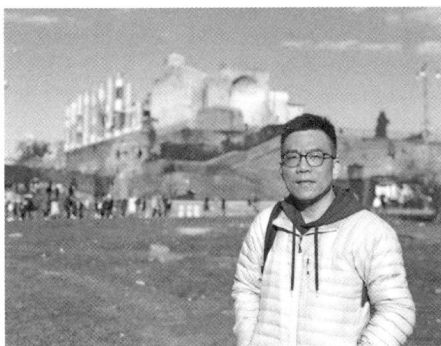

徐立钧，1984 年至 1990 年就读于华东师大二附中，在校期间曾是学校男子排球队主力队员。工作后曾担任上海东方网点连锁管理有限公司总经理及东方网战略规划投资部副总监。现在 IT 领域创业。

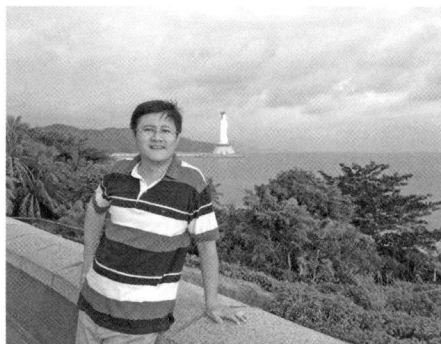

史海敏，1987 年至 1990 年就读于华东师大二附中，在校期间曾是学校男子田径队队员。现为上海通锐汽车销售服务有限公司(一汽马自达 4S 店)总经理。

英才教育，培养乐学而自信的人

——邹淑君老师访谈录

周人杰(1992届初中/1995届高中)

〔教师简介〕

邹淑君，现任华东师大二附中紫竹双语学校校长。上海市特级教师、全国优秀教师、上海市生命科学中学教材审查专家。曾任浦东新区、闵行区生命科学名师培养负责人，浦东新区人大代表，二附中附属初中校长。致力于英才教育，曾指导学生参加国际奥林匹克竞赛并获得金牌，担任班主任的全国理科班获得极佳的升学成绩。另有《中学生学习辞典·生物卷》《高中生命科学实验探究》《高中生命科学能力提升》等编著。

周人杰（以下简称周）：邹老师，今天我代表二附中 60 周年校庆活动《师说》编辑组来对您进行一次专访，希望可以和您一起聊聊您在二附中的生涯、您的教育理念等方面的话题。您是 2000 年以后来二附中的，当时是出于什么考虑？

邹淑君（以下简称邹）：我是 2002 月 8 月份来二附中的，之前，在大庆工作了 17 年。大庆是个移民城市，比较有创业精神，他的城市特点和上海浦东的气质接近。所以我就首选浦东。当时在浦东有两所学校对我有意向，其中一所还是当时浦东排名第一的学校，另一所就是正在准备东迁的二附中。

周：怎么选了二附中？

邹：是二附中非常务实的精神打动了我。在得知我想到上海来工作时，无论是当时的李志聪书记，还是分管人事部门的老师，都非常积极主动地和我沟通。如果没有他们这种务实的工作精神的话，可能我人生的轨迹就完全是另外一种样子了。我对二附中一直是心怀感激的，好像天注定会在二附中一直工作到我退休。

2018 年 6 月 1 日，访谈合影

周：听说您第一次带班就带出了非常非常出色的成绩，您这段过程可以再回忆一下吗？

邹：我 39 岁那年，在原学校成为了特级教师、拔尖人才。但是我到了上海之后，第一件事情就是清空自己，让自己从零开始。

二附中特别希望老师能够承担更有挑战性的工作。因为之前我带出了 1995、1996 两年的生科奥林匹克国际金牌学生，所以二附中分管的校长就希望我来做奥赛教练员。于是我重新开始带奥赛。不久，蒋建国老师希望我来接全国理科实验班，一共有 20 个学生。但是我好久没有做班主任了。何晓文校长也来找我，她说："全国理科实验班到 2002 级，就是最后一届，国家不再有这个政策了，所以这就是最后一届的全国理科班。第一届的时候是叶佩玉老师带的，所以希望最后一届也能是一个特级教师，来带出一个新的高度。"这 20 个学生 10 个外地的，10 个上海的。等他们 2005 年毕业的时候，在全理班历史上出现了奇迹：10 个保送清华，10 个保送北大！在三年时间里，我们建立起深厚的友谊，现在回想起来，都是无比的欣慰。

周：太牛了！怎么能这么牛？

邹：咱也得实话实说：有少数几位同学当时和清华、北大的直接录取标准有一点点差距，但是在我和何校长三番五次地努力下，清华、北大对这些孩子有了一个更加全面的认识，而不只是看他们招生时的那个冷冰冰的指数。最后，那几位同学也成功地进入了清华、北大。尤其是在推优走最后一名的张同学，清华给了他不是特别理想的机械系专业，但是他非常刻苦，经过一年的学习，以清华前 5% 的成绩成功地转到了经济系。

何校长曾经说过："教育就是发现和发展学生的潜能。"我非常非常地认可。早期学习阶段，不能仅仅以分数来看孩子的状态。我当时就跟同学们确定一种观念，在这个班级的同学，不以名次来论高下，哪怕是最后一名，他也是最自由的学生。我主要重视两方面：第一，每一个同学一定要有好的身体，高智商配以好体质，又有情趣的话，一定会发展地非常好；第二，必须练就一种坚定的自信。

周：如何练就坚定的自信呢？

邹：在二附中，每个学科的老师对同学们都有期待。但是全理班不太一样，全理班的学生都是要参加各科竞赛的。各科竞赛的时间不同，所需要准备的周期也不一样。所以，每个孩子的学习步调都不一样。竞赛完成之后，他要通过自学把落下来的课程攻下来。但你在比赛准备期，其他的学科，比如语文、英语的老师能不找你要作业吗？不太可能的吧。所以当时我就跟学生说，我们大家必须得练就一个"厚脸皮"。因为你自己要知道你的阶段性目标是什么。每个老师问你要作业，你都按时交了的话，你就是一个很平常的人，你就不可能成为一个有专长的理科生。

我们的同学最终成功率比较高，100% 去了清华、北大，其中很重要的一点是他们懂得在什么时间做什么事。

周：其他学科怎么办？偏科？

邹：其他学科的知识不等于不学，但是你的步调和别人不一样，你要在完成了竞赛之后再来加强其他学科。这里面有一个主次之分，有一个自我合理分配时间的概念。其实，让他们早早明白高效分配时间的道理是很有必要的。后来等到他们保送的时候，各个高校对他们的评价也是非常高的。这个班级在高三的时候被评为"上海市先进集体"。

就是参加校内的一些集体活动时比较吃亏。比如大合唱，20 个人要和 40 个人比……（笑）

华东师大二附中张江校区

周：他们中有哪些学生令您印象深刻？

邹：最近有几个过去的学生回来看我。比如戴明劫，他曾经获得全球唯一的爱因斯坦世纪奖，现在在哈佛大学做博士后，正在申请助理教授。还有刁晗生，在我们班当时是数学王子。保送北大后，到了 MIT，获得数学竞赛的总冠军，又去了哈佛做助理教授，研究方向是数论，属于顶级科学家的团队成员。这批学生里，比较杰出的学生还有傅列，数学竞赛后保送北大，毕业后被推荐到巴黎高师，在法国做数学教授。

周：他们有什么共同特点吗？

邹：他们的共同特点是，都是研究基础科学的，不像现在大部分孩子，直接进入应用领域。我们班当时做过一次职业教育规划，每个同学思考自己 10 年 20 年后在哪里、做什么、和什么人在一起，以及如何达到这样的状态。比如刁晗生，受美国教育影响，他自己写的是希望做一个精算师。当时财经在社会上非常热门，他从对社会的感受度上，觉得自己能学有所用，能成为一个有价值、有能力的人。那几年上海财大某些相关专业的分数都是超过复旦的。后来他到了哈佛以后，他发现自己已经走到了专业的最前沿，他就不做精算师了。他说，当自己走到一定的高度后，就要想一下自己的使命到底是什么。

那时 20 个学生里唯一一个参加生科竞赛的同学，保送清华但因为色弱而无法读生科，转读经济学。现在从哥伦比亚大学毕业后回港大做助理教授。前不久谈起说，我们班学生的特点是更加单纯、天然一些，对学术、学问的追求比较有憧憬。

周：二附中到底给了他们什么？

邹：我和学生们，同事们也一直思考这个问题，有时还一起讨论。比如读过清华、伯克利、哥大，现在港大任教的学生王自干，他认为二附中首先是宽松、民主、自由、和谐，能够给学生空间来选择、发展自己。另外一个更主要的方面是，二附中大大地拓宽了学生的眼界，这是其他绝大多数学校当时不太可能达到的。那时我们常带学生参加社会实践，到企业去。比如 2003 年我们参加英国领事馆"纪念 DNA 发现 50 周年"的活动等，类似活动有很多。当他在二附中再走出去的时候，无论是在国内还是国外，到清华还是哥大，完全无违和感，都可以非常快的适应。当年他在学校时讲过一句话，我印象深刻。

他说，他爸爸告诉他："其实一个人，不一定要的是第一名，更重要的应该是要第一个。"

2018 年 5 月，邹老师和 2005 届学生王自干
留影于紫竹双语学校

周：怎么理解这句话？

邹：大家一起拼，你跑到最前面叫第一名，而第一个是什么呢？是前人没有做过的，你率先把它变成了现实。他在二附中的时候，他想做什么实验，他会向老师申请，会和老师预约。到了清华，大一的时候，他已经学习完了本科全部课程。升大二时，他第一个向经济学院的院长申请要去伯克利进行一年的短期交流。这在清华历史上是从来没有的。他说没有不要紧，第一次不接受也不要紧，可以继续努力。后来多次申请，终于打动了经院的院长，给他写了推荐信。他到了伯克利后，听了几堂课，发现自己应该听的是博士课程，而不是本科课程。他就向伯克利申请。伯克利的院长说，这是完全不可能的，没有先例。他不死心，继续向清华经院的院长求助，由院长帮助他申请，终获成功。

周：看来他的自学能力非常强，他的学习完全是以我为中心。

邹：是的，我觉得这就是二附中给学生带来的一种信念，相信自己能够来评价自己的学习情况。这种理念帮助了智优生能够更好地发展。另外，我们这个班级的理科生，人文素养也不低。比如王自干，他在高二时就开始读《道德经》。戴明劼，他的艺术课程也学得非常的专和深。他们都有非常强的阅读能力、自学能力，这点非常明显。

周：您是生物的学科名师，您觉得学生物有什么秘诀吗？

邹：生物的学习，现象比较多。这种现象的多样性，使得界定的时候，会出现非常多的名词和概念，这有别于其他学科。你需要对这些名词和概念有个全面的认识，所以生物有一些偏文科的特点。基于这个特点，在刚开始入门的时候，就需要更加有耐心。对于这些基础性的东西，要有个全面的涉猎，要对名词、概念的关系进行系统的梳理，通过一些类比的方式、架构的方式，让不同层次的概念、名词站好各自的生态位。这样的工作，很多人会耐不住，觉得生科更多是一些对现象的陈述。这是在入门时候的主要困难。

一旦进入到实验生物学，或者机理性质的研究的时候，就会比较容易引起学生的兴趣，因为不枯燥，内容更丰富，需要动手，手眼脑结合。比如说有的人很喜欢动物学，有的人很喜欢植物生理，这样从某个角度出发，才能达到一定的高度。再回头看整个生物界，才能理解"天下平理"，并发现许多共通之处，这时就会觉得生物学起来容易得多。

还有一个难点就是做实验。生科实验和物理实验的差异还是很大的。因为取材是活体,以及生物的多样性,它的典型性和代表性也会受到比较明显的影响。对于学生来说,如何抛开那些表象问题,去发现根本性的问题,去针对性地研究,就很关键。我带学生的时候,不会让学生为了学某个知识点而学习,那会很枯燥。

周:俗称"死记硬背"。

邹:那会很痛苦的。人对于学习的追问,只有那些连贯性的、一环扣一环的知识,才能引起人持续的兴趣。那些各自分离的、散碎的知识,是难以引发人长久的兴趣的。

当你学到很深入的时候,当你研究遗传、研究生命科学、研究生化的时候,是需要借助化学、物理、数学等方面的科学,达到一个融合的程度的。只有在这些学科学得更扎实的同学,将来才会在生科上走得更远。比如戴明劼,高一时教材里有果蝇巨大染色体的观察实验。我当时带他们做这个实验,不是用装片来看,而是直接取果蝇的三龄幼虫的唾液腺,在玻片上直接压制。一般的同学压制完后,只能看到一团。但是我们这个班级有六个同学,坚决要求留下来继续压制。这节课的效果就是,他们压制成的玻片,每个染色体的臂,全部是打开的,而且条纹非常清晰,比人教版的课本上的图片还要清晰。这就是为什么戴明劼能获得爱因斯坦世纪奖的根本原因,他动手做实验的能力非常强。生科是一门实验性的科学,需要不断在实验过程中去检验和推断,在多样性的生物材料下有什么样的相同点和不同点。

周:除了课本里的实验,还有课堂外的实验吗?

邹:我还带一些学生来做小课题研究,这对推进他们学习生科的兴趣是非常有帮助的。到了上海以后,我发现上海的冬天大约可以到零下 3 摄氏度左右,一般的花都看不见了,但是一种羽衣甘蓝经过变态后,呈现一种紫色或者黄色的花状。为什么它那么耐寒,而且在冬天有色彩那么鲜艳的叶子呢?我就带领同学来做这个小课题。当时同学们的判断就是,这个"花"的特点是褶皱比较厉害,可以用一个比较简便的方法来研究叶表面的气孔分布。我们根据人类抗寒现象,冬天的时候皮肤会比较紧致,夏天时候出汗比较多,汗孔比较容易开放,就推测:植物是否也是这样的?通过研究,发现真是这样。它的气孔分布在比较靠紧缩的基底,基底分布得比较多,外表分布得比较少。气孔的大小,通过测位尺测定后,发现比同类叶片的要小。由此得出它的抗寒能力在这点上是有表现的。除了这个原因以外,还有含糖量等其他方面的因素。在应用到的知识不是特别难的情况下,学生可以进行小课题研究。二附中就是小课题研究比较早的学校。

周：正如现在二附中高中科创班主要的学习内容之一。

邹：对的。那个时候是刚刚启动这样的教学方法。记得当时还带学生做了一个藏红花和云南红花的比较研究，一个黄浦江水生态和美国纽约哈德逊河水生态的比较研究，还带学生到美国的巴德学校进行科技项目交流。二附中比较早的利用这些项目为学生打开了广阔的视野，帮助他们加强对学习的兴趣，不是进行苦学，而是比较早的进入乐学的状态。我是不赞成苦学的，因为苦学不能长久，反而经常会造成学生进入大学放弃学习的情况。

周：那么您是如何培养智优生的呢？

邹：在我教高中的 27 年里，我一直在研究拔尖人才的早期培养策略。我发现，在培养拔尖人才的时候，很重要的是启动期。我把这个教育过程分成 3 期，12 项策略。

第一个阶段是启动期，老师和学生都要发力，找到切入点。不同的学生进入的方法不一样，老师与学生要经常一起讨论学生喜欢的发展方向。启动期要注意方法，要比较快的让他介入到比较大量的信息中去。第一个阶段投入的力量要大，老师引领要多，尤其是名师的引领。这种状态可以使得他很迅速的跨过第一道坎，迅速超越其他同学在这个学科方面的知识。如果说学生是一台汽车，不会教的人，在应试教育的情况下，会想尽办法去推车，这样就会一直很吃力。启动期就是要先发动起来，找到兴趣这把锁，给足油门，以后他就会自己跑起来了。

第二个阶段是持续期，往往是自学能力滚动发展的过程。有的学生不太有自学能力，他会一直等老师留任务，"拨一拨，动一动"，这样的持续性就不好。要想改善，就必须因材施教。我在带领学生学习的过程中，要他们"争在不争之时"。竞赛看起来是在和别人争，但实际上是在和自己争，这和学习步调是有很大关系的。有些学生不仅能自己学，还能帮助其他同学，进行讲解。他们不只在竞赛团队里，在普通班的教学上，也能进行辅导。这其实对他们自己也是一种知识的巩固。

最后是拼搏期。赛前、赛中、赛后，关键是人的精神品质。赛前积极的准备过程，同学要懂得积极分享，这一直是二附中的优良传统。赛中，因为生物既有理论，又有实验，其中实验部分，需要强大的动手能力。这部分的特点是一旦失分，丢失的分数会比较大。因为我们地处上海，而且凭着二附中和华师大的关系，使得我们实验的各方面条件始终领先于全国。在竞赛过程中，我们对仪器设备的把握能力显然高出一筹，所以我们的实验优势相当明显。竞赛等级越高，实验的比例越高，二附中的优势就越大。赛中，一个人的兴奋状态，在很大程度上决定了最后的结果。因为我一直带智优生，所以我一直喜欢这种挑战的状态。当有挑战来的时候，一般的人会觉得比较为难。而我和我带领的孩子们，就觉得我们一定要迎战。有这样的激发，大家碰到问题就容易有干劲。这点，在高水平的比赛中，其实非常重要。

我认为，竞赛结果固然应该看重，但是参与竞赛层层选拔的过程更值得关注。一个人面对挑战时激发出来的潜能、反应，日后能够形成一种良好的习惯，使他对困难无所畏惧，保持自信的状态。竞赛对学生的锻炼是非常大的。

周：看来每个人都应该去参加一下竞赛……

邹：但是我并不鼓励所有的孩子都来搞竞赛活动。有的孩子慢工出细活，是慢热型的。也许你和他一起做，慢慢做，他也能做到很极致。但这样的孩子，就不太适合激烈的竞赛，不适合应激性的比赛。

要让孩子找到适合自己的活动，才会达到最佳的激发效果。我看到校园里有许多未来的卓越人才，就在这样的创造性活动中，不断遇见自己的未来。

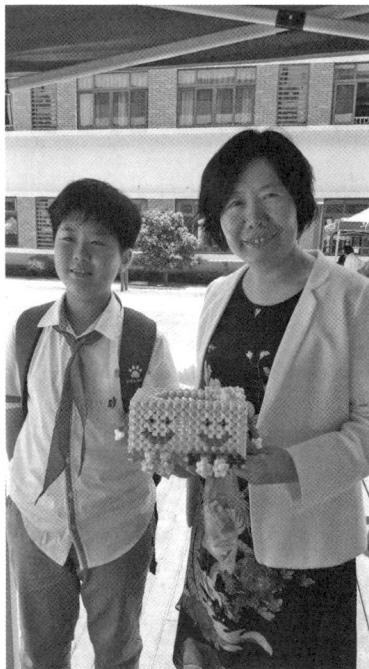

邹老师买下了这个男孩亲手编制的
作品，放到学校的珍藏柜里

周：听说您开过一门"现代农业"，中学开这个课很少见啊。

邹：因为当时学校要求老师需要有一些拓展课。城市孩子平时很多农业的东西都完全没见过。"现代农业"里包含了都市农业中比较典型的休闲农业,比如如何设计一个农家乐,包括生态、环保、宜居、绿色食品等多方面的内容。我带学生去孙桥现代农业区的无土栽培实验基地,参观了现代农业设施,滴灌技术、无土技术、叶片扦插技术、高精度大棚自动光照设施,看到了他们研发出的很多奇异瓜果,学生们实在太开心了。另外,我们还和日本的专家土根合作,进行试管苗实验,在试管中接种兰花。当时我们在学校里单独建了一个实验室,来了许多感兴趣的学生。第二年,我开了"植物组织培养"的课程,这位日本专家就来到我们学校,直接在二附中给学生们做指导。当时抢课的时候,这门课被迅速秒杀。

周:这是一个好老师的巨大作用。

邹:其实,好学生对老师的作用同样很大。我一直说,我的人生有三位老师。第一位是我真实的老师,是我成长过程中的各位师傅;第二位老师是书本,当自己的知识受到限制的时候,就需要从更多的书本里去寻找答案;第三位老师就是学生。学生是 13 门学科同时在学的,而老师只教一门,其他学科已经停滞了,但学生们一直在前进。学生的综合能力非常强,学习吸收速度非常快,对新技术、新知识、新文化的理解运用能力也非常强。每当我和同学们互动的时候,只要认真倾听,就会发现他们有很多闪亮的想法。这些想法会引发我们对后续教育的思考,甚至在思考如何进行跨学科的融合教学时,老师还会直接请教学生。记得我当时刚学信息技术的时候,需要剪辑两个视频。我觉得最快的方法不是去互联网上找方案,而是迅速到教室里找学生,立即就有个学生来教我完成了。面对实际问题,如何学习,如何解决,同学们常常是毫不吝惜地教我们这些老师的。

华东师大二附中紫竹校区

周：邹老师，刚才我们聊了很多您关于教学方面的历程，我们开始进入下一个篇章。您是二附中非常少有的，可能也是唯一的经历过两次创业的老师，因为从您进入管理层后，连续创建了二附中紫竹校区和紫竹双语学校，您能谈谈这方面的内容吗？

邹：我是幸运的，也是比较艰苦的。我1985年大学毕业，赶上当时入职的学校在创建。那时的学校是从无到有，生物实验室几乎都是我跟着我师傅一同建设起来的。我每天拿着小板凳去听各个老师的课。那次创建过程，现在想来是非常幸福的一段时光，等于各个学科的老师都是我的师傅。这段经历给了我很大的帮助。2002年到二附中，正好是二附中东迁到张江，这也等同于一次创业。所有的设施都是全新的，包括实验室都是新建的。我1997年去读了教育管理硕士课程，对学校管理、教育科研、学生发展等方面进行了系统的理论学习。2007年我开始做科研室主任，后来又做了校长助理。

再后来二附中选址在闵行华师大边上，开办紫竹校区。何校长和李志聪书记在选派干部的时候，都希望我能够来这里。第一次开车来紫竹是一月，我很想打退堂鼓。大家都知道这里有个别名叫"闵大荒"，冬天的时候非常冷，狂风呼啸。我从龙吴路过来的时候，感觉很悲凉。龙吴路坑坑洼洼的，而且也是闵行区南部的教育洼地，周边很多化工厂。当年很多同事不理解，说你家就在二附中张江校区附近，走路几分钟就到学校了，为什么要舍近取远去闵行？这其中最重要的原因是考虑到二附中只有高中，没有初中。高中三年，第一年进来的来自五湖四海的学生，往往是初三被习题压榨过度的学生，进来之后不会问问题，不会自己找书读。要经过半年左右的时间，才能把他们矫正到合适的学习通道上。到了高二下以后，就要开始准备保

紫竹校区的金钥匙

送、自招等方面的内容。这中间只有一年半的时间可以用来好好地锻炼他们，这个时间太短了。所以，二附中必须要有自己的生源基地，因此率先开办了公办初中。当时何校长任初中校长，我任书记兼常务副校长，我们的使命就是为二附中建设一个生源基地。虽然第一次来紫竹时留下的印象不好，但是我必须说服自己。第二次我换了条路，走 A4 到交大和华师大中间，转东川路过来，两侧全是绿化，感觉上好了很多。

周：这是精神胜利法……

邹：是啊。可五年半之后，我本以为这是我做的最后一个学校，没想到又开了一个新的。戴校长希望二附中继续创办双语学校，这同样有重要的意义。我在教学实践中发现，初中生经过小学 5 年的教育，个体差异非常明显。在全球文化战略上，二附中的学生如何成为第一流的人才，语言的起步从初中开始就有些晚了。因此，二附中的体系教育有必要从初中延伸到小学，尤其是语言的早期培养和学习习惯的培养，把"卓越教育"从高中逐步延伸到初中乃至小学。领导觉得在闵行工作时间最长的就是我，和闵行各相关机构沟通最多的也是我，所以把我派到这个新的学校（华东师大二附中附属紫竹双语学校），向着双语和小学进行拓展。

我们走廊上挂着两块牌子，一个是"卓越小学研究室"，着力研究小学教育如何对接二附中的卓越教育，另一个是"卓越干部培训工作室"。

华东师大二附中附属紫竹双语学校

周：身为学校负责人，培养老师与学校管理团队，成为你更为重要的工作任务。

邹：当然。一所学校的创建，教师和管理团队的建设非常重要，有了好的团队就有了核心。归根结底，都是为了拓展和延伸二附中卓越教育的理念。正如我们今天揭牌紫竹双语学校的"卓然门"，这是一个拟圆门，意思就是接近圆但还不是圆，它代表着我们追求卓越的精神永不满足。它也一直推动着我们对教育规律的探索和对人成长规律的发现。在两次创业的过程中，我们都得到了政府、华师大、二附中各级领导、老师们的鼎力支持，同时我们也建立起两支非常好的管理团队和骨干教师队伍。我们现有 52 名教职员工，其中专家型的老师 15 名，算上骨干教师就有 20 多个。如此配置的团队，在初创型学校里，是非常强大的。

周：但是万事开头难，在初创学校时，碰到的最大困难是什么？

邹：时间。团队磨合的时间。我一点都不排斥在新学校里面工作。在原来的二附中团队里，任何一个事情依靠一个眼神就能达成默契，但在新的团队里，就需要更多的磨合。

我们把 2018 年叫作管理标准年。管理标准年的意思就是，学校的每项管理工作都要按照学校标准来。那学校标准是什么？比如说活动要有创新，在创新过程中研究如何更加人性化，更能适合各种学生、老师的发展。举个例子，在学校教学创设上，我们提出，学生不是用割草机剪平的草地，每个孩子都是按照自己步调生长的差异性非常大的一个原始森林，乔木和草本并存，灌木参杂其中。你如何对待草本、灌木、乔木和地被物呢？

2018 年 3 月 16 日，美国哈奇森学校来访，邹老师与哈奇森学校中方负责人交流

如果你是一个不思考的老师，你就是智优生的天花板。一般的老师，做法就是教纲讲完就结束，而且还不允许学生乱说乱动，谁都要听他的，不容许问那些超纲的问题，这就形成了天花板。普通学校过来的老师，往往习惯就是这样。如果你在这里想成为一个胜任的老师，你就需要因材施教。一堂课 40 分钟，不多于 60％的时间用于基础达标。剩余 25％左右的时间用来做拓展，比如这堂课要讲白居易的诗——《琵琶行》，当讲到如何表述声音的时候，就必须讲其他人是如何来表述声音的，这就是

拓展。最后 15％的时间留给挑战性的问题。这些问题有一部分学生是能够做出来的，还有一部分学生是直接做不出来需要你去点拨、去引导的，这就是他们的脑力体操。

讲挑战性的问题，在最基础的学生那里是基本听不懂的。那怎么办呢？用学案来解决。各个层级的学生，可以利用学案和老师不同步地学习，各自学习到不同层级的内容。学案能够让二附中的学生有效地利用好时间，让三部分的同学都能够得到 40 分钟各取所需的发展。他的 40 分钟都是自己的，可以一直在做适合自己的事情。所以我让老师们计算每一堂课，不是 40 分钟的效果，而是 40×40 的效果。我们现在已经研究到每一个部分要如何的教法，才能帮助每一部分的学生，进行因材施教。不同的学生从不同的途径入门，类似佛教上讲的每个人是从不同的法门来认识佛法的智慧。我们要给予每一个同学一个方便之门。这和我们提出的"人人光彩、人人卓越"的理念是一致的。

校长妈妈和紫竹双语学校的孩子们及外教老师一起交流

周：低学龄的学生学习水平有差别那么大吗？

邹：年龄越小的孩子越要注重情感和方法，年龄越大的孩子可以去跟他讨论一些理念，朝着理性思维方向去探讨。

孩子的培养，一方面我们要给他们方向上的指引，另一方面要帮助孩子发现自己未来想成为什么样的人。在成长的过程里不断的激发他的潜力，会达到更好的结果。不管是智优生还是暂时落后的学生，"人人光彩、人人卓越"是完全能够达到的。在二附中，从来没有任何一个孩子，因为成绩比较低而受到偏见。从进入到离开，二附中学生带走的就是自信。自信源自于从来没有被轻视过，我们欣赏每个孩子。

访谈时间地点：2018 年 6 月 1 日，华东师大二附中附属紫竹双语学校

［校友简介］

周人杰，1989 年至 1995 年就读于华东师大二附中。1995 年考入中国科学技术大学，现任上海城市测量师行信息技术总监。

我们初相遇

——骆蔚老师访谈录

周人杰（1992 届初中/1995 届高中）

[**教师简介**]

　　骆蔚，华师大二附中语文高级教师，浦东新区语文骨干教师，浦东新区语文中心组成员；兼任华东师大免费师范生导师，华东师大"社会导师"，华东师大人才院兼职导师。论文《高中语文课堂个性化学习作业设计》发表于《上海师范大学学报》；执教《边城》，获"红杉树"杯全国语文课堂教学观摩大赛一等奖，《〈边城〉教学指导设计》获大赛论文一等奖；主编《高中语文深度阅读》三册，由上海市教育出版社出版；主持多项市区级课题研究，撰写多种教育、教学研究论文，并屡获殊荣；曾获全国特色教育优秀教师、唐君远奖教基金会一等奖等荣誉。

周人杰（以下简称周）：骆老师，您好。作为您的第一届学生，希望今天能够对您做一个专访。

骆蔚（以下简称骆）：好的。

周：骆老师，我们和您是 1989 年一同入校的，我们作为学生，您作为老师，还记得当时第一次见到学生的感受吗？

骆：坦率地说，第一次见到你们，很惊讶，怎么学生长得比我还高，而且还不止一个，大部分男生都很高。还记得当时有些男生会用手搭着我的肩膀一起走路，害我被教导主任叫去批评呢，师道尊严，这样的行为是不恰当的。现在回头想想，应该是男生长大了，想和女生搭讪，又不好意思，想体验一下那样的感觉。

周：这是我们完全不知道的情况呀！（一个大大的惊讶符号！）

骆：当时我真觉得很委屈，不知道这有什么问题。我自己是女中出来的，也不太清楚男女生之间的界限应该是什么，心想小孩子嘛，无所谓。那时候我还是长辫子，老有些男孩子想要摸我的辫子。我觉得也没什么关系啊，但就是被叫去教导处训话，哈哈。

周：那个时候我们刚上初一，应该才十一二岁，很调皮吧？

骆：是呀，你们在一楼玩得很 high 的时候，高三学生从顶楼往下看，会觉得小朋友好可爱，很好玩。作为新老师，我也一样，有时听到学生来告状"老师，我被打了"之类的事情，会当成一件很好玩的事情来对待。我不知道你们是否还记得，我自己印象很深的一件事是：当时学校翻修操场煤渣跑道，有很多泥巴翻出来，班里的团支书陈昊和班长金冰一各带了一队人，在领操台那儿向对方砸泥巴打起来了。结果我被顾朝晶校长叫去校长室领人，被校长狠狠地批评了。没想到后来跑校长室、教务处领学生变成了家常便饭，为此我受到不少批评。今天回过头来想想，觉得很好玩，但其实有相当一段时间我也是很困扰，蛮委屈的。我自己做学生的时候从来没有被批评过，做了老师，因为学生的缘故，却经常被批评，也是一件比较"痛苦"的事情。

周：这也是蛮有特色的事情，对于二附中来说，教学秩序一贯是比较好的。

骆：你们就是仗着自己比较小，所以特别调皮。想想还是很好玩的。

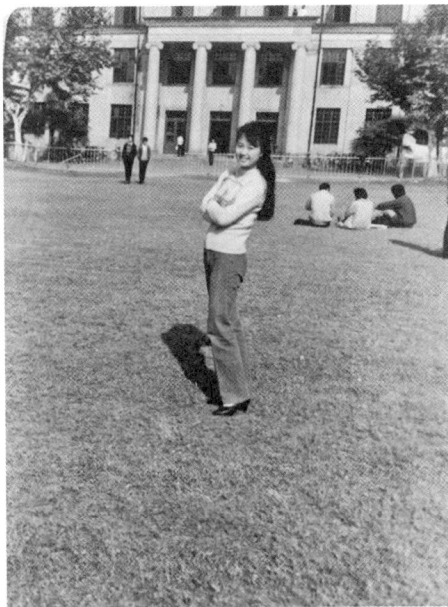
1988 年,骆蔚老师在华东师大文史楼前留影

周: 我对您印象特别深刻的一件事情是,当年您教古文的时候,每次都要求我们第一行抄写原文,每个字空一格,要求我们对古文里的每个字进行翻译,第二行开始写现代文的翻译。这个学习方法被您操练了三年,帮助我为之后的学习生涯打下了一个扎实的基础,包括阅读理解、文字描述的能力,都形成了深切的影响。这个教学方法,您后面还一直在用吗?

骆: 这是我的高中老师教我的学习方法,所以我是受益于我的中学老师。但是现在做不到这些,这是什么原因呢? 首先,学生们的作业量大了;其次我们的文言文教学的篇目更多了,内容更广了,学生们没有那么多的时间去抄写原文了。另外还有一个原因就是现在可以百度啊,百度一下就全知道啦。虽说好记性不如烂笔头,抄一遍肯定印象更深刻,但相对于这样一个侧重反复加深记忆的教学方法,我们现在的教学实践会更倾向于能让学生对全文做整体性的研读和理解。所以当时布置给你们的作业,后几届就没有再用,尤其是高中教学阶段,更注重学生思辨能力的培养。当然自觉认真的孩子还是会按照这个方法去学习,一个字一个字地去读,把文言文学习落实到字词,而非凭经验、凭感觉去读。

周: 这样的文言文教学是我们上学的时候,在整个语文学习中印象最深刻的。我觉得小时候那些记忆深刻的东西,一辈子都忘不了,比如我女儿有时候读课文,我立即就能回想起来。听说您现在除了一线教育工作之外,还担任学生处的工作,这和以往的教学工作有什么不同吗?

骆:除了认识的学生更多一些,和学生的接触面更广一点,并没有太大的差别。同事们说我带的班级的孩子们比较调皮捣蛋,会钻空子,很聪明,但是不太用功。之前我接触到的大部分都是这类型的孩子。但做了学生处的工作后,看到很多有能力又用功,全面发展,什么都好的所谓"别人家的孩子",和所有父母一样,回头看看自己班的孩子和"别人家的孩子"的差距,心里挺着急的;当然在学生处也会碰到一些"特殊"的学生,这个时候再比较自己班的学生,都蛮好的,就感觉更均衡一点了。

周:对"特殊"孩子的教育应该挺困难的吧。

骆:还好,其实很多"特殊"孩子的问题来自于原生家庭。到我们这个年龄,再来看孩子,就很容易理解他们了。当年做小老师的时候,还看不懂,只觉得给我添麻烦就让我很烦恼。

2017 年 12 月,校友文艺演出前,骆老师(后排中)和她带过的第一届学生喜相逢

周:骆老师,您在学校教书二十多年,您觉得二附中过去的孩子和现在的孩子有什么不同?

骆:说实话,最近五六年的学生比以前确实有差距。但这一定不是孩子的问题。我觉得是这个社会的教育出了问题,比如说拔苗助长式的超前学习、机械刷题,等等。记得我刚做老师时,老教师是这样传授我们的:一开始学生可能比你慢;但到了中间阶段他们一定会追上你,和你齐平;到高三的时候他们应该已经超过你了。也就是说,最终学生会超越你。但现在大多数学生不太可能做到这一点了。

周：那是不是因为二附中长期没有自己的初中造成的？这两年二附中也通过多种方式办了好几个初中，以后会不会好一些？

骆：我觉得可能短期不会有太大变化。以前二附中都是高中老师轮下来教初中，师资力量稳定，教学理念和文化都是一脉相承的。现在学校的教学理念和文化由二附中派出去的校长、管理者传承下去了，但师资力量短期内还跟不上，新老师还没有被这个校园文化浸润过。更何况现在家长对孩子的期望和以前也不一样。

周：现在家长给孩子的压力其实远远比学校给他们的压力大吧。

骆：其实很多家长自身也没能达到自己所期望的目标。我经常和家长们说，孩子已经超越当年的你啦，能考进二附中，说明已经比当年的你们更好。年轻的时候，是想不到说这样的话的。现在去理解孩子的时候，才会这么去劝家长。当然二附中有好的传统，不断地提醒促进着孩子们的自主性和自律性。

周：二附中校训是"卓然独立，越而胜己"，如何体现在学生身上的？有什么特别的例子吗？

骆：我们去年开展志愿者服务表彰活动的时候，有一位二附中的学生，就给我们展示了这样的范例。

2015 年 7 月至 2016 年 7 月，邵子剑在拉萨中学担任英语教师

我和你讲讲邵子剑的故事吧。他上大学以后，为了实现教育的理想去西藏支教了一年。他讲述的故事里最感动我的是，他让孩子知道了"什么是运动会"，看到孩子们那一天玩得很开心，非常感动，他为了理想去行动，我觉得这就是"独立""卓然"

的态度。现在社会对于成功的定义是学生毕业以后找个高薪、光鲜的好工作,比如律师、医生,金融工作者等华人推崇的传统成功职业。家长的格局是这样,孩子的格局也会是这样。邵子剑考上了北大,休学一年去做义工;研究生阶段又休学一年,去新疆支教。我觉得他真正是一个为了理想去践行的好学生。

另外我有个 2008 届的学生,谈安迪。我对他印象那么深,不是因为他现在是个成功的青年学者,我们需要请他回来做讲座。我对他印象最深的是因为他是我第一个高考语文不及格的孩子。平时怎么劝,他都不理你,仗着自己数学好,拽得不得了,当时真把我气得不行。这次他回来,说后悔当年没好好学语文,没好好学外语,真是书到用时方恨少,我都不能想象他就靠着高中那点语言基础是怎么过来的。他说终于有一天发现文科是修身的根本,于是他才静下心来看书。

说到安迪,我就想到一个问题,二附中理科班开办了三十多年,有多少孩子毕业后还在做基础理论研究工作? 这让我觉得很悲哀。大部分学生参加竞赛的原因,只不过是为了走一条大学升学的捷径。以前是保送,现在有加分,可以进一所最好的大学。能够参加竞赛的孩子一定有着非常高的智商,不知道他们有没有想过做一些

谈安迪作为 PandaX 合作组一期探测器到二期探测器升级工作的负责人,与首次组装完成的探测器主体部分,即时间漂移投影室 (TPC) 的合影。2014 年 12 月 15 日,拍摄于锦屏地下实验室

理论科学的研究？在西方,智商最高的天才、基础知识最扎实的学生去搞理论方面的研究;二等智商的人活跃在金融业,末等智商的人做政治家。当然这是西方的一个笑话。但至少表明了社会对于科学的崇敬之心。而我们的孩子从小就开始找老师培训刷题,目的只有一个,找到捷径上最好的大学、最好的专业,最后是找一份光鲜的工作。谈安迪从小喜欢理科,尽管文科是一直被我诟病,但他28岁来学校做讲座的时候,我知道他是真的遵从了内心的热爱。现在他做的暗物质研究,常年在四川的山洞里,为此女朋友也走了。现在还有哪个女孩子愿意跟着他,一直等着他,不知道什么时候成功,何况还不知道能不能成功。这个28岁的男生还能定定心心在那里,从事他热爱的工作。我很欣慰的,这才叫"卓然独立"。

周：请问有哪些老师给您留下了特别深刻的印象？

骆：有！我一直很钦佩我刚进二附中时认识的一批老师。语文组的严秀英老师、数学组的李振芳老师,很多很多老教师,我都很佩服他们。

严秀英老师在我教初三的时候,做了我一年的师傅。我教你们初三的时候,是我第一次单独教初三的语文。学校请了严老师来帮我,我当时很佩服她的是,所有的语文课文她几乎都能背出来。每一课的学习重点在哪里,她非常清晰。相比我教了这么多轮,到今天我都不敢完全抛开书本去讲,不敢说知道每一篇课文的重点在哪里。当然我也要表扬一下我自己,因为每届学生不一样,所以每篇课文上的角度也是不同的,但我一定没有她那样的熟悉。第二个最让我佩服的是,历届学生回来,她都能准确叫出每一个自己教过学生的名字。更何况那时她都已经到了快退休的年龄了。而我呢,就前几届的学生,已经混淆得一塌糊涂了,现在对着新一届学生,我需要花更多的时间才能记住他们。这是一个表象,从内在来说,是我投入的程度肯定不及那些老教师。当然我可以自我安慰,我更富有生活情趣,我有很多其他方面的爱好,但是从内心上来说作为老师,我肯定是及不上他们的。那个时候的老师帮学生补课都是自愿地,把学生当成他们自己孩子一样,敬佩他们的敬业精神,他们一直都是我的榜样。

还有万琳老师,当年的模范班主任,政治老师和教导主任。她全身心地扑在学生管理、学生教育上的。她不仅对学生好,对我们当时的年轻教师也十分关爱。我经常找她聊天谈心,甚至她退休以后,我也经常去找她。她给我们的感觉就是很"心定"。在浮躁的今天,很少有老师能像万琳老师那样做到"心定"了。后面一届的教导主任施文菊老师,也一直对我们很好。

这些老教师不仅自己在教学上认真严谨,他们对青年教师也是用一种关爱晚辈的方式来呵护的。我觉得现在老师之间的交流度，大不如以前，也许是因为现在的教学压力太大、工作太繁忙了。

周：我们知道二附中历史上有过多次的搬迁，一次从金沙江路搬到枣阳路；一次从枣阳路搬到浦东张江，后面还有一个很重要的节点，就是在闵行开办了一个新校区。现在又相继开办了初中和小学，您觉得这些变化对二附中有什么样的影响？

骆：其实是这么两个事，从金沙江路搬到枣阳路，枣阳路再搬到浦东，这两次迁校和后面集团化的意义不同。前两次的搬迁是从硬件设施相对差的校区到条件更好的校区，只是办学设施的改善，所以这两次的搬迁对二附中的影响不大。我说的影响不大的意思是，有很多学校搬迁之后会遭遇师资力量流失的问题，这样的问题在我们学校并没有出现，反而越办越繁荣了。我经历了学校的东迁，觉得唯一不能割舍的就是"不一样"，"不一样"的是对老校区的感情，多年工作生活的点点滴滴的沉淀，感情肯定会更深一点。但现在我在新校区也工作了十多年了，相对来说确实新校园的环境比以前更好，更舒服，工作时也会更有好心情。

集团化之后，紫竹校区的影响还不大。因为我们输出了资深管理老师，输出了我们的办学经验，紫竹校区那边建立教师团队就相对容易一些。现在，初中部建立，再加九年一贯制的实验学校、双语学校等，我们的资深管理层老师相形不足，师资储备较为薄弱，教师队伍的建设和培训都有待提高。目前对人力资源"用"的更多，培养的精细度和发展的高度还是不足。这不仅仅体现在管理团队，在学科团队上也

2018年寒假，骆老师在美国洛杉矶天文台

存在类似的问题。虽然国内每五年有一轮师资培训，以及"名师基地"等各类培训，但从实际效果来说，这些培训对于二附中的老师来说针对性不够强，收效不够大。集团化发展促使我们要更重视师资建设。

周：薪火相传，您能给过去的学生、现在的学生和未来的学生各说一句话吗？

骆：我一直是个蛮叛逆的人，在学校里我一直满怀感恩，不管是善待我的老师，还是曾经对我有意见的老师，都蛮感恩的。为什么呢？说个笑话吧，有一次我和自己的初中同学聚会，一个男同学说："天哪，你还活着啊！"我说："你什么意思？"他说："就你那性格，不被人掐死也被人坑死。"说这个故事的意思，是解释我为什么会对这个学校充满感恩，因为这个校园很宽容的，包容着不同的文化背景、不同性格特点的老师们，让保留着他们各自独特的存在，包容着多样性的存在。这个校园还有着非常多的优点，每一位老师身上都有着值得学习的东西。

我觉得我很幸运遇到了这些老师，其中有九年跟着魏国良老师。他指导我写论文、修改课程设计，我受益匪浅；胡立敏老师，他对青年教师呵护备至，不遗余力地来帮助，并争取机会，比如"全国语文课堂比赛"，就是胡老师推荐我去的，魏国良老师帮我完善了课程设计，我在这个比赛上拿了一等奖，心怀感激。语文组的汤文鹏老师，喝酒抽烟，百无禁忌，但就是这样一位老师，像爷爷般关爱着我。后来的老教师也　代代地传承着爷爷般的慈祥；李宝山老师一手漂亮的字，周其聪老师老顽童般的个性、漂亮的摄影作品……所以我经常对学生说："记住你生命中每一位善待你的

2017 年 5 月，骆老师和毕业班学生合影留念

人,然后也这样去善待别人。"因为时间只会让美好沉淀下来。始终觉得,所谓孝道,就是长辈、前辈对你的好,由你传递给孩子们,传递给晚辈,传递给下一代,这就是孝道的传承。

我对每一届学生说,不要背着包袱走,会很累的,放下来,往前走,走好你的每一步,就是对老师、对母校最好的回报。

这是我给今年的高三学生写的留言:你们的笑靥,就是二附中的颜值。不管什么时候,都请你保持微笑!

访谈时间地点:2018 年 5 月 16 日,华东师大二附中

〔校友简介〕

周人杰,1989 年至 1995 年就读于华东师大二附中。1995 年考入中国科学技术大学,现任上海城市测量师行信息技术总监。

与二附中一同成长

——洪燕芬老师访谈录

史捷飞（1992 届初中/1995 届高中）

［教师简介］

洪燕芬，中学高级教师，硕士学位。华东师大兼职导师，上海市名师基地学员。从事高中教学二十余年，注重化学实验的改进与研究，尤其重视课堂教学与教育科研相结合。通过参加上海市理科德育基地的活动和上海市名师基地的学习，坚持运用先进教学理念改革化学课堂研究。通过实验教学培养学生科学素养，提升课堂品质，教学效果显著。曾荣获全国青年教师教学大奖赛一等奖。2016 年出版个人专著《基于高中化学实验的科学素养的实践与研究》。2018 年获上海市教育教学成果一等奖。

转眼已经从高中毕业 23 年,踏上工作岗位也已经快 20 年了,岁月把我们从花季少年变成了不惑的社会中坚。但正如洪燕芬老师所说的,在二附中那段日子,与老师、同学一起成长的经历,那是谁也忘不了的啊!

还记得高一时洪老师刚到我们三班,那时我们一部分同学是从二附中初中直升或考回母校高中的,已经在枣阳路校园度过了三四年的时光,对校园环境可谓轻车熟路,与老师和同学也是熟稔得很,这些岂是初来乍到的洪老师可比的。正如她自己描述,年龄比我们大不了多少,上课时常常脸红,闹了不少笑话。但正因如此,我们也把洪老师当成我们的大姐姐、好朋友看待。一部分比较活泼的同学当时可能也做出过一些"欺负"洪老师的事儿。

2016 年,1995 届高中三班聚会(后排左起:杜钧、史捷飞、张治豫、戴嘉澍、陈勇康;前排左起:张宇和女儿、洪燕芬老师、楼海琳、任丽萍、朱琦)

毕业后虽然也与洪老师一直保持联系,有过多次聚会,但对于洪老师这些年的教学工作却并不十分了解。通过这次访谈,在对这些年洪老师在教学和工作方面所取得的成长和成就表示惊讶和赞赏的同时,从话语中我充分感受到了洪老师作为二附中具有代表性的优秀教师和中坚力量所展现出的气质和忘我奉献的责任感、使命感。

我深深感到,"卓然独立、越而胜己"这一在我们毕业时还不是校训的校训,是洪燕芬老师性格特质的最好写照。

史捷飞(以下简称史):您是哪年来二附中工作的? 当时为什么会选择二附中?

洪燕芬(以下简称洪):我是 92 年从华东师大化学系毕业,通过应聘来二附中工作。当初毕业时系里给我两个方向的选择：一个是温州医学院基础化学教学部，马上可以签约；还有一个是二附中，需要面试。我记得非常清楚，当初面试我的是化学组组长夏家骥老师，他让我试讲《硝酸》这一节内容，并详细询问我个人情况。得知录取结果时，我心里还是有些纠结和犹豫：一个是当大学教师，一个是中学教师，究竟哪个更好？但最终吸引我的主要原因是留在二附中就相当于留在华东师大，人事关系属于华师大。另外还有一个原因，因我是浙江舟山人，从上海十六浦码头坐船一个晚上就能回家，相对交通更便利，因此最后我义无反顾地选择了二附中。现在回想起来，其实交通根本不是问题，还是华师大与二附中特殊关系让我坚定选择当中学教师。

史：您的家庭状况？业余生活和爱好？

洪：我们目前的状况可以说是"空巢中年人"（笑），因为我女儿去加拿大多伦多留学，我的住址与学校很近，周末加班也比较多，基本上我所有的时间都在学校。很怀念当初与你们一起在操场上跑步。现在业余时间游泳、打网球，也喜欢看电影、人物传记。

史：作为化学高级教师，您认为自己的教学风格是什么？

洪：风格与个性相关。我喜欢动手做实验，以实验来激发学习兴趣；喜欢与学生交流探讨，通过碰撞促进思考。

洪燕芬老师：我爱化学课！

史：学好化学的诀窍有哪些？

洪：化学学习没有诀窍，新高一学生的第一节化学课，我常唠叨三个"一"：看一看，观察实验了解变化；做一做，做实验，做笔记，做练习；想一想，敢于质疑，深入思考，举一反三，触类旁通。

史：能否聊聊关于您去西藏交流访问的经历？有什么难忘的情节？

洪：我很惊讶你们已经毕业这么多年了，还了解我曾经去过西藏这个情况。我于2004年7月跟李校长和其他几位同事一起访问了西藏的拉萨中学，在那里度过了两周的时间。

我印象最深的一点就是我自己的这堂课，我面对的是拉萨的汉族班的高三学生，临近高考，所以决定给他们上一节氮族元素的复习课。刚开始时，彼此不适应，经过互动交流，慢慢配合起来，最终效果与完成度都超出我预先设想，真不愧是拉中的学生。还有印象特别深的是：他们穿着统一的校服，个个都是黝黑的脸，然而眼神特别有光，那种渴求知识的目光让我至今难忘。2004年8月16日《文汇报》报道"一项海拔最高的任务"上的照片是由李志聪书记拍摄提供的。

2004年8月16日，《文汇报》报道二附中老师的援藏故事

史：您曾长期担任班主任工作，印象比较深的班级有哪些？

洪：印象最深的、关系最亲切的就是你们1995届，我所带的第一届学生，因为我们年龄差距最小。记得刚开始，每堂课都会脸红，觉得自己的实力和能力都非常欠缺，班主任的经验不足。记得有次家长会，对着你们的父母直接叫"叔叔阿姨"（笑）……在会上点名某学生的不足而没有顾及学生和家长的心理感受。当时自己非常稚嫩，是你们帮助了我一起成长，所以非常感谢你们第一届的学生，大家的名字到现在也还是印象深刻。

后来还曾任1997届二班班主任、2004届五班班主任，2004届的班级曾荣获上海市先进集体称号。

史：您担任过教务处的工作，现在任校办主任，这方面的工作与教学有何异同？

遇到过哪些难题？是如何解决的？

洪：我2005年进入教务处，2016年进入校办。教务处工作接触教师机会多，给我最大的感触是二附中的教师通过自主发展，都能成为独当一面的教学能手，因此二附中一直引领全国的课程改革。校办工作的重点是宣传与招生。通过宣传二附中文化，举办开放日活动，让最适合的初中学生来报考二附中，提高二附中的生源质量。尽管担任行政工作，但我一直坚持一线教学，而且保持满工作量或超工作量。因为喜欢上课，喜欢与学生在一起的感觉。

任何一项工作的完成都会有困难，好在二附中上下级关系之间十分融洽，困难总能解决。我觉得自己是属于低头干活、踏实勤奋型，有时心理负担比较大，容易耗费精力与体力，有时也会不开心，幸亏有家里人的支持和鼓励。

史：在您的教学生涯中，有哪些印象深刻的领导或同事？

洪：90年代在枣阳路校区，我多次荣获市区级青年教师教学一等奖，乃至全国一等奖，这离不开我的师傅王运生老师及化学组前辈们的指点与帮助，这些恩情我永远也不会忘记。二附中化学组师资力量非常强大，彼此交流，相互协助，曾荣获市区特色教研组及先进教研组称号。

在班主任方面，我非常感谢施文菊老师。她是学生心目中的施奶奶，是我们年轻班主任的引路人、好帮手。她做事认真，事无巨细，亲力亲为，至今回想起来仍感觉非常亲切。

1990年代末，班主任暑期社会实践活动，摄于浙江千岛湖
前排左起：田伟、沈明岚、胡文琴、戴秀珠、陈荷芳、陆觉明、王德纲、张伟平
后排左起：高俊刚、陈檬、成以玲、王静波、夏钟英、贺雪斐、洪燕芬、施文菊、麦嘉馨、蔡尔韵、郑隆海

史：您曾先后在枣阳路和张江校区工作过，也可以看作是二附中发展的两个阶段，您认为这两个阶段各有什么特点？

洪：90年代初期，枣阳路校区的学科竞赛开始崭露头角，后来，逐渐在五大学科全面蓬勃发展，取得了多项奥赛金牌，轰动全国，金牌学校由此得名。2002年东迁浦东张江高科技园区后，保持原有竞赛优势的基础上，结合创新拔尖人才培养这一时代背景，二附中在各级各类科创比赛中取得一系列举世瞩目的好成绩。

史：您对二附中将来的发展作何展望？

洪：正值二附中60周年校庆，现任李志聪校长提出二附中要争创国际一流，我相信在全体二附中师生的共同努力下，能早日实现这一目标。

史：您对二附中60周年的祝福？

洪：祝二附中更美丽、更辉煌！我爱二附中！

2018年5月28日

〔校友简介〕

史捷飞，1989年至1995年就读于华东师大二附中，曾任1995届高中三班班长。复旦大学本科、香港大学硕士学历。就职于小松（中国）投资有限公司，曾任财务总监等职务、现任商务及渠道总监。

我们在二附中享受成长

——郑桂华老师访谈录

楼冠琼（*1995 届初中/1998 届高中*）

［教师简介］

郑桂华，教育学博士，毕业于华东师范大学，1990 年至 2006 年任教于华东师大二附中，现为上海师大中文系教授。担任第二届教育部基础教育课程与教材专家委员，教育部普通高中语文课程标准修订组成员，教育部义务教育语文教科书审查委员，教育部国家级教师培训计划授课教师，上海二期课改高中语文教材副主编与初中语文教材特约撰稿人。主要著作有《语文教学的反思与建构》《语文有效教学：观念·策略·设计》《听郑桂华老师讲课》等。

在我们这一届同学的心目中,郑桂华老师就像是一位大姐姐。她给人一种天然的亲近感,率直坦诚,却又细腻柔软。写板书的时候,她喜欢把口字画成一个圆圈;对我们恨铁不成钢的时候,她喜欢说"我还是那句话",可直到现在我们都没搞明白到底是哪句话;春夏季的时候,她喜欢穿天然的麻布衣衫,就跟她本人一样谦逊朴实的"原生态"。从二附中的语文高级教师,到华东师大中文系副教授,到现在的上海师大中文系教授,就如她教导我们的那样,每一次的选择都要跟随着心底的声音。如今各种各样关于她的报道中,人们都习惯称呼她"郑教授",可我们还是喜欢喊她"郑老师",仿佛这一声郑老师,就能让我们回到当年的二附中,重新听到她上得那么生动的语文课。

楼冠琼(以下简称楼):郑老师,您是哪年来二附中工作的?还记得当年的第一堂课、第一批学生吧?

郑桂华(以下简称郑):1989 年 9 月我就在二附中实习。指导我的是戴德英老师,她时不时给我两块金币巧克力,说是某某老师结婚的喜糖,两个月里似乎没少吃喜糖。这是我第一次接触一个"社会单位",这种小惊喜、小温馨,让我对工作有一种小期待。不过我教的是高二,上《雨中登泰山》一课,我几乎不敢看学生,估计同学们也对我没啥好感吧。跟我搭班的是一位帅哥,性格开朗,篮球打得好,与学生很快就打成一片。实习结束,我对自己的教书能力很怀疑,戴老师大概看出我的惶恐,就说:"桂华,不管你将来教不教书,实习成绩都不重要。"我当时是不太相信这句话的,只觉得是戴老师安慰我,多年以后,我带实习生,却不止一次把这句话送给来二附中

1997 年,钱梦龙老师(右)来听课(左起:周震和、顾驷驷、顾朝晶、郑桂华)

实习的师范生。我真切体会到戴老师对一个教师专业成长的理解,与戴老师对一个年轻师范生的爱护。

1990年6月底,我大学毕业就分配到二附中教语文,连续教了两年六年级,就是第一届学生只教了一年就到下一届继续带新的六年级。1991年上海开始一期课改试验,有S版和H版两种新教材,我教的是H版。职初较多的记忆是窘迫,有一次上《为学》,讲到"之"的用法,一个学生质疑我讲错"人之为学有难易乎"的"之",我一下子就慌了,不知道怎么解释才好(辜负大学古代汉语徐莉莉老师一万次!其实我是得了92分的成绩的⋯⋯)。我师傅顾朝晶老师坐在后排听我上课,我就问他该怎么讲。顾老师一声不吭,我尴尬得很,只好继续往下讲,心想,师傅怎么不帮我救场?后来才明白顾老师这样做的良苦用心,一是他从来不在有学生的场合显得比我强,这样就呵护了我脆弱的自尊心,二是他认为有些难关一定要靠自己闯,这让我不断超越自我,慢慢成长。

还有一个师傅钱伟老师,在业务上、精神上甚至物质上也给了我许多实际的援助。记得第一次参加普陀区中青年教师教学大奖赛,我上的是《素不相识的大娘》,课外文章。顾老师和钱老师一遍一遍指导我写教案、试讲,一起陪我到曹杨二中比赛。事前她帮我录好范读磁带(她是《草原英雄小姐妹》的配音演员、做过电台主持),我上课时没有按照预计的节奏,来不及播放录音,就自己范读了(我朗读的能力极差,普通话考了三次才到了二级甲等),一下课,我刚想解释为什么没有用她的录音,钱伟老师就夸我处理得好,说我带着自己的感情朗读,读得好。我来自农村,那段时间刚建立小家庭,面临工作、生活、身体健康等多方压力,人很胖,经济条件很有限,更不会打扮,钱老师经常很顺手地送给我小饰品,其实都是精心挑选的,实用生活美学!她到美国之后,还几次托人带衣物给我儿子,我儿子小时候最漂亮的几件衣服,都是钱老师送的,到现在我还一直留着。

想起这些指导老师,想起二附中,总是温暖不已。其实,语文组的每一位前辈都是对专业求精,对新人宽容与提携。汤文鹏老师的道气,吴翼鹏老师的耿直,徐荣华老师的沉稳,顾驷驷老师的严谨,陈稼菁老师的精致,叶瑾老师亦师亦兄,张如伟老师的举重若轻,王乐昌老师的多才多艺,早我一年入职的骆蔚老师"嬉笑怒骂皆成文章"⋯⋯他们让我看到为人为师、教书育人的种种精彩,让我从狭隘中走出那么一点点,让我慢慢少一点顾影自怜与自怨自艾。

楼:二附中最让您感到自豪的是哪些方面?

郑:"二附中",这三个字就让我自豪!如果继续问,二附中什么最让我自豪,

1988 年，语文教研组老师合影

前排左起：陈炜、钱伟、张如伟
第二排左起：刘钝文、严秀英、张友荣、戴德英、张以谦、汤文鹏
第三排左起：吴翼鹏、顾朝晶、叶瑾、朱开馨、徐荣华、陈稼菁

我真是很难回答。是学生的真诚与聪慧？是同事的友善与对教学的追求？是领导的开明？应该都是吧。

刚做班主任的时候，很多的惊慌失措。我的一位大学同学告诉我："我们学校老教师教我们：方法越简单，态度越粗暴，效果越显著。"她任职的学校也是上海的一所名校。我庆幸二附中的前辈们不是这样教我的，比如严秀英老师与我在工作上并没有交集，她是我同一个备课组张如伟老师的师傅，我第一年的工作小结给张如伟老师看，她建议我请严老师看看，严老师建议我把"预备三班"改成"我们三班"。"我们"，多好的词！几年后，我第一次带着初三毕业的学生做一本班刊，学生取名为《我们》！

楼：真的是这样！现在我们也快奔四了，回忆起那时候的您，更多的像是我们的一个亲人、一个朋友、一位邻家的知心姐姐，而不只是通常意义上的老师。您一定还记得，我们初二去佘山参加退队入团成长仪式，您和我们一起打八十分，华思远和施戈故意做了一局牌，和您开玩笑，但是您竟然一点也不生气，我想您一定是明白，我们从来就把您看作是我们班级的一员。还有，一直到现在，常飞还会说起初三直升考时，第一门考试后发现自己漏做一整页卷子当场懵圈，是您安慰他鼓励他，还给他买了午饭，使得他能调整情绪和心态，在后面的考试中发挥出色，公布成绩的时候，又是您陪着紧张的他看成绩，直到顺利直升。这样的故事，您在二附中做老师的日子里一定数不胜数,如今都成了同学们美好的回忆,那一定也是您最美好的回忆吧?

郑:二附中于我不仅仅是回忆,我常常在想,那还是什么呢? 2006 年 6 月,我带完高三两个班,就离开了二附中。当时我为学生开了一个"桂花不香"的博客,主要是交流高三的语文学习等。离开二附中后我写过一篇博文,十多年过去,当时的惶恐还历历在目,摘一段搁在这里:

> 记得走之前,书记找我谈了一次话,书记是一个极聪明的人,但是我不知道他是否明白二附中对于我的意义。我说自己就像《小王子》里的那只狐狸,他一心希望小王子驯养他。当初看《小王子》的时候,并没有懂这只狐狸的请求,倒是对玫瑰花印象很深,玫瑰花那种女性的特质深深地打动了我。等到我在艰难地选择离开二附中的时候,我时不时地想起那只狐狸,我觉得自己就是他,我发现自己已经被二附中驯养了,二附中就是我的归依,我不知道离开她我会遭遇什么,我记得那时我很张皇。
>
> 从离开到现在,我还是会常常说"我们学校""我们校长",我还是不习惯别人将二附中叫成"华二",甚至觉得"华师大二附中"都不是最好,最好就是"二附中",尽管有人嘲笑说"人家××也有一个二附中的",我还是一厢情愿地喜欢称呼"二附中"。

12 年过去了,我感到困难的时候,我就会说:我还是回二附中教书吧……似乎她总在那里,总会无条件地收留我,给我依靠。

楼:二附中对您影响特别深的人和事那么多啊,您能再分享一些具体感受么?

郑:在二附中教书 16 年,我从很多的局促不安到少一点的局促不安,首先要感谢学生的热情、爱、聪慧、努力……总之,很多的可爱,是这些可爱让我在局促中感受到教学的乐趣,让我体会到好的教学是什么。更让我懂得:相信孩子,相信每一个孩子,相信每一个孩子成长的动力与能力! 有了这一点,我就会在焦虑中努力,努力看书看杂志,听老教师的课,反思自己的教学,不辜负孩子们的成长。

影响我的老师很多,首先是语文组的老师们,包括前面说到的两位师傅对学生的爱以及学生对他们的爱,我还记得钱伟老师丢了饭菜票后,学生凑出一叠说是"捡到了"的给她,那一刻钱伟老师的眼泪……

还有很多不是语文组的前辈,施文菊老师似乎从不知疲倦地忙碌着,戴秀珠老

1995 年,郑老师(前排右二)所在的年级组获评三八红旗集体时的合影
前排左起:丁军、贺雪斐、郑桂华、葛淑琴
第二排左起:郑隆海、麦嘉馨、杨琳仙、任冬鸣、施文菊、陈檬、顾朝晶
第三排左起:蒋坤玉、汪亚平、叶瑾、王运生、陆觉明、曹磊、孟东海

师的一语中的,叶佩玉老师快人快语的指导,后勤李玉英老师的无私的关怀,成以玲老师的大气爽气,何晓文校长听课评课的真诚与切中要害……可惜我不能再一一列举,因为怎么写都只会是挂一漏万,我只想说,太多的人让我在二附中的 16 年慢慢成长。

楼:从刚入职的新老师,到教学经验丰富的"老"教师,如果用一两个词语来概括您的教学理念,您认为会是什么?

郑:1997 年,《语文学习》"优秀青年教师名录"栏目发表我的成长感受,我的题目是"一个闯入城市的耕者",那时我对教育的理解是"语文课堂是师生共同成长的生命体"。二十年过去了,我依旧是这样看的。2013 年《语文学习》"名师"栏目再一次发表我对专业发展的思考,我取的标题是"享受语文,享受成长"。文章结尾我写道:"人到中年后,我还愿意成长,也能确信自己还能够成长,这的确是一件很幸福的事情。"我能这样思考,就是二附中优秀的学生、温暖的老师教会我的吧。

刚开始做老师的时候,学生带给我的快乐当然也不少。记得带着学生排演《皇帝的新装》课本剧,陈彦丰、周洋他们四班几位同学,道具是同学自己做的,演出的服装是周洋妈妈做的。我们一起排演,去普陀区参加比赛,我从来没有表演的经历,忐忐忑忑之外,多的倒是新奇与兴奋。

2017年，郑老师再度成为《语文教学通讯》封面人物，第一次是初中刊，这一次是小学刊

楼：我也记得，当年您带着我们参加教学比赛，我们的表现很好，您还奖励我们每人一颗巧克力！想知道您在执教生涯中印象最深的学生有哪些，也请说说他们的故事吧？

郑：印象深的学生真的很多。就说说我只教了两年的2004届高二(7)班吧，许佳慰，七班的班长，得知我不教七班高三语文了，发邮件给我，讽刺我表面乐观骨子里悲观至极的"虚伪"，那是第一次有一个学生这么看穿我；张斌裕高三新年到来的时候写卡片嘱咐我多一点自信，我不知道这个淘气的大男孩居然那么洞悉我的虚弱；刘文庭曾经写随笔说"我的语文老师像个孩子"，刘骏强邀我一起吃肯德基，看我喜欢擦手，递了好几次餐巾纸给我……还有吴怡闻，多年后邀我去参加她的婚礼，如今我几乎天天看她的朋友圈，学习她育儿的理念与策略，课代表施文韵如今已经是交通大学的青年学者，与我聊科研聊生活。学生给我恩惠，不只是鼓励我警醒我，更多是他们的天真机智带给我的大大小小的乐趣。最后一届学生我教了他们高中三年，难忘的细节举不胜举。于天的作业"我的一半高中生活"，陈粹粹的"锱铢积累的快乐"，2014年愚人节高二的三班和四班合伙对我和赵伟的愚弄（我可没上当!)……不说了，太多太多啦。

与学生一起成长，我们做老师的，主要不是做导师，而是做伙伴，我们努力变得更好,学生也一定会感觉到;我们期望学生变得更好,学生也一定会感觉到。

1994 年,郑老师和 95 届初中二班学生在佘山参加少先队退队仪式
前排左起:黄若愚、胡浩、陈文风、杨漾、郑桂华老师
后排左起:周许申、武以立、施戈、袁珏、章吟奇
(郑老师一看到照片就说:可惜胡浩的脸被挡住了!)

楼:哇,光一个班级就有这么多让您印象深刻的学生,而且还都是细节! 这些细节中我感受到了二附中学生的自主、阳光,充满责任感和进取心,一言一行都散发着青春的气息,也感受到了您和学生的那种"伙伴"关系。大家肯定都不舍得郑老师离开二附中,那您还记得最后一堂课吧?

郑:离开二附中前的最后两节课是在四班和三班上的,前一天我上四班课时,忍住没说我要离开二附中了(三月我找校长辞职,校长的唯一要求是我不要惊了学生,不要让学生知道我要离开二附中),在三班的课上我还是没忍住,略有暗示。第二天,三班的黑板上有一首藏头诗,连起来是"三班爱侬桂花",全班为我唱了一首歌,于天改写了朴树的歌词《那些花儿》,我当然没忍住眼泪。一年后,我们聚会,于天问我:"郑老师,你现在快乐吗?"我心里又一次泪崩,只是我知道眼泪不是此时我最想表达的,我说我的快乐方式是细碎的,在二附中我几乎天天能收获很多细碎的快乐,现在我不能,但是,我想寻找我是否还有另外的可能。如果我没有,我会回到二附中,继续收获我细碎的快乐。

楼:如果今天是您退休前最后一堂课,您会给学生讲些什么呢?

郑:如果我要回答退休前最后一节课我会讲什么这个话题,我会想一想我的学生是什么状态,我的感觉不重要,重要的是他们的感觉。

楼：您有哪些业余爱好？

郑：我喜欢看各地的风光，自然的人文的，但是并不常有。不做老师，我会做一个编织师吧，织出有很多图案很多色彩的包、手套、袜子和毛衣。

楼：一辈子做老师对您意味着什么？如果不当老师，您会选择什么职业呢？

郑：一辈子做老师挺好的，心灵自由。曾经想去做编辑，顾老师、成老师还有很多同事劝阻了我，我感谢他们。这样说，不是说做编辑不如做教师，而是我可能更适合做一个教师。

楼：教师这个职业让您看到了哪些角度，往往是其他人看不到、想不到的？

郑：做一个老师，让我越来越意识到自己可以不停止地成长。

楼：您生平最大的愿望是什么？您觉得这个愿望实现得怎么样？

郑：生平最大的愿望是"读万卷书，行万里路"，能在很多地方生活一段时间，至少有半年左右吧。估计实现不了，我的勇气不够。

楼：我知道您在自己的空余时间，也参加公益事业，去过甘肃、新疆、云南、广西，为乡村教师培训，某种程度上，也算是部分实现了您的愿望吧。

2017 年，参与"美丽中国"项目，郑老师（中）和北京景山学校的
周群老师（前排左一）在广西百色的教师培训班上

比想象中的访谈轻松许多，我和郑老师的聊天意犹未尽。记得预备班时，因为第一次离开家，不习惯住宿生活的我经常哭鼻子，那时郑老师还不是我们班主任，只

是晚自习的值班老师,她就不止一次晚自习后在宿舍楼下陪着我。初一的时候,作为班干部的我在处理同学关系上出现了问题,郑老师没有简单说教,而是请同学们指出我的不足,让我抱着"有则改之,无则加勉"的心态对待这些意见。好多细节记不清了,但郑老师这样的"伙伴"给我的这一路陪伴,都是最最真切的,所以我会第一时间想到请郑老师做我和卢瑜同学的证婚人。直到现在,不管是生活上、工作中、育儿时的焦虑,只要和郑老师聊一聊,我就会缓解很多。借此机会,真心感谢郑老师的一路陪伴,也祝愿她早日实现自己的愿望!

2018 年 5 月

[校友简介]

　　楼冠琼,1991 年至 1998 年就读于华东师大二附中。2005 年毕业于华东师范大学工商管理系世界经济专业,获得硕士学位。大学期间曾被评为校十佳女大学生,获得第七届"挑战杯"全国大学生课外学术科技作品竞赛三等奖,并于 2004 年成为第一批获得"上海市三八红旗手"称号的女大学生。现任巴斯夫机动车排放催化剂亚太区传播经理。

采访记

穿越时空的师说

我见证着二附中的成长

——范仲伯老师采访记

肖璐　邱昌元（2018届高中）　琚竞妍（2019届高中）

［教师简介］

范仲伯，1954年7月毕业于华东师大生物系，在华东师大附中（今一附中）担任班主任及生物老师。1956年被评为先进班主任，同年6月加入中国共产党。先后担任过班主任小组长（即年级组长），全校课外活动小组组长（分学科小组课外活动小组共36个），同时参加综合技术教育等工作。1958年随毛仲磐同志调任二附中，负责校务办公室工作（当时教务总务合并），包括基建、招生等建校工作，同时任华东师大工农预科生地一班生物教师。1962年学校获准建造教学楼，基建工作头绪多，后勤工作更繁忙。1988年8月任二附中校长，分管后勤及校办厂工作。长期分管学校钱、财、物，严守财经纪律，精打细算，公私分明。1991年10月退休。

1958 年,28 岁的范仲伯老师接受了师大生物系同窗好友毛仲磐老师的邀请,离开了任教 4 年的一附中,一起去创办华东师范大学第二附属中学,开始了全新的人生旅程。

范仲伯老师的母亲是一名小学教师,担任过总务主任的父亲对他的管教也十分严厉,耳濡目染之下就对教育事业产生了兴趣。1949 年,范仲伯老师从无锡高中师范毕业。同年 12 月,苏南行政公署政府机构成立,规定高中毕业后就可以直接分配工作,于是范老师被分配到了农村参加工作。当时实行供给制:每月 4 元零花钱,吃饭在乡政府,早上 4 两,中午半斤,晚上 4 两,稀饭多,总觉得吃不饱,又没有肉吃。晚上还要饿着肚子背着步枪值班巡逻到凌晨三四点钟。

1950 年 4 月,宜兴县社教工作队全体同志合影(前排中坐者为范仲伯老师)

范老师说:"后来这批毕业的同学分成两部分:一部分继续开展土地改革工作,另一部分去当小学教师,我就去当了小学教师。1952 年,因中学老师短缺,于是就到苏南小学选拔优秀老师,一个区只有一个名额,很荣幸的是我被选中了。"范老师说到此,脸上露出了幸福的微笑。

范仲伯老师先被送到华东师大进行培训,自己选的是数学,后因成绩优秀被选入生物系。1954 大学毕业,他被分配到华师大一附中工作,担任班主任和生物课老师。作为班主任,范老师热爱学生,关心学生成长,对每个学生都进行家访。当时的交通并不像如今这样发达,但无论远近,范老师一个不落下,做到提前了解学生,心中有数。范老师特别喜爱孩子们的天真活泼,他对每个学生都能一分为二,好的全方位鼓励和表扬,不足的地方也要提出希望。为了更好地和家长沟通,范老师当时就创设了学生联系手册,记录学生一周的表现,周末带给家长看。直到现在,这种"家联"方式仍颇受老师们的欢迎，认为真正是老师与家长之间很好的沟通桥梁。这种兢兢业业的工作态度，为学生们打下了扎实的基础，使他们未来在各行各业都能有出色的表现。

　　谈到自己的学生时，范老师立刻神采飞扬，口若悬河："当时的班级是按年龄分班的，甲班年龄最小，都是 10 岁左右，我称它为'红领巾班'。在做班主任兼课时，我开过市级公开课，有苏联专家杰普利斯卡娅领导的教育研究班学员专门研究我带班的经验。1956 年，我被评为先进班主任。班级带得好，领导信任，第二年让我再换了个班。我非常喜欢了解学生，我还清晰地记得，当时我们班级里有 54 个小朋友，他们的属相是：43 个猴子，9 只羊，1 只鸡，1 匹马。甲班孩子都很小，一个个看着很可爱，有时候也很调皮。当时是 5 分制，我们那个班里都很聪明，全班 40 多个学生都是 5 分。我热爱教学，喜欢给孩子们上课，师生之间亦师亦友，关系融洽。我的学生遍布全国各地，他们毕业后发展得都很好，有清华软件工程师、有东南大学博导、有中石化副总经理，等等。这些毕业多年的学生，至今仍然与我保持密切联系，经常有聚会，还带我到各处旅游。"范老师如数家珍地列出一长串得意门生的名单，并翻出手边的一张相片，递给我们："这是我带的第一个班级的毕业照，你们看看我在哪儿。"照片上，年轻的范仲伯老师意气风发，和老师们坐在一群笑颜如花的孩子们中间；照片的背面，范老师还端端正正地写上了合影中每个学生和老师的名字。

1958 年 7 月，华东师大附中（即一附中）初三甲班全体师生合影（第二排左七为范老师，右六为毛仲磐老师，时为师大附中副校长，同年 8 月调任二附中，为首任校长）

　　范仲伯老师于 1953 年入团，1956 年入党。入党后开始担任更多工作，比如做班主任小组长，相当于现在的年级组长。他还负责课外活动小组工作，包括学科小组和课外活动小组,有航空航海模型小组、无线电小组、气象小组、文学小组、木偶戏剧组、舞蹈队、时政评论小组等36个小组。当时几个老师还合力开设了"科学之窗",主题为"知识就是力量"。后来我们二附中的"木偶戏"也非常有名,负责人后来还成为专业团体的领导。

提到二附中的社团,范老师开始回忆二附中的由来:"1958年1月,建校筹备小组成立。二附中的师资来源,除了师大各系的应届毕业生,研究教材教法的大学老师,就是从一附中调过来的部分领导和教师,我们第一任校长就是毛仲磐校长。后来,校长与支部书记找我谈话,希望我担任行政工作。作为党员,我服从组织安排,1958年7月18日走马上任,担任校务办主任,也包括总务后勤工作。当时我住校,整天和学生在一起。1958年'大跃进',二附中造造停停。8月开始招生,初中6个班,高中2个班。我边学边做,为教学服务,为学生服务,也没有什么假期。当时大学要求有工农子弟班,于是在华师大二附中设立工农预科,这些学生年龄就比较大,相当于高一。工农预科两年制,文科2个班读语文、历史、政治,理科2个班读数学、物理,生地2个班读生物和地理,毕业后就可以直升大学。第一年到二附中我还担任了生物课老师,1959年工作太忙了我就不再兼课。至今想想都有些遗憾,我那么热爱学生,那么热爱讲台,那么热爱教学,学校从工作出发就不让我再给学生上课了。"范老师笑容中流露出了对教学的眷恋之情。

谈及二附中的师资和教学,范老师毫不吝啬地赞誉二附中的老师们,也对一直给予二附中很大帮助的一附中老师与华师大老师表示由衷的感谢。谈到对教学的看法,范老师说,当年二附中的语文和英语是比较出挑的,甚至有一段时间外语合格考试二附中是免考的,这足以表明二附中老师的认真负责与同学们的踏实努力;但在理科方面还需要多讲多练。当时兄弟学校来二附中取经是常有的事情,范老师从长期工作中得出的经验是:"学校的好坏,除领导班子外,主要取决于师资和生源。作为一个好老师必须至少具备以下三点素质:一是具有较高的专业素养,二是有易于学生接受的教学方法,三是热爱学生。我在教学方面也很有兴趣,很看重老师们的业务能力,对购置学校理科实验仪器等也比较重视。另外,我还有一点体会是,要让学生专心学习,学校必须搞好后勤工作,让学生住好、吃好就很重要。"

范老师还回忆说,二附中教学楼初步建成时有3个实验室、18个教室,体操房总面积3250平方米。1962年建造预科大楼,又有3122平方米(15个教室、9个实验室)。1958年在金沙江路,归属于普陀区教育局;1963年被评为市教委直属重点中学;1978年被确立为上海唯一的一所教育部直属中学。后来二附中经历了两次搬迁,1985年搬到枣阳路,2002年搬到张江。一晃今年已是二附中建校60周年了。在这60年间,有许多像范仲伯老师一样的元老级教师,对二附中始终不离不弃,亲自见证着二附中的成长。

1956 年,范老师被评为上海市优秀教师,作为奖品的笔记本珍藏至今,扉页上书写着他信守一生的座右铭

"心底无私天地宽,人正不怕影子歪。认认真真工作,清清白白做人。"这就是范仲伯老师一生所坚持的原则。正因此,范老师在认真中收获成功,在清白中享受快乐。"我在一附中工作了 4 年后,28 岁就来参与二附中建校,一直工作到 1991 年退休。我觉得教师是个好职业,做老师是很光荣的,我一直在为学生办实事,不忘党的教育培养,不忘前辈教师的热心扶植。我感觉能为学生成长奉献自己的青春,是无怨无悔的,值得自豪的。我认为能让学生发展得更好,对国家社会做出更大贡献,就是对老师的最大回报。现在我退休这么多年,有过去教过的学生对我一直以来的关心,让我感到很幸福。"范老师最后就这样总结他的教育生涯。

2012 年前后,范老师参加退休教师活动(左起:陈康煊、严长兴、范仲伯、蒋建国、林炳英)

同时,范老师也对二附中学子提出了殷切的希望。他建议往届优秀的毕业生能与学弟学妹们分享自己的成长经历。二附中的历史是广大教师和一届届学生共同书写的,希望能更多地展示校友的风采。

我们二附中学子一定不会辜负老前辈们的期望,学习老先生们吃苦耐劳、沉着大气的精神,做个卓越的二附中人。

采访时间地点:2018 年 6 月 24 日,于范仲伯老师家中

〔校友简介〕

肖璐,2015 年至 2018 年就读于华东师大二附中。晨晖社 2018 副总联络员,把共产主义作为信仰,立志想要在灵魂深处闹革命。在晨晖社脚踏实地仰望星空,做到了很多根本不敢想的事情,也培育了属于自己的思想。

邱昌元,2015 年至 2018 年就读于华东师大二附中。第 18 届晨晖社核心成员之一,学习成绩优异,善于规划人生,对自己有着清晰的定位,曾获校"有恒奖"入围奖。

琚竟妍,2016 年至 2019 年就读于华东师大二附中。从未消散的笑容,和从未挂失过的校园卡,是她的骄傲。

说干就干，在摸索中前进

——刘钝文老师采访记

黄辰（2018届高中）

［教师简介］

刘钝文，1953年进入华东师大中文系学习，1957年毕业留校任助教，协助赵善诒教授从事中学语文教材教法研究工作。1958年参加华东师大二附中和工农预科创建工作，任语文教研组长和校务委员会委员。语文教研组曾多次被评为先进集体，受到表彰。"文革"后恢复高考，语文考试成绩曾位居前列（全国卷）。上世纪八十年代与中文系合作进行教材教法改革试验，取得显著成绩。

刘老师曾参加上海市中学语文教材编写工作（H版）、上海市高考语文试卷和成人高考语文试卷命题工作，并致力于语文教材的解析和探索，在《语文学习》《中学语文教学》等刊物发表有关文章数十篇。曾出版《论衡选译》（人民文学出版社）、《散文十六美》（上海文艺出版社）、《议论文写作指导》（上海教育出版社）、《议论文读本》（东方出版中心）等书。

刘钝文老师是二附中的第一批语文教师，家就位于金沙江路华东师范大学旁边的教工小区里。8月10日一早，我与搭档出发，从浦东前往刘老师家。

在之前的一次聚餐中，我便和刘钝文老师相识。当时他坐在我的右边，我与他交流过一些关于建校的事。他的耳朵不好，需要佩戴助听器，但说起话来一点都不含糊，有问必答，而且思路清晰，有条不紊。我一向都十分敬佩语文老师，因为他们教授的往往不单是文学，还有哲学乃至为人之道。从刘老师和蔼的语气与面容中，我一下就喜欢上了这位退休语文教师。

顶着烈日炎炎，我们步入了刘老师的家，而刘老师早已开好空调等待着我们的到来。

一进门，刘老师看着我们满头大汗的样子问道："你们从哪里过来的呀？"

"从浦东来的，坐地铁挺便捷的。"我们回答。

"这么远啊？来，赶快坐下吧。"说完，刘老师便招呼着我们坐在沙发上，他的夫人也递来两支冰棒让我们降降温。

刘老师的家不大，却有一个大大的书柜摆放在角落里，里面堆满书籍，封皮有些发黄了，都像是很有年代感似的。而沙发正对面摆放着一架钢琴，上面一尘不染，应该经常被使用。原来刘老师也是富有艺术情趣的人呢。

大家都坐定后，刘老师先进行了自我介绍："我是1957年从华师大中文系毕业，一年之后就加入了二附中建校的队伍。我到了二附中之后一直管语文学科，但一直没有做过正班主任，也就帮着别人做做。"说到这里，刘老师爽朗地笑了。

"请您讲讲建校时您的故事吧？"

"当时是有一个'大跃进'的背景，那么在文教方面也要搞大跃进。师大说要办一所工农预科和二附中，那么说干就干，二附中也就应运而生。二附中起初是真的一无所有。什么叫一无所有？教室和校舍都没有。没有校舍，就和一旁的华师大的大学生一起用。没有教室，就像大学生一样在大学里上课。也不像现在都有固定的教室，有什么空的教室就在那里上课。没有教室怎么上课？所以说就像崔健（上世纪我国摇滚乐坛的先驱）唱的，《一无所有》。"讲到这，我和刘老师都会心一笑。

"办公就在化学馆里，把几套桌椅搬过去就开始办公了。那时候我们先办学校，再造教学楼，大家也都没什么意见，而且热情非常高，二附中就是这么办起来的。"

"那么当时语文教学的理念是怎样的呢？"

"当时我们学校是最年轻的，和那些名校不好比，连一附中都没法比，那是老牌学校。在教学上我们没有什么框框，除了基本的一些原则外，在具体的教学方法上都没有什么限制，学习上学生们都没有太大的负担。因为没有前车之鉴，老师们也

2008 年，部分老教师建校 50 周年合影，于二附中金沙江路旧址（北大楼前）
前排左起：方菊珍、黄素行、程桐荪、荣丽珍、许耐涵、许晓梅、曹康绥、戴德英、钱秀云、万琳、朱育平；后排左起：蒋坤玉、陈清翰、刘钝文、唐彬钰、徐冠利、范仲伯、杨永健、王鸿仁、陈志超、顾朝晶

是在摸索中前进。那时前苏联的教育家凯洛夫提出过几个教育基本原则，那么就按这些原则来教。除了教学，我们也十分重视课外的扩展阅读，自己也会编教材，常常搞一些活动，比如说朗诵比赛，或者带同学们去绍兴等地参观，扩大同学们的视野。后来到了"文革"期间，学校停办，也会举办查字典的活动。"——后来在蒋坤玉老师那里了解到，刘老师在"文革"期间差点就被批斗，尽管如此，他还是一心想着学生们的成长与发展。

"起初的二附中没有什么特点，但是老师和同学们心齐，老师们尽心尽力编教材、设计教材，没有固定的教学风格，大家都可以'各显神通'。二附中就以一附中为目标，从第一届毕业班开始逐渐有了成果，慢慢得到了市里的重视，学校自身不断优化，一步一步提高，十几年下来终于跻身四大名校。我曾经问学生为什么来二附中，他们说是班主任的推荐，这就说明二附中的影响力在不断扩大。"

采访的最后，我们问刘老师："您有什么想对现在的二附中学子说的吗？"

出乎我们的意料，刘老师并没有提什么语文学习的重要性，而是说："我希望你们在创新、创业、创造方面大胆想象，对科技发展做出贡献；有更远大的抱负、更坚强的意志，能从二附中走出更多领军人物。"刘老师对二附中寄予了很大的期望，他是真心关心着学生，用一种长远的眼光提出他自己对二附中人的希望。多么值得尊敬的老师！

刘钝文老师是真正的开拓者。作为一个刚刚毕业的年轻人，早早地加入了建校

刘老师经常参加退休教师活动

前排左起：姚瑞榆、刘钝文、袁军；后排左起：戴秀珠、沈伟民、庞云龙、朱宝林

的行列，却又是在迷雾中探索前行。当时他还没有熟悉上课的方法，就面临着必须有所突破的新局面，若是没有那股说干就干的勇气和探索精神，没有那么多像刘老师这样优秀的老师们一起团结奋斗，何来如今的二附中？

采访中，刘老师赠予我们一本《论衡选译》，译者正是刘老师本人。《论衡》是东汉王充写的一部哲学著作，大胆批判了当时的儒术与神秘主义，以事实的眼光评定了当时言论的价值，是一部优秀而不朽的唯物主义典籍。仔细一想，刘老师与王充一样，都是在历史的迷雾中摸索前进。刘老师能为这部典籍写下译注，与他曾经的经历不无关系。当然从译注中的一词一句里，我还能看到刘老师对语文的热爱和用心，就仿佛见到了当年在二附中的教室里奋力编著教材的老师们。我捧着发了黄却依旧平整洁净的《论衡选译》，心中感慨而又感激。

采访结束后，刘老师与师母带着我们到华师大的食堂里请我们吃了一顿午饭。走在华师大的校园中，我问刘老师："您觉得自己曾经为二附中做出过什么特别的贡献吗？"他笑笑说，没有什么特别的，只是尽自己努力去教书罢了。但在我眼里，他是真正的教育家，敢为众人先，这就是他为二附中作出的贡献吧。

灼热的日光透过校园内的树叶，斑驳映在幽幽小道上，夏日的微风轻拂，刘钝文老师的笑容在午后的悠闲中依旧显得和蔼慈祥。我挥手告别了这位可爱的老人，心中充满了感谢。

2017 年 8 月 10 日

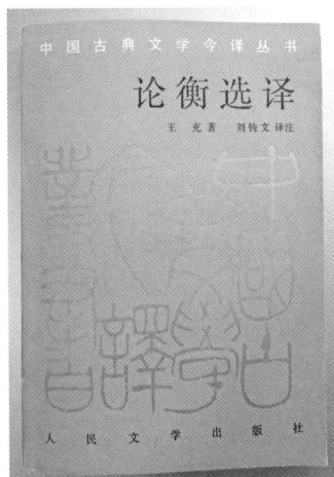

刘老师译注的《论衡选译》（人民
文学出版社 1994 年版）

［校友简介］

黄辰，2015 年至 2018 年就读于华东师大二附中。性格
开朗活泼，高中三年除了参与晨晖社的各项课题，也积极参
加许多校内外社会活动，担任学生会文艺部副部长等职务。
他始终以笃行务实要求自己，希望能将晨晖社"脚踏实地、敢
于摸天"的精神传达给更多人。

古今多少事，都付笑谈中

——陆诚老师采访记

顾继东（1983 届初中／1986 届高中）

［教师简介］

陆诚，1959 年毕业于华东师大历史系，此后一直在二附中从事历史教学，1993 年退休。退休后发挥余热，又教了十年历史课。

"陆老师,侬好!"

"秦悦民,顾继东,有20多年没有见了吧!"85岁的高龄,但记忆力依然很强大,陆老师拿出了二附中历届校友的名册,以历史考据的严谨和我们一起回顾他的教育生涯,细数二附中各届学生,尤其是文科班的英雄榜单。

陆诚老师,1959年毕业于华东师大历史系,即加入二附中,从事历史教学,1993年退休后发挥余热,又教了十年历史课。"从一而终,陆老师对历史教育是不离不弃,钟情一生啊。"秦同学以其特有的秦氏幽默说道。

"陆老师,我们来之前,文科班开了神仙会,大家都很想你。"我开始拿出微信,把1986届文科班同学们对旧时的记忆读给陆老师听。

"陆老师可能已经不记得我这个历史成绩马马虎虎的学生,但他在我心目中一直是双颊红扑扑、精神奕奕、声音洪亮的陆老师。回上海一定去看望他。"

"陆老师总是板书满满的,字大大的,斜着,像他的头发,'刘海'好像经常倔强地竖着,现在倒是时髦的男生发型了。"

"他满头的白发,总让我觉得他是位老教师,其实他的年龄应该没有那么大。"

"我只记得做过历史课代表,也就是陆老师开始给三班上历史课的时候,但是初二还是初三,有些记不得了……陆老师高大威严却不失和善,相比吵翻天的某些副课,班级上历史课则安静许多。"

"陆老师,您教我们记笔记的方法很特别,把笔记纸按1:2折页,右边的2/3处,记录老师的板书,也就是大纲;在左边的1/3处,记录细节、问题等。"

"是的,我希望大家能够在1/3空白处可以记下自己的心得。"听得津津有味的陆老师插了一句。

"这个办法真的很有用,既保持了纲要的完整和一目了然,又可以保留下听课时的感想和某些有趣的历史细节。我现在在工作中还沿用,笔记本既有系统,也有细节,包括问题。"秦同学补充。

我继续读着微信上的留言,"陆老师喜欢上来就是大段大段地板书,等到我们眼保健操做完,他刚好写完。我们抄好笔记,他就开始滔滔不绝地授课。当中就不会有新的板书,这样,他的故事就不会中断,保持连贯,他整个神情似乎关注在上下五千年间。"

秦悦民一旁评论:"如果80年代有抖音,精神抖擞的陆老师的讲课一定会有很多粉丝。"

陆老师笑了,手势也开始挥动,仿佛当年,那种"挥斥方遒"的气势。"除了课堂

2018 年 5 月 21 日，陆诚老师与高中 86 届校友顾
继东、秦悦民相谈甚欢

通史教育，我那时还开了不少选修课，比如中东历史、美国史等，同学们还是蛮喜欢的。"

"受你影响，我们很多同学都喜欢历史。二附中学生中，有好几个现在都是史学界的佼佼者，比如陆扬，师从季羡林，现在是北京大学教授，是隋唐五代史和中古宗教史的专家；又比如杨继东，他精通多种语言，现在是斯坦福大学东亚图书馆馆长。"

"读史使人明智。即使不从事历史专业研究，历史学习也会对我们的各种工作带来启发和帮助，以古鉴今。陆老师，这是我写的一本书《给每个人发钱——货币发行传导之分配正义刍论》。除了分析当代货币发行政策，我还专门附加了一篇论文《失去信用的货币，失去信用的国家——谶纬心智下的王莽币制改革》。请老师指正。"我像交作业一样向陆老师献上自己的习作，陆老师饶有兴致地翻起书本，露出赞许的笑容。

"谶纬文化是形成王莽政治决策，包括四次货币改制的重要渊源。货币是国家发行的，但货币最终是要在人民群众中流通的，货币是人民和国家之间稳定的契约关系。货币及其政策，不应该涂抹过多的意识形态。"

"我还写了秦、北宋等时期的相关金融史的文章。这个必须感谢二附中的文史教育打下的基础，让我能够直接阅读古文史料。"

"教育不讲短期功利，不以考试论英雄。中学时代的人文浸润，使得我们二附中

陆诚老师与刘钝文老师一起参加退休教师活动

人的气质特别、视野开阔,史地、音乐等教育触类旁通。"秦同学,这个"东方大律师"不失时机地严肃了一把,但马上又说笑了下去,"陆老师,你是多面手,既能调动历史学习兴趣,又能搞好应试教育。有同学回忆,你高考前给我们拎的重点,不少都押对了宝,出现在卷子上。"

讲到历史,自然我们又和陆老师聊了些历史人物的评价,比如秦始皇、李鸿章、洪秀全等。同学们在班级的神仙会上提了不少关于历史的问题,都想请教老师,但看看手机,已经两堂课的时间过去了。那就发扬我们二附中同学自学的传统吧,我们当即请陆老师给我们推荐书目。

陆老师脱口而出,"《史记》",沉吟片刻,又说,"还可以多看些考古的新资料。"

告别睿智的陆老师,归途中,我和秦同学又有一番历史的热议。也许,正如陆老师的记笔记方法的启示,当我们学习和研究历史,2/3 是历史学家的正史纲要,1/3 是我们每个人自己的心得,包括野史逸闻、细节情感,去伪存真,也包括了宽容、理解、评价和疑问。我们每个人都有自己的历史视角和朴素见解,但我们也"只是宏大历史进程的一部分","也是历史运动的过客"。

"古今多少事,都付笑谈中。"初夏的傍晚,秦同学和我都沉浸在兴奋中,一如我们在二附中的少年时代。

2018 年 5 月 23 日

〔校友简介〕

顾继东，1980 年至 1986 年就读于华东师大二附中。1990 年毕业于复旦大学国际金融专业，在上海和香港从事金融实务工作，包括商业银行、融资租赁、保险与投资等领域。现在香港经纬集团任职。喜欢文字和思考，著有诗集《内心节奏》（上海文艺出版社）、学术专著《给每个人发钱——货币发行传导之分配正义刍论》（复旦大学出版社）、合作著述《亲身体尝——互联网思维下的消费者保护》（复旦大学出版社）。也是《秦朔朋友圈》和《第一财经》的专栏作者。

直接而且坚持

——记姚瑞榆老师

王剑璋（1984 届初中/1987 届高中）

〔教师简介〕

姚瑞榆，1934 年生于广州，正值日寇侵华战争时期。1938 年日寇攻占广州，举家逃难中母亲逝世。1945 年抗日战争胜利后回广州。1947 年考入广东省立女子师范学校。1949 年 10 月新中国成立后，我全靠共产党和人民政府资助培养。1953 年保送入华南师范大学（当时称师院）。1957 年毕业后，分配到海南岛昌感县（现为东方县）昌感中学任教。曾被评为先进工作者、县人民代表，出席广东省教育工作会议。1961 年冬调到上海，1962 年到华东师大二附中教历史和政治课，1990 年退休。其间担任多届班主任：1963 届初中四班、1965 届初中六班、1968 届初中五班、1973 届初中四班、1980 届高中九班、1982 届初中三班、1984 届初中二班。

姚瑞榆老师是我们初三的班主任,虽只一年的授课带班,但她的直接和坚持给我们留下深深的印象。离开二附中30多年后,在亲和源再次见到姚老师时,感受到的依然是她的直接和坚持。

想起姚老师,我们班同学都有一个排前三位的共同回忆,那就是老师经常提及她儿子坚持洗冷水澡。我们也许记不得老师教授的是哪段历史,记不得老师曾经关爱的细节,但都记得她曾提过儿子的冷水澡。老师的表述简单且不生动,只是灼灼的目光投射到每个学生:冷水澡是对全身机能的刺激,一年四季不断才能持续激发潜能。儿子逃不过督促也就养成了习惯,现在美国独自学习,什么困难都能克服。30多年前的气温似乎比如今的更低,30年前让儿子坚持洗冷水澡的母亲很少,30年前重复列举同一件事的老师也少。对此"老生常谈"我们第一次听到时是震惊,但以后也就从耳边飘过了,以为这就是关于毅力、不懈等的"常谈",不曾料想这"耳边飘过"竟是30多年后留下的最深刻的共同记忆。

老师的冷水澡法对我们这些学生仅停留在口头示例上,但她对学生身体状况的关注却实实在在抓住不放,陈阳同学最记得的就是老师的特殊邀请。上初三时,陈阳的头痛病时不时反复,就医服药仍是困扰不断,她是一个要强而内向的学生,再多的病痛和苦恼总想挺过去,所以留给同学们的印象并不是她恼人的头痛而是合唱比赛组织中的高标准要求和投入。但是,她所受的困扰逃不过姚老师敏锐的目光。陈阳记得,姚老师找她单独了解病情,鼓励她坚持晨跑并告诉她身边的例子,指给她看所带上一班(85届高中)的一位女生,同样初中头痛困扰,通过坚持天天晨跑,头痛不常复发,睡眠也改善了。为此,姚老师还邀请陈阳和她的母亲一起到家里小坐,与

1988年10月,建校30周年校庆,部分女生与姚瑞榆老师的合影

其母亲聊了家长关心的一系列话题，情意切切，乡音浓浓，30年过去，画面依然清晰。以后，偶尔姚老师也还会轻声地提醒陈阳：晨跑要坚持。

今年春节前夕，同学相约一同前往亲和源看望姚老师。又有十年未见了，姚老师华发虽添几许，步履略缓一些，但目光依然炯炯。坐定，老师看着我们又大一号的体态，直言：要坚持锻炼。分手未多时，车才停下到家，姚老师的微信已到：十分感谢来看我！希望你注意爱惜革命的本钱——健康！适当运动！再配上了两个指导锻炼的视频。噢，两个感叹号加两段视频，赶快回复并行动，不能让亲切的目光变得如炬。

在老师家的欢谈，不仅收获了督促，也对冷水澡和老师的坚持等来由有了更深的了解。在那不堪回首的日子，姚老师一家经历的和许多当时华师大老师经历的一样，李教授在外地农场劳动，姚老师照顾着两个儿子还要担惊受怕。在这样的背景下，孩子独自生存能力的培养成了家庭教育的首选，身体是本钱的认识更是彻底得到坚定，这就促成了姚老师儿子小学横渡黄浦江、坚持洗冷水澡的独家训练。老师4岁即经历了日本入侵而丧母的彻骨之痛，至今拒绝日食、排斥日企，甚至在子孙姻缘中抵制日亲。

10年前，我们离校后的首次大欢聚结束，姚老师写下了《民主选举好》，从题目就能看出老师依然的直接和坚持，还有决绝的立场。可其实，当时年级组长也替她的"改革"决定捏把汗，半稳对初三年级来说是如此重要。而姚老师就是这样，只要她认为是有利于学生成长的，她都不遗余力地坚持。

姚老师，您的直接和坚持，是您对学生的爱和责任；您的直接和坚持，有的也曾是我们的不解和委屈，但请放心，我们已经了然、释怀；您更多的直接和坚持，将一直督促我们成长，我们铭记不忘。

2003年8月5日，二附中老同事在姚老师（前排左三）家中聚会

附姚瑞榆老师写于 2008 年的一段文字

民主选举好

2008 年国庆节期间,我应邀参加了非常新颖精彩的学生聚会,心情久久不能平静。

20 多年前,我曾是 1984 届初中二班最后一年的班主任。想当年,我接手当该班的班主任后,就通过全班学生无记名投票选出班干部。这些无记名投票选出的班干部,有一种受同学信任的责任感,而又得到同学的拥护,因此使这个班形成能团结一致和有活力的和谐集体。由于干部们以身作则,敢于领导,全班每天早操、上课、自修都很自律,获得学校好评。在以班级为单位的歌咏比赛中,连续获得全年级、全校和普陀区的优胜。在学校的体育运动会上,因全班同学积极参加,互相鼓劲,成绩也出现跃进。高中阶段,这个班的核心继续发挥作用。

现在虽然历时 20 多年了,但今年二附中 50 周年校庆时,他们仍能迅速联系到分布于海内外各地的 30 多位同学回校团聚,彼此交流各人的奋斗成果与幸福生活,大家都很受鼓舞。我非常感谢你们。

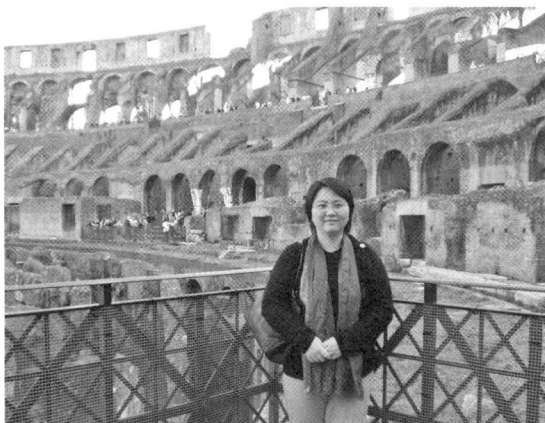

［校友简介］

王剑璋,女,1981 年至 1987 年就读于华东师大二附中。1996 年毕业于上海交通大学精密仪器系,获惯性技术及其导航设备专业工学博士学位。先后在上汽通用汽车有限公司、泛亚汽车技术中心有限公司、上海汽车集团股份有限公司从事工业工程、项目管理、产品规划、人力资源、党委、工会、战略研究、公司治理、信息披露等工作。目前担任上海汽车集团股份有限公司董事会秘书,2018 年 4 月起担任上海市妇联挂职副主席。

以爱的宽容对待每一个学生

——黄素行老师采访记

王健康（1966 届初中）

［教师简介］

黄素行，中学高级教师。1934 年 12 月出生，安徽休宁人，中共党员。1956 年毕业于华东师范大学生物系，毕业后任职华师大生物系教学法助教。1958 年华师大二附中组建时参加筹办工作，后作为第一批教师留校工作，直至 1990 年光荣退休。黄老师多次被评为市、区教育系统优秀教师，1985 年曾获上海市劳动模范的殊荣。

戊戌初夏，一个暖风微醺、喜见阳光的午后，我们1966届初三（1）班一行5位同学相约来到浦东上南新苑小区，轻轻地叩开了黄素行恩师的家门。她一听到门的声响就迎了上来，熟悉的脸庞依旧洋溢着温婉的笑容，虽然头发略显花白，却精神矍铄，根本不像是一个年逾八旬、党龄也超过花甲的长者。她年长我们足有十五六岁，却亲切地以"大姐"自称，一下子使往昔的师生之谊又平添了一份家人的亲情。

　　黄素行老师是我们初一时候的班主任，也是屈指可数的参与创建二附中的元老之一。她执教35个春秋，以身躯为笔，以汗水为墨，书写了三尺讲台的壮丽篇章；她多次被评为市、区教育系统优秀教师，在中学师资队伍中是为数不多的享有高级教师职称的人；她连续25年勇挑班主任的重担，1985年获得上海市劳动模范的殊荣。也许时间会沉淀最真挚的情感，当我们问及是什么原因让她无怨无悔地选择了教师这一平凡而崇高的岗位时，黄素行老师稍假思索便说出了一幕幕封尘已久的往事。

2018年5月27日，黄素行老师在家中接受我们的访谈
后排左起：王健康、冯蕙敏、戴伟、焦沪敏、钱章年

传承红色基因，立志献身教育

　　1934年末出生于上海的黄老师，可谓生不逢时。父亲在十里洋场做跑街先生，勉强维持家庭生计，正是这特殊的经历，几年周旋，让他接触到了抗日救亡的进步思想，与在申城电台工作的一些中共地下党员交上了知心朋友。有一年，正当父亲无力交费而使素行遭辍学窘境时，在地下党朋友的资助下，素行才得以高小毕业并考上爱群女中。一滴水可以折射出太阳的光辉，这件事在素行幼小的心灵上刻下了难以磨灭的印记，也使她对这个为劳苦大众谋利益不惜前赴后继的党，有了朴素而直

观的感性认识。

值得庆幸的是，要求上进、思想活跃的素行，在中学期间就成了地下党组织关注发展的对象，她阅读进步书籍，观看进步戏剧，通过积极参与"护校迎解放"等活动，开始懂得了只有共产党才能救中国的道理。1949年5月上海解放，素行顺理成章地继续学业，从广大劳动人民当家作主、新旧社会两重天的鲜活事实中，进一步从理性上加深了对中国共产党的认识和热爱，高二时光荣加入了新民主主义青年团。

1952年高中毕业，时逢全国师资人才短缺。原本因母亲在其幼年就患肺结核病撒手人寰而有学医情结的她，积极响应团市委向全市应届高中毕业生发出的鼓励报考师范的号召，断然放弃了从医的想法，毫不犹豫地把华东师范大学作为第一志愿，并选择了与学医有关联的生物系，借以表达内心深处对早已远去的母亲的那份眷念和愧疚。因为，此刻的她已经懂得，只有将个人的理想和服务社会相结合，才是人生价值的完美体现。

更值得回味的是，进大学后的第一课就是观看苏联电影《乡村女教师》。这部感人至深的影片整整影响了她一辈子，当时她就暗暗立下誓言，要像影片中女主人公一样献身光荣的教育事业。大学二年级时，品学兼优的她就成了一名光荣的共产党员。1956年她以优异的成绩毕业留校任生物系助教，从事生物教学法研究，期间还担任苏联援华教育专家秘书，了解到国外一些值得借鉴的教育经验和成果。

此照背面，毛仲磐校长写道：1991年7月5日，与黄素行同志在图书馆合影

教书重育人，润物细无声

甘愿默默耕耘，但求桃李满园，这是黄素行老师的座右铭，更是她在教育事业上

无私奉献一生的写照。记忆犹新的是刚进二附中时她给我们班上的第一堂课，就是一首由她自己作曲填词的《班歌》，欢快的旋律一下子拉近了师生之间的距离，朗朗上口的歌词表达了恩师对我们班由衷的期待。第一堂课留给同学们的印象如此深刻，以至于在这次访谈中，大家又情不自禁地唱起了这首刻骨铭心的《班歌》。

1993 年 3 月，我们去嘉兴看望陈伟桐老师
左起：米敏岚（俄语）、黄素行、金者（历史）、陈伟桐（语文）

　　黄老师的生物课，大家也都喜欢上。一堂课 45 分钟，为了在三尺讲台上演绎出生物教学的精彩，黄素行老师总是在备课时下足功夫。她针对学生特点，把相关学科的知识串联起来，写成一本本各具特色的教案，摸索出一套以实验领先、课堂教学与实验教学相结合的方法，并辅之以自制的简单实用的教具，把看似乏味的生物课上得生动活泼，由此培养了学生浓厚的学习兴趣和观察、思维、动手能力。她的不少教案和课堂实录，先后被选入《生物》杂志和《中国著名特级教师教学思想录》《初中生物优秀教案》等书刊，教育部曾会同中央电教馆，把她的示范课制作成录像片在全国推广。有一年，英国教育专家梅约翰先生受联合国教科文组织委派来到二附中讲学，听了黄素行老师的生物公开课，也对她所展示的自制教具赞不绝口，还把这些教具带回英国，推荐给那里的同行。

　　黄素行老师不仅是讲授专业课的行家里手，也是班主任工作中的佼佼者。1958年二附中创办伊始，她就自告奋勇承担班主任工作，先后做过 6 轮班主任（其中 2 轮是中途接手其他老师移交的）。无论是什么样的班级，只要经她接手，都会有令人刮目相看的起色。若要问其中的秘笈，就是一句话：以爱的宽容对待每一个学生，做到"眼里揉得进沙子"。十年内乱期间，一个学生受其父政治问题连累，家中经济突遭变故,上学也穿着破旧的衣服和鞋子,连学校组织观看电影他都囊中羞涩掏不出钱来。为此,遭到了一些同学的嘲笑,想要加入少先队也受到了影响。无缘戴上红领巾的他,破罐破摔地甩下一句话:我要去买条红领巾当三角裤。这话显然很出格,在当时的语境下,有的老师提议将他作为有反动言行的问题学生,开除学籍。黄素行却不同意,她说老师的责任是塑造人,岂能随意给年幼无知、一时说错话的学生扣上"反动"的帽子,这样做反而会把学生推向教育的反面。之后,她就特意给这个学生补了张电影票,还自掏腰包为其买了一套崭新的衣服和一双鞋。她也嘱咐班干部和同学们,要关心帮助一个有过错的人,不能排斥和歧视自己的同学。不仅如此,当天放学后她就马不停蹄地找他促膝谈心,首先检讨自己作为班主任老师对他关心不够,然后严肃地提出批评,告诫他红领巾是红旗的一角,烈士的鲜血把它染成,岂可胡言乱语信口开河。来自集体的温暖,和班主任黄素行的循循善诱,终于使这位同学幡然醒悟,深刻认识检讨了自己的错误。浪子回头金不换,后来这位同学健康地成长起来,高中毕业后留校工作。每每提及此事,他总是不无感慨地说:没有黄老师伸出温暖的援手,就没有今天的自己。

还有一年,黄素行老师半途接手了一个班级。受居住环境和读书无用论的双重影响,有三位家住赵家巷的女学生追求服饰打扮,业余时间常出入一些不三不四的场所。她看在眼里急在心里,多次单独进行深入交流,用社会上反面事例来提醒学生青春期不自爱、不自重的后果,这种苦口婆心的教育收到了事半功倍的效果。有付出就有牵挂,有转身就有回眸。不少毕业离校多年的学子,还不时想起母校二附中,想起恩师黄素行。每到岁末年初,黄素行老师总会收到历届学子的贺卡。一次听说有位毕业于60年代的学生的丈夫患肝癌不幸离世,黄老师就像大姐一样多次抽空上门安慰,帮助她度过了人生的这道大难关。

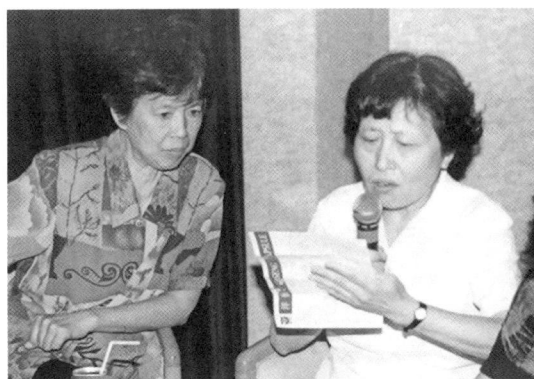

1997 年,黄素行老师、李振芳老师和大家一起为班里同学患病的女儿捐款

无怨无悔走到底

选择了终身从教，就要无怨无悔走到底，坚守在培养塑造人的教师岗位上加倍付出。几十年来，黄素行老师是这样说的，更是这样做的。岁月在她脸上刻下的每一道皱纹，都是耐人寻味的人生辙印。

黄素行与丈夫姚绍权自小青梅竹马，两小无猜，早在其华师大留校任教期间，丈夫从中国人民解放军华东军政大学毕业，分配在北方某空军地勤基地负责战鹰的检修。婚后两人一南一北劳燕分飞，分居时间长达 20 余年。黄素行老师咬牙挑起了沉甸甸的家庭担子，其中的酸甜苦辣难以言表。二附中初创阶段，因婚后不久丈夫远去北方，她干脆吃住在学校集体宿舍，全身心扑在自己所钟爱的教学岗位上。最难熬的是上世纪 70 年代，小儿子刚上小学就被确诊为肾脏疾病，两个稍大点的女儿也爱莫能助，公婆年迈体弱多病更是力不从心。于是，几乎每个星期天她都要独自一人花上大半天领着孩子去市儿童医院治疗，往往赶回家已近傍晚，忙碌晚餐待孩子入睡后，稍作喘息就抓紧备课撰写教案。令人难以置信的是，这段艰难的时光竟马拉松似地持续了近 10 年。其间，她几次想写信把小儿生病的情况和盘托出，向远在千里之外的丈夫诉诉苦，但一想到丈夫已是空军某基地负责战机检修的机械长兼大队长，重任在身，她就咬紧牙关放下了手中的笔。同时，她也一直没有向学校领导和组织要求帮助或照顾。

她始终认为，作为一个共产党员，作为一名人民教师，理应学为人师、行为世范。

2008 年，50 周年校庆，师生合影（前排左三起：李振芳、张佩蓓、黄素行）

个人的困难再大也是小事,挺一挺就过去了。于是,她白天依然全身心地投入教学工作,晚上依然挑灯伏案备课,星期天依然挤出时间或去图书馆查阅资料或走访学生家庭……为了学生、为了事业、为了理想,她几十年如一日满负荷运转,有好几次差点晕倒在讲台上,真是做到了物我两忘。

行文至此,仍难以表述我们对恩师的爱戴,谨以一首七言小诗略表敬意:

老树浓荫对晚霞,深流静水到天涯。
鸟鸣枝头欢成曲,桃李争艳竞开花。

2018 年 5 月 29 日

〔校友简介〕

王健康,政工师、经济师,1963 年至 1968 年就读于华东师大二附中。此后有过建筑工地一线六年木工经历,恢复高考后获得上海大学文学院大专学历,先后在上海市第六建筑工程公司任办公室副主任、宣教科负责人、基层党支部书记。1993 年调入上海市建设委员会,任办公室副处级信访负责人。1996 年、2002 年两次获中共市建设党委嘉奖,1997 年被评为市建设机关好公仆,2000 年后调入市委、市政府专设机构上海市督解化解人民内部矛盾办公室(后改名为上海市联席会议办公室),任二组组长,其间通过市委党校经济管理本科考试。

她心中永远只有学生

——万琳老师采访记

虞志灏（1967 届初中）

〔教师简介〕

万琳，1935 年生，1952 年毕业于南京中华女中。1956 年华东师大外语系毕业后留校任教。1958 年参与华东师大二附中建校，先后担任班主任、年级组长、教导主任，直至 1990 年退休。1984 年曾借调华东师大三附中参与建校，1985 年秋回二附中继续任教。退休后受聘担任侨华中学副校长，后任教于华夏学校。无论在哪工作，她都全身心投入，赢得师生赞誉。主要奖项和荣誉有：1983 年荣获全国优秀班主任金质奖章；1988 年荣获上海市园丁奖一等奖，同年获评上海市三八红旗手；2009 年荣获"新中国 60 年上海百位杰出女教师"称号，等等。

春日的华师大，万物竞发、生机盎然。坐落在丽娃河畔的逸夫楼底楼大厅，迎来了一群年近古稀的昔日的华师大二附中校友。此刻，他们正为母校校庆60周年的系列活动，访谈当年的班主任万琳老师。

万老师曾是1967届初中一班的班主任，带班4年，是这批青春懵懂的少年学子人生道路上难以忘怀的启蒙老师、生活向导和心灵坐标。50多年过去了，再坐在一起与老师促膝交谈，仍感到那样的亲切、那样的受益匪浅。

已届耄耋之年的万琳老师，思路仍是那样清晰，谈锋依旧如此犀利，说起当年的人与事，记忆犹新。

话匣子一打开，万老师滔滔不绝地回忆起在二附中工作的历程，历经的酸甜苦辣，众多学生的成功之道，以及为党的教育事业不懈奋斗的自豪与欣慰。

随着访谈的深入，我们的思绪也似乎穿越到了半个多世纪之前，一桩桩、一幕幕的校园师生情、老师风采录、同学感人事，在脑海里喷薄而出。

2018年4月21日，万琳老师在华东师大逸夫楼接受校友采访

初心永存，矢志不渝

万老师告诉我们，1958年二附中创办，为支援二附中的师资力量，师大从大学部抽调了一批优秀教师，充实到二附中任教，万老师从华师大外语系助教岗位上，毅然走上了中学的讲坛。这一变动，竟成了30多年二附中教学生涯的起始点。

万老师说，那时的二附中，教师都那么年轻，30岁出头点，有一股子拼命工作的劲头，一心一意想把这个学校办好，要成为华师大的教学试验田，为社会主义教学改革提供新鲜的经验。老师用心教，学生勤奋学，为革命而学习的风气十分浓郁。在万老师带班的二附中1960届(也是首届)毕业生中,就涌现出像中国工程院院士、鞍钢总经理刘玠这样的优秀人才。刘玠校友回忆起万老师对自己的关心和爱护,充满了感激之情:"考大学时,班主任万琳老师建议我搞机械。"最后刘玠进了武汉钢铁学院,中国钢铁工业战线就此增添了一位杰出人才。

说起二附中的迅猛发展,万老师说,这全得益于改革开放,"没有改革开放,没有中央对教育事业的高度重视,就不可能有二附中的今天"。当时,教育部的领导到学校来考察,听老师上课,首先听的就是外语课。听了以后,觉得二附中还是不错的,一是师资力量齐全,老师也都比较年轻,正是成熟期;二是学生好,经过严格挑选的学生,奠定了良好的教学基础。

1981年8月,参加全国学校思想政治教育工作会议(第二排右二为万琳老师)

中央对教育工作的重视和支持,使二附中的发展赶上了一个好时代。说起这一点,万老师激动的心情仍溢于言表。1981年8月,在北京召开的全国学校思想政治教育工作会议上,中央领导特意询问:"中学教师代表来了吗?"并把原本最后一排的万老师请到了第一排,与时任全国人大常委会委员长万里同志坐在一起。万里委员长还亲切地说:"你是万琳,我是万里,咱们五百年前是一家。"领导的亲切关怀,让一位普通的中学教师深受鼓舞。万老师说,中央领导这么关心我们中学教师,这是对中学教育工作的巨大鞭策和激励,我们还有什么理由不尽心尽职把工作做好呢。

荣誉是对工作成绩的肯定,也是继续创新的动力。万琳老师在多年工作中获得的荣誉,数量多、层次高。在我们再三要求下,万老师向我们展示了部分获奖证书和奖牌:全国优秀班主任(金质奖章),新中国60年上海百位杰出女教师,上海市三八红旗手,上海市园丁奖一等奖,从事教育工作30年荣誉证书,等等。鲜红的证书,金色的奖章,凝聚着老师辛勤的汗水和艰辛的付出,也镌刻着一个人民教师忠诚党的教育事业的炽热之心。

1983 年,万琳老师荣获全国优秀班主任金质奖章

正是有一批像万琳老师这样一心扑在教育事业上、一心为学生奉献的孺子牛,二附中才能在辉煌的道路上始终保持"卓然独立,越而胜己"的领先风格。

是严师,更是慈母

听着万老师声情并茂的叙述,我们仿佛又回到了那个无忧无虑的花季年代。在同学们的印象中,万老师是一个既严厉、又温情,既秉直、又热心的老师。

1964 年的夏天,酷热难耐。一群已拿到二附中录取通知书的少男少女,正躲在家里避暑。已接手初一(1)班班主任的万琳老师,却顶着毒辣辣的太阳,开始了她的家访。查看同学们的暑期作业,了解每位同学的家庭情况,对即将进入中学的学生们,提出殷切的希望。有同学暑假作业没有及时做,有的却提前全部完成了。万老师一一指正,既有表扬,又有批评,使大家未进校门,就感受到万老师的威严与亲切。

平时在学校里,发现学生学习中出现的一些问题,她会毫不留情地指出,有时甚至是严厉的批评。T 同学回忆说:"一次我作业中对一个外语单词拼法吃不准,就写了擦、擦了写,结果不小心把纸擦出一个小洞。万老师批作业时一针见血指出,你擦掉一个词,还擦出了一个洞,肯定是你对这个词掌握不到位。老师就是这样对我们严格要求,这件小事我一直记了 50 年。以后我在工作中一直记住万老师的教导,认认真真做好每一件事。"

而对学生中发生的困难,她又满腔热情地关心和解决,不让学生因为一时的困难而影响学习。班里有的同学家庭经济比较困难,生活拮据,万老师悄悄地给这些同学送去了衣服。她在走访学生宿舍时,发现有的同学被子比较薄,马上从自己家里扛来棉被,铺到学生的床上。她经常星期天还到学生宿舍走一圈,看看留在学校没回家的同学,在生活上还有什么问题,叮嘱他们注意安全、注意休息。可怜天下父母心,师恩绵绵无绝期。

在同学们的记忆中,万老师的工作时间是全天候的,无论在上课时间,还是在下课以后,都能看到她的身影。夜自修的教室里,有时不免会有些同学相互聊聊天,有的还喜欢看看小说。可是不经意间万老师却出现在教室的后面,严肃地批评不好好自修的同学。大家都没想到,忙碌了一天的万老师,竟在晚饭后,又风尘仆仆地赶到学校,督促同学们自觉上好夜自修课。

熄灯了,男生寝室里仍热闹非凡,意犹未尽的小伙伴还在高谈阔论。忽然间传来一个声音:"XXX,该安静地休息了。"啊,是万老师在寝室外注视着我们。是批评,也是关爱,严格要求下,传递着殷殷舐犊之情。当时的万老师,不过30多岁,家有老小,却经常夜间九十点钟还在学校,仍惦记着她的学生,全然将家庭、亲人放至一边,全身心地投入到学生身上,精神可嘉,令人难忘。

万琳老师(第二排正中)与 1967 届初中一班部分同学在一起(第二排右二为作者)

有人说,老师的爱,是在你回答正确问题时赞许的微笑,是在你犯错误时严厉的批评,是你在获得成功时激动的鼓励。母爱是外在的、感性的,师爱是内敛的、无声的。但万琳老师对学生的关爱却无声中蕴含着有声,理性中充满了情感。谈起当年班级里同学的情况,万老师一个个点兵点将,哪个调皮,哪个内向,谁人聪慧,谁人木讷,讲起来竟还准确无误。S同学生性活泼,也不乏调皮捣蛋,时不时还会拨弄出一些叛逆的事来。一天,该同学在家与父母一言不合出走了,东逛西跑到了吃中饭的时候还在外游荡。无奈之下,他来到了万老师家里。万老师了解情况后,首先对他进行严肃的教育,批评他错误的行为,希望他知错就改。接着又领他到师大食堂,为他买了红烧肉,请他吃饭。要知道那个年代,一个中学老师每月的工资也是不高的,况且吃饭都凭粮票,吃肉还要肉票。为了一个学生,老师真是仁至义尽啊。

"爱施者,仁之端也。"老师的爱,春雨般润物细无声地感化着学生、教育着学生,使之成为无声的力量。

重知识,更重育人

韩愈曰:师者,所以传道授业解惑也。万老师谈到二附中从开办就明确了学校的教育宗旨:不仅要让学生掌握广博的科学文化知识,更重要的是要为国家培养合格的人才。像二附中许许多多教师一样,万琳老师不仅重视文化知识的传授,更重视对学生思想政治素质的养成,把育人作为教育的首要任务,孜孜不倦,持之以恒地抓紧抓好。

在课堂教学上,万老师为了让学生吃得饱、吃得了,上课分了快慢班,因材施教,既解决了学生基础高低不一问题,又保持着全班整体水平的平衡,由此迅速提高了外语学习水平。当然,这样做万老师每次要备两个教案,付出了更多的时间和精力。可是为了学生,为了教学质量,她宁可自己辛苦点,也不让一个学生掉队。

当年,为使学生德智体美全面发展,学校开办了各种课外兴趣小组,万老师积极鼓励同学们踊跃参加,并热情指导,认真点拨。W同学回忆:"一次我班为学校演出'南泥湾',由8个女生拿大花篮边唱边跳面向观众,排练时万老师对我说,面对观众要永远微笑,不能板着脸。"短短一句话,使W同学铭记终生,"像重锤敲打了我,让我始终笑对人生"。

教育先贤蔡元培先生说过:"教育者,非为已往,非为现在,而专为将来。"万老师不仅一心一意想着学生,更为学生的将来倾注心血。"文革"期间,良好的教学秩序遭受破坏,万老师看在眼里,急在心里。趁着"复课闹革命"的号召发出,万老师积极策划重新上课。当时有人不理解、不支持,但万老师则坚定地说:"即便没有一个同学来上课,我面对空教室也要继续讲课。"随后,便根据同学们的要求,开设了英语课。一个俄语老师,却在"文革"中开设了英语课,这是需要多么大的勇气和胆略。把个人的得失安危置之度外,为的是让学生多学点知识,使他们将来能成为有真才实学的国家人才。

在那狂热鼓吹"知识无用"的年代,还如此地执着、如此地敬业,着实让人敬佩,令人仰止。许多同学说,这种工作态度和精神,是我们走上社会后做人做事的楷模。

万琳老师的这张照片,80 年代就
陈列在南京路的宣传画廊中

良师可遇不可求。好老师是人生道路上的航向标,一日为师,终身为师。毕业分配时,万老师对每一位同学都谆谆嘱咐,引导大家顺利走向社会。Z 同学血气方刚,满腔激情报名赴黑龙江戍边。万老师得知后,马上到他家家访,了解该同学的真实想法,提示其做好充分的思想准备,告知他走向社会后应注意的事项,千叮咛万嘱咐,最后还送他一本俄语版的毛主席语录。默默无言中,她似乎还在告诫自己的学生:即使离开了学校,也不要忘记学习,知识是终身受用的财富。

一群女同学至今还清楚地记得,那年去崇明下乡前夕一天夜里,万老师把她们一行 4 人叫到自己家里,谈理想、谈人生,传授社会阅历经验,增强自我保护意识,并送给每人一本红色笔记本,希望大家走好人生的每一步路,书写好每一篇青春华章。1969 年 1 月,天寒地冻。又一批同学即将赴安徽插队务农,送别的人群把小小的十六铺码头拥挤得水泄不通。辞行之际,万老师冒着严寒来了,为即将远行的女生带来了心灵慰藉和临别嘱咐,还为同学送上羊毛围巾等御寒用品。说起当年的情景,女同学 Z 仍激动不已,难以忘怀。

不畏艰难,勇于挑战

谈起二附中这些年取得的骄人成就,万老师感慨万千。她坦诚地告诉我们:"这些年二附中奖牌拿了不少,在国内外名气也越来越大,要保持住不断向上的发展势头,必须持续不断地努力,来不得半点松懈。"是的,每一份成绩的取得,都凝结着全体老师的精心劳动。

学校曾经将一个基础不太理想的班让万老师带。当时许多老师都不愿去这个班任课,避之唯恐不及。万老师一个个地走访任课老师,恳求他们一起改变这个班的面貌。在万老师的动员下,任课老师共同努力,从打基础入手,不断启发学生的学习主动性,提高知识掌握能力。最后,不到3年,这个班从开始摸底考试最高只有80多分,到高考时全市的高考状元就出在这个班,令学校师生刮目相看。

不安于现状,勇于迎接新的挑战,是万老师为人处世的鲜明风格,也是她人格魅力之所在。改革开放后,金山石化公司与华师大合作,创办了新的华师大三附中。新学校基础薄弱,师资队伍也参差不齐,去那里工作条件十分艰苦,况且校址地处远郊,当时交通也很不方便。万老师主动请缨去师大三附中任职,并在那里兢兢业业地工作了两年多,和大家齐心协力把一个新学校办成了初具规模的重点中学,学校的高考录取率从70%上升到90%多。让金山石化公司的职工子女们,在家门口就能上到好学校,万老师功不可没。

当今世俗社会,多少人梦寐以求想弄个一官半职,工作轻松待遇好,还少有烦恼。可是万老师却让她做官不愿做,即便做了也不像官。学校提任她做副教导主任时,为她在教导处准备了办公桌,而她却从没有在自己的办公室里坐过,成天都在教研室和学生中间。当了教导主任后,她又自我加压,同时兼任了两个班的班主任,整天忙忙碌碌、吃辛吃苦,为提高教学质量殚精竭虑,忘我工作。

低调做人,无私奉献

在与万老师的访谈过程中,我们强烈感受,作为一个有着杰出贡献的优秀教师,谈话间无不展露出虚怀若谷、谦恭俭让的姿态,反映其低调做人、无私奉献的高尚品行。

在多次先进评比中,万老师总是举荐其他同志上榜,自己则一再谦让;教育局每年夏季组织优秀教师上青岛疗休养,万老师一次又一次地推辞;有关部门要为万老师写书立传,并承诺组织专人撰写,万老师却始终不答应;至于当什么代表、参加什么领导召开的会议、外出介绍经验发言等,她总是后退一步,让给其他同志。她清醒地表示:"得了这么多的荣誉,也应经常想一想,照照镜子,还有什么差距,还应做些什么努力,如何把工作做得更好。"访谈中她还多次强调,我只是做了一点工作,党和人民给予的荣誉太多了。工作是大家做的,成绩的取得是大家共同努力的结果。访谈间她一再表示,带好一个班,个人的力量是有限的,仅靠一个班主任操心是不够的,每一个任课老师都起着重要的作用,只有整个教师团队同心协力、形成合力,才能创造新的成绩。

依靠全体任课教师
——记万琳老师班主任工作

叶立安

华东师大二附中的万琳老师是上海市著名的模范班主任。二十多年来,她积累了丰富的班主任工作经验。其中一点就是:团结和依靠全体任课教师,形成教师集体,共同做好教育学生的工作。

在这个思想指导下,她注意抓好下面三方面的工作:

一是树立任课教师的威信。万琳认为,任课教师在同学心目中威信如何,直接关系到教育质量问题。所以,每当她接受新班时,总是有意识地多介绍任课教师的长处。

例如:开学时,有些"高材生"看到物理教师是位女同志,四十岁刚出头,头上没有什么白发,就以为这个教师的教学经验不足,有点失望。万琳针对这种思想,向同学介绍,这位物理老师备课认真,讲课清楚,富于钻研精神。待学生们信服后,万琳又告诉同学,这位物理教师身体瘦弱,一堂课下来满头虚汗,为了保证上课,她尽管有病还坚持工作,她把全部精力都扑在教学上,连冬天她的女儿的棉鞋也来不及做。她对孩子说,妈妈实在没有空,等五班毕业后,妈妈一定好好为你做;夏天将至,孩子没有一条好裙子,她又是一句老话,等五班毕业后,暑假时妈妈一定为你做两条。同学们从此打心眼里尊敬自己的老师,热爱自己的老师。

二是培养尊师爱生美德。万琳每带一个班,总要开"尊师爱生"主题班会。她带领学生以隆重的形式,丰富多采的内容,开好主题班会。在主题班会上,教室里摆满了同学们送给老师的小礼物。他们还把老师的事迹编成文艺节目,热情地加以赞颂。应邀来开会的老师们,环视室内的一切,抚摸着同学们精心制作的请帖,听着学生们赞扬自己的话语,内心久久不能平静。通过这些活动,师生之间感情倍增。老师们说:"孩子们这样尊敬我们,做老师的还有什么话说呢?怎么困难,我也要把他们教育成材。"

三是互通"情报",管教管导。万琳认为,学生中大量的思想问题产生于学习过程中,班主任必需同各任课教师共同做工作。有个学生在一段时间里思想负担很重,原来她的数学没考好。万老师及时把情况反映给数学教师,数学老师经过了解,这个学生不是不会做题,而是考试时思想过分紧张,经过老师开导,这个学生很快跟上来了。

万琳老师认为,班主任本领再大,毕竟是单枪匹马;依靠众人的力量,就能克服种种困难,争取胜利。这是很有道理的。

《依靠全体任课教师——记万琳老师班主任工作》,作者叶立安(时任二附中党总支副书记),《人民教育》1981年第7期

这些年二附中品牌越来越响,万琳老师也以其出色的工作业绩声名鹊起。有的房地产开发商找上门来,请万老师做形象代言人,并承诺可赠送房子一套。万老师一口回绝了。她说,我决不能拿二附中的名声做交易,虽然我现在的住房不很宽敞,但住着坦然、安心,问心无愧。

在万老师的心中,始终装着的只有学生。学生的学习、生活乃至工作后的情况,一直是万琳老师的牵挂。而对于自己的事,她却有时很快就淡忘了。有几次万老师外出参加授奖或表彰大会回来,有同事问及会议期间与哪些中央领导坐在一起,万老师则淡然一笑:"已经记不起来了。"是老师记性不好么?非也!50多年前,班里哪个同学什么情况,她都能娓娓道来,如数家珍,记性出人意料地好。就在我们访谈中,万老师还特意问到 M 同学的情况,说他"文革"中分到外地偏远地方,吃了不少

苦，让我们向他代为问好。

对功名利禄，万老师淡然处之，而涉及到老师整体利益的事，她却十分关心，并热心帮助呼吁解决。教师教龄津贴问题，曾经是个老大难问题。万老师利用人民代表的身份、去北京出席会议期间、参加各类座谈会的机会，竭力进行呼吁，希望上级领导能引起重视。有教师对职称评定有想法，万老师主动协助与有关领导沟通，并不厌其烦地多次找有关方面和部门，尽可能帮助教师们解决切身利益问题。对一些表现突出的青年教师，万老师总是抓住一切可能的机会，让他们评先进、晋级晋职，争取各类荣誉称号，激励大家努力工作。

学高为师，身正为范。万琳老师正是以自己出类拔萃的工作业绩、严以律己的为人之道和率先垂范的思想品格，为二附中争得了荣誉，为无数学子树立了典范，为党和人民的教育事业奉献出一份光和热。

一位名校的优秀班主任老师，退休后要说去赚钱，机会多多。但万老师淡泊名利、安于清贫，守着师大校园，沉浸于一辈子投身教育事业的幸福之中，喜看桃李满天下。

2018 年 5 月 14 日完稿
参与采访：1967 届初中一班：邹钱根、陈德华、张寅坤
1967 届初中二班：郑福珍、吴立人、胡怡民

本文写作过程中，原华东师大二附中 1967 届初中一班马力、王和芳、张巍、陶燕娇、姚爱娟、张妙珍等许多同学提供了宝贵素材，在此一并致谢！

［校友简介］

虞志灏，1964 年至 1967 年就读于华东师大二附中。1968 年 3 月参军。曾任上海市冶金工业局、冶金控股集团公司、宝钢集团公司党委办公室副主任、主任。退休后曾受聘于上海市委组织部党的建设研究会，任《党建通讯》杂志编辑。现为上海党建文化研究中心特邀研究员，《党员经典导读》杂志编审。

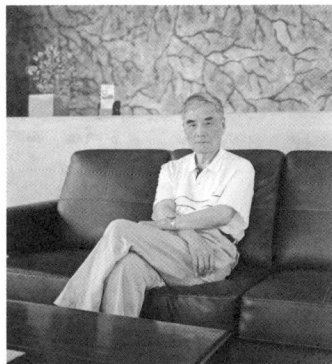

做老师，就要替社会尽责任

——访周志华、徐荣华老师

宋雅（1987 届初中／1990 届高中）

黄依颖　祝骥越（2019 届高中）　陈杰伟（2018 届高中）

［教师简介］

周志华，毕业于华东师大数学系，1964 年分配到二附中任教数学，曾担任年级组数学备课组长。1991 年退休后继续发挥余热，任教至 1997 年。

徐荣华，毕业于上海师范学院中文系，1961 年至 1963 年分配到上海第二医学院工农预科教语文，后因预科停办，于 1963 年 9 月调入二附中，曾在曹杨七中任教两年，于 1970 年回到二附中，曾任语文教研组组长，1997 年退休。

申城七月,骄阳似火。华师大一村内,浓密树荫掩映下的丽娃大厦,是我们今天将要探访的地方。这里住着徐荣华老师和周志华老师,他们是一对在二附中默默耕耘了三十多年的教师伉俪。徐老师曾经担任过语文教研组长,周老师则是年级组数学备课组长。在同学们的记忆里,晨光中或夕阳下,徐老师骑一辆老坦克载着周老师来来去去,也曾是二附中校园里的一道风景线。

走出电梯,我们轻轻叩门。门开了,首先看到的是满头银发的徐老师,周老师从厨房里探出身子,大声招呼我们进屋,先喝口水,然后吃冰砖,老师们熟悉的脸庞使我们一瞬间有一种时光倒转的恍惚,仿佛又回到了青葱岁月。

在这样一个美好的夏日的午后,我们静静聆听两位老师讲故事。

2017 年 7 月 31 日,晨晖社同学采访徐荣华、周志华老师

一、周志华老师的故事

从小就有当老师的梦想

"我从做学生开始就一直想当老师",回忆起年少时的梦想,周老师有些自豪:"1947 年,我 11 岁,小学毕业。因为一家九口,条件很艰苦,兄弟姐妹多,我是老大,只能中止学习,在家一待就是六年,直到 1953 年才得以重返校园,进入上海北虹中学求学。从这时候开始,我就一直想当老师。"

周志华老师是华师大数学系 1964 届毕业生。说起考华师大数学系,这里还有一段小插曲呢。

初中毕业时,周老师曾一门心思想要去考中师(中等师范学校),因为她成绩特别好,班主任建议她再读三年高中后考师范大学,动员工作做到了周老师父母那里。谈起这段往事,周老师笑着说道:"家里人讨论后,终于同意让我去读高中。高三毕业填志愿时,我的 24 个志愿全是师范院校。第一第二个华东师大,第三第四个上海师院,结果我就是第一志愿——被华东师大数学系录取的。"周老师露出了得意的笑容。

为什么选择数学专业

"哈哈,其实我那时文科也蛮好的。那时我们不是学英语,是学俄语,对,当时一定要学 Dawalish 的(俄语:同志)。"

周老师这个俄语学得怎么好法呢?接下来她的话,让我们既惊讶又佩服。"俄语老师当堂教了以后,其他学生需要先用中文背出那篇文章,而我呢,老师要求我用俄文背出那篇文章,我基本上都能做到。但是,我跟老师讲,外语读得好就变成翻译了,翻译我是不想做的,我最想做教师。后来就选了数学。因为那时数学系出来一般都是做教师的,不像现在,可以做可以不做的。"

题海战术应该是针对老师的

高中时周老师是班里的学习委员,晚自习有时要辅导学习有困难的同学。周老师笑嘻嘻地说:"那时候班里几个要补考的同学特别喜欢听我讲课,因为我会把自己的学习体会穿插其中,同学们一听就懂,很容易接受。所以晚自习的时候我就经常当他们的小老师。"语气中透露着些许自豪。

提起实习时的指导老师,周老师的敬佩之情溢于言表。"我实习时的指导老师,就是师大数学系教材教法研究组的田万海老师(他被数学系长期派驻在华师大一附中授课,并兼实习指导老师)。实习一开始,田老师就对我们说:先写好教案,还要逐个审阅,逐个试讲。他指导我们写板书的方法,提醒我们在讲课时走动不要分散学生的注意力。这些都要做到他满意后,我们才被获准上课。"

毕业后留在二附中任教,周老师一直记得田老师说过的,备课时一定要充分,只有这样才能在 45 分钟内高质量地完成教学任务。"所以,在二附中的几十年里,我基本每天备课都要到半夜 12 点。"周老师语重心长地说。数学这门课习题比较多,老师一个重要的责任就是要为学生选择好习题,除了数学书上的例题、练习题,还要补充课外的习题。除此之外,对于学有余力的同学还有"每日一题",培养他们对数学的兴趣。

"我每节课的安排是一半时间完成课堂上的内容,包括新课、练习题,还有一半时间是补充题。"周老师说她现在看到学生们进行题海战术什么的,心里很不以为然:"其实我觉得题海应该是针对老师的,老师投入题海了,学生就不用浪费时间在题海了。"

在如何兼顾"好、中、差"学生的问题上，周老师一直留意要对接受起来比较慢的学生给予更多关注。80 年代后期，二附中曾有一批从外地转学来的委培生，数学底子比较薄弱，有些女生上课不会做就哭起来了。为了教会他们使用数学语言，周老师常常义务加课，一点一点耐心教，不断重复。"后来那个班还有很多直升，一半以上都考到了区重点以上的高中呢。"周志华颇感欣慰地说道。

这就是周老师的上课和备课，听着似乎很简单，做起来实在不容易啊。

周志华老师在备课

对于批改作业，周老师更是自有一套。"老师批作业不能只打钩打叉，学生错的地方要圈出来，帮助他们理解。"周老师批改作业一向非常认真，甚至还会在旁边写评语。有一次区里督导来检查工作，要抽查老师批改作业的情况，当时正巧周老师有一沓刚改好的本子放在办公桌上，于是就被抽走了。后来，年级组长告诉周老师，督导看到了这些本子就很感叹："噢！难怪你们二附中这么好，你们这个数学老师批作业就像语文老师一样啊，看看，这么多评语！这要花多少时间啊，怪不得你们教学质量这么高，原来你们有这么认真的老师啊！"所以第二次有督导来学校时，年级组长就点名又把周老师批的作业本交上去了。说到这里，周老师爽朗地笑开了。

这一切在周老师说来都是她日常应该做的，如此而已。然而作为曾经的学生的我们，惊诧于老师如此辛苦的同时，更有一份由衷的感动。没有老师自己的题海战术，哪有学生的训练有素；没有老师的宵旰勤勉，哪有二附中的辉煌今天。——从小小作业本中透露出来的，不正是二附中教学的成功秘诀吗？

从教三十余年，周老师有很多"光辉战绩"。比如当时联合国教科文组织来二附中考察，偶然听了一次周老师的课，专家们的反馈都非常好。"当时这些课都是随堂听的"，周老师笑着说，"后来有国外的教育机构来参观学习，学校也常让他们来听我上的数学课。"

听周老师回忆往事的时候，一旁的徐老师静静地听着，笑意浅浅地写在脸上，还是当年那一派"老夫子"的从容和淡定。

二、徐荣华老师的故事

当年在课堂上就知道，"做一个正直的人"是徐老师的人生箴言。

年轻时的徐老师满腔热血，意气风发，无论在学习还是工作中，他都有着发自内心的使命感和责任感。1961年从上师大毕业后进入二医大工农预科班任教，表现很突出，两年后调入二附中当老师。"'文革'中我是青年教师，身体好，经常参加学工、学农、学军，在带1976届学生学工期间先胃出血，不久又下乡学农，被染上肝炎，身体就垮下来了。"徐老师回忆至此，一旁的周老师嗔怪道："碰到艰苦的事情，他总是要抢着去做的！"

80年代，徐老师给我们上高中语文课。记忆中的课堂气氛有点凝重，因为他常常皱着眉，神情颇为严肃。那时候，我们私底下也称他为"老夫子"。一来是徐老师的中文功底了得，上课总是之乎者也；另一方面老夫子每周默写成语的规矩雷打不动，是我们那时挥之不去的"痛"。

老夫子有两手绝活，一笔好字和满腹文章。老师的字笔迹苍劲，棱角分明，而且每个字都写得很大，仰天俯地，字如其人。

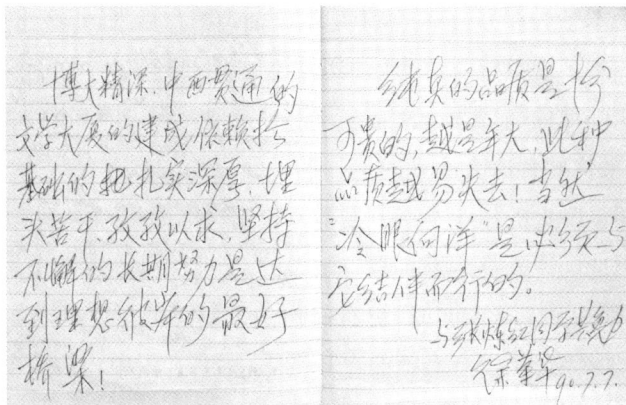

徐荣华老师给高中 1990 届学生的毕业赠言

提起如何教授学生写作,徐老师自有一套锦囊妙计。这一切在当时令我们颇费心思,后来则使大家常念常新,受用不尽。

其一,做摘抄

记得那时我们每人都有一本摘抄本,摘抄一些好词好句,听说这个摘抄还有个小故事。1964年徐老先生刚分配到二附中不久,学校要举办一次语文课外阅读展示会,当时的语文教研组长刘钝文老师就把这个任务交给年轻的徐老师。培养学生良好的阅读习惯,积累优美的语言文字是学好语文的基础。经过准备,从初一到高三,每个班级都送来了许多优秀的摘抄本。利用语文课,徐老师组织每个班级参观学习,并请当时的教导主任杨达平老师为展览会写了前言,展览会取得了很大的成功。自此小小的摘抄本便走进了每个班级。

徐老师非常重视我们阅读的数量和质量,常常鼓励我们阅读名师大家的作品,记得那时一到寒暑假前,图书馆里的世界名著总是被借阅一空。高中时议论文是写作难点,徐老师就要求我们多看报纸,把社论、评论等文章裁剪下来,贴在摘抄本上。翻看摘抄本常常成为那时我们寻找写作灵感的来源。

其二,背成语

许多二附中的学生都对中学背成语词典的经历记忆深刻。成语精炼凝括,朗朗上口,写作时信手拈来,画龙点睛,而这都得益于徐老师"背成语词典"的结果。

从20世纪80年代起,徐老师每教一个新班级,第一堂课都会要求学生买一本成语词典。周初徐老师会布置背诵范围,周四或周五的早读课进行测验,测验内容包括加点字的拼音和解释。

开始时同学们都对背词典耿耿于怀,怨声载道,迫于测验要计入平时成绩,大家只能硬着头皮背。但是不知不觉间,厚厚的成语词典变薄了,晦涩的成语解释通畅了,贫瘠的写作语言精彩了,同学们体会到了成语背诵的深意。

对于爱好中国诗词的同学,老夫子还会开"小灶",拿出珍藏的"葵花宝典"供学生借阅,记得老夫子有一本介绍古诗词平仄韵律的启蒙读物,《童蒙韵律》,线装书,蓝色封面,薄薄的。老夫子很是珍惜,亲自包了封皮借给我们,还千叮咛万嘱咐。这本书启蒙了我们对唐宋诗词平仄押韵的了解,虽然并未如老师所愿作出锦绣文章,但对中国古诗词的喜爱却自此萌芽。

其三,自编作文集

上徐老师的作文讲评课是非常有意思的,其中一个重要的节目是听徐老师朗读同学们自己写的作文。徐老师读作文时也跟上课一样,情感充沛,中气十足。有时候读得高兴,还会摇头晃脑。那时候张炼红同学的作文常常被老师朗读,我们都很羡慕。如果偶尔自己的文章也被老师读到，那种兴奋和快乐是难以言表的。

即使自己的作文没有被老师朗读，看作文点评也很有趣。急切地翻开作文本，首先映入眼帘的是成绩，然后是老师的点评，字里行间，圈圈点点，不时夹杂着老夫子洋洋洒洒的评论，仿佛一次面对面的辅导，花费心血可谓良多。

后来天津新蕾出版社创办了《作文通讯》，将全国十三所名校的优秀作文进行汇编。徐老师就把同学们的好作文推荐到期刊上。每次拿到《作文通讯》，我们总会浏览一下作者名单，看看哪位同学的文章又被刊登上去了。那时觉得写好文章不再是难事，瞧，同桌的文章都登上去了，下次努力一下应该也会登自己的文章吧。大家都鼓足了干劲。

过去老二附中学生一学期要写六七篇作文，徐老师当教研组长时，每学期一开始就会把作文题目全部拟好，写进教学计划。暑假里老夫子要求每个学生将自己一学年的作文装订成册，前面写序言，做目录，后面写后记，这样到了高二结束每个同学便有了两本作文集。

做摘抄，背成语，自编作文集，如今已成为二附中人成长的集体回忆。

徐荣华老师在备课

三、周老师和徐老师的故事

"徐老师和周老师当年是怎么认识的呀？分享一下你们的故事吧？"我们好奇地问。

徐老师笑着说，"哪里有什么故事，那时候我们都是刚进入二附中的年轻教师，周老师是班主任，我是副班主任，协助她工作，常常在一起讨论工作上的事。"我们恍然大悟道："日久生情！"周老师笑着说："我们那时候谈论的都是班级里的那些事。"

周老师站起身来，拿起水瓶一边往徐老师的杯子里续水（随手又加了点凉水），一边说道："我们认为当老师顶要紧的是要教孩子们做正直的人。学生就像树苗，老师要经常修剪，把不好的枝杈剪掉，这棵苗才能长得直，才能成材。这是很花心血的。我和你们徐老师一个教数学，一个教语文。那时候有很多人劝我们在家里摆个圆台面，多给学生补补课，我们想学校里的教学任务都要弄到半夜，哪里还会有精力再摆圆台面收其他学生，所以我们都谢绝了。"徐老师看着周老师，笑着说："现在我们俩含饴弄孙了。"

周老师、徐老师和学生们在一起

最后，我们问两位老师：如果用一句话来总结，您最想说的是什么呢？

"认认真真教书，摸着良心对学生……"话没说完，周老师眼泪涌上来。徐老师看了看老伴，很平静地说道："做老师，就要替社会尽责任。"

采访结束，我们请老师再提供一张近照合影。周老师想了想，把我们带进了卧室："来，看看这张照片，是我们在师大校园里散步时儿子给拍的，你们看可不可以啊？"照片上，两位老师满头华发，走在金色的阳光下，笑容显得格外舒心而灿烂。

绿野堂开占物华，路人指道令公家。令公桃李满天下，何用堂前更种花。

2017 年 7 月 31 日晨晖社初访，2018 年 5 月 13 日宋雅等再访

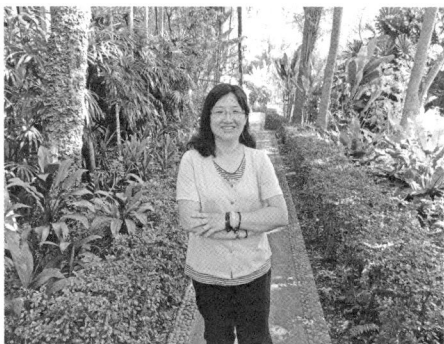

［校友简介］

宋雅，1984 年至 1990 年就读于华东师大二附中。2003 年在复旦大学管理学院获得工商管理硕士，美国注册管理会计师，现任日邮物流（中国）有限公司财务部总经理。

黄依颖，2016 年至 2019 年就读于华东师大二附中，担任学习委员。热情开朗，活泼爱笑，偶尔也会对前路有些迷茫。喜欢参加各种活动，认为读书不是唯一重要的事情，不断锻炼自己、积累履历才好。愿望是可以提高效率、多看书。

祝骥越，2016 年至 2019 年就读于华东师大二附中。现实主义与理想主义并存的"空想家"，正以"实干家"为目标而努力，爱运动、爱科学、更爱生活，坚信学习的能力比学习本身更重要，理想是成为一名机械工程师。

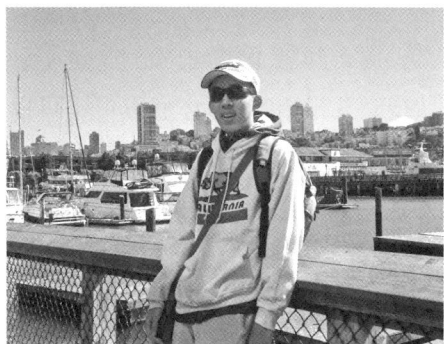

陈杰伟，2015 年至 2018 年就读于华东师大二附中。是晨晖社的普通一员，因为晨晖实践的理念与信仰来到这里。在这里认识了许多人，还写了一篇主报告，喜欢历史。

三十六年如一日

——李植时老师采访记

杨隽一（1990 届高中）

［教师简介］

李植时，1936 年生，1960 年至 1986 年任上海师范大学附属中学数学老师，1987 年至 1996 年在华东师大二附中高中部担任数学教师，深受学生喜爱。

二附中所有教过我的老师中,李老师是我印象比较深的一位老师。他总是穿一身深蓝色的长衫,圆圆的脸,上课时总是笑眯眯和蔼地看着我们,好像在问:"这道题目你们知道怎么解吗?"

5月26日,一个周六的下午,我和同班同学张炼红一起拜访了住在华师大二村的李植时老师。老师已经82岁高龄了,头发花白了,步履缓慢了,但还是圆圆的脸、和蔼的笑容,身体看上去还是挺硬朗,谈话间思路清晰,头脑敏捷。刚开始李老师没有认出我,当我报了名字,介绍自己是1987年进的高中时,李老师开始在纸上写我的名字。"你的名字是不是这样写,杨隽一。"老师直接写出了我名字里的"隽"字,这个字在人名中可是比较少见的。28年了,老师还记得我的名字,我心中一下子有了一种暖洋洋的感觉。

李老师了解了我们采访的目的后,也没有任何推脱,直接就跟我们聊开了。将近两个小时的访谈,围绕着李老师对学习和教学生涯的回顾,让我对于这位曾经的数学老师有了一个较完整的了解,也从心底对于一位平凡而又不凡的老教师肃然起敬。

2018年5月26日,杨隽一校友访谈李植时老师

兢兢业业,认真踏实

李老师当了36年的数学老师,在上海师范大学附属中学教了27年,后又在二附中教了9年数学。当初选择数学专业,是一种阴差阳错的巧合。李老师原本想报考复旦中文系,偏偏自己的理科成绩考得比较好。后来又受到体检结果的影响,无

法从事物理和化学相关专业,所以只好上了华师大数学系。用李老师的话来说:"搞数学是最简单的,一张纸和一支笔就可以了。"

我们聊得最多的还是如何上好课,教好数学。李老师回忆说,在那个单纯的年代里,做一个老师,不断琢磨的还是如何把课教好,如何让课堂学习更有效率,让同学们更喜欢数学。他说那时有个校长,快要下课的时候总是提前站在走廊里看哪个老师会拖堂,所以久而久之老师们都养成了不拖堂的习惯。听到这里,我都觉得有点无法置信了:老师有时拖堂一会儿又有什么关系呢? 看来在那个年代里,学校还是非常尊重学生的权益的。

李老师说,那时候一个教研组的老师会在一起成立备课组,平日都会一起讨论如何备课。当时老师想的就是如何在 45 分钟里把教学任务顺利完成,情愿提前结束上课的内容,也不要拖堂,影响到同学们的休息。学校也会不定期地举办老师之间上课的互相观摩,这可能也是老师们觉得比较有压力的时候,因为这也是展示每个老师教学能力的最好的时机。

平和幽默,积极鼓励

两个小时的访谈一直充满了笑声,让我感觉到李老师的幽默,还有他以微笑来面对人生的态度。所有的事情在李老师的嘴中都变成了轻松和必然的事情,例如他说当年有个老师因为教了 6 年的"三角"课,就被别人起了一个绰号叫"一块八角"。

在同学的印象中,李老师总是圆乎乎、笑眯眯的样子。看到他笑笑的脸,之前怕代数的同学压力就减轻了许多。张炼红说有一次代数考得很难,她觉得肯定要不及格了。课前李老师走过窗口,探头看了她一眼说,"什么情况啊,你这次还不错嘛!"轻轻一句话就把炼红的忧虑一扫而光。孙文倩等同学还记得,有一次考试很多人不及格,李老师仍笑眯眯说没关系,我们把分数开个根号再乘以 10 就可以了。正是李老师的平和、幽默、积极的态度和对同学们的鼓励,才使得很多同学对数学不畏惧,有兴趣,在高中阶段打好了基础。

我的印象中,李老师每次上课开头,都要在黑板上写一道题目,让大家去想如何解答。这时候一些好胜的同学就会争先恐后地举手提出自己的解法。如果此时谁能第一个解出这道题,并在同学们羡慕的眼光下走上讲台,在黑板上写出解法,那真是无与伦比的满足和得意啊! 虽然我的数学成绩不是班上最好的,但是李老师教的数学课激发了我对数学的兴趣和自信心,以至于出国留学以后我本科选择了要学很多数学的计算机工程专业,直到现在我都还是很喜欢研究一下有点难度的数学题目。

此照背面,李老师写道:我们在增长知识的同时年轻了十岁,1993 年元月,高三(2)班

淡泊明志,不求功利

在李老师的回忆中,我们听不到因为长年教同一门数学课的抱怨,更多的是一些当年发生的趣事以及他对所有发生过的事情的包容和理解。例如李老师讲到在"文化大革命"的时候,他还当过班主任。那时的学生在课堂上随便进出,上课捣乱,还有人写他的大字报。现在讲来,他没有任何的怨恨,只有对当时这个社会环境的理解。李老师甚至觉得那时候的同学还是比较理解老师的,没有人在学校里有任何暴力的行为。

在整个谈话过程中,我没有听到李老师对于当老师工资低,或者没能在职称等级上做得更高而有任何的遗憾。他甚至觉得在他当老师的大部分生涯中,虽然没有每年涨工资,大家的收入都差不多一个月几十元,也没有教师的评级,反而挺好的。大家那时候也比较单纯,没有太多的追求功利和互相攀比的思想,而是更多地关注如何提高自己的教学水平。

淡泊明志,不求功利,是李老师的人生态度,也是他令我格外钦佩之处。一个人三十六年如一日地做好一份工作,不是为了金钱,也不是为了名利,那他一定是对这份工作有一种发自内心的热爱。我很向往这种生命境界。

热爱工作，不凡付出

当老师一直是李老师向往的职业，这可能也是受了他当年在建设中学读书时的一些老师的影响。他觉得当老师是一个成就感很强的职业，当自己的学生在升学考试中取得好成绩时，就是老师最有成就感的时候。李老师还说，他喜欢当老师是因为教书这个职业很特别，很多事情可以自己决定，不太受其他方面因素的限制。如果自己想到用什么方法可以提高上课的效率，那就可以马上去做，总之比较自由。当问到说如果有机会再次选择职业，是否会再做老师时，李老师爽朗地笑着说"是的"。

李老师和他教过的高中 1990 届四班同学在联欢会上

做了 36 年的老师，不求金钱，不为功名，甘愿当一个普普通通的教师：诲人不倦，精益求精，按照自己的理念把课教好，做一名被学生认可的好老师，这就是一个平凡而又不凡的二附中数学老师的人生写照。人的一生就做一件事情，然后把它做到极致，这不也是一种修行吗？这不正是当今社会十分缺乏的踏踏实实、一步一个脚印的精神吗？这不也正是一种值得我们每个人学习和体会的人生态度吗？

2018 年 6 月 3 日

[校友简介]

　　杨隽一，1987 年至 1990 年就读于华东师大二附中。1990 年至 1995 年在瑞典查默斯理工大学攻读计算机工程硕士专业，2004 年获瑞士洛桑国际管理学院 MBA 学位。曾在瑞典爱立信、台湾爱立信、瑞士迅达电梯、香港捷成洋行担任高管。现任德国蒂森克虏伯电梯中国区市场总监。

艰难岁月，金子般宝贵的知识和关怀

——蒋坤玉老师印象

周海民（1967 届初中）

［教师简介］

蒋坤玉，中共党员。1958 年从上海第二师范学院数学系毕业，分配到华东师大二附中数学教研组，是建校元老之一。进校后，担任班主任和数学教师。90 年代初，先后担任校工会主席、总务主任和校长办公室主任等职务，其间依然坚持教学工作。1996 年退休后，又在上海民办进华中学担任数学老师 6 年。曾在中学生杂志上刊登学术论文《三个非负数》，参与华东师大出版社出版的《怎样学好数学》教辅丛书（初中代数、几何章节）的撰写工作。

"你叫周海民,我认得的!"

2017年8月中秋节,我和吴建中、张申生、傅小蓉四人,前往蒋坤玉老师家拜访。让我没有想到的是,年过八旬的蒋老师,竟然一眼就认出了我。

"蒋老师,您好! 这是龙华寺的素月饼,希望你多多保重身体!"我知道年纪大的人喜欢吃素,向蒋老师虔诚请安。

蒋老师依旧是当年的学者模样,谈锋甚健。他滔滔不绝地回忆,我们饶有兴趣地倾听。蒋老师的立体形象,清晰地呈现在了我们眼前。

"你们学数学应该是大有潜力的哟!"

1964年7月,我小学毕业填写中学志愿时,班主任郭亚卿老师告诉我,华东师大二附中是上海市十大重点中学之一。经过数天比较和思考,我慎重选择二附中为报考中学的第一志愿。然而,填好志愿,压力就扑面而来。好在我经过奋力拼搏,终于如愿以偿拿到了入学通知书。然而,看着通知书,我在激动之余也有些许担心,中学里的班主任老师,究竟会是什么样?

1964年9月1日,开学第一天。我们新生按照身体高低,男女搭配,依次端坐在教室里,静静等候班主任蒋坤玉老师的到来。我的眼睛不时张望教室门口,期盼蒋老师能够早点出现。

上课铃声准时响起,蒋老师应声出现在我们面前。他个子不高,梳着大背头,蓝卡其中山装左上口袋里插着一支钢笔,文质彬彬,气宇轩昂。蒋老师快步走上讲台,与同学们一一交流目光,热烈欢迎大家来到二附中学习。我看到,蒋老师微笑着说话时,嘴里露出两排洁白整齐的牙齿,心里忽然有了一种轻松的感觉。

蒋老师除了担任班主任,还兼教数学。初一时期,学校推行"数(学)、(物)理领先"的教育改革,即前面两年教数学,后面一年教几何。数学课程时间压缩,上课进度势必就要加快,考虑到同学们一定会因此感到有压力,蒋老师便使出了浑身解数:书写粉笔字,端正又清晰;划线制图表,标准免出错;解析课题目,思路清又明。他努力做到"推导数学公式深入浅出,复杂数学定律、定理解析简明透彻",使同学们能够"理解在课堂,消化在课后",目的就是想让大家都能及时跟上学校教学改革的进度。

"你们可都是以算术满分的升学考试成绩,被二附中招进来的哟! 你们的数学学习能力,应该是大有潜力的哟!"蒋老师很幽默,只要看到同学们对个别教学难点的理解慢了半拍,他就会用带有常州口音的普通话鼓励大家。

"同学们,你们当中的葛登荣同学,已经基本掌握了数学课的知识。现在我宣

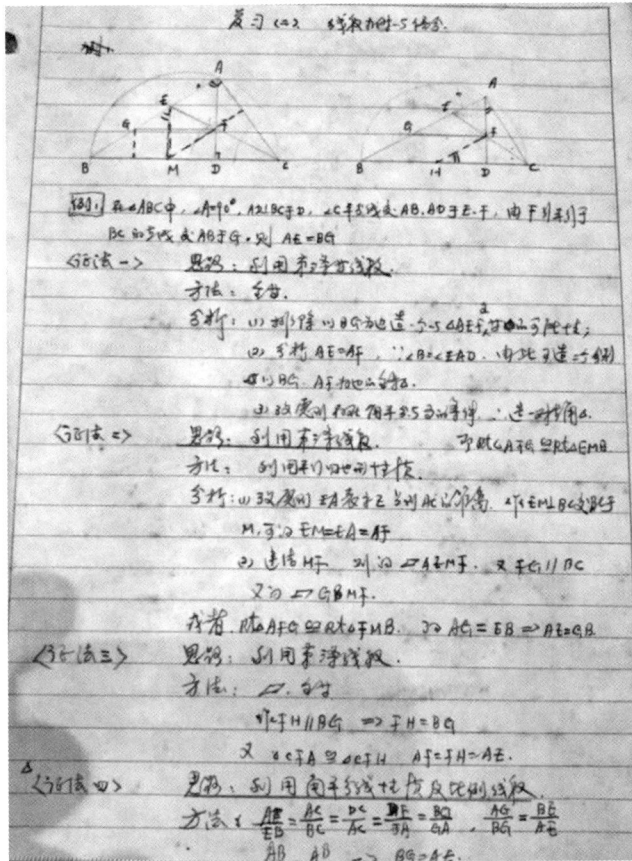

1960 年代，蒋坤玉老师的教案

布，从今天开始，他可以免修数学，在教室里自修其他课程。"蒋老师发现葛登荣、周善芬等几位同学学数学悟性较高，每堂课后都会在黑板右上角留下几道课外作业题目，供他俩和对数学有兴趣的同学拓展学习。

蒋老师大胆给予同学"免修"、重点"关照"的教学做法，极大地激发了同学们学习数学的兴趣和潜能，整个班级掀起了学习数学的高潮，大家你追我赶，纷纷投身数学的海洋，期末考试成绩因此达到了优良水平。蒋老师看在眼里，喜上眉梢。

1968 年，我班同学们初中毕业，或参军或务工或务农，各奔祖国东西南北。1974 年初，我从崇明农场返回市区工作，凭借二附中初中时期学到的各科文化知识，考入静安区业余中学，成为"老三届"初中生中早期的高中生。业余高中的数学课，基础部分是初中阶段内容。我稍加复习，就完全记起蒋老师教过的各种数学常用公式，不仅学习轻松，而且顺利通过各种测验和考试。1983 年，因为我具有社会上尚稀缺的高中文凭，又幸运地获得高校入学资格，并且再次运用蒋老师教授的数学知识，跨过国际政治学院入学数学考试的门槛，人生前途就此变得明朗起来。

1972 年 5 月，蒋老师和同学们在长风公园留影
左起：蒋坤玉、刘洁梅、张申生、陈秀、顾秀凤

想学生所想，急学生所急

"各位同学，请大家静一静！通过前期家庭访问，班级毕业分配领导小组基本上了解了各位同学的情况……现在，我将各位同学的毕业分配方案，宣读如下……"蒋老师神情严肃地站在讲台上，从口袋里拿出两张报告纸，匆匆读完同学们的毕业分配去向，轻轻地松了一口气。

1968 年 9 月后，根据中央部署，1967 届毕业生开始分配。我班受学校毕业生分配工作领导小组委托，成立了以蒋老师负责、两位"工宣队"师傅协助和五位学生代表配合的毕业分配工作小组。在分配过程中，由蒋老师提出每个学生的具体分配方案，有的方案需要听取学生成员意见，学生成员还要参与接待同学家长来访，一起做相关思想工作。

为了让同学们的毕业分配更合理，之后的两个月里，蒋老师几乎天天奔波于学

258

校与学生家庭之间，挨家挨户了解实际情况，逐一听取每位家长的意见，耐心宣传解释学生毕业分配的政策，其中的辛苦只有他自己知道。

一个大热天，蒋老师顶着毒辣太阳，到访我家。我父母对蒋老师说，儿子个子矮小，身体单薄，希望学校考虑这些具体情况，在毕业分配时给予适当照顾。蒋老师完全理解我父母的心情，表示会根据实际情况研究讨论，争取给出一个比较满意的答复。蒋老师认真负责说出的这些话，多少让我父母放宽了心。

蒋老师说他忘了此照拍于何处，大约
1980 年代

但是，班级毕业分配名额中，工矿少，务农多。特别是务农去向中，除市郊和云南、黑龙江国营（军垦）农场外，剩下的是安徽和江西农村插队落户。同学中，家庭困难，需要照顾的有不少。务农地点最近的崇明农场名额，不仅僧多粥少，而且早已分配完毕。然而，蒋老师却把我的事情放在了心上，利用普陀区中学毕业分配领导小组联络员的身份，积极向上游说，反映我的具体困难，终于从区里为我争取到了一个宝贵的崇明农场名额。

1968 年 12 月 22 日，毛主席关于"知识青年到农村去，接受贫下中农的再教育，很有必要"的指示，在《人民日报》上发表后，全国知识青年上山下乡热潮，被迅速推到顶峰。1968、1969 届中学毕业生和 1966、1967 届余留下来符合分配条件的毕业生,全部被动员下乡上山,实行"一片红"分配政策。此时,我再次拿起崇明东方红农场机械化大队的报到通知书,感觉已经完全不一样,不仅眼前会出现蒋老师为我奔波的身影,而且能够体会到他"想学生所想,急学生所急,解学生所难"的优良师德精神。这种精神给我印象深刻,以至于潜移默化地影响着我,使我在日后的教学工作中,也能与学生保持良好亲密的师生关系。

"你们华东师大二附中学生的素质,要比其他学校的好!"我崇明农场连队的领导曾经对我这样说过。1971年7月,我在大田种地两年多后,经过连队党支部研究同意,当上了手扶拖拉机驾驶员。1973年9月,市公安局来农场招收政治表现、劳动态度均可的知识青年参加公安队伍,我再次被连队党支部研究决定推荐,在体检合格、政审通过后,提前返回市区,成为了一名公安外事警察。每当我回忆起这段往事,心里就会想到,这都是当年蒋老师为我争取到崇明农场名额的结果。

付出毕生心血,收获累累硕果

1958年,蒋老师从上海师范大学数学系毕业,分配到刚刚创建的华东师大二附中。他与建筑工人一起,搬砖瓦,建校舍,是建校的元老之一。3年后,多做少说、埋头苦干的蒋老师,成了学校教学骨干,开始担任初中年级的班主任兼数学老师。

1964年9月,蒋老师送走毕业班,接任我班班主任和数学老师。因为"文革"原因,他与我们共处长达五年之久,结下了特殊而深厚的师生友谊。初一时期,二附中为了强化学生思想品德教育,会安排学生参加近郊农村"三夏"割麦、"三秋"割稻、摘棉花等学农劳动。每次,蒋老师除了担任我班领队,还要兼任司务长和厨师,负责同学们一日三餐的后勤服务工作。他知道初中阶段正是学生发育长身体阶段,经常早早起床,带上一名同学,去镇上农贸市场赶早集,买蔬菜、豆腐和猪肉,变着花样地给同学们更换菜谱,增加营养。"学农"劳动休息间隙,他与同学们打成一片,下军棋,打扑克,丝毫没有老师的架子。每次"学农"劳动结束,蒋老师都会认真结算费用,平均退给同学们余钱。

随着二附中迎来建校后的新一轮发展,蒋老师被学校党支部委以重任,先后担任校工会主席、总务主任和校长办公室主任的领导职务,走上了一条教书育人与行政管理相结合的双轨发展道路。在工会工作中,他主动关心教职员工的生活,努力做好大家的福利工作,并亲自撰文树立典型教师,热情奖掖先进。在后勤管理上,建章立制,以身作则,工作安排有条不紊,短时间内将学校食堂工作搞得有声有色。在行政工作上，受校长委托，经常只身前往北京教育部，恳求上级下拨教育资金，支持学校建设，为学校快速、顺利发展作出了积极的贡献。

2016年10月27日，部分老教师团聚在二附中（浦东张江校区）
前排左起：刘钝文、范仲伯、王鸿仁、戴德英、季振宙、程桐荪、荣丽珍、黄素行
后排左起：何雄、洪燕芬、陈清翰、徐冠利、蒋坤玉、万琳、蒋建国、袁军

蒋老师数学教育的顶峰，则是参与编写《怎样学好数学》教辅丛书。他是书中初中代数、几何的主要撰稿人。该书由华东师大出版社多次印刷、修订出版，深受全市初中教师和学生们的喜爱，在社会上具有一定影响。蒋老师到了退休年龄，依然孜孜不倦钻研数学，不忘教书育人。他受聘于民办进华中学，连续带教了两个数学尖子班，既培养出不少优秀毕业生，又带教出几位年轻骨干教师，共同为这个新办学校保持90％以上的高升学率立下了汗马功劳。

蒋老师为教育事业付出了毕生心血，同时也收获了累累硕果。作为蒋老师的学生，我们向他表示热烈祝贺，从心底里为他感到深深自豪！

2018年5月8日

[校友简介]

周海民，中共党员。1964 年至 1967 年就读于华东师大二附中。先后在崇明东方红农场务农和上海市公安局出入境管理局工作。中国刑事警察学院客座教授，华东政法大学兼职教授，上海公安学院兼职高级教官。上海公安作家，出版有散文集和中、短篇小说集等五部作品。

爱书法的数学老师

——傅伯华老师采访记

徐旻怡（2019 届高中） 文言（2018 届高中）

［教师简介］

傅伯华，1961 年毕业于华东师大数学系，留校一年后于 1962 年进入二附中任教。后任数学教研组副组长（1964 年）、数学组组长。1985 年二附中迁至枣阳路后，于 1987 年 10 月至 1989 年 7 月任副校长，负责学校后勤及教学工作，于 1997 年退休。

作为第二批入校任教的老师,傅伯华老师对学校起步、发展时期的教育特点都有比较全面的了解。为此,一个夏日的午后,我们来到傅老师家中进行采访。一进门,傅老师和他的夫人就热情招待我们,给我们倒水,让我们吃水果。由于天气炎热,我们满头大汗,文言学长的衣服都湿透了。老师笑着让我们先休息一会,去洗手间擦把脸,还给了我们每人一把扇子。不同于其他数学老师给人的印象,傅老师非常健谈,热情地将学校的历史向我们娓娓道来,还将 50 周年校庆纪念册拿给我们看,通过每届学生名单上的人数变化讲述时代的变迁。

参与二附中的创办

关于二附中的建校和发展史,傅老师心中有数,要言不烦。

二附中最初办校时很缺老师,我们的第一任校长是来自华师大一附中的副校长——毛仲磐(1934 年毕业于复旦大学生物系),其他的创办者部分来自华师大各系教材教法组,部分来自华师大应届毕业生,部分来自华师大一附中。我当时在华师大已留校任教一年,听说二附中缺老师,我就去了。当时学校用的场地就是华师大教室,设备资源也是来自华师大。1958 年"大跃进"时期,二附中办学第一年招收了 2 个班的学生(预科、初中)(预科两年制,初中三年制)。学校稳定下来之后,有段时间每年初中招收 6 个班,高中招收 4 个班。等到迁入浦东张江后,二附中曾经办了 2 个"全国理科班",只有全省的前三名才有资格报考。

当被问及当年办校时的困难,傅老师的回答是:最初我们二附中没地方、没设备,建校在师大校园中。傅老师还讲述了一件趣事:中学和大学是很不同的,大学里没有课堂铃声,因此二附中老师临上课时要在走廊上抓学生进教室。

傅老师还介绍说,二附中以前是"完中",包括初中部和高中部,高中学生大部分来自本校初中。他们读初中的时候基础就很扎实,进入高中学习压力也没那么大。而且因为初中时就住宿,学生就能很快适应高中生活。这种模式对二附中培养人才是很有利的。

二附中的主要特点

"二附中有这么几个特点:教师资源好;领导都是兼课教学的,而不是单纯做领导,和学校的教学工作脱节;要求学生积极参加各类活动;每位教师都要担任过班主任的职位,而且一定要在新生入学前进行家访,了解学生家庭情况,这样可以提高教学质量。二附中学生也有一些特点：他们的适应能力很强，因为二附中的学生都是住宿的，都有住宿经验，自主学习、自主安排的能力很强，他们都参加学校的社团活动，这是能培养能力的。"

说到二附中的学生，傅老师又提起一件趣事：二附中在上海属于比较早就有校服的学校，我们参考了美国高校的校服。有一次在 MIT 的颁奖仪式上，二附中的孩子们都穿着统一的校服，在领奖时站在一起很引人瞩目，也很好看。

1985 年 11 月 6 日，数学教研组开会时留影（前排中为傅伯华老师）

因为傅老师是教数学课的，他向我们传授了学好数学的要点：首先要打好基础；然后要能灵活运用；画图能力要强；还有一点，要像老师最初上课时教的那样按规范答题。

随后傅老师又提到上海数学教材的变化是很大的。"1953 年的教材是较完整的；上海也曾经参考过各种外国数学教材，如英国 SMP（贵族学校用书）。我曾出国考察。我们也用过部分苏步青教材。上海一直是跟其他地方不一样的，上海自己搞教改，所以一直以来都是自命题目高考。"

我们又询问了当时教学进度，这个答案是有些出乎意料的：高考内容都能提前教完，有时间就教部分大学内容。所以很多毕业学生进入大学后普遍反映说，高中时的提前学习使得大学学习比较轻松，我们很占便宜。我们问起"当时的考试频率"，傅老师回答说，"每周一次考试"。

"我们的教育方针是培养德智体美劳全面发展的人才，为大学输送合格生源。"对于师资的要求，傅伯华认为老师应对自己所教授的科目知识全面了解，字也要写得端正；数学老师起初教学时就应当明确做题的规范性，这是很重要的。

傅老师家中保存了一套完整的《高中数学教案》(约30本)

　　傅老师家中的书架上仍保留了很多当时的中外教材、练习书、题典等，其中90年代的《一课一练》是傅老师参加编撰的。傅老师还向我们展示了家中保存下来的一套完整的《高中数学教案》(约30本)，图文皆有，写得非常清晰。傅老师称每次教学前都会提前备课，把教学内容写在本子上。每教一届就重写一次，从不用旧的教案，好让自己的脑海里留下印象。上课时他是不用看教案的，所有内容包括题目都记得清清楚楚。他还打趣说，若做不到这样，怕是要被投诉说备课不充分哩。泛黄的书页上是一个个清晰的字，一笔一划；一张张工整的图，横平竖直，我想我们看到的是一位老师无尽的付出与心血，对学生认真尽责的态度，以及对教师职业的热爱。这使得我们对老师这个神圣的职业的敬佩又增添了几分。

丰富的精神世界

　　这次采访令我们印象最深刻的是傅老师家中悬挂的一幅幅书法作品。傅老师笑着说，自己退休后一直在老年大学学习，练习书法，现在会写所有的字体。家中贴的对联，书房中墙上挂满的都是自己的书法作品。这让我们敬佩不已。从中也足以看出傅老师对书法的无比热爱。傅老师的年龄已是不小了，却坚持着学习，坚持着自己所喜爱的事情，这与社会上大部分老人的晚年生活是不同的。想必这是二附中对教师的影响吧。而这种影响是终身的。记得老师的夫人在边上总结了一句，说"活到老，学到老"。

　　在傅老师的身上，我们看到了闪烁着的人性的光辉，看到了他退休后仍不退却

傅老师退休后一直在老年大学学习,家中有非常多的书法作品

的人文情怀以及丰富的精神生活。能与傅老师面对面交谈,聆听二附中的故事,更深地了解教师这个职业,真是一种荣幸!

采访时间地点:2017 年 8 月 22 日,于傅伯华老师家中

[校友简介]

徐旻怡,2016 年至 2019 年就读于华东师大二附中。高一加入晨晖社后,她用以诚待人、踏实做事的态度积极参与晨晖社的各类活动。除此以外,高一时她曾被评为浦东新区三好学生,在科创课题研究上也小有成果,还担任根与芽环保社团的社长。晨晖社使她有更多机会接触社会,学会为人处世,不断提升自己。

文言,2015 年至 2018 年就读于华东师大二附中。性格坚韧,学习成绩优异,有很强的时间管理能力,自控力和责任心较强。作为晨晖社核心组成员,多次参与课题研讨设计。对他来说,不放弃任何锻炼机会就意味着增添了实现理想的可能性。他会继续实践晨晖社"脚踏实地,敢于摸天"的精神,严于律己,保持"又红又专",在未来不断探索,将自身奉献于国家和人民。

"我很普通，但我很爱学生"

——严秀英老师采访记

杨欣怡　沙一洲（2019 届高中）

从华东师大中文系毕业后，严秀英老师就进入华东师大二附中教书，在长达 29 年的教师生涯中，无私地把自己的知识、做人的道理传授给她的学生们。我们到严老师家采访的时候，她不止一次对我们说："我只是一个非常普通的老师，但是我很爱学生们。"严老师有着严谨的教学理念和指导原则，但感动我们最深的还是她和学生之间亲密友好的关系。她对学生、对教师生涯的热爱，通过字里行间传递给了我们，我们也应该传递给读者。

心系师范

在严秀英的求学过程中，由于家里的经济条件不好，她读书起步晚，也因此而停过学，所以一直以来的理想就是成为一名老师。初中毕业的时候就想考师范学校，后来却直升上了高中才作罢。这是因为甚至在她考大学的志愿表上，所有的志愿填写的都是师范，从上海的师范学校填到北京以及中国的其他地区，大大小小总共填了 7 个师范学院，最后如愿被第一志愿华东师大中文系录取。

谈及为什么会选择就读于华东师大中文系，严老师说："我当时数学和语文都还可以，但我高中时候的语文老师是施济美，我是受她的影响所以才报考了中文系。"施济美是民国时期有名的女作家，著有《凤仪园》《鬼月》《莫愁巷》等小说，建国以后投身教育事业。严老师高中毕业之后，学校组织同学们参观了华东师大，这更坚定了她到华东师大求学的想法。

因为华东师大学制的改变，她读了 5 年中文系，在第五年的时候，中文系从各个班级抽出学生，成立了一个中学语文调研小组，严秀英便是其中一员。这个小组到各个学校去听课，就比如说去育才中学听知名的教育家段力佩老先生的课，学习中学语文教学该怎么做。1964 毕业以后，她就被分配到师大二附中教语文。

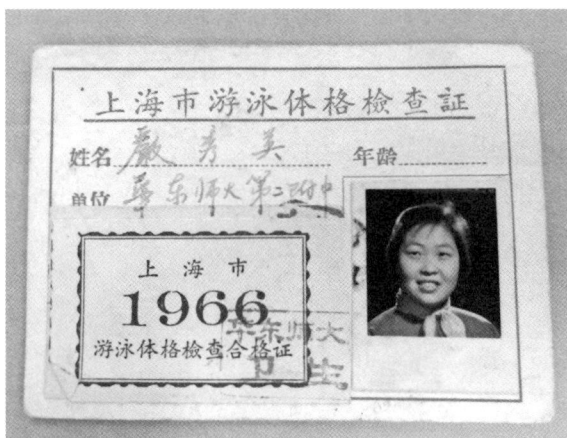

1966 年学校发的游泳证，严老师珍藏至今的宝贝之一

执教生涯

从 1964 年进二附中任教到 1993 年退休，在这 29 年的教书生涯中，大部分时间严老师都在初中部工作。因为当时的王校长希望她能够把二附中的初中生们教好，把教学基础打好，就把她"扣"在了初中部，甚至连续好几届奋斗在初三年级第一线。1984 年到 1986 年，她还被抽调去远在金山的师大三附中，参与那里的建校和语文教学工作。

等到快要退休的时候，严秀英老师才进入高中部教书，却由于身体原因没能带完一届完整的高中生，带到高二时就退休了。

严老师喜欢将二附中初中部的孩子们比作一颗颗珍珠，她总是跟孩子们讲："你们是从全市各个小学里招来的优秀学生，每一颗自然都是美丽的珍珠，但是如果想在一窝珍珠里发出特有的光芒，那就要靠你们自己努力了。"

1980 年代初，严老师和同事们赴山东讲学，登泰山
左起：陈国强、林炳英、严秀英、朱锦章

语文是基础

作为一名语文老师，谈到语文教学，严秀英告诉我们，二附中很注重古文基础的教育。从那个时候开始，二附中的语文教学就有自编的教材，在升学考中，二附中的学生可以保证 20 分的古文一分不丢。

我们提出了困惑，在如今社会"重理轻文"的价值取向下，该怎样平衡文科与理科呢？

严秀英老师给我们讲述了这样一个事例：中学时代学电脑特别出色而受到邓小平接见的少年大学生李劲，当年在二附中读书时不仅对科学有很强烈的兴趣，而且他写的文章也经常发表于《作文通讯》（当时全国 13 所重点中学学生的作文选），不过结尾往往都是"综上所述我想成为一名科学家"之类的意思。从中可见他对于科学的热爱之深，但也并没有因此而偏废了语文的学习。

严秀英认为，语文是各个学科的基础，凡是理科真正优秀的人，语文都应该是不差的。因此理科和文科的学习，应该是相辅相成的，逻辑思维的能力和理解、表达的能力一样重要。

关于语文的日常学习，来自于当年语文教研组传承的经验，严秀英老师也十分注重语文的积累。她给我们举了两个例子：第一，她会每天在小黑板上写一个成语，并附上成语的解释与用法，在一个星期后的早读课上进行默写检测，以此来扩大学生的知识面；第二，每周要写一篇生活随笔，既培养了学生对于事物的洞察力，也触发了他们对生活的思考。

在课堂上，严老师喜欢让同学们自己发掘问题，比如某个字的读音不知道，某个词的意思不清楚，都先是让小组同学自己解决问题，最后带着大家一起对重点进行答疑解惑，而不是一味地从头讲到底。

在这些微小的细节上，其实也体现了严秀英老师个人的教育智慧。

"散班"的规矩

提起上个学期回到二附中来作"晨晖讲座"的校友蒋知勤，严秀英老师笑着说她在上学的时候是一个假小子，性格、穿着打扮都像个男孩子。蒋知勤人很聪明，也很调皮，一看到老师远远过来，她就会在班里说"某某某老师来啦"，班里顿时鸦雀无声。

当时严秀英老师刚送走1982届的初三毕业生，而蒋知勤所在的班级是1983届三班。这个班级比较散，别的老师把"三班"取了个谐音，戏称为"散班"。这个班里有很多师大子女，他们的兄弟姐妹们有很多都是严秀英老师的学生，所以对她也比较熟悉。

当时的王校长就找到严老师，请她再带一届初三。据说那时候王校长都没办法在菜场买菜——为什么呢？家长们都拖着他，让他一定要给"散班"换个班主任，并且点名要让严秀英老师去。讲到这儿，我们都笑了。

严秀英还没到"散班"去，学生们私下里就传开了："王校长肯定要带着那个严秀英进来给大家介绍，这是你们的新班主任。"

当时严老师就站在教室外面，听到里面有学生这么在议论。她也就幽默一番，自己一个人先走进去，跟同学们说："我就是严秀英，不用王校长介绍，我自己来介绍。"这么一来，教室里马上就安静了。

带"散班"的时间久了，严秀英老师发现，这个班级散是因为学生们有他们自己的要求，该自由的时候要自由，该管教的时候要管教，总之还得要给他们一点空间。

严老师可以随便"散班"的学生们下课做些什么，但对于课堂上的纪律，她确实是有一套"严"字当头的规矩。

"现在想想对你们确实不太合情理，你们来上课，我不允许你们戴手表，因为课堂上45分钟的时间，一定要用心地学。戴了手表以后你就掌握了时间，你掌握的时间应当是你玩的时间，而不是让你来安排上课的时间，这个区分意识很重要。"

2018年夏,高尔农庄,严老师(后排中坐者)参加学生聚会

她还举了一个例子:"现在你们教室里都有空调,以前是没有的,上课期间我还不允许他们扇风,大家就都拿条毛巾擦擦汗。我觉得扇风扇着扇着,你们的思想就不集中了。现在回头看来,这么做好像是有些苛求了。但那个时候对他们来说确实有作用,就是要求他们端端正正坐好,用心听讲,思路自然就跟着老师走了。"

但不管怎样,严秀英从来不会让学生当众下不来台,学生无论犯了什么错误,她只是一句"下课到我办公室来"就轻轻带过。既不耽误课堂上大家的时间,又保全了初中生脆弱的自尊心,同时也对错误行为进行了"冷处理"。

"犯了错误,下课你来办公室我可以狠狠地讲,但绝对不能当着其他同学的面讲,要给学生面子。这点上大家还是比较服气的。教室是一个老师的阵地,有再大的矛盾也要学会尽快化解,要合理调整自己的教学情绪。"

教师间的协作与责任心

当年级组长的时候,严老师也很注意兼顾各个学科。大家都在一个年级组里,各个学科的老师之间相处和谐,彼此都很团结,一旦出现了什么问题,都能及时地进行沟通交流,各门学科都配合得很好。

有的学生学习成绩不好,中午就时常被老师拉来年级组补课,其他老师也会随时配合,而这一切都是出于老师们对学生的爱。

"我们二附中教师这支队伍确实好,大家在一起确实很和谐。"她的语气中带着一股骄傲,"我们大概就跟社会主义核心价值观说的那样,又很敬业,又很诚信,又很友善。"

二附中的老师还有一个特点,就是负责。严秀英老师告诉我们,假如有个学生今天没来上课,那么第二天她就一定会到他家去了解情况和辅导功课;又或者说,在暑假的时候,会对相关学生进行有重点的家访。严秀英老师的职业精神,仿佛已经深深融入了她的生活,无论在课堂上,讲台前,她无时无刻不在关心着学生,爱护着学生。严老师说,不仅是我,其他老师也都这样的。

严老师和老同事们欢聚在一起

前排左起:张雪琴、李逸琪、孙杏君、许晓梅、程桐荪、姚瑞榆
后排左起:童乃文、陈稼菁、顾骊驷、严秀英、刘凤英、杨琳仙

"我们班"

严秀英老师在纸上列了长长的一张名单,上面写明了她带的每一届学生的届别与班级。"1968届的钱伟,后来她也成了二附中的老师,不过现在已经退休了。这个是夏德和,后来就在二附中教美术……这个是印海蓉,那个是蒋知勤……"时隔多年,严老师对于这些"小珍珠"们依然如数家珍。

每个暑假拿到学生的名册,严秀英老师就在家里对着一张张照片背起学生的名字来。到了开学第一天,她可以把同学们的名字一个个叫出来。

"我觉得老师应该这样做,"严秀英老师很郑重地说。

严老师还有一个习惯,就是她从来不对班里同学说"你们如何如何",而是使用第一人称——"我们",她也常常提醒学生们别说"你们",要说"我们"。这么说就能给予彼此某种亲切感、一体感。"一个年级有10个班,我们能分在一个班里,那就是有缘分的。有缘分的话,我们之间就要互相多交流。"在这种情况下,她第一堂课就能叫出学生的名字,学生们都很意外,随即产生一种"这个老师知道我"的喜悦,瞬间就拉近了老师与学生的距离。严老师班级里最多时有65名新生,她照样能叫出每个人的名字,几十年如一。

1996 年，退休教师外出活动途中，严老师带大家做健身操
做操的老师，前排左起为梁静谦、龚谦、黄素行，后排左起为程桐荪、陆文华、洪淑慧

"其实我是一个很普通很普通的老师，"她补充道，"但是有一条，我很爱学生们。看到他们脸上的表情，那确实是一种对你的信任。"

哪一个父母不爱自己的子女？哪一个老师不爱自己的学生？在严秀英老师的理解中，老师应该最无私地把自己的知识、做人的道理传授给学生们。人们常常说教学相长，其实不仅仅是老师造就学生，学生也造就了老师。但现在的某些老师对于教育的态度有一些商业化了。

"假设我有第二次生命选择职业的话，我还是会选择做老师。老师的精神世界很丰富，老师也会永远年轻，因为永远能跟孩子们在一起。"严秀英老师这么说。

大音希声，大象无形。正是这样一个自认为"普通"的老师，秉持着"爱学生"这样看似平常的理念，默默走出了一条不普通也不平凡的人间大道。

2017 年 8 月 12 日，采访结束合个影

采访感想

刚进严秀英老师家门的时候,她就说:"我真的是个普通到不能再普通的老师了。"但是教育,已经成为她生命中不可缺少的一部分。

在我们采访过程中,我听她多次说"这其实是很重要的",塑造学生世界观是很重要的,保护学生自尊心是很重要的,建立亲切感是很重要的……

她对学生、对教师生涯的热爱,通过字里行间,传递给了我们,也应该传递给了读者。她有严谨的教学理念,指导原则,但感动我们最深的还是她和她学生之间亲密友好的关系。每每谈及她的学生,在那张白纸上指着某一届某一个学生,我们都能在严秀英老师的脸上看到自豪与欣喜的神色,还有岁月也淡不去抹不掉的慈祥和温柔。

我相信,二附中就是因为有这样的老师,有这样的教师团队,有这样深厚亲切的人文关怀,有这样认真负责的老师在辛勤耕耘,如今才越办越好。

(杨欣怡)

严秀英老师很爱笑,这大约一个小时的访谈,我们基本上是说说笑笑着度过的。她曾不止一次对我们说:"看到我们这些年轻人特别高兴。"甚至在得知我们要来访谈后她激动了好几天。她指着门前的一株睡莲笑着说:"瞧你们来了,前几天这睡莲都开了。"

她也曾不止一次对我们说:"我只是一个非常普通的老师。"

但其实在我的心里,她一点儿都不普通。她对学生只有那简简单单的一份爱,而这份爱却幻化为无数种形状,幻化为她对于"我们"的执着,幻化为她记忆的一个个学生名字,幻化为她管理学生的张弛有度,幻化为她的笑。当一切回归于这最真挚的情感,却最令人动容。最平凡的亦是最伟大的,所谓"大道至简",莫过于此。

(沙一洲)

(采访时间地点:2017 年 8 月 12 日,严秀英老师家中)

［校友简介］

杨欣怡，2016 年至 2019 年就读于华东师大二附中。这或许是个在涸辙里也能蹦跶的强大生命体，或许是个多面的人，心有责任与理想，愿能一路勇敢，一路努力地向前而进。

沙一洲，2016 年至 2019 年就读于华东师大二附中。爱《三体》爱话剧也爱文史哲，想当侠客也想当王莽手下的卖饼人，对一切事物都充满兴趣。士先器识而后文艺，在成为一个正直、博学、有趣的人的道路上缓慢前行。

上课是一门技术，更是艺术

——孙杏君老师采访记

李辰（2018 届高中）　张若欣　梅宇杰（2019 届高中）

［教师简介］

孙杏君，中学物理高级教师。1961 年毕业于华东师大物理系，1960 年至 1962 年南京大学半导体专业师训班进修，1962 年至 1963 年华东师大物理系任教师，1963 年至 1993 年华师大二附中任教至退休，1995 年至 1997 年返聘带教两位新教师，1997 年至 2005 年进华中学任教至退休。其中 1965 年至 1967 年同时担任高中物理和初中物理的教学任务，1979 年至 1982 年连续三年担任高三毕业班的物理教学，并且同时担任初二、初三物理教学工作。所获荣誉：1983、1984、1985 年连续三年校先进教师，1985 年华东师大教书育人优秀奖，1986 年校先进工作者，1992 年任物理教研组长时获上海市优秀教研组奖，1993 年普陀区优秀教学工作者，1998 年长风社区教育先进工作者，2001 年长征镇园丁奖。

孙杏君作为一名二附中的物理教师，我们叹服于她在物理教学上的卓越水准，更钦佩她那不求名利的笃定内心。孙老师在和我们叙述往事时，热情洋溢，一连讲了近两个小时。她倒给我们喝的果汁早已见底，而自己却连一口水都没有喝过。我们觉得不好意思，她却坦然笑道："哈哈，这就是老师的特点。"在她带过的班级的出色成绩之外，她对于课堂上物理实验的重视，更令人印象深刻。孙老师对自己实验的要求是，能做就要做到一次成功。这是一种追求，一种挑战，更是一种教学态度，一种教师素养。

大学不教教中学

　　孙杏君 1957 年进入华师大。可她在华师大的头两年，真正念到的书是很少的。那时候，又是"反右"运动，又是"大跃进"，她还于 1958 年进了一个三班倒的制造厂劳动。对于渴望求学求知的孙杏君来说，所有的这些，确实是不小的打击。

　　一直到大三，1959 年，孙杏君才正正经经地念了半年的书，却收到学校通知说要把她送往南京大学，参加教师培训。这书还没念完，怎么就参加教师培训了呢？孙杏君虽然想不明白，但还是去南京大学读了半导体课程。一年半后，她以第一名的优秀成绩毕业，并在 1961 年的寒假期间回到华师大当教师。

大学时代的孙杏君老师

　　有一天，学校里领导来找她，说是二附中缺了个物理老师，要请人代课。孙老师说："那时候正好是期末考试期间，没有老师怎么行？于是我就去代课。"那是一种义不容辞的口吻。

后来书记和校长来找她，说二附中的学生们都很喜欢她，问她能不能留下来。孙老师说："按现在的老师的想法，肯定要考虑一下，干嘛从大学老师变成中学老师呀？可我当时没多想就答应了。"这一留，就是30年。孙杏君老师在二附中的时光，从1963年一直延续到1993年退休。

"比较下来，我更喜欢中学。因为跟中学生在一起，这整个人啊就很活跃很开心。大学里的特点是你上好课就走掉了，老师看不到学生，学生也看不到老师。"说到兴头上，孙老师又吐槽道："就像你们现在的二附中，那么大一个学校，没有脚踏车，在二附中上课很累的。我就觉得学校太大了也不好，你们平时找老师方便不方便啊？"我们都笑起来。

二附中校园曾经的小，也是孙老师喜欢二附中的重要原因，学校小点能够加强学生与教师的互动，也能让学生更方便地利用学校里的各类设施。"我就感觉那时候学生跟老师的互动很多啊。我批作业批到不对了，可以马上把学生叫过来。学生复习功课不懂，马上就来找老师。校园小一点，距离近一点，这不挺好的嘛！"她说当时实验室就在老师办公室的楼上，学生觉得自己实验没做好去找老师，老师直接就可以带着上楼去做啊。

当时在二附中的老师，既要教初中，也要教高中。孙老师要教两个初中班，两个高中班，课程是很紧张的。但是在一腔教学热情面前，这都不是问题。"所以啊，这高中初中教下来，我感觉非常开心。有大学老师问我来二附中懊悔吗，我说我还要感谢二附中呢！"

1980年代，孙老师和物理系老同学在师大聚会

初中高中两相宜

我们提到教学方法,孙杏君老师的第一句话就是:"一个好老师,不仅要会教初中,还要会教高中。"

孙老师说,教过高中去教初中,便能够"居高临下",为学生未来学习做铺垫;而教过初中,我就能知道学生进入高中的基础是什么,进而高中教学能够有的放矢。

她说:"为什么有的学生感觉进了高中以后物理这么难呢?因为教他的老师不晓得他初中的底子。"孙老师认为,一个老师应当初中高中轮流教三遍后,再定下来教初中还是高中。

那么教初中和高中本身,对一个老师来讲有什么区别?

"高中好教,初中难教。"孙老师如是说。

为什么?因为初中是启蒙教育。一个学生喜欢一门课,一定是第一堂课就把他吸引了。而一旦喜欢上一门课,以后就很容易学好。孙老师说:"我有好多学生跟我讲,你是我最好的启蒙老师。而我的学生还有个特点:成绩好的,喜欢物理;成绩差的,也喜欢物理。"

孙老师讲起几位颇有意思的学生:

"我有一个学生,非常奇怪,基本上所有的课都不及格,他就是我的物理课代表。别的老师问:'孙老师,为什么他的数学不及格,化学不及格,你的物理却考那么好?'我说我哪知道?后来我也想:他每次考试都 90 几分,为什么?我不信。考试的时候我就站在他边上看,看他有没有作弊。没有呀,他做得很快,一会儿就做完了啊。"

"还有个孩子,所有的课,他就整天跟老师捣蛋,老师看到他真怕。要么在老师的背上画一个图,要么在老师衣服上动手脚……有一次我们老师去海南岛玩,他妈妈也在。他妈妈问,我的儿子怎么办?有个物理老师说,你放心,到孙老师手里,保证好。后来,他家长还从海南岛拿了一箱水果送给我说:'我儿子就是喜欢你!交给你了。'为什么啊,因为这个孩子有个特点,叫作吃软不吃硬,有什么问题你跟他多讲一讲,他就听进去了。"

孙老师的结论是:不管带"好"的孩子还是"差"的孩子,一定要了解他们的心理。

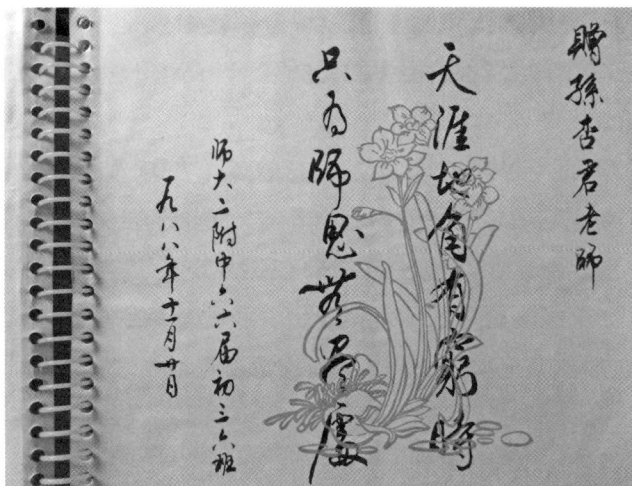

1988 年,1966 届初三(6)班学生赠送给孙老师的相册

功夫不负有心人

进二附中没多久,"文化大革命"开始了。教师们都要下厂下乡劳动。孙杏君老师稍微幸运一些,在厂里编教材,吃住都在厂里面。说起那段往事,孙老师眉头紧锁道:"那时候叫停课闹革命。以前教过一届高中,他们是 1967 年要毕业,正好遇到'文革',他们非常可惜。我教的两个址成绩都很优秀,但是高三一年没读。1977 年恢复高考以后一些人去参加了高考,但更多的人却没有。很多人下乡劳动以后,显得十分苍老。上次聚会看到他们,有几个比我看起来还要老,而且经常生病,过得很辛苦。"她说这段话时,收起了常挂于嘴角的笑容,眉头紧锁,眼角湿润,满脸愁容,陷入了深深的回忆中,仿佛是在心疼她自己亲生的孩子们似的。看到此情此景,我们的心情也变得沉重起来。

一直到 1978 年,孙老师才能继续正式的教师生涯,那时,按考试成绩分了 5 个理科班,其中成绩最差的一个班交给了孙老师。高考考完,那一届的理科状元是她曾经的物理课代表。

之后,校长又让孙老师去带下一届高二,那时高中还是两年制的,高二就是迎考备战状态了。她的班级是 4 个平行班中成绩最差的。校长当时对她说,因为成绩最差,所以叫她去抓。孙老师说着就翻出事先整理好的资料,查阅起来。上面都是她记录的有关学生、班级的成绩,还有教学总结之类的信息。她将一沓子略有些发黄的纸递给我们:"你们看,毕业的时候这个班其他学科平均下来比别的班都要低 5 分以上，物理就低了2分不到。"孙老师继续说道："接下来是1982届，我带2个理科班。当时的4个理科班成绩都差不多的，过了一年，高考下来，我这2个班物理平均成绩高出另外2个班7分多。"

1982届的物理高考题目，孙老师说是"真的难"。二附中一个学生，只考了6分。孙老师教的2个班平均成绩比别的班高出7分，平均分在60分左右。据孙老师说主要是由于最后一道难题，考能级公式的推导，她的学生基本都做出来了。

"这个知识很多学生看都没看过，但我带着我的学生们做过。有人问我怎么猜到的？我说不是猜题，是应该要会的。我备课都备得很仔细。"

初中1988届三班学生的毕业照(摄于枣阳路校园，右上角为在建的图书馆)后排老师：左一为谢元峰，左五起为陈贵瑶、孙杏君、姚国平、何桂芸、麦嘉馨、吴翼鹏

我的脑子里只有学生

"当时教一个成绩最差的平行班，有个老师跟我讲：'我看着你真可怜啊，人瘦得嘞……'那有什么办法？否则成绩怎么上去啊？不像现在的老师，还有什么奖金之类的，我们那时候什么都没有的，我的脑子里只有学生。"听到此，我们怦然心动：二附中不正是有了一群这样的老师，才能走到今天吗？

常有班主任点名让孙老师给他们班级上课。曾经有个理科5班的班主任，也指名要她上课。"所有人都知道做他班级的老师不容易。假如上午第4节课物理考试，他中午就坐在我家里，吃好饭马上要求批卷，立刻出成绩，成绩不好的话就要和学生谈话。早上考的中午就要，下午考的晚上就要，因此我不能偷懒。"有一次她和另外一位物理老师开玩笑，说真希望去学工学农。学工学农就不要备课了，还可以轻松一些，否则每天晚上就是备课做题，理科班的题目多得不得了。真是累啊！

孙老师继续说："终于我生病了，脑出血了。医生问我，'你什么工作啊？'我说，老师啊。'工作紧张吗？'我说，连着三届高中理科班，是够紧张的。现在学生毕业了，一贯紧绷的神经突然放松，就生病了。"

正是从那个时候起，孙老师才决定，开始安心教初中。

那一届的学生，孙老师从初二一直把他们带到了高二。说起这一届学生，孙老师很自豪："是哪一届呢？是二附中第一次得奥林匹克奖的这一届学生，1987 届的。"她说着拿出一张照片，用手一个个指过去："就是他们，好几个在上海市初中物理竞赛中获奖，这个学生是一等奖，这个二等奖，那个三等奖……"阳光下意气风发的几位少年倚着花坛笑得灿烂，孙老师眯着眼睛仔细地辨认和回忆着，言语间满是骄傲与宠爱。

1988 年，初中物理竞赛一二三等奖同学合影（后排：戴峻、任宇翔、余哲立；前排：包新宇、沈颢、王泰然、林云）此照背后，孙老师还写道：教初二到高二，后因故未教。任宇翔、王泰然后获奥林匹克竞赛奖(88.9.)

上课是一门技术，更是一门艺术

对于物理教学的不懈追求，可以说是源于孙老师对于教学本身的热爱。"你问我怎么当上老师的？就是做了爱上了，爱上了以后，我就一定要把这门课上好。要上好这门课，就一定要备好课，也要爱学生。"

而孙老师的备课，绝不只是在教案书本上下功夫，她更是有着做实验的一手绝活儿。

"上课是一门技术，更是一门艺术。"孙老师这么说。她对自己的上课有这样的要求：实验能够做的绝对做，而且每一次实验要百分之百一次成功。

孙老师一连列举了好几个自己做的实验："就举热胀冷缩实验的例子，冷缩的时候产生的力很大，一根铁条，两个铁钉销在铁条里，下面用火焰烧，之后铁条受热膨胀。在铁条膨胀的时候浇冷水，铁条冷却收缩，铁钉就会绷断。实验要掌控力道，熟知温度随时间的变化程度，直到能够控制好铁钉每次都正好断掉。某老师做此实验两次不成功，我去帮忙，一次做成。所谓台上一分钟，台下十年功，做任何一个实验，都要在课余时间自己反复练习直到可以连续 10 次成功，绝对不能今天没有做成明天再做，这样知识就无法给学生留下深刻印象。因此物理老师对自己做实验的能力一定要高。"

"再举个例子，我在给初中学生做匀速直线运动的实验中，自己设计了一个小车的实验，小车上吊一个小球，在小车做匀速直线运动过程中烧断绳子让球下落。学生猜测球会掉在车尾或车外，最后事实是掉在原来的位置。因为小球具有惯性，保持相同速度。这个实验要成功尝试多少次啊！要用滑轮加砝码，加到正好使得小车匀速运动，这是其一。烧绳子要很快，使得绳子一下子断掉，这是其二。因此每次上课之前都要反复练习才能成功。成功之后就有很多问题可以问学生了：火车在行进，毛巾上的水掉下来掉在哪里？这类的问题都可以问，学生也都会喜欢。"

说到此，孙老师起身在橱柜里拿出了温度计，看上去挺特别，两个温度计同时插着，其中一个在低端还绑了点什么东西，再看读数，绑了东西的那个比另一个温度略低一点。嗯？两个温度计读数不同？

"为什么呢？我在一个温度计下加了带水的棉花球，另一个没有，加水的那个因为蒸发的作用，温度自然低。这就把学生的兴趣引起来了——原来是这样啊！我再拿酒精棉球在学生手上擦，问他们什么感觉啊？冷的。为什么啊？不知道。于是我就给他们解释。这样上课，学生怎么会不喜欢听我的课呢，对吧？"孙老师脸上满是自信。"所以我感到要做好物理老师，上好物理课一定要在课外下功夫，花力气，动脑筋。"

1990 年代，孙老师和学生在一起（摄于枣阳路校园，宿舍楼和教工食堂前）

把学生当成自己的孩子

一次，有个学生生病了，班主任不在，孙老师二话不说，把他送到医院去挂号就诊，看完病再接回来。学生们都说，这时看她比谁都急。

"他是我的学生，他生病了我怎么能不急呢？"孙老师微微皱眉，仿佛又体会到了当时忐忑不安的心情，"我其实可以不管的，我又不是班主任。但我又一定要管，因为他是我的学生，就是我的孩子。"

孙老师的学生中有一个特殊的毕业生，1978 年时孙老师是他初中物理老师。他至今年年春节提着各式礼物登门看望恩师，绝不会忘记，即使老师不在家也会在门口放上新年贺礼。当年这位学生高考失利，以几分之差与大学失之交臂，高考结束后的晚上在孙老师家与老师和她爱人促膝长谈，从 7 点半一直谈到 10 点多。孙老师夫妇用整整一个晚上，开导这位情绪消沉甚至有了轻生念头的学生："后面的路很长，一个人的人生不一定就取决于大学，做任何事情，做任何工作，只要努力做总归能够有所收获。"

这名同学进入技校学习之后，依旧放心不下的孙老师经常写信给他关心他，开导他。这位学生后来在检察院找到了很好的工作，孙老师提起他的现状，少了当年的忐忑与担忧，多了一份欣慰和欣喜。

记住孙老师的不仅有这位因恩师的开导改变了人生轨迹的学生。一位前往美国深造,与诺贝尔奖得主合作的校友每年都给孙老师写信汇报工作;一位考取交大的学生大学之后依然写信深深怀念孙老师那与众不同的认真,以及为每个同学考虑的教学方式和她对学生的热爱;还有毕业后对孙老师当年物理的启蒙教育念念不忘的二附中初中同学……孙老师的文件夹里,略微变黄发皱,充满年代感,用娟秀的钢笔字写满感激赞美之词的信纸,还有很多,很多。

讲完这几位学生,孙老师轻抚着信纸淡淡地微笑着。

"他们的故事让我感到做个老师值了。真的值了。"

1988 年,校庆 30 周年,孙老师(右二)与童乃文老师(中)和 1966 届初中学生合影

因为信任

"我认为,一个老师通过自己的努力工作得到各个方面的信任很重要。"说到这时,孙老师的眼光变得有神起来。

孙老师从学校里的事讲起。领导每年都让孙老师去教毕业班;所有的班主任都要她做他们班的任课老师;孙老师还经常作为二附中的教师代表……讲到这儿她不由小小地自豪了一下,拿出年轻时与其他国家和地区访问团的合影,照片中的老师对着镜头浅笑,落落大方:"台湾访问团指名采访物理老师,我就去见他们;日本代表团请吃饭,也是我去接待。因为什么? 信任。"

"我虽然不做班主任,但对学生的关心爱护程度胜似班主任。"她十分平静地说着,仿佛这是一个很基本的东西,没有什么奇怪的。既然如此,自然能收获学生的信任。很多学生都跟孙老师讲，很遗憾她没能跟上高中去教他们。而很多同学毕业若干年后的聚会，也总会叫上孙老师。

孙老师说，前几天还有家长拎着水果跑过来，说是儿子让他把在美国的照片拿给自己看，这便是家长的信任了。"家长不仅因为学习成绩的问题来与我讨论，在生活上甚至是像剃头这样的事，也来找我。因为孩子不听家长偏要留长发，家长就来找我，请我劝他剃掉头发。还有好多好多诸如此类的小事。"家长不但对孙老师的教学深信不疑，连这些小事都要麻烦她。信任的背后，是孙老师对学生真挚的爱。

最后是来自社会的信任。她说："科技出版社、教育出版社都约我写书稿。我感觉还有那么多其他老师，自己一个人写这些东西不太合适，所以也常常邀请他们一起合作。"写完把书稿交上去后，出版社会有一些不认可的部分退回来。孙老师考虑到其他老师的自尊心，不让出版社退给人家，每次都自己来修改。

谈到这儿，孙老师的目光上扬，回忆着往事，微微地笑着："一连好几个出版社都这样，非常信任我，还包括教育局的老师也很信任我，我得到了各个方面的信任，就缺自己好好工作了。"

孙老师还常常无私地对校外老师进行指导。"我1985年去安徽给200多位老师讲课，教他们如何处理教材、设计教案。梅陇中学有老师开公开课，我帮助他备课等等。"孙老师说起这些事情来，如数家珍，每一件往事，每一个时间，每一个地点，甚至是每一个细节，她都记忆犹新，都详细清晰地讲述给我们听。这些帮助青年教师成长的丰富经历，也的确是她一生的精神财富啊。

1992年，台湾教育代表团来访

潜心与专注

孙老师在闲聊时说起："我最大的特点就是不去管除了教书育人之外的事情,学校里边错综复杂的人事关系我都不关心。我只关心专心上课,教书育人。有一次聚会,老师们谈起有人因为一些小事而吵起来,我说我怎么没听说过这事,他们说孙老师你除了潜心教物理,还关心什么其他东西啊?"孙老师说完,哈哈大笑起来。

这就不能不说到孙老师教学之潜心与专注了。

有一次孙老师正在物理课上演示有关匀速直线运动的实验,就是那个要烧绳子的高难度操作项目,孙老师当然是全神贯注,一次成功。课后,竟然跑过来一位教育局的人。

孙老师笑着跟我们讲："教育局老师走过来的时候我说'唉,你坐在里面啊,我都没有看到',假如我知道可能还有点紧张呢,毕竟她是领导啊。"大约自己也知道连领导都忽视的行为在旁人看来无法想象,孙老师有些不好意思地停顿了一下,"她说一节课都坐在里面,我说我只晓得上课做实验,没看到你。"

原来那个教育局的领导是想把这节课的内容推广到市里去。在领导的赞许面前,在别人苦于无处寻求的机会面前,孙老师却没有心动。她只说了一句话:"对不起,我只想着自己安心地上课。"

此时我们看到的,是一个真正潜心与专注的教师,是一种笃定踏实、心无旁骛的教育精神。

2017 年 7 月 31 日,孙老师接受晨晖社同学(左起:梅宇杰、张若欣、李辰)的采访

采访感想

当教育局领导坐在教室后面看她实验时,她自己在讲台上专心操作,全然不知领导的到来。领导看后说想把她的课推广到市里,她只有一句话:"对不起,我只想着自己安心地上课。"

这是淡泊名利?是与世无争?用一个词语将其准确表述出来,我没有这个信心。但我可以很自信地说:这,就是我们二附中的老师;这,就是我们二附中的卓越。

(李 辰)

采访前与孙老师的接触中已经被她对待学生的热情与疼爱所感染,又从其他物理老师那里听到对于孙老师满是敬仰的高度评价,还未正式拜访便已对此行充满了期待。

孙老师的"备课精神"无疑延续到了退休之后,未经提醒便考虑周到地准备好了各类照片、文件,大致推测了会收到的问题,使得采访出乎意料地顺利。当然,这与她担任教师时的严谨,在那个还没有接触到打印机的年代对资料及时的整理、反思与总结是分不开的。

老师对学生的爱通过故事很好地传递给了大家,震撼我的还有她安心教学的坚决,以及面对出书这样的好机会对其他老师的尽力照顾,甚至是体贴的尊重和保护。

(张若欣)

对孙杏君老师的采访使我印象深刻。这位老师精神矍铄,和蔼可亲,满脸慈祥,让人一眼就喜欢上了她。我们刚进门就受到了她热情的招待。她从冰箱里拿了一瓶葡萄汁,给我们倒上,来回奔波穿梭的样子完全看不出她已经有80多岁了。她的思路清晰,说话很有条理。我想,她当年的物理课大概也是如此吧。论证严密,逻辑严谨,思路清晰,学生一听就懂。

然而最使我敬佩的还是孙老师作为任课老师对学生无微不至的关心。学生的头发长了,她苦口婆心地劝学生去理发;学生生病了,她心急火燎地送学生去医院。这些事情都深深地感动了我。她只是任课教师,按照现在的逻辑来讲,她只要用心地教好物理就已经尽到了优秀教师的职责了。但是她对学生的关爱远远超出了任课教师的职责。学生往往是最率真的,他们必然会对关心爱护他们的老师心存感激,能遇到这样的老师,又怎会不拼命用心地学习呢?这时我再联想起孙老师手中拿着的厚厚一沓学生的信，一切都显得顺理成章了。作为一个老师，能像孙老师那样，我觉得也是人生赢家了。

（梅宇杰）

采访时间地点：2017 年 7 月 31 日，于孙杏君老师家中

〔校友简介〕

李辰，2015 年至 2018 年就读于华东师大二附中。任 2018 届晨晖党章学习社团总联络员。他热爱晨晖社工作与社会实践，希望能让晨晖精神感染更多青年人。

张若欣，2016 年至 2019 年就读于华东师大二附中。晨晖党章学习社团总联络员，学生会新闻部部长。她享受社会实践与阅读，更向往葆有一方可以安放理想主义，栽培现实主义的园地。

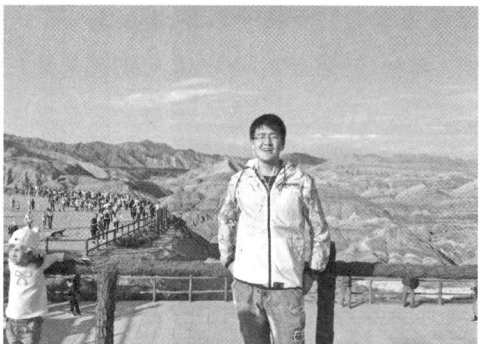

梅宇杰，2016 年至 2019 年就读于华东师大二附中。性格开朗活泼，为人稳重踏实，交际广泛。作为晨晖社的一员，不但热爱史地政方面的阅读，也勤于参加社会实践，积极认识了解自身所处的社会，锻炼自身综合素质，体验感悟人生真谛。愿能在锻炼中真正追寻到属于自己的梦想。

老教师的"成长史"

——蔡尔韵老师采访记

钱运杰（2018届高中）　杨欣怡　沙一洲（2019届高中）

［教师简介］

蔡尔韵，1960年毕业于上海师院（现上海师大）。1960年至1995年任教于华东师大二附中，1995年退休。1995年至2005年任教于上海进华中学。主要获奖和荣誉有：上海市园丁奖二等奖、普陀区园丁奖、普陀区中学德育先进工作者，等等。

蔡老师在二附中工作了 35 年，退休后又返聘在二附中开办的进华中学当了 10 年的老师，直到 2005 年才真正开始退休生活。我们联系蔡老师约时间采访的时候，她还细心地告诉了我们周围的交通工具有哪些。热情而负责，这就是蔡老师给我们的第一印象。随着采访的展开，我们也更深地体会到一位老教师在"成长"中的心路历程。

初入二附中

一路念完高中后，蔡尔韵进入了当时还叫作上海师院的上海师范大学读书，在那里念了两年的数学专修科，1960 年到二附中教书。当被问及为什么会选择师范专业时，她说她当初并没有想过这个问题，在印象中"上海师院"这个志愿是她后来补填的。她说那个年代出来的人都是很听话的，与现在不一样，那时候毕业找工作还是分配制，大家都纷纷表决心要到偏远的地方去教书。于是蔡尔韵与同学们被分配到上海市的各个区县，而蔡尔韵则被分配到了普陀区教书。

1960 年 7 月，二附中的总务处主任来到普陀区委领走了刚毕业的新教师，其中就包括蔡尔韵。到二附中来教书的老师多数是毕业于华东师范大学的本科生，像蔡尔韵这样的"专科生"算是少数，总共只有 4 个人。

1963 届预科四班毕业照，年轻的蔡尔韵老师神情好懵懂

第二排老师，左起：汤文鹏、杨景盛、朱佩荣、陈清翰、林仲良、张雪琴、许晓梅、蔡尔韵、陈贵瑶

当时二附中刚成立两年，只是一所普通的附属于华东师大的中学，作为一所初

出茅庐的中学,表现并不突出,更不能与如今名列"上海四大名校"的成就相比。但由于附属于华东师大,二附中与大学的关系比较近,华东师大预科生也在二附中里学习,因此蔡尔韵在来到二附中的最初两三年被分配去教预科生的机械制图课,后来又教他们代数与初等函数。在谈及这段经历时,蔡尔韵老师笑说自己那时候就像个"戆大",对于怎么教学生没有什么经验,就是在讲台上讲讲课。

"我在二附中入的团"

来到二附中不久,蔡尔韵老师就遇到了一件"尴尬事"。

在那个特殊的年代,读书、升学都要看一个人家里的成分,而华师大的预科生们家里的成分都不错,因此很多人都成为了共青团员。而蔡尔韵老师由于家里成分不好未能入团。当时的预科生时不时要开展"组织生活",这是一种党员或团员们按照一定的原则进行方针、路线等探讨的活动。"你进了这所学校就是老师呀,学校要求你参加学生们的组织生活,可我想想老尴尬的。你自己不是团员,去参加别人的组织生活,又没有什么话可讲,能说些什么呀?"蔡尔韵老师思来想去都觉得尴尬:"算了,不去了!"

1964 年,蔡老师(左二)带学生到昆山春游,分别和男生女生合影

有学生来问蔡尔韵："老师，你怎么不来啦？"

她只好回答："我有事，我有事。"其实哪里是有事呢？就是不好意思去参加，也不知道组织生活到底是怎么一个组织法，只好借个幌子推脱。

到后来，蔡尔韵老师觉得这也不是一个办法，毕竟作为青年教师，以后总归是要当班主任的，班主任不入团肯定说不过去。更何况，当时的二附中青年教师们每个星期都会组织一次像读书会一样的活动，大家一起学习政治，诸如《毛选》一类的读物。

大约两三年后，蔡尔韵老师在二附中加入了共青团。

特殊年代的成长

在来到二附中之后没过几年，"文革"就开始了。

从 1966 届开始一直到 1979 届，蔡尔韵老师基本上三四年接任一次班主任。学生们要参加学军、学农、拉练等活动，班主任都需要一同参与，也多亏了蔡老师那时候年纪轻，还能胜任这一桩桩繁重的工作。

在这些活动中，蔡尔韵老师有一个体会：学生的成长也是老师的成长。

这些刚参加工作的青年教师也是学生出生，跟学生们其实也都差不多。蔡尔韵家里的成分是资产阶级，所以家里的经济条件是比较好的，而且蔡尔韵老师家里总共有兄弟姐妹 5 个人，只有她一个是女孩子，因此从小都是比较被宝贝的，在家里不用做什么粗活。

但是做班主任可就不一样了。"到了二附中以后，以前是学生，现在到了工作岗位上，你的位置变了。"蔡尔韵老师这么说。

谈及劳动、拉练的经历，蔡尔韵老师叫苦不迭，但这辛苦对她来说，既是学生成长，也是自我成长的一段宝贵经历。作为班主任，无论是劳动还是其他生活起居的事情，蔡尔韵老师坚持要做得比学生好。"否则学生们会不服气的。"她说。

带领同学们去农村劳动的时候，农民家里会有骨灰盒。学生们都不愿意睡在放了骨灰盒的隔板旁边。怎么办？作为班主任的蔡尔韵老师只好硬着头皮去睡。在家里的时候，她可是十指不沾阳春水，什么事情都不做的。在农村劳动的时候跟学生住在一起，那时候卫生设施条件差，马桶是需要自己去倒的，她从来没做过这样的活儿，学生们更不愿意做。怎么办？蔡尔韵老师为人师表，当然自己动手。

"哎哟——"言及此，蔡尔韵老师皱了皱眉，叹口气说道，"真的可以说是样样从头学起了。"

在农村里,学生与老师在白天要进行割麦子一类的劳动,蔡尔韵老师不但要自己割麦子,还要看好学生不能让他们偷懒。到了晚上,老师们还要走夜路去参加会议。夜晚的乡村漆黑一片,对于一名年轻的女老师来说确实够吓人的,还得时不时提防农民家里的看门狗。怎么办? 没办法,蔡尔韵老师只好壮着胆子去开会。

除了克服自身心理上的障碍外,作为班主任,蔡尔韵老师还要给学生做思想工作。比如有的同学在参加劳动之前就表示:"蔡老师啊,去农村要住在猪棚里面么? 我们不要住,要住你去住。"要使同学们克服这些负面情绪,确实是很锻炼人的。

谈到这段经历的时候,蔡老师用得最多的一个词便是"哭笑不得"。她还实话实说道:"我那时候想哭也不敢哭,在学生面前就更不好哭了。"年轻时候有股不服输劲头的蔡老师,回忆起这段经历依然不改她"争强好胜"的本色,引起采访的我们一阵笑声。最令蔡老师感慨的一点是,做老师太能锻炼人了! 事实上,这也正是出于她对"教师"这一份职业的责任感和使命感。

蔡老师和同事们在枣阳路校园
前排左起:严秀英、蔡尔韵、严鸿淇;后排左起:易小珏、杨琳仙、张如伟

是苦亦是甜

那段时间日子虽然苦,但那时候带的学生一直都记着蔡尔韵老师,每年总要有一次同学聚会,邀请蔡老师去参加。特别让她感动的是,学生们还特地为她和先生做寿。蔡老师高兴地告诉我们,几天后她又要去参加一场学生聚会呢。

"文革"期间,有的学校将武斗搞得热火朝天,二附中由于受华师大的影响较大,还是走在一条相对稳定的轨道上，对教学任务抓得比较紧。虽然那时候的学生并没有经过考试，全都是就近入学，水平参差不齐，但进行横向比较，这批二附中人走出去跟其他学校的学生比还是强的，用蔡尔韵老师的上海话来说，是挺"来赛"的。

由于受到当时的大环境影响，学生们依然没有读过多少书。如今，那时候的学生也早已为人父母，回想起过去就觉得很对不起自己和老师。仔细想来还是知识比较重要，于是就盯着自己的孩子，要他们努力学习。这让蔡老师很欣慰。

"对于我们老师来说，最高兴的倒不是每一次聚会吃的是什么，这不重要。看到学生们的成长比什么都高兴。"蔡老师感慨万千。

"所以我觉得我做老师，前面是苦，后来是甜了。我想其他的职业不一定能有这样的感受。"说到这儿，蔡老师笑了，"有的学生可能他当时很顽皮，只知道打架，不要读书，但这些孩子恰恰是现在对你最好的。小的时候你要管他，他还蛮恨你的，现在对你亲得不得了。"

看到学生们从原先的顽皮变得懂事，从不要学习到明白了知识的重要性，还能时时记挂着自己，这对于蔡尔韵老师来说甘之如饴。

1990 年代，蔡老师参加学校组织的班主任暑期活动
前排左起：陈稼菁、蔡玲玲、施文菊、蔡尔韵
后排左起：陆觉明、王建兰、易小珏、严秀英

回首二附中

回顾 45 年的教学生涯，蔡尔韵老师从一个没有经验、懵懵懂懂的年轻教师一路

走来,见证了二附中从一所普通的附属中学,到全国知名的重点高中的成长历程。她说现在再回二附中还挺不习惯的,很多新鲜事物都跟不上了,很有点"刘姥姥进大观园"的感觉。

从一名数学老师的角度,她认为,老师应该对学生进行引导,在课堂上授课要清晰,而培养有思维能力的人才也是十分重要的。无疑,蔡尔韵老师在二附中执教的这35年里,学生们的思维比以往更加活跃了。

蔡尔韵老师还提及了她印象颇为深刻的一名学生:他是一名乒乓球运动员,毕业后上山下乡,远赴黑龙江。多年后回到上海,先是在街道里当了一名党支部书记,后来又得到了非常好的职位。他的丰富经历使得他在同学中有很大的影响。

当被问及作为班主任对于学生最重要的是哪方面的教育时,蔡尔韵老师的回答是思想品德。她觉得,后来的有些学生考虑自己的方面多了些,变得有些自私。老师应该教育学生们少为自己考虑,多为他人和国家着想。或许,这便是二附中应该为社会所培养的人才吧。

2002 年,蔡老师和老同学欢聚(左起:李振芳、吴春复、蔡尔韵)

采访感想

"做班主任真的苦,有时候想找一个哭的地方都没有。"我很清楚班主任身上肩负着重担,可当蔡老师说出这话时,我的心却依然咯噔一下。当时,蔡老师面对的是与自己年龄相仿、难以管教的中学生,一方面需要担当表率,在各种实践活动中与学生同甘苦,甚至付出比学生更多的劳动,不少事情自己也是从头学起;另一方面,又需要融入学生群体,体察学生们的学习和政治生活。身体与精神的双重压力,与如今的教师相比,有过之而无不及。

然而,这般付出与压力,并未打消她教学的热情。身为数学教师,她注重思维的引导,培养思维活跃的人才。这样的教学理念,在那时着实具有前瞻性。压力之下,仍能贯彻自己的教学信念,我想对蔡老师表达自己由衷的敬意。

这般的尽职敬业终究会有回报,听蔡老师说自己不久后将去参加一届毕业生的聚会,她说得很激动,很期待。"桃李满天下",我想,这或许是让蔡老师感觉最幸福的事了。

(钱运杰)

从访谈中可以看出来蔡尔韵老师是一个非常要强的人,她多次带着玩笑的口气跟我们说有些事情必须要自己去做,否则学生们不服你了。而这一切的"争强好胜",都源于她对教师这个职业极强的责任感。作为一名老师,在当时那个特殊的年代,不仅要处处为学生树立榜样、身体力行,与学生们一同参加劳动、学军、学农等等活动。而其实,蔡老师那时候也不过是一个初出茅庐的年轻人,在我们这个年代,很可能还活在父母时不时的唠叨与关心之中。这日子苦吗?显然是苦的。却不知在这含泪的苦涩中已悄然埋下了甜的种子。

当多年以后学生们逐渐成熟,再回想起这段与蔡老师共度的岁月,想必能够更加了解蔡老师的一片苦心,以及她身上这一份沉重却又神圣的责任了。

(沙一洲)

采访过程中我印象最深的还是"老师的成长"。谈及当班主任,成为学生模仿的标杆,蔡尔韵老师就打开了话匣子,她的神情间透露出仿佛那段辛苦而又快乐的经历还历历在目的样子。

另外,她说,做老师最开心的就是,哪怕如今到了这个年纪,学生们依旧和自己保持着联系,大家偶尔聚聚,是最开心不过的了。

或许"桃李满天下"是一种成就与一种理想,但对于蔡尔韵老师来说,与学生之间亲密的关系,最令人难以割舍的;寥寥数载的师生情,也是蔡尔韵老师一生珍视的东西。

在蔡尔韵老师身上,我们看到了另一种教师形象,那是一种更亲切的教师形象。

(杨欣怡)

采访时间地点:2017 年 8 月 13 日,于蔡尔韵老师家中

［校友简介］

钱运杰，2015 年至 2018 年就读于华师大二附中。他沉稳细致，热情专注，富有责任心。他是校升旗手与志愿者服务部副部长，更是晨晖社坚守至高三的铁杆一员，作为组长外出采访，同时负责稿件修改，努力成为兼有理性思考与社会责任的晨晖人。

沙一洲，2016 年至 2019 年就读于华师大二附中。爱《三体》爱话剧也爱文史哲，想当侠客也想当王莽手下的卖饼人，对一切事物都充满兴趣。士先器识而后文艺，在成为一个正直、博学、有趣的人的道路上缓慢前行。

杨欣怡，2015 年至 2018 年就读于华师大二附中。她或许是个在涸辙里也能蹦跶的强大生命体，或许是个多面的人，心有责任与理想，愿能一路勇敢，一路努力地向前而进。

回归育人本源

——马惠生老师采访记

戴伟佳（1987 届初中/1990 届高中）

〔教师简介〕

马惠生，1959 年以数学满分的优异成绩考入华东师范大学数学系，1963 年毕业后分配到华东师大二附中任教。"文革"期间调到杨浦区许昌中学工作，"文革"后回到二附中任教。1982 年前往美国麻省州立大学作学术交流，回国后把国外先进教学理念和方法融入教育教学中，成为上海引进数学选择题的第一人。1989 年担任二附中副校长，1990 年调往复兴中学担任数学教研组长，1996 年被评为上海市特级教师，1997 年起担任复兴中学校长，直至退休。此外担任民进区委主委、虹口区人大副主任、第九届全国政协委员。

2018年大年初五，早春寒峭，二附中1965届、1988届、1990届的校友相约，一起去给数学老师马惠生拜年！敲开马老师家的门，字正腔圆的声音先飘了出来。然后，曾经风流倜傥，现在依然精神矍铄的马惠生老师出现在大家面前。招呼大家进门坐下，端水倒茶一番，随后就进入了正题。

毕业最后一课

《最后一课》是法国作家阿尔丰斯·都德的作品，大家在中学里都学过。凡是马老师教过的学生，对他在毕业时上的最后一课都印象深刻。

记得28年前给高中1990届的最后一堂课上，马老师更像是一位父亲，叮咛即将远行的子女："第一要注意身体，因为身体是一切的本钱，就好比说身体是1，其他都是在1后面加0；第二是要学好英语，因为英语是与世界交流的工具，我们的国家还落后，需要学习国外的先进理念和知识；第三是要掌握一门专业，没有一技之长，就没有在社会上的立足之本；第四要学会保护自己，二附中的世界相对单纯，外面的世界更复杂多变。"

马老师的毕业最后一课，没有一点说教，都是分享他自己的人生观照和感悟，干货满满。现在回想，依然是很恳切很珍贵的人生箴言，可以让人受益一辈子。

一生淡泊名利

1959年，马惠生老师参加高考数学获得满分，展现了他在数学方面的天分。但因家庭出身原因，第十五志愿被华师大数学系录取。1964年，他以全系第九名的优秀成绩毕业。由于求学期间勤学好问，给王鸿仁校长留下深刻印象，因而和唐清成、周志华、杨琳仙等五位毕业生留聘二附中。此后马老师在二附中任教26年，1989年担任副校长。

在此期间，马老师曾于1982年由学校选派前往美国麻省州立大学进修，回国后把国外先进教学理念和方法融入教育教学中，成为上海引进数学选择题的第一人。

1990年，马老师转到虹口区复兴中学任教，先后担任副校长和校长。1996年被评为上海市特级数学老师，加上又是少数民族（回族）和民主党派人士（民进），马老师当选第九届全国政协委员，是教育界中少数来自基础教育的代表之一，但他谦虚地称自己当选是"机缘巧合"。

1982年，马惠生老师在美国麻省州立大学

职务和荣誉加身，马老师还是离不开一支粉笔、三尺讲台，这才是他最喜欢的。因为从他父辈起，就崇尚中国传统道德文化，遵从"教书育人"、"不谋私利、少谋私利"的行为准则。

记得马老师当年在校时走路带风，解析几何课也上得妙趣横生。他待人诚恳宽厚，办学目标不好高骛远，求真务实，讲究实效，并把提高自身文化层次作为一生持续的追求。

最爱得意门生

问到马老师在二附中最得意的学生，他毫不犹豫地说：冯棉。

冯棉是著名哲学家冯契先生的长子，1982年毕业于华东师范大学数学系本科，1986年毕业于华东师范大学哲学系逻辑专业，获哲学硕士学位并留校任教于哲学系，2004年1月起任华东师范大学终身教授。现为华东师大教学委员会委员、哲学系学术委员会委员、逻辑室主任，是博士生导师。个人专著有《经典逻辑与直觉主义逻辑》《广义模态逻辑》《相干与衍推逻辑》《可能世界与逻辑研究》等。

马老师作为数学老师，学生中能有像冯棉这样在哲学领域卓有成就的学者，令他感到欣慰之至。做老师的能用自己的专业认知启发感染学生，使之由兴趣产生热爱，一路深研而成为大家，这确实是最值得自豪的事吧。

教育回到初心

问到马老师对教育现状的看法，他认为教育的关键是启发学生思路和提高学生理解能力，要让学生对一门学科的本质有体会和感悟，才能培养长久的兴趣。现在流行的刷题，看似对提高考试分数效果快，却不利于培养兴趣和领会真谛。中国人口基数大，所以总会有学生脱颖而出，可供国家选拔的人才数量不会少，但大部分学生"陪太子读书"，其实是教育的悲哀。现行教育制度将老师的考核和收益与升学率挂钩，是急功近利的表现。

回顾二附中的教学生涯，马惠生老师说："二附中的环境对一名老师来讲非常有帮助，周围有很多优秀的老师。"

谈到对未来二附中的寄语，马惠生老师语重心长："沉下心来，把握本源。不受外界干扰，教育回到初心。"

2009 年 4 月，数学组退休教师在进华中学聚会（这四位老师都曾是华东师大数学系同年级同学，1964 年同时分配到二附中工作，左起：唐清成、马惠生、杨琳仙、周志华）

欢谈中，马老师戏言自己已接近老年痴呆患者。但在我们看来，77 岁的马老师依然剑眉星目、气宇轩昂，探讨问题时依然才思敏捷、智慧过人……您依然是我们脑海中那个走路带风、上课妙趣横生、板书洒脱人更洒脱的马老师！

求学生涯中遇到如此睿智又不为名利所趋的老师，作为学生，敬佩之余何其幸哉！感谢恩师教诲，终生铭记于心！

采访时间地点：2018 年 3 月 4 日，马惠生老师家中

［校友简介］

戴伟佳，1984 年至 1990 年就读于华东师大二附中。上海外国语学院日语系毕业，交大安泰商学院 MBA。现为日本 SHO-BI 株式会社中国区董事、总经理。爱好旅行和阅读，沉醉艺术。热心公益，不忘初心。

他珍藏着老校舍的一块红砖

——徐冠利老师采访记

梁乐宁（2019 届高中）

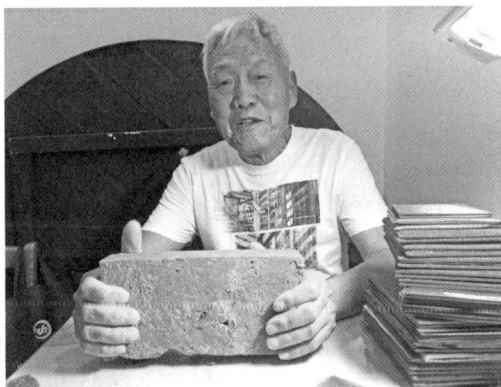

［教师简介］

徐冠利，1958 年 8 月上海晋元中学初中毕业，11 月 11 日到华东师大二附中总务处做勤杂工、体育室保管员。1963 年担任化学实验室实验员、总务处采购员、票证管理员等工作。1969 年担任后勤组组长（总务主任）。同年 11 月到嘉定负责学生下乡劳动后勤生活工作。1972 年加入中国共产党。1978 年至 1999 年担任总务处副主任，分管食堂，负责采购。1999 年 10 月退休。

获得荣誉主要有：1977—1987 年间先后五次获评普陀区教育系统先进工作者，1985—1986 年度获评上海市爱国卫生先进工作者，1988 年获评普陀区园丁奖，1993 年获评上海市优秀教育工作者，1996 年获评华东师大优秀共产党员，1999 年获评长风社区教育先进工作者，等等。

二附中学子记忆中的母校就像一个伊甸园，这里有宽敞明亮的教室，有功能先进的教学设备，有晚饭时食堂飘来的诱人菜香，也有春风煦日里紫藤架旁的姹紫嫣红、绿荫匝地……这一切，似乎都与一位名叫徐冠利的总务处老师分不开，他和校园里一草一木的感情也特别深。

2017年8月的一个上午，我们相约去徐老师家采访。见到徐老师时，他正站在家门口的楼门前，左手挥舞着蒲扇，右手笑眯眯地向我们招手："你们是二附中的同学吧？"原来徐老师怕我们迷路，特地到楼下来接我们。看着老师满头的银发，灿烂的笑容，我们心里也暖暖的，感觉很亲切。

"我今年八十啦"，徐老师开门见山打开了话匣子，"六十多年前领导派我到二附中工作，刚开始只是工人编制，干了很多年后学校让我负责后勤总务工作"。徐老师说，总务就是总管，学校每天的教学活动，设备的采购维修，校园的清洁美化，饭菜的卫生可口……哪一样都不能有丝毫懈怠，都凝聚着后勤工作人员的辛勤劳动。

"少花钱，多办事"

建校初期，学校的经费非常紧张，北大楼的墙壁就是砖头、黄泥外加白石灰，没有水泥的，同学们玩耍时一不当心就留下很多脚印球印什么的，墙壁就显得很脏很旧，学校也没有足够的资金请工程队来粉刷教学楼。"当时我想，学生们读书，老师们教课，我们做后勤的应该尽可能为他们创造一个好的环境。"于是等到周末，当师生们都离校以后，徐老师义务加班，拌好石灰水，一个人把北大楼墙壁粉刷一新。等到周一来上课，老师和同学们都惊喜地发现墙面变白变新了，大家都很开心。有的师生在议论这是谁干的，鲍老师和姚老师就说肯定是徐冠利。"老校舍那时候还有个画廊，我也找时间给刷白了。"提起这些往事，徐老师露出了欣慰的笑容。

说起当时经费紧张，那要采购教学设备碰到困难怎么办，这让最初在化学实验室工作的徐老师唏嘘不已。"那个时候条件不好，化学老师上课用的实验器材不但贵还经常缺货，怎么办呢，这就让人发愁了！"徐老师说，"学校经费紧缺，那就只能精打细算，一分钱瓣成两分钱用。比如买不到新品就买旧品，在保证质量的前提下尽量谈价。"任课老师也各尽所能，比如程桐荪老师到化学系去请人帮忙，黄素行老师也到生物站去求援，等等。正是在这样艰苦的条件下，老师们一起想方设法，克服困难，才使二附中有了第一间化学实验室，学生们也得以享受到化学实验带来的无穷魅力。

到了"开门办学"时期，徐老师负责过学农劳动，回忆起来也很感慨："刚开始真

退休教师座谈会（前排左起：徐冠利、严长兴、程桐荪、曹康绥、顾朝晶）

不容易啊，兵马未到粮草先行，我们都要在农村自己砌灶烧饭的。我就带着炊事班的同学每天跑上好几公里买菜，比如到浏河去买鱼，有时候用粮票换些蔬菜和大米，然后提着沉重的食材到农田里为同学们做饭。那些炊事班同学真是了不起，每天天不亮就要起床做早饭，任劳任怨。那时候我经常带学生去嘉定学农，人家对二附中学生印象很好的，不闹不吵真是来劳动的，后来就被感动了，有些农民主动拿出门板当床铺，一起帮我们解决困难，打交道多了我就和那里的大队长成了好朋友，前些年还去嘉定看过老朋友。"

1985 年，学校从金沙江路搬迁到枣阳路校区之后，徐老师从二附中的工人编制加入到教师编制，学校也有了自己独立的食堂（以前借用的师大食堂），后来就由徐老师负责二附中的食堂管理。在学长们印象中，徐冠利这个名字听着就像是"徐管理"，特别符合徐老师所做的工作。为了让师生们吃到放心的菜肴，徐老师颇下了一番功夫，从采买到清洗到烹饪都层层把关，20 多年里从未发生过一起食物中毒事件。徐老师特别提到食堂工作："二附中大部分学生都是住校的，中学阶段又是同学们长身体的时期，所以我们要求食堂要注意营养搭配，还要经常换花样，让同学们吃饱吃好。那时常常有外校老师来二附中参观，取经，大家都对我们的伙食赞叹有加。直到现在，国际部有位老师还跟我说，特别想念老校舍食堂的小排和酱鸭！"

二附中搬到枣阳路的时候，学校根本没钱搞绿化，徐老师就和职工们一起把最初建校时培育的部分树木也搬到了新校区。师大有人说他偷绿化，那时候陆文华做副校长，她就说话了：徐冠利又没把树搬到他家里去，二附中校园里没有树怎么行啊！

徐老师说，那时候大家做事情都是这样，勤勤恳恳，任劳任怨，艰苦奋斗，勤俭持家。教师大多也能理解，都有节约意识，大家齐心协力，把钱用到刀口上。多干事，巧干事，还要把每件事都做到尽心尽力，问心无愧。

在采访中，徐老师一遍遍地强调："我这个人啊，一心只希望二附中后勤能少花钱，多办事。"中山桥菜场的工作人员后来说，人家采购要拿回扣的，只有二附中的徐老师从来不拿的。

"那时候条件很艰苦，大家都很尽心尽力"

回顾自己的工作经历时，徐老师提到了很多当年的老领导和老同事。

头一个说到的，就是老总务主任范仲伯老师。徐老师说，老范这个人真了不起，全心全意扑在工作上，真正以校为家，从不计较个人得失。他出差从来不报销，还经常要自掏腰包，给司机和跟车的职工吃饭，甚至不忘递烟递茶。1961年建造南大楼的时候，建筑材料断档了，我们只能自己去拉。老范带头劳动，当时还是散装水泥，也没口罩，大家干得筋疲力尽，又累又脏，他也没有一句怨言。

两位老总务主任参加退休教师活动（左为范仲伯老师，右为徐冠利老师）

因为当时学校经费紧缺，老范要严守财务纪律，严把支出这道关，无法全部满足老师们在教学上的需求，难免也会产生不愉快。为此，徐老师还提到一件事情：曾经担任过教导主任的童立亚老师，现在都已经九十多岁了，近日还从普陀医院给老范打了个电话，说她理解当时学校经费确实很困难，工作中其实不应该那样计较的。当时，教导主任要经费，总务主任拿不出，关系自然就有点紧张，但是双方都是为工作,其实没有什么个人矛盾,所以这一个电话过来就冰释前嫌了。徐老师还很惋惜地说道,老范当年很喜欢上课做老师,而且很早就评到上海市的优秀教师,但他服从学校安排就没机会再上课,也没评过职称,这对他来说真是一件很遗憾的事情。

退休教师活动留影
左起:傅伯华、陆诚、王鸿仁、严长兴、吴春复、徐冠利

徐老师接着提到严长兴老师,也是负责后勤工作的,处处带头苦干,以身作则。二附中建校时没有自己的食堂,只能在师大食堂里搭伙,具体事务就是严老师负责的,他工作特别认真,特别卖力。"后来二附中搬到枣阳路校区,可以自己办食堂,学校让我负责。因为那时候严老师被学校派去负责校办厂,常常是人家都下班了,他还独自在车间里干活。"当时多亏有这么一个校办厂,严老师带着大家苦心经营了很多年,每年所得利润都用来补充学校的日常开支。

提到当年共事的食堂管理员费阿姨,徐老师也赞叹不已。费阿姨名叫费纪蓉,苏州人,在食堂里管财务,定菜单,做什么事情都很细致。她还很会关心每个人,而且该关心就关心,该严格就严格,因为她对事不对人,大家都很服气的。"特别让人感动的是,她上班从来不带包的,食堂点心自己也从不买回家,就这样以身作则,不占公家一点便宜。所以大家都说,费阿姨当家当得好!"

徐老师还特别称赞许耐涵老师,她是学校的卫生老师,哪个老师或家属有什么头疼脑热的她都放在心上,经常上门给人看病。"她对工作要求也非常高,很多事情都要亲自干,而且一丝不苟。那时候上面经常来查卫生,学校里的明沟,她都一个一个编号的,有时候还要自己清理、冲洗。"我们听了觉得奇怪,卫生老师还要干清洁工的活儿?徐老师说,那时候教职工人数很少,每个人都要做很多事情,哪能分得这么清。比如说门房间的老顾,启东人,除了看门、收发报纸、打铃,还要搞油印,就是那种手摇的油印机,任课老师刻好了蜡纸,常常就请老顾帮忙油印。晚上有电报来了,老顾就马上送到师大一村二村老师家里。

2008 年,校庆 50 周年,退休教师合影(第四排左五为费纪蓉,第一排左三为许耐涵)

对于当年经常带学生下乡的老师,徐老师也很佩服,说他们特别辛苦却不怕吃苦,都能给学生做榜样,还要尽力让学生有更大的收获。比如杨永健老师,因为常给大家看病,人称"杨医生",他下乡后给学生上课,就从韭菜和小麦的区别讲起,还特地请来农科所种水稻的老专家来给学生讲课。有的老师生病了也不肯回家,比如施雅芳老师,腰不好,但还是坚持到底,因为不放心自己班里的学生。学生也很关心生病的老师,轮流给老师送饭送水。下乡条件差,劳动也很苦,但师生关系非常好,患难见真情。当时有个口号,"练好铁脚板,打倒帝修反",现在想想蛮好玩,但不管怎么说,条件越是艰苦的地方,确实就越能锻炼人,参加各种劳动实践对学生的锻炼作用还是很大的。徐老师总结说:"当时开门办学,学工学农学军,二附中做得都还是蛮好的。叶立安书记又是个很出色的笔杆子,总结、宣传做得好,在普陀区的影响比较大,所以老师们也没有白白辛苦。"

听得出,徐老师和同事们、老师们相处得都不错。他说那时候大家都很热心,教职工之间关系也很融洽。徐老师多次提到,教历史的姚瑞榆老师,说她待人和气,做事认真;教美术的鲍友才老师,特别爱国,为人正直,对学生也特别好;物理实验室的刘凤英老师,工作特别负责,特别肯钻研,实验设备出问题了她都要想方设法自己修理好,尽可能为学校减轻负担。

对于过去的老领导、老同事和任课老师们,徐老师就这样一个一个说过来,发自内心地赞美着令他佩服的人和事，而且大事小情他都记忆犹新，对每个人、每件事都怀着朴素、真挚而深厚的感情。

和老同事们聚在一起，徐老师感觉特别舒心
前排左起为戴德英、严秀英、徐冠利；后排左起为程桐荪、刘凤英、麦嘉馨

"我对二附中感情非常深"

从二附中的一个工人编制的勤杂工做起，做到几十年后终于转为教师编制，再到学校让他负责总务后勤工作，徐老师说起自己一路走来的工作体会和经验教训，给我们的感觉很具体，也很实在。

他说了自己印象特别深、触动特别大的几件事。

一是毛校长的要求。那还是在老校舍的时候，北大楼条件差，地面毛毛躁躁，坑坑洼洼，一扫地就很容易起灰。为此毛校长就提出一个要求，每天七点半之前必须把教学楼打扫干净，不能让学生吃灰尘。毛校长要求的我们就要做到，于是每天都提前到校清扫，然后才能吃早饭。厕所也一定要搞干净，不能有味道。

二是张锡龙书记的叮嘱。张书记工人出身，能和职工打成一片，工作很细致，每天早晚都要在校园里走一圈，看看东西都在不在。他也这样叮嘱我，提醒我，说每天至少要这样走一圈，才能做到心里有数，确保公家的财产安全。如果一盘钢筋少掉了都不知道，那你还当什么家！

三是王校长的批评。有一次午休时，王校长走到食堂这边来，看到有几个后勤职工在打牌，他就严肃地批评了我，说要加强日常管理，要教育职工，这里是学校，学校里怎么好打牌啊！

徐老师说这样的事例非常多，正是在学校领导们的关心指点下，严格要求下，二附中的后勤工作才会搞得井井有条，后勤职工的整体素质也能不断提高，大家对自己有要求，干起活来就不会随随便便，敷衍了事。

后勤总务工作千头万绪，徐老师一年忙到头，都没机会和家人吃一顿团圆饭。有一回孩子生病发高烧，不巧有位任课老师碰到问题急需后勤来解决，等到忙完了工作赶去带孩子看病，连医生都要责怪这个家长太不负责任了。"老婆生第二个孩子的时候，我正在嘉定负责学农劳动走不开，还是工宣队帮忙送她到医院去的。父亲病重，我也没办法尽早赶回去，那时候交通也不方便，等接到电报赶回老家盐城，还是没能见上最后一面。"

徐老师还提及一件事，当初叶立安书记调到真如中学做校长，很想叫他一起去。他说自己跟二附中有感情，土生土长的，习惯了，不想走。"这是心里话，我对二附中感情非常深，中间还有人家叫我到别的学校去，我都拒绝了。中间我跟王校长提出不做了，因为我耳朵不行，各方面能力也不行。后来张济正校长到我家里来，叫我负责后勤工作，我就继续做下去，一直做到 1999 年退休。学校曾经要给我分房子，我考虑之后还是拒绝了。老太婆还埋怨我傻呢。"讲到这里，老人笑得像个孩子。"我们两个人有住的地方，女儿们也买了自己的房子，那为什么还要学校再分给我一套房子呢？能为学校奉献，认真工作，这是我的职责，说到底我是心甘情愿做这些事情的。学校也给了我很多荣誉，大家都说我是个'老运动员'，我觉得自己的付出已经得到了充分的肯定，那就没有白做，此外也不需要学校再给什么奖赏了。"

每年学校组织老教师活动，徐老师都要争取参加，也收藏了好多合影

做好自己该做的事情，把每一件事都做到最好，这正是徐老师传递给我们的人生信条。在问及对现在的二附中师生们有没有什么想说的话的时候，徐老师挥了挥手，脸上又是爽朗的笑容："我就想和现在的二附中同学们讲一句话：好好学习，为二附中争光！"

说到这里，徐老师忽然站起身来，不知从哪里搬来一块砖。我赶紧接过手来，分量好沉啊！"你看，这就是老校舍的一块红砖，现在很少见到了吧？北大楼也拆掉了，老校舍都没有了，我就留下了这块砖！听说学校60周年校庆要搞一个校史馆，如果需要的话，我就把这块砖给学校送过去！"

道别的时候，徐老师依然坚持把我们送到门口。走出去很远了，回过头去却还能看到徐老师站在小区门口，笑容满面地冲我们挥舞着手中的蒲扇。

采访时间地点：2017 年 8 月 7 日，徐冠利老师家中）①

〔校友简介〕

梁乐宁，华东师大二附中 2019 届学生。2016 年加入晨晖社。曾担任学校社团联大型活动部部长。性格开朗，热爱音乐。

---

① 编注：此稿在晨晖社初稿《少花钱，多办事——徐冠利老师采访记》的基础上，根据 2018 年 1 月 3 日蒋建国老师访谈录音，编辑组又作整理和补充。

踏遍青山人未老

——记恩师唐清成

吴文彪（1967 届初中）

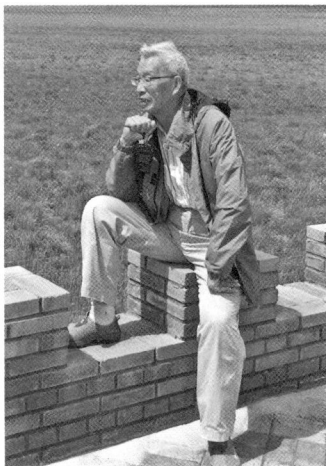

［教师简介］

唐清成，中学高级教师。1940 年出生于江苏江阴，1959 年毕业于上海市曹杨中学，1964 年毕业于华东师大数学系，即分配到华东师大二附中任数学教师，直至2000 年退休。在二附中工作的 36 年中，他一直奋斗在教学的第一线，并任数学教研组长，该教研组曾获"苏步青数学教育奖"，并多次获评市、区级优秀数学教研组。多次获评华东师大"教书育人优秀奖"，还被普陀区教育局授予区数学学科带头人。他还长期担任学生数学竞赛辅导工作，在"希望杯"全国数学邀请赛中被评为全国数学竞赛优秀辅导员，并被中国数学学会奥林匹克委员会授予"中国数学奥林匹克高级教练员"称号。此外还担任过学校工会副主席、工会主席等职。

今年春暖花开时,同学聚会多了一个主题:母校六十华诞了。聊起青葱岁月,自然就回想起我们的恩师唐清成老师。于是就有了5月4日我们班部分同学和唐老师一起把酒话当年的场景。

出生于1940年的唐清成老师,1959年就读于华东师范大学数学系,1964年来到师大二附中担任数学教师。第二年,我们上初二年级时,唐老师开始担任我们的数学老师,后又担任班主任,直到1968年同学们陆续离校,踏上社会,前后有三四年之久。班里曾经有同学笑问如今是桃李满天下的唐老师,哪一届学生给他留下的印象最深,他毫不犹豫地说,是你们1967届。因为这不仅是他首次担任班主任的班级,更因为他和这一届的同学一起经历过"文革"初期那几年难忘的岁月。

大学时代的唐清成老师　　　　　练功的习惯保持至今

最令同学们津津乐道的是,唐老师给我们上数学课时,逻辑性强但又深入浅出的分析讲解、示范演算。一堂课下来,唐老师的肩头、袖口留下了一层薄薄的粉笔灰,黑板上留下的是公式、解题方法和步骤,而同学们心中留下的则是知识、解题思路和进一步探索数学王国的兴趣。如果当时能把唐老师在三尺讲台上意气风发的神态拍摄下来,那绝对是一幅幅靓照!

课堂上唐老师是严肃的,但到了课外,他就是同学们亲切、随和的兄长。有位同学记忆犹新的是,当时教学改革,我们只学代数不学几何,他就自学几何。有次课余时间想向唐老师请教几个几何问题,但看到唐老师正在打乒乓,又有些不好意思开口。唐老师见状,马上放下乒乓板,主动和这位同学交流起来。而几位爱好体育活动的同学则回忆起唐老师有着扎实的武术功底,在大学时是师大武术队队长。这些同学曾经跟着唐老师"扎马步",一招一式学练基本功。还有些同学则回忆起唐老师几次带领同学下乡劳动的情形。我们班分别去过嘉定南翔、徐行、娄塘等郊县农村劳动。在下乡劳动中,唐老师充分调动和发挥同学们的特长和积极性,使同学们既完成了劳动任务,又把班级的生活管理搞得井井有条。

1985 年,唐老师和王德纲老师在出差途中批改试卷

1968 年,经历了"文革"的困惑、彷徨和无奈,同学们离开了学校走上社会,习惯了三尺讲台的唐老师也被迫转行到校办工厂。而就在校办工厂的几年中,唐老师又创造出一段不一样的精彩。当内蒙要求上海支援风力发电机的时候,唐老师负责的小组试制成功了 200 瓦的风力发电机组,和上海另一个搞成 60 瓦风力发电机组的中学一起参加了国家在内蒙古召开的风力发电会议,并在会上作了演示。后来校办工厂决定自己制造铁木课桌椅时,也请唐老师负责。经过勤学苦练,他又成为一个能烧出"鱼鳞花"的优秀电焊工。校办工厂制作的课桌椅也为学校取得了不错的经济效益。

"文革"的荒诞终于成为历史,学校重新回归到教书育人的神圣殿堂,唐老师也终于重返他熟悉并且热爱的数学讲台。1978 年他执教了母校成为全国重点后在全市招生的第一届两年制的高中班,这个年级在 1980 年的高考成绩轰动了全上海。唐老师还一直担任学校的数学竞赛辅导工作,并在上海市的历次数学竞赛中均取得了优异成绩。这个时候的唐老师年富力强,风华正茂,也谱写出人生中最为辉煌的篇章。90 年代初,市教育局决定由包括母校在内的上海四所名校联合开办上海理科班,唐老师成为母校第一届上理班的数学老师。名师出高徒,在他的执教下,人才辈出,硕果累累。上理班的学生王海栋,代表中国队两次参加世界中学生奥林匹克数学竞赛,高二年级时得了银奖,高三年级时得了金奖。

1994 年 8 月,唐老师和代表中国队参加中学生奥林匹克数学竞赛获金奖的王海栋同学合影

　　唐老师担任了学校的数学教研组组长后,作为骨干老教师,更注重对青年教师的培养,并取得了不俗的成绩。他带教的一名青年教师,在参加区和市的数学青年教师大奖赛中都取得了第一名的好成绩,并代表上海参加全国比赛取得了一等奖。后来又有 4 位青年教师也取得了这样的优异成绩,这在全上海的中学里也是绝无仅有的。唐老师领衔的数学教研组,还获得了"苏步青数学教育奖",并多次被评为市、区级优秀数学教研组。唐老师本人更是获奖无数,并多次被评为"华师大教书育人优秀奖"和家长委员会奖教基金奖,在"希望杯"全国数学邀请赛中被评为全国数学竞赛优秀辅导员,还被中国数学会奥林匹克委员会授予中国数学奥林匹克高级教练员。当教育部组织母校在内的四所全国名牌高中联合招生举办全国理科班时,唐老师又成为了母校第一届全理班的数学老师。

　　唐老师在数学教育领域风光无限的背后,是他超于常人的努力和付出。由于长期过度用嗓,90 年代后期,唐老师患上声带结节,不得不接受手术治疗。病情好转后,他又回到三尺讲台,直到 2000 年到龄退休。唐老师退休后仍未离开数学教育岗位,又受聘于进华民办高中执教数学课多年,并任数学教研组组长。

1995 年,唐老师和老同事们在学校唱卡拉 OK
左起:唐清成、黄素行、孙杏君、程桐荪、章小英

随着年事渐高,唐老师终于离开了他奋斗大半辈子的数学课堂。但他始终热爱生活,就像当初热诚投身于数学教育一样,如今他热诚投入了大自然的怀抱。这些年来,唐老师先后游览了澳大利亚、西欧各国、越南、柬埔寨、泰国、印度等国,国内的诸多名山大川更是到处留下了他的足迹。唐老师爱好摄影,每到一地,他都要拍好多照片,在微信上发给我们,时刻与同学们分享快乐! 同学们不无羡慕地说,唐老师不仅是通常所说的旅游达人,更是在步至圣先师孔夫子的后尘而周游列国啊!

相聚不觉时间流逝,分手的时候到了,唐老师骑上自行车,潇潇洒洒地渐渐骑远了。望着年近八旬的唐老师依然矫健挺拔的身影,回忆唐老师这大半辈子在事业上取得的累累硕果,同学们无不叹服:踏遍青山人未老,这就是我们的恩师,永远年轻的唐老师!

华东师大二附中 1967 届初中五班同学

吴文彪同学执笔

2018 年 5 月 6 日

吴文彪,1964 年至 1967 年就读于华东师大二附中。1968 年 12 月离校进入纺织行业国企,1969 年 3 月参军入伍,1975 年 4 月退伍回到纺织行业,后长期从事企业党务和行政管理工作。2010 年 11 月退休。

穿越时空的师说

——访顾朝晶老师

顾继东(*1983届初中/1986届高中*)

"该向孩子叙说怎样的理想呢?"

人到五十,自己生活精致了,对于世界的疑惑反而更多。于是,带着问题,和顾朝晶老师喝茶聊天,希望老师能够"传道授业解惑"。

"奔八"的顾老师说起话来,依然还是中气十足,抑扬顿挫。

我描绘了我们五班好多同学对他的课堂印象:

"顾老师个子不高,但上课气场很足,声音宏亮,感情特别投入。"

"朗诵课文,不是仅仅站在讲台,而是在讲台左右、课桌过道间走来走去,嘴唇微微翘起,动情时剑眉竖起,眼眶湿润。"

1996年,顾朝晶老师在教育部中学校长培训中心学习

"穿着中山装,像是走到了观众席里,唱京剧。"

顾老师笑了,一如他当年课间和我们聊天时候的爽朗。

"我喜欢诵读,也是受到我的老师的影响。"他聊起了自己在华东师范大学的四年大学生活。程俊英先生诵读《诗经》时的特有声调,听徐震堮教授如品香茗的唐诗赏析,还有钱谷融先生讲析《雷雨》人物繁漪时声泪俱下的动人情景,历历在目。"我爱我的老师。"

"大学四年,筑起了我的梦想。年轻时候,我就有桃李梦和讲台梦。"

"一是我的桃李梦。1962 年,我怀着'桃李满天下'的美好梦想,走进二附中的大门。几十年的中学教师生涯,酸甜苦辣都尝遍,但终究还是甜的多。我终于真正感受到了'桃李满天下'的幸福和甜蜜,有滋有味,无怨无悔。"顾老师如数家珍,说起了二附中一届届的优秀学生。他特别提到了我们五班的张蕾。

"张蕾也向您问好。她还记得 2000 年时,您到香港视学时,巡回辅导语文教学,来到她所任教的匡智松嶺第三学校,第一眼就认出了阔别 15 年的学生,直呼其名。"

"张蕾所从事的,是特殊教育工作。这天,她讲的语文课,是'海洋公园的鱼'。一个班,八个孩子,有的是自闭症孩子,有的严重智障。八个孩子,八个需求,八个不同的课程同时展开。不容易,授课技巧也不一样。令我感动和钦佩,久久不忘。"顾老师,讲到这里,又有点激动了,他停了下来,喝了口水。

2004 年秋,顾老师在香港视学

"二是我的讲台梦。我钟爱我的语文教学,要当好一名语文教师,要有'一、一、三(一手好字,一口普通话和三百篇文章)'的扎实功底,要有掌握'语文八字宪法'

（字词句篇，语修逻文）的良好基础，并有广博的知识。这样，才能在讲课时应对自如，游刃有余。"

"顾老师，我记得郑桂华老师对您有一个评价，'他在上课中对学生学习情绪的关注，对课堂气氛的调度，以及对学生反应的重视，是我看到的教师中做得最好的。他的课堂，学生总是轻松的，教师的脸上总是充满赞许的笑容。'"

我继续补充："直到今天，我们五班同学还记得当年你的许多教学创新。比如作文，先同学之间互改互批，然后您再加以点评。"

"教学有法，教无定法，这是我的导师叶百丰先生的教诲。"顾老师又一次说到了自己的老师，"我在讲台上鼓励自己的学生写作文，要说真话，讲真情，写真事。作文背后是做人，人的一生应该求真。"

"顾老师，您做语文老师成功，做校长也很成功。90年代，在您担任校长期间，二附中的学生夺得了一块又一块国际奥林匹克学科竞赛金牌，在社会上享有'金牌学校'之美誉。"

"那都是大家齐心协力的结果。"

"顾老师，您那个时候，也是很拼的。胃出血，但从华师大医护室一出来，就赶紧回到二附中。"

"身体很重要。2000年我退休了，以前工作时的十二字格言，'知足常乐，助人为乐，乐在其中'，重新定位为，'随遇而安，无欲则刚，顺其自然'。我想，21世纪的二附中，前景一定更美。她应该成为上海和全国一流学校中的佼佼者，成为能与发达国家名牌学校相媲美的世界一流学校。我们期盼着二附中毕业的校友，能出越来越多的科学家、文学家、艺术家和杰出教师——甚至能出两院院士和诺贝尔奖获得者。人们会说'在中国的上海，有一个华东师大二附中'。"顾老师顿了一顿："这，就是我的下一个梦！"将近八十的顾老师依然年轻。

说到二附中的未来，我和顾老师又聊起了二附中的校风。

"我们五班的同学，闲聊中，常常说到二附中 unique legacy。老师们对学生视如己出，学风自由而开明，对学生不苛刻，宽容，鼓励大家提问和创造。"

"老师面对学生，要平视，而不是俯视。未来更希望仰视，乐见自己的学生青出于蓝而胜于蓝。我希望我们的教育，不是水落石出，而是水涨船高，共同追求二附中的卓越，追求二附中人的卓越。"顾老师乐呵呵地看着我。

聊天的那日恰是立夏前，有点闷热，傍晚下了一场雨，清凉了很多，周围绿意盎然。和顾老师的谈话，回味在心，老师的三个梦想也是"润物细无声"，回答了我的问

2017 年 6 月,顾老师等欢迎 1986 届校友蒋知勤、王峻回母校晨晖讲坛演讲(左起:顾继东、蒋知勤、顾朝晶、蒋建国、王峻)

题:"该向孩子叙说怎样的理想?"在这价值无根的时代,我又一次真切地寻找到了"意义"——老师知行合一的人生塑造中传递的观念。"有怎样的老师,就有怎样的学生。有很多学生身上有老师的影子。"我想我已经一知半解地明白了,如何言传身教、平等地和自己的小孩交流,共同也是各自独立地塑造我们诗意的、真实的,并且也是有创造、有爱的生活。

我爱我的老师。

2018 年 5 月

〔校友简介〕

顾继东,1980 年至 1986 年就读于华东师大二附中。1990 年毕业于复旦大学国际金融专业,在上海和香港从事金融实务工作,包括商业银行、融资租赁、保险与投资等领域。现在香港经纬集团任职。喜欢文字和思考,著有诗集《内心节奏》(上海文艺出版社)、学术专著《给每个人发钱——货币发行传导之分配正义刍论》(复旦大学出版社)、合著《亲身体尝——互联网思维下的消费者保护》(复旦大学出版社)。也是《秦朔朋友圈》和《第一财经》的专栏作者。

重剑无锋，大巧天成

——滕永康老师采访记

1992 届高中二班采访组

［教师简介］

滕永康，1978 年加入华东师大二附中，担任数学教师，直至 2003 年退休，特级教师。他的教学幽默生动，深入浅出；不仅注重培养学生全面的数学能力，更擅长从起始班直至毕业班的一贯制大跨度教学模式。在二附中任教的 25 年间，他曾先后多次获得教育部、上海市、学校等各级颁发的奖励与荣誉。由他任教的班级可谓人才辈出。经他培养、辅导的年轻教师，也已成长为教育第一线的中坚带头人。

如果说讲台亦是舞台，那他绝对是一位老戏骨。

他总能紧紧攥住台下所有人的视线，甚至时隔三十余年，当年的"观众们"依然是他的"粉丝"，依然记得他的如珠妙语和举手投足。

今天他欣然接受我们的采访。他的回忆像是第一次把我们带到了幕布的背后——他为每一次精彩呈现所做的努力、他全身心的投入与付出；他陪伴我们从少年长大成青年，自己却由青年变成鹤发童颜的那些岁月，再次清晰起来。

他就是滕永康老师。

他是上海市特级教师，也是二附中第一届"数学首席教师"。

1999年，他获得上海市"唐氏奖教基金"。

1992年，他获颁教育部基础教育司中学数学实验教材教学一等奖。

1978年，是滕永康老师加入华师大二附中的第一年。

他的忆述也就由此开始：

"自从二附中获批教育部全国重点中学之后，师资进行了较大调动。正是在此时，我从长宁区一所普通中学调入二附中。承蒙二附中领导与教师对我的信任，我一到二附中就让我挑起了教毕业重点班和高中理科班的重担。当时高中理科班学制两年，1978年入校，1980年毕业。学生都是各区初中精挑细选的拔尖人才。记得长宁区选拔来的几十位同学是由长宁区教育局局长和工作人员敲锣打鼓亲自送进二附中校门的。这批同学整体水平极高。之后在高考中不负众望，取得了二附中建校以来的最好成绩，成为二附中的骄傲。这是后话。

"当时二附中的蔡多瑞校长是我中学时的历史老师。他特地嘱咐我说：只有挑起这副重担，做出一番成绩，才能得到二附中教职员工的认可。为了不辜负这份信任，我全力以赴、不遗余力地投入工作。

"非常荣幸，在全国高考中我们毕业重点班的应志强同学力拔头筹，成为二附中历史上'第一'和'唯一'的一位全国状元。这一成绩离不开应志强同学和毕业班全体教师的努力。而对于加入二附中才一年的我来说，意义则更不一般，让我信心倍增。二附中师资力量强大，学生素质好、基础扎实，作为他们的老师，我只要努力配合好他们，相信会取得更大的成绩。

"送走了毕业重点班，我带的高中理科班也升入了高二。有全国高考状元在前，加之高中理科班学生实力整齐，所以更被寄予厚望。总共五个高中理科班，学校为每个班级各配一位数学教师，我也是其中之一。经过师生们的共同奋斗，在高考中成就了二附中高考总体成绩最出色的一届。当时上海高考考卷分三个学科类别：理工类、文史类、外语类。来自我们这五个高中理科班的学生囊括所有学科类别第一名，是当年登上头版头条的大新闻。尤其理工类，在上海市前十名考生中，二附中独占六名。连续两年的工作成果为我赢得了二附中广大师生的认可，也成为我扎根二附中的定心丸。

1980 年代，滕永康老师和同学们在国庆联欢会上

"1980 年教育部基础教育司启动了由美籍华人项武义教授设计的《中学数学实验教材》项目，采用六年（初一至高三）一贯制教学。二附中获教育部批准，成为当时上海两所参与该项目的中学之一。在全国范围内，获批参与项目的学校不超过十五所，其中不乏南开中学、北大附中、人大附中等优秀名校。每所学校只有一个班级有机会参与项目。教育部对项目非常重视——每逢测验、考试，都由部里的研究团队出题、下发；考卷完成后，再交回市里统一判卷。而我作为二附中指定的唯一一位参与项目的教师，不仅需要统计分数，还需要就学生出现的错误从数学学习的角度进行详细全面的分析，汇总成报告。通常每次测验、考试后的案头工作至少持续一周。鉴于项目带有较强的实验性，以及对工作量和工作要求的高标准，学校按基础教育司和市里的规定对我进行了'特殊照顾'——其他数学教师带两个班，我只需专注于实验班。这就更督促我发奋工作，不能有丝毫懈怠，更不能辜负学校对我的信任。为了全心全意保证实验班的数学教学和教研工作，同时兼任好实验班的班主任，我与爱人商量决定，我周一至周五住到学校附近，把两个年幼的孩子和一切家事都托付给她。虽然之后由于爱人身体原因我又搬回家中，但功夫不负有心人，经过整整

326

六年与实验班老师和同学们的共同努力，1986届实验班在高考中取得了非常令人欣慰的成绩——46位毕业生中有42人在发榜第一天的上午就拿到了录取通知，也就是说42人录取一本重点大学的第一志愿。我还记得，我们这个实验班在当时全国十几个实验班中有一个响当当的别号——'考不倒的班'！

"待圆满地送走这批毕业生后，我对自己在二附中的教学工作有了更充分的信心。同时，我能够将学生由起始班带至毕业班的教学能力，也得到了师生与校领导的肯定。我个人的确偏爱这样跨度大、持续性强、更益于培养学生能力的教学模式。针对初入校的新生，我会从培养听课能力开始，逐步培养他们的自学能力、撰写小论文的能力、提出问题的能力。所以1986届学生毕业后，紧接着1992届、1999届，我的每一批学生都由我从入学新生带到高中毕业——这在二附中是极为少见的。

"在这迎来送往中，时间已来到我在二附中的第22个年头。当时学校正与浙江东阳中学开展教学援助工作，需要委派教师前往东阳，可是派谁去呢？东阳中学不仅路途遥远，每两周才能回上海一次，而且委派教师必须肩负三项任务：一是担任一个班的教学工作，起到示范作用，随时接受东阳当地教师的观摩旁听；二是为数学教研组培训教师；三是组建数学兴趣小组，为学有余力的同学提供学科活动。最终，学校决定由我来完成这项为期一年的教学援助工作。

"一年后回到二附中，我由教学第一线转而投入到了培养年轻教师的工作中。我与数学组其他老师一起先后帮助组内陈双双老师、王静波老师、陆继红老师备课。在三次上海市中青年教师大奖赛中，这三位教师相继获得一等奖。

退休后的滕老师在旅途中

"2003年，我从二附中正式退休。没有二附中这块肥沃的土地，我这颗种子不可能生根、发芽、开花、结果。对二附中的领导、教师和学生，我始终心怀感激、满怀深情。"

采访中，当我们问起滕老师有什么数学学习心得与我们分享时，他极为认真地说了下面这番话：

"我认为数学是中学基础学科中最基础最重要的学科之一。几番高考改革，数学仍是不可撼动的必考项。我们在数学学习中培养的逻辑推理能力、分析能力、思考能力对各门学科、各行各业都有用。

"我希望同学们在学习数学的过程中一定要对概念做到知其然、知其所以然。对重要的定理，一定要掌握其来龙去脉。做题不在多，而在于做一题就要有一题的收获和启发。数学内容多，解题技巧更多。但是数学技巧，我总结无非三类：大'巧'、小'巧'和凑'巧'。

"大'巧'必须掌握，比如解一元二次方程求根公式，因为它是放之四海而皆准的，顶多繁琐一些，顶多根号中为负。因其普遍适用，必须掌握，即为大'巧'。

"小'巧'，比如解一元二次方程十字相乘法。我个人和很多同学一样，比起求根公式，我们更偏爱、更欣赏十字相乘法，因为速度快！但是冷静思考会了解十字相乘法的局限性很大。如果一元二次方程系数偏大，用十字相乘法就显得困难。系数大，分解质因数的可能性变多，交叉相乘得到期望结果的难度加大。尤其系数有小数点的话，就更麻烦了。所以谓之小'巧'，略作了解即可。

"凑'巧'，比如因式分解中的拆项、添项。有时需要先凑，再反推道理。这就是凑巧。对于凑巧，不应花费过多精力，否则就本末倒置了。

"中学数学内容十分丰富，彼此之间有内在联系。在学习过程中应力求融会贯通。同时在学习过程中要有意识，积极主动，逐步培养自学能力。因为，同学们迟早会离开学校、离开老师。"

这番话一下子把我们拉回到当年的课堂。那时的滕老师恰是我们现在的年纪，而那时的我们恰与今天的"附二代"同龄。这一刻，我们像是与过去久别重逢——虽然容颜已改，但老师的绘声绘色、循循善诱，我们的全神贯注、心领神会却都一如当年。

采访结束时，滕老师让我们代为转告所有同学：

"我希望已经毕业离开二附中的同学们在各自的岗位上勤奋努力地工作,既为国家做出贡献,也为二附中赢得荣誉。如果你们以身为二附中毕业生感到自豪的话,我希望二附中会因有你们而感到骄傲!"

（2018 年 5 月 15 日）

［校友简介］

　　高中 1992 届二班采访组,该组同学来自法律、传媒、金融、科技、医药等各行各业,学历、工作经历、职业成就等都各不相同。但是,同学们都有一个共同的身份,都曾属于同一个集体——华东师大二附中高中 1992 届二班,也都曾是特级数学教师滕永康老师的学生。

前排左起：盛源、滕永康老师、郑剑
后排左起：王旭东、孙祝旻、周明、陆旻

我的人生财富

——朱开馨老师采访记

顾军(1985 届初中/1988 届高中)

〔教师简介〕

朱开馨,1945 年生,中共党员。教育部中学校长培训中心退休教师。曾任华东师大二附中语文教师、教导主任,华东师大三附中常务副校长、校长。华东师大教育科学院教育部中学校长培训中心副主任,华东师大教育管理学院关工会(关心下一代工作委员会)副主任。

4 月春风里，与发小黄峰相约，一起去我们初中一班的班主任朱开馨老师家中拜访。

路上，一边骑摩拜车一边想，毕业快 30 年，我到恩师朱老师府上的次数不知算不算多，但肯定也不少。

在这个宁静的小区朴素的家中，在师母精心准备的清茶水果和笑声中，我们每次都好像聊不完聊不够。

春风秋月，君子之交，其淡如茶，只是每次话题都高度集中："二附中"就是我们谈论的中心议题。

这不，这次我和朱老师一见面，马上就提到了一则近闻：金沙江路 155 号我们亲爱的老二附中主楼，在今年短短数日间居然就这么拆了！神不知鬼不觉的。

朱老师的眉头皱起：楼就这样没了？

叹息。

2017 年 12 月 10 日夕阳里，对金沙江路 155 号老二附中教学主楼的最后一瞥（数十日后，这里夷为平地）

透过这些年的交流，我深深理解着老师的遗憾与叹息。

要知道，这陈旧建筑看似平平常常，却也实实在在见证了二附中的辉煌：1984届的学兄学姐就是在这里创造了神奇的数个第一，高考包揽语文、理工和英语三科状元和文科前六位。前无古人后无来者。

作为二附中的一员，我们共同叹惋这历史遗迹在城市一角的悄然抹去。然而，作为 1984 届的班主任老师，朱老师肯定比我更加惋惜罢。

我跟朱老师讲，所幸，在这幢大楼消失之前，我经过它时偶有感触，拍下了一张照片，没想到竟是我对它的最后一瞥。

这张照片也许是老楼最后的纪念。

就在这次见面，朱老师还告诉我，1988年，当得知他的两位学生：我和闺蜜王磊双双被复旦大学新闻学院录取时，他特别特别高兴。有位熟悉他的友人对他讲：这两位学生圆了你年轻时的梦！

原来，时隔近30年，我头一回知道，恩师当年也有考复旦新闻系的梦想，限于当年时间环境，没能实现。

感怀！

2018年4月7日，我和黄峰拜访朱开馨老师，师母为我们拍的合影

聊到这时，黄峰来了，见到多年未见的高足，朱老师更开心了。

他的声音宏亮：我这一辈子有两届学生——1984届和1988届是我人生的最大财富。

哗，能与辉煌的1984届并列，身为1988届的我们内心都深感荣幸。

要知道，1984届，从初一到高三，朱老师一路带了六年。而在1988届，朱老师也是从初中到高中都当过我的班主任，缘分啊！朱老师说，教育的真谛是成长，成长需要过程，而且是潜移默化的人文积累过程，有连续性。中学六年，恰从少年到青年，对人的一生影响是很深远的，所以二附中1984届的独特优势是："文革"后由于华东师大时任校长刘佛年先生的力荐，华师大二附中有幸成为教育部属全国重点中学，1978年从全市招生，优秀生源百川归海，这批孩子的主体就是六年后的1984届。

从初中到高中，1984届绝大多数学生接受了连续六年完整的二附中式的中学基础教育。

可以说，这在当时的重点名校里是绝无仅有，独此一家。

不仅如此，朱老师分析，辉煌的背后是有原因的。2014年春天，他精心撰写的总结文章《改革是不竭的动力，传承才有永远的经典》刊登在1984届毕业30周年纪念册上。

他认为，当时的二附中，除了生源，还有两大资源：一为本色教师，二为本土环境。

二附中师资来自背靠的高等学府：引进一批师范专业毕业的学子，特别是华师大数理化研究生和优秀教工家属的引进。在不知名利为何物的年代，奉献、敬业、清纯、专一，这批本色教师是教学之魂，办学之宝。

本土环境就在金沙江路155号，毗邻华东师大。当年二附中，论硬件，小楼三栋，大阶梯教室一间，师生共享食堂一座，露天篮球场，小工厂。这个朴素得用现在眼光看来甚至简陋的地方，恰是因为坐落于高等学府近旁，享近水楼台之利，得诸多人文滋养。

一群兢兢业业的本色教师，一群风华正茂的优秀学子，一片底蕴深厚的热土。

三足鼎立，不可或缺。得风气之先，厚积而薄发，成就了一段传奇。

老师自是勤勉耕耘，学生聪敏有悟性，耳濡目染，教学相长。

当年特有的改革举措是：顺势而为，逆势而行。顺应社会改革之大势，逆"学好数理化，走遍天下都不怕"的潮流趋势，由教育家刘佛年拍板，蔡多瑞校长挂帅，实行持续六年的外语、语文等两项文科教学改革。1978年起，纯正的英伦英语教材《新概念英语》试教，已故的周建英、张根荣老师等当时全力以赴和学生们敢尝天下先；1978年，语文自编教材，树立的是中国人"莫愁前路无知己"的坚定自信，弘扬的是鲁迅韧的斗争精神，礼赞的是白杨树，剖析的是丁玲《曼哈顿街头夜景》的垂垂孤老，学习的是美国高速公路、"光亮派建筑"（即今天的"玻璃幕墙"）的说明文。高速公路、玻璃幕墙，当时从学生到老师都从未见过，闻所未闻。

超前！

文以载道，中西融合，学而有思，思而又学，二附中学生在漫漫求索中炼出的一大特点是文理兼修：学文的人理工科绝不差，学理工的人文也不差。科学求真，人文向善，文理兼备，人臻至美。

没有高原，何来高峰，教育的根本是面向全体学生，二附中教育不仅是培养个别尖子成为世人认为的"金牌学生"，更要因材施教，人才辈出。这才是真正的教育成功之道。

1988 年,30 周年校庆,刚刚离开母校的我们又与语数英三门主课老师喜相逢(左一为滕永康老师、右三为俞秀珍老师,右一为朱开馨老师,前排左一为顾军)

朱老师其后提到了我们 1988 届的语文教改,绍兴的春风和黄酒的温润便涌上心头。

此时语文教改更上一层楼,受古人"读万卷书行万里路"的启发,1986 年春,高一的我们便在一批语文老师的引导启发下,开始了整整一学期的"鲁迅专题教育"。"不到百草园和三味书屋,怎知文中童年滋味?"我们啃读原著,品味原著改编的电影,全体年级一起乘夜火车出发,到绍兴水乡真切感受鲁迅作品的真实和温度,亦全面立体地感受绍兴的人杰地灵,人文荟萃。这是对我们一生都深有影响的游历,比后来时髦的"跟着课本游绍兴"简直早了一个年代!

桃李不言,下自成蹊。信奉"身教重于言教,行胜于言"的朱老师真切地说:过

2010 年,朱老师(后排右三)与 1988 届学生的聚会合影

50岁后我才真正感受做教师的光荣感、崇高感，教育是一个过程，教育也是一辈子的事……

我们还在回味着朱老师的话，他兴冲冲拿出了实物：你们看，这些就是我的人生财富——

他手里捧的一摞书，一一摊开，哗！都是1984届、1988届他的学生、高足的赠书，《夜莺与玫瑰》《灵魂的两驾马车》《笔会年选·寻找溪水的源头》等书是1984届谈峥教授（笔名谈瀛洲）的小说、著作，他是复旦教授、莎士比亚研究专家、作家。谈峥与1984届校友、现任复旦中文系主任陈引驰教授一起，被他们的朱老师亲切地称为"有华东师大血缘的复旦人文学科领域的双子星座"。《霍比特人》《我们的村庄》等书则来自1988届吴刚教授，他供职上海外国语学院高级翻译学院，除了翻译过著名的畅销书《霍比特人》，他还翻译了《勇敢的船长》《远离芝加哥的日子》等一批优秀外国儿童文学。

我害羞地看到自己有本小书也忝列末位。

偷笑。

朱老师珍藏的学生赠他的著作：这些是我的人生财富

朱老师还高兴地透露，1984届李峰中学时代写的一篇《莫愁前路无知己》曾在联合国"太空作文竞赛"得了一等奖。几十年后，这位毕业于复旦微电子专业的正宗科技"理工男"近日给赴美探亲的朱老师写来微信：朱老师，向您汇报，我刚出版了一部小说《鸿羽残烟》，是利用业余时间写成的……我这点文学的爱好和基础，和您多年的教导培养分不开，一直以来，从未忘怀。我一定会给您留一本……

此时,我忽然想起当年我给朱老师写过的两张卡片上的话,时隔多年,记忆这么真切:

您的鼓励,就是我的欢颜。

A man is not himself, he is the combination of the persons he met.(大意是:一个人不是他自己,而是他所遇见的人的组合。)

聊不完的二附中。但也总有离开时。

"别忘了用微信把金沙江路老楼最后的照片发给我!"朱老师认真地对我说。

临行,朱老师见我摩挲着1984届学兄学姐的两本毕业30周年纪念册,恋恋不舍,便爽然曰:拿去回家好好看看。

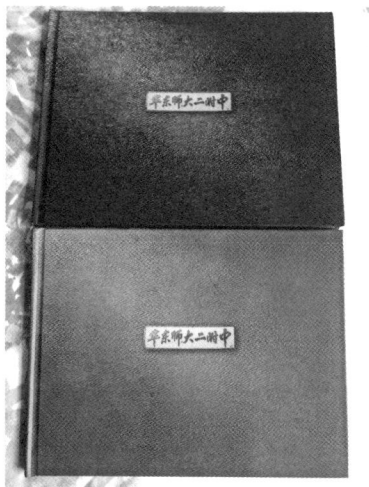

朱老师珍藏的84届学生毕业30周年纪念册

这两大本精装的纪念册,从第一眼就牢牢吸引了我!

纪念册封面非常朴素,一本红底,一本蓝底,正中,只有一枚校徽——我们二附中人共有的那七个字,熠熠发光。

泪目……

［校友简介］

顾军，1982 年至 1988 年就读于华东师大二附中。1988 年考入复旦大学新闻学院，1992 年进入《文汇报》社工作，在新闻行业从业超过 25 年。曾供职于《新民周刊》《文汇读书周报》。现任《文汇报》编辑、记者。

我的追求就是做一个好老师

——王德纲老师印象

何小兰（1991 届高中）

［教师简介］

王德纲，中学高级教师，在华东师大二附中任数学教师三十余载，做过五届高中班主任。术业有专攻，有着非常丰富的教学经验；为人善良耿直，有着中国知识分子的风骨和坦荡。此生只求做一个好老师，曾两度获得普陀区教师园丁奖。

我认识王德纲老师已经有30个年头了，30年前的夏天，我收到了二附中的录取通知书，成为1991届二附中高中三班的一员。之前，我从来没有在学校住宿过，带着帐子、脸盆、书包一大包东西来枣阳路校区，第一个见到的就是班主任王德纲老师。那年，王老师才45岁，也就是我现在的年龄，可是看上去他就是很老、很严肃的样子，说话声音响亮、干脆、直接，让人觉得有点怵，感觉不太好接近。30年后的今天，当校友会嘱我写写王老师的时候，我发现我心里他的形象从当年第一眼的严肃早就变得面目和善，当年的那份距离感变成了现在我们班同学一致认为的豪迈，即非常MAN，越是了解他，感觉越是如此。而有趣的是，那么多年过去了，他的模样还是当年的样子。

2016年，王德纲老师在美国旅游时留影。当照片出现在微信群里的时候，同学们说，真是一点没变，潇洒而奔放

王老师今年75岁了，当我在电话里提出采访他，他的第一反应是推掉，并向我推荐了很多教过我的老师，比如叶佩玉老师、戴秀珠老师，等等，说他们更加值得被采访。我告诉他这几位老师已经有其他学生采访他们的时候，王老师才勉强答应被采访。他告诉我，做领导啊、出名啊、被采访啊，这些事都不是他很关心和热衷的，工作时，就一个愿望——认认真真做好一名数学老师；退休后，也一个愿望——快快乐乐做一个普通老人。

认识王老师30年，这次通过采访，我是第一次如此深入地了解他的经历。他1943年出生在上海一个普通家庭，妈妈在家相夫教子，爸爸从事测绘工作，兄弟姐妹5个。王老师从小喜欢理科，1960年上师大附中招生，招生时附中说这是上师大预科班，只要读两年，不用高考就可以直接进入到上师大读书，今后也可以直接当老师。在王老师父母、家人和他自己的心目中，当老师是非常好的职业，王老师的理想是做一个小学老师。既然有这样的机会,他就决定去了。入校后因为三年自然灾害影响教学,三年后他还是通过高考进入上师大。王老师说,他的化学也非常好的,本来想考化学系的,但在他的恩师余致甫老师的培养下,王老师爱上了数学,并在余老师的指引下,考入数学系。求学中途又遇到"文化大革命",直到 1968 年才毕业,先分配到了泰州红旗农场锻炼两年,回到上海,也就是 1970 年,二附中缺老师,要招一个数学老师、一个英语老师,他和王云怡老师入围,他在二附中教学的职业生涯由此拉开序幕。

1985 年 11 月,王老师和唐清成老师、李振芳老师在一起探讨教学

那么多年来,王老师给我的一个很深的印象是,他热爱他的学生,这种爱是父亲式的、淡淡的、不强烈的,却能让学生感同身受的。我试图问他最让他自豪的学生是哪几个,王老师的回答是:都是好学生。他说,最开始当老师那会儿,学生都是就近招的,来自陈家渡、曹家巷,他评价说这些学生来自于工人家庭,学习基础未必和后来的学生可比,但是他觉得一样是好学生。他说,并不是读书读得特别好才是好学生,人品好、有特长、努力学习的,就都是好学生。这一点在我做他学生的时候也深深感受到了。我们班有家庭条件特别好的,他并没有因此对这个学生有偏爱;有学习基础不太好、进步也慢的,他也从来没有嫌弃过。对学生的合理请求,他也总是很支持。我们高二那年,正好有个机会可以去无锡游学,学校按照制度管理略难决策,王老师主动沟通并承担下责任,得到了校领导的支持,无锡游学顺利成行。当年的孩子们一心想着出去看看,哪里知道王老师身上的压力,直到今天偶尔回忆起此事,同学们对他的责任和担当都赞不绝口。王老师他关心、善待、爱护和尊重每一个学生,始终倡导公平、公正的班级气氛,这种氛围下,学生们无论出身,相处得轻松愉快

而又和谐。这种氛围其实也是二附中的整体氛围，那时候的我们努力读书，快乐、积极、单纯、健康。

1990 年代，班主任王老师参加主题班会活动

王老师给我的另外一个深刻印象是他不求名、不求利的随性和坦荡。他的儿子王骁，是现任二附中教务处副主任、历史老师，如果不是王骁，我还真不知道曾有人推荐王老师做二附中教导主任的事儿呢。那天，王骁让我作为校友代表来二附中晨晖讲坛作讲座，我说你可以的，年纪轻轻做教务处副主任了，他说我爸爸本来也可以啊，可是他自己不要做。这次电话采访王老师，我专门问了他这个事，王老师在电话那头淡淡地说："为啥要做教导主任呢？做一个普通教师不是蛮好的？能做一个好老师已经不容易啦！我愿意做老师。"他做班主任带过的班级有 1974 届、1978 届、1980 届、1985 届、1991 届、1994 届，可以说是一届连着一届，在选择做领导和教师面前，他总是选择做一线教师。人在年轻时就有这样的境界，着实不容易，也让人敬佩。

在培养儿子王骁的问题上，王老师说也是顺其自然。还在读小学五年级时，王老师的爱人马老师从北京出差回来，给王骁带了一份小礼物，是一位西南师大历史文献学的教授送的一张中国古代史的大事年表，从此王骁就对历史有了浓厚的兴趣，王骁成长的一路上，王老师都顺其自然。王骁要考师范，王老师赞成，王骁靠自己的努力回二附中教书，王老师赞成，他给王骁最多的教诲就是：好好做人，好好做老师。王骁进教务处后，他又关照王骁，二附中名师荟萃，一定要尊重老师，尤其是年长的老师。我有王骁的微信，年轻活跃的他爱好自己的专业，对二附中的品牌非常珍视，对老师和学生也很友爱。王老师顺其自然的家庭教育方法、淡泊名利的心境、做一个好老师的追求，影响了我们这些学生，也深深影响了他的孩子。

1998 年，时任高三毕业班教师的王老师和儿子王骁与顾朝晶校长的合影

2018 年 4 月 7 日，1991 届高中三班部分同学和老师合影（前排左起：蔡玲玲、何雄、叶佩玉、王德纲、麦嘉馨，后排左一为本文作者）

　　最近一次见王老师，是在过年后的老师、同学聚会上，王老师和以前相比，也只多了几根白头发而已。他介绍了现在的退休生活，平凡而简单，每年两次和老教师报名旅游团，和马老师一起去海外转转，已经去了美国、西班牙、东欧诸国、澳大利亚、新西兰，今年的计划也已经排定。他的爱人，曾经也在二附中担任语文教学工作的马剑英老师，在写作、编辑上都是好手，她把旅游的所见所闻都记录在微信有声影集"小年糕"里。看着他们幸福灿烂的表情，我心里想着，只有品德高尚、内心平静、

随遇而安的人,才会不老,才会有如此纯真的笑容啊!

2018 年 6 月 1 日

[校友简介]

何小兰,媒体人、主任记者。1988 年至 1991 年就读于华东师大二附中。毕业后进入复旦大学新闻系求学,后在东方电视台做主力记者。现为上海广播电视台旗下东方明珠新媒体股份有限公司副总裁、上海五岸传播有限公司总经理,从事版权交易、国际文化交流和传播工作。

时刻感受着阳光般的温暖和活力

——陈稼菁老师采访记

陈蓉洁(1990 届高中)

［教师简介］

陈稼菁,高级教师。1961 年上海市虹口中学高中毕业留校任语文教师,在职进修获得上海教育学院中文系本科文凭。1987 年调入华东师大二附中,担任过班主任、年级组长。曾在《语文学习》《中学语文》发表 6 篇教育随笔,与其他老师合作编写出版 4 本有关高中语文知识训练、作文佳作选等书籍。获"普陀区德育先进工作者"、香港"唐氏教育奖励金"优等奖。1999 年退休。

初夏的午后，我们走进了语文教研组陈稼菁老师的家。茶香，问候，暖意盈怀。沙发上坐定，陈老师拿出了珍藏多年的相册和信件，一张张微微泛黄的老照片上，跳出了当年同学们意气风发的笑脸，让我们一下子又回到了30多年前的青葱岁月。

陈稼菁老师和高中97届学生在一起

好老师的基石是"爱学生"

叠得整整齐齐的信件和贺卡中，珍藏着老师对学生的无限的爱与包容，以及学生对老师的深深的爱与尊重——

"陈老师，很喜欢你微笑的大眼睛，含情脉脉地注视着我们。"

"陈老师，少年般锋芒毕露，有棱有角，喜欢你孩子式的生气。"

"陈老师，您的正直、美丽、宽容都深深打动了我们。"

"感谢陈老师，永远无法忘记高三(4)班这个和谐、团结的群体和最后那段紧张而欢乐的时光。"

"敬爱的陈先生，时常想起高中三年与您共度的日子，时常想起您给我们讲课的情形，时常想起您捧着一堆书回办公室的背影。"

"你就是这样一个人，爱生、优雅、尽责，让我永远难忘！"

......

1988 年，1990 届高二年级组教师合影
前排左起：何雄、张根荣、陈稼菁、施文菊、徐菊花
第二排左起：唐斌、徐荣华、蒋钟挺、张惠敏、李植时
第三排左起：唐清成、蔡德生、唐彬钰、夏家骥、叶瑾
第四排左起：罗会甲、汪亚平、索锡骅、陈心田

在 30 多年的教师生涯中，陈老师始终保持着一颗挚爱学生的心，始终洋溢着年轻的活力，无论是与学生进行真诚坦率的交流，还是和班干部一起开展各项活动。我们 1990 届高中四班，是她调来二附中后所带的第一个班级，仿佛是她的新生儿。她把我们凝聚起来，德智体齐进，我们班不仅被评为文明班级，那届高考第一志愿录取率也名列前茅。她认为"一切都源于爱，一个好老师的基石是爱学生，是随时随地都乐意为他们排忧解难"。陈老师无私地帮助了不少学生，对于家境贫困或者身体不好的学生，她主动伸出援手；对于离家远的学生，高考期间安排他们去她家里吃饭；对于高考失利情绪低落的学生，她及时写信给予鼓励，让学生有勇气积极面对困境，从自责与哀怨中走出来。多年以后，那些学生仍念念不忘陈老师当年的"雪中送炭"。

1990 届高中四班毕业照
前排中间三位老师，左起：李植时、孟东海、陈稼菁

语文老师的教学心得

陈老师说:"学语文需要慢慢积累、慢慢悟的,功夫在于读与写、课内与课外的完美结合。语文老师主要抓三方面:课文教学的精心讲解、批阅作业的个别辅导、作文教学的实践体验。"谈及批阅作文和随笔的感受时,她又说,"这是需要老师花大量时间和心血的,若只给个分数,写上'阅'和日期,学生会心冷。所以我看到一般性的作文,就会尽量寻找闪光点,给予鼓励,以增强信心;看到开始'冒头'的作文,就要倍加呵护,提出修改建议,力争改成佳作,使其有所突破;遇到优秀的作文,则全班诵读,评点长处,推荐发表。而对于习作中具有普遍性的问题,可作专题评讲,但必须具体形象。如对素材的详略取舍,课前认真准备好本班学生的原文和修改文,这样对照比较,学生就更能知得失了。"

怎样激发起更多学生的写作热情呢?陈老师的建议是:"寻找'爆发点'不失为一种好方法。把写作和社会现象相结合,通过引进社会活水,让语文教学成为系列性活动,以达到最大化的教学和教育效果。"

听老师说到此处,我就想起了一件事:那是 1989 年,陈老师在课上介绍了《解放

1989 年 2 月,《解放日报》相关报道

日报》登载的长篇报道，题为《"献血状元"苦甜记》。邱志清，一名普通的工人，66次无偿献血，竟遭受到了令人痛心的打击。我们听后群情激荡，支持高尚奉献、愤怒讽刺打击的热火在心中燃烧，纷纷提笔写信为他声援。一篇篇文章吐露了年轻学子的肺腑之言，反映了我们对社会上种种现象的思考和认识，并从内心发出了正义而热诚的呼唤。记得课后还有人提议给"献血状元"捐款，有的同学还去送信送款。邱志清收到信，一口气连读三遍，热泪盈眶。不久，他通过《解放日报》向我班同学表示感谢。这样真刀真枪的写作与实践，不仅练了笔，也使每位同学的心灵受到了震撼。

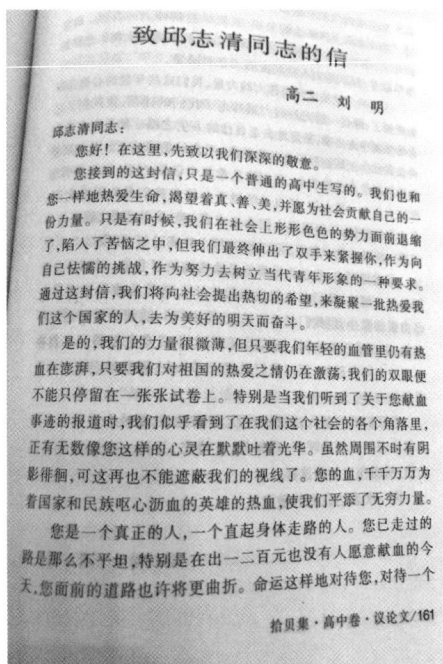

90届四班刘明同学的作文，发表于《拾贝集》
（二附中优秀作文选）

陈老师还谈及为天津市新蕾出版社的《作文通讯》做了三年轮值编辑的事。她认为这是二附中为学生的好习作提供的可贵平台。作文发表后，小作者一般都会收到来自全国各地同龄人的来信，文友间相互交流促进，开阔了视野。她前后推荐了二附中学生30多篇优秀习作，发表在各类刊物上，尤以《作文通讯》为多。多年来陈老师所教的学生中，有2名获上海市第七届作文竞赛一等奖并获高考语文成绩加分，1名获全市"保险杯"作文比赛一等奖，还有多名获华东六省一市的作文竞赛奖和《作文通讯》优秀奖。

1990 年代以后，陈老师不再担任班主任，便有更多的时间投入到语文教学改革中。她将课堂教学以老师为主体转型到以学生为主体；探索从学生参与到创造性的写作。在老师引导点拨下，阅读、质疑、讨论、续剧本演小品，努力让每个学生成为课堂的主人。当时又恰逢中学语文新老教材变更，陈老师代表二附中参加了上海市教材研究中心组织的 H 版新教材试教小组。当时没有一点参考资料，要求试教老师围绕着主旨把握、思路探究、语言品味、意境鉴赏四方面，突出其中一方面准备教案，上公开研究课，以反馈并估量新教材推广后的状况。"我接受试教袁鹰的散文《枫叶如丹》和余秋雨的散文《沙原隐泉》。后来我执教《枫叶如丹》的板书设计和课堂实录收入了 H 版高一语文教师教学参考资料；我执教《沙原隐泉》一文从意境鉴赏角度，向本市和外省一些中学校长和骨干教师开课，获得好评，为推广新教材出了一份绵薄之力。在此也感谢二附中给予我锻炼提高的机遇。"陈老师露出了欢快的笑容。

1988 年初，语文备课组三位老师的合影（左起：徐荣华、叶瑾、陈稼菁）

幸福与遗憾

　　陈老师的妈妈也是老师，年少时她常听妈妈在晚餐时讲学生的故事。如今陈老师沿着母亲的足迹迈步教育战线新征程。陈老师说，她在华东师大二附中执教期间恰逢改革开放的大好时光，比母亲当年要幸福得多了。她感谢二附中重视学生综合素质的提高，给予宽松自由的良好环境，没有层层加码追求升学率的压力；感谢二附中能在教学研究上提供较多的机会和平台，助力教师追求事业，发挥自己的价值；感谢二附中能吸引德智合一、素质全面的优秀学生，形成自觉追求卓越而又能彼此和谐友爱的集体。与学生们朝夕相处的日子,让她感受到阳光般的温暖和青春的活力。

陈老师也坦诚回顾了自己在教学和教育过程中的一些遗憾,以及因全身心投入学校的工作而没有更多时间和精力关心儿子成长的歉疚。陈老师最后说,做老师是幸福的,温暖的。几十年前不求回报的付出,却不断收获着来自学生的真情与关爱,点点滴滴,永在心头……

2018 年 6 月 8 日

〔校友简介〕

陈蓉洁,1987 年至 1990 年就读于华东师大二附中。1994 年毕业于上海交通大学,获工学学士,2004 年获工商管理硕士学位。曾就职于中国外运,现任上汽集团安吉汽车物流股份有限公司快运事业部高级经理。

从教学共同体,到情感共同体

——何桂芸老师和我们

俞励(*1987 届初中/1990 届高中*)

〔教师简介〕

何桂芸,锡伯族,曾就读于市三女中。1965 年从上海教育学院毕业后,在华东师大二附中英语教研组任教 36 年,其间担任过班主任。1986 年被评为普陀区教育局先进教育工作者,1989 年被评为高级教师。华东师大外语系曾为其拍摄实课录像,作为"课型范例"介绍推广。参与的科研课题曾多次获奖,并在省市级专业期刊发表多篇论文,此外还应邀合编专业教材、参加英语教学节目的撰稿录制等工作。2001 年退休后,仍被本校续聘 14 年,因家庭原因提前一年请辞。在近半个世纪的教学生涯中,何老师爱生如子,爱校如家,"最大收获就是学生心中念着我"。

1984 年到 1987 年,何桂芸老师教了我们整整三年的初中英语。那时候同学们只觉得这个老师上课好厉害,谁也没想到她这么年轻就已经有 20 年的教龄了。

三年的时间,何老师给我们留下了太多的记忆。作为英语课代表,我至今都记得何老师初到我们班的情形。开学第一堂英语课,一位年轻漂亮的女老师走进我们初一(3)班的教室。她个子不高,穿一件很合身的连衣裙,圆圆的娃娃脸,明亮的大眼睛,语音语调尤其好听。后来我们才知道,这位看上去和颜悦色的何老师,却有着强大的气场和不怒自威的气势。

1972 年 6 月 4 日,何桂芸老师在金沙江路校门口

课代表的记忆:我们最爱有绝活的何老师

小学毕业时,班主任老师说服我爸妈给我填了志愿,于是我稀里糊涂地进了二附中。参加完摸底考,一心以为能当上数学课代表的我,却稀里糊涂地成了英语课代表。我们那时候要到小学五六年级才学英语,刚进二附中的英语水平也就是 26 个字母外加小狗小猫书本之类的单词,最长的句子不过就是"How are you?""Fine. Thank you! And you?"一想到英语摸底考国际音标的那一页交了白卷,我就心虚,暗暗下决心要努力学习。

二附中初一就开始上《新概念英语》,这对于刚接触英语不久的我们是个不小的挑战。何老师先给我们补习国际音标,补习字词句,规定我们上课的时候必须说英语。何老师的声音特别悦耳,神情和表达很有亲和力,课堂气氛也能调节得很活跃。

我们有不懂的地方,她一定会耐心解释,但是如果发现有人上课不专心,她就会收起笑脸,让那个同学站着听一会儿课,然后语重心长地告诫说:"不好好学习怎么对得起你的父母?"在何老师的严格要求下,虽然每天的英语作业比较多,但同学们都不敢偷懒,那可能也是初中三年里大家做得最认真的作业。

不久,年级里组织了一次联欢活动。在何老师的鼓励下,我绞尽脑汁用刚学会的简单句型写了个英语小品"On the Bus",以上车买票,去哪里,让座为情节,由班里的几个同学演出。这个小品获得了大家的一致称赞,也激发了同学们学习英语的兴趣。后来我们才意识到,演小品其实是何老师的绝活之一。初中三年里,何老师经常要求我们自编自导自演各种小品,不仅在班里表演,有时还被"逼"着到隔壁班级去表演。从最初的无从落笔和腼腆胆怯,到后来的文思泉涌和大方自信,何老师见证了我们的转变和成长。

何老师的另一个绝活是"开小火车",就是全班同学按照座位一个接一个地回答问题。何老师问得快,我们必须答得快。开始的时候,座位离"火车头"远的同学还想数一下中间隔着几节"车厢",轮到自己可能是什么问题好提前准备一下。无奈"小火车"开得实在太快,还没数明白呢,就轮到自己了。而且何老师看穿了我们的小心思,常常会当中跳过某个同学。于是在何老师飞快的语速中,我们都只有神经高度紧张,时刻准备着,哪怕一秒钟走神都不行。"开小火车"成了每个人的"惊魂记",给当年的我们留下了无法抹去的深刻记忆,以至于毕业好多年后大家提起来还是心有余悸。正是在这样日复一日地锻炼中,我们的英语水平有了显著的提高。

作为课代表,我每天的任务是收发作业和带领全班在早自习时读课文。我也似乎有过奖励,那就是我成了"开小火车"时被跳过次数最多的同学。这让大家羡慕不已,我也因此心存侥幸。初二的某节课,我琢磨着"开小火车"又会跳过我吧,没想到一下子就轮到我了。因为思想不集中,我慌了神,把 to 说成了 for。后半节课,我又被何老师点了两次名,而我竟然又连着两次把 to 说成了 for。何老师叹了口气,说今天课代表都错了三次啊!我非常羞愧。下课了一想,对啊,明明是 to do something,怎么会连错三次呢,可见当时我完全被震住了,吓懵了。这次经历也让我们明白了,何老师课上一视同仁,决不会因为你是课代表或别的什么因素而有所偏颇。

我们对何老师是服气的,敬重的,热爱的。别看她上课时严厉,平时和我们相处时是非常和蔼可亲的。她常常和我们聊天,给我们生活上的建议,对十二三岁就住校的我们就像妈妈一样。有一回大概是何老师身体不适,我和炼红去她家探望,尚未病愈的何老师在狭小的屋子里备课,两个年幼的孩子在外面玩耍。这一幕让我印

1987 年，初三(3)班毕业照，摄于枣阳路校园(此处后来建有紫藤花廊)
前排老师，左起：何雄、谢元峰、施文菊、王鸿仁、林炳英、许晓梅、何桂芸、蔡尔韵

象深刻。很多年后，我自己做了老师才体会到，当年的何老师对自己高标准严要求，付出了多少心血，才给我们打下了扎实的基础和良好的学习习惯。高中毕业时，我们三班就有五六位同学去美国读大学本科，这在 1990 年还是比较罕见的。

何老师自述：我就想把你们的基础打扎实

我在上海教育学院英语专业学习两年后，1965 年被分配到二附中做教师。那时我比学生也大不了几岁，就像他们的大姐姐一样，做他们的班主任，教他们英语课，带领他们参与各种课外活动，心里很想做个好教师。然而一年后"文革"开始，硬生生终止了 1968 届学生的正规系统初中教育。这批稚嫩年龄的孩子远离父母上山

1967 年夏末秋初，何老师和周建英老师的合影

下乡,吃了不少苦,特别令我怜惜牵挂。我常常忍不住就要说,倘若晚个十年,这批学生的人生发展绝对不输学弟学妹的。

"文革"结束后,我被压抑的上课热情得以释放。响应"早出人才,快出人才"的号召,1978年我将大儿送到外地婆家,又将小儿送全托,两年间全身心投入教学,一心只想教好80届两个理科班。最终收获了上海高考英语最优的成绩,令我欣慰。

值得一提的是,我们二附中外语组有个特别好的传统,就是团队合作,新老传承。建校元老之一凌贤骅老师尤其功不可没。她是一个事业心特别强、工作特别认真的教研组长,全身心投入到了教研组建设和英语教改中。她坚持各年级集体备课,要求大家备课前各自做好准备,讨论时积极献策,资源共享,优势互补。她对青年教师既严格要求,又非常关心。每次听完课她都会就总体和细节作出具体分析,给出合理建议。这些对我们的指导和帮助都特别大。直到现在,只要一想起她,我心里就充满感激和敬意。她在事业上的奋斗精神,和她身上体现出来的优秀品格,都是我学习的榜样。后来接任教研组长的周建英老师,同样也是一门心思搞教学,为人善良、朴实,从不计较个人得失,对我和同事们帮助也很大。

1984年7月30日,何老师与凌贤骅老师(右二)、周老师(右一)
等在福州

1980 年代起,我就全心投入到二附中英语教改的试验中。依托着二附中得天独厚的附属于华师大的优势,我随着师大外语系教材教法组老师和志同道合的教研组同事们,一起去听外语系本科一年级的课程。《新概念英语》教材录音中纯正的语音语调,课文中贴近实际生活的语言素材,以及系统的听说读写能力的综合培养,让我们耳目一新,茅塞顿开。大家立刻决定,尝试在我校初中就开始使用这套英国经典教材。当时还是 80 年代初,能在中学英语教学中率先使用《新概念英语》,实属创举,绝对一流!想想二附中的学生真是很幸运,初中起步就和英语专业大学生使用同一个教材!至今我都记得师生接触新教材时的兴奋和激动。那时,引进教材渠道尚未开通,主教材都是手摇油印机提供,辅助材料不齐,我们就自己找。大家收集了许多相应的英语歌,广播电台、电视台播放的听力和视频辅助材料,去书店寻觅阅读材料,一门心思只想把知识传授给学生,把课上好,总之干劲大得很呢!经过大家的努力和实践,获得校领导首肯,新概念英语 1—3 册被确立为我校初高中的精读课本。大学听力教材,也按不同年级予以采用。

1989 年 7 月,市教研室组织赴京研讨会(关于 3L 教材),会后摄于长城

1988 年,我们又与上海市教育局的教研室老师及兄弟学校的同事一起,连续五年试用了全套英国经典教材《看,听,学》,简称"3L"。我觉得这套教材比《新概念英语》更适合少年阶段的学习。在教改试验过程中,我更多地深入研究教材、教法和受

教对象,一改传统的词汇加语法、死记硬背的"哑巴英语"教学方式,而是有意识地注重对学生听、说、读、写全方位的能力培养。当时二附中作为教改实验基地,经常在教师没有特别准备的情况下就被国内外同行随堂听课。我也常常受到"突然袭击",因为认真备课已成习惯,都能获得好评与称赞。

这样的教改背景和集体探讨的氛围,更激发了我对英语课的教学热情和钻研精神。如何提高课堂教学效率,怎样做到既能传授更多知识,又能让学生获得更多机会来实践操练,这一直既是集体备课的主题,更是我潜心钻研、孜孜以求的方向。通过在长期教学实践中的不断摸索和积累,我也逐渐形成了自己的课堂教学特色。主要表现为知识容量大、训练密度高、授课节奏快、温习反复勤,能充分调动学生学习积极性,让学生主动参与教学全过程,听说读写安排合理,因而取得了良好的教学效果。

学生都说我上课厉害,总以为何老师有多大本事。说句大实话,我这个人呢其实蛮笨的,做事不太会用巧劲,笨人就下笨功夫吧。课前如果没有准备好,我就会觉得不放心,用上海话说也就是比较"把细"。所以,我的教案总是写得很仔细,上课内容和环节都要考虑得很具体。

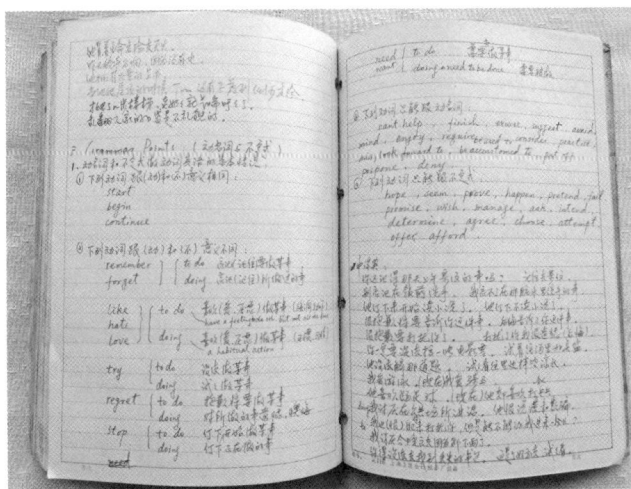

1980 年代,何老师教《新概念英语》时的备课笔记

英语课除了精讲知识,还要有技巧把大量时间用在组织学生进行英语操练和互动。师大英文系教材法的教授来开展合作项目,就是研究在统编教材和引进教材的结合过程中,如何提高英语教学的课堂效率。在普通中学,通常情况下,一节课里让每个学生独立开口一次都可能有困难。但我们经过反复集体备课、听课、讨论,在不同班级反复试验,充分利用每堂英语课的教学实践,实战操练,毫不含糊,终于探索形成了课堂操练的高效模式:一节课上,每人至少能单独练到两三次,两人一对、三

四人一组的还能有更多口头操练的机会。

也因此,作为教师,对于一节课45分钟内进行的每一项教学活动,我都不可能超脱事外,总归要想方设法,始终吸引着学生的注意力。比如说,开头我会先抽学生上来对话问答,紧接着就会让其他同学来评论,这样促使全班同学仔细听,全神贯注地完成听讲训练。再比如,双课文句型操练,先请两个学生照着图片操练,这样示范之后就让同座位同学自行操练。这样大家都能得到练习机会,也会始终关注课堂教学内容。教师也要眼观六路、耳听八方,始终关注学生的反应和表现。总之教学双方谁都不可能置身事外,就在高度专注的学习状态中尽可能满足并激发学生的求知欲,同时也帮助学生突破原有的限度,不断提升自己的潜能。而且,我在教学中还发现学生有这么一个特点,就是只要他觉得上哪门课收获特别大,那么后面投入也就会特别多,这就像滚雪球一样,在教学实践中形成了良性循环。

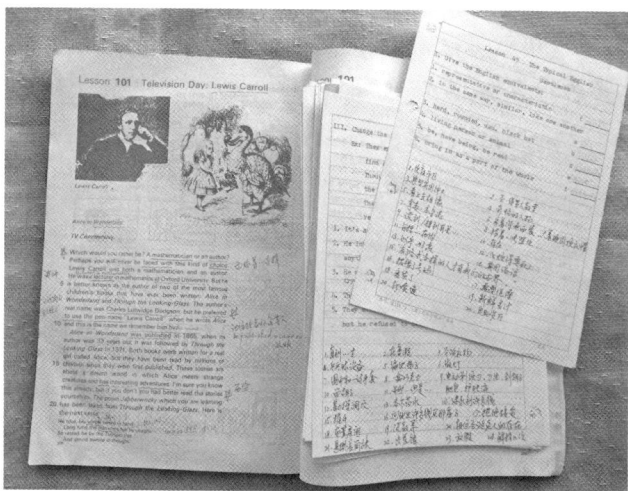

1990年代,何老师教《看,听,学》(3L)时的备课笔记

我认为,初中英语教学的任务,就是在英语学习初级阶段给学生打基础。我要提升学生学习英语的浓厚兴趣,培养他们养成良好持久的学习习惯,能有一口准确、纯正、漂亮的语音语调,能准确熟练运用词汇和语法,总之要听、说、读、写能力全面发展。在这样坚实的基础上,学生才具有腾飞的条件,我作为老师才对得起学生。范承工同学的父亲曾经反馈说:1989年范承工高中未毕业就独自去美国求学,过海关时美国人对他的流利应答很惊讶也很赞赏。我也可以自豪地说,我们的学生无论继续深造还是走上工作岗位,都有绝对的超越同龄人的英语交流能力。同学们也都很感激老师们为之培养的这种终身受益的童子功。

真要说起来,这也是时代契机好。我很感谢改革开放的大背景,使英语学科占尽了优势,让学生更有动力来学习。一旦学英语有了这种内在要求,老师教下去马上就能见效,课文马上变成对话交流,句型操练马上变成活生生的日常实践,学以致用,日有所获,学习兴趣自然就更大。我也很感谢老校长、老教师及华师大专家的传帮带。在倡导集体备课、相互听课、共同研究切磋的氛围下,形成了二附中英语教学的高水准。我自己确实得益于教研组的这种高水准,从而能更好地互相切磋,精益求精。再就是要感谢勤奋而智慧的学生们,你们真像海绵吸水一样,这种永远填不满的求知欲也促使我自身业务的不断提高。所以啊,从这个意义上来说,我在二附中当老师真是很满足,很幸福。

2001 年前后,何老师(前排左三)和同事们在枣阳路校园,背景为图书馆

从教学共同体,到情感共同体

全力以赴上好每一堂英语课,日积月累把学生的基础打扎实,何老师就这样在二附中任教 36 年。退休之后仍在本校续聘 14 年,因先生病重她才不得不提前一年请辞。正如她自己的总结,站立讲台半个世纪,爱生如子,爱校如家,"此生最大的收获就是学生心中念着我"。

何老师教了我们三年后,继续留任初中部,很遗憾没能成为我们高中的英语老师。但是我们老三班的同学常常会提起她,一直都惦记着她,以至于后来高中进来的同学也熟识何老师,说起她来分不清什么教过没教过的。毕业后大家经常邀请何老师参加聚会,机缘凑巧还会拉她一起出游,前呼后拥其乐融融间,最适合表达我们的感激，也终于有机会"控诉"当年被开小火车时留下的紧张记忆。说不清为什么，在我们老三班同学的心目中，何老师始终有着其他人无法替代的地位。

何老师也很愿意和学生在一起，特别是近年来有了微信，她时常转帖，慷慨点赞，还会参加我们微信群的讨论，快人快语，直见心性。有时候我们会忘了她是何老师，就当她是个老朋友，日久生情的老朋友，想到啥就说啥，不再有当年的敬畏感，而是那种能让彼此感觉更自在的温暖和亲密。

慢慢我们也明白一点，何老师自带光源的人格魅力，其实是和她的敬业精神密不可分的。而她和我们保持至今的这份情义，彼此心领神会，关爱有加，很大程度也是缘起于当年教学中她对每一个学生的高度关切，包括课堂上每时每刻的息息相通。那么，在此意义上，我们的"情感共同体"，原本就是植根于当年课堂上的"教学共同体"，而何老师始终就是这个师生共同体的灵魂人物。

2016 年 11 月，何老师和学生外出活动时留影

2017 年，机缘巧合中，炼红给 1968 届冯象校友和当年也教过他英语的何老师牵上了线，接着就看到老校友发来的这段微信："六七年冬复课闹革命，全班 abc 忘光，成了野孩子。课讲不下去了，何老师狼狈不堪，最后用英文问我，我说我也不记得了。下课她把我叫到办公室，眼里噙着泪说，你不会骗我吧，真的忘了？后来在乡下，何老师的这句话和责备的眼神，就一直鞭策着我的自学。"

访谈中又提及此事，何老师哈哈笑道，这都 50 年前的事啦，我早忘了，冯象记性真是好！

2018 年 6 月 10 日

［校友简介］

俞励，1984 年至 1990 年就读于华东师大二附中。后赴美读书，获得卡耐基梅隆大学信息网络专业硕士学位。曾在摩根斯坦利工作 11 年，2011 年回到上海，在协和国际学校任代课教师。

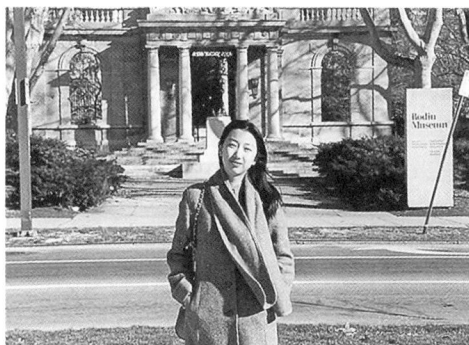

一日为师终生友

——胡立敏老师采访记

邵子剑　王伊冰（2009 届高中）　杨宇潇　杨　筝（2010 届高中）

［教师简介］

胡立敏，1968 届高中，1978 年师范专科，1984 年大学本科毕业，2000 年研究生课程班结业。华师大优秀共产党员，中学高级教师。1993 年浦东开放首聘外省骨干教师。做过重点高中语文教师、教研组长、校长、区语文核心组、高考阅卷作文组组长。2001 年调入华东师大二附中，担任班主任、毕业班语文教学。2012 年参与紫竹校区创建。2005 年任"晨晖"指导教师至今。

距离我们最后一次以二附中在校生的身份沐浴在操场的夕阳余晖里,已经快十年了。十年可以改变太多的事了。校门口的大片芦苇丛变成了幢幢大楼,曾经同窗的青春眼眸里开始多了几分淡定与从容。

直到今天,我们又一次聆听了老胡的教诲。我的脑海里浮现出一句诗:"月影临江须臾改,只清辉、千载何曾易。"

在变化的时代、成长的岁月里,是什么在慢慢沉淀,历久弥香?

情深·语文教学

老胡教语文,教出了语文的情趣。在课堂上,他能够带领学生细腻地品读语文的内在之美,也能将语文和历史、现实生动结合起来,使语文学习充满了趣味。老胡觉得,在课堂上,他并不是高高在上的师长,而是学生的同道者,要和学生一起成长。他和学生们一起读、一起聊、一起玩,时而意气风发,时而忧思满怀,时而睿智犀利,时而温情细腻,带给同学们难以忘怀的欢笑与感动。虽然教学任务繁重,但他对待每个学生都非常用心。我们的作者团队之一杨筝对此印象颇深。杨筝很喜欢语文,但高三有段时间写作文总不得其法,心灰意冷之际便按照"应试套路"草草交差。老胡一眼看穿,大笔一挥,"杨筝是能写出点什么的人!"这既是对杨筝写作态度不露声色的批评,也是对其语文基础的肯定和激励。杨筝见后暗自羞惭,积极调整心态,对症下药,最终在语文高考中取得了优异成绩。时隔多年,这件小事让她始终印象深刻,感念师恩。

不过,在老胡看来,教好语文并不容易,因为学生的笔触与理解和他们的成长经历有关,需要予以充分尊重和理解,一味要求学生写出脱离自身经历的深刻,无异于空谈论道、童子操刀,反而容易误入歧途。因此,语文老师在其中扮演的角色尤为关键,需要主动将自身生活的经历和对事物的看法分享给学生,使学生学会从自身经历中挖掘丰富素材,从不同的角度予以思考和审视。同时,也需引导学生去体会揣摩中华文化的情怀,去品味共赏语言本身的魅力,使这些真正内化到学生身上,化为自身的积淀和底蕴。"大鱼先导,小鱼尾随,从游既久,其濡染观摩之效,不求而至,不为而成。"这种生活的共享与情怀的共鸣,不仅激发学生学习语文的内生动力,也常常培养出超乎课堂之外的师生情谊。

在老胡的教学生涯中,对他影响最深刻的一件事也与师生之"情"有关。那时候,老胡刚刚大学毕业,正在教初中。他们学校一位班主任老师因发现一位男生和一位女生在课上互传纸条,便严厉地批评了他们。学生第二天就离开了学校,消失

语文老师胡立敏

在大家的视野中。这件事令老胡深为叹惋。从那时起,老胡立志做一名与学生互敬共情的师友,要去培养学生、关爱学生、理解学生,做到"导而弗牵,强而弗抑,开而弗达"。

抛弃对于教语文格式化、概念化的理解,老胡认为,要像父母对孩子一般,体现细致的爱、真挚的情,坦诚地与学生交流内心想法。一名好的语文老师不仅要有内涵与思想,更重要的是真实与质朴。所谓"言浅而情深,语淡而味浓",大抵如是。

致道·晨晖实践

二附中 2006 年成立的晨晖社(原名晨晖党章学习小组),是一个同道者的天堂。在老胡的引领下,同学们一起读书,一起实践,通过思想的交锋,晨晖人收获了精神成长与终身友谊。

晨晖社的目标之一,是培养出一批批"青年马克思",投身建设祖国、服务人民的伟大征程中。这其中蕴含着至关重要的一点,便是教会大家如何做人、做什么样的人。这是中国基础教育核心之道,却同时也是当前中国教育普遍缺失的地方。老胡在晨晖耕耘十余载,最希望看到的,就是学生用内驱力完成自我"致道"的征程。

谈起让学生通过自身的内驱力树立个人正确的理想信念,老胡分享了他自身的经历。年轻时,老胡正是由于自身对党的事业的忠诚与认同,积极追求进步与革命,向组织靠拢。时光荏苒,他的热忱未减丝毫,反而愈发醇厚。因此,老胡坚信,理想与信念不能通过教条产生,让自由的灵魂迸发出强大的内驱力,学生的气质也定然与众不同。

因而,晨晖社更加关注学生内在信仰的确立。在二附中,晨晖社承担起发展入党积极分子的神圣职责。不同于枯燥的理论学习与刻板的思想灌输,老胡致力于让

2012 年，胡老师在中共一大会址

晨晖社为学生们提供宽容、自由的思想碰撞空间。通过一次次深入的学习实践与激烈的"论道"，学生找到了灵魂的知音与共鸣，进而燃起对党的热爱与做一名"大写的人"的追求。老胡一直鼓励我们要"敢于摸天"，青年学子要勇于承担自己的社会责任，这句话始终激励着一代代晨晖人在生命征程中打磨独立的思考和追梦的勇气。如今，晨晖社凝聚了一批又一批优秀学子，在对于马列之道、做人之道的纯粹追求下熠熠生辉。

凝思·学校发展

"卓然独立，越而胜己"是二附中的信念，着眼于未来卓越人才培养，着眼于每位学生"全人"发展，为社会培养卓越人才而努力。人文素养、科学态度、自主学习、国际视野……结合时代对于未来卓越人才的新要求，二附中构建起大格局的课程体系，推出了"六个百分百"等综合素质培养计划，为培养卓越人才提供土壤。自二附中迁至浦东的十余年来，老胡一直是追求卓越的见证者与践行者。与二附中同发展、共进步，是他生命中引以为豪的事。

老胡对于"卓越"有着独到的解读。他认为，这是一种傲然天下、遗世独立的气质，又是一种谦逊低调、孜孜不倦的心怀。卓越的发展绝不局限于埋首苦读，更要将学生的成长放在国家和时代发展的背景下，引导学生树立明确的信仰，这也是老胡打造晨晖社孜孜以求的方向。某年寒假，晨晖人通过对闾丘露薇、吴征、陈余民等二附中杰出校友的采访，明确了个人的志向与奋斗的方向；某年暑假，晨晖人实地考察鞍钢集团的工业生产，感受党员同志为 50 万人谋求就业与福利的担当……从不胜枚举的实践中，晨晖人强烈地感受到了共产党员的正能量、社会责任感与正义感，希冀通过点滴努力，去共同实现复兴之路与强国梦想。

展望二附中未来卓越的蓝图，老胡认为国际视野不可或缺。风物长宜放眼量，二附中作为中国基础教育的试验田、示范者，更应敢为人先，应该探索二附中特色课程与国际课程的结合，提高学校的国际竞争力，与世界一流学校并肩前行。

老胡也呼吁二附中人要革除浮躁，踏实低调，做一个内秀的卓越人才。他时常叮嘱我们，要学会沉潜，修炼内功，在社会中找准自己的定位，厚积而薄发。真正的卓越一定是由内而外的，是一种精神的高贵。

期盼·教育未来

老胡退休后，依然心系他所热爱的教育事业，心系二附中和晨晖社的发展，其中不乏深沉的忧思。他说，他是一位"悲观的理想主义者"，用居安思危的忧虑点燃先见的明灯。

老胡认为，在越现代的社会，教育越要"慢下来"，从各方面春风化雨、润物无声地实现个人成长。而今社会太功利和浮躁，不断侵蚀着教育内在的规律和逻辑。他期盼，能有更多老师坚守教育本真，用心浇灌心灵的成长，静待花开。

胡老师和晨晖社同学在一起讨论

对我国教育的未来，老胡所热忱期盼的是文化的觉醒，一种类似于春秋战国时期百家争鸣、西方文艺复兴的觉醒。老胡认为，读书和实践是实现文化觉醒的助推器。读书，要读原汁原味的经典，从原著中品读和领悟先贤的精神。实践，就是要面对面和老百姓打交道，要带着问题意识去深入研究。目前，社会上对学校的高考成绩考核相当重视，学校面临着较大升学压力。老胡说，我们要建立统一、集中、强大的国家，便不应仅仅局限于对高考的刻板考察，更应关注如何在高中教育中播撒下文化觉醒的种子。青年智则国智，文化强则国强。在这其中，二附中应敢为人先、不断探索，成为高中教育改革的领航者。

从某种程度上说，老胡在晨晖社所试图播撒的便是文化觉醒的种子，引导学生树立正确的思想信念：让学生潜下心来阅读经典马列著作，经过真诚而热烈的讨论和交流，切实感受和认同信仰的力量；让学生通过"裤管上常沾泥土"，明白基层工作的艰辛劳苦，懂得基层工作要做细、做实，从磨练中实现人格升华。晨晖社发展至今，优秀的带队老师、学校的资金扶持、广大校友的倾力相助不可或缺。在晨晖社甚至基础教育未来的发展中，老胡希望有更多拥有长远眼光和优异资源调配能力的带队老师不断涌现，为一批批青年马克思主义者的成长提供最坚强的助力和护航。

待春风化雨，十年树木。终凌风傲雪，巨木成林。

2018年5月30日，华东师大二附中晨晖学院成立（第二排左一为胡老师）

二附中晚自习结束的铃声响起，是学生集中学习的散场，我们的采访也告一段落。与十年前相比，老胡明显老了，但那双眼睛依然老道、犀利、毒辣，睿智而充满力量。他背起单肩包，里面装着厚厚一沓晨晖社学生写的稿子。他要拿回家连夜阅读、校订。相逢总是短暂，即使忙碌于同一座城市，我们也大多奔波在各自的生命轨迹里。望着老胡走去换乘地铁的匆匆背影，我们不自觉地莫名感动。告别总是只有一句轻轻的再见，但信念的传承、信仰的践行却重如泰山。教育是什么？只有将老胡说的都忘了，剩下的才是教育。唯愿恩师身体康泰，二附中永攀高峰。

2018年5月31日

［校友简介］

邵子剑，2006 年至 2009 年就读于华东师大二附中，毕业于北京大学，现任职于中共上海市委宣传部。

王伊冰，2006 年至 2009 年就读于华东师大二附中，毕业于上海交通大学，现任职于海通证券股份有限公司。

杨宇潇，2007 年至 2010 年就读于华东师大二附中，毕业于北京大学，现任职于松江区级机关。

杨筝，2007 年至 2010 年就读于华东师大二附中，毕业于北京大学，现任职于上海市公务员局。

天空中有颗叶佩玉星，
照亮我的青春，我的成长

——叶佩玉老师采访记

1997 届高中四班（暨首届全国理科班）

［教师简介］

　　叶佩玉，上海市特级教师，首批正高级教师，普陀区教育学院教研员，上海市特级教师联谊会副会长，上海市普教系统双名工程连续二期化学名师基地主持人、第三期指导专家，上海市教育学会化学教学专业委员会常务理事，华东师大普通高中教育研究所及科教合作研究中心教师培训项目指导专家。曾荣获"英特尔杰出教学奖"（全球首位华人获奖教师），被评为"全国模范教师"、第二届"上海市教育功臣"、"新中国 60 年上海百位突出贡献女性"等，享受国务院政府特殊津贴，拥有一颗以个人名字命名的小行星。

　　叶老师在教学实践中构建了化学课堂上实施探究性教学的模式，形成了有效的师生化学学科创新能力培养体系，培养了一大批全国乃至世界一流的中学毕业生，帮助了一批批中青年教师在工作实践中获得显著提升。她多次应邀在国际化学和科技教育大会上发言，研究成果和论文频频发表于国内外核心刊物或书籍中，并多次获奖。

转眼离开母校已经二十多年了。在二附中度过的高中三年，相信在我们班每个人记忆中都有着特殊的位置。当年 26 名学子有幸考入上海的第一届全国理科班，朝夕相处，同窗共读，结下了手足之情。而在这段经历中最幸运的莫过于遇到叶老师这样一位班主任，在思想上、学习上和生活上对我们关心、照顾、指导和鼓励，无形中也对我们后来的成长起到了深远的影响。

良师慈母

有些同学至今还记得当年初见叶老师的模样：中等个子，衣着朴素，齐耳短发，神采奕奕。叶老师宏亮的声音和爽朗的笑容从见面起就给大家带来了亲切感。开学报到时叶老师告诉我们，学校对我们这个特殊的班级非常重视，缓解了我们大部分外地学生初到上海这个国际大都市时的紧张和顾虑。

叶老师作为一名"金牌教师"，课自然是上得非常好。她讲课时，语速不紧不慢，抑扬顿挫，轻而易举就把大家的积极性调动起来了。再加上思路清晰，板书极有条理，再难再复杂的东西在她的课上也会变得容易起来。这里要特别感谢当时的校领导，除了叶老师，其他课程也都给我们配备了最好的师资力量，很多老师的课都上得特别好。有这样的老师，大家学习确实都特别用功。叶老师给我们定下的班训是"追求卓越、汲取知识、完善人格、增长才干"，在后面的三年里，大家确实也默默地努力把它化为了自己的行动。

但其实叶老师在我们心目中不仅是一位良师，更是一位慈母。说起对我们生活上的关心，轻轻一句无微不至还远不能体现叶老师在我们身上付出的心血。我们 26 个同学中有 22 个来自上海以外的 10 个省市，其余四名上海同学中也有一名住校。虽然二附中向来有很多上海本地的住宿生，但上海同学可以每周末回家一次，而我们这些外地生则只有寒暑假才能回家。当年我们大多还只是十四五岁的孩子，基本都是独生子女，又以男生居多，之前一直有父母的呵护，开始住校后各种生活自理上的问题就自然而然都暴露出来了。比如有些同学从来没有自己洗过衣服，叶老师就手把手地教我们，甚至连何时放洗衣粉，洗完后要漂洗几次也一一示范给我们看。为了让我们养成良好的生活习惯，叶老师要求班级劳动委员每周一次检查大家的手指甲有没有修剪。我们至今还记得劳动委员王勇环绕教室一周，每人伸出双手给他检查的情形。而叶老师回忆起当时我们这些刚离家的孩子生活上遇到的种种困难，也是记忆犹新：

"记得新生报到时，只有一位同学没有父母陪同，是独自来的。记得你们的爸爸妈妈回去时,有的反复拜托要多多关心,有的要求'严加管束',有个妈妈一步三回头直抹眼泪,当时我就特别有感触,深感责任重大,一定要让每位家长放心。后来发现你们这些小家伙,刚来上海真是很多地方都不适应。比如生活起居上,很多北方同学以前是要睡两三个小时的午觉的,到了二附中就只有不到2个小时午饭带午休时间了。食堂的饭菜一开始也不习惯,有同学告诉过我,上海的馒头不好吃,和家乡的不一样。我当时就想,馒头的味道怎么还会不一样呢? 后来我有机会亲口尝一下,还真是不一样。做家务什么的就更不用说了,大家在家里都是宝贝疙瘩,有的同学刚来,到了寝室就直接在床上休息,而妈妈却在挂蚊帐、打扫卫生。后来发现大家好多东西都要教,不要说洗衣服,就是洗脸我发现有的同学耳朵后面都经常没洗干净。"(笑)

1994年8月,军训结束后,摄于枣阳路校园
第二排左一为叶佩玉老师,右一为施文菊老师

慢慢地,在叶老师的悉心指导下,我们也逐渐学会了管理自己的生活起居。后来进大学后和以前没有住校经验的同学相比我们就显得得心应手了。这种自我管理也从生活延伸到学业上,比如当时叶老师让我们每个学期前都定好个人近期目标和长远目标,学期结束后自我检查目标是否达成并修订自己的下一期目标。她还鼓励我们自学一些大学课程,指导我们如何提纲挈领、总结归纳。高中三年应该说是我们改进学习方法,提升学习效率,在学习上由量变到质变的三年,为我们今后大学、研究生的学习生涯打下了扎实的基础。

除了教导我们如何学会自我管理,叶老师也竭尽全力帮我们解决生活上的实际困难。班里有好几个北方同学,为此叶老师特意请学校食堂三餐提供馒头,以便于不习惯每天吃米饭的同学有所选择。有些同学非常懂事,想着家里的经济条件,在

1995 年，同学们在叶佩玉老师带领下开展化学小课题研究

食堂打饭时往往只买一份白饭加一个蔬菜，叶老师知道后很着急，帮忙从学校申请了补助，而她自己也没少接济我们。

记得有一位同学犯了严重的胃病，叶老师帮助找到了很好的医院，做了全套的检查。这位同学的父亲从老家赶到上海来照顾儿子，考虑到他们家庭当时的经济条件，叶老师还帮忙将这位同学的父亲安排住在宿舍。叶老师还几乎每天从家里带专门准备的各种便于消化的食品给这位同学，直到他身体康复。

为了让同学们来到大上海能不受家境影响更好地成长，叶老师向自己当记者的学生黄飞珏介绍了我们班的特殊情况，于是就有深度采访，引起轰动。记得当时上海多家报纸报道了我们这个特殊的班级，还用"梦之队"形容我们班，有的还用了整版篇幅。报道影响很大，地处新客站的上海市农工商心族商厦决定长期资助我们班，公司的中高层经理一对一和班上同学结对子，我们有了"上海爸妈"和"上海弟妹"，更有了定期的社会实践基地。在商厦的资助下，我们能喝上牛奶，有了班服，更有了接触社会、服务社会的机会。在寒暑假社会实践期间，我们早出晚归去上班，学站柜台，做商品宣传和商场保洁等，这些经历和经验都对我们后来踏上社会有很大的帮助。

当然，即使有叶老师尽心尽力的照顾，有时也难免出现意外状况。高二时王亚磊同学打球抢篮板时受伤了，他自己回忆道：

"周末我和同学打篮球，抢篮板时一下子被撞飞了（当时我又瘦又小，却偏爱打篮球），咣的一声倒在地上，左胳膊不会动了。同学们打车把我送到了普陀医院急诊，怀疑是锁骨骨折加大臂脱臼，需要大手术。我记得刚听到医生的判断时，是真蒙了，吓坏了，脑子里转过了无数个念头，感觉要开始灰暗的人生了。那天就在医院等着判决，没过多久，叶老师找到了医院的几个专家会诊，最后确认只是锁骨骨折，没有脱臼，可以自然休养。我就绑着绷带又在宿舍里待了一个多月，绷带绑得身体僵硬，吃饭的姿势都成问题，我基本没法下楼，也没法去上课。辛苦了同学们帮我打饭、做很多事情，我也没少喝老师帮我带来的排骨等各种汤。一个多月养伤的日子，倒成了我最惬意的时光。心里没有畏惧，也没有遗憾，回忆起来却有很多温暖：包括每天坐在那里（绑了"8"字形绷带后主要的姿势就是挺胸的坐姿）听校园广播，看窗外太阳升起和落下，看漂亮的晚霞……"

　　对于我们这些远在异乡的孩子，还有一个困难就是刚来上海时抑制不住的思乡之情。叶老师和其他老师在这上面也没少操心。多少个周末她都是放弃了休息时间到宿舍来看望我们。记得高一开学没多久就是中秋节，学校怕我们想家，时任校长的顾朝晶、书记成以玲和其他一些老师还特地陪我们一起过中秋夜，英文老师俞秀珍也自掏腰包上课时给我们一人带来一个月饼。国庆长假时，叶老师和先生还亲自掌勺，邀请全班留校同学一起去家里过节。第一个学期结束后，叶老师给我们每人的家长写信，告诉家长我们德智体美劳诸方面的发展情况。高一学年结束后，在心族商厦资助和学校领导支持下，叶老师邀请各位学生的家长来上海探望孩子，了解我们的在校生活，共同探讨我们今后的发展，还一起参观了上海的外滩、豫园、博物馆和新建的地铁，让家长可以放心我们在二附中的生活，也可以与学校一起合力教导我们更快更好地成长。

1994年12月，全班同学在叶老师指导下自制西餐，举办圣诞节班级聚餐会

　　叶老师以及二附中从校领导到食堂师傅的全体教职工、上海社会的所有热心人对我们物质和精神上的关心支持，都让我们深深地感恩。慢慢地我们不再觉得上海

是个陌生的城市，反而把它当作了自己的第二故乡。同学们之间也形成了一种不是亲人胜似亲人的手足之情。每年过完春节返校，大家都带着家乡土特产，与同学、老师一起分享。周末节假日的时候，大家还会结伴出去游玩。三年下来，上海不少有名的景点都留下了我们的足迹。有的同学还学会了好多上海话。

开拓眼界

在二附中的三年，也是我们开拓眼界和提升人生格局的三年。叶老师帮我们请到了很多知名学者和专家来班级与我们座谈，比如复旦大学校长杨福家院士、华师大校长王建磐教授、教育家叶澜教授、中科院上海药物所所长陈凯先院士、华东政法大学校长曹建明大法官、陶行知教育思想研究学者叶良骏教授等等名人大师。叶老师也带我们走上社会，我们参观过复旦、交大、华师大等高校的实验室、了解最新的科研动态，也去过化工厂和钢铁厂了解理论是如何与实际相结合的。唐昕同学对此记忆特别深刻：

"现在回想起来，我们是非常幸运的，在中学阶段就接受了一种完全不同的教育，在我们那一代人中绝对是异类。首先没有很多应试教育的压力，其次有社会对一班天才少年的关注，有二附中这所名校及各种社会资源的支持，再加上叶老师这位特别有能力和魅力的班主任，又身处90年代中后期蓬勃的上海，这些造就了一种非常神奇的成长环境。比如我们的思想政治课有一个如此奇特的环节，找一个国际时事话题素材进行分析和讨论，现在看来也是相当先进的教育模式；各种专家学者的讲座，甚至在大学上选修课，我至今记忆犹新的是在华东师大上的图情检索课；各类文体活动，穿胶鞋的张剑同学出演的王二小如此难忘，还有我至今搞不明白我

1996 年 3 月,叶老师带领学生参观宝山钢铁厂(摄于宝钢码头)

们为什么要到商场表演相声，不过确实很 high；社会实践，我人生唯一的一次在商场里卖鞋，半天站下来感觉真心累。凡此种种，现在回望皆是如此奇妙的人生经历。"

其实，叶老师在帮我们开拓眼界这方面倾注了大量的时间和心血，有些细节我们当时并不了解。比如为了让我们能有机会造访复旦大学校长和中科院院士杨福家，叶老师需要设法先亲自登门拜访邀请。她回忆当时的情形：

"别人告诉我杨福家校长很忙很忙，不是那么容易请，我还是想试试看。不认识他没关系，我就请学校开了份介绍信，直接去复旦大学找杨校长，他在开会，我就在外面等，等了三个多小时。终于等到会议结束……"

被问及当时怎么会有那么大的动力请专家、带我们去那么多地方参观学习时，叶老师回忆说当时是这样想的：

"当时我想给你们卓越人才的榜样，用他们的丰富知识和人格魅力来影响、感动你们，让你们有更高的目标和追求。我在国外进修的时候，发现教授们上课最常用的是最新的科研论文，所以我觉得也要让我的学生们多接触前沿的科学。"

虽然我们是理科生，叶老师也不忘提升我们的人文修养。她联系语文老师顾驷驷，设计了一系列班级活动，还取得班里家长的支持和帮助，带我们去走览叶圣陶笔下的苏州园林、鲁迅文中的咸亨酒店、陆游提笔《钗头凤》的沈园、王羲之曲水流觞的兰亭、西施故里诸暨、六桥烟柳的西湖苏堤。我们在游览大好河山，探访人文古迹的同时，自然而然地接受了博大精深的历史文化的熏陶，也无形中加深了对祖国文化的感情。

1996 年 4 月，全班同学参加学校组织的社会考察，参观南京中山陵

如今回想起当年这些经历，唐昕同学的感慨代表了我们很多人的心声：

"我们接受了真正意义上的素质教育，通专兼备，知行合一，自主思考，提出问题并自己寻求答案，拓展视野，认知升级。我认为这种教育经历，相比于我们的同龄人的'应试教育'是有很大优势的。这种优势并非体现在知识和能力层面，而是认知水平的不同，应试教育培养的人目标单一，容易形成认知的窄化效应，在面对目标多元路径复杂的选择时往往无所适从。我的体会是二附中的特殊教育经历，在我后来的人生选择中有非常积极正面的影响，正是不同的认知水平，令我在关键的十字路口选择相对于同龄人特立独行的路。毕竟我们这个时代，努力很重要，选择更重要，不能用战术的勤奋掩盖战略的懒惰。"

人格塑造

除了生活能力和学习方法得到了培养，眼界得到了拓宽，好多同学感觉高中三年的生活更对我们后来人生的人格培养及性格塑造有着深远的影响。高中三年，正是我们价值观，人生观形成的关键期，叶老师的一言一行无时无刻不影响着我们。

好多同学都回忆起叶老师是一个做事特别仔细认真的人。记得叶老师常挂在嘴边的一句话是"凡事除非不做，要做就要把它做好，做出色"。她是这么说的，也是这么做的。班级的大小事情，她几乎都事必躬亲、身体力行、有始有终。

比如二附中一年一度的元旦联欢会，叶老师认为全理班的文艺节目也应该是棒棒的，文艺委员方方搬来了演奏家爸爸的朋友来帮助我们策划排练。作为理科班的学生，我们哪有"文艺细胞"，即使有，也从未被发掘过！我们班人数是其他班级一半，所以几乎得人人上阵，而且都是硬着头皮去排练。每次大家觉得练得都差不多了，叶老师总是会建议我们坚持一下，更完美一点。正是这种对完美的追求，我班的节目每次还都比较出彩。这样的经历让我们从叶老师身上学会了什么新鲜事物都不要害怕尝试，而且永远要求更高，尝试做得更好。

叶老师回忆起当年的情形，也笑着承认对我们确实各方面要求都很严格：

"我觉得我们全国理科班的学生将来个个都应该是国家的一流人才，如果你们不能是一流，那我们的国家未来的希望何在？！如果要成为一流，那是一定要有目标、有追求、肯吃苦、脚踏实地地干的。"

要说一流，叶老师更是以身作则。在二附中任教时，她就亲手指导了多位学生在各类国际学科、科技竞赛中披金戴银，培养的学生中更是群星荟萃。离开二附中去上海市普陀区教育学院工作后，为 20 多个省、市、自治区的中学教师和教研员作培训。在 30 多年的教育生涯中,曾获得"全国模范教师"、"上海市教育功臣"、国务院"政府特殊津贴"等荣誉。我们在祝贺叶老师的同时,也再次感受到叶老师的创新活力和拼搏精神,而这种精神也鼓励着我们为实现自己的梦想去继续拼搏努力。

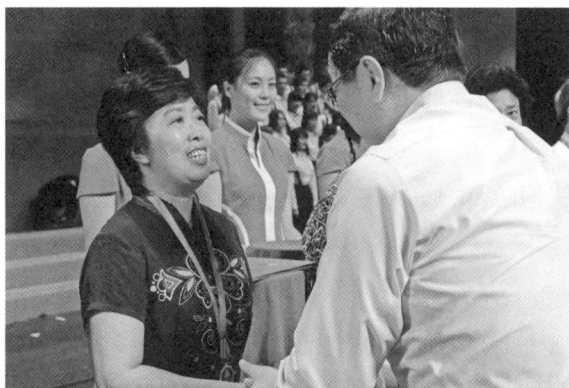

2008 年,叶佩玉老师获得"上海市教育功臣"称号,上海市委书记俞正声为其颁奖

我们从叶老师身上学到的另一个重要品质就是坚持和韧劲,其实也就是二十多年后的今天教育界特别流行的 Grit(恒毅力)一词。既然是全国理科班,学科竞赛一定与我们有缘,但学科竞赛要求高、周期长,需要我们整年甚至两三年的课余时间侧重某一科目孜孜以求。尚处青春期的我们,难免会感到厌倦和松懈,尤其是在遭遇挫折的时候。叶老师总是能在我们精神上最需要支持的时候给我们支撑和力量,和风细雨地谈心,重新激励起我们克服困难、寻求突破的斗志。当时磨练出来的这种精神在我们后来的学习工作生活中都不断体现出来。比如有些同学本科毕业后继续深造,有些同学选择了崎岖不平的创业道路,相信这些都和当年我们在全理班培养出来的坚韧精神分不开。

叶老师性格开朗,永远带着一种乐观豁达的态度,这也潜移默化地影响着我们。当时全班同学来自全国五湖四海,原来在各自的初中都是天之骄子,聚在一起才发现天外有天、人外有人。搞竞赛,也并不是一帆风顺。但从叶老师身上我们或多或少都学会了保持乐观积极的态度。只要我们对一件想做的事认真对待过了、努力拼搏过了,结果到底如何,也并不太重要了。严劲骅同学高二就参加化学奥赛冬令营,虽然成绩优异,但因各种原因未能进入国家队。但他并未为此气馁。他回忆道:

"记得那年出发前,叶老师请我到她家里吃饭。她精心准备了一条鱼,用筷子把鱼头夹到我碗里。她说吃了鱼头会带来好运:她过去的学生吃了鱼头后都取得了理想的成绩。从那以后,每次家里有整条鱼的时候我都会主动要求吃鱼头,一直到现在。我们每个人都为了自己的目标而不断努力，而努力的结果却往往不是我们自己能左右的。我自己在从事金融工作这些年后对这点的体会很深。既然如此，是什么让我们坚持呢？目标是一种动力，也是一个信仰。鱼头本身可能没有神奇的'催化效应'，但是吃鱼头提醒我们在竭尽全力的同时，要用一颗平常心来接受结果。我想这可能就是叶老师让我吃鱼头背后的道理吧。"

叶老师除了教导我们读好书，也不遗余力地告诉我们要学会做人，学会感恩。李文迪同学就回忆道：

"叶老师对于我们的影响有很多，还有一件让我印象深刻的事是叶老师教育我们要知恩、感恩。高中三年，因为我们班级的特殊性以及叶老师的大力奔走，我们获得了上海很多单位和个人的关注，也得到了很多帮助。例如，心族集团给我们提供了社会实践的机会，资助我们的班级活动及开办班级图书角，开展同学们与中层干部'结对子'，并且赞助我们每天的牛奶；华东师大、华政等高校的教授，教育家叶良骏等很多学者来我们班开讲座；社会上也有很多好心人给我们捐款捐物。接受的帮助多了，有时我们会疏忽了对于关心我们的人及时给予回馈，叶老师专门为此批评过我们，教育我们要知恩、报恩，哪怕是写张卡片汇报一下近期的学习成绩，不能伤了帮助我们的好心人的心。谨记叶老师的教诲，如今我还与当年心族集团'结对子'的伯伯保持着联系，时常汇报一下家庭工作的新进展，希望叶老师能感到欣慰。这些知恩感恩的教育，也在毕业后 20 多年里影响着我的为人处事，有时在这方面做得不够好，就不由得回想起叶老师当年对我们的批评，感觉仍像在耳边一样。"

高中三年的知恩感恩教育，确实也影响着我们后来的人生。班级里几位创业的

1997 年 5 月，首届全国理科班毕业照。

同学,事业成功之后也不忘回报社会。比如张剑同学创立纳什空间后,也积极引领环保事业,并在多家高校发起资助未来城市、智能交通等高科技实验室。唐昕同学创立朗润医疗后,积极推动智能医疗,也不忘为边远地区建立医疗扶贫基金、支持贫困县基层医疗设施建设并捐赠医疗设备。而叶老师回忆起大家的点点滴滴也是颇感欣慰:

"有一次遇见了教育部教学指导委员会副主任、北京大学元培班负责人、化学与分子工程学院段连运教授,他告诉我他对二附中毕业的甄剑锋同学印象特别深,说我们全国理科班培养出来的学生'会做学问会做人',我听了特别开心。你们高中毕业后每次我到北京开会,在北京的同学们知道后都会一起来看我,好几次夏东林同学特地为我买好早点,清晨送到宾馆;有一年去美国开会,还是留学生的吴定、严劲骅、黄超相约赶来;另一次夏东林携夫人坐了长途公交赶来宾馆看我,拎着水果和点心,我特别特别感动……总之我现在看到你们在各方面做的成绩感到特别欣慰,尤其是知道你们既学会了做事,又学会了做人,觉得你们没有辜负当年在学校的教育。"

亲如一家

我们这个特别的集体在二附中有着一段特别的成长,而叶老师也把我们当作了她的儿女。除了学习,生活上的各种关心,她还经常跟我们提及她以前的学生如何努力出色的故事,一有机会就让她以前的学生来学校跟我们谈心,鼓励我们以师兄师姐为榜样努力拼搏。那情那景,特别像是一位母亲让家里已经卓有成就的大哥大姐为尚未学成的弟妹们传道解惑。当时看着师兄师姐们个个有所建树,意气风发,心中好不仰慕。我们不禁暗暗期待,有朝一日叶老师会不会也在师弟师妹们面前夸我们,请我们去讲讲成功经验?

期待归期待,有了师兄师姐做榜样,我们读书自然是更加用功了。后来我们知道,在叶老师心中,我们自然也是有着特殊的位置。等我们毕业后,叶老师也是常在别人面前夸起我们第一届全理班的学生。夏东林同学回忆道:

"2005 年夏天,叶老师来美国凤凰城参加英特尔国际科技展览会……傍晚是和叶老师一行一起聚餐。席间,同行的华师大教授听说我是叶老师教的全国理科班的学生,就说,'叶老师经常向我夸起你们全理班的学生,一路上向我们娓娓道来,一个个如数家珍'。虽未亲闻叶老师对我们的褒扬,我相信我们班每位同学应该都可以感悟到,如数家珍是多么生动传神地刻画了叶老师对我们每位同学,如父母对子女般的珍爱与自豪。"

1997 年 6 月，叶老师和同学们在金钥匙校徽下留影

除了拿我们"炫耀"，在我们毕业后叶老师其实更多的却是一直关心我们的成长。在我们人生的各个节点，比如考研读博、出国深造、甚至谈婚论嫁都会给我们提个醒，给我们出主意。李文迪同学回忆道：

"当我是个 20 出头的青年时，叶老师关心我谈对象，还在家里亲自招待我们；当我步入 30 多岁的而立之年，叶老师来到我的工作单位亲眼看看我的工作；最近，有了宝宝，叶老师又把我刚出生的宝宝慈爱地抱在怀里。即使已经从二附中毕业 20 多年，在我人生的各个方面，生活、学习、家庭、事业等等，都仍然能找到叶老师的影子。我想，对于理科班的很多同学来说，叶老师已经不仅仅是一个一般意义上的老师，更像是亲人一样。"

而我们也把叶老师当作了我们的人生导师，相对于父母，有时我们似乎也更乐意跟叶老师探讨事业上人生上各个难点。比如当年的第二任班长张剑几年前创立纳什空间，目前已经做得有声有色，位居中国共享办公行业领军位置。他在决定辞职创业前还专门找叶老师商量，寻求指导，而他怕自己的父母担忧却反而一直把他们蒙在鼓里好几年。李文迪的回忆也道出了大家的心声：

"如今我也成为一名大学教师，有了自己的学生。我时常回味叶老师对我们的教育。以叶老师为榜样，我也努力做到不仅给学生传授知识，也关心他们成长中的各种困惑，帮助他们规划自己的职业与人生。虽然如今的大学对于科研的重视远胜于教学，慢慢地，看着我对于学生人生轨迹的影响，在科研之外我也开始更多地体会到教书育人的快乐。'长大后我就成了你'，虽然自知距离叶老师还相差甚远，我会一直努力像叶老师教育我们一样去教育我的学生。"

因为大家互相之间以及和叶老师结下的亲如一家的感情，高三毕业临别之际，大家在华师大后门枣阳路的一家餐馆聚餐道别。回首三年来的点点滴滴，同窗手足之情、师生母子之情再一次涌上心头。饭吃到一半大家早已泣不成声，每个人都舍不得三年的同窗生涯就此结束，我们齐声对叶老师喊"妈妈，你辛苦了！妈妈，你多保重！"当晚夜深了，大家还在操场旁的露天平台交谈。第二天全班同学和叶老师一起，在上海站送第一批离校的同学踏上回乡之路。有人提到"真想把车票退了再多留几天"，道出了大家的心里话。

1997 年 7 月，叶老师和同学们为第一批返乡的同学送行，摄于上海新客站。

只要心是相连的，再远的路也是近的

这句话是我们毕业留言册上的标题，也是我们 1997 年高中毕业后和叶老师感情的真实写照。20 多年后的我们，大多处于三十而立和四十不惑的人生转型期，但每逢有聚会的消息，大家也都会从全国天南地北、有的甚至跨越半个地球，聚到一起。

2014 年，也就是离我们入校整二十年之际，我们班在上海组织了一次聚会，叶老师也来了。时隔多年，我们见到叶老师时依然那么亲切，叶老师也带我们重游二附中旧址，回味当年读书的情形。2017 年毕业 20 周年，大家拖家带口又在美国旧金山办了一次同学聚会，同学之间自然还是兄弟姐妹，更令人惊喜的是，我们的下一代在聚会的短短几天也结下了深厚的友谊。

2014 年 11 月，叶佩玉老师参加我们入学 20 周年聚会，摄于二附中枣阳路旧址

我们特别珍惜二十多年前和叶老师、二附中结下的那段不解之缘。二十多年后的今天，我们欣喜地发现，我们其实和叶老师、二附中一直在并肩前行：二附中业已迁至新校址，旧貌换新颜，更上一层楼，我们也都为人父母，事业初有成，叶老师更是不忘初心、风采依旧！难忘母校，难忘师恩。值此二附中 60 周年校庆之际，谨以此文表达我们对叶老师和母校的感激之情！

2018 年 6 月 10 日

[校友简介]

由于叶老师工作繁忙、经常出差，全班同学也大多不在上海工作，2018 年 5 月至

6 月，我们通过电话、微信等方式，和叶老师于共同回忆了 20 多年前难忘的高中三年生活，记录成文，以铭师恩。主要供稿人有王亚磊、唐昕、严劲骅、李文迪、夏东林、张剑（排名不分先后），统稿人为蒋静、陆骏。

① 蒋静 ② 王亚磊 ③ 唐昕 ④ 陆骏 ⑤ 夏东林 ⑥ 严劲骅 ⑦ 李文迪 ⑧ 张剑

蒋静，1994 年至 1997 年就读于华东师大二附中。斯坦福大学计算机科学学士（2002 年）、硕士（2003 年），2008 年获得伊利诺伊大学厄巴纳-香槟分校计算机科学博士学位。现任新加坡管理大学信息系统学院副教授。

王亚磊 1994 年至 1997 年就读于华东师大二附中。清华大学控制科学与工程学士（2001 年）、硕士（2004 年）。现就职中国动向集团，任 phenix 品牌中国区总经理。

唐昕，1994 年至 1997 年就读于华东师大二附中。北京大学核技术及应用专业学士（2001 年）、硕士（2004 年）、博士（2010 年）。现任朗润医疗董事长、总经理，独墅联盟副会长。入选国家"万人计划"。

陆骏，1994 年至 1997 年就读于华东师大二附中。华东师范大学化学学士（2000 年），芝加哥大学物理化学硕士（2001 年）、博士（2006 年）。现从事量化金融行业，就职于纽约 Renaissance Technologies 公司。

夏东林，1994 年至 1997 年就读于华东师大二附中。清华大学计算机学士（2001 年）、硕士（2003 年），2008 年获得美国亚利桑那州立大学计算机博士学位。现就职谷歌西雅图分部，任软件工程师。

严劲骅，1994 年至 1997 年就读于华东师大二附中。哥伦比亚大学计算机学士，宾夕法尼亚大学沃顿商学院金融学硕士和博士。现任 Point72 资产管理公司基金经理，宾夕法尼亚大学沃顿金融机构研究中心研究员。

李文迪，1994 年至 1997 年就读于华东师大二附中。后进入清华大学电子工程系学习，于 2001 年及 2004 年分别获得学士及硕士学位。2010 年获得普林斯顿大学电机工程系博士学位，并在美国惠普实验室从事 1 年的博士后工作后，于 2011 年底起在香港大学任教。

张剑，1994 年至 1997 年就读于华东师大二附中。清华大学土木工程学士（2001 年）、硕士（2003 年）。现为纳什空间创始人、董事长。

有一种幸福叫领飞

——何晓文老师采访记

尹荣(1981届初中/1984届高中)

一

　　初夏的一个上午,我与何晓文老师约好了,在静安公园的一家甜甜圈店喝茶。为赶一篇稿子,需要采访何老师,于是就有了这次会面。选在那里,本来只是出于交通上便利的考虑,却让何老师倍感亲切。原来她早年就住在静安公园附近。在自己熟悉的地方对美好往事进行回忆,是一种幸福。我看到内涵着多种意味的喜悦,在她和蔼的脸上慢慢绽放。

2014年3月17日,何晓文校长工作照

母校华东师大二附中 60 周年校庆,师生们讨论决定出版几本书以为纪念,其中一本《师说传薪火》,负责校庆筹备工作的蒋建国老师把采访何晓文老师的任务交给了我。40 年前我受何老师亲炙,40 年后我愉快地接受了组织的安排。我也在想,在《师说》中,应该怎样呈现这位曾在二附中做过 3 年教师,又担任了 15 年 6 个月校长的老师。

草拟了采访提纲,我与何老师约定了时间地点。两人面对面坐在静安公园的这家甜甜圈店里,与其说是采访,毋宁说是一次愉快的茶叙,这话题就从 40 年前的一堂语文课开始。1978 年,她从华东师大中文系来到二附中,给我们初中二班讲起了之乎者也与字词句篇。

二

当年,经著名教育理论家、时任华东师大校长的刘佛年教授推荐,华东师大二附中荣幸地成为教育部直属重点中学,俗称全国重点中学,上海市仅此一家。

扛起教育部直属重点中学这块金字招牌,是需要一定的力量的。刘佛年校长亲自抓中学教材教法改革,与华东师大比邻而居的二附中近水楼台,获得历史性机遇。刚刚考进初一的我们二班与四班就在教育部统编的语文、英语教材之外,额外拿到了华东师大专家与二附中教师讨论研究后另选的教材。英语教材是大名鼎鼎的《新概念英语》,语文教材是老师们自编的非正规出版物,油印的大开本,以文言文为主,很多选自一本影响深远的传统教材《古文观止》。

刚刚大学毕业留校的何晓文,被华东师大中文系主任徐中玉教授派到二附中,与语文教研组的陈亚仁老师搭档,把我们二班与四班列为语文教改的试验田。多年以后,何老师回忆起从 1978 年到 1981 年在二附中担任语文老师的经历,深感这是自己人生与事业上一段非常宝贵非常美好的金色时光。为此,她写了一篇感人至深的文章,叫《和学生一起成长》。

采用新的自编教材探索新的教学方法,没有前人的经验可资借鉴,陈亚仁与何晓文两位老师摸着石子过河。陈老师先在四班试讲,何老师旁听,然后再到我们二班开课。何老师并不满足于依样画葫芦,她在教学方法上开动脑筋,力求有所创新。有一次上到《田忌赛马》这一课,何老师创造性地在黑板上画出一张表格,把田忌的谋略表达成数学上的排列组合关系,让学生们一目了然,旁听讲课的毛校长对此大为赞赏。后来我在大学读国际关系理论的时候,才知道把田忌赛马的谋略画成表格,其实是列出了一个博弈论的矩阵,由此可拓展到大名鼎鼎的纳什均衡,那是一种

1970 年代末，毛仲磐校长和语文组部分教师的合影

后排左起：顾丽倩、戴德英、毛仲磐、徐荣华、顾朝晶、何晓文（右三）、
朱开馨（右一）

用于解决实际问题的很高级的数学模型！

何老师陪伴了我们初中二班整整三年，于 1981 年回到华东师大中文系教大学生，还担任了教材教法组的组长。当毛校长再去师大要请何老师来二附中工作的时候，被徐中玉教授婉拒，那时他舍不得放人了。

多年以后，何晓文老师与二附中的因缘又重新链接起来。1999 年，她竞聘上岗，担任二附中校长，在这个重要岗位上干了 15 年零 6 个月。

三

与何老师喝茶谈话是在静安公园的一家甜甜圈店。一本她为二附中 50 周年校庆编著的书，又把我们的回忆带到 10 年前。当时她在校长岗位上，正拿出一张靓丽的成绩单为学校庆贺五十大寿。在她担任校长期间，二附中走出困境迭创辉煌，学校的社会声誉点燃了校友们的热情，50 周年校庆办得红红火火。

我有幸被何老师钦点，承担 50 周年校庆纪念册的设计排版工作，由此也了解到不少母校在新时期发展道路上的故事。

何老师之所以会竞聘上岗出任校长，当然与当年做了我们 3 年语文老师有关。这段工作经历，在她血脉里植入了所谓的"二附中情结"。她一直认为二附中的老师、学生都是很优秀的，而且依托华东师大这样一所在全国师资培养上很有影响力的大学，二附中理应成为一所走在前沿的标杆性学校。二附中在上海的中学中资历不算老,但已经有过骄人的辉煌。特别是1984年的那场高考,二附中递交的那份答卷,迄今为人啧啧称道。不过上海的其他一些中学名校也在比学赶超,到20世纪90年代末期,二附中的领先优势已经不太明显了。极具创优精神的何晓文心有不甘,她决心在校长岗位上做出成绩,带领二附中再创辉煌。

在我最初的记忆里,何老师讲话条理分明,语调抑扬顿挫,是一位优秀的语文老师。在50周年校庆筹备活动中,我所认识的,是因治校卓有成效而被评为上海市特级校长的何晓文。

2002年东迁浦东,二附中开始了又一次的腾飞,得到浦东新区政府的大力支持,作为校长的何晓文也有了更充足的底气来推行她的治校新政。1999年2月她刚坐到校长位子上的时候,学校正面临不小的挑战,过去比较僵化的体制使学校出现了人才流失的状况。具有一定人脉资源和极强公关能力的何老师,通过一连串"穿梭外交",争取到各种社会资源,很快带领学校走出财务困境。上海市教委和北京国家教委的相关负责人,都折服于何校长的坚定与坚韧。在符合政策规定的前提下,何校长也善于以资源换资源,为学校的进一步发展筹措到充足的物质储备。二附中校友,时任上海市副市长周禹鹏主管浦东区开发工作,正想为张江高科技园区引进一所高质量的学校,愿意为二附中落户浦东开出优渥的条件。有了浦东区政府的物质支撑,学校给每位教师配置一台新款戴尔电脑。何校长等学校领导想方设法解除教师员工的后顾之忧,通过提供班车接送服务、提升工资、解决住房、安排教师的孩子就近入学等一系列措施,让教师们安心工作,把更多精力投入到教学工作上。

何校长前瞻性地认识到,要带领大家一起为二附中重创辉煌,物质储备是必要

2011年5月,国务院参事、北京人大附中校长刘彭芝(左二)等参观创新实验室

条件,人才储备是充分条件。名师出高徒,优秀的学生往往是优秀的老师带出来的。如果没有一支高水平的教师队伍,很多学生的潜能将不会被及时发现,不会被充分挖掘,也许就再也没有机会闪闪发光。

何校长敢于突破原有体制的束缚,受交响乐团设置首席小提琴手这一特别岗位的启发,二附中建立了首席教师制度,在激发教师自我提升创新教法方面取得良好效果。学校还对对辅导学生在竞赛中荣获金牌的老师奖励 10 万元,以高薪和优厚的福利条件从外面延聘名师。一系列制度创新,有效地激发了优秀教师的积极性,为二附中再创辉煌打下了坚实基础。

与何校长的茶叙在欢愉的气氛中进行。我们几乎无话不谈,但谈话的核心主题离不开教育的本质,离不开探寻让孩子自我完善的方法。在叙述二附中的辉煌之外,我更想让大家在阅读这篇简略的文章时,分享到何校长从职业生涯中收获到的那份满足与幸福。著名心理学家马斯洛的层级理论阐释得很清楚,人类最高层次的心理需求是自我实现。在带领二附中迭创辉煌的过程中,何校长在不平凡的经历中获得的成就感,可以浓缩为马斯洛心理学理论阐述的那四个字:自我实现。

50 周年校庆的时候,上海教育出版社推出何老师编著的一本书,书名叫《有一种智慧叫创造》,里面详实地总结了她在校长岗位上所做的工作和二附中所取得的成就。她说,二附中的辉煌是全体师生一起创造的。茶叙时,何老师提到,她非常感激领导班子中的其他同事,他们出色地分担了大量重要工作,她特别提到时任二附中的党委书记李志聪老师,思维缜密,行事稳健,使她能集中更多精力主抓教学创新。放开手脚抓教学创新的何校长,带领二附中的老师,在全方位挖掘学生潜能上经过不断实践,总结出一套有中国特色的菁英教育理论。这套理论对整个中国社会深化认识"回归教育的本质"这句话有着重要的指导意义。

在何校长主导下,二附中开创出"六个百分百"模式,即百分百的学生在校期间做 100 课时志愿者,百分百的学生参与"小课题研究",百分百的学生选修学校开设的百余门选修课,百分百的学生参与社团活动,百分百的学生在校做 100 个实验,百分百的学生学会游泳。这项系统工程的建设,使学校对孩子的培养跳出唯分数至上唯升学率至上的狭隘框架,让"回归教育本质"这句话有了实际操作的方法,也为学生的全面发展提供了机会和条件。

六个百分百工程所创造的效益是全方位的。因自主科研取得骄人成就,二附中迄今已有 3 名学生的姓名被国际组织用于命名新发现的小行星。在浩瀚天空上那 3 颗飞速航行着的小行星,就是二附中教育创新的见证,就是有二附中特色的菁英教育模式成功的象征。

四

2014年8月,担任了15年零6个月校长的何老师,从岗位上退了下来,为教育事业,她已经超龄服务了。但她没闲着,把在二附中担任校长时期积累起来的宝贵经验和总结出来的治校思想带到了新的职场。在位于嘉定的华二初中,她又一次坐到了校长的位子上,在教书育人这片田园上继续耕耘,精神百倍,乐此不疲。很多年前有一部很受欢迎的小说,名字叫《工作着是美丽的》。因为工作着,自信与责任感就不会从身上退失。自信与责任感使她永葆青春。

2012年,何校长在华二初中开学典礼上致辞

何老师是上海市特级校长,曾获华东师大教学优秀奖,上海市教师继续教育优秀教育奖,她主持了多项教育部和上海市教育科研课题,出版了大量专题论著。2017年,何晓文老师被评为中国教育名人。在何老师获得这一中国教育界的至高荣誉后,我们初中二班的同学们与她小规模地欢聚了一次。

在自己热爱的事业上取得这么多成就,自然会对自己的人生感到满意。何老师谦虚地对我说,有些桂冠的分量过重了,自己的成就与之不相匹配,那对她是一种过誉。其实她是当之无愧的。

在这篇为二附中60周年校庆而撰写的文章里,如果要把何校长带领二附中创造的辉煌一一罗列出来,篇幅肯定超标了。大量详实的资料在二附中的官网上,在互联网的新闻链接上都能查到。晨晖社的学弟学妹们在采访何校长与李校长的报告中,也已经记录得很详细描述得很生动了,就不必让我在此啰嗦了吧?其实我更想告诉大家的是,在我眼里,何晓文老师是一位有社会责任感和前瞻性思维的教育家。

2018 年,华二初中毕业典礼,何校长给毕业生发证书

访谈勾起的是非常美好的回忆,在我和何老师茶叙的当口,时间在轻快地溜走,像初夏一些植物飘散的花絮,轻盈而芬芳。但中间有那么一个短暂的时刻,何老师的眉眼间冒出一丝忧虑。她认为我们社会逐渐形成的某种阶层固化的趋势,正在阻断一些家庭条件比较差的孩子们的上升通道。近年来,从与她的交流中,我越来越感受到,把她视为一名优秀的教师和出色的校长,可能是有点狭隘了。何老师是一位有社会责任感和前瞻性思维的教育家,她对社会大势与基础教育事业的开拓空间之间的关系,有着超常的敏感和准确的把握。她心中的理想,不仅仅是办好一所学校,培养好一批优秀学子,更是要通过实践探索出系统化的推动孩子全面发展的教学方法,让这些实践与理论的成果与全社会一起分享。她想看到的是,学生们满怀希望,非常阳光地行进在成长的道路上。

当讨论起如何借鉴国际先进的精英版办学理念时,何老师特别提到著名的伊顿公学的导师制给她留下深刻印象。国际名校的老师花在传授课本知识上的时间是整体教育工程中很少的一部分,他们没有通过拼命刷题来提高学生成绩,更不会把考试分数当作衡量学生的唯一指标。学生的人格培养,是校长与教师极其关注的事情。强健的体魄,坚韧的意志,强烈的社会责任感,团队合作精神,独立思考的习惯,诚信,友爱……那些国际名校的校长与教师,骨子里就把帮助学生自觉追求全面发展当作自己的义务与责任。

在与国际名校交流中,有两件事让何校长特别感慨。一件是这样,一位负责接待中国客人的老师一脸严肃地告诉何校长,他必须中断接待,花 15 分钟时间去紧急处理一件棘手的事情。原来这位老师获知某个学生在一件小事上撒了谎,他觉得不

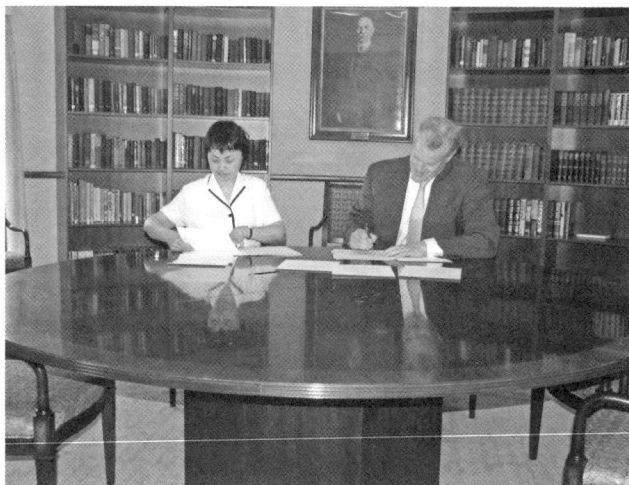

何校长给此照的说明：2007 年 7 月，在美国 PEDDIE 中学，与时任校长的 GREEN 先生签署《华东师大二附中与 PEDDIE 中学合作交流协议》(PEDDIE 中学是在美国排名第十的私立高中，我们把他译为"培德中学"，而培德中学的师生把我们称为"EFZ")

抓紧与学生交流思想及时交流解决问题是严重的失职。另一件事是，孩子们在学校报名参加的体育运动队名目之多，在训练与竞赛上花费的时间之多，都是我们难以想象的。极大的运动量，不仅让孩子们有健康的身体，更有助于他们拥有追求胜利的坚定意志，不畏困难的坚韧精神，乐于合作的团队意识，这些要素对学生今后人生发展的重要作用，远远不是中考高考的高分所能代替的！

初夏那个上午的茶叙所引出的话题，远非这篇短小的文章能够承载。

五

何老师有两段话讲得很直白，也很大气。她说：

"作为一校之长在推进一项工作时就要想到下一项工作，把各项工作无缝对接起来。人在吃着碗里的时候，就要看着锅里的，锅里没有了，下一碗就没有可盛的了。既要看着锅里的，还要想着田里的，田里没有了，锅里也就没有什么好烧的了。一名领导者干着今天的活儿，就要想着明天的事儿，同时还要谋划后天的计儿。这样才能保证学校稳步的、可持续的发展。"

"构建国家创新体系，提高全民族创造能力，这是保证我国在下一世纪知识经济的竞争中立于不败之地的最重要措施。共和国的决策者认识到了这一点，社会各界的有识之士也认识到了这一点。作为教育工作者，我们更清楚地认识到：教育在国家创新体系中承担着人才准备的重要任务。"

我想把何晓文老师称作一位有社会责任感的有前瞻性的教育家。受何老师编著的那本书《有一种智慧叫创造》启发，我把这篇文章的题目定为《有一种幸福叫领飞》。

老同事久别重逢(左起：曹康绥、陈亚仁、何晓文)

我和何老师约定了，忙完校庆 60 周年的事，再好好聚一次，我会叫上一些何老师当年教过的同学。还有很多人生的美好，等着大家从记忆的盒子里取出来，一起分享。

互相点燃美好的回忆，也是一种幸福。

2018 年 6 月 5 日

〔校友简介〕

尹荣，1978 年至 1984 年就读于华东师大二附中。1984 年以文史类全市第二名的成绩考入复旦大学国际政治系，以三年时间跳级完成本科学业。现从事中外文化交流，担任多项国际艺术展览策展人，在专业刊物发表艺术评论数十篇。

耕耘本身是一种幸福

——蒋建国老师印象

尹荣（1981届初中/1984届高中）

［教师简介］

　　蒋建国，1978年华东师大物理系毕业，任教于华东师大二附中。1995年至2015年任学校党委副书记兼工会主席、进华中学校长、华东师大张江实验中学校长。中国教育学会中学德育专业委员会第三届理事会常务理事，上海市中小学心理协会校长书记专业委员会理事，上海市实验性示范性高中德育管理专业委员会副主任。多次获得区、校园丁奖和优秀教育工作者称号。2006年荣获全国中学德育研究成果评选优秀组织奖，上海市唐君远奖教金一等奖；2007年荣获"2007年度全国小公民思想道德建设实践创新活动先进个人"；2009年荣获上海市园丁奖；2009年全国学校德育管理先进个人；2010年荣获"上海市关心下一代工作先进工作者"；2011年荣获"上海市育德之星"称号；2018年又荣获上海唐君远教育基金"杰出获奖教师君远奖"。

一

人生大致如此,当下是一台彩色打印机,一页页透明的未来从一头进去,从另一头吐出正在定格的鲜活与斑斓。回忆往事时,日常的琐碎早已褪色,为数不多的生鲜场景却会让人产生昨日再临的幻觉。

4年前,借助移动互联网的强大功能,二附中高中1984届的同学们遵循协商民主原则,把高中毕业30周年纪念活动组织得精彩纷呈、活色生香。聚会日期特意选择复活节前后,让定居海外的小伙伴们利用假期飞回青春的芳草地,一起走走金沙江路老校区,看望当年的任课老师,掏出珍藏的回忆共同分享。

作为活动策划组成员,我被分配到活动中的一项重大工程,设计编排活动纪念册。苹果电脑现代感超强的屏幕上,师生们奉献的文物级老照片正在列队,指点平面设计师让它们一一在页面上妥帖就位,在我是一段难忘的人生时光,细碎而迷人。看见初中的班主任物理老师蒋建国的老照片,耳边响起他那熟悉的嗓音。

很多师生已整整30年没见过面了,重逢时,那份兴奋与激动,在个人生命史上值得用粗体字凸显出来。老师们获悉很多学生不仅没有辜负自己当年的希望,还有令人喜出望外的成就,眉眼间掩藏不住浓浓的欣慰与喜悦,那将成为他们晚年最好的心灵保健品。

除了分头看望老师并送上精心挑选的礼物,师生们合影留念、共进午餐和向老师敬酒祝健康长寿等一系列规定动作之外,一台拥有自主知识产权的文艺汇演把活动推向高潮。师生们都惊讶到瞪大了眼睛合不拢嘴,当年埋头书本的少男少女,想不到竟然在才艺表演上也很有两把刷子。同学们别出心裁自编自导自演了一台情景喜剧,把当年校园生活略带夸张地搬上舞台,其中一个场景特邀蒋老师扮演了他当年的自己,略带威严地批评调皮捣蛋违反纪律的学生道:

"怎么老讲老不改?"

二

1978年,蒋建国老师从华东师大毕业后被派到二附中教物理,在中学教学仅有一年工作经历的他就接手我们1978级初二(2)班担任班主任。当时他还很年轻,经常穿一套绿色军便装,身材清瘦,行动干练,特别强调纪律性和集体荣誉感,很容易让那个时代的学生把他的形象与雷锋同志或者南京路上好八连战士重叠起来。

蒋建国老师的"雷锋照"

"我记得 1970 年 5 月 17 日出发赴黑龙江生产建设兵团,这是那年春天拍摄的。那时还没有直接拍彩色照片的,这是拍摄黑白照片后人工着色的彩照。"(蒋老师撰写的图片说明)

　　担任过我们初中二班两年班主任的蒋建国老师,对全班同学的精神成长和人格发展尤其关心。也许因为他对待学生爱之切、责之严的缘故吧,十二三岁的孩子们多半是很调皮的,背地里就给他起了个绰号:老蒋。每当蒋老师眉头一皱批评捣蛋违反纪律的学生"怎么老讲老不改",大家就会捂着嘴呲呲偷笑。他们私底下早已把"怎么老讲老不改"篡改为"怎么老蒋老不改",用以调侃这位年轻的班主任。

　　20 世纪 70 年代末 80 年代初,中国正处在一个百废待兴、而今迈步从头越的历史时刻,从二附中领导和老师的角度来看,无论是新时期的基础教育,还是当时从我们这一届入学开始承担的中国特色菁英教育路径探索,都在节奏上与国家的发展高度吻合:摸着石头过河,没有现成的模式可资参照。

　　从早年自身的社会阅历出发,后来被提升为学校德育指导思想的设计,正在蒋老师活跃的头脑里萌芽。他觉得把学生封闭在书本与课堂里,不利于孩子们世界观与人生观的良性发育,应该让他们有接触社会的实际体验。

　　蒋老师擅长实干,初中二班的主题班会和走出校园活动因此开展得风生水起。回到当时的历史条件,把那些集体活动场景一一剪贴在屏幕上,就像观看有着一道道雨丝的黑白老电影。20 世纪 70 年代末 80 年代初,人们拥有的物质条件与今天不可同日而语。大家穿着简朴,表情坦然,眼神清澈。师生们身上洋溢着纯真的理想主义精神,笑脸就像当年的黑板报报头,单纯而可爱。当时流行的朴实的浪漫主义歌曲,在他们唱来没有丝毫表演的痕迹;在公园里合影留念的时候,少男少女们还不懂得摆拍。

聚会的时候，当高中毕业 30 周年纪念册发放到师生们手里，大家迫不可待地翻阅起来。蒋老师非常自豪地指着那些珍贵的黑白照片说：

这是我们班的主题班会"迎接八十年代第一春"；

这是我们全班去松江方塔公园那次哦；

这是我们到浏河的场景吧；

这是我们的中秋赏月晚会；

这是我们去苏州的那一次……

老照片上学生们稚气未脱的笑脸是那么熟悉，翻阅着纪念册，蒋老师眼睛里闪耀着幸福的光芒。

1979 到 1980 年间，1981 届初中二班活动留影
上图在松江，下图在苏州（后排右五为蒋老师，左五为作者尹荣）

三

1978年我们考进二附中初中,恰逢一个特殊契机。经著名教育家华东师大校长刘佛年推荐,二附中成为全国为数不多的教育部直属重点中学(当时初高中一贯制),二附中把上海各区的一些菁英学生集中起来,领导与老师们抓住这一历史性机遇,摸着石头过中国的菁英教育这条不知深浅的河。

6年以后,没有辜负领导与老师的期望,这批学子在1984年的高考中创造了一份辉煌,出了上海市理工、文史、外语类三名状元,还有文科班囊括了全市前6名(含文史、外语两个第一名)这样的骄人战绩,一时成为社会热点。很多年过去了,当年的领导与老师一提起1984年的那场优胜,依然如沐春风,笑如春花。

其实,这场高考的优胜不是二附中教改成功的唯一指标。二附中各届学子,在此后的人生发展道路上,交出了很多靓丽的答卷。就我们这一届,堪称功成名就、位居行业精英的也为数不少。但当翻开纪念册的时候,相对那些头衔与身份、荣誉与奖牌,大家更珍惜的是共享了青涩年华的美好,那情感中的阳光,生命中的温度。

相比考试与竞赛排行榜上的名次,同学们更兴奋地回忆起的是宿舍里卧谈会的话题,回忆起某个学生骨折病假时蒋老师骑自行车去给他补课的情景,回忆起犯了错误被蒋老师严厉批评的尴尬(免不了又要模仿一句蒋老师的口头禅:怎么老讲老不改),回忆起黑白照片上那些青涩的模样和略显土气的衣装⋯⋯

如果当年蒋老师没有为我们创造机会走出校园接触社会,师生们就不会有这么些生动可爱的青春回忆了。失去那动人的笑脸,质朴的眼神,我着手设计编排的纪念册也将会减损很多光彩。

在物质相对匮乏的年代,蒋老师通过总务处借用了学校的大卡车和司机,把几条木板凳搬上大卡车,用劳动车间的金属水桶灌满冷饮水,带着初中二班全体学生走出校门,考察社会。同学们一路上叽叽喳喳,欢声笑语,以典型的80年代新一辈的表情与造型,在黑白照片上给自己留下一份青春档案。

毫不夸张地说,二附中的老师大多很优秀,当年与华东师大连为一体的二附中校园有着浓郁的求知气氛。如果没有蒋建国老师担任我们初中二班班主任,我们还是会在考试与竞赛中取得骄人的成绩,但我们的青春档案就不会如此丰满而鲜艳了,我们的人格成长也会因书本与课堂的局限而有所缺失。

蒋老师用心安排的主题活动,构成了我们初中二班珍贵的集体记忆。多年以后,老同学的聚会活动开展得活跃而频繁,蒋老师只要有空几乎逢会必到。我想他一定也从同学们的凝聚力中采撷到了自己事业的某种成就感。

四

从教 40 年，蒋老师称得起二附中的元老了。他担任过二附中教导处、总务处、党总支、工会等诸多部门的领导职务，退休还继续负责退管会，前前后后这项工作干了 20 多年，深得全校老教师的信赖。此外他还担任过进华中学的校长、华东师大张江实验中学的校长。这一系列工作需要全方位、综合性的领导能力。蒋老师之所以能迎接不同岗位的挑战，并且能把各项工作开展得细致深入，卓有成效，我觉得与他善于主动学习与一贯竭诚实干的行事风格有关。当然，更重要的是，他对学校、对教育怀有深厚而持久的感情，时时处处以大局为重，不计较个人得失，因而总能全身心投入到每项工作中，任劳任怨，甘之如饴。

2000 年前后的春节，蒋老师拜访毛仲磐校长

在母校即将迎来 60 周年校庆之际，受学校委托，蒋老师又全力承担起校友会与校庆筹委会的重任。由于时间紧，任务多，加之涉及面广、头绪繁杂，其间每一个项目、每一步推进都需要大量的沟通、协调与统筹工作，相当耗费时间和精力。但是不管面临何等繁难的情形，蒋老师都能处之泰然，兵来将挡水来土掩，以极大的耐心带动秘书处校友把各项工作开展得有声有色，并且在广大校友中产生了很好的反响。在此过程中也充分展示出二附中人特有的凝聚力，从而更激发起大家再接再厉的信心和热忱。功成不必在我，而功力必不唐捐，蒋老师又以其智慧和行动给予我们新的教益。

进入筹委会秘书处的我随之又多了与蒋老师接触的机会，对他40年教学生涯有了更多的了解。特别是在此前不太了解的德育实践及研究领域，我也看到了蒋老师为之付出的努力和取得的成效。

无论是从中国传统文化的精髓，还是从现代教育思想的核心出发，我们都会面对一个根本性的课题：教育，从来是教书与育人两面而一体的系统工程。在社会思潮偏于急功近利的大环境下，社会资源与人们的注意力会更多倾向于教书的一面，忽略育人的一面。在二附中这样一个经常把直升名校与竞赛得奖视为崇高荣誉的重点学校，社会资源与人们的关注向智力发展、技能培训倾斜的趋势尤其明显。能否把育人这件看似吃力不讨好的任务抓出实效，就是蒋老师面对的挑战。

说起大道理的时候，谁都会唱高调，但在实际运作中，德育却很容易被演化为空走形式。蒋老师负责主管学校德育工作，抓住青春期学生的特点，强调学生的"自主教育"和"主动发展"，从单一的"看管""育分"的怪圈中走出来，回归教育的本真。在理科班试点之后，取得明显成效，随即在全校全面推开，使得"主动发展"成为学校师生的一种行为理念。良好的概念设计，须经过切实可操作的手段才能落地。通过不断实践，他总结出一套系统的方法，避免了在这一领域容易出现的空洞教条和三分钟热度等常见弊病。

2008年上海市中小学心理健康教育首届科研论坛在我校举办，蒋老师代表二附中发言

作为一项复杂工程的实际操作者，综合能力与调用社会资源的本领不可或缺。蒋老师突破校园围墙的局限，多方调用社会资源，有效助推学校德育和党建工作的开展。蒋老师的先进事迹，在上海市教育系统关心下一代工作委员会推出的《情系教育 爱心奉献》一书中也有详细的记载。按照蒋老师的实践体会，就是把理念之

"盐"融化在现实之"汤"里。例如,神舟五号飞船上天这一重大新闻在全校学生中掀起一股航天热,蒋老师把酒泉卫星发射基地刚离休的基地副司令员刘庆贵少将请来学校作报告。刘将军从卫星原理讲到飞船上天,从杨利伟突破性的成就讲到航天员的刻苦训练和团队合作精神,从我国航天技术发展进程讲到科学创新,三个小时的报告,学生们聚精会神,听得津津有味,效果出奇的好。

一段时期以来,受大环境影响,难免出现一些"高分低德"现象。为了引导学生走出误区,蒋老师与学校领导都认识到德育不能游离于学习工作与生活之外,必须与师生的日常生活相结合。德育是一种无痕的教育,就像融化到汤里的盐,无处不在又不露痕迹。这个要求是有点苛刻的,要求教师员工从日常行为做到以身作则,让学生们在日常接触到的各种细节的打磨下把德育理念化入自己的行为规范,而不是停留于背出一长串警句与格言。

如今我也是一名初中生的父亲了,我深深体会到,青春期的孩子,在人格形成过程中,从身旁那些成人的一言一行与价值取舍中受到的影响,往往超过墙上的标语口号与书上的名人名言。

在此意义上,默默体会蒋老师在校友会和校庆筹备工作中给予我们的教益及其影响力、感召力,不也正可以让人从中获得更深切的理解和领悟么?

五

多年主管学校的德育工作,蒋老师概括出这样一条方针:让学校德育成为教师育德的自主行为、学生发展的主动追求。

他设计出各种贴合学生年龄特点的行动方案,把抽象理念落地到日常行为。担任信息学科教学工作期间注意用任务驱动的方法组织教学,将计算机知识和发明人物的故事串联,不仅提高学生的兴趣,而且使其确立将来从事计算机和信息学的研究方向,为国家效力。蒋老师指导的李万均同学在 1994 年第六届国际信息学奥林匹克竞赛中荣获金牌。他在担任班主任工作期间,充分发掘民俗节日中所蕴含的德育资源对学生进行民族精神、爱国主义等教育。他指导学生完成的主题班会,作为高中德育实践的一个范例,由上海电视台现场录像并播出。

当代城市学生长期身处社会安定、生活平顺之中,充分享受着现代科学技术进步成果,面对各种社会思潮的纷至沓来,缺乏足够的心理准备与调适能力,由此产生了众多心理问题,有的甚至酿成难以挽回的后果,给自身、家庭、学校和社会带来了诸多负面影响。如何解决这一问题?蒋老师于 2011 年 2 月提出并申报了《高中学生心理自主调适能力研究》课题。课题获得上海市教卫系统思想政治工作研究会批准为 2011 年度上海学校德育实践研究课题。

这项课题重点开展了二附中学生自主调适心理水平、已有突发心理事件、影响其自主调适能力的因素等调查研究和相关文献研究，并产生了可喜成果，例如，对 90 后人格发展水平的调查，产生初步结果；组织全体学生对"华东师大二附中学生形象"的五个关键词诸如"视野、胸襟、气度、品位、学养"的大讨论，征集到不同认知水平的修饰语与限制语，并组织教师学生进行概括和提炼；设立"导师制"师生组合，更贴近学生做好育德工作；探索设立"导生制"，以提高育德活动的有效性；对全体班主任与导师们进行高中学生特异心理的研究，共同探索心理干预的适时、适度性，等等。

2003 年 6 月，蒋老师(中)带领青年党校学员参观党的一大会址

2012 年暑假，延安杨家岭，蒋老师和胡立敏老师(左二)带学生参观党的七大会址

了解到现在的孩子不太愿意听空洞的说教,而更乐意参加社会实践活动,在现实中获得感悟,蒋老师结合二附中"六个百分百"育人体系中每个学生在高中三年完成 100 小时志愿者服务工作,组织学生们到一大会址纪念馆、上海科技馆担任讲解员,也组织学生进社区为孤老提供服务,让孩子们在社会实践中深入考察社会,领会个人与社会的关系,懂得人生的价值在于奉献。

正写着这篇《蒋建国老师印象》,我很自然地在脑海里把以上的文字转换成动态画面。我的脑海里,当年带领我们走出校门考察社会的蒋老师,与新时期带领师生共同践行德育教育的蒋老师,成为叠影。与 30 多年前初中二班的班主任相比,如今的蒋老师有点发福了,头上也增添了不少白发,但他亲切的微笑依然温煦如春。

就以蒋老师的一句座右铭结束这篇拉拉杂杂的文章吧:

耕耘却不期待繁茂的绿茵,

因为耕耘本身是一种幸福。

2018 年 5 月

[校友简介]

尹荣,1978 年至 1984 年就读于华东师大二附中。1984 年以上海市文史类第二名的成绩考入复旦大学国际政治系,并以三年时间跳级完成本科学业。现从事中外文化交流工作,担任多项国际艺术展览策展人,在专业刊物发表艺术评论数十篇。

音乐老师夏德和的七句箴言

高兴（1991 届初中/1994 届高中）

〔教师简介〕

夏德和，中学一级教师。1969 年至 1972 年在华东师大二附中学习，毕业后去上海红雷铸造厂工作。1977 年底参加高考，1978 年 2 月至 1982 年 2 月于上海师范大学音乐系学习。毕业后到宜川中学任教，1986 年起调任华东师大二附中音乐教师。后参加筹建嘉定华二初级中学，并任教至今。2011 年起，夏老师辅导的学生在嘉定区和上海市的中学生艺术单项比赛中获奖 20 多次，个人被上海市艺术教育委员会评为优秀指导老师。学校艺术氛围活跃，深受学生爱戴。

夏德和老师是我的中学音乐老师。与其说是一个音乐老师，还不如说是一个可以和我们没大没小轻轻松松聊天的大师哥。

回过头来想想，只有每周上音乐课那45分时，才是我——相信至少还有我的两个初中同班同学朱祁与胡萍——6年中学生涯里，不带任何功利性的放松。

2018年5月18日，周五晚上，24年后的重逢。与我一起的朱祁，当天晚上刚刚陪小学一年级的孩子上完补习班并把他送回家；而胡萍，则马上要开启周末两天连轴转陪孩子补课的艰难历程，她的孩子正在夏老师退休后被返聘的嘉定华二读初一。他们在孩子教育上的经历可谓"罄竹难书"，在此先按下不表。

但这两个业余时间完全被孩子教育所包裹的同班同学，当听到要和夏德和老师见面时，居然没有任何犹豫，把当晚家里一切都安排妥当后准时赶来。

桃李不言，下自成蹊。我想，他们潜意识里，或许和我一样，对与夏老师重逢，心里会有某种期盼。那种期盼一如20多年前上音乐课一般，与夏老师在一起该是轻轻松松的，他说的一些道理，也是我们容易接受的。

在这种期盼中，我们在夏老师家附近一个茶坊见了面。62岁的夏老师一身休闲扮装，骑着一辆助动车，身形在夜色中最多50岁出头。

交谈气氛一如所盼的轻松，我们时而发出恍然大悟般的笑声，时而夹杂若有所思的沉寂，就连不得不上个洗手间时，也一点不敢多耽搁，生怕错过一个精彩的音节。

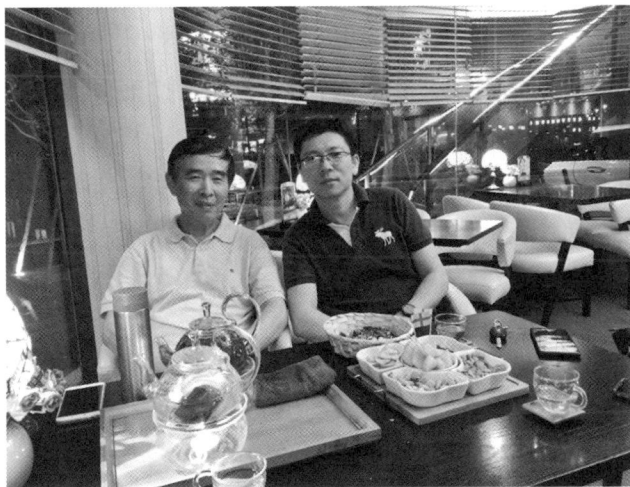

2018年5月18日，师生欢谈到深夜

我们从晚上9点一直聊到凌晨1点，最后才依依不舍地作别。虽然都是聊天，但夏老师说的一些观点，还是挺有现实意义的——就像前面所说，真要听出什么，也是我们自我触发式的。

他从来没有说教式的言传,他做得最多的,是身教。

"我不想一辈子做翻砂工人,该努力的时候,要懂得努力"

知识改变命运。1977年,当有机会高考时,21岁的夏德和已经在工厂做了5年多翻砂工人了。是工厂的领导鼓励他去参加高考,并为他报了名。作为二附中毕业的学生,夏德和自然是有一定的文化底子,但更重要的,是有决心。"厂里领导的鼓励很重要,我觉得当时该是努力一下的时候。"复习了一个多月,夏德和最后考上了上师大音乐系,"老工人带薪读书",从此命运发生转变。

"作为副课老师,如果有人毕业了还想起我,我感到万般高兴"

副课老师在学校中的地位,完全不能与妇科医生在医院的地位相提并论。副课,通俗地讲,就是玩,就是作为兴趣爱好玩。夏德和老师是1986年进二附中的,那个时候,高考恢复不到10年,国家正全速向前发展,需要大量人才。像二附中这样教育部直属全国重点中学,不是培养音乐、美术、体育这些艺专类特殊人才的地方,所以,这些副课老师,是绝对没有机会上位的,可以施展的空间很小,甚至可以参加的音乐比赛也寥寥无几。副课老师被学生忽略似乎也就理所当然了。

"二附中的学生,普遍情智都比较高"

但夏老师并不认为音乐不重要。学生学习成绩好,并能够成为一个对社会有用的人,这点没问题。但你要成为一个有魅力的有用之人,或者本身想在生活中多一些情趣,那你的这些兴趣爱好,就会起到相当大的作用了。夏德和老师还特别强调情商与眼界对一个人的影响。情商不高,在今后的工作中,很有可能最后扮演郁郁不得志的角色,而眼界是否开阔,决定了看问题的深度与广度。夏老师还认为:二附中的学生,普遍情智都比较高。

"我的音乐课可以被占用,但只要上了,我就一定负责到底"

二附中的主课老师很少占音乐课,夏德和老师认为,可能还是因为他资格比较

2017 年夏，摄于原柏林墙遗址

老。他也很清楚，个别主课老师也不是不想，只是不好意思说罢了。音乐老师也有尊严，只要上了，他也看学生上课表现好不好，成绩怎么样。并且，绝对不会因为你是班长或者金牌选手，就网开一面，"想也不要想"。

"不懂识谱，就是音盲，和文盲一样"

我们的五线谱，就是夏老师中学时教的，尽管现在要我升个 F，或者降个 C，我早就不会了。说到五线谱，像是说到了夏老师的痛处。他说现在中学音乐课本的编撰是一种倒退，因为上面又有五线谱又有简谱，这就是不靠谱，就像让你套着救生圈永远也学不会游泳一样。"你们上过我课的人都知道，如果被我发觉有人在五线谱上写简谱，我绝对不会给他好分数的。有人说，我听听歌，照样也会唱啊，要什么识谱？那我的回答是，不懂识谱，就是音盲，和文盲一样！

"课外能来找我的学生，我永远向你们开放琴房"

随着经济条件变好，许多家庭都越来越重视对孩子音乐方面兴趣爱好的培养，但到了中学阶段，尤其是高中，很少还有人会坚持下去，哪怕作为休闲放松。

所以，每当有学生——数量极少极少，主动找到夏老师，要求借琴房练习一下的,甚至要他辅导一下的,他总是张开双臂热烈欢迎他们。这一定是真正的喜欢。"说真,你学的其他知识,不敢保证管用一辈子,但乐器学会了,是可以管一辈子的。"

"通过孩子练琴,你能看出他们的学习能力,百分百准确!"

夏德和老师业余时间还在家附近开了一家音乐工作室,专门教孩子乐器。他说,通过孩子练琴,可以清晰地看出一个孩子的学习能力。"音乐其实是一个人的基本能力之一,人的能力又是相通的。所以,练琴练得好的,我可以负责地说,他学习的能力一定是强的,至今我还没有看走眼过。"夏老师认为,我们对音乐的认识,还没有达到一个比较高的层次,我们还要努力,急也急不来。

2018 年 5 月 18 日

〔校友简介〕

高兴,1988 年至 1994 年就读于华东师大二附中。毕业于复旦大学新闻学院。曾任《新民晚报》体育记者、驻美记者、《新民网》主编、新媒体编辑部主任、阿基米德 FM 首席内容官,现任东方网总编辑助理、焦点新闻中心主任,纵相新闻主编。

"如果重新选择，我还会当老师"

——何雄老师采访记

宋雅（1987 届初中 / 1990 届高中）

［教师简介］

何雄，高级教师，校党委委员、理科支部书记。1984 年从华东师大生物系毕业后就到华东师大二附中任教，多年担任班主任。1988 年指导学生获得全国中学生科技论文一等奖，后又指导学生获得第八届国际中学生生物学奥林匹克竞赛金牌，至今已指导百余位学生获得全国或上海市生物学奥赛以及科技竞赛各级奖项。曾连续多年作为上海市领队和教练率领学生代表队参加全国奥林匹克生物竞赛，多次被评为全国生物学竞赛优秀指导教师。2000 年被科技部推荐赴台湾参加两岸科技教育交流，2001 年被聘为华东师大"全国中小学骨干教师国家级培训"讲座教授。曾主编或参编高中生物《一课一练》、高中《生命科学冲 A 精讲精练》、《金牌之路》等近十种出版物。

1984 年我考入华师大二附中初中时,何雄老师也刚从华师大毕业,留校担任我们 1987 届三班班主任。那时何老师满怀激情,意气风发,跟我们这群"小屁孩"一同住校,朝夕相处,斗智斗勇。比起班主任,二十出头的何老师更像邻家大哥,有时会絮絮叨叨地批评我们,有时又会为揭穿我们的小伎俩而大为得意。心目中,当了我们五年班主任的何老师跟我们没有代沟。

2018 年,离开母校 28 年之际,在年级微信群里看到校庆征文启事《师说传薪火,期待您参与》,我便想去采访班主任何老师。

"名师"是怎样炼成的?

先了解一下何老师的教研成果吧。登录二附中网页上的名师介绍,我不由肃然起敬。何老师是一位资深生物奥赛金牌教练。从 90 年代初带上海理科班和 1997 届首届全国理科班至 2004 年,何老师共培养了 200 多位中学生生物奥林匹克竞赛的各级获奖者,特别是指导 1997 届高中的徐承远同学获国际中学生第八届生物学奥赛(lBO)金牌奖。何老师曾连续四年作为领队和教练率领上海市中学生代表团参加全国中学生生物学竞赛。2001 年被华东师范大学聘为"全国中小学骨干教师国家级培训"讲座教授,并连续多年成为华东师大生物系生物教材教法硕士研究生论文的评审老师(参加论文盲评和答辩终评工作)……我不由对何老师充满了好奇,"名师"是怎样炼成的?

2018 年 5 月 13 日,宋雅校友采访何雄老师,摄于华师大

五月一个周日的下午,我又见到了何老师。窗外是华师大绿意盎然的梧桐树,窗内是师生间随性的交谈,淡淡的香茗伴着午后的阳光,初夏的空气如岁月般静静

流淌。

何老师有些消瘦,两鬓也已斑白。话题从老师的健康开始。何老师在 2004 年和 2014 年动了两次心脏大手术,尤其是第二次没有控制好血压,患了心脏主动脉瘤。我觉得有些不解,何老师自己教生物课的,怎么会不注意控制血压呢? 何老师笑着说:"2004 年第一次手术后,医生告诫我今后不能从事压力大的工作,我向学校申请退出了奥赛及科技指导导师团。但在学校的期望下,我还是连续带了 2008 届和 2011 届两届生物学高考的辅导工作,并且取得了相当不错的成绩。2008 届生物高考,二附中平均成绩为 135 分(满分 150 分),最高分 148 分;2011 年是上海有史以来生物高考较难的一次,市平均成绩 90 分,区重点平均 98 分,市重点平均 102 分,二附中那一届考出了平均 117 分的好成绩。那两年我还兼任嘉定华二的科技总辅导员,通过师生家长的共同努力,为嘉定华二获得全国科创比赛一个全国奖、十多个上海市一等奖。随之而来的,就是我的血压也噌噌噌地往上蹿。主动脉根部直径从 2004 年的 40 mm 左右发展到 14 年的 61 mm 左右,变成主动脉夹层瘤,最后不得不动了一个主动脉更换的大手术。"何老师喝了口茶,接着说:"现在我真正听医生的话,不再从事具有挑战性的工作,稳定血压,生命第一,但是生物学奥赛、科技比赛和高考指导等工作只好永远离我而去。由于健康原因,我也在多年前就谢绝了出版社的各种邀约。"何老师说到这里有些怅然。

2017 年 10 月 14 日,何老师(中)应邀参加 2002 届全国理科班
毕业 15 周年聚会

我不由回忆起何老师上课时充满激情、神采飞扬的模样。那时我们都喜欢上何老师的生物课,原因之一是作业少,原因之二是好玩。何老师有时讲得兴起,就会国语、沪语、英语信手拈来,我们也会默契地在笔记本上记上三种语言。何老师的课知

识量大，记得有一次跟一位学弟聊天，他说何老师很早就开始用 PPT 加上实物投影仪和生物模型来讲课，因此尽管上课的难度较大，还是很能被理解和接受。

何老师现在虽然不带班做班主任，不搞行政工作，但他还是努力做好党务工作，已担任了 19 年党委委员兼理科党支部书记工作。近年来何老师认真开设生物选修课，如克隆技术、转基因技术、脑科学与人工智能、生命科学对人类社会发展的影响等。"我希望选修课可以拓宽同学们的视野，培养他们批判性的思维方式。目前看来我的选修课还是受到同学们欢迎的——选我的课据说要秒杀。"何老师乐呵呵端起茶杯喝了一大口水，"过去二附中虽然没有这么丰富的选修课，但是有课外学习小组，其实这就是选修课的雏形"。

我不由想起相册里珍藏的那片红色的叶脉书签。三十多年前何老师指导我们用稀盐酸和旧牙刷制作书签的过程仍历历在目。那淡淡的红色映衬着精致的叶脉，不由让人感叹大自然的神奇和巧夺天工。让学生化验自己的 ABO 血型，验证遗传三大定律的实验也非常有挑战。当时最大的难度就是要敢于对自己"下手"——刺破手指取一滴血。开始时大家都很害怕，何老师就给我们做示范，终于越来越多的同学勇敢地取到了血样。当大家看到显微镜下载玻片上的血型时，都觉得既新奇又兴奋，那节课给我们留下了深刻的印象。

讲起生物实验室，何老师自豪地说："二附中老校舍只有两个传统实验室，搬到张江新校区时我已做了多年生物地理教研组长，我对校长讲，生物学作为一门实验性的自然科学，应当培养学生创新能力和动手能力，两个实验室显然不够，新的实验室既要考虑传统教学实验需要，还要增设创新实验室。除了解剖实验室和高端显微镜使用实验室，还要生化实验室和组织培养实验室。在传统显微镜实验室，我们升级把每个台面上中高端显微镜与一台电脑相连，做到既能让老师和学生屏幕演示直接相连，又能利用电脑随时测定细胞等结构的数据，进行动态跟踪。在当时全上海的中学里，我们二附中的硬件实验室肯定是超一流的，这个设计现在已经被很多中学推广采纳了。"

要为学生发展营造多元宽松民主的环境氛围

学生时代的何老师一直担任学生干部，非常了解学生心理，因此班主任工作也得心应手。记得当年班会课上，何老师很少泛泛而谈，空洞说教，而是让我们做事讲求效率，追求卓越，在二附中这个宽松而民主的氛围中，不但要德智体美劳全面发展，还要培养和发挥个人特长。

何老师提倡"寓教育于活动之中"。比如组织大家观看中国足球和中国女排的比赛，增强同学们的爱国主义精神。那时同学们都非常喜欢篮球运动，每次比赛何老师都要身兼多职，一会儿是教练，指导场上队员努力拼搏；一会儿是后勤，组织场下同学做好啦啦队，为队员递茶送水。更有大量自发开展的文体活动，使得班级里的团队合作精神和互帮互助意识高涨，凝聚力超强。

何老师热情而又随和，经常与我们互动，师生之间几乎没有代沟，亦师亦友。初中时何老师让我们每周写一篇周记，到了高中学习紧张，周记就改为"半月谈"，通过这种方式师生间就各种学校和社会现象进行评论。在制定人生目标方面，何老师经常说要确立"跳一跳，够得着"的目标，这样才能既符合实际，又能够超越自我。

我们三班有一支大家公认的优秀学生干部队伍，何老师还让班干部轮流写班志，加强班级自我管理。学生自主自治也提升了班级整体的凝聚力，班里同学彼此欣赏关爱，情同手足。升入高中前，三班的同学们都不愿意分开，于是联名写信，提请学校在高中分班时尽可能保留"老三班"（直升的加重新考回来的）。了解具体情况之后，学校领导经过慎重讨论，同意了三班同学的请求，希望老三班的主体继续在高中三年发挥作用。毕业时，三班有相当一部分同学直接出国深造，班级人数由最初的44人减少为最后不到30人。在近30年的风雨变迁中，这个集体经受住了时间的考验，同学们虽已遍布世界各地，但无形之中仍像在一个积极进取、团结友爱的大家庭里。如今微信中的班级主群和各个专题群的交流也都持续而深入，全方位地增进着彼此的理解和信任，欢喜和默契。

1987年，初三(3)班参观宋庆龄故居集体照(后排左一为何老师)

由于何老师的出色工作,早在 1980 年代他就荣获"华东师大教书育人优秀奖"。90 年代初,何老师曾兼任多年二附中团委书记兼教工团支部书记,负责学校团委学生会工作。期间二附中有过一次轰动全校的学生会主席的竞选活动。那是 1993 年秋季的学生会主席换届,有两位高二的候选人都非常优秀,一位是赵轶璐同学,另一位是吴正宇同学。何老师说:"按惯例学生会主席是学校指定的,大多数学生积极性不高,既然大家都愿意为学校积极工作,为什么不能让他们像竞选美国总统一样进行自由辩论,然后由学生直接投票选举呢?"在校领导和同学们的支持下,一场竞选学生会主席的活动就此拉开序幕。两位候选人充分发挥社会活动能力。赵轶璐同学长期担任学生会工作,在全校有一定的知名度,记得有一天,从学校教学大楼顶层垂下来一条长幅,上面写着"赵轶璐,我们永远和你在一起!"这是赵轶璐的"铁粉们"在为她造势;而另一方面,吴正宇同学则利用早自习的时间去每个教室宣讲竞选纲领,巩固阵线,收复失地。到了竞选那一天,两位候选人更是唇枪舌剑,辩论过程精彩纷呈。最终吴正宇同学当选了那届校学生会主席。"二附中的育人理念是非常开放的,"何老师笑着说,"这里的孩子都是每个区县的菁英,学校要做的就是要为他们提供一片自由发挥的天地,鼓励他们发挥更大潜能。"毕业后吴正宇和赵轶璐同学都在国内外工作中取得了骄人的成绩。

　　访谈最后,我问何老师:"如果再给您一次机会,您还会选择当老师吗?"何老师思考了一下,说:"在我刚刚当老师时可能不会,但是现在,我一定会选择再做老师。因为老师这个职业始终与青春相伴。学生就像我们的孩子,与那么多孩子终生为伴是一件多么幸福的事啊!"

　　不知不觉间时光流逝,窗外落霞灿烂,映照着美丽的校园和她的莘莘学子。

2018 年 5 月 26 日

〔校友简介〕

　　宋雅,1984 年至 1990 年就读于华东师大二附中。复旦大学管理学院工商管理硕士(2003 年),美国注册管理会计师,现任日邮物流(中国)有限公司财务部总经理。

普通与不普通

——袁军老师采访记

王建良（1981 届初中/1984 届高中）

［教师简介］

　　袁军，华东师范大学哲学系毕业，中学政治高级教师，现任华东师大二附中党委书记兼副校长。曾获普陀区十佳青年教师、上海市园丁奖、浦东新区园丁奖、浦东新区师德标兵提名奖等荣誉，曾获上海市青年教师评优活动（主题班会）二等奖，所带班级被评为上海市先进集体。

　　理论知识扎实、课堂教学经验丰富，在教学中形成教师研究性地教、学生研究性地学、让学生主动参与政治课教学的风格，参加校中青年教师教学评优均获优秀奖一等奖。发表《浅论政治课中的学生参与》等文章，编写《研究性学习教学示例（政治）》。多年从事教学管理工作和高三毕业班工作，参与组织学校的课程教学改革，参与编写《华东师大二附中学校课程》《德育引领创新》等书，还参加全国课题《适应国际化需要的高中校本课程建设的理论与实践研究》等。

415

记得是在 2014 年初次结识了袁军老师。当时他是华东师大二附中分管教学的副校长，给我的印象是谦逊、低调、平易近人。四年后的现在，他担任华东师大二附中党委书记兼副校长，德育、党建成了他新的工作重点。看见他依然像个普通教师，亲切接待我们各届校友，没有领导的架子。

一直想访谈袁军老师，但他的日程表都排满了。一延再延，就到了 5 月 28 日。这一天，风轻云淡，袁军老师和其他校领导刚接待完校友、美国特斯拉公司全球副总裁任宇翔，下午就挤出时间接受了我的采访。

聊起来才知道，袁军老师和我都是 1989 年从华东师大本科毕业的。他原先觉得自己性格比较内向，适合从事理论研究，所以选择了非师范专业——哲学。毕业前他被安排到普陀区骊山中学实习，这对他无疑是一次挑战。他至今记得那年寒假，自己对着镜子反复练习试讲。功夫不负有心人，正式站上讲台后他发挥得很好，不仅受到学生们的喜欢，连他的指导教师骊山中学副校长也称赞道："好小子，有教授风采！"没想到就是这句鼓励的话，给了袁军莫大的信心，让他就此和中学课堂结下了不解之缘。很快，他通过了华东师大二附中的面试，离大学毕业还有两个月就提前去当时在枣阳路的校区代课了。

2018 年 5 月，参加华东师大党代会期间，二附中代表团重返金沙江路校区（左起：吴群、孟祥萍、蒋建国、李志聪、袁军、祖权）

一、人生观教育

"听说您刚工作的第一年，就开始又上课又当班主任了，是这样吧？"我这么一问,打开了袁军老师的话匣子。

袁军老师告诉我,他正式带的第一个班级是1992届高中四班。当时其他三个班都是从本校初中升上来的,而四班全部是由外校考进二附中的学生组成。相比其他班级,这个班的同学明显不适应住校的学习生活,一时还不能融入二附中文化,但又很要强,自我感觉有点边缘化,在武警指挥学校军训时还因此发生过冲突。这个班的特殊状况,一度让大学毕业没多久的袁军老师感到很棘手、很头痛。他仔细观察后吃惊地发现,有个别学生竟然偷偷吸烟;还有一位学生,上课时沉迷于课外书籍杂志,有的课目考试作弊。袁军老师当时也住在学校宿舍,除了睡觉,全部时间都投入到班级工作中。他虚心向同事请教,特别希望通过言传身教来影响同学。他一方面在班里讨论制定班规,树立正气,与学生谈心,课后一起打球一起玩,亦师亦友;另一方面也通过家访和写信,与家长们达成了默契与配合。

的确,好的老师不只是教书,更要育人。而袁军老师教的是政治课,一上手就同时要当班主任。我很好奇,当年他刚从大学毕业,是如何同时做好这两方面工作的。袁军老师的答案让我钦佩有加,原来他从一开始就尝试把教书和育人结合起来做。他相信成功的教育应该是全人教育,不仅是教学生知识或谋生的技能,更重要的是针对学生的情况需求,使其在认知、情感、意志等方面均衡发展,培养健全人格。

当时的高一政治课教材是《人生观》。得益于自己的哲学专业,袁军老师在讲授教材前花了两个月时间,大胆地将哲学内容补充进来,在后续讲课中引导学生运用辩证法来探讨人生问题,体味人生哲理。课内,他教学生如何做笔记;课后,他又让学生在笔记本的反面每周记一条有所感悟的人生哲理名言。记得当年结合人生观教学,他还组织过学生进行社会调研,其中有一组女生还走进市政府,与当时的谢丽娟副市长座谈。

我由此联想起了1992届的邵亦波校友。邵亦波现在是风险投资领域的风云人物,今年初宣布投入上亿美元创建一个慈善基金,不以盈利作为第一目标,不投那些满足人性弱点的生意,而着重于用科技满足人类深层次的需求,"向人类苦难宣战"。邵亦波曾回忆当年在二附中的求学经历,特意提到高一政治课上的人生观教育对他的深刻影响。而当时教政治的就是袁军老师。

我非常认同袁军老师在高一这个年龄段做好人生观的教育。我在自己学校的教学实践和对自己女儿的教育中也发现,伴随着生理和心理的提早成熟,越来越多的中学生开始思考"我是谁、从哪来、到哪去"。如果我们老师或家长不回避,不教条,适时并有技巧地引导他们就此展开探索与讨论,从不同角度给他们多点共情和启发,将非常有效地帮到青春期的孩子尽早摆脱困惑、自卑、不安和焦虑,减少叛逆行为。

袁军老师感叹现在的学生面对复杂多元的社会,学习动机和自觉性会出现倦怠,不像我们当年有女排精神的鼓舞,明白"人生能有几回搏"的道理。的确,人生观的探讨还有助于尽早让学生建立起自己的内生动力,并且培植他们终生学习的愿望和能力,包括卓尔不群的独立思考能力。

二、关注普通学生

如果说二附中在 80 年代是"状元摇篮",到了 90 年代则被誉为"金牌学校"。不过,袁军老师没有把他的关注点仅仅停留在尖子生上,他把更多的时间和精力分配给了居于中下游的普通学生,因为他们才是学校的主体,他们更需要老师的关注、鼓励、引领和扶持。看到越来越多的学生变得既会读书又会玩,他打心眼儿里感到高兴。

袁军老师从第二年开始带 1993 届高中学生。这一届不再将外校考进来的学生单独编成一个班级,也没有理科实验班,年级分班时特意把学生全部打乱。同一个班里,既有竞赛获奖同学,也有运动员,得不得奖也没什么好炫耀的。那种氛围才容易开展素质教育,那种环境也可以真正促进学生全面发展。

袁军老师带的 1993 届、1996 届学生在学校各大体育赛事中一直表现出色,当然也不得不面对几位运动特长生学习成绩不理想、努力程度不够的问题。袁军老师坚持一个也不落下,花了相当多的时间和精力帮助他们提高。20 年后的今天,再看这些运动员学生,他们的生活、工作都比较理想,很令人欣慰。

2016 年,袁老师参加 1996 届高中一班毕业 20 周年聚会(摄于枣阳路校区)

听袁军老师讲,1992届有两位学生当时高考成绩并不理想,但毕业后自主创业,有在崇明当场主的、自己办企业的,现在发展也特别好。这让我联想起自己所在的二附中1984届,30多年前囊括了上海高考文理外三科状元,但我们普通学生和状元同学之间并不觉得在人格养成、人际关系、人生价值、成就感、幸福感等诸方面存在反差。只要坚持全人教育、素质教育、立德树人,学生再普通也终将变得不普通。

说到普通学生,袁军老师又想起一位1993届学生。他人很聪明,但长得瘦小,因为父母不在身边,他是跟祖辈一起住在洛川北路。这条路当年是条断头路,袁军老师去家访绕了很多路才找到。他认为对这样的普通学生,老师反而要重点家访,重点关心。

袁军老师带完1993届又带1996届,既是年级组长又当文科班班主任。班上有位来自农场的男生憨厚朴实,成绩居中,可能是为了证明自己,就跟着生物小组去参加生物奥赛,尽管拿到了三等奖,但把整个学习节奏拖垮了,临近高考时一度丧失了信心。袁军老师和他一起分析情况,制定计划,扬长避短;并和家长及时沟通,密切配合。最后,这位学生考进上海交通大学,结婚的时候还请袁军老师担任证婚人,目前活跃在金融投资行业。还有一位男生也是差不多情况,学习上遭遇滑铁卢,在袁军老师的鼓励和帮助下重振精神,现在是保险行业的管理精英。

三、从普通到不普通

"其实,我当年也只是个普通的青年教师。"袁军老师把话题说开去,"正是二附中提供了很好的平台,让普通的青年教师得到了迅速的成长"。

袁军老师回忆道:刚到二附中工作的头两个星期,区里就要我校开公开课。教研组就鼓励我这个青年教师去上。老教研组长陈康煊做我的指导老师,对我很信任,从宏观上加以指导而不是手把手带教。我写好教案请教他,他只看我有没有清晰的思路、学生的课堂活动多不多,其他的细枝末节只要我自己觉得行了就好。要问二附中有哪位老前辈对袁军老师影响至深,回答很直接,非陈康煊老师莫属。陈老师温文尔雅,教学水平高,当时二附中高三政治高考一直由他把关。他的教学方式很独特,强调学生能力和学习高度。如在上高考复习课阶段,他讲得不多,会花不少时间让学生在课上到图书馆查阅报纸杂志资料,而他事先会通知图书管理员将资料准备好,事后会让学生结合时政资料整理知识点,自己编写试卷和答案,进行交流讨论。不知不觉中学生的眼界开阔了,能力也提高了。时至今日,二附中当年政治教研组的许多做法,如每周时政论坛、政治社会调查、小论文写作、学生参与讲课等,一直延续至

2017 年，袁老师赴加拿大多伦多大学与二附中在此进修的教师
交流（左起：汪艳、张薇、袁军、孙镠、邬罕清）

今，成为我们政治教研组的看家法宝，这都要归功于像陈康煊等老一辈教师的努力和
探索。

"请问二附中最让您感到自豪的是哪些方面？您认为二附中最值得坚持的优良
传统是什么，又是如何形成并发展的？"我接着问。袁军老师立刻给出了他的答案：
"二附中与其他学校的不同在于，二附中是大学附中，从一开始就放手让老师根据学
生情况和教学实践大胆创新，而不是照本宣科。二附中教师的教风是踏实、严谨、开
放、探索。这种风格一直延续至今，让教材和教法更贴近学生、贴近实际、贴近社
会。"他补充道："这也是二附中师生带教的一种风格，我们对学生的指导也同样给予
时间和空间，鼓励他们创造发挥。"

袁军老师还具体给我列举了政治教研组的一些好传统，譬如"时政小论坛"，让
学生当小老师来上课，讲新闻而不是读新闻，而且要就此发表自己的观点；还有每年
搞社会调查，写政治小论文。袁军老师和教研组其他老师在政治课堂教学中大胆地
让学生参与教学，形成了独特的模式。这些传统从袁军老师进学校一直坚持到现
在，目的就是培养学生的多种能力和综合素质。

回忆过去 29 年的教育实践，袁军老师最感慨的是七年班主任经历。因为和学
生们同住在学校，使他得以广泛而密切地接触到很多普通学生。他付出特别多，收
获也特别多。在班主任工作中，袁军老师也摸索出了通过主题班会、主题辩论会等
形式推动立德树人。怎样看待艰苦奋斗、怎样评价他人、怎样对待纪律、怎样面对机
遇与挫折……他引导学生围绕这些主题深入思考，展开讨论，加以辨析。袁老师和

他的主题班会，还在上海市青年班主任评优活动和主题班会评选中获了奖。

袁老师对班级纪律、住宿生纪律也有一套不同寻常的应对方法。1993届女生特别活跃，晚上熄灯后流行"卧谈会"，还有写小说的，早自修迟到现象严重，学生还会找各种理由。袁军老师让大家自己讨论，自己达成共识，然后自治、自律、自我管理。作为班主任，既要看结果也要看过程，但不能细究过程，要允许学生犯错，更要给他们改错的机会。这套方法，他称之为自我教育，培养学生的素质和能力。

袁老师非常感恩二附中给青年教师提供的大量培训机会。他印象特别深的是，自己工作第二年作为青年骨干被派去上海教育学院参加政治教师的市级培训，由各方名师和专家传授政治学科、高考命题、德育、班主任工作等诸多理论方法和实践经验，极大地开阔了视野。接着他还去普陀区教育学院参加首届青年骨干教师培训，每周一天，为期三年。前两年加深了对教育理论、教育心理学、情感心理学、上课方法的学习；第三年开展实践、开课、写论文。他参加的上海市首批政治学教学论研究生课程班，无论是规格还是含金量都很高。2003年，二附中又与华东师大教育管理学院合作定制了教学理论课程班，袁军老师也利用周末时间去参加。2005年，他还在华东师大校长培训中心接受了为期两个月的培训。

我问："如果用一两个词语来概括您的教学理念，您认为会是什么？"袁军老师的回答是："做好老师，悟性最重要。好老师，就是有更多的方法教学生。"

四、最大的挑战

袁军老师属于"年轻老干部"，出道比较早。七年班主任，其中三年也是年级组长。1996年兼教务处副主任后，他配合王运生副校长完成二附中"小课题"校本课程的实验，完成市科技特色学校申报。1999年到校办当主任，他参与了市实验性示范性高中申报、学校档案管理升级、优秀老师引进等工作。2002年到新校区后他又负责教务处。2005年出任分管教学的副校长。他亲身参与并见证了二附中从一期课改到二期课改、素质教育、六个百分百、建立卓越学院等工作的发展过程。

最近，二附中进一步提出"N个百分百"的育人模式，确立了"创建世界一流高中"的目标定位。于是，我也就很自然地提出了这样一个问题："您觉得目前学校最难突破、最感困惑的问题又在哪里呢？最大的优势或发展潜力在哪里？"

袁军老师的回答发人深省："要说障碍，最大的莫过于应试、高考指挥棒、功利主义的影响。怎样把素质教育、立德树人真正细化到各种各样的学生活动、教师教学过程中，这是我们面临的最大挑战。特别是当成绩问题碰到育人问题，当众多考试

2018 年，袁老师和李志聪老师带头参加二附中教工运动会健身跑

向我们压过来，当现实与理念发生冲突，我们怎样才能坚持下去，不动摇，去实现创建世界一流高中的目标？"

是呀，1993 届、1996 届的二附中校友可能还记得当年到了高三每周还有六节自修课，夜自修时间还可以自主学习；如果学校把我们的活动时间挪作他用了，学生们都会齐刷刷地提意见。但是今天的在校生，高中三年有多少时间和空间可以用在人文、艺术、体育或其他各自想做的事情上，并发出自己的声音？

我也是一名老师，我会不会为了短期内提高学生的成绩而越俎代庖给他们梳理分析好备考材料？我也是一名家长，我会不会因为学校没有教会孩子升入名校的全部技巧而去责备？我也有女儿，我会不会由于她没有百分百朝我期望的方向努力而焦虑？……

"当然，我们的优势也是显而易见的。"袁军老师的话音把我从沉思中拉了回来，"二附中独有的体制，不照本宣科的传统，给人时间空间的平台，这些都是我们要坚守的特色。"

我在一旁想补充的是，在二附中迁往浦东之前，我们的校区是嵌入在华东师范大学之中，当年我们这些中学生是沉浸在大学的气息氛围里面成长的。离开师大迁往浦东之后，取而代之的则是我们活跃在各行各业的几十届校友资源。2006 年学校推出"晨晖讲坛"以来，已经有很多校友去给学弟学妹们分享了前沿知识、人文精神、成长故事、心得感悟。值此 60 周年校庆，我们各届校友又志愿成立了校友导师团，计划以线上答疑解惑、线下参观实习、课题助手等形式助力在校生的生涯发展，为母校一以贯之的素质教育添砖加瓦。而这些努力，已经得到了二附中领导和老师的认可并重视，袁军老师也在不遗余力地铺路架桥。

根据日程表安排，当天袁老师还有工作要和李志聪校长一起赶往紫竹校区。我

2017 年教师节前夕，袁老师和蒋建国、何雄老师接待返校的 1990 届校友

对他的采访也刚好告一段落。在和袁军老师握手告别的时候，我再次感觉到他的谦逊、低调、平易近人，感觉到他首先是一位好老师，其次才是好领导。于是，我决定在这篇采访记里不写袁军书记，重点就写袁军老师。

在校庆年接下来的日子里，袁军老师会像二附中每一位普通教师那样，热烈欢迎我们每一位普通校友的归来。华东师大二附中，永远是我们共同的精神家园。

2018 年 6 月 10 日

［校友简介］

王建良，1978 年至 1984 年就读于华东师大二附中。华东师范大学学士，香港大学硕士，先后在德国 Nixdorf 中国区、瑞士 Audatex 大中华区、美国 CUMMINS 东亚区、瑞典 VOLVO 卡车亚太区担任高管多年，于 2013 年创办公益性的鲁宾逊学校，以满腔热情向偏僻的海岛援送稀缺的素质教育课程。

华东师范大学第二附属中学
60周年校庆纪念文集

师说传薪火（下）

PASSING THE TORCH: OUR TEACHERS (PART 2)

华东师大二附中校友会 编

上海三联书店

《师说传薪火》征文编辑组

统　　筹：蒋建国

统　　稿：张炼红

编　　辑：蒋建国　童蒙志　周人杰　宋　雅
　　　　　王静怡　高　兴

友情支持：何　雄　王建良　何旭东　戴伟佳
　　　　　俞　励　严蓓雯　楼冠琼　尹　荣
　　　　　校友会各届召集人　　各班联络人

顾　　问：顾朝晶　李志聪

下 卷

桃李言
神的教学，人的处世

感谢恩师带给我们人生的财富

林小红（*1982 届初中/1985 届高中*）

最近，中学时代的生活不断地泛出我记忆的深海。我们这些 20 世纪 60 年代后期出生的一辈，在改革开放初期千万里挑一进入一所全国重点中学，从十二三岁直到十八九岁，生命中最重要的成长阶段，能跟随众多良师学习，这实在是人生的幸事。现在每每相聚，同学们总有说不完的话，其中关于老师们的回忆也越来越清晰。在毕业 28 年的聚会上，当受邀的 18 位老师一一出现在大家面前时，同学们纷纷激动地上前问候，表达对老师的谢意。有的同学被老师叫出名字来更是感觉欣喜万分。老师们比学生记忆中年长老迈了许多，但老师们眼中流露出的爱意和当年一样浓，三言两语间师生仿佛又回到了从前……

初识恩师，感受美

记得我刚上初一，我们二班的语文老师是童乃文。她高挑白皙，一头银发带着微卷。当她缓缓地走进课堂时，年少的我们惊呆了，我们仿佛看到画中的人物一般。据说童老师上大学时是中文系的系花，曾演过《茶花女》的女主角。

童老师讲课声音细细的，语速很舒缓。她特别提倡孩子们写贴近生活的随笔。当每周一个固定的早晨，童老师捧着满满一摞五颜六色的随笔本进入课堂时，同学们总是张望着寻找自己的那本。谁的如果被放在最上面，那必定是要被老师挑选出来作为范本朗读的。随笔本上写满了红色墨水的批注，不论我们的语文成绩怎么样，只要随笔中有精彩的部分，如描写形象生动、全篇详略得当、主题突出等，老师都会拿出来表扬,孩子们心中也会因这个表扬而对写作产生兴趣,随笔本成了我们最好的习武之地。以后我们中间但凡文字方面比较突出的,当初一定是被童老师屡次表扬的。

光看着童老师在讲台上读随笔、讲课文,就已经是莫大的享受了。记忆中永远不会忘记在学到《阿房宫赋》童老师读到"缦立远视,而望幸焉"时,头从课本上抬起来,眼睛稍稍眯缝一些,远眺窗外,嘴里"啧啧"地赞叹了两声,整个课堂一下子宁静了许久,年少的我们被她带入了无限的遐想。现在想来,童老师也许无法向那个年纪的我们解释何为"幸",但她本身的姿态、对文字意境深远的遐想,带领我们初识了美,感受了美。后来我在读高中时有幸去过一次童老师的家,扎着篱笆的小院像英国乡村一样,年迈的老师依旧优雅,眼中散发温柔的光芒。

童乃文老师和语文组几位同事的合影(左起:严秀英、王佩娥、童乃文、郑启楣)

特级教师的老坦克

我们那一届的授课老师中有一位全国特级教师,陈延沛。他初二开始教我们物理。陈老师长得又高又瘦,双颊瘦得有些凹陷下去。但他双目炯炯有神,讲话总是带着浓重的口音,同学们至今依然记得他响亮地呼唤学生名字的声音。"压力压强""电阻电压""动能冲能",简单的概念在有些孩子那里成了千难万阻、无法逾越的障碍。陈老师总是因材施教:对物理天分高的孩子开设兴趣班加以提高,对暂时还没开窍的孩子也从不失去耐心。孩子总希望在擅长的科目上被老师注意并表扬,在落后的科目上又特别害怕被老师抽到黑板上解题。记忆中陈老师从不为难我这种物理落后分子，上他的课不用提心吊胆，即使解不出题也不会难堪。

陈延沛老师在物理实验室

现在想来，陈老师不管一个学生的成绩领先还是落后，总是非常有耐心，天晓得要有多么大的智慧和爱心，才能看到每个孩子背后的真诚、善良和努力。后来，那些当初物理成绩突出的学生大多上了名校的物理系或者学了相关专业，我这种当初入门较晚的学生也因老师的不嫌弃不放弃而奋起直追，高考时居然也得了 98 的高分（满分 100）。

夕阳西下，给学生补完课的陈老师坐在那辆浑身作响的 28 寸老坦克上，慢悠悠往家骑。自行车的后座上夹了捆青菜。后来听说陈老师的爱人和孩子都身体不好，他身上承担了很重的家庭负担，我们何等有幸承蒙这样的师德师恩！

永远的老汤

老汤是汤老师留在我们心中最亲切的称呼和最亲近的形象了。他是我们高中二班的班主任、两个班的语文老师以及"陈力文学社"的指导老师。从形象上来说，汤文鹏老师身材不高，长着如周总理一般的剑眉和鲁迅一般拉杂的胡子。他讲课时喜欢眼睛向上翻，课本则永远如新发下来的一样一字不着。老汤平时烟不离手，时不时还咳嗽两声，大抵是教师的职业病和长期抽烟引起的咽喉炎所致。就这样一位其貌不扬的中年老师，用了毕生的心力以身作则教会了一群学生什么是自由的思想和生活的力量以及竭尽所能发挥自身特长的信心。他倡导背成语词典，并在早读课上以比赛的方式提高大家兴趣。他不走常规路，而是按照自己了解的史料来讲解鲁迅。

汤文鹏老师

　　他顶着巨大的压力集聚一批对文学有爱好的学生成立了文学社,并取名为"陈力",鼓励学生们奉献自己的智慧和力量。每年寒暑假,老汤亲自带领文学社出游江浙,或于炎炎夏日沿富春江溯流而上,在严子陵钓台感怀;或寻访鲁迅当年的百草园和三味书屋;或在雪野里于兰亭怀想当年的曲水流觞。骋怀处,让高中生们游走在历史和现实之间,将知识从课本带到无限的空间。

　　我们当时出游搭的是闷罐车,睡的是最简陋的招待所或学校临时搭建的通铺,但一路出游带给我们的视野和历练,是这个年龄最需要和最难得的。我们因此感受并获得了自由思索和行走的力量,这股力量影响了我的一生。当初我们谁也没有想过经费或者审批什么的,全靠汤老师一人设法解决。

1984 年,陈力文学社在昆山活动(后排左三为汤老师,前排左三为作者林小红)

高考结束的某个夏夜，母亲带我上门向汤老师致谢。只见餐桌上就一个碗，里面还残存着几根豇豆，老汤就着这几根豇豆在咪老酒，一副自得其乐的样子。他一生甘于清贫，不求回报，不带丝毫的功利心，只求带出的学生真正有出息。后来他退休后我们有几个学生逢年过节必去老汤家将他接到附近的饭店陪他小酌几杯，面红耳赤之际不分尊卑胡乱讲话，穿越时空回首往事，那也是老汤和我们最最幸福的时光了吧。

这些回忆的背景是 20 世纪 80 年代，涌现出来的优秀老师还有许许多多。当然也曾经有生物老师在课堂上对着某位成绩较差的同学说你的沟回大概很浅；也有任班主任的数学老师夜自修时去图书馆把看文学名著的学生扯回来，大声说你数学成绩那么差怎么还去看小说；高中阶段也有几位班主任对待学生早恋苗头"简单粗暴"。现在回想起来，即便如此优秀的教师队伍，在当年也是逐渐成长的。现在同学聚会常说我们这帮人好像都特别有自信，其他人看我们也总能发现我们身上独有的特质。也许很难用一两个词来概括这些特质，但当年的恩师和当时亲密的师生关系带给我们一生享用不尽的财富是毋庸置疑的了。永远感谢我们的恩师！

本文原载公众号"爱加倍关爱家庭"2014 年 9 月 10 日，2018 年 5 月 14 修改。

[校友简介]

林小红，1979 年至 1985 年就读于华东师大二附中。后毕业于华东师范大学中文系，硕士研究生。厦门国际银行上海分行合规总监（副行长级）。高级经济师。民盟上海市委常委、民盟市属银行综合总支主委、民盟浦东新区副主委、浦东新区政协常委。

万琳很凶，
只是我再也没机会，把自己儿女交给她了

黄飞珏(1984 届初中/1987 届高中)

每年都会有一两次梦见万琳老师，一样的场景，一样的事情：在操场上，作为年级组长训话，她将昨天调皮捣蛋的学生一个一个叫出来示众，快训完话了，她突然想起似乎遗漏了一个，于是大声说："黄飞 draw，你给我站在蜡块！"震耳欲聋的回音伴随着全场的哄笑，我站了起来……

万老师南京人，有点口音，"珏"字的发音读成了英语中画画意思的那个"draw"。自那次被叫起来之后，"draw"就成了我在整个师大二附中 1987 届同学都知道都使用的绰号。

万老师毕业于俄语系，所以她不教课，就担任我们五班的班主任，以及年级组长，每天早上晨练时都会用响彻天地的声音数落昨天年级里发生的各种不是。万老师之凶，在我的求学生涯里，前不见古人，后不见来者。

每次期中考试、期末考试之后，她都会在班级的黑板报上最醒目的头条位置，晒出前十名和后十名，寒暑假都保留着。

每天下午四点，初中一年级就开始，围着 200 米操场跑圈，男生 9 圈，女生 7 圈。而那时，体育课对我们的长跑要求，一直到高中，只不过是男生 1000 米，女生 800 米。

对于才十二三岁的城市孩子来说，1800 米是一个非常吃力的长跑距离，跑到后来都会有一种窒息的感觉，非常想停下来，但是一停下来，从不离开场边的万老师就会破口大骂。当场骂完了，第二天再骂。所以只能拼命拖着腿坚持。慢慢学会了控制节奏、气息，在最困难的时候调动意志力，告诉自己我能撑住，学会倾听自己心脏的跳动，感觉对生命的极限的控制……

因为万老师的接近变态的严厉，我们这个五班的成绩也变态地好。记得初中有

一次普陀区数学竞赛，一二三等奖总共 27 个，二附中拿了 26 个，五班包揽整个区的 3 个一等奖，其余 6 名参赛选手全部为二等奖。

初中二年级、三年级校运会，总积分，五班相当于一二三四班的总和。

越野跑，女生前十名里八个我们班的。

我不是万老师钟爱的学生，她喜欢成绩好的理科生，也偏爱长得帅的（偷笑）。但是她的准军事化的管理，永不低头的人生态度，对我的影响肯定是一生的。

一眨眼，毕业已经三十一年。十九岁变成了五十岁。

不久前，糖尿病急性发作，自己一点也不知情，被送往医院抢救，脑衰竭、心衰竭、肾衰竭……伴有昏迷状态的呕吐，边上的摄像师都说，这个年纪送进去的，基本上出不来。

我在担架上，迷迷糊糊，难受的感觉瞬间让我仿佛回到三十多年前，操场上，1800 米，跑到最后一圈那种状态，心脏好像快得要爆炸。

我对自己说，我能撑住，我听着心跳，自己对自己说稳住稳住……然后一针胰岛素打了进来，瞬间脱险。

我不知道这次死里逃生是否一定是因为当年苦训的结果，但我一定已经或者会在未来某个生死时刻，受益于年轻时万老师对我的严厉。

如今，我有儿有女。儿子爱吃，而且口味与价格成正比，读书很一般；女儿爱玩，整天拿着手机玩游戏，要不就看无聊的少儿综艺。我知道，如果要他们成才，只要将他们送到万琳老师的手下，一了百了。而万老师已经八十多了……

万琳老师，我如此地思念你。

2018 年 5 月 31 日

［校友简介］

黄飞珏，1982 年至 1987 年就读于华东师大二附中。资深媒体人、影评人、电影宣发人、作协会员、上海报业集团《申江服务导报》社创始人之一，现任主编助理、编委、新媒体主任，央视及 SMG 常驻时评、法律评论员。

慈母心，恩师情

——戴德英老师印象

王修桐（1967 届初中）

今年 5 月 15 日，"母亲节"刚过，我们华东师大二附中 1967 届初中五班的部分同学，为刚从澳洲探亲返沪的戴德英老师接风洗尘。已是耄耋之年的戴老师虽然头发花白，但依然精神矍铄，见到学生们特别高兴，布满皱纹的脸上始终保持着她所独有的温和笑容。听说同学们想借母校 60 周年校庆征文之机来访谈，她立即摇头摆手，表示婉拒。

2018 年 5 月 15 日，我们把鲜花献给戴德英老师

戴老师说，她最近从澳洲赶回也是为了校庆。像她这样 1958 年就参加二附中

筹建,并始终在此任教直到退休的教职员工,目前还健在的已为数不多了。这次回来准备参加校庆,就是想在自己有生之年为学校的发展呐喊助威,也希望大家为母校办得更好多做些工作,为母校的新发展做出新贡献。

戴老师不想让我们访谈她,但同学们仍然一致坚持,要我代表大家为戴老师写一篇文章给校庆征文编辑组。对我来说,关于中学时代的戴老师的许多记忆是难忘的,有的甚至是永恒的。面对戴老师,我感到无法用华丽的辞藻来歌颂,自己也没有飘逸飞扬的文采,又不适合用磅礴震撼的气势去褒奖,因为她是我一生中所遇到的为人处事最朴实、最真诚,也最低调的老师。

因此,当同学们推举我执笔来写一写戴老师的时候,我问大家:"戴老师留给同学们的印象,除了是我们的老师,你们最强烈的体会是什么?"大家异口同声地回答:"慈母!"所以,今天我决定用最简单的文字,恩师慈母,来称颂这位授我知识、教我做人、助我成长的母校老师——我们1967届五班的第一任班主任,语文老师戴德英。

1970年代,戴老师在天安门广场

1964年9月,我们作为华东师大二附中1967届初中五班的学生正式入校。班里90%的学生都来自于上海第一个工人新村——曹杨新村的各所小学,年龄最大的14岁不到一点儿,最小的就快12岁了。很幸运,我们遇到了班主任戴德英老师,教我们语文。戴老师教学授课条理清晰,板书要点明确,朗读课文感情投入、抑扬顿挫,唐诗宋词念得有腔有调。不仅如此,戴老师还把同学们的学习生活管理得有板有眼,细致入微。她待人有爱心,处事通情理。直到今天,只要是我们五班的同学,不管是大学教授、高级工程师、企业的CEO,还是从政的国家公务员,聚会时谈到戴老师,大家都会不约而同地感叹,戴老师为人慈祥和蔼,作风朴实真诚,给人感觉特别平易近人。

我们无法忘却戴老师的谆谆教诲,特别是她对于青少年成长的富于哲理性的认识。当年无论在授课过程中还是日常交往中,戴老师都会引经据典,反复阐述强调,并且坚持言传身教。我们从少年成长为青年的那个阶段,也正逢国家发生大变革的时代。这些哲理和教诲,伴随我们一生的起落,助推着我们曲折成长,因此大家至今都还记得很清晰。

青年是国家的未来和希望,青年强则国家强。那么,青年应当怎样努力才能强?

首先,青年要"爱国"。戴老师说:"诗人拜伦直接表述说,连祖国都不爱的人,是什么也不会爱的。"她又说,陆游曾有"位卑未敢忘忧国"的自勉,所以绝笔就有"死去元知万事空,但悲不见九州同"。她还强调,崇高的爱国理想和忧国忧民之心,并不是爱国的全部。用自己的实际行动,力争使祖国变得更加强大和美好,这才是爱国的真谛。

其次,青年要"自信"。戴老师说:"自信是有志者的责任,是国家强盛的希望。青年有自信,国家和民族的未来一定强大。所以青年人要遇胜不骄,遇败不馁,努力培养自己顽强坚韧、好学勤奋的精神。它们是自信的基础。"她同时强调,在人生实践中要始终坚持自信。

第三,青年要"有理想"。戴老师说:"没有理想就不会有自信,没有理想就不会有奋斗目标。要处理好理想和信念、努力和目标之间的关系。"她反复强调,要牢记"不积跬步,无以至千里",要能坚持在成长过程中克服各种苦难,从而力争把每件事情做得最好,并且持之以恒,最终才会实现各自的理想。

1990 年代,戴老师在家中

如今我和我的同学们大多已年近古稀。我们经历了特殊的年代,在学校的五年中,真正学习的时间才两年多一点(多的是指"复课闹革命"的那点学习时间)。我们都是中断初中学业后直接踏入社会的老三届,各自去部队、去工厂、去农村、去边疆,走向祖国的四面八方。但是不管从事什么行业,不论身处何时何地何种境况,我们都从未忘记老师的教诲,坚持不失自信,脚踏实地,勇往直前。我们就像静静的天空中那些默默相随的小星星,各自闪烁着并不那么璀璨的光芒。而老师就像天上的恒星,用她那火热的胸膛为我们这些星星增添光辉,用自己的生命给我们学生注入受益终身的成长动能,引领我们在天空中遨游前行。

人们常说,教师是人类文明的传播者,教师是人类灵魂的工程师。是老师,用孜孜不倦的精神引领我们在知识的海洋中前行,帮助我们努力掌握科学文化知识和学习技能;是老师,用诲人不倦的精神悉心教给我们做人的道理,帮助我们努力学会科学认识世界的基本方法并形成正确的世界观。可想而知,做一名老师要付出多少的艰辛,而要做一名被学生真心热爱和称颂的老师,那就真的是要像蜡烛一样燃烧自己,照亮学生。

时光流逝,我们班的许多同学成长成才,其中不乏具有高级职称者,有的已经成为党政领导干部、企业高管、学校校长、大学教授、自主创业的企业家,而更多的则在默默无闻而又踏踏实实地工作着,努力尽到各自对家庭对社会的责任。同学们之所以后来能这样在各自岗位上为国家做出不同的贡献,成为改革开放以来各个时期中国社会的中流砥柱,毫不夸张地说,这要归功于母校的优质教育,特别是要归功于母校那么多像戴老师这样的优秀教师的无私奉献!

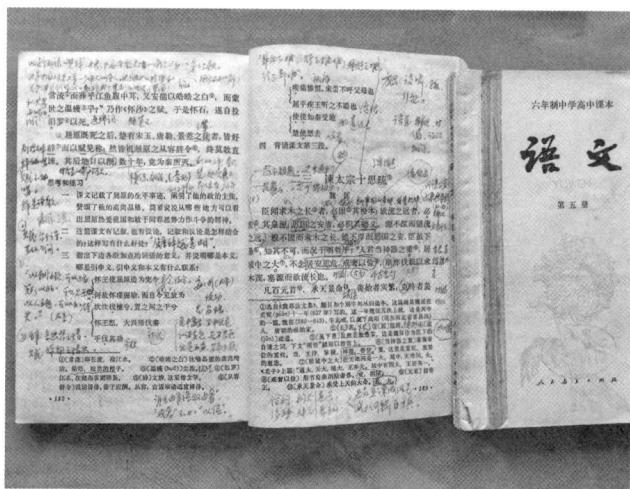

戴老师在语文课本上的备课笔记

我们向戴老师献上鲜花,表达内心深深的敬意!老师依然慈祥地微笑着,还不忘提醒大家,老师希望你们这些小老人现在要注意两件事,一要保持身体健康,二要不忘继续学习。

我们热爱老师,爱老师的知识渊博,爱老师的平易近人,爱老师的无私奉献。我们爱老师,更是因为老师有一颗慈母般的心。老师既是我们的恩师慈母,也是我们最真挚的朋友。我们感恩老师,感恩母校,因为感恩让我们懂得了生命的真谛。

1967 届初中五班共同访谈,王修同(曾用名)执笔,2018 年 5 月 15 日

[校友简介]

王修桐,1950 年 11 月出生,中共党员,高级经济师。学生时代曾用名王修同,1964 年至 1969 年就读于华东师大二附中。1969 年 5 月赴黑龙江生产建设兵团参加屯垦戍边,先后担任过连队班、排、副连长和政治指导员。1977 年恢复高考考入齐齐哈尔师范大学外语系。回沪后一支在普陀区工作,先后担任街道工厂厂长、公司经理、区集管局副局长、区供销合作社党委书记、中共普陀区委办公室副主任、中共普陀区甘泉街道办事处党委副书记、办事处主任、普陀区人民代表大会常务委员会内务司法委员会主任等职。

我的三位恩师：
季振宙、孙杏君和唐清成老师

吴振鹭（1966 届初中）

我是 1963 年考入华东师大二附中，在初一（6）班。季振宙老师是我的班主任，同时教我语文课。他是我的第一位恩师。

2018 年元宵节，季振宙老师家中

有一次上课时，季老师讲述课文《松树的风格》。松树既有坚韧不拔、宁折不弯的风格，又有不畏风雪、不怕严寒的品德。课文用拟人化手法描写松树的特征，同时季老师又希望我们大家要像松树一样，在学习中培养和磨练自己的品行和意志。

季老师经常说：学问学问，学学问问。知识就在学问之中。问老师，问同学，问书本，问自己……季老师不仅仅是教我知识，更多的是教我一种学习的方法。为我以后学习、工作打下坚实的基础。

我的第二位恩师是漂亮的孙杏君老师。我读初二那年，新学期第一天，当孙杏君老师走进教室时，大家眼睛一亮。那年，她当我们班主任，教物理课。

孙老师上课条理清晰，语言精炼，再加上经典的实验，使我很快就能理解和领会物理的基本原理和定律、公式。

2016 年 6 月 28 日，摄于孙杏君老师家中

孙老师上课不仅语言精炼，而且表情丰富，同时借助手势和肢体语言，能完全抓住学生的思路，所以上课效果特别好。可惜没有当时的照片。

孙老师当我们班主任，也是她第一次做班主任。我们班级的特点是内向、沉闷。她的性格是热情、开朗、大方。她觉得培养学生良好和健康的性格非常重要。她和唐清成老师搭档，想了很多办法，例如：布置和改善教室环境，开展兴趣爱好小组活动，举行歌唱比赛，进行篮球训练和武术教学，等等，使我们班级很快就活跃起来，在年级和学校的文体活动中都获得很好的成绩。

孙老师教我仅仅一年，但在这一年中我明显感到我的性格也变得热情、开朗和自信起来。优秀的老师培养了我良好的性格，这也全靠孙老师一点一滴、循循善诱的教育，以及潜移默化的人格魅力。谢谢恩师！

第三位恩师是唐清成老师。我在华东师大二附中上初二时，唐老师教我数学课。但是印象特别深的是，唐老师一直坚持身体好比学习好更重要。他认为学习是很艰苦的事，没有健康的身体，就不可能坚持和完成繁重的学习任务。

2018年新春拜年，摄于唐清成老师居住的小区

唐老师说，体育锻炼是一种优良的好习惯，必须每天练，坚持不懈，才会有效果。

唐老师教我仅有一年，无论在数学课堂上，还是在体育运动场，或是在"二夏"劳动的乡村，他都要求我坚持体育锻炼，促使我养成了体育锻炼的好习惯，一直拥有健康的身体。后来参军入伍、进厂做工，特别是在上海焦化厂工作十七年（这是一个污染很严重的化工厂），我都能保持一个健康的身体。唐老师的恩情，没齿难忘。

季老师教会我学习的方法，孙老师培养我热情、开朗和自信的性格，唐老师帮我养成了体育锻炼的习惯。这些都是作为一个学生在成长时期最重要的方面，都使我终身受益。我想这也是二附中学生人才辈出的最主要原因。

永远感谢我的恩师们！

2018 年 5 月 30 日

〔校友简介〕

吴振鹭,1963 年至 1968 年就读于华东师大二附中。1968 年至 1971 年,上海警备区服役;1971 年至 1988 年,上海焦化厂工人、副工段长、车间主任助理;1988 年至 2010 年,华东师大环境科学系资源与环境学院、研究生院教学管理工作;2010 年退休。

师母和师父

——记钱滨凤、沈明岚老师

韩频　陈晓（1986 届高中）

［教师简介］

钱滨凤，高级教师。1949 年至 1954 年就读于杭州市崇文中学，1954 年考入华东师范大学地理系，1958 年至 1966 年任教于上海市市一女中，1966 年至 1979 年任教于上海市新闸中学，1979 年至 1982 年任教于华东师大二附中，1982 年至 1990 年任教于上海市第一师范学校。

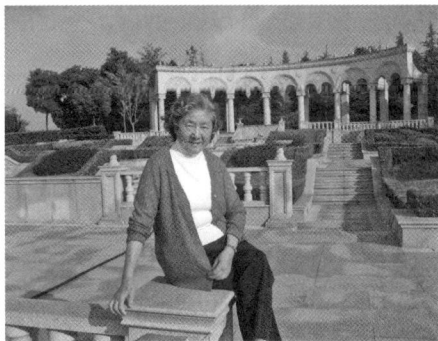

沈明岚，高级教师。1948 年至 1954 年就读于上海市五四中学，1954 年考入华东师范大学地理系，1958 年至 1970 年任职于安徽省教育厅编审室（教研室），1970 年至 1982 年任教于安徽省南陵县中学，1982 年至 1995 年任教于华东师大二附中。

韩频同学和我都是 1980 年夏入学二附中的,最初被编入初一(4)班学习,班主任是钱滨凤老师。到高二下半学期文理分班,韩频同学和我都从四班转出,转入新组建的五班。此后直至高考、毕业,我们五班的班主任一直是沈明岚老师。

钱滨凤老师和沈明岚老师都是 1958 年从华师大地理系毕业的,1962 年两人结为夫妻,"文革"中虽历经坎坷,但最终都辗转来到二附中从教。他们两位,一个初一把我们领进二附中,一个高三把我们送出二附中,可谓"天作之合""善始善终"。

从职业上讲,我们当然都称他们为老师。不过私下里,钱老师是我们的"师母",沈先生则是我们的"师父"。

师母不好当

80 年代初的二附中校址在金沙江路,各区的尖子生汇聚于此。但所谓尖子指的是学习成绩,每个学生的生活自理能力却几乎为零。因为必须住读,大家小小年纪都不得不第一次离开家庭,住进八人一间的学生宿舍。

那时,班上的同学都刚从小学升上来,男同学大多还没有发育,个别才刚过公交车买票的"及格线"。在繁重的学习任务之外还要独立应对林林总总的生活难题,的确有些不太适应。蚊帐倒塌了、水瓶爆裂了、饭盆失踪了……这类的琐事几乎天天都会发生。

为了帮助学生们养成良好的作息习惯和生活规律,作为四班班主任的钱老师兼任起半个生活老师。为此,她无条件地延长自己的工作时间来帮助我们这些学生娃。早上六点刚过,我们还在被窝里赖床,她已经推门走进寝室,一个个耳提面命,连哄带拉让我们赶紧起床洗漱,去食堂吃馒头稀饭;晚上九点半熄灯,她又穿梭于各间寝室往返巡视,把我们的"卧谈会"调教得鸦雀无声了,这才匆匆回家休息。

钱老师时不时到寝室走动,既是检查,更是关心。拖个地、擦个窗是家常便饭,见到学生钮扣掉了、裤子破了,就会帮忙缝几针。我因为个子高,晚上睡觉不老实,常把被子踢穿。钱老师发现后提议我母亲,把被子的后脚跟那头全都缝叠起来,免得脚露在外面着凉感冒。

钱老师是 1980 级好几个班级的地理任课老师,我当过她的地理课代表。每次上地理课前都要上北大楼三楼的地理教研室,跟着钱老师扛着成卷的地图、捧着各式的模型下到一楼的教室,课后再把地图和模型转送下一堂课的其他班级。除了常规的地理课,钱老师还努力培养学生的学习兴趣,鼓励探索未知世界,先后组建了天文小组和气象小组。1982 年 5 月,难得一见的"九星连珠"天文现象即将发生。钱老师忙前忙后，白天跟车从市少年宫借来了大大小小七八个"宝葫芦"天文望远镜，傍晚再连同二附中自有的两台折射式望远镜一起运上华师大高层建筑的楼顶，并按一星一镜的方式对望远镜逐一对焦调试，入夜召集天文小组成员披星戴月集体观测。第二天，她还辅导学生写观测记录，出"九星连珠"专题板报，向更多的同学普及天文知识，激发求知的欲望和探索的好奇心。

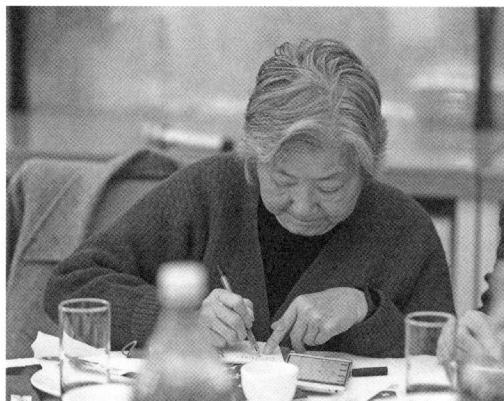

钱滨凤老师在聚会中记录学生信息

亦师亦母，是四班同学对钱老师共同的校园记忆；又亲又敬，是四班同学对钱老师难舍的情感共鸣。即便后来毕业了、工作了、成家了，同学们和钱老师的联系始终没有断过，她的通讯录里也不时更新着同学们的职务、电话和微信号……

Mr. key

光阴荏苒。高二下半学期，文理分班，文科班的班主任是沈明岚老师。

沈老师 1958 年从华东师大地理系毕业，当年全国统配去了安徽，之后二十多年一直在安徽省教育厅和下辖的重点中学从事教学和督导工作。1982 年根据政策得以商调回沪，来到二附中再执教鞭。

可能是长年在外地工作的缘故，沈老师看上去比实际年龄年长不少，脸上的皱纹既多且深，笑意间流露出岁月的沧桑。他操一口带着宁波韵、安徽调的"水大"普通话，讲课时嗓门甚高，中气十足，板书写得飞快，字迹都是大号的。虽然文科班的地理课基本上是为应对高考的"炒冷饭"，但沈老师的复习课靠着抽丝剥茧、融会贯通能把旧知识上出新水平，帮助我们从答题细节上贴近大纲、贴近试题、贴近标准答案。

他对每个同学一视同仁，一视敬人。和他在一起，没有凛然的压力，没有激烈的苛责，更多的是谆谆的劝谕和暖暖的期许。在学生孤立无援、手足无措的时候，沈老师肯定悄悄来到你背后，默默地为你挡风遮雨，是同学们心目中那个每每在关键时刻关键位置发挥关键作用的 Mr. key。

Q 是我们文科班的才子。因为在寒假作文里用白描手法记叙了春节前夕陪家人采办年货时观察到的市场供应不足、排队耗时耗力等生活场景，被比较"彩色"的老师告状到了班主任沈老师那里，指责 Q 刻意夸大阴暗面，分不清一个指头和九个指头的关系，思想品德有问题。曾经经历过"反右"和"文革"的沈老师预感到这样上纲上线对一个面临高考的文科生潜在的影响——轻则干扰复习，重则毁人前程。他及时构建"防火墙"，凭借班主任的影响力，闪转腾挪，巧力转圜，大事化小，小事化了。后来，Q 顺利考取复旦大学，这其中自然少不了 Mr. key "化骨绵掌"的功力。

J 是我们文科班的才女。高三那年，因为学习高度紧张，原本纤弱的她得了胃出血。从此 J 就成了沈老师的重点关心对象，经常叮嘱 J 要注意休息，避免太过劳累，还时不时告诉 J 他又在哪里看到的治胃病偏方，推荐一试。高考那天，沈老师还特意提前赶到考场，预先告诉监考老师有个考生胃不好，需要按时服药。因为有了 Mr. key 的拜托，高考三天，J 是整个考场唯一一个桌上始终放着一杯水的考生……

回想起来，整个高三阶段同学们一直在紧张的复习备考中度过。因为有了 Mr. key 在我们前后左右引领、教化、激励、呵护，文科班的天空从来没有雷霆霹雳，有的一定是春风化雨……

2018 年 7 月，高尔农庄，沈明岚老师、顾朝晶老师参加学生聚会

在二附中学习、成长的六年，教过我们的老师应该不下百位，师母和师父是其中印象最深、联系最多的两位。他们一位启蒙于前，一位玉成于后，一门双辉，功莫大焉。

和师母、师父一样，我们二附中的老师，润万物而不争利，居本位而不求誉，借涓涓一躯，发涛涛万力。

以水喻之，恰如其分——上善若水，真水无香。

2018 年 5 月 27 日

［校友简介］

韩频，1980 年至 1986 年就读于华东师大二附中。后就读于上海对外贸易学院（现上海对外经贸大学）国际贸易系。大学毕业后长期在国企和外企担任外销员、行政管理等职。

陈晓，1980 年至 1986 年就读于华东师大二附中。后就读于上海大学文学院社会学系，毕业入职上海锦江航运公司担任文员，后转广告行业，历任上海丽人广告公司AE、AM、AD、Executive DGM。作品曾获中国广告长城奖-铜奖和上海市优秀广告展评赛一、二、三等奖及优秀奖。

我印象最深的两位李老师

——记李植时和李宝山老师

徐炯（1990 届初中/1993 届高中）

李植时

李植时老师是我最喜欢的老师，因为他是数学老师，而我喜欢数学，又是数学课代表。

李植时老师是我最喜欢的老师，因为他一直是笑眯眯的，让我觉得他纵容我甚至到了宠溺的地步。我可以放肆地在数学课上写物理作业，甚至有时候偶尔不写数学作业，他也不管我。

他鼓励我们创造性地偷懒，他说，偷懒促进了这个世界的进步，比如电视遥控器就是因为有人懒得睡觉前从床上爬起来关电视而发明的。所以他一直鼓励我们去找解题的简便方法。

毕业的时候，当时流行弄个笔记本，32 开硬皮的那种，请同学们写寄语与留言。李老师给我写的让我至今难忘："人生不像数学证明题，没有那么多的'如果，那么'；人生只做选择题。"

至今李老师仍然是我最喜欢的老师，看见他仍然健健康康的样子真开心。

李宝山

李宝山老师，原本是我当时最不喜欢的老师，他是语文老师，而我最讨厌语文。

1987年，数学教研组在南京中山陵留影（后排左一为李植时老师）

我最讨厌语文是因为当时除了背课文、背古文、背诗词之外，每周我们还被逼着背成语。周一的早自习，不苟言笑的李老师就在黑板上给我们写下本周要背的二十个成语，而我们需要自己查字典去弄清楚这个成语的意思、出处、用法，甚至是其中每一个字的意思。而那一周周六的早自习则是对这些成语进行小考。每周一次的考试啊，简直就是折磨啊！

老教师外出活动的合影（后排左四为李宝山老师）

最令人发指的是，有一次早自习，他居然掏出一封信声情并茂地念给我们听。那封信是他的一个已经毕业的学生写来的，大意是当年我们多么恨您，讨厌您逼着我们背这背那，但是如今才发现这些对我们的帮助有多大。发自肺腑地感谢您！吧啦吧啦之类的话。当时年少的我们只觉得这个老师自信心怎么可以这么爆棚，自吹自擂太爱显摆了吧。

如果有时光机的话，我觉得当年李老师念的那封信一定就是我写的呀。现在的我，心情和那封信里写的一模一样。说实话，我现在这一点点不多的语文底子，全是中学时代打下的。要不是李老师逼着我们背了那么多成语，我现在肯定不会知道"首鼠两端"是什么意思，肯定不会知道"拾人牙慧"的"慧"字又作何解释。后来高考我的语文居然超常发挥考了 121 分，也全是李老师的功劳。

李宝山老师永远是我最最尊敬的老师之一。

2018 年 5 月 17 日

[**校友简介**]

徐炳，1987 年至 1993 年就读于华东师大二附中，1993 年至 2000 年就读于复旦大学经济学院经济学系，获硕士学位。毕业后长期从事 IT 数据中心和基础架构方向的工作，现为 Amkor 集团 IT 基础架构师兼日本分公司 IT 基础架构总监。曾翻译出版《VMware VSAN 权威指南》等 IT 专业书籍四本。

坚持本心，做好自己该做的事情

——记蒋坤玉老师

梁乐宁（2019 届高中）

8 月 10 号，我和搭档一起去采访蒋坤玉老师。二附中建校初期，他就担任了初中部的班主任和数学教研组组长。

那是一个艳阳高照的日子，连空气都透露出严肃的味道。落座之后，我们就感觉到，蒋老师散发出了极其强大的数学老师的气场，严谨而一丝不苟。

"我不会教书，"一上来，老师就这么说，"我上课上得很差的。"我和学长都怔住了片刻。"但是我很努力。"老师补上了一句。原来如此。

蒋老师说，刚进校那会儿，所有的同事都是华师大的学生，只有他一个人只是上海师范学院预科毕业，压力非常大。从那时起，蒋老师就很少说话，在教学组里从不发言，只是一心钻研如何将学生教好。

"那时候，我就不停地看各种书，学习怎么把学生教好。当时请来了苏联的教育专家，我好好地听他讲话，但是学生的成绩还是没有太大提高，我很苦恼。但我没有放弃。虽然我能力差，资历也差，但是别的我不管，我就要把课教好，我要做一个课上得很好的老师。"

当时一个年级共有六个班，老师带初一的二班和五班。建校最初，二附中还没有自己的校舍，就借在华东师范大学的校舍里展开教学工作。而属于数学教研组的蒋老师就是在师大化学馆上课的。刚进校的时候，蒋老师就一边教书，一边参与建校劳动，常常带着学生捡砖头。

"上课是一门艺术。但是一开始，我做得很差。当时总有一批同学跟我捣蛋的，我也不太知道怎么更好地理解学生，导致学生都不喜欢听我的话。"就这样七八年过去了，蒋老师一直在思考，如何把数学课上好。而在"文革"的大背景下，白天学校里还充斥着各类政治活动。蒋老师一周要上16节课，还担任一个班级的班主任工作。当时普通老师的标准课时是一周14节课。这样的工作量无疑是繁重的，老师忙到晚上也少不了还要努力地备课。

问及印象最深的事情，蒋老师思索片刻，娓娓道来。当年蒋老师的班级中有个学生，平时不好好学习，还拿了学校的铜把手去卖，被华师大的人发现了，就让蒋老师把人领回自己班级。"那个孩子啊，家庭环境不是很好。我想啊，那孩子如果就这么学坏了，一个家庭不都完了吗？"于是，身为教师的责任感，使得蒋老师每天早上都提前出门，为的就是特地绕道去那位同学家里，骑车带他去上学。而那样一带，就是整整三年。"那之后啊，孩子就渐渐地学好了。"老师笑了起来。毕业之后这位同学在工作岗位上也很出色。每到教师节的时候，他总会发来问候。而他的母亲，也对老师充满感激。我忍不住去想，如果这位同学没有进入二附中，没有遇到蒋老师这样负责的教师，那他又会怎样？恐怕他的人生就会截然不同吧。

一个好老师拥有拯救一个孩子的人生的能力。每天早上坚持去带孩子上学，无疑是不容易的。而不放弃一个成绩垫底的、家庭条件不好的"差"学生，那就更是一件难能可贵的事情。试问，如果一个老师没有极强的责任感，谁能每天去那样地关心一个非亲非故，甚至常给自己捣蛋的学生？而蒋老师的不放弃，他身为老师的坚持和执着，为的是托起无数个家庭的希望。责任，这两个字看似简单，真正做起来真是不容易，而做到了那就真的很伟大。

"文革"期间，二附中也不可避免地受到影响，再加上繁重的工作量，只能默默坚持。蒋老师回忆道，老师们之间关系很好，同事们情同手足，共同努力，共同进步，拥有共同的目标，就是想让二附中变得更好。于是最终，想做的事情都做成了，繁重的工作量也变得不那么艰难了。"说来也很奇怪，那个时期我去浦东川沙劳动两个月。说是劳动，其实是去改造的。回来的时候，突然醒悟了上课的方法，然后课就越上越好了！"老师笑得灿烂。

风雨如晦，鸡鸣不已。在大环境动荡的情况下，若能坚持本心，毫不动摇地去做好自己应该做的事，那就是一个平凡而又不平凡的人了。

老天爷也是眼明心亮，他看着每一个努力的人。1963年，数学组评上了先进。1967年，蒋老师担任了二附中数学教研组的组长。1980年代，老师做了3年总务主任和5年工会主席，一直在为学校尽心尽力地工作。蒋老师用他的亲身经历告诉每一个二附中学子，老老实实工作，踏踏实实做人，只有不断坚持奋斗，才能实现自己的梦想。

　　作为二附中的同学们也要记住自己的梦想,然后一步步地去为之努力,最终才有可能摘取那颗看似不可能摘取的星星。二附中的现在,是由过往无数前辈的忘我奉献铸就的;二附中的明天,其实就在我们所有二附中人的手上,也必将由我们的努力,来开创更为闪耀的未来。

2017 年 8 月

〔校友简介〕

　　梁乐宁,2016 年至 2019 年就读于华东师大二附中。2016 年加入晨晖社,曾担任学校社团联大型活动部部长。性格开朗,热爱音乐。

小事情，大精神

周善芬　周海民（1967 届初中）

2018 年，母校建校 60 周年。5 月 12 日中午，我班 10 位同学与班主任蒋坤玉老师聚会，座谈回忆中学往事。"1964 年 9 月入学报到那一天，我就遇到了一件尴尬的事情！"说这话的是当年的数学课代表周善芬，来自曹杨新村第一中心小学，在她班级里有 9 名学生考进了二附中，她是其中唯一的女生。

周善芬的发言刚开头，就引起了大家的注意——开学第一天，会碰到多大的事儿？

"你们还记得吗？报到那一天，蒋老师一上来就发给每人几张表格，要求大家认真填写，下课前上交。其他同学拿到表格后，像考试一样，立即低头写了起来，只有我一个人呆住了。"原来，不知道是不是因为考进二附中太激动了，周善芬竟然忘带最重要的笔。说到这段往事，83 岁高龄的蒋老师跟我们一样，侧耳细听。

"蒋老师发完表格后，马上发现我并没有开始写字的异常情况，便走到我面前笑着说：'没带笔吧。不要急，我给你，慢慢填。'我难为情地接过蒋老师递过来的钢笔，一个劲地点头。"蒋老师除了担任我们班主任，还负责教数学。小学就偏爱算术的周善芬回忆说，当时望着蒋老师的背影，心里就有一股崇敬之情。

时隔半个多世纪，蒋老师听到这段往事，咪咪地微笑着："这件借钢笔的事情，我已经记不清楚了。它是一件小事，二附中的任何教师，看到了这种情况，都会这样做的。"

周善芬接着说："可是当我填完表格，直到下课，才猛然发现蒋老师的钢笔还握在我手里,忘记还给了他。我连忙跑出教室,寻到三楼数学教研组办公室,轻轻敲门,向里面张望,发现蒋老师不在。我连忙小声问其他老师,结果被告知蒋老师家有急事回常州了。我一下呆住了,下意识把钢笔紧紧握在胸前,生怕掉落似的。回教室的路上我相当懊悔,转念又自我安慰说,借我钢笔的蒋老师如此可亲可敬,肯定会原谅一个孩子的粗心大意。"

这在我们看来也许真不算什么大事,但周善芬说完了心情仍不轻松。或许,尴尬之事不论大小,只要发生在特定的时间和场合,当事人就会印象深刻。

我倒起了另一个疑问。当年考进二附中时,我的算术也是满分的,但不明白为什么我没能当上数学课代表,如今这么听来,是不是这件尴尬的小事让蒋老师加深了对周善芬的印象呢? 我把这个疑问抛给了蒋老师。

"周海民,不会是那样的。"蒋老师否认了我的猜疑,"我当老师,始终是比较看重学生每个阶段的成绩的。你们刚入学时,各课的课代表都还没有选定,我是根据你们入学后的第一次测验来进行参考的。那次算术测验,葛登荣和周善芬的成绩都不错,考虑到周善芬家住曹杨一村,比葛登荣在潭子湾路的家,离学校近许多,今后会方便课后做点事,所以我才让她当数学课代表。"又是一件小事,蒋老师回忆起来却那么清晰,也让我们再次体会老师当年的细致和周到。

"后来有少数家长向学校反映我布置的回家作业太难,要求降低难度。我没有同意。我不怕得罪这些家长,坚持自己的做法。我认为二附中学生的知识水平一定要比普通中学高,这样才会有竞争力。"蒋老师说此话时,目光炯炯有神。

多年后再体会蒋老师的话,我们心存感激:面对激烈竞争,唯有先充实自己。

2018 年 5 月 12 日,蒋坤玉老师(前排左三)应邀参加初中 67 届学生的聚会

蒋老师的话也引起了大家的共鸣。周善芬同学继续回忆道："还有，蒋老师每次上课结束后，都会在黑板上布置一两道课外作业题，供同学们课外拓展提高之用。而参加数学兴趣小组的同学，都会留在教室里开展活动、做习题。蒋老师没有因为我这个数学课代表在教室，自己就先行离开，而是一直陪伴着大家，不厌其烦地耐心解答同学们提出的问题，一直到大家回家才离开教室。那时蒋老师真是把我们学生当作自己子女一样。"周善芬说起这些细节，感激之情溢于言表。

"但是，我们女生也有不听蒋老师话的时候……"周善芬看了看周围的女同学，话锋一转，"当时，学校有规定，在校吃饭的同学中午要在教室里午休。可是有一天，我们几个女同学没有遵守校规，擅自跑到学校操场里玩吊环，结果被蒋老师路过时看见抓住了。当时，我们几个同学心里七上八下非常害怕，一路上说：'这可怎么办？怎么办？'大家知道违反校规受到严厉批评是躲不过去的，越想越害怕。但让我们几个没有想到的是，当天下午蒋老师并没有在教室里直接批评我们，而是给足我们面子，召我们到他的办公室，耐心解释学校规定，开导我们遵守校训，养成良好习惯，保持充沛体力，努力学好科学文化知识，将来成为国家建设栋梁。蒋老师温情人性的做法，不仅让人折服和感动，而且非常有效地激励了我们。"

周善芬的点滴回忆，打开了大家的话匣子，于是你一言我一句，五年校园生活的场景历历在目。这些回忆片段看着都是些小事情，但蒋老师严谨而又温情的教学理念和育人风格就已经跃然眼前。

周善芬口述，周海民撰稿，2018 年 5 月

〔校友简介〕

周海民，中共党员。1964 年至 1967 年就读于华东师大二附中。先后在崇明东方红农场务农和上海市公安局出入境管理局工作。中国刑事警察学院客座教授、华东政法大学兼职教授、上海公安学院兼职高级教官。上海公安作家，出版有散文集和中、短篇小说集等五部作品。

岁月流长，师恩难忘

冯棉（1965届初中/1968届高中）

在华东师大二附中读书期间，我对历史、地理和数学这三门课兴趣浓厚。金者老师的历史课广征博引，令人折服。吴其宝老师的地理课富有激情，风趣生动。我担任班级的学习委员和数学课代表，李振芳老师和马惠生老师的数学课板书规整、条理清晰、逻辑思维缜密、注重概念分析，使我受益匪浅。那时没有像今天这么多的数学竞赛，而各所学校会推荐几个学习尖子去参加上海市少年科技站的培训，我也在其中，这使我对数学的理解又上了一个台阶。

马惠生老师见多识广，平易近人

在二附中的老师中,我与马惠生老师最为投缘。我们有共同的志趣,"文革"期间交流颇多,亦师亦友。马老师后来担任二附中副校长、复兴中学校长,是特级教师和全国政协委员。他见多识广,平易近人。回想当年我结婚时,家具颇为紧俏,他设法帮忙,提供了便利,我们几次搬家,这套家具就像纪念物一样,一直"如影随形"。

由于"文革"中断了高考,我参加了工作,从70年代初期开始做了五年的数学代课老师。我是1968届高中生,只读了一年高中,高二高三的课程没有学过,都是在任代课老师期间自学的。1977年恢复高考,我白天教书,晚上复习,还读了高等数学中的微积分,顺利考入了华东师大数学系本科学习。

大学毕业后,我投入程其襄先生门下就读数理逻辑专业的研究生。程先生是华东师大数学系教授,留德博士,长期从事函数论、数理逻辑和数学哲学的研究。当时先生年事已高,就在家中的书房给我们授课。先生指定的教材都是英文书,上课时,他不细述书上的具体内容,而是侧重于讲解对基本概念的理解和重要命题的证明思路,进而厘清概念和命题之间的关系,揭示理论"背后"的东西,并讨论科学理论建构的基础与前提,遇到关键的重点和难点,还要在特地准备的小黑板上写上几笔。这种教学方法,既培养了学生的自学能力,也提示了学术研究的基本路径。

程先生对后学爱抚有加,关心提携。记得1980年代,教育部委托南京大学莫绍揆教授主持召开"全国数理逻辑学科带头人小型研讨会",先生在应邀之列。我当时刚研究生毕业留校任助教,先生让我作为他的代表出席会议,于是我"享受"了学科带头人的高规格接待,也认识了不少学界专家。我的第一本著作《经典逻辑与直觉主义逻辑》是先生审阅的,之后,先生又亲自为我的另两本著作《广义模态逻辑》和《相干与衍推逻辑》作序。再后来,先生把他负责的《辞海》的数理逻辑和数学基础辞条的编写和修订工作全都交给了我,凡此种种,都深深地留在了我的记忆之中。

程先生酷爱读书,是图书馆的常客;他知识渊博,有深厚的科学和哲学素养,德文、英文、日文都好。听说"文革"中考教授,试图证明教授是草包、不学无术,结果先生考了全校第一,由此传为美谈。

也许是德国留学时养成的习惯,咖啡加面包是程先生早餐的必备"菜单"。于是,看望先生时,就常送咖啡给他。先生兴趣广泛,平易近人,和他聊天是一大乐趣:从学术研究、中外文新书、社会新闻直到围棋、足球,海阔天空,无所不谈。

我时常想起程先生的教诲,它鞭策我像先生那样为人和治学。

2018年5月

［校友简介］

冯棉，1962 年至 1968 年就读于华东师大二附中。1982 年毕业于华东师大数学系本科，1986 年毕业于华东师大哲学系逻辑专业，获哲学硕士学位并留校任教，讲授本科、硕士和博士生的多门课程，主要研究领域为"现代逻辑"和"逻辑哲学"，多次获学校教学优秀奖，并被评为"师德标兵"。现为华东师大终身教授、博士生导师、国务院特殊津贴获得者、中国逻辑学会副会长、上海市逻辑学会会长、《逻辑学研究》杂志编委。先后承担多项国家和教育部基金项目，著作和论文获教育部"高等学校科学研究优秀成果奖"、上海市哲学社会科学优秀学术成果奖和"金岳霖学术奖"。

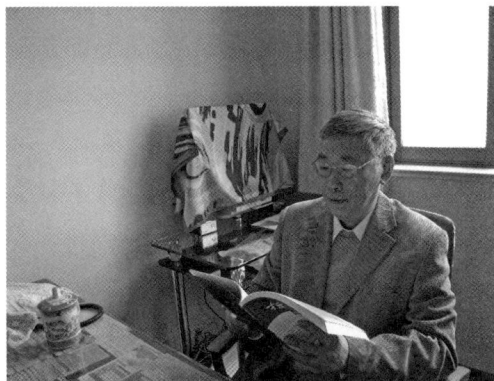

一篇没能如愿进行的访谈

——"小六班"想念李振芳老师

王静怡（*1992 届初中*）

沉寂了好久的班级微信群又热闹了起来，因为我在群里发了个求助帖。

李振芳老师(中)

两周前，负责《师说》征文汇编的炼红师姐问我，是否还能再写一篇老师的访谈，我就提出想写我们那时的数学老师李振芳老师。毕业后，同学们每每聚会、聊天，都会说到李老师，我们班的邓文华回忆说：

"李老师字特别漂亮，人也极其温和，我刚开始学习不好还补考过，但因为有个

462

好老师,总觉得一定要好好学啊。那时做几何,练习添辅助线,一添就是一个下午,周五放学还经常留下来帮李老师一起给学生的考卷刻蜡纸油印,很美好的记忆啊。记得有一次李老师生病开刀,我们一大群人去她家看她,李老师躺在床上说话都没什么力气,我们还都闹哄哄的,现在回过头想,真挺不懂事的。"

但是从未有人再能联系上她,大家都很想李老师,听说她在美国,女儿家中。于是我先跟师姐求助:我想写李老师,但希望编辑组帮我联系上李老师。

运气真好,没过两天,师姐通过蒋老师拐了几道弯儿找到了李老师的微信。我跟李老师加上了!

为了让李老师接受我的添加好友申请,之前我特地跟师姐说,向李老师提我时,可以说"小六班最矮的那一个"。这不单单是因为外貌特征。

1988年,我们成为上海第一批作为试点的五年制的小学毕业生。二附中除了正常招生六年级毕业的小学生外,还向全市特招了40名五年级毕业的学生。于是,我们成了二附中有史以来年龄最小的一个班,以"小六班"的称呼行走在附中园。

新生报到第一天,妈妈把我送到华师大通往二附中的那扇三号门后,个子只有1.29米的我背着书包独自走向操场。这时,第一眼看上去就是如此亲切慈祥的李老师径直走向了我,笑着附抚摸着我的头,问我的名字,说你怎么像个小学生呀! 后来很久,李老师见我就笑着叫我"小学生你好呀",配以那个标志性的抚摸脑袋的动作。

真的是个标志性的动作。李老师平时话很少,而且声音总是低低的,语速慢慢的。我们班公认的才女金耘说:

"李老师身板特别挺,喜欢她背过身擦黑板的样子,我觉得她的性格里有特别坚韧的东西。李老师的声音很有特点,慢慢的,有点低沉。我想到数学的严谨,就会想到李老师的声音。"

是的,李老师说话总是慢条斯理,似乎很少听到她掷地有声的话语,取而代之的就是印在我们脑海里的笑脸和抚摸。我在"小六班"群里说起想给李老师写篇东西后,很多同学都说到了曾被李老师抚摸的温暖。我的好朋友郦泓回忆道:

"完全认同大家对李老师的喜爱,没有之一。直升考没考上,我伤心难过地哭了,是李老师搂住我,轻抚我的头,安慰和鼓励我。每当回忆起二附中老师,我总是最先能想起李老师,真心希望现在八十岁的李老师身体健康。"

最后一句的真心,是代表每个人的。李老师对小六班的爱,超出了一位数学老师对学生的关心,而我们对李老师的爱,不用教,不用动员地,也早早超出了学生对一位老师的尊敬。像我们班的胡赟现在还记得李老师的生日。

因为是全校最小的一个班,我们总是想方设法地要证明一下自己有多懂事。这个证明对象,很自然地就落到了我们视之为最亲爱长辈的李老师身上。

那年,我们打听到了李老师的生日,决定给李老师一个小小的惊喜。

数学课到了。按例"起立""同学们好",我们却没有回答"老师好",而是:

"祝李老师生日快乐!"

李老师一怔,几秒后,眼眶泛红,连连抹着泪花。怀着很大好奇等待着这一天的我们,瞬时不知所措。

李老师哽咽着说了声"谢谢",然后——"坐吧",我们就继续了那堂记忆里非常特别的数学课。

我们觉得这还不足以表达我们对李老师足够特殊的感情。到了教师节,我们决定来点更特别的。

我们准备好一张贺卡,全班签上名,写上祝福,放到了讲台上。数学课到了,"同学们好""老师好"之后,李老师低头看见了贺卡,轻轻打开。全班鸦雀无声。又一次,李老师哭了,还是那个记忆犹新的抹眼泪的动作,让我至今为那种纯洁的师生情谊而感动。过了一会儿,李老师同样轻轻地说了声"谢谢"——她总是话很少。

可是,我们很多同学都觉得,让我们触动最深的,并不是这两次,而是后来的一次。

我们依然急于在一切节日和特别的日子上表达我们对李老师有多爱。那段时间,面对四年课程压缩到要在三年学完的学业,迟迟没有进入状态的我们成绩远远赶不上六年级毕业的那些隔壁班,李老师为此很着急。又一次,在一个忘了是什么的节日上,我们准备好了贺卡,加上预先准备好的全班一起说的祝福,可是这一次,李老师略停顿一下后,用一如既往很慢的语速说:"你们很用心,我很谢谢你们,但是我更希望你们用好的成绩拿给我看,那样我会更开心。"

我觉得那一次,我听到了李老师在停顿时有一声轻轻的叹气,我没有向任何同学求证过,包括这次在群里也不敢。

李老师对我们其实是很严厉的。当我们班的李文骞 po 出了那时李老师主编的、我们人手一套天天在刷的《初中数学精编》后,大家开玩笑说,这套书简直就是一段"噩梦般的回忆"……

但是李老师的严格跟别的老师很不一样,她不会发脾气,不过是一个眼神,但却是一个不怒自威的眼神。

那时候我们还在背地下议论过,说李老师年轻时一定是个大美女,你看她现在眼睛都那么漂亮!是的,李老师的慈祥和严厉都在她的眼睛里。

我那时属于读书不太用功的,应该讲,一开始因为我小小的个子又挺机灵,李老师对我是特别喜欢的,但后来常常在学习上心不在焉,李老师对我的失望,我也是感受得到的。初二时,临到期末考试了,二附中的学习强度自不用多说,可是我有天中午还是溜到了华师大的丽娃河边上去玩。那条路是二附中通往李老师所住的师大一村的必经之路。偏巧,被骑着自行车的李老师看见了。我很紧张,躲都来不及,李老师没有叫我,也没有停下来,只是瞪了我一眼。那一眼,至今在我脑海里的印象,跟第一次看到李老师抹眼泪一样深刻……

所以我很想写李老师,我想借这个机会听听李老师后来对我的印象是怎样的。可是,李老师一如既往的话很少,每次微信里聊到约访谈一事,李老师总是匆匆打住话题。那我只能让师姐失望了,因为我知道,李老师就是这样的,静静教书,默默育人,那我们就尊重李老师吧,大家的心愿,就是希望李老师身体健康。师姐说,要不我们就从自己回忆的角度来写李老师吧。于是,我打开了班级群……

2018 年 5 月 26 日

[校友简介]

王静怡,1988 年至 1992 年就读于华师大二附中。大学毕业后在上海电视台担任记者、制片人、新闻副总监,中国新闻奖获得者,北京奥运会火炬接力上海站、世界劳伦斯体育大奖颁奖典礼红毯秀、北京申冬奥特别报道等直播总导演。现任阿里巴巴体育集团公关总监、新闻发言人。

我的老师陈亚仁

王建良（1981 届初中/1984 届高中）

〔教师简介〕

　　陈亚仁，1960 年毕业于华东师范大学中文系，1978 年从上海建材学院调入华东师大二附中，与华东师大中文系教学法教研室杨达平、谢德和、何晓文等携手探索中学语文教材教法改革。她 1989 年调入厦门教育学院中学语文教研室，负责厦门中学语文教材教法研究工作并任中学语文协会会长，1990 年经省市评议被授予特级教师荣誉称号。

　　陈亚仁老师在语文教改中，以调动学生学习兴趣和积极性为出发点，坚持听说读写并举、课内课外互补的方法，引导学生领略和感受中国传统文化的优秀和珍贵，并从中陶冶性情、培养品格。她在三十多年教学生涯中一直亲近、鼓励、关爱学生，形成了自己的独特风格，深受学生爱戴。

记得初一时的第一堂语文课,你笑容可掬地走进教室,在黑板上写下了"云朝朝朝朝朝朝朝散",写下了"日出江花红胜火,春来江水绿如蓝",就是这字迹,秀丽,典雅。"同学们,你们知道这几个'朝'字分别怎么念和怎么解释吗?","你们有谁能告诉我,春来江水既然是绿的,怎么又说'如蓝'呢?"——几句款款,把我们的心一下子引向了广阔、深奥的语文知识的海洋。

我们喜欢上你的课,听你讲"知否知否,应是绿肥红瘦",听你讲"安得广厦千万间,大庇天下寒士俱欢颜"……课外,我们喜欢在你的身边,听你讲《双城记》,听你讲做人的道理。

你笑着说:"光听可不行,还要培养自己的能力。如果有兴趣,你们就组织一个课外小组吧,并且起一个好名字。"在你的支持下,我们几位同学办起了"惊鸿"文学社。在社活动时间,你和我们促膝而坐,一起谈论秦始皇的焚书坑儒,争议项羽的兵败垓下,探讨杨朔、秦牧、刘白羽他们散文写作的不同风格。

在你的熏陶下,我们也爱上了书,把它视作解馋的食物。看完《东周列国志》,我又向你伸出了手——陈老师,那本《燕山夜话》能给我读读吗? 为了满足我们的求知欲,你建议全班同学凑书凑钱搞个小图书箱。你见书刊还不够多,就拿出自己的钱来再购置。我这个课代表,也就自告奋勇当了图书管理员——"近水楼台先得月"嘛。

你又笑着说:"看书可得带着脑子哟,吃了不消化可不行。而且不要各自为战,还应相互交流,取长补短。"于是,我们"惊鸿"社的同学又轮流当起了小老师。这次小李讲形式逻辑,下次小汤讲《过秦论》,再下次小陆讲普希金的诗。你在一旁微笑着,倾听着,是那么津津有味,就好像我们听你上课一样。

学年结束,你挑选了我们的一些作文,托人编印成册后,捧进了教室。"同学们,好好品味一下自己的劳动成果吧。要珍惜它,不必妄自菲薄,也不能妄自尊大。明年我们再出一册,对照一下,究竟进步了多少。"望着铅印出来的自己的作文,读着老师热情中肯的评语,我懂得了,语文学习单凭兴趣不够,还得刻苦勤奋!

你的循循善诱,你的谆谆教诲,使我们在学业上大有长进。在《语文学习》举办的初中听说读写邀请赛中,我们争得了全市第一名。你对着那大镜框里的奖状笑了笑,说:"还是那句话,得戒骄戒躁。"念初三时,你当了我们的班主任,工作更忙了,对我们的思想作风也抓得更紧了。就在上届学代会上,我被同学们选举为学生会干部。你把我叫到一边,提了两个要求——要培养能力,但是,一不能耽误学业,二要谦虚再谦虚!

三十年候你。你们不再是"立志当存高远"
需要励志的少年，做了的和正在做的一切，
已经证明了你们自己。虽然我仍然希望你
们事业有成，但此刻我最想对你们说的，
却是我最衷心的祝福：愿你们在继续
前行时
　　　身心愉悦　　无愧无悔

给曾经的，我的学生

陈亚仁
2014. 3. 14

可惜的是，进高中后就离开了你，不能经常聆听你的指教，很少再看到你那秀丽、典雅的字迹了。看见又有一批初中小同学围在你身边，听着，讲着，笑着，我们可真为他们感到幸福！和我们一样，小同学也长进了，在今年的听说读写邀请赛中也夺了魁。我在电视屏幕上看到了赛后举办的座谈会，看到了你那带着微笑的温柔面庞，一时，我真有点不敢相信自己的眼睛。别人表白着自己获奖的喜悦心情，谈着自己的经验体会，你讲的却是自己在教学中碰到的困难问题，向大家请教。话不多，却使我确信是你。我熟悉你的谈吐，总是那么稳重、平静，我熟悉你的为人，一向是这样虚怀若谷。

……你常说，教书，更得教人。初中三年，无论哪一方面，我都从你那学到了很多。同学们说，连我写的字也像你。说实话，我过去是无意识学你的字迹的，那完全是潜移默化的结果。我有心要学的，是你渊博的学识，尤其是你待人接物时表现出来的热诚而又谦逊的作风。

此文为 36 年前在华东师大二附中高二年级第一学期的课堂作文。

［校友简介］

王建良,1978 年至 1984 年就读于华东师大二附中。华东师范大学学士,香港大学硕士,先后在德国 Nixdorf 中国区、瑞士 Audatex 大中华区、美国 CUMMINS 东亚区、瑞典 VOLVO 卡车亚太区担任高管多年,于 2013 年创办公益性的鲁宾逊学校,以满腔热情向偏僻的海岛援送稀缺的素质教育课程。

陈亚仁老师，她把初中生教成了大学生

黄飞珏（1984 届初中/1987 届高中）

陈亚仁老师只教了我三年，但是如果说后来我可卖字养活自己、妻儿……多半是陈老师给的本事的缘故。

初中二年级，我从上外附中插班来二附中，要参加一个入学考，60 个里取前六。

考语文的就是后来的语文老师陈亚仁。没有笔试，她只问了我两个问题。

第一个是："客套"是什么意思。我回答：客气的一套。

第二个是：解释"一寸光阴一寸金"。我回答：古人用杆子的阴影来计算时间，一寸就是阴影的长度，虽然很短但是价值很大，用来形容时间的珍贵。

后来，听说在录取讨论时，陈老师表态：要找合格的，有几个，但是好的只有一个，就是那个姓黄的小孩。

听到这话，那时才 14 岁的我自然轻飘飘得快飞上了天。可是好景不长，开学第一次测验，我居然只有 68 分，全班垫底。虽然有新学校新教材的客观原因，但是倒数第一怎么也说不过去。

我等着陈老师找我谈话，但她没有，好像什么事都没发生似的。要好同学告诉我：二附中两大名师，万琳、陈亚仁，前一个是火，有事没事都要骂你，永远在挑刺；后一个是冰，水平高到深不可测，但是决不强求你学习。

后来又了解到，陈亚仁老师是华师大建校初期的高材生，他们那个班好学生很多，包括著名作家戴厚英（巧的是几年后她是我大学写作课老师）。陈老师是上海排名非常靠前的语文老师，她的实力和水平教中学生简直就是大炮打蚊子。

终于，有机会和她一谈。她寥寥数语：你有天赋，有志向，但毛躁，基础不扎实，多看点唐宋元明清的诗词,看点修辞的课外书吧。

于是死看。

一个学期后,成绩大幅提高。

她又对我说:要走这条路,课本是不够的,多看小说,经典的茅盾、沈从文,当代作家的王安忆、王小鹰(现在我和两位阿姨是好友,她们第一次遇见我时极为惊诧我对她们作品的熟悉程度)……

于是除了泡图书馆,还到处找《收获》《十月》《当代》《花城》……

又一个学期,我的作文入选了《作文通讯》。

高中一年级,觉得书都看得差不多了,找陈老师,她说:应该看点西方的了,最好是现代派的,马尔克斯、博尔赫斯、奥威尔、斯坦贝克……

于是我找来了《百年孤独》《交叉小径的花园》《1984》《愤怒的葡萄》……

高一,在有十多位作家参与的市级微型小说大赛中,我获得第三名。

然后,陈老师成立了一个文学社,取名是"丹枫"。我被她纳入社内,还被指定为社刊编辑,每个月出一期用钢笔蜡纸刻字油印做出来的小刊物。

高一第二学期快结束的一节课,她说下学期将回到家乡福建,不教大家了,忽然用手绢擦了眼泪。我很震惊,上海好好的,为什么要回福建,又很害怕,觉得似乎是生离死别,觉得一向泰山崩于前而神色不变的陈老师怎么可能这样。

然后就再也没见过她。

陈亚仁老师在上海

大学读的是中文系,拿到了老师指令的书单:《百年孤独》《交叉小径的花园》《1984》《愤怒的葡萄》……

当了记者后,起标题是我的特长,老总评价:小黄修辞能力很强……

参加重庆卫视的益智答题竞赛节目,一路过关斩将,最后时刻,和对手一道题决胜负:人生若只如初见,下半句是什么,谁写的?

对手语塞。

我思考一会,那首词陈老师叫我背过:下半句是,何事秋风悲画扇,纳兰容若的。

掌声响起的瞬间,我突然回到了第一次见到陈老师的那个场景,她考我什么叫作一寸光阴一寸金……泪如雨下。

陈老师在瑞士

而这一刻我也终于明白,天下没有不散的宴席,陈老师在事业顶峰的时候回到家乡,追求的无非是那份宁静恬淡。

我们和她的缘分,则在以后的几十年里永远停留在初见的美好上。

陈亚仁老师,谢谢您。

2018 年 6 月 4 日

［校友简介］

黄飞珏，1982 年至 1987 年就读于华东师大二附中。资深媒体人、影评人、电影宣发人、作协会员、上海报业集团《申江服务导报》社创始人之一，现任主编助理、编委、新媒体主任；央视及 SMG 常驻时评、法律评论员。

引领我步入数学圣地的王永利老师

孙珊（1977 届，后调整为 1978 届）

［教师简介］

王永利，1961 年毕业于华东师范大学数学系，1961 年至 1963 年在华东师范大学数学系任大学本科的数学教学工作；1963 年至 1979 年在华东师大二附中从事中学数学学科教学工作，曾担任 1968 届初中、1973 届和 1977 届的班主任工作；1979 年至 1998 年在上海教育学院数学系从事大学本科的数学教学工作；1998 年从华东师大退休（此时上海教育学院已并入华东师大）。王永利老师从事大学高等数学教学和中学数学学科教学三十多年，具有深厚的数学功底，同时又具有丰富的大学高等数学和中学数学学科的教学经验。

从事数学教学近 30 年的我，一直被人问起，是怎么会想到学数学的。或许因为我看着不像是有数学天赋的人，或许更多的可能是，我是女生的缘故吧！其实，真正引导我最终从事数学的教学和研究工作的，就是中学教我数学的王永利老师。

众所周知的历史原因，使得我们的中学时代，读书学习的基础和努力程度都绝对比不上现在的中学生，但在我记忆中数学却是一门很重要的课。记得那时王老师的每节课都经过非常认真的准备，他讲课的逻辑性极强，由浅入深，循序渐进……不知不觉中，当年的数学课就成了我每天最期盼的课！因为父母都是搞文科教育的，我从小接触比较多的是文学作品，而对数学却开窍得比较晚。正是因为喜欢上王老师的数学课，自然也希望自己能在班上露尖。王老师上课时，经常在解题的关键时刻突然用目光扫视整个教室，然后开始点名提问。如果我知道答案，便会挺直身板伸长脖子，与老师对视……（选我选我）；如果我不知道答案，往往则是采用"鸵鸟政策"，尽量缩着脖子躲在前排同学背后以避开老师的目光。

高考恢复的那年是我们中学学习的最后一年，大家都进入了紧张的冲刺。父亲不知从哪里搞来十几本苏步青先生的中学数学题，我便每天像着了魔似地一头扎进这些题海里。渐渐地，上数学课时我当鸵鸟的时间越来越少了，王老师也似乎开始注意到了我的进步。他经常会在我们做练习时，站在我桌边，用粉笔在我本子上轻轻敲打几下题中的关键步骤或是几何图形上的一些关键点。这些举动，对他而言可能也只是在尽一个老师的职责，而对当年只有 17 岁的我来说，能经常得到老师的关注却是从中获得了莫大的鼓励。就这样，我对数学的兴趣，在王老师的影响下日渐形成，且越来越浓厚。

记得当年，为了让我们这些对数学有兴趣的学生能学到更多的东西，王老师还特意开了一个数列和初等微积分的小班课，当时的我觉得好新鲜好刺激。王老师精彩的讲解，常常使教室里静得连一根针落在地上都能听见。王老师也曾经是我的班主任，记忆中的他平时少言寡语，极为儒雅绅士，但是一上数学课时，便像换了一个人似的，眉飞色舞……我清楚地记得，有一天听着王老师的精彩讲课时，突然意识到很快将中学毕业了，想象着有朝一日坐在大学课堂里，成为一名数学专业女生的感觉，内心充满了兴奋……同时也为再也不能听到这么精彩的讲课而感到失落！

终于到了填报大学志愿的时候，父母是希望我做一名白衣天使。而我却坚持十所大学的志愿全部填报了清一色的数学专业，最终是被第一志愿的同济大学数理力学系应用数学专业录取。

说起高考数学题，我记得还有一个小插曲。当年有一道三角函数证明题，常用的方法是证明等式左边 A 等于右边 B，或从右边开始证明它等于左边。当我开始从

A 走向 B 时，却被卡在了 C 点。这时立马想起王老师教过方法，于是又开始从 B 走向 C。因为我发现，那个题 A 和 B 都等于 C 相对来说比较容易证明。考完后，我跟住邻居隔壁的一位华师大数学老师汇报答案时，他说我这个方法更好，但是标准答案里没有……当时那位老师即将参加高考阅卷，所以便将我的证法也加入了标准答案中，我猜想或许也会有些考生因此而受益吧。

大学毕业两年后，我又考进了华东师大数学系的统计学硕士班，之后又来美国继续求学。从中学到大学再到研究生，我听了许多教授的数学课，但王老师的课始终是我最喜欢且印象最深刻的！因为他的数学课影响了我的一生！

几十年后的今天，当我自己也成了数学老师，便更加明白，当年王老师是一位多么尽职尽责的老师！在知识贫瘠的年代，王老师默默地用他全部的热情，一点一滴地把他的知识灌输给我们，每一堂完美的讲课的背后，都折射出王老师高深的学问和无私的奉献精神！当了近三十年老师的我，今天才深深地领悟到，如果没有对教师职业的那份热情和执着，以及深厚的数学功底，是达不到这种境界的！

一个好的老师对学生的影响是一辈子的。深深地谢谢您，王永利老师，谢谢您把我引入了数学的圣地！

2018 年 6 月 15 日

〔校友简介〕

孙珊，1974 年至 1978 年就读于华东师大二附中。1978 年 7 月参加了"文革"后二附中首届应届生毕业生高考，并考入同济大学数理力学系应用数学专业。1982 年至 1984 年任教于上海仪表局工业大学。1984 年考入华东师范大学数学系统计专业硕士班。1986 年进入美国 Indiana University Bloomington 攻读数学博士。博士毕业后曾任职于美国 Texas Tech University，US Food and Drug Administration。现任美国 The University of Texas at Arlington 数学系教授。

人生启航的守护者

——记班主任陈康煊老师

吴曙雄（1982 届高中）

〔教师简介〕

陈康煊，1940 年 1 月生，浙江慈溪人。1964 年 7 月从华东师范大学政教系毕业后分配至华东师大二附中工作，中共党员，中学高级教师，曾任班主任、年级组长、政治教研组长，文科党支部书记，2000 年退休后担任退休党支部书记、校教学指导委员会顾问。

陈康煊老师是普陀区政治学科带头人、中心组成员、德育研究会会员，曾荣获上海市学校思想政治课优秀教师称号，所在教研组获区优秀教研组，他指导的青年教师也在市区教学大奖赛中获奖。陈老师长期在高三教学，曾参加全国普通高校招生上海卷命题工作，他还在华东师大政教系、华东师大夜大、上海建工职大等学校担任兼职教师。陈老师先后有多篇文章发表，曾主编《高中政治会考高考全编》（华东师大出版社）、《3＋X 政治分册》（上海科技出版社）等。

1981 年暑假过后，我在二附中升入高二，班主任是政治教研组组长陈康煊老师。最初的印象里陈老师身材结实，明亮的双眼常常带着笑意，很有亲和力。听课后，觉得陈老师讲课声音洪亮，条理清晰，板书利落整洁，十分干练。

　　当年的政治课是一门讲究把握时事动态、分析掌握答题要点要领艺术的课程，作为高考文理科考试占约六分之一份量的必考科目，陈老师担负着很重的毕业班教学担子，目标是让政治课成为应届考生的拉分项，且要尽量少占用宝贵的复习时间和记忆空间。

据陈康煊老师回忆：80 年代曾连任 1980—1982 届高中毕业班班主任，此照为 1981 届高三(2)班毕业之际在校活动室举办"毕业畅想主题会"

　　时隔几十年，陈老师举重若轻、谈笑风生的讲课方式，把答题纲要重点与可能出现的题目类型做逻辑性的关联，仍是不少同学的共同记忆。上陈老师的课，每一堂都有一气呵成的感觉，连贯性、逻辑性、针对性强，虽然是以应试为目的，但能如此出神入化，说明了陈老师杰出的思维和教学等业务能力。高考分数公布后，许多同学的政治科目都取得了高分，有些甚至还是各科中的最高分。

　　高考后的那年夏天，我曾去过陈老师位于师大二村的新居谢师告别，记得那时他还在为刚装修好的新居忙碌着，亲力亲为，有条不紊，笑呵呵的眉眼中透着慈爱和自信。现在看来，生活中的陈老师也是个非常能干的家庭顶梁柱。

　　当年高考是先填志愿，且只填一次。第一志愿的选择，尤其是重点大学热门学科如何选择、自己考分的把握如何，对不少初出茅庐的高中生是个难题。作为班主任，陈老师在毕业生家长会上以他几年带毕业班的经验和视野及对个别同学的了解，给了不少建议和意见。我本身就是听从了陈老师的提议，把第一志愿从复旦生物系改成交大电子工程系,结果刚好卡着当时该系录取分数线进了交大,也从此确定了自己的人生方向。有位女同学的父亲望女成凤心切,逼着她把所有的志愿都填为一流的大学,言外之意,要么女儿考取最好的大学,要么一个都进不了,还威胁要是她考不上大学,就脱离父女关系。巨大压力下,该女生只能求助于班主任,陈老师十分了解家长的心理和学生面对的压力,商量之后决定先斩后奏,选定她喜欢也适合的华师大计算机专业。卸掉了压力的这位女生考得十分理想,从华师大计算机专业毕业后,远赴美国深造,之后的就业、定居等都十分顺利,至今她仍对陈老师当年的帮助心怀感激,念念不忘。另一位高二快毕业时要决定是否放弃高考直接赴美的同学,也在这个人生关键时刻得到了陈老师的指点。陈老师平易近人、细致关心学生的深刻印象,从此伴随着她在大洋彼岸开始人生新的启航。

陈老师经常参加学校组织的退休教师活动
左起:吴群、沈明岚、王鸿仁、刘砚、顾朝晶、刘钝文、陈康煊、严长兴、陆诚

一晃几十年过去了,岁月静好,真希望在二附中 60 周岁校庆时,能与陈康煊老师相聚于母校,让我们再当面拜谢师恩!

2018 年 7 月 9 日

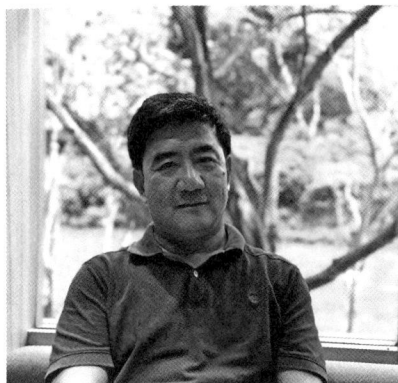

［校友简介］

吴曙雄，1980 年至 1982 年就读于华东师大二附中。1982 年考入上海交通大学电子工程系，1989 年毕业于交大电子工程系信号电路与系统专业，获硕士学位。毕业后在中科院科健有限公司 EDA 工作站部门做研发和市场工作，1994 年应研究生导师所邀，赴新加坡参与当地企业和经发局主导的航海 GPS 卫星导航仪自主开发项目，任研发工程师，后定居新加坡。主要工作经历包括在三星电子半导体事业部担任南亚太地区技术总监、荷兰恩智浦半导体公司南亚太地区业务拓展经理等职，工作领域为平板显示、嵌入式系统、智能安全及视像科技等。

母校老师的点滴故事，永远印在我脑海里

官昕（1983 届初中/1986 届高中）

我于 1980 年至 1986 年在当时的全国重点中学——华东师大二附中就读，度过了人生难忘的六年。我感恩二附中给我的教育，虽然往事渐行渐远，但是二附中老师的宽严相济依然铭刻在我的脑海里。这里，我回忆一些母校老师教书育人的点滴故事，表达我对母校二附中的爱和思念。

数学老师袁霞如，给我录制了人生第一盘英语录音带

袁老师是我初一年级的数学老师兼班主任，她和蔼可亲，特别擅长发现同学的优点，并且进行量身定制的扬长式教育。

袁老师发现我的英语基础比较好，就赠予我一套英国 C. E. 埃克斯利编著的《精粹英语》（"*Essential English for foreign students*" by C. E. Eckersley）并且给我录制了配套音带。这是我人生第一盘英语录音带。这盘录音带，结合我们学的《新概念英语》，给我打下扎实的英语基础。

记得那是一个冬天，袁老师邀请我父母到她府上去录音。当时还没有双卡式录音机，是袁老师用两台录音机外录的。袁老师为了保证两小时录音的质量，在录音过程中一直没有说话。但在录音带的某处，我听到了袁老师的亲切、无意的说话声音。所以，那时候每次听这盘英语录音带的时候，总觉得袁老师就在我身边。

2017 年，袁霞如老师去成都指导数学教育时所摄

语文老师王佩娥，连一个用词都不放过的严师

严师出高徒，此话用在我的初一语文王佩娥老师身上是再恰当不过了。王老师上课语气坚定，目光犀利，特别强调用词的得法、贴切，她对我们说："如果把语言比作一道墙，那么词汇就是砖，如果砖都用不对，那么墙不就倒了吗？"

有一次，我在收集同学订阅《青年报》的报费，男生的报费都缴齐了，就差一些女生还未缴纳。可是那时候我们男女生不说话呀！于是我就想在黑板上留言，提醒女生们赶快缴费。课间休息的时候，我在黑板上写下："快交青年报……"啊呀！我猛然发现我不会用词了，怎么表达呢？我丈二和尚摸不着头脑，于是就胡乱地写下去："快交青年报钞票！"不料下一节课正好是语文课，只见王老师看了看我写的那行字，严肃地问："这是谁写的？"这时，有个别同学偷笑着看我，我一下子紧张起来。王老师严厉地说："什么叫钞票？这词汇也太贫乏了！"说完，王老师转身擦去"钞票"两个字，用粉笔写下了大大的两个字："报费。"我尴尬极了，真想找个地缝钻进去。那大大的"报费"两个字，从那时起就一直在我的脑海里浮现，鞭策着我要提高母语词汇量，于是我大量阅读报刊杂志，看到好词好句就摘录下来。

王老师也非常注重我们的口语表达能力，每次上课前会挪出 5—10 分钟让学生演讲。有一次轮到我演讲时，我演讲的话题是中国足球队力挽狂澜，在世界杯足球预选赛上战胜了亚洲劲旅科威特足球队。在演讲当中，我用到了"劲旅"这个词汇，王老师夸我用得恰当、贴切。我第一次被王老师表扬，心里感到格外高兴。这时候，我觉得王老师对我的严厉起到了效果。

"如果把语言比作一道墙,那么词汇就是砖,如果砖都用不对,那么墙不就倒了吗?"从那时起,王老师的这句话就一直深深地记在我的心里。

王佩娥老师(右)和严秀英老师

英语老师刘鼎立,生活上关心我,还鼓励我学以致用

刘老师是我初中二、三年级的班主任兼英语老师。

我初中时候身体不太好,经常胃不舒服,学校的食堂里的饭又比较硬,刘老师就时常给我带来他自己做的饭菜。有一次,我腹泻,胃里装不下食物,刘老师见我一天多没吃什么东西,就骑车赶回家,专门熬了粥、煮了鸡蛋给我带来,并且时刻关心我的病情是否好转。刘老师对我生活上的无微不至的关怀,至今令我感动、难忘!

刘老师特别注重学生的实际应用能力。初中时候,有一位英国学者约翰·梅(John May)访问我校。有一天,刘老师在学校操场上向约翰介绍学校的情况,正好看见我,就立刻把我介绍给约翰,期待我和约翰聊上几句。"How do you do?"约翰友好地向我伸出手。我当时是第一次见到老外,竟然紧张得把学过的英语寒暄全都抛至九霄云外,只能胆怯地和他握手,仅仅轻声地回了句"how do you do?"我就赶紧转身走开了。

刘老师立刻看出了问题,在不久之后的一次家长会上,刘老师向我父母提出了要培养我大胆说话的交流能力。同时,刘老师上课时候也有意多让我站起来回答问题,并不时地用语气词鼓励我。刘老师对我说:"学了英语就是要学以致用,光啃书本是没有用的。"

可以说,在刘老师发觉我这个问题之前,我是一个十足的"书呆子",但是从那以后,这种情况就逐渐得到了改变。后来有一次我们几个男生去华师大打排球,看到留学生宿舍楼前坐着几位外国留学生,我就大胆地上前用英语邀请他们和我们一起打,并用学过的英语和他们交谈起来。当我发现书本上的英语单词和词组能在实际生活中被对方接受和理解时,心里感到格外高兴。这时候我真正体会到了刘老师所说的"学以致用"的乐趣。

2017 年 7 月上旬,洛杉矶去旧金山的途中,刘鼎立老师漫步于海边

数学老师郑庭曜,雍容儒雅,幽默平和

郑老师是我高中三年的数学老师,他从美国留学回来,坚实的数学功底无需多说。给我印象最深刻的是郑老师的雍容儒雅和幽默风趣,说起话来永远是那么心平气和。

有一次课堂上,一位同学趴在课桌上睡着了。郑老师看见了,并没有直接把他叫醒,而是等到一次向同学提问的机会,点了那位同学的名,让他来回答提问。那位同学被郑老师的点名惊醒,懵懵懂懂地根本不知道要回答什么问题。于是郑老师转过身,在黑板上挥洒出隽永的两个字:惊蛰。

值得一提的是,郑老师是在中学阶段唯一能读准我姓名的老师。我的姓氏"官",往往被老师认为是"管"的变体,所以大多都读作上声(汉语四声中的第三声),唯有郑老师始终如一地读作阴平(汉语四声当中的第一声),他读我的名字"官昕"的时候,两个阴平发音是那么的清晰,至今回忆起来,仿佛仍在耳边回响。

2015年夏,我到美国纽约州罗切斯特市去拜访郑老师,我跟郑老师聊起此事,郑老师说:"要念对学生的名字,一是怕念错了闹笑话,二来更是对学生的尊重。这不,竟让你记了近三十年,值! 在美教书,对这事更是战战兢兢,不敢轻心。"

郑庭曜老师给此照写的说明:"1989年6月3日,周涌、冯强、孙振宇同学来访(左一、三、四),道是分别为美国大学录取,暑假后即将登程,喜而合影留念。"

英语老师经昭华,优雅而时尚的女神

经老师是我高中三年的英文老师,气质优雅,衣着时尚得体。记得每一次英文课,经老师走进教室时总能让我们眼前一亮。当时,对于经老师的上课服饰还是有一些争议的:每天上课都穿戴不同款式的时尚服饰,这会不会分散学生注意力,影响教学质量啊?

事实上,这种担心是多余的。经老师的课是视觉和听觉的超完美结合,视觉来自于她的优雅的举止和时尚的服饰,听觉来自于她的纯正的英式发音。每堂课的每一分钟，我都集中精力于体验这种超完美的视听享受，而且有幸享受了高中三年。

经老师知道我英语基础比较好，就有意识地让我在英文领域里向更高层次发展。她经常找一些名家散文让我阅读，其中包括林肯的《盖兹堡演说》、马丁·路德·金的《我有一个梦想》和美国作家海伦·凯勒写的《假若我有三天光明》。在当时"托福"还是比较陌生的名词时，经老师已经开始向我推荐"托福"考试，并借给我很多"托福"听力磁带和考试真题。

经老师还帮我听写了许多英文歌曲，其中包括约翰丹佛的"*Leaving on a jet plan*"和"*Follow me*"。尤其是"*Follow me*"这首歌对我来说有着特别重要的意义，因为那是我在 1984 年参加上海首届英文歌曲大奖赛的歌曲。在当初那个年代，英文歌曲的资料是非常缺乏的。经老师帮我准确地听出歌词，使我在比赛中崭露头角，引起了评委的关注。

2016 年末，我和经老师在微信上联系上了，我录制了弹唱视频"*Leaving on a jet plan*"和"*Follow me*"，微信上发给了经老师，表达了我对她的感恩之情。

经昭华老师给此照写的说明："离开二附中后的第一次全年级活动，2016 年 10 月 29 日，华东师大逸夫楼。这也是我离开二附中整整 30 年。"

师恩难忘！二附中老师的爱和关怀还有很多很多，比如说，体育蔡德生老师教我打排球，音乐杜秀林老师的音乐赏析、赵云珍老师的声乐教育带给我的艺术熏陶，顾朝晶老师在台下听我唱歌时充满鼓励的眼神，物理陈心田老师的英文物理教学，王鸿仁校长在高考前的亲切握手和勉励……言不尽意,但这一幕幕场景,都将永远地印在我的脑海里。

2018 年 5 月 18 日于多伦多

袁霞如老师自述:

我 1960 年毕业于北京师范大学数学系,分配到北京军区八一学校。1973 年底调入华东师大二附中。1982 年因搬家依依不舍离开二附中调入上海师大教育科学研究所,后由实验研究室一起创办上海市实验学校直至退休,始终做着我喜爱的初高中数学教育工作。

进入上海师大教育科学研究所后,我专心于当时实验班的数学教学和教材编写工作。后来教委给了我们小小的田林校区创办了实验学校,1987 年我曾被评为上海市三八红旗手。我喜欢孩子,喜欢数学,所以坚持当教师到退休。退休后在平和双语、世外中学等学校作指导。从小学教材开始,第一轮我和陈振宣先生已完成到高中。后来陈先生过世,学校还想出教材,我又从小学开始编。今年开始把小学部分改成双语教材且变成电子版,学校还想编写初中教材,我说我老了,完成小学部分就不错了。我无偿为学校编教材,很自由也很轻松,有事做也不会老年痴呆,哈哈,和你们在一起我还会永远年轻!

郑庭曜老师自述:

我是十年浩劫的年代从复旦数学系毕业的,如果那也叫毕业的话。此后,历经劳动锻炼、教书、进修、考研等,最后辗转来到二附中,接了已经经过袁霞如、张佩蓓老师精心培养和严格训练的一个数学实验班。当时使用的是美国学人项武义主编的中学数学实验教材,从 1983 年到 1986 年,我在同学们的配合下完成了实验任务,陪同他们走向高考,见证了他们展翅高飞,走向世界。此后我又在二附中工作 3 年,从时间讲,一共只有 6 年,对学校的贡献可谓微小,但是这段经验让我自己对数学教育有了更多的思考,成为我下一阶段学习和工作的基础。

经昭华老师自述:

我出生在一个知识分子家庭,从小耳濡目染父母从事教育工作的状态。1977年全国高校恢复招生,我参加了。当时一心想当教师,唯一填写的志愿就是华东师范大学。1979 年如愿被华师大录取。毕业后留校在华师大二附中任英语老师,把我的第一批学生从高一带到高三毕业。二附中是我初次涉足教育领域,且感触最深的地方。后来,我去了美国,先后在美国两所大学取得了教育管理和特殊教育的硕士学位。与此同时,我还受聘于美国纽约教育局在一所公立学校任教特殊教育。1992年回国,受聘于上海美国学校担任英语老师,至今24年成为该校目前教龄最长的一位教师。教师生涯,让我领悟到在人类文明进步中,教育是一项必不可少的伟大事业,值得我毕生追求和奉献。

〔校友简介〕

官昕,1980年至1986年就读于华东师大二附中。上海交通大学船舶工程学士,澳大利亚北领地大学(后改名查尔斯达尔文大学)工商管理硕士。现移民加拿大,从事数据编程工作。

班主任们的"闲话"

1983 届初中三班学生组合

何桂芸老师(左),严秀英老师(中),陶嘉炜老师(右)

[教师简介]

严秀英,1964 年毕业于华东师范大中文系,同年入职华东师大二附中,任语文老师,并长期担任班主任,兼任年级组长。1984 年至 1986 年借聘至华东师范大学三附中(金山)。1993 年从二附中退休。

陶嘉炜,1948 年 8 月生。华东师大中文系 1977 级本科生。1980 年 9 月参加华东师大二附中高一语文试用教材的实验工作。翌年 2 月毕业,留二附中任语文教师。1985 年 12 月调入上海外国语学院对外汉语系,曾任汉语写作、秘书写作、中国文化和留学生汉语等课目的教学;2002 年 4 月外派日本京都外国语大学执教汉语一年。回国先后兼任"语言学和应用语言学""汉语国际教育"硕士生导师。2008 年 8 月办理退休手续,其后继续在岗位上工作至今。

何桂芸,锡伯族。曾就读于市三女中。1965 年从上海教育学院毕业后,在华东师大二附中英语教研组任教 36 年,其间担任过班主任。退休后被本校续聘 14 年。近半个世纪的教学生涯中,何老师爱生如子,爱校如家,"最大收获就是学生心中念着我"。

短短的初中三年，我们这个"散班"前前后后换了六任班主任，这也许算得上是二附中的一"最"吧。而我们的班主任却个个来头都不小呢，有全国模范教师，有叱咤风云的副校长，有年级组长，有科班毕业的青年才俊……每次聊到班主任们，记忆的闸门就会打开。

风和日丽的五月，趁校庆征文之际，我们邀请了何桂芸老师、陶嘉炜老师、严秀英老师到江庄主的高尔度假屋踏青。漫步青草地，我们仿佛回到了令人难忘的初中时代，砌上一壶清茶，师生促膝闲谈。

2010年，三班同学和老师在美丽的高尔乡村度假屋举办了"相识三十年"的聚会，我们有了班服和活动 Logo。此后每年同学们都会到这个活动营地相聚，我们的友情在升华。上图为本文作者张洁（左一）、江逸群（右一）、王向征（右三）与敬爱的老师们故地重游，畅叙家常

"多一些关注，有助于培养孩子们的自信心。"当我们问及老师们青春期孩子的教育心得时，锡伯族的何老师如是说。何老师是我们第二任班主任，她19岁就进入二附中工作，学校委以重任，从1982届开始进行英语教学的试点工作，是当之无愧的业务骨干，退休以后还在二附中的国际部任教，教龄长达49年。少女时代的何老师，酷爱芭蕾，还是一位高手呢！当时80年代不做任何修饰就极其美丽的何老师，一直是我们大家心目中的女神，当时接教我们二班三班英语，也是教改的试点班，为的是改变长期传统的哑巴英语教学，何老师坚持两个班一视同仁地教，使用《新概念英语》教材，大大提高了我们的听说能力。向征同学能够在上海外国语学院获准听

力、口语免修，与何老师的教育理念不无关系。不为人师却为人母，老师的教诲同样适用于家庭教育，真是获益匪浅啊！

美丽的何老师风采依旧，向征坐在慈祥的严老师身边，仍不忘举手发言的"老规矩"

　　陶老师是我们初二时的班主任，教我们语文。陶老师很谦虚地告诉我们，他没有严老师把握"爱"和"严"的辩证法，只是一味把我们当朋友平等对待，可能受尊敬，但得不到"敬畏"，面对"散班"束手无策。让学生发展个性，循循善诱，同样是为师之道。回想当年的陶老师，文质彬彬的一介书生，确实是很招学生喜欢的好好先生，陶老师的包容让我们越发张扬。班里的海音同学夜自修时偷偷写小说，被陶老师发现，原以为要被批"不务正业"，没想到陶老师说，写小说也是一种写作练习，只是应该合理分配课内课外学习的时间。陶老师非常重视身教，他认为不论读书工作，首先要勤奋。当时他还是单身，夜自修常进教室巡视，遇有作文指导，常进行面批；每晚在办公室批改作业和作文，给同学们树立勤奋工作的范例。现在想来或许真的是班上的"捣蛋"同学年少无知，把陶老师给"气跑"了，初三，陶老师就不再带我们了。与陶老师相处的时光是有趣的、美好的。陶老师现在总结说："尊师和爱生相辅相成。那时的你们不像现在90后00后，受网络语言影响称父母'老爸''老妈'的，调侃师长似成常态。那时总体来说尊师成风。但我由于上述原因，可能受尊敬，而得不到'敬畏'。敬畏了，班级就管好了。"也许确实，他是我们尊敬的好好老师！

　　我们的第六任班主任是久经沙场的严老师。严老师带过九届学生，在二附中任教29年，很长一段时间她是"专职"的初三毕业班班主任、年级组长，当时的严老师即便是面带微笑仍然让我们不由自主地心生敬畏。陶老师说得好"敬畏了，班级就

陶老师(中)谈及"散班",一脸"无奈"

管好了。"在严老师的"治理"下,调皮学生"服帖"了,班级"太平"了,我们顺顺当当毕业了。严老师对我们说,她总认为"人之初,性本善"有善心才有大爱。首先要有善心,有了善心必有善念,而后则有善行,最终获得善报。严老师来我们班的第一天,虽然已经把班里每个学生的名字连照片长相熟记于心,但是,却丝毫不问学生的过去,一切从头开始,对每一个学生不戴任何有色眼镜!!! 是啊,严老师正是用一颗爱心去教育她的学生们。严老师的孩子和我们一般年龄,她在女儿出生才56天后就又担任起班主任的重任,抱着孩子上下班,即使再辛苦也从无怨言,所以她对待我们也视如己出。记得我们班的志忠同学由于是外地户口,初中毕业不得不回到户籍所在地就读,严老师特别召开了主题班会为他送行。严老师说:"我想让志忠同学带回家乡的不是离别的悲伤,而是我们的爱;我相信这个主题班会会在他的心底燃起爱和希望的火苗,这会对他的人生产生积极的意义。"时过境迁,我们至今未能联络到志忠同学,我们相信这少年时代纯真的同学之爱、师生之爱终究会让我们再次重逢。

闲话时间过得真快,赶在落日前我们来到河边梅树下采摘,打算自制醇醇的梅子酒,待下一次聚会小酌。师生们互道小心脚下,分工合作,其乐融融,不一会我们便精挑细选了满满三袋长成了的果子,真是童心未泯啊!江庄主说太熟了的梅子浸在酒里会出黑点,没了卖相,而这用来浸梅子的酒也很有讲究,浓度太高的白酒会盖了梅子的果香,低度的纯米酒泡的果酒口感可能偏酸,30多度的米酒浸出的梅子酒可谓是"醇酿"了,色泽口感都刚刚好,梅子是青黄青黄的,这酒是香甜香甜的。是啊,我们不正像这梅子,在老师们悉心的教育下,从青涩到成熟吗?

今天我们心怀感恩,聆听班主任们讲"闲话",回顾着自己慢慢成长的各个阶段,无不融入了老师们对我们的谆谆教诲。如今自己的孩子已经到了我们当时在二附中的年龄段,为人父母也就更能领会老师对我们的无私奉献和爱护关怀。此情此理,常念常新,会让我们受用一辈子。

2018年5月

我昨天看你把手机放进我织的小手提袋时,是不是小提袋织得太小了?,麻烦你试试看,如果小的话,我可以改进啊。希及时告知。

严老师,您太有心了,我刚刚试过了,您织的手袋是有很大弹性的,手机+🔑完全可以轻松地放进去👍👍👍👍

如果织起来费时费力费眼睛的话,您就不要再织了哦,这几个手袋,我们是说什么也不舍得用的,一定好好珍藏起来的🖤🖤🖤

那我放心织如此尺寸了。我慢慢地织,我把对你们的爱,千针万针织进小手提袋。你们用,用了才体现它的存在,它的价值。不易坏,放心用。喔,用前先用冷水中放进醋浸一会,这样不易褪色。不是还有好多同学等着呢。我真高兴。

你这个工程太浩大了!

严老师,你慢慢织哦,让我们几个多显摆些时间

年逾八十的严老师和我们见面前几天紧赶慢赶,赶了好几个晚工亲手为我们编织了小手袋。原本和老师们欢聚的一天已完美度过,但之后一天严老师发来的一则微信信息,看到那句"我慢慢织,我把对你们的爱,千针万针织进小手袋",又一次使我们感恩的心情久久不能平静

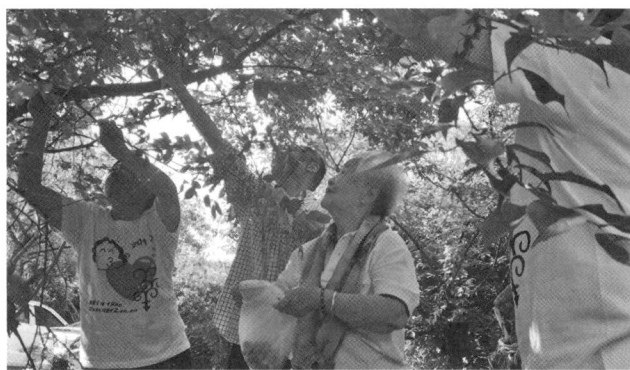

期待采下的酸梅能尽快酿出醇香的美酒

［校友简介］

1983 届初中三班学生组合：

张洁，1980 年至 1986 年就读于华东师大二附中，曾负责瑞安集团国内项目法务工作并立志成为烘焙达人。

王向征，1980 年至 1983 年就读于华东师大二附中，曾任美国 MEMC 上海高管的旅游达人。

江逸群，1980 年至 1983 年就读于华东师大二附中，2006 年从做纺织品进出口贸易转行农业休闲旅游至今，现经营着高尔乡村度假屋。

2017 年仲夏，1983 届初中、1986 届高中三班部分同学在活动营地相聚，阵形：
姚忠、赵勇、蒋伟
侯毅敏、李洁、王向征、施文伟、许文
蒋知勤、钱群、张洁
孙海音、江逸群

教书育人写春秋

——记蔡尔韵老师

束强弟（*1966 届初中*）

2018 年 4 月 26 日，我们 1966 届初三（5）班的三位同学，一起去看望了蔡尔韵老师，朱长青老师始终陪伴左右，恩爱有加。

蔡老师是我们的初中班主任，算上"文革"的两年，她整整带了我们五年。她是我们青春时期的启蒙恩师，也是我们乐意深交的知心朋友。在二附中六十周年校庆之际，专访蔡老师，传承她的从教经验，是我们共同的心愿。

蔡老师的一头银丝，在我们眼里依然是那样年轻美貌，一口上海口音的普通话，更让我们感到和蔼可亲。一向低调务实、谦逊委婉的蔡老师，和我们在一起时却无拘无束。我们一起回忆青春年华的趣闻趣事，在交谈中可以感受到她热爱教育事业的情怀。

从教一生，无怨无悔

蔡老师 1960 年毕业于上海师院，20 岁就到二附中走上了教坛。我们问蔡老师，为何在家庭比较富裕的情况下还选择当教师？蔡老师坦率地告诉我们，其实当时也没有想得很多，看到家里有不少做老师的，自己就报考了师范专业。

从 1963 年到 1979 年，蔡老师连续担任班主任工作，后来又带过初中 1987 届、

1994届等，前前后后当了20多年的班主任。加上退休后又应聘任教进华中学，累计有长达45年的教书经历。蔡老师积累了丰富的教书育人经验，是二附中教坛上不可多得的宝贵财富，并多次获得华师大、区级和市级园丁奖的荣誉。

蔡老师说："教师是一个教书育人的崇高职业，教师应该心胸坦荡、充满激情和富有诗意。教师一旦走上教育岗位，必须为自己设置一个一生为之奋斗的目标。有了这个目标，才能把自己的所作所为锁定在这个目标上，才能不断增强自我意识和使命感，才能不断地进行自我挑战，才能无怨无悔教书一生。"蔡老师充满正能量的话语感人肺腑。我们相信，和许许多多怀揣教书育人梦想的教师一样，她已经趟过了理想的滩头，穿越了信念的河流，百折不挠，义无反顾，正可谓是"穷且益坚，不坠青云之志"。

蔡尔韵老师和同事们外出活动时的留影
左起：严秀英、林炳英、易小珏、蔡尔韵、何桂芸、杨琳仙

兢兢业业，传授知识

知识就是力量，就是财富，是人类文明的积累。读书是为了获得知识，上学是为了更好地读书。人类要文明，社会要发展，技术要进步，生活要改善，就必须要学习。学习是获取知识和生存能力的重要手段，是传授和接受知识的最有效的途径。对教师来说，教书育人，二者缺一不可。

蔡老师特别注重传授文化知识，在她的教书生涯里，没有一个掉队的学生。她竭尽全力教学，想方设法让学生学好文化知识。她是数学老师，由于个子不是很高，每次上平面几何课时，几乎都要踮着脚尖在黑板上用角尺画图形。她说："把图形画得越高，坐在后面的同学就能看得越清楚。"这个习以为常的细节，特别能体现蔡老师对学生认真负责的敬业精神。

我们班里有一位爱玩耍不爱读书的男同学，学习上马马虎虎不求上进，有时连作业也完成不了。蔡老师就买了几本崭新的练习本，晚上去这个同学的家里，要求家长配合教育这个同学。在蔡老师和家长的共同努力下，这位同学进步很快，顺利地完成了学业。

让学生在不断进取中实现自己的理想，也是蔡老师独特的思想工作方法。我们班里有一位男同学特别喜欢田径运动，就把要参加学校田径队的想法与蔡老师讲了。蔡老师内心是很赞同的。为了对他的学习负责，蔡老师和这位同学阐明了自己的观点："我可以介绍你去田径队，但是学习成绩必须达到优良才行。"这位同学经过努力，在数学测验时得了一百分，最终顺利进入了学校田径队。

蔡老师在教书生涯中，经历了无数个春夏秋冬，煎熬了无数个黑夜白昼，不知付出了多少心血！一批又一批学生在她的教育下健康成长，一代又一代青年在她的关怀下胜利远航。人们都说教师是传播知识、播种希望、播种幸福的使者，是人类灵魂的工程师。蔡老师当之无愧！

1988 年，30 周年校庆，蔡老师(中)和 1966 届初中校友们的合影

千教万教，教人求真

伟大的教育家陶行知在"晓庄师范"时说的原话是"千教万教教人求真，千学万学学做真人"。一个"真"字概括了现代教育最本质的属性，也是教师的立教之本。教师

作为现代进步教育的实践者，就应该教学生求真知，学真本领，让学生去寻找真理，做一个真诚的人。国家更需要具有正能量，能为社会、为民族、为国家着想的人才。

与蔡老师一起聊天的过程中，我们也打探到了蔡老师一些鲜为人知的故事。蔡老师还是我们班主任的时候，班里有一个女同学因母亲生重病家境困难，整天愁眉不展闷闷不乐。蔡老师看在眼里记在心上，专门找她谈话。了解到这位女生在家里吃不上饭、静不下心、完不成作业，于是就说服她每个周末放学后到自己家里，给她送上热腾腾的饭菜，让她安心完成作业后才回家。蔡老师待这位女生如同姐妹一样，百般照顾，使她坚持读好书，顺利完成了学业。蔡老师亲力亲为，教人做真人，深深地征服了我们的心。从日常生活的平凡小事中，往往更能看出一个人的品格。对于此事，蔡老师只是腼腆地笑笑说："那时我也很年轻，她就像是我的小妹妹，应该照顾她！"蔡老师朴实的话语，真心的流露，是我们至今对她敬佩不已的真正原因。

蔡老师在漫长的教书生涯中，一直教导学生要做真诚的人。20世纪70年代，蔡老师所教的班级里有个不喜欢读书的男学生，但十分重义气，班里有人受到欺负，他总是冲在前头打抱不平，就像"水浒传"里的绿林好汉一样好管闲事。教育这个学生蔡老师真花费了不少精力。但是蔡老师不但没有把他看死，反而觉得他很有潜力，就启发引导他："义气要讲，书要读好，走上社会才有出息！"功夫不负有心人，这位学生后来到农村锻炼，又到公交公司做汽车驾驶员，成了单位里备受青睐的业务骨干。当他退休时，公交公司非常不舍，续聘重用他，让他传授经验带好徒弟。时至今日，这位学生已经肩负起班级师生聚会召集人的责任。蔡老师幽默地对他说："你像换

2008年，50周年校庆，蔡老师和先生朱长青老师与1966届初中校友欢聚

了一个人,让我刮目相看了!"他不好意思地笑笑说:"蔡老师给了我一个发展的空间,到农村锻炼换了一张艰苦磨练后的皮,到公交公司换了一颗为他人服务的心,贴心老婆给了我一个温暖的家,所以变好了!"谈笑风生中充满了师生间的深情厚谊。

半天的采访,仍觉时间短促,意犹未尽。好在我们班级有一年一次师生聚会交流的平台,这次专访也算是与蔡老师交流的延续吧。

访谈间歇,问起蔡老师获得过的荣誉,她理了一下思绪笑笑说:"呀,也不知道这些证书放在哪里了!"还是他的爱人朱老师有心,把各种荣誉证书保存至今。他走进里屋,拿出一沓红本本放在了我们的面前。一桩小事,却让我们看到蔡老师不仅为教育事业贡献了毕生精力,还有着"捧着一颗心来,不带半根草去"的敬业精神。

以下这首五言诗是对蔡尔韵老师最贴切的诠释:

寄望后来者

教坛半世纪,耕耘尽心力。
讲台存日月,粉笔写春秋。
桃李满天下,暮年也矍铄。
教育国之本,寄望后来者。

束强弟、詹孝妲、蒋国强参与采访,束强弟执笔,2018 年 5 月 4 日

[校友简介]

束强弟,1963 年至 1966 年就读于华东师大二附中。后入伍,退伍后曾在上海仪表电讯局下属企业担任党政领导,在东方航空下属子公司担任管理人员。退休后成为志愿者,现任闵行区市民巡访团副团长,颛桥镇巡访团团长。

回忆四位恩师：
麦嘉馨、朱开馨、汤文鹏和张根荣老师

王晓岚(1985届初中/1988届高中)

在二附中的六年，我遇到了许多优秀的老师。他们风度翩翩，机智幽默，学养深厚，个性鲜明，教学都非常有特色。今天就想来说说我的四位恩师，以此感谢母校的老师们！

初中篇(1982—1985)
麦嘉馨老师

初中时有幸遇到了麦嘉馨老师，我的班主任，教数学。记得那天在食堂吃第一顿午餐，我正感叹红烧肉和土豆的美味，麦老师看着我说，你和吴颖去升国旗吧。这让我，一个在小学里只戴过一条杠的新生，感到既吃惊又光荣。从此每天在国歌声里，我就和颖两人庄严地履行我们的这份职责。

因为麦老师的信任，本来就喜欢数学的我，对数学课更加用心。麦老师观察学生的能力是超强的，她的眼睛可以看透我们的骄傲和松懈。一旦发现，她就会提醒我们，山外有山，天外有天。想起一件事，让我刻骨铭心。那是刚入学摸底考时，为表现自己的心算速度，我答题时省略了步骤，结果麦老师扣了我许多分，给了我一个永生难忘的教训：不要炫耀自己的小聪明，凡事都要踏踏实实。

麦老师教课极其认真，课堂效率也极高，涵盖的内容很丰富。她擦黑板很勤，板书也相当清楚有条理。她在学习上会给我们排名次，让我们丝毫不能骄傲和放松；但在我们生活上她又像慈母般的温柔和细心，下课后常到我们宿舍来看望大家，让我们对老师又敬又爱。记得初一那次摸底排名时，我在50位同学中排到21位，当时好几天都食不知味！……痛定思痛，为了改掉容易分心走神的毛病，我就给自己立了规矩：不照镜子，剪去辫子，缩短吃饭时间……

后来我成为参加数学竞赛的少数几个女同学之一。其实我的天分并不是最好的，但在麦老师的指导下，我学会了在没有条件下创造条件，尽可能用各种角度和方法来解题，决不会因为自己是女生而对数学望而生畏。这对我以后的生活和创业都产生了巨大影响。

1990年代，麦嘉馨老师在备课（曾获评全国优秀教师）

朱开馨老师

初中三年级的语文老师是朱开馨老师，声音宏亮，颜值堪比话剧演员，讲课抑扬顿挫，课文分析也是深入浅出。朱老师有强大的气场、渊博的知识、鲜明的好恶性格，语文课总是很活跃的。我们总是像看电影一样，被朱老师的朗诵"表演"感染着。

但还是要说句实话，我上语文课常常会走神，感恩朱老师宽容大度，没怎么为难我。除了该背的该记的，因为老师的引导，我对诗歌小说产生了浓厚的兴趣。在朱老师的推荐下，我把图书馆收藏的短中长篇小说集和朦胧诗集都看了个遍，冯骥才、宗璞的小说都是我夜自习案头的心爱。在文学的世界里找寻一个更生动而有张力的精神世界，可以说，朱老师就是我的启蒙老师。

一日为良师，终身为父母。最近几年回国，我和朱老师、麦老师重聚，30多年过去了彼此倍感亲切。尤其当我们和老师相聚在一起吃饭聊天时，更加感受到老师对我们的慈爱，也更深体会到他们对教育事业终身的热忱和近乎无保留的付出是多么可贵。

2017 年，作者回上海时和麦老师、朱老师相聚

高中篇（1985—1988）
汤文鹏老师

从初中老老实实的读书机器，变成思想行为叛逆的高中生，第一个遇到的就是高中语文老师兼班主任汤文鹏老师。说起汤老师，一开始我真的很难接受他是我们班主任的事实。当汤老师第一次穿着他大号的中山装、布鞋，带着微笑、烟味和浓重的口音做自我介绍时，我当时的心情无法形容。看惯了衣着笔挺、开口字正腔圆的朱开馨老师，对比汤老师简直到了另一个极端。模仿汤老师走路说话是调皮的男同学的最爱，也给我们枯燥的读书生活里添了许多笑声。然而在以后的三年学习中，我们不得不佩服汤老师的见识创意，教书育人的丰富经验，为人处事的风骨柔肠，可谓我们的榜样！

在高中的语文学习中，汤老师引进了鲁迅的专题，摒弃了传统的部编教材，带我们去了绍兴、昆山、苏州，边游边学，主要是自学独立阅读。另外，背诵成语词典，学习成语典故也让我终身难忘受益匪浅。一开始的考试，我以为自己稳操胜券，而往往被考时才发现自己只是一知半解，以后的阅读更加仔细。汤老师外表大大咧咧，潇洒不羁，其实非常细心，见微知著。在他的引导下，我还加入了文学社，对文学更

1993年校庆,汤文鹏老师和1988届校友重聚在枣阳路校园(学生食堂前)

加有兴趣了。

对汤老师的敬和爱,也随着相处时间的延续而与日俱增。他一点架子没有,对我们的爱和批评都是那么真切,他在我们身上花的心血远超过一般老师。回想在高中的几年,自己有不少叛逆行为,作为班主任的汤老师给了我像父亲一样的宽容、慈爱和信任。记得高考前,我因政治课考试评分不公而有弃学弃考的念头,汤老师苦口婆心劝说我不要执念而应把眼光放远……在考上复旦外文系后,我带着他爱喝的酒去他淮海路的家看望他,他非常高兴,也鼓励我出国留学。在他过世前,我听说他病重,买了琉璃工坊的彩晶吉祥物去看他。他坐在轮椅上,把同学们的联系方式给我,一点不提自己的病情,只是叮嘱我要自己保重,常与学校和同学联系。我离开他家时,在路上已忍不住泪水,哪知这是我们最后一次相见!

汤老师一生低调简朴,不追名逐利,与我们亦师亦友亦父。今生能有这么好的老师,我们是何等幸运!

张根荣老师

张根荣老师是所有老师中最年轻最有活力,却也是最早离开我们的老师。如果没有他做我高中的英语老师,我不可能选择并考入复旦大学外文系英语专业,也不会在复旦学习得如此轻松……他为我们打下了坚实的英语基础,并且传授了非常有效的学习方法。最难忘的还是他的激情和活力。第一次上课,自我介绍后,他就在黑板上画了一棵大树,然后他在这课树上画满了果子,他用粉笔圈了树上最高的果子对我们说,学好《新概念英语》第三册就会让我们有足够的能力够到树上最高的果子,那我们就会拥有整棵树的果实。我永远不会忘记他画的那棵树,永远记得他的话,目标高远,方得天下。

他给我们讲的学英语的"死记硬背"的方法也让人终身难忘:每天早起30分钟,走到操场上去,找一棵树,对这树大声朗读课文10—15遍,口干舌燥才止。对英语从恐惧到喜欢,从生疏到熟练,无不归于张老师三年扎扎实实的教学和训练。英语是我高考中唯一满分的科目。

1993 年校庆,张根荣老师与 1988 届校友留影于枣阳路校园

有一年过年约上几个同学去给老师们拜年,才发现张老师家的条件比其他人差许多。这让我们唏嘘不已。那么好的老师英年早逝,实在是二附中的巨大损失,也使我们学生格外心痛!

如今可以告慰张老师的,是他的精神和他画在黑板上的大树一直影响着我。2014 年在海南三亚的高峰小学,我给六年级学生做了 4 个月的英语老师。当时因为得知父亲糖尿病加重,我就带着两个孩子来到三亚陪伴父母,帮父亲调养身体,在朋友聚会中认识了一个在高峰开芒果园的朋友,一听高峰小学的老师和校长说那里缺英语老师,平时忙惯了的我就毛遂自荐圆了做乡村老师的梦。因海南乡村学校午休时间很长,上午 10:30 到下午 3:30 都无课程,学校又无音乐课,我和先生就捐了两台琴给他们上了普及五线谱和古典音乐欣赏的课。

也因自己有了这样的教课体会,才更能感受到麦老师几十年来为我们讲课的辛苦。去年见到麦老师,听到她的嗓音已沙哑,不由想到老师这么多年这么勤地擦了

2014 年，在作者支教的海南高峰小学，孩子们第一次摸琴时的兴奋和喜悦

不知多少次黑板，吃了不知多少粉笔灰，就想让学生多学点，学好点⋯⋯

恩师们，我们爱你们，再多的文字都无法表达对你们的爱和感激！希望有生之年能像你们一样，多做几年园丁，把你们的教诲和精神气质再传扬出去。

2018 年 5 月 19 日

［校友简介］

王晓岚，1982 年至 1988 年就读于华东师大二附中。1988 年考入复旦大学外语系英美文学专业。1991 年留学美国就读 Allegheny College 大众传媒专业，1992—1994 在纽约 City Center Ballet Arts 学习芭蕾舞，1994 年在美国普天寿保险公司工作，1995 年移居南卡州哥伦比亚市，开始创业，建立了 Miyo's 餐厅，经营多种模式的奇妙厨房餐饮 M fresh 和 M kitchen，弘扬精致健康的亚洲美食。现为拥有 7 家餐厅的妙味美食集团主席。

规矩与方圆

——感谢班主任施文菊老师

陆珉（1987 届初中/1990 届高中）

〔教师简介〕

施文菊，1967 届高中毕业生，1968 年底去奉贤星火农场锻炼，1972 年华师大政教系培训，1974 年至华师大二附中任教政治学科，直至 2003 年退休。其间 1982 年到 1984 年在静安区教育学院政治专科脱产进修，1992 年到 1995 年在中央党校普陀分校学习，获本科学历。

在二附中执教 30 年，长期担任班主任及年级组长，6 年政工教导。进华中学开办后，兼任班主任及年级组长，退休后继续任教至 2012 年。工作期间，团结依靠年级各层面教师，齐心协力让年级师生产生凝聚力。个人多次获得区级和师大"园丁奖""育人奖"，1987 年荣获"上海市优秀教育工作者"称号。

"没有规矩,不成方圆。"这句话是施文菊老师以前常说的。三十年后,我也常对家里的孩子们唠叨这话。施老师教我们政治,也做了我们长达五年的班主任。小时候的记忆里,她总是那个给我们"做规矩"的人。

严肃,认真,一丝不苟,这就是我们印象中的施文菊老师

初中时,我是班里的政治课代表。但是第一次考政治,我便被批评了,因为考了倒数第六名,勉强及格。凡是要靠记忆的课程,比如政治啦,历史啦,中国地理啦,一开始背,我就直想打瞌睡。中学里,最让我精神振奋的,就是下象棋。我班的男棋友一大堆,王刚,金铭,王砺邠,朱力,凌东鹰……女生中只有王勤和我与男棋友们打成一片。这副宝贝象棋不知道是谁从家里拿来的。起初只是偶尔为之,到了高一,因为没有升学的压力,大家越玩越火,天天要来"打擂台"。中午草草吃完饭就开打,有时候连课间休息也不放过。我还看到某同学上课的时候偷偷地拿出棋谱来看。那副棋盘像一块巨大的磁铁,两个棋手在奋力厮杀,然后周围又挤了两圈的人头,棋手在圈子里面常常闷得透不过气来。遇到某人猛追猛打,连喊"将军"的时候,围观群众往往会添油加醋地大声起哄,拍掌喝彩,蛮有以前夏天路灯下乘凉打牌的味道。教学大楼的走廊上远远就能听见我们的喧哗。

有一天,施老师给我们"做规矩"了。

"你们功课做好了吗?"老师问。

"早就做好了!"通常都是脸皮厚厚的朱力同学大胆地回答。他是我们班里带头不做数学作业的数学课代表。

"功课做好了也可以看别的书啊。把象棋收起来吧。"施老师严肃地说,语气依然很平静,却没有丝毫通融的余地。

自那以后,中午下棋,便有同学放哨报信:"施老师来了!"于是,我们赶紧把棋盘藏起来,等危险一过,大家又肆无忌惮地打擂台。

终于，期末开家长会了，母亲一回来就教训我一顿，"施老师说你天天在学校下象棋。你以后还要不要考大学了?!"从此，父亲也不再周末陪我下棋了，而是帮我补习英语，让我准备考托福。起初我十分抵触，满肚子的忿忿不平，"我什么坏事都没做啊，下棋也不行?"……连我自己都没想到，两年后，我出国留学了。那时候出国是件不容易的事。要是没有施老师提醒我父母，我大概还在沉迷于下棋，就像现在的孩子放不下电子游戏一样吧。

2003 年,45 周年校庆,施老师和她带过 5 年的 1990 届一班学生的合影

高二那年，上海出了大范围的食物中毒引起的甲肝。我也中招了，被迫在家休息近一个学期。为了尽快恢复健康，母亲执意要我绝对卧床休息。在床上那种无聊的感觉实在无法形容。忽然有一天，施老师来看我了，还带给我一大堆同学们给我的慰问信。我兴奋不已，津津有味地在床上把每封信看了一遍又一遍。同学们还尽在信里开我玩笑。我真没想到施老师会来家访，从她家到我家，单程也要两个小时，要换好几部公交车。当年没有出租车，她花了大半天时间来我家，连我父母都没想到。到那时，我才明白，这位"做规矩"的老师其实人蛮好的，心很热的。

三十年过去了，我要向施老师说一声"谢谢您!"就是因为她很严，我们才没有虚度光阴。前不久，微信班级群里聊天，施老师居然上传了很多我们班同学中学，甚至大学时候寄给她的照片。原来她一直细心地珍藏着。这些老照片啊，勾起了我们无限的回忆。现在，我已经有了三个孩子。我成了家里的"施老师"。希望有一天，孩子们会理解我的辛苦用心。

2018 年 6 月 8 日

[校友简介]

陆珉，1984 年至 1990 年就读于华东师大二附中。本科：City College of New York；MBA：New York University；曾就职于 Zeus Scientific（研究员），Merrill Lynch/Bank of America（证券分析师）。现居美国加州（尔湾 Irvine），早已辞职，做一个幸福的家庭主妇。

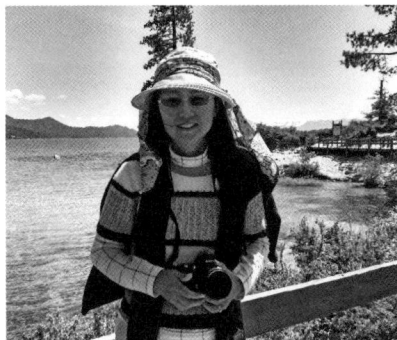

叶佩玉,神的教学,人的处世

黄飞珏(1984 届初中/1987 届高中)

叶佩玉老师在我印象中不大像我高中毕业的班主任,而是一个可以交交心、斗斗嘴的大姐姐。

1985 年秋,高中二年级,我们 1987 届遭遇巨变。

第一:从每个班里选拔出几个理科优等生,组成一个跳级班,直升高三,与 1986 届一同参加高考。同时拆散原来的三个班,分解到各个班。

第二:原年级组长,全国优秀班主任万琳奔赴金山创建师大三附中。史诗级语文老师陈亚仁职业调动,回到老家福建。

打个比方,我们五班的这群小猫,早就熟悉在万琳、陈亚仁两只老猫的养育下生存,突然老猫不见了,我们的惶恐不知所措可想而知。

化学老师叶佩玉接任我们班主任。

确切地说,那时的我们班有点乱,在万琳严厉管教的高压突然消失后,整个班级从男女同学从不讲话突然变成恋爱成风。加之社会上流行思想解放,风气大变,我们这帮中学生也跟着凑热闹。到后来,连一些老实巴交的男女同学也处上了,好像不恋一下爱就会变成落后分子。

叶老师讲话不是没人听,就是不作为,基本就成了不合作运动。而领头的就是以我为主的几个对化学深恶痛绝的文科生。

叶老师也够绝的,反正硬管也管不过来,索性退守马其诺防线。

首先:把自己变成一个包打听,时刻掌握班级里的动态,特别是男女恋爱情况。
其次:思想上软处理,行动上硬处理。绝对不能影响学习,否则约谈家长;下乡劳动管理困难时,坚决隔离有恋情的男女同学。

我不知道现在的人怎么看这件事:我们班参与恋爱的人数超过20人,时间长达两年,但是高中毕业时居然都是童男童女。

然后,分化软化对立分子,比如我。叶老师坚决支持,甚至主动帮助我在文艺汇演、文学社的各项活动。两个条件是:不影响学习,帮助证实她对某某某在谈恋爱的猜测。

我后来一直思索,我的整个职业生涯都在新闻传媒中,是不是因为当年包打听班级恋爱行情成瘾所致。

叶老师的教学能力在我们后面的几届师弟师妹中大放异彩。1994年全国理科班在二附中成立,她是班主任。这期间,她的学生中国际比赛、国家级、上海市级比赛得金牌的多得数不过来。

那时我已经是《青年报》的记者,有天突然接到她电话,说班级里学生中困难家庭的不少,一块钱班费也很难交,有些学生食堂只吃免费大众汤,她很心疼,问我有没有什么办法。

我做了个深入采访,在《青年报》头条刊发了报道,轰动社会。捐助的各种学习用品生活用品堆了一屋子,现金达几万,班会费储备之高创下了二附中历史纪录(按那时的房价可以在内环线内买一套不小的房子)。心族商厦更是给学生们提供了休息日打工的机会,报酬每月200元以上,比当时有些厂里工人工资还要高。

我被这个班聘为名誉班主任,顾校长发的证书。

后来和这个班的学生保持了很长时间的往来,他们谈起叶佩玉时,都用了"养育之恩"这个级别的形容。

叶佩玉老师(右一)和1997届全国理科班同学在嘉定古猗园

前有万琳、陈亚仁，后有叶佩玉，还有其他很多老师……我相信，很多的二附中毕业生想起老师的时候，都会毫不吝惜地用养育之恩这个词吧。

2018 年 6 月 6 日

〔校友简介〕

黄飞珏，1982 年至 1987 年就读于华东师大二附中。资深媒体人、影评人、电影宣发人、作协会员、上海报业集团《申江服务导报》社创始人之一，现任主编助理、编委、新媒体主任；央视及 SMG 常驻时评、法律评论员。

让教学焕发出生命的活力

——记叶佩玉老师

夏东林（1997 届高中）

叶佩玉老师任我们华东师大二附中首届全国理科班班主任。1994 年初秋，我们 26 位来自全国五湖四海的莘莘学子来到二附中学习。是二附中，是叶老师，在我们远离父母家乡时，给予了我们一流的学习环境，还有家的温暖。现在回想，正是在大上海二附中一流的师资平台上，以叶老师为代表的二附中优秀教职员工，和同学们，一起实验、实践了如何突破传统课堂教学的框架，让教学在课堂内外焕发生命的活力。为庆祝母校建校 60 周年，下面仅记叙若干我的关于叶老师的回忆。

2005 年 5 月，叶佩玉老师在美国凤凰城

素质教育

1994年9月,我有幸从浙江绍兴农村考入上海唯一的华东师大二附中首届全国理科班。初次来到上海上学,给我印象最深的是上海教委大刀阔斧地实行学生减负,提倡素质教育。在浙江,所有的父母都知道,越是偏远贫困山区的穷孩子,学习越是努力刻苦,也是最出高考成绩的。在上海,所有学校严格执行双休日,不准有周末补习班。市教委带着电台记者,周末到各个学校检查,如有违规,唯校长是问。同时很多下午只有两节课,学生不到3点就早早放学。正是在这样的现代化的教学理念下,在二附中一流的师资平台上,叶老师以及其他优秀的教职员工,对我们全面实施素质教育,面向每个同学,因材施教,为每个个体的全面发展创造了相应的条件。

首先,叶老师坚持45分钟的主课就是实施素质教育的主战场。针对理科班的特点,叶老师在化学课上采用了人教社甲种本和上海市新教材,综合混合使用。这样,既保留了甲种本的深度,又博采了新教材的趣味性。我还记得叶老师给我们讲新教材上的人物故事,印象最深的是门捷列夫发现元素周期表。同时,叶老师坚持课堂教育和工厂实践相结合。比如,她带领我们参观上海天原化工厂了解实际生产中的氯碱工业。这使得我们既了解了理论知识的巨大实际价值,又了解了工业生产中许许多多课本上没有的安全条例。还有,对于有特长的学生,她提倡因材施教,高三阶段就联系安排他们到大学里学习。

其次,叶老师始终把德育教育作为素质教育的重点来抓。我们班的班会丰富多彩:这儿有上海心族集团老总来给我们讲述他们在江西上山下乡,以及现在回馈社会的故事;这儿有华师大教育学叶澜教授为我们树立21世纪人生观;这儿有华师大数学家王建磐教授给我们分享数学的美,以及他对戏剧曲艺的爱好;这儿有陶行知教育家叶良骏老师给我们讲知行合一的故事……不胜枚举。这些和我们未来人生楷模面对面的交流互动,如春风化雨,滋润无声,对我们的成长,以及一生的影响深刻而久远。

叶老师一直对我们说良好的身体是革命的本钱。她要求每位同学都要有自己喜欢的体育活动。她特别提倡鼓励同学们参加篮球运动,认为篮球运动既全面锻炼身体,又培养团队协作精神。此外,她还派实习老师督促我们每天晨跑。我至今很喜欢篮球运动和跑步,真是受益匪浅。针对我们班同学年龄参差不齐,她和我们体育老师商量要对不同的同学进行不同的训练,务必人人达标。

叶老师很重视美育。她坚持给我们安排音乐课程,使我有机会懂得如何去赏析

1995 年新春,1997 届理科班同学参加学校文艺汇演剧照

《梁祝》交响曲;她邀请搞艺术的家长对我们班的元旦汇演舞台剧《王小二的故事》进行艺术指导;她鼓励我们周末去参观上海的各种艺术展,我对参观丝路梵音的敦煌艺术展印象深刻。

叶老师认为教育和生产劳动相结合是培养全面发展人才的重要途径。她带领我们来到长兴岛上学农,和我们大家一起打扫房间厕所,一起在烈日下采橘,一起在厨房准备饭菜。她要求我们到我们班的结对子企业心族商厦义务劳动。我们在心族商厦不仅进行了简单的清洁劳动,而且还帮助进行客户体验、商品价格等市场调研。

一张一弛,文武之道。二附中注重给课业压力大的同学们,安排丰富的课余活动,让我们接触大自然,陶冶情操。叶老师带领我们去姑苏城感受其深厚的历史人

1996 年,参观南京雨花台烈士陵园集体照

文,欣赏移步换景的苏州园林;去古都南京缅怀中山陵,到大屠杀纪念馆悼念遇难同胞;去美丽的西子湖畔欣赏江南婉约的风景;去历史文化名城绍兴追寻大禹遗迹、春秋故事、鲁迅的童年;去西施故里浣纱江畔欣赏自然美景。

最后,叶老师还给我们创造各种机会,鼓励我们去实践中锻炼和成长。比如,在邀请历届奥赛金牌给我们座谈的同时,也鼓励我们去给低年纪的同学分享我们的学习成长经历。我还记得和于鲁泉一起给初中部座谈,由紧张羞涩的心情,过渡到自然分享的喜悦。这个小小的机会,对我的成长影响很大,使我不再惧怕公众演讲,也促成了我二十年后再回母校和学弟学妹分享我在毕业后的学习成长。除了叶老师帮我们安排各种主题班会,她还鼓励我们自己去联系单位、名师。比如,我的任务是联系去影视城参观学习。从到团委开证明,骑车去影视城,敲门推销我们的主题班会,一切都是我们自己安排。虽然最后他们以业务繁忙、无暇接待为由,婉拒了我们,但这样的锻炼使我终身受益。

短短的三年,叶老师对我们的影响、培育,如太阳,如春雨,是全方位的。有些素质教育的项目,虽然没有像智育一样具有明确的目标,但是却对我们长远的人生具有深刻的影响。

生活篇

1994 年,我们班二十多位年仅十四五六岁的同学,远离故乡,来到上海求学。一同送行的妈妈们,在回程时,纷纷握住叶老师的手,把她们最宝贵的儿女托付给叶老师。下面,仅以我的回忆,记录叶老师对我们生活上的照顾和教育的一些片段。

首先,叶老师对我们的要求是严厉的。比如军训,二附中的入学军训是出名的严格、正规。虽然叶老师对不同年龄体质的同学都有了解和照顾,但她要求每个同学都严格执行军事训练项目。她和家长们一样,希望通过军训,磨练我们的意志品质、促成良好的生活习惯、提高我们的生活自理能力。又比如双周末。上海的学校实行的是实实在在的双周末。平时寄宿的上海同学周末都回家了,他们的家庭都会支持孩子拓展各种素质爱好,就像现在为人父母的我们对子女的周末课外安排。叶老师也不放松我们的周末日程,她要求所有的全理班同学都至少参加一种市教委组织的学科周末竞赛班。还有,我印象最深的是,她督促我们,"上海的同学都自己参加外语培训班"。这使得我们班先进的同学早早地参加 TOEFL 培训班,有的直接进入美国本科学习。后进的如我,也报名师大的新概念英语培训班。此外,叶老师周末时常会来我们宿舍巡查,发现纠正了同学们的好多生活问题。比如,有的同学积累了数月的臭袜子,等妈妈探亲来洗。叶老师发现后,对该同学进行了批评,对探亲的妈妈进行了委婉的劝说,要求培养同学们的生活自理能力。又比如,当她发现男同学周末普遍有睡懒觉的坏习惯,她通过实习老师督促,由体育委员甄剑锋带队,建立了晨跑的制度。

其次,叶老师对我们的关怀如慈母般细致入微。上海秋天的晚上,盖被子太热,盖被罩太冷,而毛巾毯正好。许多外地学生的家长并不熟悉这个情况,而叶老师同时还考虑到不少同学的家庭经济状况,煞费苦心地给我们联系了质好价优的毛巾毯。还有,我们班有不少北方同学,他们习惯面食。叶老师就和食堂主任商量添加北方面食花样。那时,我们不少外地同学在营养、着装上还是和上海同学有明显的差异。叶老师联系了心族企业,给我们定制班服、供应牛奶、购买洗衣机,还和企业中层干部一对一结对子。这使得我们每个外地同学在上海都有了家的温暖。

人在生病的时候最容易感到孤独、无助。是叶老师,以及二附中的许许多多教职员工,热心的上海人的关心照顾,使我们得到了上海一流的医疗服务。例如,有同学老胃病犯了,叶老师既联系上海著名的医院检查治疗,又送亲自培制的养胃餐,还安排同学父亲入住宿舍照顾。例如,我们宿舍的王亚磊同学打篮球不幸锁骨骨折,叶老师亲自联系名医会诊,安排我们轮流打饭,还不时送来骨头汤。我有一次春秋换季时,发烧感冒了一个星期。叶老师很是关心,陪同顾朝晶校长,一起到病床前慰问我,嘱咐我好好休息,大量喝水。在具体了解我发烧后扁桃体发炎严重,安排学校护士陪同我去普陀医院专科会诊。暑假我父母来照顾我进行扁桃体切除术时,又安排他们入住学校宿舍,大大减轻了我们的经济负担。

由于我们父母不在身边,叶老师自然而然肩负起我们 26 个孩子的严父慈母的角色。同时,仔细阅读来自全国各地父母的来信,深入了解每个学生的情况,更成了叶老师一项重要的工作。平日里,叶老师就像父母一样地教育我们如何为人处事、待人接物。例如,在我们同学受到上海各界的支持资助后,叶老师教导我们要懂得如何感恩。当新年回来,我们班搞各地土特产聚餐时,叶老师教育我们要分享给照顾我们的学校教职员工。这正如我们现在教育孩子们要懂得感恩。

叶老师对我们每个同学的培育,如春风化雨,润物无声。在短短的三年高中学习生活中,她就像太阳,像慈母一样;当我们毕业以后,她依然像夜晚那颗闪亮的明星,照耀着我们,指引着我们。

叶老师阅读家长来信(来源:《梦之队从东南西北走来——访上海华东师大二附中第一届全国理科班》,1995 年 3 月 14 日《人民日报》)

如数家珍

中华古典文化中有许多成语故事。有些成语,比如,狐假虎威,本身就是一个生动活泼、寓意深刻的故事。有些成语,比如,如数家珍,平铺直叙,没有什么背景故事。但是今天我要分享一下我经历的叶老师"如数家珍"的故事。

那是 2005 年夏天,叶老师来美国凤凰城参加英特尔国际科技展览会。那时,我正在位于大凤凰城地区的 Tempe 小镇亚利桑那州立大学攻读博士学位。得知恩师叶老师来美,我和夫人一起坐了一个小时的公交,拿着 AAA 的地图来到凤凰城市区,找到叶老师入住的凯悦酒店。我们向叶老师介绍了在美学习生活的情况,叶老师分享了我们班国内外其他同学的近况,还嘱咐在美国的同学之间有机会要多相互走动。

傍晚是和叶老师一行一起聚餐。席间,同行的华师大老师听说我是叶老师教的全国理科班的学生,就说:"叶老师经常向我夸起你们全理班的学生,一路上向我们娓娓道来,一个个如数家珍。"虽未亲闻叶老师对我们的褒扬,我相信我们班每位同

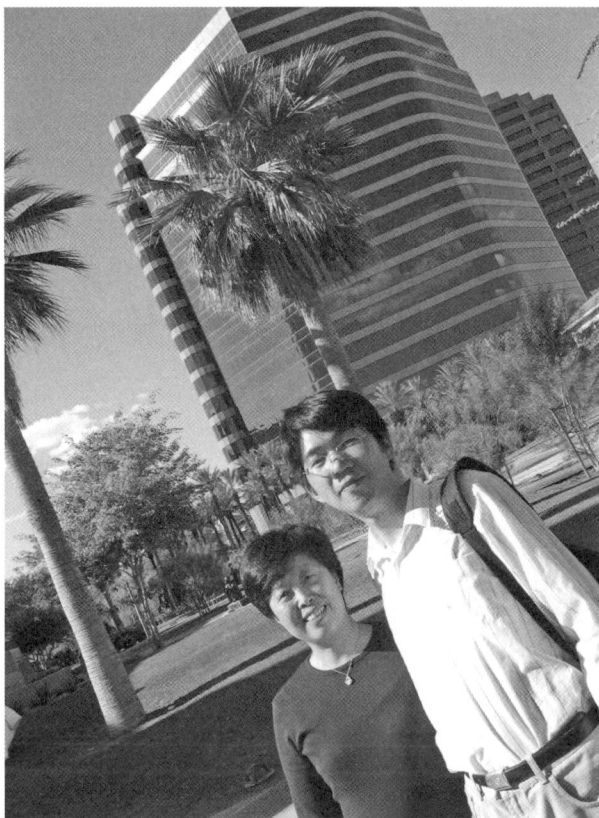

2005 年 5 月，叶佩玉老师和本文作者夏东林

学应该都可以感悟到，"如数家珍"是多么生动传神地刻画了叶老师对我们每位同学，如父母对子女般的珍爱和自豪。

从此，成语如数家珍深深地刻入了我的脑海中，成为我生命经历中的一个烙印。因为它形象地体现了叶老师不仅在用她的专业，而且在用她的生命，在我们短暂的三年课堂内外，以及毕业后的整个生涯中，对我们持续地关爱着。我在二附中，受到了优质的学术教育和全面的素质教育，我深深地感受到，像叶老师那样许许多多优秀的二附中教职员工，是在用她们的全部心力，对学生的整体发展产生积极的终身影响。

2018 年 6 月 5 日

[**校友简介**]

夏东林，1994 年至 1997 年就读于华东师大二附中。2001 年、2003 年分别获得清华大学计算机学士、硕士学位，2008 年获得美国亚利桑那州立大学计算机博士学位。现为谷歌西雅图分部软件工程师。

程师智慧

高一斑（1997 届高中）

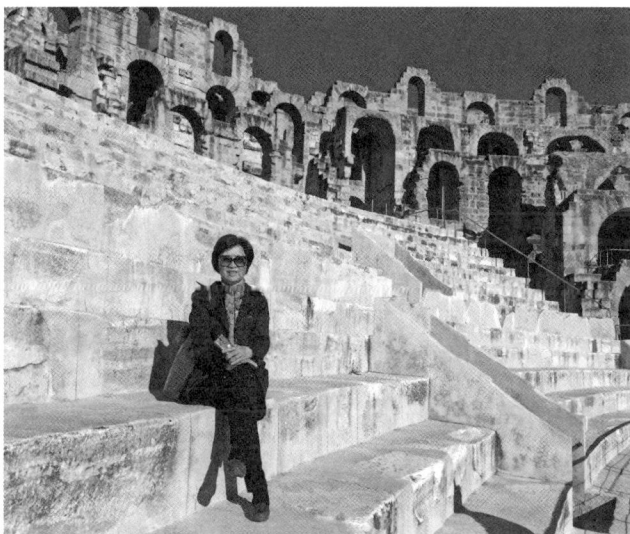

［教师简介］

程慧，1978 年踏上教师工作岗位，先后任教于青浦高级中学和华东师大二附中，2013 年退休。在二附中耕耘 20 年，长期工作在教育教学第一线。1988 年首次教师职称评定时被破格聘任为中学一级教师，1998 年被聘为中学高级教师。获得上海市园丁奖、区县园丁奖二等奖、唐氏教育奖励金优等奖、上海唐君远奖教金二等奖，并多次获得二附中教书育人奖。执教期间不断进行教学研究，有关论文曾获优秀论文奖、教育科研一等奖。

"那个穿橘红色连衣裙，走路说话都很嗲的，就是我们的新班主任哎。"程老师第一次出现，就像一缕清风，驱散了军训时的闷热，让我们眼前一亮。

"I'm Ms. Cheng，your tutor，and also your English teacher. Please write down what you hope to say to me in English."第一节班会课就是这么结束的。我们被惊了一下，考试就是这样不期而遇。令我们折服的还有程老师的口音，一如二附中的传统，地道的英式口音，准确、优雅。

"Human life is short，but if this despicable too short life，it too long."她会念莎士比亚给我们听。

"他休息不好怎么好好读书呢，帮帮忙，一定帮我们班宿舍定制一张 2 米长的床吧。拜托拜托了！"也会为了照顾好我们而竭尽全力，无微不至。

"这份检讨书，you have to read to the class."她有她的坚持。

"不用紧张啊，你们早就准备得很充分了。"她有她的方法。

"你们考得很好，我很高兴，有些东西(三年里被任课老师随堂没收的每一件东西她也都仔细收存)我想是时候还给你们了。"她有她的深情。

她选择了一名意外的班长。我们的班长不是想象中最乖巧的、成绩最好的，而是初中时就让老师有些头疼的。不过，今天他已成了总裁，足以见得程老师对学生的观察细致，尊重人才个性，有着相当丰富的教育经验。

二附中特有的独立座位，让每个人都有 8 个邻桌，程老师带着班长细心安排每一个人的座位。班长回忆，开学没几天，程老师精准地说出每个人的个性特点，吓到了他。真是古有孟母三迁，今有程师排座。

她成了我们每一个人的补课老师。那个时代才开始慢慢有补课市场出现，而今我们都已为人父母，即便投入重金都难觅程老师这样的好老师。我们的英语水平和成绩，仿佛都是程老师自己的功课，每一次测验、考试之后都有针对性的补课。没有收费，不在上班时间，程老师几乎给我们每个人都有过专门的针对性辅导。我们全班的英语高考成绩凝聚着程老师的心血！

她给了我们一份珍贵的人生礼物。也许是专业的关系，程老师熟谙东西文化，有着宽广的视野、仁厚的胸襟和深挚的人文关怀。这一切言传身教，潜移默化，都深深影响了我们。而对于人的尊重是最珍贵的！对他人的尊重，对自己的尊重和对人的尊重与博爱。这样的熏陶和影响，伴随着我们，学会在学习中思考，在社会考察和学工学农中认知，在人生的第一次选择中独立。

毕业晚会时，她引我们感谢学校感谢恩师，也感谢食堂厨师感谢门卫，还有彼此

2018 年 7 月，程慧老师在无锡，华东疗养院

感谢，感谢相遇相知，承诺彼此扶持。她为我们每个人开启了人生一道门，临行还给了我们最珍贵的礼物，最宝贵的力量。

1997 年毕业晚餐，程老师（左三）和 1997 届高中一班同学们举杯相庆

程师智慧，就是这样闪现于她的一颦一笑，一举一动，一节课程，一次活动，一席

谈心,一个眼神,成为了我们的青春印记,我们的精神家园。

2018 年 5 月 12 日

〔校友简介〕

高一斑,1997 届高中一班同学的集体化名。在人生中关键的三年,感谢恩师程慧给予我们最周到的关心、最切实的指导和最大的爱。文章短小,程师智慧却闪现一斑。

回忆两位年轻老师

范承工（1987 届初中/1990 届高中）

二附中的好老师很多，有很多朝夕相处值得回味的往事。这次组织"师说"，各位校友同学或回忆，或采访，写出了好多篇感人动人的文章。我今天写的两位老师，在二附中时间都不长，可能认识她们的校友也不多。尽管她们教我的时间也不长，但是通过不同的方式，影响并帮助了我的成长，让我至今不忘。

第一位老师不是二附中正式的职工，而是一位实习老师。这是二附中的特色之一，作为华师大的附属中学，每年都会有一些华师大的学生毕业前来实习。我们高一那年就来了两位实习老师。一位教数学，姓曾。另一位教语文，就是朱明秋老师。

我们班语文从高一开始是徐荣华老师教的。徐老师是一名很有经验的好老师，高一的时候我们都有些怕他。他对我们的要求比较严格，每周一篇的随笔，好像从来没给过我正面评价，一般总是督促我字要写得更整齐更端正。

而朱明秋老师做实习的那几周，一下画风大变。每页随笔，都要圈出几个好句子，底下还会跟上鼓励的评语，顿时让我对写作文这件事信心大增。直到她离开后，随笔本上又见徐老师的"写字要整齐"的评语，才重新把我打回原形。

那几周，朱老师还找过一些同学，进行过一些谈话，给过一些鼓励，我也似懂非懂地和她聊过一些对于人生和世界的看法。之后她毕业回广西，去了广西师范大学，我们还通过几封信。

如今回想起来，我小学初中比较偏科数学，对于语文尤其是作文的兴趣是从高一开始的。这一方面可能是年龄大了自我表达的意愿提高，另一方面是徐荣华老师特有的"严厉的爱"所激发。同时，也许朱老师那几周那些过于正面的鼓励，多少也

1989 年,赴美留学前,范承工(左)和同学杨隽一留影于师大校园

加深了我对于语文的喜爱吧。

第二位年轻老师是教英语的林菁老师。这里就要先说明,我们的英语从初一开始就是何桂芸老师教的。何老师非常优秀,尽管也很严格,但受到了全班同学的喜爱。大约是高一时候,我们班换了一名年轻的英语老师,叫林菁。记得她教课是比较自由的,上课什么样我已经记不清了,但是记得她开了英语兴趣小组,我也报名参加了。在小组活动中,她放英文歌曲给我们听,练听力。最先听的两首歌,至今都记得很清楚,*Feelings* 和 *White Christmas*。当时是第一次听到。到了美国之后,每听到这两首歌,还是会回忆起二附中。

她还给参加英语兴趣小组的同学们都起了英文名字。这是我的第一个英文名字,叫 Harry。尽管之后我没有用这个名字,但是后来很喜欢的一个电影还真是 *When Harry met Sally* 呢。

她教了我们一段时间后,有些同学开始议论她教学中的不足之处。具体不足的方面,我当时就没啥感觉,今天更加想不起来了。后来同学们自发组织给学校写了一封信,来请大家签名。我当时听到大家说的似乎有道理,就人云亦云地签字了。之后林老师就调离了我们班,再之后离开了学校。

随着我逐渐长大,在这封信上的签名成为我自己非常后悔的一件事。林老师也许在符合教学大纲的英文教学方面经验不多,但是在怎么培养我们对英语的兴趣上,她是花了一些心思的。那些拿来给我们听的磁带,也是她从自己的收藏里找出来的。我想如果她看到我们的签名,会有多么伤心啊。

这对于我个人,是一个很重要的教训。这个教训就是要坚持独立思考,不能人云亦云。有的同学写这封信确实出于本意，他们完全有写信和签名的自由。但我当时其实连信都没怎么看，只是出于我认为的政治正确，就随大流地签了字。

我们班级高中毕业20年聚会后，就在社交网站上建了群。这时有同学提起当年一件后悔的事，我才发现原来不只是我，不少同学都有和我一样的想法。可惜我们已经找不到林老师的联系方式，无法去和她说一声迟到的抱歉了。后来大家说起，当时只有Z同学，坚持没有签字，这令我肃然起敬。我当时自以为多么成熟，但在坚持自己的原则而不从众这点上，远远不如Z同学啊。

老师真是一个神圣的职业。他们通过言行，直接或间接地影响一代又一代少年长成青年。不用说那些几十年教学经验的老师教了好几代人，即使与朱老师和林老师只相处了几周、几个月，但是一个增加了我对于自己的自信，一个则让我看到了自己的不足。谢谢这两位年轻的老师！

2018年6月9日

[校友简介]

范承工，1984年至1989年就读于华东师大二附中，1990届高中肄业，赴美留学。库柏联合学院电子工程学士，加州理工学院电子工程硕士和博士。1998年创立Rainfinity公司，后被EMC公司收购。2006年回国创立EMC公司和VMware公司的中国研发中心。之后在VMware担任高级副总裁，在猎豹移动担任首席技术官，带领开发新产品。2018年再度创业，建立MemVerge公司，担任CEO。

值得信赖的兄弟

——记我的班主任袁军老师

陈春曦（1990 届初中/1993 届高中）

1993 年从二附中毕业，一晃已经 25 年过去了。六年的二附中青葱岁月一直萦绕心头。感恩在最懵懂的年华遇到了最好的老师，指引我们的成长。

1993 年，袁军老师（第四排左一）与 1993 届一班学生合影于毕业前夕（第三排右一为李宝山老师）

记忆中高中的老师大都是头发花白、经验丰富、气场十足的老前辈，把我们这些荷尔蒙刚开始慢慢膨胀的小朋友牢牢地敲打在课桌前，认真地吸取知识的营养。但也有几位年轻老师，更紧密地陪伴在我们周围，亦师亦友，和我们一起走过了高中三年的时光。其中记忆最深的，当然是那时的班主任袁军老师。

刚进入高一,班级里一大半都是初中升上来的老同学,自然放松而飘飘然。初见新班主任袁老师,20多岁,戴着眼镜,说话不紧不慢,永远都是笑嘻嘻的样子。和初中以严格著称的班主任严老师相比,产生了巨大的反差。这个年纪轻轻的小老师,怎么可能震得住我们这些二附中的老油条们啊!

第一战应该就是从第一次班会开始吧。刚开学一段时间,班委就想搞一次主题班会,没啥主题,进高中了大家乐呵乐呵就是主题。——申请,班主任批准!因为大多数同学住校,晚上搞气氛更好一些。——申请,班主任批准!为了节目精彩一些,想把另外几个班我们知道的文艺积极分子邀请来一起表演,变成少见的跨班主题班会。——申请,班主任批准!一路绿灯,大家的积极性就被点燃了。这可是高中第一次一班的活动,绝对不能给一班丢脸。各个班委分头行动,活动策划,演出彩排,后勤配合,俨然按照春晚的标准精细筹备。新加入二附中的同学也积极参与,主题活动随之就定位成迎新融合的高大上主题。整个班级原来一半老同学一半新同学的格局迅速被打破,一下子拧成了一股绳。在筹备中碰到一些问题的时候,袁老师就担当了排雷手。经费问题,班主任想办法!同学需要出校采购,班主任也准假!筹备工作和课外一些活动冲突,班主任还主动帮着协调其他任课老师!

就这样,活动如期举行,一开始肯定要请班主任讲话,作为政治老师的袁老师,一点套话没有。欢迎,祝福,简短亲切。然后大戏就开始了。结果是显然的,二附中同学出手必是款款精品。尤其是1990年在念高一的我们,就在班级里搞起了时装秀。八位女同学拿出了家里珍藏的炫彩服饰,在班级的T台上大展风采。一下子就在年级里传为佳话。后来才明白,为什么那么多其他班的男生都羡慕一班呢。:)

2013年8月,苏州,袁老师应邀参加1993届高中一班同学毕业20周年聚会

多年以后，在管理岗位上实践许久的我才发现这些活动的意义啊。通过第一次的班级活动，一个新班级的凝聚力和荣誉感就迅速建立了起来，并且贯穿整个高中。后来一班在学校运动会上独占鳌头，足球队全校冠军，文艺汇演、各类学习、活动和竞赛都能笑傲群雄，真是离不开最初袁老师的言传身教为我们打下的好基础。

那时不觉得，就是觉得年轻的班主任真好，是我们一个战壕里值得信赖的兄弟！

2018 年 7 月

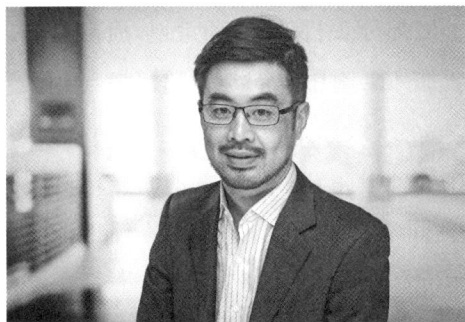

〔校友简介〕

陈春曦，1987 年至 1993 年就读于华东师大二附中。毕业于上海交通大学，复旦美国 Olin 国际工商管理学院 EMBA。现为 DELLEMC 中国研发集团上海研发中心总经理。

最好的遇见，就是亦师亦友

——田伟老师印象

裔及（1991届初中）

[**教师简介**]

田伟，民办华二浦东实验学校校长，华东师大二附中英语高级教师。1987年自华东师范大学外语学院毕业后即到二附中任教，至今已有30余年。一直从事一线英语教学工作，历任班主任、年级组长、校团委书记、学生处副主任、校办主任、工会副主席等职。曾参加过上海市高考命题工作，多次应邀担任华东师大外语学院硕士研究生论文答辩委员会委员、主席，等等。

"学贵得师,亦贵得友,良师益友,学者必求师,从师不可不谨也。"学习生涯中如能遇到一位博学专长的老师,给予学识的指导与人生的指引乃一大幸事。

出于爱好,我闲暇时常朗诵古文。细细想来,古文有《为学》,有《师说》,却无《教学说》。然内心体验,却道教、学之间实在大有学问。遇见一位良师很难,只因成为一名良师更难。

时下有句流行语:东西是别人家的好。"爸妈是别人家的好""男女朋友是别人家的好""孩子是别人家的好"……万幸,我可以自豪的说,老师是我们家的好——因为我们有亦师亦友的田伟老师。

田老师出自教师家庭,可谓家学渊博。他善待每一位同学,让大家倍感亲切。记得班级住宿生第一次见面会时,张宇同学还调皮地趴到老师的肩上。田老师既是我们尊敬的老师,也是我们亲切的大哥。

1988 年 12 月,田伟老师与 1991 届初中四班学生一起过圣诞

因为遇见田老师,我们一群懵懂少年的活泼本性恣意焕发,中学时光快乐极了。记得初中时我们喜欢玩粉笔头大战,一次因为"战事升级"影响了正常教学,我们班被年级点名批评,田老师好生失望,一气之下提出要辞职。

当他说出那句话时,我们全班都懵了,震惊之后大家哭着跑到教导主任处认错,一定请学校把田老师留住。当时全国劳动模范万琳老师说:"老师能得到学生这样的牵挂,太难得了,学校不会让田老师走的。"后来,田老师接受了全班同学的道歉。

初二那年的圣诞节,我们班级定制了一个超级大蛋糕,请田老师跟我们一起过圣诞。记得那个大蛋糕是用三轮车运来的,被大家从窗户里小心翼翼地递进去。许多年过去了,那个场景仍历历在目,伴随全班师生浓浓的情意。

2014 年 5 月 17 日，田老师与 1991 届初中、1994 届高中学生相聚二附中

"粉笔头事件"后来在班级聚会时常被提及，因为田老师让我们在青春年少时就理解了"不要等到失去才懂得珍惜"这个道理。

白驹过隙，很多昔日同窗现在都已是企事业单位的领导。一次同学聚会，大家意外发现，许多同学在单位里都坚持一个原则，就是自己过生日时不要员工下属送礼物，而是请他们给自己写一封信，提出意见与不足。这个良好的传统就来自于田老师的创意。田老师至今还保留着每位同学写给他的信件，这让大家感动不已。

教育跟管理有很多共通之处。田老师对中学教育的期望是"让教育回归教育本质，笑着走向成功"。同样，我们企业管理的目标不也是回归本质，与员工共同成长，笑着走向成功吗？

感谢，能在最好的岁月里遇到田老师。

最好的遇见，就是亦师亦友。

2018 年 5 月 29 日

［校友简介］

　　裔及，1988 年至 1991 年就读于华师大二附中。比利时鲁汶大学硕士。先后在西门子（欧洲）、法国电信（欧洲）、三星电子、松下电器任职共计 10 年，有着丰富的市场营销理论基础和实践经验。2008 年进入红星美凯龙集团担任营销中心总经理。2017 年起担任红星美凯龙集团互联网集团总裁助理，全面负责公司线上线下一体化营销和运营业务。在近 20 年的职业生涯中，一直以"奋斗，创新"作为职业发展的座右铭。

科创班老师，梦幻组合的各自神技

朱泽宇（2016 届高中）

我怎么也没有想到，自己最终会来到清华大学学习新闻与传播。现在看来，这是一个很好的专业，让我以新的视角思考了许多从未思考过的问题。在科创班的经历让我能够迅速补充任何我需要的东西。可以说，我在从一名理科生转变为一名文科生的过程中，没有遇到什么困难。事实上，科创班给我帮助最大的，就是广阔的视野和学习的能力。这是我将受益终身的。另一方面，经历过了科创班的那种拼死拼活的日子，现在的生活看起来倒显得清闲了。我在科创班的同学们，如今无论在哪里，都是最优秀的人才。他们拥有这些品质：好学、勤奋、坚持不懈。感谢科创班，感谢二附中。

最想要感谢的就是老师们。三年间，教过我的老师也太多啦，这里姑且说几个吧。

2016 年 5 月 13 日，科创班的师生们在操场上拍毕业照

张成鹏老师

张成鹏老师,也就是鹏总,班主任,教数学,在科技夏令营时便带着我们了。当时,他总喜欢跟我们强调时间观念的重要性,后来倒不怎么说了,应该是对自己的教育成果满意了。作为班主任,他确实对我产生了极深的影响。他让我们认识到了身边的是怎样的一群人,让我们认识了二附中,并且认识了自己,认识了人类、国家、社会与我们的关系。

对于带科创班,他是喜欢的——我们已经是他带的第二届科创班了,似乎他之后还会带科创班。他在我们高一、高二时,鼓励我们尽情做自己想做的事,并且把它做好;到了高三,又率领大家奋力拼搏,就好像《自由引导人民》中的女神,高举旗帜,领导大家向前。

他的数学课很有意思:如果任何人有任何问题,都可以立刻打断、提问,然后讨论、解决,不惜任何代价。确实,一些用来讲知识点的时间,本就是廉价的,却能够在解答疑问中得到价值的升华。

2016 年 1 月 7 日,教室黑板上的班主任张成鹏老师

石昆老师

石昆老师教语文,是位很别致的老师。我最喜欢用"中国文人"这个词形容他。或许应该说他的课充满了浪漫主义的色彩,然而他这个人本身却是现实主义的绝佳

素材。即便到了高三,他还是会从现代文阅读和作文说开去——

"昨天我看到有个人骑着辆自行车,车篮里装着一沓红色的臭铜。结果车篮里的东西洒出来了,周旁的一个人上去疯抢,然后说是自己的——"

如是者往往。

不过,他终究也不是圣人,每当他抱怨完了,总要承认自己的平凡。作为一个略肥胖的中年男人,挺可爱的。

然而,就这样,他的课被分成了许许多多的"时间模块"。他就把自己课前准备要讲的东西(比如一张卷子,或是什么知识点),作为模块与模块间的谈资。我们给他想了许多办法,分散他的注意力,效果总是不好。(但我们班的语文成绩是极好的。)

李孝琴老师

李孝琴老师教英语。我们高中毕业,她结婚。我们是她的第一届学生。可以看出,她十分用心。高一高二时,每节课几乎都是按照牛津课本上的顺序,一个一个章节上的。自己做PPT,内容翔实,构图精美,我做了一本又一本的笔记。高三的日子比较痛苦,几乎每节课都在讲卷子。虽然无聊,但这更贴近生活,因为生活本来就是重复而无聊的。这样的日子,她陪我们在一起,让人尤为难忘。

张兵荣老师

张兵荣老师在我们高一、高二时教过我们物理。他是从曹杨二中来的,我们是他在二附中带的第一届学生。来的时候,他还是一个极为严肃的人,不苟言笑。他语速缓慢,却切中要害。物理这方面,我还是很佩服他的。他能条理清晰而游刃有余地复现整个高中物理体系。这与我在高一时的那种对自然科学的无上崇敬恰好吻合。然而,丁军老师说过,我们是一个闷骚的班级。我们的闷骚似乎感染了张兵荣老师,使得其由原本单纯的闷,转变为了与我们一样的闷骚,且极冷。他有许多金句值得回味,在此就不列举了。

他还有个爱好,我看是到二附中后再培养出来的——打乒乓球。他最爱和看机房的老大爷打。据说,那位大爷是清华精仪毕业的,之后在过去的华师大教具厂工作。是真是假,也不得而知了。

苏根宝老师

苏根宝老师教化学。他只带高一,所以我们也只上了他一年的课。

先说他的课。我本人是记不清了,但据同学回忆,他的第一节课是这样的:

1. 甩手臂走上讲台。

2. 聊天。

3. "要学化学先要学物理。今天要讲的东西,你们物理课也会讲,但是我等不及了。"

4. 在黑板上写下克拉珀龙方程。

5. 由此推出波义耳定律、查理定律、盖·吕萨克定律、波·马定律、道尔顿分压定律。

6. 甩手臂走下讲台,下课。

其中,步骤 2 花了 30 分钟,之后是全班的急速抄写时间。

他的课大致如此,显著特征就是:把一个个知识点抛给你,让你自己去组建知识网络。要是能够通过自己的摸爬滚打,最终组建起这张网络,那么,高中化学无比清晰;做不到,便是一头雾水。

接着是他的人。首先,据无数人物证实,有钱。据说财力雄厚,难以估量。其次,有意思。他常常跟我们聊天、谈人生,做事率性而为(这也是他只带高一的原因)。他始终坚持自己的一套东西:教书,做事,为人。

施安兵老师

施安兵老师教我们高三物理。极认真负责,难以言述,难以想象,可能是我有生之年遇见的最认真、最负责的人民教师了。除了教物理,他还热爱物理,关注社会。他常常鼓励我们今后研究自然科学,造福人类,似是真心的,绝非随口一说。另外,是不是凡物理老师都是金句王? 在这点上,施老师和张老师挺像,冷不丁的,来一句,哈!

梁铁老师

这是一位美术老师,令人敬重的那种。他绝对是有真本事的(二附中的许多老

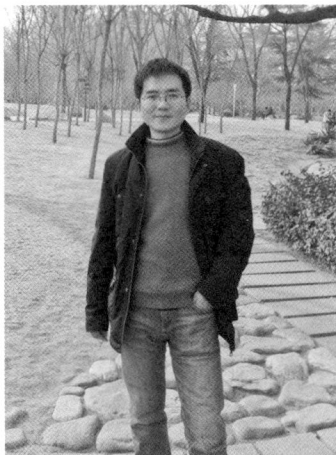

梁铁老师帅不帅！

师都身怀绝技，平时低调，深藏不露，待到需要他们发挥的时候，才显山露水）。身为美术老师，他仍保有对艺术的热情——从课堂上可以看出，从他的工作室也能看出。在我们学校里，有许多不起眼的小角落。梁老师的工作室占据其一。我是没能有幸去拜访过——平时那儿大门紧闭——但据我一位同学说，那里头的情形，还真是符合一个艺术家的形象。据说是颜料斑驳，到处堆满了画布、画笔、石膏……这番道听途说，倒也增强了梁老师在我心中的神秘感，让我认定：这确是位高人，隐于市间。

一起做课题的老师

科创班，培养科技创新能力。其方式，就是做课题。通常，自然科学与技术科学课题更受鼓励，社科较弱些。而我最主要的成果，是一个计算机课题（《基于用户面部特征的疲劳状况评估系统》，计算机视觉、机器学习），一个工程课题（《Automobin——智能垃圾接取装置》，Kinect、Arduino），和一个数学课题（《一种新的描述概率图连通性的方法》，图论）。第一个是自己做的，第二个与李光伟合作，第三个与王泰戈合作。前两个由俞晓瑾老师辅导，第三个由鹏总辅导。

我这人不够严谨，也耐不下性子，所以做的都是这些课题。它们有几个共同的特征：

1. 需要拍脑袋；

2. 实用性强；

3. 实验简单。

做第一个课题时是懵懂的，而到了后面两个就比较老到了。记得一开始——高

2014 年 6 月 29 日，我和室友们，左起：朱泽宇、张天纵、胡晟源、陈少卿

一时我还很羞涩——我并不知道自己要选什么样的课题，随便找老师聊一聊，还是没有灵感。好不容易找了一个，做了两天又放弃——太难了。并且，即使我找到了我后来完成了的那个课题，在当时，我也是惊慌失措的。高一时，每周二的下午与晚上是卓越课程，也就是我们班的课题时间。我已然不能记得那一个个空虚的半天是如何度过的了。现在回忆起来，真是无趣——又不知道该做些什么、怎么做，事实上却是忙极的！可或许正因如此，那段日子，在当时看，是极有趣的。

正因我看起来总是在做着些什么，而且时常能倒腾出一些东西（虽然都没什么用），老师看起来对我是信心十足的。第一个课题时，俞老师她不闻不问，只是常常来我们实验室兜圈子，看看大家都在折腾些啥，然后又回去忙她的了。说实话，因为我也没有什么实质性的进展，所以也没问题要请教或是讨论，只是在自己以为干了一些奇奇怪怪的事情之后，跟她说一声（比如在学校的电脑上装了个双系统，又自己从源码编译了 OpenCV）。在很长一段时间里，我们之间的交流都不算很多。

待到冬令营——这是课题进展的主要时期，可以说之前为厚积，而此为薄发——我的课题还是没有什么实质性的进展。好吧，大家都没有，所以也并不怎么慌张。老师们为了推进大家的课题进展，组织了一次又一次的报告会。同一个学科的聚在一起，一个个上台展示自己的进展，以及下一步的规划。俞老师在我们工程与计算机学科组，特地邀请了计算机老师金靖与劳技老师陈向东（他俩大学时都是物理方向的）。于是所有人便头脑风暴起来，互相激励、促进、借鉴、讨论，纷纷取得

2014 年 5 月 8 日，俞晓瑾老师和同学们在浦东新区青少年活动中心

进展。俞老师本人对此也是很欣慰的。我们也是她带的第一届学生。

课题弄完了，要写论文。我的论文格外简洁，超凡脱俗。工作量庞大，论文却短得惊人。发给俞老师，她给我不到十页的论文内容写了满满一页的修改意见。她对每个人都是这样的。

说起这个课题，还要感谢王泰戈同学。我做这个课题的时候是 2012、2013 年之交。当时正苦于疲劳的判断依据无从寻找——无论如何找不到相关的医学或生理学方面的论文。泰戈随口一句"机器学习"，为我打开了一扇天窗。当时的我对此丝毫不了解，只是听说过这么个名字。后来才明白，计算机视觉也算是机器学习的一个重要应用了。而且 2012 年 Alex Krezhevsky 的 AlexNet 霸榜 ImageNet，使得深度学习开始复兴。不过这些，我当时都不知道。我的方法是，先提取面部特征点，再用支持向量机来做回归，得出疲劳程度。但不管怎么说，这方面的课题，在上海市青少年科技创新大赛里，我算第一个。后来，这类东西在比赛里逐渐流行，我也算是个鼻祖。

2016 年夏

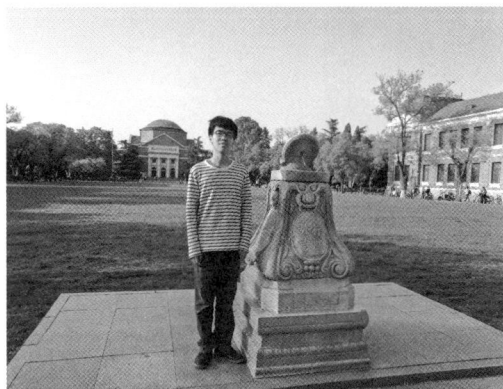

〔校友简介〕

朱泽宇，2013 年至 2016 年就读于华东师大二附中。现就读于清华大学新闻与传播学院。

校友笔下那些神奇的二附中老师

王静怡（1992 届初中）

为迎接母校 60 岁生日，很多校友开始敲键盘，记下很多对二附中的回忆。《师说传薪火》的编辑"串门"把《我与二附中》的所有来稿看了个遍，如同欣赏一幅长卷，二附中老师的群像栩栩如生，总结下来：

二附中的老师——

很神奇！

二附中金沙江路校园，大门

二附中的理科老师有四两拨千斤的本事，也像诗人一样浪漫

※ 物理老师孙杏君上课生动有趣，既有逻辑清晰的理论讲解，深入浅出，又有让我们加深理解的实验，加上她引人入胜的肢体语言，凭着她对物理学的热爱，为我们打开了一扇窗，让我们窥见了宇宙万物的奥秘，发现了周围世界的美丽和力量。我不知道她用什么方法，让我慢慢爱上了物理，高考报了自动化专业，成了一名现东华大学（原中国纺织大学）的工科女，踏上工作岗位后，成了一名工程师。（陈洁，1977届初中/1980届高中）

※ 同学陈炜曾在著名的《作文通讯》里发表过写初中物理老师许晓梅的文章，许老师一口标准的京片子，"咱这物理都是连着的"，她教物理真如行云流水。——"黄昏的树叶最美"，我已经忘了其中的物理原理，但是我一直记得她说的这句话，时时品味其中的诗意。（顾军，1985届初中/1988届高中）

※ 学校组织了各种课外兴趣小组，骨干教师分别担任指导老师。他们备课认真，知识丰富，深入浅出。在数学兴趣小组里，那位教授平面几何的李绍宗老师，一下子打开了我的解题思路，有一种醍醐灌顶的感觉。（黄维信，1965届初中）

※ 高中的时候，我是化学课代表。教化学的老师叫夏家骧。这位老师，不像其他老师这么严肃，上课有时候会冒出几句玩笑来。我记得有次上课学电解池。老师让我上黑板画一个电解池的示意图。我一边画一边只看见老师在旁边抿着嘴很努力地忍着笑的样子。"怎么啦？"我说。老师扑哧一声终于笑出来，说，"这个电解池怎么画得像我的拎包……"（王剑菁，1987届初中/1990届高中）

※ 记得白发的数学老师滕永康先生给我们上的"最后一课"，以亲身经历告诉我们

金沙江路校园，画廊和花坛

中学时代的友情最珍贵,最值得珍惜。(这是真理!)我后来把他的这番话写成一篇小文,发表在《青年报》上,送给了滕先生。(顾军,1985届初中/1988届高中)

文科老师底蕴深厚,诗酒为伴,颇有大师风范

※ 汤文鹏老师,即老汤,老师中不被称"老师"的唯有老汤。魏晋遗风,潇洒不羁,衣着"邋遢",也唯有老汤。按现在的标准,这样的老师是不是会被劝退,真的很难说。但是有多少同学在怀念这位老汤啊! 就是这位奇葩老师不顾压力,带领文学社多次采风:杭州富春江、甬绍之行……有同学在回忆文章中写道:"听说,他曾经是华师大中文系的高材生,那个年代的耿直坦荡,为怀揣文学梦的他带来了被发落到中学教语文的待遇,然后就安下心来,不声不响地教了几十届学生。听说,他家住上方花园,自行车往返于淮海路和枣阳路之间,春夏秋冬经年如一,与学生、文章和美酒作伴,把这一切当作了有意思的人生。"(钱红林,1982届初中/1985届高中)

※ 初中的语文老师兼班主任李宝山老师,特别和善,又很爱好书法,他的板书俊秀潇洒,初中毕业时还给每个人赠送了他的书法墨宝,我们整个班级都很受影响,至今好多同学的笔迹都带着李老师的风采。(施维,1989届初中/1992届高中)

※ 李寅义老师教我们历史。他博览群书,知识面广,讲起唐宋明清历史,一集一集,娓娓道来,环环相扣,引人入胜。他将故事情节及繁荣腐败的社会根源,分析得淋漓尽致,堪比当今的电视剧,让我们享受着醇厚的中华文化底蕴的熏陶,一生受益匪浅。(1964届初三(1)班)

金沙江路校园,北大楼和草坪

二附中的老师能把数理化教成艺术课，而艺术老师又都是大神

※ 数学老师袁霞如也让我回忆至今，如果说数学让我联想到的是用脑的话，那么袁老师真正地用她年轻的心灵……让我们体验到了什么是用心灵来教数学和学数学。在她的数学课上，我总是全神贯注地跟着她，因为她教数学的方式会引起我的感动，我会感觉到，她把一颗心托在手上，演示给我们看，虽然她讲解的是抽象的算式推理……（曹明华，1977 届初中/1980 届高中）

※ 印象最深的是刚毕业的数学任课老师傅伯华，先是用帽子、手帕表演变苹果的魔术；后是用两卷纸，演示拓扑学案例：同样是粘好的两个纸圈，一个剪成两个圆，一个剪成一个大圆。这让懵懂的我们，更加喜爱数学了。（黄维信，1965 届初中）

※ 化学老师叶佩玉也留给我极深印象，她年轻灵动的身影配以清脆的嗓音，使她以极其缜密的逻辑思维讲解的化学方程式充满了魅力。（曹明华，1977 届初中/1980 届高中）

※ 初二和初三年级，赵云珍老师给我们上音乐课。最难忘的是赵老师的声乐课。她教我们如何科学发声，教我们通俗唱法和美声唱法的区别。记得有一次，赵老师用通俗发声法和美声发声法各说了一句"你来了"，当赵老师用美声说的时候，我感到了一种声音的穿透力。（官昕，1983 届初中/1986 届高中）

金沙江路校园，老校友无数次走过的地方

好多女老师就是我们心目中的女神，好多男老师潇洒倜傥

※ 英语刘砚老师的神奇还在于，我们已经长大步入中年，她依然年轻。朋友圈里，

有她和她亲爱的张医生一起种植花草,去南极探索,陪伴父亲前去交大,在海岛的学校支教,指导国际部的学生表演莎士比亚。朋友圈外,同学们都知道她热爱画画,喜欢弹钢琴。女神不老,她对事业和生活的态度激励和影响着我。虽然偶然相见,我却一直感受到她释放出的能量,仿佛经常能认识一个新的她,被她的热忱、敬业和好奇感染。(姚白,1992届初中/1995届高中)

※ 王云仪老师是我们初一的班主任,她端庄美丽,身上透出一股江南女子的温柔。她那时30来岁,我真的不知道她的内在怎么会有这么丰沛的母爱。(钱红林,1982届初中/1985届高中)

※ 九班的班主任是刘鼎立老师,是教我们班英文的,他年轻帅气,说真的,可惜了他,如果当演员,他外貌不亚于著名演员王心刚。他上课有幽默感,同学们挺尊重他的。不过他有个习惯,喜欢时不时捋袖子,很像抓鸡摸鱼样,有点滑稽。上课中,有的同学时不时低下头来窃笑。(夏振庆,1973届)

※ 我的班主任蒋坤玉还兼数学老师,副班主任是许根生兼英语老师。两位班主任都相貌堂堂,有同学说,蒋老师像电影《红日》张灵甫的扮演者项堃,英俊威武,而许老师则是标准的白面书生,潇洒倜傥。两位老师我们都暗自喜欢。(张永胜,1966届初中)

※ 七班的施(振兴)老师篮球玩得像魔术一样,运球,跳投,出神入化。二班的卢(天送)老师投篮很准。后来的数学王(??)老师,山西人,听说他原是师人篮球队长呢!七班的蔡(德生)老师排球打得非常好。一次我看到老师们和区少体校中学生在学校的一场比赛,蔡老师是主攻手,那个扣球真是惊天地,泣鬼神!(夏振庆,1973届)

金沙江路校园,南大楼(预科大楼)和操场

二附中的老师不会按教条行事，为了给我们创造更好的学习氛围

※ 当时我们属于全国 13 所新教材试点学校之一，使用的是一位美籍华人教授起草的中学数学试点教科书。教科书的设计理念比较海派，和教育部制定的教学大纲有明显的不同。数学组的滕永康老师精心准备每天的教案，他的口袋里总是藏着许多像豆腐干大小的纸片，上面记着大概只有他自己才看得懂的要点心得。上课时他袖套一戴，在黑板上用白粉笔来回挥舞，于是一行行自成一体的板书就出来了，效率很高。我最喜欢听滕老师上课时用派头十足的上海话腔调说教和发表见解，觉得他思路敏捷，一针见血，又幽默风趣，经常引起同学们的哄堂欢笑，课堂气氛调节得很好。（戴嵘，1983 届初中/1986 届高中）

※ 我印象最深的是徐荣华老师，他特别喜欢我的作文，常常在语文教研室传阅我写得较好的文章。由于受到徐老师的厚爱，我越发写得任性，以至于其中有一篇作文让来学校实习的中文系学生批了个勉强及格。徐老师安慰我说，他尊重学生的评分，但仍鼓励我继续按照自己的兴趣去写，不要放弃自己的爱好。我高中毕业因为去医学院郁郁寡欢，徐老师是唯一祝贺我的老师。他说："刘毅，你做了个正确的决定，以后你会明白这个决定对你有多么重要！"（刘毅，1979 届高中）

※ 初一的时候，杜秀林老师教我们音乐，记得印象最深的是杜老师给我们上的古典音乐赏析课，这在全国统一教材上是没有的。音乐课上，杜老师用现在恐怕已是古董的开盘式录音机，给我们播放古典乐曲，介绍乐曲的作者、创作背景和音乐主题。从杜老师那里，我第一次听说了巴赫、莫扎特、贝多芬、李斯特、肖邦，第一次听说了巴洛克派、古典派、浪漫派。由于当时家庭几乎都没有收录机，音乐课以外就很难再听到这些曲子了，于是我在我的笔记本上画了一些波浪式曲线，代表着表达肖邦孤寂无奈的急速旋律。（官昕，1983 届初中/1986 届高中）

他们从来不说教，但一言一行就让我们知道了什么叫认真

※ 课堂上，李振芳老师留给我印象最深的是在黑板上几何作图。一把长尺、一张大三角板，她小心翼翼地演示如何推平行线。后来，她每次上课都带一把大的木圆规，把粉笔细细地磨好后，插在圆规的一脚。这把圆规简直是万能的，李老师用它细细地教会我们画角平分线，画线段的垂直平分线，画等边三角形……李老师从不强调"要细心，要仔细"。而我从上初中开始，就再也没粗心过。因为，李老

二附中枣阳路校园,办公楼(图书馆)

师的数学课上,没有"毛估估"的场景。(姚白,1992 届初中/1995 届高中)

※ 你知道我们班的班主任万琳么? 她个子不高,方方的脸庞,走起路来风风火火,她带过的每一届学生都对她既敬又爱,不管是什么年代,即使在"文革"期间,她始终告诫学生要好好学习,天天向上。更何况那时我们高考恢复才几年,我感觉我们一考进二附中,还在兴奋之中,班主任和任课老师已经开始了解和分析每个同学,开学前就进行了家访,他们对每一个同学都了如指掌。(陈洁,1977 届初中/1980 届高中)

※ 数学老师唐清成引领我们在充分条件和必要条件里求索论证,使我们明白了一个道理,数学里没有忽悠,生活中不能忽悠,工作中更不能忽悠。知识的储备加严谨的态度,使我们在应对现代工业中碰到的一些技术难点时,应用数理分析的方法,让问题迎刃而解,所有一切使我们终身受益。(张林,1967 届初中)

※ 吴翼鹏老师让人敬仰的丰厚学识,和他每周一亲手刻写印制的试卷;从小熟悉的孟东海老师,忍着胃疼对我们的耳提面命;王德纲老师宠爱地让我留在办公室里一整个下午,一边和他唠家常一边做完数学试卷……老师们倾尽心血地传授知识,一开始是真心不想让他们失望,也想达到他们对我的期许。后来学习变得有趣了,不再为了完成老师或母亲的心愿,而是自己想去不断尝试了解新知。(顾佳,1995 届初中)

枣阳路校园，教学楼

二附中的老师，都把班里学生当作自家的孩子

※ 顾朝晶老师，是我们当时的教导主任，也是语文老师，在我将要去参加区里市里演讲比赛之前，他总爱轻轻地拍拍我们的手臂，好像父亲在孩子远征前打气鼓劲。几年后，顾老师升为校长，但是我与顾老师却依然没大没小。大学读书时，我们经常去顾老师家看电视，记得有一次，顾老师师母有事不在家，就将房门钥匙交给我。去二附中校长家看电视，有时顾老师还将钥匙交给我！当时觉得是挺平常的事，但现在想来，不平常呀！这可是上海滩乃至全国的牛校长呀！（钱红林，1982 届初中/1985 届高中）

※ 陈康煊老师教政治课，内容与当时的时事紧密相连。我印象最深的是陈老师对学生的关心。高考前夕，每个同学都要填志愿，我对建筑学非常感兴趣，于是第一志愿上填了同济大学建筑系。当时我们班申请同济大学的好像有七个同学，大家还一起去了附近的长风公园疯玩了一天。然而由于我家的因素，我填正式表格时，将第一志愿改为"上海第一医学院医学系"。那天陈老师走过我的书桌，发现我修改了志愿，便轻轻敲了一下我的桌子，然后回讲台宣布他的办公室会一直开到晚上 12 点，方便我们在最后时刻改变决定。我知道这是对我说的，那天晚上我在陈老师办公室外徘徊了好久，终于不敢违背家里的要求，选择了医学。许多年以后，很多病人得知我这段选志愿的经历，都认为那是个正确的决定。（刘毅，1979 届高中）

※ 外语杨景盛老师对学生特别耐心，记得有一次上俄语课，我们班调皮的男生把他上课准备的小黑板藏起来了，他竟然没发火。给我的印象是杨老师对学生总是带着微笑，和蔼可亲。（章萍，1965 届初中）

550

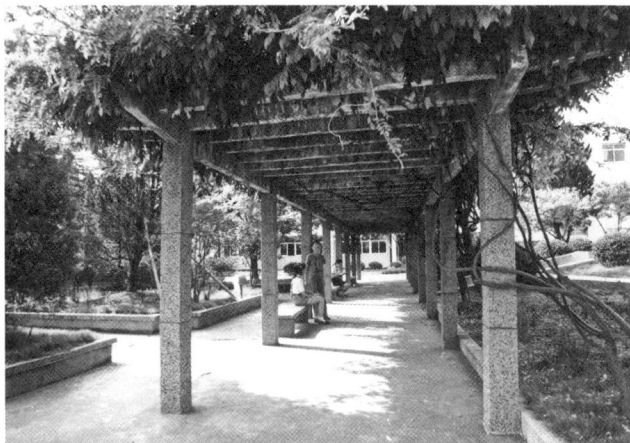

枣阳路校园,紫藤花廊

二附中的老师,有着出神入化的讲台魅力

※ 当上课铃响起时,大步走进一位身材魁梧、体格壮硕的老师。他年龄看上去并不大,却已微微谢顶,厚厚的近视镜片中透出一双深邃的眼睛。一开口,竟是标准的男高音。"我叫胡明生,这学期担任你们地理课老师。"一见面就这样干脆利落、言简意赅。同学们都被胡老师的学者风度、教授气质吸引,以致不少人都忘了打开课本。(陆广祥,1968 届初中)

※ 两年以后的 9 月,我第一次见到了高中物理老师凌德生先生。仲夏时节,凌老师标志性的短袖绸衬衫,一脸甘道夫式的慈祥。"现有统编教材对二附中学生基本不适用",凌老师一开讲却是犀利鲜明甚至带些火药味的观点,"二附中学生的舞台是全国性的乃至世界性的","欢迎世界到中国来投资,我们一手是市场,一手是微笑,但我们总有一天还要有自己的人才和技术"。凌老师辛辣凌厉的话锋和他慈眉善目的外表让同学们真切看到一位知识分子的讲坛魅力。凌老师的物理课沉稳扎实,大巧若拙,好似杨过手上的玄铁重剑,化迷局于无形。(王蔚峰,1995 届初中/1998 届高中)

※ 物理课我很感兴趣,加之物理老师许晓梅上课很有经验,纯正的北京口音,字正腔圆,抑扬顿挫,颇能吸引学生的注意力。至今我还记得许老师讲解"阿基米德定律"的思路过程。英语老师许根生从华东师大毕业不久,分配到二附中。他是典型的文弱书生和年轻学者的标准形象,戴副眼镜,文质彬彬。他在带领我们到

化工研究院学工劳动时,利用劳动间隙,用英语讲电影《百万英镑》的故事,十分生动。(吴建中,1967届)

※ 我们班的班主任傅伯华老师是数学教研组组长,有着结结实实的身材、方方正正的脸庞,还有一双浓眉大眼。他教学条理清晰,对基础知识尤为重视,不时对我们这些整天痴迷于高深数学竞赛题的学生进行"纠偏"。在傅老师的指导下,我感觉自己的数学基础进一步加强,学习数学的兴趣也更加浓厚,不再那么好高骛远了。另一个印象深刻的数学老师是滕永康,他每天戴着袖套上课,说话风趣幽默,枯燥乏味的数学定律在他"口若悬河"的讲解中变得"栩栩如生"起来,很容易理解。(刘毅,1979届高中)

※ 蒋坤玉老师讲课时的学者风度和洒脱自信的风格,常使年少的我佩服有加,惊叹于他脑海怎么能容纳如此浩瀚的知识。我至今记得每次上数学课时,蒋老师总是梳着精心打理过的"背头"发型,肩挂一个木制大三角尺,腰板笔直,神采奕奕跨进教室,从容地站在讲台前。(吴建中,1967届初中)

枣阳路校园,计算机房

二附中的老师,对很多人的职业生涯直接产生影响

※ 蒋建国老师曾经在金沙江路上的老校舍教过我们1986届部分学生编程课。蒋老师讲课时言简意赅,而且句句切中要点。在某些关键的地方,蒋老师不厌其烦,讲解得非常仔细,比如说关于在编程时如何交换两个变量间的数值,我至今还清清楚楚地记得当时蒋老师的生动讲解,这对我今天在编写英文版编程教材

时仍然深有启发。毫不夸张地说,蒋老师的课为我毕业后从事电脑代码设计工作起到了启蒙作用。(戴嵘,1983 届初中/1986 届高中)

※ 我在二附中虽然读的是理科班,但我在写作方面却也受到了很大的影响。班主任戴德英老师是我们的语文老师,曾经是全国中学生《作文通讯》创始时的编委,第一期的《作文通讯》是她负责主编的。她把我的作文编进了这一期的《作文通讯》里面,我因此收到了一些各地中学生读者的来信,对我的影响很大。高二时,戴老师又推荐我去采访二附中的第一任校长毛校长,并鼓励我写了一篇文章投给了《青年报》。看到自己的文章在《青年报》上发表,拿到了生平第一笔稿费,那种感觉还是很深刻的。所以,我要感谢戴老师在我文学道路上对我最初的启发和引导,并给了我真诚的鼓励和提携。(曹明华,1977 届初中/1980 届高中)

※ 化学张雪琴老师是位妈妈型的老师,非常耐心,和蔼可亲,听她的课以及课后向她请教绝无压力。……高二最后一学期,我找到张老师,请求加入化学小组,张老师说,根据我高中的化学成绩,还不够资格。我表示参加化学小组,就是想在化学上多花些功夫,争取考得好些,张老师沉思了一会,也就爽快地同意了。进入化学小组后,和张老师接触多了,更能感受到她认真严谨的治学态度。我以后在医学院的有机化学以及生物化学学习中能游刃有余,张老师给我打下的基础功不可没。(刘毅,1979 届高中)

※ 高中 3 年物理课,凌德生老师时不时给我们"讲点政治",让毛头小子们顿时打上鸡血回去挑战自我。20 年后,他那一堂课的台下已经走出了国防科研的尖兵,走出了世界工业巨头的研发带头人,走出了顶级互联网架构师,桃李天下矣。(王蔚峰,1995 届初中/1998 届高中)

枣阳路校园,大门

不授课的教职工老师，也默默守望着我们每个人的成长

※ 二附中卫生室里那位文雅漂亮的邱福珍老师，穿着很朴素，一头黑黑的短发，额前有弯弯的刘海。她的五官小巧清秀，说起话来柔声细语，很有江南姑娘温文尔雅的气质。不管谁去卫生室，她总是笑嘻嘻的。好多次，看到受伤的男生们从操场上一瘸一拐走到她的办公室，她都会细心地照料他们。我从来没有看到她生气过，也从没见她不耐烦，只有一脸舒心的微笑。（陆珉，1987届初中/1990届高中）

※ 宿舍管理的"吴妈"（胡文琴老师）声音很清脆响亮，威严中带着一份慈爱，30年代的波浪卷发散着那个年代流行的摩丝香味，花色的自创毛线大衣总是衬得她气色很好。她指导和监督我们的起居，准时起床，打扫卫生，按时睡觉。亲自给我们示范鞋子排成一条直线，杯子排成一条直线，就连雨天晾在寝室里一条钢丝线上的衣服也要排整齐。也许就是这样的"管头管脚"，我们又爱又恨地背地里叫她"吴妈"。（许平，1994届初中/1997届高中）

※ 康师傅（康义顺老师）每天晚上6点钟上班，正是我们上晚自修的时候。他总是穿着那身蓝灰色的旧制服，拎着那个黑包，稳稳地走着，穿过一群群鲜艳的、小鸟似穿梭的同学们和偶尔夹在同学中轩昂的老师。……无论是我熄灯后去刷牙，还是熄灯后讲话，或是早晨从门缝中挤出门外去，他总是说："范承工，你人也不小了。"不久，我参加了英语夜校，晚上9点前很难赶回学校，于是敲已经锁上的门，等待着门里叮吟叮吟越来越近的钥匙声。他听完我的解释，说："这是制度不允许的，但你是学习，我替你向校长申请，你上去吧。"过几天，当我再次敲开大门

枣阳路校园，宿舍楼

时,他说:"校长同意了,你现在就符合制度了。符合制度的事,我都支持。"一边说着,一边稳稳地把大门关上。(范承工,1987届初中/1990届高中)

陪伴我们青春年华的老师,一张张面孔慈祥地印刻在记忆深处

※ 校长毛仲磐,一副老学究样态,不苟言笑,训话条理清晰,滴水不漏。我们不太怕他。他经常巡视于各个教室,见到地上有纸屑,一声不吭地弯腰捡起来。长风公园新开辟了游泳池,学校包了专场。毛校长搬了把椅子,坐在池边,陪了整一个小时。(黄维信,1965届初中)

※ 开船后,颇为意外地发现前来送行的班主任严秀英老师也在船上,原来她是看见同学们的情绪不对,放心不下,临时起意决定亲自将我们一路送到农场。严老师心细如发,雪中送炭,同学们感动不已,不约而同紧紧地围着老师抱团取暖,恰似一群小鸡围着母亲。(胡伟伟,1973届)

※ 物理老师屈肇塈是所有老师中唯一一个用上海话授课的老师,他那一口浓浓的吴音,让我们这些"老上海"备感亲切,却苦了那些习惯于华师大"普通话"的师大子弟们。屈老师的一条腿在"文革"中残废了,挂着个拐杖,每天勤勤恳恳上课,把满腔热情投入到我们这批"天之骄子"身上。屈老师真的是把我们当作"天才"学生来教的,每天上课大多数时间都用在难题解题上,只是在上课快结束时才布置课外必须完成的读书页数及作业。……屈老师与众不同的教学方法让我从原来的被动学习中跳了出来,懂得了主动学习的重要性,一生受益无穷。屈老师对班上每位同学的物理基础都了如指掌,参加高考那些天,屈老师每天都会挂着拐杖站在校门口迎接我们。(刘毅,1979届高中)

枣阳路校园,大操场

※ 我们都很喜欢也尊敬我们的女排教练蒋钟挺老师。他当年是个 50 开外、矮矮胖胖的半老头子。虽说胖，在球场上动作却很灵活。我们刚进队时，他常一人对我们 3 人在 3 米线内比赛，我们还经常输给他。后来渐渐地，我们的球技越来越成熟，他一人已不是对手了，常被刁钻的我们吊球吊得气喘吁吁，但蒋老师输了球比赢球还高兴！他是带我进入排球天地的人，我至今仍然热爱排球和他有非常大的关系。非常怀念和蒋老师一起训练的快乐时光！（施佳临，1985 届初中／1988 届高中）

本来觉得，承担这篇众说"师说"的稿件摘编，是一项工作量很大的任务。等到看完所有文章，感觉自己接手这个工作真是一件幸事。从已经进入古稀之年的老校友，到还在大学学习的千禧代，无不对母校老师充满敬仰和感激之情。虽然二附中的每位老师个性、风格都不一样，但他们才识的渊博、治学的严谨、信念的坚定、精神的富有、人格的高尚都如此相像，穿越时空，浑然一体。

感谢这些神奇的二附中老师，造就了一所神奇的学校，也给了我们一段神奇的青春年华。

2018 年 6 月 7 日

自述篇
得天下英才而教育之

二附中建校初期的回顾

毛仲磐

［教师简介］

毛仲磐(1913.2.21—2008.1.26)，上海嘉定人。1930年考入复旦大学生物系学习，毕业后在光华附中等多所中学及大学从事生物教学工作。1954年任华东师大附中(现为一附中)副校长，1958年8月任华东师大二附中校长兼华东师大工农预科主任，1977年8月退休。毛仲磐校长从教70余年，有50年的光阴和二附中紧密相联，终生奉献于教育事业，堪称中学校长的楷模。

毛校长1952年加入中国民主促进会，1956年加入中国共产党。1957年被评为上海市首届优秀教师和优秀校长。1960年代表学校出席上海市文教群英会，华东师大二附中被评为先进单位。毛校长还曾两次受到毛泽东主席的接见。

2002年1月30日，毛仲磬校长给校领导的一封信

一、艰苦创业　勤俭办校

华东师大二附中创办于1958年8月15日。在此之前，华师大领导把我从华东师大附中调来，具体负责二附中筹建工作，以后又正式任命我为二附中校长。第一任党支部书记是滕伟石同志，教导主任由师大教育系讲师童立亚同志担任，师大附中调来的范仲伯同志担任总务主任。学校创办伊始，还鲜为人知。教师队伍基本上是由师大各系抽调的教学法教师、新分配来的应届大学毕业生和从师大附中调来的教师这三部分组成。老师有了，新生怎么招？那时，还不兴登招生广告。我们就用在电线杆上张贴招生海报的办法，招收新生。招生海报吸引了不少人，人们觉得很新鲜，辗转相告，为我校招收新生扩大了影响。同时，我们还派人去附近里弄，向居

民广为宣传介绍。我们向附小借了几间教室,作为新生考场,录取了初一6个班282名新生,高一文、理科两个班100名新生,共382名新生。新生来源大致有三个方面:一是师大教工子弟,二是曹杨新村工人子弟,三是长征生产大队农民子弟。

当时,金沙江路的新校舍尚未竣工。我们向师大化学、数学、地理等系借了几间教室,暂作学生上课之用。师大化学馆的108室,是当时二附中的综合办公室,它既是校长、教导主任、总务主任的办公室,又是学校会议室、教师休息室,真可谓因陋就简。就这样,学校终于上起课来了。当时,有人风趣地说,我们这所新学校,的确可以说是做到了勤俭办学、艰苦创业。

1959年7月1日,预科文科二班部分师生在化学馆前(建校初期曾在该馆办公)

二、招了三届预科生

1958年,华东师大和复旦、交大、同济、华纺、师院(现上师大)都开设工农预科,招收了工农预科学生。师大的工农预科和师大二附中办在一起,预科主任由二附中校长兼任,党支部书记先后由滕伟石同志和王新三同志担任。预科的教师大都是从大学各系教师中调来的。当时,预科招收的学生,都是本市初中应届毕业的较优秀的工农子弟,由原校保送免试入学的。师大首届预科招收了294名学生,分别编入文科、理科、生地科各两个班。

当时,在预科新生中,出现极少数同学对读师大预科有想法的情况。有的认为自己将来不想当教师,不愿读师大预科,因而学习积极性受到一定影响。领导对这个问题很重视。在党支部领导下,支部委员缪允斌同志和团总支委员陈启银同学等,同老师密切配合,对这部分同学做了大量的思想工作。我们请师大刘佛年副校长(现名誉校长)针对学生思想实际,就有关人民教师的光荣感和责任感等问题,给同学们作了一次亲切的讲话。配合讲话,放映苏联电影《乡村女教师》,并开展访问老教师、进行小组讨论等多种形式的教育活动,集中力量对全体预科学生进行一次有关学习目的性的教育。通过以上活动,不仅使少数有情绪的同学很快稳定了情绪,而且使全体同学明确了学习的真正目的。在这以后,同学们就自觉地把精力集中到学习方面来了,并以德智体全面发展的要求,严格要求自己,学习更加刻苦了,学习质量也较快地上去了。

首届预科学生的学制为两年。1960 年 7 月,首届预科学生毕业了。大部分毕业生被保送到师大对口的系,继续深造。预科共办了三届。第二、三两届预科学生,学制为三年。第二届预科招收了 203 名学生,开设了 4 个班;第三届预科招收了 328 名学生,开设了 7 个班。

1963 年 7 月第三届预科学生毕业后,预科就停办了。

现在,在师大工作的预科校友,有的担任了系领导,有的成了教授、副教授、工程师……他们在各自岗位上,为实现四化、振兴中华做出了贡献。回顾这段历史,当年曾有不愿当教师的念头的校友,现在觉得当时自己是很可笑的。

1960 年代,老校长毛仲磐老师和生物教研组老师一起研究教改
左起:廖培淳、杨永健、谈宝珍(师大生物系老师)、黄素行、毛仲磐

三、文教群英会

1960 年 5 月 24 日,上海市"文教群英会"在文化广场隆重召开。本市教育和文化、卫生、体育、新闻方面社会主义建设先进单位和先进工作者代表出席了大会。我

们二附中的语文、数学两个教研组,光荣地被评为文教方面社会主义建设先进单位。当这个喜讯传到学校时,全体师生都很高兴,并热烈地欢送代表们出席大会。回忆当时情景,历历在目,好像就发生在昨天一样。

母校建校以来的两年,是白手起家、艰苦创业的两年。我们这所年轻学校的广大年轻教师,朝气蓬勃,积极向上,团结一致,向着一个目标前进。这个目标就是:遵循党的教育方针,全心全意地为国家培养社会主义革命和社会主义建设人才,为办好二附中奉献自己的青春。

"二附中是师大教育实验基地之一",这是学校开办时就确定的一项要求。因此,学校建校后,除接受师大各系教育见、实习任务外,也较早地进行教育改革的各项实验。如高中两年制的文理分科实验,预科的文、理、生地分科与大学各系对口的教学改革实验等。这些教学改革实验推动了教材、教法的相应改革,并得到师大领导和教育系、政教系等各系教学法教师的大力支持和帮助。当时,语文、数学两个教研组的教改工作,相对来讲,开展得比较好,取得了一定的成绩。他们在改革教材、教法的同时,都十分重视抓好基础知识和基础训练。教材中基础知识的知识点和基础训练中的基本要求,都由老师通过讨论,按教材顺序排列出来,进行研究,并大胆改革教学方法。同时,这两个组,首先开设课外学科小组,并指导学生课外阅读,培养学生自学能力;其次,每学期举行各类竞赛活动,借以提高学生的学习积极性。其他教研组的老师也根据各自学科的特点,进行教材和教法的改革。对学习基础较差的学生,老师也从不放松对他们的辅导,使他们在学习上能跟上去。

那时,华东师大党委书记常溪萍同志十分关心二附中和预科的工作。我校开办不久,师大党委为加强我校的领导,调中文系党总支书记王新三同志任二附中的预科党支部书记。在党支部领导下,我们首先抓党团干部队伍,充分发挥他们的积极作用,推动各项工作的顺利开展;其次,组织班主任和任课教师狠抓学生思想工作,从抓集体主义教育着手,使学生从爱自己的班级到爱学校、爱祖国;从抓学习目的教育着手,端正学生的学习目的和学习态度,树立为社会主义革命和建设而勤奋学习的思想;再抓纪律教育,整顿学生纪律。第三,在此基础上,大力提倡开展多样化的体育、文娱活动,以达到增强学生体质和丰富学生生活的目的。

当时,我校教师中,大部分是青年教师。他们热情很高,但缺乏实践经验。教导主任童立亚老师对他们帮助很大。那时,青年教师大都尚未成家,他们把全部精力都倾注在教学和学生身上。师生感情十分融洽,尊师爱生蔚然成风。同学之间团结友爱,互相帮助。

正是因为有了这种奋发图强和艰苦奋斗的可贵精神,当年我校才充满生机和活力,

季振宙老师(后排右一)给此照写的说明:"1964年4月,我带领二附中初一(6)班同学到昆山春游。许多男同学贪玩,跑到别处去了!"

并逐渐形成了良好的"尊师爱生,勤奋学习,团结友爱,热爱劳动,艰苦朴素"的新校风。学校走上了健康发展的道路,师生的积极性调动起来了,学校面貌发生了巨大的变化。

回顾这段历史,我和老同事们的感触都很深。当年我校所以能在建校不到两年的时间里,就光荣地被评为先进单位,出席上海市"文教群英会",完全是全校师生共同努力、团结奋斗的结果。

四、丰富多彩的文艺活动

建校初期,母校的文艺活动,开展得就很活跃。我记得,早在1959年寒假中,上海团市委在大众剧场举办全市中学生文艺汇演时,我校首届预科女同学,就以自己编排的民族歌舞节目参加了汇演,获得在场观众的热烈欢迎。

以后,我校又陆续成立了合唱团,舞蹈队,民乐队,钢琴、手风琴、小提琴组,朗诵演讲组,讲革命故事组和话剧组等文艺社团。当时,戴德才(现普陀区真如文化馆馆长兼党支部书记、二附中校友会会长)、顾朝晶(母校现任校长)、杜秀林等老师,都曾担任过艺术指导。平时,我校也经常进行各项文艺比赛。每逢节日,各班级、社团都有精彩节目参加全校性文艺会演。在会演中,教工同志也参加过表演,我记得有一次参加演出的有:蒋坤玉的笛子、王元吉的二胡、陈嘉明的琵琶、刘鼎立的木鱼和毛仲磐的三弦。当时会场气氛十分热烈。

1961 年开始,母校的话剧演出活动逐渐活跃起来,它把学校文艺活动推向了一个高潮。当时,话剧组阵容相当强大,人才济济。男演员有任大文、周培生、王松平、张树本等同学,女演员有张韧、行军、陈新一、刘小英、钱伟、王玉凤和马淑翘等同学。活报剧《放下你的鞭子》由王松平、行军主演,在师大礼堂演出时,反响强烈。此外,话剧组先后排演过《鲁迅在女师大》《骨肉》《补课》《一百分不是满分》等剧目。教导主任杨达平老师还亲自为剧组编写了《平波暗流》剧本。这些剧目先后在师大礼堂、普陀区少年宫、文化馆、沪西工人俱乐部等处演出,受到观众普遍的欢迎。

《骨肉》这出话剧,是我校参加上海市中学生文艺会演的优秀节目,也是会演获奖剧目之一,曾在长宁区工人文化宫和瑞金剧场演出多场,场场满座,深得观众的好评。

《爸爸要出卖眼睛》是我校排演的又一出精彩话剧。通过丰富多彩的文艺活动,培养了一些艺术人才。如钱伟同学曾为《草原英雄小姐妹》等多部电影配过音。王松平同学则被选中跟名演员梁波罗合作,在电影《小足球队》中扮演小足球队队长这一角色。毕业后,他曾任上海武警总队军乐团中校团长等职。行军校友,现在上海新华书店影视部工作。前几年,她导演过一部内部发行的电视录像片,在全国各地新华书店内部播出时,获得的评价也不错。

1975 年,1978 届学生的体操表演,她们还代表普陀区参加上海市的比赛

五、办了三年少体校

1969 年 5 月 19 日,我校预科理科班学生杨俊生,百米跑以 11 秒 2 的优异成绩,

轰动了在沪西体育场观看全区中学生运动会的广大观众。接着在 400 米跑比赛中，他又以 54 秒 5 的成绩，夺得第一名。高一姜耀庭的跳远、龚雅谦的跳高和女运动员徐瑜的 100 米、200 米跑等项目，在比赛中都取得了好成绩。这些运动员身体素质好，在陈志超等体育老师的认真指导下，训练都非常刻苦。因此，在建校不到一年的时间里，创造了一批优异成绩，为二附中争得了荣誉。同样，我校女排在唐彬钰老师的严格训练下，也夺得了全区中学生女排冠军，这个队还荣获区女排"四连冠"。这些成绩是在学校广泛开展体育活动的基础上，选拔优秀运动员进行专门训练而取得的。这为以后开办少体校，打下了较好的基础。

1963 年，在我校被列为上海市重点中学的同时，又接受了市体委的委托，开设了少体校。秋季开学时，我们以二附中原有运动员为基础，把新生中的体育尖子一起录取为少体校学生。少体校开设田径、足球、手球、女篮和乒乓等五个专业，男女学生共 70 余人。少体校校长由二附中校长兼任，副校长由师大公共体育室副主任宫万育老师兼任。吴光焘老师任教导主任，陈志超老师任教导副主任，负责训练工作。少体校教练员，除由市体委派来张荣春、黄济成两位教练外，其他教练工作由本校体育老师兼任。各运动队每周课后，安排四次训练课，进行严格训练。寒暑假中，体校还安排一定时间进行冬训和夏训。市内如有重大体育比赛或表演时，体校尽可能安排时间组织师生前去观摩学习。体校学生在教练的指导下，通过认真刻苦的严格训练，他们在体力、耐力、速度、技术等方面，都有较大的提高。比如，足球运动员在陈清翰教练精心指导下，进步较快。足球队队长江建平，先被选拔进上海青年足球队，继而又光荣地被吸收为上海市足球队队员；队员俞建国，后考入上海体育学院专攻足球专业，毕业后被聘任为江苏省足球队教练。田径队女运动员，如张力言、郑隆海（现任母校化学教师）、周夏芳和胡文琴等，在短跑、中长跑和跨栏等项目方面，成绩都比较突出。特别是初中生周夏芳，她在上海少年优秀选拔赛和上海市中学生运动会 400 米和 800 米跑比赛中，成绩优异，名列前茅。一次，她在师大运动会上，参加女大学生 800 百米跑比赛，夺得第一名。男运动员中，如唐斌（现任甘泉中学校长）、孙渝兴、丁宏博、竺才明等，在市区比赛中，都取得过好成绩。手球队在黄济成教练指导下，在市级比赛中曾三次获得亚军、两次获得第三名。体校女篮曾以坚强的阵容——李豪（队长）、陆秀英、俞培红、戴觉敏、蒋建芳、朱赢湘、潘巧玉、刘冀生、杨定华等，从中学生女篮的区级比赛，顺利地进入市级比赛，成绩名列前茅。

体校运动员的各项活动，带动了二附中体育运动的蓬勃发展。当时，每天课后，操场上热闹非凡，到处是进行体育锻炼的男女同学。

少体校只办了三年，正在出成绩出人才的时候，1966 年因"文革"而夭折。但母校良好的体育传统，是不可能被割断的。现在，母校的体育工作，在原有基础上，又越上了一个新台阶。

1990 年 8 月，全国第六届"长江杯"体育传统校田径邀请赛在二附中举行

六、高中分科两年制教改试点

二附中建校初期，我们在师大领导的支持和帮助下，开展了教改试点工作，制订了二附中高中文理分科两年制，以及预科分科对口师大文理生地科两年制的教改试点计划。根据教学大纲的要求和教学内容，为适应分科两年制的教学需要，适当地调整和增减了某些学科的课时。为此对各科教材，在保证基础知识的前提下，也作了适当的调整和增减，并相应地改进教学方法。

师大领导为了加强二附中和预科的师资力量，并使各系教学法教师能在中学教学实践中得到锻炼，1958、1959 年，师大各系下放了一批优秀的教学法教师来二附中和预科任教。各系下放的教师中：教育系下放了讲师童立亚，由其任教导主任；政教系下放的有缪允斌、王少梅、刘美一等；中文系有刘钝文、林炳枢、范可育、顾丽倩、蒋国华等；数学系有吴光森、郑锡兆、倪若水、荣丽珍、朱金乐、张佩蓓等；外语系有梁达、章兼中、万琳、李永祥、田娟玉、郭大樵等；物理系有陈延沛；化学系有程桐苏、胡士煜；生物系有杨永健、黄素行、柯嘉康；地理系有胡明生；体育系有陈志超、陈清瀚等老师。这些老师，对中学各科教学大纲和教材都比较熟悉，对各科教学法也较有研究。因此，他们参与教改试点工作是很得力的，很好地发挥了他们的专长。

在他们的带动下，刚从师大本科毕业分配来的新教师，也跟着发挥了较好的作用。下放的教师中，有一部分因工作需要，当时安排在初中教课，也有少数教师是系里派来兼课的。以后，师大各系又陆续支援一些教师来校执教。由于师资力量的加强，教改试点工作得以顺利进行。同时，教学质量也逐步得到提高。

这项试点工作，一直受到当时师大刘佛年副校长的关注。他常来校了解情况，指导工作。在教改试点工作中，我们十分重视教学质量的检查，特别是期中教学检查。对此，我们先后采取过如下一些措施：一是校领导在期中考前，向全校师生作动员，端正考试态度，调动温课迎考的主动性和积极性；二是召开师生座谈会，听取对教学工作的意见；三是校领导会同教研组长较系统地随堂听课，了解教改情况和教学质量，课后和教师进行讨论；四是抽查学生作业，包括练习、测验作文、实验报告等（检查作文时，我们采用刘副校长的做法，请任课老师按班上学生写作水平，分上中差三档，各取三份作文本，作检查比较，较全面地了解学生的写作水平；同时又可了解老师的批改质量）；五是教研组组织若干堂公开课，进行课后评议；六是统计考试成绩，作出分析比较；七是教师在考后上试卷分析课时，领导和教研组长参加听课；八是召开家长会，向家长汇报学校工作，并听取意见；九是考试结束后，校领导在全体教师会上作教学检查总结，表扬先进，交流经验，并提出下一步要求。刘副校长对教学检查十分重视，他曾亲自参加一些检查活动，并提出中肯的意见和建议，对我们帮助很大。

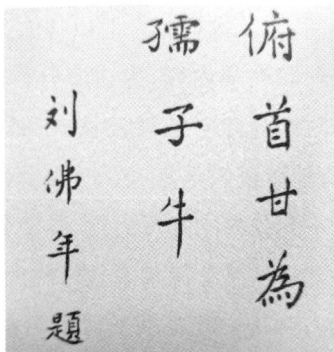
刘佛年先生题词

师大各系定期的教育见实习活动，对促进二附中和预科的教育教学工作，也起到了较好的作用。在组织师大实习同学上公开课时，刘副校长有时也来参加听课。我记得有一次，师大政教系和化学系实习同学上公开课时，冯契教授、夏炎教授和实习指导老师分别前来听课和参加评议会。他们对公开课所作的全面而深刻的分析，对二附中领导和任课老师启发很大，对进一步提高教学质量，很有帮助。

在整个分科两年制教改试点过程中，我们始终得到师大校系两级领导的支持和帮助，使我们得以在克服困难中不断前进，并取得了教改试点工作的初步成功。

1960年，二附中高中文理分科两年制毕业生，考上大学的，为报考人数的73%。预科文理生地分科两年制毕业生，除二人参加飞行员考试外，符合保送条件直升师大对口系科继续深造的达93.6%，又有像生地班的潘银发等个别同学，虽没有被保送，但通过考试被师大或其他大学录取了。这从一个侧面，反映分科两年制的毕业生质量，基本上是符合要求的，大部分毕业生都认为他们在二附中高中阶段学习时，由于老师抓得紧，同时自己学习也比较努力，因而学的基础知识比较扎实，为后来在大学继续深造和参加工作，打下了较好的基础。如鞍钢总经理、十五大当选为中共中央候补委员的中国工程院院士刘玠，中科院上海技术物理研究所博士研究员龚雅谦，阿根廷布宜诺斯艾利斯大桥集团副总经理邵行正，上海对外服务公司经理陈定山，解放军XX部队上校军官姜耀庭，当年理科班班长李建立（现在加拿大一家医疗研究机构主管电脑），师大教育系教授单正惠，外语系教授徐振亚，师大经济系教授、师大女教授联谊会会长、师大校工会副主席、师大校妇委会副主任秦玲，师大电子系数学系统工程教研室主任、副教授刘必虎，中文系副教授熊玉鹏、赵惠萍、李惠芬，河口研究所副教授谷国传，师大校办厂总支书记、副教授周树清，教育科学资料中心主任、副研究馆员钱淑媛，真如镇文化馆馆长戴德才等校友，都是1960届首届两年制毕业生。

七、用勤劳双手建设我们的校园

1958年秋季开学时，二附中的新校舍还没有落成，我们只能借师大教室先上起课来。但是，全校师生都非常关心自己学校的校园建设。各班学生由总务主任范仲伯和卫生室许耐涵老师安排，在各班劳动时间内，由班主任带领，轮流去建筑工地参加建校劳动。当时，我们提出了"用我们勤劳的双手建设我们的校园"的响亮口号，全校师生干劲倍增。在工地上，清除垃圾、平整土地、植树种草和美化环境等劳动，大家抢着干。以后，在建设南大楼和宿舍楼时，师生同样热情地参加建校劳动。现在，校园里很多长得高大的树木，大都是当年在绿化工人指导下，由师生们用自己的汗水浇灌出来的劳动成果。

特别值得一提的是，我校生物课外小组的师生，他们在校园东南角的一小块半岛形土地上（当时那里有环绕半岛的小河，岸边遍植垂柳，环境幽美），自己动手建起了一个小植物园，种了许多不同种类的植物，划分为若干区，有果树、花卉、松柏、翠竹以及池塘里的水生植物等。初一植物老师有时结合课程内容,带领学生到小植物园上课。在那里边上课边观察,很受同学欢迎。可惜的是"文革"一来,园子全被破坏了。现在那里连小河浜也早已被填平了。

1972 年 6 月,何桂芸老师(左)和王俊中老师留影于南大楼前的植物园

早期毕业的老校友,在自己的孩子考取母校陪同来校报到时,有的还指着校园里的树木,触景生情地对自己的孩子说:"当年你爸爸在这里读书时,就在这个地方劳动过,还流过不少汗水呢!"老校友对自己孩子进行热爱母校、热爱劳动的教育,这是很有意思的事。

"用我们勤劳的双手建设我们的校园",现在已成为母校的优良传统。

八、课外活动

二附中建校初期,在开展高中分科两年制教改试点的同时,课外活动也开展得比较活跃。各项课外活动,由学校聘请学有专长的老师,分别担任指导。当时,二附中先后开设的各项课外活动,种类比较多。就我记忆所及,约可分为四种类型:一是学科类课外活动,如缪允斌老师任指导的哲学小组、戴德英等老师的文学小组、熊庆露等老师的数学小组、凌贤骅等老师的外语小组、陈延沛等老师的物理小组、程桐荪等老师的化学小组、胡明生等老师的地理小组、陆诚等老师的历史小组等,以扩大和丰富学生课外学科知识。二是科技类课外活动动,如曹康绥老师的气象小组、李兴诗老师的无线电小组、许晓梅老师的航模船模小组、荣丽珍老师的测量小组、杨永健老师的医学常识小组、黄素行老师的生物标本采集制作小组、许耐涵老师的红十字救护小组等,为使学生获得些科技知识和技能。三是艺术类课外活动,如鲍友才老师的美术小组、书法小组,杜秀林、戴德才等老师的钢琴手风琴小组、合唱队、舞蹈队、话剧团、讲革命故事小组,季振宙老师的推普小组等,可陶冶情操,培养发展学生艺术爱好。四是体育类课外活动,如陈志超、施能枫等老师的田径队、乒乓球队,唐彬钰老师的女子排球队,陈清瀚老师的足球队等,以增强学生体质,提高体育运动水平,并借以推动全校学生的体育活动的开展。此外,还有不少老师,也先后担任过其他各项课外活动的指导,都取得了较好的效果。

1980 年代,实验大楼顶上开辟的气象园,成为一届届气象小组同学的乐园

各类课外活动都安排在下午课余时间内进行。每周活动一次或两次(体育活动时间更多些)。当时,各类课外活动,一般都无现成教材,有的就由指导老师自己编写。所以指导课外活动的准备时间,往往比课堂教学的备课时间更多。但老师们为了丰富学生课外知识、发展学生个性、培养兴趣爱好,积极性都很高,乐于挑起这副重担。同学们则按照自己的兴趣爱好选择一项或两项参加。课外活动取得的成果,有时就以举办展览会的形式,向全校师生开放,欢迎大家参观;有的则以表演和竞赛形式,向校内外作汇报演出或参加校内校际竞赛。

通过多年来的实践,我们认为学校开展课外活动,好处很多:一可扩大学生的知识面,丰富课本知识,开阔视野,发展智力和能力;二可发展学生个性,培养兴趣爱好;三可培养学生某种科技动手能力;四可丰富学生课余文化精神生活。有些同学因为参加某类课外活动，发生了浓厚兴趣，毕业后考大学，就选择了相关的专业。如参加医学常识小组的学生中，毕业后有考进医学院的，后来当上了医生。再如美术小组组员梅宁钧和石瀛潮等同学，在鲍友才老师的美术启蒙教育和悉心指导下，他们对美术特别喜爱，通过自己的努力，后来终于走上了从事美术工作的岗位。梅宁钧校友，在日本和法国攻读美术专业期间，曾先后多次在当地举办美术展览，受到当地参观者的欢迎。现在，她在法国，已成为旅法较有名望的中国女画家。石瀛潮校友，曾受聘《文汇报》任美术编辑。他的美术作品，散见于报刊。二附中 30 周年庆时，这两位校友各赠送自己的油画和版画作品给母校，作为校庆献礼，以报答母校的老师对他们的培养。关于课外活动，当时，我们还没有意识到它本身就是教改的一个有机组成部分，因而，它对教改试点工作，配合不够紧密，这是很遗憾的。

九、下乡劳动

二附中创建于 1958 年。那是"高举三面红旗""大跃进"的特殊年代。学校组织师生下乡劳动，是学校工作计划中的一项重要内容。

二附中师生下乡劳动，先后去过奉贤三官、上海七一、嘉定长征、南翔、马陆和徐行等公社，以后即以徐行公社作为二附中的农村学农劳动基地。当时，初中学生也搞劳动，一般就在校内搞搞清洁卫生大扫除、绿化和社会公益劳动等。高中学生则在班主任带领下，下乡进行为期两周的"三秋"劳动。下乡劳动采取连队编制，成立大队部，统一指挥下乡劳动的各项活动。历届党支部书记滕伟石、王新三、张锡龙、陆文华等同志，都先后带队下乡劳动过。大队下乡之前，先遣部队先下乡，安排落实好参加劳动的生产队以及师生食宿等事项。负责后勤工作的范仲伯、徐冠利和生物老师杨永健等同志常为下乡劳动大军的"先行官"。徐行公社的生产队中，我们去过的有东风大队的各生产队和范桥大队的泥墙、杨园、陆家、盛家、新建等生产队。师生的伙食，以生产队为单位各自开伙。住宿则分散在农民家里或安排在大队仓库里。在炊事班工作的师生，比较辛苦，早上四五点钟就要起床生炉子，上徐行镇买小菜、米和煤，因数量多，份量重，无法肩扛担挑，有的炊事班就向生产队商借小船，从水路运回。担任伙房工作的同学中，有的过去在家里未做过烧饭菜的事，但下乡当了"炊事员"后，却得到了很好的锻炼。以后，居然在家能自己动手做饭烧菜了。

下乡上的第一课，是思想政治教育课，请公社、生产队领导作报告，对师生进行阶级教育、忆苦思甜、新旧社会对比教育和农业生产形势任务教育。"三秋"劳动的内容，主要有：割稻、捆稻、挑稻、脱粒、晒谷、开沟、耕地、播种、摘晒棉花等。女同学和体力较弱的男学生,一般安排较轻的农活。"三秋"大忙时,部分女同学还成立临时托儿所,收托农民小孩。有的女同学,也帮助房东家做点家务,她们跟农民的关系,一般都相处得很好。下乡期间,为了更好地学习贫下中农的优秀品质和农业生产技术,同学们还举行拜师仪式,拜贫下中农为师,师徒结成对子,一起下田劳动,彼此建立了深厚的师徒之情。有时,在班主任带领下,组织班上同学,开展农村社会调查,写出调查报告,进行交流和讲评。

1982年,嘉定学农期间,刘宗章书记、叶立安副书记和带队老师们讨论工作

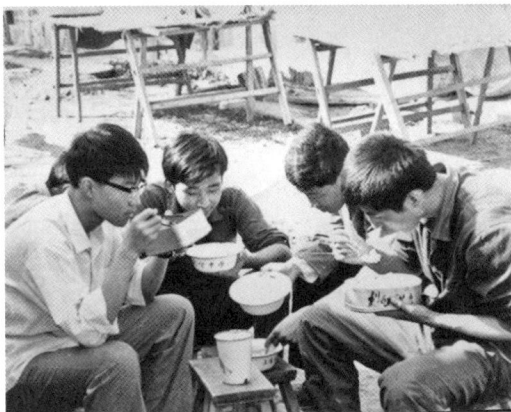

1984届高中学生在嘉定学农时的留影

下乡期间,大队部除定期开会,听取各队工作汇报、讨论解决有关劳动和生活中的一些问题外,还组织一些检查评比等活动。如各队黑板报评比、寝室卫生检查评比、伙食卫生质量检查评比等活动,交流经验,开展表扬和批评,鼓励和督促各项工作的顺利进行,师生们对此,一般都比较重视。卫生室许耐涵老师,每次下乡劳动时,都在大队部设卫生站,为伤病师生作简易治疗。同时,她还带领卫生员,深入生产队进行巡回医疗。开镰割稻时,师生中有发生外伤的,她就为他们及时消毒、包扎伤口。大家对她的工作很满意。

雨天,不能下田劳动时,老师们就以仓库为课堂,分别上点政治课、语文写作课(指导学生写劳动日记、生活随笔或农村社会调查报告等)和生物课等。杨永健老师上的生物课,很有特色。他把教学内容和农业四大作物(水稻、三麦、棉花、油菜)结合起来讲授,较好地贯彻了理论联系实际的原则。在以后的下乡劳动中,他还为同学们和生产队干部,讲授过"农业八字宪法"(水、土、肥、种、密、保、工、管),深受农村干部的欢迎。有一次,生物老师还带领部分同学住在徐行公社农科所,在劳模顾志诚老伯伯的指导下,开展"5406"和杀螟杆菌等农科试验。通过实践,同学们获得了农科试验的某些基础知识和技能,这在书本上是学不到的。

通过下乡劳动,师生们在小结时,谈了不少体会,归纳起来,有如下几点:一是普遍加强了劳动观点,真正认识了劳动的积极意义;二是加深了对农业是国民经济的基础和对农业生产艰苦性的认识,懂得了"谁知盘中餐,粒粒皆辛苦"的深刻涵义,回校后,食堂里随便浪费粮食的现象,大大减少了,一般能自觉地爱惜和节约粮食;三是对农村、农民和农业生产,有了初步的了解和认识,跟农民加深了感情和友谊;四是开始重视课堂教学与生产实际的联系,贯彻理论联系实际的教学原则,并学会了某些农业生产的知识和技术;五是通过师生同吃同住同劳动,密切了师生关系,尊师爱生的风气有所发扬。大家普遍感到知识分子下乡劳动,是有益的,也是必要的。但在"文革"期间,由于极左思想的影响,学校组织师生下乡学农和下厂学工的时间,大大地增加了,两者合计有时竟达一年之久,因而相对地减少了学生在校学习科学文化知识的时间,造成了教学质量的下降。这个教训是十分深刻的,我们必须牢牢记取。

毛校长经常到各班听课,边听边做笔记,课后再提出具体建议

十、"请您讲普通话!"

当您从金沙江路二附中大门,走进北大楼入口处时,您会看到有一幅十分显眼的油画。画中有一位红领巾女同学,正在提醒您说:"请您讲普通话!"这幅油画是美术教师鲍友才老师专门为宣传推广普通话而创作的。我校建设初期,就积极响应中央关于推普工作的号召。通过动员、宣传、学习,全校师生明确了推普工作的重要意义,懂得学校师生应当首先自觉地学讲普通话的道理。但是,推普工作说说容易,真

正做起来，却并不简单。因为师生中，有好多人，不熟悉汉语拼音知识，普通话讲不好，思想上有顾虑，不愿讲。为此，首先学校领导，以身作则，和党团员一道，带头学讲普通话，并采取如下一些措施：一是成立推普工作领导小组，领导全校推普工作；二是以语文教师为推普骨干，分块包干全校各班级、各处室的推普工作，在每周教工政治学习前，用点时间，由包干的语文老师，分别辅导大家学习汉语拼音知识，采取边学边练的方法，逐步巩固和提高，每个阶段学习结束时，进行测验考核；三是全校各班级和处室，订阅《汉语拼音小报》，在教室办公室等门口挂的牌子上，一律注上汉语拼音，在推普宣传黑板报上，每天写一条由拼音字母组成的日常用语，引导大家天天读、天天练；四是规定校广播台播音开会、上课发言，一律讲普通话，在此基础上，逐步地把推普扩大到课外和校外；五是把推普工作和举办朗诵、演讲、讲革命故事、演话剧以及选拔优秀推普节目参加比赛等活动相结合，形成一个良好的推普环境、推普气氛。我记得同学中如张韧、任大文、行军、王松平、钱伟、张树本、陈新一、周培生、陆小英、王玉凤、马淑翘、印海蓉等在推普的各项活动中，很好地发挥了作用。

那时，在市区推普比赛中，我校曾多次获奖，光荣地被评为市区推广普通话先进单位。有意思的是，当时传达室严福生老伯伯（常州人），在接待来访客人时，也用常州普通话与人交谈。还有，每年师生下乡参加"三秋"劳动时，也由于同学们已习惯于用普通话交谈，开始时农民们还误认为我校学生都是北方人哩！母校推广普通话的好传统，现在已被继承了下来。

在我校推普工作中，有三位老师曾先后做出了较大的贡献：一位是顾丽倩老师，

1980 年代，佘山夏令营活动，毛校长和带队老师们的合影
第一排左起：高洁（大队辅导员）、林炳英、李美芳、任冬鸣、朱千红
第二排左起：杨琳仙、许耐涵、毛仲磬、黄素行、施文菊、姚国平
第三排左起：吴国建、唐彬钰、何雄、陈耀才、徐永康、杨永健、沈吉

她是首届预科文科一班班主任兼语文教师。她在推普工作中,曾荣获先进工作者光荣称号,出席过 1960 年上海市"文教群英会"。1964 年,她因患癌症,不幸过早地去世了。第二位是季振宙老师,他是一附中调来的语文老教师,是校推普领导小组成员,曾参加过市里的推普培训,退休后曾担任过母校 30 周年校庆筹委会副主任。第三位是顾朝晶老师,当时他是语文组青年骨干教师。他对推普辅导工作和推普活动,认真负责,成绩显著。顾老师现在是二附中校长。其他各科老师、班主任和学生团队干部等,在推普工作中,也都发挥了较好的作用。坚持推广普通话,是二附中特色之一。

本文曾连载于《华东师大二附中校报》,1998 年。

躬耕教苑,我亲历的二附中教改

蔡多瑞

［教师简介］

蔡多瑞(1927.10.6—2012.12.3),福建南安人,早年就读于省立德化师范,1946年毕业返乡担任小学校长,同时参加当地革命宣传活动。1952年进入华东师大历史系学习。1954年起任教于华东师大一附中,1955年入党,曾担任党支部副书记、书记。1956年获评上海市优秀教师,1960年获评上海市文教方面社会主义建设先进工作者。"文革"中调任上海滑翔学校(雷锋中学)校长。1978年受命担任华东师大二附中校长,为组织和推进学校教改实验做出重要贡献。1984年8月调任上海市教育局教育科学研究所(现上海市教育科学研究院普通教育研究所),任党支部书记和副所长,领衔教育史志研究,从实际管理工作转为理论研究,职称为中学高级教师。1990年后陆续编写出版《上海市学校概况》(中学、小学、幼儿园)、《上海普教人物》(一、二),及《上海普教志》初稿。1991年9月离休。

1978年党的十一届三中全会给饱受摧残的教育事业带来春天,教育战线同其他战线一样欢欣鼓舞。华东师大二附中经国务院批准为教育部直属的重点中学(仍直属上海市教育局和华东师范大学双重领导的学校),办学经费由国家教委直接拨给。这为二附中注入了生机,是学校发展过程中的里程碑,也是新时期党给二附中的新任务和新挑战。我就是在这个时候,承师大校长刘佛年先生把我从滑翔学校调来任校长的。二附中是1958年由一附中副校长毛仲磐先生带领一部分教师前去创办的,特别是由我所敬仰的老师刘佛年先生亲自调任的,因此我同样有回娘家的亲切感,但总自觉才疏学浅,任重道远,实有如履薄冰、惶恐不安之感。

"文革"后的二附中,办学条件困难重重,百废待举,百业待兴。我不知从何着手来开创工作新局面,心中没有谱。历史唯物主义有两个重要观点,一是发展观点,二是群众观点。二附中应抓住国家办全国重点学校这一契机求发展,要改革创新发展学校,就必须依靠教师,充分发挥他们的积极性,这可以说是学校管理工作的一条客观规律。"浩劫"后的教师是多么渴望办好重点学校,我们要紧跟时代前进的步伐,把师生这股激情引导到改革教育教学的实践中去。于是我们领导班子进一步认真学习邓小平同志关于办重点学校"快出人才,多出人才,出好人才"高要求的指示精神,详细地分析"校情"统一了认识,一致认为教育教学改革势在必行。当前就要把教改工作作为全校的首要工作,应逐步树立以质量立校、以科研兴校、以改革创新发展学校为办学理念,以培养高素质的优秀人才为办学目标,以提高教学质量作为教改的根本目的。我们凭借着附属于师大的优势,还有教师队伍的学历层次比较高、业务功底比较扎实以及择优录取的优秀学生等有利条件,与师大科研人员合作,在全市比较早地开展"整体规划,专题突破"的教改计划。为此我们成立了由刘佛年校长领衔、师大相关系科专家学者参加的教育教学改革小组,小组长由我担任,顾问是二附中老校长毛仲磐。改革的目的要求,是贯彻全面发展的教育方针,坚持加强基础、培养能力、发展智力,关注学生思想品德和身体素质的提高。要在改革中促使学生发挥个性特长又能全面发展,促使教师的教学水平持续提高,促使学校的管理机制不断优化。改革的切入口和突破口是学科教学改革,从基础学科入手,由单项改革转入综合改革。语文、外语二科教学改革尤为突出。

在语文学科改革中是以"革新内容,改造体系,打好基础,培养能力"作为目标。学校自编初中语文教材六册,建立以读写为重点的综合训练体系。教学方法采用"多读多写,读写结合,记诵积累,温故知新,从难从严,发展能力",为使学生能够学得扎实,视野开阔,写作能力得到提高。在英语学科改革中率先引进《新概念英语》教材,并和部编教材结合使用,采用"视、听、说领先,读写及时跟上"的教法,使学生听、说、读、写的能力得到全面提高，因此形成了外语教学的特色。数学学科则连续六年试用《中学数学实验教材》，充分发挥教材的优势，突出现代数学思想与思维能力的尝试。初中物理学科进行培养学生实验能力的尝试，这四门学科的教改实验推动了其他学科的改革，嗣后进行了理科教改的综合实验。

英语教改实验中，二附中在全市率先使用经典教材《新概念英语》

在体育卫生工作方面，我们也把它列为教改的重要内容，"百年树人，五育并进"。这是一附中多年教育实践中逐步形成的优良传统，体育是"五育"的基础，体育对树人的重要作用是非常明显的，它在增强学生体质、培养学生意志品质、团队精神以及组织纪律方面具有其他学科无法代替的作用。解放初，毛泽东曾提出要做"身体好，学习好，工作好"的"三好"学生，无疑是有"健康第一"的含义，所以我们体育的改革是以"健康第一"作为指针，改变单纯为身体素质而安排课程训练的传统思维，建立课内加强、课外延伸的体育健身的新思路，坚持面向全体学生、努力抓好"三课、两操、两活动"，保证学生平均每天一小时的体育活动时间，不断加强体育的三类课程建设，在认真抓好基础型课程的同时，不断开发拓展型课程和研究型课程，不断提高学生参与体育活动的兴趣。丰富多彩的课外活动也是学校体育的重要组成部分，每年举行两次校园田径运动会，平时则利用课余的时间举办各项球类及其他体育竞赛，做到周周有活动、月月有赛事。在每次比赛中，总能涌现出不少的感人事迹。这促进了德育实效的提升，增进了各班的凝聚力，丰富了校园文化的内涵。

在德育方面，我们亦一直把它作为教改的主要内容。教书育人，育人为体、德育为先，是我们办学的指导思想；立德树人，是基础教育的根本任务。为了加强政治思想工作的领导，我们成立了政教处，由副书记和副校长兼任处长和副处长，成员由团队干部、优秀班主任和政治教师组成，专门负责学校学生的政治思想工作。必须紧紧围绕重点学校要负有"早出人才""快出人才"和"出好人才"这个任务目标，要把学校看成一个对学生进行全方位品德教育的阵地，在课程设置、课堂教学、课外活动、学校环境以及后勤服务等各方面都要体现对学生的教育性，每一位教职工都是德育工作者，都要以身作则，成为学生的表率。教师的责任是教书育人，因此课堂是学校德育实施的主阵地。我们要求各个学科在进行教改的同时，必须考虑本学科的德育问题，如何使德育有机地融入知识的教育中，如何从教材的内容中挖掘进行政治思想教育的材料，如何根据本学科的特点进行教育，等等。

我们为了探索政治思想教育的规律性和科学性，与师大教育系的老教育家胡守芬教授合作研究实施《德育工作的科学化、系列化、规范化》课题，尝试开设《中学思想品德教育大纲》课程，这些研究探索均取得了一定的成绩和经验。

我们也比较重视班主任队伍和团队的建设。着重挑选一部分有良好师德的老师和学科教学上颇有造诣且在本学科教师中威信较高的老师担任班主任和团队干部，万琳就是上海市首位荣获"全国模范班主任"称号的老师。对班主任我们还在政治上和生活上给予关心照顾，在保证班主任基本待遇的基础上，每年利用假期组织一次到外地的学习考察。这些对于提高班主任的业务水平都有一定的帮助。

1982 年，蔡校长参加拍摄的学生毕业照之一（那个年代的校服也很精神啊）
前排老师，左二起：钱越民、顾朝晶、叶立安、王鸿仁、刘宗章、蔡多瑞、毛仲磐、陈延沛、严秀英、王云仪、姚瑞榆、麦嘉馨

贯彻因材施教的教育方针，也是我们教育改革的另一个重要举措。这是"以学生发展为本"，面向每一个学生、尊重每一个人的长处的教育思想的重要课改，它是

对教学进行裁剪以适应个体的特殊水平,满足个体智能发展的需要。我们在学科教学上是反对一刀切,要因人而异,因材施教,允许落后,鼓励尖子,可以用特殊方法进行培养,打破常规,允许跳班上课,课外进行有针对性的辅导。例如,我们曾招过几位在小学跳级升入中学的学生。朱敬是小学连跳三级的刚满十岁的高智商学生,经老师采取特殊方法的辅导,在初、高中学习阶段成绩均很优秀,并以高考564分的优良成绩录取复旦大学物理系,是该系当年录取新生的最高分。大学毕业后到美国加州伯克利大学攻读物理博士学位,正如他1988年给母校的来信中所说:"这里的学生都是来自世界各国的,我现在的学习和工作,实际上是参与了世界性的竞赛,但我学习成绩仍然经常名列前茅。在博士资格考试中,我以接近满分的成绩荣获第一名,超过第二名(美国同学)50多分,这是和我中学时代在师大二附中打下的扎实基础分不开的,这里我要再一次感谢母校领导和老师对我的关心和培养,我还要用自己的优异成绩,继续为母校争光,为祖国争光。"

因材施教的另一个主要措施,就是逐步完善和拓展课外活动的内容和形式。多年来的实践证明,课外活动是使学生德、智、体、美、劳诸方面的要求和兴趣都得到发展,并使学生都有表现自己的才能、发挥自己的特长的一个好场所,也是培养创造型人才不可缺乏的主要手段。特别是各科组织学生开展"小课题研究"活动,它是培养学生的创新精神和实践能力很好的组织形式。它的教育组织形式是以小组为单位,这就为学生的合作提供了良好的基础。教师在合作学习中的角色定位益显复杂,既不可袖手旁观,亦不可指手画脚,教师应该是一个指引者、点拨者,为学生提供合作的主题,对学生活动给予适切的指导,有的放矢地让学生按自己的愿望去做。要能够在教学中做到如此游刃有余,仅仅靠理论学习是不够的,因此也促进了教师专业化发展的需求。这一种新鲜的教育形式从一开始就受到了师生的欢迎。

积极的改革,辛勤的汗水,换来了令人振奋的果实。1977—1984年有47名学生被评为市"三好"学生。自1980年以来,每年高考升学率分别为95％、96.8％、100％、100％、98％、99％、98.7％(1983年无毕业生)。1979届应志强同学荣获理工类全国第一名,1980届薛雷平同学荣获高考理工类全市第一名(上海自主高考),理工类前10名中有6名是我校学生。1982届刘晓玲同学荣获外语类全市第一名。1984届,陈宗健、李茭、谈峥同学分别荣获理工、文史、外语类全市第一名,并囊括文史类全市前六名。1979年以来,学生在各类竞赛中也获得良好成绩,获国际级竞赛一、二等奖23人次,全国竞赛一、二、三等奖81人次,市级竞赛一、二、三等奖187人次,其中有参加第35届美国中学生数学竞赛的蓝思塈,获联合国"外空探索"作文比赛全国一等奖的李峰,获全国华罗庚金杯奖数学竞赛二、三名的倪铮、邵亦波等。随后从 1990 年正式开始参加国际学科奥林匹克竞赛，次年就收获了国际奥赛金牌，根据中国科协公布的《2007 年全国中学奥林匹克竞赛排榜》，二附中获 21 枚金牌、4 枚银牌、2 枚铜牌，位居全国第一。

二附中还是上海体育传统重点学校，1958—1984 年以来，为高校、市队、国家队输送了 13 名二级运动员、210 名三级运动员，并培养了 447 名少年运动员。教改获得了成绩，学校获得了发展。1980 年教育部在哈尔滨召开由副部长张承先主持的全国重点中学工作会议，我代表二附中作《教改初探》的经验介绍，得到了张部长和与会者的肯定与鼓励。1982 年总结的《坚持教改，提高教育质量》的经验，在全市教育工作会议上作过介绍。1983 年市教育局在全市调查学生负担过重的情况，结果表明二附中的学生负担不重，没有片面追求升学率的现象。

退休教师外出活动，蔡校长、张校长、顾校长和老同事们的合影
前排左起：沈伟民、梁振玉、戴德英、刘凤英、严秀英、梁静谦、蒋风芳
中排左起：程桐荪、黄素行、张友荣、万琳、麦嘉馨、龚谦、严长兴、顾朝晶、蒋建国
后排左起：陆诚、林炳英、蔡多瑞、洪淑慧、傅伯华、范仲伯、陈志超、季振宙、陈康煊、张济正、刘钝文、吴翼鹏

教改之所以能够取得初步成效，与学校大力加强师资队伍建设有着密不可分的联系。师资队伍的建设是教改成败的关键，是实现可持续发展的核心力量，未来教育质量的高低，主要是看师资质量的高低。我们把师资队伍的建设作为学校三大建设（教学、设备、校舍）的最主要的建设，二附中凭借师大的优势已形成一支比较优秀的教师队伍，但在"文革"中遭到破坏，不少骨干流失。因此我们首先是千方百计地把三门主要学科流失的老师请回来，有条件地陆续增聘，或安排一部分青年教师在

职到师大学习。从当前的实际情况看,要更多请回教师和增聘教师是有困难的。我们更希望的是通过教育改革的实践来培养、提高教师的业务水平,把它作为建设师资队伍的主要途径。实质上教师的教改实践,是教师检验教育思想的正确性与纠正不正确的教改思想的活动,使正确的教育思想上升为理论,反过来又把教改提高到一个新水平。为了提高教改的实效,我们聘请师大有关的教育专家、学者作为顾问,成为学校教改的智力资源。我们还争取参加"亚洲教育革新为发展服务计划联合中心"(APEID),邀请国外教育专家来校讲习,又将联合国开发计划署资助的经费,大部分用于培养师资和增设教学设备。此外,学校特地派送五位理科教师前往英、美两国留学深造,另派部分教师前往日本参观考察。

1982 年,英国教育专家 John May 先生来校讲学,摄于金沙江路校门口
左起:朱锦章、石义志、王鸿仁、叶立安、林炳英、吴国建、毛仲磬、John May、蔡多瑞

1981 年,二附中教师代表团首次赴日考察

实践证明,只有根据二附中的"校情"把教育改革与师资队伍的建设结合起来,发挥教师的特长,才能使教改形成二附中的特色,否则只能随大流、赶时髦而流于形

1980 年代中后期,参与学校教育科研项目的部分理科老师合影
马惠生、陈心田老师曾于 80 年代初由学校选派出国进修
前排左起:陈国强、张保仁、傅伯华、蒋坤玉、陈心田、马惠生
后排左起:刘凤英、黄素行、程桐荪、荣丽珍、麦嘉馨

式。随着教育改革的深入,教学手段和教学场所的欠缺逐渐突显。1980 年,教育部
巡视员王季青(王震副总理夫人)、苏灵扬(周杨夫人)、杨滨、姚文等教育家来学校调
研,在听课的过程中发现语文、英文、数学三门学科教法改革的特色,高度评价了三
位讲课老师(陈亚仁、周建英、滕永康)的教法,同时也十分同情学校教学设备和校舍
的困难。他们答应回去后要向教育部汇报,并要我到北京作详细汇报。经过一个多
星期在京与王季青同志多次的研究,后承王震副总理的同意,教育部最终决定把当
时联合国教科文组织拟在亚洲兴建一所校舍(教育部也要同时投资九倍资金)的机

2002 年 4 月,蔡校长游园时所摄

遇给予了二附中。1985年,二附中告别了先前在金沙江路的旧校舍,搬进了枣阳路上现代化设备齐全、环境优雅的新校舍。

1984年8月,我调到上海市教育局教科所参与创建工作,由实际工作改为从事理论研究,对我来讲是一个较大的转变。纯理论研究,书斋式的研究,既非我所愿,也非我所能。但教学是一门科学,有它自身的规律,要掌握这个规律除了必须学习理论外,还必须有计划有目的地进行探索实践,在实践中积累经验再提升到理论,经过反复的实践和提升,才能真正掌握规律。所以到科研所工作,亦是我所需要的。

回顾我一生艰难的教学生涯历程,可以说是终日忙碌无休停,愧无一艺足精专。唯一可告慰自己的是,自从参加党的那天起,我便把自己的青春和生命,都无私地贡献给党的教育事业,并为之矢志不渝,奋斗不息!

选自长篇回忆录《躬耕教苑》,未刊稿,2011年6月,本文题目为编者所加。①

【背景资料】
开放后上海接受多边援助的第一个项目:加强华东师大二附中理科教学

1973—1995年中国向联合国开发计划署共捐款3400万美元,参与国际多边援助。1979年起中国开始接受多边援助,至1995年共接受联合国开发计划署无偿援助4亿多美元,在全国安排了500多个项目。其中上海共执行34个项目,援助金额1778万美元。

加强华东师大二附中理科教学,为开放后上海接受多边援助的第一个项目。1979年6月联合国开发计划署与中国政府签订《加强示范中学理科教学的援助协定》,援款金额20万美元,中国政府投入434万元。1980年10月开始执行,为期两年。项目执行机构为中国教育部和联合国教科文组织。

具体实施为:

(1)1981年1—12月,派数、理、化教师各1名赴美国著名中学和教育学院进修,每人6个月。派数学、物理教师各1名赴英国著名中学和教育学院进修,每人9个月。共计进修费用6万美元。

(2)同期组织学校领导和教师10人分别去日本和英、法参观考察现代化教学

---

① 编注:感谢蔡多瑞校长的家属袁汉泉先生提供《躬耕教苑》电子版。

和学校管理。时间分别为2周与3周。共计付参观考察费用3万美元。

（3）充实理科各实验室设备，更新物理、化学、生物、地理实验室设备以及电教设备221项，10.66万美元。1981年5月交付上述设备。

（4）中国政府投入款项中，用于建新校舍370万元，各项设备设施62万元，聘请国内教授、专家到校讲学2万元。

李志聪老师摘自《上海对外经济贸易志》第七卷《国际经济技术援助》

坚持教改，培育英才

王鸿仁

［教师简介］

王鸿仁（1928.1.24—2017.1.28），温州市瓯海区人。1951 自瓯海中学毕业后曾担任小学校长。1954 年自华东师范大学数学系毕业后留校任教，1956 年入党，曾任数学系总支委员。1964 年奉调出任华东师大二附中副校长，1983 年任校长，直至1988 年退休。此后担任上海市普陀区人民政府教育督导室督学、上海市民办侨华中学党支部书记、校长、副董事长，并兼任上海市民办中小学校长联谊会副会长、上海市教育学会民办教育专业委员会常务理事、上海市普陀区民办中小学校长联谊会会长。编著有《高等代数讲义》《高等代数学习指导书》，供上海市电视大学学生用；《形列式和矩阵》供上海市高中学生选修课用。

我们学校的教育改革，起步于 1978 年。当时我们有改革的愿望，但对怎样去改，改了之后效果如何，心里都没有底。在几年的实践中，我们的改革从文科扩展到理科，从初一延续到高三，从教学领域深入到教育领域，取得了一些成绩，积累了一定的经验。

从基础学科入手，从起始班开始

党的十一届三中全会后，中央率领我们进行新的长征。四个现代化建设的宏伟事业急切需要培养各种专门人才和素质优良的劳动者，教育工作必须适应这一要求。建国以来，中小学教育进行了多次改革，取得了很大成绩。但我们不能停止在原有的水平上。特别是在"四人帮"横行的十年里，教学改革遭到严重的摧残。随着四个现代化建设深入进行，教学改革成为我们的首要任务。

从当时中学教育的实际状况来看，教学改革势在必行。语文、外语、数学等学科的教材体系、教学内容和教学方法等方面都存在不少问题，远远不能满足为培养各种人才打好基础的需要。学了十年，高中毕业时很多学生的语文不能过关，外语水平更低。这种现象若不及时改变，势必直接影响我国的现代化建设。

1978 年社会上存在重理轻文的倾向。我们认为，中学教育是基础教育，中学生必须把文科和理科的基础知识都学好，不能重理轻文。因此我们决定从基础学科入手，首先进行语文和外语的教学改革。为了使教学改革实验有一个完整的过程，以便于探索教学规律，我们从初一选了两个班，分别进行语文和外语的教改实验。一学期下来，这两个班的语文和外语水平有了较明显的提高。在家长和学生的要求下，从第二学期开始，整个初一年级都进行了语文和外语的教改实验。

我们自编了语文教改教材（初中语文课本六册），同当时的统编教材相比，这套教材课文篇数多，每册都有四十多篇，内容加深，增加了一定数量的古文。我们在选材时掌握这样一个原则：所选教材要具备典范性、思想性、艺术性、知识性和趣味性。教学方法采取"多读多写，读写结合，记诵积累，温故知新，从难从严，发展能力"的做法。在初中三年的改革实验过程中，我们把实验班同普通班进行多次检查对比，可以看出教改实验班学生的语文基础知识比较扎实，使用工具书的能力比较强。通过初中三年的语文教改实验，学生共学古文 106 篇、白话文 143 篇、诗词 150 多首，共写作文 100 篇，其中记叙文 70 篇、议论文 20 篇、说明文 10 篇；学完了基本语法（包括字、词、词组、单句、复句、多重复句）和 12 种修辞；比较系统地学习了概念、判断、推理、证明和反驳等逻辑知识；标点符号方面着重学习了句号、引号、分号、顿号和冒号等。参加编写教材和执教的四位教师,三年中写出教学体会文章 11 篇,已分别在《语文学习》《语文教学通讯》《教学实例》《教育学资料汇编》等刊物上发表。

外语教改使用的是引进教材《新概念英语》,同时辅以统编教材。在教学方法上,采用"视听说领先,读写及时跟上"的方法,在教学过程中坚持一定速度和一定难度相结合,注意新、旧知识的联系,做到新中有旧,旧中有新。在初中三年的教改实验中我们也进行了检查对比。例如 1980 年暑假,我们用当年全国高考英语试卷,对已参加两年教改实验的初二学生进行了检查,全年级总平均达 65 分。通过初中三年英语教改实验,学生掌握单词 2500 个左右;在听说能力上,能听懂教师的课堂用语,能用英语回答问题,进行语法分析,能听写相当于课文程度的语言材料;在读写能力上,能阅读相当于高中代用课本程度的材料,并能正确翻译句子。参加执教的四位教师三年里写出五篇教学体会文章,已在《外语教学》等刊物上发表。

1985 年,王鸿仁校长(右四)在全国八所重点中学教育改革研讨会上发言

注重能力培养

继语文、外语两门学科进行教改实验之后,1980 年起,我们又进行了数学、物理两门学科的教改实验。

数学采用的是原教育部委托北京师范大学编写的《中学数学实验教材》。这套教材注意抽象概念,有利于培养学生逻辑思维能力;注意加强知识的应用,有利于提高学生运算技能;涉及知识面广,能为学生将来从事现代生产和学习现代科学技术打好数学基础。我们指派两位热心教学改革的教师执教，聘请了长期从事中学数学教学，有丰富教学经验的退休教师担任指导，在上海市教育局教研室数学教研员的参加下，成立了数学教学实验小组，从初一开始，在两个班中进行实验。实验中，我们在保证学生掌握基础知识的前提下，着重培养学生的自学能力和逻辑思维能力。自学能力是通过培养学生预习习惯，养成勤思考、敢提问的良好学风，并对某些内容采以自学为主的教学方法来培养。逻辑思维能力，我们要求教师在课堂教学中，不单纯传授知识，还要对知识的形成、产生和发展过程加以剖析和介绍，把教师启发和学生探索结合起来。教师给学生指明思路，启发学生理解和思考所学内容，使学生从"学会数学"逐步转变为"会学数学"，从而提高逻辑思维能力。

物理教学改革实验的目的，探索在初中物理教学中培养学生能力的途径和方法。我们以统编教材为基础，对中学物理知识结构作出必要的补充和变动，并在教学方法上相应做了一些改革。考虑到初二学生是初学物理，处于启蒙阶段，我们着重培养学生的观察能力、实验能力、自学能力和记忆能力。在教学方法上，采用"搀、引、放"三字法。凡由于学生缺乏基础知识、生活经验和观察经验的内容，以"搀"为主，由教师讲解，并注意启发学生的思维；凡基于学生的基础知识、生活经验和观察经验的内容，以"引"为主，由教师提问，引导学生自学、观察、思维、讨论并得出结论，掌握知识；如果学生已具有较好的基础知识，较丰富的生活经验和观察经验，则以"放"为主，让学生自学、观察、讨论，以得到结论，掌握知识。在能力培养上，通过物理图表、实验仪器、实验过程和自然现象，来培养学生的观察能力和实验能力。

1982 年，英国教育专家 John May 先生来校讲学，摄于金沙江路校门口（三位老校长，左起：毛仲磐、蔡多瑞、王鸿仁）

全面打好基础

我们除了抓语文、外语、数学、物理这四门学科的教学改革之外,在全校各年级各学科的教学中注重全面打好基础。教师在课堂教学中高度重视学生基本概念、基础知识的学习和基本技能的训练。我们认为中学的任何教学改革都不能忽视基础。基础不牢,谈不上培养能力、发展智力。我们在提高课堂教学质量,全面打好学生基础方面有三个做法:

在"精"字上下功夫,就是教师在教学中要精心备课、精讲精练、精选例题、精留作业。我们认为课堂教学不能面面俱到,满堂灌,否则会使学生顾此失彼,消化不良。要使学生有所得,就不要怕学生有所失。例如语文阅读教学,分精讲、略讲、自学三档。精讲的课文重点突出,有讲有练,适当照顾篇章的完整性;略讲的课文则是突出一点,精讲精练;而自学的课文一般只提出阅读要求,或出点练习题,让学生自己去读和练。

抓住重点做文章,就是教师在教学中要抓住难点,突出重点。要提高课堂教学质量,教师既要熟悉学生的知识情况,又要通晓教材本身的系列,从而在教学中以点带面,层层深入,引导学生运用学过的知识来理解和掌握要学的知识。

在培养能力上找出路,就是教师在教学中要培养学生的自学能力、动手能力和逻辑思维能力。课堂教学不仅要给学生牢固的基础知识,更要培养学生进一步深造的能力。在教学过程中,教师的思维方法和观察实验能力将直接影响学生能力的形成和提高。教师的责任不是单纯地灌输知识,而是引导、启发学生如何理解和掌握知识。

1986 年,日本平野学校访问团来校交流,王校长(前排中)带队
前往苏州考察

从德育、智育、体育三方面开展改革

1983 年邓小平同志提出"教育要面向现代化,面向世界,面向未来"的要求,我们感到只进行教学改革,特别是单科的教学改革是不够的,必须从德智体三个方面开展范围广泛的教育改革。我校开展了以下教育改革活动。

一、建立学科小组、科技小组、文娱社团和体育运动队,广泛开展课外教育活动。现在基本上各学科都按年级成立了学科小组,每周或隔周开展一次活动。科技小组和文娱社团除了挖掘校内潜力外,还聘请了校外指导。在市、区体委领导下,我们开展了以田径为重点,排球为传统的体育活动。目前全校建立了五十多个课外活动小组(包括五个体育运动队),有 70％的学生参加活动。

二、开设选修课,建立选修课系列。我校从 1980 年开始试开选修课。当时开设了电子计算机和日语两门课,很受学生欢迎。1983 年起,我们逐年增加语文、数学、生物、物理、化学、地理等课程的选修课,并把开设选修课的年级从高二提前到高一。现在从高一上学期到高三上学期的五个学期中均开设了选修课。选修课以加深加宽必修课知识,扩大知识面,培养应用能力,适当了解新知识、新技术为主要目的。

三、根据邓小平同志 1978 年提出的"革命的理想,共产主义的品德要从小开始培养"的指示,我们从 1979 年开始进行"初中思想品德教育大纲"的实验。从 1983 年开始,我们参加了由华东师大领导,上海十一所中学参加的试行"中学思想政治道德教育大纲"的实验,在初一和高一各选一个班进行。这个实验从班主任和任课教师两个渠道对学生进行思想政治教育,探索如何把思想品德结合在活动和教学之中。通过实验我们认识到结合教学对学生进行思想政治品德的意义深远,不仅加强了学科教学的思想性,还把教师提高到既教书又育人,管教管导的水平。我校各教研组结合学科的特点和教材内容,在教学中实行思想教育,汇编了《部分学科思想政治品德教育要点》,并对前一段参加的实验进行了总结。

四、探索体育教育规律,进行体育教育改革的实验。为了增强学生的体质,几年来我校一直坚持每周三课时体育课,实行男女分班,按健康状况分组进行教学。体育活动坚持每天做广播操,每周一次早锻炼、一次课后锻炼,保证每个学生每天有一小时的体育活动。近两年我们在高中进行了体育专项教学实验,在完成高中体育教学大纲的前提下,根据学生的兴趣爱好和运动基础,按年级进行篮球、排球、足球和乒乓球等专项教学,既调动了学生上体育课的积极性,也加大了学生的运动量。

五、创新劳动技术教育,摸索教育的内容和方法。为培养学生劳动观念,养成劳动习惯,掌握劳动技能,我校坚持开展晨扫制度,全校学生轮流利用早晨时间清扫校园。初一年级组织学生参加服务性劳动,培养自我服务技能;高二组织学生下乡参加三秋劳动,了解党的十一届三中全会以来农村情况的变化,特别是最近几年农村的形势,拜农民为师,学习一些农业技术。近两年我们尝试开设劳动技术课,如初一的花卉栽培课,高一的女生缝纫课以及男生的电工技术课。我们还准备在初中开设英文打字和电子计算机两门劳动技术教育课。

　　六、开展综合理科实验活动和文科社会实践活动。为了培养学生从小学科学、爱科学的兴趣,我们在初一年级组织理、化、生、地的综合实验活动。教师从学生周围看得见、摸得着的自然界现象出发,通过做实验来说明科学道理,使他们从小懂得科学方法,为他们在中学学好理科打好基础。另外我校文科在高中阶段成立了文学社团,组织爱好文科的学生进行书评、影评、社会调查、文学创作,开展各种各样的活动,收到了一定的效果。

1984 年,陈力文学社在昆山活动(后排左三为汤文鹏老师)

进行高中文理分科的探索

　　我们学校教学改革的另一项内容是高中文理分班。我们的看法是在完成中学教学计划规定课程的前提下,让学有余力的学生早一点明确文理方向,调动他们学文、学理的积极性和主动性,把文科或理科的基础打得更扎实一些,知识面更拓宽一些,将有利于人才培养。

我们从 1982 年开始对高中二年级学生进行文理科分班的教学实验，把原来四个班里志愿读文科的三十名学生抽出来编成一个班。他们不仅爱好文科，数理化基础也很好，有些还是数学尖子。

我们实行文理分班，文科班的学生照常学习物理、化学和生物，但课时适当减少，要求适当降低；理科班学生照常学习历史和地理。在高二上、下学期和高三上学期，学校分别为文科班和理科班开设若干选修课，并留出一定时间让学生自己阅读课外书籍，扩大知识面，培养他们的兴趣。1984 年首批文科班毕业的 30 名学生中，有 15 名被复旦大学录取，5 名被北京大学录取，其他 10 名同学也进入华东师大和上海外国语学院。这个文科班不仅文科成绩好，数学成绩也很优秀，有 27 人高考的数学成绩达到 90 分以上。

1984 年，王校长（右）、刘宗章书记（中）、张保仁副书记（左）和高考状元的合影

教育改革要向纵深发展

经过几年的教育改革，我们在培养学生德智体全面发展方面取得了一些成

绩。1980年以来,我们学校每年都有95％以上的高中毕业生升入大学学习。对于升入大学的学生,我们进行了跟踪调查。1980年高中毕业的30名学生升入上海交通大学后,由于中学基础比较好,政治表现、学习成绩都不错,受到学校好评。

当前,我们学校正在根据《中共中央关于教育体制改革的决定》精神,制定"七五"期间学校教育改革的总体设想。

在教学改革方面,我们要调整课程设置,初中加强基础课的教学,开展综合理科和综合文科实践活动;高中建立选修课教学体系,并对选修课实行学分制。教学方法上本着"教学有法,教无定法"的精神,提倡"百花齐放,百家争鸣",鼓励教师进行不同形式和内容的教法实验,形成个人的特色和风格。

在学生思想政治教育方面,我们要进一步把思想政治教育与教学活动紧密结合,按照"学生思想品德教育大纲",结合教材,拟定思想政治品德教育要点,编制各年级思想政治品德教育教材系列。同时要加强学生思想政治工作队伍的建设,研究初中如何发挥年级组长的作用、高中如何设置政治辅导员,更好地培养学生干部进行独立工作的能力。

我们希望通过五年的努力,使我校培养出来的学生成为品德优、基础牢、智能高、素质好,能适应四化建设需要的合格人才。

1988年,王校长在30周年校庆大会上讲话

本文原载《人民教育》1986年第5期,题为《坚持教育改革,培养合格人才》。

【附录】

王鸿仁同志追悼词（节选）

王鸿仁同志的一生和二附中紧紧联系在一起，担任二附中领导工作长达24年。王鸿仁同志1964年调任二附中时，二附中还仅仅是一个成立才5年多的年轻学校，当1988年王鸿仁同志从二附中校长岗位退休时，二附中已经闻名遐迩，发展成了一所全国名校。

凡是熟悉二附中发展历史的同志都说，王鸿仁校长是二附中实现腾飞的主要奠基人。王鸿仁同志奉调出任二附中副校长即分管教学工作。他深谙教育教学规律，具有高超的教育教学管理能力，以及身先士卒、扎实细致、严谨求实的领导作风。"文革"结束，特别是二附中被命名为教育部重点中学之后，王鸿仁同志更是带领全校积极进行课程教学改革试点，先后进行了语文、外语等基础学科的教改，形成的教改经验引起了国内同行的瞩目。在教改的推动下，从1979年起，二附中学生在高考中成绩斐然，多名学生荣获"高考状元"的桂冠。王鸿仁同志出任校长的第二年，二附中学生更是一举囊括了高考三科的第一名，其中全市理科类考生前十名中有六名、文科类考生的前六名全部是二附中学生，创造了轰动上海的"二附中奇迹"。1985年和1987年，国家教委先后对全国十五省市中学英语、语文和数学教学抽样调查，二附中学生初、高中英语水平均居全国之首，语文、数学也均名列全市第一。整个八十年代被二附中人誉为学校发展史上的"黄金时代"，王鸿仁校长是当之无愧的缔造者。

在二附中的发展历程中，二附中人不会忘记，王鸿仁校长十分重视拔尖人才培养，采取了许多因材施教的超常举措。大家耳熟能详的，受到邓小平同志亲切接见并留下"计算机要从娃娃抓起"名言的，就是那个时期的优秀学生；二附中人不会忘记，王鸿仁校长十分重视体育工作，试办田径高水平运动队，形成排球特色，都是王校长大力推动的结果；二附中人不会忘记，王鸿仁校长十分重视教师队伍建设，选派教师去国外交流学习的举措，开全国中学之先河；二附中人不会忘记，枣阳路校舍就是在王鸿仁校长的上下奔走、日夜操劳中落成启用；老二附中人更不会忘记，每天清晨和傍晚，都能看到王校长巡视校园的身影。凡此种种，不胜枚举。二附中发展的历史丰碑上已经深深镌刻上了王鸿仁老校长的名字。

王鸿仁同志的一生，和教师、和教育紧紧相连，教师是他的终生热爱的职业，教育是他毕生奉献的事业。退休之后，王鸿仁同志仍心系二附中，十分关心学校的发展，积极参加学校组织的各项活动，积极为学校的改革发展建言献策。他还接受华东师大侨联的邀请,出任了民办侨华中学校长。曾创造了百分之百学生达到高考录取分数线、本科率达到近百分之六十的民办学校奇迹。

王鸿仁同志不凡的一生创造了非凡的业绩。他一辈子淡泊名利,为教育事业无私奉献了自己的一生。他似乎没有过眩目的光环和耀眼的荣誉,但他就是我们大家心目中真正的"人民教育家",他就象市教育局袁采老局长评价的那样,是上海基础教育的"有功之臣",是我们大家心目中真正的"教育功臣",也是我们每一个人打心底里敬爱的老校长!

(2017 年 2 月)[①]

退休教师外出活动,王校长、蔡校长和老同事的合影

前排左起:严秀英、施文菊、龚谦、黄素行、洪淑慧、曹康绥、刘凤英、麦嘉馨、沈伟民
第二排左起:蒋凤芳、梁静谦、赵秀琳、林炳英、戴德英、张友荣、蒋建国
第三排左起:陈志超、王鸿仁、陆觉明、陆诚、蔡多瑞、严长兴、蒋坤玉
第四排左起:傅伯华、陈康煊、范仲伯、徐冠利、吴翼鹏

---

① 编注:《王鸿仁同志追悼词》,由二附中现任校长李志聪老师起草。

建校初期点滴纪事（1958—1966）

吴光焘

［教师简介］

吴光焘，生于1931年，1957年毕业于华东师大数学系。1958年9月调入华东师大二附中，曾担任数学教研组长，教导副主任。1973年初调离，在洵阳中学、曹杨二中任教，1984年底离开普教系统调入教卫党校教务处。1991年退休。

为了提高大学生中的工农子弟的比例,在市教育局的领导下,由复旦大学、交通大学、同济大学、上海师范学院和华东师范大学等高校,于1958年春筹建"工农预科"。华东师大从一附中调来毛仲磐主持二附中(工农预科)的筹建工作,并由各系抽调教师参加,我就由数学系教学法教研室指派参加了筹备工作。

当时这几所学校就确定要办两年制分科高中(预科),同时办四年中学一贯制(高初中连办)。我就到市里参加了教学计划和课时计划的制定。

华东师大预科决定分设理科、生地科和文科。然后又讨论各科的设置学科和课时数,比如理科数学每周八课时(代数几何各四课时)等,生地和文科数学也要有,每周各四课时等。然后就分科讨论每课的课时计划。我还参加了四年一贯制的教学计划和课时计划,以后还参加了数学教材的编写。

毛校长从一附中带来范仲伯和季振宙老师,其他教师由师大各系调来,如刘钝文、荣丽珍、张培佩、郑锡兆、陈延沛、程桐荪、童立亚、万琳、李永祥、田娟玉、胡明生、杨永健、柯嘉康等;同时,在师大应届毕业生中选留,如顾丽倩、缪允斌、熊庆露、许晓梅、曹康绥等;还有不少老师记不得是哪里来的,反正够开学有老师了。

1960届预科理科二班毕业照
第二排的老师,左一许耐涵,左二唐彬钰,左三陈启银,左五起:郑锡兆、缪允斌、王新三、毛仲磐、童立亚、林仲良、高鸣歧

预科学生是由各区县教育局推荐、我校审核,但初中六个班和高中两个班的学生要在普陀区里招收,离报名时间近了,毛校长就让大家到电线杆上贴招生广告,名额不足还让区教育局调派了一些,总算招满了学生。

开学了,可是金沙江路的校舍还没建好,怎么办? 就在师大各教室里见缝插针地上课:哪有空就安排到哪,我们的学生可说是流动地上课。在课间,常常在大学生中有不少红领巾带着书包从这个馆走向那个馆,煞是好看。预科学生就安排住和吃在大学里,与大学生一样。

教导主任童立亚带六个初一年级的班主任(黄素行、蒋坤玉、王少梅、熊庆露、戴德英、季振宙)和高中文科曹康绥、理科万琳两个班主任。副教导主任缪允斌带预科六个班级的班主任:文科顾丽倩、李寅文,生地科田娟玉、柯嘉康,理科许晓梅、李永祥。

开学没三个月,预科和高中学生要参加大炼钢铁和通过劳卫制二级,预科生反正在师大里,但高中生要军训,怎么办? 就在数学馆三楼借了两个教室,晚上把课桌拼起来,学生自己带来被子睡,早上就收起来,被子堆在一边,还可上课,像打游击。

开始,有成绩向校长报喜,后来就向党支部报喜了。

年底前,教室大楼盖好了,搬到北大楼——红砖清水墙的三层大楼,教室宽大便于给大学生见习、听课,西面是实验室(理化生三科),这才算像个正规学校的样子了。

我那时,教初中一个班(每周 8 节课)和高中理科班几何、三角(每周 4 节课),每周 12 节新课、12 张教案,还要改作业,工作量蛮大,但很愉快。

但这样的试验在 1959 年就感到不行了,学生接受不了,反复练习巩固不够,知

1972 年冬,吴光焘老师带领 1975 届同学参加野营拉练途中①

① 2018 年 6 月 13 日,陈伟中校友微信中的回忆:"当时我们 1975 届全年级为一个营,吴光焘老师担任营长,这张老照片就是吴老师带领我们野营拉练时所拍摄,他身后是我们十一班同学的队伍。吴老师歌唱很好,嗓音洪亮,不用扩音我们整个营都能听到他的歌声,拉练休息时他常常为我们高歌一曲《挑担茶叶上北京》。"

识不踏实,四年一贯制仍恢复到初、高中各三年制。但第一届预科仍坚持两年毕业,分到师大各系科;高中理科班坚持两年毕业,文科班延长一年毕业。所以,1959 年和 1960 年分别入学的预科就改为三年制了。当时,确定我校招生规模为初中 6 个班、高中 4 个班,持续到 1968 届。

由于师资队伍补充的都是师大或师院的毕业生,二附中的教师水平偏高且比较稳定,所以在 1960 年的上海文教群英会上我校和语文、数学两个教研组都被评为先进,参加了群英会,这在创办不到两年的学校里是很少见的。

南大楼是清水墙的三层,西面是教室,东面是实验室带准备室,比北大楼宽畅明亮多了。同学们都参加了建校劳动,感到很光荣和幸福。后来,又在东面盖了食堂和宿舍,这样校舍就齐全了。

1960 年第一届预科生毕业,在大楼之间设宴,开了三十多桌,我记得有一个菜是西瓜盅,把西瓜掏空,里面是鸡汤,蒸的吧,印象很深。这一届毕业生是由华东师大全部吸收分配到各系科的。1962 年、1963 年毕业的预科生就要参加高考,当然录取的学校就不仅是华东师大了。

二附中的教学质量提高较快,除了师资来源好之外,毛校长带我们听各位老师的课,听后还讲评,并与老师交换意见,这对新教师的提高是很见效的;还有就是校长和教导主任分别参加教研室的每周例会,研究教学上的问题,这是稳定、提高的好办法。

张锡龙来当党支部书记后,对绿化抓得紧,种了许多树,校园里绿树成荫,得名"绿化书记"。毛校长对卫生抓得紧,随手捡纸屑,校园里干干净净,得名"卫生校长"。这都是好评。

由于想集中力量把预科办好,1961 年就暂停高中的招生,把这第一届的初中毕业生全部送出去,到普陀区的各高中和全市中专技校去学习,并取得较好的成绩。我们感到我们的初中毕业生,还是有质量的。虽然 1962 年我们只招了两个班高中,毕业后参加高考也有不少学生被高校录取的,但我们在 1963 年后招的 4 个高中班,由本校 6 个班的初中学生加上各校较好的学生组成,学业水平和素质有保证,所以,我们对 1966—1968 届高中毕业生的质量还是抱有很大的期待和希望的。

我们的体育,也是抓得很紧的。第一届预科的理科班有一位刘必虎(如没记错的话)在普陀区的运动会上 100 米跑,取得很好的成绩,是区记录的多年保持者;在 1962 年吧,我校也办了业余体校,毛校长兼校长,我和陈志超是教导主任,陈还兼教练,项目有田径、乒乓、篮球、手球等。运动员课后就分项目参加训练,非常刻苦,也有的还参加晨练,中午有加餐以补充营养。他们在区运动会和一些单项比赛中都取得比较好的成绩，如周夏芳的 800 米和 1500 米跑（田径队还有张力言、郑隆海、蒋伯仁、张玫萍等），乒乓（虞东南、陆秀珍等）和女篮（李豪、蒋炳芳等）的成绩也较好。

我们学校还有一个话剧团，排了好几个戏，记得的有《一百分不是满分》等（希望大家补充其他剧目），演员有行军、王松平、马淑翘等。

还有一个情况印象较深，就是元旦联欢。元旦是在放假前过的，各班都在自己教室里自娱自乐，大家出节目，非常热闹。我们就到各个教室里串门，向大家贺新年，顺便也演个小节目，唱一首歌或别的什么，和大家同乐，很有节日气氛。记得1963 年元旦，第三届预科五班，准备了一个节目，事先很保密，表演的时候给了大家一个很大的惊喜：他们到外面剧团里借戏服，演了越剧《孔雀东南飞》中的几幕，赢得了好评。

第一届预科的优秀毕业生中，在征得本人同意的条件下，如梁静谦、戴德才、陈启银、刘凤英等，选择不升大学而留在了本校。他们对母校由衷热爱，工作认真，勤恳踏实，大家都很赞赏。不幸，陈启银在 1962 年秋因暴雨积水，在传达室触电，救护车来不及到达，到医院就已身亡，年纪还轻，十分可惜。

1960 年代初，桂林公园团日活动（后排右一为陈启银老师，时任二附中团委书记）

还有一点:"文革"开始后,我在校办工厂劳动,为了不耽误同学们外出串联,就把学校的印章交给我,让我给同学们开介绍信,我大概开了好几本呢。

最后不能忘了分享这段有趣的记忆:在 1962 年 1 月 27 日吧,星期六上午期末考试结束,下午在师大工会俱乐部举行了熊庆露、陈淑卿、吴光焘、季振宙几位老师的集体婚礼,这在母校是第一次,隆重而热烈。更值得珍惜的是,除了我的妻子已于 1988 年底病逝外,其余三对都健在,而且度过了金婚庆典哈!

2017 年 11 月 22 日

"实验"出真知

程桐荪

［教师简介］

程桐荪，1937 年至 1943 年就读于安徽省黟县碧阳小学，1943 年至 1947 年就读于安徽省屯溪女中，1950 年至 1951 年就读于光华大学化学系，1951 年至 1953 年就读于华东师大化学系，1953 年至 1958 年留校担任助教。1958 年至 1987 年任教于华东师大二附中，曾担任化学教研组组长。1987 年 2 月至 12 月返聘为二附中教师，为学生开设化学实验选修课。

我们是二附中快乐的创业者

说来话长。1951华东师大建校,由光华大学和大夏大学合并组成。当时我是光华大学化学系的学生,所以也随学校转到师大化学系继续读书。1953年我毕业留校,在化学系无机化学教研组做助教,主要任务是听主讲老师讲课和讲解大学生实验课的准备。

因为华师大是培养中学师资的重点学校,所以课程设置中都有教育实习。1956年我带化学系的四年级学生到一附中教育实习,通过两周带学生实习,中学老师给大学生详细分析教材,四年级的大学生要写好教案,通过试讲,才能进教室上课。我深感要讲好中学生的化学课并不容易,就萌发了今后要到中学去亲身实践的想法。

1958年,在"大跃进"的形势下,师大决定创办二附中,要求各系抽调师资支援。我和系主任谈了上述想法,系领导表示支持,于是我就从化学系助教转成二附中的化学教师。若干年之后,有当年支援二附中的教师返回师大,记得有一天在师大办公楼碰到刘佛年校长,他问我,你打算回师大工作吗?我脱口而出:刘校长,不必了,我喜欢二附中。是的,我喜欢二附中,1958年参与创建二附中,老师们团结一致的创业精神永远在我心中,我们是二附中快乐的创业者。

程桐荪老师在老教师座谈会上发言(摄于二附中张江校区)

记得到了二附中,毛仲磐校长就跟我说,你来担任化学组教研组长。我问毛校长,那我要做些什么事情?毛校长就跟我讲,当下我们没有教学楼,先要解决学生上课的教室问题。于是我马上与师大联系,落实化学系的教室和实验室。第二个问题,就是教材。"大跃进"时期进行学制改革,把本来高中三年变成两年,教材内容和教学大纲要精减。幸好跟我一起到二附中任教的还有一位胡士烽老师,他曾经在中学里任教多年,比较有经验,我就一边向他学习,一边熟悉教纲、分析教材,慢慢琢磨着写好了备课教案。

在胡老师的帮助下,我一边学习,一边工作,顺利完成了 1960 届理科二班和 1963 届师大工农预科四班的教学任务。接着"十年动乱",学校就停课了。正式开展教学工作,是从教育部恢复高考开始的。1978 年教育部宣布我们二附中为全国重点中学,学校工作步入正轨,教研组工作开展有序,各年级的备课组工作也跟上来了。由于是部属重点中学,外省市,更多的是本市各校教师纷纷前来考察、听课,教师们就要花费不少精力准备公开课。此时师大教科院、化学教学法教研组的老师前来参加我们教研组的备课活动,他们带来了各种教学新思路。教科院李嘉音老师具体介绍化学教学法的各种模式,给我们教研组老师提供了学习教学方法的好机会。

通过对教学法的讨论与实践,我体会到对备课的要求更高了,要考虑教学程序,通过实验教学,师生面对面地启发交流,从演示实验观察到物质变化的分析,归纳得出正确的结论,从而达到预期的教学效果,这样就改以往单纯讲述式为启发式或指导探究法的教学模式,调动学生学习积极性,促进学生积极思维,培养学生的表达能力。学生能主动学习,理解基本概念和物质的性质及其变化的规律,从而提高了学习质量。

从教学实践来看,教学法也得到我们教研组老师的认可,切实贯彻在备课过程中,在公开课里也得到了运用。来自本区、本市教育局教学研究室的季文德同志和外省市各校的化学老师前来听课、指导,对这样的教学法给予肯定和积极的评价,记得有全国十几所学校对"盐与金属的反应"的录像进行了翻录。

我们也积极参与本区和外省市的实验交流和学习。我记得一次是 1986 年 9 月 23 日,在天津参加津京沪三市中学化学实验研讨会;另一次是 1987 年 12 月,普陀区中学化学实验评选交流获一等奖,获奖项目是乙醇活泼氢的定量测试、氧化铜化学式的测定。

在教学法的带动下,边教改边总结,让我得益匪浅。相关成果大多发表于《化学教学》《化学教育》等期刊,如《运用针筒进行化学演示实验》(1989,与王运生合作)、《开展课外活动,培养创新思维人才》(1986)等。师大化学系教学法组还来拍摄了电视录像《氯气的化学性质——指导探究法课型》(1986)。此外我还参加编写了《中学化学课外活动手册》(氯化亚铜的制备),华东师大出版社 1989 年出版。

1986 年 9 月,京津沪中学化学实验讨论会,程老师正在做演示实验

重视实验课教学,从课内到课外

化学是一门以实验为基础,研究物质性质变化的课程。对中学生来讲,就是要通过实验来掌握化学基础知识和基本技能,能够正确应对日常生活中碰到的问题。所以我认为,要学好化学,实验与课本知识同样重要。

由于条件有限,我们那时的实验设备比较简陋,因此我提出实验方案要操作简便,现象明显。当时遇到一个难题是,如何进行有毒气体的实验操作。因为有毒气体会污染空气,教师的演示实验很难进行。我想到用针筒来进行实验。因为针筒透明,有刻度,可以看作是一个封闭的实验空间,学生可以亲眼看到针筒里发生的所有化学现象。就这样,我们通过演示实验,尽量让学生理解教学中一些抽象的概念和规律。

除了演示实验,我们也非常重视学生自己的课堂实验。对于有兴趣的学生,我们还组织课外活动,记得第一个兴趣组就有 16 个同学参加。课外小组一个学期大概有 10 次活动。60 年代初,学生要学习工基、农基,我们到一家镀铜的化工厂去劳动。那里有一些电解铜后产生的铜下脚要处理,我就跟他们领导商量,能不能把废弃的铜下脚送给我们学生做实验。厂领导很支持,我就借了车子把下脚料拉到学校,堆在实验室的墙角边。有了这些"宝贝"以后,我们学生的课外活动内容就丰富了,他们开始进行课题研究:怎样从下脚料里提炼出铜及铜的化合物?同学们对此非常感兴趣,热烈地组织讨论,撰写方案,进行实验,人人动手,忙得不可开交。这个课题研究连续进行了两个学期,后来同学们真的提炼出了铜、氧化铜以及一些铜的化合物,如硫酸铜、氯化亚铜等,我们就把成果用瓶子装起来。正好这个时候教育局征集课外活动的优秀案例,我们二附中的这个作品被市里推荐到了教育部,获得了1979年全国青少年科技作品银质奖章。总之,二附中对化学教学实验方面还是很重视的,并且取得了一些成绩。

学生课外活动获奖的情况很多。再比如,实验室制取甲烷反应机理探讨,获1980年上海市第二届青少年科技论文二等奖;制备催化剂,测定气体溶解度,获1983年上海市中学生化学实验操作竞赛团体二等奖和个人一等奖;钢铁吸氧放热效果探讨,获1986年普陀区青少年科技制作团体一等奖;化学试验基本操作比赛,获1986年普陀区化学竞赛一等奖及鼓励奖。课外活动和参赛获奖的经历,很能够激发学生的学习兴趣和探索精神。其实我自己做起实验来也真是乐在其中,甚至可以物我两忘的。

1987年12月,程老师在普陀区教育学院做演示实验

我们教研组里的青年教师大部分是师大毕业。当时有两种情况,一种是本科毕业,一种是专科毕业。本科毕业的青年教师对实验操作和教学内容能够基本理解,他们缺乏的是在备课和教案准备方面的历练;专科毕业的青年教师在教案、板书、讲课等方面都不够系统,我就要多关心一些,安排他们跟班听课,提醒他们注意化学实验的安全性。例如在做氢氧爆鸣的实验时,氢气和氧气的体积比应为2:1,爆鸣时声音会很响,像放爆竹一样。学生如果事先没有被提醒到可能会受到惊吓;老师自己做演示的时候,如果不熟练,瓶子也会碎掉。所以我就要求实验老师课前反复练习,同时注意操作要点:瓶子靠近火焰时,要轻轻把盖着的玻璃片撤掉,等氧气比达到临界时就会有爆鸣声。只有这样,教师在听到爆鸣声时,才能使教态依然保持镇定自若。这些都是经验,可以让老教师传授给青年教师。

另外,学生实验的操作安全和药品安全使用,也应该是老师关注的重点。比如稀释浓硫酸,一定要提醒学生把少量的浓硫酸滴到大量的水里,千万不能搞反了。平时移液管、吸量管、滴定管都要精准掌握用量、刻度读数,鼓励学生做实验时仔细观察,从蛛丝马迹中发现变化,然后老师从物质结构进行解释,阐述产生现象的原因。

我一直认为化学老师很多时间应该用在准备实验上。我对实验比较感兴趣,很容易钻进去,有时候礼拜天也会泡在实验室里琢磨方案,力争使实验操作简单明晰。比如,氧化还原反应的原理比较抽象,不太容易讲好,学生也很难理解,我们必须做实验帮助他们理解。用实验证明硫化氢具有还原性质。硫化氢是有毒气体,有股臭鸡蛋的气味。我就要求青年教师用 50 毫升针筒在风橱里收集硫化氢气体,并在针管上套好橡皮帽。再把 1 毫升针筒吸入 1 毫升氯化铁溶液套上针头,注入到装有硫化氢气体的针筒里,学生可以观察到针筒内壁上有黄色的硫析出,实验现象非常明显。至于有毒气体怎样处理,怎样操作,我们都会提醒青年教师。还有就是在备课这条线上指点青年教师,难点重点在哪里、需要怎样引入、怎样讨论,我们也会经常交流。我们组的老师很团结,教学工作都做得很好,同时注意总结自己的教学心得,或是教学课题总结,发表在刊物上。初三化学启发式教学讲"金属与盐的反应",高二化学指导探究法讲"盐的水解",都得到了肯定与好评。实验员们的工作也很积极很辛苦,总能根据教学需要,和教师们配合得很出色。

1987 年 10 月,程老师开设实验选修课

化学实验选修课是课外活动的延续和提高,是让对化学有兴趣的学生继续增加一些基本实验操作和技能的练习与考察,比如设计小实验。高二学期有 16 位同学

参加,每周安排一次。这是我退休后返聘的两年半里,用最后半年给学生上的实验选修课。学生们很积极,很少缺席或迟到,我看到学生认真的态度,特别是一次次重复练习操作,很是欣慰。实验过程中,也总是对操作不够标准的同学要耐心帮助和鼓励,学生做完实验后也都认真完成实验报告。

当学生通过实验掌握了知识,有了这样的真知真见,他们就会提升内心的获得感,从而更加强了对化学的学习兴趣。

印象比较深刻的学生还真不少

我1958年到二附中工作,1985年退休,前后也有27年。因为时间比较长,印象深刻的学生还不少。

有一位名叫胡企中,是1960届理科二班的毕业生。他父亲胡焕荣是华东师大地理系一级教授,当时是"反动学术权威"。由于这个关系,胡企中不能考大学,只能考中专。胡企中非常喜欢化学,中专毕业后分配到酒精厂工作,开始研究聚甲醛,后来他有机会参与工程塑料聚甲醛规模制造技术的研究开发。由于甲醛有固化蛋白质的特性,所以它有毒性,对眼睛,对皮肤都有影响。当时工作条件差,防护措施不到位,胡企中身处其中,真是有"明知山有虎,偏向虎山行"的勇气。他克服了极大的困难,经历了很多次失败,终于成功掌握了甲醛聚合的技术,掌握了聚甲醛的优越性能。聚甲醛是工程塑料的普遍原料,更是国防工业的重要原料,此举为发展国防工业做出了重大贡献,他也被评为教授级高级工程师,1992年获得国务院特殊津贴。中学时代的胡企中长得很瘦小,听课很认真,给我留下了深刻印象。他不仅研究聚甲醛40年终于取得成功,还学了好几门外语。听说工程塑料在新疆有需求,他还曾去新疆开发产品,现在他也退休多年了。

另一位就是张韧,师大工农预科1963届四班的学生。毕业后考取了戏剧学院导演系,但她听从毛主席指示,弃学务农,插队落户,积极开展新品种试验,农闲时还带领青年们搞文娱活动,在农村宣传科学种田,得到广大农民的喜爱,成为下乡知青的标杆,后来也受到毛主席的接见。

还有1973届二班的两位同学,给我印象也很深。一位是班长刘伟民,他毕业后回家务农,连任五届居委会主任,任劳任怨为居民服务,真正成了最基层群众的贴心人。还有夏振庆,毕业后参军,在军中生活19年,被授予少校军衔。他性格开朗,特别能吃苦耐劳,每逢佳节为能争取到边防山头站岗放哨而感到自豪,是一位经过严格训练,具有特殊气质的军人。

此照背后，程老师写道：与蒋国华、张韧、任大文合影。1988 年
10 月 2 日，时值任大文、张韧结婚 20 周年

我是 1973 届二班的班主任，同学们毕业后奔赴工、农、兵、学、商各条战线，奉献
自己的青春年华和聪明才智，我对他们特别有亲切感。

调丹青，制炭笔，退休生活自得其乐

年轻时我更喜欢唱歌，好像也没怎么画过画，退休以后我才想到参加国画班。
学画能消遣时光，陶冶心情，有利于养生。特别是画山水画，好似畅游大自然，欣赏
美景，乐在其中。有一年游览贵州，看见黄果树瀑布一泻千里，美丽壮观，赶紧拍照
留念。回到家中我就以照片为蓝本，画了一幅《黄果树瀑布》，后来有机会参展，获得
第六届老年福寿杯书画作品展佳作奖。另一幅《飞瀑留韵》则入选老年书画作品集，
由上海市副市长题字，上海新闻出版局出版。

那几年练习绘画时，我还自己烧制过炭笔，方法如下：1. 利用易拉罐能耐高温
（燃气小火）的特点，洗净作为烧制炭笔的容器，待其干燥使用；2. 取粗细适宜的杨柳
枯枝条，断其长度与罐的高度相当，备用；3. 取干净干燥柳条 6—8 根，从小洞塞进易
拉罐，注意数量不宜太多；4. 燃气灶小火烘烤时，一边用金属棒拨动易拉罐，使它慢
慢转动，此时有烟从容器口冒出，要注意观察，燃气火苗不可窜入容器，避免内部枝
条着火，约半小时，容器口无烟，可见到容器里枝条全部变黑，关火，待冷却后，小心
由容器口倒出炭笔；5. 炭笔用于构思绘图画样稿，在纸上轻轻画出线条，用餐巾纸轻
拭可以擦去不要的线条。

2001 年秋,程老师根据旅行所摄照片创作的国画《黄果树瀑布》

程老师从镜框中取出《黄果树瀑布》拍照时,意外发现了夹层中有一幅 1996 年秋临摹的梅花图

　　我的体会是,绘画丰富个人生活,还可以增加自信,尤其是原汁原味的自由创作。最近几年身体不太好,我就以静养为主,因此很久没有再画了。

　　现在我常常自己动手做酸奶。酸奶是以牛奶为原料,通过乳酸菌代谢反应完成的,所以酸奶中含有大量的益生菌,它可以进入人体肠道被吸收,是人们生活中的营养品,更适合患有牛奶不适者的人群使用,也是老年人的一种可口营养饮料。经过一次次的尝试,我掌握了做酸奶的诀窍,师大一村好几位老师也曾来切磋。

　　其实啊,无论调丹青、制炭笔还是做酸奶,就跟当年在学校做实验一样,都能让我乐此不疲,开心得像个孩子。

2018 年 1 月 16 日,蒋建国老师访谈

6 月 19 日,宋雅校友初步整理

7 月 20 日,程桐荪老师改定

二附中为何能迅速崛起，后来居上？

刘钝文

　　1958 年，华东师大决定创办二附中，是相当仓促的。既无校舍，又无师资，一切都是从无到有。后来陆续建成的校舍，也相当简陋，与市里的许多老学校无法相比。但二附中建成之后，却很快得到了社会各方面的认可，生活也很快得到改善。从区重点、市重点，再到直属教育部，发展速度是相当快的。

　　二附中能够迅速崛起，后来居上，有多方面的原因。主要是以下两点：

　　首先，二附中起点高。创办二附中的主体是华东师大，华东师大当时是倾尽全力来创办二附中的，无论是校长（常溪萍、刘佛年）还是各系的主任，都尽全力支持和帮助二附中。各系的教材教法组教师，全都到二附中任教或兼课，并由他们担任各门学科的教研组长，再加上一批应届毕业生，便组合成一支较有实力的团队。他们的特点是视野比较开阔，专业知识比较全面，责任心强，有探索研究的精神。这样的教师团队在当时是不多见的（解放前和解放初期，中学教师中具有大学本科学历的不多，还有些是专业不对口的），所以很快就受到教育领导部门的重视。例如"文革"前，市教育局有一个语文教学中心组，大概有七八所中学的教研组长参加。每次开会，都由教育局长孙其主持，参加会议的是于漪、徐振维、刘培坤等市里知名的教师。市里有好几所大学附中，但起初只有二附中参加，这显然是出于对二附中这所年轻但很有前途的学校的器重和关注。

　　其次，二附中注重教学研究和探索。作为师范大学，自然要面向中学，要研究和探索教育和教学的问题。各系都设有中学教材教法研究组，多数系都办有研讨中学教学的刊物，如《语文教学》《数学教学》《物理教学》《历史教学》等。创办二附中，也是一个重要举措。有了二附中，就有了一个鲜活的教育教学改革试验的基地。

注重教学研究和探索，注重教改和试验，这可以说是二附中"与生俱来"的理念和校风。我们看重集体备课和交流，常轮流执教，反复探讨如何教好一堂课。有时白天安排不出时间，就晚上到校来商讨，这样就有利于发挥集体智慧，相互学习，总结推广。

我们有个共同的理念，就是语文教学是一个大课堂。学好语文，不能只着眼于课内，还要着眼于课外活动和课外阅读，要课内课外相结合。我们不仅在校内广泛开展多种多样的课外活动，还组织学生走向校外的大课堂。例如带领学生到绍兴去参观访问，既有助于鲁迅作品的教学，又引导学生扩大社会和历史的视野，培育他们宽厚的人文情怀。

"文革"后，在刘佛年校长领导下，进行了语文教材改革的试验，编写了一套初中语文课本。课本共计 6 册，由华东师大出版社出版。印数不少，在全国产生的影响也不小。课本在选编课文时充分考虑到可读性，题材广泛，内容新颖，受到了各方面的好评。课本试教三年，效果显著。许多学生因此爱上语文。这一届学生高考成绩也非常喜人。有些学生在高考时报考文科，在北大、复旦学习，后留校任教。

回顾二附中建校以来的历史，主要的经验就是以上所说的两条。要建设一流的学校，必须建设一流的教师团队，必须始终站在教学改革的前沿，勇于探索和创新。

2018 年 5 月初

2017 年，刘钝文老师在崇明

"学雷锋，党叫干啥就干啥"

陈清翰

〔教师简介〕

陈清翰，1956年7月毕业于北京体育学院，在华东师范大学体育教研组任教，并承担校足球队的训练工作。1958年8月调至华东师大二附中参与建校并任教，直至1993年9月退休，在二附中工作了35年。1985年任体育教研组组长，1986年任校工会委员，1987年7月任总务副主任，兼校办厂副厂长。1988年7月被评为中学高级教师。退休后在校办工厂返聘4年，1997年7月正式告别二附中的工作岗位。1980年代曾多次被评为普陀区教育系统先进工作者。

我们二附中 1958 年创校于金沙江路,从 1985 年迁校到枣阳路,到 2002 年东迁浦东前的 17 年间,学校改变了很多。这 17 年,是学校出成绩的时候。从 28 亩到 70 亩,现在张江是 150 亩,学校面积在翻番,成绩也在翻番。现在在张江也已经 15 年了,到明年 16 年了。我建议学校写一个校区变迁史,同时将 1958 年开始的历任校长、书记、老师排个名单,这些都是非常有纪念意义的。

语文教研组的刘钝文、戴德英,数学教研组的蒋坤玉、荣丽珍,外语教研组的万琳,地理教研组的曹康绥,生物教研组的黄素行,体育组还有我,这些健在的老师都是 1958 年参与建校的元老。当年毛校长也很会看人、选人,像顾风樵、严长兴、王飞龙、校医许耐涵,还有后勤组后来提升到副主任分管食堂的徐冠利,都是老黄牛类型的人。

过去我们的校庆重点介绍了教师里的先进人物、特级教师等,相对就缺少后勤组的老师,比如徐冠利、严长兴等,他们勤勤恳恳,兢兢业业,对二附中的发展做出了实实在在的贡献。

回想建校的时候,大家辛辛苦苦,白手起家,没有教室就到师大去借用三馆——数学馆、化学馆、地理馆,然后再慢慢地把校园的每个部分都建设起来。直到学校初步建成后,我们遇到了更大的困难——经费不够,师资不足。有的教师当时还不理解,觉得学校一毛不拔,铁公鸡。

范仲伯老师是华师大生物专业毕业,来二附中前他在一附中是生物老师、班主任,先进工作者。1958 年调任到二附中后,学校让他转做后勤行政工作。考虑到当时学校经费紧张,他自己出差从来不报销。其他老师都逐步评选高级教师的时候,他却放弃了原来的教学事业,再也没有参加高级职称的评选。"学雷锋,党叫干啥就干啥",这样的思想境界真的不一般啊!

1987 年我被提拔后勤组总务副主任,去管理校办厂,直到 1993 年退休后,又返聘了 4 年。当时一边管理校办厂,一边带了两个班级的体育课,还带了个足球队。为了两边都不耽误,校办厂的工作都安排在上午,下午回学校上课。那时严长兴等一批老师也很辛苦,校办厂白手起家,从零散的小东西搞起,滑轮、吊杆、课桌椅,后来做到了塑料教具、教学仪器、印刷飞机票等等,用校办厂的利润来填补学校办学资金的缺口。部里给予的教学经费不足,每季度的经费只够学校一个月的开销,其余的都依靠校办厂来补充,校办厂每年为学校提供了近百万的办学经费。

毛校长当时真厉害,德智体全面抓。他有个习惯,每个星期都会去听两三堂课,并提出建设性的意见,每次点出问题都在要害上,为此老师们都很服帖。他和蔼可亲,老师们也不怕他。毛校长从来不提前通知要去哪个教室听课,这使得每个教师都必须认真备课,担心出洋相。哪怕一个错别字,也会被毛校长指出。每个新入校的教师,他都要听一个月的课。说件轶事,有一次毛校长听一个新来的语文老师的课。语文老师上课过程中,有个学生突然在安静的课堂上放了个响屁,这时语文老师就说"人生之气,不足为奇",同学们哄堂大笑,丝毫没有发现毛校长就坐在里面。毛校长自己是生物专业的,但是他各个专业都懂,门门课都去听,一直到后来卸任校长做顾问的时候,都保持这样的习惯。每年春节前后,他都会给老师们写信,连每个青年教师都不会少。

毛校长还特别关心体育,经常在我们上体育课的时候过来转转。1963年,二附中接受上海市体育运动委员会的委托,创办了上海市普陀区第十四青少年体校,开设田径、足球、手球、女子垒球、乒乓球五个专项。毛校长同时任少体校的校长,吴光焘、陈志超任教导主任。我担任足球队的训练工作。由于同学们的刻苦训练,在体能、技术等素质方面,得到了很大的提高。1965年秋,我校足球队参加了上海市青少年足球联赛,队长江建平同学因比赛表现突出,被选拔进上海青年足球队,后来又被吸收为上海市足球队队员。队员俞建国同学,后进入上海体育学院足球专业,毕业之后被聘为江苏省足球队教练。可惜少体校只办了三年,1966年因"文革"而中断。但是,我并没有放弃足球训练工作,一直到1993年9月退休为止。

二附中搬到枣阳路后,又有一个体育上的高潮,出现了多支高水平的运动队,多次参加了"长江杯"的比赛,1988年获得了上海市体育先进单位。2002年以后学校还推行了六个"百分百",其中提出要学会游泳等体育运动的目标。在那个时期以后,二附中引进了很多有特长的体育老师,诸如游泳、足球、篮球、乒乓球、武术等专业特长的教练,其中不乏曾经在国家队训练过的运动员,带队出去比赛都取得了好成绩。过去有段时间二附中以田径为主要体育特色,现在是多点开花。

最后想说的还是我那个建议,希望学校在校史展出的时候,能增加一些对三个时期校舍的图文说明等资料,好让大家更多了解学校的历史,不要忘记那段艰苦而又辉煌的岁月。

2017年12月15日,蒋建国老师访谈①
2018年6月14日,周人杰校友整理

---

① 编注:2017年12月,时值二附中最早的金沙江路校舍面临拆除之际,蒋建国老师请季振宙老师将北大楼、南大楼、体操房、宿舍楼等老建筑逐一指明,并由电教组的老师们进行抢救性的拍摄,完成了部分校史资料的整理工作。

"再苦，也必须走在学生前面"

荣丽珍

［教师简介］

荣丽珍，1956 年毕业于华东师范大学数学系，留校任教学法组助教。1958 年华东师大二附中建校，调任至二附中任数学教师。曾任 1958 级年初一、高中理科班数学老师；1960 级初一数学老师、班主任，同年担任数学教研组副组长；1963 级高一数学老师、副班主任；1980 级初二数学老师；1980 级初一数学老师；以后在初中各年级任教，1988 年退休。1980 年被评为华东师大三八红旗手，1982 年被评为普陀区先进教师，1988 年被评为中学高级教师。

1958 年二附中成立，最初的主要目的之一是便于华师大的学生来实习。当时学校在金沙江路附近的一栋教学楼，教室的特点是特别大，为了便于实习教学，教室后面有很多位子可以留给实习老师听课。

第一批数学教研组的老师，大多是华师大数学系调去二附中的，除了我，还有郑锡兆，吴光焘，朱金乐和熊庆露，另外还有从上师大调来的蒋坤玉。我们这些人组成了数学教研组，郑锡兆任组长。吴光焘兼任副教导主任，正主任是华师大派来的童立亚。一起来二附中的，还有生物组的杨永健老师等。后来 1964 年又进来一批教师到数学教研组，有马惠生、唐清成、杨琳仙、周志华、梁文龙等。

在二附中正式的教学楼还没造好之前，我们只能在华师大的数学馆和化学馆上课。校园大而分散，管理比较困难，连摇铃都要让顾凤瞧老师专门负责。二附中没有专门的办公室，我只能回到华师大数学系去办公。

那段时间，印象最深的是上了很多公开课，华师大的要来实习，外校的要来听课，华师大研究教材教法的老师也会下来指导。我大概是当时青年教师里上公开课最多的，上多了也就不怕了。我们数学教研组里都是青年教师，各个年级都有备课组，每个星期活动一次。当时大家都没经验，就通过备课组相互交流自己的教学心得、备课经验，因此大家都提高得比较快。二附中的教师都非常自觉，非常团结，平时互相交流、互相学习，一点都不保守。我还负责每个年级的数学兴趣小组，每周活动一次。此外还有数学园地的黑板报，每周一次介绍课外知识和趣味知识。从 1960 年开始，我担任初中数学教研组副组长。

我们教研组除了公开课多之外，还有试点教材多的特点。1958 年刚开始办学就搞试点教材。二附中一直是一所教改实验学校，无论数学、外语还是语文，教改始终没有停过。滕永康和袁霞如老师当时搞试点理科班的教材。后来比较有名的薛鸣和宓群同学，就是袁霞如和滕永康班级的。当 1980 届进校的时候，我们可以说没有教材，所有的教材基本上都是自己编写的。原有标准教材对这些学生来说实在太浅了，所以我们当时刻了很多补充讲义，很可惜没能保留到现在。

我们除了教室内的教学活动，还去做一些室外的测量工作。我们教研组有一套测量工具，印象最深的一次是测量丽娃河的河面宽度，学生们也觉得特别有意思。

二附中建校初期，有的老师刚从大学调任到中学，在思想上有点想法。而我倒反而蛮高兴的，我觉得如果能到中学去实习，有了具体的教学经验，对于教材教法的研究就会很有帮助。而且教中学生比教大学生更开心，因为孩子还比较天真，充满朝气。

由于初期的学生大部分都是周边的地段生，尽管单纯，但普遍比较调皮。有时

1960年,风华正茂的老师们(左起:郑启楣、蒋凤芳、程桐荪、万琳、唐彬珏、许晓梅、荣丽珍、吴光焘,摄于华东师大数学馆前)

候调皮到正常上课都没办法进行下去。往往这个时候,其他不调皮的学生会站出来替青年教师说话。印象比较深的一次,有个好学生站出来,对调皮的孩子大喊:"你们不能欺负荣老师的。"那些调皮的学生被自己的同学给震住了,课堂里逐渐安静下来。那段时间,几乎每节课我都被课堂纪律搞得焦头烂额,一直到老师和学生之间建立了良好的情感与互信后,课堂纪律才慢慢好起来。

我记得初中1963届在初二的时候,开了个在当时非常有特色的主题班会——"为革命而奋发学习"。平时我们组织学生开展数学兴趣小组学习活动,希望激励学生更加努力学习。在班会上,学习好的同学发言介绍学习经验,其他同学有组织诗歌朗诵的,也有唱歌的,人人有节目,甚至连最内向的学生丁二冬也表演了节目。毛校长说:"你们连如此内向的学生都发动起来,那真是一个非凡的班会啊!"

1969届的时候,我们分班是按照地区来分的,师大新村、曹杨新村三个地区、曹家巷、陈家渡,共分六个排。我带的是曹杨二排,每天需要去曹杨新村集合学生,然后排好队入校。当时我们也要下乡半年参加劳动。我们本身也不会农业劳动,结果我手上被镰刀割了很多个口子。记得下乡的时候,冬天特别冷,经常下雪,我们睡的被子上都会有一层霜,早上起来毛巾都结冰了。最早的时候我们还睡地铺,后来人少了才架起床铺。那段日子让师生感情、同学感情都变特别深。那几年我们每次送走一批学生,大家总会在月台上哭成一片。

我第一届教的初中一个班,黄素行是班主任。我教数学,同时教高中理科班,与吴光焘搭档,我教代数,他教几何。我是初高中肩挑两头。初二的时候我接替黄素行做了班主任。1960年新招了4个班,我去初中一班做班主任,一直教了三年。那

1963 年,初三(3)班毕业合影(二排左五起：荣老师、吴光焘老师、陆文华老师、徐玉仑老师)

时大家干劲很足。华师大没有坐班要求,但是大家基本上一早就到了,无论是班主任还是其他任课老师,从做早操开始带起,中午在华师大食堂里吃饭,一直工作到夜里很晚,经常挑灯夜战。除了数学教研组郑锡兆、物理教研组陈延沛算是老教师外,其余都是青年教师。青年教师虽然经验欠缺,但是在老教师的带领下,也是努力边教边积累经验。

我印象比较深的这个 1960 级,汤文鹏带的一班语文,张佩蓓带的一班和二班数学。我从初一带到初三,毕业的时候从中选了一批尖子生,进了当时的尖子班高中四班,我一直带到他们高中毕业。这个班里有后来成为画家的梅宁钧。带尖子班的压力非常大,备课也好,教学也好,都会想到我们要面对的全部都是尖子生。当时尖子班的高考目标都是清华北大,但很可惜 1966 年后取消了高考。我们的高中四班还经常下乡劳动,林炳枢是正班主任,我是副班主任。记得那年 8 月,我们下乡劳动,几乎都是 38℃的天气,我们睡在一个没有窗户的仓库里,没有通风设备,学生们接二连三中暑,最后我自己也中暑了。我们上课、劳动、生活都在一起,同吃同住。1966 届毕业时,高考被取消,同学们都被分配到农村、工厂工作。1977 年恢复高考,其中大部分同学还是进入了高校学习,但因为年龄关系,未能全部考入大学,很是可惜。前几年他们毕业 50 周年,也请了很多初中、高中的老师,在华师大聚会,还做了一本纪念册。

二附中成为全国重点学校后,第一次对外招生就是后来 1980 届的那批。那是我教学史上学习最最自觉的一批学生。这些学生都是恢复高考后二附中通过考试

自行选拔来的,毕业后99％直升二附中高中。其中年龄最小的一个是12岁的朱敬,

1966届高三(4)班毕业50周年纪念册

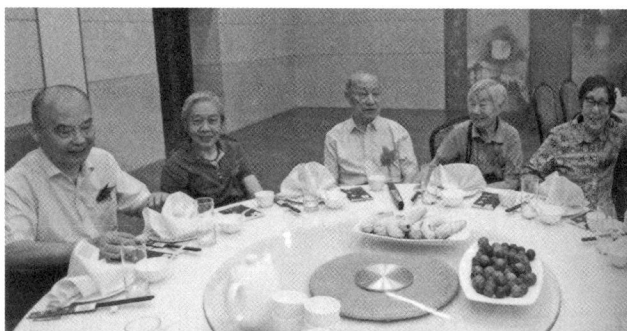

2016年9月3日,老师们应邀参加1966届高三(4)班毕业50周年聚会(左起:顾朝晶、荣丽珍、王鸿仁、戴德英、蒋凤芳)

跳级进入二附中,学习自觉性极强。当时正常的教材非常浅,尤其对这些优秀学生而言,太过简单了。我们只能自己补充更多更深的内容,让他们都能吃得饱。另一个尖子班,1983届四班也是我教的,都是尖子生。很可惜当时我身体不好,手术后没能教到他们毕业。

后来马惠生副校长让我带青年教师,比如当时的舒敏华。我基本上每节课都去听,课后和她沟通,肯定好的,指出不足的。她都能很快调整,进步很快。后来我还辅导过其他青年教师,有的因为年轻还没经验,课堂里经常压不住阵脚。有一次,我不巧骨折休息在家,是王刚民老师用黄鱼车拉我去学校,到课堂上去坐镇。学校让老教师这样带教青年教师,确实对他们的帮助和提高作用很大的。

除了老教师带青年教师,二附中的班主任对任课老师的要求也很高。我和外语老师吴钦搭班时,代数和几何都是我教,邱美珍老师的班级我教几何。我和万琳老

师搭档了好多年,她做班主任的时候,对任课老师的要求特别高。比如每次测验后,她都会要求我立即批改卷子填写成绩单,她会马上拿成绩单去表扬考得好的学生、批评没考好的学生。虽然这样压力大,但是学生的成绩提高得很快。我们搭档非常有默契。我做班主任的时候,也时常要她来和我搭档。万老师一直做班主任,后来还评到了全国模范班主任。她如果挑数学老师能挑到我的话,一定是要找我一起带班的。我们之间的默契一直保持到今天,平时她碰到什么事情也常会和我聊一聊。

回想当年,第一批到二附中的教师里,曹康绥、黄素行、陈延沛,后来都成了特级教师。我获得过1980年华师大的三八红旗手、1988年普陀区的园丁奖。在许许多多和学生们同甘共苦的日子里,我始终坚信这一点:再苦,也必须走在学生前面。

2017 年 12 月 28 日,蒋建国老师访谈

2018 年 6 月 12 日,周人杰校友整理

我用"三言"寄语二附中

张济正

［教师简介］

张济正,1934 年生,浙江人,中共党员。20 世纪中期在上海龙华路小学任教。1956 年考入华东师大教育系就读,毕业留系从事教学和研究工作。1978 到 1980 年到西藏师范学院支教。80 年代中任教育系主任,参与筹建教育管理专业,主编《学校管理学导论》等专著。90 年代初到二附中任校长、党总支书记,直至退休。在二附中原有基础上,主持参与上海中学课程改革实验,参加全市和全国高中理科试点办班活动,整理完善校内各项规章制度,促使二附中更有序发展,并扩大对外影响力。

华东师大二附中踏着稳健的步伐进入了五十"知天命"之年。值此欢庆的日子里，讲几句心里话。

先说赞许与祝贺的话，算是"吉言"。自创办始，二附中在风风雨雨中走过了50年。其间，有顺当的日子，也有磨难的岁月；既有艰辛，也有欢乐。至今，已跻身于沪上有特色的一流学校行列，被首批命名为市实验性示范性高中，举办国际部、实施寄宿制，在全国也是一所颇具影响的名校，享有良好的社会声誉。我同所有在二附中工作过、学习过的师生一样，为此感到自豪，并由衷地表示祝福！祝愿二附中攀登新高峰：学校事业更加兴旺，办学经验更多积累，教育质量更好提升，学生发展更趋多样，教师成长更显特色，实验成果更有价值，示范作用更具影响，对外交流更快扩大。

1993年，为校庆拍摄的工作照，张校长笑称这是典型的"摆拍照"

再说探析性的话，姑且称之为"析言"。半个世纪的历程，二附中由一所平凡的不知名的学校，达到现有的办学水准，取得令人瞩目的业绩，确实不易。究其原因，尽可从多方面阐述，事实上恐怕也是"一果多因"的。比如：诸多上级领导部门的关心和支持，作为母体单位——华东师大独特功能的充分体现，一届届学校领导班子、一批批教职工群体和学生群体积极作用的最大程度发挥，还有外界的环境助力，适逢恰当的时机，等等。我以为，有一点似乎不可忽略：作为师范大学的附属中学，二附中一直以教育试验基地定位，坚持教育改革试验。在办学过程中，二附中举办过各种类型的试验班（试点项目），进行过德育、体育等方面诸学科领域的项目研究，开展过单项教改和整体教改相结合的诸多探索活动。可以说，二附中就是在这些实验研究和教改活动中，造就出一批名师，形成一支德高、业精的师资队伍，培育出数以万计的有为学子奔向高一级学校，进而踏上各行各业前沿岗位，在不同层次上和不同阶段中为校为市为国争光。在一定意义上说，没有这些实验研究和教改活动，就不可能有二附中的引人注目的发展历程，就不可能有二附中的今天。

1993 年，毛校长、张校长和顾校长同校友们共庆建校 35 周年

　　最后说点憧憬未来的话，或表之以"预言"。从今以后，二附中跨上了第二个 50 年的征程。到百年校庆之时，二附中将会是何种状态呢？我想，到那时，二附中依然会存在，不仅活动在大地的东方，而且在大地的四面八方留下足迹、印记乃至实体；到那时二附中的学子不仅在现有的活动范围内为校为市为国争光，而且更要为人类争光、为地球争光，会有人荣膺各类国际大奖，会有人留名诸多界别的大师榜册，会有人跻身政坛高端为民造福，会有人用各种方式参与冲向宇宙的活动；到那时，二附中的办学模式也必将在人文精神新追求、科学技术新发展、信息环境新演进以及人自身条件和需求新变化的状况下，发生巨大变革，冲击现有校内校外之间、上下学段之间种种求学空间的界限，冲击现有师之结构、教之结构、学之结构、管之结构种种活动方式；到那时……未来变数多多，我辈凡人的"预言"之准确度可谓小之又小。然而有一点是可以肯定的，即二附中会继续发展，会不断增添光彩。要如此前行，就必须持续开展教育实验和实施教育改革，在选项上应更具前瞻性、原创性，其成果应更能体现对现状的突破性和理性上的独创性。由此，可以预见：二附中定能为培养创新人才奠基的普教事业做出新贡献。

2008 年

难忘二附中：一个老教师的回顾和祝愿

林炳英

〔教师简介〕

    林炳英，1957 年毕业于华东师大政教系。1957 年到 1967 年任教于华东师大一附中，先后担任班主任、大队辅导员、副教导主任，曾获评社会主义建设积极分子、上海市文教先进工作者、全国先进儿童工作者等。1967 年到 1978 年参与创建并任教于红军中学，在复杂状况下尽力而为。1978 年到 1990 年任教于华东师大二附中，先后担任政治教师、副校长、副书记，主要分管学生工作，曾获全国少工委颁发的园丁荣誉纪念章。1990 年到 2009 年返聘于华东师大电子系，担任班主任，全面关心学生成长；受师大关工委的委托兼任组织员，深入开展学生党建工作，连年获评先进工作者，2001 年获评上海市教育系统关心下一代工作先进工作者。1997 年到 1999 年曾任侨华中学副校长。林老师教书育人五十载，自勉"退休不褪色，离岗不离责"，年迈失聪后仍坚持读报、看新闻、写日记，以此砥砺心志，葆养精神。

我是 1978 年 8 月到华东师大二附中工作的，1990 年 9 月退休，在二附中工作了12 年。在此期间，我先后担任过政治教师、副校长、副书记，主要就是分管学生工作。这也是发挥了我以前在师大一附中担任大队辅导员的经验和特长，只要和学生在一起，浑身好像就有使不完的劲。这 12 年在人生的旅途中是短暂的，而我回忆在二附中的学习、工作、生活也是很丰富的，感觉很亲切，很美好。

在师大一附中担任少先队总辅导员时，林炳英老师（第二排右一）和大队委员合影

积极投入教改实验

办好一所学校，生源、师资、设备、管理都是十分重要的。自 1978 年起，二附中成为部属重点中学，全市范围择优招生。学校受普陀区教育局和华师大的双重领导，师资主要由华师大分配，人事属于师大人事处。二附中设备很齐全，尤其是 1985年从金沙江路 155 号搬到枣阳路 600 号之后，学校拥有一座五层教学大楼、礼堂、食堂、学生宿舍、400 公尺跑道的操场、室内体操房、办公楼、图书馆、电化教室等，不仅校园面积扩大了，设备更加齐全了，管理上也逐步健全了。

1978 年党的十一届三中全会提出了中国要搞改革开放，邓小平同志提出"教育要面向现代化，面向世界，面向未来"。二附中领导的管理工作随之也发生了很大变化，既要维持正常的教学、教育秩序，又要积极推进改革开放，二附中基础教育的春天到来了。

学校首先对基础课语数外进行改革探索。记得外语组率先试行"听说领先，读写跟上"，学生们纷纷用英语对话交流，不仅有助于更好掌握单词，还能增进相互交流，这就大大提高了兴趣，让学生更加主动地学习外语。

教改也逐渐扩展到政治课等其他学科的教学实践中。1982 年,我曾代表学校赴京参加了思想政治教育研讨会,深深感到当时二附中在各学科进行改革的必要性。1986 年初,教育系胡守芬教授带领吴慧珠、李涵生等来二附中进行"中学生思想政治道德教育大纲研究",我们共同成立了协作组,组织有关年级、有关学科进行了大纲研究。我教政治课公民常识,此外又组织了党章小组,作为教育实验。在专家们的指导下,经过探索实践,我把研究成果写成论文,报送市、区教育局德育组参加评选。1986 年,《中学部分学科思想教育初探》获普陀区教育科研成果(德育)一等奖。1989 年,《在中学生中培养学生成为共产主义战士的好形式——党章学习小组的作用》获区德育年会论文二等奖。同年,我指导的马沛旻同学的论文获上海市思想政治优秀小论文一等奖。

1986 年 1 月,《中学思想政治道德教育大纲研究》协作组成员的合影
(前排左三为林老师,中为教育系胡守芬教授,第二排左三为严鸿淇老师)

响鼓也要重锤敲

二附中全市招生,择优录取。学生大多勤奋好学、思维活跃、勇于探索,但由于各种原因也表现出了明显的骄、娇二气,学校相应地展开了思想教育。

骄气的表现之一,就是有的同学看不起业务水平较低的老师,平时眼里更没有后勤工作人员。1979 年春,食堂里发生过一起轰动全校的争吵事件。起因很简单,初一有个学生买了饭菜就往外跑,违反了"不能把饭菜带出食堂"的规定,工人师傅就来劝阻,学生非但不听,强词夺理,还和师傅争吵起来,一气之下竟把饭菜泼到了师傅身上。这一蛮横无理的举动,激怒了在场的职工和教师,纷纷指责他说,你这是什么态度,你有什么本事,竟然这样对待工人师傅!学生回答说,我数学竞赛第三名!看到他的这种傲慢态度,大家更加气愤,纷纷向学校反映情况,要求处分这个学生。

该不该处分这个学生呢?我们想,处分只是一种手段,目的是为了教育人。至于饭菜能不能带出食堂,这本身并非什么了不起的大事,学校规定的制度是否合理,也是可以讨论的。但值得引起重视的,倒是争吵事件暴露出的学生骄傲情绪和蛮横态度。此外如果我们的学生因为学了知识、有了成绩,就可以这么傲视普通劳动者,那么将来一旦成名成家,就很难设想他会全心全意为人民服务。我们感到,这里反映出来的思想问题有一定的代表性,应该就此事对全校学生进行思想教育。于是我们同意了大家的意见,给予学生警告处分,同时组织全校师生就此展开讨论,开展批评与自我批评。有个学生在随笔中写道:"今天,爸爸到学校来检查我的作业本。他见我本子上错得很多,就批评了我。其实,他懂得什么,还不是一个土包子。"这样的学生,现在不把文化程度低的父母放在眼里,今后走上社会也往往会轻视劳动人民。通过讨论,大家提高了认识,有的学生还利用课余时间到食堂帮厨。学校也健全了食堂、宿舍管理制度,培养学生自我管理和自我服务的能力,并且建立定期的劳动制度,分别组织初一学生每周参加两节课的校内公益劳动,初二学生每学期有一周到校办厂劳动,此外还开设了各种劳技课,培养学生的劳动观念和他们对劳动人民的感情。

与此相关,后来还有一件事,给我印象也很深。1985年,二附中由金沙江路搬至枣阳路后,校园面积扩大了,设备也样样俱全,但新校园里还是显得光秃秃的,需要植树绿化。有一次,分管后勤的陆文华副校长和一批绿化工人在操场周围植树,有的同学看见了就叫她"阿姨"。听说此事后,我一直在思考着这个问题:为什么学生叫她阿姨呢,难道做校长、做老师就不能和工人一起种树吗?是否学生们只把种树看作体力劳动者的事,是否孩子们心里还有点看不起体力劳动者呢?……于是,我就利用一次全校晨会课,专门进行了"热爱劳动,爱护绿化"的教育。30多年过去了,二附中的枣阳路校园已由华师大接管,现在是对外汉语学院,操场周围的小树苗也已长大,绿树渐渐成荫。这真是前人种树后人乘凉,陆校长和绿化工人功不可没啊!

1986 年，浦东川沙三甲港，林老师参加 1987 届初中三班同学自发举办的"夏乐营"

社会实践与对外交流

要全面贯彻德智体全面发展的教育方针，既需要我们不断改革创新的探索实践，又要善于向全国各地的兄弟学校学习，二附中才不愧为部属重点中学。

1980 年代初，我和叶立安同志、语数外等教师代表严秀英、滕永康、俞秀珍、陈国强等老师利用暑假时间，先后两次，分别到山东、泰州和贵州六盘山进行讲学交流。座谈和参观访问过程中我们深受教育，尤其是深入井下煤矿参观时，看到学生家长在艰苦的工作环境中挖煤、运煤，默默为国家发展做贡献。他们的劳动是神圣的、光荣的，而他们的子女在山区农村接受中小学教育，条件真是不能和城市比。这也使我们深受教育，觉得自己应该更加努力地工作，既要向他们学习，又要全面关心学生成长，搞好教学、教育工作。因此，这与其说是讲学交流，不如说是我们教师很难得的社会实践。

1985 年寒假，我同顾朝晶、曹康绥同志走出国门，访问了日本大阪大学附属平野学校，在那里我们感受到处处充满着热情友好的气氛。在校方的精心安排下，我们先后参加欢迎晚餐，参观校园，交流座谈，同学生共进午餐，参与学生活动等，每天的日程都排得满满的，大家收获也颇丰。我们穿着大衣，看着附属学校里幼小的孩子们在寒冷天气只穿短裤进行锻炼以提高适应气候变化的能力和意志力，不能不感叹，当然这也是日本学校教育的要求之一。我们还游玩了京都公园，所到之处都是那么清洁整齐，给我们留下了极其深刻的印象。日本学生讲文明，有礼貌，时常鞠躬致意，日本人民讲卫生，爱清洁，街道上见不到垃圾，这些都很值得我们学习。

1986 年暑假,老师们去泰安讲学,并到煤矿参观考察。前排左起:陈国强、林炳英、严秀英、俞秀珍,叶立安(右二)、朱锦章(右一);后排右二为滕永康

第二年夏天,平野学校组织师生来校访问交流,我们也用心安排,热情接待。除了听课座谈、参观校园之外,还请客人们参观了上海佘山天文台等地,大家兴致都很高。特别值得一提的是,我们在办公楼前花坛里种下一棵中日友谊树,最后大家还一起合影留念。如今这棵小树也已经长成大树,亭亭玉立在枣阳路校园花坛里,象征着二附中与平野学校的友谊长青。

1986 年,林老师和日本平野学校师生一起种树留念,枣阳路校园

同事关爱,弥足珍贵

1988 年暑期参加学校体检,确诊病情后我就住院动了手术。我们二附中的沈

伟民、梁振玉、姚国平、梁静谦等同志不仅前往医院看望我,还轮流排班,日夜照顾。她们都有家务,又是大热天,确实不容易,很感人,更感动了我的家属,深深体会到二附中的同志真是有爱心。对此,我只能默默下决心,以后要更好更努力地工作,以表达内心对同志们的敬意和感谢。

事隔30年了,想起来还是很温暖。我们虽然都已退休,尤其是梁振玉老师已定居深圳,有时来上海我们仍然会碰面。原来住在师大一村的沈伟民老师,也常常关心我的生活。工会的同志也来看望我,学校还曾为我们老党员集体过生日。每年学校组织的退休教师活动,老同事们相聚在一起都很快乐,前些年我也经常参加,后来年纪大了腿脚不便,我就很少参加外出活动,但回忆起来也有另一种快乐。

这也是我在二附中,在人生征途中结下的友谊,弥足珍贵,难以忘怀。

老同事久别重逢,结伴出游(左起:沈伟民、林炳英、梁振玉、梁静谦)

我的期盼和寄语

处在新时代,又是改革开放40周年、二附中建校60周年的今天,在新的起点上继承发扬"追求卓越,崇尚创新"的好传统,努力再创二附中的辉煌局面,这是我们大家共同的期盼。

二附中的生源、师资、设备和管理都是一流的。而我认为,加强教师队伍建设仍然是重中之重。一个学生遇到好教师是学生的幸运,一个学校有好教师是学校的荣誉,一个民族有好教师就是民族的希望所在。教师肩负着学生成长、民族希望的重任,如何加强教师队伍建设,打造中华民族梦之队的筑梦人,因此就显得尤为重要。

二附中年轻教师多,高学历多,党员教师多,这都是我们的优势。按照"有理想信念,有扎实学识,有道德情操,有仁爱之心"这样立德树人的要求,建设一支优秀的教师队伍,提高学生的综合素质,适应两个一流学校生源的需求,这不只是班主任的任务,也不是某个学科教师就能担负起来的,而更需要整个教师队伍把握教育规律和学生成长特点展开实践,不断创新探索,不断总结经验。

1996 年 5 月,林老师参加退休教师活动
前排左起:龚谦、孙杏君、刘凤英、杨琳仙、严秀英、郑启楣、蔡尔韵
后排左起:张友荣、童乃文、王惠瑞、林炳英、李振芳、赵秀琳、吴春复、陆诚

　　要让教师安心从教,热心从教,舒心从教,静心从教。正如戴立益校长曾经说过的,要让每一位教师充分享受教育成功的快乐,让每一位学生充分发挥自己的生命潜能,从而争取让二附中成为世界一流高中,成为教育强国的典范。作为一名热爱教育事业的老教师,我衷心祝愿二附中为实现两个一百年,为中华民族伟大复兴做出更大贡献!

2018 年 1 月初稿,6 月补充定稿

二附中图书馆的嬗变

张友荣

［教师简介］

张友荣，中学高级教师。1963 年毕业于华东师范大学中文系，曾在本系任学生指导员工作。毕业分配到上海市陕北（今晋元）中学任教，1971 年调到光新二中任教，1974 年调回华东师大二附中任教，直到 1991 年退休。退休后被华东师大中文系聘请参加编纂《古文字诂林》的资料工作 9 年，另有编著《永久的纪念》。2013 年，和老伴马鼎三被浦东新区评为"孝动浦东"的"孝动人物"而受到表彰。

20 世纪 70 年代后期,学校让我带了个不太理想的班级,本来就已经非常累,再加师大中文系有两位工农兵大学生来二附中教育实习,学校也交给我指导,任务就更重了。哪知道这两位同学基础实在太差,我要一遍一遍给他们讲解课文,一点一滴手把手帮他们备课。下班之后,他们还会跟到家里继续求教,每天都讲得我口干舌燥,声嘶力竭,眼看着彼此都费了九牛二虎的力气还是写不出像样的教案,心里直发愁。结果我累趴下了,突然之间失声了,讲不出话来了。这可怎么办?我急得双脚跳!本以为稍微休息一下就能恢复的,谁晓得看了很多医生,吃了很多药,就是不见好。一拖再拖,眼看一个多月了,一点办法都没有,真是急死人!

我急,领导比我还急!

正在这时,华东师大二附中成了教育部全国重点中学学校,学校要有一个大发展。尤其是图书馆,亟需扩大、充实、改造、提高,需要一位"得力"的人员来负责筹办。于是领导想到了我,就来和我商量:既然一时无法上课,可否暂时去图书馆帮忙筹办,等以后声音恢复,图书馆也筹办好了,再回教学岗位吧?我虽然非常留恋教学岗位,但当时情况下实在无能为力,那也只好如此。

1980 年代,张友荣老师在新安江水库留影

确实,二附中要大发展,教育质量要大提高,要想办成一流的中学,当下的图书馆非常不适应,规模小、条件差、服务落后,远远跟不上形势发展。我和校长多次商量,先定规模、定方案,把硬件尽快建设起来,然后再改进服务格局,走出一条改革开放的新路子,让图书馆为二附中的大发展做出应有的贡献。

原来的图书馆只有两间普通教室,一间是藏书借书室,管理员办公桌也挤在书库里;另一间是同样拥挤的阅览室。新的图书馆,一下子扩大成五个教室,其中三个大教室,分设书库、学生借书室、学生文科阅览室、学生理科阅览室、教师阅览室和办公室。人员也由原来的一位扩充成五位,由我担任馆长。图书资料迅猛增加数倍,报刊杂志凡需要的都尽量订阅。这样一来,图书馆的规模和面貌大为改观。

图书馆的硬件改善固然重要,但管理体制和服务水平更需要大大提高。

首先要从我做起,通过学习摸索,提升工作能力。我是半路出家,对图书馆的工作一窍不通,那就必须尽快完成从门外向门内的转变过程。于是,我马上到大学部图书馆学系去听图书馆学概论和目录学的课程。我和几位管理员同志边学习边摸索,共同探讨出一套适合学校当前教育教学形势发展的图书资料管理办法。

我还从多年教育教学的实践经验出发,考虑图书馆的服务宗旨,管好图书必须服从、服务于人。图书资料的采购、保管、流通,都应该以适应、方便、满足师生的教育教学需要为出发点和归宿。

其次,图书馆的工作要主动向教育教学领域延伸、渗透,积极参与教育教学过程,要改变被动式坐等师生上门来求书的状态,要让静态的图书资料睁开眼睛、长出腿脚,主动热情地走到师生中去,寻找合适的阅读对象,让他们面对面交流。

我们在学生中成立了三个小组,一个是图书管理小组,协助管理员按班级办理集体借书还书手续,大大方便了同学;此外还轮流协助管理学生阅览室,每次服务之后就可以借本书或杂志带回家去,同学们个个都很负责,热情也很高。

第二个小组是新书评介小组。新书采购来,让大家任选一本,先睹为快;读完之后,写出评介、推荐文章,经我审阅修改后,按期出专栏。专栏经过美化,很有吸引力。小组为同学们阅读新书引路导航,大大提高了新书的利用率。他们自己的阅读欣赏能力和水准,也得到很大提升。

第三个小组是文学评论小组。我引来一批文学爱好者,和他们一起阅读、欣赏、研究、评论文学作品。这些学生大多是文学社成员,我和文学社的指导老师密切配合,选出古今中外优秀的文学作品,让他们各自阅读,独立思考,写出评论文章;然后召开文学评论小组会,大家各抒己见,互相交流、切磋、争辩、探讨,最后分期出文学评论专栏,扩大影响。这样的文学活动,不仅对锻炼、造就文学人才大有裨益,同时也活跃、引领了学校的文学风气,对提高教育质量起到良好的作用。

建立这些小组,确实加强、丰富了图书馆的服务工作,使学校图书馆充满了活力,产生了亲和力;同时也培养了同学们的服务、奉献精神,锻炼了他们的社会活动和阅读研究能力。尤其是文学评论组的同学,我不仅为他们开辟阅读研究的平台,而且向他们直接开放了书库,让他们入库自由选书。这样的扩大自由的学习空间,对他们自主自由的阅读和研究，无疑是起到了支持、激励、培育的作用。这些同学后来纷纷考入复旦和北大文科继续深造，有的很快成为著名的专家学者。图书馆的这些举措，对他们来说应该是良好而有效的。这期间，他们和我，和图书馆也建立了亲密的关系。有的同学毕业离校时，特意跑到我面前，深深一鞠躬，表达诚挚的谢意。

图书馆对于教师的服务，除了开辟专用阅览室之外，还把各个学科的专用书、工具书下放一部分到各研究室，方便他们随手翻阅。此外再请各教研室选出一位老师负责图书工作，直接到书库选书，供本研究室使用；也可以向图书馆推荐，或直接代购有关书籍。这样大大缩短了图书馆和教师之间的距离，让他们感到图书馆真正成了教学活动的亲密助手。

图书馆积极参与教育教学活动，取得了显著的成效，因此受到师生的赞扬，也得到领导的关注和支持。时任校长的蔡多瑞同志、退休老校长毛仲磐同志，都经常到图书馆和我们一起研究工作，并给予了许多指导与关心，他们还鼓励我们要办成一流的中学图书馆。我们几位管理员老师也齐心协力，心甘情愿多出力、多流汗，没有辜负领导们殷切的期望。很快我们就先后被评为普陀区、上海市中学图书馆的先进单位，上海市和外地前来参观访问的同行络绎不绝，还常有一些单位邀请我去介绍经验。我还被邀请参加上海市图书馆工作研究会，他们常常要我写文章。图书馆杂志社也一再向我约稿，我先后发表了几篇文章，有的还得到了奖励。

张老师（前排左二）参加学校组织的退休教师活动

就这样，到图书馆工作本来是权宜之计，没想到一干就是六个年头。做图书馆工作虽然是临时客串，但我没有马虎应付，更没有偷懒。我和同事们通力合作，总算把二附中图书馆推上了一个新台阶。扪心自问，尚可聊以自慰。

2018 年 3 月 20 日

得天下英才而教育之

——我和初中 1987 届二班

张友荣

1985 年,我交掉了高二文科班的语文课,接任了初二(2)班的班主任和语文课。这是我最后一任的班主任工作。

张友荣老师在古镇锦溪

教这样的娃娃班,我已经驾轻就熟,按理说可以轻松一些了,但是我丝毫不敢怠慢,不敢放松。因为我知道,师大二附中对每个学生要求都非常高,都希望他们能出类拔萃。我更知道,情况在不断发生变化,隔年的黄历用不得。我告诫自己,必须像第一次带班上课一样,兢兢业业,孜孜矻矻,每一事、每一堂课都要力争做到最好。

对这个班级,一开始我就有个基本估量。试想这些娃娃,都是上海小学千里挑一、万里挑一选拔出来的,哪一个不是精英苗子? 哪一个身上不蕴藏着丰富而深厚的优秀品质？这就是他们最宝贵的资源。充分发掘、开扩、聚敛这些资源，使之发扬光大，正是作为班主任和语文课教师的职责。只要这方面的工作做好了，他们个个都会生龙活虎，自强不息，各种困难都能克服，各种缺陷都可以弥补，很多奇迹都可以创造出来。面对这样的学生，绝对不能对他们的优秀品质视而不见，专门找茬、挑刺、抓小辫子，严管苛求，为自己立威，那样势必扼杀生机，摧残活力，在我看来这也是最不足取的。

我由衷地热爱每一位同学，尊重每一位同学，信任每一位同学。我手里从来不拿棍子和鞭子，我愿意亲切、平等地与每位同学交谈，愿意参加他们的各种活动，给他们以热情的支持、鼓励和指导，愿意做他们的领跑者、啦啦队，当他们的"后勤部长"。

他们真是可爱，个个朝气蓬勃，争强好胜。全班同学精诚团结，和谐共进。参加全校数十个班级革命歌曲大联赛，全班齐心协力，一举夺冠。后来参加全校体育运动会，事先我带领他们做了充分的准备和周密的安排。我怕他们体力消耗大，容易饿，一大早就在食堂里买了很多点心。他们非常高兴，说张老师想得实在太周到了，还为我们买点心加油，我们当然更要拼命夺冠了！结果他们真的就夺得全校总分第一，还赢得了"文明集体"的荣誉称号。

初中 1987 届三班的毕业照（后排右一为张老师）

有一次，我组织了一个主题班会，让每位同学的家长给自己的孩子写一封信，再送一件小礼物。我想用这种方式开展多维教育，同时也可以收到敦亲的效果。同学和家长对这种深情的沟通都非常乐意，积极支持。我让家长把写好的信和礼物先交给我保存,开会时再分发给同学。此前我还留心看了一遍信和礼物。有些家长非常重视,写了情深意长的信件,把平时不便说出口或没有时间仔细琢磨的话语经过深思熟虑作了充分表达,无不充满了殷切的关爱和深情的鼓励。那些小小的礼品,也是经过精心挑选,寓有深意。这么仔细一看呢,我就发现还有四位同学,家长既没有送礼物,也没有写片言只字。这是怎么一回事?我赶紧从侧面打听,原来这几位同学都有特殊情况:有的同学家长在外地工作,自己寄居在上海亲戚家,开不了口;有的父母由于其他缘故,不能写信送礼。啊呀,没想到我给这四个孩子出了难题,让他们很尴尬,很难办,很苦恼。到时候人家都欢欢喜喜拿到家信和礼物,只有他们四个没有,而且还要暴露本来不愿意公开的隐私和苦恼,他们会多么无奈,多么伤心!想到这里,我想绝对不能再伤害这几位同学的感情和自尊心,那就要给他们送去同样的温暖,同样的疼爱。于是我便以老师的名义,分别也给这四位同学写一封更加热情、诚挚的长信,买一份让他们喜爱的礼品。到了开会那一天,同学们都兴高采烈,我瞟了他们一眼,一个个都沉重地低着头。我按照点名册顺序一个一个分发信件和礼物,同学们都雀跃前来,喜不可耐。当我叫到他们的名字时,他们无不先是一愣,然后疑疑惑惑、犹犹豫豫地接过信件和礼品;等到打开信件之后,有的惊喜交加,有的热泪盈眶,旁边的同学还以为是被家长的信感动了呢!事后,他们分别悄悄地对我行礼鞠躬:谢谢张老师!

还有一件事,很有些震动。中央教育部为了检查全国重点中学的教育质量,专门派出检查团到各校实地检查。其中一项是随意临时抽查,突然考试。不料他们抽中了我这个班级的语文课,事先没有任何通知。作为任课教师,我当然完全回避。他们自带着事先准备好的考卷(完全密封),由他们独自监考,独自批阅考卷。结果一堂课考下来,同学们全都很快交卷。批改下来,没有一个不及格,而且全班平均考到91.5的优异成绩,最好的考到95分!他们都震惊了,信服了,喜出望外!学校领导也非常满意。

后来这个班成了学校先进班级,我也被评为先进教师。这个班为什么这么好呢?我觉得,第一是苗子好;第二是整个学校环境好,从领导到师生员工,风气都很正;第三是班级里形成了一种自强不息、团结互助的氛围。

这个班的同学们,如今早已经分赴各地了。50周年校庆时,全班46位同学到了15位。这15位都是留在上海的,分别在国内外大企业、大公司、大医院和著名院校里担当重任。班长李京真,博士毕业后已经在上海证券交易所任副总监。他当时告诉我,除了8位同学没有联系到,还有一位正在北大读研,其他23位都在海外,其中美国17人,加拿大3人,德、法、南非各一人,他们都在广阔天地展翅翱翔了。

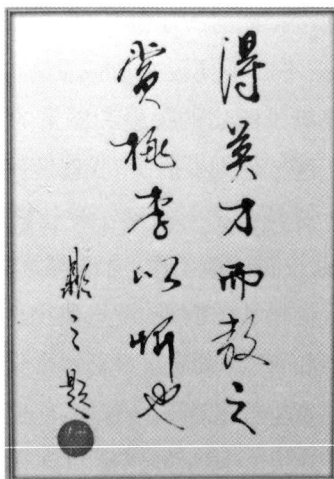

张老师的先生马鼎三老师题写

　　我十分热爱这个班，她实现了我做教师的梦想，也让我享受了充实、奋发的人生。

2018 年 3 月 10 日

从第一届学生，到第一代老师

刘凤英

［教师简介］

刘凤英，物理实验师。江苏泰州人，出身贫农家庭，曾就读于上海市建设中学，1958 年考入华东师大工农预科，1960 年毕业后留在华东师大二附中工作，担任物理实验室管理员，直到 1993 年 12 月退休。1965 年在校入党，担任过党支部委员和工会委员。1966 年获评上海市三八红旗手，1991 年获评全国优秀教师。

我是 1958 年 9 月考入华东师大工农预科第一届生地一班的。当时我们六个班,两个文科班,两个理科班,两个生地(生物地理)班。我本来是喜欢理科的,结果理科人多,大家都要到理科班,我后来就被分到生地班。

丰富的校园生活,真诚的师生情谊

做学生的那两年,留下了很多难以忘怀的青春记忆。我们一开始没有校舍,北大楼、南大楼都没有造好。老师们全部集中在华师大化学馆办公,总务、教导、校长都在二楼的一个大办公室。我们新生来报到,就在那化学馆前面报到。

我们经常上课的地方,那个时候叫地理馆,就是现在毛主席像后面的地理馆。我总记得我们背着书包到处跑,反正教室不固定。今天在哪里上课? 地理馆 333。

到后来,学校正式建校以后,我们搬进新楼,很兴奋。先有北大楼、南大楼跟宿舍楼,我们学生都在建校搬迁中参加过劳动。

毕业照中的老师,前排左起:唐彬钰、胡士煌、顾丽倩、陈启银、朱金乐、田娟玉(班主任)、缪允斌、王新三、毛仲磬、童立亚、郑启楣、杨永健、高鸣歧、范仲伯、李兴诗、胡明生、王庆泗

二附中的学习生活是丰富多彩的。那时候学校前面还有条小河,现在都填掉了。我们搞活动的时候,曾经撑着小船从丽娃河一直划过去。我记得卫生室的许耐涵老师带我们进行红十字训练,在毛主席像前面有片草地,我们在上面抢救、包扎。生物组的杨永健老师带着我们到杭州去爬山,采集标本。我们是生地班,还特别去看石头的断层岩。校外活动中,杨老师会教我们如何看叶子,通过叶子来辨识植物。学校还兼办了少体校,办得很好。少体校由毛校长兼校长,陈志超老师兼教导主任。当学生时我也曾是运动员,参加过训练。陈志超老师是我的教练,叫我爬楼梯,爬得

脚酸死了，还要坚持练。所以我现在有一个好的身体与当时坚持锻炼是分不开的。二附中非常重视素质教育和社会实践，老师带着我们到华丰钢铁厂、机场、火柴厂等单位去学工，这些实践让我们觉得特别有收获。学农去了嘉定，我们都是步行去的，缪允斌老师在前面打了一个大红旗，印象特别深。那时都是我们自己烧饭的，有一段时间粮食紧张，我们女同学就省一点，好让男同学吃得多一点。从领导到学生，相互之间感情都很深，很真诚，即便只是同窗两年，也总有说不完的话，总之让我非常留恋。

刘老师和老同事欢聚时的留影（左起：梁静谦、刘凤英、范仲伯、麦嘉馨）

读书那时候我家里是比较困难的。冬天，我在日记里写到家里没有被子，觉得冷。日记被班主任田娟玉老师看到后，就反映给了学校。当时学校可以在曹杨商场采购一些日用品，经过总务主任范仲伯老师的特别批准，我真的就领到了一件棉大衣和棉被子。这两件棉货我用了很久，我的孩子上幼儿园用的小被褥还是那条棉花弹的！想起来真是很暖人心的。

"让实验室成为学生进行科学实验的图书馆"

我们入校以后，刘佛年老校长对我们进行专业思想教育，让我们要有做教师的准备。所以我1960年7月毕业以后就留在了二附中工作，一直在物理实验室。

实验是中学物理教学不可缺少的一环，实验室的管理工作直接影响到物理课的教学质量，因此就有各种业务性和技术性的要求。我是在工作中慢慢认识到，做一个称职的管理员并不容易,要在做好仪器管理的同时,协助教师用好这些仪器,让它们在教学中最大限度地发挥作用。

日复一日,刘老师默默坚守在物理实验室,随时随刻,全年无休

刚刚留校的时候我什么也不懂,还好有很多老师的热心帮助。那个时候实验室有两个组长,一个陈延沛,一个李新诗,经验很丰富,我一有问题就去找他们。陈延沛老师在大学时就接触过很多实验室,经常能够直接给我有益的指导。物理教研组的老师们也给了我很多支持,许晓梅老师把她家里的那些适用的书都搬来给我看,她的爱人是师大的副校长,也是搞物理专业的,有时候他也被许老师搬来教我。教研组的老师提出的好建议、介绍的好经验,包括平时实验中的经验教训,我都会及时记录下来,方便日后作参考。

物理实验教学也能培养学生的科学态度,提高他们的实验技能,包括观察能力、分析能力和解决问题的能力,从而引发大家不断探索科学知识和技能的兴趣。当时我们物理组提出要"让实验室成为学生进行科学实验的图书馆",所以实验室对学生是开放的,学生放学后都可以来做实验。曾经获得过国际奥林匹克物理竞赛金牌的王泰然、任宇翔,以及更早的宓群等同学,当时都经常到我们实验室来。无论是老师设计的课题,还是学生们自己的创意,我都尽力提供实验仪器供他们进行研究。只要老师同学有需要,我就愿意守在实验室里,可以说是随时随刻,全年无休。

联合国教科文组织曾经给我校一批进口仪器,非常珍贵,我们也是尽量发挥这批宝贝的最大效能,给具有创新精神和动手能力的学生使用,这对他们是很好的锻炼。对我而言,要管理一个全开放的实验室,确实是蛮辛苦的,但我觉得自己的辛勤劳动能够换得一个科学家的摇篮,是很值得的。这就是我的出发点和工作的动力所

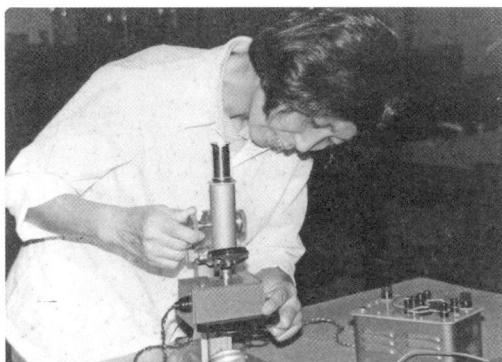

刘老师对实验仪器了如指掌，出现问题她就设法修理，尽可能为学校节省经费

在。所以那个时候实验设施开放很多，甚至除了课内的还有是暑期的，包括有时候比如说需要休息天或者晚上什么，总之只要他们课后想要来做实验，我都随时随刻、尽心尽力做好准备，满足同学们对实验的需求，鼓励他们带着问题来钻研、来思考，为更深入地研究物理现象、探究科学规律创造条件。

为了实验室工作的持续开展，我还有意识地培养新来的管理员，真心实意地传授工作经验。1985年，王艳芳同志来实验室工作，我就开始有计划地指导她，帮助她，希望也能像老师们当年指导帮助我一样。首先让她熟悉了解情况，结合平时工作进行专业思想和职业道德教育，在此基础上逐步学会使用实验设备，了解初中实验，由浅入深地带教；初步掌握之后，就让她负责初中实验，在技术指导的同时，帮助

刘老师参加退休支部的参观考察活动
前排左起：龚谦、梁静谦、严秀英、洪淑慧、刘凤英、梁振玉、黄素行、麦嘉馨
后排左起：傅伯华、戴秀珠、徐冠利、毛仲磐、季振宙、吴翼鹏、刘钝文、陈康煊、严长兴

解决实验中的关键性问题；然后再进行高中实验的指导和维修技术的传授，包括精密仪器的技术管理知识和技能、故障的排除等。王老师学得很用心，进步也很快，两年后就能正确使用一般仪器，掌握常规的实验工作，成长为有初步技术的实验管理人员，后来她还获得了中级职称，我也很为她高兴。

二附中的教育，润物细无声

从第一代学生，到第一代老师，我深深体会到二附中"润物细无声"的教育方式。教师对学生很关心，教育很细致。毛校长虽是一校之长，但一点没有架子。他每天一早就到学校里来视察校园环境，所以毛校长在我们印象当中是既亲切又仔细。我们有时难得回到老家去了，他也会写一封信来慰问。他对每一位教师都是爱护有加，经常去听老师们的课，然后及时肯定老师们的优点及风格，并指出不足。老师们都很感激毛校长。

我觉得二附中教育的一个很重要的特色就是培养自主学习，自主钻研，探索研究，培养自学能力，这跟其他学校就不一样。有些学校靠一遍遍炒的，但我们不一样，我们不是增加作业或者靠一遍遍重复，我们培养的是最根本的自学能力，这让学生终生受益。比如我们实验室，就会在这方面提供随时的使用权和最好的仪器。你只要有自己的想法，有想象力，我们就能找到资源来支持你。

二附中的老师，在我眼里就是又严格又有爱心。爱心的故事，你们一定听过不少，我之前也讲了不少，再说说严格吧。我印象里，童立亚老师对学生要求很严。有一次，我填一个表格，填错了想跟她再要一张，结果她就为这个事情把我专门叫到大办公室教育，跟我讲节约很重要，不要随便浪费，这给我印象很深。

还有万琳老师，全国模范班主任。她有个特点，在班级里面每个学生基本上都有班级事务，不管你做什么工作，而且大家都轮流锻炼。她对学生的要求非常非常严，但是学生们哪怕成绩不太好的至今都还忘不了她，时常会想起她，见面也都要提起她。

我在二附中，在师大校园，生活工作了一辈子。直到现在，我买早点经过师大的共青场，看到那些看台，心里就会觉得很亲切。当年开运动会的时候，我们成天都在那里，周末负责总务的老师就在学校里做好饭，用大桶送来，我们就在体操场那里吃饭，说笑，至今想起来都会很开心。

1960 年，刘老师和同事在南大楼前留影

左起：梁静谦、胡文琴、刘凤英、姜法珍（建校元老之一）

胡老师即高中 1997 届许平校友所写《吴妈》一文的主人公，在校工作 38 年，给大家留下深刻印象

2017 年 12 月 22 日，蒋建国老师访谈

2018 年 7 月 5 日，金耘校友整理

［校友简介］

金耘，1988 年至 1994 年就读于华东师大二附中。毕业后在复旦大学攻读新闻专业，并在《新民晚报》担任主力记者。之后留学美国，在多家全球 500 强公司负责品牌和营销。2016 年开始投身创业，担任葡萄酒社交平台 dr. wine APP 的 CEO，现为艺术生活方式品牌"水果硬糖"的创始人 ＆CEO。

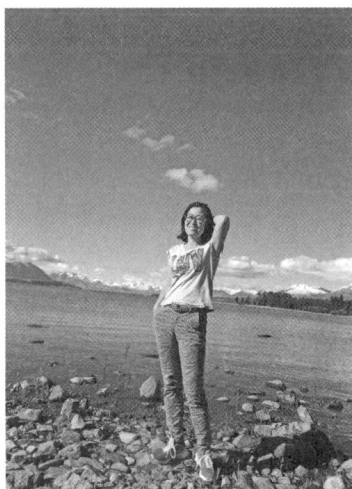

感恩母校，感恩党

——我的从教之路

胡连民

［教师简介］

胡连民，华师大工农预科文科毕业。"文革"后，参加复旦大学马列专修班自学考试，获大专文凭。1960年预科毕业后留校任政治教员，三年后支援普陀区新建的洛川中学，继续从事政治教学和班主任工作。"文革"遭迫害，三中全会后彻底平反。"文革"前，被普陀区团区委表彰为"先进青年"。1975年春重返讲台，一年后被表彰为普陀区教育系统"忠诚党的教育事业积极分子"。改革开放后，继续从事政治教学和班主任工作，并参与市社科院青少所牵头的全国青春期教育调查，写作《青春期性别的心理差异与教育》，发表在《当代青年研究》上。1985年，加入中国民主促进会。1998年退休。

我 22 岁走上讲台，投身人民的教育事业，到 1998 年 1 月退休，在教育战线上奋斗了 38 年。在我退休前夕，我的儿子、女儿继承了我的事业，先后当上了人民教师。女儿还被评为中学高级教师，儿子光荣地加入了中国共产党。正所谓"献了青春献终身，献了终身献儿孙"。

……

我要感恩母校，更要感恩亲爱的党。是党，保送我进华东师大工农预科，把我培养成为一位光荣的人民教师。

……

丽娃河畔

1958 年 8 月 15 日，我背着铺盖，挎上书包，乘上 69 路公交车，豪情满怀地步入华东师大校园。

时值盛夏，师大园里绿树成荫，芳草萋萋，鸟声与蝉鸣争相唱和，此起彼伏。

工农预科生报到处，设在华师大数学馆。我办好签到手续，信步走到丽娃河畔，夏雨岛上。想不到师大园内还有如此美景！我突发异想：未来七年，在紧张学习之余，我何不来此处小憩？那一定是别有一番滋味：丽娃河畔行千步，步步清心；夏雨岛上读书声，声声入耳。

临报到前一天的晚上，母亲和三哥再三关照我："老四，国家创办工农预科，是期望你们为工农子弟争口气，努力深造，攀登科学文化的高峰。你一定要珍惜这次机会。"

首届预科设三种班：一是文科班，二是理科班，三是生地班。根据志愿，学校把我分在文科二班。工农预科暨二附中团总支任命我为班级团支部书记，随后我被选为团总支组织委员。

华师大副校长刘佛年，在与我们工农预科生首次见面时说：本届预科学制两年，分科突进。两年后，要达到大学一年级专业水准。听了刘校长的话，同学们备受鼓舞，个个摩拳擦掌，立志勤奋读书，争取出色完成首届工农预科生的光荣使命。

文科班的主要课程是：时政课，汉语和文学，俄语，中国近现代史，世界史，中国和世界地理，代数和立体几何，体育课（理、化、生、音、美免修）。

为我们授课的教师，大多是华师大派来的助教和讲师。他们讲课的风格与初中大不相同：有广度，有深度，有探究精神。为了把握某一门课的关节点，老师往往要求我们泡图书馆，看参考书，整理好学习笔记。如学习中国近现代史，按照老师的指

胡连民老师，1960 年预科毕业照

点，我们就把学历史和读《毛选》结合起来。

夏雨朦胧

　　早晨六点起床，漱洗完毕，直奔操场。这就是我们每天紧张学习生活的开始。我们住在第四学生宿舍，宿舍和操场靠近，均在丽娃河中的夏雨岛西侧。

1960 年，工农预科文科二班篮球赛后留影（后排右一为胡老师）

我们的学习生活紧张而又丰富多彩。长风公园开挖银锄湖，垒起铁臂山，我们分组参加了。为了体验工人的生活，我们还去了曹家渡某无线电厂劳动。三秋时节，我们工农预科全体师生去了南翔农村，参加了"三抢"劳动。初次下田割稻、捆稻把、挑担，对大多数出生在城市里、不知种田为何滋味的同学来说，实在是一大挑战。

听说曹杨新村要成立人民公社，我们跟随政治老师去调研。我们想，城市又不是农村，为何要成立公社？不用我们质疑，这个"曹杨人民公社"就很快偃旗息鼓了。

我们也有一段"大炼钢铁"的经历。先是学校总务处弄来了一大堆废铁，让我们在华师大东操场的西北角，砌起了一座"土高炉"。忙乎了几个晚上，终于炼出了几块"铁圪垯"。我们一群人，还前呼后拥地向党支部"报喜"。可我们心存疑虑：这能算钢铁吗？能派上用场嘛？

历史推进到1959年，所谓的"三年自然灾害"接踵而至。来自农村的传说，越来越多。当时人们吃不饱饭，这是不争的事实。师大食堂说是搞革新，烧饭"先蒸后煮"，提高了"出饭率"。可这种饭，吃在嘴里，没有嚼劲，人一会儿就饿了。我们到农村，看见养猪场用人粪喂猪，实在恶心！

记不得这年从哪一天开始，我们早晨起床的时间推迟了，出操时的运动量减小了，晚上熄灯的时间也提早了。此时此刻，我情不自禁地怀念起当年盐（城）阜（宁）革命老区的生活。那时，我亲历过多种自然灾害，比如水灾、旱灾、蝗灾，当时粮食也不够吃，但可以同外区换取番薯、胡萝卜充饥；没得肉吃，就到河里、沟渠里、水田里捉鱼捞虾摸蚌来吃。我记得，蝗灾过后，河里、水田里的鱼虾比常年要多，只要你肯劳动，就有得吃。当下遇到的自然灾害，难道比40年代的还要严重吗？

留校任教

在那朦胧的岁月里，为了从世界观的高度提高我们的思想认识，也为了探索在高中开设哲学课的可行性，华师大政教系哲学研究班，来我们文科班成立了一个哲学学习小组，辅导我们学习毛主席的《实践论》和《矛盾论》这两篇哲学巨著。他们还让我担任了学习小组长。

什么是哲学？为什么要学习哲学？对此，我本来只是一知半解。通过跟研究生大哥哥、大姐姐的学习和互动，我开始懂得，哲学并不神秘，它其实是"明白学""智慧学"。

我问学兄、学姐："什么是唯物辩证法的对立统一规律？"

学兄、学姐答："照我们老祖宗的说法，对立统一就是'一分为二'和'合二而一'

的统一。世界上任何事物都是矛盾的,对立统一的。认识事物,就是分析矛盾,就是具体分析具体问题。"

我又问:"我们读书求真理,能否说书本也是认识的一个来源?"

学兄、学姐答:"人们对任何事物获得的知识、思想、理论和真理,它的源泉和动力只有一个,那就是实践。认识的目的是实践,并要接受实践的检验。可见,认识和实践也是一对矛盾,也是对立统一的。实践是检验真理的唯一标准。书本知识仅仅是人们的间接经验而已。"

通过学习"两论",我和同学们的眼界大开,学习、工作更加自觉,更有成效。毫不夸张地说,"两论"学习使我受益终生。

那几年,尽管物质生活贫乏、艰苦,但我丝毫没有放松自己的学习,各科成绩始终保持优秀。

我明白,立国之初,少年儿童入学年龄普遍较大,同一班级里学生的年龄参差不齐。我就属于读书较晚中的一个。我懂得,只有用十二分的用心才能赶上和超过别人。学习"两论"以后,我试着用毛主席的哲学思想来整理和总结自己的成长过程和学习经验,写了《工农子弟要立志攀登科学文化的高峰》一文,学校团总支将此文推荐给了团区委学校部,并让我在普陀区中学生三好活动积极分子大会上做了汇报。

两年的预科学习生活即将结束了,有的同学被分派到华师大中文系和外语系,有的进了历史系和教育系,而我铁定进政教系。我立志做一名政治教师,把向青少年宣传马列主义、毛泽东思想作为自己的神圣职责。

1960 年,王新三书记和预科毕业留校工作的老师在一起
前排左起:胡连民、梁静谦、陈启银、王新三;后排:吴志明、戴德才

就在首届工农预科毕业典礼即将举行前夕，预科二附中党支部找我谈话，要我留校工作，现在就当政治教员。我毫不犹豫地表示，服从党的需要。但是，我感觉自己的工作能力和学识储备还很不够。

王新三书记说："能力不够，可在今后的实际工作中锻炼提高；学识储备不足，可在今后工作中边干边学，走自学成才之路嘛。你要学什么，政教系随时欢迎你去旁听。"

就这样，1960年4月，我提前跨进了教师的队伍。和我先后被宣布留校的，还有五人，他（她）们分别是：学校专职团干部陈启银、少先队大队辅导员戴德才、校长秘书梁静谦、物理实验员吴志明和生物实验员刘凤英。

顺势而为

我执教的第一批学生，是1960年进校的，也是最后一届预科生。上届预科已经开始脱掉了"工农"帽子（不搞唯成分论），不再文、理、生分科。招生取消了保送制，改从全市中考中择优选拔学生，学制延长到三年。三年后，不再直升华师大，毕业生须参加全国高考，自愿选择升学或就业。这届预科生和华师大二附中高中生享受同等待遇。

从此，华师大预科同华东师大二附中由1958年创办之初的"一个班子、两套人马、两块牌子"合而为一所学校：华东师大二附中。

1961年8月5日，欢送1963届二班预科生入伍（前排右二为班主任张佩蓓老师）

我执教的1963届二班的预科生,算是我的学弟学妹。原班主任因为产假和哺乳,我这个副班主任实际上成了班主任。这正好给了我锻炼的好机会。

既然学生都是我的学弟学妹,我同学生的关系自然成了亦师亦友的关系。同学们早知道我的来历,知道我刚刚从预科毕业留校,一开始就把我当作他们的学兄、学长。

"胡老师,直升华师大是多么令人向往的呀,你怎么放弃了这个好机会?你现在虽然留校了,但又没有本科学历,你现在的工资待遇肯定不高。"同学们当面这样问我。

我说:"党和国家的需要是第一位的,什么时候、做什么工作,要听从组织的安排,我岂能跟党讨价还价?"

在一次班会上,我现身说法,回顾了自己既往的成长史:"我从苏北转学到上海;初中毕业后,被保送进华师大工农预科;预科毕业后留校任教。一路走来,都是党培养的。没有党,就没有我今天。"

"今后三年,你们也应当这样,做到'一颗红心,两种准备':首先,祖国的需要就是你们的志愿;还要努力学习,做好考大学或者直接参加生产劳动的准备。"

为了加强对青少年的政治思想教育,从1958年开始,在全市初三以上中学生中普遍建立了学农制度,支援农村"三秋""三夏",收到了显著的效果。预科1963届二班,在一年里,先到嘉定参加"三秋"劳动,后来又到奉贤参加"三夏"劳动,每次两个星期。时值三年困难期间,劳动强度不大,重在劳动体验。在劳动中,同学们增强了劳动观念和对劳动人民的思想感情,也增强了同学之间以及师生之间的友情。

有一次,一个同学在劳动中不慎受伤,不能行走。我当即向农民借了一条小船,将该生送到马陆,再背到北嘉线车站,最后送到普中心医院就医。由于得到及时治疗,该同学身体无大碍。我这个副班主任也获得了同学们的认可。

还有一次,由于新鲜蔬菜吃得少,又缺乏油水,我一连几天大便干结以至便血。伙房里的同学知道后,特地为我炒了一碗重油菜饭,一下子解除了我的"危机"。同学如此关心体贴老师,真使我感动。

探索前行

1963届预科班第一学年使用的政治课本为《中国革命和中国共产党》,它是毛主席在抗战时期所写的关于中国社会矛盾和革命对象、任务、动力及性质的政治教材。

中国革命是如何走向胜利的？毛主席如何把马列主义同中国革命的具体实际相结合，提出了农村包围城市的革命发展道路和新民主主义理论，发展了马列主义？这个课本，正是对"生在新社会，长在红旗下"的当代青少年，进行革命传统教育的绝佳教材。

　　唐代古文大师韩愈早就说过："师者，所以传道、授业、解惑也。"我是一个人民教师，理应忠诚党的教育事业；我又是一个政治教师，宣传马列主义、毛泽东思想是我的神圣职责。

　　教育者必先受教育。为了能全面深刻地领会毛主席关于中国革命的思想，我通读了《毛选》和毛主席当时已发表的其他著作，分门别类地编写了一册《毛主席论中国革命》的资料索引，后来被市教育学院收在它们的资料室陈列，供教师参考。

　　在有关《中国革命和中国共产党》的执教过程中，我开始认识到，毛主席随后在《中国革命和中国共产党》的基础上写就的《新民主主义论》，同列宁的《帝国主义是资本主义的最高阶段》、马克思的《资本论》和马恩的《共产党宣言》，都是马克思主义发展史上的划时代的里程碑。

　　校领导履行了此前的承诺，安排我到华师大政教系旁听了哲学、政治经济学两门课程，使我对把握中学政治教学更有底气了。

1962 年 7 月 23 日，预科二附中政治教研组老师的合影
前排左起：蒋凤芳、阙尧华、梁光伟
后排左起：胡连民、张廷西（师大政教系教师）、缪允斌、林仲良

　　为了进一步弄懂马克思主义的基本原理，我还精读了几本马列原著，例如《共产党宣言》《社会主义从空想到科学的发展》《路德维希·费尔巴哈和德国古典哲学的

终结》《反杜林论》《马克思主义的三个来源和三个组成部分》等等。我知道，精读马列原著，才能从根本上把握马克思主义的精髓。这是一个政治教师的基本功。

任教的第三年，学校安排我执教初二年级的《社会发展简史》。人类和人类社会是从哪里来的，要向何处去？弄清这类问题，有助于我们年轻一代树立科学的世界观和人生观。人是大自然的一分子，又是社会的一员。一部人类社会发展史告诉我们，社会生产力和生产关系、经济基础和上层建筑、阶级和阶级斗争、国家与革命、人民群众和政党和领袖在历史上的作用，统统是历史的辩证的统一。让青少年一代明白这些道理，客观地来说，这比对他们单纯地进行公民行为规范教育与训练，更能塑造他们的灵魂。这是造福子孙后代的大好事。

怎样才能使政治课打动年轻人的心，使年轻人入耳、入脑呢？这应当成为我今后几年的教学的主攻方向。

路漫漫其修远兮，吾将上下而求索。

本文选自长篇回忆录《母爱深深》，未刊稿，2017 年 10 月。

与时俱进的二附中

康淞万

［教师简介］

康淞万，1939 年 8 月生，祖籍湖南。华东师范大学地理系本、硕毕业，曾先后担任地理系副主任和旅游系副主任，现为地理系退休教授。1985—1986 年以访问学者身份公派美国，留学、工作一年。1989.7—1991.4 担任华东师大二附中校长，1994.9—1996.8 担任龙岗高级中学校长，1997—2000 担任华师大安亭实验中学校长。曾担任政协第十届普陀区常委。参与编写《世界气候的地带性与非地带性》（1981，科学出版社）、《欧洲自然地理》（1982，商务印书馆），并多次在《自然杂志》《生态学报》等专业杂志上发表学术文章。

毋庸置疑，二附中自建校以来，在教育部、上海市和华东师大党政有力的领导和关怀下，经过二附中师生员工 50 年的努力，与时俱进地成长壮大。

根据个人对学校的了解，二附中 50 年来，大致可分为三个阶段：创校期，紧抓教改试验飞跃阶段（1958—1987）；转型期，排除干扰坚持教改试验阶段（1987—1998）；新的酝酿期，整合前期教改，迎接再次腾飞阶段（1999 至今）。

第一阶段，在师大党委和行政领导下从办学方向、教育思想、人力资源和财力管理上予以悉心指导和大力支援，主持学校的三位校长首尾一贯地狠抓教改和推进与之相适应的学校管理措施，取得了 1963 年和 1978 年先后两次质的飞跃，分别使二附中跻身于上海市和全国重点中学之行列。二附中不仅在教书育人方面，而且在师资教育思想和教学质量的稳步提高方面，都获得了长足的进步。

二附中正是有了那些有理想有抱负的学生的加入，有了于忠诚人民教育的教师队伍的壮大，有了勤恳服务于后勤工作的职工素质的提高，才共同支撑起学校的茁壮成长。

二附中正是由于以毛仲磐、蔡多瑞、王鸿仁为首的学校领导班子，因时制宜地狠抓教改不转向的教育思想，才得以"上，实现了党和国家的教育意图；下，造就了适应时代变迁的学生和一支高素质的教师队伍"。

第二阶段，承继前一阶段清算"四人帮"破坏教育的阴谋，二附中再度焕发了教书育人振兴中学教育事业的青春。多年来深受压抑的二附中教改，再次摆上了师大和二附中党政领导和广大师生的议事日程。面对现实，要真正恢复正确的教改方向，必须遵照党中央特别是小平同志的教育思想，不断排除来自各方面的干扰，重振二附中师生员工坚持教改的信心。

这一阶段，由于全校师生员工思想活跃，从各个侧面思考振兴二附中的途径，出现了可喜的围绕教改的争论。师大党政经过认真分析，逐渐明确认识到已步入壮年和老年的广大教师的积极性，并且要坚决依靠这批教师作为教改的主力军；在教改过程中，注意培养年轻的教改生力军（袁运开、方禹之等）。简言之，师大党政从宏观上抓住了教改红线，只要二附中坚持搞教改，只要是有利于教育事业的事，坚决支持；凡二附中广大师生员工大多数人同意的事，毫不犹豫地批准；凡有争议的事，暂且搁置待定。

在这一阶段，除了继续倾听广大师生员工的意见外，师大党政特别批准让二附中领导班子成员，首次脱产参与全国及上海市校长培训中心的学习，与境内外有关学校进行交流学习。这一阶段，前后经历三位校长主事，虽经历全面推开"校长负责制"的不同阶段，但各个校长都尽力在权限之内，竭尽全力理解并执行各自的任务，做出自己应有的努力。

我主持学校工作时的校长班子(1989 年 7 月至 1991 年 4 月),可圈可点的事有:接受了当时国家教委的任务,胜利完成全国"长江杯"田径赛;接受了上海市课程教材整体改革试验方案的试点;首次建成了拥有 45 台计算机的专用教室。在学生德育教育方面,继承并完善了党总支主持的学生党校工作,并坚持全校教职工以"身教"影响学生,充分运用潜在的师大环境氛围教育学生,充分运用"十佳少年"带动学生的德育工作……

2002 年 6 月,康淞万老师和华帅大毕业生合影留念

第三阶段,正当全面推进素质教育思想之时,二附中具体地考虑着酝酿第三次腾飞。东迁浦东高标准现代化校区的二附中,依托华东师大和张江创新群体办学,探索英才中学阶段的成长规律,更好地发掘学生的潜能,让学生打下做人及立身社会服务社会的基础。

最后我想再次重复以往说过的话:

有理想、有抱负的学生,忠诚人民教育的教师,支持着华东师大二附中的事业。流水似的管理人员,会因华东师大二附中的成功而高兴,会因华东师大二附中的暂时受挫而焦急,因为他们曾是华东师大二附中的成员。

最后,衷心期望二附中拥有更加辉煌的未来!

2008 年 3 月 4 日

收获·感恩·责任

——2004 年毕业典礼致辞

周其聪

［教师简介］

周其聪，毕业于上海师范学院中文系，中学语文高级教师。1994 年到华东师大二附中执教。1999 年起连续五届任教高三语文，2001 年任教三个班，高考成绩优秀。2004 年退休。曾获"上海唐氏教育基金会"一等奖。

1993 年与李树德负责筹办"华东师大二附中教育成果展览室"，并上《议论的深入》市级教学公开课。发行《高考宝典——语文》VCD 一套，著有《谋篇布局的技巧》《文言文解读丛书》，及有《中西小说结构趣谈》《榜样的力量》《记叙文写作现状》《文言句式解读》等十数篇论文发表。爱好书法、篆刻和摄影。

尊敬的老师们、2004届毕业班的莘莘学子们：

我是在毕业典礼上作为老师代表作毕业致词的"专业户"，连送了五届，今天是第四次了。值此，我想拿昨天一天在学校里的所见所闻，作为现在发言的素材，因为这是真实的一切，也是我的真切感受的一天！

在昨天的毕业联欢会上，九班王莉静同学的一曲《在想你的365天》声情并茂，感人肺腑！她是用心在述说，她是以情在抒唱！让我们每一位师生在欣赏她优美歌喉的同时，又陷入了对三年高中生活的回忆和沉思。我清晰地记得她在献歌前说的一段谦语，令我感慨万千！她说："这是我最拿手的一首歌，但由于高中的三年学习，我缺少练唱，特别是高三这一年更没时间去想起，如若今天唱得不好请大家多多包涵！"我们大家都明白，她选唱这首歌的本身，就是意味着她要表达对过去的岁月——每一天每一天的深思、留恋和回味！

在这毕业之际、离别之时，我们会深思。

古人云："学，然后知不足；教，然后知困。"深思，我们老师的教。教二附中的智优学生，教善于发问的学子，教既聪明又调皮的弟子，必须具有高深的学识，更必须具有神圣的职责！这，是一种荣耀，一种骄傲！昨天晚上的聚餐会上，九班的郑鸿宇同学来到老师面前，一次次举杯，一个又一个鞠躬，口中还不停地说：谢谢老师的教导，谢谢老师的关心。十班的高翔同学，几乎是跪在历史老师周靖面前，深沉地述说着，其中有一句：没有你周老师的帮助和教训，就没有我的今天。

在这毕业之际、离别之时，我们会留恋。

高中生活是人生中，最自在——有无忧无虑的心绪；最难忘——有欢笑痛苦的泪水；最幸福——有呵护和关爱的师长，当然是最值得留恋的！曾经有过的欢聚、忘情、痴狂是一种放松，是一种庆贺，也是一种发泄！告别同学，告别老师，告别母校，告别已逝的岁月，还会告别曾经斗过嘴、怄过气的"讨厌鬼"——一切都过去了，都乌有了！三班的何明同学，为了参加昨天的毕业联欢会和今天的毕业典礼，请假从日本赶来了；八班的张列白自发而激情地献歌《爱就一个字》，尽管这支歌在这之前已有同学唱过；上理班的施烨明同学按捺不住告别留恋的激动，跳上舞台忘情地放声高歌，歌声伴着掌声，掌声加上呼叫声，全场一片沸腾！这种留恋之情能用言语表达吗？

在这毕业之际，离别之时，我们更会回味。

每接收新一届高三，我送给学生的礼物是苏轼的名言："博学而约取，厚积而薄发。"而我自己的座右铭是："我只有心中有了学生，学生心中才会有我。"

学生难免会出现"聪明反被聪明误"的这样或那样的违纪、犯规现象，也有被老师视为必须严厉批评教育的事件。当时,你一定会有反感,有怨恨,有逆反心理,甚至还会在背地里叫老师的绰号。到今天,这一切都将成为过去! 因为学生心里明白:这是一种严厉的爱。"养不教,父之过;教不严,师之惰。"这就是成熟,这就是长大! 昨天,晚餐席间,有一个学生举着啤酒易拉罐真诚地对我说了一句动情的话:"老师,请把我曾经对你的不是,忘了吧。我会感谢你的!"

在这里,我也要说一声:抱歉! 有时候,老师的教育情绪控制不佳,说话言词轻重不妥,抑或选择批评教育的场合不当,在今天这一时刻,我希望得到大家的理解和谅解!

周其聪老师在讲课

昨天晚上 9:28,我收到一条高三(9)班学生薛博卿发来的短信,令我感动不已,激动了好长一段时间。现在我把这一份情感传递给大家来分享,全文如下:"走了,全走了。星星走了,月亮也走了。我走了,你也走了。星星和月亮有时虽然有乌云遮蔽,但是,走不出海似的夜空。你我即使有天涯海角的距离,你也走不出我的心里。我会永远记住你,记住你的眼神、你的笑容、你的点点滴滴。"

2004 届的毕业生们,二附中的老师会想念你们的,我会惦念你们的!

师生的友情,永恒!

谢谢你们的掌声! 谢谢大家!

周其聪
2004 年 6 月 18 日

有那么一次日出

魏国良

［教师简介］

魏国良，大学本科学历，上海市中学语文高级教师，上海市特级教师。曾任上海市长宁区教育学院教育科学研究室主任、学校发展研究所副所长，兼任上海市骨干校（园）长培养工程导师团导师。后任华东师大二附中首席教师。发表《学科教学创意与研发》《危机心理与危机效应》等数十篇论文，出版《学校班级教育概论》《现代语文学》等十余本教育论著，主编《高中语文深度阅读》等。

看蓝海,看红日,看一轮红日从蓝海中冉冉,是现如今城市楼宇森林里孩子的憧憬。大概,这也算得上是远离了"海的女儿"之后,正在开写的一篇现代童话。

未必都是好奇,或许还为了追索胸襟——让人变得开阔、鼓胀的胸襟?

——或许吧。

就在那一年,二附中迁校。都以为终于走出屋宇森林扑到了无垠海边,那新址。连想想都会让人在睡梦里跃跃的:可以枕着涛声入梦了。谁曾想,并不在海边。这浦东的滩涂实在够长够大,或许还在日长夜大,张江不过小小一块,更何况它腹地里的新二附中。

真让人有点蔫蔫的。好在也就十几里地,不算远,找个时间去寻觅那蓝那红那烂漫的信手涂鸦,如何?

这一天去上课。扫视一遍课堂里的学生,却见不少男生蔫蔫地趴在桌上。

怎么了,开学好几天还没走出那"蔫蔫"?

问何以如此,有女生小声说受处分了。还是集体。难怪趴着一片。

——另一种蔫蔫。

刚刚试水新校生活,就来了这么一记当头棒喝。那么——怎么招来了它?这回,不是"有"了,而是所有女生大声地笑着说,他们半夜里翻围墙出去,到海边看日出……

走着去? 全班点点头,好像都去了。

十好几里呢。

续着她们的笑,老师笑了。他们也笑了,讪讪地。顿时师生笑作一团,笑得眼泪都要流下来。说实话,还从来没有这么快活过。

真好。打心底里喜欢这样的学生。好奇,激情,追索,还不失浪漫。都以为"激情燃烧的岁月"早已被潮汐抹去,了无踪迹。不曾想,就在眼面前,他们抑或她们身上还认真揣着,那些真该人们小心呵护的激情。

或许这并不能免过。多少人为你们的"看"捏着一份惴惴。笑完,正色说。

谁的动议? 他、他、他……相互指来指去,又乐了。转瞬间,笑又从心底逃逸出来,漾成了满脸,好像那海日还在烂漫。此刻,跟他们说的话,也只有"实在为你们高兴""太让我感动了"之类。想想吧,现如今,还会有人既读书,也去看海、看日出,痴痴地步行十好几里。倘再旋一番如同俄罗斯套娃什么的教义,实在太煞风景。

那就笑吧,笑吧。笑完,可以上课了吧?

有了这丝一样、诗一样的心境。

不记得后来上了什么。那以后再也没想起来——它们消失在潮汐般的新月沙丘里,但那一刻、这一幕一直记得。

要紧的是守护,这正在消逝的璞华——未来他们将要投身到社会这个太上老君的炼丹炉去,烈火罡风之中有了这心心念念,终成金刚不坏之身。所谓"道生一,一生二,二生三,三生万物"是也。有同感、同道的苏州一所学校将办学宗旨归于"厚道"。得其所哉!

后来,与同学们商量,换一种方式去挥洒激情,如何? 不是翻越围墙,而是翻越现有学科、教材、教法、学法,探寻适合自己的学习生活。

讲座中的魏国良老师

这样,就有了曾经热闹一时的小课题研究的萌动,破土而出。

作为教师,是想打造一种无处不在的语文学科,即"语文＋",以走出囿于学科围墙而不得其方寸所在的困境。这个动议,会触及不同的学科背景与追求,虽说未必个个认同,却还是勉为其难地走了起来,含辛茹苦一番,于是面对那些远超预期的满捧收获了——

例如,盲道会不会是一个常数,它的施工规范? 有学生大胆推测。带着同好的几个学生到上海市残疾人联合会寻访。翻着残联提供的施工手册,学生问:那宽、那高,谁规定的? 回答道,虽说它来自国外,但都没有提供出处——根据国情,有过一些修订,但也没有留下依据……事后同学们讨论下来,都说,我们来测量,让这个或许是众数、中数或均数,成为中国盲人放心走着的常数。

好气派! 又看到了激情的燃烧。

再去跟置身长宁区的上海市盲校联系,准许我们的学生在他们的学生放学之后,跟在后面测量那一支支盲杖点击的阈限……

还有老字号的文化含量。

不敢相信,文化含量是可以度量的,还以为如同"科技含量",只不过是现代"派"的文饰而已,并不能通过一系列运算,导出一个或一些确凿的数据来作出精当的判断。听完那课题报告,如同课堂里的同学们一样,相信他能。借助身为会计事务所母亲的企业经营状况的统计公式,代换这个那个的一些要素,重设这些那些要素的不同权重,提出了一个统计推断公式,他确信,这就能计算出中国传统文化之一老字号的文化含量。对它们未来的境遇,据此便可以做出判断:该施以援手,还是任其老去。

好气度。不管是否真能推算出那"量",有了这气度,何事不可为?

忽然想起了去上海近郊的佘山。从山脚通往山顶圣母大教堂,有一道给信徒安置的"之"字复"之"字路,称"Hard Way"——指路牌上译作"苦路"。或许小课题小发现小制作小观察小报告之谓"五小"也会有"之"伴随着,难矣哉?乐亦在。孕育不易,扶养成其洋洋大观更其含辛茹苦。未来教育、未来学校、未来课程、未来课堂……诸多"未来"未尝不是标志于此,植根于此。

——此之谓"有道",教育之内核。

书到用时方恨少了。同学们一旦走进小小研究方知须大大读书。这触发了又一个契机:那就是后来的课程,叫作"华师大二附中学生必读书目研究"。

作为125门学校课程之一,设计、开设于迁校浦东之初。其初衷,是想要探寻学校的特色亦即学生的个性化发展。组织选择了该门课的同学们一起来研究:华东师大二附中学生到底该读哪些书、读多少书为下限。听起来很有挑战性,但一时间茫然得很,不知从何处下手:杜撰、拼凑、"小抄"、拍脑袋?这不是科学之道。况且还是一门课程。

老办法新探究:从调查研究开始。于是进行大样本的问卷调查、校友征询、网络搜索……又查阅了历来中外名家名校名刊的推荐书目,结合学校高中阶段三年的实际,推出了第一批书目28本,后来又推出第二批书目27本,共计55本。大致包括了政治、经济、宗教、文化、科学、社会、哲学、文学等门类。

还像那么回事,这等身一摞。经典倒是都有了,怎么读完如许的厚厚?

选这门课的同学们转入研读品读导读,为全校同学推展阅读探探路——效仿浦东改革开放先行先试的做派,去探寻读书的门道与路径。

棘手的事来了:有书目找不到书。

例如,达尔文的《物种起源》。当年鲁迅胞弟周建人译出来,很费了一番功夫,成就了他生物学家的名谓。领读者的学生三人小组百般寻觅而不见,这门课老师不得已在教师办公室问了一声:谁有?竟就在身后,传来"我有",得来全不费功夫。怎么会有的？絮絮道来，无异于《天方夜谭》之一则夜话：源于迁校之际的一个启事……

更准确的，该归入现代版《笑林广记》。

诸如此类，成为绽放在同学们探访阅读路径旁的众多花絮，平添些诉说不尽的快活——每一本书的导读历程都有故事伴随着。这是后话。

再如威廉·曼彻斯特写的《光荣与梦想》。

看得老熟的，报刊上时不时出来露一小脸的短语，很少有人会去想"光荣与梦想"的来自。它是一本书的名字，又叫"1932—1972 年美国社会实录"，勾画了从 1932 年罗斯福总统上台前后，到 1972 年尼克松总统任期内水门事件的四十年间美国政治、经济、文化，以及社会生活的全景式画卷——这是十几年之后的"百度"上所写。它 20 世纪 70 年代初美国出版，到了 70 年代末又有了商务印书馆的中文版。

才过去二十年，便找不到它的踪影——翻遍学校图书馆依旧两手空空。导读者只得去求助家庭亲友团——好像置身于热闹的 TV 秀场了。拿着教授父亲的借书证进了华东师大图书馆。"皇天不负苦心人"，终于捧着它回了家，像鲁迅说的"捧着十世单传的婴儿"一样郑重。待到他导读开讲，这本关于美国的名著便再次浓缩为一个让人大彻大悟的短语：光荣与梦想。昂首四顾，这样的语境在中国不是一直在演绎着？

接下来，到了该审视高中语文教材的时候。

指向中等学生认知水平的这套公共教材，对于二附中的同学们，实在太需要不同于其指向的读本，广度、深度、高度，乃至厚度，建构一个新的系统。学校领导团队拍板了：以经典作家经典作品为支柱，支撑并构筑新一代学生语文认知大厦。这正应和了当时所谓新辈新需要、新学新认知、新本新发展的时代追求——老师们就此开始谋划"深度阅读"的篇什。

都是主编，自己的主人。

即便如此，也挡不住老师们青丝幻化作白发。爬梳搜罗，枯坐孤寂，三年五载，直至《高中语文深度阅读》和盘托出，厚厚三大本。试用起来，指导起来，又是一条 Hard Way 横亘在面前，还需要那份初心：激情与探索。

师生携手造就了这个宁馨儿。它们还远说不上完美，但终于有了切近二附中学生需要的语文读本。有道是"适合的就是最好的"，无论此言有无偏颇，姑且以此自慰哉。

　　……

落叶委地,俯拾皆是。打住吧。

记忆虽已老去,鲜亮的一抹却从来不曾褪色,总在潮汐里时隐时现着,故历经时易世移竟一直记得:那些个"人迹板桥霜"里的留下,真要追索起来,其缘起,都归于那一次寻常而又绝妙的日出。

——那一年,顶着磨盘去看海的同学们,还好吗?

2018 年 6 月

教师，平凡中的不平凡

夏家骥

［教师简介］

夏家骥，高中老三届，化学高级教师。1969 年至 1972 年在江西农村插队，因病回沪后一度在街道工厂工作，1974 年开始到中学代课，1982 年带职参加上海电视大学化学专业的学习，1985 年毕业于上海师范大学。1988 年调入华东师大二附中，曾担任化学教研组长，参加上海市音像教材的编写与录制。著有《高中化学重点难点18 讲》，主编《高中化学完全解读》（共四册）、《高中五星级题库（化学课改版）》《高中五星级题库难题解析（化学课改版）》，参编《中学学科自测 ABC》等书籍。2009 年退休后，继续担任华东师范大学张江实验中学导师团成员直至 2012 年。

我是夏家骥,华东师大二附中化学高级教师,曾经担任化学教研组长,2009 年退休。

张炼红,我 1990 届三班的学生,现为社科院研究员,春节前给我发了一条微信,说同学们想在春节期间来看看我并做个访谈。不巧这期间我另有安排,只能推辞。后来她又发了一条微信:"如果不方便上门访谈的话,可否就用笔谈方式呢,这样您也许会更自由更自在些?"于是我就应允了,并说"我可能写得比较随意",她又说"太好了夏老师,您觉得怎么自在就怎么写,这也是我最喜欢的写作状态"。那写什么呢?就写写我的所思所想吧。

前些日子,在小学同学的聚会上,我见到了 50 多年前的同窗。刚走入大厅时,已到的好多同学一下子认出了我。在他们的印象中,那时的我,长着圆圆的脸蛋,很腼腆,一说话就脸红。他们都想不到我从事的职业竟然是教师。

学生时代我有过许多梦想,但是因为我不善言辞,从未想过当老师。随着年龄的增长,大学毕业后当一名医生的愿望日渐清晰,这其中当然有我当医生的大哥的影响。

1968 年,由于突然的变故,使得一切都成为了泡影。

那一年,我还是一名 1968 届的高中生,被上山下乡的热潮裹挟到了江西乐安农村插队落户。在那里,每天的工作就是上山砍柴、挑担,在山脚下的水田中插秧,日复一日,乏味而劳累。不久,大队将我送到公社卫生院进行了培训,学习针灸、常见病的诊断与治疗。培训结束后回到大队当上了一名赤脚医生。我还清楚地记得那时背着药箱走在山间田埂上时,漫山遍野的红杜鹃花呈现在我眼前,当地农民称之为映山红,这是我第一次见到杜鹃花,也是我人生中与梦想稍稍有点儿关系的短暂经历。

孟子说:"天将降大任于斯人也,必先苦其心志,劳其筋骨……"尽管如此,在那个时代,那种环境下,承受着内心的痛苦,筋骨的劳累,望着周围重重叠叠的山峦,无疑令我对于前途感到渺茫。

我远在青海的大哥给我寄来了一套物理教材,一套普通化学教材,以及一套医科院校的英语教科书。教材的扉页上写着:"努力学习!"书中还夹着一朵高原上的雪莲花。雪莲花生长在海拔四五千米的高原上,寓意纯洁与顽强。收到装着书籍的包裹时,书中的花已经干枯了,我将它当作了书签,时时鼓励自己。家中每月定期将报纸汇总后给我寄来,这些书和报纸就成了我每天的精神食粮。50 年过去了,这些书我还留着,书的纸张虽然已泛黄了,但是"努力学习!"这几个字仍然很清晰。

在江西,我们插队的学生被安排居住在农民提供的厢房中,房内昏暗、潮湿。所谓窗子就是在墙上挖去几块砖,形成一个"十"字的镂空,天气晴好时也只有少量的光线能透进来。每天晚上,在昏暗的油灯下读书看报是我最快乐的时光。

这一阶段的经历与知识的积累,为我后来的教学生涯奠定了基础。

在为当地农民看病的过程中,我不幸染上了肝炎,从农村回到了上海。母亲是家庭妇女,父亲在1958年的"反右斗争"中被打成右派与历史反革命,当时还被关押在江西劳改农场(后虽经平反,享受离休干部待遇,但不久于人世),家庭经济很拮据。我又没有劳保,为了省些钱,只能自费到医院配了药后每天在自己身上扎针,看来掌握一些医学手段还是有用的。

肝炎痊愈后,我被安排到街道工厂当会计与宣传干事。一次偶然的机会,同学介绍我到学校代课,这是我生活中的一个重要转折。没有学过教育学、心理学,也非科班出身的我,凭着在高中学过的仅有的一点知识,以及自学获得的知识,伴随着忐忑不安的心情,开始了自己的教师生涯。几年内,我先后辗转于体校、卫校等各处,教过工基、农基、数学、英语、化学。在1978年代课期间,我利用业余时间参加了上海市电视大学化学专业的学习,其间被评为优秀学员,取得了专科文凭,此后我从代课教师转为正式教师。1983年,我通过专升本考试进入了上海师范大学化学系。在开学前参加了物理化学课程的考试,虽然这门学科很难,我的成绩还是超过了系里规定的分数,成了我的免修课程。那时,我经常骑着自行车从普陀区的家中到远在桂林路的学校上课,直至1985年取得了上海师范大学本科毕业证书。

因为学校教师紧缺,在上学的那段日子,我每周还要抽一定时间到学校上课。甚至在我和妻子结婚时,婚假也没用完,我们就双双回到学校上课了。1988年秋,我被调入华东师大二附中。我还清楚记得调入前的那堂试讲课,内容是极性分子与非极性分子。教学中要做一个演示实验:测定水分子是极性分子还是非极性分子。实验时,在酸式滴定管中注入适量蒸馏水,打开活塞,让水慢慢如线状流下,用带电棒接近水流,观察水流的偏转程度。为了取得更好的实验效果,上课前我反复用不同的材料摩擦生电。由于做了充分的准备,水分子在磁场中产生了45度以上的大偏转,令学生印象深刻。

化学是一门实验的科学,因此在每个化学实验的准备中我都力求精益求精,效果明显,做到万无一失。

在二附中的日子里,我遇到了最好的教学环境,最好的同事与最好的学生。

还记得我在二附中第一次担任1990届三班的班主任,那纯属偶然。因为从初中开始一直跟着这个班学生的何雄老师在高三不再开设生物课了,无法再当他们班主任了,我就乘虚而入,取而代之了。几年前应邀参加全班师生聚会时,我还和同学

2007 年,夏家骥老师(中)与教研组同事探讨学校的化学网络平台

开玩笑说,如果何雄老师是你们的初恋情人,我就是第三者了。

在学生眼中,我寡言少语,不好接近,其实只是我的性格使然。在一次班会上,我开玩笑地对学生说,我知道你们有点怕我,因为你们不了解我,我就像雨果小说《巴黎圣母院》中的钟楼怪人卡西莫多,虽然我很丑,但我很善良。学生哄堂大笑,我和学生之间的距离也一下子拉近了。

1990 年,夏老师前排左五与罗会甲(左四)、徐荣华(左六)老师
和 1990 届三班同学的毕业留影

当了班主任,对学生便有了更深刻的了解。三班有着良好的班风,学生自我管理能力也很强,老师不需要对他们管头管脚。学生学习很自觉,上课时思维很活跃,善于思考与提问,考试成绩在年级也是领先的。课后的文艺活动,体育活动,他们全都没落下。

20 世纪 90 年代正是上海实施一期课改之时，老师开始摒弃满堂灌的教学方法，课后也不会将学生强留在教室中补课，课后作业也不多。这种宽松的学习环境并没有使得教学质量下降，反而激发了学生学习的潜力。

叶圣陶先生曾经说过："教是为了不教。"同理，班级管理是为了"不管理"，即让学生自我管理。反观现在，满堂灌的教学模式有回潮的趋势，这是需要警惕的。

在二附中当老师也非易事。学生好问，迫使老师必须好学。老师在课外必须涉猎许多课本以外的知识，甚至是跨学科的知识，以期尽可能做到有问必答。在几十年的教学中，我上课的讲义也一直处于修改中。在上课过程中，讲到某一知识点时，有时会突然来了灵感，或者说是顿悟，我就立即将这种方法应用到下一节课。在讲解习题时，学生如果提出更简洁、更好的解题方法，我也会欣然接受加以推广，我觉得这是一种教学相长的过程，并不有碍师道尊严。青出于蓝而胜于蓝，此话最先出自荀子的《劝学》，荀子用靛青比喻在学术上有所建树的后起之秀，而用蓝草比喻他们的老师或前辈。青出于蓝，如果不能胜于蓝，那就是教育的失败了。

无论对教师抑或学生，学习都应该是一件终身坚持的事。我最初能走上讲台，其中一部分重要的原因是得益于自学。作为一个 1968 届高中生（人们所称的老三届），我在学校所学到的知识寥寥，获得知识的途径是看书，揣摩领悟。正因为如此，在教学中我能预知学生学习中可能会遇到哪些障碍，并据此设计教案加以克服。

在上课时，也不乏有趣的事。在电解原理教学中，为了方便学生的记忆，我要求学生记住电解池中"两只羊"，即阳极发生氧化反应。有一个学生当即在书桌下画了一张漫画，立刻被我发现了。我就拿了过来，举着这张画对全班同学说："画中的我还真有点像呢。"这张漫画我至今还收藏着。

化学课上，学生给夏老师画的漫画

美国麻省理工大学教授彼得·圣吉于1990年提出"终身学习"的概念，这对我很有启发。"授人以鱼，不如授之以渔。"在让学生获得知识的同时，更重要的应该是让他们获得终身学习的能力。1999年，在上海市化学教材编写组的支持下，我尝试将互联网引入元素周期表的教学。培养学生通过网络检索元素周期表的发展史、元素周期表的各种形式，并加以归纳、讨论、分析获得元素周期表的知识并加以利用。这种模式既开拓了学生的眼界，又取得了很好的教学效果。

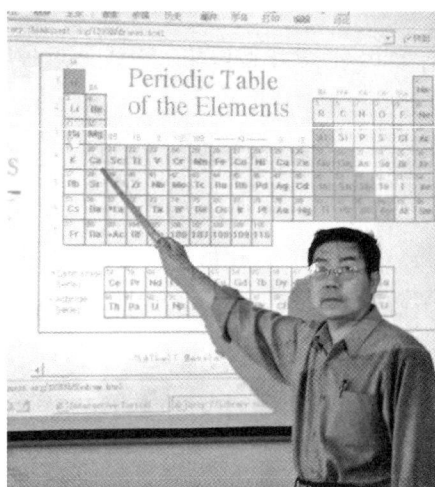

1999年，夏老师率先探索互联网教学

在《国际互联网进入化学课堂的探索》（发表于国家级刊物《化学教学》1999年第11期首篇）一文中我写道："学生时代在人的一生中只占据了一个很短暂的时期。一个人在工作后，会遇到新的问题、新的信息，在学校中学的很多知识会迅速地趋于老化，这就需要更新，要树立终身学习的思想。要跟上时代的步伐就得学习。"过去的19年，充分印证了我的这种想法。

2002年二附中东迁浦东后，为了展示二附中的教学理念，我应邀开设了一节教学公开课——"硝酸"拓展课，这是当时浦东新区规模最大的一次化学教学公开课。

课上应用了实验投影技术，让学生更清楚地感知实验现象。实时的实验现象通过投影被投射到巨大的屏幕上：紫红色的铜片被扔进无色的稀硝酸溶液中后，铜片表面慢慢地积聚起一个个微小的气泡，气泡冉冉上升，溶液上方出现了红棕色的气体，这些气体继续通过盛着沾有氢氧化钠溶液的棉花球的干燥管后消失得无影无踪了，而溶液的颜色则由无色逐渐变成迷人的淡蓝色。学生在无形中感受到了化学之美，有了探索与追求知识的欲望。这是化学实验的魅力所在。兴趣是最好的老师。学生因为实验引发了学习的兴趣，有了兴趣就会专注于观察，逐渐深入于奇妙的化学世界。

实验在化学教学中的重要性是不言而喻的。课纲规定的实验我一定要做,课纲没有规定的实验,只要有利于学生的发展,我也尽量做。正因为如何,我给实验室也增添了不少麻烦,因为要准备实验器材与药品,实验员要付出更多的时间与精力。

2009 年,夏老师在华东师范大学张江实验中学指导实验教学

教师这个职业并不是我的第一选择,但我并不后悔我这一最终的选择。每一届学生毕业时,我对他们的希望是:健康! 正直! 要不断学习,做一个有益于社会的人。

每当我在学生的微信群中看到当年的学生活跃在各个领域中,在教师、研究员、

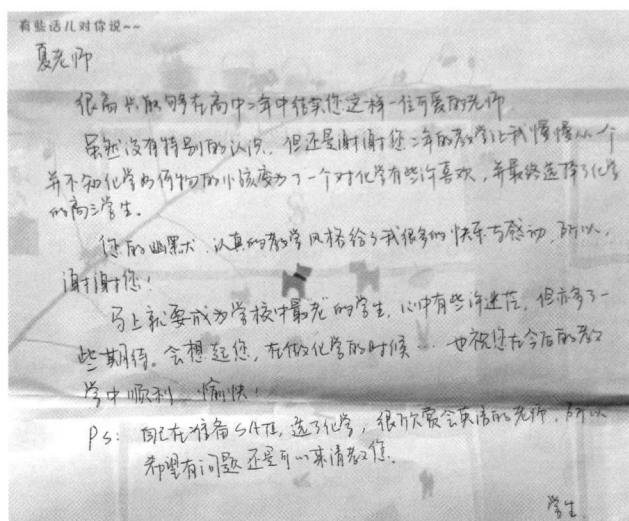

2007 年,一位高三学生给夏老师的留言

公司管理者的岗位上辛勤工作……我会默默地关注与祝福他们。无论是平凡的人生还是轰轰烈烈的人生，都是值得拥有的。

在整理书籍的时候，偶然翻到了 2007 年学生的一段留言。现在再看这些文字，我仍然很感动，这是对教师这一职业的最高奖赏。三十多年的教学中我接触了许许多多的学生，其中很多人的身影我已淡忘了。但我总在想，二附中的学生走上社会一定会活出不一样的人生，这不就是我们做老师的期盼吗！

2009 年，夏老师退休前最后一课，黑板上写着：希望同学们成为社会的催化剂

作为教师，每天的工作就是备课、上课、批改作业，看上去再平凡不过了。然而，正是学生的成就，造就了教师这一职业的不平凡。

2018 年 5 月 23 日初稿，6 月 6 日定稿

缘起：学生故事

伍伟民

［教师简介］

伍伟民，副研究员。曾任教于华东师大二附中，后于华东师大古籍研究所、上海市教委、上海市教科院工作，2012年退休。

吾乃华东师大二附中任教年限最短者之一，1982年2月入校，任初一（2）班班主任，教语文，至1983年8月辞校，洎为一年半载。故教育教学理念、作育人才目标之类，无从置喙。承蒙学校与贤契不弃，因校庆征稿于吾，记忆犹新者，唯学生故事数则而已。

停宿风波

曩者校舍位于金沙江路，学生除家居普陀区者一律住宿。宵管制度甚严，熄灯后，禁有声。违者，视情节轻重，罚以停宿一至六日不等。当年交通堪忧，天天走读，耗时费力，非当下所能想象。1983年6月7日（周二）上午，顷入办公室，年级组长召吾曰，宿管老师反映，昨夜贵班402、404室（女生宿舍）熄灯后有人讲话，须处罚。闻之一惊，盖吾班女生一贯遵章守纪；果如此，出人意表。询问之下，学生坦承，周日见闻颇多，返校夜谈，乐于交流，干部亦参与，不觉聊天超时耳。豆蔻年华，情有可原，然毕竟违反校规。一提处罚，大队委员王剑璋涕下沾襟，曰："大家已知后果，议论过'一定要停宿，则全部睡到教室去'。"吾曰"不妥，一则安全堪虑；二则似有对抗情绪。"大队委员默然，须臾，竟然谓"我是干部，应该负责，我一人停宿，其他同学不停，可否？"吾不由刮目相看，小小年纪，有此担当，难能可贵。且如此，影响正常教学秩序最小，当为可行。遂商诸有司，获首肯。岂知其所在402寝室同学范洁、耿缨、梁激、唐希、经旭、吴其欣和杨睿翊颇有义气，自寻校长曰"当一视同仁"。蔡校长既深

1983年，1987届初三年级第一学期，班级参加全年级、全校和普陀区的合唱比赛，连续获得优胜，此照摄于全部比赛结束后，伍老师文中的402寝室成员悉数在此照中

察民情,遂俯允"民请",召吾于其办公室参加402室座谈会,乃定"一律停宿"。吾逡巡未敢奉命,当场一一询问来校之公交路线、换车情况、路上需时几何?缘于吾天天挤公交,深得其中味。一问之下,女生哑然,校长寂然。吾徐徐建议曰"各人停宿一天;之后,高标准严要求自己者,再停宿二天。"校长曰"可",学生即散。周三起,独大队委员一人停宿至周五,吾婉告其家长曰"《春秋》责备贤者",家长亦为教师,当能理解并谅解也。

主题班会

时近1983年六一儿童节,初二年级议定各班召开主题班会,以为告别少年、进入青年之纪念也。以各班自办,故学生暗中较劲,亦题中应有之义。班委会商议,或谓,404室女生热情建议全班跳集体舞。吾保守,恐男生难以配合,未予同意。余皆由班委会全盘操作。

5月17日下午,班级文娱委员蒋青主持,主题班会召开。学生发言积极,班长何春鸣开头炮,随后,纷纷跟上,罕见于大会发言之男生葛凌弘、裘驾春亦言之灼灼、头头是道。讨论如何学习张海迪时争论热烈。班主任小结时,吾故意不作结论,仅概括发言之几种观点,以利后续。进入宣读家长予子女家书(选几篇,由教师代读)及赠纪念品环节,学生感动且激动,听闻自家父母信中语重心长之言,几位女生脸色绯红,眼眶含泪,估计此情此景,其一生难忘。家长或有年长者,用语近文言,抬头曰"浩浩吾儿",全班哄堂,从此,"浩浩吾儿"与其如影随形矣。家长赠送之纪念品,皆精心挑选,至今印象深者为:王一敏之薄型带电子钟计算器、陆忠之手术刀与缝合针、马俊之团徽与华东化工学院毕业纪念章、杨建寰之团章。待文艺表演,女生小组唱、男生合唱后,音乐响起,突然小型男女生集体舞上场,女生皆404室,端详男生,亦为404室其他人女扮男装,身穿借自男生校服而演出,即刻轰动。正逢下课,他班同学蜂拥而来,几乎挤爆吾班教室前后门。吾惊然而喜,油然而悟:学生执着心、创造力不可小觑也!

同游美西

1983年9月吾去二附中赴本校古籍研究所读研,后辗转工作于若干单位,与1984届初三(2)班学生时通音讯。几十年"逝者如斯",2012年退休,"泛若不系之舟";而贤契各自有成,不以老朽为愚钝,范洁、袁克力教以微信操作,乘兴而入"二附

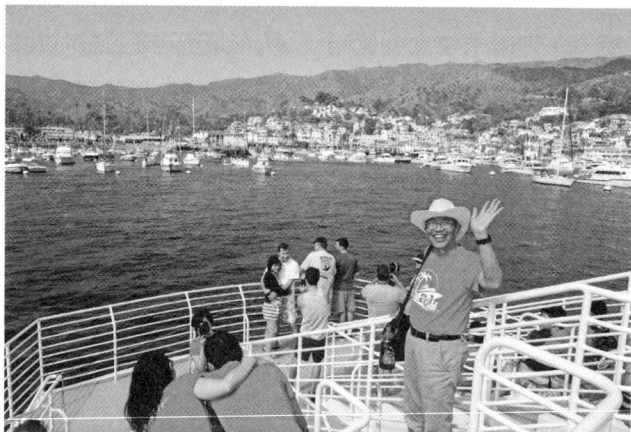

2014年夏,班主任伍伟民老师应邀和 1987 届初中二班学生同游美西

中872群",交往日近,风义常在师友之间。

2014 年春,二附中872群发起聚会,受旅居美、加昔日同窗之邀,上海王剑璋、范洁、戎兵、巢献忠、王一敏、陈力洪、宋桦举家出游,并携当年班主任伍伟民及邀副班主任任冬鸣及其先生俞建伟老师同游美国西部。所谓"携",以吾年满65周岁,"老小孩"也;又,吾英文文盲,非携,无以游也。8月2日下午浦东机场集合候机,王一敏以冰激凌飨客,冷气劲吹吃冷饮,身心俱爽,远游在即,如回童年,有春、秋游前夜难入眠之兴奋。出境游非首次也,然皆跟团,未尝自由行之味,端赖各贤契事先各显神通,精心策划;旅途殷勤主动,处处关照,吾乃得坐享其成,体验新奇之乐。

至洛杉矶即驱蒋青家,旅美、加同学为上海师生洗尘、聚餐,方下车,北美各处云汇而来之旧雨潘雯、陈喆、陈阳、杨睿翊、林缨、葛凌弘等于大门前列队欢迎。华灯初上,餐厅已备美酒佳肴,戎兵居然亮出上海光明村熟食一大包,尤其引得美加同学惊喜而垂涎。欢宴毕,学生之子女各献才艺,众人大乐。尽欢方归宾馆,因吾不识英文,范洁指导开空调,又与葛凌弘同教吾上微信;王剑璋之子姚舒鹏上门教以种种工具之使用。后上嘉年华游轮,徐蔚青、王静等同学亦参与聚会,日夜开"班会",抖陈年旧事,成今日笑料,未在场之同学,估计喷嚏连连矣。下船前一天,全体师生与家属合影,着统一大红T恤,上书雪白"缘聚"二字,戏谓番茄加白糖也。老老少少共58人,阵营颇壮,济济一堂,融融泄泄,惹人注目。初中同班三十余年后,部分同学重聚于美国西部,当年梦寐非敢求也。

下船,美加同学或归家,或与上海同学同游。后数日,各擅长技,租车自驾,游览拉斯维加斯、胡佛大坝、科罗拉多大峡谷,飞旧金山,沿一号公路南下至洛杉矶,观览

2014 年夏,同学们和当年班主任伍老师、副班主任任冬鸣老师
合影于美西游轮上

两日,遂返沪。抵旧金山时,余祖辛同学殷勤陪同,见面初略有生疏之汉语,于整一天导游中,即恢复当年二附中时顺畅自如之水平。良可喜也。

　　美国之行,若非学生携吾,食、住、行皆为烦难,绝无可能如此轻松深入漫游也。至此,于吾,当年师生关系彻底翻转。且吾予学生甚少,学生惠吾实多。为师之乐,其乐如何? 感而赋诗:

七律　缘起

缘起年华豆蔻芳,金沙江路履初霜①。
读书不费吹灰力,编舞更裁扮别妆②。
桃李花开满中外,鲲鹏翅展济沧浪。
重温情谊同心久,聚会今朝乐未央。

① 吾初至二附中工作,天寒地冻,晴霜雨雪,路途遥远,记忆犹新。履初霜,即初履霜。
② 参见《主题班会》。

2018 年 5 月 11 日初稿,7 月 15 日修订

我的六门学校课程

陈胜庆

[教师简介]

　　陈胜庆，1991 年 10 月调任华东师大二附中副校长，曾分管学校的后勤校产、教学与课程改革、科研和教师培训以及国际部，2007 年起兼任华东师大张江实验中学校长，2013 年退休。教授职称，2002 年被授特级教师称号。担任过教育部课程标准研制组专家，华东师大地理系研究生导师，上海市地理名师培养基地主持人。

1991 年，我由华东师大党委任命到二附中担任副校长。2001 年，我作为教育部课程改革专家组成员，担任了《科学》课程标准的研制工作。在那两三年中，有很多机会聆听教育部领导和很多专家的报告，由此提升了自己的课程理论修养。后来，新课程改革提出了要开发"学校课程"的任务。我作为负责课程教学的副校长，要在学校中推动"学校课程"的建设，首先想到的是自己必须身体力行地编制学校课程。

经过大家讨论，我们提出了一个课程纲要的框架。凡开发一门课程，首先必须清晰地阐述以下五方面：课程背景、课程目标（体现三维目标）、课程内容、课程实施方案（反映过程与方法）、课程评价方案。

对于这五方面，我们的相关要求是：一、课程背景，充分考虑学生兴趣爱好和个性发展的需求；二、课程目标，特别重视"情感态度价值观"；三、课程内容，重视体现"过程与方法"；四、课程实施方案，充分运用现代信息技术、应用小组学习和师生互动的学习方法等；五、课程评价方案，提倡过程性评价、自评和互评结合的方式进行。

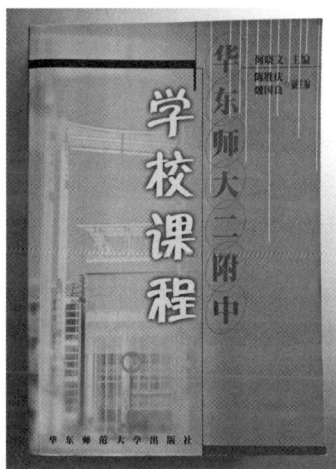

《华东师大二附中学校课程》，85
位教师参编 125 门课程，华东师
大出版社 2003 年

我先后开发与编制了 6 门基于地理学科的学校课程，它们是人与环境、海洋科学、中国的文化与自然遗产、宇宙中的生命、地图的测绘与编制、两极的召唤。与此同时，2003 年我校有 85 位教师参与编写的 125 门学校课程，汇编成《华东师大二附中学校课程》一书，由华东师大出版社出版。

人与环境，是一门通用性很强的拓展性与研究性的课程，但是我在"课程内容"方面考虑不要与通常论述环境知识的框架相雷同，所以设计了"事实""观念""课题"

"案例""行为"五大部分;同时,把该课程的目标定为提升学生的环保观念和环保行为,所以课程最后部分要求学生讨论制定出"在学校中的50例环保行为""在家庭中的50例环保行为""在社会中50例环保行为",从而使得课程学习与学生的环保实践相关联。

海洋科学,是一个很大的题目,海洋科学的涉及领域非常宽广,显然再多的课时也难以包容。实际上该课程采取了"英特尔未来教育"学习方式,让学生分成小组,集中研究一个关于海洋的问题,并且学会把问题分解成若干个小问题,再利用网络查找有关资料,做成PPT演示文稿,进行讲演,实现学习成果的共享。所有学习过程都预先制定了评价细则,最终的评价则由同学自己完成。

中国的文化与自然遗产,是一门学生十分喜欢的课程,祖国的大好河山与悠久文化历史能激发学生的民族自豪感。该课程并不以罗列讲解各项遗产为目标,而是选择学生熟悉的某几处遗产地,让师生共同介绍自己对遗产的自然特征和文化价值的认识。教学过程生动多样,有影视图片的欣赏,有角色扮演(如模拟导游)等,在考查阶段则要求学生提出"下一个"申报遗产地,并且对该地能否成为世界遗产进行申述和评价。

宇宙中的生命,是一门综合性的课程。因为在生命科学课中学生学了生物进化知识,在地理中学了地球环境演化的内容。事实上,生物是在地球环境的演化中不断进化的,而生物的进化也促使了地球环境的变化。该课程把两者联系起来,也涉及了物理、化学的有关内容。其中有许多是学生有兴趣探究的问题,如为什么6亿年前的寒武纪发生了"生物大爆发"?为什么中生代后期恐龙会遭到灭顶之灾?为什么从类人猿到人类的进化出现在第四纪的冰期?宇宙中有没有类似地球的生命形态?……该课程还吸纳了宇宙学的一些研究成果,其目的是为了让学生对宇宙的起源、地球的起源、生命的起源等基本科学问题产生强烈的好奇心。这门课程也很受学生的欢迎。

地图的测绘与编制,是一门由任务驱动而生成的课程。2001年上海青少年活动基地——"东方绿舟"刚刚落成,我校学生在活动时萌发了要为"东方绿舟"测绘与编制地图的想法,当时我们学校给以积极的支持,并且由我带领20多位同学承担测绘与编制地图的任务。编制地图不仅需要三角测量知识,更需要认真负责的工作态度与团队合作的精神。我通过课程让学生了解与掌握绘图与测量的基本技能,同时多次赴实地测绘。该图在2002年正式由上海人民出版社出版,成为全国第一张由中学生绘制的地图。这门课程也成为课堂教学与课外活动相结合的尝试,在2003年被为"全国十佳科技实践活动"。

两极的召唤，是引进上海市科协编制的 2049 课程，该课程着重介绍世界各国探险者和科学家对两极地区的发现和考察的过程，以及我国科技工作者对两极地区的科考成果。该课程资料翔实，图片精美，PPT 中还包含着许多宝贵的影视片段。对于如此完美的课程资料，我觉得在教学过程中如果仅仅是老师讲、学生听，还是很难在"情感态度价值观"方面激发学生对科学精神、科学态度和科学价值方面的共鸣。而中国极地研究所正好离我们学校不远，我结合课程，多次组织师生与极地科学家座谈访问。在"雪龙号"启程后，学生又通过 E-MAIL 与科考队保持联系，追随"雪龙号"考察两极，还在校园网上专门设立 BBS 论坛，传递"雪龙号"的信息。这些活动大大激发了同学们热爱科学崇敬科学之情怀，也生动有效地对大家进行了科学素养的教育。该课程的活动过程在 2005 年被评为"全国十佳科技实践活动"。

2012 年，陈胜庆老师率领二附中教师代表团访问日本

我们学校发动全体教师都参与学校课程的开发与编制，也受到了学生的热烈欢迎。每学期初的网上选课，学生都要争先恐后，生怕自己喜欢的课程被早早选满。同样的，老师也在关注自己所开课程的学生选课结果。等到课程结束，学生就在网络上为老师的课程打分评价。在这个过程中，过去传统的"学生服从课程安排"已经转变为"课程要适应学生发展"，而教师则更多地考虑如何让自己的课程更好地促进学生的发展。就这样，一种新的课程观在二附中悄然形成了。

本文发表于《现代教学》2008 年第 8 期，此为修订稿。

和孩子们一起成长

胡立敏

　　九月里，我在华东师大二附中闵行校区"紫竹讲坛"讲"晨晖"的故事，孩子们反响热烈。几位初中预备班的家长还问我，哪里能买到这样的书啊？

　　当时，我的心真的像灼了火一样，很烫。

　　这几位家长关心的，显然不是孩子的分数。"晨晖"的宗旨是育苗，是怎样做人，做怎样的人。这样的书到哪里去买呢？

　　似乎很多地方都有，又似乎很多地方都没有。

2017 年，胡立敏老师和晨晖社同学在学习讨论中

一

和我的学生同龄的时候,我在安徽。1969 年寒冷的冬春,我被生产队派往泗县挖新汴河。一段河道,30 多万民工,锹锨篮筐小板车独轮车,黑压压地蠕动着,大喇叭整日里轰响着气壮山河的口号。我到现在也难忘每天渴望领到一只白面馍馍的虔诚惶恐,难忘偶尔一位红衣村妞走过河堤时,河道里几十万条汉子血脉贲张,呼啸雀跃,奋力创造生产力的火爆场景。那时,我 19 岁,属于"可以教育好的子女"一类。当时流行"火线入党",我和许多知青一样,一腔热血地递交了第一份入党申请。每天拼命推着比身子还要高出一截的土筐车大干苦干,还要鼻闻目睹乡亲们大大咧咧的肥臀巨矢随地便溺。轰轰烈烈之中,很少有人知道我内心在想什么。

人们热衷于看热闹、赶热闹,几千年也难改。就像津津乐道于有个叫莫言的作家拿了个奖,却不晓得莫言是老"管"家的孩子。热闹出不了生产力,热闹也征服不了人心。十几年以后,我在大学入党,才明白当初的动机并不纯粹,并不是树立了什么伟大的信仰,只不过想证明自己是个可以被"教育好的"罢了。那种感觉是极其强烈的,是发自内心的,出于原始的人性。

知青八年,泥土八年,甘苦八年,给我的教育是糙性的,直观的,朴实的。

在这种近于残酷的磨炼中,我逐渐领悟到:那种极其强烈的发自内心的感觉,往往是人的行为的原动力。财产可以继承,情感可以传承,价值观却是无法拷贝的。

2008 年,蒋建国老师和晨晖社同学采访汤文鹏老师

蒋老师备注:时值改革开放 30 周年,晨晖社采访了一批老教师及各行业的亲历者

寻找这种"极其强烈的发自内心的"感觉,就成为我和"晨晖"社团同学们一起进行社会实践探索的动力。

课堂小社会,社会大课堂。走出去,走出校园,走出象牙之塔,深入社会的各个细胞结构,自己去看去问去磨去做去碰壁去欣赏去体验真实的酸甜苦辣咸,领悟"中国特色"的真谛,从而决定自己做一个怎样的人,怎样去做人。在这一点上弄个明白,就是人的一辈子了。

二

"晨晖"的很多校友已经把二附中的校服珍藏在衣柜里了,但"晨晖"精神还在激励着他们与这个喧嚣的世界抗争。我常听到他们幽默的回声,很开心。

不要动辄八〇后、九〇后什么的,"胡儿敢作千年计,天意宁知一日回"。古人尚且有如此境界,我们这些老朽,何必假充大尾巴驴?"为师者尊"可以进世博会了。和孩子一起成长,或者说"孩子长大了,我们变老了"是一件幸福的事。

道可道,名可名,做人却是要靠自己的。你要相信那些神圣的鬼话,"浮云"早变成了"神马"。如今的世界,娱乐至上,金钱第一。天下人间网里云端,"老师"这个称谓蔚然成灾,人妖盗妓皆可为师。韩昌黎且不论,柳子厚活到今日,当不知如何感慨"举世不师,故道益离"了。你看,精锐骐骥昂立王牌1+1独揽天下名师,千年一叹般作达人秀者的文化大师,戏耍于桑间濮上的艺术大师,屌丝八卦三磕六拜的忽悠大师,更不须说那些长袖善舞的公务大师了。光怪陆离,烜赫一时。有点儿师心师德的,不是忙着把孩子一题一题地用分数捆绑扎实了塞进火中烤,就是汉服外面套着短衫,铿锵锵好说歹说地乱来一通,明明我执稻粱谋,却个个装扮得跟东方朔似的。一个学生告诉我,初三老师神秘地教他们使用"万能题材"写作文,无非四个内容"爷爷死了,奶奶死了,外公死了,外婆死了"。于是他一次一次地把家人写死。"人有病,天知否?"

用一位台湾作家的话说,"我们的时代是一个面目模糊的时代,所有不能精确度量的价值都在往中间地带走……"在这样的态势下,假大空的教条早难以卖萌了。莫斯科不相信眼泪,京城不相信不堵车,就算满世界挂满规范汉字大幅标语"不随地吐痰",让国人都做到也难,遑论什么理想信仰?连有的大学校长都语重心长地建议新生:"我希望你们有足够的自信,与主流体系保持理性的距离,在相对的孤立当中来完善自己。"——这世界真的好玩!

要说也只能嗔怪那个叫弗兰兹·卡夫卡的奥地利人，都是他的小说坑的。

面对如此强大的气场，这本书冠以"党旗映'晨晖'"的名，怕是会让知识界有些人嘴角向下扬的。

《党旗映"晨晖"》，华东师大出版社，
2013 年第一版

三

为什么藏着掖着呢？老老实实教书，清清白白做人，做点儿自己喜欢的事，做好自己认为有意义的事，不是挺快乐的吗？师者，石也。为学生垫脚前行的小石子而已。名副其实的"捧着一颗心来，不带半根草去"的中国教育家，多着哩呢！只是多在丘山沟壑里兀兀穷年，少有现身滩上的。

我下乡插队的地方是安徽固镇县王庄公社。当年的王庄，每逢下雨，道路泥泞不堪，要用履带式东方红拖拉机碾压才能通行。就是这么一个地方，有一所中学叫王庄中学，灰墙青瓦，几间平房，校长张德文。我因为经常被抽调到公社写个材料打个杂，和张德文混得面熟，常到王庄中学去玩。那时王庄中学的学生，多是"贫下中农"子女，每周背着自家的山芋和杂粮，在学校大蒸锅上蒸熟了，填了肚子去读书；老师也多是来自农村的。一天，张德文指着一位个头不高的农村青年对我说："袁贵仁,南滕的,在我这里代课。"①

当时代课老师,月薪 24 元,糊口之外可以买两本书了。

袁贵仁为人朴实,1978 年考入北师大哲学系。在京城读书,教书,然后从政。原蚌埠市委组织部一位离休老干部曾对我说:"袁贵仁对家乡、对恩师感情很深,只要回来,必定亲自登门探望张德文……前几年,袁老先生病逝,袁贵仁避开地方政府的精心安排,绕道淮南,悄悄回来办了丧事就立马回京了。"我知道,蚌埠地区以花鼓灯文化闻名于世,生民乐业,酷好交游。像袁贵仁如此低调的人,在地方当列入"另类"了。

张德文和袁贵仁师生二人,一位远在江湖,焚膏继晷,为国家培育栋梁之才;一位身居庙堂,兢兢业业,不失泥土本色。他们是中共党员,他们具备了当下许多中共党人所不具备或正在褪变的某种特质。

我想,这种特质应该叫作信仰。

我天性顽愚,所接触的中学校长中,没被我或公开或私下用"王八蛋"恭维的没几个,但我至今难忘张德文那怜惜温存的眼神。夸张地说,可能就是张德文们的那怜惜温存的眼神,让那些"居庙堂之高"的同学不曾忘记千万万穷二代们享受平等教育的权利!

张德文校长,您还好么?

四

信仰是需要支撑的。人的生存状态,就是活生生的教材。老师留给学生的,更多的是猥琐或尴尬。你是怎样的人,骗得了爹娘,骗不了学生。你忽悠了学生,最终发现被忽悠的是你自己。学生的回报是天底下最明澈的。一位在中科大学数学的学生告诉我:老师,这不是规律,是概率。

本书的序言写道:"华东师大二附中是一所教育部直属……位列沪上高中'四大名校',青年才俊荟萃。华东师大二附中门前有一条路,叫晨晖路"云云。我看了自个儿偷偷地乐。

路还是那条路,只是朝阳初起,难见晖光了。因为二附中正门对面,陡然矗立起几十幢高大巍峨的商品楼花。童谣:做人要做大老板,再牛牛不过房地产。所以二附中不能动辄以"名校"自诩。沪上倒有学堂一座,让飞扬跋扈的高架在校门口羞涩

---

① 原注:袁贵仁,安徽省蚌埠市固镇人。曾任教育部部长。

地钻入地下,这才叫个"爽"呢!现实,明明白白地摆在那里。哪能?

还有,花花世界,饮食男女,"晨晖"社团的学子们能否"敷畅厥旨,庶几有补于将来"? 这些,也尚须时间验证。

家长们大可不必焦虑,或许您的孩子就是一本好书呢。

不急。

2012 年 10 月于紫竹校区

本文原题《不急》,为《党旗映"晨晖"》跋。

课堂教学的真正意义

刘砚

从事基础教育三十多年来，最让我感到自豪的是华东师大二附中就是我的母校。我在母校奋力耕耘，延续了我的前辈们教书育人的精神文化生命，培育出祖国的栋梁之才，今天能以满园桃李回报母校。

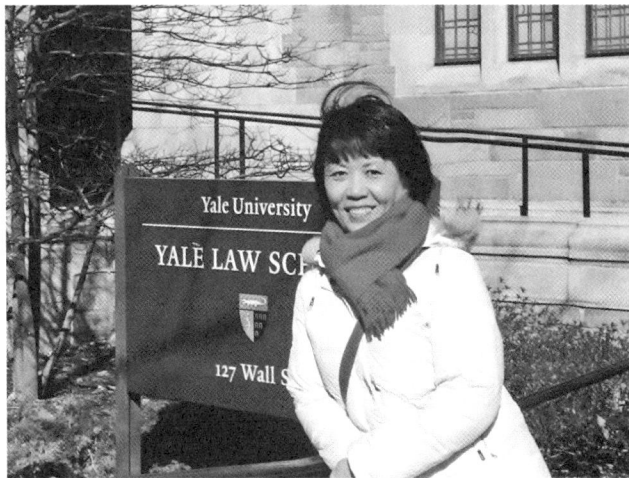

2010年2月，刘砚老师在耶鲁大学的留影

作为教师，课堂教学是我生命活动中重要的组成部分。我把我的课堂教学定义为我和学生共同创造的一种生活方式。在英语课堂特定的环境中，我和学生之间有着特殊的交往，这种交往富有人文气息。这种人文气息包括教师对每个学生的关注和尊重，对每个学生创见的鼓励；也包括同学之间的团结互助，欢乐共处；同时还包

括学生对教师的热爱和信任，支持与合作；更包括自尊、仁爱、理解、宽容、责任感等品性的养成。课堂上，我们的教学和交流过程是全英语的，但教师对学生产生的影响，决不只是专业知识所至，而是由教师的才学、智慧、人品和心灵带来。

　　在课堂教学中，我用得最多的方式是对各种话题的讨论，而话题始终与学生的现实生活和亲身经历紧密相关。万物复苏的春天、情人节、母亲节、国庆节、万圣节、圣诞节、元旦、新年心愿、愉快的假日以及重要事件的周年纪念，都成为课堂教学中一系列谈论的话题。学生在表达思想和交流情感的同时，不知不觉地提高英语语言运用水平。针对教材中课文的主题展开拓展性思考和活动也是经常采用的方式。当学到"麦当劳"发展史的课文时，我们搜索世界成功人士或企业的发展史，讨论对艰苦创业的看法。当学到"时尚"的课文时，我们跨越时尚的界限，探求"美和爱"的真正内涵。师生一起查找网络资料，了解著名人物的故事。影星奥黛丽·赫本（Audrey Hepburn）在她人生最后阶段献身于联合国儿童基金会的工作，不遗余力救灾济贫。朴实无华的印度著名慈善家、诺贝尔和平奖获得者特蕾莎修女（Mother Teresa）生前在世界范围内建立庞大的慈善机构网，给予人类伟大而神圣的爱。这些都使课堂教学更具时代感和现实感，学生在自然情境中有所思，有所感，有所悟。

2010 年 2 月，刘老师和过去的学生在纽约相聚

　　还记得 Love Narrows Generation Gap（爱能缩小代沟）的单元教学。在阅读理解课文后，我们对每个段落的主旨进行分组讨论，然后全班交流。学生们说，他们常常发现跟父母在许多方面想法不同：信仰和价值观，家庭和朋友，工作和学习，事业和生活目标，等等。然而，代沟并不总是负面的。代沟常常能使人认识到他们自身的问题，比如缺少尊重，缺乏沟通，对他人的缺点不能宽容。在人类历史发展的过程中，代沟是很自然的事。讨论达成的共识是：父母和孩子间的爱与理解能让他们共

同努力去面对这些问题,缩小代沟。之后,我们进行了一个小小的活动。每位学生向自己的学习伙伴讲述一件发生在自己与父母之间由于想法不同而产生的冲突,以及对引起冲突的看法。由学习伙伴推荐,请讲得好的同学上讲台与全班分享。在交流中学生们体会到家长在自己成长阶段对自己的一番苦心。反思之后更觉得要尊重父母,理解他们的心情和做法,用自己的爱回报父母。

在课堂上,我播放了周杰伦的歌"听妈妈的话"。这首歌提倡的是孝顺、感恩的美德,已被编入台湾小学课本。学生对这首歌并不陌生,所以我只是把这首歌作为背景音乐,轻轻地播放出来。而此间我把中文的歌词展现在屏幕上,将学生分成四个大组,在播放整首歌的五分钟内,要求各组将四段歌词分别翻译成英语。在每位学生完成了一个段落的翻译后,进行组内互助修改。然后每组推出最佳代表,上讲台朗诵他们修改好的英语歌词。学生的翻译非常精彩,有的甚至带有句尾的押韵,博得了同学们的喝彩。这个过程不仅鼓励了学生合作学习,完成歌词翻译,更重要的是促使学生在斟酌歌词实际意义的同时,对照自己的生活经历,回想妈妈为自己所做的一切,感激之情油然而生。

此间,我还设计了一个完全由我来灌输的环节。借助多媒体的画面和背景音乐,我用英语给学生讲了一个男孩和苹果树的故事。故事大意是这样的:在男孩很小的时候,每天都在苹果树下玩耍。有段时间,男孩没有来,苹果树很孤独。一天男孩来了,说:不喜欢和你玩了,我需要玩具。苹果树让男孩摘光了所有的苹果。男孩卖了苹果,买了玩具。男孩长大成人了,他需要一间屋子,苹果树给了他所有的枝干。他要出远门长见识,需要造艘船,苹果树给了他整个树干,只剩下一个树桩。当他成了一个老人时,回到树桩前说,他心力交瘁,需要一个休息的地方。苹果树桩说,孩子,我已经没有什么可以给你了,来吧,坐在我的身上,这里永远是你休息的港湾。

听着这个故事,学生们很快领悟到这是一个关于自己的故事,苹果树正像自己的父母,时刻给予不求回报的爱。那么,作为子女,我们有没有意识到父母的苦衷?有没有记住父母的恩情?有没有为父母做些什么?有没有想到报答他们?好多学生感动得哭了。

有专家认为,当代知识教学的根本使命,不再仅仅是知识本身的传递与掌握,而是基于具体知识的理解、生成及其效用而发生的相关的教育意义。多年的教学使我体会到,教师的主要任务是引导学生如何借助教师的帮助、通过课本或其他途径去获得和构建自己的知识。教师要时时鼓励他们批判性思考,激励他们在探究中学习。而教学的过程,是师生共同感知生命、感受成长、感悟生活的过程,师生在具体的教与学的过程中,进行思想品德、情感态度、理想信念、价值观念等诸方面的形成和转变,逐步走向和谐完满的精神世界。课堂上一旦形成了和谐、民主、平等、活跃、向上的人文氛围,课堂教学多种教育功能就会显现出来。它就像阳光、空气和水,使学生的潜能、创造力以及健康的人生态度得以生长和发展。

本文原载《探索与实践》第 26 期,建校 50 周年特刊,2008 年。

仰望星空

肖家芸

〔教师简介〕

肖家芸,语文特级教师。亲历教育(班主任一线 8 年)、教学(执教高中语文 34 年)、管理(任副校长、校长 6 年)实践,创立完成语文活动式教学、自塑教育和班级文化建设等国家和上海市教育重点课题实验研究。曾获全国语文课堂教学大赛一等奖、上海教育年度人物、上海市育德之星等多项称号,业绩为《中国教育报》等多家媒体报道,被多家重点语文期刊推为封面人物,名列中国百年语文人名录。出版《肖家芸讲语文》等著作十余种,在重点期刊发文 450 余篇。兼任华东师大继续教育学院兼职教授、中国思辨教育研究会副会长、中国学教育共同体副秘书长等职。

与学生相伴，感动时有，进步常在。品玩一二，足以欣慰。

一幅漫画的感动

二附中是寄宿制学校。寝室不和谐，班级不可能和谐；寝室内不能人人进步，班级内不可能人人发展。怎样建设和谐寝室呢？正当我犯难的时候，一幅漫画创意出现在卢芳明同学的随笔里，我随即找到设计者王文君同学，将画与文对照起来琢磨，不禁感慨。

卢芳明的文：

> 小君取自己的姓"王"，用小坤（付佳坤）名字中"佳"（家）的谐音，用包怡沁的昵称"包子"，卢芳明的昵称"卢子"（炉子），构成了一个很温暖的小屋（家）——有一只燃着火焰的炉子，炉上蒸着包子，上面冒着袅袅青烟（"王"字横着的形状）。这是我们寝室的"全家福"呢。

王文君同学的漫画："我们的家"

接着，文章讲述了"我们的家"诞生之后，大家为之尽心尽力的动人故事。

感动之余，我觉得这幅画就是鲜活而绝好的室标，从中得到宝贵的启示：

倡导以室为家的建设理念。引导每个成员树立"寝室就是家，共同建好她；一荣俱荣，一损俱损"的坚定信念。

引导以室标设计为凝聚点。室标的设计，既是形成共识、达成默契、积蓄友情、稳固关系的过程，也是展示才艺、培育寝室特色的过程。室标的设计自然带动了落实，比如,如何去换位思考,设身处地地关爱每个室友。这无法预设,但有心即可做到。

开展以室标评比为促动。室标的评比,胜负是次要的,重要的是把大家的视线聚集到寝室的建设上来。在温馨的传递交流中,反过来为寝室的温馨加火升温。上述201的室标设计及其说明,在2007第一学期结束的"感动十班"颁奖会上展示,感动了全班,成为2010届十班永远珍藏的记忆。

有了这次"借智"之举,我便广开渠道,发动全体同学为寝室建设出谋划策。一周过后,一项"文明寝室大赛的实施条例"在孙登辉等同学策划下隆重推出。该条例由学习部、内务部、劳卫部、纪检部、体育部联手,将和谐关系、体卫状况、纪律情形与学业发展捆绑一起综合考评,每学期评出班级奖励最高的文明寝室奖。按此操作,寝室之内全面建立战略伙伴关系,除了真情交友情,齐心搞卫生,一致守纪律,还要学习一起进。于是寝室成了学习的团队,好资料共用,难问题共探,好经验同享,专注的促懈怠的,先进的帮滞后的。一个个寝室的人均学业提高了,一个班级的整体学习水平自然上升。

成绩共享是温馨的,责罚共担也是温馨的,这倒真的见出境界,显出优雅风度,是一种更值得称道的温馨。

寝室的内务考评(包括卫生纪律),是文明班级建设的一个重点难点。为了塑造良好的班级与个人形象,班委会又集体商定了自律自塑目标。其中,三次不达标(百分)的,自觉停宿一晚。

停宿一向只是针对责任人,因为一次不达标往往由某个个体做得不到位所致,宿管人员查检时已经明确到人了。2010届十班在此问题上倒是另有一番风景,那就是同寝室任共担,不让某一个人单独受罚。失误了(一周内三次不达标),二话不说,自我惩罚。定好时间,主动告诉班主任,要一张出门条(学校规定住宿生不可以随便出入,否则违纪处理)。家里远的同学,如在金山、南汇的,还有韩国同学呢,停宿回家不便,路近的同学便领回自己家。其情其景,虽是受罚,但多少让人感动。

悠悠同学停宿后的感受记录摘要:

那一晚是住在英英家。

放学后挤地铁,拥挤的六号线简直是颠覆了空间密度的极限。

那天是豆豆的生日,所以英英的爸爸特意煮了寿面给我们吃。吃着爽口美味的面条,之前由于停宿带来的一点点阴霾的心情全都烟消云散了。

第二天清早,闹铃一响,我们就蹦了起来。

本是很普通的面包,英英爸爸却往里面别出心裁地加了个荷包蛋,尝起来味道要好多了。

　　停宿也真的像老师说的那样，坏事好事，取决于你怎么看它。受了点惩罚，主动承担，不但不失自尊，还得到了更多的东西。比如，强化了记忆，得到了深刻教训；感到了愧疚，尤其是责任人，一人连累三人，还麻烦了英英的父母，有了改正的更大促动；收获了更深厚的友谊，增强了寝室凝聚力。

　　停宿，何尝不是件好事呢？

　　是啊，一个人的失误，集体共担，压力小了而压强面积大了；一次被动的责处，变成了主动的受罚，失面变成了体面；受罚的不愉快，变成了友情的畅快；总之，受罚一次，收获多多。坏事变好事，责罚也温馨。这充分体现了温馨情感的力量之大，大到可以化解一切困难，将痛苦变成快乐。

　　由此，我深深体会到：学生是受教育者，也是教育自己的主人，有时也在教育老师。学生中蕴藏着意想不到的智慧与精彩，从他们身上我们常有发现所得。向学生学习，从学生借力，这是执教者永远也学不完的必修课。

2006 年 1 月 12 日，肖家芸老师带领 2007 届理科一班部分同学参加中共一大会址双语讲解启动式，这些同学是华二首个学生党章学习小组(腾飞党章学习小组)成员

一个帖子的震撼

正当我沉浸欣慰之时，百度贴吧上出现了一个恭敬而有微词的帖子，随即网上

便热闹起来。起因是停宿，牵带其他。

我请来相关同学认真倾听。原来一周内三次不满分即停宿，要求过高；寝室的满分原因多种，同学努力仅是一面。某些寝室很有"家"的荣辱感和班级的责任心，很努力去做，却屡屡被罚，形成心理压抑乃至怨愤。作为班级管理者，我看到他们快乐受罚的面，忽略了要求与考评本身的不合理因素和多次受罚后的心灵呼声，以为"做下去"挺顺畅，且为文明班级建设的亮点，于是交给班委会操作就没再过问。

帖子的冲击，击中了我内心的小我——只考虑自己的愿望与感受，而没有充分顾及事物的复杂性、学生的差异性和操作的灵活性。教育的一切是为了学生的发展（既要为他们长远历练，也要与他们眼前相谐），学生整体感觉好才是真的好。为教师自己的蓝图而苛责学生，乃至牺牲他们眼前的快乐，岂不本末倒置？我的心灵既为之震撼，又受到洗礼。

于是，我便调整改变自己，同学都来思考求同存异。

于是，班级有了平静和谐，有了蝉联全校行为规范总评第一的示范班级称号。

作为老师，学生便是我的星空。无论是顺应，还是逆对，学生身上都有值得我敬畏与让我获益的地方。仰望星空，诚怀一颗对学生的敬畏之心与感激之情，这是我能与学生一同进步的根本所在。

本文选自《托起教育自己的梦想——自塑教育》，华东师范大学出版社，2008 年。

学者型教师：我的终身追求

周靖

［教师简介］

周靖，1983年6月毕业于华东师大历史系，大学本科学历。1983年7月至今在华东师大二附中任教。现任学校教育教学指导委员会主任、上海市历史学会副主任委员、上海市教育学会历史专业委员会副主任委员、华东师大专业学位研究生教育指导委员会副主任委员等职务。主持市区两个历史教师培训基地，主持"以核心素养为导向的中学历史学科育人机制研究"等课题4个，主编《中学历史文献读本》等著作8部。荣获教育部"万人计划"教学名师（候选人），上海市正高级教师、特级教师、基础教育特聘教授，华东师大师德标兵、三八红旗手、优秀国家公费师范生兼职导师等称号。

"你可以成为一个很好的历史教师!"

我和华东师大二附中有缘,这个美丽的缘分还要追溯到我的大学时代。当时的二附中在华东师大校园内,因历史教研组师资紧缺,我和三位同学应邀前去代课(事后才知,这是二附中为引进新教师而进行的一次选拔)。之后的半年代课经历,结下了我与二附中的不解之缘。由于代课期间的出色表现,大学毕业后,我留校于二附中任教。

1983年9月,新学期开学第一周的某天上午,由二附中校级领导组成的听课小组对新教师进行把脉听课。当我充满激情而又略显紧张地完成入职二附中的第一堂课后,前来听课的党总支书记刘宗章赞许道:"你可以成为一个很好的历史教师!"刘书记的鼓励,使初出茅庐的我信心倍增。而一周后的教学反馈,更增添了我的自信,我和另外两位资深教师得到了全年级学生给予的高分评价。

怎样才能成为一个好教师?我暗自思忖着。领导的鼓励奠定了我成为学者型教师的奋斗目标。而出生于教师世家,从小受到父母专心于教学科研的熏陶,则为目标的达成提供了坚实的保障。

1990年代初,周老师和同事们在枣阳路校园
左起:钱伟、严鸿淇、张如伟、周靖、蔡尔韵、骆蔚、易小珏、杨琳仙、周建英、严秀英

此后的25年,读书、写作、做课题几乎与我的教学生涯相伴随。而对教学科研

的孜孜以求，并非仅仅是需要，更多的则是喜欢。正是这种浓厚的兴趣支撑着我全身心地投入历史教学科研，不断探索历史教学的新方法。

一期课改期间，为加快理科班学生自主学习、主动发展、学会适应、学会创新的成长历程，我将综合能力的培养贯穿于高三理科班历史教学的全过程。史实教学、史书荐读、史学探究，科技素养与人文精神教育的整合；网络检索、课件制作，传统教学模式与现代信息技术的整合；课内研讨、课外实践，学校教育与社会实践的整合，我不断探索着，创新着。一年的教学实践，最终形成了论文《加强实践环节，培养创新能力——高三理科班历史教学中的综合能力训练》，该文荣获中国教育学会中学历史教学专业委员会年会论文评比一等奖。

二期课改期间，为使历史学科真正成为激发学生的思维热情，引导其自我完善由感性到理性的认识过程，从而"走进"历史、"拥抱"历史、"放飞"历史，我尝试开发学校课程"中华文明史"。该课程采取教师讲座与学生研究相结合的方式，让学生通过课程学习，深入了解国情，弘扬传统文化；体验学习过程，提升综合学能。一年的课程开发，最终形成了论文《华东师大二附中历史学科学校课程开发初探》，该论文也荣获中国教育学会中学历史教学专业委员会年会论文评比一等奖。

在探索教学方法、开发学校课程的同时，为加大课程改革的力度，我试图从教学目标、教学内容、教学设计与策略三方面，对上海二期课改高一历史教材进行实证研究，探讨该教材教学的基本要求、内容拓展以及校本化教学方式。一年的教学实践，最终形成了论文《究天人之际，通文明之变，增历史智慧——"史学"一课的实证研究》，该论文又荣获中国教育学会中学历史教学专业委员会年会论文评比一等奖。

在25年的教学实践中，在课程改革的大潮下，我始终朝着成为学者型教师的目标前行：主编教学书籍《高中历史怎样学》《高中历史研究性教学导向》《高中生文史拓展阅读·制度与政事》《当代中学生历史新知识百科》《探寻生活中的历史十五讲》；参编教科书《高级中学课本·历史高三选修课》《高级中学课本·高中历史试验本》（第二、第三分册）、《高中综合专题题讲座》《义务教育课程标准实验教科书》。对教学科研的执着与追求，已成为我生活的一部分。

"你应该这样上课！"

华东师大二附中是中华人民共和国成立后一所后来居上、令现代学子引以为豪的名校。二附中的学生有着追求卓越、勇于创新的精神。二附中的校园文化，是我成长的肥沃土壤。

2018 年 1 月，在华东师大二附中乐东黄流中学，周靖老师和袁军老师共举菠萝蜜

1988 年的春季，我被普陀区教育局推选参加上海市历史学科中青年教师教学评选活动（俗称大奖赛），赛前的一次试讲，令我终身难忘。当我信心十足而又得意洋洋地完成试讲后，立刻被一群可爱的学生包围了："周老师，这堂课的气氛不够活跃。""周老师，你对曹操的评价不太全面。""周老师，你应该给我们更多的发言机会。""周老师，你可以学学数学老师和地理老师的参赛经验。""周老师，你应该这样上课……"学生们你一言，我一语，争先恐后地将其他科任教师的参赛经验和盘托出，希望我能代表二附中夺得桂冠。我被学生的直率与睿智感染，更为学生强烈的荣誉感和使命感而折服，我将学生的建议一一记下，并融化在以后的比赛中。正是在二附中学生的"指导"下，我懂得了怎样上课，也终于获得了大奖赛的一等奖，并代表上海参加了全国历史课堂教学研讨会，又荣获全国历史课堂教学研讨会教学实录评比一等奖。

从此以后，我的学者型教师目标中又多了一个主题，即以教学理论引领教学实践，在实践中形成自己的教学理念，以资指导教学。就这样，经过 20 多年的实践探索，初步形成了自己的教学风格。我以创造性学习理论、最近发展区理论、辅助呈现式理论为依据，以树立创新型历史教学观念、训练求异性历史思维能力、培养参与性历史学习方法为教学宗旨，以历史比较、学生主体、对象差异为应用原则，以增大信息容量、强化因材施教、感受科学氛围为媒体手段，构建了"主体历史比较教学模式"。它是一种寓发挥学生主体作用于历史比较教学之中、借助多媒体教学技术以培养学生创造性历史思维能力的课堂教学模式。从理论上讲，该模式属于研究型课程结构，它不单追求学习的结果，而且注重学习的过程；不是纯粹要求学生提出标准答案，而是引导学生重视思维方式和探寻解答思路，让学生对史料进行分析、比较，自己去解释、验证，探索有关问题，得出结论。

2010 年 7 月，周靖老师和洪燕芬老师在阿尔卑斯山打雪仗

有了自己的教学风格，还需在实践中不断完善。为此，研究二附中学生历史学习倾向培养的有效策略，成为我现阶段完善主体历史比较教学模式的首要任务。我认真研究了加德纳的多重智力理论，试图找到主体历史比较教学模式与二附中学生历史学习倾向的最佳契合点，在此基础上设置符合二附中学生历史学习倾向的课程方案，优化二附中的历史课堂教学。这一课题的研究正在进行中，它将成为我今后一段时期教学科研、教育创新的主要方向。

这就是我 25 年走过的道路：一条教学科研之路，一条教育创新之路，一条通向学者型教师的奋斗之路。

本文原载《探索与实践》第 26 期，建校 50 周年特刊，2008 年。

与青春作伴

——我和我的学生们

吴一敏

〔教师简介〕

吴一敏，1983 年至 1988 年在华师大物理系就读，1988 年来到二附中物理教研组工作至今，一直任教物理。带了 11 届高三毕业班，做了 24 年班主任，也有 2 年为教研组打杂兼了副组长。曾经独立编写了《高中物理重点难点 18 讲》《初中物理精析》，参与了《高中物理多功能题典》《初中物理竞赛教程》《华师大二附物理校本教材》等编写，组稿了《高中物理随堂训练》等。这些年带教的学生中有高考满分者，有竞赛各类奖项获得者；也曾被评为浦东新区园丁奖，多次获得唐君远教学奖、长风街道德育教育工作先进奖等。

作为一名高中物理教师，自 1988 年 7 月华师大物理系毕业后来到二附中工作，不经意间我已经从教 30 年整。2017 届三班的学生，为我从学校找到了一张刚参加工作时的照片，并且配了文字做成名信片，在学校游园会上展示，使我又重新回到了以前。

当吴妈
还没有当妈的时候

1988 年，我毕业刚参加工作的时候，摄于华东师大丽娃河畔

我出生于物理教师之家，受父母职业影响，从小就梦想当老师。亲眼目睹了妈妈是怎样成为了一个深受学生爱戴的老师。在那个物质匮乏的年代，在她生命的最后，她的学生们纷纷拿来自己家中祖父母用于急救的心脏进口药，试图挽留妈妈的生命，这一幕至今是我挥之不去的记忆。也就在那时暗下决心，将来一定继承妈妈的职业，成为一名学生喜欢的老师，就这样定下自己这辈子的职业选择。

在二附中工作 30 年间，从青年教师到资深教师，一路走来有我的快乐，也有我的忧伤。这些年遇到的一切，足以能使我编织七彩的故事，记录我在这所美丽的校园工作 30 年的教师生涯。

初为人师，站稳讲台

1989 年，我在 1992 届二班上了第一节高中物理课。经过精心备课，带着激动和紧张的心情,我站上了讲台。一堂课下来,滔滔不绝,自我感觉不错,讲完了如释重负。可这种高兴的余温还没有散去,学生告诉我听不懂,这是我始料未及的,那才叫欲哭无泪。闷闷不乐地回家,我就和父亲进行了探讨,然后调整做法:在准备每一个教案之前,先仔细琢磨当时的两套教材及教参的内容、思路和特点,完成配套教辅,找出重点、难点、典型题后,心中有数地按教材教法备课,课后请学生点评,指出自己的不足之处。

这样坚持了半年,才使自己比较顺利地跨过了教学第一关。同时,这也让我非常明白地意识到,只有不断提高自己的教学业务水平,这辈子才能真正站稳三尺讲台。

保留至今的第一届学生所用的教材及备课用书

也要感谢教师们当年对我的爱护和关照,这是我站稳讲台的坚实依靠。许晓梅老师给了我无私的支持,没进二附中之前我就听了她两个月的课;孙杏君老师在我第一次走上讲台时给了我自己的备课资料;戴秀珠老师在我第一次教高三感觉压力大时,把自己的经验告诉我、安慰我。时至今日,我都非常怀念与她们相处的美好时光。

用真心传递真情

初中1990届三班是我带的第一个班级,恰巧他们的高中(1993届三班)又是我带的第一届高中,送走的第一批高三学生。缘分有时是上帝赐予的最好礼物,相处四年间,曾经有过的第一次已无法计数。尤其记住的是这些时刻:第一次听万琳老师传授"打一次撸一下"的教育手段;第一次家长会上,杨琳仙老师帮我包揽了所有应该是班主任的发言；第一次扮福尔摩斯侦破了班上的一起"案件"，告诫自己只能成功不能失败，终于赢得学生的信任；第一次面对学生家长的突然离世，表现出自己的坚强和成熟，参加了这位学生家长的追悼会，安慰并帮助她早日从失去亲人的痛苦中走出来……

每当碰到这样那样的事情，我就用自己的真心向他们传递真情，而当学生们逐渐理解我的真心之后，同样以心换心，一切问题也就迎刃而解了。在这短短的几年中，我与学生们建立起初恋般的感情，至今回味无穷。所以，我也特别谢谢这批学生，是他们的理解和接受，让我迅速地成长着。

2008 年，50 周年校庆，我与"初恋"的第一届学生在教室中

青春故事，伴我成长

"早恋"对于教师来说是个敏感的话题，是班主任管理工作中一件非常令人头痛的事。在 24 年的班主任生涯中，每一次遇上类似问题的处理，都能带给我做班主任的灵感，教会我处理问题的许多方法，使我在工作中不断成长，确切地说就是和学生们一起"成长"。

1992 届二班有两对"早恋"，当时我分别委婉地告诉了家长，期待家长旁敲侧击地配合引导，然而不久收到了匿名信，指责我在处理这一问题上的不足。阅读之后，我就公开了这封信，很快就知道了信的来源，也知道了这是其中一位妈妈回家对女儿的过度训斥造成的。这件事告诉我：家长的个性千差万别，教育方式各不相同，今后和家长的沟通中就会提醒自己多用策略，只有知己知彼，才能办好事。

2003 届七班，高三重组后班上来了一对"早恋"，听说女孩的父亲非常反对，会动手打骂女儿，为这事我进行了家访，也证实了这位父亲的严厉。所以我后来决定不告诉家长，选择直接和这两个学生沟通，特别和女孩约法三章，要求她在做到自尊自爱的前提下，我帮她在父母面前隐瞒。高三整整一年，他们没有影响学习，最后各自进入名校继续深造。这件事的处理过程中，我避免了匿名的痛骂，虽然这一年自己感觉压力很大，生怕一个闪失对不起学生和家长。但转念想想，有时善意的隐瞒加上正面疏导，晓之以理，束之以规，也会有好的收获吧。

2008届十班，有个孩子有暗恋倾向，我察觉后没有责怪她。考虑到她父母不在身边，我就经常和她聊天，天南地北什么都谈。最后以我的真心打动了她，终于使她抛却了重重顾虑，主动来和我面对面地讨论问题：没有恋爱的高中学习生活是否完美？这件事告诉我，处理问题的方式、方法的改变，可以使学生从被动到主动，而角色的转换往往更有利于问题的解决。就这样，学生使我不断在进步，也在实践的积累中提炼相关的教育经验。

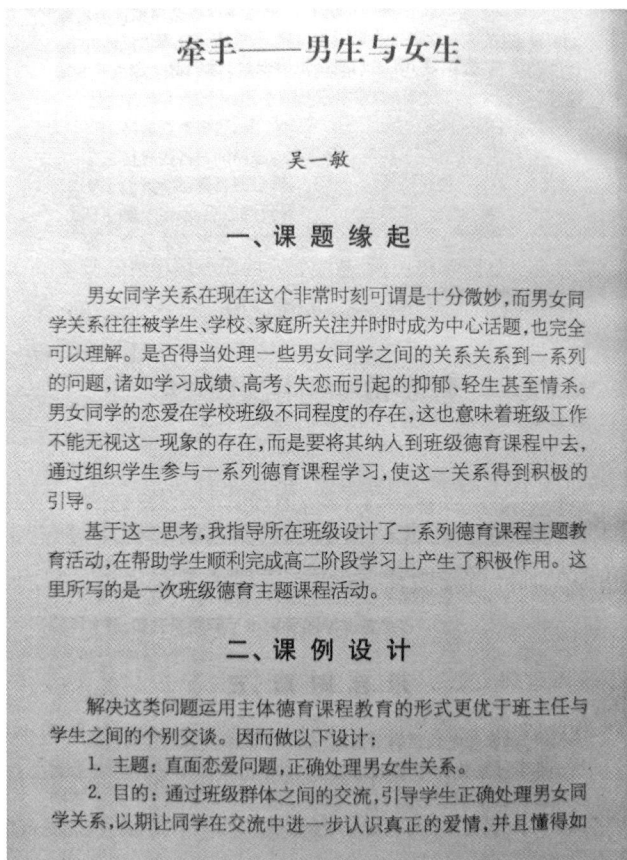

牵手——男生与女生

吴一敏

一、课 题 缘 起

男女同学关系在现在这个非常时刻可谓是十分微妙，而男女同学关系往往被学生、学校、家庭所关注并时时成为中心话题，也完全可以理解。是否得当处理一些男女同学之间的关系关系到一系列的问题，诸如学习成绩、高考、失恋而引起的抑郁、轻生甚至情杀。男女同学的恋爱在学校班级不同程度的存在，这也意味着班级工作不能无视这一现象的存在，而是要将其纳入到班级德育课程中去，通过组织学生参与一系列德育课程学习，使这一关系得到积极的引导。

基于这一思考，我指导所在班级设计了一系列德育课程主题教育活动，在帮助学生顺利完成高二阶段学习上产生了积极作用。这里所写的是一次班级德育主题课程活动。

二、课 例 设 计

解决这类问题运用主体德育课程教育的形式更优于班主任与学生之间的个别交谈。因而做以下设计：

1. 主题：直面恋爱问题，正确处理男女生关系。
2. 目的：通过班级群体之间的交流，引导学生正确处理男女同学关系，以期让同学在交流中进一步认识真正的爱情，并且懂得如

2007年，我撰写的德育课程设计，收入《学校教育与德育课程化研究》

随着遇到事情的多种多样，每个新故事的发生，都像是我成长道路上的又一道坎；而每一个问题的顺利解决，往往就伴随着我对人、对事的新的理解，由此带给我为人处事的新的成长。

无怨无悔，笑迎即将退休的自己

在刚接 2014 届一班不久的第一次考试后，为了让家长知道自己小孩步入高中新的学习环境后的学习状态，我决定通过学生分别约见家长，交流学生的在校表现和学习情况。然而却碰到一位学生，不愿让我和家长联系，找了各种借口来搪塞我，甚至在我已安排好时间的情况下，找个借口骗了我。当时的我非常生气，但在学生面前没有流露出自己的"恼怒"。等到平静下来，我就和他沟通：先认真听他的解释，肯定他的想法是有道理的，同时指出他的这种做法是很不妥的；然后再请他换位思考，如果你是老师，碰到今天这种情况，你会怎么想？——真是不打不相识，也就是这样一个对我来说很平常的沟通过程，没想到给了学生很大的触动。随后他还很认真地来向我道歉，并且在以后的相处中，我们成了可以"交心"的师生。

在 2017 届一班的带班过程中，可能因为 00 后的原因，孩子们有时会习惯性地拿出在家的脾气来顶撞我。每当碰到这种尴尬场面，我就暗暗劝自己，他们还是孩子，不能因为自己的面子去计较这些。事实也证明，往往在冷静下来之后，学生们都会主动向我道歉。

2014 届毕业照拍摄时，作为班主任，孩子们邀请我一起合影留念

点点滴滴的这些事,经过这么多年的实践后得出:遇事多理解多包容他们,只要自己心中充满喜欢,所有的事情都是可以做好的。回顾24年的班主任经历,先后送走的11批高三毕业生,都令我深感自豪,也让我由衷地感悟到:教学的真谛是传道授业,而教育归根到底就是老师对学生有一颗爱心。

"流水的学生,不变的老师",这是对我30年教学生涯最形象的概括。一路走来,学生伴我成长、使我快乐,学生让我在成长中不断提升自我,也为我编织了平凡而又精彩的人生。对于当初的职业选择,我无怨无悔,那些年、那些事记录了我的工作轨迹,也将成为我退休后的回忆和享受。作为一名教师,我可以骄傲地告诉所有熟悉我的人们:我热爱我的学生,我热爱教师这个职业。

吴一敏老师口述,蒋轶整理撰稿,2018年四五月间

[校友简介]

蒋轶,1990年至1993年就读于华东师大二附中。1997年毕业于上海交通大学工业外贸系,曾在强生和英特尔公司工作四年,后赴美就读于亚利桑那大学,获MBA。之后十余年在霍尼韦尔公司工作,任全球供应链财务负责人。

注重实效,走特色教研之路

范小辉

[教师简介]

范小辉,华东师范大学第二附属中学首批中学正高级教师,上海市、江苏省物理特级教师,上海市物理学会理事。曾获全国五一劳动奖章,参加过教育部首期全国中学物理骨干教师国家级培训。多年从事高中物理教学工作,教学思想先进,教学方法灵活,教学手段多样,教学效果显著。自 1993 年起兼带物理竞赛的辅导与培训,先后有 36 位学生进入国家物理奥赛集训队,有 9 位学生获国际物理奥赛和亚洲物理奥赛的金牌。2018 年还有一个学生入选国家队,将代表中国参加国际物理奥赛。在各种物理教学杂志上发表论文 30 多篇。

华东师大二附中物理教研组现有教师 11 人，其中特级教师 2 人，高级教师 6 人，一级教师 2 人，二级教师 1 人。这些年，我们在更新教学理念、提高教学素养、改变教学方式等环节上进行了许多卓有成效的探索和实践，并在教育教学的诸多方面取得了长足的进步。

同课异构

教学改革的深入和二期课改的推进，需要教师不断更新教学理念。为此，我们教研组特别推出了"同课异构"的特色教研活动。"同课异构"，即开课前各位老师根据自己对教材的理解和教学理念，独立设计教案，然后组织全组教师相互听课，再结合实际的教学实践活动，对预期教学目的的达成度、教学设计的科学性、教学方法的有效性等进行探讨，最后写出教学反思，总结实际教学过程中成功的体会和失败的教训。这样的活动，不仅能让年轻教师比较快地成长起来，也能让老教师的教学理念不断得到更新，从而使我们的物理教学始终富有生机，充满活力。

比如，有一次大家听一位年轻教师讲课，他在讲"平抛运动竖直方向的分运动是自由落体运动"这一知识点时，用了书上介绍的平抛运动演示仪，通过比较同时下落的平抛运动小球和自由落体小球的落地时间来加以说明。这个实验很多老师都做过，学生也从未提出过异议。但是可能因为这个老师年龄和学生相差不多，平时师生关系又很融洽，所以即使有很多老师在现场听课，仍然有一个学生大胆地提出了他的不同观点。他认为，虽然听起来两个小球同时着地，但也可能两个小球着地的时间差在我们听觉的暂留时间内。这个观点一提出来，我们很多老师都感觉眼前一亮，内心受到很大的震动。为了彻底解决学生的这一疑问，事后老师们又一起探讨设计了其他更好的演示实验，来证明结果的正确性。通过这件小事，我们全组教师清醒地认识到，物理教学中一定要鼓励学生不唯书、不唯人，多思考、多提问，并及时发掘学生提问的闪光点，对其进行表扬和鼓励，从而为创新人才的培养奠定坚实的基础。

教研沙龙

要将课改的新理念转化为具体的教育教学行为，并和学生产生教学上的共鸣，就需要努力提高教师自身的教学素养。这既要求教师平时广泛阅读和深入思考，也需要借助教研组这个平台加以推进。为此，我们教研组隔周开设"教研沙龙"，充分发挥各个教师的教学特长，就大家关心的热点问题进行深入细致的研讨。我们的具体做法一般是，先确定研究课题，再确定主讲者，由主讲者通过从网上搜寻、从书中查阅，或向专家请教，或亲自动手实验等各种途径，获得论证自己观点的相关材料，然后请每个老师发表自己的意见，经过充分广泛的争论，最后对研究的问题达成共识，得出解决问题的基本途径和一般方法。为保证各位教师畅所欲言，充分表达自己的观点，我们也经常挑选年轻老师当主讲者。比如，年轻老师比较擅长利用现代多媒体技术辅助教学，我们就放手让他们设计相关的教学案例，现场展示，让其他老师从不同角度提出意见，然后再认真修改，经过多次广泛研讨后，成为组内教师共用的课件。

借助"教研沙龙"这个平台，这几年仅在改进的演示实验方面，我们就针对那些对课堂教学重要的，又较难演示成功的实验，通过组内教师的共同努力，先后完成了《摩擦力演示仪》《库仑定律演示仪》《光电效应演示仪》《泊松亮斑演示仪》等一系列实验的设计和改进。我们编写的《华东师大二附中普通班物理教材》一书也已正式出版。同时，我们精心设计的华东师大二附中学生必做和选做实验，为提高学生的动手能力提供了行之有效的实施途径。

第三十四届全国中学生物理竞赛颁奖典礼上，范小辉老师和获奖学生合影留念

我们教研组还通过"教研沙龙"的多次探讨，尝试了许多创新的教学方法。传统的教学方式是教师口授，学生听课，课堂上学生只充当被动接受的角色，但这很难适应二期课改的新要求，也不利于学生能力的全面提高。因此，我们努力探索"学法"，把自己放在学生的角度去面对新知识，变"老师教"为"我应该怎么学"，变"讲授式教

学"为"商讨、合作、研究式教学"，以此充分发挥学生学习的积极性、主动性和创造性。同时，借助课堂教学互动开放的平台，变"课堂权威"为"课堂民主"和"心灵沟通"，充分保护学生的好奇心、求知欲和想象力，以高度的责任感和创造力感染学生，使学生感受到教育民主和师生平等，畅所欲言，尝试成功。

比如，二期课改新教材中有多个"学习包"。对于这些内容，我们都放手让学生自己组成学习小组，自行探究，并充分调动学习小组中各个学生的特长，让他们优势互补。这中间教师只起协调及导向作用。经过一段时间的研究后，再让各小组派代表在物理课中充分展示他们的研究成果，教师和其他学生一样作为听众只提问不总结。这样的教学，学生参与的积极性特别高，合作学习的意识得到了培养，效果非常好，甚至有同学由此入迷，进一步钻研写出了具有一定水准的科学小论文。这样的训练，表面上看不如教师直接讲授有效，但相信会为他们以后的可持续发展提供保证。

本文原载《探索与实践》第 26 期，建校 50 周年特刊，2008 年。

"意外"串起的闪亮日子

周来宏

[教师简介]

　　周来宏,中共党员,1962 年生。现为华东师大二附中语文教研组组长,语文首席教师。1983 年毕业于扬州师范学院中文系,2001 年获南京师大教育硕士学位。2004 年来到二附中工作,所执教的语文课受到历届学生的喜爱。"浅入深出"的教学风格,诙谐幽默的教学语言,尊重学生个体体验的教学态度,让语文课体现了平等、和谐和以学生发展为本的鲜明特色。教学之余,开展教学研究和文学创作。迄今已出版编著和参与编著 4 种,发表教学研究文章 150 多篇,其中 3 篇被人大复印资料复印转载,发表文学作品 100 多篇(首),同时辅导学生发表各类文章 150 多篇。

对于二附中而言，我只是一个新人。2004 年的那个夏天，我才加盟这个团队。屈指算来，仅仅四个寒暑。今天，当我坐在电脑前想下点什么的时候，许许多多"意外"的片段在我的大脑里珍珠般的串起。

"你下周一来上一节课吧，课题是杜牧的一组诗，你记一下诗的题目。"这是我 2004 年夏天接到的来自二附中的第一个电话，放下电话，我顿感惊讶：一周前就把课题告诉我让我准备？求职上课不是第一次了，先前去徐汇一所学校，他们在上课前 20 分钟才把课题告诉我；后来到浦东一所重点中学，在课间十分钟才告诉我课题让我准备。二附中居然给了我一周时间！我在惊讶之余，感到了她的大气和与众不同。

上课后一周，我便接到学校李志聪书记的电话，我正式成为二附中的一员。

进二附中的第一节课，我没有想到的事情发生了。

在上课礼仪完成后，我发现，何晓文校长进了我的教室。那节课，高一年级组规定跟新同学讲讲在三年里高中语文学些什么。我不觉紧张起来，因为这节课几乎没有我可以发挥的东西。

我首先从语文是什么开始，把我在研究生读书时的关于语文的理解跟学生作了交流，我讲语言与文化，语言与文学，语言与文章，书面语与口头语，讲三年里我们应该了解什么，掌握什么。课堂气氛非常热烈，我的例子帮了我的忙，那些例子生动而有趣，校长也喜欢这些例子，因为我举例时，校长情不自禁地微笑。

下课，一身汗。中午，吃饭时碰到校长，校长说：好，真好，我很满意。

我那顿饭吃得特别香。尽管第一节就被听课实在出乎意料，但是我感到了校长对一个新加盟教师的看重。

一学期很快就过去了，2005 年到了，接下来的一个学期让我意料的事情一件接着一件，而最让我意外的还是学校骨干教师的评审。

学校为了激励教师的专业发展，开展校骨干教师的评选，我抱着试试看的心态也跟着申报了。我知道，我报也是报着玩，估计希望不大，因为我才来这个学校仅仅过了一学期啊！

我的心态很平和，有我没我我都没有太在意。可是当一个早晨何校长来到我面前，跟我说"你刚来学校，这次骨干教师评选评上的希望不大，所以你要有心理准备"的时候，我还是有些难过。

难过只过了半小时我便想通了，这个学校那么多的优秀教师，我评不上不是很正常吗？我就是一个曾经发表过几十篇论文上过几节公开课拿过一些教学奖的高级教师，可在二附中还没有干出什么特别的成绩，评不上骨干太正常了。于是，我平和地参加递交申报书后的一切程序：群众评议、述职，等等，我做好了落选的心理准备。

可是等到学校公布骨干教师入选名单时，出乎我意料之外的是：我居然名列其中！

那天回到家，我一个人在书房里静静地思考，我突然明白过来，何校长对我说的话其实是对我进行的心理保护，如果我不能当选，也有心理准备，不会太难过；如果我当选了，我会更高兴。那一刻，我有一种深深的感动，不仅为了校长的细心，也为学校对一个刚进校教师过往成绩的肯定。

转眼进入 2006 年，暑假结束，新学期开学，教研组里开展第一次语文教研活动。

组长说，高考刚刚结束，我们这届高考语文考得很棒，请老高三备课组给新高三、高二组交流一下教学体会，特别是高考的收获和遗憾，这样便于新高三年级更有效地开展教学。

活动开始，根据我以前在其他学校的情况，我以为老高三的教师一定会很"艺术"地说几句所谓的体会，怎么可能会把自己的体会和盘托出？

可是，出乎我意料的是，他们不但和盘托出了他们的体会，而且还和盘托出了他们所有的教学资料！

这是我们的自编教材，这是我们自己设计的模拟试卷，这是我们筛选的名言名句，这是我们编制的文言实词总汇，这是古诗词鉴赏技巧资料……你们根据自己年级的情况取舍着用吧！

没有半点保留，没有丝毫保守。

这个时候，我明白了什么叫"团队"，什么叫集体，什么叫真诚，什么叫工作氛围！

2007，注定是不平凡的，我有生以来第一届高三毕业生就要诞生了。

在这之前，我在江苏一所师范学校工作了 19 年，在上海一家职校的综合高中部工作了两年，我没有带高中毕业班的经历，这一点，成了我进入二附中，站在学生和家长面前最心虚的地方。

于是，三年来，作为班主任和语文老师的我全身心投入，毫无怨言地付出。我不知道学生怎样评价我。我推想，在学生心目中，我最多是一个没有高考指导经验但尽心尽力的老师。

6 月 15 日，学校为 2007 届毕业生举行了隆重的毕业典礼。典礼结束后，班长吴筱君叫我到教室去一下，我来到教室，屏幕上播放着同学们精心制作的展现我们相处三年的一个个瞬间的 PPT，看到 PPT 上的画面，和同学一起唱起周华健的《朋友》，一种别样的情感涌遍全身，唱完歌，当同学们全体起立，齐声说道"周老师，我们

2018年5月31日下午，周来宏老师与获得"上海市语文教学之星"的本校青年教师、徒弟战嘉欣老师合影留念

爱你，你是最棒的"的时候，我的眼泪夺眶而出，我背过身去，任泪水纵横。三年，我的辛苦，我的劳累，一下子烟消云散，有的是感动、感激和深深地感怀。擦干眼泪，我和每一位同学握手、拥抱，送上我的祝福与祈愿。

这让我意外的场景，将是我一辈子的珍藏。因为我知道，这一切，是学生送给我的最真诚的温情鼓励。

告别了 2007，也告别了一段难忘的岁月，当全体同学 100％地踏入重点大学大门的时候，我完成了一个师范学校教师向中学教师的顺利转身。

完成了 2007 届的工作，我来到了新的一届——2010 届，作为教师，我始终认为，教学与教研应该是教师腾飞的双翅，尽管我的教学得到了学生的认可，尽管我在许多报刊发表过教学论文，尽管我的论文多次在全国、省市获奖，但是，我始终没有自己的著作，这成了我的一个心结。

2008 年 5 月，学校决定为开设成熟的校本课程出版教材，我撰写的《古诗词鉴赏技巧》也可以正式交由出版社正式出版，这又是一个意外之喜！

捧着那本印有我名字的教材，我激动而感慨，我为我能在这个美丽、大气且充满温情的学校工作而感到幸运和骄傲。

诗人李瑛曾经写下这样的诗句：我骄傲，我是一棵树！于我，我骄傲，我这棵小树在华师大二附中这块美丽的土地上找到了适合我生长的土壤：温情四溢的空气，团结互助的阳光，还有催人奋发的养料……

本文原载《探索与实践》第 26 期，建校 50 周年特刊，2008 年。

培养智优学生的四种策略

施华

［教师简介］

施华，1991 年毕业于华中师范大学化学系。1991 年至 2001 年 2 月，在湖南省长沙市一中工作。2001 年 2 月至今，在华东师范大学第二附属中学工作，化学正高级教师，上海市化学特级教师。

担任上海市政协委员、九三学社社员、中国化学学会会员、上海市化学化工学会会员、浦东新区化学教育教学委员会理事。长期从事化学智优学生的辅导培养工作，所带学生在国际化学奥林匹克竞赛中共获 4 金 2 银，全国化学竞赛决赛一等奖 30 多人，初赛一等奖 100 多人。为此获得湖南省九芝英才导师奖、上海市唐氏奖教金一等奖等。发表近百篇教育教学论文，其中《在高中理科实验班中开展研究性学习的探索和实践》等多篇获奖。编著出版《高中化学竞赛培训教程》《理科班化学校本课程》《高中化学研究性学习》等书，总计近 300 万字。

智优学生是指具有较高的智商和较强的自信心,有缜密的逻辑推理和数理能力,对事物表现出浓厚的兴趣,具有较强求知欲的一类学生群体。然而,智优学生也有其弱点。他们虽然智商较高,但情商却不一定高,有的比较自私,有的性格内向,容易孤芳自赏,离群索居,缺乏团队合作和认真负责的精神,还有的生活自理能力较差。部分学生对自己的能力缺乏全面正确的认识,表现得不够自信,另外也有学生自信心过度膨胀,自以为是,常常好高骛远、好大喜功。

如何根据智优学生的特点,在化学教学中完善他们的人格,使他们得到全面的发展呢?我从事智优学生的培养已有十几年,其间取得了比较优异的成绩,有八十多人获得全国化学竞赛初赛一等奖,二十多人获得冬令营一等奖,十多人进入国家集训队,五人进入国家队,在国际化学奥林匹克竞赛中获得了五枚金银牌,为国家和学校赢得了荣誉。因此,我想将个人积累的一些经验和体会写出来,和大家进行交流探讨。

一、采取行动研究策略

这里的行动研究,有别于教学法中的行动研究,这里主要是指通过举行化学活动,来逐渐改掉智优学生的弊病。化学教学应该是开放式的,化学活动的方式也应该是多种多样的。比如,在围绕某一化学知识点或化学实验现象进行探索的时候,智优学生往往会各抒己见,互不服气。这时,作为老师,我会及时加以引导,让他们展开激烈的讨论。在讨论过程中学生们往往会智商、情商大爆发,老师就要及时捕捉住那些转瞬即逝的火花,有效地驾驭讨论,引导学生展开思考并达成共识。当然,对于当前还没有定论的化学知识,老师应该鼓励学生发表不同的意见,甚至可以成文,发表到各种化学报刊杂志上。

我清楚地记得,二附中 2007 届的化学小组有 12 人,最初 4 人比较强,8 人相对弱一些。我采用了行动研究的方法,围绕化学主题展开讨论,在讨论中让学生明白,一个人的力量是有限的,尺有所短,寸有所长。当这些化学主题活动一个个开展以后,学生们深深感受到,他们对知识的最初认识都是肤浅的、片面的,只有相互讨论,共同探索,才能逐渐加深对化学知识的认识。两年后,这 12 位同学的性格都有了较大的改变,原本性格内向的同学逐渐变得外向开朗,原本有些孤芳自赏的同学也能主动找其他同学一起讨论问题,大家的学习成绩都有了大幅度的提高。在 2007 年全国化学竞赛初赛中,这 12 位同学全部获得了一等奖;其中 3 人参加化学冬令营,全部获得决赛一等奖;2 人进入国家集训队,1 人进入国家队并获得第 39 届国际化学奥林匹克竞赛的金牌。优异的成绩,离不开性格的改善和团队的合作。所以,这种行动研究,胜过老师千言万语的说服教育。

2006年7月,辅导教师施华和国际化学竞赛金牌获得者叶钦达同学的合影

二、采取咖吧文化策略

这里所说的咖吧文化,其实是指以一个场所为载体,让老师能及时了解学生的思想动态和学习状态。当今的学生,不太喜欢老师的直白询问,他们很讲究情调,希望能在一个轻松的环境中和对方交流。二附中有一个咖吧,正好成为这样的场所。那里是我经常和学生交谈的地方,我们经常边喝咖啡边聊学习情况和思想动态。咖吧成了我为学生鼓劲加油的重要阵地,也是我对学生进行感情投资的主要场所。

比如,2005届学生总体来说不算太突出,我就经常请这一届化学小组的同学到咖吧喝咖啡,为他们鼓劲加油,增强他们的自信心,鼓励他们放下包袱继续前行。后来事实证明,这一届学生有85%获得了全国化学竞赛初赛一等奖;3人参加冬令营,其中2人获一等奖,1人获二等奖;2人入选国家集训队,1人进入国家队。特别是进入国家队的陈宇辉同学,在高一时表现并不突出。通过咖吧文化这种交流方式,让他有信心,有干劲,结果到高二时他就已名列前茅。由此可见,老师及时地和学生沟通交流,及时地鼓励和增强学生的自信心,让他们正确认识自己,有时能起到举足轻重的作用。

2007 年，施老师和荣获国际化学奥赛金牌第一名的徐磊同学

三、采取本色演绎策略

生活中，我们每个人都是一名演员，有的将生活演绎得非常精彩，有的却将生活演绎得非常灰暗。智优学生也是如此。特别是在学习初期，很多智优学生就像是一个小品演员，喜欢夸张，急于求成，虚荣心强，急于想得到老师的认可，因此经常会有好高骛远、好大喜功的毛病。这种毛病不改，不踏踏实实地学习，不打下牢固的基础，想在竞赛中取得好成绩就只能是一种奢望。怎么处理这种情况呢？我的策略是培养学生做一个本色演员。比如在讲完一个知识点后，我会询问学生们是否已经掌握，并在表示已经掌握的学生中提问以求证。求证方式可以是书面的，即用书面表达，让他们写在练习本上，也可以是当着全班的面提问。对于急于求成的同学，这两种常见方法可视情节轻重而定，对轻者采用前者，对屡教不改者采用后者，给以适当的刺激。久而久之，浮躁的学风就会改变，取而代之的则是脚踏实地的务实学风。

记得 2007 届开始时有个学生经常不懂装懂，学习很不踏实，生怕同学和老师说他素质不行。经过两年的熏陶，他的学习变得踏实多了，不再追求虚荣，最终获得了全国化学竞赛一等奖的好成绩。

四、采取感恩教育策略

有些人觉得智优学生只要会学习，能拿各种大奖就可以了。这种认识是肤浅的。智优学生会学习只是一个方面。更为重要的是，通过化学竞赛这个活动，不仅要培养他们的竞争意识、团队合作精神，以及沟通能力，还要让他们树立远大的理想和科学的价值观，锐意进取，敢于担当，同时待人真诚谦和，懂得饮水思源，对长辈和培养过自己的人心怀感恩。但是有些智优学生做不到这一点，他们认为取得的成绩是他们聪明的结果，对老师没有感恩之心。因此在平时的培养中，我们要使学生充分地认识到，自己点滴成绩的取得，都是与老师及其关心过他们的人分不开的。

总之，对智优学生的培养是一项极其艰巨的系统工程。它要求任课教师除了具有扎实的学科功底外，还要具备多种方式方法来处理教学中出现的问题，包括学生的思想问题和人格问题等。只有根据智优学生的特点，在教学中完善他们的人格，才能使他们得到全面的发展，把他们培养成栋梁之材。

本文原载《探索与实践》第 26 期，建校 50 周年特刊，2008 年。

当青春碰撞科学

吕秀华

［教师简介］

吕秀华，华东师范大学第二附属中学生命科学教师，生物教研组组长。毕业于东北师范大学生命科学学院，获理学硕士学位。上海市优秀科技教师，上海市优秀科技教育工作者，全国优秀科技指导教师，全国十佳优秀科技教师。

十几年来探索实践生命科学与创新教育相结合，于课内外注重提升学生的生命科学素养，指导多名学生参加上海市、全国和国际科学与工程大奖赛取得佳绩。指导樊悦阳同学在第 69 届英特尔国际科学与工程大奖赛中荣获植物学一等奖和学科最佳奖，并将获得小行星命名；指导顾宇洲同学参加第 58 届国际科学与工程大奖赛，获得植物学科二等奖，并获美国国际天文学联合会小行星命名。指导中美合作项目/美国国会资助项目"纽约哈德逊河与上海黄浦江生态调查及比较研究"。此外也是生物学奥赛教练，指导近 50 名同学获全国中学生生物学联赛一等奖，四十几名同学获保送资格。发表论文多篇，出版编著《传染病与生物战争》（主编）、《点亮课堂——聚焦课堂模拟研究》（副主编）。

校园,一个舞台,学生为主角,老师为指挥,上演着以永不言败为主旋律的青春与科学的故事。青春,以其标新立异和开拓进取成为校园里一道靓丽的风景线;科学,以其求实严谨和博大精深而独占鳌头。当"青春"遭遇"科学",又会发生怎样的故事呢?

故事之一:名副其实的"豆腐渣"工程

苏勇是二附中 2004 届全国理科班的学生,在高一时获得数学奥林匹克全国联赛一等奖,并入选冬令营。一天,我正在办公室备课,他敲门进来,开门见山地问:"老师你喝豆浆吗?"我忍不住笑了:这孩子,要请客啊,还喝豆浆。抬头看他一本正经的样子,知道他不是开玩笑,我搬了把椅子给他坐,耐心地听他讲"豆浆"。原来他家每天早晨用豆浆机榨豆浆,豆浆被喝掉了,而产生的豆渣都扔掉了,他觉得很可惜,产生了废物利用的想法,但又不知道是否可行,于是找我来讨论。

听了他的陈述,我从心里高兴,不看这个课题是否新颖,是否可行,单单从他善于从生活中发现问题并尝试解决的想法和思维方式上看,就足以令人欣慰。作为他的老师,我深知这意味着什么。追求卓越一直是二附中学生的座右铭,而卓越并不是好分数、好大学所能诠释得了的,走进课本领略科学的魅力,走出书本、走进生活发现并解决新的问题,这才是更高的追求。

从那以后,我和他的日子都异常忙碌和充实起来,查资料、咨询、定方案、做实验,在失败、返工、再失败、再返工的变奏曲中体味着前进中有曲折、曲折中有前进的辩证关系。功夫不负有心人,在我们共同的努力下,被老师和同学们戏称为"豆腐渣工程"的课题《豆渣中膳食纤维提取方法的研究》在第 19 届英特尔上海市青少年科技创新大赛中获一等奖和四个专项奖。苏勇同学于 2004 年 4 月荣获上海市教委和上海市科委联合主办和颁发的"科技希望之星"称号。

如今在美国深造的苏勇同学谈起在中学阶段的科学研究的日子,感慨颇多:"学校能为二附中的学生提供科学研究的平台,实在是我们的福气,我们的收获不仅仅是奖牌和称号,其间得到的锻炼将受益终生。"

故事之二:托起那颗星

星光灿烂

在华师大二附中,提到顾宇洲的名字,无人不知,无人不晓。他一度是校园中的

2018 年，在吕秀华老师的指导下，樊悦阳同学在第 69 届英特尔国际科学与工程大奖赛中荣获植物学一等奖和学科最佳奖，并将获得小行星命名

明星人物，因为在浩瀚的宇宙中，有一颗星是用他的名字命名为"Yuzhou Gu"，该小行星编号为 23758，是于 1998 年被发现的。

这颗小行星是为了奖励顾宇洲在 2007 年第 58 届英特尔国际科学与工程大奖赛(Intel ISEF)上的杰出表现而命名的。美国 Science Service(科学服务社)向 IAU(International Astronomical Union 国际天文学联合会)及 NASA 提出申请，将一颗由麻省理工学院的 LINEAR(Lincoln Near-Earth Asteroid Research)天文台发现的行星命名为"Yuzhou Gu"，现已正式获得批准。如今这项命名已在国内外权威天文网站上发布，在维基百科中也可以找到。

顾宇洲同学于去年参加了在美国举行的第 58 届 ISEF 大赛。他与伙伴的课题着力于从夹竹桃中提取有效成分制成环保农药。经过长期的工作，他们已经得到了有效的单一成分和该成分的结构，查新后该成分尚属首次发现。他们还在分子水平上探究了该成分的作用机理。他们的工作成果在美国受到了广泛好评，获得了大赛二等奖和美国生物制药学会特别一等奖。这是当年中国代表队的最好成绩。

获得如此高的殊荣，很多人都说小顾是幸运的，却很少有人知道他耀眼的光环背后的故事。

我要做课题

进了二附中的同学都知道，从入学开始，学校和老师就通过讲座等各种方式引导和鼓励有兴趣和有余力的同学尝试做课题，并为学生安排选修课、社团活动时间，在老师的指导下进行课题研究。每年都有很多人参与到课题研究的队伍中来,顾宇洲就是其中的一个。所不同的是,他比别人更主动地与老师沟通,只要有时间,只要有了新的信息或想法,就马上跑到办公室来和老师交流。在选题的过程中,经历了痛苦的一次次被否定——不是已经有人研究了,就是超出了中学生所能研究的能力或条件范围。在老师的一次次"回去再查资料,再考虑考虑"之后,他又一次次回来,最后他的执着和他灵敏的思维征服了老师。

争毒姐妹花

夹竹桃是一种有毒的植物,在上海分布非常广泛,从花的颜色看主要有两种:红花夹竹桃和白花夹竹桃。外观看,除了花色不同,其他差别不大,按照研究方案,只取夹竹桃的叶片,没考虑取哪种。到了取样地,看到红白相间的夹竹桃,我就和他说,植物的花的特征是植物分类的主要依据之一,花不同可能分类地位不同,性状也不同。我们怎么取呢? 他想了想,肯定地说:"两种都取,比较一下。"我暗自高兴,他知道实验设计要遵循的对照性原则和取样的随机性原则了。

取回的鲜样经过烘干,粉碎,浸提,获得了夹竹桃叶的乙醇粗提物,捉来了虫子进行毒性实验,结果太令人兴奋了:加入红花夹竹桃的乙醇粗提物的虫子,一开始异常活跃,几分钟后都身体变软,行动迟缓,最后一命呜呼。而加入白花夹竹桃的乙醇粗提物的虫子,等了好久还是各个安然无恙——红花夹竹桃的乙醇粗提物对菜青虫和小菜蛾有效,而白花夹竹桃的乙醇粗提物无效,这是没有任何文献报道的! 初战告捷!

与课题一起蜕变

在菜地里,菜青虫和小菜蛾吃着菜叶成长着,蜕变成蝶;课题经过几次关键性的蜕皮也趋于完善了,我发现小顾也在随着课题蜕变着:由"老师你看怎么办"到"让我来看看";由"网上说"到"文献说";由"文献说"到"实验结果显示";由最初的初生牛犊到久经沙场的战马……从大赛归来,带着为祖国争光的荣誉,带着谦逊的微笑,带着对母校和上海英才俱乐部、对科学家们和指导老师的感激之情,他又投入到刻苦的学习中。

下面是他的感言:在二附中的三年,学校对我的帮助是全方位的,不仅在科研课题方面有所进步,在自身性格的完善及人生目标远景的规划上也给了我巨大的帮助。学校寄宿制的集体生活让我与同学结下深厚友谊的同时,更加让我学会如何与人相处。而学校如同大学教学模式的讲座,则进一步增强了我的学习能力。丰富多彩的晨晖讲坛更是极大地开阔了我的眼界,丰富了我的综合知识。学校的社团活动、志愿者服务等培养了我的综合能力,树立了我服务社会的意识。而且,学校的理想教育也让我对人生的远景规划和综合发展方向有了更加清晰的认识。学校在保证高质量教育水平的前是下，为我们的综合发展提供了最最周全的考虑和最最优越的条件。

"路漫漫其修远兮，吾将上下而求索。"

顾宇洲去了复旦大学，那颗星还在宇宙中运行。

二附中的校园里，每年都有同学的课题开始和结束。在这里，青春遇到科学，没有擦肩而过，而是发生了碰撞，在碰撞中产生耀眼的火花，点燃满天星火。

本文原载《新民晚报》2008 年 10 月 14 日。

为学生的终身发展而教学

施洪亮

〔教师简介〕

施洪亮，汉族，中共党员，研究生学历，中学数学特级教师。1998 年毕业于华东师范大学数学系，2017 年获华东师大教育博士学位。现任华东师范大学第二附属中学副校长。

主要荣誉与成果有：曾获上海市园丁奖、上海市科普促进奖、华东师范大学杰出新人奖等省市级荣誉。2014 年被上海市人民政府授予"中学数学特级教师"荣誉称号。辅导的学生曾获国际数学奥林匹克竞赛（IMO）金牌、美国高中生数学建模竞赛特等奖、丘成桐中学数学奖优胜奖等国际大奖；参与过上海市秋季、春季高考的命题工作。独立编著《高中生数学创新素质培育的实践与思考》《风险决策与博弈论入门》《基于图形计算器的数学探究》，参与编著《卓越教育的理论和实践》《华师大二附中"六个百分百"育人模式》《高中数学（华师大二附中理科班专用）》等多部重要教育理论和数学教材。

"如何做数学教师？怎样进行数学教学？要教什么样的数学？"——1998年从华师大数学系毕业留在二附中任教时，对于这些问题我头脑中根本没有概念。

踏上工作岗位短短的几年时间内，我教过初三直升班、上海理科班、全国理科班、高中平行班、初二平行班等不同类型的班级，而且不是"跨头"（教学年级或教学内容不一致），就是"单挑"（只教一个班）；连续四年半担任班主任，此后五年又做了教务处副主任、教务主任；其间做过数学奥林匹克竞赛应用数学竞赛、科技竞赛的辅导工作；带过社团，开过选修课，做过图形计算器的课题研究，等等。总而言之，事情看似做得很"杂"，但回顾我在二附中工作的十年，可以说是忙碌而又充实的，学生的成绩更是令我鼓舞：2002年学生符文杰获得国际数学奥林匹克IMO金牌，科技竞赛辅导培养了11位上海市"明日科技之星"和"科技希望之星"。对这些成绩的取得，我也有清醒的认识：在二附中搭建的高平台上，我很幸运遇到了一批优秀的学生，与他们一起学习数学、学习技术、研究课题。与这些学生朝夕相处的十年，促使我自己也不断取得进步。学生是推动我成长的重要力量源泉。

下面分享我与几个学生的小故事，他们帮助我在教学中不断思考、明晰方向并收获成长。

故事一

近几年，我面向全校开设的2049拓展课程《竞争与风险决策的数学模型》受到学生的欢迎。陈超是我平行班里的学生，比较内向，话不多，各方面都不突出，他也选修了我的这门课程。记得课堂中曾谈到一个"验血次数问题"：对于大批量针对某一疾病筛查的验血，到底是一个一个验呢，还是先分组合验，发现问题后再分别检验？针对不同的发病概率，怎样科学地分组？学生们发现，经过数学计算后做出的科学决策能够极大地节约人力、物力和财力。陈超说："原来数学并不仅仅是那些枯燥的问题和演算，数学可以这么有用！这么精彩！"后来陈超在完成这门课程作业时，选择对学校食堂问题进行研究。他用决策分析方法讨论菜价、排队及引入竞争等问题，写出了一篇不错的应用数学小论文。面对科学家的问辩，他沉着冷静的大会答辩，让到场为他加油的同学刮目相看。他最后获得了2000年"上海市科技希望之星"的荣誉称号，后来陈超还加入了"华师大二附中学生科技自主创新基金会"，担任基金会的理事，负责财务工作，管理得井井有条。毕业时，陈超给我的留言中说："回忆这段经历，这是我人生最宝贵的财富。"

这个故事告诉我，作为教师，面对普通学生也应该积极搭建舞台，引导学生热爱学习,鼓励他们学会思考、研究并付诸实践。这样他们一定能绽放精彩,成为"对社会有贡献的人"。

故事二

在执教全国理科实验班数学时,我碰到了汪健——我执教多年来最欣赏的学生。他是一个瘦弱清秀的男孩,平时话不多。相对其他搞数学竞赛的同学,他的竞赛基础略显薄弱,但他仍坚定选择了数学竞赛。但据我观察发现,他能学好竞赛。因为他喜欢看数学书,经常一本一本地"啃砖头";碰到数学难题,他从不轻言放弃,有时候用别人认为笨的办法"计算",草稿能长达几页 A4 纸。我很欣赏他的执着,鼓励他多看许多经典的数学书与杂志。他用努力和勤奋,最终获得数学竞赛全国决赛的银牌。

汪健喜欢研究数学并乐于与人分享。他经常跟同学讨论数学问题,愿意把自己的想法与人分享。教学时碰到数学难题时,我总是喜欢找他讨论,还经常请他给同学们讲解数学问题,很快他成为最受同学欢迎的"小老师"。他做什么事情都不自觉地与数学研究联系在一起。记得当时教他们用 TI 图形计算器时,汪健发现图形计算器可以进行反演作图,于是他就反复研究用图形计算器求解平面几何奥赛题,最后写出一篇论文《反演几何初探》。进入北大数学系后的第一个暑假,汪健送给我一本从地摊上淘来的发黄的华罗庚《初等数论》,后来他到美国哥伦比亚大学数学系继续深造,临行前他又送我了一本《几何原本》。投桃报李,他是喜欢上了研读数学经典了,也在鞭策作为数学教师的我多读经典以更好教育学生。我想汪健这样的学生是真的喜欢数学,他未来也许会成为数学家或数学教育家。

这个故事告诉我:作为教师,面对特长学生,应该发现、欣赏、支持学生的兴趣和爱好,并给予针对性地培养,使其成为"特色人才""专门人才"。

故事三

学生戴明劫来自南京,他是一个典型的尖子生。作为班主任,军训第一天就接到一个请假电话,原来他在北京参加一个全国性的数学大会,要晚到一天。他的数学非常突出,高一参加全国高中数学联赛就拿到一等奖。在高一寒假时,我鼓励他尝试一下数学课题探究,通过自己对数学问题的理解和研究撰写数学论文。寒假后,他交上来的数学研究课题是《Catalan 数列初探》。他借助图形计算器,对

Catalan 数列进行了探究。通过代数计算、线性回归、逻辑证明，他研究了 Catalan 数列的通项与性质，并进一步探索 Catalan 数列及其应用。在后来的"上海市首届明日科技之星"评选中，他荣获"明日科技之星"的光荣称号。后来戴明劼同学参加国际物理奥赛获得金牌，并荣获全球唯一的"爱因斯坦纪念奖"。据说因为戴明劼同学在物理实验中对实验数据科学严谨的分析和质疑精神获得评委会的青睐。我想这可能与他经历数学小课题研究过程有一定的关联。更难得的是，戴明劼同学将他获得的 10000 元奖金全部捐给了学校，他说希望用这些钱支持其他同学参与科学课题研究。可以说，正是由于戴明劼同学捐奖金的举动，才有了"华师大二附中学生科技自主创新基金会"的成立和发展。

这个故事告诉我：作为教师，面对优异学生应该充分挖掘他的潜能，不仅在学科知识上鼓励他们打下全面而扎实的基础，更要不断大胆尝试在自我超越中全面培养学生的能力与素质，努力使其成为"推动社会进步的创新拔尖人才"。

2003 年，施洪亮老师指导学生数学课题，戴明劼获上海市首届明日科技之星称号

通过学习和实践，我逐渐明晰：教师不是单纯教数学知识，更不能把教学局限于帮助学生高考或竞赛，教育的核心是人的发展。自己的工作应该要能激发学生对数学、对科学的热爱，能为学生的未来成长提供有力支撑。在接触中学生科技创新活动后，我觉得在学校贯彻实施创新教育，是一个负责任的教育工作者应该做的事情，而且我们可以在这些方面多做点事情。在抓住传统的第一、第二课堂知识与能力教学的同时，我又寻找到一个教学突破点：数学创新活动。"以数学探究和数学建模为抓手，鼓励创新，培养学生的创新意识和实践能力"成为我教育教学工作的新目标，其中鼓励创新是核心和永恒的目标。

教育追求的是人的发展,创新是民族发展的不竭动力,建设创新型国家是我们的国家战略。数学教学要因材施教,要注重兴趣培养引导主动学习,要大力培养学生的数学应用意识和建模能力,也要努力培养学生的研究性学习能力和创新素养。因此,为学生的终身发展而教学,让数学激情在兴趣中燃烧,不断培育具备创新素养的新一代人才,就是我对本文开头问题的回答。

本文原载《探索与实践》第 26 期,建校 50 周年特刊,2008 年。

忆念集
通往天国的书信

一甲子的致敬和怀念

——遥寄毛仲磐校长

李志聪

2018 年，二附中建校 60 周年。校友会编撰《师说传薪火》时，不知从哪里找到了当年毛校长追悼会上的悼词，希望起草人能改写成纪念文章编入书中。

毛校长悼词的起草人是我。校友的邀约，令我的思绪回到了十年前。

2008 年，二附中建校 50 周年，但我们每一个二附中人在欢庆中都带着深深的痛楚和感伤。一月，前所未有的暴雪横扫南中国，就在罕见的天寒地冻中，我们泪别最敬爱的创校校长毛仲磐。仁者寿，享年 96 岁的毛校长寿比南山，只可惜没有等到 50 周年校庆日。

1992 年，庆贺毛仲磐校长八十寿辰，摄于金沙江路校园

前排左起：范仲伯、陈志超、单登周、毛仲磐、张济正、季振宙
后排左起：戴德英、洪淑慧、黄素行、程桐荪、林炳英、张友荣、蒋凤芳

741

那些天，为了起草毛校长的悼词，从档案里，从书稿中，更从一个个爱戴毛校长的二附中人的口中，我进一步了解、熟悉了老校长，崇敬之情充溢于心。

毛校长的一生，真正属于人民的教育事业。

1930年，他从私立复旦附中(今复旦中学)毕业后考入复旦大学生物系。大学毕业后任教、任职于光华大学附中。抗战期间上海沦陷，光华大学附中改名为壬午补习班，由毛校长主持。1951年，光华大学并入新成立的华东师范大学，毛校长担任华东师大附中(今华东师大一附中)教导主任、副校长。

毛校长一生，从教70余年，其中有近50年的光阴是和华东师大二附中紧紧联系在一起的。1958年8月，华东师大决定成立华东师大二附中，时任华东师大一附中副校长的毛校长受命担任二附中首任校长。从此，他就把自己的一切都贡献给了这个学校、这份事业。他以自己对党和国家教育事业的无限忠诚，对学校、对师生的无私奉献，铸就了二附中的辉煌和他自己人生的辉煌。

毛校长在师大二村的家中

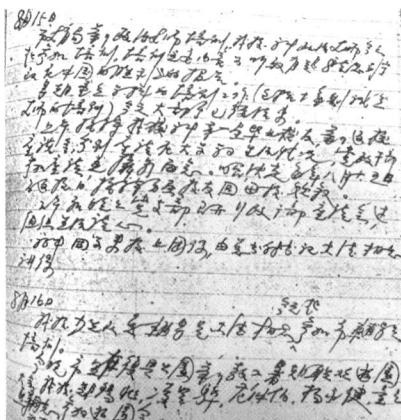

毛校长亲笔撰写的学校"大事记"中的一页(1961年)

二附中人忘不了，建校之初，学校办学条件十分艰苦，校舍历经六年才全部建成，毛校长身先士卒，以校为家，带领全校师生勤俭办学、艰苦创业，形成了"尊师爱生、勤奋学习、团结友爱、热爱劳动、艰苦朴素"的优良校风。在学校创建两年后的1960年，学校在"上海文教群英会"上被光荣地评为"上海市文教方面社会主义建设先进单位"。1963年，年轻的二附中一跃成为上海市重点中学，实现了学校历史上的第一次飞跃，为日后的持续辉煌奠定了最坚实的基础。毛校长也在当年被评为上海市一级校长。

二附中人忘不了，毛校长十分重视教师队伍的培养建设。在老师们的心目中，毛校长德高望重，仁爱宽厚。老教师们至今一回忆起毛校长关心教师成长的往事，就心潮难平。毛校长管理理念先进，教育教学更是造诣深厚，1957年他就被评为上海市优秀教师。众所周知毛校长自己就是一位教育教学技艺精湛的老师，而且什么课都能指导得丝丝入扣，令人叹服。

二附中人忘不了，毛校长退休后的近30年里，一天也没有离开过他热爱的学校和学生。他心系学校，情系师生，不仅把报刊上刊登的学校动态做成剪报，还常常给学校领导写信，建言献策。特别是学校东迁浦东后，他总是积极参加专家顾问团的活动，每次活动都会精心准备，并认真写成发言稿。直至耄耋之年，他仍热心关心学生成长，去世前不久还接受学校晨晖党章学习社团学生的采访。毛校长从教七十余年，桃李满天下，培养了一大批国家栋梁之材，也赢得了学生的深深敬意。

2002年9月，李志聪老师与何晓文老师陪同二附中老领导视察新校园
左起：何晓文、钱越民、张济正、蔡多瑞、毛仲磐、刘宗章、王鸿仁、顾朝晶、林炳英、李志聪

撰写毛校长的悼词，走近毛校长，感受毛校长数十年如一日的教育情怀和非凡实践，于我，就是一次宝贵的学习，也是一场深刻的教育。

说起我和毛校长的相识，始于 2000 年 4 月我奉调二附中。此后的近八年时间里，我与何校长每年都不止一次去毛校长家看望他；事关学校发展的重大问题或每每处于关键时刻，我们也都会去请教毛校长；每年一到两次的专家顾问团咨询会，在我记忆中，专家中最年长的毛校长几乎从未缺席；每当学校工作取得一点成绩，我们也总会收到毛校长的热情来信和嘉勉，这些信至今我都还珍藏着。

毛校长日渐年迈，不便多打扰，再加上学校又迁至浦东，我与毛校长的接触随之减少，但是每一次都给我留下深刻的印象。记得每次去请教工作，毛校长几乎都会叮嘱我们要培养学生的劳动观念。回想二附中初创时，毛校长就曾号召"用勤劳的双手建设我们美丽的校园"，老校长多么希望我们传承好、发扬好学校传统！还有就是每回见了面，毛校长都会兴奋地说起他的学生，至今我还清晰记得他把学生尉健行给他的信、周禹鹏赠他的画展示给我们时发自内心的自豪和欣慰。印象中的毛校长，脸上永远带着笑意，见了我总是称呼我为"李志聪同志"。印象中这也是唯一这样称呼我的人，可我一点都不觉得生分，反倒是再度领受了当年同事间的那份纯粹、那份暖意。

是的，毛校长让我们每一个有幸和他接触过的人领受到的，就是他对教育事业、对二附中、对学生发自内心的深情与挚爱。每次聆听他老人家的教诲，总让人感觉如沐春风，却又高山仰止！

2007 年 10 月初，毛校长接受晨晖社同学采访，这是老校长最后一次和二附中学生在一起（左为何晓文老师）

十年了，二附中走过了半个世纪，走过了一个甲子。此时此刻，我又想起毛校长曾经为二附中写下的这段话："二附中在原有基础上，通过全校师生团结一致，努力奋斗，一定能把学校真正建设成为一所高素质、高质量、实验性、示范性的现代化的一流学校，继续追求卓越，再创辉煌。"

这是我们敬爱的老校长对我们的谆谆嘱托和殷殷期望。

虽然毛校长已经离开我们十年了，但他永远活在我们每一个二附中人的心中。不久之后，校园里将会矗立起毛校长的塑像，毛校长将永远留在他亲手创办的学校里，守望着之后一代又一代的二附中师生。毛校长以及他的同事们所锻造的学校精神、学校文化，也一定会在一代又一代师生的心中和手中得到传承、光大，这是每一个二附中人对功高德昭的二附中先贤的承诺，也寄托着我们对前辈永远的致敬和无尽的怀念。

2018 年 7 月 8 日

[作者简介]

李志聪，华东师大二附中校长，中学正高级教师，上海市中小学特级校长（书记）。毕业于上海师大中文系，曾先后担任上海幼专副校长、华东师大学前与特教学院党委书记。2000 年 4 月调至二附中任党委书记、副校长，2017 年1 月任校长。曾获首届上海市优秀教师"园丁奖"和"育才奖"，获评上海市"优秀青年班主任""高校优秀青年教师"，也是"上海市普教系统名校长培养工程"的首批培训成员。

我记忆中的三位老校长

梁静谦（1960 届预科）

1960 年，我从华东师大首届预科毕业的时候，领导找我谈话，说因工作需要，希望我毕业后留校工作，并让我担任二附中校长办公室秘书（这还得报师大校办审批）。当时，首届预科毕业生是全部直升师大各系，我原本是直升中文系的。那时我们思想是很单纯的，很朴素，想到我的一切都是党的培养，应该做到党叫干啥就干

1960 届预科同学（刘吉华、李宗文、徐玉仑、胡连民）和梁静谦

啥。于是我毫不犹豫地表示，服从组织安排留校工作，同时也感到十分荣幸和自豪。听党的话，这一点始终影响着我，我也以此教育我的孩子们。我感恩母校的教育和培养，一直在母校学习、工作到退休。

我觉得自己很幸运，母校工作经历也让我受益一辈子。

宽容而自律的毛仲磐校长

留校之后，我就做了校长办公室秘书，一直在毛校长身边工作。师大里针对我的工作是有批文的，从各方面进行了审查。虽然当时我在预科班上担任团支部书记，作为学生干部首先要学习上领先，所以成绩也是不错的，但工作之后我才发现自己学得远远不够。

毛校长对我们的工作要求是非常严格的。刚开始工作的时候，我就发现自己连写一个通知都无法通顺地表达意思。出通知要让别人看清楚时间、地点和内容，关键就是简明扼要。这些我觉得自己都做得很不够，想要多问问别人么，自己也不太好意思。有时候东西交上去，毛校长看了就会问一句，你看这样行吧？我一看，噢，原来这里有个错字，那就马上改正。毛校长就用这种方式提醒我，自己写出来的就要自己修改好。他还经常检查黑板报上的通知，有时也会提醒我去看看，有没有错别字，毕竟这是代表二附中的水平。毛校长不会直接批评人，他就是用这样的方式，婉转地指出大家工作中的优点或者是不够的地方，并且进一步指出改进的方向。

作为学校领导，在日常工作的决策过程中，毛校长对方方面面情况都很了解，也很有主见，不是听别人怎么说就怎么做。每到开行政会议时，他总是先充分听取大家的建议，再提出自己的想法。每次毛校长提出的想法都是很稳重的，因为他心里是有底的，能把自己的主见和大家的意见都融合在一起。后来他就安排我写学校的"大事记"，不管什么事情都叫我写下来，以后就可以随时回过头去找这些资料。这是他一直坚持要做下来的事情，我不在的时候，他就自己动手写。后来我们就一直按照毛校长的要求，坚持把"大事记"写下来了。

在校长办公室工作期间，最重要的是负责，不能忘记一件事情。我口袋里总会放着一个小本子，接下来要做什么事情，或者领导说过什么话，我一定要写下来，避免忘记。有一次，还有两个小时就要开教研组组长会议了，我才想起来忘记给教研组长们发通知。毛校长冷静地说，你想想有什么补救办法？那时候我年轻，脑子里记得住杨永健、曹康绥几位组长的电话，立即就通知这些老师来开会了。这件事也给了我一个教训，从此后，我的这个本子一直放在口袋里。不论谁跟我说话，我都要记下来，以免人家托我的事情，自己一忙就忘记了，那人家也不好意思再来问。

　　说到这里，想起当时还有个故事，给我印象特别深。就是关于老顾，顾风樵，他是毛校长从一附中带来的职工。老顾当时五十多岁，承担了很多工作，看门房间、收发报纸邮件、资料油印、等等。那时候还没有自动铃，所以老顾还需要管着上下课的铃声，手动去开关。我们二附中公开课一向很多，有一次全市公开课，下课时间到了，铃声却没有准时响起来。开课老师讲完了所有的课程内容，到了下课时间却不打铃，那可怎么办呢？当时的教导主任童立亚，奔到门卫处找到老顾紧急打铃，还是晚了2分钟。童老师的脾气比较急，她说："怎么得了呢，这是向全市公开的课程，严重影响了教学秩序啊！"毛校长也赶到门卫室，劝阻童老师别再说了，事已至此怎么说也没用了。老顾后来急哭了，说："毛先生，他们问我拿报纸，我拿了报纸就……"毛校长连忙打断他说："老顾你不要讲了，事情已经发生了，你自己也已经认识到错误了，以后注意就行了。我们也有责任，给你的工作太多，负担太重了。"后来老顾在打铃问题上再也没犯过一次错误。每次到了下课前2分钟，谁也不接待，他就等着打铃。他知道，如果铃打错了，那可是件大事情。

　　毛校长就是这样的领导，出了问题他先从自己检查起，说我们不够关心职工，老顾当时非常非常感动。别人可能不清楚，但我在旁边亲眼看见了事情的全过程。后来我对自己的小孩也是这样，包括对孙子，有什么事情都是以鼓励为主，这些都是毛

1985年8月15日，时值校友返校日，毛校长和校友们的合影
（前排右一为梁老师）
1958年此日，首届新生报到并开大会，1961年确定为"校友返校日"

校长教给我的。所以老顾的这个例子对我一生都是一种教育，那就是对人要宽容。这种人生道理，不是用钱可以买到的，也不是课堂上能听到的。

毛校长关心职工也是落到实处的，考虑问题很周到也很实在。他做人大代表时，经过多次提议后，终于在师大二村边上建造了一个公共厕所。那个厕所不是造在师大二村里，而是在金沙江路上的。这个厕所对于我们周围师大二村、长风地区的人来说特别重要。毛校长不只是站在师大的立场上关心教职工生活，而是为了整个地区的老百姓着想的。这也是周边地区唯一的一个公共厕所，当时有的居民家里还没有自动卫生设备，这个公共厕所的意义就非同一般了。我们现在说的厕所工程，是到十九大时期才提出来的，毛校长当年就在想方设法关心教师、造福群众了。

但是，我们都知道，毛校长在对待自己子女的问题上是非常严于律己的。毛校长家里孩子很多，他的第三个儿子下岗后就在二村门口卖馒头。我还记得他们家门口的走廊里，当时就有许多卖馒头用的蒸格。后来为什么不能卖了呢，因为他没有食品许可证。其实，只要毛校长找他的学生、同事、领导帮个忙，只要他开个口，就有可能解决自己儿子的工作问题。但是毛校长始终没出一声，他说儿子的问题应该让他自己去解决。这件事情我们很多老师都知道的，大家对毛校长真是非常敬佩。毛校长真不愧是中学校长的楷模！

1996 年，毛校长参加退休教师的活动
前排左起：严长兴、黄素行、毛仲磐、陆文华、严秀英、梁静谦
后排左起：龚谦、程桐荪、陈志超、张咪玲、洪淑惠、蒋建国

低调、务实的蔡多瑞校长

"文革"十年里，考虑到我工作比较耐心细致，学校调我去管理后勤财务。后来二附中成为部属重点，蔡校长就提出让我再回到校长办公室工作。

相对于毛校长、王校长，我和蔡校长接触的时间比较少。蔡校长在教学上有很多先进的理念，那个时候的外语、语文教改就是蔡校长发起的。蔡校长为人也很宽宏大量，老师们和他讨论问题，如果有不同意见，哪怕说话过头了，他都不会介意，没有一点领导的架子。蔡校长也特别务实，二附中在二村的两幢房子，就是他设法争取来的。这在当时确实解决了部分教职工的住房困难，安定了人心。与此同时，蔡校长为人也很低调，从来反对功利主义那一套。他还有个特点，就是特别关心同志。

2001年，蔡校长在周恩来铜像前

因为我是作为预科生留校的，蔡校长曾经对我说："小梁你是块很好的材料，二附中没能好好培养你。"在一附中，高中毕业后留校工作的教师，学校为培养他们就提供了在职读书的机会。1982年，学校也给了我一次机会，让我带队去庐山休养。我晓得这次行程是蔡校长精心安排的，他让我去联系九江中学的校长，他说这次让你带队去，责任蛮大的，你出去要挑好担子哦。本来这次去休养的都是各科室评选出来的先进工作者，怎么也轮不到我的，但是蔡校长有所考虑之后还是给了我这个机会。我作为先头部队，到九江中学做好了相关安排。比如，我们花最少的钱，住在人家小学里面，课桌椅搭个简易的床就睡了，大家在一起，又暖和又开心。而我们那个队伍里，全是先进工作者：严长兴作为校办工厂的先进，徐冠利是食堂的先进，教师里面任冬鸣等都是先进青年教师，许耐涵老师是快要退休的老教师，还有林炳英是作为党政领导去的。蔡校长信任我，放手让我带队，给了我一次学习锻炼的机会。我就和老师们一起，与九江中学的同行们展开了有关教学心得体会、学校办学经验等多方面的座谈。这件事情过去很久了，对我来说还是很难忘，从中我深深体会到蔡校长作为领导的苦心，也体会到他对教职工的真诚关切和期望。

1982 年，优秀教职工代表在庐山博物馆的合影
前排左起：梁静谦、许耐涵、任冬鸣、林炳英、袁霞如、梁振玉、麦嘉馨、姚国平
后排左起：沈秀山、严长兴、陶嘉炜、汪亚平、徐冠利、焦培文、伍伟民、奚德宝

　　蔡校长还推出了教工子女读书的优待政策。他说这是解决教职工的后顾之忧。但是对孩子入学还是有要求的，就是要达到区重点的水平，不然进来了也跟不上。这个举措也极大地安定了全体教职工的心，提高了大家的工作积极性。

以身作则、尽心尽力的王鸿仁校长

　　王校长到二附中的时候 39 岁，他身体好，年纪轻，每天早上总是第一个到校。二附中教师是没有坐班制的，但是看到校长每天早上站在校门口，老师们晚来的话也会不好意思的,学生那就更不敢迟到了。王校长精力充沛得不得了,中午从来不打瞌睡,并且工作再忙也一直坚持带班上课,晚上总是最后一个走。这是他和别的校长很不同的地方。

以身作则,尽心尽力,王校长的特点主要就是这样,所以在老师中间也有很高的威望。只要是王校长说出来的话,大家都很信服,因为他提出的意见总是有的放矢,处理问题相当妥贴。前面我说到自己会忘记事情,所以要记在本子上。就在这一点上,我们的王校长就要做得比我们好得多得多!无论是谁,无论什么事情,他一点都不会忘记,全都放在心上,他也因此深得人心。

1985年5月,王校长参加拍摄的学生毕业照之一(前排左起:张云、陈国强、刘鼎立、黄素行、许晓梅、林炳英、毛仲磐、王鸿仁、顾朝晶、麦嘉馨、徐菊花、朱开馨)

王校长还有一个特点,就是他考虑问题面面俱到,不会顾此失彼。我曾经做了五年人事工作,是王校长找我谈话要我做的。那时办公室工作对我来说得心应手,所以我不太想改变。王校长就对我说:"小梁,我找一个校长秘书还容易,但要找一个总支秘书又当人事干部的确实蛮困难,二附中的担子重、压力大啊!"听他这么说,我就接下了人事工作。人事这摊很繁琐,执行政策不能有偏移,偏一点之后影响就不是一点点。举个例子,加工资的时候,比如说加到蒋建国,他就想到石义志如何,因为他们是一起入校工作的;加到石义志,他就马上再看后面一批进来的如何……同一档里面的人,如果加了其中一个,后面会有什么影响,他都要考虑周全。因为我比较了解这些人的情况,这时候一定要能如数家珍地汇报情况给他听,他就可以综合考虑整个团队的情况,所以后来加了工资也没产生什么副作用。

面对更复杂的评职称问题时，我们也有类似的情况，王校长都能处理得很好。1987 年第一次评职称的时候，我们既要向上面争取名额，同时下面还要统筹平衡，所以在此过程中我学到了很多东西。第一是要充分了解情况，第二就是办事要公平。我是王校长的助手，工作过程中感觉他就像是坚强的后盾，他做任何事情一定要摆事实、讲道理、讲政策的。

王校长在管理教学业务上也是非常能干的，他总是身体力行，抓教育抓得很紧。值得一提的是，王校长特别叮嘱要抓两头。前面的拔尖的他要抓，比如对尖子生；后面学生的基础，他也要重点抓。只要抓好了两头，学校教育质量自然就会提高了。升学率其实也不单单是升学率问题，后面还是跟整个学校的基础和实力有关。我记得 1984 年，他去福建开会，临走那天正逢高考的日子。后来他就打电话回来问："小梁，我们这次通知下来多少啊？"这一届嘛我记得最牢了，当时立即回答说"100% 全部升入大学"。1984 届也是学校那些年里最辉煌的一届，上海市的文科状元、理科状元、外语状元都在我们二附中。王校长讲起来最开心的就是这一届，他作为校长确实也花了很多精力，特别是要组织教师对那些后面的同学进行帮助，才可能让毕业生全部升入大学。

2008 年，迎接 50 周年校庆，二附中历任校长的合影
前排左起：王鸿仁、毛仲磬、蔡多瑞
后排左起：何晓文、顾朝晶、康淞万、张济正

正是在三位德高望重的老校长的带领下，二附中逐步积累了很多自己的教学特色。首先就是要打好基础，第二则是文理兼顾。当年王校长在工作总结时就提到，我们二附中为什么能和别人有所区别呢？你看普通升学考试的考题很简单，大家的

升学率看起来都很高,但我们为什么可以遥遥领先呢?因为我们理科班的同学,文科也是很好的,所以我们总分就比人家高得多。我想想,确实是这样的,二附中有这么扎实的基础,再加上文理都在共同进步,哪能不出好成绩呢?

可以说,校长们的特点和品格,也在某种程度上,决定了我们二附中的特色。

2017 年 12 月 29 日,蒋建国老师访谈

2018 年 6 月 20 日,周人杰校友整理

6 月 28 日,梁静谦老师改定

〔校友简介〕

梁静谦,1958 年初中毕业,7 月保送上海市第三师范学校,8 月又在第三师范被保送到华东师大工农预科,成为首届预科校友。1960 年毕业后因工作需要留校,由师大校长办公室任命为二附中校长办公室秘书。1968 年,"文革"期间,担任后勤组副组长、会计。1973 年加入中国共产党。1978 年二附中成为部属重点后,调任校长办公室秘书,兼任党总支秘书。1984 年任人事干部。1989 年任总务处主任、财务主管。1993 年 9 月退休。

视工作为生命

——追忆母亲许耐涵

陈新毅（1967届初中）

［教师简介］

许耐涵（1923.1.29—2018.1.15），1938年从无锡女中毕业后曾在上海一私立医院护士班学习，以减轻家庭的经济负担。1941年至1944年就读于上海惠生妇产科专业学校，毕业后在上海沪南医院工作。1954年进入华东师大一附中任校医。1958年参与华东师大二附中建校，白手起家筹建卫生室，组建学校红十字组织和卫生员队伍，建立学生健康档案，全面关心师生健康问题。多次被评为学校、普陀区、上海市卫生系统的先进个人。1984年退休。

从小到大，我总认为母亲对我们子女缺乏母性，缺少柔情。随着年龄的增长，直到我自己也为人母，并成为一名幼儿教师时，我逐渐懂得了母亲，理解了母亲。

母亲许耐涵，1923 年 1 月 29 日出生于江苏无锡的一个书香之家，9 岁丧父之后，家境日渐衰落。1938 年从无锡女中毕业，为了减轻家庭的经济负担，年仅 15 岁的她放弃了继续深造学习的机会，进入上海一家供宿膳的私立医院护士班学习。从护士班毕业后，1941 年至 1944 年她就读于上海惠生妇产科专科学校，毕业后供职于上海沪南医院，一度还曾开过私人诊所。1954 年进入华东师大一附中任校医。1958 年华东师大二附中建校，她随毛仲磐校长和凌贤骅等老师，一起从华东师大一附中调入华东师大二附中工作，直至 1984 年退休。

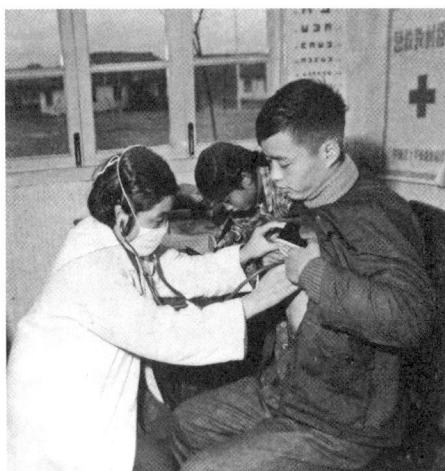

1959 年 3 月，许耐涵老师为全校师生做体检

二附中创建初期，物质匮乏，条件简陋，在校领导的指导下，母亲以满腔的热忱，全身心地投入工作。她克服重重困难，白手起家筹建卫生室，健全各项基础工作，组建了学校的红十字组织和卫生员队伍，建立学生健康档案，全面关心师生保健状况。不仅如此，她还非常重视学校环境卫生工作，并且不厌其烦，亲力亲为，注意抓好学生集体宿舍和食堂安全卫生，以实际行动提醒学校，始终将学生的身体保健和安全放在首位。

母亲留给我们子女最深刻的印象就是关爱学生，关心同事，一心扑在工作上。

二附中是寄宿制学校。住宿的学生生病了，只要有同学跑到我们家来告诉母亲，不论是在用餐还是已经睡下，母亲都会毫不犹豫地冲出家门，奔赴学校。有一次，一位学生在校运动时不慎骨折了，母亲当即用夹板和绷带为他固定位置后及时送进医院，医生赞赏母亲处理得当，不然骨头错位麻烦就大了。当把事情处理妥当回到家中,已是晚上8点多,母亲又饿又累了,但还记挂着受伤的学生,好几天寝食不宁。

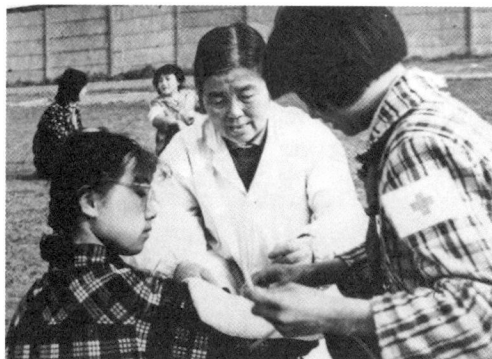

救护训练课上,许老师向红十字会员传授急救止血法(背景为金沙江路校园的操场)

　　每次学生下乡劳动,母亲都要跟随着同吃同住。记得有一年"三夏双抢",我所在班级也下乡劳动,母亲经过我的住处,让我陪伴她一起出诊。那天烈日炎炎,走在田埂上真是又累又热,我都快吃不消了,好不容易到一个学生点,我想可以休息了,但母亲刚给学生看完病,又要背起药箱急匆匆地赶往另一个学生点。下乡半个月,母亲每天都是这样不停在奔忙啊,这时我才明白,为什么以前她每次下乡回来总是又黑又瘦的。

　　学校里这么多师生,当时校医就母亲一个人,琐事繁杂任务重,常常要利用周日去学校加班加点,她也从不抱怨,也不向组织提要求,更未考虑过什么报酬问题,只是默默地在她平凡的工作岗位上付出自己的全部心力。记得年轻教师怀孕了都会来找我母亲,因为那时产前检查远不具备现在的条件,母亲总是利用自己的专业知识为她们听胎心做检查。等到孩子平安出生了,热心的母亲又向她们传授育儿经验,亲自示范如何给婴儿洗澡,耐心指点和安慰手足无措的年轻妈妈们。

　　是的,我后来深深理解到,母亲将她内心如此饱满的母性和柔情,更多地分享给了她的学生、她的同事,并将工作视为生命。为此,母亲多次被评为学校、普陀区、上海市卫生系统的先进个人。

　　母亲的这种忘我工作的奉献精神,也从一个侧面反映了当时二附中老一辈教师的整体精神面貌。回想我的老师张佩蓓、贾斯才、万琳、严秀英、唐清成……他们无一不是这样的好老师!正是凭借这种对教育事业无私的奉献精神,老一辈教师为二附中的发展奠定了坚实的基础,也使这种精神在二附中教师队伍中一代一代得以传承。

1960年3月,许老师(第二排中间)与校领导及部分红十字青少年的合影。前排左一为教导主任童立亚,左三为校长毛仲磐,左四为支部书记王新三,右一为教导主任吴光焘;第二排为牙防所医生(背景为金沙江路校园的北大楼)

1980年代后期,浏河少年营地的师生留影。前排左二起:张友荣、许晓梅、万琳、张佩蓓、严秀英和顾朝晶(后排右一)

亲爱的母亲,如今的二附中人才辈出,桃李芬芳,已是一所名闻遐迩的中国名校。学校领导和全体教师仍在不断追求卓越,为培养高素质、创新型人才,为把学校建设成世界一流中学而不懈努力着。

母亲,如您地下有知,一定也会感到万分欣慰吧。

2018 年 7 月 15 日

〔校友简介〕

陈新毅,1964 年至 1967 年就读于华东师大二附中。1969 年 1 月赴安徽和县高关东山黄村插队落户。1970 年 12 月招工至和县石杨粮站做财务工作。1979 年调至马鞍山市政府机关幼儿园从事幼教工作。1986 年至 1989 年在马鞍山幼儿师范带职进修,获中专资格。1996 年调至上海华东师大幼儿园任教。2006 年底退休。

与许耐涵老师半个多世纪的情缘

陆大章（1963 届预科）

我是预科 1963 届六班的学生，自 1960 年入校即认识了许耐涵老师。许老师是卫生室老师，也是 1958 年就跟随毛校长来参与二附中建校的元老之一。

1999 年 2 月，许耐涵老师和预科 1963 届六班校友在原预科大楼前

在校三年，我一直担任班级的卫生员，在许老师的指导下开展工作。比如，在金沙江路校门口检查走读学生的手指甲和手帕，给班里同学滴防治沙眼的眼药水，等等。许老师对卫生工作要求十分严格，做得好就表扬，做得不够就严肃批评。记得有一次许老师组织红十字会员急救包扎训练，我包扎得不好，许老师严肃指出："做事不能马虎，一定要认真仔细！"并且，她还手把手耐心指导，直到满意为止。许老师

1963届预科六班同学的毕业合影，背景为预科大楼（即南大楼）
第三排右五为班主任陈为璠老师，右六为副班主任陈贵瑶老师

的教导让我受益终生，我一生记得她的这句话：做事不能马虎！

在"向雷锋同志学习"的热潮中，许老师这样教育我：做好卫生员工作，为学校为同学服务好，就是向雷锋同志学习的具体表现。我除了努力学习，还积极做好人好事，以实际行动向雷锋同志学习，光荣地加入了共青团，并出席了上海市大、中学校学生积极分子大会。经许老师推荐，我还获得了普陀区优秀红十字会员的称号。在二附中的三年里，在学校党团组织的培养教育下，在许老师和其他老师的教导下，我也看到自己一点一点取得了长足的进步。

1963年毕业后，经学校党组织推荐，我以高分考入军校。军校毕业后，我被分配去沈阳军区空军技术勤务部门从事情报工作，1973年转业返沪后在一家研究所从事党务工作，直至退休。

无论在部队期间，还是返沪后，许老师一直与我保持着联系，关心着我的成长和进步，也关心着我的后代。我是我们班的联络人，每次在师大园聚会，我们都邀请许老师参加。见面时她还叫得出不少同学的名字，同学们也对许老师爱戴尊敬，常常回忆当年许老师对同学们的关爱和深情。

近些年，许老师年事已高，身体有恙，入住了福利院，我与同学多次去看望她老人家，期盼她能继续陪伴我们这些她当年的学生。不幸的是，许老师已于2018年1月15日以96岁高寿仙逝。得知噩耗，同学们在微信群纷纷表示哀悼，追忆许老师的好，难忘许老师的和蔼与慈祥！

母校60周年校庆之际，追忆许耐涵老师当年的点滴往事及与她相交近60年的情缘，一则纪念这位慈母般的师长，二则向母校当年的老师致以深切的谢意和感激！

1970 年代,陆大章校友(右一)返校时和老师们在教学楼前的合影(前排中为班主任陈为璠老师,前排右为许耐涵老师;后排中为副班主任朱锦章老师)

2018 年 7 月

[校友简介]

　　陆大章,1945 年 8 月生,中共党员。1960 年至 1963 年就读于华东师大预科。在校期间被评为学雷锋积极分子,出席上海市大、中学校学生积极分子会议。1963 年至 1967 年就读于中国人民解放军外国语学院俄语系,1968 年至 1973 年在沈阳军区空军技术勤务部队从事技侦及教学工作,1973 年至 2005 年在上海医疗器械研究所工作,历任保卫科长、组织科长、人事科长、所纪委书记(副处级)兼监察室主任,高级政工师。

特殊年代的师生情义

——怀念班主任王鸿仁老师

陈伟中（1975届初中）

1972年，在那个特殊的年代，我们没参加任何考试，按属地就读政策，也不用筛选，就轻轻松松地步入了现在学子们朝思暮想的华东师大二附中。

2016年，王鸿仁老师参加1975届同学聚会

记忆中的二附中在金沙江路155号，没有现在的二附中地方大，也没有现在的二附中有名，但是记忆中的二附中是特别美的，每每闲庭信步，迎着明媚的阳光，呼吸着新鲜的空气，身心陶醉其中。踏入社会，经历了尘世的喧闹、社会的复杂，转眼

间我们老了,想起安宁与和谐的校园,那时的二附中才是我们心中的一片净土。

我们是 1975 届 11 班,第一年是吴光焘老师担任我们的班主任,第二年前来接任班主任的就是王鸿仁老师,此后三年我们与王老师朝夕相处。王老师教我们数学,和蔼可亲,一点也不死板,因材施教,上课幽默风趣,他用独特的教学方法,不厌其烦地传授给我们有趣的数学知识。工作上兢兢业业,上起课来一丝不苟,平时苦口婆心地教育我们,要求我们德智体全面发展,每门功课都不要放松。在班主任王老师的辛勤培育下,我们班各方面都名列前茅,在体育方面我们班全年级第一,也是全年级优秀集体。王老师对我们的教育令我们毕生受益匪浅,也给我们留下了终生难忘的记忆。

1976 年,华东师范大学老图书馆前的合影(左一为王鸿仁老师,右一为贾斯才老师)

王老师既是我们的班主任,也是我们的严师和慈父。在那个年代,"教育为无产阶级政治服务,教育与生产劳动相结合",学工、学农、学军是我们的必修课,我们几乎每个学期都有停课,到农村、工厂、部队去接受再教育。

那时我们都还是十四五岁的孩子,学农时,一天要忙十多个小时,割稻子、插秧、收大蒜头……劳动一天后,每个人都身心疲惫。晚上大家睡后,王老师像家长一样,总要巡查几次,看看我们被子有没有盖好,给我们无微不至的关怀。王老师还带领我们到村老队长那里去学习农村发展史,了解农村风土人情,使我们对农村发展有了进一步的了解。记得我们班和农民组织了一个活动,晚上活动结束后,大家都回到各自休息寝室,之后发现有名女同学没归队,不知去向。王老师知道了后非常着急,立即组织大家分头寻找,一直到深夜,所幸在王老师带领下,最后找到了该同学。

中学阶段学工两次,分别是在国棉六厂和汽车电镀厂。学工期间,王老师和同学们一起上下班,还经常到车间和同学们一起劳动,教育我们在车间劳动多学技能,要注意安全。我们每天有早、中班,特别是中班,下班时已经是晚上十点多了,王老师总是叮嘱我们相互照应、路上小心。在学军期间,王老师严格要求我们向解放军学习,加强组织纪律,锤炼坚强意志,将来为社会建设服务。虽然那是个特殊时代,但在王老师的严格教育下,我们还是学到了不少很实用的知识。

在王老师教导下,我们班王红敏同学响应国家号召,她是我们学校唯一一个支援西藏的女同学,临走时王老师和同学们怀着恋恋不舍的心情一起欢送王红敏同学。

1975 届 11 班有三位同学光荣参军,临行前和班主任王老师合影留念

我们班还有三位同学光荣参军,王老师同样与他们送别,一一叮嘱,留下了永久的回忆。

2002 年,从学校分别近 30 年后,我们班在同普饭店第一次相聚,这次聚会有 32 名同学,邀请了王老师参加,70 多岁的王老师看上去精神矍铄,很健谈。聚会同学中,有的在大学做了老师,有的在重点中学做特级老师,有的在外企工作……王老师知道后,为大家取得的成绩感到非常高兴,并叮嘱同学们继续为国家的发展尽绵薄之力。

2016 年,我们毕业 40 周年庆,近百名同学在太仓沙溪天竹园聚会。我们特地邀请了王鸿仁老师和邵瑞欣、蔡尔韵、俞秀珍三位老师。师生久别重逢,欢聚一堂。88 岁高龄的王老师精神状态非常好,脸上荡漾着幸福的微笑。王老师代表教师表示祝贺,还发表了热情洋溢的讲话,对学生们的学习和工作表示肯定,赞扬大家为了国家

2002 年 8 月 24 日，王老师和 1975 届 11 班同学的合影

的需要，在各行各业做出了贡献。虽然都快 60 岁了，我们在老师眼中还是小辈，感觉才刚步入中年，所以他特别勉励我们不要服老。

聚会中，同学们心态很年轻，个个不服老，唱歌、跳舞、武术一个也不落下。在满怀感激的歌声中，我们同学代表给老师献花，感恩年少时代有老师们的陪伴，不仅让我们学到了知识，更让我们懂得了人生的道理。记得王老师还对我们说："希望同学们珍惜友情，经常搞搞活动。再过两年就是二附中建校 60 周年，你们与母校同岁，希望到时还能见到大家！"此言犹在耳畔，可惜此情此景已经成为永远的回忆了。

2016 年，太仓沙溪，1975 届同学毕业 40 周年聚会
前排老师，左起：俞秀珍、王鸿仁、邵瑞欣、蔡尔韵

王鸿仁老师长期从事教育工作，担任过小学教学和行政工作、大学教学和管理工作，更长时间是在中学担任教学和领导工作。担任华师大二附中校长及副校长工作长达24年，通过长期的教育教学改革，教学质量有了明显提高，学生在各学科竞赛中多次获得奥林匹克奖。退休后他受聘担任上海市民办侨华中学党支部书记、校长兼副董事长，白手起家，聘请明星教师，通过教师认真教学和学校严格管理，高考升学率从47％逐步提高到89％，得到了教育行政部门和社会的充分肯定。编写了《高等代数讲义》《高等代数学习指导书》和《行列式与矩阵》等书，主编了《中学生三考丛书》和《全国成人高考复习指要丛书》，撰写的《坚持教育改革，培养合格人才》在《人民教育》杂志上发表，被收入《中国教育管理精览》一书。

谨以此文怀念我们的班主任王鸿仁老师！

2018 年 5 月

［校友简介］

陈伟中，1973 年至 1975 年就读于华东师大二附中。1976 年务农，1989 年到华东师大校办厂工作，1991 年调入华东师大动力科，1998 年担任华东师大体育馆工程主管，参与体育馆建设，2010 年任职于华东师大体育与健康学院。

忆"集结号"领跑人——我们的陈志超老师

谢钧言（1967届初中）

［教师简介］

陈志超（1927.9.26—2017.10.29），上海南汇人。中国民主促进会会员，中国共产党党员。1948年至1951年于上海东亚体育专科学校学习至毕业。1951年至1958年任教于华东师范大学，是建校初期131个教师与助教之一。此间曾兼任上海市高校体育协作组秘书。1958年至1988年任教于华东师大二附中。此间曾兼任体校教导主任及普陀区中学体育中心教研组组长，是上海市中学体育中心教研组成员，任学校体育视导员。1987年至1989年于华东师大体育系任教，讲授中学体育教材教法。1987年至1996年为华东师大教科所聘为华东师大三附中教学顾问团成员。1996年至1997年参加进华中学建校工作并任教。1997年至2001年于侨华中学任教及担任指导顾问工作。执教40多年间曾加入中国教育学会、中国体育科学学会等社会团体，亦曾赴各地讲学。曾多次获得市级、区级"教育系统先进工作者""群众体育先进个人"等称号。此外，著有十数篇有关体育教育教学的论文及讲稿，发表于《上海体育学院学报》《上海中学教育工作经验选编》等书刊。

弹指一挥间，离开母校也近五十年了。时代变了，校园变了，年代也变了，唯独没有变的是我们对陈志超老师的那份永远的缅怀和崇敬。

我们清晰记得，当年由毛仲磐校长决策，陈老师放弃了大学教师的待遇，从华师大体育系调入二附中筹建首届"特色体育班"。因为"文革"，1968届初中四班成了第二届也是最后一届"体育班"。这两届"体育班"的组建，凝聚了陈老师对二附中体育事业倾注的全部智慧和热情。在这段二附中体育史上具有特殊意义的基础建设的历程中，"体育班"编织了校长、教练、班主任、体校队员及其他相关老师共同的体育之梦，也给大家留下了一个个甜蜜的回忆。

在华东师大体育系任教期间，陈志超老师(前排中)与学生的合影

陈志超老师那时是学校体育教研组负责人，主持全校的体育工作并担任体校乒乓队主教练，可谓身兼数职，工作繁重。他中等身材，脸色黝黑，两眼炯炯有神，走路带风，喊起口令声如洪钟，浑身充满了向上的体育元素，完全是一个现代军人指挥官的气派，说实话当初班上许多同学还挺"怕"他的。记得有一次学校开运动会之前，他点名让我班部分同学组成仪仗队，每天高强度高质量步调一致的动作反复做、反复练，终于使仪仗队成为运动会开幕式中最亮丽、最夺眼球的一支队伍。每当看到央视播出国旗队队形，这些同学都会条件反射地想起当年陈老师对我们训练的"狠劲"。吃苦耐劳，坚韧不拔，这样一种努力拼搏的精神，从我们踏入体育班之日起，陈老师就已经给我们播下了种子，此后身教重于言教的体育精神逐渐落在每个同学心中，生根，发芽。

班上少体校乒乓队队员不会忘记陈老师的"魔鬼式训练法"。体能锻炼是必修课,高强度技术训练天天少不了,不计其数的白色台球被打破,汗水泪水有些难分难解,一个词就是"拼命"。在陈老师的带领下,体校的足球、田径、手球、篮球、乒乓球队员冬训夏练,在实战中提高了技能,在实战中提高了应变能力,并在市、区、校际之间的大小比赛中纷纷取得佳绩。

意志、坚强、挫折、磨练是人生的宝贵财富,尤其在同龄学生时代,我们已经早早受到了这些"恩师的馈赠",它使我们很快成长和壮大,它使我们对事业的激情不衰。所以班上有好多同学走上工作岗位后经过自身的努力奋斗,在各行各业能够绽放光彩,这些同学中有副市长、外交官员、局级干部、体工队主教练、市队守门员、区民主党派领导、高级工程师、高级教师、厂长和全国销售总监,等等。"吃得苦中苦,方知甜中甜",当年"特色体育班"的一个个实例就是这句俗语最恰当的见证和注脚。

陈老师(左)与华东师大体育系陈国荣老师(曾任系党支部书记)

我们曾经去陈老师家中拜访,他从书橱中拿出十几本当年的工作日记,包括对我们班训练工作的详细计划和实施目标。当陈老师将全班每个同学当年考入二附中的分数档案展示给我们时,在场的同学无不为之感动和赞叹。虽然过去知道毛校长、陈老师对我们班平时的体育训练、学习关心有加,但陈老师能将原始资料完好保存50年,确实令人惊叹。体育梦,体育情,在老一辈体育工作者心中永远是不可磨灭的。二附中多次被评为上海市"体育先进集体",还被列为上海市和全国的"田径运动传统学校",这里倾注了老师们多少心血啊!

一个高尚的人,一个忠于事业的人,一定是大爱无疆、上善若水的慈爱者。班上有的同学至今还幸福地回忆起称班主任吴其宝老师为"慈母"、陈志超老师为"慈父"之事。细微之处见真情,记得有位同学田径训练时扭伤了腰,坐立不起,陈老师见状二话不说背起他直奔大学部医务站治疗;有的乒乓队员有时候加班加点,连星期日也在乒乓房苦练,因学校不开伙食,陈老师就亲自招待队员到家用餐;有的调皮男同学不按时就寝,跑到大学部树林里捉蟋蟀,他闻讯赶到,硬是打着手电筒把他们一个个"捉"回寝室,直到他们入睡后才放心离开……

点点滴滴,汇成了一个个感人的爱心故事。每当同学们说起这些,都会感慨万千,激动万分,瞬时感到自己才是世界上最幸福的人。

陈老师在华师大共青操场上的留影

"故人入我梦,明我长相忆。"陈老师虽然离我们而去,但陈老师当年给我们播下的拼搏精神的种子,使我们终身受益。

陈老师,我们永远是您的学生,您永远是我们敬爱的老师。

1967届初中四班全体同学,执笔谢钧言,2018年6月8日

［校友简介］

　　谢钧言，1964年至1967年就读于华东师大二附中。1968年底去崇明农场，1974年底调动，先后在央企三航局、石化总厂维纶厂、金山区园林署工作。曾任金山区园林署副署长、金山区民革常务副主委、金山区政协常委等公职。

以爱之名：写给父亲林炳枢的一封信

林庆华(1977 届初中/1980 届高中)

[教师简介]

　　林柄枢,生于 1933 年 12 月,1957 年毕业于华东师范大学中国语言文学系并留校任教,1958 年因工作需要调到当时刚建校的华东师大二附中担任语文老师。20 多年的教学生涯中,先后担任过预科 1960 届理一班、高中 1966 届四班、1973 届六班的班主任。1977 年底调回华东师大中文系,教授现当代中国文学。1982 年 5 月 19 日因病逝世,享年 49 岁。

炎炎夏日,今天在家接到父亲的老同事二附中严老师的电话,在电话里回忆起了父亲,唏嘘不已。转眼父亲已过世 36 年,翻开相册,抚看全家福,回想往事,思绪万千,感恩和思念之情油然而生,如潮水一样涌来。

我的父亲林柄枢出生在福建省历史文化名城莆田,此地素有"海滨邹鲁""文献名邦"之美誉。曾听祖母回忆,父亲受当地文风影响,从小勤奋好学,高考一举考上了华东师范大学中文系,是家族里唯一考到上海的族人。父亲大学毕业后留校任教,后因工作需要,调到当时刚刚建校的华东师大二附中担任语文老师,1977 年底调回华东师大中文系,教授中国现当代文学。

父亲是一个很有才华的人,但他却很少写诗撰文,几乎把全部精力都用在教书育人上。在教学中,父亲认真对待每一节课,备课笔记工整而清晰。父亲的备课笔记就像是一幅小楷书法,令人赏心悦目。但他上课时却只带一本书一支粉笔,要讲的内容都储存在脑子里,走上讲台时口若悬河,信手拈来。父亲在二附中教书 20载,桃李满天下,很受学生们的爱戴。学生们评价他是一位学识广博的可亲可敬的好老师,一身书生气,一手好板书。他要求学生养成观察、思考、记录、书写的好习惯,特别是他那句口头禅"好记性不如烂笔头",让很多同学记忆犹新,受益终身。

父亲是一个感情真挚的人。对同事,他以"谦"为先,谦虚谦和谦让,从不争名夺利,和大家关系都极为融洽。特别是与语文教研组的严秀英、朱千红、刘钝文、徐玉仑、李新殿等老师,他们长期共事,彼此切磋,相互扶持,如同兄弟姐妹。

对友人,他以"念"为要,念乡情,念校谊,如潭如渊,永不干涸。在他留存下来不多的一二十首诗歌中,主要都是牵挂友人和同学的。

遇见成功的朋友,他是满满的欣喜:

无题
教学楼里寻常见,扩音器前几度闻;

正是江南好风景,黄浦江畔又逢君。

对于困厄的友人,他更是"以同怀视之":

斯人愁
故人辞黄浦,明朝启征帆;

斯人独惆怅,无计挽波澜。

再会

叮咛大路旁,鱼雁常往还;

相期蝉声起,再会黄浦滩。

父亲对于友情的珍重,对于友人的关切,并不限于送别的时刻,就是在平时的心底,他也常常不自禁地涌出思念的情愫:

江畔倚栏

（一九七五年十二月十八日）

逝水情思何茫茫,狼毫尘封砚池干;

黄浦江畔觅遗迹,倚栏遥望祈平安。

对于家人,他以"亲"为纲,亲所亲,爱所爱。他特别有孝心,从走上工作岗位起一直到去世,吃苦耐劳省吃俭用赡养祖母,即使是在"三年困难时期",即使是自己"热斋瓦冷霜车重,薄破御寒儿与共"（冬夜,一九七五年十二月十八日夜）,他也从没有中断过给祖母寄赡养费,甚至连一天都不会耽搁。他和叔叔关系也非常好,祖母曾告诫我和堂弟,一定要像父亲和叔叔那样和睦友爱,相亲相助。母亲长期患病卧床,父亲不但不离不弃,关怀备至,还专门赋诗鼓励母亲,这首写于1971年秋:

顺口溜（节选）

防病措施千百条,治病还需有良方,

药物治疗有奇效,按时服药别忘了。

确保睡眠也重要,劳逸均衡别失调,

上床前后休用脑,笃笃定定睡一觉。

父亲是个有抱负的人,但在精力最旺盛的壮年遇到的却是特殊日月,只能感叹:

夜思

（一九七五年十二月十八日）

书案蒙尘且由之,岂有豪情似旧时;

何当重上青璜山,壮观雄鸡向日啼。

当他以为可以"磨得刀剑锐""夺隘试锋芒",便会一逞"书生意气"(1980.10)：

明月照高楼,无人楼上愁；

书生意气盛,粪土万户侯。

谁知他刚开始想要奋起,哪管"秋雨绵绵黯楼房",一心"华灯竞上攻书忙",便被病魔击倒了。

转眼间,父亲过世已30多年,我也曾多次返回故乡,祭奠双亲,祭拜先祖,感念父亲的养育之恩。在那艰苦的岁月里,您赡养祖母,照料妻子,抚养孩子,一人身挑几副重担,只管家人不顾自己,含辛茹苦把我养育成人。虽然我们没有当官和发达,但我可以告慰天堂里的父亲,您和母亲所从事的教育事业后继有人,您二老的儿孙都走上了从教之路。我们的血液里流淌着您二老的血脉,在日常生活做人做事中我也处处以您二老为榜样,对人热情,乐于助人,诚实守信。我和我的家人厚道本分,活得很快乐,很自在。

父亲,在这里我还要告诉你一个好消息,您曾经工作过并为之付出全部精力的母校华东师大二附中今年将迎来60周年华诞,您曾经教过的1973届六班的同学们在毕业45年后再次重逢,虽然都已年逾花甲,两鬓斑白,但45年的情谊,45年的牵念,给了老同学相约再聚的充分理由。他们重温同学之情、师生之谊,深深缅怀您对他们的教诲。虽然您早已不在人世,但您的音容笑貌,您讲课时那浓重的福建口音仿佛还在耳边萦绕,同学们永远不会忘记这一切。虽然合影照里没有您的身影,但

2018年6月6日,语文组老同事在聚会上的合影(左二起：严秀英、朱千红、刘钝文、徐玉仑、李新殿,左一为1973年毕业后留在母校工作的王建兰校友)

您已经永远留在了同学们的心里。

前来聚会的 1973 届六班同学，表达了全体学生对林老师的深切怀念

敬爱的父亲，今天儿子把这封信寄给天堂里的您和母亲，表达深藏内心的哀思，也送上我们全家最美好的祝福，祝愿父母二老在那个世界过得健康如意。

热斋瓦冷霜车重，薄被御寒儿与共；

无边往事如潮涌，夜阑至晓频入梦。

父亲，儿子想您了！

2018 年 7 月 16 日

[校友简介]

林庆华，1974 年至 1980 年就读于华东师大二附中。毕业于华东师范大学教育管理学系，现任职华东师范大学学报期刊社，任学报（哲学社会科学版、教育科学版）技术编辑、学报新媒体编辑。

音乐，杜秀林老师一生的追求，一生的爱

张意

［教师简介］

　　杜秀林，1933 年 5 月 2 日出生于南京，毕业于南京金陵女中。1951 年考入华东师范大学音乐系，主修钢琴、小提琴和声乐，师从著名音乐教育家马革顺。1955 年以优异成绩毕业后，被分配到上海第三师范学院任教，培养了一批中小学音乐老师。1962 年应毛仲磐校长之邀，调入师大二附中担任音乐教师，直到 1982 年退休。退休后她也活跃在师大各项文艺活动中。1992 年定居美国后，又把音乐带到了社区，为老年活动中心带来欢乐。2013 年 1 月 15 日不幸遇车祸辞世。哪里有杜老师，哪里就有歌声和笑语，从人间到天堂。

妈妈离开我和妹妹已经有整整 5 个年头了,每逢母亲节总让我无限思念在天堂里的母亲。借着二附中校庆 60 周年之际,我把给妈妈的信在这里与她心爱的学生们一同分享。首先我想感谢蒋建国老师,在母亲去世后,他代表校方领导和老同事,给予了我们极大的帮助,也是他鼓励我把妈妈对二附中早年教育方面的点滴故事记录下来。

一

杜秀林老师有半辈子时间是在师大校园度过的。

她 1933 年出生在战乱中的古城南京,5 岁就在日军占领南京时期失去了父亲。外婆出身于大户人家,年纪轻轻就守寡,凭着一点家底和勤奋让母亲姐妹俩过着还算富裕的日子。外婆送她去私立教会学校,在中学里遇上了人生导师马革顺,对她进行了最早的音乐启蒙,从而影响她一辈子。她从小就爱唱歌,参加了学生合唱团,演唱一些教会的圣歌和弥赛亚,到中学后瞒着外婆开始跟老师学钢琴。50 年代初她在马革顺老师推荐下考取了华东师大音乐系钢琴专业,同时选修了声乐和小提琴。

1955 年夏,妈妈在华东师大校门口的留影

50 年代的华东师大音乐系,师资贫乏,当年的系主任马革顺聘请了上海音乐学院的教授来兼课,这些教授都是留美、留法回国的音乐专家,比如周小燕,高思聪等。她同届同学有后来成为著名指挥家的杨鸿年,其时还未毕业就被遴选去了中央音乐学院。

1955 年,妈妈以优异成绩毕业于华东师大音乐系,被分配到上海第三师范学院,那是培养中小学师资人才的学院。刚刚参加工作的她,十分努力,一个人兼授音乐美学、西方音乐发展史、音乐基础教育等四五门专业课。第三师范的老领导对她的工作极为赞赏,工作第一年的工资就连跳两级。50 年代大学毕业生的基本工资是 54 元人民币,她一下子跳到 76 元,这在她的同辈中极为少见。父母住在师大二村,离第三师范很远,她每天早出晚归,全身心投入工作。1957 年我一出生,家里就请了一个全职保姆,断奶后 10 个月时,干脆把我送到南京外婆家照顾,这样她可以毫无后顾之忧地投入到教育工作中。毕业,对她来讲只是音乐的一个小节。为了提高教学质量,她大学毕业后一直坚持去上海音乐学院选修课程,像世界音乐发展史、古典音乐欣赏课等,这给她后来在二附中的音乐教学打下了扎实的理论基础。

母亲大学毕业后省吃俭用,终于在 50 年代后期买了一架东北产的"东方红"牌钢琴,这让我们成为整个师大二村第一个有钢琴的人家。这架钢琴质量极好,据说是上选木料在火炉前慢烘几年后制作的,它成了我们家的至爱,许多师大教授的孩子都来找杜老师学钢琴。她的第一批学生基本上都是老三届的,我能记得的就有曹群进、周乐美、梅宁钧、梅丽钧和陈一莹等,他们中的大多数后来都在二附中上学。那时学生家里基本都没有钢琴,杜老师就安排她们在我们家练习,不但义务教课,还制定学生练琴的时间表。她把家里钥匙交给她的学生们,让她们放学后轮流来家里练琴。当年最得意的学生就是老三届的曹群进,妈妈常在我面前夸赞她的勤奋和努力。妈妈除了教学生弹钢琴,还组织她们去上海音乐学院音乐厅欣赏音乐会。特别是顾圣婴的钢琴独奏音乐会,给了孩子们极大的震撼。

妈妈天性活泼开朗,与孩子们成了没有年龄之分的朋友。有时周末会带几个学生去中山公园溜冰,有时会带来一屋子的孩子学琴后与她们一起玩"摸瞎子""躲猫猫"等游戏。到了春节,她会邀请学生家长来家里的小屋听学生们汇报演出。妈妈的投入,离不开爸爸的支持。每当孩子们在家里汇报演出时,父亲就会把家里最好的东西拿出来招待她们,包饺子、做锅贴、炸山芋饼,忙里忙外,心甘情愿。当妈妈不幸去世后,学生周乐美和曹群进在一篇回忆文章中感叹道:"当年杜老师怎么就不嫌烦,一群孩子在家闹腾。看得出,老师的天性就爱孩子,爱音乐,爱热闹。"前天,二村邻居叶千荣把他老三届的姐姐叶千纯的回忆转发给我看:"杜老师教过我们,还很喜欢我。可能听到我放开嗓子唱歌，就叫我到她家和应明一起练唱《逛新城》，我唱女儿，应明唱父亲。杜老师一遍遍地教我们练唱，记忆犹新。"接触杜老师，离不开音乐。杜老师的音乐不仅仅在课堂里，家庭音乐会更是不定期地随时举行。我的童年和青年时代，虽然有不少不愉快，但妈妈带给我们的欢声笑语，美好地占据了我记忆中的绝大部分。几年前在师大二村遇到邻居梅康钧，他对我说："我不知道没有杜老师的师大会是什么样的，是她，给华师大带来一片温暖的阳光。"

1960 年夏，爸爸妈妈在长风公园

二

那时在二村，我们家楼上就住着毛仲磐校长，他对杜老师在第三师范出色的教学事迹早有耳闻，加上亲眼目睹她在社区积极开展音乐普及教育，于是邀请她来二附中教学。开始母亲还不舍得放弃在师范学院的教学工作，尽管路途很远。后考虑到我体弱多病，加上毛校长多次盛情相邀，终于使她下决心于 1962 年 8 月来到二附中工作。

在二附中靠金沙江路的那幢红砖瓦的教学大楼里，杜老师和美术老师鲍友才合用一楼进门最右首那间宽敞的办公室。办公室右边就是一间音乐教室。20 多年来,这两位老师共处一室切磋音乐和美术。当年我还在上幼儿园,放学后常跑到二附中来找妈妈。每一次到她的办公室,总能听到那个老式的留声机流出来的美丽的旋律,而她总是认真地坐在那儿,一面听着音乐,一面写着备课资料,那位来自印尼的归国华侨鲍老师就安静地在一旁画画。常说音乐是流动的画,画中也有音乐的旋律,两位老师在一起真可谓相得益彰。

妈妈总是打扮得大方得体,有时穿一件枣红色的羊毛衫,里面一件翻领白衬衫,头发经常上盘,打扮得像一个苏联姑娘。上课时,她喜欢穿一件藏青色哔叽无领西装,里面总是一件熨烫得整整齐齐的白衬衫,看上去十分高雅。"文革"中有人就贴她大字报,说她穿着打扮很小资,也许学音乐的人是有与众不同的气质。鲍老师擅长西方风景画,有几次妈妈请鲍老师在几个白铁皮方盒上绘风景油画,然后拿回家里当饼干盒、针线盒。那些白铁皮方盒是国外寄猪油来,用完洗净后废物利用的。我小时候常常趴在桌上,望着这几个艺术小方盒发呆良久,伴随着妈妈在钢琴上奏出的贝多芬独奏曲和肖邦圆舞曲,喜欢音乐和绘画的种子就这样悄悄地播撒在我幼小的心灵里。

1964 年夏,妈妈和我在长风公园

妈妈在我的眼中,就是一个多才多艺、活力四射的女神。除了音乐,身上还有不少的运动细胞。她在师大上学就是校篮球队的活跃分子,当老师后还是一如既往,下课后经常把黑裤子的裤脚卷起,换上球鞋跑到大操场和学生一起打篮球打排球,身影矫健,四肢灵活,与学生并无二致。

她在课堂教学生学五线谱,欣赏古典音乐,这在当年的中学音乐教学中是个创举。学生在她这儿学到的已不仅仅是简单的识谱唱歌,他们在音乐欣赏中获得了音乐以外的很多知识，他们的心灵被慢慢开启。她始终坚信，一个没有音乐的民族是不幸的民族。每逢学校有重大的文艺活动，她一定会全力以赴，不辞辛劳，在课后给学生们排练就成了家常便饭。哪怕每次文艺活动之后她都会累得嗓音嘶哑，甚至发高烧，她也从不喊累或降低要求。

大约1964或1965年，她在二附中导演了一个话剧《爸爸要出卖眼睛》，获得极大的好评。我当时才6岁左右，坐在第一排观看。参加演出的同学有周纪安、行军、马淑翘等学生，他们都很称职，演得极好！特别是行军，她漂亮能干，有着银铃般的嗓音，她演的女儿在剧终时扑倒在爸爸的膝盖下，哭着大喊一声"爸爸"时，给全场以极大的震撼，灯光就在她扑喊的一霎那熄灭。随即，观众席上响起雷鸣般的经久不息的掌声。因为话剧内容浅显易懂，即便如我，也深深为话剧的内容所感动，哭成了一个小泪人。后来爸爸告诉我，这部话剧演出的情况上了《上海青年报》，评上了全上海中学生表演一等奖，师生们在表演艺术上也为二附中赢得了极大的荣誉。

当时二附中的人文气氛十分浓郁，这得益于宽松的校园环境，教师们可以在教学上独具创意地施展自己的才华。特别是在毛仲磐、王鸿仁、蔡多瑞这几位校长的鼓励和支持下，杜老师的音乐课独树一帜，有别于其他中学的音乐课，取得了很好的效果，也培养了一大批音乐爱好者，给全校师生留下了深刻印象。数十年后，当妈妈因车祸过世，很多学生纷纷撰文纪念那难得的音乐课。

杜老师兢兢业业，为人师表，日常生活中也特别尊师敬老。"文革"前，每逢大年初一，妈妈总给我换上新衣服，搀着我的小手去毛校长家拜年，向老校长汇报她对音乐教学的想法，然后聆听老校长的教诲。给毛校长拜完年后，她又会坐公共汽车去上海音乐学院给几位教授拜年，再去二附中胡士煌、郑启楣等一些老先生家拜年，这已成了惯例。

<h1 style="text-align:center">三</h1>

品学兼优、才华出众的杜老师，不幸在她的最佳教学年龄时遇上了"文革"，这让她和许多老师一样受到冲击：家里的钢琴被造反派贴上了封条，收藏多年的古典音乐唱片被一张张地掰碎，琴谱被撕烂，她被勒令停课去"牛棚"洗厕所，去校办工厂劳动。

这一切，对母亲的沉重打击，几乎瞬间毁了她。母亲一张姣好的脸失去了往日的笑容，变得沉默寡言。极端岁月里，师大的丽娃河常常飘浮着尸体，但杜老师有音乐的支撑，有强大的内心和坚强的个性，还有着做母亲的责任。外面没有了音乐，而在她心中永远有一支歌。因此,她没有,也不会选择走绝路。她的身教和言教,让年少的我一下子成熟了起来,默默担负起照顾小我 11 年的妹妹和做家务的大部分责任。

70 年代初,各校逐渐恢复正常教学秩序。但纷乱的环境依旧,西洋音乐尚在被禁之列,语录歌、红歌是绝对主力。即便如此,也还是没法阻挡杜老师对音乐的追求。学校组织学工、学农、学军,她都积极参加,背上她的手风琴,走到哪里就把音乐带到那里,用音乐感染周围的人们。特别是去工厂教工人学唱歌,给文艺小分队作指导,几乎成了她的另一份工作。

家里有她就有音乐,任何学生上门来,无论是工人还是师大毕业的学生,她都是有求必应,来者不拒。那时经常有几个工人到家里来请杜老师指导手风琴、小提琴和声乐。几位二附中毕业的学生,分配工作后还来家里请杜老师教她们学钢琴。师大一村的管少萍、管少琪,这一对漂亮的双胞胎姐妹也常常来我家请杜老师给她们的小提琴伴奏,辅导她们报考文工团。在妈妈看来,追求音乐是热爱生活、积极生活的表现,她作为音乐老师,能这样给更多人鼓励和支持是极大的荣耀。在学校里,音乐老师是副科老师,当不了班主任,她也从不在意,无论学农、学军时,她都一样对学生悉心照顾。听林火同学回忆,在横沙岛学军时,杜老师每天细心地过问炊事班同学,帮助他们管理伙食费用,在有限的条件下尽力为大家准备最佳的伙食。

如前所述,她和学生们的关系亦师亦友,师生之间有着像朋友一般的情感。李沉简同学在回忆中就提到他课外请求杜老师教弹《少女的祈祷》的有趣故事。老三届行军同学以前也来我们家吃过饭,和杜老师谈心到深夜。不少毕业后的同学偶尔在校外遇上她,也会和老师谈各自的人生经历,有时还会聊到自己的心事,她总是坦诚地与他们交心。

四

1976 年,混沌的世界终于露出美丽的曙光,杜老师欣喜万分。她明白,当世界失去贝多芬,失去莫扎特,天空就变得灰暗,人性也可能随之而变恶。她暗自下决心,要选用古典音乐来塑造孩子们美好的心灵,这个目标促使她以空前未有的热情投入到教改工作中。她经常去语文和外语教研组,与老师们讨论她的音乐课怎样配合他们的教学才能提高教育质量。

在资源匮乏的年代,她为了教好学生真的是竭尽所能。李沉简同学曾经帮杜老师去上音图书馆借来约翰斯特劳斯的《蓝色多瑙河》唱片,杜老师再把唱片翻录到大

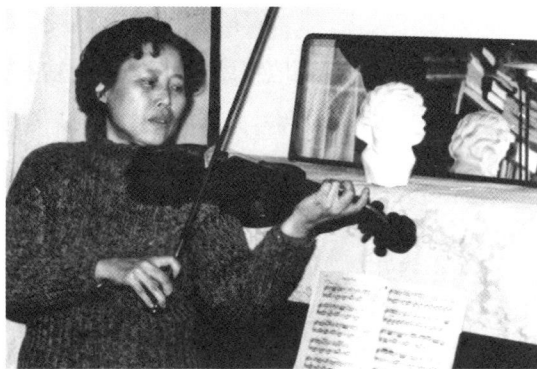
1980 年代,妈妈在师大一村的家中练琴

录音机的磁带中,以便用老式的录音机给学生上音乐欣赏课。在教课中,她由浅入深地系统介绍了中外著名音乐家和他们的经典作品。贝多芬第六《田园交响曲》成了学生们的至爱,以致后来学生们一谈起杜老师,就会想起"小廖在歌唱"这句名言("小鸟"的南京话)。有一天我听到万琳老师问妈妈:"哎,杜老师,你用了什么魔法,学生们自从上了你的音乐欣赏课后,写作思路一下子打开,作文成绩提高了许多!"音乐课在中学里被看作是可有可无的副课,到高中就取消了。我感叹妈妈当年真有福气,教的二附中学生在整个上海都是非常优秀的。而她的音乐欣赏课,在 70 年代末、80 年代初的上海,甚至在全国都是绝无仅有的。现实中没有,音乐教育大纲里也没有。遍览整个上海的中学,很少有中学的音乐老师具有像杜老师那样深厚的音乐素养和人文情怀。她的教学也为二附中赢得了不少赞誉,当年就有不少其他学校的中学音乐老师专程前来观摩她的音乐课。

70 年代后期,师大二村门口突然响起了一阵敲锣打鼓声。一群人在锣鼓声中进了二村的大门,直冲我们家走来——原来是第三师范学院的毕业生,拿着锦旗奖状来送给杜老师!他们感谢杜老师当年的教育,使他们中的许多人后来在上海各中小学挑起了大梁,其中不少人还当了校长和教导主任。那天我妈妈好开心,她的用心终于获得了认同,终于结出硕果。那么多年过去,曾经受教的学生和老同事们始终没有忘记她。这是一个副科老师能获得的最大的荣耀。

80 年代,退休后的杜老师也一直活跃在师大各项文艺庆典活动中,那时师大的人说,哪里有杜老师,哪里就有歌声和笑语。她在师大组织退休老师合唱团,在一村师大俱乐部和小李他们策划和组织各种文艺活动,极大地丰富了退休老师的生活。也因此,听闻杜老师将移居美国时,就有太多的不舍、太多的感念围绕着她。

1992 年定居美国后,无论是在洛杉矶还是在硅谷,她都一直活跃在老人活动中心,义务教老年人弹钢琴,帮人伴奏,指挥合唱,忙得不亦乐乎。还是那句话,杜老师在哪里,哪里就有琴声和爽朗的笑声。除了音乐,她在其他方面也不遑多让,积极参加各种活动,每天清晨坚持去游泳,在当地组织的运动会上屡获游泳比赛老年组奖牌。她年近八十,依然健康,每天坚持游泳、唱歌、跳舞,潇洒得让同辈人羡慕万分,让年轻人自叹弗如。

2010 年,妈妈在美国洛杉矶老人活动中心

五

2013 年 1 月 15 日的清晨,一辆疾驰而来的大货车,让那永远不停的歌声戛然而止。家里的钢琴上还留着一份乐谱,她已经标好了记号,准备给老人们排练用呢。

在她突然故世一个多月后,消息传到了 1984 届同学中,张榕、李沉简、毛奇骅和钱宇均等同学牵头,在一个月内就给杜老师编辑了一本名为《小寮依然在歌唱》的纪念册。纪念册里近 40 位学生的回忆,无不围绕着音乐。音乐对他们的影响,几乎成了他们人生的重要环节。他们对杜老师感恩之言,无不记录着杜老师教他们音乐时的点滴感人画面。每次读到这些肺腑之言,都会让我感动得热泪盈眶。

为纪念我这位伟大的母亲,2014 年 4 月 12 日我在旧金山湾区为母亲举办了一场名为《远去的歌声》的专题音乐会,节目单就是选自 1984 届同学整理出的"杜老师音乐课程表"。旧金山湾区不少专业和业余的演员共 200 多人参与了这场演出,他们都被这位音乐老师的事迹感动。音乐会最后有一个话剧小品,演员上场就介绍自己是某某某(扮演 1984 届的同学),然后讲述各自心目中的杜老师,多少观众都听得流下了热泪。

亲爱的妈妈,这么多年过去了,师大校园的丽娃河中,夏日荷花还是年年盛开。

2012 年感恩节，爸爸妈妈和妹妹团聚在我家

过去的夏天，您最喜欢游泳的游泳池，如今已成为一片安静的夏雨岛。二附中的老教学楼，也被改造成了一幢崭新的大楼。杜老师和鲍老师办公室内的两张写字台虽已不见，但鲍老师画布上的油墨香味、留声机唱片中的贝多芬第六《田园交响乐》，依旧在那儿叙述着过去的时光。一架老钢琴，一架黑白贝尔手风琴，一架老式的唱片留声机，一台磁带转盘录音机，黑板上画的五线谱小豆豆，就是您一生的交响乐。您用那些小蝌蚪般的音符爱抚了一届又一届的学生，他们年幼的心灵在您的音乐课中得到熏陶和升华，智慧的源泉从此流淌在他们生命的长河中。每一次读同学们的感言，我都在想，这世界上还有什么职业比当老师更为崇高的呢？能有什么事情比当一个音乐老师更为幸福呢？

今天二附中的学子遍布世界各地，他们品学兼优的人格，对母校以及老师们的感恩之心，无时无刻不在鼓励着我，继续保持一颗感恩的心。两年前，我处于半退休状态后，报名参加了旧金山交响乐团的义工组织。无论去欧洲旅游或在家，每周都能有机会听古典音乐会。妈妈走了，妈妈离我远去了，但妈妈播在我心里的音乐的种子早已开花结果，那是我全部生命的爱和一生享之不尽的宝贵财富，我无时无刻不在享受音乐带来的人生的丰富多彩。

2018 年 5 月 12 日

［作者简介］

张意,杜秀林老师的大女儿。1973年中学毕业后去了崇明农场。1986年底来到美国,现定居旧金山湾区,在北湾某音乐音响公司担任财务主管,目前半退休。爱好音乐舞蹈艺术,兼职旧金山金门交响乐团合唱团理事(Board member),参与社区合唱活动和组织工作,以音乐搭桥推动中美音乐文化交流。

暮色琴声的启蒙人

曹群进(1967届初中) 周乐美(1968届初中)

杜秀林老师走了。消息从美国传来,我们惊愕了。我们与杜老师已多年未见,可平时闲谈中却时常提到她,因为我们都热爱音乐,尤其爱弹钢琴,而杜老师就是我们儿时接触钢琴的启蒙人。五十多年前耳提面命的情景,对于我们是刻骨铭心、终生难忘的。

算来杜老师已是年过八十的耄耋老人了,可我们想象不出她弯腰曲背或步履蹒跚的样子,在我们的印象中,她年轻美丽,爱说爱笑,活力四射。

1950年代,杜秀林老师在华东师大琴房

记得20世纪60年代,我们几个小学生缠着家长想学钢琴,家长们找到已是华师大二附中音乐老师的杜老师,她一口答应,我们甚是兴奋。当时杜老师和丈夫张一川先生带着幼小的女儿张意，与其他年龄相仿的两对青年教师夫妇合住在师大二村的一套住宅里。她家有14平米一大间和6平米一小间，大间有一架钢琴，这在当时的人家极为罕见。后来听杜老师说也是攒了很久，又问别人借了一些，才凑钱买下的。星期天下午是我们上琴课的时间，我们从最基础的拜耳练习曲开始学。杜老师教我们双手放在琴键上的姿势，呈半圆如握蛋状，一手指抬起敲至琴键，其他手指均不可乱动，老师甚是严格。一周弹一条，周日再还琴，上新课。那时自家都没有琴，杜老师让我们放学后去她家弹，并排好时间表，每人半小时，我们挺知足的。渐渐地我们能弹一些曲子了。我俩跟杜老师学琴时间较长，杜老师教我俩四手联弹的曲子，让我们参加某年师大之春的演出，好像弹的是《四季调》。我俩还在区夏令营晚会上弹奏贺绿汀的《晚会》，那时很少有孩子会弹琴，远不如现今的孩子学琴普遍，于是引起一番轰动，我们也挺自得，如今想来这一切自然应归功于杜老师。

我们天天去杜老师家弹琴，现在想想那时她怎么就不嫌烦，一群孩子在她家闹腾，也许老师天性爱孩子，爱音乐，爱热闹。记得学了一段时间，正值春节，杜老师事先让我们每人准备了一首曲子，在她家举办了一场小小音乐会，家长们都来参加，算是汇报演出吧，自娱自乐，煞是有趣。杜老师和张一川先生还包饺子请我们吃，有猪肉馅的，还有牛肉馅的，只因我们中有一个孩子是回民。冬天放寒假，我们跟着杜老师去西郊公园溜旱冰，这是周乐美平生仅有的一次，自是难忘。夏天放暑假，我们跟着杜老师去上海音乐厅，有幸的是听到了顾圣婴独奏音乐会，她也弹了贺绿汀的《晚会》，激情昂扬，在我们的心灵上烙下不灭的音符。那几年跟着杜老师学琴挺愉快的，记得她常穿一件红色开衫毛衣，白衬衫领子翻出来，两条辫子盘在头上，像苏联姑娘。也许是学艺术的缘故，总觉得老师气质不凡。

后来我俩都先后考进华东师大二附中，成了杜老师真正的学生。再后来"文革"爆发，杜老师没少吃苦头，我们还记得当年她挺着大肚子（怀着二女儿），拿着扫帚拖把打扫厕所的样子。没琴弹了，我们都离乡背井上山下乡去了。若干年后，一次周乐美回沪探亲，在二村路过杜老师家楼下，被她叫住请上楼。虽遭过罪，老师好像又焕发了活力，又像我们儿时那样聊天说笑，只是那架钢琴似乎显得旧了些。听老师说起曹群进因会弹琴被招进了县剧团，周乐美感到汗颜：全都还给老师了，真是惭愧啊！

我俩终究未以音乐为职业，曹群进成了大学教师，周乐美当了中学老师。如今我们已是年过花甲之人，退休赋闲在家，照顾老人侍弄孙儿之余，弹琴便成了我们极大的乐趣与精神寄托。曹群进的钢琴演奏在上海老年大学小有名气，周乐美重新拾起杜老师曾经给与的"童子功"。

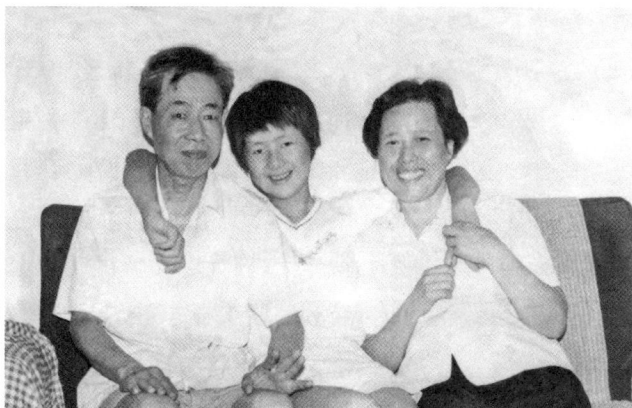

1981 年夏,杜老师和丈夫、小女儿的合影

在历经人世的沧桑后,我们感受到了音乐可以抚慰疲惫的心灵,可以愉悦紧张的情绪,可以陶冶人的性情。音乐的魅力神秘而莫测,弘大而坚毅。联想到了杜老师,她的一生较为坎坷,丈夫张一川先生很年轻已是业务骨干,却被打成了右派,而杜老师不离不弃,相濡以沫,无怨无愁,伴随到老,这极其不易。也许,开朗的性格、坚强的意志,正是音乐艺术的无穷魅力使然?我们不曾有机会与老师探讨这一问题,相处时年少无知,而后为生计奔波无暇顾及,直至今日有闲暇却无人可谈了,与老师从此阴阳两界,哀莫大矣!不过我们知道,快乐的人灵魂永存,杜老师的笑声、琴声会从人间传至天堂……

2013 年 3 月 12 日

[校友简介]

曹群进,1964 年至 1967 年就读于华东师大二附中。1968 年 11 月赴江西省新干县梅丰大队寒水村插队落户。1970 年 9 月招工至新干县剧团及县新华书店工作。1979 年考入复旦大学历史系。1983 年大学毕业后,先后在上海大学、上海教育学院和上海对外经贸大学任教。2006 年退休。

周乐美，1965 年至 1968 年就读于华东师大二附中。1969 年 1 月赴安徽和县高关陡山村插队落户。1970 年 12 月招工至和县水泥厂，历任工人，管理干部。八二年求学安徽电大，获大专文凭。1987 年调至上海市服装公司职工中专。九十年代在上海教育学院求学，获本科文凭。1996 年调至普陀区铜川中学任教。2008 年退休。

"小寮依然在歌唱"

——给我们挚爱的杜秀林老师

1984 届高中学生

李沉简：杜老师你知道吗？我后来听过很多次《蓝色的多瑙河》，有最出名的乐队实地演出，或最好的录音版本，但是在学生心里，《蓝色的多瑙河》对我来说，最感人的永远定格在您的那间小屋，在您闭着眼陶醉的样子里，在您请求可否再听一遍的眼神里。

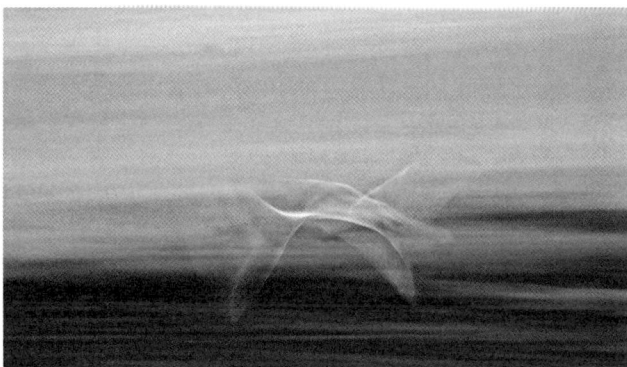

2013 年 3 月，1984 届校友为杜秀林老师制作的纪念册封面：
小寮依然在歌唱

陈燕骅：与同学追忆过去，一段段华美的乐章跳跃不停，那么丰富地诠释着一位挚爱音乐的老师的执着。

徐军：As I grow up, I began to understand that when you asked us to close our eyes, you were asking us to open our mind.

丁之莹：您当年播下的音乐种子，已经生根发芽，在让我们体会生活的甜酸苦辣，在滋润我们的心灵。伟大的老师让学生受益一生！

姜莹：杜老师，您就是那欢快的小鸟，永远引领着我们在音乐声中飞舞着。

郭林：我们当初也是懵懵懂懂，经常会把那些名曲搞混了。但现在我确确实实地知道，我心中感悟音乐的触角，就是在那时被拨动起来的。

王建良：……您用这些世界名曲打开了我们的心灵窗户，让我们从懵懂中醒来，感知什么是真善美。是您改革了音乐教育的模式，让我们更多地接受文化艺术的沐浴熏陶，一步步提高修养、情趣和品位。是您言传身教带动我们一起热爱音乐，学习音乐，传播音乐。我从此深深地迷上音乐。当年还成为了上海人民广播电台第一批"立体声之友"。1988 年应上海各大院校的邀请，我成功地组织了世界音乐精品校园巡回展听并担任主讲……

何伟：1984 年高中毕业，分手之际，同学们依依惜别，互留赠言。一个同学在我的纪念册上没有留下任何文字，只有一小段德沃夏克的旋律。

音乐有时候比语言表达得更多，更丰富。18 岁的我们走向新世界，充满希望，充满幻想。30 多年过去，人生过半，甜酸苦辣，顺流逆流，德沃夏克的旋律始终陪伴着我。如今，无论 HiFi 的器材多么高级，版本多么著名，甚至是大师指挥著名乐队的演奏现场，都很难有当年的感觉。后来我领悟到器材只是躯壳，音乐才是灵魂。音乐家是上天赐给的，而杜老师就是上天赐给我们孩子的天使。她用不到 180 课时就把我们带进了艺术的天堂，带进了一个全新的世界。她让音乐融入了我们的血脉，清新了我们的灵魂，帮助我们成为一个有思想、有教养的人。

施军：谢谢您将金钥匙放到了我们的手中。

是您，领我们步入美丽的音乐世界，您牵着我们的手一步一步走进美妙的古典音乐的世界。有四季，有狂风，有天鹅，有少女……30 多年过去了，您用旋律为我们描绘的一幅幅画面，依然清晰。

顾志豪：1978 年，全中国有几所学校的教室曾响起西方古典音乐的旋律？杜老师的古典音乐欣赏课肯定是超前的，对十一二岁的孩子们来说无疑是一场启蒙和洗礼。我们从二附中得到的太多了，但称得上震撼并且终身受用的也许就是杜老师的古典音乐欣赏了，原本与世隔绝的幕布被掀开，您让一帮孩子看到这个世界的远大美丽。

这震撼将化成能穿透一切的余音，直到我们与你再次相见。

杨蓓菁：那些年做过的破题都忘记了，唯有那些聆听过的音乐还在心中流淌……

中学时代的杜秀林老师

丁敏：当大地回春,冰雪消融,当我们思念着引领我们走进美丽音乐世界的杜老师,当泪水弥漫着我们的双眼的时候,何不让我们身边再一次响起"春之声"的旋律? 随着跳动的音符,我们的爱,我们的回忆,我们的感激,我们的祝福,将漫过三月的天空,天人从此将不再相隔。

魏清：今生能遇上您这样的老师,我们是该多么的有福气哦!

钱华屏：音乐同样给煮妇带来创意和童心,且让美食也在美妙的音符里驻足。

厉莉：因为老师深入浅出的启蒙,我走进了音乐圣殿,学会倾听,感受音乐的美妙和无穷魅力,体会到"小鸟飞走了"的渐行渐远……

1953 年,大学时代的杜老师,正在学校广播电台播音

叶晴：您耐心又和蔼亲切,对您我充满了感激,因为您是我的启蒙老师。

施润扬：感谢杜老师,她使我没有错过人生中最美好的享受之一。

赵仕勤：印象最深的是您给我们解说贝多芬的《田园交响曲》,村民欢乐的舞蹈,雷雨涤荡而过,雨过天晴……自己仿佛融进了《田园》中,乡村气息扑面而来,让我久久地沉浸在陶醉中……

数理化只给了我们知识,音乐才带给我们文明!在当初漫天遍野分数至上的灰色环境中,您的音乐课是一扇彩色的玻璃窗。透过它,我开始隐约地理解自己,理解人生。

范德超：是您,把我们这群只会扯着嗓子高唱革命歌曲的懵懂少年引领进了精彩、高雅的音乐殿堂;是您,让我们认识了贝多芬、肖邦、莫扎特、柴可夫斯基、斯特劳斯这些大师并聆听他们谱写的不朽乐章;是您,在我们最饥渴的时候无私地给予了我们最丰富的营养;是您,点亮了隐藏在我们内心深处最绚丽灿烂的火花,使我们的人生精彩异常。

成勤和：相信您把您的音乐带去了天上的世界,使它更安宁和明媚。您也不会孤单,因为我和同学们都想着您,为您祈福。再过几十年,我们会来您新的音乐教室再次上课,那将是非常美妙的。

陈嘉敏：音乐充实人们的灵魂,杜老师教给我们的又何止是音乐……音乐教师,播撒音乐的种子于学生的心田,最平凡不过的职业,却也是世界上最崇高的职业之一。

王以琍：2011年初春在音乐之都维也纳,在贝多芬灵柩停留过的教堂,响起了柴可夫斯基的《如歌的行板》。我的情感随着音乐想象变得丰富,仿佛见到杜老师钟爱的音乐大师,第一次相遇,是杜老师把我们带入他们的美妙世界……

孙宏志：杜老师,您与所有的恩师一样,永远与我们同在。那些曾经的点点滴滴,早就变成一颗颗珍贵的记忆珍珠分存在曾经的学生们的脑海里。那些无价的善意和宝贵的品质,也会通过今天长大的学生们的影响,更加散发出去,在社会上默默奉献这些源于你们的正能量。

钱雅新：您把孩子从黑暗中扶起,让他们和音乐一同漫步。您把老贝老柴们的甘露,引入孩子们干枯的心里。您的恩典让人时时想起,那情怀非言语所能倾诉。期待天际重逢的日子里,您还做我们的老师,好不?

程梅笑：是您在30多年前把我们领入音乐世界,您讲过贝多芬,讲过田园,几年后我写过一篇作文《在贝多芬塑像前》,从此建立起对自己的自信。您开启了我们的心灵,永远记得您高贵、诚恳与敬业!再叫您一声老师,大家还在回味您的音乐……

段律文：想为她画一套上课的道具,下课的铃声却把她的音乐永远挂在冰凉的

2015 年清明节,杜老师的大女儿张意女士在墓园中诵读 1984 届学生的纪念册

墙壁⋯⋯

孙晓敏：杜老师将自己热爱的音乐传输给我们,陶冶了我们,潜移默化中带给我们这一届二附中毕业生比较与众不同的特质。

姚佩华：我们每个二附中的兄弟姐妹无论身在何处,只要听到那一段段熟悉的旋律,都会在心灵深处想起老师您。感谢您带给我们人生最最富有的精神财富。

张榕：心里有好多话要和你说,却总是失语⋯⋯

这么多年来,耳边只要熟悉的旋律响起,

就会浮现你的身影

还有一旁老式磁带机沙沙的转动声。

原来记忆可以那么多种,

原来不是所有都会走远,

原来喧嚣尘世中,

真的有那么一片净土,一份空灵。

同学们的故事,把记忆的碎片串成了青春,

我有幸可以配上一些自己拙朴的影像,

因为好的音乐总是充满画面,

我的视野也因此能看见永恒的乐章。

清晨,抑或夜深,

每当音乐声起,就开启了一扇门,

你就会在那里,

797

无需语言,我们听见了彼此。

黄征:二附中总给我们许许多多的回忆,一个令我们感激和骄傲的地方和时代。而在这个地方和时代,杜老师的音乐课,永远会是浓厚的一笔。随着我们的年龄增大,开始对新发生的东西记不住,而对过去的事情想起来越清晰的时候,老同学聚在一起一直都会说说杜老师的音乐课。

杨玮琳:音乐从笨重的老式圆盘磁带机中缓缓流出,杜老师温柔的南京软语仿佛又在耳边响起,

那是我们最初的关于爱和美的启蒙,

那是我们最纯真的青春期生活,

那是我们在知天命之年,仍无法忘记的点滴……

毛奇骅:感恩杜老师,音乐的财富把我们联系在一起,会伴随着我们一生。我在从事儿童早期教育,受到杜老师和二附中同学的启发。现在每天通过微信,我们几百位父母和 0 到 5 岁的孩子们每日分享一曲古典音乐。和杜老师一样,育人第一,让更多的朋友和孩子们一起来欣赏古典音乐的奇妙和快乐,是对杜老师的最好的感恩。

钱宇钧:交卷的一刻,您音乐欣赏课每次得满分的学生第一次犹豫了,会不会辜负老师您的期望? 瞧,杜老师音乐教室的灯又亮了,美丽的音乐还在继续飞扬! 学生一定尽全力代好您的课。

让更多的朋友和孩子们一起来欣赏古典音乐的奇妙和快乐,是对杜老师的最好的感恩。

2013 年 3 月

怀念恩师凌贤骅

李金生（1966 届初中）

离校 50 多年。生活奔波，疏于同学之间的联系，以后学校发生的事一概不知。某次同学聚会，聊及往事，感慨万千。听说凌贤骅老师已离世多年。我们失去了一位尊敬的师长。心口感到阵阵疼痛，堵得厉害。

回家以后，久久不能入眠。凌老师的身影一直在我脑海里徘徊。朦朦胧胧像是在梦中。

大学时代的凌贤骅老师

"德娃里希"(俄语),随着一声"同学们好",凌老师怀抱教案登上了她那心爱的三尺讲台……

我进二附中是1963年。凌老师是我们初一时的副班主任,教俄语。刚拿到录取通知书,正值暑期,还未开学。有一天她和曹老师来家访。听我父亲说:因为家贫,本不打算让我考二附中,让我去读南翔技校,早点工作,挣钱补贴家用。凌老师拉着我的手,淡淡地对我父亲说:"小孩子要读书,就让他继续升学。"然后看着我说:"是嘛?"一个眼神,让我温暖了好久。给我的感觉:她是一方淑女,话语温婉,却真情浓烈;笑靥在脸,平凡而透着智慧,似"女神"的那种。

凌老师的教学风格,教学严谨,氛围宽松,使人欣赏,让人留念。俄语和其他语种不同,有许多高难度的卷舌音和繁复的变格。记得有一堂俄语课,某同学朗读课文,卷舌音发得特别扭,引来了哄堂大笑。凌老师不多说,只是用标准的俄语不断演示着那高难度的卷舌音。同学们也跟着一起练习口音,此起彼伏,稻花香里蛙声一片,煞是好听。

1963年以前,二附中是清一色的俄语班。建校之初,选学俄语很时尚,因为那是"老大哥"的语言。政治环境,影响学校学科的取向,我们无从针砭,时间会诉说。1963年到1965年,进入中苏论战最激烈时期。随之,"老大哥"的语言贬值许多。这种大气候下,凌老师教俄语真的很难。凌老师给我们上第一节俄语课,第一句话就是:"外语是工具,希望同学们认真学习。"话直白不沾水,淡墨暗香,留白艺术,隐隐如茶。傻傻的我不甚理解,以为"工具"那是蓝领工匠的事,和我们莘莘学子没有一毛关系。许是一种预感,果不其然,凌老师"文革"中遭受了许多莫须有的罪名,受尽磨难。历史总是给才女以悲哀,悲怆得让人潸然泪下。好在历史已翻过那灰暗的一页。

离开学校后,我进入工厂,当了一名木匠。后又转入上海歌剧院,工作就是和"工具"打交道。凭技术,用"工具",我曾为大型歌剧《卡门》《图兰朵》等制作过许多美丽的舞台背景。这就是实际意义上的"工具"之说。

命运驱使,我到了美国。学生时期没学过英语,连俄语都已忘了。为生计,自学了英语,去考大驾照(大卡车和巴士驾照必须用英语考)。考出后,开着大卡车跑遍了大半个美国。操着一口"洋泾浜"英语,给工作也带来许多方便。养家糊口不成问题。这是对"工具""糊口"式的理解。然而,"外语是工具",有它高层次的解读。据说,它是打开世界科学大门的钥匙。科学无国界。象牙塔是由各种语言垒集而成。只有娴熟掌握各门外语,才能开启象牙塔里不同殿堂的大门,攀登科学的高峰。凌老师教学中,没有"高、大、上"的语言,意义却很深远。她把我们当自己的孩子,呵护冷暖,我们却浑然不知不觉。现在想起,愧对当年。

"达斯威达尼娅"（俄语），一声再见，凌老师化成一缕青烟，羽化而去。但愿在另一个世界您能得到上苍的呵护！美丽的鲜花，真情开放。如果有来世，我们仍做您的学生，做您的儿女。凌波仙子，您会飘然下凡，为了我们永无止境地学习知识，了却我们那颗对您还未报答的孝心。安息吧，我们心中的女神！

2018 年 5 月 9 日

[校友简介]

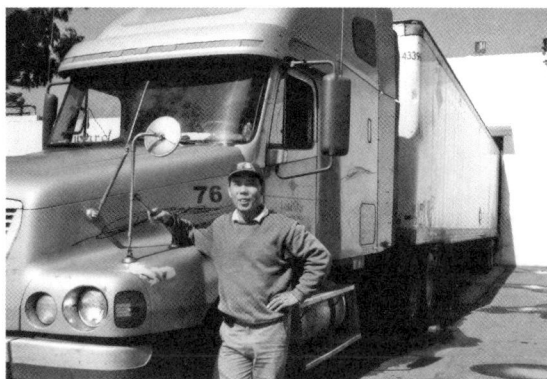

李金生，1963 年至 1968 年就读于华东师大二附中。1968 年到 1979 年，长城电镀厂工人。1979 年到 2003 年，上海歌剧院舞台技师。2003 年移民美国加州，现已退休回上海定居。

给母校老师的一封信

王建良（1981 届初中/1984 届高中）

[**教师简介**]

凌贤骅（1925—1996），从教早期在华东师大一附中担任外语教研组长，1958 年随校长毛仲磐调到华东师大二附中参加建校，亲手组建师资队伍，培养年轻教师，自己也从教俄语改教英语。曾在"文革"中蒙冤受屈遭冲击，但她始终热爱祖国、热爱学生、热爱教育事业，后来得以平反。1979 年她和英语教师周建英搭档，领导二附中外语教研组以很强的整体实力闻名全市，本人也多次参加高考英语命题，经她带教出来的张根荣等青年骨干都是深受学生喜爱的优秀教师。

凌老师：

您好！

我已升高一学习了。对您，总有些依依不舍之情。现在，每当看见一些初一的小同学围着您，说着，笑着，我的心就十分激动，不由自主地回想起您当我们初中英语教师的三年。那一幕幕情景是那么清晰，是那么甜蜜。

记得您第一次和我们见面讲话时，亲切地把我们称为"祖国的宝贝"，大家心里别提有多高兴了。望着您那慈祥的面容、斑白的鬓发，尤其是您言行中显示出来的丰富阅历，使我们感到您是可亲可敬的。您把我们看作祖国的宝贝，也看作自己的宝贝，悉心爱护，热情关怀。我曾自豪地告诉爸爸妈妈：您爱我们！

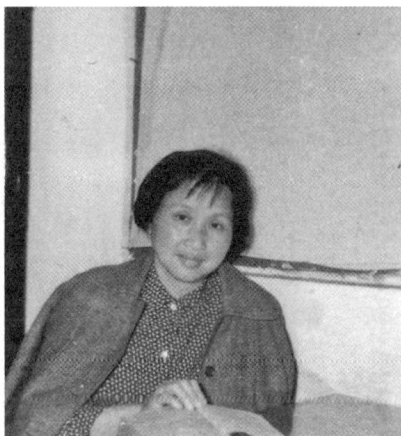

1960 年代，凌贤骅老师在备课

凌老师，您一定记得，您曾在我的一本课堂练习簿上留下过几句苦口婆心的肺腑之言。那本簿子我一直珍藏着，那一段话语也将带着您的温暖铭刻在我的心上。那是在一次我默写单词竟不及格以后，您写道："最近你学习松了，本来英译中的文句很漂亮，却懒得预习课文了；小写字母'r'也只有我认得，书写太马虎。学英语一点也不能懒呀，要磨练出坚强的意志。你是一块好材料，应该煅烧成优质合金钢，成为对人民有用之材。"当时，我不禁泪水夺眶而出，我感到内疚，更为您对我们的爱而感动。以后，我常常想起这番谆谆教诲，激励和鞭策自己努力学好文化。

凌老师，我真应该好好感谢您。您不仅关心我的外语学习，也关心我其他科目的学习。听说我参加作文竞赛得了奖就高兴地勉励我继续努力。而当您从数学老师那得知我考试成绩有所下降，又焦急万分地督促我抓紧学业。另外，您又对我的社会工作很关心。我到华丰钢铁厂团委联系"六一"联欢晚会的事宜，您和我一起讨论了具体的"外交手法"。我参加《青年报》通讯工作,您又嘱咐要提高修养,多看书学习。

您虽说已经过了退休的年龄,而且体弱多病,可是上起课来,声音总是那么宏亮,精力又是那么旺盛,俨然年轻、健康得很。对我们全班同学来说,印象最深的莫过于您带病上课的情形。那次,您连眼睛都睁不开,扶着讲台,一字一句地为我们讲课;我们又是那么入神地倾听着。您对准备代课的老师说:"我不亲自上课,心放不下啊!和他们在一起,我要好一些。"

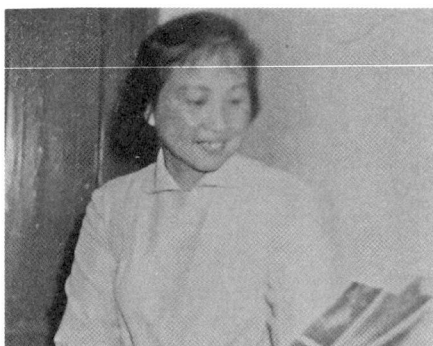

难忘凌老师的笑容

班主任曹老师曾告诉我们,有一次,您正挨着教学大楼走廊的墙壁走着,忽然,一个在奔跑追逐的同学从拐弯处冲出,您被撞倒在地。还好,没有酿成大祸。从此,每当我看见您独自在校中缓步行走,总会不由自主地张望一下四周,是否有人在奔跑,目送着您来回于教室和办公室之间。

我真担心,您这么大年纪了,每天还要挤公共汽车来学校,上上下下攀楼梯,可一定要多加保重啊!

凌老师,我永远不会忘记您,因为我所取得的成绩和同学们一样,凝聚着您的爱。我要以将来对祖国和人民的贡献来报答您,报答我敬爱的老师。

祝您健康!

您的学生 王建良

1981 年 9 月 9 日上

本文为作者 37 年前在高中一年级第一学期的课堂作文。

[校友简介]

　　王建良，1978 年至 1984 年就读于华东师大二附中。华东师范大学学士，香港大学硕士，先后在德国 Nixdorf 中国区、瑞士 Audatex 大中华区、美国 CUMMINS 东亚区、瑞典 VOLVO 卡车亚太区担任高管多年，于 2013 年创办公益性的鲁宾逊学校，以满腔热情向偏僻的海岛援送稀缺的素质教育课程。

好想用印尼语说"我爱你"

——致我的父亲鲍友才

鲍峰(1977 届初中/1980 届高中)

〔教师简介〕

鲍友才(1928.10.9—2007.2.28),出生于印尼雅加达的华侨家庭。1955 年听到周恩来总理在万隆会议上号召全世界华人华侨回国参加社会主义建设,他毅然决定只身偷渡回到祖国。1958 年参与华东师大二附中建校,此后一直在学校担任美术教师,1988 年退休,是一位爱国爱校、教书育人的优秀教师。

一

我出生在华师大一村,村里人都说普通话。等我大一点的时候,发现母亲家族里都说上海话,是因为父亲完全不会说上海话,为了能够有共同的语言,才在家里都说普通话。一村那时属于郊区,皮肤晒得黑黑的我,再加上说不来上海话,常被母亲家族里的大人小孩,玩笑地叫作"乡下人",从此开始有了深深的自卑,暗暗努力学上海话,到高中时才能说一口"洋泾浜"的上海话,直到今天还有个别字眼,说起时还留着些许"心理创伤"的遗痕。那时的我每次都是带着爱恨交加的心情去市区与亲戚相聚,我不知道那时有粮票、限购,我只知道在家里,我的肚子每天都饿得咕咕叫,但每次去亲戚家时,大人们每次都能让我吃得饱饱的,还在我口袋里装满糖果瓜子。我不知道父亲为何要饿着我?带着深深的焦虑,我观察父母,观察所有人,才发觉好像我的每个同学都吃不饱,这样,才慢慢排解了我对父亲爱不爱我的严重疑虑。

小时候,同学常拿我父亲的口音开玩笑。于是,长久以来,我只能扭曲地默认了自己是"乡下人"的称号,那是父亲与众不同的口音给我带来的"卑微身份"。甚至在改革开放后,家里装上了电话,只要是我新结交的朋友,来电时是我父亲转交我,都要问我你家怎么住着个外国人。我在无奈的身份确认的同时,才知道父亲是出生在印度尼西亚的,我自然而然就以为是因为印尼排华,父亲是逃难来的难民。但父亲却从来不说他曾经的历史,别人都有爷爷奶奶、叔叔阿姨,为何我只有母亲单方面的亲戚,我也不敢触碰这个很不正常的问题,以为父亲必定有一段不堪回首的往事。

直到很久以后,从与父亲的片段交流中,才知道我不仅有爷爷奶奶、叔叔阿姨,父亲其实有一个大家族,他是家里第 11 个孩子,只有他一个人回到了祖国。才知道是父亲听了周恩来在万隆会议上,号召全世界的华人华侨回国,参加社会主义建设,才偷渡回来的。我问父亲,怎么就偷渡了呢?他说那时印尼排华,不允许华人来中国,他不顾家人的阻止,只随身带了简单的衣物,以到新加坡旅游为借口,到新加坡后再转道中国。当时机场有招聘,二战后的德国急缺男劳动力,如果愿意去德国,不需要办理任何签证手续,不仅免机票还安排好工作,还提供免费的食宿,但父亲却选择了回到中国。

"文革"开始后,父亲因自己"不良"的归侨身份和"不当"的言论,越来越自感危机四伏,也越来越沉默。我后来才理解他为何不愿提及曾经的家世。父亲病逝时,他的老同事季老师坚决要来医院见一见他的遗容,我怎样劝阻都不行。年纪比我父亲大十多岁的季老师,带着病重的身体在他夫人的陪同下,颤颤巍巍地来为我父亲

1988 年,校庆 30 周年,在校工作 30 年的老同志合影(第二排右二为鲍友才老师)

送行。他告诉我,他在"文革"时曾经在学校被押上台批斗,父亲冲上台去说:"你们这样是不对的,他可以到我办公室去改造思想。"当着所有人的面,我父亲把他带下台并带离会场,所以他必须来送我父亲。送行的一路上,季老师还说:"你父亲其实最感歉疚的是你们兄弟俩。他每次打骂你们后,都来我家,要么沉默地抽烟,要么伤心后悔,自责火爆的臭脾气,你不要记恨他,他其实是非常爱你们的,但他却没有对你们说过。我们那个年代的人,都是嘴上说的和心里想的不一样。"

有点"猖狂"的父亲在"文革"时居然没有受到严厉的冲击,是因为当时学校的支部书记对他特别好,特别能理解像他这种放弃国外优厚生活,回来建设祖国的华侨。他对我父亲万分袒护,直到他自己被打成反革命然后被调走,父亲仿佛失去了保护伞,为了我们全家的安危,他的"反革命"气焰才有所收敛。在此,我想将这份深切的回忆,献给那位不知姓名的书记,希望有谁知道书记或书记后人的联系方式后告知我,好让我能登门致谢![1]

二

自我记事起,父亲不仅仅是脾气火爆,而且是非常"法西斯",让我经常生活在胆战心惊之中,无论我做错什么或自以为没做错什么,挨打是家常便饭。他常带我出去玩,因我到处乱跑而找不到我,或因摔破了腿脚,他一边帮我处理伤口一边数落

---

[1] 编注:这位书记名叫张锡龙,工人干部,热诚耿直,1963 年至 1976 年任华东师大二附中党支部书记。

2000年重阳节,退休教师回老二附中团聚(第二排右一为鲍老师)

我,我的害怕就陡然增长起来,如果他偃旗息鼓,我的伤情也就到此为止了,但他常常越说越激动,最后把我再打一顿,恨我为何这么不小心。小时候母亲工作的地方在虹口,为了照顾母亲来回路远,就让她常住在虹口的外婆家,每周末才回来。母亲怀上我弟弟后,父亲就每周带我去外婆家。他为了节省路费,每次都从华师大走到中山公园去坐公交车。那时的天气预报很不准确,有时走到一半下雨了,体质很差的我就常常因此病倒,所以每到淋雨后,父亲一边帮我挡风遮雨,一边数落气象台,一旦他的怨气刹不住,那被打的就不是气象台工作人员,而是我了。在父亲开心的时候,我"曲线救国"般地问父亲我是怎么来的,父亲说我是捡来的。那时,我还真是信了。

父亲不仅仅是这样对我,他好像对绝大多数人都板着个臭脸,给我感觉所有的学生都会怕他。所以我从小就几乎没有同学愿意来我家玩,我若难得请他们来,所有人都会问:"你爸在家吗?"有几次父亲突然回来,满脸怒气,把他们都吓跑了,之后就再也不来家玩了,哪怕我再三承诺父亲出去了不在家里。孤独和恐惧,使我在家时绝对听话臣服,一旦外出就"违法乱纪",闯祸回来又是一顿"生活"。我常常是看到父亲就像老鼠看到猫,绕着走,躲着他。学校的学生也这样,反倒给了我许多的"心理安慰"。但是,如果全都如此,我也就死心塌地地认了,但父亲又好像对个别人特别好,他身边好像每一届都有一到两个学生,总是不怕死地往我家跑。父亲不仅耐心地指导,还送给他们各种绘画用品,从铅画纸、铅笔、橡皮、颜料、调色盒、画板、画夹直到绘画资料。我后来才知道,他有时还要直接把这些东西送到学生家里。每次那些学生对我说"你父亲真好"时,我好像再次确认我真的是被父亲捡来的。

1980年代,鲍老师指导美术兴趣小组的同学在丽娃河畔写生

　　因为我的衣裤鞋子都是父亲做的,是用各种布料或旧布拼的,又难看又土得掉渣,要么特别长,然后翻边缝好,随着身体长高不断往下放,直到不能再放。反正裤腿永远是一截截一段段的,就是没有商店里买的成品新衣裤可穿,我从小在同学面前都有一种浓浓的羞愧感,有的还说要教我怎么做衣裤鞋子。这些,让我始终有一种挥之不去的抗拒感。等我慢慢长大,才知道原来外婆没有工作,还有一个傻子舅舅一直在家需要养活,他们生病看病时都没有医疗费可以报销,妈妈的其他兄弟姐妹只有一个留在上海,三个都在外地,所以教书的父母因收入已算偏高,就要承担外婆和舅舅的大部分经济负担,逼迫父亲变成了我曾误解过的"葛朗台"。父亲不仅"抠",还特别"傻",他在追求我妈妈的时候,不知道哪根筋没搭对。母亲常常说:"你爸从来就没有送过我一枝花,就算经济条件好点了以后也没送过,更别谈项链戒指了。"外婆家的洗浴室是公用的那种,有一次外婆在午睡,父亲不愿打扰,看见洗浴室有一脸盆待洗的衣物,就把衣服洗了,外婆被楼上的邻居叫醒,是因为那是楼上邻居的衣物。从此只要有衣服放着,父亲都会洗,所以当父亲向母亲求婚时,外婆笑开了花,邻居变成了粉丝团。母亲说:"我就是这样在家人和群众的胁迫下,嫁给你爸爸的,我们结婚时没有一件家具,打地铺,我嫁给了一个'大兴'的华侨。"

　　母亲生下我后,得了极易传染的肺结核,被隔离了,当时那是不治之症。父亲要在学校教书,外婆要照顾傻舅舅帮不上忙,不知道父亲一个人,是怎样把我带大的。直到我8岁,母亲才出院,因为交通不便利,也只是常住虹口,但我从未听到过父亲有过任何抱怨。

1977年左右,鲍老师和家人(左一为长子鲍峰,本文作者)

三

改革开放后,有一天突然家门被敲开,门口的陌生人与父亲紧紧拥抱痛哭流涕,他是我的第一次见到的大伯鲍有源。父亲告诉我他的兄弟姐妹都是"有"字辈,我问:"那你不是友谊的友吗?"父亲说:"我原名鲍有财,回国后看到国家那么贫困,'文革'前更意识到这名字可能带来麻烦,就把名字改了,幸亏我改得及时。"直到这时,我才知道原来传统中国家族里是有辈分层级的,在一大群亲属里,听名字就能知道自己是属于哪一个辈分。这多好啊!每次去外婆家过年,我最怕的就是在三四十人中,我实在分不清长幼,于是每次都再次自我确认为不懂城里规矩的"乡下人"。我才知道,在国外,还有近千人的大家族,才知道在悠久的传统文化里,有非常合理的辈分区分方法。借着这个机会,才知道原来父亲六代以前是因家庭贫寒,祖先从广东被招工去了美国,其中的一支后来去了阿根廷,另一支后来又去了印尼,才第一次知道父亲家族的历史,才明白父亲别扭的口音的由来,才知道父亲为何不许我们夏天外出打赤膊、穿拖鞋背心和穿牛仔裤。原来父亲家族有10家百货商城,9000英亩土地,20万头牛和11座山,才知道父亲不惜"大逆不道",也要把名字里的资产阶级"毒瘤"改掉、去除。

伯父只会说印尼语,所有的交流只能通过父亲来翻译。我这才发现原来在家里"无法无天"的父亲,对大伯恭恭敬敬,吃饭要等大伯入座先吃后我们才能吃,出门必须大伯先走我们才能跟着出门,上公交车必须让大伯先上,走路必须让大伯半步,等等。平时父亲常发火,大伯来了就再没发过,再不满意也要看大伯的脸色。看到从前的"暴君"父亲被制约，不再被打骂的我是超级爱我大伯的，每天围着我的"老佛爷"打转。大伯实在看不下去父亲的生活，严厉呵斥了父亲的劝阻，带着我们全家，坐上我第一次坐的出租车，去友谊商店买东西。下车后，他直接进店，但我们被安保阻挡在门外，大伯回来找我们，知道只有外国人才能进去购物的规定后，当场发飙，嗓门之大动作之狂暴，那个爆发力远超父亲最猛的火力。父亲紧紧地抱着要动手的大伯，挡在被吓坏了的保安之间，大概所有的保安和领导都来了，连警察都来了，但大伯照样暴跳如雷。也许没见过还有这样不怕死的，商场领导告诉父亲全家可以进去，但下不为例。进去后，他看着琳琅满目的商品，才知道这里所有的商品，在外面任何一家店里都是没有的，且是受到购买限制的，大伯让父亲把店里的一把手叫来，说他要收购商城。

大伯告诉我们可以购买任何我们想要的东西，虽然父亲暗示我们绝不可以，但大伯还是为我们"满载而归"，全家有了各种各样从没吃到过的食物。但这次惊喜交加的购物，让我知道脾气更火爆更可怕的是大伯，父亲只是遗传了部分因子。回家后，看到大伯和父亲在严肃地谈话，大伯嗓门越来越大，对着父亲狂吼，父亲垂头落泪。我不知道他们在说什么，但我开始害怕大伯，也是我第一次看到父亲的柔弱。大伯回印尼了，父母特别伤感，母亲每天以泪洗面。小学的我以为是他们想念大伯，过了很久父亲找我谈话，问我愿不愿意离开中国到印尼去和大伯生活，我说不愿意。父亲说："你再也不会吃不饱，你会有自己的房间、汽车和佣人，还会有和友谊商店一样大的商店。"我说不，那晚父亲紧紧地抱着我睡觉，等我醒来时，我看到父亲红肿的双眼。

大约一年后大伯又来了，我和弟弟非常开心，因为我们早就把大伯买的各种好吃的吃完了。本来父母特别说好大伯这次要住一个月的，但他却很快就愤愤地离开了。直到我高中了，父亲才告诉我，大伯当初要带我和弟弟离开中国，说："爸妈死的时候你不能守在他们身边，爸妈告诉我必须照顾好所有的弟妹，我信守了我的诺言，你可以选择你的生活，但你不可以苦了你的孩子，我必须把他们带走。"原来他回国后，就把认养我们兄弟的手续全办好了，第二次来就是要带我们走。在看出我的不愉快后，父亲对我说："不允许对大伯不敬，他是为你们好，也是为我们好。"我说："那为什么我们不可以一起去？"父亲说："现在中国和印尼交恶，我们不可以去印尼，只能办理孩子的过继手续，才能把你们送去印尼。你知道大伯来中国，承担了多大的风险，他回去后，需要给大小官员贿赂很多钱，才能使印尼官方不追究他来中国的事，才可非法地办好各种过继手续。当初如果你同意，我会放你们走的，但我不知道，让你们留在这里是对还是不对。"我这才知道父亲对我和弟弟的爱，爱得柔软与撕裂,爱得仿佛神经质,爱得苦痛与沉重,也才知道大伯身上那种"长兄如父"的中华传统。

鲍老师暮年回印尼探亲时的留影

四

我中学毕业后,没能顺利地考上大学,曾经瞒着父母报名参军获得通过,却因为侨眷需要父母签字才能最后过关,但父亲拒绝签字,艺术考试又屡考屡败,父亲却一句责怪的话都没有。我说还想再考,需要复读文化课和绘画补习班,他把学费都付了,一年又一年连续付了 4 年,依然没有一句怨言。其间,他不断地骑着自行车,带着我拜访他的同学和他的老师,请他们为我指导,从来不会因为我需要任何绘画工具、外出写生、吃用住行而说过一个"不"字。那时的我似乎忘了还有一个弟弟在读书,忘了外婆在等着每月接济的钱款,似乎不明白为什么他一直抽廉价的大前门香烟,似乎看不惯他泛黄落伍的衣帽,还有自制的破旧的鞋子。拥有归国华侨身份的他,不懂现代的家用电器和电脑,不懂豪华的名牌和酒店,直到有一天他突然倒下。

因为父亲的严厉和粗暴,我一直尽量躲着他,因为他的健壮和拒绝任何帮助,我从没想过他也会倒下。送他去医院的路上,我第一次听到他的呻吟,但我还是没有想到他就这样走了,走得那么突然,那么沉默和安详。握着父亲僵硬的冷冷的手,记不起是何时起,我再也没有说过"我爱你",现在他却再也听不到我的自责、羞愧和忏悔。回到家里,看着他用单面写过的纸头画的一张表格,上面有峰(我)每周几上午有课,几点早叫,周几中午有会,提前到几点吃饭,周几下午有课,晚几点再开饭。翻出父亲在我小时候拍的照片,那是在现实中没有的灿烂笑容和拥抱,有苏州、无锡、南京和广东……是的,父亲,我们曾经是那么亲近,但我何时开始努力逃脱你的臂弯,甚至是你的视线,心与心离得那么遥远。今天我努力地贴近你,但你因何离我而去,不给我留下补偿的机会。

忙完父亲的后事,我需要通知父亲的家人,一个又一个电话打过去,才知道父亲的家族里,没有懂英语的,但我不会印尼语,我连一份无奈的死讯都无法传达到他的家乡。曾经因好奇和父亲说,我想学印尼语,这可把他忙坏了,字典、书、笔记、教学进度表和详细的长远计划,连黑板也买来了,他说"现在开始"。这可把我吓坏了,我说没有"太多"的时间,父亲说"那么每周4节课"。我说"真的太忙",他说"那么每周2节课"。我说学校最近派给我个"任务"。他说"那就机动,但每周不能少于2节课,考试还是要考的"。每天躲着他期盼的眼神,每天漠视他失落地回房间,暗自庆幸又躲过一劫,直到父亲再也不提印尼语,直到小黑板在我房间悄悄地消失。直到现在,我不会说父亲的"母语",直到现在,我希望真的有天堂,父亲会在那里等着我,教我用印尼语说:"我爱你。"

2018 年 6 月 18 日

〔校友简介〕

鲍峰,1974 年至 1980 年就读于华东师大二附中。现任同济大学艺术与传媒学院教师,在国内外举办过各种联展和个展,参与了 21 所博物馆、纪念馆和主题馆的设计和制作,出版了《设计色彩》《艺术史之非理性研究》《科技史之非理性研究》等图书。

这一杯敬您

——怀念汤文鹏老师

伍斌（1985 届初中/1988 届高中）

〔教师简介〕

汤文鹏，1933 年 8 月 20 日生于上海，江苏建湖人。1956 年考入华东师大中文系，毕业后留校任讲师。1962 年 9 月他积极响应组织的号召从大学部来到二附中工作。他从教数十年，始终以"追求卓越"为教书育人信念。

他早在 80 年代就倡导课堂知识和社会实践相结合。在教学中，他坚持管教管导，教书育人，在传授语文知识的同时将爱祖国、爱人民，爱集体的思想教育贯穿教学活动中。他还非常关心青年教师的成长，带教的青年教师都已成为学校的教育教学骨干。

退休后，他仍然非常关心二附中的发展，在二附中东迁浦东的过程中牵线搭桥献计献策，为二附中新的腾飞和发展做出了不可磨灭的贡献。

人到中年,告别的次数便多了。未曾想有一天,惯于呵护我们的老班主任会忽然远去。

那天上午晴冷。龙华龙柏厅门口,几十年不见的中学 1966 届某班师兄怆然涕下。擦干眼泪后,则因为他们共同深爱的一个名字的离去所创造的一个机会,让大家开始互相"数着银发认面孔"。悲怆、温情、痛苦、惊喜,羼杂在一起,又渐渐在哀乐声中被抚平。

许是因为1988届还只是四十多岁,还没有太多沧桑的岁月相隔,我们暂无长辈学友的"指脸相问",只知道,在他们那里视为心灵依靠的班主任汤老师,对于我们,就是一个可以在他面前没大没小、无拘无束的——老汤。大家把记忆的时钟回拨几下,便很容易让昨天再来,老汤就像一个昨天还搂着你肩膀,并教我们沾酒品人生的好友,突然消失不见。

跟着黑压压的人群,看到了老班主任的脸,泪水马上收住了。二十天的抢救,完全把他折腾得没有了人形,眼前是一个被化妆化得走了形的面孔。这倒使大家都收住了一点悲伤,觉得所见并不是老师最后一面——我指的,是那淡然地笑起,所有皱纹都如菊花般开放的老汤那鲜活的容颜。

送别老汤以后,1988届同班十来个学生约定去徐家汇吃饭。我有事先行告退,但是,一边在寒风中离开殡仪馆,一边想象着大家聚宴的样子。一定会喝一点酒吧,我想。

因为,我们的班主任生前酷爱喝酒。美酒当哭,或者当笑,老师在九泉之下,无论如何应该是喜欢的吧。

我不得不写老汤的理由,恐怕会让不知情者匪夷所思。不纯粹因为老汤和班主任这个词的关系,更多还因了二十七八年前,老汤和老酒,以及老汤、老酒和我们,三者间,有浓得化不开的情愫。除了喊声汤老师,我们经常没规没矩地叫他老汤,他不生气。教语文,班主任,老头——至少他带我们班时四十八九,看上去已是五十七八。

老师的酒名,是盛传于当年的华东师大二附中的。据说,中午在语文教研室他都会喝上杯白酒。从未在中午去过他办公室,这一点我无从验证。但晚上,他少不了与酒作伴。更特别的,是老汤并不避讳自己的嗜好——

"喝一点酒,每个人一生中都难免的。男孩子更应该尝一点,不然你们长不成男人。"酒过二巡,老师脸上漾着红晕,带着淡淡苏北口音的"开导",犹在耳边。高中遇上有联欢的日子,就算学校不组织,少则十来个同学,多则大半个班级,都会来个聚餐。那个时候气氛再热烈,汤老师也从来不喝酒,不在教室里说跟喝酒有关的话。

他与我们的酒缘,是在一次次的出游、访学中碰擦出来的。那年头校外活动多,跃出学校这堵围墙后,经常一身棉裤或白衬衫、胡子拉碴像个老农的他,却是一个白日放歌须纵酒的"年轻人"。张罗好餐饭,总不忘叫上一些黄酒、啤酒之类,偶尔甚至有白酒,跟早已越过 16 岁门槛的同学们一边喝,一边说古道今。打趣的话忘了不少,酒香却深深定格在我们的记忆里。

汤文鹏老师和 1988 届学生聚餐

脑袋里抹不掉的,有那几次。

一次是去绍兴访学。"二附中"高一是不上普通语文教材的——由于老汤力行改革,中学阶段的鲁迅入选文章被集中于一年进行专题式教授,进而升级到看鲁迅选集和杂文集;学年末,学生则用做论文方式完成语文考评。故而,连寻常的"春游",也变成了全年级鲁迅故居访游,在外吃住游访四天,队伍浩浩荡荡。

那一次,咸亨酒店里所有的放肆,都意味着我们向长大迈出第一步。老汤买来几十串门口现炸的臭干——臭得让人捏鼻,入口则香得令人叫绝,是上好的下酒菜,他见一个学生招呼一个过来吃,一边吃一边聊鲁迅,讲绍兴、阿 Q 和魏连殳。后几天,他一次次掏空腰包,点上"咸亨"的招牌菜——菜肉百叶包、茴香豆、盐水花生,要求我们每个人都能尝试用大口碗,至少消灭掉半碗黄酒。在他灼热的眼光下,不是呡,而是啜,进而能闻香识酒,变成大口喝。而那句"男人都应该尝一点酒"的名言,同时穿肠留脑。

学生家境各不同,老汤不管,一律叫上桌子,他埋单,谁都可以来吃。见有人怕生、露怯或木讷,他偏偏盯住聊家常、问父母,直到那个学生跟满桌人已无生分,也就神态鲜活起来。那阵子,绍兴还有点春寒,一点热酒暖胃,看出哪个同学有点上脸了,老汤则会安慰他们说"没事没事",劝告"黄酒不要猛喝,易上头",或者"多吃菜,自然会镇定下来"……说来也怪,就算老汤会对从不沾酒的学生稍劝一点酒,也没见到学生在他的桌上大醉过。这分寸，他是怎么拿捏的，我至今想不明白。

老汤主阵的二附中"继风"文学社，有过昆山、苏州行。美好山水间，老汤每每跟学生就酒说掌故，喝酒谈人生。当然，那时我们只听得懂一半。那时当教师的薪资实在不多，有时，他身上的银子不免有点露底，"山穷水尽"后，学生们主动上场，凑起身上不多的零用或者旅费，点一桌朴素的饭菜。老汤不跟我们生分，依然谈笑风生，只是，学生点了饭菜，他大多不再点酒。后来看现代文学，知道了不管鲁迅、郁达夫还是老舍，早年也都有过拮据得在小酒馆门前数着碎银喝酒，算计着点菜的时候。可是，人生还是会因为有着烫人的玉液琼浆，而变得醇香，醇香得减淡了哀愁和苦楚。

1993 年校庆，汤老师(中)与 1988 届学生合影于二附中枣阳路校园

高中尾声，班里自组青浦大观园"红楼游"。那一次，新落成的大观园空空落落，没有原著半点影迹可觅。然而，中午在大观园里那顿宴席，同学或与老汤围坐一桌，或隔桌频敬酒，却终于难得地把老汤给喝高了——其时，离高考没有几个月了，推杯换盏间，他细数往事，时而望着我们，欲言又止。有个哥们儿买了顶"雷锋式"冬帽，老汤醉眼蒙眬，饭桌上就一定要看他试戴，看了不喝彩，实话实说"不好看"，然后要求全桌学生一个个试戴，而他，就像看着自己孩子一样地，一个个地点评学生脑袋大小，尺寸是否合适，戴上是"帅气""英武"还是"滑稽""丑"。他高兴得很，说话朗声，喝得酣畅，全然没有注意到当天不远一桌，坐着正在拍摄电视剧《家》的剧组成员，已经是当红演员的陈晓旭、张莉慢条斯理地吃着午饭……老汤的眼睛里因为酒热而布满了血丝，听到我们放纵的笑话或者调皮的趣话，那张笑脸像极了语文课上所授的"风干福橘皮"。

那天午后的自由活动延长了半个多小时，因为扶老汤休息的班委干部说：老汤高了，表征就是看到谁都"呵呵"傻笑，得让他多休息一会儿。因了他的醉，我们延迟返程时间，都去邻桌看陈晓旭、张莉。我近距离地瞄上几眼，感叹原来演员的脸比电视上看到的还要小得多，相比之下五官则要大得多，大到比例失调，这是头一回让偶像破碎在酒后的清醒里。陈晓旭、张莉并不避忌，樱桃小口微张，慢条斯理用食，与旁观的学兄学妹们相安无事……等老汤醒来，这一桌热络的酒气，和邻桌陈晓旭们冷淡无话的《家》宴，各自散了。此后直到毕业，我不记得还跟老汤凑成过一桌没有。人生冷热，自此无数次在我们各自的饭桌、酒桌上上演。

老汤为啥爱酒，还常常喝多？我们起先会在私底下嘀咕。

老汤给出的不知道算不算答案，但总是这一句："人的一生不在于活得长久，而在于活得有意思。"

听说，他曾经是华东师大中文系的高才生，那个年代的耿直坦荡，为怀揣文学梦的他带来被发落到中学教语文的待遇，然后就安下心来，不声不响地教了几十届学生。

1993 年校庆，汤老师和 1988 届学生在一起

他家住上方花园，自行车往返于淮海路和枣阳路之间，春夏秋冬经年如一，与学生、文章和美酒作伴，把这一切当作了有意思的人生。而酒，始终是他交往最深的"君子"。

现在想来，老汤关于人生得过得"有意思"的表述，在酒过三巡后品咂，大概是

"有滋味"的意思吧。高中三年，老汤"灌"给我们的不是时下所谓"文学常识"，不是僵化教条和无条件的顺从，是一学年活学而深入到百草园、三味书屋所拾掇起来的鲁迅，是有滋味、会思考、会品味咂摸人生的姿态，是可以面对面跟他叫板、质疑甚至争得面红耳赤，是在他接手高中时因混班而男女生互不说话时，润滑这个班级气氛的开朗、醇彻与阳光的话语，与些微酒香……

常常禁不住会想，因为教学生初品酒意，这样的班主任，照今日之标准，能不能在学校立足得下去，大概也成问题吧。可是，在多年前几乎完全没有利益交换的师生关系里，在我们还不懂得人生时，他传给我们一副"酒香人生"的衣钵，正可以让我们于懵懵懂懂之间，初初地看到一点不同于现实的人生颜色。透过一点酒香，他带给了我们之后的人生，正直中有豁达，互敬中有互爱，友善中有诗意的 a 小调，B 大调，D 大调，或曰 8 度鲜啤，12 度干红，56 度浓香……

汤老师和语文组老师聚会时的合影
左起：张友荣、王佩娥、汤文鹏、郑启楣、童乃文、戴德英、王绍霞、严秀英

十分后悔，送别那天，太应该扔掉工作的那一件事，跟同窗们喝杯酒。因为，我们都是老汤的孩子，和陪他走过一段酒香人生的小朋友。更不免遗憾，老汤棺木前，应该敬上一杯好酒。

让他仍能闻到酒香，远远地俯瞰着我们，哪怕被精心画过的病容，一闻那人间的清冽，仍能笑成一朵菊花。

本文写于 2015 年初，收入散文集《一平方米的城市》。

［校友简介］

伍斌，1982 年至 1988 年就读于华东师大二附中。现任《解放日报》副刊部主编。作家，文学硕士。主编有六十多年历史的上海著名媒体副刊"朝花"，创作散文集《一平方米的城市》（上海文艺出版社 2018 年版）。散文《我们从孩子身上拿回什么》《关于母亲的倒叙》获 2014、2015 年度全国报纸副刊年度精品一等奖，担纲责任编辑的作品多次获得上海新闻奖一等奖。散文《最后的高跟鞋》2018 年获第八届冰心散文奖。

这是一个伤心的日子

——致钱滨凤老师

顾继东（*1983 届初中/1986 届高中*）

这是一个伤心的日子
红叶李白花如雪
我们失去了你
你曾经带着我们这些少年
仰望星空　探索世界

这是一个伤心的日子
紫玉兰飘落一地
我为什么想到失去的父亲
悲痛，是因为你爱我们
你爱学生，视如己出

这是一个伤心的日子
早樱已经飘起
舞台上你们渐行渐远
留下我们喧嚣
我们没有你们高尚
我们只有精致的利己
功利的交换

这是一个伤心的日子
二月兰凝结忧郁
我们的青春最后终结
中年的我们如何背负
该向孩子叙说怎样的理想

这是一个伤心的日子
海棠垂落着花梗
我们的初心源自你们
你曾经带着我们这些少年
仰望星空　探索世界

2010 年 7 月,高尔农庄,钱滨凤老师(第二排右二)参加 1983 届初中/1986 届高中师生聚会

　　小记:华东师大二附中的钱滨凤老师 2017 年 3 月 21 日不幸因病去世,钱老师教过我们地理。钱老师的先生沈明岚老师是我们高中文科班的班主任,也教地理。谨以此诗纪念钱老师。此刻也希望沈老师节哀顺变,度过这个艰难的时刻。

﹝校友简介﹞

顾继东,1980 年至 1986 年就读于华东师大二附中。1990 年毕业于复旦大学国际金融专业,在上海和香港从事金融实务工作,包括商业银行、融资租赁、保险与投资等领域。现在香港经纬集团任职。喜欢文字和思考,著有诗集《内心节奏》(上海文艺出版社)、学术专著《给每个人发钱——货币发行传导之分配正义刍论》(复旦大学出版社)、合作著述《亲身体尝——互联网思维下的消费者保护》(复旦大学出版社)。也是《秦朔朋友圈》和《第一财经》的专栏作者。

一封发往天国的书信

——给周建英老师

杜晶（1990 届初中／1993 届高中）

［教师简介］

　　周建英（1939.9.1—2017.4.5），江苏武进人。1959 年 9 月至 1964 年 8 月在华东师大外语系学习。1964 年 8 月起在华东师大二附中任英语教师 30 年，直至 1994 年 9 月退休。1977、1978、1981、1982 年曾被评为普陀区教育系统先进工作者和华东师范大学先进工作者。1987 年被评为特级教师。

　　周建英老师热爱中学教学工作，事业心强，始终奋战于教学第一线。周老师重视学生外语素质的培养，热心英语教改实验，教学质量获得明显提高。1986 年国家教委抽样调查全国外语教学质量情况，二附中的初三、高三均为全国第一。周老师重视对青年教师的培养，耐心细致地进行传、帮、带，使青年教师快速成长。周老师教学严谨，作风踏实，团结同志，顾全大局，深得同行赞誉。周老师全面关心学生成长，坚持教书育人，赢得家长、学生的好评。

敬爱的周建英老师：

您好！

在二附中即将迎来 60 周年校庆的今天，我忍不住要给您写这封迟来的书信，感谢您对我们这批孩子付出的所有。

您是否还记得我们，二附中 1990 届初中二班的那批学生；您是否还记得我，那个英语成绩并不出色，却被您选中担任英语课代表的学生。

我们对您的印象非常深刻，您严谨的教学风格，您扎实的专业能力，虽然就教了我们初一和初二两年，但是在教过我们的所有英语老师中，您是最资深和最敬业的一位。记得您是当时为数不多的特级教师，担任二附中英语教研组的组长，并负责我们整个年级的英语教学工作。

1980 年代，周建英老师和同事在长风公园（左起：叶佩玉、何桂芸、麦嘉馨）

记得当时我三门主课里最弱的是英语，是您的鼓励，让我做了英语课代表，才使我加倍努力迎头赶上。那时的新概念英语课文、单词和语法，至今看来，依然记忆犹新，可见英语的基础是在二附中打下的，在您的教诲下是如此的扎实。

在我们的心目中，您的为人是极好的。轻柔的声音，充满温暖的身影，工作特别敬业，对待每个学生都一丝不苟。有同学说："我的英语周老师在的时候是强项，她离开后就每况愈下了。所以一个好老师对于我这种学习一般的学生来说是多么重要啊！"大家聚在一起，一起回忆您留给我们的记忆片段，好感动。很多同学都喜欢

退休后周老师参加侨华中学教师活动

您，因为您的厚道和真诚。

还记得您那张经典的工作照吗？时隔已近30年了，浮现眼前，犹如当日，仿佛回到那青葱岁月，回到那间教室，那应该是一楼的语音教室，当时您头戴耳机，正在给我们上英语听力课吧！当时您或许是在朗读课文，或者是在提问题，当时的我应该是很紧张的，害怕被您叫到，害怕回答不出来，或者发音不准确。我总是努力地去听，努力地听清每个词，理解句子的意思，整理心绪，力求回答正确。经过这样的锻炼，我们的听力能力提升得很快。英语会考对于二附中的学生来说，是免考的，我当时的成绩是A，大多数的同学也都是A，应该没有辜负您的期望吧。

时光荏苒，当年的学生们已经成家立业，大多已成就一番事业。当时的老式磁带录音机也已经成了古董，很难寻觅到实物。而您在天国依然如故，还是以前的样子。

很幸运能成为您的学生，很幸运能和您相处两年，时间不长，但是点点滴滴已经深深烙在了我们的心里，成为了最美好的回忆。

生活中需要仪式感，借校庆的由头，给您写这封信，祝您在天国一切安好，祝您开心依旧！

爱您的学生：杜晶

2018 年 5 月 20 日

2013 年 5 月 8 日,周老师和 1984 届高中学生的合影

〔校友简介〕

杜晶,1987 年至 1993 年就读于华东师大二附中。现就职于招商银行上海分行。

那台沉重的老式录音机

——怀念张根荣老师

谈峥（1984 届高中）

［教师简介］

张根荣老师生于 1953 年 12 月,1970 年赴黑龙江生产建设兵团,1977 年毕业于上海师范大学外语系,同年到华东师大二附中工作。近 22 年的教学生涯中,张老师担任过班主任、外语教研组副组长、教导副主任、文科党支部副书记等职。1978 年至 1984 年参与了为期 6 年的初高中英语教材教法改革,1986 年至 1988 年又参与新一轮的高中英语教改。张老师先后获得的荣誉称号有：普陀区优秀教育工作者、华东师大教书育人先进工作者、华东师大优秀党员等。1993 年被评为中学外语高级教师。1999 年 2 月 23 日患重病逝世,享年 46 岁。

一

　　我在中学时的英文课,除了周老师和一位华师大来的实习生葛老师来短暂地代过课外,都是张根荣老师教的,从他身上得益也最多。

　　那时候二附中正好英文和语文课都在搞教改。我们小学里学的,都是像"This is a tractor"(这是一辆拖拉机)"That is a red flag"(那是一面红旗)这样的英文,基本上没有什么实用价值。中学里的教材,和当时宣传"四化"的气氛相适应,多是讲爱因斯坦、居里夫人这样的科学家的励志事迹的,用处也不大。

　　张老师(当然还有二附中英语教研组的其他老师)这时开始教我们《新概念英语》。第一册里都是实用的对话,所有课文都要背诵。第一课的课文,我迄今还记得很清楚。

　　"Excuse me!""Yes?""Is this your handbag?""Pardon?""Is this your handbag?""Yes, it is. Thank you very much."("对不起!""什么事?""这是你的手提包吗?""你说什么?""这是你的手提包吗?""对的。太感谢了。")

　　跟革命无关,也跟远大的人生理想与"四化"目标无关,只是问一个女人这是否是她丢了的手提包。

当年英语课上经常使用类似这样的老式录音机

　　张老师那时上课会提个巨大的老式录音机,来给我们听录音。那种老式录音机很笨重,用的还是那种一卷一卷的磁带。放出来的课文的声音特别慢,听起来略微有些奇怪。不知是读课文的英国人怕初学者听不懂,所以念得慢,还是老化的录音机已经卷不动磁带,所以放得慢。但在70年代末、80年代初,这种设备是很先进了的,反正我是在张老师的课上第一次见到了录音机,所以觉得他的课特别高技术。

二

还有不那么高技术的,那就是抄在小黑板上的语法练习。自己现在也教了多年的英文,知道语法这东西,单靠讲几条语法规则,学生是无法掌握的,只能靠反复练习。

张老师在那时候,就给我们做了大量的语法练习。因为在黑板上来不及写,写了也会被后面上课的老师擦掉,所以他就用粉笔抄在几块小黑板上,上课时在大黑板上一挂,让我们当堂回答,下了课又可以拿到别的班级去用了。

感谢他的那些语法练习,我在中学里就把英语语法里那些比较"搞"的,比如什么过去完成时啦,虚拟语气啦,过去时的虚拟语气和将来时的虚拟语气啦,弄得清清楚楚,大学里就没有在这上面再花过心思。

当时学校里七点二十分就开始早自习了。在这之前有时我会在校园晨读,常常会看见张老师拎着个包,半低着头沉思地微笑着,一边迈着迅疾的步伐,来上班了。早自习开始的时候,他常常就会来给我们做他的语法练习了。

张老师和来校访问的外国专家一起参加交流活动

第一次见到英美人,也是在张老师的课上。他在母校华师大认识了一男一女两个老外,就带来课上跟我们见面,我们每个人可以问他们一个问题。当时还是"文革"结束后不久,大家都没怎么见过老外,更不用说近距离跟他们说话了,非常紧张。当时我问了什么记不清了,可能是问他们对上海的印象,声音肯定轻得像蚊子叫,他们的回答似乎也是很外交式的。

他当时应该还只有二十多岁,属于"文革"末期的工农兵大学生。虽然很年轻,可是没有一点火气,待学生很和蔼,总是微笑,不记得他有发火和责骂学生的时候。

他当时也应该已经结婚了,可从来没提起过,可是现在想来,他早出晚归,牺牲了多少陪妻子的时间,来跟我们这些学生在一起啊!

后来听说他患过肝炎,身体不好。这么繁重的工作,对他身体的压力肯定很大吧。

那时候的老师一般不跟学生讲自己的私事的,关于他的一些信息,我也是道听途说而来。

三

高考成绩公布了,我是那年上海市外语类的第一名。其实我从未想过要考第一名,也从未期望自己会考第一名。对应试教育我实在是厌恶透顶,我想的只是不管怎样能考进一所好一点的大学罢了。

得知我的成绩,张老师很高兴,让我去找他吃一次饭,我就去了。他的家在师大一村,房子小也很简陋,不过在1984年的时候,大家都住得很简陋。说什么记不得了,只记得我们拿了搪瓷大碗,到华师大食堂去吃了简单的一餐。

这之后就很少联系,想来我也是个很不知感恩的学生吧。

1993年,35周年校庆,张根荣老师(前排中)和1988届学生合影于图书馆前

在他去世前不久,有过一次偶遇。忘记了是在嘉定的秋霞圃还是南翔的古猗园,我和太太去那里玩,居然在那里遇见了张老师和他的太太。当时我已三十出头,张老师已四十多了吧。

他坐在假山石上，依然是微笑，看上去仍是教我们那时候的样子，没什么大变。他只是说自己最近身体不太好，所以在休息，没有上课，但还在指导一个学生的课外英语兴趣小组。问我有没有认识的老外，可以介绍去给他们上上课。碰巧我那时有个叫 Alex 的朋友，跟我说他想去学校做做义工，我就说会让 Alex 跟他联系。当时一点也没看出他已病重。

把 Alex 介绍给他后，Alex 还真去上了半年一年的课，每周末都去。后来有一天 Alex 突然对我说："告诉你个很不好的消息，你的老师去世了。"真是难以形容我当时的震惊。

对于张老师，我有的只是感念，同时又觉得自己对他的回报太少了。可是如果说他期待我们对他的回报，那就是看低他了。他所想的，也就是踏踏实实地做好自己的工作，教好自己的学生罢了。对我们的期望，无非也就是我们尽好自己的本分，做好自己的事情罢了。

想念张老师，想念他那台沉重的老式录音机！

2018 年 5 月

［校友简介］

谈峥，笔名谈瀛洲，作家，学者。1978 年到 1984 年就读于华东师大二附中。现任复旦大学外文学院教授。著有散文集《人间花事》，长篇小说《灵魂的两驾马车》，历史剧《秦始皇》《王莽》《梁武帝》，学术散文集《诗意的微醺》《那充满魅惑力的舞蹈》《语言本源的守卫者》，专著《莎评简史》。译作有《夜莺与玫瑰——王尔德童话》《公正游戏》等。

三十多年来，你就一直住在我们心里

——纪念许晓梅老师

顾军（1985 届初中/1988 届高中）

〔教师简介〕

许晓梅，1934 年 7 月生，江苏人。1954 年至 1958 年在华东师范大学物理系学习，1958 年 7 月到华东师大二附中参加工作直至 1990 年退休，是二附中创校元老之一。

许老师是中学物理高级教师，曾经担任班主任，热爱学生，也为学生所热爱；执教初高中物理，精研业务，讲课生动，教学水平高，曾多次为市区物理教师作学术报告和公开教学。她的初中物理《天平》一课实录曾入编人民教育社编辑的资料集，还曾参编《中学数理化复习丛书·初中物理》（上海科技出版社）、《初中物理自测题》（少儿出版社）等。2014 年因病离世，享年 80 岁。

在我的母校华东师大二附中,有一位老师很神奇。

在我的印象中,她曾不断地被学生写进作文里;

她尽管只教过我初中两年物理,我们平素也并无个人交往。

但神奇的是,在其后的三十多年里,她一直住在我的心里。

她漂亮吗?

不。我们遇见她的时候,她早已经过了漂亮的年纪,比现在的我还略微大一点儿,是一个普通的中年妇女,圆圆的脸庞,黑色的镜框掩不住的,是眼睛里的温柔善意,和一丝丝可爱的聪明的狡黠的光。

记得,她总是诚挚地微笑着。

衣服呢,比起其他教师特别是女教师而言,可谓特别不讲究,通常一身蓝大褂(出自物理实验室?),而且,上课中间,会不经意地从大褂的口袋里随意掏出一叠试卷,说:今天做个小测验。

一开始我们大约紧张过,后来大概已经习惯,兵来将挡,拎起笔就努力思考努力做呗。

而且,在二附中群星闪耀的教师群里,我从未听到她给自己贴过任何一个闪亮的标签,她一点儿也不起眼。

她和我们这一届学生个人之间,也没听说啥感人的故事。

但是,三十多年后,我渐渐发现,许晓梅老师是二附中六年珍贵时光里我特别喜爱和尊敬的好老师。

我始终记着她!

其实,不只是我。她的名字在我们的同学聚会中也不断被提起。

大学时代,我学到一个词叫:克里斯马。来自于人们对特殊类型的人的尊敬,这种人有着超凡的品质、人格魅力和影响力。

我觉得许老师身上就有这种难得的魅力。

在离开学校的漫长岁月里,我至今背得出同学陈炜在《作文通讯》上写许老师的文章,那些传神的京片子的“许氏名言”——在她神采飞扬、生动仔细地讲解物理的某个知识点后,她会突然跳脱出来,得意地说:“这就是物理,咱这书是连着的,不像英语,B-O-O-K,没啥道理……”

也背得出另一篇,其他年级的同学写许老师的个人生活的:听说她的先生是华

1980 年 12 月，物理组老师在松江留影

左起：刘凤英、孙杏君、许晓梅、王建兰

东师大的副校长，她的孩子早已长大成人……（天哪，我记得当时我读到这篇文章时大吃一惊，许老师一向低调朴素，一如她的名字，拂晓之梅，璀璨而不叫嚷，哪里想到她会是一位尊贵的大学领导夫人呢？）

最最让我印象深的，让我感念的，是她在我们的初中物理课堂上闪闪发光！

想当年的我们是多么幸运啊！步入这么好的学校，有这么好的老师们同学们。对我，完全是自由的呼吸恣意的生长，没有补习，没有题海战术，也没有考试排名压力……

初二初入物理殿堂，就遇见了这么好的老师！

是她激发了我们对物理学、对人生宇宙、对知识真理的热爱和渴求，这爱的火苗历经三十多年，依然在心底燃烧着……

她那一口特别好听的京腔，行云流水，课上得好极了，物理知识的难点用特别简单清晰的语言娓娓道来，但又不刻意。

等我长大了才知道，因为爱学生，因为爱物理，这样的老师该在自己的生命里，在我们不知道的背后，付出了多少心血和汗水！

因为她，文科渐强、理科渐弱的我爱上了物理课。

有我写的歪诗为证：

　　　天天天天，我读物理，
　　　万物之理，我岂皆知。

人人人人，研尽物理，

万物之理，比我永恒。

……

所以，哪怕常常小测验，哪怕学物理难如登山，我就是喜欢上物理课，就是喜欢她。

至今记得她讲好玩的连通器，引发了我在日常生活中的种种联想……

有一次，忘了她在讲哪一条物理的原理，她忽然顿悟般地告诉我们：

根据这一原理，所以……黄昏时的树叶最美！……

天哪，这句诗意的话击中了我，我会记得一辈子！

我在想，后来我能爱诗写诗，大概源头之一在此罢。

1980 年代，许老师和孙杏君老师留影于师大校园，丽娃河畔

过了很多很多年。

我也因缘际会成为华东师大一村的一分子，可以不经意间遇见很多二附中当年的老师们。

偶然一天，我在村里小道上遇见她，趋前问候。

她大概认出了我，淡淡地对我说，生了一场大病（好像是比较凶险的白血病？我不是很清楚），但是好在总算是挺过来了。

我仔细端详着她,虽然外表老了一点点,但是精神状态挺好的,完全不像生了大病的样子。心中由衷地为她高兴。

当时她的先生已经去世,她独居在师大一村,也会时不时去加拿大女儿家住。而我已经兴奋地与我的同学好友陈炜(《作文通讯》上写过许老师的作者本尊)、徐蔚(因为深爱母校,多年后又搬回师大周边的)约好,一起去看望她,但遗憾的是,大概因为人到中年各有忙碌,最后还是没约成。

后来,我又在买菜时巧逢许老师,我说会来她家看看她,也曾认真地记下了她的住址,但也许我把看望许老师的场景想得太郑重了,反正,忙来忙去,阴差阳错,也还是没去成。

也许,我私心里一向以为,像许老师这样能历尽劫波、否极泰来的,会活很久很久。所以,还不急……

我甚至还设想领着我的孩子去看望妈妈心中最好的物理许老师。

未料,在我带孩子出门旅行的那一天,刚刚下飞机,便收到了许晓梅老师去世的消息。

我羞愧悔恨难过了很久很久,因为我本来应该可以早点去看望她的……

我还有那么多话要对她说:

亲爱的许老师,你知道吗?

有一句话就是特别为你准备的:

"By doing what you love, you inspire and awaken the hearts of others."(大意是:在你从事你热爱的事业的同时,你点燃并唤醒了其他很多人的心。)

望着蓝天,我默默为远别的许老师送上心香一瓣。

那一刻,我的心中回想的是那首著名的兰德的诗《七十五岁生日述怀》(杨绛译):

　　我和谁都不争

　　和谁争我都不屑;

　　我爱大自然,

　　其次是艺术;

　　我双手烤着,

生命之火取暖；

火萎了，
我也准备走了。

只要将"我爱大自然，其次是艺术"改成："我爱学生们，其次是物理"，用在许老师身上就特别特别贴切！

2008 年前后，许老师（前排左二）参加老同事聚会时的合影
前排左起：朱千红、许晓梅、施雅芳、章小英、荣丽珍、程桐荪
后排左起：姚瑞榆、李玉英、姜法珍、严秀英

许老师默默地奉献了一辈子，又默默地走了。

时光荏苒，如今我百度了一下，"许晓梅"有很多同名者，但是再也查不到我的可爱的二附中的许晓梅老师了。

大音希声，大象无形。

也许因为她实在太低调了！

就在匆匆忙忙写这篇不成样子的纪念文章的时候，我才知道了更多关于亲爱的许晓梅老师的事：

1934 年 7 月生，江苏人，

1954 年至 1958 年在华东师范大学物理系学习，

1958 年 7 月到华东师大二附中参加工作直至 1990 年退休，是二附中创校元老之一。

许老师是中学物理高级教师。

曾经担任班主任,热爱学生,也为学生所热爱;执教初高中物理教学,精研业务,讲课生动,教学水平高,曾多次为市区物理教师作学术报告和公开教学⋯⋯

2008 年 10 月,50 周年校庆,许老师(领诵者)和建校元老们集体献辞

前排左起:戴德英、黄素行、程桐荪、曹康绥、荣丽珍、万琳

后排左起:蒋坤玉、陈志超、刘钝文、范仲伯、徐冠利、唐彬钰、杨永健、陈清翰

原来,许老师是我们金光闪闪的华东师大二附中的创校元老之一,原来,她这一生,从青春到白头,好像就是为二附中准备的:1958 年大学毕业,即来参加创办二附中,一生的心血都在二附中,直至退休⋯⋯

而且,像她这么极为难得的优秀的物理教师,居然不是特级教师,只是一个高级教师⋯⋯

但是——So what!

桃李不言,下自成蹊,

亲爱的许老师,只要我们一直记得你,你就一直一直活着,

活在一代一代学生的口碑里,

活在我们温暖的记忆里,

不止是一个穿着蓝大褂的背影,等你转过身来,永远是那个笑容恬淡还带着一丝丝聪明狡黠的可爱的老师。

1960年，许老师和参与建校的同事们走在师大校园中
左起：唐彬钰、万琳、吴光焘、许晓梅、郑启楣、程桐荪、蒋凤芳、荣丽珍

2018 年 7 月 25 日

〔校友简介〕

顾军，1982 年至 1988 年就读于华东师大二附中。1988 年考入复旦大学新闻学院，1992 年进入《文汇报》社，在新闻行业从业超过 25 年。曾在《新民周刊》《文汇读书周报》任记者、编辑。现任《文汇报》编辑、记者。

后　记

《师说传薪火》编辑组

　　在二附中工作 40 多年了，近来常常有人问我："二附中 60 年来追求卓越、创造辉煌的秘诀是什么？"——除了"爱"和"责任心"，是否还缺少了什么？

　　这次有幸参与了《师说传薪火》一书中部分老教师的访谈和文字整理工作，阅读了校友们深情回忆在校期间恩师们教书育人的故事，我就从中找到了答案。这些故事让我看到二附中老师们诗人般的浪漫气质，看到理科老师四两拨千斤的功力，文科老师底蕴深厚的大师风范，看到男老师风流倜傥、玉树临风，女老师则秀外慧中、宛如女神……老师们出神入化的人文姿态与人格魅力，无疑是对以上问题的最好诠释。

　　二附中老师身教重于言教，把每个学生都当作自己的孩子，甚至比对自己的孩子更要倾心尽力。正是这样一大批爱生敬业、传承创新的老师们，再加一大批尊敬师长、刻苦学习的莘莘学子，共同造就了二附中 60 年来的辉煌。

——蒋建国老师

　　退休前曾在报社当记者编辑多年，撰写过也编辑过许多人物报道，但我依然被手中一篇篇"师说"稿件所感动。几十年前的人与事，纯真、纯情、纯粹，如今读来仿佛就在昨天。因为这些文章出自不同届别的校友之手，我们对老师有着自己最切身的体会，所以情感真挚、内容详实、细节感人。老师的音容笑貌、言行举止，老师对学生的谆谆教诲，无微不至的关怀，都被描写得细致入微，感同身受。

　　当年的恩师，今天已是垂垂老矣，但依然是值得我们永远尊敬的长者；有的已经仙逝远行，但我们脑海中依然珍藏着他们鲜活的身影。我们曾经在母校学习生活，有太多的时刻、太多的事情、太多的老师值得去回忆、去赞美，从某种意义上来说，二附中已然与我们的生命相连，难以抽离。

我想，"师说"会成为一个平台，让更多二附中的老师通过它追忆往事，缅怀自己曾经的园丁生涯；"师说"也会成为一种媒介，让更多二附中的学生由此而牢记过去，心怀感恩之情，感谢老师所赋予我们的知识和道理。

——童蒙志，1968届初中

平生从来就没想过，自己还能有做编辑的机会。当有一天得知校友们在为母校60周年华诞筹备系列丛书征文，而自己也有幸被召集到《师说》编辑组时，给我感觉就像是领受了某种使命和召唤。

通过编辑工作，我接触到二附中各个时期的老师代表，更多了解到母校当年鲜为人知的创建和发展历史，聆听到老师们的人生历练和教育理念，并有机会将他们的回忆、思想记录下来，仔细整理，默默领会。理工男大多不擅长抒情，那就在深夜和清晨的编辑工作中表达自己对母校的爱和关切，这让我觉得很幸福，很满足。

60年一甲子，二附中始终在不断挑战自己，不断超越自己，每个老师，每个学生莫不如此。卓然独立，越而胜己，这就是每个二附中人内心都拥有的人生追求。师说传薪火，书稿中的每一个词句都在诠释着，为什么二附中能够不断创造辉煌，并将继续创造辉煌。

——周人杰，1992届初中/1995届高中

从5月初加入编辑组到今天，我终于完成了《师说》部分稿件的编辑和撰写工作，这段时光对我而言弥足珍贵。离开母校30多年了，当我看到那一篇篇饱含真情的文章时，仍然被深深地打动了。无论是听访谈录音做整理，还是看校友来稿做编辑，抑或是亲身访谈并整理撰稿，耳濡目染的都是老师们对教育事业的孜孜以求：数学老师的深夜备课，化学老师的周末实验，语文老师的写作锦囊，生物老师的金牌课程，体育老师的越野训练，总务主任"少花钱，多做事"的老黄牛精神……

细读一篇篇文章，仿佛就是一次次的心灵之旅。是什么让老师们在困难面前甘之如饴？是什么让老师们在成功之巅精益求精？师者，所以传道、授业、解惑也。为了自己热爱的事业而真诚奉献，我想这是老师们给我们这些毕业已久的学生上的又一堂人生课吧。

——宋　雅，1987届初中/1990届高中

大学毕业后,我在《新民晚报》干过 7 年一线的采编工作。我采访时与其他记者最大的不同是,我很少在采访时作记录,尤其是写人物专访。最多,记个名字、职务或者电话。有人问,你不怕漏掉什么吗?

我要告诉你,当你回家后坐在电脑前,开始敲打文字时,如果受访者刚才说过的精彩内容,你都记不住,那么,这个内容又怎么来吸引读者呢?

真正的好内容,是刻在脑子里的,它就像放在酒窖里的酒一样,绝不会因为时间的流逝而变得淡然无味。

编《师说》,就是这种感受。有些老师,没教过我,甚至连名字我都没听说过,但校友来稿中的一两个例子,我就一下记住了他们。写《师说》,更是如此。有些老师其实不需要采访,他们的印象早就清清楚楚地刻在你心底最深处了。

可惜我精力与时间有限,这次有些老师我想写没时间写,有些老师没给我机会写……不过,也好,通过编写《师说》,我又回了一次中学时代的二附中,向我的老师们问了一声好。

打开《师说》,你是否也会有同样感受呢?

——高　兴,1991 届初中/1994 届高中

为母校担任《师说》编辑的过程,好像让我有了一个机会,与学生时代没能相识的很多二附中老师们跨越时空来交流。无论是与我同龄的校友、比我年长的师兄师姐,还是比我年纪小的学弟学妹,都在他们的文字中表达了对母校老师的深厚感情。

一张张形象丰满的二附中老师面庞随文字浮现在我眼前,不同的是,70 后、60 后或者更年长校友表现出的对母校老师的感情,大多数的意思就是感激和报答;而 80 后、90 后和更年轻校友表现出的感情,则是各种角度、各种意义上的“大写的服”。在新生代校友的文字里,或许找不到直接表达感恩的句子,更多的是对二附中老师业务能力和人格魅力的钦佩和赞赏。而前后这两种貌似不同的情感表达方式,在我看来,恰恰是对二附中老师群像的最好描述——德艺双馨,内外兼修。

非常享受这段时间的编辑经历,在体会着不同年代校友对母校老师的不同感情中,仿佛又回到了枣阳路的母校,坐进了教室。和我所阅读到的很多校友稿件里说的一样,祝福二附中,祝福二附中的老师们。

——王静怡,1992 届初中

虽有不安和缺憾，《师说》终于完工。人到中年，有幸和此书相伴一程，亲见每一份诚念在此汇聚，慢慢赋予她体温和能量，实在令人珍重而敬惜。

作为"师说"的知情者，不妨再交代几句。书名缘起于1990届校友范承工的提议，筹备组听了觉得好，瞬间看到了那道光。于是就征文，三月动议，四月发起，五月六月全面推进，七月八月汇编统稿校订。其间难免有跌宕，特别感谢年级召集人、班级联络人不惮繁难，沟通协调；感谢校友们用心访谈撰稿，耐心修改打磨；感谢编辑组伙伴当仁不让，联络、组稿、访谈、整理、撰稿、编辑一肩挑。更要感念老师们费心提供图文资料，有的还反复修订内容，辨明史实和细节。尤其感佩蒋建国老师，事无巨悉，统筹把关，常于竭诚回应中体现恒定的领导力。说到底，没有你们就没有此书，这就是母校二附中的凝聚力所在。也难得三联责编吴慧女士，随物赋形，精诚投入，默默成全了此事和此意。

人生之快，能有多大心量，留得多少故事。"师说"就此开了头，二附中人的故事还在延续，此中传递着母校特有的朴素与卓越的辩证法，相信还会有更多老师和校友来续写，来接力。

一切诚念终会相遇，我的老师这么说过，我也常常这么想。愿大家会心达意，快乐前行。

——张炼红，1987届初中/1990届高中

图书在版编目(CIP)数据

华东师范大学第二附属中学60周年校庆纪念文集/华东师大二附中校友会编.—上海:上海三联书店,2018.9
ISBN 978-7-5426-6440-2

Ⅰ.①华…　Ⅱ.①华…　Ⅲ.①中学-上海-文集
Ⅳ.①G639.285.1-53

中国版本图书馆CIP数据核字(2018)第183019号

华东师范大学第二附属中学60周年校庆纪念文集

编　　者 / 华东师大二附中校友会

责任编辑 / 吴　慧
装帧设计 / 徐　徐
监　　制 / 姚　军
责任校对 / 霍　飞

出版发行 / 上海三联书店
　　　　　(201199)中国上海市都市路4855号2座10楼
邮购电话 / 021-22895557
印　　刷 / 上海盛通时代印刷有限公司

版　　次 / 2018年9月第1版
印　　次 / 2018年9月第1次印刷
开　　本 / 787×1092　1/16
字　　数 / 1950千字
印　　张 / 109.25
书　　号 / ISBN 978-7-5426-6440-2/G·1503
定　　价 / 360.00元

敬启读者,如发现本书有印装质量问题,请与印刷厂联系 021-37910000

华东师范大学第二附属中学
60周年校庆纪念文集

校友风采录
ALUMNI STORIES

华东师大二附中校友会 编

上海三联书店

《校友风采录》征文编辑组

统　　筹：蒋建国

统　　稿：何旭东

编　　辑：束强弟　尹　荣　李　芸　钱红林
　　　　　俞　励　潘　钢　史捷飞　楼冠琼
　　　　　李薏桦

友情支持：蒋建国　何　雄　张炼红　戴伟佳
　　　　　校友会各届召集人　　各班联络人

顾　　问：顾朝晶　李志聪

卓然獨立

越而勝己

華章閣

二〇一八年八月

目
录

写在前面的话

李志聪

2018 年，华东师大二附中走过了 60 年的峥嵘岁月。如今都说二附中名闻遐迩，在上海位居"四大名校"，今年还被某网站排到全国百强中学前列。然而，时光倒回60 年前，二附中可没有这般风光。

1958 年，当华东师大和普陀区决定选址金沙江路建校时，学校周遭还多是乡野阡陌。为了宣传这所无名新校，老师们甚至无奈地把招生广告贴在了电线杆上。即便如此，据首任校长毛校长当年的工作日记记载，高中报名也只有 49 个人，参加考试46 人，最终录取 45 人，后来还是靠区教育局从其他学校调剂，才勉强凑够两个班级。建校之初我们也还没有自己的校舍，临时在华东师大地理馆、化学馆、数学馆借用几间教室和办公室，到了上下课时间，老师们就要摇着手摇铃，从一幢楼跑到另一幢楼。

抚今追昔，令人感慨万千。感慨之余，我常常会想，究竟是什么神奇的力量，60年里让这所学校历尽艰辛而奋勇向前，不断攀登上新的高峰。今天人们常把二附中简称为"华二"，还谐称为"花儿"，那花儿又为什么这样红呢？

为了庆祝二附中建校 60 周年，年初校友会筹备组自发提议编撰几本书作为纪念，书名校友们也想好了，分别是《我与二附中》《校友风采录》和《师说传薪火》。

《我与二附中》记录的是校友和二附中的缘分，多写当年就读时的难忘经历，《校友风采录》则侧重写校友后来的成长，《师说传薪火》顾名思义就是写当年的老师了。起初，我还不是很确定，工作如此繁忙又身处世界各地的二附中校友能否如期把书编出来，但我对这套书所表现的三个角度倒是很感兴趣：什么样的学校，什么样的老师，什么样的校友，这不正是解答花儿为什么这样红的最好角度么。

工程浩大。六个月后,这套书居然奇迹般地完成了。翻看着这一篇篇用心、用情写下的文章,读罢这一个又一个动人的青春故事,答案也已经跃然纸上。的确,二附中不是一开始就有一流的好生源,学校也并没有一流的硬件设施,但我们的的确确拥有一流的好老师!这些真正一流的好老师,多少年来都珍藏在校友的心灵最深处。他们的情怀、学养无愧人师,他们共同拥有的爱心、平等心和平常心更令校友铭感一生。拥有这样的老师,二附中自然会弥漫着宽松、自由的空气,校园就注定是一片最能滋养学生茁壮成长的水土,从中也必然会走出洋溢着大气、大雅气质的学生,而当他们走向社会得到历练之后,也就更能成为一个个卓尔不群、气宇轩昂的二附中人。

作为一个还在为天下校友守护着这一方精神家园的二附中人,感谢校友们老师们笔下满含深情的叙事,让我更明白什么是好学校,也让我知道怎样才能让二附中发展得更好!

这套书,就是解码花儿为什么这样红的秘笈。

花儿为什么这样红?
红得好像燃烧的火……
它是用了青春的血液来浇灌!

歌如是。是为序。

2018 年 8 月 15 日

刘玠：示范国企涅槃

［校友简介］

刘玠，1958 年至 1960 年就读于华东师大二附中高中，1967 年北京钢铁学院冶金机械系行星轧机研究生毕业。中国冶金自动化及信息工程专家、工程管理及企业管理专家，中国工程院院士，教授级高级工程师，国家级有突出贡献专家。曾任第十五届、第十六届中共中央候补委员，第九届、第十届全国人大代表，第十一届全国政协委员；武汉钢铁集团公司第一副总经理兼总工程师，鞍山钢铁集团公司党委书记、总经理；中国科协副主席，中国金属学会副理事长，中国中信集团顾问，中信泰富特钢集团董事长。现任上海大学特聘教授。

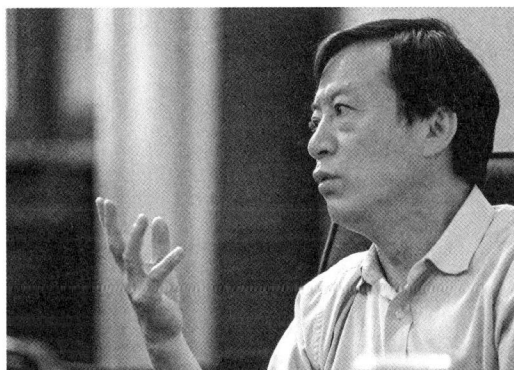

长期从事计算机控制的研究与开发，致力于重大冶金装备的创新。获得国家科技进步特等奖（1990 年）、一等奖（1996 年、2006 年）、二等奖（1998 年、2003 年）、三等奖（1985 年、1987 年），冶金科学技术特等奖（2002 年、2006 年），第二届袁宝华企业管理金奖，"何梁何利基金"技术科学奖，第八届国家级一等企业管理现代化创新成果奖，"九五"国家重点科技攻关计划突出贡献者，"九五"国家重点科技攻关重大科技成果奖。2009 年，他领导的"鞍钢技术改造与扩建工程"被评为"建国 60 周年百项重大经典建设工程"。

一、成长经历

刘玠在华东师范大学校园度过少年时代，校园浓郁的科技人文气息孕育了他自幼勤勉向上的品格，他在五年级就参加了"少年之家"的科技活动。从做孔明灯开始，到做各种飞机模型、无线电遥控飞机等，培养了他的动手能力，扩大了科学视野，使他萌生了当飞机工程师的理想。

高考后，拿到高校录取通知书的那一刻，他傻眼了！一向学习成绩优异，竟被录取到经老师动员才填报的最后一个学校！而生性执着的他，依然还是奔着梦想来到了武汉钢铁学院，用刻苦勤勉来证明自己的实力。直到学校鼓励他报考北京钢铁学院研究生并被录取的那一刻，他才彻底明白此生终于要与飞机工程师的梦想告别了。

20世纪70年代初，国家花40多亿元巨资从国外引进先进的1700轧机系统，号称武钢"一米七"工程。为了使这批先进设备在中国生根结果，急需培养掌握"一米七"核心技术的科技人才。1973年，作为培养对象，刘玠北上北京，东渡日本，一年多的时间里既要过语言关，也要过技术关，每天只有两三个小时的睡眠时间，刘玠把它称为"站着都能睡着"的日本求学经历。

回国后在先后担任数学模型组组长、自动化车间副主任、厂长助理、厂长、武钢集团公司第一副总经理兼总工程师等一连串不断履新的履历中，刘玠相继主持研究开发了武钢热冷连轧自产钢数学模型、武钢热轧厂轧制压力数学模型、武钢一米七轧机系统新技术开发与创新、武钢一米七热轧机控制新系统、太钢1549毫米热连轧工程三电系统等一系列重大项目。其中，"武钢一米七轧机系统新技术开发与创新"项目获1990年度国家科技进步特等奖。"武钢一米七热轧机控制新系统"打破了国外的技术垄断，率先在国内开发出具有自主知识产权的计算机控制系统，创造了巨大的社会经济效益，获1996年度国家科技进步一等奖。

1994年末，刘玠临危受命到鞍山钢铁集团公司任总经理，从搞技术到搞管理，他面临人生又一次重要转型和重大挑战。

鞍钢当时极度困难,拖欠工资,靠职工集资买煤,高炉被迫停了两座,合同严重不足,资金短缺,人欠 138 亿元,欠人 86 亿元,800 万吨钢、600 万吨材,养活着近 50 万鞍钢人,劳动生产率只是世界先进水平的 1/50,还有十几个医疗单位,十几所中小学,八十多个度假村。是中国钢铁业"规模最大、设备最老、负担最重"的典型国有企业,处于破产倒闭的边缘。

刘玠针对鞍钢的"人往哪里去?钱从哪里来?"的"两难"处境制定了改革、改造两大对策,推进了一系列的体制、机制、管理创新改革。同时,作为技术改造总负责人,科学决策,创造性地走出了一条"高起点、少投入、快产出、高效益"的技术改造新路,使鞍钢焕发出青春和活力,实现了跨越式发展,取得了巨大的社会、经济效益,得到了党和国家领导人的充分肯定。

二、主要成就

(一)成功开发了武钢 1700 轧机计算机控制系统和数学模型。

武钢引进 1700 轧机中首次引进的计算机控制系统,是轧机的中枢和灵魂。随着武钢的发展,引进计算机控制数学模型的弊端逐渐显现。

刘玠在担任数模组组长期间,和同事日以继夜地潜心研究,成功开发出《武钢热冷连轧机自产钢数学模型》,突破了引进模型的束缚,精度也超过了引进的数学模型。

此后,他又对原模型结构进行分析,找出缺陷,不断实践,反复探索,掌握了建模的新方法,开发出技术含量更高的"武钢热轧厂精轧轧制压力数学模型"。

20 世纪 80 年代末,引进的计算机面临整体更新换代的更大挑战,刘玠主持该系统更新换代工作。外方报价 3800 万美金,这对于当时的武钢而言无异于天文数字。武钢据此向国家报告,国家随即派出一批航天专家到武钢协助解决问题,可是专家们考察之后得出的结论是——隔行如隔山。武钢最后与西屋达成了 590 万美元购买硬件,软件由自己开发的协议。刘玠作为项目总负责人,组织了武钢、北京钢院、重庆设计院等一批计算机优秀人才参与项目开发。经过艰苦努力,"武钢一米七热轧机控制新系统"项目突破了许多技术难题,软件功能得到极大扩展,实现了热连轧应用的重大突破,取得当时中国钢铁工业最具代表性、技术难度最大、经济效益最高,并且由中国人自己掌握自主知识产权的重大技术成果。

"武钢一米七热轧机控制新系统"的创新成果相继转让给太原钢铁公司和梅山

钢铁公司,并以 140 万美金转让给美国 AEG 公司。支持了兄弟企业的发展,为国家节约了巨额外汇,首次实现了武钢自主开发软件对国内外钢铁市场的输出。

(二)推进管理体制、经营机制改革,促进鞍钢建立与市场经济体制要求相适应的现代企业制度。

鞍钢是新中国钢铁工业的摇篮,是产生过"鞍钢宪法"、有着光荣传统和为新中国做出过卓越贡献的国有老企业。随着社会主义市场经济体制的建立,这个具有典型"大而全"特征的国有老企业已不适应形势的发展。

刘玠就任总经理后,制定了"产权清晰、权责明确""精干主体、分离辅助"的改革方案。从转变职工思想观念着手,大力推进管理体制、经营机制改革,使鞍钢逐步走上了与市场经济体制相适应的现代企业制度的轨道。从 1994 年开始到 2005 年,鞍钢实施一系列主辅分离改革的同时,采取"先分离后分立"的方式,从独立核算、承包经营开始,逐步完善成为自主经营、自负盈亏的全资子公司和法人实体。把一个传统的、大而全的联合企业通过资产重组、结构调整和优化,组建为母子公司形式的钢铁企业集团。从 1995 年到 2003 年,鞍钢钢铁主业用工由 10.57 万人减少到 3.2 万人,劳动生产率由人年 77 吨提高到人年 318 吨,劳动价值由人年 6 万元提高到人年 15.4 万元,职工人均年收入提高一倍(其中主业职工提高近三倍)。而从钢铁主业分离出来的辅助单位,大多数经过 2~3 年实现扭亏为盈,累计减亏增效 150 亿元。

与此同时,鞍钢规范了法人治理结构,构筑了适应市场经济体制要求的管理体制、运行机制、用人机制和分配机制。2006 年,鞍钢钢铁主业实现整体上市,成为国内首家完成股权分置改革的 A＋H 股上市公司。鞍钢还实现了投资主体多元化。

(三)推进技术改造创新,鞍钢走出了一条"高起点、少投入、快产出、高效益"的老企业技术改造新路。

鞍钢要加速装备现代化的技术改造,刘玠和鞍钢的领导班子决定把比较优良的资产,整合后实现部分上市。筹集到的资金是 26 亿元,依靠这"第一桶金"垫底,通过不断挖掘自身潜力的滚动式发展,以国家批准的预算额近一半水平,如期完成了鞍钢"九五""十五"时期的全部技术改造项目,平均约 3.7 年收回全部投资。实现了全冷烧、全转炉、全炉外精炼、全连铸,完成了热连轧、冷连轧、硅钢片生产线等一系列具有国际先进水平的现代化改造,刘玠作为鞍钢"九五""十五"技术改造的总负责人,率领鞍钢职工创造性地走出了一条"高起点、少投入、快产出、高效益"的老企业技术改造新路。

1. 完成平炉改转炉的技术改造。1996 年以前,鞍钢年产量 800 万吨钢中平炉钢达 530 万吨。平炉炼钢工艺落后,生产成本高,产品质量差,炼钢厂严重亏损。

1996 年，经过充分研究，鞍钢在实施"平改转"上取得重大技术突破。鞍钢的方案是在原有平炉厂房不拆迁和边生产边改造基础上进行的，不到两年就收回改造的全部投资。鞍钢"平改转"技术改造的成功实施，体现了不断挖掘自身潜力的滚动式发展新思路，在鞍钢的技术改造史上具有起死回生的里程碑意义。同时，也为武钢、包钢在内的大型平炉改造提供了样板，对中国钢铁工业迅速淘汰平炉产生了积极的示范作用。

2. 完成 1780 热连轧机改造。鞍钢在国家批准的"九五"规划中，拟投资 85.6 亿元改造半连轧厂，可这 85.6 亿元资金没有着落。根据鞍钢的实际状况，刘玠提出，用 85.6 亿元的 1/2 投资来完成 1780 热连轧生产线的建设。项目建设过程中，刘玠大胆推行投资效益总承包和项目经理负责制，一期工程 38 亿元人民币，四年时间收回全部投资。

3. 完成 1700 连铸连轧生产线改造。继 1780 热连轧机项目成功之后，刘玠提出利用淘汰厂房和连轧的部分设备，再花 11 亿元，用自己的力量建一条拥有自主知识产权的现代化连铸连轧生产线，这既是鞍钢生产发展的需要，也是刘玠自参加武钢"一米七"工程以来的一个梦想。当时遇到的首要问题是国外的技术垄断。刘玠组织了鞍钢设计院、北京科技大学、鞍钢生产线上的多方技术力量，自己动手，集成创新了一套热连轧计算机硬件系统；并且攻克了诸多技术难题，完成了计算机控制软件系统。与此同时，和第一重型机床厂合作开发了国内第一套串辊板形控制、液压 AGC 控制等新的机械装置。仅用 11.7 亿元，率先在国内建成一条拥有完全自主知识产权的连铸连轧生产线，打破了国外的技术垄断，开发多项专利技术，积累了大量改造经验，培养了一支优秀队伍，连同 1780 热连轧生产线，改变了鞍钢整个产品结构。项目建成后，鞍钢总包了济钢 1700 中薄板坯连铸连轧工程，并于 2006 年 1 月 16 日全线投产，为济钢创造了巨大的经济效益，使鞍钢成为中国首家既输出产品、又输出成套技术的钢铁企业，在国内率先实现了成套技术输出的重大突破。

4. 完成 1780 冷连轧机成套技术开发。冷连轧机成套设备，一直被少数几家国外大企业垄断，国内冷连轧机全部进口。刘玠组织国内专家论证后认为需要攻克工艺规格书、动态变规格、张力数学模型、板形控制模型和液压 AGC 系统五大技术难题。刘玠提出："大胆开发，允许失败，责任我来负！"他带领鞍钢和武汉设计院、第一重型机床厂的技术人员密切合作，仅用 16.8 亿元就完成了 1780 酸洗冷连轧生产线的建设。生产出了 0.18 毫米的冷轧极品和被称之为"冶金艺术品"的高端轿车面板，再一次打破了国外的技术垄断，开发出大量专利。鞍钢又建成三条冷轧生产线，创造了巨大的经济效益，实现了可持续发展，有力推进了国内冷连轧装备国产化的进程。该成果获 2006 年度国家科技进步一等奖。

5. 完成鞍钢西区现代化建设。为解决环保问题和淘汰落后产能，鞍钢决定拆除日伪时期和建国初期建设的所有小高炉，建设两座 3200m³ 高炉。为避免对生产造成影响，决定利用鞍钢现有公辅设施，在厂区西部投资 176 亿元建设一个独立的包括烧结、炼铁、炼钢、热连轧、冷连轧配套齐全的短流程 500 万吨精品板材生产基地。经过近三年的建设，新区拔地而起。建设过程中，又开发出鞍钢首创的 500 万吨连铸连轧新工艺。该工艺注重节能环保和二次资源综合利用，实现了：高炉、转炉、焦炉煤气的完全回收，利用焦炉干熄焦余热发电和高炉压差发电，使用低热值高炉煤气余热蒸汽联合循环发电，污水处理循环使用，钢铁废渣回收再利用。2006 年西区全线投产，实现了生产供电自给率达到 70％、水循环率达到 96％以上，环保全面达标。

6. 完成鞍钢鲅鱼圈项目的规划、立项、工艺和技术创新。2002 年初，一个在沿海建设现代化的最具国际竞争力的钢铁生产新区、产品定位于国家急需的高强度高附加值的钢材生产基地的思路，在刘玠脑海逐渐形成。经过考察和调研，选址在营口市南端 52 公里处的鲅鱼圈区。整个项目定位在循环经济、短生产流程、节能、环保的世界先进水平，遵守工艺紧凑、连续、高效的原则。一期建设 650 万吨。充分利用了鞍钢技术改造的成果，装备高度国产化，开发了新技术新工艺，取得了新突破。实现了流程紧凑化、环境友好化、设备大型化、操作自动化、管理信息化。其中国内最宽的 5.5 米厚板轧机，作为国之重器为国家做出巨大贡献。全厂水循环使用率达到 98.5％，含铁尘泥、高炉渣、钢渣回收利用率达到 100％，对冶金各环节产生的废弃物进行集中处理再利用。鞍钢鲅鱼圈新区的建设，标志着鞍钢实现了由内陆资源型向沿海型发展的重大转变，实现了我国大型钢铁联合生产系统从引进到全面国产化的转变，是我国钢铁工业发展史上的里程碑，具有重大战略意义。鞍钢从核心技术的引进、跟随到领跑，体现了"自主创新、重点跨越、支撑发展、引领未来"的精神。

（四）从鞍钢实际情况出发，走出了一条具有鞍钢特色的企业发展之路。

鞍钢的全方位变化由于聚焦中国国企改革的时代背景和前沿阵地也引起了中外媒体的广泛关注。2004 年，《中外管理》以总第 143 期封面人物和《鞍钢——示范国企涅槃》等一系列文章，重点推介了鞍钢的带头人刘玠及其鞍钢改革、改造的典型经验。

鞍钢的成功经验，来自于刘玠和鞍钢的领导班子从鞍钢实际情况出发的超常思维，科学决策和开拓创新，也融入了刘玠院士的技术专长和企业家魄力胆识。鞍钢自 1995 年以来有两条重要决策：一是实施"产权清晰、权责明确""精干主体、分离辅助"的管理体制和经营机制改革,改变了 50 万鞍钢人同吃钢铁大锅饭的被动局面。二是走"高起点,少投入,快产出,高效益"的技术改造新路,使鞍钢的市场竞争力显著增强,迅速跻身中国钢铁工业最具有竞争力的企业之一。鞍钢的技术改造新路,不仅为鞍钢带来了"旧貌换新颜"的巨大变化,也为中国国有企业树立了技术改造的样板。

作者:黄浩东,武汉钢铁有限公司副总经理。

姜耀庭：从学生到将军

[校友简介]

姜耀庭，1958 年至 1960 年就读于华东师大二附中。1960 年至 1964 年就读于解放军外语学院英语专业，毕业后在中国人民解放军总参三部系统工作。曾多次获奖和先进工作者称号，并得过个人三等奖科技成果奖和技术论文奖，1988 年获得信息专业副研究员证书。2005 年荣升少将军衔光荣退休。

在二附中的所有校友中，参军入伍的军人不是很多，如果再要寻找当了一辈子兵直至退休荣升少将军衔的职业军人，不知是否还有他人了！

2008年大年初六的上午，我们2009届的李申和杜煜杰两位同学就曾专程去上海高桥采访过这位当年刚脱下军装不久的老学长。可是姜耀庭将军居功不傲只字未提这段显赫人生！令人格外敬佩！

姜学长是我们学校的第一届毕业生，他初中在上海复旦中学就读，1958年进入二附中高中，两年后就被保送到解放军外语学院就读，从此开始了他那光荣而又艰苦的戎马人生。

在学长所住的小区门口，刚一见面，姜学长就亲切地用他那宽阔的手掌轻抚着我们的脊背，笑盈盈的，一面嘘寒问暖，一面把我们引进他的家中。在部队锻炼了40多年的学长，年近七十身体依然很健壮，虽然岁月在他的脸上留下了道道印记，但走起路来，军人的威严丝毫不减。我们刚坐下，他就端来了两杯热茶，指着茶几上的零食请我们品尝。看到我们俩略带紧张的样子，又呵呵笑起来说：别这么扭扭捏捏的，放开点，就当是在自己家里就好了。

要说紧张还真有点，因为我们看到学长他那一张张佩戴着镶嵌了四颗金光灿灿五星的肩章和领章的大校军衔，特别是那张身着将军制服、仪态庄重、心胸宽广、脊背挺直、威武雄壮的照片不免敬意油然而生。

采访的话题就从我们十分感兴趣又不十分清楚的中国人民解放军的军衔制度说开了。姜学长向我们简述了中国人民解放军1955年～1965年第一次军衔制、1988年恢复军衔制、1994年之后的军衔制的三个阶段。姜学长大校军衔就是恢复军衔后所授的。而他把退休前荣升少将军衔视为党和国家对其职业军人人生的又一次鼓励和褒奖，从不在他人面前提及，更没有当作自己拿来炫耀的资本！

学长是个喜欢说笑的人，从学位到军衔，学生到将军的转变，学长谈起了自己随部队在冰天雪地里忍受饥饿开展训练的艰苦生活。他的嘴角依然挂着淡淡的微笑，或许这就是军人有别于常人的坚强和乐观。他把这些看成了人生的宝贵财富。

当我们问及军人这一职业是否非常艰辛，学长又微微一笑。他告诉我们，他的工作很特殊,既不同于驻守边疆的哨兵,也不像在前线直接参加战斗的战士,他是在中国人民解放军总参谋部系统工作,也就是日夜为党中央、中央军委站岗放哨,搜集情报,每天给中央领导直接提供服务,提供有价值的信息。加班加点可以说是很平常的事情。他们在工作岗位上,一天 24 小时都不能够挪窝,随时随地都要把神经绷紧了,时刻关注着世界形势的变化,长年累月默默无闻地工作,在自己的岗位上,积极做好党中央交给自己的任务。

学长最后一句话令我们内心一振,他说:"累,当然是累,一想到是在为国家的安宁作出贡献,在为人民服务,再苦再累都能扛得过了。"说完,学长又把这几句话念叨了几边:"要脚踏实地啊!"

他们是战斗在特殊岗位上,把练就的一些专门的技术和特长作为特殊的武器,在政治、军事、外交、经济各个领域秘密作战的战士。他说:这就需要我们每一个战士都必须练就一些特别专业的技能和专长以及永远不断地学习各个方面的知识。时代的飞速发展,世界的千变万化,中国的军事强军战略对现代的军人特别是职业军人提出了格外高的要求——除了革命的精神还必须要有现代化的知识和本领!

他说自己能在这条特殊的战场上能取得今天的这些成绩和荣誉,真的完全得益于学生时代母校的优质教育与优秀教师的榜样力量。

采访中,学长给我们回忆了华东师大二附中建校之初的一些情况。他进学校的那个时候,二附中一个年级就只有两个班级,一个文科班,一个理科班。当时学校的外语课开设的不是英语,而是俄语,执教的老师,都是华师大选派的,优秀的年轻教师,教他们俄语的就是令人敬佩的万琳老师。最难能可贵的是,当时学校就按照党的教育方针,提出了德智体全面发展的办学宗旨,所有老师都以身作则,引导学生提高道德品行方面的修养,不论你是选文科还是选理科,学校对学生学习都是严格要求,教学质量在当时就是很高的。学校还积极开展体育文化,娱乐活动,因此很多学生都有体育特长。那是因为二附中在华东师大校园里,所以有场地有机会去参加体育活动,这对于学生的身体素质培养发挥了很好的作用。他本人是我们师大二附中三级跳远运动成绩校纪录的长期保持着,他还代表华师大参加过上海大学生运动会。学校还经常带领同学去师大的礼堂,开展文化娱乐活动,包括举行联欢晚会等。

采访中间，姜学长又恳切而期盼地反复叮咛我们说："要好好学习，在各个方面不断开拓自己，发展自己的特长，用知识充实自己；要有真才实学，充分地利用现有的有利学习条件。"他希望我们年轻学子要关注社会的热点问题。要德智体全面发展，在学习之余，不要忘记体育锻炼，要有良好的身体素质，头脑要时刻保持清醒，不要受社会上不良风气的影响，有鉴别是非的能力。遇到困难和挫折要坚强、勇敢地用自己的毅力去克服，勇往直前。要好好学习，打下扎实的基础，面向未来。他说国家将来的发展都是要靠我们的，所以我们长大后一定要为国家建设而贡献自己的力量。他们这一代人已经老了，中国、世界以后要靠我们的。说着学长用他那充满希望的眼神，注视着我们，让我们感觉到了，有重担压在了肩上。感觉接力棒又交到了我们手里，感觉到自己承载了前辈们的巨大希望，必须要向前努力奋斗！

走出学长的家门，学长执意要把我们送到地铁站，在冷峭的寒风中，他依然神采奕奕，不停询问我们的学习生活情况，就像长辈一般和蔼可亲。临别时，我们邀请他在校庆时回母校看看，学长又笑着说："要去要去，你们别忘庆典时叫我哦！"

看着将军挥手渐去的身影，一个职业军人形象却在我们心中越来越高大起来！

访谈整理：李申（2009届高中校友）、杜煜杰（2009届高中校友）。
本文根据《做人就该脚踏实地地工作》补充修改。

胡企中：我与聚甲醛

[校友简介]

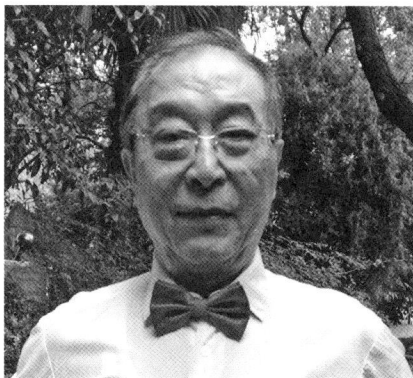

胡企中，华东师大二附中高中 1960 届校友，教授级高级工程师。退休前，曾担任上海溶剂厂副总工程师，被评为上海市化工局第二届专业技术拔尖人才，并从 1992 年 10 月起，获得国务院特殊津贴。

我是华东师大二附中的第一届高中生,毕业后进入上海化工专科学校学习。1963年毕业后分配到上海溶剂厂,工作了一辈子。这个30年代建立的中国酒精厂,建国后的主要产品先是在玉米的特殊发酵过程中生产的丁醇、丙酮和酒精。后来在下游产品之外,又在国内第一个开始了甲醛生产,最终成为一个兼有发酵与化学合成的化工大中型企业。

我在1964年至1965年间,真正开始了以聚甲醛工程塑料研制及技术开发为毕生事业的职业生涯。

我所从事的工程塑料聚甲醛之所以能在众多材料品种之中,在2017年被工信部认定为唯一一个无须去产能的合成材料,而且供需缺口高达40%,是由于这个材料确实潜力巨大,而这几十年里我的确付出了不懈的努力。从这个人人谈虎色变的原料甲醛出发,用高水平的创新工作让这个不寻常的通用工程塑料品种,在应用上进入了中国制造业的所有九个工业部,这是20世纪80年代达到的状况。

在学生时代我就被父亲告知,需要掌握任何领域的前沿知识,就要掌握多门外语去看原文资料。工作以后,在上海科技情报研究所的专利文献阅览室,可以在日本、法国、德国等快专利国家在申请专利的当年就读到这些文字的专利说明书,而英语国家的专利说明书要等到他们专利失效以后才能读到,等待时间达12年或以上。

高中阶段以后,父亲的政治历史问题曾给他和我造成很多困扰。当我的职业生涯到了最后的十多年的时候,我的父亲以及我自己的命运发生了逆转。七○后一直到现在,他们所用的教科书上出现了关于"胡焕庸线"的介绍,由此关于我父亲的故事也渐渐广为周知。

在我个人事业的发展过程中,父亲的影响是一个重要的因素,而且影响主要发生在他的身份逆转之前。

作为该学科民国时期的部聘教授,以及第十八届、十九届党中央时期,社会对他的学术身份的普遍认可,已经体现了在中国两大历史时期中他所获得的历史性定位。我出生在40年代,也就是在中华人民共和国成立之前的10年里出生的,而我自己(因聚甲醛工作的成就所获)的国务院特殊津贴和我父亲证书的颁发日期分别是1992年和1991年。

我回顾跟上这个西方开发的材料在国内实现技术进步的全过程,在力求对21世纪的马克思主义有深刻认识的今天,既然这个材料具有这样不一般的地位,而恰巧是我搞成了这件事,或者说碰上了这件事,这个概率如此小的事件得以发生,我感到总结其中的道理是值得的。开发自己多种外语语种的能力主要是父亲的

教导，他也不忘记给我这样的忠告：不要把精力和时间花在并不需要的外语能力上，能研究原文技术文献就够了。实际上我是在口语能力上也花了点力气，而且比他多学了一门意大利语。时至退休以后，我能在老年大学里辅导同学用原文来唱这些国家的优美的著名歌曲，就得益于当年的这种努力。须知即便是在声乐界，今天用正确发音唱出各国的名歌也算是一个不大不小的难题。

所谓"跟上这个西方开发的材料的技术进步的全过程"，含义是什么呢？这个材料的基本特点，就是能够替代原来有色金属的用途。使用过圆珠笔的中国人都见过把笔芯推上推下的那个小机构，这是工程塑料聚甲醛的一类用途。上海的圆珠笔行业曾经是重要的聚甲醛客户，可是这样的用户一个月的总用量也到不了一吨；而当有色金属的拉链被工程塑料聚甲醛取代的时候，就形成了一个巨大的市场。相关的装备主要是引进的。把各种无机颜料和聚甲醛进行混合，就能制成各种色泽的拉链，不但用在服装上，而且大量用在箱包上。不仅是日用品，还有工业包装用的。这两种用途，可以说，每个中国人都可能接触过。我亲手所做的一件工作就是用国产的聚甲醛调和了我找到的无机颜料，取代拉链行业原来所用的外国货。这一项用途就能形成数十万吨的年用量。

长春第一汽车制造厂最早生产的解放牌中型载重卡车早已退役，经过多年的推广应用工作，当年这种车型上的聚甲醛树脂用量是 0.52 公斤。而几年之内即将退役的、行驶于国内的各种轿车的每辆车所用的聚甲醛重量，早就达到了数十公斤。对比今昔，那时是把载重汽车传动系统的"万向节轴承"从结构复杂的"滚针轴承"改为特殊配方的聚甲醛"滑动轴承"，才实现了这个每台汽车 0.52 公斤的用量。这个取代的原则同时被应用于大量的军用作战车辆。这个数量我就说不清了。应用性工作有海量的实例，只能点到为止。

工业革命以来的几百年间，现代化学工业在 20 世纪 40 年代中走上了现代制造业的前台。标志之一是出现了一大批合成材料产品。作为结构材料使用的工程塑料里面，属于通用工程塑料的四五个大品种直到 20 世纪末，格局没有重大变化，而彼时也是世界级大公司向生命科学领域的产业倾斜的开始。在这个大背景下，缩醛聚合物这个大品种，也就是国内所称的工程塑料聚甲醛，在无需考虑去产能问题上的一枝独秀，可能会具有持续的意义。

聚甲醛制造技术流程长,化工单元过程种类繁多、齐全。世界各地的制造商的全流程技术的组合种类特别多。从国内现状出发,整个行业的技术,创新发展与结构优化的任务将长期存在。对于国企主管部门来说,这是仍然存在的战略任务。

"不忘初心,继续前进。"党中央的初心、21 世纪道路所投射的光明前景,鼓励我把这些话抓紧说出来。

汤晓芳：一位知识女性的人生奉献

【校友简介】

汤晓芳，华东师大二附中 1962 届高中校友。1967 年毕业于北京大学历史系；1970 年至 1980 年在内蒙古鄂托克旗工作；1980 年在内蒙古社会科学院任《内蒙古社会科学》杂志编辑；1987 年任宁夏回族自治区党委组织部《宁夏人才》杂志编辑、副主编；1991 年在宁夏人民出版社做编辑，长期从事民族历史编辑和研究工作，曾任政史编辑室主任。2003 年退休。宁夏大学西夏学研究院特邀教授。

中共宁夏回族自治区第八次代表大会代表，1999 年宁夏回族自治区先进工作者。

从上海到宁夏,走上编辑之路

1945年,汤晓芳出生于上海市一个贫穷的工人家庭。1959年考取华东师大二附中(当时为师大预科),1962年以优异的成绩考进北京大学历史系。良好的教育,打下了她坚实的功底,对她后来的综合素质、人格、品位的形成,有着极为重要的"奠定性"作用。

1968年毕业分配时,她的同窗、也有着恋爱关系的陈育宁考虑到她家在上海且父母需要照顾,便把分配到上海的机会让给她,自己孤身去了内蒙古西部鄂尔多斯。汤晓芳分到上海工作后,得知陈育宁在沙漠包围的鄂托克旗,偏远荒凉,生活很苦,于是在父母支持下,1970年秋,她毅然决然离别上海,奔赴内蒙古去和陈育宁会合。她没有想到,下火车后,剩下的路便是陈育宁小心翼翼地赶着毛驴车,接她过黄河,走过崎岖不平的土路,将她拉到一个叫巴音陶亥公社的自己"家"中。从此,开始了长达十年极其艰苦的"人生的与物性的双重沙漠之旅",也开始了她家庭与事业的双重之旅。沙漠中的贫困生活、边疆地区的落后观念、书籍与资料的严重匮乏、特殊时期的政治气候等因素并没有使他们在蹉跎岁月里失去追求,反而,在与蒙古族牧民长期亲密相处的日子里,她和她的爱人对民族历史的探究产生了浓厚的兴趣。工作之余的单调的生活,并没有使他们荒废时光,在极为简陋的小平房里,他们的学习、钻研与交流如一溪涓涓流水,缓缓地流淌在人生河谷里,这种习惯一直保持到现在。

汤晓芳从鄂托克旗广播站编辑做起,1980年,三中全会开启了一个新的时代,她和陈育宁双双调入内蒙古社会科学院从事专业工作。

这个时期汤晓芳的编辑工作得到了我国著名老编辑家、中国第一届韬奋出版奖获得者、人民出版社资深编审戴文葆先生的肯定和赞许。戴老1991年给香港《大公报》的文章中评说汤晓芳:"……在荒凉的鄂尔多斯……她和陈育宁在策马奔波工作之余,翻阅文献,踏勘地理,调查风土人情,思索万古愁题,积累了丰富的第一手资料。……她的学术论文,字字看来是汗水,十年辛苦不寻常。"

1987年,汤晓芳随陈育宁调入宁夏,后来担任宁夏人民出版社民族历史专业编辑,这使她有了发挥才干的更广阔的天地。

独具慧眼的编辑功夫

2009年,在评选"新中国60年百名优秀出版人物"活动中,汤晓芳是150名候选人之一,组委会为她写的推荐词说:"在编辑工作中练就发现和判断有重大学术意义的选题和书稿的'慧眼'。""慧眼"缘于刻苦,缘于积累,缘于责任,缘于勇气,也缘于人生的追求。

20世纪80年代初,汤晓芳收到了内蒙古考古研究所盖山林写的题为《举世罕见的珍贵古代民族文物》论文,作者对内蒙古阴山几百幅岩画进行了调查研究。当时,不少人对岩画不甚了解,或以为不过是牧羊人留下的遗迹而已,一些专家不主张发表。她查阅了国内外有关资料后,本着百家争鸣、繁荣学术的精神,顶住压力,勇担责编,在《内蒙古社会科学》杂志中收入了这篇论文,又通过媒体广泛传递信息,岩画研究成果终于得到确认。盖山林后来成为我国著名的岩画学专家,并担任国际岩画委员会委员。盖山林在学术讨论会上深有感触地向与会国内外学者说:"发现我的伯乐是编辑汤晓芳!"

《类林研究》是著名西夏史专家史金波的专著,汤晓芳是责编。这部获得"2004年全国古籍整理"一等奖的学术著作,来之不易。原书是将《类林》这部文献以西夏文原文、汉译文及注释分为三个各自独立版块,汤晓芳审读原稿后,认为这样不便于读者阅读。在征得作者同意后,她用了足足一个月的时间,将这部50多万字的书稿重新调整结构,将每段的西夏文、汉译文、注释文字排在一起,让读者对照阅读,不仅方便读者,提升编排形式,而且通过缜密的加工整理,使原稿中的一些错误得以一一改正。作者对此赞叹不已,特补后记,称她"对工作极端的负责精神应得到高度评价。如果我们的编辑工作都贯穿了这种精神,则学人幸甚,读者幸甚!"而汤晓芳认为:"用自己的所学所知将'嫁衣'剪裁做好,使读者和作者都满意,这是我最大的心愿和收获。"

她克服种种困难,主动将已搁浅的《中国回族史》重新启动,于1996年由宁夏人民出版社出版,填补了我国回族通史研究的空白。全国政协原副主席、时任宁夏回族自治区主席白立忱这样评价汤晓芳:"她是一位事业心很强、工作很负责、专业知识扎实,并且能够承担重大编辑出版项目的同志。由她负责做责编的《中国回族史》,是建国以来第一部用马克思主义为理论指导编写的回族通史。汤晓芳同志为这本书的策划、组织、修改、编辑、邀请全国专家审稿,付出了很大的心血。这本书的顺利出版,要感谢汤晓芳同志,这是回族文化建设上的重要成果。"

对于汤晓芳编辑的多部民族文化著作,宁夏社会科学院原院长余振贵深有感触地说:"她责编、复审的民族类、宗教类图书,不但未出现政治性、政策性差错,还由于提高了质量而为宁夏人民出版社赢得了声誉,这在出版界和民族宗教界人士中已有一定公论。"

深厚的学术功底,长期编辑经验的积累,特别是强烈的责任心和敬业精神,使她具备了策划、协调和组织大型图书选题、编辑和出版的能力。1998年宁夏回族自治区成立40周年之际,自治区政府决定编写大型区情工具书《宁夏百科全书》,汤晓芳担任主任的编辑部承担了这部书稿的出版工作。这部由 200 多万字和几百幅图片、上百张表格组成的大型工具书，有各行各业 300 多人参与编写，从框架结构设计、编写人员的协调到编辑工作条例、行文规范的制定等具体工作量大而且繁琐，她任劳任怨，克服困难，用最短时间——落实，圆满完成了任务。

1993 年后，她担任宁夏人民出版社政史编辑室领导工作，她团结全室老中青，处理好学术著作出版与市场效益的关系。政史编辑室大有起色，连续 4 年被评为自治区先进出版集体和民族团结先进集体，经济效益也逐年上升。

在长期的学术编辑工作中，汤晓芳一直保持着一个学人认真负责的本色，保持着一个知识分子与精神食粮创造者的操守。在编辑工作第一线，她每年编辑几百万字的图书，其数量之多、质量之好一直为大家所公认。著名的《光明日报》记者庄电一以"多少好书经过她的手！"为题，发表文章《在宁夏知识界，有不少人都把汤晓芳当作朋友、尊为老师、引为知己》。

当 2000 年和 2001 年汤晓芳先后获得"第三届全国百佳出版工作者"称号和"第七届全国韬奋出版奖"时，宁夏学术界和出版界普遍认为这是实至名归。

从编辑到学者，实现自己的心愿

2000 年 9 月，汤晓芳在上班时遭遇一次意外事故，造成多处严重骨折创伤，危及生命。经手术抢救和一年的住院治疗，渐渐恢复，但是留下了后遗症，行走不便。但是这不能使汤晓芳的思想和步伐停下来，她心中久有的一个心愿更为清晰和强烈：根据自己多年的大量积累，主攻西夏学与回族学，完成有分量的学术著作，继续奋斗！

她与陈育宁及银川西夏博物馆馆长王月星共同策划，合作编著《西夏艺术》，汤晓芳任主编。她有时一天工作十几个小时，每有心得和见解，兴奋地和陈育宁讨论至深夜。她还拖着一条接起来的病腿，不顾浮肿和疼痛，多次到西夏陵区及内蒙阿尔寨西夏石窟，考察文物、壁画，令随行者热泪盈眶。这种工作状态，她持续了两年。

2003 年《西夏艺术》由宁夏人民出版社出版，受到学界重视。而汤晓芳认为这只是一个阶段性成果，因为流失和收藏在国外的许多有价值的西夏艺术品未列其中，于是，她和陈育宁再接再厉，进一步收集资料，理清来龙去脉，探究渊源，提炼特征。经过他们夫妇三年的不懈努力，一部 40 多万字含 400 多幅珍贵图片、涵盖目前

国内外西夏艺术各类资料的研究力作于 2010 年由上海三联书店以《西夏艺术史》为题出版。《光明网》称誉这部著作"是目前西夏艺术研究最全面、最系统、最丰富的专著"，2012 年被评为国家社科基金项目优秀成果。

汤晓芳关注到对我国回族历史文物的收集和研究，存在地区、领域、时期的局限和一些薄弱环节。于是，她和陈育宁共同设计了一个立足于全国各地回族聚居区、力求从整体上反映回族文物及其研究的大型课题，得到了全国各地文博、民族宗教部门及有关专家的大力协助。在几年时间里，汤晓芳和陈育宁实地考察留存回族文物的重点地方，亲自拍摄图片和采访。60 多岁的他俩，先后考察了 16 个省（区）的近百座清真寺、拱北、道堂、古墓、古迹，参观博物馆，采访了 200 多位回族群众和宗教人士，拍摄两千余张实物图片，查阅了大量文献资料，深入思考在众多文物中所蕴含的历史信息和文化特征，精心编著，终于在 2008 年出版了《中国回族文物》。该书作为宁夏回族自治区成立 50 周年向中央代表团成员赠送的文化礼品，当年即被中国回族学会授予特别荣誉。《光明日报》称这部"鸿篇巨著"，是"迄今资料最全、视野最宽、研究最深、涉及范围最广的回族研究专著"。2012 年宁夏人民出版社将此书全文译为阿拉伯文，以"回族伊斯兰遗迹在中国"为题再版。

汤晓芳毕竟年过七旬，她曾多次想就此打住，但是，每出一本好书，那种愉悦、畅快、自信似乎将一切劳累和烦恼都冲淡了，她感到充实、幸福。2016 年，汤晓芳又完成并出版了她参与的国家社科基金委托项目《西夏建筑研究》，同时还受聘参与宁夏大学西夏学研究院博士生的论文指导和答辩工作。去年，她又应邀承担起教育部重大委托项目《西夏多元文化及其历史地位》子课题《西夏雕塑研究》。汤晓芳说，做这些事，似乎是身不由己的习惯，就由它去吧。

本文作者：荣尧。

张　韧：蹲在毛主席身边的时刻

［校友简介］

　　张韧，华东师大二附中 1962 届高中校友。1962
年考取上海戏剧学院后放弃就读，志愿下乡八年。
1970 年调入《安徽日报》任编辑记者，报社党组成员。
历仟安徽团省委副书记、党组副书记，省信息中心常
务副主任，省发改委商贸处长等职。回沪后历任华
亭集团宣传部副部长、《新民晚报》党委副书记、文汇
新民报业集团纪委书记（现组建为上海报业集团）。
2006 年退休。退休后担任上海慈善基金会常务副秘
书长、上海世纪出版集团独立董事。系全国第九次团代会代表，安徽省第三届人大
代表，省第三次党代会代表，省政协第三届、第四届委员。曾任上海报业协会副主
席、中国报业协会常委。

1962年，我在上海华东师大二附中毕业时报考了上海戏剧学院导演系，同时也报名下乡务农。我受毛主席所著《青年运动的方向》影响很深，坚信要走与工农群众相结合的道路。我也倾慕早年下乡的徐建春、邢燕子，把新知识、新思想带到农村，成了很有用的人。当时国家正经历严重经济困难，闹饥荒，党号召支援农业，大办粮食，这正是我们热血青年报效祖国的大好机会！所以，尽管那时没有学生下乡渠道，我还是与母亲，一个要求支农的抗战时期参加革命的干部，在徐汇区报名到农村去。

参加高考后不久，二附中通知我：你考进上戏啦，你是我校今年第一个收到录取通知书的人！我很高兴，但是想大学以后总能念，现在就要像当年青年奔赴延安抗日那样，先奔农村干一把。当年秋天，我决意去了安徽农村当农民，落户在肥西县袁店公社利和大队塘拐生产队（今柿树乡利和村）。

经过一个秋冬春夏的磨炼，我在乡亲们的热心帮助下闯过了生活关、劳动关，成为生产队主要女劳力之一。播种、栽秧、锄地、收割，样样都行。挑起七八十斤的担子走二十多里地没问题。皮肤粗了黑了，脚开裂了，但心里很美。

不久，我被选为大队团支部副书记。尽管这个"官"不脱产不拿钱，却显示了农村青年对我的认可，也给我一个运用知识文化的机会。

先探索科学种田。在两年里，我自学棉花栽培新技术，使棉花产量明显提高，又到舒城县取经，回来约队里的年轻人试种水稻高产新品种，成功啦！许多农民相信了，主动来换种，喜获丰收。可是这种水稻脱粒困难。我再找到省知青办，从省农机厂引进脚踩水稻脱粒机（当时还没通电），脱粒又快又省劲。公社在我们村召开现场会，大家都叫好！

一到农闲和雨天，许多青年聚到我家，排练庐剧、说唱、舞蹈，我可是当然的编导哦。冬天，我们挨着给一个个村子送表演，不收费，不吃饭。各村早早地打起灯笼等我们，连其他公社都来邀请呢！

1964年，我被选为安徽省出席全国共青团第九次代表大会的代表。6月，团的"九大"召开了。开幕式前夜，我接到通知，在大会集体留影后，中央领导还要接见一部分代表，要求准时跟着工作人员走，我也在其中。当夜，我反复叮嘱自己，见了毛主席再怎么激动，有句最重要的话一定要说出来，不然对不起大家选我。

第二天，毛主席及党和国家领导人都来了，全场沸腾。在跟着走向另一个地方时，我已分不出东西南北，只听到自己心跳。当我走到毛主席面前时，我仰着脸说出了那句话："毛主席，我代表安徽青年向您问好！"主席含笑点头，轻轻答"好！好！"并且伸出手来，我握住主席宽宽厚厚的手，是那么温暖。排在后面的人拥了上来，我就继续向前走，受到其他各位领导人接见。

当我走了半圈回首时，不由得傻了：不知什么时候，毛主席、周总理、朱老总几位已坐在接见厅的沙发上，许多青年代表在主席的背后和旁边围了两圈，没地方站啦！我就壮着胆子穿过整个会见厅，径直向主席走去，幸好没人阻拦，到了主席沙发前往他膝下一蹲，成了离主席最近的人，我的身后是为了保护国家财产勇斗歹徒而失去双手的云南青年徐学惠，我真切地听到主席问她：手臂还痛吗？假肢用得惯吗？毛主席还温和地朝下看了看我，在他老人家面前，我就这样蹲着、看着、听着。一位最够意思的记者，摄下了这难忘的一刻，并将照片捎给了我。

这是我第一次到北京，我强烈地感受到，在祖国的历史和人民的事业面前，个人如此渺小，我必须坚定地跟着走！

胡道芳：生命的弧线宛若彩虹绚丽明亮

〔校友简介〕

胡道芳，华东师大二附中 1966 届初中校友。1968 年至 1973 年间在黑龙江 857 农场和黑龙江兵团 42 团工作。1973 年至 1975 年进入黑龙江粮食学校读书，毕业后在黑龙江省粮食局工作。1980 年调入浙江省金华市贸易学校财会专业任教；1995 年起连续四年被评为金华市粮食局直属机关优秀党员，并三次被评为金华市直属机关工委优秀党员；1999 年获"浙江省优秀教师"光荣称号。在金华市贸易学校工作期间还曾担任学生科科长、校工会主席等职务。2007 年 3 月不幸因病逝世。

那是一年的清明之后，
霏霏细雨飞洒飘扬，
一辆大巴满载昔日的同窗，
带着一份绵绵的哀思，
从上海长驱直抵金华市郊外，
驶向斯人长眠的地方，
缅怀追忆曾经的同窗俊秀——胡道芳。
今天当母校花甲生日即将来临之际，
不由得又勾起对远行故友的思念与回想。
她是 1966 届初三(1)班的骄傲，
她是二附中万千学子的榜样。
她人生的轨迹如同流星熠熠闪光，
她生命的弧线宛若彩虹绚丽明亮。
在二附中五年的难忘时光，
她勤勉好学而又奋发向上。
她待人接物爽朗大方，
微笑的面庞如花朵绽放，
书写的钢笔字隽秀漂亮。
她关心他人团结同学，
处处以身作则勇于担当，
在班里最早把闪亮的团徽佩戴在胸膛。
她乐于助人性情善良，
引导帮助同学积极上进，
是令人称道的共青团员的榜样。
她热爱祖国热爱党，
面临毕业分配的考验，
毫不犹豫地选择了把青春献给北大荒。
在军垦农场磨砺的十年时光，
她埋头从一名女拖拉机手干起，
每当清晨发动机隆隆作响，
便在广袤的黑土地上追逐着心中的梦想。
艰苦的磨炼坚定了她不变的信仰，

北国的严寒铸就了她赤诚的理想。

面对父亲患癌病故的噩耗，

她强忍着心中的悲伤，

坚守在刚报到的新岗位上。

她出色的表现，

受到了军垦老战士、农场领导及知青的共同赞扬。

经组织推荐，

她成为兵团首批工农兵学员，并光荣地加入了中国共产党。

经哈尔滨粮食学校深造，她又以新的姿态投身于省粮食局的岗位上。

北疆十年磨利剑，她把青春抱负无愧地献给了北大荒。

之后，她服从组织安排随夫一起调入山清水秀的浙江，

在新的岗位上又追逐新梦想。

在金华电大耕耘的二十五载时光，

她传承师道迎难而上，

她把兵团传统在新岗位发扬光大，

在游泳中学会搏风击浪，

全身心地投入教与学兼顾的挑战上。

白天不辞辛苦为充电而学，晚上秉烛挑灯为备课而忙。

很快她就获得财会本科专业的文凭，

成为金华电大高级讲师的中坚力量。

每天她总是最早打开教室的门窗，让学生分享微笑与阳光。

她关爱学生善于引导。

曾巧借一瓶矿泉水,平息了师生争执不休的课堂。

她忠诚于教育事业,不断探索教研改革方向。

岁月无声地流淌,艰辛付出的品尝,

她用心血编撰的《公共关系学》等四本高等教材,至今仍沿用在电大课堂。

她兢兢业业无私奉献的精神,受到电大师生的普遍赞扬,

先后十多次被评为省、市优秀教师,多年获浙江省优秀共产党员殊荣。

非凡的业绩,为她不凡的人生画了一个圆满的句号。

当她依依不舍离开钟爱的教书育人岗位不久,

不幸被癌症病魔击倒,

遗憾地告别了还未曾完全拥抱的无限美好的夕阳。

然而,母校二附中不会忘记远逝的游子,

昔日1966届初三(1)班的学子更不会忘记同窗的楷模——故友胡道芳。

〔作者简介〕

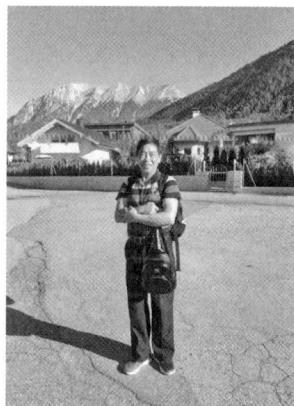

王健康,华东师大二附中1966届校友。恢复高考后获得上海大学文学院大专学历,并通过市委党校经济管理本科考试。毕业后历任上海市第六建筑工程公司任办公室副主任、宣教科负责人、基层党支部书记,上海市建设委员会办公室副处级信访负责人,上海市督解化解人民内部矛盾办公室(后改名为上海市联席会议办公室)二组组长。

华　荣：在亘古荒原的第一天

——二附中 25 名学子垦荒纪事

〔校友简介〕

　　华荣，1963 年至 1966 年就读于华东师大二附中。1968 年至 1987 年长期在黑龙江工作，曾经工作的单位包括黑龙江生产建设兵团 42 团、黑龙江生产建设兵团 59 团和黑龙江生产建设兵团 62 团（后改为红卫农场）。1987 年回上海后，就职于上海市普陀区少数民族联合会经济实体，2000 年因病提前退休。

　　2014 年，作品《邻里的情谊》入选上海市民文化节市民写作大赛"百篇美文"，并获上海市市民文化节指导委员会颁发的"百名市民作家"的称号，成为上海市民作家俱乐部成员。2017 年 7 月，成为上海市普陀区作家协会首批会员。

那是 1969 年 1 月下旬的一天,我们二附中 1966 届高中和初中的 25 名学子,和来自北京、哈尔滨、牡丹江等地的合计 100 多名城市知识青年从黑龙江省密山县 857 农场出发,分别乘坐大客车经过一天多的时间来到了位于黑龙江省同江县境内的青龙山南麓。

1969 年以前,这里是一片人迹罕至的亘古荒原,可开垦的 80 多万亩的荒草地上野兽出没,杂草离离。这儿地势低洼,部分地区原始树林一望无际。冬天,这里经常是雪花飞舞,朔风凛冽。

其实,1968 年 8 月,我们 25 位华东师大二附中 1966 届初中和高中毕业生已经到了各方面条件蛮不错的黑龙江省密山县 857 农场。(后来组建为黑龙江生产建设兵团 42 团,我们二附中 1966 届高中和初中的学子去 857 农场的一共有 41 位,除了 25 名去亘古荒原的,还有 16 名留在了 857 农场。)但是听到要开发和建设三江地区亘古荒原的消息后,在当时的历史环境里,我们这些有着一腔热血和满腔激情的知青认为要学习十万转业官兵开发北大荒的精神。"吃别人嚼过的馍没味道,要凭自己的双手艰苦创业,在亘古荒原绘制出最新最美的画卷。"我们毅然地报了名,有的知青还扎破了自己的手指,写下了血书,终于踏上了新的征程。

在上学的时候我们学过一首诗:"天上没有玉皇,地上没有龙王,我就是玉皇,我就是龙王。喝令三山五岳开道,我来了!"我们怀着屯垦戍边、建设边疆、保卫边疆的豪情来到了青龙山的南麓(将在那儿组建黑龙江生产建设兵团 59 团)。深冬的三江地区冰封雪盖,一月的天气,正是这里最寒冷的时节,何况青龙山一带,北沿黑龙江,江风剧寒,又处高纬度,直接受西伯利亚寒流的侵袭,最低温度达到零下 40 摄氏度。

我们先头部队的任务就是必须要在大地解冻前在青龙河上建造好一座桥,这是黑龙江兵团 59 团以后连接内外的交通要道。一到驻地,映入我们眼帘的是白雪皑皑的荒原和林海一片,没有一间住房。本来就荒凉的青龙河畔,每株树上都挂上了雪,地上更是厚厚的积雪。我们在雪地里清理出一片空地,放好了行装。接着指导员分配了任务,这天主要就是解决住和吃的问题。有的人备料搭帐篷,有的人打草为铺床所用,有的人去已经冰封的河里刨冰,有的人伐柴作取暖之用。大家紧张有序地忙碌着。此时,即使是大白天温度也是零下 30 多度,但是知青们却是争先恐后干得是热火朝天。

生活条件是很艰苦的,没有水井,100 多人的生活、生产用水只能是就地取材,那就是遍地取之不尽的积雪和从河里刨出的冰块。有的知青带着麻袋,拉着爬犁到冰封的河里去刨冰,有时碰巧了在水泡泡多的地方还能刨到一些鱼哩。接着他们把取来的冰块放在大锅里用柴火加热后融化成水,稍加沉淀和过滤后来用。有时我们口渴了,冰还没有化就随地抓把雪放在嘴里。还有一些人砌了简易的炉灶准备做饭,架上一口大铁锅,点燃了锅下的火,用冰雪融化的水,把随行带来的米下到锅里,熬煮着,搅和着,直到熬成一锅粥。喝着粥吃着干粮就着咸菜那就是我们在亘古荒原的第一顿午餐。去打草的知青有时踏着膝盖深的积雪去打草,然后把草上的雪抖落干净后,打成捆背回营地。

我们的任务是搭帐篷。作为刚走出校门不久的知青,别说住帐篷,在这之前连帐篷是什么样的见都没有见过,而如今竟要用我们的双手来搭建帐篷。不会干,我们向老同志学,一边干一边学。先搭支撑帐篷的架子,天寒地冻的,为了让柱子埋在地里,我们用铁镐刨,可是地冻得梆硬梆硬的,铁镐刨上去就像刨在铁块上似的,我们就改用火烤地然后再用铁镐刨,才把柱子埋到了地里。等架子搭好后披上毛毡帐篷,为了防止漏风在帐篷下面四周用堆雪拍实……总算在天黑前4顶帐篷出现在了青龙河畔。接着在3顶帐篷里搭可以挤几十个人的面对面两排大通铺,这大通铺就是在地上支起小树干,用横杆联接着,上面同样铺着锯整齐的小树干,每个人的铺位大约比肩稍宽一点,铺上杂草和炕席,这就是我们的"床"。在帐篷的两头分别把空的大油桶横着放,搭取暖用的铁桶炉子。另外1顶帐篷就是伙房和连部了。当一缕缕炊烟和连接铁桶炉子烟囱里的烟雾在天空中飘荡的时候,我们二附中的一位学子激动地在新搭建好的帐篷前挥舞起了一面红旗,代表着知青们向亘古荒原宣告:我们,新一代建设者来了!

夜幕渐渐地降临了,热闹了一天的营地也渐渐地静了下来。晚餐还是简易食品。吃罢晚饭,这些一大早就驱车而来又劳作了一天的知青们,化了冰雪洗漱一番后,伴随着铁桶里木柴燃烧的吱吱响声,交流着一天的劳动体会。由于太劳累,聊着聊着就睡着了。

这,就是我们在亘古荒原的第一天,是头顶蓝天,脚踏荒原,融冰化雪,在帐篷前竖起了一杆红旗并在帐篷里生活的第一天。从这一天开始,我们的知青岁月掀开了新的一页。

作为二附中首批自愿奔赴亘古荒原的25名学子,当时我们的年龄在18岁到20岁左右,然而在开垦荒原的劳动中所表现出来的吃苦耐劳的精神,与母校的教育有着难以割舍的渊源。那时,母校每年春秋都会特意组织学生们去工厂、农村劳动锻炼,耳濡目染工人、农民在平凡岗位上挥汗奋战数年的可贵品质,从心灵深处开始萌发对劳动的比较正确的认识,也才有了日后在特定环境下不畏劳苦的干劲迸发。

诚如"一叶落而知秋",正是这刻骨铭心第一天磨砺的垫底,才得来了亘古荒原旧貌换新颜的今天,才铸造了我们日后不惧生活中任何坎坷的顽强意志。

束强弟：城市文明的"啄木鸟"

[校友简介]

束强弟，华东师大二附中 1966 届初
中校友。离校后入伍当兵，退伍后在上
海仪表电讯局下属企业担任党政领导工
作。之后加入东方航空下属子公司担任
管理人员。退休后乐意做志愿者，现任
上海市闵行区市民巡访团副团长、兼闵
行区颛桥镇市民巡访团团长。

每天奔波在大街小巷,深入群众之中,围绕群众反映的热点问题开展巡访,劝导不文明行为,化解矛盾,倾听并及时反馈群众呼声,他就是闵行区市民巡访团副团长、颛桥镇市民巡访团团长束强弟。

今年,在颛桥镇文明办的领导下,束强弟组织和带领镇巡访团员佩挂证件,冒着酷暑、顶着凌厉的寒风每天穿梭在大街小巷、干道广场、商店菜场,每到一处总在小本子上记着检查情况,用照相机拍下发现的问题,时不时和周围的群众进行交流、听取他们的意见和建议,还经常察看城区的环境卫生、公共秩序和窗口服务规范情况,为治"脏"、治"乱"和治"差"进行巡访督查;把市民意见向区、镇相关部门反映并督促整改。

据不完全统计,两年来,他带领镇巡访团已向区、镇创建办上报了三千多条信息,并对各相关部门的整改情况进行了跟踪监督,反映的不少问题已经得到了整改;组织"百人团"的成员积极向"闵行大联动"上报 81 条案例,跟踪解决了 70 个问题,整改率达到了 86%;"啄木鸟"们发挥了有效的作用。

有一次巡访沪闵路时,有市民向他反映轻轨 5 号线颛桥车站门前沪闵路上的一个窨井盖坏了,流出臭烘烘的污水污染了空气、妨碍了市容整洁,他就及时用手机拍摄下来,并打电话给相关部门,希望能尽快修复好窨井盖,最终不仅把窨井盖修复好同时还把破损的马路整修一新,市民行路更加方便了。束强弟不仅积极参与本镇文明创建的各项工作,还参与了闵行区市民巡访团组织的对辖区内的政务窗口单位、市文明单位等创建的测评检查工作,多年来参与巡访检查 150 多次,近千个小时。

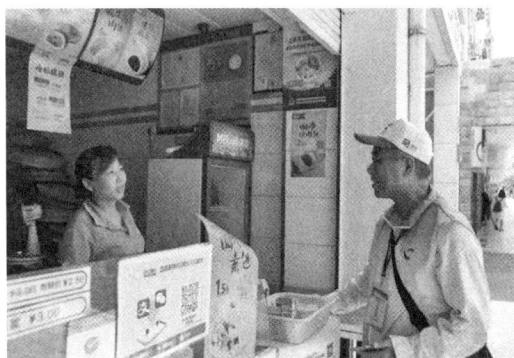

颛桥镇有两个市级、一个区级"文明交通路口",分别是:沪闵路颛兴路口、沪闵路北松路口和都市路金都路口。以往,镇文明办都安排就近的村居或机关事业单位志愿者轮流上岗执勤。由于诸多的原因,总会有个别志愿者出现迟到现象。于是,他主动向镇文明办建议:把市民巡访团员派上去督促并在必要时顶岗。

从这以后,每次市里和区里来检查,大家都积极参与,勇挑重担,成了一支不可缺少的"生力军",他表示:"创全"应该认真到位,决不能马虎!这个措施实施后,志愿者迟到现象越来越少了,也解除了因志愿者脱岗而被扣分的风险。他还积极组织和参与了镇每月一天的"文明交通路口志愿者示范活动日",不仅引导市民遵守交通规则、做文明市民,还身体力行上岗做路口志愿者,令许多志愿者佩服不已。

束强弟不仅为"创全"献计献策,还采访、报道好人好事等,为文明颛桥做出了贡献。他既是《市民巡访简讯》的编辑,撰写了近万字的小故事和先进人物的事迹,《闵行报》还专门作了报道;也是《颛桥》报的特约通讯员,挖掘"亮点",撰写"可爱颛桥人""组团式服务群众"等事迹材料。

束强弟也是一名党员,时刻以高标准严格要求自己。退休后热心社区公益事业,积极参加社区组织的各项活动,并经常主动地捐款捐物给灾区和困难的群众。同时,他以身作则积极组织楼里的居民自觉维护楼道卫生,与邻居和睦相处,相互帮助,践行文明,率先垂范,在居民区中传播文明,成为居民中的道德典范,得到居民的拥护。

他始终抱着"我是一名普普通通的党员,我的义务就是全心全意为人民服务"的这个初衷,在"创全"的征途上,服务社会,无私奉献,辛苦并快乐着。

作者:翁忆洁。
本文原载于《颛桥家园》,2017 年 8 月 22 日。

赵炯心：我的学习之路

[校友简介]

赵炯心，华东师大二附中 1966 届初中校友，退休后
被东华大学材料科学与工程学院返聘。1968 年至 1974
年在上海市奉贤五四农场工作，1974 年至 1978 年就职
于上海市建筑材料供应公司。恢复高考后就读于华东
纺织工学院，毕业后加入上海市科技情报研究所。1987
年担任东华大学材料科学与工程学院化学纤维研究所、
纤维材料改性国家重点实验室教授博导。

我是二附中 1966 届初中一班学生，是个"老三届"，很小就梦想能够做个科学家。1968 年 10 月离开二附中，只完成了初中教育，学业中断，被分配到上海奉贤五四农场，五年多后调到上海一家公司工作。

离开二附中后的 10 年，我一直希望有继续学习的机会，能够实现自己的梦想，有时会翻阅一下十分有名的《数理化自学丛书》。1977 年 10 月 21 号，中国各大媒体公布了恢复高考的消息，让我看到有继续受教育的希望。恢复高考通知发布到考试只有一个半月的时间，作为一个初中毕业生，要想把高中学习内容补全补好，时间是完全不够的。匆匆上阵，以失败告终，不过平均成绩居然达到了 70 分，让我看到了希望。1978 年 5 月间，发布了恢复高考后的第二次考试的通知。这次高考我的准备时间比较充裕，连同第一次高考，一共有五个月的时间可以用来恶补高中数理化。由于准备比较充分，这次高考得到平均 85 分的好成绩，有幸成为华东纺织工学院（现东华大学）化学纤维专业 1978 级大学生中的一员。那一年我 28 岁，上海高考录取率为 7%。

大学本科期间，同学年龄差距达到十多岁，但是"老三届"和应届高中毕业生都万分珍惜学习机会，刻苦学习。我学习努力，成绩很好，几次被评为三好学生。

大学毕业后两年，我又考取了华东纺织工学院（现东华大学）化学纤维专业硕士研究生，获得了进一步学习的机会。37 岁，我留校工作，成为一个高校教师，从事科研和教学工作。攻读硕士学位不仅使我的专业理论知识得到了提升，更使我对学习和科研有了较深刻的认识。

学校对新教师进行教育学的培训，老师说，高校教师水平提高的唯一途径是科研，只有通过科研，学习他人的研究成果和经验和新的知识，才能有所创新，不断提高自己的水平。我申请教育部出国访问学者资格到德国汉堡大学大分子化学与工程研究所学习进修，我攻读在职研究生获得工学博士学位，并被评为教授并获得博士研究生导师资格。在东华大学工作期间，我承担过许多国家和企业合作的科研项目，多次获得部、市级科技进步奖，还担任过东华大学材料科学与工程学院化学纤维研究所所长、副院长、党总支书记和化学与化工学院院长。

东华大学是一所以纺织为特色的 211 大学，我所在的材料科学与工程学院的科研实力是东华大学最强的,在化学纤维领域据国际一流水平。中国是一个化学纤维大国,2017年的化学纤维产量占世界的71％。但是,我国现在商业化生产的所有化学纤维大类品种的原创地都不在中国。近几年,我和企业合作,设计出一种具有全新化学结构的耐热化学纤维——改性聚对苯二甲酰间苯二胺纤维。这种纤维具有耐热性能较好且可控、成本较低的特点,经过实验室试验、工厂小试、放大试验、市场销售,已成为一个中国人原创的实现商业化生产的化学纤维新品种。

我从农场、上调、恢复高考、本科生、工作、硕士研究生、留校、出国进修、在职博士研究生,再到晋升教授、成为博士生导师和化学纤维界知名学者,实现了自己的人生理想,这一路走来,学习不断,感慨颇多。学海无涯苦作舟,吾曰:学海无涯乐在中。

马 力：回忆参加大科学工程的经历

［校友简介］

马力，华东师大二附中 1967 届初中校友。1976 年毕业于中国科技大学近代物理系，历任中国科学院高能物理研究所所长助理、研究员。2000 年至 2009 年担任北京正负电子对撞机重大改造工程（BEPCII）储存环分总体主任，全面负责 BEPCII 储存环的设计和建造工作。2009 年至今参加国家重大科技基础设施项目——中国散射中子源工程，担任工程常务副经理。

摄于 2007 年 5 月 10 日北京，在北京正负电子对撞机重大改造工程会议上做报告。2012 年，BEPCII 团队荣获中国科学院杰出技成就奖，2016 年获得国家科技进步一等奖。

从 1976 年 11 月到高能所,至今已经 40 多年,几乎一直在做大科学工程项目,回想起来一共参加了 5 个大科学工程项目。

首先参加的是"七五三"工程,后来又改为"八七"工程,是建一台 50GeV 的质子同步加速器,这个工程在 1981 年时下马,但是国家和中科院还是投了不少钱做设计和预研,我 1978 年参加了在北纬饭店的封闭式设计,后来又参加了 50GeV 质子同步加速器增强器凸轨磁铁脉冲电源的研制,该项目 1982 年获中科院科技进步三等奖。

接下来就是北京正负电子对撞机(BEPC)工程,1981 年开始提出,1984 年正式开工建设,1988 年建成,1990 年 BEPC 获国家科技进步特等奖。我开始参加静电分离器高压电源样机的研制,担任课题组长,1985 年 5 月样机通过鉴定后,我就到美国 BNL 做了 15 个月的访问学者。1986 年回国后仍然参加 BEPC 注入引出组的工作。1988 年调到加速器物理组参加了 BEPC 的调束。

接下来的 10 年高能所没有什么项目,主要是 BEPC 的运行维护和改进。1990 年我从储存环室调到自控室担任束测组组长,当时所里最大的项目是 1993 年至 1999 年的 BEPC 亮度提高改进项目,总投资是 3500 万元,我负责束流测量系统改进。其间 1995 年开始参加上海光源预研工程,直到 1998 年 10 月加速器中心成立。从加速器中心成立到 2014 年 8 月,我担任了 16 年的加速器中心副主任,其中 2000 年 6 月至 2001 年 8 月任加速器中心主任。

2003 年 12 月至 2008 年 7 月我参加了北京正负电子对撞机重大改造工程(BEPCII),之前经过了几年的方案设计和论证,以及队伍的组织。设计方案从单环到双环,目的是与美国康奈尔大学的 CESRc 竞争。队伍方面分别成立了专职的 BEPC 运行值班和 BEPCII 设计研制队伍。BEPCII 工程我担任的是储存环分总体主任,从那时开始我的主要职责从具体技术研发改为了工程管理。正是由于之前我在加速器几个专业组的工作经历,使得我对各个系统都有一定深度的了解。应该说 BEPCII 储存环分总体最终很好地完成了工程建设任务,我的体会是工程领导一定要深入实际,哪个系统有问题,成为关键路线,你就要到那个系统去,包括跟大家一起加班解决问题。工程管理方面,储存环分总体最早采用技术通知单、工作联系单规范部门间的联系,后来工程指挥部很多管理文件都是在参考了储存环分总体的管理文件制定的,比如工程领导岗位职责、技术通知单等。2012 年,BEPCII 团队荣获 2011 年中国科学院杰出科技成就奖,2016 年又获得国家科技进步一等奖。

BEPCII 工程刚刚完成建设任务,陈森玉院士就同我谈让我负责中国散裂中子源(CSNS)项目的问题,时间是 2008 年 7 月。我开始并不愿意参加这个项目,原因一是 BEPCII 还没有达到设计指标，还有很多工作要做，二是我当时已经 57 岁，CSNS 还没有立项，不知道要干到什么时候，退休前最好还是再做一些具体的技术工作。所领导做了很多工作，我答应参加 CSNS 工程的工作，2009 年 2 月我被任命为 CSNS 工程常务副经理、高能所所长助理。

我参加 CSNS 工程首先做了几件事情，第一件事是明确总体设计指标，无论是设计依据还是对外宣传都要做到统一。总体指标中最重要的是束流功率，当时的提法很乱，说 100kW、120kW、240kW、500kW 的都有，考虑到投资经费有限，我极力主张设计指标就是 100kW，预留升级到 200kW 的能力。第二件事是发动加速器中心物理组都来做 RCS 的磁聚焦结构设计，提出了好几种方案，最后通过评审会确定了现在的方案。第三件是队伍组织，任命了总师和各系统负责人，明确了各级负责人的岗位职责。之后又组织完成 CSNS 可行性研究报告和初步设计报告的编写，逐字逐句进行修改。

2011 年 9 月 CSNS 工程正式开工建设，工期 6 年半。在克服了异地建设、土建工程延期，以及各种各样的技术困难之后，CSNS 工程终于按计划于 2018 年 3 月完成全部工程建设任务，并通过了中国科学院组织的工艺鉴定和验收。2018 年 8 月 23 日，CSNS 通过国家验收。国家验收委员会一致认为，项目法人单位按指标、按工期，高质量地完成了各项建设任务，填补了国内脉冲中子源及应用领域的空白，为我国物质科学、生命科学、资源环境、新能源等方面的基础研究和高新技术开发提供强有力的研究平台，将对粤港澳大湾区国际科技创新中心建设提供重要科技支撑，对满足国家重大战略需求、解决前沿科学问题具有重要意义。同时，散裂中子源的建设，显著提升了我国在磁铁、电源、探测器及电子学等领域相关产业技术水平和自主创新能力，使我国在强流质子加速器和中子散射领域实现了重大跨越，综合性能进入国际同类装置先进行列。

这些评价，是对数百名工程建设者们十多年辛勤付出的充分肯定。

孙向荣：一个知青的求学梦

［校友简介］

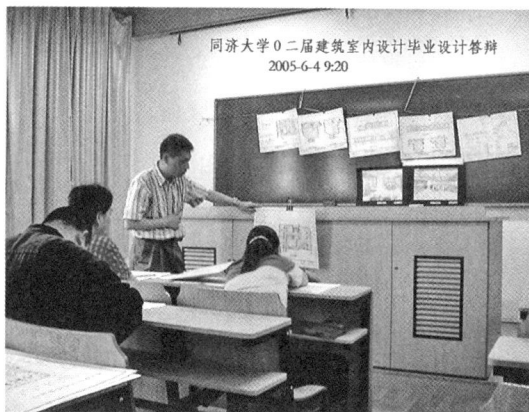

孙向荣，1964 年至 1968 年就读于华东师大二附中。1968 年冬赴云南生产建设兵团二分场七队，后任一师政治部保卫干事。1974 年到武汉工业大学读书，毕业后留校任建筑系教师。1993 年回上海任某房企高级工程师，直至退休。

从"四个面向"到"一片红"

1966年我读高二时，历史无情地骤然关闭了升学的大门。我被迫终止了学业，等待我的是以"上山下乡"的方式来结束对大学充满美好憧憬的中学时代。

1968年秋开始了毕业分配，大部分同学去了上海近郊的崇明农场，而我则对西南边疆的西双版纳产生了兴趣。因为当年是上海知青首批去云南，分到学校的名额没几个。尽管来上海介绍情况的农场干部说"那里条件很艰苦，在原始森林里开荒种橡胶，要自己动手盖草房"，我还是写了几次决心书，申请去云南西双版纳。

1968年12月21日上午十时许，我和其他一千名首批赴云南的上海中学生一起，迎着凛冽的寒风登上了西去的列车。当晚广播中传来"知识青年到农村去接受贫下中农再教育"的最新指示，于是我们这代人有了一个共同而特殊的名字：知青。

1970年初，上山下乡从"四个面向"升级为"一片红"，即无论本人是否愿意，也不管是否独生子女或是家庭困难，1968年、1969年的中学毕业生一律上山下乡。由此，整整一代青年失去了继续升学受教育的权利，别无选择地在广阔天地里开始了他们历时十年艰难而悲壮的知青生涯。

我成了全校年龄最大的学生

1974年8月，我完成一个失踪案的调查报告后从大勐龙返回景洪，恰逢招收七四届工农兵大学生。8月2日晚，一师机关招生办主任邱科长（现役军人）在大会上作了动员，并宣布了招生条件。招生对象为年龄一般不超过25周岁，具有三年以上实践经验的工人、农民、革命军人，需经过自愿报名、群众推荐、领导批准、学校录取四个环节。因师部机关知青少，在我工作的保卫科，7名机关干部中仅我一人是知青。对我而言，这是一次极好的上学机会。会后我向保卫科长罗云、副科长杨国荣（均为现役军人）提出上学请求。事情出乎意料地顺利，他们说："我们就要回部队了，还留你干啥。"（当时外界已传闻兵团将恢复农场建制）然而，结果却令人失望，我未被来自上海的招生院校录取。邱科长告诉我："你是党员干部，政治条件好，高中学历，工龄又长，招生老师看了你的档案感到很满意。但你的年龄太大，他们不敢作主。后打电话向学校请示，答复是年龄最多放宽到26岁，但你近27岁了，因此未被录取。"那是上海科大的半导体专业。

看到被上海录取的知青离开师部，我感到很委屈。年龄大这不是我的过错，高中毕业时20岁,我不得不上山下乡。1972年首届招收工农兵大学生时,我根本不知道有此事。1973年大学招生时我向领导说明,我26岁了希望给予最后一次上学机会,但得到的回答是:"你是团部机关的党员干部,不能走。"等到1974年批准我报名,却又因为年龄大而未被录取。为此我感到无比痛苦,痛苦的是命运不能自己掌握。我感到十分悲哀,悲哀的是社会失去了公平、公开、公正的竞争原则。我感到百般无奈,无奈抓不住本该属于自己的机遇。

然而,仅仅过了一个月后,一个机会突然出现在我面前。九月下旬的一个晚上,我正在起草师部保卫科1974年度的工作总结,副科长蒋泽权敲开了我寝室的大门。他在我床边凳上坐下后,从口袋中拿出一封信对我说:"这是给你的录取通知书,你被武汉工业大学硅酸盐材料科学与工程系录取了,10月2日前报到,离开农场前抓紧把总结材料写完。"接过录取通知书,还没等我适应从冰点到沸点突变的这一消息,蒋科长接着说道:"你能否放弃上大学的机会?你从事保卫工作有五年了,工作出色,已被西双版纳州公安局和云南省高级人民法院同时看中,王克忠局长对我说了多次,要调你过去。如果你能弃学从政,今后在这方面可有大作为。"

面对蒋科长真诚和发自内心的挽留,我一时无从回答。我避开他殷切期待的目光,在马灯的火焰上点燃了一支金沙江牌香烟静静地抽了起来。这几年的下乡经历告诉我:能被推荐上大学,这对没有招工上调机会的农场知青而言,是一次改变命运的机会,若放弃这次机会,我可能会在云南边疆漫长而艰苦的岁月中度过一生。这需要有崇高的理想、坚定的信念、平凡和默默奉献的牺牲精神。正是这种精神抚育了一代知青健康成长,使他们能在热带雨林的红土地上根深叶茂。

面对上学,我原本不需如此痛苦地抉择,只因推荐上大学的名额太少,对绝大多数本该上学而被历史无情剥夺受教育权利的知青而言显得太不公平。在物质与文化极端贫乏的年代,在生存环境与生活条件极为艰难的岁月,我无力抗拒上大学的诱惑,无法终止对求学的渴望。沉默了片刻,我终于答道:"这是我最后一次上学机会,我要去上学。"蒋科长见我决心已定,十分理解地说了一句:"那就珍惜这最后一次机会吧!"随即离开了寝室,消失在版纳的茫茫黑夜中。对此我心存感激,因为他给了我选择自己命运的权利。一个献身于边疆的普通农场干部,能将心比心,设身处地为知青的前途着想,在那个年代是多么难能可贵啊！80年代初蒋科长不幸因胰腺炎去世，他那正直而朴实的形象深深地铭刻在我心中，永远值得我怀念。

临别时，师部保卫科的同事们送我一本日记簿留作纪念，扉页上写着："昔日屯垦戍边，患难与共，同饮澜沧水；今日握手言别，天各一方，永记版纳情。"在与师部机关的同事告别时，我没有返回大勐龙向曾经一起离开上海来到云南的知青战友告别，因为他们仍要留守在边疆，在中缅边境的红色土地上继续战天斗地；他们仍要在"扎根边疆"的战旗下继续奉献即将逝去的青春。作为1968年带队赴云南的普陀区上海知青指导员，我没有勇气直面仍要坚守在大勐龙的知青战友们，只能遥祝他们在严峻的生存环境中一生平安。

1974年10月2日上午，我"慌不择路""饥不择食"（我并不喜爱硅酸盐材料专业，但当时学校和专业是无权选择的）地赶到武汉工业大学的新生报到处。一位带浙江口音的中年教师在办完我的新生注册手续后向他的同事们惊呼起来："破纪录了，年龄最大的学生突破27岁！"从这天起，我成了该校年龄最大的学生。

年过半百，仍有大学梦

2002年5月22日下班后，我冒雨赶到同济大学第三教学楼的美术教室，参加该校装潢和室内设计第二专业艺术类成人高考招生的素描考试。在应试的考生中，我显得年龄很大，于是在众目睽睽之下坐到了考场的第一排。已多年没画画了，尽管手中的笔不太听使唤，我还是竭尽全力画到考试结束时才交了卷。这一天我已经50岁。

我从小就喜爱美术，从小学到初中一直参加上海普陀区少年宫业余美术组的学习。进高中后虽因功课太忙而中断了训练，但报考与艺术类相关的专业一直是我的愿望。尽管尚未练就扎实的绘画功底，但业余特长在下乡后不久就被生产队的领导发现了，他们让我不要上山劳动，给队里画主席像，并强调这是政治任务。那时，从农场部到各生产队都有"三忠室"，里面摆放着主席像和木制的语录牌。为了完成给主席画像的政治任务，在西双版纳1969年的雨季里，让我足足有半个月没有上山劳动。1970年入党后，我从生产队调到场部当机关干部，虽然基本脱离了体力劳动，但也很少有机会动笔画画，直到离开农场去上学。

1993年7月，我从武汉回到阔别25年的上海，从事与所学专业和兴趣并不相干的工作。之后也陆续解决了住房和高级职称的评定，生活趋于稳定。

当动荡的时间钟摆正常运转时，一种从所未有的失落感向我袭来。我意识到在脆弱而短暂的生命中有一种使我惶惶不安的危机感和紧迫感。自下乡踏上社会以来的三十多年中，我始终在为生存而忙碌，为谋生而奔波。如今当我静下心来想按自己的意愿寻求张扬个性的发展空间时，突然发现已年近花甲，两鬓斑白。时间和机遇早在为谋生的忙碌中消失得无影无踪。面对茫茫宇宙，我惊叹生命是如此短促。在当今年轻化、知识化、专业化，竞聘上岗的人才竞争机制面前，在高速高效、优质低耗、优胜劣汰的市场经济浪潮中，我感到力不从心；在严密的科学技术与理性的文化知识面前，显得如此苍白无力。

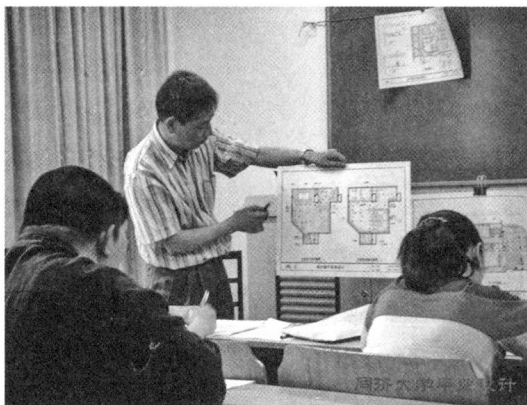

痛定思痛，仿佛在冥冥中有一个声音召唤我去追寻在那有播种却无收获的季节里所失落的青春梦。于是，想学艺术类专业的愿望终于死灰复燃，激励我在 2002 届成人高考时报考了融艺术和工程为一体的室内设计专业。

考试后的二个月，我收到了同济大学的录取通知书。和 1974 年 9 月去武汉上学一样，我又一次成为学校年龄最大的学生。不同的是这一次专业是自己选定的，不仅需通过入学考试，还要交纳昂贵的学费，并且要在下班后的三年业余时间里，完成第二专业的高等学历教育。

开学后的日子是十分紧张而辛苦的。家庭、工作、学校，在空间上构成了每边长度为 12 公里的三角形。除不影响日常工作外，每周有两次要在下班后六点前赶到学校听课，晚九点下课后才能回家。最疲劳的是周六，有三门课，从上午八点半开始直到晚上九点才结束。因白天要忙于单位的工作，学校布置的作业只能在晚上做，凌晨一点睡觉逐渐成为常事。五一、国庆长假，人们纷纷外出休闲度假，却成了我赶做作业的大好时机。紧张的生活犹如打仗，有些年轻人坚持不下去，到第二学期便退了学。对于我，困难不在于学习的深度或难度，而在于精力和体力的不足。尽管如此，入学两年来我从没缺过一次课、漏交一次作业。来自设计单位的同学绝大部分二十来岁，许多是艺术设计或美校的中专毕业生。尽管我的作业不是班上最优秀的，却是最认真的。正如标志设计课教师吴国欣在一次作业讲评时所说的："个别同学作业太潦草，是到大学来混文凭的，而班上年龄最大的同学学习却最认真。"

也许是知青生涯的磨砺使我能够吃苦耐劳、脚踏实地；也许是西双版纳这片神秘的土地赋予我灵感和智慧,在我的作业中时常会流露出佤族的粗犷和凝重、傣族的秀美和灵气,流淌着一条知青心中的河。在当今这个风调雨顺的季节里,有播种就会有收获。两年来我考试的平均成绩都在 80 分以上,专业课大部分达到 90 分。设计初步、室内外环境艺术设计等部分作业作为教学范例被同济大学收藏并被学校评为 2003—2004 年度的优秀大学生。然而我毕竟错过了播种的季节,即使精耕细作也不可能硕果累累,即使以最优异的成绩完成学业也不可能成为艺术家或设计大师。但作为一名在不可抗拒的历史灾难中生命之树被严重扭曲和错位的知青,为追求科学文明和艺术之光,曾经努力进取过,积极参与过,顽强奋斗过!

在一次水粉画写生课上,美术教师李军走到我的画架旁问道:"你已经有了大学学历,又是高级工程师,为什么那么大年纪还来上大学?"我回答道:"以前没有机会,也不可能进高等学府接受艺术类专业的训练。我是来圆一个知青的求学梦,来了却一个埋藏了几十年的心愿;是来用人类文明和艺术的甘露滋润那片曾被无情遗弃、文化极度贫瘠和荒芜的土地;是来尽微薄之力修补那段历史留给我们这代人难以愈合的心灵创伤。"

俞伟民：她是舞者，为了梦想而忘记了自己

—— 谨以此文献给已故的 1967 届初中 4 班俞伟民同学

1967 届初中 4 班全体同学

[校友简介]

俞伟民，1964 年至 1968 年间就读于华东师大二附中。1970年去了江西农村插队，不久考入宜黄文工团，在江西省文艺学校舞蹈专业学习了四年后成为专业的舞蹈台柱演员。20 世纪 80 年代初调入上海市总工会沪西工人文化宫任舞蹈老师，创作大型舞剧、舞操《彩云归》《龙舞》等 20 多部，演出了 3000 场次。先后荣获过"全国五一劳动奖章""上海市优秀工作者""市、区三八红旗手"等光荣称号，1986 年 9 月加入中国共产党。1988 年 7 月病逝上海。

英年早逝的俞伟民同学离开我们已经三十年了。这次母校校庆推出《校友风采录》，大家不约而同推荐了她。更让人感动的，是其他班级的同学也通过不同方式转告我们一定要写她。为此，我们沿着她的成长道路去了解她，去重新认识她。

当年她是体校女篮球队队员之一，也是区少年宫舞蹈队队长。1970年去了江西农村插队，不久考入宜黄文工团，曾在省文艺学校舞蹈专业学习了四年，后成为专业的舞蹈台柱演员。20世纪80年代初调入上海沪西工人文化宫任舞蹈老师，创作大型舞剧、舞操《彩云归》《龙舞》等20多部，演出了3000场次。

这一块块沉甸甸含金量极高的奖章和荣誉，背后有什么感人的故事呢？我们走访了当年与她在一起的同事、同学、同行，以及她的学生们。我们发现，这些80年代的国家级、市、区奖章奖牌，都是俞伟民用汗水和生命换来的。

下面摘录了部分被访者对她的赞美之辞。

"我眼中看到的她永远是一个多才多艺的舞蹈女皇，始终微笑，每天阳光，她是在舞蹈之路上跳出来的真正美丽，而非等出来的辉煌。"

"当年我在江西抚州市进修学习，路过剧场看省文艺学校巡回演出海报，主演者竟是俞伟民老同学，欣喜万分，通报后她热情请我入座第一排观看，此时我才方知俞同学已是该省舞蹈台柱之一，在省内早已名声大振了。"

"在沪西工人文化宫单位内，俞伟民老师对事业非常执着。有的舞者一开始是为了梦想，而她却忙得忘了梦想，因为在她的血液里充满了舞蹈的DNA，她是为舞而生而活。"

"俞老师是个生命的强者，外表柔和，内心坚强，在患红斑狼疮后，她依然活出了一个词：坚强。擦干眼泪微笑面对，舞照跳，事业继续前行。"

"在第二次校庆筹备会上，校长及其他领导几次提及老三届的同学不屈不挠的英雄，俞伟民虽然不与我同班，但我知道她的事迹，她就是一个好榜样。"

"80年代后期她患重病期间，俞伟民作为上海市生命强者的市级典范之一，曾与张海迪同台作励志报告，我坐在台下边流泪边听完她的报告。"

"我们非常想念她，她是我们的同班同学，而且看到了一篇刊登在市级报纸她撰写的《要命不要跳，要跳不要命》的励志文章后，方知她已患重病。大家口口相传，痛

心不已。"

"她是一个热心、有爱心的人,当时我在学校帮助学生排练节目,多次获俞同学指教和辅导,并帮助我们借服装。每次她都热情相助,真的很怀念她。"

"咬定青山不放松,立根原在破岩中。千磨万击还坚劲,任尔东西南北风。"

俞同学虽然离我们远去,但她美轮美奂的舞姿仍在大家的脑海之中,她所散发出的正能量使大家赞美不绝。

2018 年 4 月 8 日

[作者简介]

谢钧言,华东师大二附中 1967 届初中校友。1968 年 12 月底去崇明农场,1974 年底调任,先后在央企三航局、石化总厂维纶厂、金山区园林署工作。曾经担任金山区园林署副署长、金山区民革常务副主委、金山区政协常委。

林国龙：互联网＋物流的领跑者

〔校友简介〕

林国龙，1964 年至 1967 年就读于华东师大二附中。毕业后就读并工作于上海海事大学。现任上海海事大学物流管理与工程学科教授、博士生导师、物流研究中心主任、高级海事仲裁员，并兼任荷兰马斯特利赫特学院 MBA 课程客座教授、美国肯尼迪西部大学 DBA 和 MBA 课程客座教授、美国夏威夷大学 MBA 课程客座教授、中国物流与采购联合会物流师职业资格认证专家委员会委员等。被誉为物流市场的实践者、理论的研究者、行业的领跑者。主要著作有：《竞争战略》《现代物流管理》《运作管理》《物流管理-供应链一体化过程》《航运经济定量分析》《集装箱运输管理》《集装箱运输学》《国际航运管理》《航运经济定量分析》等，在各类杂志刊物发表过 50 多篇论文。

林国龙同学 1964 年考入华东师大二附中初中五班,记忆中的他非常勤奋好学,无论平时的作业还是考试成绩总是名列前茅,把现在网络流行的词"学霸"用在他身上非常贴切。然而,英才加上良师、严师的教导和浇灌方能成长为国家栋梁之才,更为幸运的是,历任班主任唐清成、顾朝晶、戴德英老师分别教我们的语文和数学,授人以渔,传授知识给我们打下了扎实的基础并使我们终身受益。

林国龙中学毕业后被分配到公交公司工作,直到 1977 年恢复高考后考入上海海运学院,也就是现在的海事大学学习,毕业后留校当老师。"在科学的道路上没有平坦的大道,只有不畏艰险沿着陡峭山路向上攀登的人,才有希望达到光辉的顶点。"天赋英才加勤奋,林国龙不畏艰险、永攀高峰,终于在互联网＋物流领域内从跟跑者逐渐成为领跑群体中的一员。

2017 年 9 月 22 日、23 日两天,上海海事大学林国龙教授为 2016 级 EMBA 学员带来精彩的课程《物流管理》。林教授深厚的教学功底,扎实实用的授课内容,让同学们收获满满,受益匪浅。

林教授首先以直面开放、创新服务为基础,提出现在为何要大力提倡互联网思维,以及"互联网＋"使物流发生了重大的转变:从功能管理向过程管理的转变、从利润管理向盈利性管理的转变、从产品管理向顾客管理的转变等。

"从中得出结论:21 世纪的市场竞争已经不是企业间或地区间的竞争,而是各种互联网平台之间的竞争。任何一个企业或地区只有与别的企业或地区结成互联网联盟才有可能取得竞争的主动权。这一观点已经取得学界、政界和企业界的广泛共识。"

紧接着,林教授带领同学们一起探讨了如何认识互联网思维下的物流、互联网思维下的供应链管理视角是怎样的,以及互联网思维下的物流商业模式。

开展互联网物流的先决条件是:综合服务平台、服务区域的覆盖面、供应链计划的技术核心、信息系统支持、虚拟组织技术、专业人才投资。

跟随着林教授的思路,同学们对这些问题一一找到了答案。在同学们热烈的掌声中,两天的课程圆满结束。

1998 年林国龙教授应机械工业出版社之约,领衔翻译了当今美国物流学大师鲍尔索克斯编著的《物流管理:供应链过程的一体化》一书,该书是世界上公认的现代物流与供应链管理的权威著作,它的出版发行,对当时国内刚刚兴起的学习"现代物流"的热潮起了推波助澜的作用,成为学界、业界、政界等引入现代物流与供应链管理的典范。

林国龙教授也是高级海事仲裁员。当年美国政府在重返亚太政策的指导下,在幕后纵容菲律宾阿基诺三世政府就中菲在南海有关争议单方面提起仲裁。中国始终认为仲裁庭对有关诉求没有管辖权,坚持不接受、不参与所谓仲裁,始终反对推进仲裁程序。在 2015 年和 2016 年仲裁庭分别作出裁决后,中国政府均当即郑重宣布,仲裁庭有关裁决是无效的,中国不接受、不承认。

林国龙同学作为海事方面的专家,在各个场合包括校友群里维护国家利益着手,从专业和法律层面以包括《联合国海洋法公约》在内的国际法和国际实践为依据,对仲裁庭所作裁决进行了全面、深入的分析研究,认为仲裁庭明显没有管辖权,有关裁决涉及仲裁庭管辖权、历史性权利、大陆国家远海群岛法律地位以及海上活动合法性等问题,其裁定缺乏基本的事实和法律依据。

以后的情况大家都记得很清楚了,我国开始在南海大规模种岛,其中三个比较著名的美济礁、永暑礁和渚碧礁,建成了可供军用民用飞机起降的跑道等一系列的后续工程。

[作者简介]

张林,1964 年至 1967 年就读于华东师大二附中。1968 年从部队退役后,进入上海吴泾热电厂工作,1972 年至 1976 年间在北京清华大学热能工程系继续学习。毕业后回到吴泾热电厂,1986 年参加引进型 300MW 机组工程建设工作,1992 年参加引进型 600MW 机组工程建设工作。曾任汽机专业工程师,拥有高级工程师职称。

周海民：站在公安涉外服务的舞台上

［校友简介］

周海民，华东师大二附中 1967 届初中校友。毕业后在崇明农场务农，1974 年起在市公安出入境管理部门工作，长期从事公安出入境（移民）管理事务研究。1985 年，中国人民警官大学汉语言文学专业毕业。曾受聘为公安部出入境管理局论文评审专家、市警察协会理事、市公安局研究室特约研究员、市作家协会公安分会理事，现为中国刑事警察学院客座教授、华东政法大学兼职教授和上海公安学院兼职高级教官。上海公安作家，出版《眼之花》《玛雅情劫》等散文集，以及中、短篇小说集，共五本。

周海民是位资深外事警官，在做好本职专业工作同时，成功获得文学、教育跨界发展，其努力拓展自我、服务社会的理念，值得借鉴！

——作者

1968 年 12 月 25 日,初中毕业的周海民,被分配到崇明农场务农。5 年后,"上调"到市公安局工作。1985 年 7 月,大学毕业后,回到出入境管理部门,从事调研、宣传和教育工作。

1996 年 4 月,市政府侨办针对 80 年代中后期,居民因私出国定居海外人员增多的情况,与公安出入境、华东师大人口研究所一起,开展《上海新移民的现状及改善工作意见》重大软科学研究项目。周海民参与了"上海新移民的情况调查"和"如何进一步加强和完善本市新移民管理事务的体制和政策措施问题"两个重点部分。同年 11 月,该项目经过专家委员会讨论、评审、通过,市科委批准后顺利结题。其中研究出的数条出入境便民、利民措施,第一时间运用到实际工作,立即受到市民和申请人的普遍欢迎,社会反响很好。2009 年 5 月,上海公安高等专科学校开展《外国人"三非"问题研究》软科学研究项目。周海民参与了"本市来沪外国人的现状、特点、问题和对策措施"调研项目,制定出的新形势下外国人管理措施,给市政府引进海外高端人才决策,提供了建设性的意见。

公安出入境管理,涉及民生"衣食住行",其政策性强、规定手续多,不为一般市民所了解。周海民及时在新闻媒体上撰写政策、规定、手续类的宣传解读文章,受到了市民的普遍欢迎。有的市民看到他写在报纸上的文章后,甚至将文章剪裁下来粘贴成册,作为自己和亲朋好友们出国时参考之用。1990 年,公安部在全国范围内,开展"争创出入境文明'窗口'"活动,周海民酷暑天蹲点"窗口",收集典型事例。他将采访后的典型案例,整理撰写成新闻通讯文章《突然停电之后》,在市公安局政治部和《上海法制报》联合举办的"当代马天民"征文活动中,被评为一等奖。周海民在宣传工作中,注意发现和积累少数市民出国受骗上当的案例,一方面组织本市作家编撰反映外事警察打击违法犯罪、保护群众权益的文艺小说《国门搏杀》和《国门烟影》;另一方面自己整理案例、撰写系列涉外警示故事,先后出版了 5 本个人作品集。2004 年,市公安局政治部书刊社在弘扬公安文化,主编《穿越橄榄林》文学丛书时,将周海民撰写的 13 个涉外故事收集入册。这些故事有:为出国不计后果,孤注一掷,到头来受尽磨难,四处碰壁的《午夜狂奔》《出国阴阳界》《十日偷渡梦》《留学陷阱》;有揭露"蛇头"丧尽天良,欺蒙骗诈,陷人于水火的《魂断中亚》;有盲目向往海外,最终被生活逼出许多无奈,导致妻离子散的《错位在东瀛》《幻灭出国梦》《厨师越洋泪》;有鞭挞不法之徒相互勾结,搞阴谋、设陷阱,欺诈外国人士的《詹姆斯醒悟》;也有女青年与外国人相遇,历尽坎坷,最终擦出感情火花的《幸福的黄手帕》《戴奇斯的玫瑰》,等等。这部反映出入境案例的作品面世后,起到了警示社会、民众注意防范涉外交往中"陷阱"的作用,也引起了本市主流媒体的关注。之后,周海民撰写的

《出国护照话沧桑》刊登于《上海滩》杂志后，《新民晚报》马上跟进转载；《涉外纪事（蛇迹·十日梦）》中篇纪实侦察小说，在《新民晚报》"连载"专栏刊登长达一月之久。2018 年，周海民在"纪念改革开放 40 周年"征文活动中撰写的《申领护照：从一年五本到一年数十万本》文章，不仅被公安部政治部及市公安局政治部网站录用，而且经过《上海滩》（2018 年第二期）杂志刊登后，《新民晚报》和《作家评议摘》先后予以转载，《海上潮涌》（上海大学出版社）又收录书中，产生了积极的社会影响。

周海民在做好本职工作同时，还兼职公安教育工作，讲授公安人员素质修养、执法理念和出入境管理知识。自 2005 年起，他先后给中国刑事警察学院法律部研究生讲授《反恐与出入境管理》，给上海公安系统轮值轮训民警讲授《涉外治安案件查处》，给外国警察（公安）代表团团员讲授《上海公安出入境管理概况》，给华东政法大学"边防管理专业"学生讲授《护照签证的起源、发展及运用》，还给上海公安学院的公安、司法大学生新警讲授《常用公文写作分析及经验》《人民警察素质和修养教育》《人民警察公共关系》等 10 多门课程，得到了相关院校的肯定和学员们的赞扬。2010 年，被上海市公安局评为优秀教官。

39 年的从警生涯，让周海民的思想不断增强"人民警察为人民服务"的观念，努力对焦"想群众所想，急群众所急，解群众所难"的目标。大事上，遇到"汶川"大地震时，响应中组部号召，在第一时间献出千元爱心党费；小事上，面对群众有难，想方设法帮助解决困难。其中一件为危重病人寻找生命照片的事例，兑现了"有困难找警察"的诺言。

那是 2010 年一个雨天的上午，一位脸色憔悴的 50 多岁男子，匆匆来到上海市公安局"局长信箱"前，焦急地投下了一封紧急求救的人民来信。

"老周，这封'局长信箱'的交办件里，提到了老外事科的事情，您过去在那里当过内勤，一定比较熟悉情况，请您帮忙协助处理一下。"当天，这封紧急求助的人民来信，由市公安局下转到出入境管理局，又由负责处理信访的民警，转到了周海民的手里。

来信人姓程，说他的父亲曾在外事科工作，现在病重住院，已经时日无多。他在陪护期间，经常听到老父亲在梦中念叨单位同事的名字，醒来后看着《岁月留痕——老公安回忆录》上单位同志的集体照，热泪盈眶，非常留恋。他见老父亲视力不佳，看不清书上照片里人员的面容，想通过"局长信箱"，帮助联系相关人员查找这张照片，由他放大照片后放在病床顶上，以满足病危父亲的忆旧心愿。

在公安机关内部，这种查找人员的工作，由人事部门处理，周海民完全可以一转了之。但是，他看到老程期盼的眼神，知道这件寻找照片的小事情，因为与一名危重病人的心愿联系起来之后，已经变成了一项与时间赛跑的急事和大事，自己作为一名党员，应该责无旁贷地帮助解决这个问题。

周海民告诉老程，来信内容比较简单，现在不便查找，想先看到《岁月留痕——老公安回忆录》一书。他想，在该书文章里，不仅有照片和文字，而且有作者姓名，一定能够从中发现查找线索的。

第二天，老程带来了书。周海民看过书后，立即制定三个工作方向：一是联系印刷书籍的制作单位，拷贝印刷书籍时的翻拍照片；二是联系照片里的陪同人员，拿取当时拍摄的照片；三是联系撰写文章的作者，借用当时提供的原始照片。然而，好事多磨。这本内部发行的书，制作单位只写名称，没留联系电话；陪同人员当时也没有拿过照片；撰文的作者，根本不认识。周海民立即转而翻阅目录，查看所有文章作者姓名。他想，只要能够从中发现一个熟悉的名字，查找照片的线索，就一定会延续下去。果然，一名曾经共事过的老同志进入了他的视线。然而，这位同志因为年事已高，早已离开工作岗位。好在，通过其他同志，还是迂回找到了他。在这位老同志的帮助下，撰文作者联系上了。

当周海民告诉老程，作者那里有他想要的照片时，老程脸色终于由阴变晴，高兴得舒了长长一口气。事后，老程给"局长信箱"寄了回信，信中写道："亲眼目睹警察寻找照片的整个过程，仿佛经历了一场破案。感谢'局长信箱'的办事效率，尤其感谢局长手下，有一支为民服务的队伍。"

2012年10月，周海民退休离开了公安出入境工作第一线。但是，长期的工作经历，让他割舍不了对工作的眷恋，仍然不忘初心，笔耕不止，先后在《新民晚报》《上海滩》《企业与法》《老年文艺》等市级报刊杂志上，发表了一系列出入境题材的文章；继续活跃讲台，到相关院校讲课。2018年3月1日，周海民响应市委"大调研"号召，应邀前往市公安局水上公安局，向科、所、队领导和调研课题民警，讲授《如何开展大调研,推动水上公安工作上台阶》的讲座,听课干警从中受到启发,他的讲课也得到好评。

〔作者简介〕

吴建中,华东师大二附中 1967 届初中校友。1968 年在国企上海革新电机厂,做过工人、工程师、科长、厂长助理。1991 年参加市委党校后备干部培训班。1992 年先后在多家汽车零部件合资公司,担任部门总监、厂长、总经理等职务。高级经济师职称。

曾　华：磨砺

[校友简介]

曾华，1965 年至 1968 年就读于华东师大二附中初中。1969 年赴云南弥勒县下乡；1971 年云南羊场煤矿工人；1977 年于云南师大物理系读书，毕业后留校任教；1994 年破格晋升教授；1998 年任副校长。其间，1986—1993 年在四川大学光电系光学专业读研，获理学硕士、博士学位。2003 年起任全国政协常委、云南省政协副主席、九三学社中央常委、九三学社云南省委主委、云南师大副校长。2018 年 2 月卸任所有职务。

人生感悟：流年，在逆境中，不慌不忙地坚强！

女儿刚上初中的一个晚上,问我:"爸,你是如何从上海来云南的?""你爸来云南时才满 16 岁,是一名下乡知青。""知青?什么是知青?"女儿不解。望着她那双瞪大的眼睛,我一时语塞。我开始不停地解释,女儿还是不太明白。年代隔得太久了。夜晚,尘封的记忆之门再次打开。逝去的岁月,时而清晰,时而模糊,然而,那大片大片的甘蔗地和被翠竹围绕的山寨,以及我在那里度过的日日夜夜,怎么也挥之不去,仿佛就在昨天……

我出生在一个书香门第。我的童年从华师大幼儿园开始到华师大二附中结束,一路洒满了阳光和鲜花。"文化大革命"的到来,使一切都发生了改变。父母先后被打入"牛棚",我们一夜之间成了"可以教育好的子女"。周围鄙视的目光和红卫兵抄家时的训斥声,让我们感受到了"人间"的世态炎凉。

1968 年,毛主席发出了"知识青年到农村去,接受贫下中农再教育"的号召。一天,华师大二附中全体 1968 届毕业生在学校礼堂开大会,当工宣队长宣布,本届毕业生一个不留,全部去外地农村时,全场掌声雷动,口号声此起彼伏。

分配方案很快下来了,有五个省份可供选择:黑龙江、吉林、江西、贵州、云南。去哪里好呢?犹豫之际,我找了当时还被关在"牛棚"里的父亲。父亲听了我的想法,略加思考后说"去云南吧"。那天他动情地回忆起在西南联大的日子,还告诉我,我有一个叔叔叫曾庆铨,也是联大学生,早年地下党组织派他去普洱磨黑做革命工作,任过思普地区工委书记。1948 年被反动派枪杀,牺牲时年仅 24 岁,至今尸骨还留在当地。

1969 年 3 月 6 日上午,一列满载着知青的专列从车站徐徐驶出,我站在窗前不停地挥手,再见了上海,我要去云南啦!心中充满着对未来的憧憬和迷惘。

我插队的寨子位于滇中的一个坝区,这里盛产甘蔗和稻米。听说知青下来,全村像过盛大的节日一样。进村的那一刻,我们不断高呼"向贫下中农学习!向贫下中农致敬!",一股豪情油然而生。安顿下来后,乡亲们来到我们的住处,递上一捆捆甘蔗,送来一碗碗酸腌菜。老队长将我们领到田间地头,讲述着村里的状况,从田间劳动到各种生活习俗。这一切对我们来说都是那么新鲜和让人好奇。

农村的生活是艰苦的,初来时的新鲜感和自豪感很快消失殆尽。由于水土不服,到村子的第二天,我的腿上开始起一个一个的水泡,很快向全身蔓延并开始溃烂,两个月后竟然发展到腰部以下找不到一块完好的皮肤。简单的吃饭喝水也成了问题,一盆夹生饭就着干辣椒蘸盐巴是家常便饭。农活对我们来说,一切都是那么陌生,一切又显得如此困难,田间地头,我们笨拙的一举一动和疲惫不堪的身影,不时引起周围农民的窃窃私语和善意的嘲笑。

消沉和思乡的情绪开始在我们周围蔓延,这一切被村民看在眼里。几位大妈主动聚在一起,轮流上门教我们烧火煮饭炒菜,老队长带着我们在村边开垦了一块荒地,种上了茄子、辣椒、白菜等蔬菜。晚上,年轻的村民和我们一起去秧田抓鳝鱼,在大树下射麻雀,在山坡上唱山歌,阵阵欢声笑语,让我们忘记了一天劳作的疲劳。一年以后,从最初的三等劳力(一天七个工分)变成一等劳力(一天十个工分),一口熟练的弥勒话和融入当地民俗的生活方式,使外界很难将我们与当地人区分开来。年底生产队分红,我得到了一笔不菲的收入,收获的喜悦经久不散。

在农村插队三年,有苦,有乐,还有难。三者相互交织,是不能忘却的一段人生经历,有两件事至今历历在目。

我们的寨子紧邻开远解放军化肥厂的农场,我们在那儿结识了一批农场朋友。一天中午,去热情的农场朋友家吃饭,满满一饭盒的小炒茄子,我尝了下,味道鲜极了,旁边人告诉我这不是茄子而是山里的一种菌子,叫牛肝菌。下午,我站在田埂上,感到莫名的亢奋,大伙停下了手中的活,直起腰来吃惊地望着我,许久没有人说一句话,只有我那撕心裂肺的歌声在田间飘荡……极度的兴奋很快就变成了极度的疲劳。收工回屋后,晚饭也没吃就倒在床上蒙头大睡。晚上 8 点多,被同伴们叫醒,蒙眬中我睁开眼睛,神奇的一幕发生了,一些形形色色的小人出现在我的周围,有的在跳舞,有的在窃窃私语,简直太奇怪了。我尖叫起来,大声叫唤我的同伴的样子十分怪异。伙伴们一个个站在边上不知所措。情急之下,不知是谁拉熄了电灯,顿时屋里一片漆黑,什么都看不见了,我才逐渐平静下来,又昏睡了过去。第二天早上,阳光照进屋内,昨天晚上的幻觉又出现了,我从好奇变成了极度的恐惧,手拿剪刀,见什么剪什么,同伴们将我紧紧按在床上,很快我的神志开始不清,只依稀记得不时有人来看我,有乡亲,有农场职工……第二天下午 5 点多,我清醒了过来,只见一屋子站满了人,大伙用忧虑的眼光望着我。老队长问了声:"好了吗?""好了!"我大声地喊着,边上一个人递给我一支烟,我大口大口地吸了起来,屋里的气氛立刻活跃起来。老乡告诉我,今晚上农场放电影,是阿尔巴尼亚故事片,一定要背着我去看……

事后,我才知道这是服用菌子后引起的中毒反应,在云南时有发生,普遍症状是出现幻觉,严重的会死人。那几天,全村为了我忙成一片,最后是队长跑到解化厂农场求救,农场又专门从开远总厂请来医生救了我一命。

我们集体户有八位知青,其中包括我在内的五位是华东师大二附中的学生。共同的经历和家境,使我们五人走在了一起,从未分开过。

1971 年初冯象开始患病,全身无力,人明显消瘦,挺了一段时间后,回上海检查确诊为肝炎,由于耽误了最佳的治疗时间,急性肝炎转成慢性。因为年轻,大家对此并不介意。

当年9月,云南省的第一批招工指标下来了,我们寨子分到两个正式名额和一个候补名额,队上进行了秘密的讨论,我被列入候补。

没隔多久,我开始感到身体极度疲乏,过去在冯象身上发生的病状在我身上都显现出来,同睡一个房间的郎小苏也出现了同样的症状,不祥之兆笼罩着我们。郎小苏在病情发作的第三天回上海去了,望着他离去的身影,我心里很不是滋味。隐隐约约感觉到,十有八九我得的是同样的肝炎。可正是在招工期间啊,太不凑巧了,回去还是不回去呢?晚上翻来覆去睡不着,望着窗外满天的繁星,问自己,日出而作,日落而息,难道这就是我一辈子的生活方式?我的理想和追求以及父辈对我的期望,难道已经远去?还有上海,华师大的丽娃河,我的故乡,难道只能隔着三千里,远远地遥望,成为永永远远离开它的游子?我的心被无数的问题撕裂着,折磨着,想来想去觉得不能放弃这次机会,要硬挺着,硬挺着。

第二天照常出工。一位老乡医走来,用忧虑的眼光长时间地注视着我,悄悄地说:"你得大病了,连眼珠子都黄了,赶快找医生看,不能拖了。"当天我搭了辆卡车去了开远。

开远解化厂是一家大型中央直属企业,该厂医院是当地最好的。在几个熟人的怂恿下,我揣着解化厂一名职工的工作证冒名进了医院。接诊的医生是个北方人,似乎在哪里见过。听完我的叙述后,立刻叫我去化验小便。很快结果出来了,他严肃地告诉我是急性甲肝,马上开了住院单催促住院。

住院时,由于人和工作证上的照片对不起来,工作人员叫来了院长,简单地问了几句,就穿帮了。我呆呆地站在住院部门口。一会儿,北方医生跟了过来,简单地问了几句,转身去找院长。一会儿,北方医生面带难色地出来告诉我,医院里确实没有病床了。他说他在农场见过我,劝我还是回去静养,说我们寨子后面山上有一种草药叫"清鱼胆草",每天熬汤喝,治肝炎很有效。

回到寨子的当天晚上我给家里写信告诉了实情。第二天和几个村民去后山采了几箩筐"清鱼胆草",熬汤喝了以后果然有奇效,原来混浊的小便开始变清了。母亲是个有经验的大夫,接到信后,第一反应是去上海治疗已来不及了,此刻最重要的是静养。发电报叮嘱要静卧,买所有可以买到的营养品吃,天天大量服"清鱼胆草"汤药等。遵照母亲的嘱咐,病情很快得到好转,三星期后,全身黄疸退尽,身体逐渐康复。一个月后,我参加了招工体检,当问到有无得过肝炎等传染疾病时,我用十分肯定的语气回答:"没有!"两个月后,我成为当地煤矿的一名工人,开始了人生的又一段历程。

到煤矿报到后不久，我以母亲病重为由，请假回上海。火车站台上，父母亲远远地就向我招手，走到近处，二老紧紧地抱住我老泪纵横，我的眼泪也禁不住往下淌啊淌，这是我插队三年来的第一次流泪。

我现在正坐在北京会议中心宾馆房间内，翻开日历，时间是 2009 年 3 月 3 日的上午，也就是说，再过三天就是我离开上海整整 40 年的日子了。40 年间我们的国家发生了多大的变化啊，历史也给我的一家带来了历史的巧合。我的父辈们与云南有着千丝万缕的联系，他们在云南留下了青春的足迹，留下了鲜血和激情，我这一去，在云南也待了整整四十年，而且就在父辈读书的学校——西南联大师范学院（云南师大）工作，这里也留下了我的青春和热情，而我女儿则高中毕业后，回到了我幼年生活的学校——华东师大读书，真是一个轮回啊。41 年前大规模的知识青年上山下乡运动似乎已淡出人们的视野，成为历史。但是对于我们曾亲身经历过这场运动的人来说是永远不能忘却的。如何看待这场运动？有人认为是一场浩劫，它摧残了一代青年人，在人一生最美好的时光中，剥夺了他们学习和求知的欲望和机会；也有人认为，这场运动让这代年轻人较早地接触了社会，接触了农村，意志和品格得到了磨练，思想变得更为成熟，由于他们的到来，农村的面貌发生了变化。不同经历的人会有不同的态度和结论。我想这都不重要，重要的是今天我们再次回顾这段历史，是想告诉后人，40 年前，有这么一批有志青年，他们响应了国家的号召（不管是自觉的还是不自觉的），义无反顾地抛弃了大城市的生活，不远千里，来到边疆，来到农村，将自己青春和年华献给了这片红土地。他们是一批热血青年，他们将祖国的需要和个人的抱负融合在一起，用自己的泪水和汗水滋润了这片红土地。以国家为己任，是这一代青年体现的精神，这种精神也是中华民族世代相传的精神。尽管，历史已经过去，社会发生了改变，但是这种精神永远不会改变。

2009 年 3 月 3 日写于北京两会开幕之际

简大章：知青乐事

[校友简介]

简大章，华东师大二附中1968届初中校友。1969年赴云南省红河州弥勒县朋普区插队落户，1971年11月招入云南羊场煤矿，1984年至1986年就读成都煤炭干部管理学院，1987年调云南省煤炭工业学校。1997年调任云南省煤炭工业厅局组织人事处副处长，后任云南煤矿安全监察局人事培训处处长、直属机关党委专职副书记。2014年退休，现居云南昆明。

俗话说苦乐人生，这是指人生都有两面性，三年的知青生活便是如此。劳作的辛苦、生活的艰苦、思乡的涩苦、前途的困苦自不用多说，凡是经历过插队落户的都体味深刻，终身难忘。但是，生活的辩证法注定了，苦中还是有很多乐事，有很多值得津津乐道的日子。

马堡

我们是 1969 年去农村插队落户的，在挑选去当知青的地点上还是动了一番脑筋，对照地图考虑了许久，最终决定去云南。对于青涩的少年来说，对云南没有过多的印象，当时知道四季如春，也觉得比"天无三日晴、地无三尺平"的贵州强。况且靠近父亲的老家四川，还有同班好友郎晓苏、曾华、冯象以及陆惠兰同行。这一决定在我的人生中太重要了，此去便留在了云南。

我们插队落户的村子叫马堡，这是坐落在坝子边西靠群山的村子，庄户错落在缓坡上，田地在坝子里，东面不远就是弥勒到开远的省级公路，虽然在弥勒竹园朋普大坝子的最南端，离朋普街有七公里，交通还是比较便利的。

马堡所在的朋普是弥勒县比较富裕的区之一，主产甘蔗、水稻、烤烟，还有小麦、玉米和花生。当年每十个工分可以值一元钱，这在当时是不错的。在大东山上巡检司的插队兄弟下山到我们队做客，羡慕得不行，他们在山上不仅吃粗粮，而且出一天工只有两三毛钱，走时要砍上点甘蔗用马驮了回去吃。

由于靠山，放牛、砍柴都方便，拿上砍刀扁担皮条走上两里路就进山啦。春天进山，可以看满山的野花；夏天进山可以采摘品尝酸甜的树莓和黄泡；秋天进山，可以捡拾像牛肝菌、豹子眼之类的野生菌，采摘野橄榄；冬天进山，碧绿的云南松还是挺养眼的。

村子西边的沟渠旁有一口老井，井边有一棵很有年头的大树，村子里的人都去这口井挑水。井水既清洌又甘甜，尤其是天气炎热的时候，喝上一口井水真是爽快。每天下午出完工，我们都会来到井边，打上井水洗脸擦身，然后挑上井水回家。对我们在井边洗脸擦身，村上的人还是很有意见，但至多提醒我们离井台远一点，表现了老乡的宽容憨厚。还有一些人说，村子里的年轻人被这帮知青带坏了，出工回来也忙着擦洗换衣服，自留地都不愿去了。

这种潜移默化是真的，村子里的年轻人学着漱口用牙膏，吃过晚饭换了衣服聚集在生产队的仓房与我们一起唱歌玩耍，还和我们一起说服队长建了半块篮球场。

夜工

平日里都是出两次工,一早起来听见敲钟就要出早工,干到十点左右便回家吃早饭。下午一点左右再出下午工,要一直干到六点才收工。收甘蔗、收庄稼、烤烟时就会有夜工。夜工给的工分多,能出夜工的,都是男壮劳力。

收甘蔗的季节,出夜工的任务是要将甘蔗装上车并随车运到开远糖厂,再押车回来装车。因为各个村子都在收甘蔗,而运输的车辆有限。为了笼络司机,村子里还在甘蔗田边支起锅灶,为司机安排好伙食。如果不周到,甘蔗砍下来几天都运不走。押车的更要送水递烟讨好司机,生怕招呼不好放跑了司机。我出过好多次这样的夜工,感到有趣的是年轻人在一起比较放肆,唱歌打闹,互相开开玩笑,但干活麻利谁都不偷懒,完全不像白天集体出工懒懒散散的样子。

如果是出夜工守收割下来的庄稼就有点寂寞了,往往生产队只会派两个人,而守花生就有点趣味啦。花生从地里拔出来要捆成捆,将花生果朝天晾晒几天才采摘,为了防止被偷盗,就要派人出夜工在地里守着,我就当过几次守夜人。守夜的人有个特权就是可以烧花生吃。拢起一堆火,把花生丢入其中,烧一会将火灭掉,等冷却了就可以剥花生吃了。两个人吹吹牛,吃吃花生,听听周围的虫鸣,然后倒在玉米秆搭起的窝棚里睡大觉。第二天随着鸟叫鸡啼惊醒过来,看着对方吃烧花生留在脸上的黑印,相视大笑。

牙祭

农村的日子是比较艰苦的,尤其是那个什么都要限制的年代。刚去插队落户的那年,当地政府还每个月供应点肉,之后就没有了。对于正在长身体的年轻人来说,没肉没油的日子实在不好过,但在农村总有农村的办法。

村子西边有一个大水塘,生产队在里面养了不少的鱼,每年会组织村里的壮劳力下塘子张网捕鱼,捕上来的鱼分给各家各户,这就算是集体打牙祭了。由于集体的塘子不能钓鱼,在村里的小伙伴的指导下便去钓虾。用一个竹笋筐上边拴上长竹竿,筐里放上牛骨头,再压上石头,把竹笋筐沉入水里。十多分钟后,将竹笋筐轻轻提起,这时就看到有不少的虾在里面蹦跶。把虾取出来后再沉下竹笋筐,反复多次,就可以钓到够一顿的虾啦。

在水库的涵洞里捞鱼也非常有趣。在涵洞外的水沟里用泥土拦上一道坝,往坝里倒上一簸箕生石灰,再往坝里擢水。过个十多分钟将坝扒开,躲在涵洞里的鱼被石灰焖昏了,就顺流淌出来,任你"捉拿归案"。在水沟里捉鱼则要选一段合适的地方,在两端筑坝,用水车将封闭水沟里的水车干,再下到沟里用脚把水搅浑,就可以"浑水摸鱼"了。

捉黄鳝与拿鱼钓虾不同,要在冬春耙过的田或刚插过秧的田里去捉,而且是在晚上。因为白天黄鳝都在洞里,晚上就出来活动。耙过的田或刚插过秧的田里没有障碍物,一眼就可以发现黄鳝。晚上九点左右,正是黄鳝出洞的时候,打上手电筒,拿着用竹片做的大夹子便出发了。站在田埂上,用手电筒照着黄鳝,用大夹子轻松就将美食提溜进带去的竹篓里,一个时辰便够吃啦。在回村的路上,顺便在自留地里摘些新鲜的韭菜薄荷什么的,小伙伴还会回家拿上一小块腊肉,大家七手八脚要在十二点之前解决"战斗",然后各自散去。

打麻雀也是个技巧活,在晾晒稻谷的场院里打麻雀是最过瘾的。场院里晾晒稻谷最逗惹麻雀,它们会一群一群地飞来啄食,我们躲在谷草堆里,用装着铁砂的火铳枪打散弹,往往一枪能打着八九个麻雀。撕了皮,去了肚杂,抹上盐,用火一烤,特有滋味。

星期六是朋普赶集的日子。集市上热闹极了,出了六天工的人们从四面八方汇集到街上,或是出售自己的劳动产品,或是采购点什么,或是会会亲朋好友,或是办点什么事。

每个赶街的日子我们集体户都会派人去,一是要到区上的邮局往家里寄信,二是要采购些蔬菜,三是打打牙祭。到街上的小馆子里,要上一碗浇有甜酱油的凉卷粉,富裕时还会要上一盘小炒牛肉,花个四毛钱图个嘴痛快。现在日子好过了,却没有了当年的滋味。

教书

在插队落户的第三年,经生产队的推荐,我去了村子对面的黄凉田中心小学当了几个月的民办教师。我家是教师家庭,父母亲和外祖父母都是教师,三个舅舅舅母也是教师,我算是第三代从教了。

黄凉田中心小学是个完小,还有一个附属初中,校长姓王,一学校只有五六个老师。由于生源不多而老师也少,开办的是复式班。我到学校的这几个月基本上是代课,哪个老师生病、生孩子或家里有事,我就上哪个班的课。自己只读过一年正规初中,居然也上过初中班的课,这要感谢我的初中老师教我的知识。复式班的课不好上，前半截上一个年级，然后布置作业让他们做，后半截又上另一个年级的课。语文、数学、体育都是一个人承担，现在想想都有些后怕，当初不知是"初生牛犊不怕虎"，还是"硬着头皮上"。

在中国农村是很讲究师道尊严的，学生还是家长对老师那是十分尊敬。每天早上，在我和其他老师的宿舍门口，总可以看到不知哪个学生送的蔬菜，有时还有几条黄鳝或是小鱼。在去赶集的路上经过村子时，总有学生或家长请老师到家里坐坐，倒水倒茶拿甘蔗水果什么的招待，还要留着吃饭。一次夜里到一个较远的村子家访，主人一定要留我们住一夜，并拿出新被子给我们盖，令我们激动得不行。

最难忘的是带着毕业班的学生到开远照相。从我们学校到开远有近80里的盘山公路，清晨六点多我就带着学生出发了。我不到十八岁，学生小不了我几岁。我们走着、跳着、跑着、唱着，兴奋极了，要知道很多学生还没有去过开远"大城市"。就这么五个小时我们走到开远。简单吃了午饭照了相，除了几个家庭条件好的学生坐车回去外，其余的又跟我走了回去。可惜的是，那张那么珍贵的照片我居然没有保留下来。

八个月后，我被云南省羊场煤矿招工要离开了，之前就得到消息的王校长和老师们一再挽留，说大家相处熟了怎么忍心分开，还说会为我尽快争取一个转成正规教师的名额。当时我的心里真是五味杂陈，最后还是咬咬牙走了。几年后，我去开远出差，在那里遇见了曾经的同事普老师，大家相见分外亲热，拉着手不愿分开，眼泪直在眼眶里转。之后，我又去过黄凉田中心小学，但那已是物是人非，学校建得更好了，可熟悉的老师都已经退休或者调走了。

蒋如蓉：采石场的上海姑娘

［校友简介］

　　蒋如蓉，1965 年至 1968 年就读于华东师大二附中。1969 年 3 月到云南插队当知青，1971 年 10 月到开远商业部门工作，1993 年 5 月下海经商至今。

1969年3月我到云南省开远县大庄公社宽寨大队草达生产队插队当知青，一年半后我被安排到公社新办的"五小厂"工作，当时的"五小厂"只是一个采石场。"五小厂"的人员是从各生产队抽出来的，共有三十多人，除我一个上海知青和几个有经验的师傅外，基本上就是开远本地的知青了，每个人由自己的生产队记全劳力工分，并且自带粮食，坝区的每月交30斤米，山区的就是玉米和苦荞，菜要靠我们自己种。

知青成堆的地方是比较难领导的，加上大部分都是开远当地的知青，动不动就回家了，更何况有几个是知青中的"刺头"。我当时负责宣传工作。开远知青对上海知青是很有怨气的，因为上海知青来了以后，他们就让出了坝区，全部分到山区去了。山上的生活更加艰苦，所以整天就对我冷嘲热讽的，说我就会讲讲大道理、出出黑板报、组织组织政治学习，于是每到开会时间就起哄让我到石山上去试试。"五小厂"的厂长是一名典型的中年农村干部，面对这一帮调皮捣蛋的知青束手无策，整天与这些知青针锋相对，骂骂咧咧，对我也没好声好气，认为上海人娇滴滴的干不了什么。一个星期以后，我决定白天随大家去采石场干活，宣传工作利用工余时间完成。

采石场的石料以花岗岩为主，花岗岩属硬石材，工地上需要两人一组，一个掌钎，一个抡锤。在岩石合适的位置上打炮眼。初期很辛苦，提起那把8磅大锤就歪歪倒倒的，难以掌握重心，一个不小心就伤到掌钎者；而掌钎需要眼到心到，不断配合抡锤者转动钢钎，还提心吊胆的，生怕那大锤砸歪了。每天收工后手臂酸痛、两腿无力，带着一身的疲乏回来。开始时队长以为我是逞一时之强，对我颇多照顾，那些开远当地的男知青就等着看笑话，他们认为我肯定坚持不了几天的。我暗地下决心绝不输给任何人，从抡锤到掌钎，从撬石头到搬石头什么都干。掌钎时被抡锤者砸破整个指甲也只是笑笑，大腿被锤砸得大块瘀血也无所谓，因为我知道抡锤者也心存内疚，最好的安抚就是装作没事。我自己抡锤时也逐渐掌握了技巧，越来越轻松，没多久他们对我刮目相看了。

我有一本《欧阳海之歌》，书中描写有一次欧阳海用8磅大锤一口气抡了500下。随着我业务的娴熟和体力的增长，我觉得我也完全有能力完成，一天下午当大家知道我要学欧阳海一次完成500锤时，整个采石场停了下来，他们怀着各种心情看着我抡锤。队长为我掌钎，当兵出身的他将钢钎掌得稳稳的，更增强了我的信心，8磅锤有点重，但抡熟了也找到了窍门，知道顺着惯性一锤一锤地砸正了就行。500锤完成了，不但迎来了掌声，更是迎得了大家的尊重，说以前小看上海姑娘了，上海人很不简单的。这以后，我与大家走得更近了，工作时尽力与他们打成一片，并且协调他们与厂长的矛盾，每天采石场充满了笑声，我们成了一个紧密的团队，也成了整片石山区域工作效率最高的采石队。

采石场的劳动强度很大,可我们的伙食就可怜了,每个月每人交30斤粮食,凭饭票打饭就得控制饭量。每个生产队交来的粮食是不同的,吃米饭的日子还好,吃玉米粒的时候就使劲往下咽,不行就喝口凉水把玉米冲下去,吃苦荞面时满嘴都是沙沙的感觉;菜就更艰难了,在青黄不接的时候就用豆豉煮成汤,更甚时就是白水加点油盐,被戏称为"玻璃汤"。一天,有位知青从家里带来了一瓶酱,用米饭拌酱美味无比,我连加了两次饭,那顿共吃了一斤一两米饭,饱餐之下摸着圆滚的肚子,觉得人生最满足的事莫过于能吃饱饭了。那种人的最原始的需求满足感,距我回顾以往岁月敲下这些文字时,48年的时间已然流逝,但依然记忆犹新。

采石的流程中还有一道关键的环节——石方爆破。这道工序是每天收工前,在打出的炮眼内填充火药,待所有的人员撤离后,爆破人员逐个点燃引线后迅速跑到安全洞内躲避。所以,每天收工后就不断传来隆隆炮声,然后就是飞沙走石,非常壮观。点燃引线的人除镇定、胆大还要够机灵,撤离速度快。一天,我们的一个爆破人员家里有事回家了,队长就安排我和另一个知青参与点火,每人负责两个炮眼。尽管队长对每个细节都交代得很清楚了,但面对一下子寂静下来的现场,紧张的情绪充满了体内每一个细胞,我抖抖颤颤点燃了第一个炮眼,刚要点第二个炮眼时手中的香烟灭了,惊慌失措的我只见队长瞬间冲过来,极度的恐惧使得他的脸煞白并变得扭曲而狰狞,他帮我点燃了第二根引线,然后拽着我迅速奔向最近的隐蔽洞,刚到洞口就传来一阵阵震耳的爆炸声。那天的情景回来越想越后怕,在石山上炸石头死人、伤人的事例太多了。这以后,我也偶尔参与爆破,只是心理素质越来越好,每次都完成得很好。

在"五小厂"期间也有惬意的时候,黄昏有空时,夹着画板来到小河边,看着柳树垂入河中,落日、晚霞倒映在水里,蘸着清清的河水,调好水彩,一幅幅乡村美景跃然纸上,一天的疲惫、前程的迷茫、隐隐的忧伤都在其中得到化解。

以上是我知青生涯中的一段,对当年的艰苦无可抱怨,人无法选择自己出生的时代,赶上了就只有承受和适应。几十年后,经过了远比当年更艰难的创业阶段,很感激曾经有过的磨砺,它们让我有足够的意志和承受力应对种种艰难困苦。

生命是一次长长的旅行。
学校老师教会我最基本的学习方法,
田径训练场教会我什么叫作再坚持,
工作教会我唯有勤奋才能积累经验,

创业教会我唯有放下才能有所收获。

生活告诉我：

唯有心中充满阳光才能欣赏到沿途美景。

岁月告诉我：

到达终点时尘归尘，土归土，看过就好。

蒋志伟：汽车人

　　蒋志伟，华东师大二附中 1968 届高中校友，硕士研究生学历，教授级高级工程师、高级经济师。1970 年离开部队后就职于上海汽车厂，历任团支部书记、车间主任、生产调度科科长、生产副厂长、厂长。1991 年起任上海大众汽车有限公司采购供应部经理、公司人事与行政执行经理。1996 年任上海汽车工业（集团）总公司副总裁、上海汽车工业有限公司副总经理。1999 年至 2004 年先后任上海市汽车行业协会理事长和会长。

说起"拥有桑塔纳,走遍天下都不怕"的标语,可谓是在 80 年代给人印象最为深刻的汽车广告。1983 年的 4 月 11 日,一辆手工组装的轿车从上海安亭一处旧厂房里缓缓驶出,宣告中国首辆桑塔纳轿车的诞生。桑塔纳的出现,翻开了中国汽车工业利用外资、引进技术的一页,带动了一大批配套工业的技术进步与轿车零部件工业的振兴,成为中国汽车史上的一个传奇。

　　上海大众当年从谈判、成立到共赢的历史幕后,其实还深藏着不少故事。1982 年 6 月启动的桑塔纳轿车 CKD 组装,是在安亭的上海汽车厂开始的"老瓶装新酒,新瓶装老酒"工程。上海牌轿车的生产基地——上海汽车厂就是那个老瓶,"老瓶装新酒"的过程就是:对上海汽车厂的厂房和设施,拆一批、改一批、建一批,最终把德国桑塔纳新生产线安装完毕。"新瓶装老酒"则是附近征地新建一个联营厂,将生产上海牌轿车的设备搬进去,继续生产有销路、经济效益尚可的上海牌轿车。于是一个屋檐下同时存续着两个工厂,时光穿越在一端手工作坊式制造,一端应用电子控制设备工业化的两个产业圈。然而,分解和隔离这两个厂区里面的人,要比分离同一屋檐下的两个厂区复杂艰巨多了。当年上海汽车厂大约 2800 人,60％左右的人去上海大众合资厂,其余人去联营厂,而合资厂职工的待遇是老厂职工的 1.3～1.5 倍,人员分流的烫手山芋交到了时任上海汽车厂生产副厂长的蒋志伟手里。

　　1984 年上海大众合资签约后,事关"分家"的工种分配、强度高低,薪酬多寡,各色心态蜂拥而至,这就是大众建厂背后的艰辛。曾任上海汽车工业(集团)总公司董事长的陈祥麟先生在《上汽五十年》回忆上海大众成立那段峥嵘岁月时这样评价:"上海汽车厂的搬迁为上海大众的全面建设、改造创造了极其有利的条件。领导和职工们,尤其是蒋志伟同志,识大体、顾大局,发扬无私的奉献精神,带领划分出来的职工,在搬迁和重建联营厂的过程中,投入了大量精力,既保证了上海大众技术改造的顺利进行,又保留了暂时分离出来的熟悉轿车生产、技术、管理的力量。"当时市领导要求上海汽车厂做到搬迁不停产,年底迁址生产出整车 50 辆。蒋志伟等厂领导带领技术骨干,在极其艰苦的情况下,精心安排工艺流程,规范搬迁方案,精打细算安排非标准设备的加工制作,做到从冲压到总装有条不紊地顺利搬迁,实现了当年搬迁当年生产出整车的目标,是合资厂桑塔纳轿车工程迅速上马的幕后英雄。移地重建厂的 5 年间,上海汽车厂没有止步于保持原有生产能力,时任上海汽车联营厂厂长的蒋志伟心中一直对发展绘制着新的蓝图,坚持未雨绸缪的战略高度和精准高效的时间管理是他的工作思路,这源于他在二附中读书时积累的学习习惯。当年的老师们对他的学习方法仍记忆犹新:"争分夺秒的时间意识,爱在课间或午休就抓紧完成作业,课后有大把时间钻研自己喜欢的课题;有计划地定期复习,考试始终胸有成竹,名列前茅。真正是小考小玩,大考大玩。"俗话说:思路决定出路。正是这样的远见卓识,蒋志伟率领员工在上海汽车厂的第二次创业中,持续技术改进,并按合资企业上海大众的工艺技术标准,投资了新的油漆线和冲压线,而这一战略决策后来证明对上海大众的二期工程成功至关重要。不仅从1987年起上海牌轿车每年集资1亿多元作为国产化基金支持桑塔纳零部件国产化,而且从工厂能级上和上海大众完美对接,创下了上海大众低成本快速扩能的经典纪录。当时随着桑塔纳轿车国产化的加速,企业整合与重组势在必行,于是主动顺应,决定"壮士断腕",上海牌轿车下马,上海汽车厂并入上海大众。在1991年11月25日下午2点30分,随着最后一辆上海牌轿车下线,蒋志伟带领改组后的汽车厂员工们投身上海大众的国产化事业,使上海大众如虎添翼,生产能力迅速提高。蒋志伟当时担任上海大众采购供应部经理,负责国产化工作,亲历上海市1994年的"工业一号工程"上海大众二期工程建设。1994年12月27日,上海大众二厂总装线上两辆珍珠灰金属漆桑塔纳2000型轿车顺利下线,标志着上海大众二期工程基本建成,形成了年产20万辆轿车的生产能力。桑车国产化过程就是中国汽车行业改造的过程,今天回想起来正是蒋志伟这样一批领导干部作为中流砥柱,带领团队付出心血与努力,才铸就了今天上海汽车工业成功的金字塔。

为上海汽车工业发展任劳任怨的蒋志伟,为人谦逊低调,口碑载道,始终恪守二附中人"卓然独立,越而胜己"的校训。1996年被提拔为上海汽车工业(集团)总公司副总裁之后,在更高的管理平台上推动了上汽战略决策的执行落地,为筹建上汽五菱汽车有限公司、收购韩国双龙汽车、上南合作(上汽 & 南汽)等立下了汗马功劳。其中上汽集团联合美国通用汽车公司收购广西柳州五菱汽车公司开创了中外联合收购国内汽车企业的先河。90年代末期的政策环境条件下,中外联合收购一家国内汽车企业在政策、法律等许多方面存在不确定性,这使得收购不可能一帆风顺。联合收购正式明确后,蒋志伟副总裁挂帅上汽集团工作组,和美国通用汽车、广西五菱公司共同成立项目联席指导委员会,创新思路提高了解决方案的可操作性和合规性,突破政策的限制得到政府部门支持,历经三年的五菱收购项目创造了中国汽车工业历史上的成功案例。如今的上汽通用五菱已经连续11年保持国内单一车企销量冠军,进入全国乘用车前四强,公司销售跨越千亿元雄关,成为广西首家年销售收入突破千亿的制造企业。

蒋志伟校友于 2010 年退休,回忆起自己在上海汽车工业历经的峥嵘岁月,他无比感叹,正是改革开放的大潮、蓬勃发展的行业给予了汽车人梦想与光荣,而更欣慰的是,在这支为中国汽车业创造辉煌的队伍中,已有更多的二附中学子在继续努力前行。

〔作者简介〕

(1)

(2)

(3)

(4)

（1）朱菁,1985 年至 1991 年就读于华东师大二附中,现任上海汽车集团股份有限公司审计室高级总监。

（2）吴庆文,1981 年至 1987 年就读于华东师大二附中,现任上汽大众汽车有限公司产品研发执行总监。

（3）王剑璋,1981 年至 1987 年就读于华东师大二附中,现任上海汽车集团股份有限公司董事会秘书,上海市妇联挂职副主席。

（4）顾阳,1981 年至 1987 年就读于华东师大二附中,现任上汽大众汽车有限公司大众品牌售后服务总监。

冯　象：给未来的人们留个纪念

[校友简介]

　　冯象，1962 年至 1968 年就读于华师大二附中。少年负笈云南边疆，从兄弟民族受"再教育"凡九年成材，获昆明师范学院英美语言文学学士、北京大学英美语言文学硕士、哈佛大学中古文学博士（Ph. D.）、耶鲁大学法律博士（J. D.）。曾任哈佛大学法学院客座教授（2001—2002）。2009 年 10 月起，受聘清华大学梅汝璈法学讲席教授。研究领域包括法律与宗教（圣经学）、法律与伦理（职业伦理）、法律与文学（法理、社会批判）、知识产权与竞争资讯（民商法）。著/译有《贝奥武甫：古英语史诗》《中国知识产权》《木腿正义》《玻璃岛——亚瑟与我三千年》《政法笔记》《创世记：传说与译注》《摩西五经》《宽宽信箱与出埃及记》《智慧书》《新约》及法学评论、小说、诗歌若干。

Q：能否先谈谈您的两本新书，《以赛亚之歌》和《圣诗撷英》。前者扉页的献词是"献给玉芬，我的彝家大嫂，人民医生"。我很好奇，她是谁呢？能分享她的故事吗？

F：好朋友，几十年了。故事也许以后有空了会写；但回忆是老人的特权，应慎用。那是个风云激荡的大时代，如今习惯了"小"的人们，难以想象了。

Q：那一定很精彩了。《圣诗撷英》是圣诗的选本，我正在读，仿佛跟我们熟悉的诗歌不太一样。对普通读者而言，圣诗有哪些重要价值？如何阅读？

F：信仰、知识、文学艺术各个方面，从古到今，影响太大了。你说"不太一样"，是指诗文的思想风格吧，那本身就是一门学问。但经书不易读，得一遍遍琢磨，毕竟是古以色列的宗教经典同历史文献。故而每次修订，我都会根据学生反馈和读者来信增添注释，希望对读者（包括信友）的学习领悟有所助益。

Q：关于《圣经》，您的著译已经出了将近十种。网上看到彭伦先生的访谈（见《摩西五经》附录），信息量巨大。其中说，您在耶鲁法学院读书的时候，发现国语和合本错译、漏译和语言风格上的问题不少，遂决定译经。但《以赛亚之歌》的前言提出"新天新地和新人伦理是否可能"这样"一道难题"，您的目标就不止是翻译了，对吗？

F：译经解经，开始是专业兴趣。但除了释读圣言、建树文学，还尝试回应一些理论问题，比如怎样看待20世纪革命的遗产。近年授课讲过几轮，攒了些心得，这两本书里有所阐发；参阅《说罪》以下几篇解经文章，及圣诗的导读与注释。

不过现在又觉得，译经是给未来的人们留个纪念。机器翻译的发展日新月异，加之用户碎片化的终端阅读跟网文的智能拼贴已成潮流，以后肯定没人做这事了：无此能力，也无必要了。

Q：十年前，是香港记者吧，有一篇采访披露，您不是基督徒。现在呢？为什么？您怎么看信教和译经？

F：在西方，问人宗教归属跟问女士年龄一样，是社会禁忌。可是这儿常有人问，只好"挤兑"他一下：是派出所查户口的？从前任继愈先生说，研究宗教得从教义信条里走出来。这在欧美，包括主流神学院，是基本的学术立场。大学课堂，则应遵循政教分离的宪法原则，公立教育坚持世俗化（laicite）。最近，国务院修订颁发的《宗教事务条例》重申了这一点，拨乱反正，是非常及时的。

汉语基督教,信徒私自译经的案例不多。因为各教派都有"官方"版本,有些还设立专门的机构负责修订。身为信徒,理应守持本宗的教义立场,而非赞同、传播对立宗("异端")或学界的观点,给教会添乱。你看,宣教和学术是两码事,不能混淆。

Q:您是法学教授,却研究宗教。有个话题,可能普通读者不太了解,就是法律与宗教的关系,能不能具体讲讲?

F:现代西方式法治,许多法律规定和原则,可以追溯到《圣经》跟中世纪基督教传统。但这是历史背景,不是我们研究的重点。

"法律与宗教"是我在清华开的一门课,九年了。《圣经》之外,还要求读马列,读现代论著同案例。课程大纲是这么介绍的:主要任务,是从圣书所启示、开创或象征的不同法律传统、宗教伦理和政治神学出发,考察形式法治在中国的衰落及其症候:信仰危机,宗教自由/冲突,边疆/民族问题,历史的遗忘与改写,牺牲之意志同再造乌托邦,以及全球资本主义进入低法治竞争时代,人类理想和价值重构的前景。好像选课的学生都蛮喜欢,说是常有"开脑洞"的感觉。

Q:原来如此,内容好丰富。作业重不重呢?
F:课完,交一篇论文,学生自己选题,与老师讨论。

Q:听说您也教"法律与伦理",尤其强调重建职业伦理。在中国的现实语境下,重建意味着什么? 其紧迫性因何而起?

F:确实紧迫。中国的制度(真实宪制)跟西方迥异,职业伦理植根于政治伦理,即党的先锋队伦理。前者是因后者的涣散而垮掉,难以重建的。因此第一步,反腐败,由中纪委调查整治,成立国监委,打破本本上的宪制畛域,统一领导,正是十八大以来各项工作的一个节点。当然,也因为事关党的建设,就必须拿出"永远在路上"的决心,并向全国人民宣示这一承诺。

Q:说到"在路上",您觉得中国的法律教育如何改进? 前些年,您在中南财经政法大学做讲座,说过"今天的法律教育,整体上是失败的……它接续的是解放前的旧法统、旧思想、旧生活、旧人物"。这到底是出了什么问题？

F：呵呵，我管它叫旧法学，"外面贴几张万国牌的新标签，花花绿绿的……揭开看，一大股霉味儿"。问题多了，教条主义泛滥，贬低公共道德，消解职业伦理，还反民主。那篇《邓析堂对话》讲得很清楚，这儿不赘言了。然而现实地看，法律教育不改也无妨。因为学生毕业，出了校门，一接触实际，就把那堆教条还给老师了。只是这一事实，应该让全社会知道。

Q：对，就是这篇对话。作为法学的门外汉，我感觉背后其实有学界两种流派的分歧，一边是法教义学，另一边是您似乎比较认同的社科法学。这两派的分歧在哪儿？会给现实带来什么影响？您又为何认同社科法学？

F：法学界，有人形容它是个江湖，门派众多。教义学属于主流，是教科书的标配。不过我得澄清一下，我并不认同流行的（西方）社会科学的一般前提，及其伪装的"客观中立"。做学问，应当批判地思考；批判比老老实实当学徒好玩，是不是？我们在武汉那一场批判，我在《对话》中说了，就是找个头大的、套取国家课题费多的玩玩，而非因为它特别没用，或者比旁的门派更脱离实际、误人子弟。

Q：90 年代末、2000 年初，您写《政法笔记》，有些说法令人难忘，甚至好奇，像"法律是政治的晚礼服""法律……还在努力学习争取成为资本的语言和权势的工具，还暴露着它的红嫩的爪牙""现代法治在本质上是一种用权利话语重写历史、以程序技术掩饰实质矛盾的社会控制策略"。您评论两句？

F：可能有点"超前"了？这几年，常有学生和老师跟我说，上学那阵子爱看《政法笔记》，但现在重读一遍，才发现当初没弄懂。我自己比较满意的是，"政法"这词儿，从前被人鄙弃，如今已是大家接受的本土学术概念了。

Q：在您看来，未来中国的法治之路最大的问题有哪些？如何解决？您的文章似乎很强调基层民主的重要性。

F：新法治（形式法治）建成有年了。其日常运作和意识形态功能，应该说，非常成功——成功营造了中产阶级对它的期许，从而可以吸纳、排解信从者的无尽的怨怼。而只要人们继续懵懵懂懂，排队询问"最大的问题""如何解决"之类，法治就发挥了屏蔽和安抚的效用。

民主不一样，它是共产党的传统口号。无论党内民主、基层民主、群众民主，抑或西方的竞选民主，都包含了对形式法治的约束、克服和超越；因而"争议"不断，亟待发展。今天，面对行将到来的智能经济/数据寡头的全方位挑战，人类的命运，能否摆脱资本的奴役，便取决于我们的实质民主的进步，即人民群众的教育、动员和组织起来。

Q：冯老师，去年您在上海有一场讲座，展望人工智能的未来。网上有报道称，您认为，资本主义条件下人工智能的研发极易失控，给人类带来巨大的风险。但是为什么，这会使得"共产主义重新成为人类社会发展的一个现实选项"呢？您甚至大胆设想，先进国家像《共产党宣言》所论述的，联合行动，同时爆发革命，"第二次废除私有制"。您现在还持这一看法吗？

F：为什么不呢？由人工智能走向共产主义，看似缥缈的愿景，实际是大势所趋——连智能产业的头面人物，圈钱烧钱的"钢铁侠"们，都在谈论计划经济呢。

共产主义，自古就是人类家庭生活和亲密友谊的一般理想；一如合作劳动、共享收成，是人的"本性"，或物种繁衍优势。进入网络时代，这"人性的光辉"就更灿烂了：有网上生机勃勃的公地文化，有年轻人字幕组的义务劳动，还有英勇的 Aaron Swartz 发表《游击队开放存取宣言》，不惧资本的疯狂打压。与之对应，便是智能经济不可避免的一系列后果：整个社会对智能终端的依赖，日益扩大的阶级鸿沟，财富、市场和生产资料高度集中，大规模失业迫使发达国家实行全民福利，等等。待到那一天，如果人类不甘堕落，就只有起来革命，将互联网底层数据、智能技术和资本收归公有；否则，无以建设新的可持续的人机伦理。

如此再造乌托邦，走"通向生命的逼仄小径"，道理很简单：想想吧，另一条路，平坦是平坦，可资本主义私有制奔到黑，会撞上什么？机器人全面取代人类，还是数据寡头的独裁？抑或两家联手，一起"饲养"机器人的"宠物"（Steve Wozniak 语），那百无聊赖吃着福利的芸芸公民？

Q：将来如果真是这番景象，那人们只好选择共产主义了。

F：说得好，这"只好"二字。人类将通过"科学所达到的成果来接受共产主义"，列宁的这一教导，预言了私有制的未来。

Q：人工智能的崛起，对法律职业也是严峻的挑战吧？

F：首先是，大失业；波及各行各业，律所法院、政府部门概莫能外。有美国学者同智库预测，一大半法律规则会被大数据算法和区块链取代。人工智能将是传统法律实践的终结者。

Q：您说"终结"，让我想到法律方面您的专长，知识产权。您在 2011 年一次讲座中说，因为互联网和业务外包这两股全球化潮流，知识产权将会终结。这么大的变化，怎样理解呢？

F：哦，那不是讲座，是国际会议做的主题发言，原文是英文。知识产权的终结，你们年轻人最有体会，不用盗版和仿冒产品、不侵权不翻墙，日子怎么过？但这终结，或法律对多数人的失效、无执行力，不等于说抽象物上的财产权与人格的商品化不顶事，消失了。事实恰好相反，大公司之间，例如苹果、微软、三星、华为，好莱坞跟电商大鳄，还有数不清的"蟑螂专利"公司，知识产权官司天天打。资本要垄断市场，搞诉讼讹诈，全靠知识产权。

Q：冯老师，有学者把您称为哈佛批判法学在中国的代表人物，您认可吗？

F：这个我不敢当。但我赞赏肯尼迪、昂格尔他们的批判立场（参《那生还的和牺牲了的》）。

有批判，才有学术进步。在我，大概是性格吧，从小喜欢反潮流，亵渎"神圣"，哈哈。也可说是知识分子的良知——有些事情，比如"青椒"（青年教师）"压力山大"，不好出声，我们年纪大的就有责任站出来说两句，戳一戳"皇帝的新衣"。

Q：回到《圣诗撷英》，您在序言里说："我的人生观价值观，主要得自于早年在边疆兄弟民族中间的生活磨练。"能否聊聊这一段经历，想必有很多故事？

F：写过好几个呢，《玻璃岛》《创世记》里都有，《以赛亚之歌》开篇的《罗嘎》也是。这些故事，我的读者很熟悉了。所以我一看采访提纲就知道，记者是个新手——当然，这也无伤大雅。

Q：不好意思。但我还想知道，您先后在北大、哈佛和耶鲁求学，这些经历对您有什么影响？

F：思想上影响不大。我这一代，叫老三届，就是卷入"文革"的中学生；我是其中最年幼的，刚念初一。我们是先下乡，到云南边疆插队落户，接受贫下中农再教育，然后"文革"结束才考的大学——只有幸运一点的，极少数人，犹如先知所谓"余数",得了上大学的机会。那时,我的"三观"已经毁过又重建了。

所以,我很鼓励我们的学生下基层,到边疆和艰苦的地方去干几年,向老百姓学习,转变立场,追求进步。之后再考研、出国深造或者进国企、投行、国际组织什么的。生活是最好的老师。

Q：您出国早,长期在美国生活。但 2010 年回国,加盟清华大学,这个决定又是如何做出的呢？

F：其实,2009 年已经开课了,同法学院的交流合作从建院起就没断过。一般说,教书育人作为事业,还是在中国或者东亚好,这是儒家传统的一大优点。但是我回国服务,除了学术目标,心里还记着鲁迅先生的狂人那句话,"救救孩子"。大学沉沦了,腐败了,我们能做点什么？ 我父母都是(抗战前)老清华的,或许,这也是报效的缘分吧。

Q：还有几个小问题,冯老师,您平时看新闻多吗？ 回首过去一年,有什么新闻事件给您留下深刻印象？

F：只是快快浏览下标题。新闻,我一直关注机器生成(智能新闻)的进展,在美国,体育财经等栏目的即时报道已经相当成熟了。

Q：对您影响最大的人是谁？
F：我不太受别人影响。

Q：您最近在忙什么？
F：写作。

Q：您最近思考得较多的问题是什么？
F：人机伦理。

Q：这几年,您觉得身上发生的较大的变化是什么？
F：耳顺了,诚如孔夫子所言。

Q：您近来有什么特别值得分享的东西？
F：今天咱们谈的两本书,《以赛亚之歌》和《圣诗撷英》。

Q：你认为，推动我们时代进步，最重要的人是谁？

F：劳动者，私有制下所有"受诅咒的"人们，les damnes de la terre，如《国际歌》所唱。

Q：您对这个社会有什么忠告，或者特别担忧的事情？

F：大失业，正在迫近。

Q：生活中，哪些东西会唤起您的好奇心？

F：真不少。西谚：好奇心害死猫儿。

Q：您对现在的年轻人有什么建议？

F：团结起来（见《国歌赋予自由》）。

Q = Qdaily

F = 冯象

二〇一七年国庆/中秋于清华园

原文见《好奇心日报》2017 年 10 月 18 日，题为："怪教授冯象、《圣经》、共产主义和他的本行法学，到底怎么回事？"

童蒙志：采访逸事

［校友简介］

童蒙志，1965 年至 1968 年就读于华东师大二附中。1969 年 4 月赴江西省崇仁县凤岗公社浯漳大队插队落户，1979 年 2 月进上海印钞厂工作，1992 年调入《解放日报》社任记者、主任编辑。2012 年 11 月退休。

人生三大爱好：读书，旅游，喝咖啡。

在华师大二附中读书时，我的数学和外语成绩尚可，其中数学是我比较喜欢的一门课，因为我从小的理想是当一名数学家。一直羞于启齿的是语文，尤其是作文，记忆中十有八九的成绩是"中"，难得一两次是"良"。我心里明白，这是严秀英老师心慈手软，让我不至于对这门课彻底丧失信心。果然！几十年过去，我的数学家的梦早已破灭，后来的人生竟是靠写文章来养家糊口。真是造化弄人！

在《解放日报》社当记者多年，采访过的人与事不计其数，其中大部分都随着岁月的流逝而淡忘了，但也有一些印象深刻，至今历历在目，难以忘怀……

采访深圳市委书记的曲折经历

1997年，邓小平南方谈话发表五周年之际，我和其他几位同事策划了一个重大的采访、报道计划。

年末岁初，我们一行四人沿着邓小平当年视察南方的足迹，赴武昌、深圳、珠海以及上海等地采访，所见所闻，令人欣喜，令人振奋……

一路采访非常顺利，一切均按计划推进。然而到深圳后，却遇到了一桩棘手的事：我们按"程序"给深圳市委组织部打报告，要求采访时任深圳市委书记厉有为，请他们帮助联系。组织部同志几经努力，得到的答复却是"厉书记实在太忙，抽不出时间接受上海记者的采访"！当时，厉有为不仅是改革前沿深圳的市委书记，还是万众瞩目的"中国改革之星"。他确实忙，在我们之前已经婉拒了包括北京、武汉、重庆等地方的好几拨记者。

当"程序"走不通时，其他省市的同仁无奈地选择了离开，而我们倔强地选择了坚持。因为我们知道，采访对象中没有了他，这篇报道必将会留下难以弥补的缺憾。

我们通过组织部同志设法与厉有为的秘书见了一次面，并把我们的报道计划和盘托出，强调了厉书记在其中的不可或缺。秘书被说服了，答应帮我们"试试看"。第二天上午回音来了：厉书记的日程排得满满当当，实在抽不出时间……

中午，大家都焦虑地吃不下饭，因为最迟明天下午得离开深圳，前往珠海采访珠海市委书记梁广大。我们打电话向《深圳特区报》的一位朋友道别，并说出了我们采访不顺的苦恼。那位朋友说，今天下午深圳市委副书记黄丽满会到报社参加一个活动，你们采访她不行吗？一句话激发了我们的灵感：能否说服她帮我们请出厉有为！挂了电话，我与另一位同事即打车直奔《深圳特区报》。

我们到会场时，活动还未开始。问一女记者，谁是黄丽满书记，对方用手指指，我们就直接向她走去。自我介绍后，我们直奔主题。没想到，这位书记为人十分豪爽："行，我来安排!"果然，当天晚上我们接到通知，明天早晨七点，厉有为书记接受我们的独家采访!

由于我们准备充分，厉有为谈兴越来越浓，原定半小时的采访延长至一个多小时才圆满结束。

分上下两篇、计8400余字的长篇通讯《沿着伟人的足迹》终于在市委党刊上发表了；几乎同时，《解放日报》连续两天在头版头条全文进行了转载，在社会上引起了很大反响。

我在想：各行各业都有自己的"规矩"，凡事也都要讲究"程序"，当记者做采访当然不能例外。但当"程序"走而不通时，当"规矩"守而无效时，我们到底应该墨守成规，拘泥"程序"，还是另辟蹊径，寻求突破？我以为，有时候，只要不坏了"程序"，绕着走又何妨；只要不坏了"规矩"，用他法又何妨？

因为她也是上海知青

1995年底的一天，我和报社的同事在上海某俱乐部喝咖啡闲聊，听俱乐部老总说了这么一桩事：9月7日，一个暗藏杀机的女人走进了吉林省梨树县石油公司党委书记的办公室，威逼利诱公司的这位当家人，要么接受一千元贿金，让其女儿进公司工作；要么是利刃相向，白刀子进红刀子出。女书记大义凛然！于是丧心病狂的女人从兜里拿出菜刀，向瘦小、病弱的她砍去。"周书记被人杀害了!"噩耗传出，全县数万人自发从四面八方赶来为她送行。显然，她是个好书记，这场面让人联想起雷锋、焦裕禄。然而奇怪的是，她被害好几个月了，并没有被评为烈士，而凶手也迟迟没有伏法……

原本这外省市发生的事，我们也管不着，但当听说这位书记原先也是上海知青时，我怦然心动了，决定立刻出发去吉林。部门领导说，马上过元旦了，过完节再去吧。我说我等不及了。第二天我即与一位摄影记者匆匆搭上了飞往长春的飞机。

那时吉林的气温降至零下二十多度，我们一下飞机便感觉浑身上下都被刺骨的寒风包围住。我们走得匆忙，衣着单薄，那个冷啊，真的是难以言表!

接待方很热情，酒桌上摆了好多瓶五粮液，大有一醉方休的架势。我肯定是滴酒不沾，一是原本就不爱喝酒，二是怕醉酒影响接下来的采访。但不喝又似乎不给人家面子，气氛一时有些尴尬。怎么办？同行的摄影记者似乎看出我的为难，站起来说，童老师过敏，医生关照不能喝酒，我来陪你们喝吧。气氛顿时活跃起来……

酒宴散了，摄影记者醉了，我则头脑清醒地投入到工作之中。

整整四天的采访，我接触了许许多多的人，时时被那位女书记的感人事迹所深深打动。尽管她的那段知青生活在文章中是无需涉及的，但我还是在采访结束后，心血来潮去了她曾经插队的地方。那里的知青早已先后离开，空留下一排破败的土平房，四周齐人高的枯草在凛冽的寒风中呜咽。我伫立许久，蓦然想起自己的知青岁月，不觉潸然泪下。青春无悔还是青春有悔的争论，在此刻显得那么无聊，甚至做作。

元旦过后的第二天，我们乘上了回沪的飞机。飞机上的乘客寥寥无几，谁会在那个时间出门或回家呢。可我的脑海里，却挤满了人，男的女的，老的少的，他们争先恐后地向我诉说那位上海女知青、吉林女书记的感人故事……

长篇通讯《一次生命美丽而庄严的燃烧》在《解放日报》上发表了，六千字，满满地占了一个版面。两周后，《吉林日报》的老总给《解放日报》的老总寄来了一封言辞恳切的感谢信，说他最近召集所有编辑记者开会，学习贵报记者那篇充满激情的长篇通讯……两个月后，当得知那位女书记被评为烈士，那个凶手也已伏法时，我更是感到无比欣慰。

走进大寨遭遇的尴尬

曾几何时，大寨这个名字可谓家喻户晓；时过境迁，它渐渐淡出了人们的视野。除了四五十岁以上的人，小年轻大都对此不甚了了。改革开放后，大寨到底怎么样了？是沉沦了，还是重新奋起了？怀着好奇之心，2002年6月的一天，我只身登上了飞往太原的航班。

太原一家刊物的老总得知我去大寨采访，热情地拨了一辆新车给我，并指派一位摄影记者全程陪同。总以为路途遥远，不曾想，从太原驱车往东南轻轻松松走两个小时即到了大寨。

大寨的变化出乎我的意料。

在大寨宾馆就餐时，我看到奇异的一幕：喝的是大寨牌的酒；抽的是大寨牌的烟；山西盛产醋，这里的醋也是大寨牌的。不仅如此，大寨牌的商品可谓琳琅满目，比比皆是，从羊毛衫、衬衫，到皮鞋、水泥，等等，吃的用的都有。这无疑是改革开放后，大寨人创造的又一个奇迹。

饭后，我们朝村里走去，沿途耳闻目睹了大寨近几年的可喜变化……

说到大寨的变化，不能不提到当年的铁姑娘，如今的女强人——郭凤莲。她现在是昔阳县委副书记兼大寨的村支书。原以为采访她应该不成问题，何况昔阳县委组织部的一位副部长知道我来采访,也赶到了大寨。没想到,差不多一天的采访顺顺当当的,到郭凤莲这里却突然卡住了。先是说她开会,后来又说她有事出去了,什么时候回来不知道。其时太阳西沉,回太原路上还需要两小时,陪同的记者说,反正报道的材料也足够了,要么就不采访她了,老总刚才来电话问我们返回了没有,晚上还要请你吃饭呢。我不甘心,说再等等。

太阳下山了,天色已晚,郭凤莲还没消息,太原那边又来电话催了。我让老总他们先吃,老总说是市里有领导也来了。我纳闷了,我一个外地来的普通记者,进行一次普通采访,至于这么兴师动众的吗? 老总说,领导是想看看上海来的作家。我一头雾水,哪来的什么作家? 老总说,你不是在太原的晚报上连载了好几次小说吗? 我们吃了晚饭后都看晚报的。原来如此!

陪同的记者和那位组织部副部长都劝我,既然采访的素材足以写一遍比较完整的报道了,郭凤莲就算了吧。我说,还是再等等吧,尽量争取一下。并再次请求太原那边,不用等了,先吃起来。

精诚所至,金石为开。郭凤莲终于出现了,我立刻精神抖擞地投入到采访之中……

采访结束时,郭凤莲才抱歉地说明了她迟迟不愿接受采访的原因:改革开放之后,曾经也有一些报刊派记者前来大寨,郭凤莲总是热情地接受采访。但几乎每次都是虎头蛇尾,记者走后便杳无音讯。她心灰意冷,认为人们对大寨早已不感兴趣了。没想到,上海来的记者如此诚心诚意。

回到太原已经是晚上八点半了,我说,我们随便找个地方吃碗面条吧。陪同的记者说,不行,市里领导和我们老总还等着呢。我嘴上没说,心里却在嘀咕,这么晚了,他们肯定吃完散了,应该不会为我这么个外地来的小记者干等着。

进饭店我大吃一惊,他们竟然全在,筷子都没动过。我难为情地连连打招呼。市里的领导高兴地说,上海来的记者真是敬业,值得我们学习。并关心地问我是否已饿坏了,还招呼我坐下……

事后我想,如果当时听说市里有领导想见我就中止采访,屁颠屁颠赶回太原,他们会怎么看我:是高兴我尊重他们呢,还是认为我不够敬业? 我不知道。从他们的耐心等候和由衷赞叹中,也许已能找到答案。

拒绝平庸,追求完美。我一向以为,无论何时何地,处于何种状态,作文应该如此,做人也应该如此。

王春生：黑龙江逸事

——与狼共舞

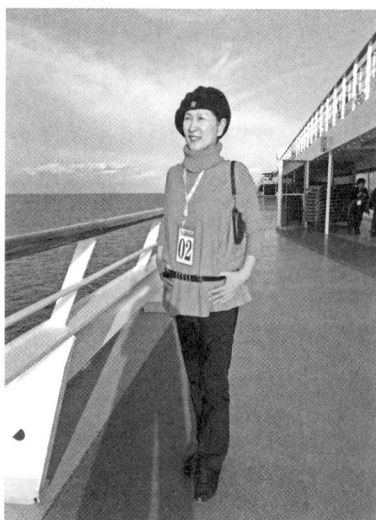

[校友简介]

王春生，1962 年至 1968 年就读于华东师大二附中。1969 年 3 月到黑龙江嫩江农村下乡，1976 年在黑龙江黑河地委组织部工作，1978 年 9 月考入中国人民大学，完成本科后又取得研究生学历。1985 年到中央组织部、国家人事部工作。1994 年赴香港，1995 年创建香港伯乐管理顾问公司兼任总经理。2013 年创建美国维基奥秘公司，任副董事长至今。

这是一件令我终生难忘的真事,发生在那个特殊的年代。只有 15 岁的我,在千千万万知青下乡的滚滚大潮中,来到了祖国的边陲——黑龙江嫩江农场。

　　那一年的冬天在我的记忆中格外漫长、寒冷和饥饿。也许因为那是我们从江南繁都——上海来到黑龙江的第一个严冬,非常不习惯。由于当地搞极"左",把我们知青的口粮都交了公,使我们这些正处在青春发育期的孩子天天处于饥寒交迫中。以至于我今天还清楚地记得在那"瓜菜代"的日子里,知青中流传的顺口溜:"汤、汤、汤,早晨喝汤迎朝阳,中午喝汤暖洋洋,晚上喝汤捞月亮……"

　　按东北的历史惯例,白雪皑皑的严冬季节是要在暖炕上叼着旱烟袋"猫冬"的。但那时提出的口号是"变冬闲为冬忙"。主要的工作就是白天把猪、马、牛、羊冻成冰坨的排泄物用大镐刨开,晚上由拖拉机拽着爬犁运到地里。当时我年仅 15 岁,居然迷迷瞪瞪地当上了一连之长。为了以身作则,我积极报名参加了夜间送粪的行动。

　　那天是 1969 年农历腊月初八,滴水成冰。室外温度 − 48℃。在那伸手不见五指的寒夜 12 点,我带领女排 12 个人顶着凛冽的、如刀割的小飕子风去往离驻地一里开外的猪圈铲粪装爬犁。酷寒难挨,我看送粪的爬犁车还没返回,便命令女排的姑娘们到猪产房去取暖等候命令。在那个冬季里为了保证猪崽的存活率,全分场最温暖的地方就是猪产房。虽然臊臭气冲天,但烧得热气腾腾。十几个姑娘在我的一声令下,高兴地挤进了臭气冲天但温暖无比的庇护所。我一人则孤零零地留守在粪堆旁,等待拖拉机的返回。

　　天实在是太冷了,很快从口罩边际散出的哈气在我头发的刘海处变成了一串串的冰溜子,眼睫毛和眉毛上全挂满了细小的玻璃珍珠……我浑身的血液似乎要冻成

冰碴了。为了保持热量，我拼命地挥动起大镐像雨点般地往粪冰坨上砸去。此时的东北大地千里冰封、万里雪飘，在万籁俱静中只听到我的敲镐声。一下，一下，又一下……敲着敲着，我的第六感官突然感觉到了异常。我警觉地抬起头来，看到远方有一些小亮点。我暗自道："不要是狼吧?!"我猛然想起分场老干部曾经提起过：狼在冬天没食吃时，会来袭击牲畜。前两天还吃了大队的几只鸡……我定睛仔细观察，只见小亮点越来越多，越来越近……啊！真是狼，还是一群寒冬的饿狼！我的妈呀！我顿时浑身打了一个冷颤，头发根根全部竖了起来。我不假思索地朝猪圈方向喊了起来："快来人啊!"但是呼喊声音还没落，就早被呼啸的寒风和空旷的大地吞噬得无影无踪。这时我唯一可做就是：自卫！我抱着大铁镐，一个箭步跨上了仅两米高的粪堆顶部。此时，狼群逐渐向粪堆靠拢，两只、四只、六只……好家伙，足足有十几只，每只狼的眼里都泛着绿光，在黑夜中一闪一闪的。它们就这样看着我，我斜抱着镐看着它们。心中只有一个信念：不管你们谁先上来，我今天和你们拼了……就在这短暂的僵持过程中，远方的地平线上射来了一道光芒，那是拖拉机从地里送完粪返回的灯光。我的心中顿时升起了一丝希望。随着拖拉机引擎轰鸣声和灯光的由远而近，紧密的狼包围圈也逐渐向远方散去。当师傅下车来时，我早已像一摊稀泥倒在了粪堆上……

这是一个真实的故事，令我每每想来还会后怕。如果拖拉机晚回一分钟，我的命也许早在 47 年前就交待在莽莽荒野中了……

但也正是有了这与狼共舞的日子，使我此后 47 年的抗挫折能力和幸福感均比一般人强。因为死亡都曾经经历了，还有什么不可克服的困难呢？因为 47 年前侥幸从狼口脱险，所以以后每多活一天都是苍天眷顾我帮我多赚来的，难道还有什么比这更幸福的呢？这样想来名利地位其实都是过眼烟云，幸福其实很简单！

王　欣：让历史告诉未来

——左权将军塑像诞生记

〔校友简介〕

（左权将军女儿左太北亲自出席左权将军铜像捐立揭幕仪式，与王欣共同揭幕并合影，2012 年 9 月 29 日摄于山西省左权县十字岭左权将军殉国处）

王欣，1965 年至 1968 年就读于华东师大二附中初中。1969年 1 月上山下乡赴吉林省延吉市铜佛寺公社应岩七队插队。1970 年 11 月入伍，1987 年转业至上海中国画院任办公室副主任、人事科长，1993 年由画院至上海油画雕塑院任人事部主任、党支部副书记，2012 年 12 月退休。

我是华师大二附中 1968 届初中六班学生王欣。在二附中学习的日子里，除了学习文化知识之外，给我留下深刻影响的是，学校的政治思想教育抓得很紧，为我们在今后的人生道路奠定了坚实的道德品质基础。

崇尚英雄，传承革命精神，也成为我离开母校走向社会后所坚持的。下面我要说的是有关左权将军的故事。

抗日英烈左权，黄埔军校一期生，八路军高级将领。1925 年加入中国共产党，1934 年参加长征。抗日战争爆发后，他协助指挥八路军开赴华北抗日前线，屡建奇功，取得了百团大战等许多战役战斗的胜利。1942 年 5 月，日军对抗日根据地发动大扫荡，身为副参谋长的左权将军指挥部队掩护党中央北方局、八路军总部等机关突围转移，不幸壮烈牺牲，年仅 37 岁。

76 年前，我父亲王亚朴（华东师范大学原副校长）率部在山西辽县十字岭这个山头掩护八路军总部突围。当时 3 万日军把八路军总部包围得铁桶似的，情况万分紧急。左权将军生前下达的最后一道战斗指令是对我父亲下的死命令："坚持这个山岭很重要，现在还有很多人在山下，丢了这个山岭不堪设想。你们一定要坚持到底，只要还有一个人没有出来，你们就不能撤退！只有所有人员全部转移出去，才是完全的胜利。"

左权将军在生死存亡之际考虑的是八路军总部安全突围，是人民群众的安危，他下完命令后在下山途中殉难。将军时刻关心指战员，时刻担忧人民群众安危的高尚品格，使父亲没齿难忘。父亲每次提及此事都会痛彻心肺。父亲经常回忆起左权将军的英勇事迹，他写的《十字岭上见将军》等文章、重返十字岭拍摄的将军殉难处照片等，深深影响了我。如今父亲去世了，但革命精神理应传承，我们不能因时间的流逝而忘却这段历史，不能丢弃革命的传承和精神。我们这一代人要将先烈的革命精神传承给我们的下一代，让这精神成为中华民族生生不息、团结奋进、繁荣昌盛的精神支柱。

正是这种情怀，我产生了在纪念左权将军殉国 70 年之际，在左权将军纪念亭前创作敬立一尊将军塑像的想法，这个想法立即得到了左权县领导的充分认可，得到了上海市文化广播影视管理局领导的重视和支持。

我任职的上海油画雕塑院有两位艺术家，一位是当年北京毛主席纪念堂内毛主席汉白玉坐像创作者之一的雕塑艺术家，70 岁高龄的老党员王志强教授；一位是清华大学毕业的高材生，年轻的艺术家林森老师。我把想为将军塑像的想法告诉他们，并讲明是没有报酬的。王、林两位艺术家表示，左权将军是著名的抗日名将，是我们敬仰的革命者，能在纪念将军牺牲 70 年之际创作将军像，安放在将军殉难处，既表达了我们的敬意,也是我们的荣光。

经过艺术家连续几个月的呕心沥血创作,左权将军像由上海油画雕塑院捐立在将军殉国处。左权像的捐立,也代表了上海艺术家和上海人民对左权将军,对革命先烈的缅怀和敬意。上海油画雕塑院第一任书记,当时 87 岁高龄的抗日新四军红小鬼、老艺

上海油画雕塑院雕塑家王志强、林森 2012 年 2 月 22 日摄于上海油画雕塑院雕塑大厅

术家富华老先生闻知我发起的事情,激情创作了一幅纪念左权将军的永生图,也捐赠给左权县。

人民对英烈的缅怀,对革命传统精神的自觉传承,正如走进这个广场,首先映入眼帘的这七个大字"让历史告诉未来"。是的,让历史告诉未来,中华民族是不屈的民族,中华民族是奋进的民族!

左权将军的女儿左太北亲自参加了揭幕仪式,并对塑像予以高度评价。左太北说:"这是我见到的我父亲塑像中最好最像的一座。就是我心中父亲的形象。"

我想,我的父亲若地下有知也会感到欣慰的。

朱德总司令为痛悼左权将军,曾写下《悼左权同志》:

> 名将以身殉国家,
> 愿拼热血卫吾华。
> 太行浩气传千古,
> 留得清漳吐血花。

我们坚信,中华民族的浩然正气,必将世代相传。

左权将军和先烈们永垂不朽!

2018 年 5 月 12 日

张小华：在平凡的工作岗位上
不断超越自我

［校友简介］

张小华，1965 年 9 月至 1969 年 2 月就读于华东师大二附中初中部。1969 年 3 月至 1971 年 10 月赴云南开远古城大队草塔生产队工作，任古城大队团支部委员。1971 年 11 月至 1976 年 10 月在云南开远建设银行就职，1976 年 11 月至 1993 年 11 月调任浙江湖州人民银行、建设银行工作，先后任会计科长、营业部主任、审计科长，其间完成大专学历学习，1980 年入党，1986 年被首批聘任为会计师。1993 年 12 月调至上海交通银行至退休，先后在徐汇、市西支行工作，任会计科长，1996 年起任市西支行副行长。

从小喜欢体育运动的我在六年级时获得跳高国家三级运动员的称号,考中学时我填报的第一志愿就是华东师大二附中。在即将发录取通知书时,区少体校老师来我家劝我去少体校上学。没过几天,二附中陈志超老师也来我家,告诉我二附中也有体校,而且是上海市的重点中学。我对陈老师说,我的第一志愿就是二附中,再说,我是学生当然要以学习为主,体育只是我的业余爱好。1965 年 8 月,我被二附中录取,分配在初一(4)班。我选择了二附中,二附中选择了我。

二附中的校训是"卓然独立,越而胜己"。二附中毕业后的 50 年里,我牢记校训的教导,时常用校训激励自己,在几十年平凡的工作岗位上,勇于攀登,不断超越自己。50 年前,我选择二附中时还是懵懵懂懂,随着年龄和社会经历的增长,我越来越感觉到当时的选择是多么的正确和明智。二附中不仅教会了我书本知识,更重要的是教我怎样做一个志向不狭窄、人格不依附、思维不趋同、言行不虚浮的人,做一个对社会有用之人。二附中的老师都是从教师队伍中挑选出来的优秀人才,他们学识丰富,人品高尚,以身作则,严于律己,他们既是学生们的严师又是学生们的慈母慈父。我爱二附中,我爱二附中的老师们!

1969 年 3 月,我到云南开远一个贫穷落后的生产队插队落户。住的是土垒起来的房,没电灯,没窗,没自来水,没厕所,白天屋里也是黑漆漆的,烧饭用的是泥土垒起来的灶,一切的一切无法形容。来到千里之外的农村,我们首先要过的是生活关。由于水土不服,大部分人身上都生了小红点,一片一片的,奇痒难忍,一抓都破,有的还流了脓,我们把上海带去的泥土煮水吃,也没啥用处,只是求得一点心里安慰罢了。最难熬的是没有洗澡设施,一天劳动下来,汗水、雨水再加上身上的红斑,自己都觉得要发臭了。干了一天的农活还要自己煮饭吃,有时也顾不了这么多倒头便睡。

接着要过劳动关,从拔秧、插秧、割稻、割麦到挑担,样样要从头学。手肿了,皮破了,缠些布照样去出工;肩膀压肿了,第二天肩上垫块布照样要去挑担;腿上划满了血痕,擦干血照样要去干。挑猪粪、牛粪是最无法忍受的农活了,收工回来恶心得连饭都不想吃。

随着时间的推移,我们慢慢地能与老乡干同样的活,能挣同样的工分,与老乡打成了一片,我们集体户自己养猪、种菜,自己腌咸菜,做豆腐,生活改善了一些。我们的生活关、劳动关渐渐过了,但知青们的心里都隐藏着对人生、对前途深深的忧虑和深深的迷茫。

1971 年 10 月,云南开始了对知青的上调工作。当知道要上调时,知青们都兴奋得彻夜难眠。我们各自收拾行李,告别老乡,迫不及待整装待发去录用单位报到了。我被分配到开远县(后改为开远市)建设银行工作,后又调到浙江、上海的银行工作,一干就是 36 年的金融工作生涯。

在银行工作期间，印象最深的有这么几件事。

会计核算从手工到电脑化

1981 年秋末，浙江省建设银行提出要把手工的会计核算改成会计核算电脑化，省分行选择了我们支行作为电脑化的试点单位，去上海长江计算机厂学习培训。80 年代初许多人都不知道电脑为何物，当时操作电脑都是使用 MSDOS 命令来操作，如今我们要复制、粘贴、删除，只要一击键再做选择就行了，那时要分别输入复制、粘贴、删除的 DOS 命令后才能操作，比现在的操作麻烦很多。省分行派来了 2 名电脑专业人员，他们懂电脑但不懂会计业务，我们懂会计业务，但不懂电脑，我们互相学习，取长补短。我们提出会计核算的流程和要求，他们根据需求编写程序。一笔会计业务从记账、算账、报账到账账、账表平衡一致，要几十道程序。测试小组人员白天做手工账，晚上做电脑账，经常工作到凌晨两三点钟，回家稍休息一会又要来上班了。那个年代没有加班费，没有奖金，完全靠的是对事业的执着和对工作的热爱。经过 200 多个日日夜夜千万次的跟账演练，经省建行和有关专家的测试，验收通过了我行会计核算电脑化整套操作流程。我们支行成为浙江省建行系统第一个实现会计核算电脑化的机构，在本地区的银行系统里也是首家实现会计核算电脑化。

会计核算电脑化，在 80 年代初期是一件很了不起的事，是一个巨大的飞跃，是一件在银行业具有历史意义的里程碑式事件。用人工算一笔利息费时费力还很容易出差错，如果算一笔几年前的利息，那真有点恐怖。现在用电脑算，瞬间就可以完成。电脑化，大大提高了核算质量，提高了工作效率，减轻了会计人员的劳动强度，这一成绩的取得是会计和电脑人员通力合作。勇于攀登，敢于做前人没有做过的事，验收通过的那一天，我们测试小组的成员手紧紧地握在了一起，我们含着喜悦的泪水欢呼庆祝，200 多个日夜我们在办公室送走黑夜迎来黎明，衣带渐宽终不悔！

浙江省分行在大会上也多次表扬了我们的工作。

我很荣幸地主持和负责了这项工作,正像二附中校训里说的要不断超越自己,永不满足才能做到越而胜己。我撰写的《会计核算电脑化管理制度》的大部分内容被浙江省分行制定的《会计核算电脑化管理制度》采用。

制定规章制度,业务操作制度化、规范化

在原有规章制度的框架下,细化一些操作流程,如从网点开门接库箱到关门送库箱;从接待顾客的姿态、语言到处理客户的投诉;从记账、算账、报账到编制报表,等等,让员工在有章可循有规可依的情况下,完成本职工作,这些规章制度的制定,既是高质量完成各项业务的保证,也是对员工操作安全性的一种保护,但对制定这些规章制度的制作者来说是一种很大的挑战。我行制定的这些管理制度和操作流程得到了上海分行有关部门的好评。当年我行的这些业务骨干如今大部分已在交行的处级、科级岗位上任职,看着他们的成长,我很欣慰。

打破大锅饭,多劳多得,调动网点积极性

银行的费用指标是每个行必争的指标,如何利用手中有限的资源,在一个尽可能公平、公正的情况下,最大限度地调动基层网点积极性。在嘉兴地区建行工作时,我提出了按计划内和超计划完成利润指标核定费用率的办法。比如,完成计划内利润指标,费用的提取比例是5%,超计划完成部分的费用提取率是7%,利润完成多就能多得到费用,这样可以最大限度地调动基层网点的积极性,打破了以前干多干少一个样、干好干坏一个样的惯例。要执行这个办法,财会部门要进行大量的数据分析、无数次的测算,也要承担一定的风险,工作量增加很多。当然要改变一种分配办法总会出现几家欢喜几家愁的情况,但我觉得只要有利于业务发展,有利于公平公正(只能是相对的),我们财会人员辛苦些也是很值的。初稿出来后经过基层网点多次讨论修改,成文执行后效果很好,那年我行的利润计划超额完成。

一个人按部就班、照本宣科地工作,自然要省心省力很多,少冒风险,少犯错,但世界上总要有人去开拓,去做前人没有做过的事,我愿意做这样的开拓者。当地财政部驻中央企业工作组对我的这一做法很赞赏,让我在他们召开的中央企业会议上发言交流。

交通银行市西支行管辖普陀区、静安区、浦东期货交易所支行,是上海分行资产

规模最大的支行级(中心支行)机构。如何分配好会计人员的奖金对提高会计核算质量、减少差错,对会计人员安心本职工作起到较大的作用。做多做少,做好做坏与奖金挂钩。奖金分配是否公平、公开、合理,关系到员工的切身利益。同样办一笔业务有简单,也有复杂,如记一笔收付账就很容易,而开一张汇票就要复杂些,但如要办一笔境外汇款就更复杂了。怎样计算每一笔业务的工作量是一个很复杂的问题,业务管理科的同志花费了大量的心血,不断分析、测试、模拟,形成初稿后反复听取基层员工意见,反复修改,最后形成了我行会计人员按业务量和核算质量分配奖金的办法。在上海分行系统内,我行是较早执行的,许多兄弟行也来学习讨教。接着我们又对财务费用以资产规模来分配指标,建立百元成本控制指标,等等,总之,只要有利于业务发展,有利于公平的事,都愿意尝试着去做。就像校训中所说,自我渐清晰,反思成习惯,选择有能力,发展能自觉,这样才能做到越而胜己。

在大家的共同努力下,我行的财务会计工作在多次评比中名列前茅,财务费用的管理办法多次在上海分行的有关会议上交流。

我本人也被上海市综合经济党委系统(银行、保险、证券)授予1993—1995年度的"优秀共产党员"称号,撰写的财务管理办法在交行总行的刊物上发表。

在二附中建校60周年之际,重温校训"卓然独立,越而胜己",感到特别温馨。五十年来,我在平凡的工作岗位上以校训为鉴,始终实践着。勇于攀登,敢于开拓,不断超越自己,做一个充满正能量的人。我在学习、工作中能取得一些成绩,得益于二附中老师们的谆谆教诲,得益于二附中积极向上的学风,得益于二附中校训的指引。

我爱我的母校——华东师大二附中!

2018年5月

郑隆海：化学智优学生科学素质的培养

［校友简介］

郑隆海，1962 年至 1969 年在华东师大二附中学习。1969 年至 1973 年在贵州插队落户。先后毕业于贵州工学院（现贵州大学）化工系、华东师大化学系。1979 年至 1987 年在安徽建筑工业学院（现安徽建筑大学）基础部任化学教师。1987 年 2 月至 2003 年 10 月在华东师大二附中任化学教师，其中有 9 年为班主任。作为指导教师，指导 1992 届沈珺获得第 24 届国际中学生奥林匹克化学竞赛金牌，指导 1998 届学生胡文君获得第 4 届国际中学生奥林匹克环境科研项目竞赛铜牌。1994 年底，率先开展的"小课题研究"，成为学校后来落实学生素质教育的重要抓手之一。

如何引导智优学生学习化学

刚步入高一的学生对化学认识不足,他们喜欢观察老师精彩的实验演示,却又惧怕遇到有害气体和有毒试剂,他们接近化学又疏远化学。我与同学们重温了生活中的化学。如 CO,是煤气的主要成分,它是无色无味的有毒的可燃性气体,但可用作燃料,点燃后即变成无色无味的无毒气体 CO_2,因此煤气的合理使用非常重要。又如乙醚是一种液体麻醉剂,利用的好可以急救病人,在手术前麻醉用,利用不当则易被坏人利用。通过对有毒药品的贮存及安全使用等措施的讲解,同学们消除了不安全感,排除了种种忧虑,可以放心研究化学了。另外,化学教学的基本特征之一是它是一门以实验为基础的自然科学,但仍有一小部分学生对其特征没有足够的认识,他们没有按照实验前应先预习、边实验边观察实验现象边做记录的要求,而是在进实验室之前已将实验现象、解释及结论参照书本写好了,还有少数学生在解答实验思考题时,简单地肯定或否定,而不是仔细地对实验的失败、成功等进行详尽的讨论。还有个别学生实验失败不仅不检查原因,而且还将其他同学的数据或结论原封不动地抄上去,一字不差!针对此类现象我给同学们讲了德国化学家本生的故事。他在海德尔堡大学工作时为化学实验制定了一整套规章制度,称"本生实验室规则"。他告诉了学生,严谨是科学的生命,马虎是对科学的犯罪,决不能轻视科学作风和科学习惯。

为了帮助学生从各个方面熟悉化学,我带部分学生参观了复旦大学结构测试中

心,华师大化学系、环科系实验室,上海市环境保护研究院,上海市环境监测中心等科研单位。并将丽娃河、校南边的苏州河(武宁路桥—强家角渡—北新泾桥)列入我们环境科研课题的一个重要监测对象,其他的监测对象还包括该范围内的沿河各厂矿,其中化工单位有化工研究院、天原化工厂等。同学们不仅关心我们课本上的化学反应,也关心着实验室的化学反应,更关心着丽娃河、苏州河内发生的化学反应和与之有关的各污染源内所发生的化学反应。苏州河的黑臭和天原化工厂、化工研究院的刺激性废气的悄然排放,直接刺激着我们的感官。一种强烈的社会责任感油然而生,做跨世纪的开路先锋是我们的明智选择。

化学教学的重点不在于单纯地让学生学习书本知识和模仿、重复他人的经验,而是侧重于培养学生的创造能力、独立思考能力、分析能力和动手解决问题的能力。为此我采取了讲点理论做点实验的方法。如,我在上有机化合物分子结构、络合物结构时均引进了用价键理论不能进一步解释某些化合物结构的又一理论——杂化轨道理论。这一理论在学生学习了核外电子的运动状态、原子核外电子排布及元素周期律、化学键和一些化合物结构的基础上再来研究,一下子难度降低了很多。同时,我还特别介绍了凯库勒建立的苯环学说(苯环的经典式和现代理论式),凯库勒的碳是四价的学说,对有机结构理论的形成起了重大作用。而提出原子轨道杂化理论的化学家正是二次获诺贝尔奖的近代美国化学家鲍林,这个理论很好地解决了化合物分子的几何构型问题。在理论学习的基础上我又把络合物的有关性质实验搬到了实验室,以进一步通过化学实验来了解其结构的稳定性。这样一组十分有趣的络合物(含螯合物)的形成与性质实验就在实验室拉开了序幕,其中不仅仅涉及络合物结构的理论部分,还涉及与本次实验有关的络合平衡、溶解平衡问题以及一些常数如 $Ka_稳$,$K_{不稳}$,K_{SP} 的意义。化学实验的魔力大大激发了学生的求知欲和创新意识,从而培养了他们独特的分析问题、解决问题的能力。

又如课堂上对解题方法的指导,对于各种不同题型审题、解题的关键在于灵活掌握和运用基本概念与规律,抓住其重点、难点一步步地解析,采取由浅入深、由易到难、由单一型到综合型的方法,力求做到举一反三,融会贯通,一题多解。又如,讨论物质之间的转变时,可以有多种途径,在分析每种途径之后进行权衡利弊,从中找出最佳途径。当有时学生们为找到一条解题捷径或一种新的解题方法而争得面红耳赤的时候,正是他们智慧之光在频频闪烁之时,这里孕育着无穷的创造力!

从心理学出发,16PF测定显示智优学生具有与普通学生不同的人格特征。首先智优学生智力水平高,抽象思维突出;其次,智优学生勇于探索,成就动机高;再次,智优学生好胜自信,独立性强;最后,智优学生性格内向,情绪稳定。如何注重化

学智优学生个人品格的形成呢？这要在教师的培养和学生自己的努力之下。

对于化学智优学生来说，只有站得高才能看得远。要不断地认识自我，把握自我，尤其在成功之后确立自我。记得陈闻欣同学曾在自己的参赛总结中深有体会地说："不管目前的奥赛是什么样儿，但我始终认为，它应该给你的，以及你所应该始终坚持的，是对化学的兴趣以及在学习钻研化学过程中所得到的乐趣，因为这种乐趣，使你不断地自发学习，不断地接触新的东西，而不受'这个考不考'的束缚，学到的总会有用的。不能总把失误归于客观原因，因为，理论上，只要你是足够强大，一定能取得第一的。每一次失败背后都有你自己不可推卸的责任，往往是准备得不充分。但是，不管结果如何，只要你真的获得了乐趣，你就可以带着它继续你的大学学习，那一定会很美妙。"记得胡文君同学在凯旋的庆祝会上感慨地说："这次比赛，我们本来是为拿金牌而准备的。在比赛期间，我国选手的项目、展板及表现也得到各国教师和选手的好评，大赛秘书长也曾多次到我们的展板前称赞我们的项目，尽管最终未能达到预期目标，但我觉得比赛带给我的最大收获在于自身得到锻炼并结识了许多国家的朋友。应该说，这次参赛培养了我多方面能力，从最基本的实践、动手能力到赛场上的应变能力，甚至英语的听说能力，在比赛过程中都得到提高"，"虽然我为只得了铜牌而遗憾，但当看到我们的五星红旗在礼堂内飘扬时，心中仍涌起了一股激情。这还要归功于学校多年的教育。现在比赛已成为过去，比赛的经历将激励我继续努力，从新的起点出发。"从学生们的参赛总结中可以看到他们崇高的思想境界，他们正在茁壮成长。

"小课题研究"做抓手，硕果累累

进入90年代以来，我一直在思考应该如何创造一种以德育为核心的既提高学生的科学素质（科学的思想、科学的精神、科学的态度、科学的方法、科学的习惯和科学的作风），又培养学生创新能力的教育模式。因为当前教育存在的主要问题仍是理论与实践脱节，尽管我们学生思想敏捷、反应灵活、记忆力强，但是总体科学素质不高。因此我自 1994 年开始率先在初三年级开设新的校本课程"小课题研究",从学校南面不到 100 米远的华师大丽娃河和苏州河开始研究,并确定"对苏州河水质污染情况的实地调查及前景预测"作为课题研究,并持续至 1997 年。

在这些课外活动中同学自己一边实验,一边积累数据,一边辅以实地考察,一边查阅资料等,并不断完善自己的论文,终于克服了种种困难坚持了下来。通过这些活动大大提高了学生们应用科学方法解决实际问题的能力,体现了理论性、实践性、科学性和创造性。使学生在强手如林的国际、国内选手面前一展自己的风采。胡文君等环保科研小组的同学在离校前还积极为母校创建了"华东师大二附中环境保护协会"这样一个社团组织,并举办了成立仪式和换届仪式,为二附中开展环境保护教育活动做出了积极贡献。

在这期间,我的学生胡文君、吴玢小组的课题论文《苏州河——明天在召唤》经答辩获上海市第三届青少年生物百项活动优秀项目二等奖、上海市第六届青少年环境科学讨论会优秀论文二等奖。胡文君同学的项目论文《INVESTIGATION OF THE POLLUTION OF THE SUZHOU CREEK AND ITS PROSPECTS》更是在 1996 年的第四届国际中学生奥林匹克环境科研项目竞赛获得铜牌。环境科研小组的论文《苏州河水质监测报告及治理方案》获上海市 1995 年"我爱母亲河——黄浦江"青少年环保实验成果汇报会优秀论文一等奖;论文《对苏州河污染情况调查分析及前景展望》获第四届生物百项活动优秀项目二等奖、上海市第七届青少年环境科研讨论会优秀论文二等奖等。

胡文君同学曾说道:"从最初成为实验小组的一员,在两年后参加国际竞赛并获奖,这都得益于二附中对我、对所有实验小组成员潜移默化的影响。记得郑老师组建这个小组时,我们的'资本'是刚学了两个月的化学基础知识,我们必须掌握的基本理论是高中化学中部分基础知识,而我们的实验是大学二、三年级的环境化学实验和仪器分析实验。单就所用药品的从实验纯到分析纯的变化,也使我们意识到我们不只跳过一个台阶。"

与此同时,我还积极鼓励、指导并创造条件,帮助学生超前自学和参加各级各类化学竞赛,这对于培养学生的创新精神和创造能力具有不可估量的积极作用。我们的努力获得了丰硕的成果:1998 届的上理班学生里,获得 1996 年第四届国际中学生奥林匹克环境科研项目竞赛铜牌一枚，并在 1997 年、1998 年的上海市中学生化学竞赛暨第 29 届、第 30 届国际中学生奥林匹克选拔中获一等奖 3 人次、二等奖 2 人次和三等奖 2 人次；同时在上海市高中化学竞赛中，5 人次获一等奖，4 人次获二等奖，5 人次获三等奖；而我指导的 1998 届学生最终获得上海市中学生化学竞赛暨第 30 届国际中学生奥林匹克选拔赛团体一等奖。

随着科学技术的迅速发展，知识经济作为一种经济形态正逐步向我们靠近并初见端倪，伴随而来的是对学校教育提出了新的挑战。21 世纪各国综合国力的竞争最终是人才的竞争。学校教育包括化学教育，其主要任务是培养具有现代科学文化知识、掌握现代最新技术，能自主创新、献身中华、敢于竞争、善于竞争、善于协作的跨世纪人才。所以，中学生的化学科学素质的培养势在必行！

朱希祥：远游无处不销魂

—— 我与旅游文化的不解之缘

［校友简介］

朱希祥，1965 年至 1968 年于华师大二附中就学。1969 年至 1973 年于黑龙江建设兵团务农并任中学教员。1973 年后在华师大就学、留校，任教授、博士生导师。现任上海东方青少年培训中心校长、镇江市赛珍珠研究会顾问。研究方向为文艺学(比较美学、写作学、文化学)和教育学。出版专著及各类著作、教材、编著 30 余本，发表学术论文和各类文章 300 余篇。曾获上海市普通高校优秀教材二等奖、上海市高校教学成果三等奖、全国宝钢优秀教师等奖项。

谈及旅游及其文化,我可是有 30 余年的难忘经历和说不完的话!

至今,国内除极少数几个省份外,从黑龙江到海南岛,从新疆到台湾,都留有我的足迹;国外与境外的欧美亚澳非中东的 40 个左右国家和地区,我也游览与考察过。

眼下,我虽已逼近古稀,但仍每年安排一两次的出境旅游和无数次的国内游与专业考察。

作为社会科学的教学与研究者,1998 年我就出版了 20 余万字的《中西旅游文化审美比较》专著,内容涉及旅游文化的方方面面,细分为风土情、审美心、山水游、建筑观、园林景、雕塑赏、书画品、工艺饰、服装艺、饮食尝、游乐术和游记文 12 个章节。该书被列入全国导游资格考试(上海)指定教材的主要参考书目,为我国导游培养出了一份力。在日本、美国和中国香港、中国澳门等国家和地区,我还专业性地调查与考察了相关的民俗、教育等项目,进行过文化产业、文艺学等的学术交流。

作为旅游文化的实践者,我还参与了上海七宝镇与奉贤、常熟阳澄湖、江苏连云港和泰州、重庆万州等地区的旅游策划,为地方旅游事业增添了风采。

作为游记写作的爱好者,我又写下了 90 余篇近 25 万字的境外旅游散文与随笔,其中 30 余篇在各书籍和报刊发表,与旅游文化爱好者分享,为各旅游景点贡献解读、宣传与弘扬的美文。

我和旅游结下如此的不解之缘,与我的文艺学专业特征和高校教科研的工作性质与经历有关,更与旅游本身的特质与功能密不可分。

清代钱泳的《履园丛话》中说:"'读万卷书,行万里路。'二者不可偏废。"这是中国历代文人学士所强调的完善文化人格和做学问学术的原则。

"读万卷书"在家里和学院中即可完成;"行千里路"则需走出书斋,迈向社会,融入山水,才能有所收益。旅游是二者的结合:旅游前后的读书,可以知晓古今中外;旅游进行中的行走,则可深刻体验风土人情。故而也就有了"五岳寻仙不辞远,一生好入名山游"(李白)和"衣上征尘杂酒痕,远游无处不销魂"(陆游)这样的旅游名言绝词。

古人的这些诗句,极形象地道出了旅游活动的熏陶和浸润的精神满足与愉悦作用。跃跃如仙和摄人心魄,常常是我们游览名胜古迹时的心理感受与体悟。

人们也会由此想到在崇山峻岭中漫行嬉戏,会想去异国他乡领略不同的风情,向往去古迹遗址"发思古之幽情"。

看美景、察风物、游园林、品名胜、尝小吃、购特产、携工艺,无疑是游客共同追求的精神与物质的享受;观名山、寄豪情、致雅趣、抒胸臆,已成为当代中国人不可或缺的生活方式和精神享受。这些也都可以在国内外的旅游活动中得到满足。

于是，仅以出国和出境旅游而言，我就说明、叙述、描写、抒情、议论五项技能披挂上阵，吃、住、行、游、购、娱六大要素轮番上场，笔下就有了诸如《英国旅游中的：形形色色的西餐与西食》《"住"的个性与意趣》《"行"的规矩与情趣》《"购"的乐趣与意蕴》《绅士、淑女的风度与文明、文化》等内容，为我在上海食文化研究会召开的研讨和持续进行的中西文化比较研究，增添了新的素材和实例。

俄罗斯、德国、东欧及法国、意大利的游记，大多着意于艺术气质和精神的传承与显现，那些无处不在的艺术与美感、震撼与激奋、惊讶与愉悦，还有西方宗教的艺术和功能，以及艺术美、生活美和自然美……给了我教授美学以更多感性的资料和案例。

坐"歌诗达赛琳娜"邮轮的感受与体验也被我写进了文章里：与"众神"为伴，游玩海上"大世界"，绚丽的舞台与多彩的演出，无处不在的推销、购物与消费，五花八门的日韩产品，蜻蜓点水的岸上游览……我将此系列的游记无偿提供给了一些国际旅游公司，他们作为宣传资料散发，起到了很好的吸引游客的作用。我的一些亲朋好友，看了游记后，也对邮轮旅游颇感兴趣，纷纷表示要去尝试一番。

我在给上海华东师范大学对外汉语学院（现改为"国际汉语文化学院"）的外国本科留学生、中国硕士学生和中外博士生混合班讲中外文化与美学比较时，这些由亲身的体验与考察得来的丰富生动的原始材料、照片与视频，让我讲课时能信手拈来，让学生听得津津有味。师生互动频繁，课堂效果自然是事半功倍。

美国著名聋盲女作家海伦·凯勒在那篇脍炙人口的传世佳作《假如给我三天光明》中，这样精心而深情地安排她得到的能看到世界的三天时间：第一天，先"要看看每一个一直善待我、陪伴我的人，感谢他们让我的生命变得有意义"。"下午我会到树林里去散步，让眼睛尽情享受大自然之美。我还会祈求上天赏赐一个五彩缤纷而壮观的日落让我看看。""第二天我会黎明即起，望着黑夜渐渐转变为白天。好好欣赏那动人心弦的奇景。我会满怀敬畏，静看太阳用灿烂光芒唤醒沉睡的大地。……然后我会去参观艺术博物馆。""第二天傍晚我会在剧场或电影院里度过。我渴望看到由真人扮演而风度翩翩的哈姆莱特……"第三天，"我会站在热闹的街角望着其他人……去了解他们的日常生活。……我会去游览纽约市，包括贫民区、工厂，以及孩子爱去的公园。我前往移民聚居的地区，不用出国就领略到异国风情"。"我大概还是会跑进剧场去看一出热闹的滑稽剧，好帮助我了解人类喜剧的真谛。……要细嗅花的芬芳、细尝每一口食物……让每一种感官都充分发挥功能吧，大自然赐予人类各种感觉能力，人类才能体验这个世界的欢乐与美……"

多么动情的设想和慰藉！多么美妙的想象和描绘！它出自对生命、对人类、对大自然、对生活和艺术的强烈而真切的向往与挚爱。她深沉谈及的这一切，几乎都与旅游息息相关。聋盲女孩的这些渴望，我们健全人很容易实现。因此，我们要格外珍惜当下的所得，调动我们的五官，去接受人类和自然的恩赐与给予，全身心地去体验山川河流、人文景观给我们带来的美感。

世界很精彩，我们去看看！

朱杏生、郁人豪：追忆

[校友简介]

朱杏生,1965 年至 1968 年就读于华东师大二附中。1969 年 3 月到云南省红河州弥勒县朋普区插队落户,1971 年 11 月招入云南省休委512 厂,1982 年到云南电子设备厂,1988 年到云南南天电子信息产业股份有限公司,2012 年退休。现居昆明。

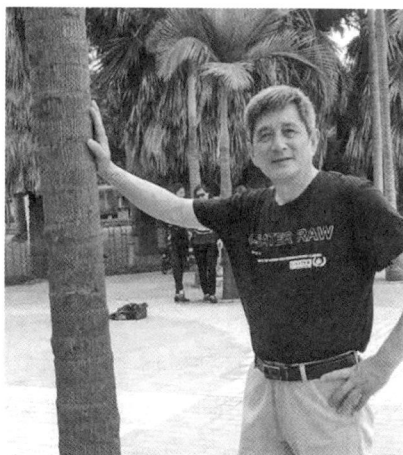

郁人豪,1965 年至 1968 年就读于华东师大二附中。造船为了远航,展翅就要飞翔。1969 年到云南当知青,2012 年退休回上海。经历岁月打磨的人,才能悟出生命的真、生活的实。闯荡 50 年,弹指一挥间。真乃:出门闯天下,回家享晚年,一切皆有缘,知足便常乐。

知青是抹不去的梦,知青是解不开的结。岁月蹉跎,时光荏苒。尽管已经逝去了 50 个春秋,但那段难忘的生活依旧刻骨铭心无法抛却,依然魂牵梦萦挥之不去,时时激荡在我的记忆中。

"农村是一个广阔的天地,在那里是可以大有作为的","到农村去,到边疆去,到祖国最需要的地方去","接受贫下中农的再教育"……在 20 世纪六七十年代掀起的滚滚洪流的裹挟下,我们那代人奔赴农村,上山下乡,经历了一段永难释怀的艰苦岁月。1969 年 3 月 6 日的上海彭浦车站,人山人海,上海普陀区奔赴云南插队落户的知青们就在这天离开了家乡,离开了亲人和朋友们。车站上,父母亲、兄弟姐妹们亲切的嘱咐和叮咛,朋友们的告白,不绝于耳,当时大家又是不舍,又是兴奋,随着火车汽笛声响起,大家依次上了火车,头伸出窗外,挥手告别。也就在火车启动的一瞬间,车厢里传来了撕心裂肺的哭声,随即整列火车哭声一片。火车在平稳地行驶着,不知是谁,好像是王广兵吧,拿出一包上海大前门香烟,发给我们每人一支,我们慢慢地品尝着大前门香烟,心中在思索着——因为我们当时都没有哭。

火车经过两天三夜的长途跋涉,终于到达云南昆明火车站。在昆明住了一晚上,第二天我们就坐上解放牌大卡车被送到弥勒县,第三天就到了朋普公社河湾生产队。一到生产队我们就都蒙了,没想到生产队竟如此贫穷和落后,不难想象,我们将面临许多艰难困苦。我们五人,我、王广兵、郁人豪、于岗(郁人豪表弟)、张重惠(王广兵邻居)开始了插队落户的生涯,从此以后我们就是一个集体户,大家要同吃、同住、同劳动地生活在一起了。

我们所在的河湾生产队很小,有 60 多户人家,300 多人。当时交通闭塞,买什么东西都要票证,连寄封信都要在赶集日子走上 3 公里的路到公社的邮局。尽管当地政府为了照顾知青,尽量把我们往条件相对好一些的生产队安插,尽管善良纯朴的农民自己尚在艰辛度日中,还是给了我们许多力所能及的关怀和帮助;但是我们这些从城里去的毛孩子,一下子进入这种严峻的环境,生活上所遇到的困难和心理上所感到的失落是可想而知的。农村确实是一个"广阔的天地",但是对于我们这些冠以"知识"之名其实连一个"知识者"的半成品都算不上的青年来说,要想"大有作为"无疑是水月镜花的目标,我们只能是一个连基本劳动技能都不具备的简单劳动力,前途渺茫,期望何在? 什么时候能改变这种处境,自己会不会在这乡村里与草木同朽般地终老? 这种对命运的担忧,像锉刀一般无时无刻地锉磨着我们的心灵和神经,这是比贫乏的物质生活条件更难以承受的精神折磨。

为了生存,为了出路,我们把自己融入虽然简单却非常繁重的农业生产劳动中,日复一日,以期获得贫下中农和队领导的认可,争取早日招工招生跳出农门,回到城里。在插队落户的日子里,我们每天都跟着老乡们一起劳动,好多以前不会干的农活,在老乡们的指导帮助下,基本上都学会干了。我们在力所能及的范围内帮助队长,帮助队里记记工分,晚上帮助老乡碾碾米,挨家挨户地分分农副产品。我们五个人是自己煮饭吃的,为此,队长还规定:那五个"大学生"要多少米就给多少。所以那时我们这个集体户,吃饭不成问题。最大的困难是没有菜,没有油。老乡们送给我们的咸菜和腐乳都是辣的,我们怕辣。后来我发现,我们住的仓库里有土豆,每天我们就拿上几个土豆(有些土豆已经发芽)削削皮,放在没有油的铁锅里烘焙一下,蘸上点盐,就算下饭菜了。就这样,每天如此,土豆蘸点盐,直至把土豆吃完。想不到的是,种土豆的季节来临,队长派人到仓库来拿土豆种,才发现原先留作种子的土豆全让"大学生"给吃完了。队长知道后,感到惊讶:发了芽的土豆你们也敢吃!不过队长并没责怪我们。第二天,我跟随队里的几个老乡去山里买土豆种,好心的队长和老乡知道我们的困难后,每天都给我们送些菜,有的还给我们送来了猪油。老乡们的善良举动,让我们现在都记忆犹新,感念不已。

我们五个人在生产队的表现,得到了生产队和公社的认可。郁人豪代表我们集体户,在1970年底参加了公社和弥勒县的活学活用毛泽东思想积极分子代表大会,1971年3月又去红河州参加了代表大会,同年5月又代表红河州参加了省里的代表大会(当时代表红河州到省里开会的只有我们一个集体户)。

光阴似箭,岁月如梭,一转眼50年过去了。当年的知青上山下乡,是一个特殊的历史事件,给我和我的同龄人留下了抹不去的记忆。对过去的知青生活,每个人的感受是不同的,在我们的心里,那是一段不堪回首的蹉跎岁月。但它毕竟还是给了我们这一代人艰苦的意志磨炼,培养了我们这代人敢拼、敢闯、自强不息、吃苦耐劳的优良品质。

本文由郁人豪、朱杏生合作撰写,完成初稿后曾交由严秀英老师批改。在此对严老师表示感谢!

李树德：我只是划过天际的一颗流星

——我和手绘电影海报

〔**校友简介**〕

　　李树德，华东师大二附中 1970 届校友，1988 年毕业于上海大学美术学院。退休前供职于曹杨影剧院。自幼喜欢涂鸦，慢慢的爱好变成了职业，数十年写写画画，一直在这条道上忙忙碌碌求索至今。70 年代末开始搞创作，作品题材宽泛，手法多样。作品时有入选上海和全国的各类美术展览，也常见报端，偶得鸿运获奖数次，还被有关方面收藏一二。现为中国美术家协会会员、上海美术家协会会员、中国科普作家协会会员、上海市科普作家协会理事。

我是二附中 1970 届的初中毕业生，兄弟和女儿都是我的校友。光影荏苒，离开学校已近半个世纪，但学校的容貌依旧历历在目，在学校挑灯出板报的情景，也仿佛就在昨天。是二附中的良好校风学风，一直潜移默化着我的言行，润物细无声地助我成长。

自幼爱涂鸦的我，自从拿起画笔，至今未曾放下，从家里画到了学校，从学校出来，一直画向了社会。

在房地局挂名十年后，爱画画的我跳槽进入文化系统，来到了电影院当美工，这一干就干到了退休。这期间，我考进上海大学美术学院，有留校当老师的机会，但我谢绝了；借调在机关工作，有当公务员的仕途，我也谢绝了。我义无反顾，选择在美工室梦圆理想，在画板前挥洒青春。我非常知足，因为爱好成了我的终身职业。

当年的影院美工，每个月都要画数幅大海报。基本流程是这样的，先看试片，我们美工，都有一张试片入场证，每个星期二上午到大光明电影院看两部新影片，了解剧情，回来后找资料找图像，用有限的资料创作构图，然后再放大绘制。美工室一般都比较大，因为要容下足够的绘画底板和保证绘制海报时的进退空间。我在曹杨画的海报，一幅大约六平方米，绘制时爬上蹲下，工作量还是非常大的，但是当年仗着年轻气盛，工作时非常投入，乐此不疲。

我们完成的手绘电影海报，都会提前张挂在影院门口的固定墙面上，在商业广告不很发达的当时，电影海报称得上是一道独特的城市文化风景，它是电影文化与普通观众进行沟通互动的一个窗口，我们自豪当年自己的作品，能与那么多的观众直面交流。只可惜所有裱在板墙上的海报，是不能完整撕下来保存，原汁原味的手绘海报，今天只能通过照片得以一见。

画了十多年的电影海报，粗粗算一下，大大小小也有近千幅，其中倾注了自己太多的情感和心血。20 世纪末，随着高科技的发展、电影产业市场的变更，手绘电影海报渐渐淡出了观众视线，取而代之的写真喷绘，将手绘海报止步于新世纪的门槛。

2014 年，上海电视台纪实频道拍摄了上下两集的"上海故事"：《电影海报的手绘温情》，我们在片中讲述了海报人生，该片播出后引起了不小反响，我们自然也听到了各种回声。其实人们没有忘记那个温情的手绘电影海报，只是感叹再也见不到这种贴近老百姓生活的艺术样式了。

同年下半年,再一次同行聚会中,大家又聊起了昔日的海报,我便提议能否搞一次展览,重新用大家熟悉的手绘海报,来纪念抗战胜利70周年。想不到,这个纯属自发的想法,很快得到了普陀区档案局的重视和介入,方案进一步完善。重新燃起创作热情的老美工重操旧业,经过半年多的努力,最终完成了一批以抗战为主题的全新手绘电影海报。这个主题展览一经展出,好评如潮,多家主流媒体争相报道。展览转展多处,最后融入上海市的主题展,在中华艺术宫展出长达两个月,影响远远超出我们的预料。随后两年,我连续参与策划并组织实施了《红色记忆——纪念中国共产党成立95周年手绘电影海报新作展》和《长城·军魂——纪念中国人民解放军建军90周年手绘电影海报新作展》都获得了非常好的社会反响,得到了观众的认可。

今年2月4日,是我国著名电影表演艺术家秦怡老师的96岁生日。之前,我有幸受邀为秦怡老师不顾93岁高龄亲自上青藏高原拍摄的电影《青海湖畔》绘制大幅海报。主办方创意独特,要我在中国第一高楼——上海中心的119层"上海之巅"现场完成创作。一天的准备工作,两天半的创作绘制时间,我完成了任务。2月3号下午,当秦怡老师来到现场,我和上海电影演员剧团团长佟瑞欣拉开帷幕,高2米宽3米的海报亮相"上海之巅",全场一片掌声。我看到老艺术家眼含热泪,非常激动,她高兴地在手绘海报上签上自己的名字,这幅在中国最高处创作完成的海报,已赠与并永久落户上海中心。我也由此成为在中国地面建筑最高处创作美术作品的第一人。当天,我还将另一幅由秦怡老师和赵丹老师主演的老电影《遥远的爱》的手绘海报作为生日礼物送给了这位德高望重的老艺术家。这是老艺术家的光荣,也是我的荣幸。我在中国第一高楼绘制这幅作品,不仅与电影中的海拔高度相呼应,也寓意着表演艺术家投身电影事业的精神高度与上海之巅交相辉映。

六月初,我接到第21届上海国际电影节开幕式导演组的邀请,参与"向电影幕后人致敬"环节节目。节目组设计要在现场推出一幅巨大的手绘海报,由我担纲绘制。由于尺幅要求太大,在其他地方画好了运过来几乎不可能。于是在上海大剧院后台,快速搭起了一块高3.66米,宽6.10米的大板和脚手架,我也连夜完成构思草图,在时间紧、后台灯光暗等不利情况下,我和我的伙伴,用了三天时间完成了工作。按要求,我们画的是有着上海元素的《碟中谍3》。这也是我手绘海报生涯中,迄今为止画得最大的一幅作品。

6月19日晚,我带着这幅巨大的海报,带着幕后电影人的梦想,登上了第21届上海国际电影节金爵盛典的舞台,赢得了台下中外嘉宾的热烈掌声。当主持人问我,在那么多年默默付出画了那么多海报却没有留名的情况下,有没有遗憾时,我回答:没有遗憾,只有感恩。我要感谢上海这座城市,感谢电影,给了我施展才华的舞台。手绘电影海报,虽然淡出了观众的视线,但不经意间,我们为这座城市留下了一道值得回望的风景,为电影留下了一个温暖的话题。这已足够回报我们的付出。电影节向幕后电影人致敬,其实是对工匠精神的肯定。

昨夜星光灿烂,我只是划过天际的一颗流星,今晨太阳升起,平凡的一天继续……

钱仁錶：散打巨擘，力压群雄

［校友简介］

钱仁錶，1967 年至 1971 年就读于华师大二附中（1970 届校友）。1971 年至 1976 年工作于成都军区 7854 部队政治部，1976 年至 1988 年工作于上海造币厂，1988 年至 1992 年工作于上海市体委武术院，1990 年至 1992 年任中国国家散打队总教练，1992 年至 1996 年援外埃及任国家散打队教练，1996 年至 2002 年任上海置业副总，2002 年至退休任上海武德散打俱乐部有限公司董事长。2013 年退休后兼任上海武警部队猎豹突击队顾问、上海金盾持卫高级教官。

钱仁鍒先生是中国武术散打界的"雄霸"，曾作为政府公派海外的中华散打教练的第一人，为国争光添彩，被武林坊间誉为中国式的"拳王阿里"。

1953 年出生的钱仁鍒，拳击师承张立德老师，心意六合拳师承王榴柱、丁长富老师，散打师承蔡鸿祥、蔡龙云老师。

身高 1.85 米，体重 105 公斤的钱仁鍒，曾荣膺 1982 年至 1983 年上海市散打重量级冠军、1982 年至 1984 年全国散打重量级冠军。1985 年担任上海市武术院散打队教练，1987 年担任上海武术院专职散打总教练，1990 年担任国家散打队的首任总教练，1992 年公派担任埃及国家散打队总教练、皇家卫队教官。

1971 年钱仁鍒还在上初中时，身高马大的他就作为特招生，被成都军区破格录取进入篮球队，专攻左边锋，并在部队中入了党，1976 年转业上海造币厂。

将武术散打视为自己生命第一的钱仁鍒，无论风吹雨打，每天坚持进行一小时"马拉松式"的跑步锻炼及两小时的综合体能训练。1981 年上海市体育宫散打队首次组建时，体育宫内没有挂沙袋的位置，便就地取材，用生铁浇铸了一副重五百斤以上的双杠，然后将沙袋挂置在双杠上，进行拳、脚击打沙袋的训练。蔡鸿祥老师命令队员们逐一对沙袋各击十拳，测量击打的重力强度能使双杠移动多少厘米，当时队员们的成绩平平，唯独身材魁梧高大、体型矫健灵活、肌肉发达匀称、性格倔强好胜的钱仁鍒，上场出第一拳时双杠就移动了一厘米。在场观看的各位都屏住了呼吸，当钱仁鍒十拳累计移动了十厘米时，一片寂静中突然爆发出雷鸣般的喝彩声，大家都赞叹不已！蔡鸿祥老师翘起大拇指夸奖钱仁鍒的拳头似"铁榔头"，力大无比。

> 雄发指危冠，猛气冲长缨。
>
> 英可以为相，雄可以为将。
>
> 生为百夫雄，死为壮士规。

钱仁鍒的腿法也是绝伦超群的，他擅长的"鞭腿"，屈膝提起，用大腿带动小腿，将小腿踢出，呈鞭打效果，这种腿法，虽然力道不如泰拳的大力"扫腿"，但速度快、准心高，非常灵活，收放自如。所以他的蹬、踹、边和后扫等腿法不用任何调整，就能快速而准确地击打到目标，令武术界同人赞叹不已。

钱仁鍒在赛场上的精湛技艺令人叹服。有人形容他的出拳像蜜蜂蜇人一样犀利，而他脚下的步法，又像飞舞的蝴蝶一样轻盈、灵活，他独创的步法，也被人们形象地称为"蝴蝶步"，犹如一代"亚洲跤王"常东昇前辈的跤技"花蝴蝶"。

钱仁鍒的散打格斗风格是：速度赢人，硬度欺人，力大降人，变化打人，以重击鼻,上下翻飞,出手如箭,双拳密如雨,疾上还加急。他至今已经培养出几十位世界、全国的散打冠军,还培养了荣获世界泰拳冠军的弟子王磊。他在散打训练的教学大纲里系统地归纳了"七要素":速度、力量、耐力,柔韧、协调、平衡、灵活。

1992 年,钱仁錶公派赴埃及担任埃及国家散打队总教练及皇家总统卫队教官。他第一次踏上了非洲的土地,在那里,他受到了政府元首级别的接待,也感受到了当地人民超乎寻常的热情,当地人对他敬若"神明"。当地各种媒体也进行了大幅报道,受欢迎的程度,简直难以想象。他曾五次带领埃及国家队参加世界锦标赛,其学生多次荣膺世界冠军,在他的带领下埃及国家的"团体散打总分"曾名列世界第三位。在埃及的四年半中,他学会了用阿拉伯语、英语流利地背诵《古兰经》。

钱仁錶神拳盖世雄(藏头诗):

钱氏门族一才俊,
仁义豪情功卓勋。
錶德誉道人敬仰,
神艺百湛独辟尊。
拳技入化无其右,
盖冠武坛震九州。
世人慕交结君友,
雄才聘为御军首。

才华横溢、德艺双馨的钱仁錶,在武林散打界早有建树。生活中的他还喜爱读书品茶、硬笔书法、号脉诊疗、中医养身等,彰显了其内外兼修的丰厚的文化底蕴。他的书法,神形兼备,博采众长,笔力雄壮,气势磅礴;风格清丽高华,笔墨凝练含蓄,熔书画为一炉,可谓浸润笔墨丹青五十载。

2001 年,钱仁錶在政府部门正式注册登记备案了"上海武德散打俱乐部有限公司",担任董事长。武德散打俱乐部的开创者钱仁錶是重击思想的代表者,散打教学课程,打法凶狠,拳腿重击,以 K. O(Knock Out,拳击用语)为终极目的,是真正意义上的"杀伤性散打",不仅适用于擂台竞技,更加适合业余爱好者防身之需。

2016 年 9 月 24 日,以钱仁錶为总顾问的团队在上海宝山体育中心成功举办了综合格斗 MMA(mixed martial arts,简称"MMA")大赛。MMA 以 K. O 为终极目的,即"终极格斗"大赛(Ultimate Fighting Championship)。MMA 允许任何门派的武术(如空手道、柔术、相扑、武术、自由搏击等)和奥运会的体育项目(如拳击、摔跤、跆拳道),即踢、打、摔、拿均可参加比赛,并在统一的规则下决出哪种功夫最厉害。MMA使观众在同一个场地中看到了不同格斗术间的较量。2017年,他又策划了泰拳、散打、自由搏击、MMA的大型比赛活动,4月在上海继续举办了"终极格斗"大赛,世界各方"大咖"莅临上海东方体育中心,向上海市民及爱好者呈现了精彩纷呈"终极格斗"表演。

祝愿钱仁錶先生的散打格斗事业继续如日中天:力拔山兮气盖世,昂藏七尺怀瑾瑜。

作者:郝凤岭。

本文原刊于2017年2月10日的"全球功夫网"。

梁明莲：有志者，事竟成

[校友简介]

梁明莲，华东师大二附中 1972 届校友。任职于上海绢纺织厂及上海子安建材有限公司。多次获得"上海市劳动模范""上海市三八红旗手"称号，曾当选为上海市总工会第九届委员会委员。现退休。

华东师大二附中不仅培养出无数高精尖领域的杰出人才，更是社会各行各业出类拔萃的一线劳动者的摇篮。

1972届大渡河二排梁明莲同学就是其中的佼佼者。她中学毕业，踏上工作岗位，成为上海绢纺织厂的一名纺织女工。工作中不断悉心钻研技能，严格要求自己，砥砺奋进。不畏困难创新方法，不断提高纺织水平，帮助企业提供工作效率和产品质量，并一次性考取了技师职称，强化了工作能力。

在职期间除了自身凭借吃苦耐劳的精神在1991年、1993年、1995年连续荣获"上海市劳动模范"，又在1992年获得"三八红旗手"的光荣称号。她带领班组共同进步，跃升为企业的先进模范代表，言传身教毫无保留，还当选为上海市总工会第九届委员会委员，成了当初上海50万纺织工人的标杆。而这一切的荣誉并没有让她懈怠。业精于勤，她依然孜孜不倦穿梭于织布机间，用自己的奉献和责任在穿梭中编织出美丽。

企业改革，她在迈入45岁时离开了心爱的纺织行业，投身建材销售行业（红星美凯龙诺贝尔专卖店）。老话说，隔行如隔山，刚开始难度大，做了一个月也没开到一张单子。但她说，光急也没用，挑战自己必须努力学习。在同事的帮助下，她慢慢地开窍了，知道想成为一名销售人员，首先要熟悉和了解自己所售的产品。掌握产品优点缺点、清楚产品的目标客户和市场定位，才能更好地服务客户。她一直努力地学习，努力地工作，让每一天充满了希望。

在2009年，很不幸，她的爱人被查出了肠癌，经历了手术、化疗。白天梁明莲照常上班，把微笑带给客户，晚上到医院陪伴爱人，一点也没影响到当月的业绩。事后他们的董事长知道此事，说："你好坚强，这么大的事也不说一下。"

从零做起边学习营销技能边摸索建材市场，从封闭式的单一织布间跨越到形形色色的销售市场，挑战的不仅是自身社交能力，更是销售技能。她再次凭借顽强的理念支撑，突破沟通鸿沟，突破技术领域，突破知识结构。梁明莲在销售的岗位上干了十几年，最终荣获企业"最佳员工奖"，并成为业内的金牌销售。后来提升为门店销售顾问，主抓新员工培训，做传、帮、带的工作。

从下岗到再就业，梁明莲的体会是，态度决定一切，做什么事你只要认真去对待，百分之百地投入，一定会成功的。

二附中的学子，一直勇于挑战自我，超越自我，能在平凡的岗位中挑起不平凡的责任，做出不平凡的贡献。这些荣誉的取得既是国家和人民对梁明莲同学工作的认可，也是我们1972届同学的自豪，更是二附中的骄傲。

作者：冯捷，梁明莲的女儿。

本文根据梁明莲口述整理。

周 林：回首沧桑已数番

[校友简介]

周林，1975 年华东师大二附中初中毕业生。1982 年获得复旦大学学士学位，1989 年获得普林斯顿大学经济学博士学位。曾任耶鲁大学、杜克大学、亚利桑那州立大学教授。研究方向包括微观经济学理论、博弈论、社会选择理论。1993 年获得斯隆基金会颁发的经济学研究奖，2009 年当选为世界计量经济学学会会士。

他在美国任教期间参与中国高校教育，2006 年成为教育部长江学者讲席教授。2010 年全职回国工作，任上海交通大学讲席教授及安泰经济与管理学院院长。2011 年入选中组部国家千人计划专家。2013 年荣获上海市政府颁发的"白玉兰纪念奖"，表彰他对上海交通大学建设做出的贡献。

白驹过隙,光阴荏苒。今年是母校建校六十年纪念,而我们大部分 1975 届毕业生也已经或者正在步入花甲之年,我们有幸和母校同生。但是在另一方面,我们又和今天的母校有些不协调。我们在"文革"这样一个特定的历史时期入校,不同于改革开放以后入校的学弟学妹,我们无需经过层层筛选,也不必过五关斩六将,只是因为居住在学校附近,就得以进入二附中就读。我们年级有十一个班级,大致按家庭所在地区分班。同学中有不少华师大资深教授甚至校长的子女,而更多的是来自平凡的工人和农民家庭的后代。今天的二附中实施的是精英教育,而当年则在一定程度上践行了孔夫子"有教无类"的思想,我们就这样成了二附中的学生。

　　多年过去,我们又都经历了很多的事,结识了更多的人,但是母校四年给我们留下了难忘的记忆,在我们的人生里留下了深深的烙印。尽管当年全国所有学校的教学活动不断受到各项政治运动的干扰,尽管所有学生的状况不尽相同,但几乎所有为我们授课的二附中的老师对于知识的传授仍然是兢兢业业、一丝不苟,令我们受益匪浅。

　　语文、数学、英语都是必修课程。语文课内不仅有毛主席诗词,也有像《史记·陈涉世家》这样的古典文章。毛仲磐校长被"解放"后没有重操本行,他担任了我们班级的语文老师,我至今仍然记得毛老师用浓重的本地口音给我们诵读《木兰诗》,特别是他诵读时流露出的充满了童真的愉悦。这也许是我至今仍然喜欢旧体诗的一个重要的原因吧。我们年级幸运地得到了两位老校长的关爱,王鸿仁校长被"解放"后教数学,同时分管我们整个年级的教学工作。教我们班级数学的是蔡尔韵老师,她很有经验,对学生要求很严,讲课非常用心和认真,几何课在黑板上作图证明定理,一堂课下来全身沾满了粉笔灰。英语课俞秀珍老师年轻时髦,很洋气,而且爱憎分明,喜怒哀乐,溢于言表。我英语学得还算不错,就经常得到她的宠爱,直至今日,每隔一段时间还会接到她的电话。当时的教学大纲里没有物理、化学、生物,但是这些课程的基本内容在工基课和农基课(工业基础知识和农业基础知识)也有所反映。最后当然少不了政治课。政治课的邵瑞欣老师同时是我们的班主任,她在我们所有的老师中间是最严肃的,一方面因为她是我们的班主任,另一方面也和她的专业有关。"文革"结束后她调回华师大政教系,和她先生赵修义教授一起从事哲学研究。有思想的哲学家大多数是痛苦的,至少是不轻松的,更何况是在"文革"的年代里?

　　毕业后我们都被分配到了不同的工作岗位上,有的务工,有的务农,有的去了部队,还有一位同学响应国家的号召去了西藏。当时我是学校红团宣传委员,为此写过一首七绝。本来这些年已经忘之脑后,但是写这篇短文时又全部记起来了:

管他南北或西东，

革命从来处处同。

若问少年有何志，

紧跟领袖学工农。

现在重温这首诗，觉得自己当时既幼稚，又迂腐，幼稚的是每句话都在喊口号，迂腐的是为什么年方二八要写格律诗。当年可没有令全民如痴如醉的《中国诗词大会》！如果没有后面的改革开放，我们很多人一定有着和今天不同的人生。

在我们中学毕业不到两年后，国家恢复了高考制度，给了我们继续接受教育的机会。但是，全国大多数 1975 届中学毕业生 1966 年进小学，1975—1976 年离开中学，较我们年长的有受过较完整中学教育的老三届学生，而较我们年幼的是还在中学里接受教育的同学。从学业的角度看，我们受"文革"之害是最深的。当时每年进入各类高校二十余万幸运儿中，1975 届中学毕业生寥寥无几。但据我所知，二附中 1975 届毕业生中还是有相当人数考进了大学，即使当时没有直接考入大学的同学，后来也通过各种途径努力克服了重重障碍，完成了高等教育。母校和母校的老师们即使在"文革"期间也没有放弃我们，依然为所有的学生提供比较完整的教育，维护良好的学风，令我们很多人后来能够得益于改革开放带来的机会。每每想到这里，心底就涌起对母校和老师们的感激之情。

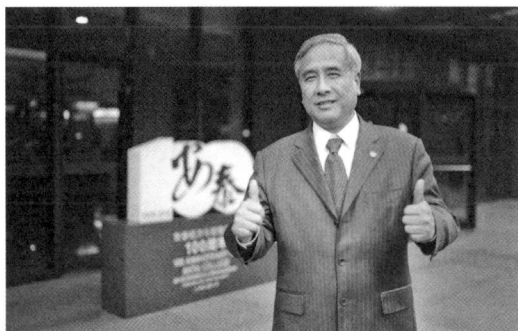

我本人是那个时代的幸运儿。1978 年参加高考，因为色弱，可以报考的理工科专业非常有限，所以选择了复旦大学数学系。毕业后留校到新开设的管理科学系任教，不久又去美国普林斯顿大学攻读经济学博士学位。1989 年从普林斯顿大学获得博士学位以后，我先后执教于耶鲁大学、杜克大学和亚利桑那州立大学等院校，一晃就是二十多年。2010 年，在阔别祖国二十多年之后，我回到上海出任上海交通大学安泰经济与管理学院院长，和学院的同事一起奋斗，努力将安泰打造成一个具有国际水准和国际声誉的一流商学院。2017 年 12 月，英国《金融时报》推出亚洲商学院排行榜，安泰力克新加坡国立大学、香港科技大学等亚洲名校一

举登顶。当然,这些年间华师大二附中也早已成为了蜚声中外的名校。我曾重访金沙江路的学校旧址,虽然校园不再,人过境迁,但是我仍然感受到母校的精神,不断地在给我力量、给我温馨,鼓励着我在学术的道路、在人生的道路上砥砺前行。

在母校六十周年校庆之际,回顾四十多年前在母校学习时光,倍感亲切,也很感慨。在"文革"这个特定的历史时期,母校给了所有学生提供了相对公平的教育机会。现在的二附中和当时相比,各方面都有了长足的进步。可是二附中和国内外很多的名校一样,包括我目前任职的上海交通大学,虽然都是公立学校,实行的却是精英教育。现在国内外越来越多的教育工作者在质疑这样的做法。他们的看法是:判定一所公立学校的优秀与否,不应该看它将多少申请者拒之门外,卓越的公立学校应该接受更多的求学者,而通过教育使他们成为同样优秀的人。这个看法实际上对应了"有教无类"的两个诠释。第一,教育的大门对所有的年轻人敞开,受教育的对象不分贵贱,不分智愚。第二,教育的使命之一是减少和消除人和人之间的差别,要通过教育而达到无类。当年的二附中,做到了第一层意义的"有教无类",但并没有做到第二层意义的"有教无类"。当然,实现第二层意义的"有教无类"是全球教育工作者面对的挑战。亚利桑那州立大学——我美国任教的最后一所学校——在这方面做出了很多探索,因此连续三年被《美国新闻与世界报道》评为美国最有创新力的大学。我希望能够有更多的教育机构朝这个方向努力,让教育更公平,让受教育者更卓越。我特别希望我的母校能在这方面有新的突破,为全球教育破冰,为全球教育领航!

2018 年

江海深：与改革开放同行

——"文革"后恢复高考的回忆

[校友简介]

　　江海深，1974 年至 1978 年就读于华师大二
附中。1978 年 7 月参加了"文革"后二附中首届
应届生毕业生高考，并考入清华大学无线电电子
学系。1983 年毕业后就职于水电部南京自动化
研究所（现国网电力科学研究院）。

1978 年是改革开放的第一年,也是二附中建校 20 周年。那年二附中成功组织了"文革"后第一次应届毕业生的高考。作为 1978 届(应该 1977 年毕业)应届毕业生,我们有幸参加了那次高考,并通过高考彻底改变了自己的命运。

关于恢复高考的传言,其实在 1975 年中就有了。记得一天中午,在我们三班的班干部会上,班主任王永利老师就说了这个传言。当时传言的大致内容是从应届中学毕业生中选拔一些学生和从工农兵中选拔的一些青年一起上大学,实行"两条腿走路"。不知为什么那天开会的情形我居然还记得,那天阳光很好,王老师说这个传言时非常认真,眼里充满希望。而我们这帮班干部大多觉得那是很遥远的事,都没有太当真。

后来传言变成了谣言,自然就没了声息。记得从那以后,但凡有征兵消息,王老师都会动员同学去报名,现在想来,王老师大概是想让我们通过当兵来避开上山下乡的厄运吧。但他所教授的两个班(1977 届三班和四班)的学生身体情况太不争气,两年下来,一百多位同学中,只有常志康(男生)和潘慧娣(女生)被召入空军,其他一律不合格(陆军也不合格)。

等高考传言再起,已是两年之后的 1977 年夏天了。当时我和同班的陈世宁同学在南京旅游,上海的家里来了电报,说是马上恢复高考,学校要求全部应届生都返校准备复习迎考。

尽管在那个时间点是否恢复高考仍旧没有确定,但当时关于各省市准备高考的消息满天飞,江苏省是动作比较早的,已经开始了模拟考试,所以二附中组织的第一次摸底考试,据说用的是江苏省的模拟试卷。

我们这届同学进小学开始读书的时间是 1967 年,中学毕业时间应该是 1977 年。十年中小学教育时间段基本和"文革"重合,文化课底子是很差的,当年摸底考试结果就可想而知了。但也有考得好的,比如我们班的赵红同学,俄语就考了 108 分(120 分满分),得了第一名。我则很倒霉,只考了 8 分,和第一名整整差 100 分,当时就和第一名一样出名了:记得那几天但凡遇见熟识的同学家长,大人们都会笑嘻嘻地问道:"听说你只考了 8 分?"……

到了 1977 年 10 月份,中央恢复高考的通知正式下达了。

为迎接高考,二附中对我们这一届进行了第一次分班,分班依据不清楚,估计主要还是成绩。当时 1977 届 12 个班,其中 10 个正常班,由 1977 届改为 1978 届;2 个实验班(更改学制的实验班)改为 1979 届。新 1978 届的 10 个班,原一、二班的部分合并为甲班,其余合并为己班,原三、四班的部分合并为乙班,其余合并为庚班……

因为 12 年没有高考,估计当时的老师们对复习迎考那套也陌生了,对竞争对手的情况也不了解。那时各校的生源都是按区片划分入学的,估计各校基本情况都差不多。但对我们这些学生来说,二附中的资源还是能给人一些希望的。一是二附中的历史。教俄语的施雅芳老师曾告诉我们,二附中刚成立时,虽然算是好学校,但和一附中、上海中学、复旦中学等,还是有差距的。经过几年努力,到了1966年,教学质量有了极大提高,二附中原来是想在高考中大干一场,一举夺魁的。尽管那年高考因"文革"而泡汤了,但二附中强大的师资力量并没有损失。二是二附中当时的状况。1978年初,二附中被教育部认定为"全国重点学校"。记得重点学校名单中有北京石景山学校、大庆学校和大寨学校等。现在看来,这份名单有点荒唐,但在当时看,二附中没有其他政治方面的因素,能成为"重点学校",也是从教育部角度看,二附中在教学方面应该还是可以的吧。总之,高考的准备工作就在这模模糊糊的期望中开始了。

记得江苏的模拟试卷暴露了上海数学教材中的一些缺项:上海的教材里居然没有数列、排列组合等内容。当时中学的教学内容还没有全部完成,所以在正常教学外,王老师还在课后专门开课补习这些内容。当时也没有全国统一的教学大纲,但为了高考试卷中可能出现的高等数学的基础内容,王老师在数学教学中又增加了求导数等一些内容。

1977年12月,上海举行了"文革"后第一次高考(各省市自行出考卷)。当时1976届学生已经毕业,而1977届又改为1978届,因此没有应届毕业生参加考试,但高考招生办允许各校选派少量1978届学生参加考试,名额是各校2名。二附中也搞了选拔考试,汪秀云、我和汪亮同学分获前三名。可能是二附中做了工作,被允许有3个名额可以参加第一次的高考,所以我们三人都参加了。考试地点记得在普陀区教育学院(武宁路下桥下,当时国棉六厂的对面)。对于这次捡来的机会,学校没有组织专门的复习,我本人信心也不足,稀里糊涂就上阵"裸考"了。考试结果,汪秀云同学高中金榜,我和汪亮两个男生则名落孙山。汪秀云同学放在今天,应属"学霸"级人物,感谢她的成功,才使二附中在"文革"后的第一次高考中,没有全军覆没,同时也给了我们足够的信心。

1978年春季开学后约两个月,所有新课程都结束了,正式进入复习迎考阶段,这时学校进行了第二次分班。这次分班有文理科之分,依据几次模拟考试成绩的高低,分别按甲乙丙丁顺序分班。记得当时新甲班和新乙班的学生大部分来自原甲班和乙班。个人自愿方面,当时"学好数理化,走遍天下都不怕"是主流思潮,所以绝大部分同学选择了理科班,选择文科班的同学中,也有在一两个月之后又选择回理科班的。

记得为减轻同学们的考试压力,那年的五四青年节,学校还组织了到嘉兴一日游的活动。这在那个年代是件很不容易的事。虽然现在回忆起来,感觉当时压力并不是非常大,但从当年活动留下的合影照片上看,大家表情都比较严肃,全没个笑脸,所以估计当时压力还是有一些的。

五四青年节后,我们正式进入了"大战高考100天"阶段,基本是题海战术。印象最深的是陈延沛老师的物理卷子,每张卷子内容大部分都非常简单,但题量大,且要求迅速作答。几轮下来,物理方面的基本概念(特别是力学部分)就理得很清楚了。

在临近考试前的一个多月里,我们参加高考的同学基本已经不去学校上课了,每隔几天就到学校接受各科老师的专题辅导,其他时间全在家里复习。这种复习方法是一种效率比较高的方法,同学可以针对自己的弱项进行重点复习。其间,又进行了高考报名和志愿填报。王老师仍负责原来他做班主任时的学生志愿填报指导,从后来考试结果看,王老师对我们这批学生的情况是非常了解的。

1978年7月20日,大学1978级入学考试全国统一开考,考试时间为20日、21日和22日三天。记得我们的考点,是在武宁路中山北路附近的"勤俭中学",距二附中约4站车程(另外还得步行约十几分钟)。大部分同学自行去考场(有家长骑自行车送考的),中午回家吃饭,下午继续回考场。记得第一天考试时,老师们都来了,我们进考场前看见老师们站在走廊里,心情都放松了不少。那三天考试都是晴天,气温都在35℃以上,热得够呛,教室里放了冰块降温,但好像没啥效果。好在二附中的学生在整个考试过程没有出现任何意外,说明各方准备还是相当充分的。同学们在考试答题方面大多也正常,反正会做的都做了,不会做的也没办法。唯一意外是物理有一道电路题(分值13分),题目并不难,但电路里有一个双刀双掷开关,之前复习时没有碰到过,许多同学理解上出现困难。后来王老师告诉我们,有人开玩笑说,这个开关把很多学生拦在了大学外面。

高考结束后没几天,我们还参加了中专入学考试。那年的招生规则是,如果大学不录取的话,还可参加中专的录取。中专入学考试的考题印象不深了,只记得考题并不比高考容易。

一段时间后,高考分数出来了,新甲、乙班的大部分同学都超过了录取分数线。

那年头,上海籍的学生都不愿意去外地上学。即便是清华北大,尽管在声誉上高于交大复旦,但也抵不上上海户口＋上海名校的吸引力。由于1977年底清华北大在上海的录取情况很不理想,在1978级招生时他们就很担心,扬言若出现和1977级招生一样的情况,他们今后将不再来上海招生。上海方面高度重视,召集当年全市取得高分的学生开会,宣布新招生政策:第一,清华、北大、中科大、国防科大四所学校为第一批招生学校,具有优先选择权,然后才轮到其他大学录取;第二,允许参加会议的学生修改高考志愿,条件是新的第一志愿必须是上述四所学校之一。我和同班的陈世宁,在 1977 年暑假曾去北京旅游,知道北京虽然很"土",但并不可怕,于是就改了志愿,填报了清华大学。其他与会的同学则基本上坚守上海没有动摇。

至此,对于我们这一届来说,高考就基本结束,剩下的,就是静候录取了。当年没有高考排行榜,所以二附中在全市的高考排行情况不太清楚,但我们二附中的应届毕业生的录取比例还是很高的。

40 年前,百废待兴,一切都那么匆匆忙忙,之后的改革开放又是那么风风火火。40 年转瞬即过,现在回想起来,当时的任课老师都没有我们现在的年纪大,正处于职业的最佳年龄段。正是由于他们的出色教学,才把我们这些基础很差的学生推进高校,从此改变了我们的一生,对此我们永远心怀感激。

2018 年 6 月 10 日

姚　月：从数学到翻译

〔校友简介〕

姚月，1980 年华东师大二附中高中毕业，1984 年毕业于华东师范大学数学系，1987 年赴德国深造并获得德国鲁尔大学数学系硕士学位，并在德国长期从事中学数学教学及翻译工作。近年来翻译了德国著名作家汉斯·马格努斯·恩岑斯贝
格尔的诗集《比空气轻》、传记文学《将军和他的子女们》和《动荡》、奥地利著名的儿童文学作家汉斯·雅尼什的童诗集《今天我想慢吞吞》、德国已故作家阿尔弗雷德·安德施的小说《桑给巴尔或最后一个理由》和《红发》。积极推进中德文化交流，将一些中国最佳的书籍介绍给鲁尔大学的图书馆。近几年，她利用回国探亲的机会，在中国的许多城市做了翻译作品分享会，比如上海市民诗歌节、重庆和上海等地电台的节目。尤其是她还将《今天我想慢吞吞》带到学校和幼儿园，与小学生和学前儿童一起朗诵童诗。在微信时代，她更是利用实时视频与儿童及家长进行交流。作为数学专业人士，她的翻译特色是精准和逻辑性强。因为她是朗诵爱好者，因此她翻译的童诗更适合孩子们天天诵读。

1962 年我出生在上海,小学在金陵西路第二小学念的,1975 年升到龙门中学读初中。1978 年 5 月,上海各中学接到通知,在 1979 届中学生中选拔部分成绩优异的学生参加 6 月的小范围考试。当时的龙门中学已经为我们办了"提高班",即在同年级的 12 个班中挑选优秀学生,重新组建成两个班,配备优秀教师,加强数理化的学习。那些年,上海的家庭大多居住条件很差,几乎没有人拥有自己的写字台。我也常常是在一架凤凰牌缝纫机上做作业。龙门中学极力为提高班的学生提供有利条件,我们被特许晚上去学校复习功课。我顺利地通过了考试,成为当时的上海师大二附中,即现在的华东师大二附中 1980 届的学生,并在金沙江路的校园度过了两年美好时光。

我喜欢数学,喜欢精确地解题,喜欢解题过程中的逻辑思维。在校期间也曾参加过唐清成老师的数学兴趣小组。我们天天忙于读书,尤其是我们的英文底子差,而高考英语又将以 30％计入总分,所以我们几乎没有什么空余的时间。但是,同学们还是在课间休息和周末的时间里互相了解,从同学成为朋友。两年时间过得飞快,我们只有一个暑假的时间可以略略休息。到了 1980 年的夏天,我们参加了高考。同年秋天,我成了华东师范大学数学系的学生。二附中的老校区毗邻华师大,所以对我来说,青少年期的 6 年时间,我是在那一片美丽的土地上度过的。

大学期间,我虽然在数学系读书,但兴趣爱好却是文学和朗诵,所以我有很多时间都到中文系去玩,由此结识了中文系的许多朋友。我参加学校的话剧团,文艺演出队,为学校的大型文艺晚会报幕和参加演出,毕业前还与几位同学一起组织了全校毕业生的各种比赛、舞会和联欢会。大学毕业后,我被分配到静安区的第六十一中学,也就是现在的民立中学工作,担任了两年数学老师。业余时间里,我参与了上海电视台的节目,主持过上海市教育局和市委在上海跳水池为教师举行的暑期纳凉晚会。可以说,我的生活一直丰富多彩。

在全国的出国热潮中,我也于 1987 年初来到德国的波鸿,成为鲁尔大学数学系的学生,攻读硕士学位。毕业后,因为我的先生工作繁忙和经常出差,所以我的生活中心转到了陪伴两个女儿的成长上,也由此积累了许多育儿经验。直到她们分别上小学和中学后,我才开始重操旧业,在波鸿的一所补习学校任数学老师。时间飞逝,两个女儿相继读大学后,我有了很多空余时间,于是我的"玩心"又开始跳动。

当时的中国已经有社交媒体平台——微博、微信,而且相当普及。虽然我也在网上看一些朋友的微博,但并不能参与转发和评论。有一天,萍,我在二附中时的同学,亲自为我申请了一个微博账号,于是我开始了"上网"——后来被证明为非常英明的决定。最初,我只是发一些我的摄影,或通过微博与校友和朋友们聊天,或读他们的诗歌和小说。因为陪伴女儿们弹钢琴，我也听了大量的钢琴独奏曲，所以每逢周末，我会找一首钢琴曲和一首诗，推荐给网友作配乐诗歌朗诵。不久，一位华师大中文系的校友为我写了一首诗《旗袍与玫瑰》。我很开心，我想，怎么也应该把这首诗翻译成德文，然后在微博上玩玩吧。我就是由这样的玩心开始了日后每一天的翻译工作，并陆续完成了把几十首中国诗人的诗翻译成德文的工作。

此后不久，我得到一本德国著名诗人汉斯·马格努斯·恩岑斯贝格尔的诗集，并被一首标题为"中国杂技"的诗深深吸引。于是我把诗翻译成中文后放在微博上转发。当时我并没有想过知识产权问题。出生在德国的女儿对于这一点特别重视，对我说：在国外，最好是在有了作品翻译版权后再公开发表。于是，我开始为汉斯诗集的翻译版权与德国及中国的出版社联系。德国方面很快就同意了。中国方面，在许多朋友的积极推动下，也很快有了结果。我的第一本译作，汉斯·马格努斯·恩岑斯贝格尔的诗集《比空气轻》，于2015年11月由江苏凤凰文艺出版社出版了。后来，他们还陆续出版了汉斯的传记文学《将军和他的子女们》和《动荡》。2017年1月，人民文学出版社、天天出版社出版了我翻译的奥地利著名儿童文学作家汉斯·雅尼什的童诗集《今天我想慢吞吞》。该书入选"我最喜爱的童书"文学组十强，进入"爱阅童书100"榜单，入围第二届德译中童书翻译奖；"世界给你的童心"诗集，深受孩子们的喜爱。我翻译的德国已故作家阿尔弗雷德·安德施的小说《桑给巴尔或最后一个理由》和《红发》也已经由外语教学与研究出版社出版。

做了这么多翻译工作后，自然会被问及我是从什么时候开始喜欢翻译的。回想起来，大概读大学的时候，我就开始翻译了。不过那时翻译的是英文科幻小说，只是练笔，并没有出版。后来在德国，曾为德国的几家公司当过口译和笔译。

我想，数学系毕业生对翻译的热爱是希望找到两种文字间的一一对应吧。

2018年夏，波鸿，德国

蔡志雄：直挂云帆济沧海

〔校友简介〕

蔡志雄，华东师大二附中 1981 届高中校友。1986 年赴美国密执安州立大学攻读物理博士。2000 年进入摩根大通银行。2015 年讲入招商证券国际有限公司负责风险管理。2018 年起任华泰金融控股（香港）有限公司风险部主管。

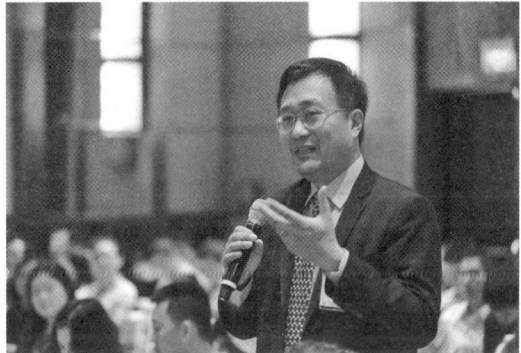

1980 年我因父母工作调动来到上海,在华东师大二附中插班学习。第二年参加高考,在老师、同学们的帮助下迅速适应了新环境,并取得了上海市高考理科第二名的好成绩。大学毕业后参加李政道主持的 CUSPEA 项目,1986 年去美国密执安州立大学攻读物理博士。幸运的是 1986 年高温超导陶瓷被发现,我所在的学校有当时世界上少有的能够研究陶瓷结构的物理系,这使得我的研究进展十分顺利。在 1990 年就获得了物理学博士学位,学习期间发表了 10 篇论文。毕业后我去纽约的美国布鲁克海文国家实验室从事高温超导材料的理论研究。

10 年物理研究,发表了 45 篇论文,完成了一本专著后,因冷战结束,美国政府对基础科学研究经费减少而突然失去了工作。幸而依靠已经转行去华尔街的师兄师姐帮助,去了投资银行工作,从事刚刚起步的衍生品信用风险管理。我在 36 岁时转行,从头学起,一边工作一边上夜校学习金融基础知识,不断突破自己。开始时在德意志银行做衍生品信用风险的数学模型,利用我在做科研时使用的统计学知识验证银行的风险管理系统。半年后开始参与风险管理的前线工作。从最初级的分析员做起,很快成为独当一面的部门经理。

2000 年我到了摩根大通银行,负责大宗商品和拉丁美洲国家的衍生品信贷风险管理。在 2002 年阿根廷主权债券违约所引起的金融风暴中学习了很多东西。2006 年被摩根大通派来亚洲负责衍生品交易对手的信用风险管理,从一个人发展到了 7 个人的团队。在 2008 年开始的金融危机中成功地为公司避免了较大的损失。金融危机后各国政府对金融衍生品的风险有了深切的体会,纷纷加强对衍生品业务的监管。作为在金融危机中受到损失较小的摩根大通的一员,我被亚洲几个央行(包括中国、马来西亚、韩国)请去对官员们进行培训,协助他们理解如何建立风险控制体系,而不是用禁止业务的方法来管控金融衍生品的风险。中国人民银行还根据我的讲话发文给各地银行,要求他们学习国际风险管理的先进经验,建立自己的风险控制制度。为此我去过很多国内的银行为他们进行风险管理方面的培训,并协助亚洲 ISDA 协会推广新的银行风险管理体系。

随着监管的加强和衍生品中央清算的发展,商业银行逐渐地减少了对复杂结构的衍生品业务的投入,相对的中资投行开始向海外扩张,急需有国际经验的人才。2015 年我离开了工作了 15 年的摩根大通银行,来到一家中资券商——招商证券国际有限公司,负责风险管理工作,协助公司建立了适合中资机构的风险管理平台。中资企业在文化、制度等很多方面与美资银行都有很多不同。幸而在摩根大通的时候跟这些公司的同行都打过交道,使我能很快地适应了环境。

2018年初我来到华泰金融控股(香港)有限公司担任风险部主管,协助公司开展跨境业务,为中国走向海外尽自己一份力。

工作之余我还担任了香港科技大学风险管理系的业界导师,以及天津大学、南开大学和中央财经大学的兼职讲师。

在金融界工作有很大的压力。疏解压力的办法对我来说是读书、旅游和体育运动。2014年起我参加了新兴的气排球运动。作为香港气排球中年队的12号球员参加了这一新兴体育运动在全国各地的比赛。最好成绩为2015年的全国第七名。

2018年

姚　茵：《徙》创作谈

〔校友简介〕

　　姚茵，华东师大二附中 1981 届高中校友。1991 年考入美国哥伦比亚大学攻读遗传学并于 1996 年夏获得遗传学博士学位。在法国里昂国际抗癌联盟中心做了一年博士后，回美国到约翰霍普金斯大学任助理教授、副教授。现在还担任美国国立精神健康研究所遗传统计学及大数据分析室主任。多年来累计发表论文 180 多篇（其中 58 篇为第一作者），近年来也频繁往来于中美之间，参与国内大学和医学院的学术交流和项目研究。

我的第一本非虚构文学文集《徙》由生活·读书·新知三联书店出版了。我对三联书店以及这本书的编辑有着一种敬意,他们对一种比较新的文体的支持及对跨文化或者说是跨界写作的支持,令我感动。

有人问:一个以研究精神病的遗传发病机制为主要工作目标的人为什么突然想到要写这本文集? 我想,主要的动机是需要释放长期积压在内心深处的一种痛。这本文集里的主人公都是女性,有的是我的亲人,有的是闺蜜,有的是师长,也有我带过的研究生。她们的人生经历可以用一个"徙"字给串起来。这个"徙"不仅是指在地理位置上的迁徙,也涵盖了在不同的文化中选择、跨越的生存方式。

集子里第一篇叫《等》。这篇里的钟太,出生在上海,年轻时是个交际花,后来嫁给了一个有点文化的资本家,但未能从婚姻中得到幸福。于是,在改革开放初期,她茫然地到了美国,过上了拿救济金的平民生活。在纽约,她跟一位同样靠救济金过日子的男士有了精神上的爱,尽管那种爱是没有肉欲上的接触,但还是给了钟太某种程度的安全感。但是这样的生活,并不是她所"等待的日子"。而她在纽约认的义子晓航,却对她有情有义,并能够理解她对人生的遗憾。在钟太临终时,是晓航的爱取代了她的亲生女儿的爱。钟太期待了一生的爱,在晓航和护工金风之间的情感缠绕得到了体现。

和钟太的故事并重的,是一个写年轻人的故事,题为《瞳冥》。《瞳冥》写了一个8岁到美国的女留学生的情感经历。她自幼钟情于文学,却被父母逼迫去念科学。在纽约的哥伦比亚大学,她遇到一个具有高智商且同时患有精神分裂的高加索人,叫莱恩。瞳冥从莱恩的身上得到一种反抗世俗的勇气,但也因为莱恩的精神分裂症严重复发,付出了生命的代价。这两个故事都有真人的影子在背后,但是我对其年龄和身份作了一些调整。所以,比较公正地说,可以把这个集子称为非虚构文学文集,或者非虚构小说。

在英语里有个词叫"faction"。我的理解,"faction"就是指一种介于虚构和非虚构之间的文体。用这种文体,我会更依赖在生活里发生过的真实事件。但在描写人物的心理部分,又加入自己的想象。这种合理的想象,似乎给我的故事插上了翅膀。今后的创作,我会延续这种风格。当然,我还在摸索中。而且,在探索青年、中年或老年移民的精神分析上,我会付出更多的努力。

我还想探讨一些理论层面的东西。比如这个集子里的华人或非华人跟当年的《北京人在纽约》里的华人有什么区别? 这个集子更关注移民情感深处的跌宕,以及他们对自我身份的定位,而不是为物质生存而打拼。

在这个集子里,非华裔的后代有两位:凯瑟琳(苏俄人的后代)和布鲁吉(法泰混血儿），这两个都是非虚构的人物。先谈凯瑟琳这个人物的个性特征，她体现了部分美国人对美国文化的反思，并展示了一种大爱的精神境界。不光爱自己的恋人，也爱他们的家人，并且无怨无悔地把他们的家人养大。尽管她的仁爱没有得到应有的回报，她却从她的付出中得到自我价值的体现。"她在他们身上找船"，"船"便是她对精神世界的追求，但那些男人一个个令她失望了。因此，他们的目的只是在她的身上找床，找一个暂时的歇息处。尽管她的晚年是孤独的，但她的精神世界是充实的，因为她那强大的母爱映照了几个年轻人的生命。

纪实性很强的《翻飞》写了在美国成长起来的一位科研工作者如何不带偏见地去接触一位异族人（一个高加索人的后代），且带着一点探险的精神跟她的学生去沟通，企图理解她心灵深处的黑暗，并给予同情。而那位学生对生存空间和对未知世界的探索也鼓舞了这位科研工作者，使得她窥视到克里斯汀生命里的美好。

还有关于瞳冥的死，一部分原因源于父母对她的精神压迫，使得她一直处在一种有罪恶感的精神状态之下。她的父亲，更多地体现了一种旧式知识分子的功利心，而忽略了孩子的内心世界的成长。这种培养孩子的方式在华裔家庭里占不小的比例。而另一个杀手是莱恩，他的疯癫状态和强烈的占有欲最后导致了瞳冥的毁灭。在《瞳冥》这篇里，作者对青年精分的典型症状作了大量的铺垫。其中包括他们的伪装技能、幻听和幻觉的艺术化的体现，并对两位有创造力、不甘屈服于世俗的青年表达了高度的同情。而莱恩的心理活动多为虚构，于是真真假假的结合，在《瞳冥》这篇里得到了最大限度的实现。

一位中年读者，在一口气读完《瞳冥》后，写下这样的文字："星期五看《瞳冥》，看完腹部似乎绞在一起，非常不舒服。没有办法待在屋子里，感觉要窒息了，去到外面看太阳看小河看花看草，呼吸新鲜空气，过了好一会儿才缓过来。"我非常感激她所提供的反馈。看来，"瞳冥"的悲剧效果是达到了，而悲剧后面的社会因素也是可以被进一步探讨的。我们对精神分裂或对抑郁症究竟有多少了解？有些人选择鄙视，有些人选择逃避，也有以治疗重度精神分裂症为生的优秀医师，比如《瞳冥》里的"金春焕"，就是马里兰地区的一位负有盛名的医师。他对治疗重症精神分裂很有经验，他为自己的事业付出了生命。他的逝去激励了一代人来继续他未竟的事业。每年在他的忌日，我们的研究所会举行一个纪念他的学术会议，学者们聚在一起交流对重症病人的治疗方案。有一年我遇到一位年近40的女性，她走上讲台告诉大家，当年，她也曾是一位被杀死的精神科医师的病人。如今，她是一个女孩的母亲。当她在台上发言的时候，我的泪水止不住地流出来。多少未竟的事业，需要我们一点一滴去做，我们定当尽力而为。愿逝者安息，愿世界更加美好。

写作给我带来很大的宽慰。小时候，当父母发生争执时，我会把他们的语言记录下来。他们吵架有时很犀利，有时很幽默。所以，也许在那个年代我已经开始了一种自觉的"非虚构写作"，我要感谢我的父亲和母亲。

　　或许，我们可以把虚构看成某种想象，而把非虚构看作是对一种真实的生活状态的忠实记载。就像我当年把父母之间的口角忠实地记录下来，如今在感觉无聊的工作场景中，我会把在一起开科研研讨会的一些同仁的智言智语记在一个本子上。如此，无论写在纸上的现实场景，或由现实而引发的想象，都可以插入虚构文学与非虚构文学的集子里。记忆本身就可以是不连贯的，或者说它是由碎片编织起来的一张网。当我回忆起童年时候的苦难或甜蜜，那些我所感兴趣的人就自然而然地呈现在我眼前。

　　这次在上海的钟书阁书店举行的我这本书的分享会上，我看到一张熟悉的脸。是他，竟然还是那么帅？他是，他是——？名字我不记得了！只记得他替我画过一张画。因为在小学时代，我的绘画技能很差，也许是出于同情，这个坐在我后排的男生替我画了。在书店里我拥抱了重逢的他，其实是拥抱了我的记忆。而我的记忆是精确的吗？但我还是把他以及我和他的拥抱写进了这篇小文里。你说这是虚构，还是非虚构呢？虚中有实，实里有虚，这就是《徙》这本文学集子的写作特点。

2018 年

詹洁宇：在异国行医

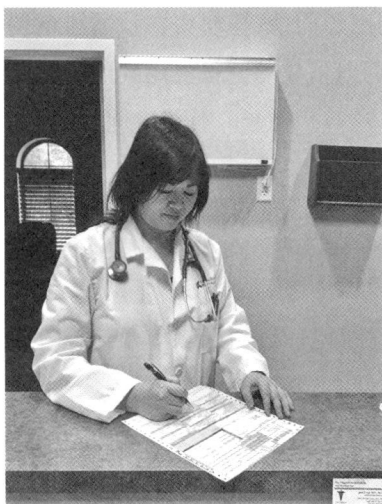

〔校友简介〕

詹洁宇，华东师大二附中 1981 届高中校友。毕业后考上上海第二医学院（现上海交通大学医学院）医疗系学习，1988 年毕业。1989年获得美国俄亥俄州辛辛那提药学院全额奖学金，1990 年 1 月留学美国，1992 年取得药学硕士学位。1993—1995 年在俄亥俄州立大学（Ohio State University）做膀胱癌药学研究，并通过了美国医委会认证考试。之后在俄亥俄州立大学附属医院做住院医师，杜克大学老年专科训练 fellowship（1996—2000）。2000 年至今，在美国最大的退休老人社区，佛罗里达中部的 The Villages 自己开业，现在是全美 MDVIP 诊所之一。

自从 1990 年初到美国，至今已经 28 年。

与那个时代赴美的众多青年一样，我经过考试，申请、获得了全额奖学金，得到留学美国深造的机会。研究生毕业后，到俄亥俄州立大学做膀胱癌药学研究，在此期间，自学通过了美国医委会认证考试，之后做了几年的住院医师和老年病专科训练。直到 2000 年，我得到了美国医师执业执照，开始了自己在美国的"创业"——在美国最大的退休老人社区，佛罗里达中部的 The Villages 开出了自己的诊所。现在我的诊所已经成为了全美 MDVIP 诊所之一。

回望这 28 年的美国生活，深感二附中的学习生活给了我两样宝器：一是良好的英语基础和能力，让我从一开始就不怵与老美的交流沟通，也使我能较快地融入美国的社会；二是住校生活造就了朴实开朗的性格，在这个拥有热情奔放性格的国度里更容易获得帮助和朋友。

2000 年至今的 18 年间，我治疗或参与治疗的病人有 15000 人左右，自己平时还经常参与社区医疗保健活动，给社区居民做讲座，可谓"深入接触当地民众"，因此也有一些体会和大家分享。时间总会带着我们走向成熟，走向衰老，当年"80 年代新一辈"的我们，也已经步入中年，奔向老年，这是人生的规律，生命的自然。但是，对待人生的态度与面对生活的思考，我们与老美还是有很大的不同。

记得 15 年前的 2003 年初，我就认识了威廉先生与他太太。他们俩都是我的病人，我最后一次见到他大概是三年前。威廉先生 92 岁了，太太 88 岁还自己开车，结婚 70 多年了。老先生最近记忆越来越差，可还是笑呵呵的。他每次来诊所测血压总有些偏高，他老是对我们开玩笑说：有这么漂亮的女士在，我的血压怎么能降下来？！威廉先生总能把气氛搞得非常活跃。

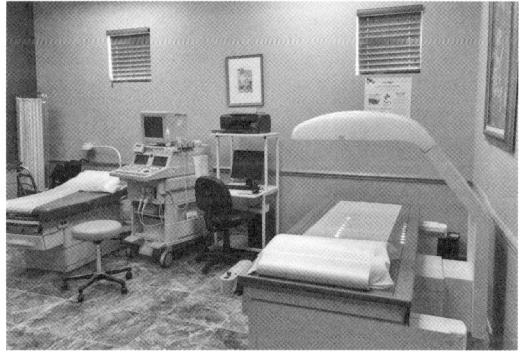

有一天他来诊所做常规检查，并配些一直在用的高血压药。测量后，他的血压指标特别"好"，120/60！而平时他的血压都在 130/80 或以上。我心里咯噔一下，知道事情不妙！我反复询问他最近的身体状况，有无药物变化，有无腹泻症状，有没有定时喝水，等等。但是，威廉先生和太太都觉得没有事。威廉先生还说：平时来诊所，血压高，你担心。今天我的血压正常了，你又担心。你还是去管其他病人吧，我好着呢！我仔细检查他，突然发现威廉先生的右脚上，皮肤活检处有红肿，判断威廉

先生可能是败血病的早期表现！于是赶紧劝他去医院观察一天。老先生很不愿意，还给我展示他的肌肉，他太太也说没有事的。不过他们还是听从了我的建议。由于他早就签下了不要抢救 do not resuscitate 的意愿书，当天晚上威廉老先生血压骤降，心肺衰竭，老先生安详地去世了，身上没有一根医疗插管。

一周以后，威廉先生的太太和女儿来了。太太说，听了我的诊断意见后，威廉先生去了医院，医院马上就用了静脉注射的抗生素。但还是太晚了……他太太说起威廉先生时，尽管眼里含着泪，但是嘴角还是带着笑。她说：他的最后一天，还能逗太太与周围的医生护士开心，这不就是笑到最后吗！

威廉老先生与他太太乐观的人生态度，是我自己接触到的众多美国老人对待人生、对待生活态度的缩影。我常常为美国的老人那种独立乐观的人生态度所感染。他们让你觉得优雅快乐地老去，是可以那么简单就做到。因为这来源于发自心底的知足和爱，来源于对自身生活的思考和沉淀。我觉得，这样的思考、知足、沉淀与爱，正是我们需要努力，需要积攒的。

写于 2018 年 5 月

金　煜：金属到金融的转身，他一直在路上

［校友简介］

金煜，华东师大二附中 1982 届高中校友。毕业于复旦大学金融学专业，博士研究生，高级经济师。现任上海银行党委书记、董事长，上海银行（香港）有限公司董事长。曾任中国建设银行上海市分行副行长、中国建设银行新加坡分行总经理、中国建设银行总行国际业务部总经理。2011 年起历任上海银行党委书记、副董事长、行长，上银基金管理有限公司董事长。上海市十五届人大代表、上海市第十一次党代会代表，曾是上海市十二届政协委员、市政协经济委员会副主任。同时，担任上海金融业联合会副理事长、上海财经大学校董、上海大学校董以及复旦大学校友会副会长、复旦大学中国金融家俱乐部联席会长、复旦大学客座教授。

离开母校已近 40 年，金煜有了许多身份，"华东师大二附中毕业生"的前缀，是他难以割舍的定语。"卓然独立，越而胜己。"他，一步步实践校训。

从金属到金融：6 年的跨界转身

大学四年，金煜学的是"有色金属冶炼及材料"。1986 年 7 月，他有了第一份工作——工厂技术员，和金属切割工具打交道。

一个偶然的机会，一份专业的媒体，一篇和经济有关的理论文章，再次擦亮了金煜内心已经暗淡的对"经济学"的兴趣。

1988 年，金煜报考复旦大学经济系研究生。84 位考生中，他是唯一一个非经济类的本科生。最终，10 人成为幸运儿，金煜如愿成为外国经济思想史专业当代西方经济学研究方向的硕士研究生。

1989 年 9 月，金煜考取中美经济研究班（福特班）。该班全部采用美国大学的原版教材，由欧美知名大学教授全英语上课。一年的学习受益匪浅，金煜自觉"至今很多西方经济理论的基本功底就来自这一年的学习"。

1991 年 7 月，金煜毕业，获经济学硕士学位。

2004 年，金煜参加全国统考和复旦大学统一招考，报考经济学院博士研究生。在近 100 名报考者中，金煜考试总成绩第一名。其中一门经济理论课因为成绩突出，经济学院还专门安排了院里教授重新审阅打分，结果依然获最高分。这年，金煜成为经济学院国际金融系金融学专业博士研究生。

2007 年 7 月，金煜获复旦大学经济学博士学位。

从金属到金融，一字之差的跨界转身，金煜花了 6 年。

狮城 3 年"赶考"：分行经营牌照升格

跨界转身，将自身定位于"做一名专业人士，有所工作成绩，在专业领域有一定地位"。金煜一直在路上。

2007 年 11 月，金煜调任建设银行新加坡分行行长（总经理）。此前，他已经有了多年在建行上海市分行国际业务部和营业部两个重要部门和经营机构担任总经理的工作履历，有了 4 年多建行上海市分行副行长的经历。

赴任之时，正值全球金融危机初期，金煜经历了危机全过程。整整 3 年，金煜充分感受到金融危机给市场带来的市场失效、市场恐慌带来的流动性枯竭、资产估值巨幅波动带来的巨大的市场风险、各类风险的交叉传染，同时也直接感受到国际监管的应对逻辑。

一直到今天，金煜还能清晰回忆：那时每天市场的坏消息和传言不断，有些直接给市场的参与者带来了评级的变化，带来市场交易价格的大幅波动。比如，2008 年 9 月 15 日，雷曼兄弟宣布破产保护，大量机构大幅削减金融机构额度，长期额度调整为短期额度甚至隔夜额度，大量与雷曼相关的债务工具市场价格大幅下降，导致持有机构的价值重估损失，又局部造成了一些持有机构的评级下降，恶性循环。

一直到今天，提及 10 年前那场波及全球的金融危机，金煜感慨"危机加深了我对金融脆弱性理论的再认识，对全球金融审慎监管思路的再理解，对金融全面风险管理体系框架的再思考"。从一个金融机构管理者的角度看，"没有稳健作为基础并在审慎框架内的所谓金融创新只会演变为灾难。大机构更应该成为全球金融稳定的基础，因为责任重于权利"。

金煜说，中资金融机构在境外的发展，应顺势而为，依托国家发展战略，重点配合中国企业"走出去"战略，加强境内外业务全面联动。以外贸及贸易融资、对外投资和投后管理、国民旅游、学生留学和相应金融服务等为基础，建立并做深做透有别于当地外资银行的专业金融服务能力，从而逐渐把我国的主要商业银行建设成为有全球经营管理能力的国际性银行。

2009 年，中国央行启动人民币国际化。新加坡分行在应对金融危机中较好地实现了资产负债结构的优化，在国内外业务联动中实现了规模的大幅增长，在创新人民币国际化产品中实现了一大批优质客户的突破，实现了经营效益的大幅增长。

2010 年 4 月 27 日，金煜离开新加坡回国到北京，赴任建设银行总行国际业务部总经理，负责推进全行国际化战略，负责全行海外机构的发展和管理以及全行外汇业务的经营和管理工作。

2010 年 6 月，新加坡监管局在核准离职和新任总经理任职之前，批准了建行新加坡分行经营牌照由离岸业务升级为批发业务。这也是 1998 年新加坡分行成立至今唯一一次经营牌照升级。

七年时光"磨剑"：上海银行上交所挂牌

2011 年 7 月，金煜担任上海银行行长至今。

7 年时光"磨一剑"。"最花力气的是确定战略方向、形成专业的经营管理体系、带好队伍"——金煜总结。

抓战略，确定发展方向，这是上海银行最重要的工作。

金煜认为，要有前瞻性地研究我国经济金融发展的趋势，有针对性地建立发展能力，抓住发展机遇，解决可持续发展该做什么的问题。要研究和深刻理解国家监管政策演变的趋势，研究做事过程中如何把握监管政策，做自己能做的事，决不踩监管红线。要清楚认识自己的禀赋，认识上海银行经过 20 多年发展积累起来的相对优势基础，清晰知道我们能做好什么事。

抓战略管理，努力实现战略目标。

在金煜看来，推进企业的战略就是要抓好战略管理，努力解决实现战略目标的问题。7 年间，上海银行重建了包括资产负债管理、计划财务管理、人力资源管理、全面风险管理、信息技术开发与管理等全行经营管理体系，重点解决管理的专业性、严密性，解决激励中可能出现的逆向选择，形成正向激励机制和达成目标的匹配性，引进先进的管理工具和方法，结合科技能力的提升，解决管理的精准性。

2016 年 11 月 16 日，上海银行在上海证券交易所挂牌公开上市，发行新股融资超过 106 亿，为 2016 年当年最大的 IPO。

2018 年，上海银行预计在英国《银行家》杂志即将公布的前 1000 名全球银行排名中列 80 位之前。

展望未来，于公，金煜"将带领上海银行在专业化经营和精细化管理中不断进步"。于私，他愿意"继续做一名追求金融发展的苦行僧，在努力打拼中前行，在取得的点滴成绩中感受职业和专业的愉悦"。

2018 年

〔作者简介〕

王霄岩,华东师大二附中 1982 届高中校友。1986年从复旦大学新闻系毕业后进入《上海法治报》社,现任《上海法治报》副主编(主管采编工作)。3 次获得上海市好新闻奖,多次获得全国人大和上海市人大好新闻奖、全国法治新闻好新闻奖。目前担任上海新闻记者协会理事、上海女记者协会理事。

刘　琦：医者的初心不变

〔**校友简介**〕

刘琦，华东师大二附中 1982 届高中校友。上海医科大学毕业后，在美国佐治亚大学学习并获得分子遗传学医学博士学位。在美国斯隆—凯特琳癌症中心完成博士后，拥有在内科医学、肿瘤医学和血液医学方面都具有美国协会权威认证的医师专家执照。作为小分子和生物制剂抗癌药物领域的专家，就职阿斯利康十余年，担任生物风险投资团队和临床肿瘤部负责人和执行医学总监，被授予全球新药研发优秀奖和全球新药研发人才奖。加入再鼎医药后，负责新药研发策略及产品线的组建及扩展。再鼎医药在美国纳斯达克成功上市，目前是再鼎医药肿瘤首席医学官。

治病救人的方式有很多,当悬壶济世的医生、成为药物研发的专家,等等,这在刘琦博士看来,并不相悖。

刘琦本科毕业于上海医科大学,在美国佐治亚大学取得了分子遗传学的医学博士学位,随后在美国斯隆—凯特琳癌症中心完成博士后,在爱因斯坦医学院完成内科住院医师,在 MD 安德森癌症中心完成临床肿瘤内科和血液科的专科,并在 MD 安德森癌症中心任职助理教授。刘琦在内科医学、肿瘤医学和血液医学方面都有美国协会权威认证的医师专家执照。

不出意外的话,她应该是个出色的医生。但不经意间,她的人生又两次切换轨道,先成为一位抗癌药物研发者,接着努力将肿瘤新药好药引进中国。在造福患者的终极目标下,条条大路通罗马。

换位思考的医生

"医生"刘琦充满着激情和活力。在爱因斯坦医学院完成内科住院医师培训期间,她被评为年度最佳住院医师,并获得最佳教学奖。

在这些荣誉背后,却有许多不为人知的汗水和风险。尤其是在爱因斯坦医学院附属的一所公立政府医院,病人基本是没有医疗保险、没有收入的人群,其中很多人无家可归,吸毒者、艾滋病患者、晚期丙肝患者……各种病人五花八门,无奇不有。而一名病人让刘琦至今印象深刻。

那天,刘琦在重症监护病房值班,急诊送来一名丙肝晚期病人,血液中 HIV 病毒和丙肝病毒都超高,送来时已经处于休克状态,需要立即急救。但因为他是吸毒者,长期滥用静脉注射毒品,已找不到静脉可以打针补液,刘琦必须尽快在深度大静脉里放置一根中心输液线。而这个病人长期酗酒,形成对酒精的依赖,没有酒的时候会变得狂躁不安甚至暴力,即便处于休克,依然狂躁不安,又踢又打。意想不到的事情发生了,放置中心输液线时,身旁的同事没有完全按住病人,刘琦被沾满病人血液的针头扎到手指上。

那时的刘琦表现得从容镇定:给病人放好输液线,缝针,固定好输液线,开始输液治疗,随后才去要了预防 HIV 的三联药开始服用。这三联药的副作用是严重腹泻,服药的一个月期间,刘琦还得监护重症病人,天天上班再加每三天值一个 24 小时的班。为了对付这"够呛的腹泻",刘琦每天上班提着两大筒带电解质的饮料来防止脱水。

经历了这一切,刘琦突然明白了,为什么之前遇到的艾滋病人随从性那么差。自己换位思考,才能更加理解病人,继而进行更有效的沟通,治疗才会有成效。

专注研发的专家

"我觉得每天能看的病人实在有限,抗肿瘤好药那时也很有限。"这两个"有限"让刘琦做了决定:离开医院,加入制药公司。

其实,研发抗癌药物对刘琦来说并不陌生。作为小分子和生物制剂抗癌药物领域的专家,她一直对抗癌药物研发有着无比的热忱,并且在全球临床研发和商务拓展方面拥有丰富的经验。早在 MD 安德森癌症中心期间,刘琦就以独特创新的临床研究设计获得美国肿瘤临床协会(ASCO)的青年研究者奖。

阿斯利康是一家以创新为驱动的全球性生物制药企业,专注于研发、生产和销售处方类药品,为医疗行业带去意义深远的变化。刘琦就职阿斯利康十余年,担任生物风险投资团队和临床肿瘤部的负责人和执行医学总监。她在阿斯利康生物制剂研发的合资企业构建中也承担了极其重要的职责,管理合资企业的全球临床研发项目及其申请注册战略。同时,刘琦还负责血管内皮生长因子的酪氨酸激酶抑制剂的全球研发项目,并在多种肿瘤类型中将药物由临床 I 期推进到临床 III 期。她也在多个肿瘤授权经营交易项目中起着至关重要的作用。

在阿斯利康期间,刘琦被授予全球新药研发优秀奖和全球新药研发人才奖。

引进好药的医学官

数据统计显示,在欧美上市的肿瘤新药中,只有大约 15％最终在中国上市。刘琦在研发药物的同时,心中一直有一个梦想:为中国患者做点事。

刘琦的想法和中国生物技术新锐公司再鼎医药不谋而合,后者成立的初衷是尽快把国外的新药好药,特别是肿瘤新药好药引进中国,在中国做临床研究、上市,让中国患者获益。2015年,刘琦成为再鼎医药肿瘤首席医学官,负责新药研发策略及产品线的组建及扩展。在刘琦的力推下,多项产品在中国做晚期的临床试验,有望能尽快将有效的抗肿瘤药物上市,造福于中国癌症患者。

不久前，刘琦牵头从美国一家公司引进了一种 PARP 抑制剂。PARP 是负责 DNA 单链损伤修复的主要酶，肿瘤携带很多 DNA 修复缺陷。由于小细胞肺癌生长速度很快，导致其 DNA 复制压力很大，因此非常依赖 DNA 损伤修复通路。临床前研究显示，这种抑制剂在小细胞肺癌维持治疗中有令人鼓舞的疗效和活性，经过和胸科肿瘤专家陆舜深入探讨后，双方决定携手合作，开展全球第一个 PARP 抑制剂在小细胞肺癌中做三期维持治疗的临床研究。"如果做成了，不仅患者获益，而且在整个小细胞肺癌的治疗方面也有重大的意义。"

如今，刘琦不再是医生。作为再鼎医药的主要成员之一，她已成功地将成立才三年的再鼎医药推向美国纳斯达克市场，而且创造了多项在美国纳斯达克上市的第一，她那股激情仍在。"我觉得如果能够做成一个或几个好药，受益的患者会有很多很多。"

2018 年

[作者简介]

张天胜，华东师大二附中 1982 届高中校友。1986 年毕业于复旦大学经济系，进入《解放日报》社工作至今，现任新闻编辑中心主任。上海市第十四届人大代表，多次获得中国新闻奖二三等奖、上海新闻奖一二等奖、上海市十优中青年编辑、上海市新长征突击手、上海市十大杰出青年提名奖、全国优秀新闻工作者、上海市宣传系统优秀共产党员、上海市五一劳动奖章等荣誉。

陆　舜：肺癌研究的"领潮儿"

[校友简介]

陆舜，华东师大二附中 1982 届高中校友。1988 年毕业于上海医科大学，曾赴美国、以色列等国进修学习。呼吸病学硕士、临床肿瘤学博士，现任上海市肺部肿瘤临床医学中心主任，主任医师、教授、博士研究生导师，国家科技部重点专项首席专家、国务院特殊津贴获得者，上海市领军人才、上海市医学领军人才、上海市优秀学术带头人、上海市优秀医苑新星。获得国家和省部级多项重要科研和人才奖项，还担任中国抗癌协会肺癌专业委员会主任委员等多个国际和国内学术学会重要职务。着重掌握国内外肺癌诊治最新进展，对肺癌早期诊断、综合治疗及转化性研究有很高造诣。

陆舜在 30 岁时就有个目标，要成为中国胸科肿瘤领域前十人。

这并非盲目自信。母亲的突然离世使陆舜在中学时立下将来当医生的志向。他从华东师大二附中以优异的成绩考入上海医科大学，1988 年毕业后开始行医生涯，2006 年成为上海市胸科医院肿瘤科的主任，行医三十载，"医苑新星""教授""首席专家""学术带头人""领军人才"等荣誉等身。陆舜自己却说，人生如盛筵，名利皆配菜，若能带着一个"好医生"的称号退场，才不枉此倥偬一生。

治病

癌，众病之王。也许每一个癌细胞，都比人类个体更强大、适应能力更高。最初陆舜在医院呼吸科工作，师从廖美琳教授。那几年中，他每天都要接触一些新来的肺癌患者。由于种种因素作用，我国肺癌患者人数大大增加，三个肿瘤病人中就有一个是肺癌患者，短短几年，肺癌就已成为人类第一杀手。每每看到患者带着求生的欲望离开人世，陆舜的心里总是感到一阵刺痛。

几经考虑，陆舜决定改做临床，专门从事肺癌研究。1994 年，陆舜顺利通过考试选拔来到了以色列特拉维夫大学附属特拉维夫医学中心进行为期两年的肿瘤学课程培训。此后的几年，陆舜奔波于临床与学校之间，继 2000 年完成研究生学业后，又于 2004 年来到世界第一癌症所专门接受肺癌头脑部肿瘤研究与培训。边学边工作使他能够将所学知识与临床结合起来，他也由此成为胸科医院独当一面的技术能手。

2006 年 4 月，陆舜从廖美琳教授手中接棒，成为上海市肺部肿瘤临床医学中心主任，带领团队潜心致力于肺癌疾病的临床和基础研究，十余年来，在"以病人为中心"的服务理念和服务模式下持续提升医疗服务质量。陆舜所带领的科室临床业务迅猛发展，出院人次和门诊人次均呈 10 倍以上增长，肺癌手术量和手术质量均位于行业前列，受到患者和同行好评。至 2017 年，当年的总出院人次为 11299 人，总手术台数达 2706 台，达·芬奇机器人手术达到 245 台，平均住院天数为 2.63 天，门诊人次达到 61493 人次，较好地解决了老百姓看病难、住院难、费用贵的难题，同时提升了社会效益。上海市胸科医院 90% 以上的干部保健由肿瘤科承担，在国内产生了重要的影响。

在科研方面，陆舜带领团队不断探索新的高度，希望与国际前沿同行。他们的相关临床实验通过了美国、欧盟及中国食品及药物管理局检查，也就意味着国际注册研究批准的药物中，有胸科医院肿瘤科人的贡献，科室的临床试验水平与国际最先进的临床试验同步。

"我们的学术地位,在国际上应该是从十年前的赶潮儿,现在是弄潮儿,到最后是领潮儿。2019年以后,应该是领潮儿,全世界都要认可中国在肺癌研究上的突出贡献。"十年锋自磨砺出,陆舜的成绩有目共睹,但他又归功于廖老师等前辈,"我们站在巨人肩上"。

医德

"医为仁术,厚德方可为之。"这句古训,陆舜常记心头,也是这般践行的。

在患者眼中,陆舜性格直爽,但是对待患者尤为全面细致,对于他们的病情了然于心。好多次在进行肺癌患者的多学科讨论的时候,陆舜教授对于经管患者的病情都可以脱口而出,包括细致到一项血常规或者血糖等检验报告的结果。

进入21世纪以后,肺癌的多学科综合治疗和个体化治疗的模式逐渐确立,因此在确定每一个患者的治疗方案的时候,陆舜会综合考虑他所治疗的每一位患者的具体情况,为患者治疗最合适的治疗方案。

2007年,一位无锡的患者慕名,在确诊之时即为晚期肺癌患者,而患者仅40多岁,还有一个未上小学的女儿,患者及其家属一度放弃了生的希望。陆舜得知了患者的病情和心理状态之后,一方面积极地对患者开展心理疏导,另一方面在专业上对患者进行肺癌诊治常识的教育,同时抓紧一切时间完成临床诊断,并为患者进行分子病理的全面检测,让患者接受了合理的治疗。患者的信心逐渐建立起来,和陆舜的配合也越来越顺畅,这位患者最终存活了将近10年的时间。

面对病人的信任,他从不推脱,繁重的工作常使他精疲力竭,身边的医生和护士看着都觉得心疼。他却说:"我累就累一会儿,这关系到病人的生命,关系到一个家庭的幸福。"

人梯

时光飞逝,曾经的学生成为老师,传承却是不变的主题。

别人称赞陆舜时，他转而谈起自己的老师廖美琳。廖老师的人格魅力和对学术的高标准严要求，影响了陆舜带学生风格。

带教陆舜时，廖教授已经60岁了，她的门诊总要从早上八点一直看到下午一点，中间没有一分钟休息，病人全都是疑难杂症，每天要看的片子都厚厚一摞，因为病情复杂，看起来也较慢。"老师总是非常耐心，跟着她看门诊，这样的人格魅力潜移默化影响了我。"陆舜说。

陆舜还清楚地记得，第一次投稿给《中华肿瘤杂志》的文章，廖教授亲自为他修改，不论是从专业还是文字上，老师都一一认真看过，改到最后稿子上都是她的红笔，改得陆舜很难为情，也意识到离廖教授的学术造诣差得太远。

后来，尽管医疗和科研工作非常繁重，陆舜仍时时不忘培养学生。担任上海交通大学医学院研究生导师以来，他共培养了研究生30余名。陆舜常常挂在嘴上的一句话就是：师者，传道、授业、解惑也。他一直教诲学生"先做人，后做学问"，要求学生善待病人、善待同事、尊重师长、尊重同道。

考虑到基层医院肺癌诊治水平较为薄弱，陆舜带领的科室已吸纳100余位进修医生，将新知识、新技术和规范化的肺癌诊疗理念传授给全国各地的进修医生。他除了在工作中进行耐心的传帮带外，还多次走上讲台，讲解医学理论知识，把自己在工作中积累的经验毫无保留地传授给年轻的医务工作者。

"前浪"

即使工作忙碌，陆舜也总会抽出时间阅读专业外的书籍，扩展人文知识。

陆舜认为，人文在现代医学中有重要的地位。因为医生最终是治人而非治病，对于大多数国人没有宗教信仰的现状，医生更要在患者无助之时提供强大的精神支持，尤其是在肿瘤科，同诸多徘徊在存亡边缘的癌症病人交流更是如此。他的阅读范围很广，除了医学本专业，文学、哲学、音乐、宗教、建筑……每个话题都能让他打开话匣子，能够满足不同类型患者的诉求。

他读《忏悔录》和《麦田的守望者》，他读鲁迅的作品，让他有着清醒的头脑和不愿放弃的热血沸腾。其实，作为肿瘤科医生，还有多少人能比他们更接近生命本身？观尽生命的尽头与延续，人间百态世间万象，并不比小说中少几分精彩与唏嘘。因此他看得通透了，看得更透也并不失去希望，情愿再拨一拨那烛火，让患者享受当下的光亮。

陆舜说："学着在困难中微笑。我总是对患者说，死亡是时间的单向列车，我们每一天都在迫近死亡,而我们每一天要做的,无非是享受当下,即使你罹患重病。"

行医三十年,回顾年轻时的雄心,陆舜把名利权欲看淡了。他认为,自己刚好赶上国家大力支持的机遇,科研经费充足,团队也带了 10 年出成绩,而如今到了产出期,精力与体力足够时,自然值得奉献;但在适当时机急流勇退,作为"后浪"铺路的"前浪",何尝不是一种勇气?

"过几年,等我后面一辈可以独当一面了,我想退下来,担任跟廖教授一样的幕后角色,不一定永远在台上做导演,我可以做制片人,幕后同样精彩。"陆舜如是说。

2018 年

作者:张天胜,《解放日报》新闻编辑中心主任。

朱　敬：从物理学家到商界精英

［校友简介］

　　朱敬，华东师大二附中 1982 届高中校友。17 岁毕业于复旦大学物理系，后赴美国加利福尼亚大学伯克利分校留学，获得物理学硕士学位和理论计算固态物理学博士学位，拥有或者共同拥有 6 项美国专利。他先后在美国劳伦斯利弗莫尔国家实验室从事科研工作，在硅谷多家移动及光纤通信企业担任多种高级技术管理职务，在美国雅虎工作 9 年，作为高管负责电子邮箱技术和精准广告业务。2009 年底回国担任盛大集团旗下盛大在线 CTO、盛大广告 CEO 等职，2015 年初起担任唯品会互联网金融事业部总经理。

商业精英似乎都衷情"挑战",未知与困难激发的不仅仅是个人的创造力,更带来成功时无与伦比的满足感。而更深远的影响,是在一次又一次的挑战中,个人的格局得以放大,对他人、对社会多了一份善意的责任,带来正向的赋能,而自身也成长为高速运转的商业社会中当之无愧的弄潮儿。

朱敬也不例外。十岁时,还是小学生的他连跳三级,升到华师大二附中读初中,被同学们称之为"小天才"。他17岁即从复旦大学物理系毕业,之后在美国加州大学伯克利分校荣获物理学博士学位。而这位"学霸"后来选择的人生道路,经历的职业转折,也是异于常人的想象。梳理他的职业生涯:美国劳伦斯利弗莫尔国家实验室科学家、美国雅虎高级总监、盛大集团副总裁、盛大在线首席技术官、盛大广告CEO、唯品会互联网金融事业部总经理,从物理学到互联网技术,到互联网广告,再到互联网金融,看似天马行空的"跨界",朱敬心里却脉络分明。

学霸转型

"理论研究能够满足我的好奇心,但是对我的激励不够,我希望我做的东西能够影响到千千万万的用户。"

初入复旦大学物理系,老师怜惜朱敬年纪尚幼,建议他去读安安稳稳的理论物理专业,并不主张他选实验物理专业。可是那个年纪的男孩却更向往对前沿技术的追求,居然和系主任据理力争,硬是换到了实验激光物理专业。

本科毕业后,朱敬以优异的成绩被加州大学伯克利分校录取。专业选择却出现反转:那时的朱敬求知欲正盛,急切想与世界"谈谈"。他发现理论物理可以不断提问,不断寻求解答,比实验物理周期更快,能充分满足他的好奇心。于是,朱敬又转回到理论物理专业。

命运的神奇在于,有时因果关系并非严格按照时间来展现,反倒是不经意的接触就此埋下种子,至于种子究竟长成参天大树还是随风而散,则取决于个人的意志力。

在伯克利做理论物理研究时,朱敬需要大量用到超级计算机,因而对计算机领域产生了浓厚兴趣。在美国著名的劳伦斯利弗莫尔国家实验室度过几年科研生涯之后,朱敬希望自己能够做影响千万人的事情,于是怀着这样的雄心壮志,去了硅谷。他先后在硅谷的移动和光纤通信行业度过了短暂光阴,2001年,朱敬进入到当时被称作"美国互联网行业奇迹缔造者"的雅虎公司。在这里,他实现了从学院派到互联网领军人物的身份蜕变。

远离舒适区

朱敬从 2001 年到 2009 年是在雅虎度过的。彼时的雅虎发展如日中天,却在邮箱业务上出现短板。朱敬加入之前,雅虎已经收购了一家邮箱公司。该公司技术架构设计并非针对千万级用户,所以归入雅虎之后,用户流量增长的同时也对系统造成压力,以至于团队天天修 bug 通宵救火已成为工作日常。

朱敬从两方面着手进行改造:一方面选择"小步快走"进行技术改良;另一方面推动"专人专事",改善管理流程,让技术人员只需负责技术,运维和测试则由专人负责。双管齐下奠定了雅虎邮箱强大的技术基础。所以当竞争对手 Gmail 突然推出 1G 容量的免费邮箱时,其他对手都被打得措手不及,唯有雅虎邮箱凭借强大的技术能力迅速跟上。加之雅虎本身在用户方面的基础,在邮箱领域很快从美国排名第三跃升为全世界第一。

当雅虎邮箱做到世界第一时,朱敬却觉得自己再做下去将面临瓶颈。此时,他喜欢挑战的性格再次凸显。

这就不得不提到另一位互联网大牛——在微软和百度都曾居高位的陆奇。彼时陆奇也在雅虎,负责搜索和广告业务。两人都是复旦校友,彼此家庭之间早有往来,不过当时在雅虎的工作中并无过多交集。了解到朱敬决定转换战场,陆奇邀请他加入雅虎的广告团队。此后朱敬领导了雅虎精准广告团队,推出了新一代全球化精准广告平台,获得了巨大成功,其所带领的团队更被雅虎评为公司 superstar(超级之星)荣誉。

2009 年,朱敬回到上海,成为盛大网络引进的第一位海归高管。在盛大,朱敬一方面带领团队为公司重塑整体技术架构,另一方面也承担起开拓新业务的重任。作为盛大广告公司 CEO,朱敬承担了人力资源、财务、销售等此前在雅虎所没有涉及的领导角色,工作版图再次扩大。虽然越发忙碌了,对朱敬而言却是新的突破。

互联网金融赶潮

"我很喜欢做前沿的东西,感觉以前做的事情都是在为现在的事业做准备。"

当朱敬还在伯克利求学期间,他就对金融产生了浓厚的兴趣,并开始尝试通过自己写软件建模来进行证券交易分析,加之名校物理博士向来受华尔街欢迎,当时

不少金融大牛公司已向朱敬伸出橄榄枝。朱敬回国后在盛大负责广告业务时，帮一些传统金融公司做互联网化相关的产品设计和运营推广，再一次激发他的金融情结。2015年，朱敬加入唯品会，双方可谓一拍即合：一个喜欢挑战，拥有强大的互联网基因；一个虽为电商巨头，进军互联网金融业务却时日尚短，对懂技术、产品管理、营销，又有互联网思维的管理人才，自然求贤若渴。

朱敬带来的第一份见面礼是改造唯品会供应链金融产品。他带领团队试着用互联网技术和数据来简化金融产品，结合供应商各区域的历史销售数据进行产品优化，在一个月内就实现了简化版产品上线。小试牛刀以后，朱敬获得了公司更多的资源支持。2015年底，唯品会互联网金融事业部成立，成为唯品会的一级部门。任总经理的朱敬，负责金融业务的全面管理工作。在此后的一年里，整个金融业务呈现出全面的爆发式增长。

朱敬认为，互联网金融是互联网和金融的结合，一方面，要具备互联网思维，从用户体验的角度来设计产品和流程，用互联网化的技术和产品实现金融创新；另一方面，要充分利用大数据，大数据是发展基础，未来的互联网金融必然是定位在大数据基础上的技术驱动。同时，金融本身是严谨的，对风险始终要心存敬畏，要向传统金融机构学习，建立健全完善的风控合规体系。

宽容与骄傲

"内心可以很无畏，但待人处事要宽温谦和。"

由于对数字天生的敏感度和对业务深入的洞察力，朱敬往往比团队的小伙伴更能观察到他们的潜力。别人认为完全不可能达到的指标，朱敬坚持"努把力吧"，结果还真能做到。当然，这也得益于他的激励方式很民主。比如他喜欢在工作群里抛出一个问题，让大家自由讨论，往往大家你一言我一语地探讨，问题的答案也渐趋清晰，朱敬只需适当指引即可。而小伙伴们自己思考和探讨得来的方向，在执行过程中往往更能激发团队的动力和创意。这些都是作为总经理的朱敬待人谦和的一面。

朱敬也很早学会了入乡随俗。从硅谷到盛大再到唯品会，不同类型的企业自然有不同的文化基因，如同他喜欢的运动一样——在国外喜欢打网球、高尔夫和滑雪，在国内,他也开始喜欢游泳,偶尔也打打保龄球。

作为一个学霸,"优秀"可能已成为一种习惯:相比同龄孩子,他可以调皮捣蛋的同时就把功课完成得很好;他可以在世界名校担任助教,给比自己年龄还大的本科生上课。以至步入职场,每一次转身都是因为当前领域的成就已无法满足越来越高的自我激励阈值——如果说这样的人内心没有属于他的骄傲,大概是无人信的。

只不过,经历会让一个人变得柔和。"我受到的挫折多了去了,现在看来都是小事。心态取决于经历,性格可能是天生的,但后天的经历会让人变得包容。内心可以很无畏,但待人处事要谦和。"朱敬说。

拥抱挑战,主动出击,内心无畏,外在谦和,大约这也是朱敬的内外写照吧。

2018 年

作者:张天胜,《解放日报》新闻编辑中心主任。

邬一名：艺术的态度

[校友简介]

邬一名，1979 年至 1982 年就读于华东师大二附中初中，1992 年毕业于华东师范大学美术系，工作和生活在上海。作为职业艺术家，从 20 世纪 90 年代初至今，持续了二十多年的水墨绘画创作。近期主要展览有：光，安卓艺术，台北（2017）；邬一名作品展，香格纳，北京（2015）；CHINA 8，莱茵鲁尔区中国当代艺术展，勒姆布鲁克博物馆，德国（2015）；美好生活就此展开，邬一名个展，安卓艺术，台北（2014）；破·立，新绘画之转序，龙美术馆，上海（2014）；时代肖像，当代艺术 30 年，上海当代艺术博物馆，上海（2013）；无关时间——邬一名个展，香格纳画廊，上海（2012）；他人的世界——当代艺术展，上海当代艺术馆，上海（2008）；和而不同，中国华东当代雕塑邀请展，上海（2007）；当代中国艺术，KARSTEN GREVE 画廊，科隆，德国（2006）；邬一名纸上作品和雕塑作品展，香格纳画廊，上海（2006）；中国——当代画，FONDAZIONE CASSA DI RISPARMIO，博洛尼亚，意大利（2005）；龙族之梦中国当代艺术展，爱尔兰当代美术馆，都柏林，爱尔兰（2004）等。

邬一名觉得他有一个重要困惑,就是中国传统绘画特别是文人画到今天形成了一个怎样的艺术呢？宋、元、明、清以来的山水、花鸟、人物画中,山水画成就最高。"寄情山水"实质是逃避,平时在庙堂跪皇帝、拜神佛,寄情山水就是一种人格心理补偿。进入今天民主文明时代,这种逃避需要检讨。邬认为余英时的一个观点很好,就是中国人的现代身份与位置,在"修身、齐家、治国、平天下"的儒家文化传统下如何确立？他提出可以保留"修身、齐家",而儒家文化登顶庙堂成为"公器",发挥的社会作用过大,现在需要回到"私用",在"修身、齐家"的范围内发挥知识分子的作用。作为中国的当代艺术家需要面对什么就能够明了,不再是延续儒家的"公器",或逃逸林泉的雅致美学,而是直面现实、直面社会、直面真实自我。

邬一名的画,首先就是去除那些传统符号,画烛台、焰火、都市夜灯、剧院、无名花草,甚至满纸蟑螂……就是让画面无意义,甚至看上去没文化。这种冒险,正是为了清理中国画当代的任何阻碍：趣味的阻碍、技巧的阻碍、审美的阻碍、文化的阻碍。他对保守僵化类型的突破,不同于20世纪80年代的那种反叛性,不咄咄逼人,却不被任何人与事逼迫诱惑,冷静客观,坦然真实,保持独立立场。有人评之为"一个艺术家之外的角色"。

其实邬一名也很在意传统。但是,他对传统纯净度的坚守守望是其价值观使然。他认为传统里当然有普世价值,比如温、良、恭、俭、让,谦谦君子的教

（邬一名作品：蜡烛系列之三）

养。这种内涵需要还原成人本身的修为,而不是一种国家政府的抽象道德说教伦理倡导,更无法成为宏大叙事化的制度规章。中国人的行为、思维、心理,还是与生俱来地流淌着文化传统的血液,保留着历史文化的基因,即使是独立化个人,也无法否认身上的血液和熟悉的母语的先天性与历史传统的自然渗透。由此,他让那些虫子、陶盆、瓦当、瓷瓶残片入画,不是简单重复描摹,而是更改、置换、消解,局部放大成为主题,装潢装饰条拓印后再重重积墨,使生活场景意义化,艺术作品无意义化。他让该坏掉的传统在他的作品中彻底坏掉,粉饰的、精巧的、貌似工匠精神实则是偷换概念,失去了作品中艺术家个人灵魂等其他重要成分的所谓传统,从而真正固守了语言的纯粹性,反倒让传统得以延续。所以,保持语言的纯度不是固守语言的惰性,而首先是击溃僵化的语言,使其显出活力,回归语言的真实价值。同样,不仅要警惕艺术语言的传统形式羁绊,也要警惕商业化的语言媚俗,警惕着空洞的政治口

邬一名与其作品

号与僵化的意识形态，也警惕着广告的吹嘘与市场的泡沫。画面上貌似粗陋、未完成，其实是另一种躲避逃离，即逃避强势语言的暴力和功利化语言的侵蚀造成的伤害，同时，也是对主流的悖逆，更是为了水墨艺术的语言独立与纯净的坚守，哪怕是难以立足憋屈逼仄的空间里，仍保持自身的独立生长，"相呴以湿，相濡以沫"。有一种态度叫低调，但完全不同于矫情，不是千方百计地立牌坊、找逼格。

越来越感到中国文化博大精深的邬一名，始终不忘从现代人的角度思考，始终警惕崇古心理的滋生。严格意义上讲，匆忙当代的中国，其实近代文明精神还没建立起来，洋务运动甚至更早就有人开出药方，中国需要 20 年时间的基础教育，建立公民社会，但革命等不及。要革命美术还是改良美术？自信来自对自身文化的真正了解，也清楚有什么缺陷，也能够客观地面对西方，不是总强调西方化的对错，而是解决现代化。他对那些不彻底的水墨改良不以为然，把矛头直指酸腐的文人画趣味，认为这是完全不合时宜的自恋与自慰，在这个方面，他追求革这些传统的命，但不是外在地强暴传统或绝情地抛开传统，或像败家子一样把最后一点家底贱卖。

他的艺术实验过程是血腥血污的，甚至难看的，但是诞生一个新生命，这成为必要的代价。

当代水墨，首先态度是主导。态度就是对水墨的价值判断。他作品里似坏如废中所隐含的态度，更彰显了对传统的深度思考，以及当代批判反省后的文化自觉。如何确立当代的水墨态度，他承认自己的矛盾与困惑：一方面水墨是材料，另一方面又是几千年文化形成的表达方式，媒材与传统趣味很难完全脱离，操之过急会让问题的解决成为妄念。对此，他看作是一种宿命也是使命。他说喜欢"常识思考"，又说"现实的常态就是平庸，所以追求平庸才是正确的"。似乎挺调侃，但邬一名说得、做得都很认真。

作者：李晓峰，著名艺术评论家。
本文摘自《寻找水墨态度——从邬一名艺术看当代水墨的态度甄别与物态表达》。

陈　岚：天道酬勤

〔校友简介〕

陈岚，1980 年至 1983 年在华东师大二附中初中学习。曾供职于 AT&T、Lucent、AVAYA 等公司，现任美国康普公司北亚区销售副总裁。

我在二附中学到最多的就是承受压力、接受挑战和思考的能力。由于同学们都很优秀，我作为当时小学考中学闸北区第一名的优等生，进入二附中后就淹没在人群中了。但是，二附中教材创新、教学内容深奥、学习进度很快、同学们都超级进取，这些都锻炼了我承受压力、接受挑战和结构化思考的能力，对我的职业生涯的发展起到了很大的推动作用。

我选择的大学本科专业是通信，1990年毕业时正好光纤通信起步，我们那一届是第一批双向选择的大学毕业生，也就是除了学校分配之外，我们可以自己选择工作。我的很多同学都选择了学校分配的工作，都是一些老牌企业，看上去好像是铁饭碗。我的系主任知道我是一个要强的、勇于接受挑战的女生，便推荐我报名"上海光纤通信工程公司"，他说光纤通信是新兴行业，将来一定有前途，于是我就去报名面试。当时这个公司要招聘的岗位其实是工程部的系统工程师，需要野外作业，所以规定了只能招男生。我努力地说服了人事部的招聘经理，她答应给我一次机会让总经理面试，她说如果总经理愿意接受我，她没话好说。于是我充分准备后，去拜见总经理，举证了很多例子来阐述女生的优势，最后被总经理破格录取。

总经理发现了我有说服人的潜能，所以进公司报到的第一天，他就让人事部经理把我领到销售部而不是工程部。这就是我职场生涯的开始，从一个工科女生变成了一名销售。

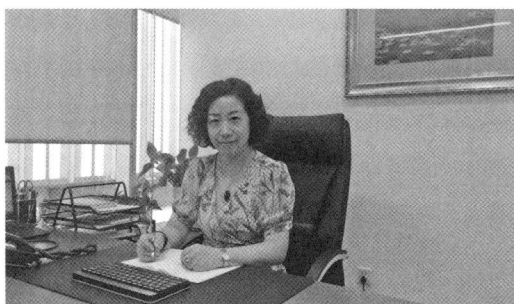

从1990年工作以来，我一直从事的就是销售以及销售管理工作。销售是一项极富挑战的工作，因为需要跟各种各样的人打交道，销售过程中会出现各种各样的问题和障碍，包括获取项目信息、拜访陌生客户、演讲、做方案、与客户沟通交流、了解竞争情况、判断优劣势，等等，这些培养了我坚韧不拔的精神、独立解决问题的能力、解决复杂事务的能力，以及沟通能力和说服能力。而在我接受这么多年的教育中，帮助最大、感触最深的还是二附中的六年教育。每当我遇到挫折，比如输了一个项目，我就会想起中学时代遇到的压力，于是会给自己打一下鸡血，勉励自己下一个项目加油。同时，在二附中也学到思考失败的原因，来为下一次成功打基础。所以，我每年都完成任务，成为成绩卓越的销售。

1995年进入美国AT&T公司后，我一直从事的就是网络综合布线销售工作。

其间 AT&T 公司变迁到 Lucent,又从 Lucent 变到 AVAYA,最后被现在的美国康普公司(CommScope)收购。我并没有跳槽,一直坚持从事着这个行业。这份坚持,也是秉承了二附中的教育。正是由于坚持,使我积累了丰富的行业经验,逐渐从一名销售成长为负责北亚区的副总裁,被授予亚太地区最佳教练奖以及战略销售策划人奖。我所供职的美国康普公司是一家在纳斯达克上市的公司,年销售额 46 亿美金,是通信基础设施的全球领导者,帮助设计、研发和制造世界各地的有线和无线网络。公司员工 20,000 人,专利超过 10,000 项,在全球有超过 30 个工厂和 100 个办公室。

在二附中看到的都是刻苦努力学习的同学,所以我特别懂得天道酬勤,也知道机会是给有准备的人的。在工作中,我比较善于安排时间,喜欢把不紧急但重要的事情提前做起来,喜欢想得更远一些。做事思路比较清晰,对人富于感染力和影响力,所以团队的凝聚力和团结合作做得非常棒。近几年工作中遇到最具挑战的事情就是 2015 年公司做了一次大收购,几十亿美金收购了行业第二大的公司。这个收购很复杂,因为双方原本是竞争对手,产品类同,但又有细节的不同,双方销售人员的素质不一样,客户群和销售渠道都不一样。如此复杂的态势,要在收购后达成 1 + 1 = 2 的目标是不容易的。

我首先理清思路,做好规划,一步步从内部人员整合到销售渠道整合到产品整合,井井有条地铺排业务,圆满达成 1 + 1 = 2 的目标。因此,2016 年我被再次提拔为北亚区销售副总裁,管理中国两岸四地的业务以及国际间的日、韩、蒙业务,负责的业务量也翻了一倍。虽然负责的区域扩大了很多、业务量翻一番、工作量翻两番,但我在二附中学习到的时间安排能力、结构化思考能力以及这么多年积累的领导力,帮助我保持了每年销售额的增长,继续成为每年都完成任务的销售管理者,得到了全球领导的一致好评。

二附中的学习经历是我终生难忘的,坚韧不拔、未雨绸缪、不断进取、独立思考、乐观向上等优良品质和精神,都是在二附中学会的,天道酬勤,相信这些精神还将伴随我继续奋斗!

印海蓉：我愿是一座桥梁

[校友简介]

印海蓉，1980 年至 1983 年就读于华东师大二附中初中，毕业后进入上海幼儿师范专科学校（今华东师范大学学前教育学院）学习，1986 年毕业后留校任教。1988 年考入上海电视台，担任《新闻报道》节目主播。1998 年就读于上海大学，2005 年毕业于上海大学影视学院广播电视编导专业。上海广播电视台融媒体中心首席播音员主持人，主任播音员。1988 年从事电视新闻播音工作至今已 30 年，被公认为上海新闻界的代表人物之一。

实现理想

二月的一天,我在上海电视台见到了印海蓉。每天晚上 6 点半的《新闻报道》直播马上就要开始。印海蓉在镜子里细细端详自己,眉眼舒展,嫣然一笑,将精神状态调整到最佳;然后,两手习惯性地将着装从衣领开始从上到下一一理正,见有一缕头发翘着,又将其小心捋平。随后抱歉地对笔者说,马上播新闻,待会聊!

电视台工会的小道姑娘对我说,印老师做直播新闻已经整整 28 年,每次上主播台前都是这样非常认真地调整好自己的状态。

其实,上海人谁不认识印海蓉呢? 晚饭时间听印海蓉播新闻,已经是相当一部分上海居民每天必做的一件事情。想了解时事新闻是一方面,更多的人是因为喜欢印海蓉才打开电视机的,这个面容秀丽、气质恬静优雅又极具亲和力的女主播已被广大居民视为生活中不可或缺的一员。

印海蓉 1988 年入职上海电视台,20 多年来先后获"全国播音员主持人金话筒奖""中国新闻奖""上海新闻奖""全国播音主持作品一等奖",还曾获得"全国劳动模范""全国和上海市三八红旗手""上海市十大杰出青年""上海市新长征突击手标兵""上海长江韬奋奖""上海德艺双馨电视艺术工作者"等荣誉称号。作为基层党代表,她还光荣地出席了党的十八大。

一个播新闻的竟然能获得如此多的殊荣,笔者对印海蓉充满好奇。小道姑娘向我说起了印海蓉不一般的故事。

印海蓉在进上海电视台前是一名幼师教师。1988 年,电视台面向社会招贤纳士,印海蓉在三千名应聘者中脱颖而出。几名考官对她的形象、气质、语音都打出了高分,一致评优。印海蓉没有辜负老师们的期望,在上班当天就成功给电视新闻配音;半年后,就大胆地走进直播间担当新闻主播。台领导对印海蓉很信任,但还是有点担心她承受不了直播压力而出什么意外。万一直播出差错,后果是很严重的。所以,不少人都为印海蓉捏着把汗。台领导更是特地跑到导播室,不放心地紧盯着监视器,眼睛一眨不眨,直到印海蓉顺利播完最后一个字,才如释重负,松了一口气。事后收集反应,众口一词都说不错。有专家评论说,印海蓉的音色纯净、柔美,播音风格大气、沉稳、亲切、明快,非常真诚,毫不矫揉造作。

上海电视台《新闻报道》新的女主播就这样诞生了。似乎轻而易举,又完全在情理之中。印海蓉读小学时就开始面对话筒,学校里、父母单位里搞文艺演出,总是让她担当主持人。教她的童伟英老师是最先发现印海蓉的语言天赋的。童老师曾经跟印海蓉的妈妈说,这孩子嗓音很好,吐字清晰,语音标准,更可贵的是这孩子不怯场,心理素质特别好,将来一定能成才。

童老师的肯定和鼓励,让幼小的印海蓉萌发了长大做一个语言艺术家的愿望。理想的种子其实早在上小学时就在心底埋下了。

10岁时,她被招到普陀区少年宫戏剧班学习。不久,她被电视剧《永不凋谢的红花》的导演选中,出演剧中主人公张志新的女儿,获得好评。这是她第一次跟电视结缘。

以后她随了妈妈的心愿,读了幼师学校,毕业后留校当了老师。由于她语言艺术方面的才能,时常有机会走上电视荧屏。她曾经协助黄国英老师在教育电视台录制普通话学习函授课程。后来,印海蓉的普通话语音被录成磁带,成为上海市普通话水平等级测试的示范标准。

上海电视台的招聘,让她顺理成章地实现了理想,成了一名电视播音员。

天道酬勤

印海蓉可不是一个好满足的人。她很清楚自己非新闻播音科班出身,如想在这个领域得心应手,还有很多专业知识需要学习。她要求自己一定要成为一个采、编、播、主持门门精通的多面手。于是她将周末时间几乎全部用于播音学、新闻学、电视节目制作、电视编导、传媒管理等专业课程的学习。为了不影响工作,她有时一天里要在单位和学校间往返好几次。晚上下了节目还要完成作业,很辛苦,但她乐在其中,就像一只勤劳的蜜蜂在知识的花丛里尽情地吮吸。

印海蓉进台后的几年,正是上海大发展的时候。上海电视新闻宣传的任务很重。台领导要求采编人员深入建设一线,做出更多鲜活的好片子。印海蓉看到台里有限的几个采编人员忙得连轴转,心里羡慕他们能够直接面对火热的建设生活,于是一个念头油然生出:和他们一起去采访!她觉得光理论学习还不够,更需要实践的锻炼,她盼望着自己快快成长!于是郑重向新闻中心领导提出这个要求。中心领导同意了,印海蓉好开心。1993年7月,印海蓉和记者邬志豪接受了一个重要的采访创作任务:拍摄制作一组反映上海市政建设成果的系列报道。

正值盛夏,酷热难挡,工地灰尘飞扬,泥浆满地,工作条件十分艰苦。印海蓉和摄制组人员每天奔走于各个建筑工地,大桥、地铁、隧道、高速公路……几乎上海所有的重点建设工地都留下过印海蓉的足迹和汗水。一天,他们到东方明珠建设工地,报道电视塔吊装天线工程。这一工程是在电视塔350米高空搭建的平台上提升重450吨、高120米的天线,如此高难度的提升工程,当时在全世界没有先例。

为了追求到最佳拍摄效果，需要上到 300 多米的高空平台。简易电梯只能把他们送到 200 米处，剩下的 100 多米必须沿脚手架自己攀爬上去，并且是肩扛手提机器设备！风很大，脚手架和梯子一起晃动起来，不要说攀爬，就是站在高处不动，也会让人胆战心惊。这尤其对一个女孩来说更是一个巨大的考验。印海蓉最终还是勇敢地选择了迎难而上，是"一定要完成采访任务"的信念支撑着她。有人害怕，爬不到一半就打退堂鼓了。印海蓉和邬志豪却异常坚定，互相鼓励着，终于攀爬上去了，在登顶的一刹那，印海蓉泪水夺眶而出，这是感动的泪水，她为自己的坚持而感动，为自己终于战胜了胆怯而感动。

眼前的一幕让她震撼，120 米高的庞然大物在施工人员的有序协作下，慢慢挪移，精确到位，施工人员个个精神抖擞，动作麻利，丝毫没受高空危险作业的影响。印海蓉暗暗感慨道：他们才是真正的英雄！心中对建设者们充满敬佩。上海电视台当天晚上播出了这条在 350 米高空吊装的新闻。印海蓉在播这条新闻时，脑子里不断浮现白天吊装现场的一幕幕情景，语气里充满了钦佩和赞美，播音格外投入。印海蓉事后总结说，新闻主播不是念字发声的读稿机器，我们表达的最终目的是揭示文字背后的内涵，传递一种积极的态度和正能量。新闻报道如果不走进现场，不近距离接触采访对象，光凭想象，就不会有深刻的感触，宣传效果必然也就会大打折扣。

经过将近一个月的辛苦采访，印海蓉和同伴们拍摄了大量的素材，随后制作完成了 23 集系列报道《上海在变样》，播出后引起了巨大反响，好评如潮。对领导的表扬，印海蓉自然很感欣慰，但来自电视观众的好评更让她觉得开心。她经常说的一句话是：观众的认可是对我们电视新闻工作者的最高褒奖。这部系列作品还获得了当年中国广播电视新闻奖。

为了使自己的播音创作更加贴近现实、贴近群众、贴近生活，印海蓉经常去实地体验各行各业劳动者的辛苦，同时积极参与制作充满正能量、生活气息浓郁的体验式报道。她曾经和送水工一起，顶着 38℃的高温酷热走街串巷，为居民送水。身材娇小的她竟然肩扛几十斤重的水桶爬楼梯，累得气喘吁吁，汗流浃背。也曾经穿上环卫工人的工作服，顶着烈日在苏州河上打捞垃圾，处理腐烂的动物死尸……印海蓉希望通过亲身体验告诉广大观众,正是有了那么多普通劳动者的辛苦付出,才有了美好的城市生活。充满真挚情感的播报,深深打动着人心。印海蓉觉得自己和观众的心贴得更紧了,和观众更亲了,播音工作也更深入人心。现在,这种体验式报道已经成为节目的一个特色,深受观众喜爱。

2005年,印海蓉通过公开竞聘,成为上海文广集团新闻中心首席主持人。她以良好的专业素养和独特的主持风格,获得了业内人士和广大观众的一致好评。

感恩观众

印海蓉下直播了。她不愿意谈成绩,只说对干电视新闻这一行的体会。

她举了做《真情实录》节目的例子。《真情实录》是由印海蓉主持的一档讲述真情故事、感悟人生的节目,深受观众喜爱,经常有观众给印海蓉写信,表达对节目对主持人的喜欢。有一天,印海蓉收到一封寄自常熟看守所的来信。寄信人竟然是一名犯有重罪的囚犯,他在信里说:"进了看守所我心灰意冷,可谓万念俱灰,唯有每天晚饭后放风时看你主持的《真情实录》能让我开心,听你充满感情的声音,就如一缕清风吹拂心头,是一种甜蜜的抚慰。你讲的一个个感人肺腑的故事触动了我差点死去的灵魂。我喜欢听你赞美善良赞美真诚,也赞同你对社会罪恶的严肃批评。你让我从心底里忏悔自己的罪恶,也让我有了向往人间美好生活的勇气,是你让我对生活重新燃起了希望。谢谢你!"

印海蓉说,我看了真是很感动,也很欣慰。新闻工作除了是连接党和政府跟广大百姓的纽带,还能把"真善美"通过我们富有感染力的节目传递给广大观众,让他们有所感动有所感悟有所向往,这是多么有意义!我为自己能从事这项工作感到无比自豪。我愿是一座桥梁!你问我为什么能坚守20多年始终保持良好状态,动力即源于此。人一辈子能做自己喜欢又擅长的事情,那是一种幸运,如果能做得受到大家的喜欢,那更是一种幸福!我很感激我的观众!

绝活揭秘

对一个播音员来说,最考验人的就是插播急稿。如没有扎实的基本功和过硬的心理素质,那就很难完成任务。

印海蓉在这方面表现过人。

有一次,离开播还有两分钟。主播台上印海蓉的耳机里突然传来导播紧张的声音:"头条位置要抢发国家领导人重要讲话的新闻。稿子刚来,马上直播!"顿时,印海蓉的心一下子提了起来,她知道这个紧急任务的分量有多重。但她很快稳定好自己的情绪,尽管其实很紧张。导播接着提醒道:篇幅较长,有三千字。稿子交到主播手上了,刚从传真机里吐出来的稿子只是其中一部分,还热着,剩下的还在传真途中!经验告诉印海蓉,必须先扫除冷僻的字词,才能确保直播时语意流畅无误。印海蓉一目十行飞快扫视文稿,排除障碍。因为是传真稿,有的文字模糊难辨,印海蓉的心再一次提了起来。演播室里紧张的空气似乎要被点燃。已经没有时间再找人查问,印海蓉根据上下文意思和平时的积累,大胆判断,快速理解。就在印海蓉刚看到第三页文稿时,片头音乐响起,导播发来指令:"口播准备!"印海蓉深吸一口气,沉着冷静地开始播报,足足九分多钟,一气呵成,滴水不漏,没有一点差错。由于高度的全情投入,等到播出结束,印海蓉全身汗湿,衣服紧贴后背。

问到有什么秘籍,印海蓉说直播关键时刻不掉链子,靠的是平素的积累,工作经验越丰富,完成紧急任务就越有把握。

她开始聊起工作以外的一些事。生活中的印海蓉爱好广泛,她喜欢打羽毛球,喜欢唱歌,喜欢看书看戏看电影,还喜欢旅游,看似柔弱的她竟曾经获得过两届上海电视台羽毛球比赛的女单冠军。她认为,培养自己多方面的兴趣爱好,甚至养成良好的作息习惯,都是为了保持充沛的体力和精力,容光焕发地出现在镜头前。别小看这一点,同样也是工作的一部分。所以只要对工作有所帮助的事,印海蓉都乐此不疲。

一席话引人回味,予人启迪。

作者:胡敏。
本文选自 2015 年上海市"劳模年度人物"报告集《闪光的群体》。

郑大圣：“各剧组预备”

〔校友简介〕

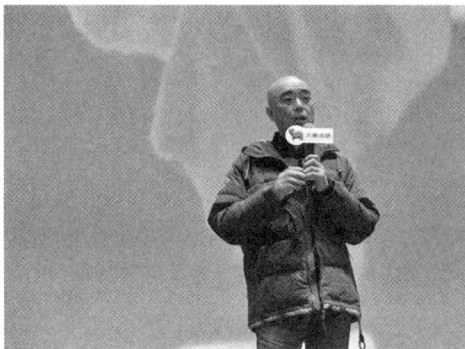

    郑大圣，1980 年至 1983 年就读于华东师大二附中初中部。1986 年至 1990 年在上海戏剧学院导演系电影导演班学习，1991 年赴美国芝加哥艺术学院攻读并于 1995 年获得硕士学位。是中国内地著名导演，曾经获得第二届中国电视艺术"双十佳"十佳导演、第九届大学生电影节最佳电视电影导演奖。代表作品：《王勃之死》《古玩》《阿桃》《女子公寓》。

1980 年夏，我小学毕业，考取了当时唯一的全国重点中学——华东师大二附中。班主任袁霞如老师家访的时候告诉我，我们班上有一位大导演黄蜀芹的儿子郑大圣，我激动万分。不吹牛，我小时候特别喜欢演电影。那时外公带我去看电影《小兵张嘎》，银幕上演员的台词还没说，我已经在台下说出台词了，前排的观众回过头来夸我是个聪明的孩子，外公的脸上露出惬意的笑容。于是怀着对电影的热爱，怀着对艺术家庭的仰慕，我期待着开学的第一天。

　　开学第一天，我欣喜若狂，因为郑大圣不仅和我同班，还和我住一个寝室，是隔壁上铺的兄弟。对电影的共同热爱使我们很快成为好朋友。大圣经常在宿舍里给我们说戏，介绍电影的拍摄过程。他告诉我们，作为一个演员的首要条件就是模仿能力，于是他给我们展示他高超的模仿能力，模仿不同老师的讲话，让我们猜猜是哪位老师。只见大圣缓缓走来，转身用手比划在黑板上写了几个字，再转过身做了一个把粉笔扔在讲台上的动作，慢条斯理地说："今天我们讲这两个字。"同学们立刻齐声回答："物理许晓梅老师！"接着，大圣清了清嗓子，一板一眼地说："游标卡尺，（停顿片刻），分——主尺，和——游标。""物理蒋建国老师！"同学们一齐鼓掌。大圣惟妙惟肖的模仿，把我们逗得前俯后仰。

　　大圣不仅自己表演，还挖掘我们同学的表演能力，导我们入戏。我们演了诸如《虎口脱险》《小兵张嘎》《追捕》《姿三四郎》《尼罗河上的惨案》等很多电影里的场景，其中最难忘的是大圣在宿舍里给我们导电影追捕里杜丘救真由美那段"英雄救美"的场景。我被大圣选中演英雄杜丘，王军反串真由美，还有几位同学演坏人——袭击真由美的狗熊。大圣说，我们这里改编一下哈，电影里是一只狗熊，我们这里多个狗熊，更能体现英雄的高大。

　　"各剧组预备，灯光、摄像师，预备——开始！"随着大圣的一声开始，几位演狗熊的同学一齐拥上，反串真由美的王军大叫："救命啊！"大圣给我使了个眼色，于是我一跃而起，击垮了"狗熊"，救下了"真由美"。由于太入戏，王军的呼叫声惊动了宿舍管理员梁老师，梁老师还以为我们这里发生了紧急事件呢。

　　那时候的每周三，大部分的同学家长都会来看孩子，带来一些饼干、麦乳精之类的。由于当时学生的用餐还是限量制，我们正处于青春期，学校的限量餐量是远远不够的，这些干粮对我们来说就极其重要了。大圣的父母经常来看大圣，我很荣幸有机会和大圣父母交

谈,受到艺术的熏陶。同时,大圣还经常与我分享他父母带来的干粮。有时候,即便吃了干粮,还是觉得饿。于是我们就去枣阳路、金沙江路饭店里吃阳春面,有次吃完之后我在街头小商贩那里买了一张电影明星张瑜的黑白照片。大圣是个有心人,没过几天,给我一张张瑜的彩色照片,我高兴极了,感觉这已经是当时最大的福利了。大圣请我们看了他妈妈黄蜀芹导演的两部影片——1982年的《当代人》和1983年的《青春万岁》。《当代人》的主题歌曲《年轻的心》和《青春万岁》片头的赞美青春的颂歌我至今耳熟能详。

由于当时严格的考分制度,大圣没能留在二附中高中,那时我平生第一次品尝了与好友分别的不舍。我给大圣写了长长的一封信,表达了我的不舍之情。不久,我收到了大圣的回信,里面有一张大圣的相片,相片的背面有大圣的赠言:挚友官昕惠存:

> 大圣乘车方欲行,
> 忽闻路上踏歌声。
> 桃花潭水深千尺,
> 不及官昕送我情。
> ——学友大圣赠,八三年金秋

顿时,我的眼眶湿润了……

如今,35年过去了,可是每次回忆,我仿佛感觉那些往事就发生在昨天,那么清晰深刻。此时此刻的我,眼前又出现了电影《青春万岁》赞美青春的颂歌:"所有的日子,所有的日子都来吧,让我编织你们,用青春的金线,和幸福的璎珞,编织你们。"那时候,青葱岁月的我们,怀着对未来的憧憬,热情拥抱青春。如今,我们要说:让所有的日子都去吧,因为我们——青春一去无悔……

大圣曾答应过以后有机会拍一部描写二附中学生生活的电影,由于大圣工作繁忙,一直没有机会实现。我真切地希望,大圣将来能有机会实现这个梦想,展示我们二附中的风采。

郑大圣导演在艺术电影界闯荡已久,早在2000年就推出了电视电影《王勃之死》,在那之后,其多部电影都是订制作品的形式,在央视电影频道播放。2013年春,其创作的《天津闲人》和《危城》这两部电影,曾经在国内艺术电影的推广和发行组织后窗策划的艺术电影展映单元当中,得以小范围地跟南京、上海等地的艺术电影观众在电影院里见面。但在其电影创作将近二十年的生涯里,普通观众要想看到郑大圣导演的作品,最主要的渠道就是央视电影频道。正基于此,《村戏》的上映,对郑大圣来说,才具有非凡的意义。

郑大圣出身电影世家:外公是戏剧电影大师黄佐临,外婆是舞台银幕双栖明星丹尼,母亲则是著名的第四代导演黄蜀芹,父亲郑长符也是影坛屈指可数的顶级美工师。或许是受家庭的影响,与其他独立电影导演多关注现实题材不同,郑大圣的所有作品都取材于历史,在独立电影、艺术电影界里,堪称“自成一派”。五年前,郑大圣曾经跟笔者详细交流过自己对于历史题材偏好的原因。他坦言,自己是一个历史故事、历史风物的爱好者。喜欢读历史当中的故事、人和一切东西,尤其喜欢搜集历史背景中被淹没在宏大叙事之下的小人物、小故事,也就是被称为“私历史”的材料,比如民国时期人物的书信、账本,家族的日记、照片等物件。这些“私历史”特别能激发郑大圣的兴趣。“用历史来做表达,对我来说更有创作空间,更自由,也更容易表述。”郑大圣导演的这番话,笔者至今记忆犹新。

《村戏》延续着郑大圣对于中国历史变迁的关注,只不过把时间节点放到“文革”结束、改革开放刚刚开始之时。在 2017 年于国内外各大电影节上收获一番好评之后,本片得以在今年年初顺利跟国内观众见面。《村戏》的剧本,根据河北正定县作家贾大山的三篇短篇小说改编而成。在 20 世纪 80 年代的中国

《村戏》海报

文学界,贾大山是以现实主义创作风格见长的短篇小说作家,一度与贾平凹并称“二贾”,声名显赫一时。其作品《取经》和《花市》入选过全国中学语文课本。

[作者简介]

官昕,1980 年至 1986 年于华东师范大学第二附属中学就读,本文作于 2018 年 4 月 16 日,于多伦多。

陈引驰：九年面壁成空相

[校友简介]

陈引驰，华东师大二附中 1984 届高中校友。1993 年毕业于复旦大学中国语言文学研究所，获文学博士学位；现任复旦大学中文系主任，教授，博士生导师，复旦中国古代文学研究中心教授，复旦文史研究院双聘研究员。

进复旦中文系，中学时代，很早就确定了。那年代，离开上海不是像今天那么能被人接受，所以，选择其实不多。

进复旦之前，应该是1983年，父亲曾领我去见过朱东润先生，对我，那多少也有明确方向的意义。实际上，中学时，复旦诸老里面，朱老的著作读过最多，大概除了早年的《张居正大传》和《史记考索》，当时已出的都看过。

1984年那届华东师大二附中的毕业生，高考获得的成功是空前的，我想，也会是绝后的。当年的理工类、文史类和外语类的第一名，都出自我们学校，而文史类前五名都被我们包揽了。在这些同学里面，除杨继东兄去了北大历史系，后来投张广达教授门下，别的都进了复旦。

那些年，高考分数和名次出来，电台新闻都会广播。记得从那天早晨六点天气预报之后的简要新闻里听到高考成绩公布了，三个状元都被我们包揽了，而李荧兄是文史类的第一名，我当场就笑了，既然他能考那么高，自己也一定低不了。后来，我们好像都聚到杨继东家去，正一起听邓丽君，报纸的记者找来了，因为他们很容易发现前几名的准考证号差不多是连着的，出自一个考场一个教室，是一个学校一个班的同学。我们几个人里，尹荣兄进了国际政治系，柴俊兄进了世界经济系的国际金融专业（那时候国际金融还没有独立成系），谈峥兄进了外语系，而李荧和我，都进了复旦中文系。照今天的观念看来，中文系的收获最大。

当时，我们读文科，确实都是喜欢，基本就是依循理想而已，杨继东去北大读历史，陆扬兄去北大东语系读梵文，跑那么远，觉得那里才有发展自己喜好的空间而已。论学业成绩，如果不转文科继续读理科班，大概除了那时全国仅招30名的协和医科大学，想进任何一所大学乃至任何一个专业怕都是有把握的。我考中文，如果因为家庭乃至个人的因缘，还不算典型，那李荧进中文系并在一年后坚持从文学专业转入语言专业，就很能说明问题了。

我进复旦的时候，中文系无疑处于最强的时代。1988年本科毕业，现在怎么也想不起来为什么了，在毕业纪念册的留言里，我引了苏曼殊的一句诗"九年面壁成空相"，几乎是我个人求学复旦的谶言，四年本科、两年半的硕士和两年半的博士，恰好"九年"。当然，这"九年"，不敢说有多少收获，但绝非证成"空相"而已，是可以肯定的。

读本科的那四年，回想起来，是最愉快的，主要就是读书，还有，和朋友在校园里漫步聊天。

那是没有时间性的日子。就学业而言，标志时间的是那些课。一开始，我就到处乱跑，去旁听别的年级和别系的课。第一学期便去听周振鹤教授的"中国历史地

理概论"，还参加了考试，成绩不错，记得课间谈到过他与本系游汝杰教授合撰的《方言与中国文化》的事，他还认真地提示我王力《古代汉语》涉及历史地理的某处讹误。从武汉大学转来复旦的彭神保教授开"魏晋南北朝史"，课上提到唐长孺先生的事给我印象很深。那时候一直计划着出国读书，整个 80 年代，对海外的文学、学术怀抱很大的热情，投入也真多，去听几堂外语系陆谷孙教授的"英美散文"便属当然。林秀清教授早年在法国获得比较文学博士学位，知道她在讲当年对我影响极大的萨特，自然要去。老太太手执《萨特戏剧集》，很柔缓地一幕一幕讲去，那时年少气躁，听了几回就跑掉了，倒是后来，很认真地细读过她译的《弗兰德公路》。哲学方面好像没怎么凑热闹，只记得楼宇烈教授来做佛学系列讲座，都听了，间歇时还请他在《中国佛教思想资料选编》扉页签名。

那时候外来学者的讲座没有今天这么多，但大多精彩。李泽厚讲思想史，除了相辉堂的大场面，也在第一教学楼的小教室；叶嘉莹先生讲古典诗，听众手里多捧着《迦陵论词丛稿》和《迦陵论诗丛稿》；王瑶先生满口山西话，讲现代文学的起始；周勋初先生讲王国维、陈寅恪的学术研究，文稿后来都收入他的《当代学术研究思辨》；罗宗强先生讲陶渊明与玄学，后来又在他《魏晋玄学与士人心态》中读到；郁贤皓先生讲李白生平考证及乐府，一口亲切的上海腔，他提起在他的少年印象中，静安寺以西都是城郊了……

除了短期讲座，还有一学期的授课。也是在一年级，我就去听了鲍正鹄先生给高年级开的"近代文学"。鲍先生早先就是复旦的教师，后调往北京，那次回系开讲，精神很盛，记得课上讲得最多的是龚自珍，《己亥六月重过扬州记》一篇就不止两堂。鲍先生风度极佳，令人折服。当时课是在校内上的，结束后得穿过邯郸路回住处，有一回，见他临过马路之际，不过是留意是否有来往车辆，但由其不疾不徐的左右瞻望，配以挺直的身姿，让人兀然觉得真有顾盼自雄的味道。也就在他讲课那时候，从王重民先生《敦煌遗书论文集》里读到他与山东大学关德栋教授的通信，知道鲍先生是国内最早翻检彼得堡（当时称列宁格勒）所藏敦煌卷子的学人，努力找他的文字，仅读到《龚自珍全集》和《清诗纪事初编》的两篇序……

当时风头正健而较为年轻的外校学人，与复旦素无渊源，也有来中文系授课的，我本科那几年便有许子东、余秋雨、叶长海等几位,该是当时主系务的陈允吉老师邀约的。叶长海讲戏剧学史,大抵以他的《中国戏剧学史稿》为本;许子东刚出了《郁达夫新论》,来讲郁达夫,第一堂课黑板上只写了"性"与"生"两个字,演说郁达夫早年文字里性苦闷与生苦闷的交织;余秋雨的课只听了一次,不过,他讲课内容主要就是那本《艺术创造工程》,与他之前的《戏剧理论史稿》和后来的《中国戏剧文化史述》《戏剧审美心理学》,倒都读过。

系里开设的课当然是重头,林林总总,如果有什么一致的精神,就是自由与探索。选修课不用说,大抵都体现各位任课教师自己读书、研究的体会和心得。那时候的选修课真是多,加上我常常旁听别年级的课,真难数得过来了。哪里像如今改来改去,学生毕业只要 7 门就成,那时一学期怕都有这么多堂课要混。各位老师个性十足,上的课差别既大,风格殊异。刘季高老先生的"左传研究",条理明晰,提出一个观点,便抄录若干史料,一一解说,娓娓道来;顾易生老师后来是我读博士时的指导教授,当时开先秦诸子的课,旁征博引,辨析入微,时有幽默的谈吐;王水照老师讲苏轼,阐说细腻,关于苏诗用典部分印象很深,同时读他的《苏轼选集》,了解到出自苏诗《寄吴德仁兼简陈季常》的"河东狮吼"一成语实涉及佛典而未必是惧内的意思,因为课时不够,王老师印了自己关于苏文艺术的长文给大家参考,还仔细审阅了我这个旁听生贸然提交的文章;应必诚老师讲《红楼梦》研究,引发我对《红楼梦》版本的兴趣,记得曾仔细对读了应老师的《论石头记庚辰本》和冯其庸的《论庚辰本》;陈允吉老师的"佛学概要",扼要而生动,我在二年级时就去旁听,后来在他给我们年级开的时候又听了一次,还有相关的"佛教文化"一课,都给我很大的教益,展开了之前未曾知晓的天地,由此决定了继续跟陈老师读书,这么多年,此方面的研究始终是自己关心、留意的……

说到自由与探索,系里的必修课,也充溢了这样的精神。陆丙甫老师的"现代汉语"课,常常让我们就有关语言现象提出自己的意见和分析,如果他觉得有意思,就给你记上 5 分,到学期结束的时候,我问他自己是不是不必参加考试了,因为好像那些分数已经累加到 80 以上了。骆玉明老师的"中国古代文学史"讲唐前一段,满堂倾倒,教材当然是刘大杰先生的《中国文学发展史》,但极少依傍,胸中另有格局,往往谈自家的见解,当他要学生打开书本、翻到某页的时候,往往要说的是:"嗯——,这个地方刘先生好像有点小问题。"唐宋时代的文学史,是陈允吉老师讲的,条理既清,又极生动,吸引力有口皆碑,尤其唐代一段融会独有的研究,像王维的佛教文化背景、李贺诗艺与心理特征、变文体制与佛教渊源等,专精的研究化为深入浅出的讲解,很有启发性,或许也就是因为要讲的那么多,宋代部分便相形简略了不少,但好像没有学生会觉得那是缺憾。陈思和老师的"中国现代文学史",也是抛开唐弢的《中国现代文学史简编》,自己构设一个框架讲,挥洒开来,不少观点参酌着读他那时陆续发表的中国新文学整体观的系列论文,往往给人新鲜的刺激……

课堂固然重要,但只要你真读书,有能力,不听课也成。本科时我曾免修两门专业必修课程:每周四学时的古代汉语和每周三学时的外国文学史。两门课都通过了专门安排的免修考试,外国文学史记得自己考了88.5分,而古代汉语免修前,当时既是主管教学的副主任同时也是古汉语专家的严修老师,让提出申请的李荭和我去他家谈过一次,切实了解我们的程度之后才予以批准。

提点学生,确实不仅授课一途。那时,老师常来学生宿舍聊聊,说起来容易,一直坚持,却只有真心投入的才能做到。记得古代文学史是每周四课时的,一周两次,骆玉明老师和陈允吉老师几乎都在上课那天的晚上来看学生,谈谈读书学习。别的也不妨说,一次,有同学问骆老师如果喜欢一个人怎么办之类,回答是直截了当地:"你去对她说!"无论生活上,还是学业,不少意识和觉悟是在如此不期的场合中得到的。我第一次遇到陈尚君老师大约是两年级的时候,大概说起平时也读读唐诗的话题,他突然问:"你知道《全唐诗话》么?"我回答在《历代诗话》里翻过的,他紧接着问:"你知道那是伪的么? 抄的谁?"这真是一次难忘的刺激。老师不以学生为幼稚,平等对待,回想起来,是很让人感动的。1987年骆老师出了他与贺圣遂先生合作的《徐文长评传》,专门题送给我们几个与他较亲近的学生;1992年我已读博士了,陈老师的《全唐诗补编》出版,他特意让我去受赐,记得那天是与后来往北京大学现已转去香港任教的汪春泓兄一同去四舍陈老师家的。

接着五年研究生,硕士跟陈允吉老师读,博士跟着顾易生老师,他们给予的教导是永久的。两位老师都鼓励博览多识,从来不屑于言及功利地读书、撰文,同时都强调要掌握根柢性的基本典籍:陈老师一开始就要求认真读《文选》,我也是十年后才渐渐深悟这是研习中古文学的不二法门;跟顾老师时则将周秦汉诸子整个重温一遍,至今仍相信不通读诸子,实不足以知其中任何一子。那时老师带研究生,还是师傅带徒弟式的,十天、两周去导师家聊,各式学术话题,往来出入,无有涯际。陈老师常常细致地讲他手边进行的研究,关注的问题是什么,材料如何择取,论文结构怎样安排;顾老师往往从一个字或一句话的诠解,衍发出一段新说,尤其乐意回护、阐扬传统的精义。

还想说,老师那些年里给予的极大宽容,永远无法忘怀。有一年多,我情绪极恶,陈允吉老师劝我读陶诗,并由着我花半年多写出好些篇西方马克思主义文论的论文;邓逸群老师路上拉我去家里坐,与应必诚老师一同好言劝慰;汪师兄和骆老师都曾请我去家中喝酒,骆老师说:"你要记得,以后你要做大事的。"

九年学生之后,是十余年的教书,后者几乎超过前者一倍时间了,不过感觉上教书的日子过得飞快。大概读书时是最愉快的,现在几乎记不得有什么特别要操心的,有什么特别的企求,回想起来,那真是没有时间性的日子;教书就不同,无论顺利还是不顺,总是有往前赶的味道,近年节奏更是紧张。以前读普希金的《欧根·奥涅金》,他引了巴拉丁斯基的诗句:"活得匆忙,来不及感受。"现在知道,这是真的。况且常常觉得,这十多年教书所提供的,远不能与当年读书所领受的相匹,所以,也就不多说了吧。

陈引驰、宇文所安合影

本文转载自 2017 年 12 月 1 日《探索与争鸣》,发表时题为"九年面壁:以学术为底色,以思想为旗帜"。

段律文：热爱无常的生命

〔校友简介〕

段律文，华东师大二附中 1984 届高中校友，加拿大华人，中国人民政治协商会议全国委员会海外代表，中华全国归国华侨联合会海外委员，中国侨商联合会副会长，中国殡葬协会国际交流与合作工作委员会主任，苏州市侨联副主席。

由于工作关系,我会经常接触到与死亡相关的话题。依我的经验,通常这个话题有些忌讳和禁忌,但恰恰就是在那些"不通常"的时候,这又是一个绕不开的话题。

最近,我太太的一个姐妹因病逝世了。很年轻,才40多岁,一双儿女尚未成人。在我们的印象里,她一直就是一个大大咧咧懵懵懂懂的女孩,属于非常容易隐没在这都市洪洪人流中的那种。生命的最后阶段,她已经被病魔与药物折磨得不成形了,但思维依旧清晰,甚至比她这短暂一生的任何时候睿智。在与我太太最后相聚的时候,她极其平静而又有条有理地将她人生舞台最后安排向我太太娓娓道来,如同在安排一个不相干的人的葬礼:

我不想穿传统的寿衣,要穿我喜欢的那件旗袍。骨灰要像我老公老家那样放在瓷甓中,遗像选那张我着红衣的,要葬在父母边上,不要合在一起,最好隔壁……

她甚至关照她先生:大殓那天,要穿结婚时的那套西服。

其实我一直觉得她糊里糊涂的表象下,有着非凡的聪明与豁达。她对自己身后事的安排,更是让我肃然起敬。能够完整地将自己的生命安排妥当,是绝大多数人做不到的。

大凡遇到生离死别的场合,我几乎都会不自觉地回忆起在二附中的时候,忘记了初三还是高中,有位从华师大来的老师。她在近40年前,便生生地把一堂堂政治课上成了激烈讨论的哲学启蒙课。她在我们青春叛逆的时期,给我们种下了一个概念——世界观。我女儿也是我学妹,在她的初中毕业典礼上,我有幸作为家长代表回到母校的讲台上:

"二附中是一座神奇的,充满激情与幻想的学校。现在有所谓'四大名校'的说法,在我还在二附中求学的年代,二附中是唯一的。直到现在,我依然固执地认为二附中是唯一的,是不可比拟的。二附中是唯一的在所有其他学校都规规矩矩屈服于中考高考应试教育的时候,依然宽容,依然包容,允许她的学生自由而快乐地成长的真正的学校。30多年前,我们可以在老师带领下半夜起床来到操场上看星星,可以在最枯燥无味的政治课上与老师探讨世界观与人生观。我很欣然,我们的孩子今天依然可以在二附中充分而自由地探索知识与人生。"

20多年来,在我的工作实践中,我所看到的是整个教育体系在生命教育部分的缺失,太多的人一直到生命的尽头依然没有领悟生命的快乐,太多的人目睹生命的陨落依然只有悲伤痛苦。早在日本电影《入殓师》播映之前很久,我便多次拜访过日本"全葬连"和一些企业。在日本,葬仪

与婚礼经常是在同一个场地进行的，互不避讳，都以营造强烈的仪式感为目的。在欧美，这仪式通常在教堂进行。仔细想想，人生最重要的仪式不正是婚礼与葬礼吗？当社会进入较高层次的文明的时候，生命教育成为伴随终身的学习与反思过程，其结果便是人们可以以平和与敬畏的态度接受整个生命的完整呈现，包括生命孕育的感恩，生命中的灿烂和生命凋零时的尊严。很多次，在冰冷阴暗的病房里我目送过亲人与朋友的离去，当病人的体温开始下降的时候，家属护工都会忙不迭地给病人添衣加被，岂不知临终前即便是一条薄薄的被单都会让病人感到重如铅块。此时病人最需要的其实是漫无目的的思绪自由与无牵无挂的身体放松，这也应该算是生命教育中的一个常识性部分吧。

我们的幸运之处在于我们在二附中有世界观的启迪，让我们终究可以试着理解生命。这种人性化的感染，不仅是那位政治老师给予的，而是整个学校的氛围所赋予的。在二附中，语文老师第一堂课就教我们"出淤泥而不染"，数学老师允许我在课堂上挑战权威以证明，音乐老师给我们欣赏"辛巴达航海"以忘却冬日的饥饿……种种潜移默化的引导，不胜枚举，只为教会我们独立思考，建立自己的世界观。也正因如此，我才有机会从不断的死亡中去认真思考生命。

今天，二附中即将迎来自己的六十华诞。社会经历了几十年的浮躁，终于开始意识到生命教育的重要性，但或许在我们就学的年代，包括我们和我们的老师都没有那样清晰的认识。然而恰恰是这样的教育启蒙，让我得以学会尊重生命，并热爱无常的生命。

感谢！

2018 年 5 月

韩惠芳：春天的使者

[校友简介]

韩惠芳，1984 年毕业于华东师大二附中，1988 年毕业于中国纺织大学（现名东华大学）服装系，先后供职于上海毛麻纺织科技研究所、美国 Liz Claiborne 上海办事处、德国 Otto 集团上海办事处。目前为自由职业者，主要从事心理咨询、插花教学以及参加临终关怀 NGO。

关于春天,古今中外咏叹者无数。不同年代、不同地域、不同心境之下,或痴情或狂放或欣赏或陶醉,每个人的春天各有自己的颜色。

而在韩惠芳眼里,三月,是春水初盛,绿风又起;四月,是碧水清波,草长莺飞……她喜欢春天,这是一个挣脱了寒冬束缚,生机勃勃、绽放绚丽的季节。她更喜欢的是"春天精神",正如林徽因在其诗作《你是人间四月天》所赞颂的:是爱,是暖,是希望!

学生时代的韩惠芳喜欢在课本的边边角角随手涂鸦,绽放的花蕊、大眼的萌妹子……每每赢得同桌的嫣然一笑。职业生涯的高频词也是面料、颜色、款式、贸易之类,致力于扮靓成千上万的东西方女性。生活中的韩惠芳漂亮时尚、充满活力:家中墙上鲜艳的水粉画、桌上雅致的日式插花,无不透出女主人的聪慧和爱美之心。闲暇之余,她打坐、瑜伽、太极、徒步、旅游,忙得不亦乐乎。她常说,一年之计在于春,人生也要像春天般百花齐放,永葆春色。不要等,不要靠,不要把最好的留到最后。在春天的百花园里做一朵靓丽的小花,扮靓自己,也映衬风景。

但是,谁也躲不开中年职场的倦怠和压力,谁也不能预料家中聪明乖巧的宝贝忽然变得不分青红皂白地违拗,理想全无、情绪消沉……2008 年,韩惠芳的困惑在心理咨询中得到了缓解,同时也激发起她自己对心理学的兴趣。2010 年,韩惠芳利用业余时间获得心理咨询二级证书,并加入团市委青少年活动中心的电话咨询以及干预抑郁和自杀的 24 小时希望热线的相关工作。虽然贡献了大部分业余时间,但是韩惠芳真诚地表示:付出比得到更开心。

2013 年起,孩子赴美留学,韩惠芳赴日陪伴驻外工作的夫婿,人生跨上一个新台阶。不料天有不测风云,2015 年至 2017 年,爱人罹患恶疾,经历了发现、治疗、好转、复发、每况愈下直至离世。家属的心情也是百转千回,肝肠寸断。遭遇变故后的韩惠芳接受了 20 多次心理咨询,才渐渐从悲伤中走出来,她深切地感受到作为家属的痛苦和无助,她也由衷地感慨只有面对咨询师的时候才能"被深刻地理解"。因为咨询师告诉她,人生之大痛,莫过于失去所爱之人,留下我们恍惚地活在痛苦的过去和不知所措的未来,但残缺的生活还要继续。应该接纳自己的脆弱,允许自己跌入谷底之后重新站立起来,那是被痛苦淬炼过的力量。更有价值的做法是把这份力量传递出去,选择一些有助于爱意流淌的事去做,渐渐体验当下因自己的存在而美好的一切。

于是她重回忙碌状态。一方面继续进修心理咨询的高阶课程,另一方面全心投入心理咨询实践。有位客户失眠沮丧,情绪低落,抗拒上班,精神卫生中心嘱其服用抗抑郁药,医院的心理门诊需要排到 4 个月以后。经朋友介绍,来找"韩老师"咨询。经过一周一次连续 4 个月的咨询,该客户已停止服药,调整心态,重回职场。还有一位客户复诊时告诉"韩老师"：过去的一周自己过得很开心，似乎已接近康复。接触心理咨询已10年的韩惠芳不动声色地出示一组测试卡片，患者立刻泪流满面……韩惠芳启发客户：既然一年有春夏秋冬四季，自然界有风和日丽也有狂风暴雨，为什么不允许自己在人生的某个阶段不积极、不阳光呢？关怀心灵需要尊重万事万物的节奏，面对真相，允许自己在路上。她说，判断心理咨询效果的指标之一是来访者越来越有能力去觉察并承受自己的内心冲突。因为这份承受，他（她）就不必采取那些传播焦虑的言行。心理咨询师某种程度上就像心灵旅行的"导游"，能够见证客户的成长，就是最大的回报。她还去早教中心给家长普及儿童心理认知的过程与特点，呼吁在家庭和社会中要重视健康的心理建设。

韩惠芳的朋友圈里有一段话：请常常保持着你心里的光，因为你不知道谁会借着这光，走出黑暗。当下的中国，癌症晚期病人在医学上不再具有治疗价值，缓解其各种不适和身心痛苦，帮助他们安详而有尊严地面对死亡的伦理教育未成体系，给到他们及家属的人文关怀极其缺乏，失去至亲的家属们还要叠加饱受煎熬的心理创伤。感同身受的韩惠芳为此加入了手牵手临终关怀志愿者队伍。这是国内第一家专门从事临终关怀的非营利组织，成员有大学生、自由职业者、虔诚的教徒以及想弥补未能好好和逝者告别遗憾的癌症患者家属。每个周末，是手牵手志愿者进病房服务的日子。韩惠芳和同道们一起，去陪伴，去疏导，帮患者梳梳头、揉揉肩，推他们走出病房晒晒太阳吹吹风。A床老伯卧病已久，每次老太来看他，两人都是脸色哀怨，无甚交流。志愿者陪伴期间先称赞老太对老伯的照顾，也提及老伯的优点。老太给老伯按摩完，志愿者也帮老太捶捶背，以抒缓她的辛苦。老太逐渐开朗，与老伯的交流融洽起来，老伯脸上也露出笑容，主动拿糖果招待志愿者。B床大叔是唯一能下地行走的，却胡子拉碴不苟言笑。志愿服务几个星期之后，大叔脸上、身上都收拾得干干净净，仿佛整个世界都年轻了。他还专门到志愿者办公室表示感谢，并从志愿者那里第一次学会使用自拍杆，第一次笑眯眯地举着手机摆POSE。2018年春节前几天，韩惠芳还把自己擅长的日式插花带进病房，无所谓造型，只图个热闹，让那些辗转病榻的生命在最后的日子里绽放笑容……韩惠芳说，做临终关怀是对生命的关怀而非怜悯，是和病人、家属在一起彼此疗愈的过程。

半百人生未到秋，只问耕耘不知忧。但使心扉春永驻，岁月流连时空悠。此时的韩惠芳恰似春天的使者，关怀众生情字当先——以宽容和理解为咨询者"舒心理气"，以人性和陪伴为临终者尽心服务。

春天是百花争艳的季节，当腊梅樱花桃花梨花海棠芍药渐次开放的时候，不但给人们带来乱花渐欲迷人眼的美感，更向人们传递着春华秋实的希望。爱美，温暖，引领，陪伴，韩惠芳正在一步步地实践自己的诺言：做一个有温度的人！

［作者简介］

张莉萍，1984 年毕业于华东师大二附中，1988 年毕业于复旦大学国际政治系，1988 年 7 月入职上海市税务局至今。

李沉简：菁英教育梦

〔校友简介〕

李沉简，华东师大二附中 1984 届高中校友，本科就读于北京大学生物系及北京协和医科大学八年制医学专业，之后在美国普度大学获得分了神经生物学博士学位。毕业后，担任美国康奈尔大学医学院助理教授、副教授、纽约大学西奈山医学院讲席教授。2013 年全职回到北京大学，现任北京大学生命科学学院副院长，为国家"千人计划"特聘教授。

"菁英教育"是钟情于神经科学研究的海归知识分子李沉简,为中国教育改革实施的又一场探索性试验,是"美和真的交集,诗与科学的接点"。然而,在他眼下"火急火燎"的日常工作生活中,能够为这份"浪漫"事业挤出来的时间和精力,似乎正变得越来越有限。

2013年5月李沉简辞去美国纽约大学医学院讲席教授全职回国,9月正式出任北京大学生命科学学院主管教学工作的副院长。这位国家"千人计划"特聘专家的日程表,开始被一件接着一件的待办事项填满。一周工作80多个小时,每天能够静下来的属于自己的时间,则要到晚上八九点钟之后。

为何如此之忙?"毫不夸张地说,我一个星期的工作时间里,有四五十个小时都花在教育上,剩下的才是做我的科研。"这是迥异于众多其他海归科学家的一个答案。事业重心的转移,是科学家李沉简的主动选择。他不遗余力地为此付出时间和精力,皆缘于心中燃起的一个全新梦想,"就像当年雄心勃勃开发美国西部的人"。

另一座高峰

从1988年赴美留学算起,李沉简度过了25年的海外生活。拿下美国普渡大学神经生物及分子遗传专业博士学位,转至纽约洛克菲勒大学进行博士后研究,后进入康奈尔大学医学院从助理教授做到副教授,直至成为纽约大学西奈山医学院艾戴克曼讲席教授,李沉简未曾离开过全世界神经科学研究的中心舞台。

在美国,他拥有最好的科研环境和团队、一生安心不用退休的讲席教授、在神经科学动物模型领域的世界领先学术地位。然而,四十多岁的李沉简并不想就此"安分守己"。在他心目中,有一座更高的山峰要去攀登,有一片疆域要去开拓。

"每一个人的内心里,都有一些让你真正动心的东西。"李沉简说,他天生就是"爱豪赌"的那一类人,从小培养起来的思辨精神,让他知道自己心目中"什么东西是根本上重要的",并且愿意为此舍弃一切,义无反顾去追求。在海外的科研事业顺风顺水的大好局面下,李沉简作出了全职回国的决定。

"对于回国这个选择,我只问自己一个问题:你到底要做什么?"李沉简给自己的答案是:"就一句话,办教育。"这就是让李沉简动心的那座高峰,而他深知前路艰辛。

对于中国科教界的发展变化,李沉简并不陌生。他看好中国的技术型专家越来越多,无论海归抑或"土著"都有"天然的意愿",要力争做到最好、具有国际竞争力。"这是一个能够'有机生长'的内在需求,自己会慢慢往前走。就像人们脱贫了一定会想要吃好点、住宽敞点，不用太去'煽风点火'。"

"可是教育的问题就不一样了，虽然大家都拼命在那边喊，从市民、领导到高级学者都百分之百意识到它的重要性，但出色的学者里愿意撸起袖子真正去做教育的，恐怕百分之一都不到。"李沉简告诉记者，"我回来，就是为了填补这个空白。"

采访中，李沉简一口气说出了一连串曾在中国教育史上响当当的名字——王阳明、蔡元培、胡适、傅斯年、陶行知……他们是李沉简倾心认可的教育家楷模，"这样的人，才是真正扎到教育的土壤里做事的"。

对于中国教育存在的种种问题，来自学界的忧虑和批评声十几年来不绝于耳，然而人们期待的"对症良方"似乎至今仍不见踪影。

究其原因，李沉简将其归结于教育界缺乏大量以数据为基础的实地调研和深入探讨，而教育主管部门的很多决策都有"拍脑门"之嫌。

今年各省市的高考改革方案备受瞩目，有地方提出为了给学生减压，建议只考语文和数学两门课程。"造成的结果就是学生轻视理化计生史地哲，而千遍万遍地刷语文和数学题。到最后，学生连这两门都没有学好，因为他们在磨灭兴趣的枯燥训练后痛恨这个东西。所有的先进国家都不是这么做的。"深感担忧的李沉简，语气中不无愤懑。

李沉简知道，当今中国所面临的种种教育问题，其弊端并不仅仅在大学校园，而是要从整个幼儿、小学、中学的教育体系中寻找"病灶"和"解药"。为此，他在回国半年后主动要求担任北京大学在上海的招生主任，"一所中学接着一所中学地跑"。他希望在与中学教师和学生的零距离接触中，了解最为真实的教育现状。

菁英，非精英

事实上，在美国任职期间，李沉简就已经积极活跃在中学、大学和研究生等各个阶段的教育一线，而这在美国的教授中其实也极为少见。

科学拓展是一个在美国非常著名的中学生培训项目，李沉简是该项目的积极推动者之一。他和同事召集到纽约地区最富才华的中学生，安排他们进入自己的实验室学习如何从事科研，"不是看一看而已，而是真地认真做两年实验"。他自己在这个项目中培养出的八名优秀学子，成为李沉简在美国从业20多年来最引以为豪的成就之一。"有4人被哈佛录取，一人去了牛津，另外3人分别进入麻省理工学院、康奈尔大学和宾夕法尼亚大学。其中3个还是美国西屋科学天才奖得主。"李沉简眉飞色舞，如数家珍，说这里的心血足足顶得上培养出两个博士。而对学生在如此早期进行精心培养，对他们的人生轨迹影响之大，从以下的 10 年后学生信息反馈可见一斑：其中两位学生把李沉简列为对他们人生影响最大的人物之一。

回到中国，李沉简在"办教育"的全新梦想下想要做到的，却远远不止于培养出优秀的科学人才。"办教育有很多种。我想要做的，是真正的菁英教育，培养伟大事业的伟大推动者。"李沉简笑言，这个说法听上去可能有点"唬人"，但这的确是他真心想要实现的目标。也正因如此，他才选择了曾造就诸多伟大人物的北大，来完成自己的梦想。

有趣的是，很多人并未留意到李沉简特意使用的"菁英"一词，其用意实则有着特殊的指向和追求。

有一次，在参加国内某中学校长论坛时，主办方将李沉简所写的"菁英教育"改为"精英教育"。而在一些新闻报道中，亦将他所希望培养的"菁英人才"理解为"精英人才"写入文章。"精英"与"菁英"一字之差，却与李沉简所秉持的教育理念相去甚远。"草字头的'菁'，意味着它是个植物，需要培养；而米字旁的'精'，指的是一种精粹，它已经成熟定型了，只需要你去挑选。"李沉简解释道，北大要做的绝不是"下地割麦子、上树摘桃子"，"菁英教育"是从学前到小学、中学、大学、研究生乃至做事业的各个阶段中，一个整体的教育氛围和制度。

李沉简心目中的菁英，是胸怀天下的兴业治国之士，他们除专业技能之外，还需要有极好的人文社科修养，对人类所有美好的事物有着发自肺腑的热爱。"这样一批人的心胸、底气和品质，是超越常人的。"是否具备这些潜在的素养，甚至已成为李沉简在中学开展招生工作时甄选"菁英苗子"的一把无形标尺。

2013 年冬天在上海招生时，李沉简遇到一位数学成绩极为优异的尖子生，希望他将来能够进入北大数学系就读。然而让李沉简没有想到的是，这位"聪明"的考生在与另一所高校接触拿到加分优惠后，前来与他"讨价还价"，以期获得更为优惠的加分。这让李沉简有些失望更感到忧虑："17 岁的年龄，已经由于我们的'负教育'而把一个不错的孩子的心性给搞坏了，如此的算计与精明，缺少了大气、诚恳和冠军的霸气。这是非常可怕的一点。"

百折不回头

"北大的目标从来不是培养技术专精而心胸狭窄、目光短浅的人。"北大校长王恩哥所说的这句话，在李沉简看来正是一所致力于"菁英教育"的大学，所应具备的底气和追求。而对于如何培养"菁英"，除了一流的专业教育，李沉简给出的答案听上去似乎并不为奇——通识教育。尽管通识课程在我国大学的开展已有十余年历史,但李沉简认为,我们的通识教育并没有真正建立起来。"北大和哈佛、剑桥的学生相比,对于人类精神宝库的认识和热爱,还有不小的差距。"

通识教育有其一以贯之的主线——培养理性思维、批判性思维和创造性思维。在李沉简的设想中,北大的通识教育有四大块内容需要尽快建立,其中包括高质量的中外文学、人类历史与思想史、音乐、视觉艺术。

建立起这样四门优秀的通识课程,已成为李沉简想要在2014年实现的最大愿望。"我相信这些课程,能够吸引到学业非常优秀,同时对人类的精神世界有着不可抑制的热情和向往的学生。"李沉简接下来所要做的,就是在全世界范围内请到最好的老师,选择最重要的论题,进而建立起这些课程。"做出这些优秀的通识课程,这本身就是将我们的想法落到实际的一个过程,同时可以聚集一批非常有思想、有热情的干才。"李沉简的另一个新年愿望,是希望有一个宽松的环境,能够让他呕心沥血地做事业,安安心心地做事情。

文理兼通的李沉简,在这项工作中也的确颇具优势。出生在书香门第,他很早就在文科方面表现出特别的天赋,直到高考前不久,"探究人之本性"的强烈好奇心,才让他一头扎进了医学和神经科学的世界。"医学是一个非常有意思的看人、看社会的切入点。"成为一名神经科学家,李沉简对人类情感世界的精神活动,有了比常人更加丰富的理解和感触。

此后的科学之路上,李沉简其实一直都没有停止对人文学科的热爱,也没有放弃自己的写作。1999年,他与妻子共同完成了美国物理学家、诺奖获得者理查德·费曼所著科普名作《你干吗在乎别人怎么想》的翻译出版。

在李沉简身上,你不难感受到沉稳与诗情并存,严谨与激情同在。

"三思方举步,百折不回头。"李沉简办公室的墙上挂着一块玻璃白板,最上方的这句话,在五花八门的各种科学符号的"烘托"下显得格外显眼。这是李沉简自己写上去的,他说要以此自勉。

作者:郝俊。
本文原刊于2014年2月21日的《中国科学报》。

高 宏：心正功足做金融

[校友简介]

　　高宏，1979 年至 1985 年就读于华东师大二附中。本科就读于复旦大学以及美国文理学院；美国职业会计硕士（MPA）研究生毕业；美国得克萨斯州注册会计师（CPA）；禾晖资本董事长/创始人；曾任普华永道税务部高级经理，澳大利亚麦格理集团房地产银行部高级副总裁，麦格理国际地产咨询（上海）有限公司董事长、法人代表、中国区域负责人，麦格理旗下"第一中国房地产基金"CFO。

我们热爱二附中，他是其中一位

记得有同学说，二附中人应该互相支持，一起做些事情。校友们共同携手有所作为，这样的意识以前是淡薄的，近来渐渐地变得强烈。

高宏创始的禾晖资本，在2018赛季赞助了华东师大二附中"ZodiacFRC 6353机器人战队"（属于2018 FIRST Robotics Competition）。还连续四年捐助了校友所创立的非营利组织——北京爱加倍关爱家庭中心。

高宏对于母校以及对于校友的热忱，有目共睹。

今日创业，昨日历练

在48层的办公室里，我见到的高宏，糅合了商业和文艺的双重气质，身板挺直，笑容自信。

2011年高宏创始禾晖资本，公司设在上海，专注于中国本土及海外不动产和对冲基金FOF等私募基金的发起、设立、投资、投后管理以及退出。

在二附中读初中时，我和高宏同在三班，几乎没有说过话，只听到他和林在勇在最后座，课间，两人经常讨论，远远看着，觉得他们讨论很来劲。后来问他们当初讨论什么，他们两人都说是海阔天空瞎讨论，好像那时他们就很"通识"了。高中，成立文学社，我们都很起劲，当时感觉高宏动静不大，现在想来，一位理科生能"混"在文科生当道的文学社中已是稀罕，已经是很liberal啦。

二附中时期的教育，奠基了高宏"通识"的基础和思路，将理工科的脑子与商业、文学、艺术、历史相结合，美国本科和硕士阶段求学，更强化了这样一种"通识"能力。之后在商业和职场上的严酷历练，成就了高宏创业的厚实基础。

这是禾晖资本的获奖小清单——

-"2016年度房地产股权投资与REITs介甫奖——年度最具市场影响力私募房地产基金、年度最受投资者欢迎离岸房地产投资基金"；

-"紫卿卓越海外地产投资机构"奖；

-"第一财经金砖价值榜——2017年度中国最佳海外地产基金"；

-"2017年度地产投资·介甫奖——最具市场影响力离岸房地产投资基金、2017年度TOP10房地产股权投资机构"。

Stay ignorant，解构至无

Stay ignorant，解构至无，就像 Stay hungry（求知若饥）、Stay foolish（虚心若愚）一样重要？在高宏看来是这样的，或许还更重要些。解构至无，这样才能从每个方面去认识事物。

虽然禾晖资本管理的资产规模不小，但是，高宏总是不紧不慢的，很有点笃笃定定、气定神闲之沉着。二附中 1985 届同学聚会的发起和推进中总有高宏的身影，好像他很能匀出时间。

我们每个人的时间是一样的，但，为什么他总是能笃定呢？

关键点

"每个人心里都有一把尺，我知道自己缺什么，认清并抓住事物背后的关键点。"

关键点？那是什么呢？我不知道他抓住的关键点是什么，但我知道，他总是去解构，总是在"解构至无"后去抓住关键点。

镜头回转，那是二附中校园中，初二年级的物理课。全国特级教师陈延沛老师，好帅好潇洒的样子，两手空空，走进教室，拿起一支粉笔，在空白的黑板上开始他的讲课，一个一个从"无"到"有"的物理学概念、公式，源源不断，流淌出来。陈延沛老师从三尺讲坛、空白的黑板，解构出万千物理世界。对于高宏来说，陈老师好似开启了上帝模式，通过他，高宏看到的是上帝视角的物质世界，不光是"有"，而且是"有"后面的"无"，以及从"无"到"有"的过程。"一理通，百理澈"，陈老师常常这么讲。那个初二学生，从此也开启了"Stay ignorant，解构至无"的模式。从此走上人间、社会、职场以及商业王国。

境界

以这样的解构至无的精神，高宏喜欢透过成功故事看境界。这种境界，使 3M 从矿业机械做到办公即时贴，使雅马哈从修理坏掉的风琴做到发动机摩托车，使苹果从台式计算机做到手机。高宏认为，金融业的本质是创新，这种境界在金融业大有用武之地。

心中有剑，手上无剑。

任职期间曾经的成功与失败，让高宏不断思考行业、投资、人性和人心。"现代社会只不过是浩浩荡荡历史长河的一个版本，这点在金融上很突出。金融是人心的博弈，金融规律是人性的折射，具有一定的普遍性。"

精神气质

为什么做商业？商业是美好的吗？

这是一个商业时代，水大鱼大，谁都想跃跃欲试。这是我们这个时代的主要内容，就如，1980 年代，人们喜欢谈论哲学和理想，之后，人们开始实际地经营。

"商业是美好的，是引导人性向善的一种方法，是不进寺庙而能普渡众生的一种方法。"喂，喂，停一停，我在转述高宏言论时感觉我的理解力稍微有点低。我在各种文学名著中读到的是商业的龌龊、商业的唯利是图，为什么在高宏的理解中商业是美好的呢？

"人性一直在那儿转圈，没有什么进化，但是商业文明能够在人性没有进化好的地方'松土'，就是说，美好的商业可以使得人性往好的方面进步。商业文明能够捍卫理性，经济基础可以捍卫文明。"

确实，我也从一些文学名著中看出作者的偏见，我从高宏对于商业的理解上读出了作为二附中人的商业追求。

商业的边界、科技的边界在哪里？

"商业的边界和科技的边界，在于你是否怀着'慈悲'心看待你所从事的工作？打个比方：如果你在服务某个客户的时候，得到了一些数据；那么，你能不能使用这些数据？你的行为标准应该是：假如客户知道你想要使用这些数据，客户，作为一个理性的人，会不会同意？这个标准是所有企业经营者应该问自己的。一个企业之所以能够心甘情愿地被这个标准束缚住，取决于从业者本身的'慈悲'心——一种可以为，但为了对方的利益而不为，并且牺牲自己利润的境界。"在从事的私募基金发起、设立、管理、退出的各个环节中，作为基金管理人，在服务投资者的过程中，有很多的自由裁量权，经常要问自己：如果一个理性的投资者知道这种情况，他会不会同意你这么做？如果回答是否，那么再多的利润都不足以撼动。

"数字时代，每个人的行为都会变成数字，'大数据'就是这么来的。作为 IT 巨头,你开启了'上帝模式',你需要怀着'菩萨心肠'去对待客户对你的信任（把数据给你）。这种心态,是契约精神的深华。"

以上是高宏的看法。我想问一下,时下有很多棘手的边界问题,光光靠契约精神就可以解决吗? 比如,AI被用于杀人武器;生命科学研究中涉及伦理的问题;大数据与隐私的关系……高宏的回答是:永远保持"不作恶"的约束,这是一种态度。

劣币驱逐良币? 良币还是要坚持做良币

商业的底层逻辑,包括选择、牺牲、付出、守护、为你好、不作恶,只有出于这些价值的考虑之下的利益最大化,才有价值,否则,胜之不武。

商业通过交换相互得益。商业的社会责任,首先是坚持做"良币",即使有可能会被劣币驱逐,但还是要坚持做良币。以做良币的姿态告诉大家:"嗨,这里有良币!良币也能活,活得不是蛮好吗? 这个环境,良币,可以的!"然后是对于其他良币的支持。这样社会才会更美好。

高宏说,这大概就是慈善的本义吧。在高宏的理解中,坚持做良币就是慈善,因为,那会让社会变得更美好。纵然社会有很多不理想的地方,为了让慈善如阳光一般普照大地,我们嘛,就坚持着做几缕阳光……

这让我想起了高宏所创业的禾晖资本的追求——

心正可以砥砺
功足能致千里

镜头再次回转,那是高一学农,在上海郊县嘉定徐行乡。与大城市相比,郊县农村条件艰苦些,但是,江南之地小桥流水十月稻谷飘香,别有风情。三班男同学睡通铺在粮食仓库里。大概早上两三点钟,一起睡在仓库的地理沈明岚老师叫醒高宏,嘿,我们一起去看星星吧。在打谷场,深夜,无人,寂静,空旷,仰头看星空,满天星斗,长长的银河……那种恢弘,那种宇宙的伟大和缥缈,高宏被震撼了。那个高一学生,从此好像领悟到了什么,从此,明白大自然的深处有一种奇妙有一种深奥,我们须让自己与祂和好。

风光、财富;努力、进取;笃定、把握。心灵更深处,恐怕要由歌唱来抒写。高宏说他喜欢 Gary Mills 的"Look For A Star",兴许,这首歌唱出了寻找的心绪——

when you know you're alone and so lonely	当你独自一人深深地孤独
and your friends have traveled afar	当你独自一人深深地孤独
there is someone waiting to guide you	当你的朋友远行离去
look for a star	总有一人等待着引导你
oh everyone has a lucky star	你要寻找一颗星
that shines in the sky up above	每个人都有一颗属于他的 　　幸运之星
if you wish on a lucky star	高高地闪耀在天空之中
you're sure to find someone to love	你会找到一个相爱的人
a rich man，a poor man，a beggar	富人、穷人、乞丐
no matter whoever you are	不管他是谁
there's a friend who's waiting to guide you	总有一人等待着引导你
look for a star	你要寻找一颗星

2018 年 5 月 26 日

作者：钱红林，华东师大二附中 1985 届校友。

林小红：专心用心，倾心盟务

［校友简介］

林小红，1979 年至 1985 年就读于华东师大二附中。毕业于华东师范大学中文系，硕士研究生，高级经济师，民盟上海市委常委，民盟市属银行综合总支主委，民盟浦东新区副主委，浦东新区政协常委。1992 年至 2003 年在人民银行上海分行《上海金融报》社、银行一处和国有银行监管二处工作。2003 年 10 月进入上海银监局监管处室工作，历任副科长、科长和副处长。2014 年 10 月调任厦门国际银行上海分行任合规总监（副行长级）。先后参与《商业银行中间业务风险监管》《商业银行现场检查手册》的编写，相关论文公开发表在国内有影响的学术期刊上。

干练，是她作为金融人的特质；浪漫，是她作为中文系毕业的才女气质。在工作岗位上，她作风严谨，业务精湛，是业务骨干；在民盟中，她分管的区委文宣工作屡次荣获了民盟中央和市委颁发的"宣传工作先进集体"荣誉，她个人在宣传工作、参政议政方面也连年获奖，她撰写的关于银联的提案曾获国务院领导的批示，她的建言被中央统战部《零讯》采用，并获得浦东新区统战部颁发的建言献策优秀奖。她，就是民盟市属银行综合总支主委兼浦东区委副主委的林小红。

银行综合总支的成员们都接受过良好的高等教育，年轻和专业化程度高的特点很明显。这样一群来自大型银行、股份制银行、外资银行以及第三方支付等机构的年轻人，集聚在民盟上海市银行综合总支。在林小红的带领下，这个"年轻"的基层组织不断成长壮大，短短两年内盟员便突破了百人。并通过建章立制、课题调研、微博学盟史、社会服务等，把银行综合总支打造成一支有活力、有创新、有思想的队伍。

榜样在前，且学且成长

在市区"双重管理"模式下，在民盟这个大舞台上，林小红的成长可以说是飞速的！是工作与任务的磨砺，让她变得更"美丽"。

她是2003年经原区委副主委王勇介绍开始接触民盟并向盟组织靠拢的，在申请阶段，她就积极参加基层组织的学习交流活动，并在王勇副主委的指导下参加了他负责的一个课题，撰写了《关于争取产品开发审批权，提升新区银行业金融机构自主创新能力的建议》，当年就代表盟区委被选为政协大会发言。2005年她正式加入民盟，入盟以后，区委在2007年安排原区委宣传委员黄玉昌老师和她结对，有意识地培养发挥她之前8年新闻从业经历带来的专业特长。2008年她被增补为民盟浦东区委副主委，同年增补为新区政协委员，2012年又任新区政协常委。其间，她多次被选送参加市区各级青年骨干班和统战、民盟方面的各类培训班，得以更系统地深入领会统战和党派理论知识，更高层面地广泛接触盟内外各路精英，特别是参政议政方面的前辈和高手，对她提升参政议政水平有了很大的帮助。在参与民盟的各项活动中，她学习到了吴大器主委睿智而严谨的工作方法，也学习到了王卫平秘书长热情而细致到位的工作作风。特别是吴大器主委敏锐独到的政治眼光，结合政治交接、基层换届、同心同行、学实活动等一项项具体工作推进的做法，成为了林小红暗自学习的榜样。在担任银行综合总支主委后，她也巧妙地把浦东区委一些好的做法"移植"到总支进行实践。还有原副主委王勇清晰的工作思路、原宣传委员黄玉昌老师积极乐观的生活态度、蒋志伟老师精炼实在的即席发言，以及基层支部李春薇老师像妈妈一样温婉细致的工作作风，这些身边的领导和老师，无时不刻提醒着林小红要身体力行民盟"讲良知,讲风骨,讲操守,讲气节"的风范。

打开视野,活动聚人气

"如果没有活动,组织就会如一潭死水,发展停滞也并非危言耸听。"林小红这样说道。针对银综总支盟员年轻,但业余活动多"以电脑为本"的特点,她把学习与活动有机结合起来,让年轻人真正勃发出欣欣向荣的生气。宝山河口科技馆考察、炮台湾森林公园野餐、内史第缅怀先贤、祭扫川沙烈士陵园、崇明生态之旅、走进上博触摸历史、重走前辈路、自贸区印象等,以及与市、区其他基层组织如华师大、上师大、交行、保险,以及浦东医卫总支、海事大学、张江等联合举办研讨考察,两年间的30余次活动,不仅覆盖面广、参与度高、层级丰富,更拓展了盟员的视野和交际圈子,增加了他们对盟组织的了解,为进一步开展盟务工作打开局面。

我问她你搞这么多活动累不累,她说:"当然累! 但是,作为一名民盟基层组织的领导,要做好盟务工作,必须专心与用心。就以组织这么些活动为例,可能金钱上的投入是有限的,但是精力的投入可以说是非常大的,而且许多活动都是耗费了自己的人情。"是啊,民盟基层组织的活力,关键往往在于"领头羊"是否愿意奉献,是否愿意用心! 人脉人人都有,但像她这样,愿意把自己的人脉用心于民盟发展的"领头羊",确实值得"点赞"!

排忧解难,关怀暖人心

民盟是每一个盟员的"娘家","娘家"的温暖在于有关心你、爱护你、帮助你的"娘家人"。对于银综总支的盟员而言,林小红就是他们可信赖和依靠的"娘家人"。

总支的骨干盟员小林,2013年即担任总支秘书长,把自己的大量业余时间投入了盟务工作。但由于工作岗位变动,他需要到离家非常远的张江唐镇上班,每天往返要5个小时,严重影响了家庭生活和盟务工作。为此,林小红多次拜访他单位的CIO,向这位香港主管反复宣传民盟以及盟务工作的重要性,希望得到他单位的支持。她还联系了该单位在市区的另一办公场所,沟通好接收方的工作,并通过银监局主管处室的侧面推进,历时一年,帮助最终帮助小林更换了办公地点,大大解决了他的后顾之忧,也腾出更多的时间投身盟务工作。其实,还有,对其他生病盟员的探望,协调盟员家属的工作调动等,都是林小红曾为盟员们做的贴心事。她说:"作为总支的领头人,我就是要给盟员送温暖,给盟员撑腰,给盟员雪中送炭。"

一花引春，看万紫千红

作为参政党的民盟，其主要职能是参政议政，即对政治及民生问题，开展调查研究，反映社情民意，进行协商讨论。通过调研报告、提案等形式，向中国共产党和国家机关提出意见和建议。林小红仅在 2012—2014 年就向民盟上海市委递交课题并立项 2 件（其中 1 件被评为优秀课题），提交社情民意信息 16 篇，全部被全国政协、民盟中央、上海市统战部和上海市政协等采用。

林小红还专门组织总支盟员进行撰写提案的学习，动员大家从熟悉的本职工作入手提笔撰写，又在电话或邮件里频频指导，亲笔修改，一步步锻炼培养总支参政议政和社情民意信息工作的生力军。"如兴业银行的盟员梁一婷为了写提交给浦东民盟与海事大学联合召开的上海自贸区航运金融论坛的论文，半夜两点给我发来邮件，我早上 6 点起来修改。"她这样告诉我。

上海银监局科技监管处的周嘉弘 2011 年 5 月入盟，由于工作的关系，经常去远郊唐镇的全国金融信息服务产业基地和各银行数据中心打交道。他告诉林小红，由于周边生活配套不到位，尤其是交通不便，基地中的员工不少人都选择了辞职或调动，有的金融机构甚至回撤陆家嘴。于是，林小红和他一起率领团队多次走访了基地的金融机构、负责基地规划建设的基地办公室和多个政府部门，写下了提案《关于统筹解决上海金融信息服务产业基地交通问题的建议》，三个月后被选为浦东新区政协大会口头发言并由新区领导重点督办。最后，新区政府财政决定拨款 1.3 亿元用于改善基地交通及其周边其他生活配套设施，一个困扰了基地十多年的老大难问题终于获得解决。如今，周嘉弘成了新增补的参政议政委员，这次成功的案例也让盟员们感觉到了组织的影响力，个人价值在民盟组织这个平台上得到了有力的实现。游春、罗涛、王玉、沈晔、林俊、李敏华、罗庆荣、庄志敏、王志颖……一位位总支的盟员，在林小红的鼓励下，实现了社情民意信息"零"的突破。

回顾林小红的成长历程，充分体现了统战部门和盟组织的各级领导对于年轻盟员和人才的悉心培养和指教，从传帮带的引领，到走向领导和政协等岗位的力推，再到更高平台上的辐射，一步一步，把发现特点和发挥特长有机结合，把先进经验有效推广，把优良传统在传承的基础上发扬光大，这不也正是民盟浦东区委多年来人才辈出、成果倍出的原因所在吗？

作者：陈璞。
本文原载于《潮平两岸阔，风正一帆悬——民盟浦东十年（2006—2016）》。

钱红林：无问西东做公益

〔校友简介〕

钱红林，1979 年至 1985 年就读于华东师大二附中。曾是出版社的编辑部主任，后成为独立出版人。11 年前创办非营利组织北京爱加倍关爱家庭促进中心，11 年共 44 万人次受益。中国教育学会家庭教育专业委员会常务理事、中国家庭文化研究会理事。组织译介美国杜布森博士系列作品，前瞻性译介引领风潮。获全国散文大赛三等奖；策划并编辑的图书曾获"中国改革开放 20 年百种科普读物奖"、中国国家图书馆"文津奖"。

与红林的交往及印象

五年前，有点闲散时间，发觉微信是个不错的交流平台，未来一定会火，于是就开始了组织年级群的事情。感谢学校，6 年我们共分班三四次，还有体育课，文学社，认识了不少其他班级的同学。一个拖一个，8 月 30 日，我生日那天，加到了钱红林。

钱红林跟我是初中三班的老同学。她皮肤白皙，头发乌黑，刘海与众不同，善于直视、稳稳地微笑，一旦触发，热情又随时可被瞬间点燃。后来去了文科班。文科特别好的那种，什么东西，被她写出来就有滋有味。毕业后，我们在北京见过，记得她先生是新华社的，还试图一起在中秋节月光的照耀下在天坛拍照……结果可想而知……

"说来话长，2003 年开始自己做图书，策划出版发行都自己做，主要出美国引进的家庭类图书……"华东师大世界文学硕士毕业的她，出版是"主业"。

"2006 年创办一家非营利性公益机构，关爱家庭中心，后来再注册为爱加倍中心。我自己找的一条非常辛苦之路。"她娓娓道来。我由衷佩服：生活辛苦，做文化、公益的生活更辛苦，被二附中教育出来，做文化、公益的，就"辛苦"异常了。我试着用微信自媒体上看来的马化腾"一眼看破"的能力，佩服着这位老同学。

我遂请她在微信群里给大家讲讲她的非营利组织。中国太需要这样的民间组织了，但，这又是一条充满艰辛的路，她是怎么过来的？走得好吗？还是信心满满吗？她的力量又从哪里来？我也希望我的同学们能够了解她的事业，并且帮助她。

"时间我记下了，具体内容我再与你定，一定会有非营利组织的内容，再加上我机构正在做的家庭和家校关系两大块。"她爽快地答应了。

群里的分享结束，我想起一句微信上的鸡汤："世上只有一种英雄主义，就是在认清生活真相之后依然热爱生活。"一定是的。

我继续努力，希望能够发起募捐，使得珍贵的公益火种能够烧得更旺。同时，心理还是有一点担心：是不是会不做了。"募款需要正式一些，即使是老同学老朋友。不能捐了钱了，捐献者感到钱沉大海，不知用于什么用途。所以，我想，即使向老同学募款，也应该注明用处……"她这么认真地筹划着每一个细节。

"公益要水到渠成，不可勉强，要人自己情愿，热爱……做了之后有些幸福感和满足感，该是这样的，侬讲对伐？"她又补充道。

"我机构可以向捐赠人（个人或企业）开具'接受捐赠发票'，由北京市财政局印制,持有这种'接受捐赠发票'的企业和个人是可以减税的。具体减税多少,如何操作,我不太清楚,我请会计去问……因为,我机构是接受方,不太了解捐赠方的财务制度……下周,我也许就清楚了,我可以告诉你……但是,在中国,捐赠减税只是意思意思,不太能起到鼓励捐赠者的作用。"她好几次提起国家对于向正规捐赠机构捐赠的财政税收扶持。财务,对于学世界文学的她,一直不是那么驾轻就熟。

四年后,我偶尔看到我公司的税务申报表,才发现我们四年来收到的由北京市财政局印制的"接受捐赠发票"都没有能够税前抵扣。(作者注:"北京市 2017 年度获得公益性捐赠税前扣除资格的公益性社会团体名单"中没有红林的爱加倍中心。上名单的,大部分是红十字会、基金会和社会团体。看来,民间社会组织获得"国民待遇"还有"漫漫长路"要走。)

这是一条艰辛的路。但,一路上,11 年 44 万人次受益,在最需要的地方:优秀青年教师孵化培养、中小学家校协作、危机家庭关系、失去独生子女家庭的心理支持、农民工子弟的成长以及汶川震后心灵关怀……回报值得。

记录一下红林创办的非营利组织的小小成绩:从 2006 年到 2017 年的 11 年中,荣获第 2 届"世界银行中国发展市场新公民奖"公益行动项目(2008 年);"政府主导·社会参与 NGO 5·12 救灾重建行动"(2009 年);"2011 年度西城区十大公益项目奖"(2011 年);北京市社会建设项目《悲伤远去,走进阳光——失去独生子女家庭社会心理和社会支持》被评为优秀服务项目(2015 年);钱红林被评为北京市西城区"孝星"(2015 年);选送的《山东:家校合作九大主题活动应对教育难题》被中国教育学会评为"中国家庭教育知识传播激励计划"家校合作优秀案例(2015 年)等。

独立出版人:前瞻性地译介美国家庭建造系列图书

"我前些年自己做书,策划、组织、翻译、编辑、出版、印刷所有流程都做。近些年,我改了,我只做源头的工作:策划、组织翻译、编辑,之后就交给出版社,与出版社合作。以前与中国社会科学出版社合作,近年与华东师大出版社合作。"作为独立出版人,她研究过纸张与书成本的关系,从自己的积蓄中拿出钱来做印刷,成书后送到各个书店渠道进行销售,然后催账,收款,回收本钱和收益,支付境外作者版权费。"我就是一家出版社",她的话中透出一种二附中人"自命正统"的自豪。但,我心又一沉:你……向书店追书的销售款? 知道"老句勿脱手"这句话……我又"一眼看破"这位文科班的老同学……

幸亏,她改了,只做源头的工作,不出资印书了。后来,红林开始转向非营利公益组织，一方面关爱家庭的建造，一方面关注孩子教育中家长的力量。

罗列一下，老同学在 21 世纪初出资引进的图书吧，被称为美国头号心理学家的 Dr. James Dobson 的系列图书：《培育男孩》《培育女孩》《勇于管教》《爱必须自尊》等共 7 部，以及英国作品，一共 10 部。

前瞻性的译介对于中国的教育专家和家长们是一种理念的冲击，比如：按照性别培养男孩和女孩，男孩要有男孩样！女孩要有女孩样！比如：家庭建造的重要性应领先于亲子教育。经过十几年的传播，这两个重要的理念已经在中国家长心目中建立起来了。红林舒心地微笑，说这是她译介工作的收获。

创办非营利组织：建造优质家庭＋专业推动家校协作

"……我们所实施的'山东省中小学家委会项目'的定位……此项目的使命是协助打造山东省基础教育第二翼。对此项目的理解是学校、家庭和社区共同构成了孩子的成长环境，我们若将学校比作凤凰的第一翼的话，那么家庭就是第二翼，社区就是尾翼。有了这三个翼，凤凰才能展翅飞翔。"她解释道。

"最近在忙着准备夏令营……有 4 位美国老师。主要的营员是来自山东三四线城市的初中生。""我们上周举办了一个 300 多人的培训会，在枣庄，主要在忙这个会。"她的精力不仅投放在北京的家庭和学校中，而且还投放在三四线城市的家庭和学校中。

也是微信上看到的："冲击世界首富的雷军：未来的一年里，连睡觉都是浪费时间。"我想，在红林看来，能够把爱撒向这片土地上千千万万需要的家庭、孩子和教师，干嘛要浪费时间"冲首富"？

"确实在中国大陆，一家注册的社会组织是很不容易的，我组织服务社会，帮助解决社会问题，同时又是一家引领性的组织：对转型期婚姻、家庭问题和家校关系，在价值观上和在文化上进行'松土'，将那些旧有的混乱的观念剔除，植入人类美好的观念。"她这么定位自己的事业，同时她这么定义"美好的观念"：既有中国优秀传统文化，更有西方基督教文化的内质。原来在文化、非营利民间公益、二附中等这些辛苦之上，还有这个层次的辛苦，我想到。不过，我开始有点理解她"我自己找的"的意思了。

在中国现代化的道路上，人们面临新的挑战，同时也在探索新的价值观，以求和谐、幸福的家庭和人际关系。基督教孕育了世界现代文明，有着丰富的"实践经验"，作为泱泱大国，拿来主义，不至于被认为是数祖忘典吧。我即历史，历史即我。

勇敢还是柔韧?

还是微信上看到的,丘吉尔说过,"勇敢是所有美德之首"(注:中国人的第一美德是"孝")。于是,我又一次看穿:红林的品质是"勇敢"。怀着这样的感受,为二附中60周年校庆《校友风采录》征文,我采访了她。她倒觉得"柔韧"比"勇敢"更能贴切地形容她:"我勿是冲了老前头的。"①

"勇敢"也罢,"柔韧"也罢,红林版的"英雄主义",并不需要认清什么"真相",有什么"一眼看穿"的本事,她追求的,就是对吾土吾民的热爱。为了这份爱,她根本无视什么是困难,直奔主题,其他,她已经交托给了她的上帝。

〔作者简介〕

高宏,1979年至1985年就读于华东师大二附中。本科就读于复旦大学以及美国文理学院;美国职业会计硕士(MPA)研究生毕业;美国得克萨斯州注册会计师(CPA);禾晖资本董事长/创始人。

---

① 本文对话摘抄自作者收藏的微信私信聊天。

蔡 行:从城市到乡村

——无心插柳的选择

［校友简介］

蔡行,1980 年至 1986 年就读于华东师大二附中,现任职于挪威奥斯陆大学及挪威 Simula 国家实验室。1998 年至 1999 年于挪威奥斯陆大学从事博士后研究,1999 年至 2008 年任挪威奥斯陆大学计算机系副教授,2008 年至今任挪威奥斯陆大学计算机系正教授,博士生导师,并兼任挪威 Simula 国家实验室首席科学家。

时光倒流 32 年,如果有人在 1986 年我高中毕业时预测我将来会在欧洲乡村安家立业,我一定会嗤之以鼻。理由很简单,我当时给自己预设的人生坐标不是在美国就是在上海,怎么可能会和"乡下"挂上钩呢?

回想当年,自己那些宏伟且幼稚的理想得归功于在二附中的六年学习生涯。那时候,在上海顶尖的中学里读书,我得费尽九牛二虎之力才能避免成为学渣。尽管如此,耳濡目染周围学霸们的风采,自己仍免不了会"志向高远"。记得高二那年,二附中保送了我们年级的一批尖子生进复旦物理系,剑指美国藤校。于是乎,轮到我自己下一年高考时,头脑一热,居然在志愿里填了上海交大物理系。结果,我的高考成绩不够交大物理系的分数线,被调配到了交大的电机系(后来,接触过几个交大物理系的牛人,暗自庆幸自己没去那儿沦为学渣)。

在交大读书的那几年,和上海许多的同龄人一样,我一直做着去美国的留学梦。进入大学三年级,具体行动开始。托福考试,投递申请信,我忙得不亦乐乎。因为美国自始至终是首选目标,往那里投了不下一百封申请信。英国、加拿大和澳大利亚的学校也分别尝试了一些。后来,经哥哥提醒,我向德国、法国各投了几封申请信。最后,为了不放过"漏网之鱼",往瑞典、丹麦、挪威、芬兰也各投了一个学校。如此大规模的撒网,收获总算还有一些。但是,让人恼火的是,美国几个大学的录取通知都不包含奖学金,学费成了一道不可逾越的屏障。不过,谢天谢地,纯粹属于"无心插柳"的挪威奥斯陆大学居然也录取了我。奥斯陆大学的好处是不收学费而且还向外国留学生提供学习贷款。尽管那里没有对口我交大学历的工科专业,但是奥斯陆大学的计算机专业显然是一个合理的选择。于是,我的人生旅途在 1989 年的 8 月阴差阳错地岔到了欧洲的农村:挪威。

那年夏天,我一个人怀揣入学通知书从上海出发,经过巴黎,飞到了奥斯陆。不料,一下飞机,我就懵了:托运的行李箱没有到达。愣愣的我居然想坐在机场的长椅上等下一班从巴黎来的航班。幸亏机场的工作人员阻止了我,让我得以及时地赶到了奥斯陆学生城的接待室。假如我在机场再浪费 40 分钟,学生城的接待室就关门下班了。真要是那样,我人生地不熟的,那天晚上恐怕就要流落街头了。

运气一旦好起来,万事都不难。虽然行李没到,我当天就在学生城里前后遇到了三位好心的"前辈",也就是早一年来挪威的中国留学生。他们热情地替我解决了几个棘手的问题,包括帮我打电话给航空公司告知我在学生城的具体地址。第二天,我的行李箱如约送到,在挪威的求学生涯于是也算正式开始了。新生报到、选课、突击学习挪威语、上专业课,我渐渐地进入了标准的留学生角色。

说挪威是欧洲的乡下,一点也不夸张。当时其全国人口不到 500 万,作为首都的奥斯陆也就 50 万出头。和上海的灯红酒绿比起来,那里的生活简直就是属于极简版的:吃得简单,玩得更少。不过,好处是读起书来干扰少,便于专心。于是,我在接下来的五年里,重复着千千万万海外学子的标准生活:上课,看书,做作业,打工,睡觉。由于我之前在交大的学历只被奥斯陆大学部分承认,我几乎得从本科完全重新读起。本科和硕士期间当然不时地会遇到各种困难,但是,有过在二附中奋战六年的经历,自己的底气一直还是挺足的。顺便说一句,除了在二附中打下的各科基础,我还特别感激在二附中接受到的英语教育。在国外生活,我才真正体会到能听懂别人在说什么并让人明白你在说什么的重要性。而这些技能恐怕是从当年国内统一的英语教材里学不到的。

　　1994 年秋天,在我硕士文凭到手后,新的挑战出现了。在我的挪威恩师(即我硕士导师,也是后来的三位博导之一)的鼓励下,我开始了博士追梦计划。当时在挪威,读博士研究生的机会是很不容易得到的。但由于我的挪威恩师及另外两位博导的鼎力相助,我终于得到了博士研究生的职位。不过,由于博士研究生属于正式工作编制,得过挪威移民局的工作签证关。这在挪威这个非移民国家当年是件天大的难事。为了得到这稀罕的工作签证,我的三位博导各自使出浑身解数,以证明我拥有其他挪威人不具有的"特殊才能"。我自己也给当时领导移民局的挪威社会部长写信陈情(当时的女部长现已成为挪威的首相)。也说不清到底是哪次具体努力起了作用,最后老天开恩,我总算摇身一变,从学生阶层进入了工薪阶层。

　　自己深知得到博士学习机会的不易,而且也不愿辜负三位博导的心血,我在接下来的三年里着实全力以赴,咬牙挺了下来。现在回忆当时自己博士答辩的场景,就像梦幻一般。多年以后,当我坐在台下看着自己的博士生答辩时,不禁感慨万千。

　　时光如梭,我离开大上海到欧洲乡村生活已经 29 年了。虽然现在的生活和三十多年前自己少年时的设计相比起来偏差了好多好多,但是我有时忍不住地想:有了二附中六年学习生涯打下的良好基础,当年即便去了另外一个地方,应该也能活出精彩吧。

宓　群：走出自己的"舒适区"

［校友简介］

　　宓群，华东师大二附中高中 1986 届校友。曾在复旦大学跳级获得物理学士学位和李政道 CUSPEA 奖学金，赴普林斯顿大学攻读获得电子工程硕士学位，并在斯坦福大学接受高级管理培训。光速中国创业投资基金的创始合伙人，曾任谷歌中国第一任首席代表。2018 年福布斯 Midas List 全球 100 位最佳风险投资家之一，《创业家》杂志中国最受创业者尊敬的十大 VC 投资人，拥有涉及闪存、通信、互联网方面的 14 项美国专利。

序

精彩的演讲往往内容各异,但本质相同:诉说对人生的看法,告诉你该为世界做些什么。我们在欣赏这些精彩演讲的同时,也能体悟到人生的哲理和真谛。

交大密西根学院志在建设一所世界一流的教学与研究型机构,培养新一代国际化、创新性、领袖型人才。我们推出【声音】专题,希望通过与你分享那些点亮人生的智慧演讲,伴你走过一段更有意义的人生之旅。

曾先后在英特尔、谷歌等跨国公司担任要职,被誉为"谷歌中国第一人"并成功投资百度、大众点评、赶集等互联网企业,现任光速创业投资董事总经理的宓群受邀为交大密西根学院2016届毕业生作精彩的主题演讲。以下是他的演讲中文版。

谢谢院长,尊敬的来宾、家长们和毕业生同学们,大家好:

首先祝贺2016届毕业生们!能作为今天的演讲嘉宾我感到非常荣幸!我的太太曾就读于上海交通大学电子工程系,所以我深知交大的优秀。感谢你们的盛情邀请!

首先我和大家分享一个小秘密:今天是我第一次身穿毕业袍服!我没能参加本科毕业典礼因为我三年就跳级本科毕业了,我也没有参加普林斯顿大学的毕业典礼因为我读博士学位中途辍学了。

所以,特别感谢你们让我如愿以偿,我需要好好拍些照片以作留念。

毕业生同学们,你们十分幸运能成为上海交通大学和美国密西根大学强强联手合作教育本科项目——交大密西根学院的一员,你们昔日的努力获得了今天巨大的收获。

这个世界越来越全球化,毫无疑问,中国与美国是这个世界的最大的两个经济体。从长远来看,你们从这里学到的合作精神和文化交融会成为你们今后成功的重要基础。

我真的非常希望在我上大学时能有这样的学院!

今天我要与大家分享的是影响和塑造我人生和事业的四大核心理念,它们是终身学习、敢于冒险、志存高远以及心存感恩。

成为一名终身学习者

我从复旦大学物理系本科毕业后,只身前往美国普林斯顿大学电子工程系深造。对我来说,普林斯顿大学大大地开阔了我的眼界。在我入学的第一个学期,我的导师 Jim Sturm 看到我选的课都是电子工程科目时,建议我考虑工程学科之外的课程。

他说:"譬如考虑修哲学或心理学课程,尝试一下工程学之外你也可能感兴趣的课程,学校里有非常多不同领域的课程可以选择,而且有世界上最好的老师。"然而,我当时并没有采纳他的建议,因为我渴望着尽快完成自己的专业学习。

现在我十分后悔。

如今的我对哲学、心理学以及很多其他学科兴趣浓厚,如果我能重返普林斯顿校园,我一定会接受教授的建议。许多最大的世界性挑战都需要跨学科的突破来解决,这个社会很缺跨学科的复合人才。

虽然我当时没有在普林斯顿上哲学课,但为时不晚。

互联网已经能提供给我们极其丰富的资源,譬如,您完全可以待在家里就能浏览麻省理工学院的所有课程,麻省理工的本科和研究生课程和视频资料都放到了网上,而且还是免费的。你可以通过观看 TED 演讲领略到世界上最优秀演讲者以及他们的思想。互联网使得你在任何时候都能学到你想学的内容。

我现在专注于高科技创业公司的风险投资,也有些成就,一部分得益于我在本科和研究生阶段的学习和历练,但更大程度上和我不断地自我学习是分不开的。

建议大家有机会上一些在线课程,多阅读,听一些自己专业之外的讲座,在新的知识领域挑战自己。

走出"舒适区"勇于冒险

在我获得普林斯顿大学硕士学位之后,我开始攻读博士学位,其间发表了不少与新材料芯片有关的论文,我还得到了在暑假期间从事助理研究员的工作并获得双倍的薪酬。

虽然我的生活非常安逸,但是我对硅谷充满了好奇和向往。

普林斯顿大学是一所拥有广泛人脉资源的名校,但主要还是集中在美国东海岸地区。在并不认识硅谷任何一个人的前提下,我拨通了英特尔公司的电话,请总机接线员帮我转到人事招聘部门,我至今还记得那位接电话的人事部门女士的名字 Cindy Romero。

一番自我介绍后,我告诉她希望暑期能在英特尔公司实习,于是她安排了一次电话面试,再后来我便顺利地得到了在英特尔加州硅谷总部暑假实习的邀请。

那个电话的确改变了我的人生。

我从事的暑期实习是研究闪存技术,传统的闪存每个单元仅能储存一个比特的信息,在我和同事的努力下,我们发明的新技术能使闪存的每个单元储存两个比特的信息,在没有提高闪存成本和芯片大小的前提下,闪存的储存效率提升了一倍。

英特尔公司希望我能留下来,基于该研究开发出商用产品,我没有犹豫选择留下,而不是重返普林斯顿继续冲刺博士学位。我在普林斯顿学习了三年后辍学了。

我想绝大多数同学都听说过摩尔定律,它是以英特尔的创始人 Gordon Moore 命名。摩尔定律阐述的是集成电路芯片的性能每过 18 个月会翻一倍。我们研发的闪存技术最终成功地运用到产品中,并被纽约时报头版称赞为成功"打破摩尔定律"。

我在英特尔工作 7 年,开始是技术研究,之后转为产品和商业市场开拓,那段时间也是硅谷 PC 高速发展的年代。

1998 年,互联网开始风起云涌,谷歌公司在加州 Meolo Park 的一个车库里诞生,而这个车库别墅的主人便是我在英特尔公司的团队成员之一 Susan Wojcicki,她把我介绍给谷歌的两个创始人之后,谷歌向我伸出了橄榄枝,邀请我成为谷歌第 20 号成员。

按理说,两个创始人非常聪明能干,邀请加盟也十分诱人,我应该答应才对,但是当时我十分渴望创业和创立自己的公司,离开英特尔后,是选择加入早期的谷歌,还是自己创办公司,对我来说既是冒险也是挑战,最终我决定离开英特尔,作为联合创始人创办了 iTelco。

我从自己这段创业经历学到了非常多的经验,同时谷歌创始人一直和我保持联系。2003 年,我加入谷歌又做了一次创业:创立谷歌中国。后来我离开谷歌后转行从事风险投资,并联合创办了光速中国资本,专注于早期创业公司的风险投资。

我当时走出了普林斯顿的"舒适区"给英特尔公司打了那个电话,而那个电话恰恰改变了我的人生。我自己创业,到谷歌创建谷歌中国,到创办风险投资基金,如果当时我只停留在自己的舒适区,留在英特尔,那么以后这一切都不会发生。

人们往往做"安全"的选择,但很多"安全"之路在未来未必是那么"安全"。要敢于走出自己的舒适区,勇于冒险和探索。

勇敢面对,志存高远

作为一个勇者,很多时候正确的选择往往是更难的。

Larry 和 Sergey 在斯坦福求学时发明了 PageRank 算法,他们意识到这是个重要的发明,于是他们放弃博士学位并创立了谷歌。在创办谷歌中国初期,我经常和他们交流工作,2004 年我带他们来到中国。

Larry 给我的印象尤其深刻。他毕业于密西根大学,年轻、充满活力、敢想敢干且志存高远。他的理念是"理性地藐视不可能"。

譬如,他当时启动安卓移动操作系统的项目。许多谷歌内部人员不看好,大家认为手机除了操作系统之外,需要硬件和其他软件的支持,只有操作系统的话,很难有良好的用户体验。

然而 Larry 力排众议,继续开发安卓系统。

如今,安卓系统成为世界上市场占有率最高的移动设备操作系统。通常而言,在激烈竞争的环境下,大公司的创始人会着重保护自己的核心业务。Larry 却不同,他认为如果谷歌成长十倍,它应该有十倍更具挑战性的目标,产生十倍的影响力。这就是为什么谷歌在研发无人驾驶汽车,还有抗衰老科技,打算从根本上改善人类的健康。

这是真正的勇敢和高瞻远瞩。

在亚洲传统文化里,年轻意味着缺乏经验,而我不这么看。我认为年轻具有极大的优势,看问题的角度是全新的,也不会有"这事就应该这么办"之类的惯性思维。年轻让你更加勇敢,更加有理想,心之所向,无往不前。

世界上不少伟大的发明创新出自年轻、勇于挑战传统的开拓者,毕业于密西根大学的 Larry 就是其中一个代表,开启创业之路时,他正如你们现在这般年轻!

有勇气,志存高远,理性地藐视不可能,未来属于你们!

心存感恩

感恩所有帮助过你的人。

生你养你并激励你不断进步的父母,帮助支持过你的同学,还有教导和鼓励你的老师……他们塑造了今天的你和明天的那个你。

对别人心存感激能让我们的人生之路走得更好。

对那些帮助你的老师说谢谢并经常回来看望他们。

爱你的父母并向他们表达你的爱。

心存感激会让你拥有意想不到的收获。

很多人帮助过我，成就了我的事业成功。我很感恩，并尽力向他们表达自己的感谢。

心存感激会使别人更加快乐，也会让你成为一个快乐的人。

所以说，我今天希望用自己的经历来与大家分享这四个核心理念。

成为一名终身学习者，找到和追寻你的梦想。你完全可以选择任何自己想学的继续学习。

离开你的舒适区，勇于冒险。那个给英特尔的电话改变了我的人生，当时打这个电话并不容易，但是没有人可以代替我去打这个电话的。如果我想在硅谷逐梦，我必须自己努力。

勇敢面对，志存高远。像 Larry Page 那样做你认为对的事，哪怕别人都反对。即使目标看来很难实现，但是要全力以赴。

心存感恩。没有他人的帮助就没有今天的你，没有他人的帮助也不可能有明天更好的你，对帮助你的人说声谢谢！

再次热烈祝贺所有的 2016 届毕业生们！

"May the force be with you."

愿力量与你同在！

谢谢！

本文转录自 2017 年 2 月 28 日交大密西根学院对外交流与宣传办公室综合整理材料。

秦悦民：惟精惟一

［校友简介］

秦悦民，1980 年至 1986 年就读于华东师大二附中。1990 年 7 月加入上海市对外经济律师事务所开始执行律师业务，至今近 30 年。1998 年 9 月作为创始合伙人参与创建通力律师事务所，目前担任该所合伙人、管理委员会成员。2006 年，被《亚洲法律杂志》评为"中国最热门 25 名律师"之一。2015 年，被上海市律师协会评为"东方大律师"（上海律师官方最高荣誉）、"上海市优秀律师"。2016 年，被全国律师协会评为"全国优秀律师"（中国律师官方最高荣誉）。

在华东师大二附中度过的六年是我一生难忘的一段岁月,尽管离开母校已逾卅载,很多往事仍然历历在目。

作为一名寄宿生,与一群同龄人朝夕相处丰富了我的人生阅历,也让我收获了更多的、更深的友谊。而我比一般同学更幸运的是,我曾有两个学年都与不同届别的同学住"混合寝室",这帮助我发展了跨届的同学友谊。我初一时曾与1984年高中毕业的六位同学同居一室。在一名初一新生眼里,初三毕业班的学长毫无疑问个个都是见多识广的大哥啊,耳濡目染中我从这些优秀学长身上也学到了很多。我不知道现在二附中的宿舍制度是否仍然以班级为基础作安排,如果跨班级、跨年级安排学生住宿的话,能够给学生之间的互相交往提供更多的界面,这对于学生的成长,尤其是低年级学生的成长,是很有益处的。

在校期间,我参加过"附中之春"文艺汇演,也参加过演讲比赛,我发现我的兴趣更多地偏向文科,于是打算学法律,做律师,但不是做传统的刑事案件辩护和民事案件代理,而是做能够参与跨境交易的商业律师。我有这一当时比较前沿的想法,部分也是得益于二附中与一流高校之间的良好交往。记得高三毕业那年,复旦大学招生办公室的一位老师曾经来二附中做宣传,他提及从1986年起,复旦法律系本科将增设国际经济法专业,培养懂法律、懂经济、懂外语的三懂人才。这是我第一次接触国际经济法这个概念。我们那年是高考结束后再填写志愿的。高考结束后的第一天,即1986年7月10日,中国正式提出申请,要求恢复中国在关贸总协定中的缔约方地位。我填写的第一志愿是复旦法律系国际经济法专业,很高兴被录取了。大四第二学期我就在上海市对外经济律师事务所实习,至今执业近30年。感谢二附中,让我有机会在高考前数月能接触到知名高校的招生官,了解到对于求学和事业发展重要的信息。

做一名律师所需要的常识、思辨能力、表达能力、学习能力和人际交往能力,这些都有赖于我在二附中阶段打下的基础。除了法律知识和律师技能,律师需要法律以外的知识,也需要良好的人脉。非常幸运的是,我中学时代的多名同学、校友,在我事业发展的不同阶段,给予了我多方面的帮助。

2008年9月15日,雷曼兄弟进入破产保护程序,这导致华安基金管理的中国基金公司的第一支投资海外的基金处于风险之中。受华安基金委托,我帮助该公司于当年国庆节前把雷曼兄弟告进了上海市高级人民法院。这支投资海外的基金涉及复杂的场外金融衍生品,尽管我曾在华东师大国际金融系取得过一个硕士学位,但是要理解这支产品中的金融原理对于我来说仍然是极其困难的。那年国庆期间,二附中举行50周年校庆,我班当年高考理科状元,美国大学金融学教授王峻博士也回母校了。我趁状元同学回沪之际认认真真地请教了一番，王同学用了一个生动形象的比喻帮助我一下子搞懂了复杂的金融原理。感谢二附中，感谢学霸同学。

如果有可能，我还想继续执业30年。惟精惟一，一辈子能够把一件事做好做精已经是不容易的了。学无止境，天外有天。我曾经于1997年至1998年间在英国进修一年，在工作中与境外律师也多有交往。作为一名中国律师，我一方面为我们这个群体30年来取得的进步和成就感到骄傲，但是另一方面我也注意到我们与境外领先律师和律师事务所，尤其是律师事务所，仍然存在着一些差距（尽管这种差距在过去30年间已经极大地缩小了），唯有继续精进，才能不负这个时代。

2013年2月于伦敦大学东方学院

部分也是运气的原因，在我的执业生涯中，经常有机会参与市场第一例的交易或者其他颇有挑战性的交易，每当此时，我总是感慨自己平时积累得还不够多，诚所谓书到用时方恨少。同学们，你们不要相信当代还会有怀才不遇的故事，至少我这些年来见证的故事都是机遇仅仅青睐有准备的头脑这个版本。有的时候，你的准备只要比你的竞争对手多那么一点点，你就胜出了。

2016年我曾经回母校给卓越人才暑期班上课。我很高兴地发现目前的二附中学生见识广泛，思想活跃，求知欲强，而且对法律感兴趣的学生还真不少。中国经济和社会的发展仍然需要大量的法律人才，包括律师。我鼓励更多的二附中学子选择法律人生的道路。

王　峻：不怕入错行

〔校友简介〕

王峻，华东师大二附中 1986 届高中校友，现为美国纽约市立大学布鲁克学院（Baruch College）金融学正教授。此前，在著名软件公司 SAS 担任高级经济学家。2008 曾任上海证券交易所高级金融访问专家，研究领域包括金融市场、风险管理和公司财务。在国际顶级学术期刊发表文章多篇。1980 年至 1986 年在华东师大二附中完成初中和高中学习，1986 年高考获得上海理科第一，1990 年从复旦大学获得物理学士学位，1991 年进入宾州州立大学攻读物理研究生，后转学去佐治亚州立大学（Georgia State University）改读金融，于 1997 年获得金融博士学位。

民间有句老话：男怕入错行，女怕嫁错郎。我儿子再过几年要上大学了，我自己也经常考虑这个入哪行的问题。我觉得我现在的答案是不怕入错行。可能是我现在的教授头衔，经常有人问我该读什么专业，这里以过来人的身份，和大家聊一聊我的经历，希望对年轻学生、他们的家长，或者是觉得自己入错行想改行的职场朋友有一些帮助和启发。

我的第一次选专业是高考报志愿。那是 1986 年，当时经济管理才刚刚开始热门，最热的是生物、生化之类的生命科学。物理刚从最热的专业下降了一级，但还算热门。物理的热门的确要归功于李政道这位诺贝尔奖获得者，不是因为这些新学子都有志拿诺贝尔奖，而是李政道搞了个卡思彼亚考试，就是通过考试者可以直接去美国读物理研究生。一时之间全国火热，每年北大、中科大和复旦都有几十人考上，三所学校几乎成了卡思彼亚的"新东方"了。我当时选物理却还有另外一个不利因素：卡思彼亚到我们上一级是最后一届，但是我们也能考，前提是必须用两年读完三年的课，和上一级一起考。当然，这样的先例也不是没有，我们中学曾经有一位神人在复旦只读了一年就考上了卡思彼亚。当年的我还是很有信心，再加上我爸也是复旦物理系毕业的，没怎么多想就跟从我爸的脚步了。

进了复旦物理系以后才真正感到天外有天，人外有人。第一个学期过去，我就放弃了赶卡思彼亚末班车的信心和希望。同时我也发现我对物理实在是没有热情。虽然我因为不偏科，英语政治全拿 A，最后我毕业时的成绩单还是很好看的。当然另一个原因是我们年级的几个厉害人物在跟着上一级挤卡思彼亚末班车，让我这个猴子称了大王。

大学毕业后，我就用我的成绩单和 GRE 成绩申请了美国研究生，还是只能申请物理，因为只有物理才能拿到奖学金。以当时的家境，没有全奖，出国是不现实的。

美国的大学生真正愿意读自然科学研究生的很少。其实中国也不多，只要看看现在国内大学的热门专业就知道了。我们的年代读物理、化学、生物这类自然科学，很多的目的是出国。我 1991 年也如愿以偿，拿到了宾州州立大学的全奖来了美国。来了以后发现物理系中国人过半，大多数都在琢磨换专业，反倒是美国学生都是出于对物理的兴趣来读的。虽然他们好多数学不行，理论课读得很吃力，但他们都对物理有热情。我们这拨是课读得很轻松，却没兴趣。最后美国学生离开是因为资格考试没通过，中国学生走都是另谋高就。从一定程度上说，这是第一代移民的悲哀，为了生活，为了生存，只有去读容易找工作、容易办绿卡的专业，个人的兴趣只能靠后站了。我们读物理的比较近的转到电子工程和材料科学，再往远一点就转计算机软件和统计，最远的就是转经济、工商管理。

我属于转得最远的一拨中的一个。到了宾州州立大学就开始想转什么专业，想过经济、金融、会计、计算机和统计，最后选金融也是觉得以后有去华尔街挣钱的希望。申请了一堆学校的金融博士生，只有一个学校要我，给我全奖。于是我就跳了学校，跳了专业。我对金融有点像先结婚后恋爱，开始是对金融一无所知，只知道金融跟华尔街有关，需要有很好的数学底子。读了以后才发现，博士生的课程跟华尔街赚钱关系不大，主要是学习怎么做研究，出文章。但我却发现我还是挺喜欢的。读了三年博士，忽然有一个机会去软件公司 SAS 工作。虽然工作是开发风险管理软件，毕竟是软件开发为主，金融研究为次，严格来说，并不是很适合我的工作，但我经不住一份正式工作以及能办绿卡的诱惑，还是去了。

在 SAS 的头几年，写软件程序有了长足进步，也完成了博士学习，拿了绿卡，还过得挺充实。可是后来又觉得没劲了，主要还是因为搞软件开发不是我的兴趣。在 SAS 待了七年后，又回到了学校教金融。说实话，我对教书并没有热情，但对当教授的另一个要求——做研究——还是很喜欢的。教书的另一个好处是自由支配的时间多，这也是我喜欢的。

说了一堆我的择业历程，只想说明择业中个人兴趣的重要，试想让一个人一辈子干一份不喜欢的工作有多累。择业最好的结果就是干自己喜欢的事还能挣钱，当然不是每一个人都能做到的。另外一个解决办法是争取喜欢上原来不喜欢的工作，这一点以前讲得不多，但确实是一个很重要的办法。我们这一代人好多都为生计所迫，在择业上只能考虑养家糊口多一点，个人兴趣少一点。如果条件允许，还是应当让我们的下一代选择时，考虑个人兴趣多一点，养家糊口少一点。

另外一个大问题是不知道自己的兴趣所在，就像我是读了金融以后才发现我有兴趣。对这个问题的唯一解决办法是多学多问多尝试，选择专业的时候最好多问问各个行业的人，看看他们怎么看待自己的行业以及别人的行业。更重要的是要保持一个一辈子学习的心态。以现在人工智能发展的速度，很难说哪个行业以后不会有颠覆性的变化。但是只要有学到老的心态，就会不怕入错行。

2018 年

魏　东：从"芯"开始

［校友简介］

　　魏东，1980 年至 1985 年就读于华东师大二附中，后进入复旦少年班电子工程系和物理系学习。1988 年赴美，先后获得物理、电子工程和高级工商管理硕士学位。1995年加入惠普公司，先后参与 PA-RISC 小型机，与英特尔合作开发 64 位安腾芯片服务器，合并康伯公司后参与 x86 系统设计，启动 Arm 服务器的架构工作，并介绍 RISC-V 开源芯片设计到产品中。2013 年起任全球副总裁兼院士。2005 年与业界合作创办 UEFI 论坛颠覆取代传统 BIOS 技术，担任该标准组织总执行长至今。2016 年起加入安谋公司任资深总监兼首席系统架构师。目前是美国工程技术认证委员会大学学位评估员。

高科技立足于芯片，近日里被频频刷屏的"芯之战"似乎让更多人对小小的芯片多了些认识。然而科技领域内最关键的技术往往并不受大众关注。在这个行业从业多年，我的确是深有感悟，技术更新往往比想象的难得多，即使成功也往往耗时多年甚至整个职业生涯。而且行业里的变化目不暇接，有时不仅从芯开始，还要重新开始，而其中最重要的则是坚持不懈。

由于对芯片的兴趣及对其上市的渴望，在20世纪90年代惠普与英特尔共同开发64位芯片（安腾芯片）的时候，我投入到了极其关键的BIOS固件架构的定义和实施的工作。BIOS固件是计算机启动时最先运行的软件，由于通常被植入于只读存储器内，所以被称为固件，其主要作用是对CPU、内存、设备总线和启动设备作初始化和合适的配置，以便达到一个可以让操作系统顺利运行的系统状态。可以这么说，缺少BIOS固件的支持，硬件和软件就失去了沟通桥梁，系统稳定性、可靠性和可用性等均受到限制。传统的BIOS固件是基于IBM PC制定的，具有非常多的局限性。比如，它假设磁盘

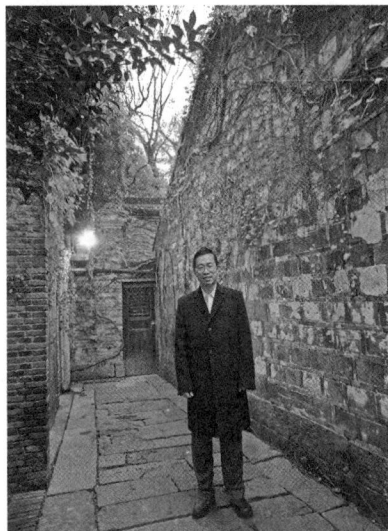

最大是2TB，它只给很多设备驱动程序1MB的执行空间等。为了突破这些局限，惠普与英特尔两大巨头开始了漫长的技术研发合作。我原以为花两三年的时间，一个最现代化的固件架构就可以成型，可以支持包括Windows、Linux和UNIX等各种操作系统。然而事与愿违，由于种种原因，安腾芯片并未能取得原来设想的突破性成功。幸好在新固件架构设计时已保留了足够的弹性使其可适用于所有芯片，于是我们着手进行x86系统的更新。原以为把新固件技术推广到x86系统上是举手之劳，没想到却是阻力重重。初出茅庐的我一时不谙这背后的道理。由于执着于技术革新，我曾一度被公司内外的一些部门列为"不受欢迎的人"。在这样的困难面前，最容易的选择是退却，而我选择了以自己的信念为依托的坚持。我深信，这项技术革新如果成功，将使计算机的后续发展更加灵活和多样化，计算机对新兴技术的支持也更游刃有余。

在不懈努力了很多年后我才发现，推行新技术受阻的主要因素并不在技术本身，而是在人。一项技术的推行，光靠理性思维还不够，还需要感性地去考虑问题，理解周围的人。当时团队中的资深工程师已界退休，没有动力学习新技术，也害怕

徒弟们学了新技术就会主导团队今后的研发方向和决策；当硬件生产毛利微薄时，主管最怕的是生产工具、工序和流程的变化而导致的不确定性。明哲保身成了新技术推行的重大阻力。有意思的是，因为我的坚持，我找了业界志同道合的朋友们，让英特尔团队顶着压力说服公司坚持投资大型实施团队十多年，同时我们还建立了国际标准组织来共同推进这项革新；而此时惠普公司内部反对的团队出现了分歧，这项研究获得了公司内部团队关键人物的支持。正所谓功夫不负有心人，坚持二十年，最终 x86 系统的传统 BIOS 被全面颠覆。与此同时，我也成为惠普公司内第一个登上技术职位顶峰的华人。

高科技产业天翻地覆的变化一直是推动技术更新的动力，这就要求从业于这一领域的人们随时做好"从芯"开始的准备。云计算的兴起颠覆了原来 OEM 系统厂商的成功模式，惠普公司在这一波变革中失去了自我，最终决定大幅减少研发投入。在这种背景下，我毅然决定离开干了二十多年的公司，投入新兴的芯片技术大拿——安谋公司。勇于创新和坚持不懈是技术人的基本素养，加上在惠普公司二十年余年坚持创新的经验，我积极寻找内部志同道合伙伴的支持，从而有效缩短了就是否推行 UEFI 技术的争论期，使 UEFI 技术在安谋公司得以顺利推行。这也使我在不熟悉的英国企业文化的公司中，寻找到自己的一席之地。

在高科技领域徜徉，让我感慨万千。在风云变幻的时代，以不变的理念顺应大千世界的瞬息万变，坚持不懈，努力把自己能做的事做好，已经成为始终立于不败之地并主控业界话语权的真谛。

2018 年

许春辉：我的好运气

[校友简介]

许春辉，1980 年至 1985 年在华东师大二附中学习，高二时入选复旦大学少年班，后赴美国康奈尔大学并获得博士学位。现为美国康奈尔大学应用工程物理学的终身教授、康奈尔神经科技中心的主任及合作创始人、美国国家科学基金会资助的神经科技发展中心（Cornell NeuroNex Hub）的主任。

在光通讯和成像领域拥有 24 项专利，曾获得美国国家科学基金会事业奖、贝尔实验室团队研究奖、康奈尔工程学院的 Tau Beta Pi 最佳教授称号，以及两次优秀教学奖，2017 年获得康奈尔大学工程研究卓越奖。北京大学的长江讲席教授，美国发明家协会的会士和美国光学学会的会士。

从上海的一个小弄堂玩铁圈弹子的幼童，到复旦大学的充满抱负的年轻学子，到远渡重洋来美国求学，再到在常青藤的大学为人师表，人生有很多重要关头。然而回头望去，这一辈子最大的转折点，却是1980年来到二附中。在这里，人生真正扬起了风帆。对我来说至今都是一个谜的，是我如何进的二附中。随着岁月流逝，这个谜越发显得奇妙。小学的时候虽然学习不错，但毕竟是一家街道小学。考中学时，当时只想着去一个住读学校，想象着这样就可以过独立生活了。但是二附中太高了，没敢报，所以只填了上海中学。初中入学考试我考得也一般。突然有一天，妈妈回家说一个二附中的鲁老师特地骑车到她工作的邮政所，问她我是不是愿意上二附中。妈妈说好呀，因为我说过只要是住读哪里都行。就这样"莫名其妙"地"混进"了二附中。在二附中，我开始了天翻地覆的五年中学生涯。越到现在，越觉得进二附中是我成长中最幸运的时刻。曾想过回去找到这位鲁老师问问究竟。但年代已久，似乎很难去查了，只能归结于生活的神奇之手。鲁老师，不管您在哪里，谢谢您。

二附中的五年是无忧无虑的。记忆最深的是晚饭后晚自习前和要好的同学在师大的丽娃河边散步聊天。青春少年，正是世界观形成时期，聊的多是人生哲理与未来的旅途。虽然具体内容已经模糊，但每次所带来的振奋与快乐，让心中充满了希望，觉得世界上没有我们想做而做不成的事。现在想起来似乎有点太天真，但正是这种所向无敌的豪情，这么多年来一直鼓励着我去面对生活和事业上的困难和挑战。记忆深处，永远是河边和伙伴们在一起的身影。

人的记忆是一个奇特的东西。最刻骨铭心的，往往不是什么大道理，而是一句鼓励的话或关怀的眼神。记得初二有一次体育课打篮球，我进了两球。蔡老师说："今天小个儿同学打得不错，很活跃。"那天毫无疑问是我中学体育的"巅峰"。初三化学课，我用平衡关系来解释溶解性。陈国强老师听了特别高兴地说："这就是老师最喜欢的。"这可能是我中学里当众得到的最高表扬。高一生病在家一周，经昭华老师带领好几个同学来家看望我。才十平米的家里地方太小，我们就围坐在弄堂里说话。这场景至今都历历在目。高二那年的冬天，张保仁老师请我去他家，说是有几个二附中的老校友想出国前来和他道别。那天来的都是二附中赫赫有名的高才生。张老师把我拉到一边："你要像他们一样，要走出去闯。"这之前我好像从来没有想过出国，从来没有想得那么远。短短几句话把我的地平线拓宽了上万公里，预言了我未来的三十多年。衷心地感谢老师们的教诲和指引，点点滴滴把我们从脆弱的少年培育成自信自强的青年。我现在更深地体会到，教书重要，育人更重要。

1985年一次智力竞赛让正在读高二的我进入了复旦大学"少年班"。少年班的两年半是我读书最专心的阶段，数理化生什么都学，样样都要优秀。那时候的努力给这一辈子从事科研打下了扎实的基础。1988 年我考取 CUSPEA，一番周折后来到了美国康奈尔大学读博士。当时我出国主要是看一看外面的世界，对是不是搞科研并没有下定决心。偶然的一次机会让我撞见了 Watt Webb 教授。Webb 是为数不多的美国两院院士。他的热情和简单明了的介绍使我加入了他的生物成像组。回想起来那天我真幸运，因为我的职业生涯就是从那一天踏上了正轨。在 Webb 那儿的五年半，我深深地体会到了一个人在前进的同时要始终寻求全新的发展方向，一定要做开路的先锋，而不做填补空白的追随者。

贝尔实验室真是高手如云，光是诺贝尔奖得主就曾有十几个。要在世界级的科学家中站稳脚跟，毕业刚去的时候还真不容易。尤其是我要搞的光通讯和我的博士研究相差好远。当时光通讯面临的最大挑战是从 10G 进级到 40G，理论计算和计算机模拟都表明，那时的光纤网络不能实现 40G。我和另一个同事提出了相位调制的方法来解决这个问题。其实相位调制光通讯早在 1991 年就被判了死刑。但幸运的是，我是外行，对这些老文章一无所知。我们的计算机模拟发现相位调制在 40G 的通讯上有很大的优势，因为 1991 年的计算并不能完全应用到 2000 年的光纤网络上。贝尔实验室很快将我们的发现开发成了产品。我们的突破还上了纽约时报，为 40G 以上的光纤通讯指明了方向。

2002 年我从工业界回到了康奈尔大学应用物理工程系任教。虽然我对研究工作充满了信心，但我并不知道自己能不能上好课。贝尔实验室的一位老朋友告诫我说，教书是艰难无比的，我会每天都流汗流血。刚教课时，我也有这种忧虑。然后在两三节课之后，我真的觉得上课很快乐。一个月后，我确信我完全可以上好课。学期的最后一课，我的学生们自发给我唱了一首《他是一个快乐的好伙伴》的歌。那场景真是永生难忘。那学期我还获得了 Tau Beta Pi 的最佳教授。工学院两百多教授只有一人可以得到这称号，年纪大的同事告诉我说，一个年轻教授第一学期上课就拿 Tau Beta Pi 的最佳教授似乎从未有过。

回到康奈尔，一开始我还是继续光纤通讯的研究。但在 2004 年，我决定再一次探索生物成像。我从小就被大脑的神奇所吸引，这一次转行将以大脑为研究主题，也算是追求童年时的梦想吧。我的目标是高速、深层、大体积脑成像。经过十多年的不懈努力,我们在深层大脑成像技术上达到了世界最高水平,开创了同步时空聚焦双光子显微技术,并在长波长和三光子显微镜技术上突破了深层组织成像的极限。我们的成像技术已经被几十个实验室采用。如今对大脑的研究在世界各地都越来越受重视。随着美国,欧洲和中国的脑计划的进一步发展,我们的技术会进入越来越多的实验室,期待能有一天为人类对大脑的认识做出贡献。

进复旦大学,出国读博士,进入工业界,又回到大学做教授;从非线性荧光光谱到集成电路,从光纤通讯到大脑成像——离开二附中后的这一路似乎漫长又短暂。幸运的是,我现在天天都和二十来岁的大学生打交道,耳濡目染,总想着能用年轻人的朝气来减缓自己人生的脚步,永远保持华师大河边散步时的那种昂扬斗志。

下面是我每学期最后一堂课给学生的结束语,也是这么多年来的切身体会:成功是努力和时间的积分。努力的时间越长,积分的面积越大;开始的时间越早,面积的积累就越早。成功不仅仅需要一时的努力,更需要的是一贯的、一辈子的坚持不懈的努力。希望二附中的同学们用坚持不懈的努力为未来的成功奠定基础。

2018 年

张 蕾：不一样的选择，一样的大爱

［校友简介］

张蕾，1980 年至 1986 年就读于华东师大二附中，1986 年至 1990 年在北京大学英国语言文学系学习，1992 年在美国俄克拉荷马州中央州立大学攻读特殊教育硕士学位，1996 年前往香港任职于为严重智障学童提供服务的明爱乐勤学校，2006年转往匡智会属下的匡智松岭第三校任职，并于 2013 年起担任该校校长。

得益于母校的抚育,二附中的同学和校友中虽不敢说灿若星辰,也绝对称得上人才济济。作为恩师、校长的顾朝晶老师,培养了一代又一代优秀的"二附中人",自然也是见惯了大场面、大人物,面对自己的学生,不管对方多优秀、多发达,他都永远是那样泰然自若、师长风范。但是,七年前的一天,我的一位同班女同学,竟然让敬爱的顾老师生出敬佩之情,甚至流下热泪。她,就是张蕾。

最爱笑的同学走得最远

"风雨多经人不老。"直到今天,提起张蕾,所有同学记忆最深的就是她的笑。张蕾从小就爱笑,笑得大声,笑得好听。也许,冥冥中就已经注定,这个喜欢笑的女孩,未来会把笑带给更多的孩子。但那时,同吃同住同玩同闹的我们,虽然一次次憧憬过未来,但还是没有想到,从大学开始,她就走得很远。毕业时,她毅然报考了北京大学并被英语系顺利录取,大家都佩服她追求梦想的勇气,要知道,在那个交通不便、物质匮乏的年代,一个女孩子选择到外地,特别是到北方读书,在很多人看来,是需要下很大决心的。而更让人吃惊的还在五年后:在燕园完成学业,已然是天之骄子的张蕾,又一次远航,前往美国俄克拉荷马中央州立大学攻读特殊教育硕士学位。很多人不理解,以她的条件,为什么不选择更"正常"一些的专业?直到若干年后,她平静地说出当时的想法:在北京的时候,很偶然的机会接触到这个领域,觉得那些孩子太需要老师,太需要好老师了。同时,这个专业,也太需要学生,太需要好学生了。她说这些的时候,依然笑着,只是,脸红了……

折翅天使的守护神

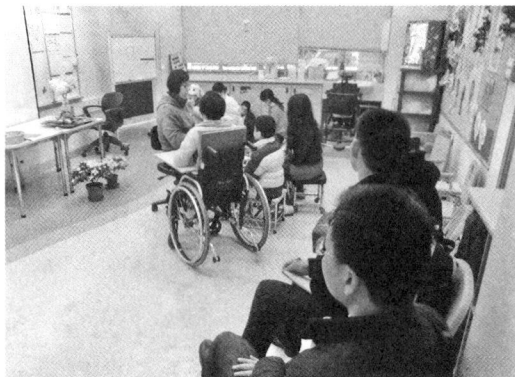

"一约既定,万山无阻。"取得硕士学位后,张蕾完全可以留在国外从事该学科的理论研究,而她坚持到一线去搞教学,为了把学到的本领真正用在孩子们的身上。1996年,她前往香港任职于为严重智障学童提供服务的明爱乐勤学校,真正成为了一名特殊教育的老师。步

入课室的第一秒，就被眼前的一幕惊呆了：凌乱桌椅置于课室中央，地上还残留午餐的菜渣，一位十多岁的女孩正在水龙头前喝自来水，身边的两个同龄男孩在拉扯着她的衣服……此刻的她已经完全忘了书本上的各项法则原理，不知所措。这时一位前辈老师轻轻地拍了拍她的肩膀，说了三个字：跟我来。紧接着的十几分钟，他一边替湿了衣服的孩子换装，一边几乎一直在重复着简单的两句话：坐好，上课。他的音调不高但坚定，似乎对孩子们有着特殊的吸引力，终于在十五分钟后，课室里的八个孩子安静地坐好了，开始了他们各自的操练项目。一个尴尬的开头，却有了后来殚精竭虑的付出。张蕾回忆，就在那一刻，她坚定了信心：一定要成为折翅天使的守护神。每一次的讲课，她总是认真再认真，每一次的牵手拥抱，她总是用心再用心，让爱的甘露汇成清泉在每一位残疾儿童的身心流淌。诚如她在学校的墙报上留下的爱心格言："能有机会与这群特殊的孩子相处是上天赐予的礼物，让这些孩子拥有一段丰盛的人生，是我追求的最大理想。虽然，我可能只是他们人生道路上的其中一位同行者，但我愿意尽自己所能协助他们为自己的未来的天空抹上一层彩霞。"正是这样，经过无数难以想象的艰辛，张蕾逐渐成长为一名优秀的特殊教育老师，并在2013年担任了匡智会属下的匡智松岭第三校校长。

没有满天下的桃李，但你是最棒的园丁

越是憧憬，越要风雨兼程。匡智松岭第三校是一所服务严重智障学童的学宿一体的特殊学校，全校约有学生90位，教职员超过100位。该校学生中有60位为寄宿生，其中有十几名孤儿，所以学校是全年提供服务的教育机构。除学部外，该校设有宿舍部。教职员中除了教师以外，还包括物理治疗师、职业治疗师、语言治疗师、护士、社工及宿舍部人员等跨专业人士。当了校长的张蕾，既要做管理，又要手把手教年轻教师，更加忙碌了，可是，她坚决不放弃和学生的直接交流。张蕾专门设立了每月一次的"我和校长有个约会"日，带孩子们逛街、理发、吃饭……为了能让他们体尝普通人的生活，她毅然放弃了校巴接送的服务，带着孩子们登上开往市区的巴士，因为这样他们才可以像普通人一样体验到搭乘公共交通工具的经

历,享受到乘搭巴士、渡海小轮的乐趣。平时孩子们的理发都在校内由义工协助完成,为了让他们经历普通人日常生活中理发体验,她预先约定了一间理发店,对他们详述了孩子们的特殊需要,理发店也非常乐意配合。但当孩子们坐上理发椅时,他们不停息的郁动开始让理发师手足无措。最后张蕾就抱起了孩子坐上理发椅,让他们在她的怀里享受了一次不平凡的理发经历。这些看似平常的普通人的日常活动,对这些特殊孩子来说绝对不易,对张蕾则更是不易,但她总是尽自己最大的努力,让他们和普通孩子一样为自己的人生努力向前奔跑。在很多孩子眼里,张蕾不仅成了陪伴他们成长的师长,还是他们的校长妈妈。这些孩子不但智力不足,身体还患有许多罕见的疾病,他们的生命长度往往很短,但他们的父母总说,是张蕾妈妈拓展了孩子生命的宽度。有的孩子甚至就是在张蕾妈妈的怀抱中离开这个世界的。作为老师,也许她没有桃李满天下的慰藉,没有铸造社会栋梁的成就感,但她和她的孩子们一起,创造了更多的爱和责任。七年前一个温暖的下午,顾朝晶校长因香港教育局的邀请来校观课,他一眼就认出了这个昔日的学生。在听完一节主题是认识香港海洋公园的语文课后,顾老师被震撼了,于是才有了本文开头的那一幕。

据说,世上有多少朵花,就有多少个园丁。但又有几位园丁,愿意十几年如一日呵护一株株残缺的花朵?如果说,人生就是选择的艺术,那么张蕾的选择无疑是特殊的,但更是深沉的、深刻的。张蕾,老师为你动容,我们为你骄傲!

[作者简介]

王文璇,华东师大二附中 1986 届校友,毕业于华东师范大学中文系对外汉语专业。毕业后,先后任职于中国人民银行上海分行、上海保监局,担任科长、副处长、处长,上海外高桥集团投资部高级经理、上海人寿保险股份有限公司董秘(副总裁级),现任览海集团党委副书记、战略发展中心总经理。

张振贤：卓然独立，越而胜己

［校友简介］

张振贤，1980 年至 1986 年就读于华东师大二附中。现就职于上海中医药大学附属岳阳中西医结合医院，任中医内科主任，教授，博士生导师，兼中医内科疲劳专科、头痛专病负责人，中华医学会中西医结合分会委员、络病学会秘书长。擅长中西医结合治疗心脑血管疾病、中风、脑动脉硬化、心律失常、脂糖紊乱、各类头痛、失眠、胃病、慢性疲劳和口腔溃疡等内科杂症，以中药、膏方辨证论治调理心、肝、脾、肾等脏腑虚损、气血阴阳不足或虚实夹杂等疾病。

无法忘记 1980 年 9 月 1 日的那天,我告别幼稚的童年,带上美好的梦想,投入二附中的怀抱。二附中,是华东师范大学的教育实验基地。创建于 1958 年,1963 年成为上海市重点中学,1978 年被确定为上海唯一的一所教育部直属重点中学,是经教育部批准有高中理科实验班办学资格的全国 4 所中学之一。我有幸成为一名数学试点班学生。班级成员都是来自上海各地的优秀学生,有"数学之王"之称的苏步青教授曾来班上听课,并给予高度评价,这使我对未来的学习充满信心。于是我在这里度过了难忘的六年,这六年也是我人生中最重要的六年。

　　光阴似箭,日月如梭。转眼间,从二附中毕业已 30 年余,我已从普通的少女变成经验丰富的主任医师和医学教授。每次走进母校,面对老师,我心里总会有莫名的温暖和感动。看着朝气蓬勃的学弟学妹,想起昔日的校友,便觉得自己依然很年轻。特别是看到校门口石碑上的校训"卓然独立,越而胜己",如今重温真是非常感慨。二附中的育人理念不止实现于课堂教育,更体现于对"人"的培养,它注重长久学习能力的培养,尊重学生的个性,因人施教,教会学生如何做人,并且做对社会有用的人。

　　二附中的老师们是我一生中最难以忘怀的,他们是二附中的形象,同时也是教育家的形象。他们的教书要旨在于育人,以独特的教学方式,给予学生启发,激发学习兴趣,培养自我学习能力,对学生有热忱而深厚的责任心,以学生为本,如切如磋,如琢如磨,把学生的优势和能量发挥到极致,这正是二附中追求卓越校训的具体实践。比如,在那个只抓语数外成绩的年代,我们的学习不是简单的只为成绩,而是更加注重人文教育,通过大量美文、古诗词歌赋的背诵,使我们牢记传承精神,同时建立了深厚的文学素养,培养了优雅的文艺气质。大量阅读国内外经典名著、小说及历史故事,让我们深刻地了解国内外的历史文化;反复进行数学公式的逆行推理,体会到了学习的乐趣,同时锻炼严谨的分析、逻辑、思维、推理能力;大量的物理化学实验,又提高了我们的动手及实验能力。学习之余,我们也注重体育锻炼,每日的清晨我们都会在校园操场跑步。体育课并不是枯燥地上课,而是有针对性地锻炼,让我们拥有强健的体魄和健美的身材。同学们互帮、互助、互爱、互勉共进,在一起生活和学习,一起漫步于华东师大校园里优美的丽娃河畔,那段友谊永远值得珍惜,那一段段的经历更加让人怀念与追忆。

　　二附中的学习经历使我一生获益,在升入上海中医药大学后,我经历了大量专业知识的背诵,各种临床及实验技能的培训,每学期都要参加理论与实践相结合的医院见习,还有与外教交流的英语学习。在当年一批又一批医学生在进入临床阶段因收入低风险高而逐渐退缩的时候,我仍坚持下来,并且觉得各种任务都能处理得得心应手,这一切都源于中学时代的教育,因为那段经历已经为我以后的学医生涯打下了扎实的基础。二附中注重长久学习能力的培养,使学生终身受益,这在我后来顺利读硕士、博士、出国访学乃至工作至今都得到了印证。

自大学毕业后,我早早进入临床,成为一名24小时待命的住院医生,一步步成为主任医师、大学教授、博士生导师。回顾其中的点点滴滴,又何尝不是一种历练?临床医生的工作就是时间长,没有固定休息时间,有的只是不断和死神赛跑,争取一个又一个的生机,长期在紧急高压状态下工作,还要精益求精。收入也比不上其他行业的同学,甚至会被周围人误解,经常会碰到各种各样的医疗纠纷,可以说是如履薄冰。但我没有退缩,在临床成长的各个阶段中都坚持了下来,也得到了很好的回报,那就是来自患者的尊重和信任,和良好的心理素质、迅敏的反应能力、大量的临床经验、严谨的科研思维能力。

现在,我已在临床工作27年,二附中的校训我始终铭记于心,鞭策自己在医生同时又是教授的岗位上精益求精,追求卓越,不畏困难,砥砺前行。虽然很少有自己的悠闲时间,但我得到的却是亲人、朋友、病人及学生们的尊重,这就是我的人生价值,是其他任何行业都不可比拟的,我为此感恩。萧楚女曾经说:"人生应该如蜡烛一样,从顶燃到底,一直都是光明的。"我希望永远做一名将自身价值发挥到极致、温暖周围人、对社会有贡献的临床医生。

十五六岁的碧玉年华,是一个虚怀若谷的包袱,儿时藏进什么,长大就能摸到什么。在母校,我们摸到了知识,摸到了美德,摸到了师生情、同学情,让我带着一颗感恩的心走进医学殿堂。始终牢记母校的校训,用我的努力和成就来回报社会,回报母校。

而今,我也享受着我的医学事业,为社会和患友们奉献自己的医学知识,其中获得的成就感可能是其他领域的工作者无法体会的,我为此感到骄傲。我深深感谢二附中的教育,塑造了今天的我。

陆 忠：前行中的韧性

〔校友简介〕

陆忠，1987 年华东师大二附中高中毕业，后进入复旦大学力学系并于 1991 年本科毕业。先后在外资企业工作多年，在 2000 年下海经商，主要业务覆盖食用精细化工、商业保理等多领域。2004 年成为原闸北区第 11 届政协委员，第 12、13 届连任，2016 年闸北静安两区合并，成为第一届新静安区政协委员至今。目前担任民盟静安区委委员。

陆忠，在校时就是"画劳"和"话唠"。"画劳"就是有天分的画画模范，我们还在美术课上为透视、着色烦恼时，他已可免修美术作业，也就顺理成章地成了班级宣传委员，包了教室后的黑板报。一次，在美术课上，他用毛笔画完了怒目的神虎，禁不住嚷嚷，招呼来看。大家围拢来啧啧称赞，他的话唠也打开了，好不得意。也不知什么时候，头顶上传来了鲍友才老师缓缓的印尼普通话：你们看，你们看，这老虎的尾巴……目光都集中了。这尾巴粗壮，细细几笔把毛顺序地排列，毛色似泛着光，看不出门道的我们转而抬头看鲍老师。鲍老师不急不慢，略作停顿，扫视一周后吐出三字：耷……拉着。耷拉着的尾巴怎么会与怒目同框？而再看陆忠，他高昂的头也耷拉了。

大学毕业后就更少有陆忠的消息，直到 2008 年二附中 1987 届高中校友聚会时，才又在筹备时见到了他。这时的他，剃着寸头，穿着圆领花 T 恤，间或配上格子裤，手中攥着鼓鼓囊囊的手拿包，香烟和手机不离手。陆忠已成"陆总""大少"。我们虽然没有确切地知道他投资和经营着几家公司，但知道行业覆盖广且甚是潮流，在有的细分行业中，他的公司拥有靠前的份额和影响。聚会筹备中，他早早地就承诺了为年级聚会提供资金等支持。每次会上，他的声音不断，活动点子不绝，而一样多的是那不得不接的手机和"我还有约，得先走了"的抱歉。

聚会的日子到了，分别 20 年后重聚的欢欣、激动、感慨在接踵而至的活动中集聚、扩散、交融。而陆忠却缺席了，他成了那天被提到最多却又不在现场的一个。尽管班会多了连线形式的参会，可他也凑不上时间，只得交了书面作业，题目竟是"老实人的得意回想"。那场聚会距今也快 10 年了，而至今仍留清晰记忆的场景竟是陆忠描述的一个大年夜：那个大年夜的傍晚，东北某大街上的行人已迅速稀少，而他虽已伫立等待多时，但仍不离去，不时跺跺脚、再收收紧裹着的棉大衣，希望能看到期望的身影，但等来的却是东北大街上他独自一人在漆黑背景下街灯照射中的身影。大街反射的灯光是如此的惨白，而灯光之外的黑是如此地笼罩，除夕团聚的灯光更是遥不可及。这讨债的一幕，虽只是文字的描述，却像舞台剧中聚光灯下的主人独白，留下了深刻的印象。这个自诩的老实人，他的得意真不知经历了多少的独白，高昂的头又不知曾

多少次深深地夸拉,但都过来了。

聚会结束,大家又都各忙各的。忽一日,在上班途中听新闻报道,听到了闸北区政协委员陆忠的名字。晚上,不经意在新民晚报上也见到了闸北区政协委员陆忠的大名,熟悉的名字总吸引多看两眼。报道原文如下:

上海的老龄化问题日益突出,在老年群体中存在的"失独家庭"需要更多的帮助,区政协委员陆忠走访许多"失独家庭"后,深切感受到他们的痛苦和无奈,他提交相关社情民意,建议建立独生子女伤残死亡家庭的基本信息和需求档案,对这些家庭要长期纳入街道的"民生保障"工作系统内,有特殊需求时,则由街道政府和居民区党组织,主动上门帮助解决。

这条社情民意立即被全国政协采用并报送国务院供相关部委决策参考。国家民政部还因这条信息,批准成立慈孝特困老人救助基金会,旨在救助以失独老人为主的困难老人。救助形式主要包括定期发放慰问金、生活便利卡,免费体检、健康照料和志愿者陪伴等服务;同时也计划探索建立新的养老机构收住失独老人。目前已在国内部分省市试点,有望进一步推广。

陆忠的韧劲使到了议政上,班级群内引来点赞无数。不必说这是对切实议题推进而终成政策,也不必说对这议题关注本身的温情,单是一个在市场搏击的"大少"依然相信并按章履职的韧劲,就已赢得敬意。

了解才知,陆忠已连续4届担任闸北区、静安区政协委员。其间,他还提出了《关于力促消费金融平稳发展、惠及民生的相关建议》《关于落实静安体育中心营运管理,打造健康时尚都市新名片的建议》等提案。他履职的韧劲继续着,在"上海静安"网上能看到区体育局对他提案的答复,也能看到他参与消灭"手拎马桶"调研的报道。因他的积极履职,陆忠被评为上海市静安区政协2017年优秀委员。

完成学习、成就事业需要韧劲,议政又何尝不是。议政、参政是一项为公的参与,不更值得韧劲的投入吗?

致敬,前行中的韧劲。

〔作者简介〕

王剑璋，1987 年华东师大二附中高中毕业，1996 年毕业于上海交通大学，获惯性技术及其导航设备专业工学博士学位。先后任职于上汽通用汽车有限公司、泛亚汽车技术中心有限公司和上海汽车集团股份有限公司。目前担任上海汽车集团股份有限公司董事会秘书，2018 年 4 月起担任上海市妇联挂职副主席。

范承工：西方职场的东方哲学

［校友简介］

范承工，1984 年至 1989 年就读于华东师大二附中。1989 年赴美留学，先后获得库柏联合学院电子工程学士、加州理工学院电子工程硕士和博士学位。在美国创立 Rainfinity 公司，被 EMC 公司收购。回国创立 EMC 公司和 VMware 公司的中国研发中心。之后在 VMware 担任高级副总裁，在猎豹移动担任首席技术官，带领开发新产品。现在再次创业，建立 MemVerge 公司，担任 CEO。

结识新朋友后，经常会被问到是哪里人。对于我来说，这个问题不容易回答。我小时候在上海待的时间最长，小学中学也是上海读的，但因为不会说上海话，如果说自己是上海人，一开口就露馅儿了。父亲是天津人，我两岁时还真一口小天津话，可是在天津生活的时间一共不到两年，天津话现在更是早忘光了。我出生在浙江江山，父母支援小三线建厂把我生在了那儿。可是别说我，连父母都从来没听懂过江山话，我就更不敢冒充江山人了。于是我只能回答，我是上海的外地人，外地的上海人，属于在哪儿都受歧视的那种……

好歹我还会说普通话，所以至少可以说是中国人吧。可是实际上，连这一点也没有那么肯定啦。十七岁出国后，除了三十多岁时回国工作了三年，其余时间都是在美国战斗生活的。回国出差旅游时，经常跟不上国内节奏，被嘲笑为老土的美国人。而在美国时，却毫无疑问是中国人，开车大老远去为中国女排女足现场加油。哎，作为中国的美国人，美国的中国人，在哪里都有点不合时宜。

这些身份认同上的模糊伴随着我们这群第一代移民，有时会带给我们一些困惑，也有时成为我们力量的源泉。我出国时年龄不大，但不少东方观念已不知不觉地融入了我的价值观。之后在美国高中大学研究生接受西方教育，到了美国职场折腾了二十年后回头望去，发觉很多时候隐隐发挥作用的，仍然是这些我在中国时学到的"东方智慧"。前一阵思考人生，把对我有帮助的这些观念用几个成语总结了一下。为什么用成语呢？因为本人中文水平高中肄业，古诗词也忘得差不多了，小学背过的成语自然成为了我对于东方文化的最高理解啦，哈哈……

八仙过海 Be Yourself

我认为这是职场打拼的第一公理。每一个人都有自己的长处和短处、强项和弱项，干某些事天生就能事半功倍，而另一些事学了半天还是事倍功半。你看想成仙的那八位，各有各的宝贝。想要到达目标彼岸，必须第一知道自己有什么宝贝（to be self-aware），第二怎样把自己的宝贝发挥出来（to leverage your strength）。比如我思考人生时，就是利用了我学过几个中文成语这个宝贝，一下茅塞顿开。美国同学们没有这个宝贝，只能干着急。（当然，他们也有他们各自思考人生的宝贝，比如晚上到荒山里跑个 100km 啥的。）所以看到别人的宝贝，不用太羡慕，多找找自己的宝贝在哪里。也许你的宝贝比较小众，这也不一定是坏事儿，差异性，稀缺性还更大呢。我们在这里聊的西方职场的东方哲学，可能就属于这种比较小众的宝贝吧。

笨鸟先飞 Work Hard

小学六年级时,我的语文老师非常优秀。她不仅教会了我不少成语(显然一直记到今天),而且还经常组织一些有意思的活动。有一次,她让每一个同学的父母给自己的子女写一封公开信。这可能是我父母给我写的最认真的一封信,因为是要在全班同学面前朗读的。父母每人送给我一个成语,我爸送我的,就是"笨鸟先飞"。课堂上读到这里,全班哄堂大笑。我爸心目中我的智商被瞬间一览无遗……

到了我工作之后,在大群美国印度同事之间,才发现自己确实是只笨鸟,有时连话都说不清楚,这时才真正体会到了这个礼物的威力。勤奋也许不是充分条件,但是是一切成功者的必备要素。花里胡哨的职场宝典一大堆,但没有一条比勤奋更重要。我在 VMware 的 CEO 老板每天 3 点半起床锻炼,4 点多开始发邮件。两万人公司里任何阿猫阿狗发邮件给他,24 小时之内都必能收到回复。咱华人的骄傲陆奇的作息也是如此。连聪明的鸟儿都飞这么早,咱又怎么敢偷懒呢?

无为而治 Do No Damage

当年我笨鸟先飞了一阵后,被提拔当上了 manager。如果我的职场第一公理是八仙过海,那么我的管理第一定理可能就是无为而治啦。这不仅仅是我"先飞"的累了,身上懒筋发作,而且是因为我在被 manager 管的时候就发现 manager 介入时帮倒忙的时候居多,于是自己当上 manager 之后就时刻提醒自己,我啥事儿不管不介入,就比一半以上的 manager 要强了。

这听起来挺偷懒的,但实际上做到不容易。因为 manager 也是有 KPI 目标的,难免每天每小时都想探头看看组员在干什么,一看又难免想发表自己意见,"纠正"组员的方向,有时觉得这么简单的事儿,还不如我自己做了呢,又快又省事儿。这些欲望都很正常,但是如同许多其他正常的欲望,都是需要抑制的。作为一个 manager,尤其是像我这样一个不太牛的 manager,最大的忌讳就是把自己做成了团队的瓶颈。而不当瓶颈的唯一途径就是给每个队员足够的独立空间,只有这样,才能把他/她的"主观能动性"(这还是国内中学政治课学到的词儿呢)激发出来。

当然,作为一个 manager 完全不管事儿,而事情却一件件被完成做好,也是一张太理想主义的画面,本人的功力还远远达不到。而且无为的意思,并不是不做事,而是不要过多干涉团队的人应该做的事，这是作为管理者的基本出发点。

吃亏是福，Think Big

与"难得糊涂"并列，"吃亏是福"是东方哲理里最接地气，点击量最高的两个词之一了，在各旅游景点路边小贩拍卖的纪念品摊头上都比比皆是。可是我的小学和中学老师都没有认真教过我这么一个反逻辑的词到底什么意思。于是我们每个人只能给它赋予自己的解释。我从小就是一个佛系的娃，经常被占便宜，于是就爱上了"吃亏是福"这个词儿，使得被欺负时浑身充满了正能量。排队买饭被人插队，嘟囔一句"夫唯不争，故天下莫能与之争"，顿时一扫不快。（待会儿，我这应该算佛系，还是道家？）而在成人职场里，"吃亏是福"这个词给予我的帮助，就不止是那小小的阿Q精神了，还真成为了一个积极的有力量的智慧。

如果职场是一个充满高低起伏的曲面，我们每一个人都在这个曲面上跌打滚爬。如果我们要求每一步都往上走，都想要最大化 ROI（投资回报率），这样的 greedy algorithm（贪婪算法）往往不是最优的算法。因为我们每一个人的周围环境其实都是复杂的、瞬息万变的，而我们的直接认知是非常有限的。我们机关算尽，第一不一定准确，第二即使准确，也只能把我们带到一个 local optima（局部最优点），而之后就出不去了，永远到不了 global optima（全局最优点）。而要成就自我，套用一个时髦词，必须要有大的格局，Think Big！不要拘泥于一时的得失。现在的吃亏，有可能会成就自己下一个机会。

举个例子，作为一个 manager，自然都希望自己比较牛的组员能一直跟着自己一起干。而我有些与众不同，比较喜欢支持他们能走出去自己发展，或者去其他组，或者自立门户，获得更大平台。也许从短期利益看，本组是削弱了，吃亏了。但是长期看，只要他们发展得更好，其实对于本组也是好事，至少朋友遍天下了。而且本组在这样的名声下，也能吸引下面的一批批新的牛人进来。

言出必践，Deliver!

在中国的传统文化中，有很多这样的故事，一诺高于千金，信誉重于生命。而在职场里，"言必信，行必果"的素质，也同样是千金不换的。不同的管理者风格不同，但根据我的观察，最终是那些 under-promise，over-deliver 的管理者能走得更远。

这普遍被认为是咱华人的一个优良品质。我们比较不轻易给出承诺，但一旦给出承诺，那就是使命必达。在一家大公司里，方方面面协作和依赖非常多，有时一个环节掉链子了，整个计划就垮了。这时候就需要各个环节的领头人是可以给予信任，能够言出必践，deliver 任务的。而一个职员的最重要的 track record，就是他的 delivery record.

身先士卒，Lead From Front

我认为身先士卒，包含了两层含义。第一，作为领导者，最重要的领导手段，就是以身作则（lead by examples）。甚至有人说，这不是最重要的领导手段，而是唯一的领导手段。团队确实会听你怎么说，但是他们更会看你怎么做，行为的声音远远比话语要大。

第二，领导者需要在战场的第一线，实地了解情况。可能你会问，这和无为而治不矛盾吗？其实不矛盾的。无为而治是指不过多干涉交给下级的工作，给予他/她充分的自由发挥空间。而作为领导者，同时不能高高在上，和前线的实际情况脱节，造成决策错误。

所以我们看到，在中国古代，两军对阵，都是要两军大将出列，在千军万马前 PK 三百回合。只有将军用命，士兵才能用命。而在中国现代，刘强东娶了奶茶妹妹，但还是要早起做一天快递小哥。只有走到第一线，才能得到最直接的用户的反馈和团队的尊敬。

无欲则刚，Power of Innocence

进入职场后，难免会碰到办公室政治。有人的地方就有政治，无法逃脱。因为资源总是有限，人的欲望无涯。于是参与者难免要合纵连横，找盟友，以达到最大化自己资源的目的。在办公室的政治手腕上，我是弱智的。但庆幸的是，在这方面，有时弱智比聪明强，起码更容易学。

确实有人可以将办公室政治作为进攻武器以获得利益。但是在其挥拳出手时，其腋下也必会露出缝隙，导致自己也容易受到伤害。这时，汉字的博大精深就显露出来了。无欲则刚的欲，原意正是缝隙。这个词出自于林则徐的一幅对联："海纳百川，有容乃大；壁立千仞，无欲则刚。"高高的山壁，因为没有缝隙，所以无懈可击。

我们知道，欲同时有欲望的意思，比如欲壑难填。而欲望和缝隙，其实正是一个意思啊。人一旦有了欲望，就有了缝隙，有了空间。而这个缝隙空间，不只是光进来的地方，也是伤害你的拳头进来的地方。所以，我在办公室政治中幸存的唯一法则，就是无欲则刚，Power of Innocence。不存私欲，以公司目标为唯一目标，不主动用政治伤害他人，不留缝隙，保童子身。

百折不挠，Stay Foolish

在公司里工作，阳刚之力还是很管用的。逢山开道，遇水架桥，吼一吼，地球也要抖三抖。可是偏生我的力气不是很大。在美国读高三时，上举重课，成绩一开始就排全班倒数第一。经过一学期的玩命锻炼，到学期结束时，进步为全班倒数第二。我又特别不喜欢和别人吵架，偶尔红一次脸，三晚睡不好觉。这种性格确实对于我的工作造成了一些障碍。

幸好阳刚碎石之力，并不是公司成功唯一需要的力量。在一个方面的缺乏，有时可以通过另一个方面补上。也许，我无力一拳击碎石块，但是只要能够坚持，水滴也可石穿。很多时候，市场上的竞争，是看谁能够摔倒后迅速爬起来，多坚持五分钟而胜出的。我力气不大，声音不响，但并不代表我对于胜利的渴望不强。结硬寨，打呆仗，stay foolish，百折而不挠，直到达到目标。

我的第一家创业公司，1998 年创立，经过了一段好日子，2001 年互联网泡沫破裂，九死一生。我们创始团队咬牙死磕，没想过放弃，开发出第二款产品，挺了过来，直至 2005 年被 EMC 收购。比起 1998 年创立的另外几家公司（Google、腾讯、VMware），我们的结果微不足道，但是我们非常骄傲我们坚持了下来。

说到这儿，大家可能通过这些成语的英语意译也看出来了，我说的这些所谓的东方价值，其实并非东方独有，而是普世的。只是我因为自己的生长环境和知识结构，就用成语这么一个体系来进行了表述。而且，这远远不是在职场谋生的唯一路径。恰恰相反，条条大路通罗马。或者说，八仙过海，各显神通。

2018 年

赖有猷：未来已来，你在哪里

[校友简介]

赖有猷，1984 年至 1990 年就读于华东师大二附中，后从复旦大学计算机系毕业。1998 年加入思爱普（北京）软件系统有限公司（SAP 中国），2006 年任中国区咨询副总裁。2010 年加入德勤管理咨询（上海）有限公司，担任 SAP 服务线领导合伙人。现为德勤华东区管理咨询及产品和解决方案中心领导合伙人。是中国最早一批从事 SAP ERP（企业资源规划）咨询的顾问之一，曾领导和主持了许多大型 ERP 项目的实施。

我大学毕业后加入了SAP公司(一家企业管理应用软件公司),从事咨询顾问工作。最开始我和很多人一样,并不确信自己未来到底会是什么样子的,怀疑过也迷茫过。选择加入SAP的理由当时也很简单,就是可以借助公司平台提供的项目机会,多出去走一走,练一练。能够有机会接触到更多有趣的牛人、更多新鲜的事物,体验更广阔的世界。这个最初的想法也伴随了我的整个职业生涯。

人生的每一次抉择,往往只有等过了很长一段时间后蓦然回首,你才会惊呼那某个时刻的决定几乎影响了你的一生。因此如何面对未来,如何做想做的事,做应做的事,无怨无悔,不忘初心,是我今天想和二附中的学弟学妹们分享的一些感悟。

第一,鼓起勇气去面对。勇气是未来做任何事都需要具备的。本世纪初的中国还只是SAP公司一个刚刚开始盈利的模糊市场,但已经和全球发生了越来越多的交流,电话会议成为当年最普遍的沟通方式。当时中国团队与其他国家和地区的沟通基本按照对方的时间标准,所以我们经常在深夜或节假日挂在电话上,俗称"夜总会"(夜里总是开会)。甚至有一次还接到了在除夕夜开会的通知,小伙伴们相当不爽。我直接写邮件回复组织电话会议的海外同事,说明这是中国人一年中最重要的家庭时刻(心中默念:要陪家人看春晚滴),并建议会议改期。

随着中国市场在全球的影响力不断增强,以及中国团队对公司做出的贡献越来越大,中国的文化和中国时间被越来越多的人所接受和尊重。现在,外国同事们不仅会按照北京时间跟我们打招呼、安排活动,每逢农历新年还会发来问候与祝福。

法国作家福楼拜曾说:"人生中最光辉的一天,并不是功成名就的那天,而是从悲叹中产生对人生的挑战,以勇敢迈向意志的那天。"努力去接受多元的世界、纷繁的挑战,每个人都会成为最光辉夺目的自己。

第二,坚持长期不断的学习积累。现在的同学们与我们相比,有了更多的发展选择和条件,家长、老师和学校也越来越关注学生的全面发展,而真正全面发展中最重要的一点就是长期不断的学习和积累。

快速学习能力是我首先想到的。我们从书本上学习的知识远远跟不上市场以及时代变化的脚步,文理科的界限在工作中也会变得越来越模糊。我大学的专业是计算机科学。进入工作,从事管理咨询顾问就需要很多经济、财务、管理等方面的知识。在实施项目的时候更有可能接触到各种未知的领域,这就需要我们掌握快速学习的方法,在极短的时间内(往往可能是一晚上的时间)了解和熟悉相关知识点。

仅仅掌握和积累大量知识点还远远不够,还需要具备举一反三的能力。在咨询业务中我们会与不同行业的客户进行接触,每个项目都会带给我们很多知识。如何有意识地将这些知识碎片关联起来,从中发现逻辑化、规律性的东西,并应用于下一个项目中,为客户实现价值,这是另外一种关于学习能力的培养。

在未来的职业生涯中,大家往往会迷惑于别人似乎光鲜亮丽的人生,钦羡不已,但请不要忽略了其背后所付出的巨大努力和积累。如同一座冰山,没有水面下90%的支撑,就不会有水面上那10%的耀眼光芒。所以,请持续学习吧!

第三,坚持创新的想法与心态。创新是我一直秉承的态度,看清行业发展大趋势,不断寻求业务、思维、模式的突破口,才有获得成功的希望。

在科技统领人们生活的时代,互联网带来了海量的信息和资源,手机打通了智能化社交渠道,一切似乎只消点击几下鼠标或屏幕就能实现。然而,机器可以做很多事情,唯独不能实现的就是代替人类的思维和情感。我们可以不如机器一样有用、效率高,但我们有无限的思考、无限的创意,因此就有无限的可能。

2017年,我转型了。从近二十年的咨询顾问身份中出来,我着手建立了公司产品和解决方案中心,利用技术产品结合服务方案支持企业数字化转型。通过各种"脑洞大开"的创新,目前部门已经摸索出了一套完整的企业智能化管理方案,包括四大产品系列,两种创新业务模式等。通过将"互联网+传统咨询"业务相结合,我们有信心在未来能进一步开辟全新的管理咨询发展之路。

一个好的 idea 要产生真正的价值往往需要一套规范化的流程和专业的精神来帮助实现落地,把天马行空的创意拉回现实,把创新的理念变成常态,即所谓的"新常态"。这样的创新才有价值,才能持久。

最后我想以席慕容的作品《雨后》来结束我这次的分享,与大家共勉。

生命其实到最后总能成诗
如果你肯等待
所有漂浮不定的云彩
到了最后终于都会汇成河流

2018 年 5 月 16 日

沈 军：感性思考，理性创造

[校友简介]

　　沈军，1984 年至 1990 年就读于华东师大二附中。后就读于上海交通大学和中欧国际工商管理学院。从事企业管理和企业战略咨询逾二十年，历任总监、合伙人、高级合伙人等。现为某财富五百强企业战略咨询团队董事总经理。

沈军，天蝎座，B型血。在咨询行业一扎就是十几年，从"咨询顾问小菜鸟"起步，37岁已经做到了罗兰贝格咨询公司的全球合伙人和中国区汽车行业中心负责人。39岁，升任全球高级合伙人。如今的他，虽阅案、提案无数，但仍对每一个项目"充满期待"。

沈军第一份工作与专业不对口，择业时正值外企快速布局，几年后渐渐清楚自己想要什么而进B-school充电，最终跳到罗兰贝格，找到长期发力的职业支点。咨询行业工作压力很大，7/24是可以预见的生活状态。但沈军的世界不止于此。

他是一个比较好的可以处理商业脚步与灵魂脚步节奏的例子。这是当代职场上缺失的禀赋，因为大家对成功的理解越来越浅显和急功近利。越来越多的心灵鸡汤不断强调：要快乐，要解放自己，要抓住机会，要掌握诀窍。大家愿意从一个成长的切口或断面出主意，而忽略了健全人格、独立思考能力，以及个人素质对人生、对职业成长的意义。沈军在采访中有一句话，是关于儿子弹钢琴的。他说："我不会强迫他，我认为培养出一个拥有良好人格与性格的人比培养出一个郎朗更重要。"

沈军从15岁开始接触古典音乐，所写的乐评接近专业。然后，因为对书法的喜爱，成就了他收藏墨宝、品鉴名家书法的习好。而他收藏的青花瓷器具，品位不俗。镜头下的光影世界，更是格局洗练、神形合一。他关于摄影的心得，也如有神助。

或许，这些都可以被视作一个成功人士的"雅兴"，或称作"专业人士玩业余"。然而在沈军看来，一切人的创造，包括科学、艺术、哲学、宗教，无一不是一种符号系统的建构。在某种意义上，都是以一种"有意味的形式"在这个孤寂冷漠的宇宙中，开凿出一个有意义的世界，去对抗那原本的空虚、荒谬、虚幻和无意义。

对于一个内心强大的人来说，内生性的本源力量总是很重要的。对有些人而言，成功本身，抑或是财富，亦即原动力。但这样的人，可以输出方法论，却鲜有输出价值观。商业世界可以成就一个人物质属性的光环，但一个人对生命的探索，远非商业世界的那些定义和规律可以穷尽。沈军的自我宇宙里，探索与创想的触角伸展深远，而战略咨询，则是他思索与探寻之中，与这个世界发生交集的一个窗口。

与沈军的交谈水到渠成。一个丰富的人，自有丰富的"语汇"表达自己。除了谈话，他的作品、收藏、文字，无不印证着"无用之用"的妙处，也跃动着严谨背后的肆意创想与醇厚激情。

关于成才：创想力与激情很重要

任剑琼：你能不能总结一下，就是什么样的人、具备什么样的素质是比较适合咨询行业的？

沈军：首先就是要有很强的分析能力（analytical skills），包括定量和定性的分析能力。很多人非常有经验，也可以跟你谈出很多很好的想法，而一旦需要进行定量化建模、进行准确问题界定和系统梳理的时候就显得比较弱了。

其次就是商务直觉能力和判断能力（judgment）。有时候，抓住根本，快速推断比陷入繁复的建模和测算更重要。我商学院毕业 13 年了，最经常与团队讲的还是这两点。最后就是沟通能力，准确清晰的逻辑表达，对我们这行太重要了。

任剑琼：很多人可能前两点都具备，但沟通能力比较欠缺。

沈军：这是我们教育里一个带有普遍性的短板。聪明的人往往有些自闭或自傲，经常会沉溺在自己的想法里而不善于倾听，不善于与他人交流共享。

任剑琼：如果要成为咨询公司的中高层，需要具备什么核心能力？

沈军：简单讲就是架构能力。就是分析问题的框架感、系统性和逻辑的严密性。这其实要求具备准确的问题理解能力（problem definition）、敏锐的模式识别能力（pattern recognition），以及良好的概念（conceptualization skills）、抽象和推演的能力。例如，我们咨询顾问在分析中经常问自己：这个分析是否 MECE（mutually exclusive, collectively exhaustive），意即各分析维度是否相互独立而整体上是否又能穷尽问题的主要方面。就是你分析的视角、纬度上不能重叠，这些纬度汇总在一起，又可呈现完整的格局。打个简单的比方，你的纬度可以是"供给和需求"，"收入与支出"；但你的 MECE cut（切分）不能是"男人和老人"，因为这在分析概念上就有重叠，不系统。每个项目的 MECE cut 都是有差异的，它考验的是你对客户需求性质的理解、概念的提炼与高度概括能力。

任剑琼：那成为全球高级合伙人的标志性能力是什么？

沈军：前瞻性的战略思考能力和创新能力（visionary thinking and entrepreneurship）。你要能放下所有技能上的牵绊，thinking beyond boundary，敢于突破框架、重建格局。当然，这建立在对前面所有能力的丰富积累与娴熟实践之上。

这里再补充一句，我认为，纯客观的分析一般都是比较低层次的分析。高层次的分析和决策，或多或少都受价值观驱动。很多企业到最后发展的瓶颈是在于领导人本身的有限性。决策者的决策，到最后体现的都是他的价值观和个性。

四年前我参加一个罗兰贝格全球合伙人会议,一个退休高管讲过一句话我记忆犹新。他说,我们要时时思考:我们在建造怎样的世界,我们到底应该为后代留下什么。对于人生,我们需要有这样的思考。对于企业,我们也需要有同样的思考。

任剑琼:你走到这一步,在选人的时候,会最看重什么?

沈军:首先是分析问题的逻辑性和框架感,其次是思维的活跃性和创想能力。在咨询行业,我们通常会用案例分析进行面试,称为 case interview。有些案例乍看起来似乎非常离奇,但其实后面大有学问。打个比方来说我有时候会问,如果一个公司发明了一种全新的灯泡,这灯泡可以使用五百年,但市场上从来没有人销售过,明天就要上市,你为它怎样定价?

这个问题没有标准答案,可以充分展开思路,但一定要有分析逻辑,同时还要基于一些合理的假设进行定量的推算。这就逼迫你回到定价的基本规律,考虑定价有哪几种方法,定价考虑的关键因素是什么、约束条件是什么,以及在不同的竞争态势下定价策略会有什么不同,在不同的产品生命周期下定价策略会有什么不同,甚至引申出差异化定价要注重哪些操作上的做法,等等。缺少这种逻辑性和创新性思维的人往往一筹莫展。还有就是我会关注对咨询的理解和入行的真实动机,检验他是否有激情。

咨询行业是面临高挑战和需要不断学习的行业,一旦没有激情,就像汽车失去了强劲的引擎。真正的激情可以传递,会传染,你可以受到感染和触动。装是装不出来的。

关于艺术:艺术必须是感性的开始再到理性反思

任剑琼:你工作压力那么大,周末时间还有保证吗?

沈军:除非特别紧急,我提倡周末一定要休息和放松。真正能把事情做好的人,一定是理解和懂得生活的人,是比较丰富的人。而且到一定的管理位置,已经不是知识和技能的问题,而是更深刻的体悟能力和洞彻能力。这种能力往往来自生活本身。

任剑琼:现在要换一个频道了。我知道你对中西方艺术的兴趣起源是西方古典音乐。那时你多大?

沈军:初二,15岁左右。我们国家的教育比较偏文理,侧重于技能培养,艺术和全面素质方面比较弱。尽管现在也说素质教育，但我看名大于实。古典音乐让我对艺术有一种很直接的感性体验。那时候在华东师大二附中，同学里面有几个人喜欢听古典音乐，大家就一块儿听。听着听着自己就喜欢上了，然后还注意去收集，不想停留在一种模模糊糊的理解上，希望能够去分析，会去看乐评，看一些人文的书，这就又引申到文学，直到哲学。以至于我大学想上哲学系，被我父母极力否决了。他们认为学哲学将来无法在社会上立足。

任剑琼：你最先听的是谁的作品？那时听得懂吗？

沈军：我一开始听的就是德奥的作品，最早拷的磁带就是《贝多芬交响曲全集》。一开始听不懂，但是我不管懂不懂，就反复地放、反复听，从中获得感觉。艺术必须是感性的开始再到理性反思。反复熟悉的过程就是一个接受的过程。然后越来越自如。比方说听贝多芬有点艰涩，就像吃坚果一样；斯特劳斯的圆舞曲则轻松悦耳；肖邦的华尔兹非常动听。一段时候以后你就会拓展，听柴可夫斯基，听歌剧，听弦乐四重奏，听室内乐。但德奥最具有哲理性和深刻性。俄罗斯的是抒情型，法国的是一种色彩和灵动。德奥是最深邃的，它几乎是歌唱着的思想。

任剑琼：你推崇的许多艺术家、诗人和哲学家都是来自德国。德国思想有两大传统是并存的，就是理性主义和浪漫主义。这是两个完全矛盾的对立面，理性主义强调统一和秩序，而浪漫主义强调本真性、主体性。这是否也隐喻你所追求的生存意义？

沈军：有这种性格底色。我的性格底色比较理性，但这与感性并不是对立的。真实的状态，比如艺术本身，好的艺术家是将极其感性的东西赋予一个理性的形式感。你只有通过这种形式感的创造才可以超越个人体验，变成大家可以分享和共鸣的一个东西。判定一个艺术家成就的高低在很大程度上也就是判断他在形式感上的造诣，包括独特视角和创新。

任剑琼：欣赏者要看艺术形式感的突破和创想在哪里对吗？

沈军：在日常概念中我们习惯把感性和理性对立起来，其实这不符合真实的思维逻辑。即使以咨询为例，分析的框架和逻辑固然很重要，必须是非常理性的，但真正好的、有洞察力的分析框架，其形成往往需要大胆的创想，突破性的思维。在艺术创作中，关于感性和理性概念的对立和分解，在伟大的作品中会消融。杰出的艺术家，创造的一定是专属自己的风格与声音。

任剑琼：能用定性的方式概括艺术在你成长中扮演的角色吗？

沈军：首先，艺术让人生丰富多彩、充满意义。无论你是管理者、企业家或者教授，在所有这些形形色色的社会职务和头衔之前，你首先应是一个人，应成为一个有丰富思想和情感的人。我觉得没有艺术氛围的人生是很枯燥的。第二，艺术不会马上改变你，但潜移默化日积月累当中，一定会影响你的思维方式、感受世界的方式、与人交往的方式，你会发生一些变化。所说的"无用之用乃为大用"，在艺术中得以最充分的体现。

任剑琼：这很有意思。你最推崇富特文格勒，他会怎样影响你的思维方式和感受世界的方式？

沈军：音乐对于他，是对生存意义的追求，从不曾降格为调剂心情的背景。你需要全神贯注，才能深刻理解。他的诠释，表象来看根植于一个特定时代，实际上超越了任何时代。他对作品整体结构的理解和把握是天才的，在理解了他们的精神世界和追求后，我们可以清楚地知道卡拉扬、莱文以及后世的"指挥大师们"缺少了什么，我们所处的时代缺少了什么。

关于自我："真正驱动你的是你内心的道德律令"

任剑琼：有哪些关于艺术和人文的书对你特别有影响？

沈军：一个是马克思的《1844年经济学哲学手稿》，一个是席勒的《审美教育书简》，一个是康德的《纯粹理性批判》。马克思的《1844年经济学哲学手稿》，探讨现代社会经济制度下人的异化问题，就是人的创造物成为他自身的对立面，人失去了他的本质。对我的最大启示在于：警惕一切形式的人的"异化"，要做一个全面、充分、自由发展的人。

席勒的《审美教育书简》就是讲艺术的"无用之用"，艺术对于心灵解放的作用。我们通常都是从功用的角度去判断一个事物的价值，而艺术恰恰是超越功利的。所以，真正伟大的艺术都带有心灵解放的作用。

康德的三大批判，思想和文字都较艰深，当时并没有完全理解。但是康德所提出的许多思想，包括人在认知外在世界时首先应反思自身的认知能力及其局限、"人为自然立法""划定知识的边界，为信仰留出空间"，在知性之外对作为"道德"主体的人和作为"审美"主体的人的探讨……这些都在我心中留下了深深的烙印。康德让我第一次理解了真正意义上的道德。我们从小理解的道德是如何符合外在的社会规范,康德说真正驱动你的是你内心的道德律令。这些青春时期的阅读对我的影响一直在延续。

任剑琼:你的兴趣从古典音乐到书法、摄影、收藏,等等。很多年轻朋友说,工作太紧张和辛苦,所以一定要有自己的爱好,否则就被工作吞没了,你也是这么看的吗?

沈军:工作是我最大的爱好。我的职业让我经历和感受这个国家发生的巨变,也体现出个人在这当中的价值和成就。只是工作不足以满足我所有的爱好,不足以体现人生的所有价值。这就牵扯到工作的选择。不要迷失于外在的东西。及早发现自己擅长和喜欢的领域,对全面人格的形成至关重要。否则,在人生的大部分时间里,你将成为附属于商业机器的螺丝钉。

任剑琼:可以想象,离开这份工作,你依然会过得挺充实的。

沈军:我对生活的好奇心很强。思维状态始终很活跃。总结起来就是 to know,to explore,to experience(去了解,去探索,去感知)。我最大的愿望是退休后对管理学进行梳理,对自己的乐评进行梳理,还想在一定层面上把哲学、社会学与艺术打通来评鉴。做到什么 title(头衔)不重要,有什么样的人生很重要。

任剑琼:那婚姻在你人生中有多重要?

沈军:很重要,但不是唯一重要的。好的婚姻在于对彼此个性的尊重。当年外企我的一个 mentor 送我一本书,叫《少有人走的路》。里面说,婚姻中,人有时会放大自己的想法投射到对方身上。其实每个人来到世界上都有自己的使命,好的婚姻可以帮助两个人更好地完成个人潜力的提升,达成各自的使命。

任剑琼:想问问你的死亡观。一个人过了 40 岁,他对死亡的思考和理解,会决定接下来许多选择的走向。

沈军:中国文化是"乐生文化",但我相信人生的意义是从对死亡的思考开始的。我们做战略咨询都知道,如果资源是无限的,就无所谓战略。之所以需要战略,是为了聚焦有限的资源。正因为人生的时间有限,才有关于意义的思考。我有 3000 多张唱片。假如每天听一张,全部听完,大概要十年时间。随着年龄的增长,我对时间的紧迫感越来越强,体现在选择上,就是做减法,聚焦那些最有意义的事。那些事往往与逐利无关。

任剑琼：你曾说过人生本身是虚空的。既然如此，何求意义？

沈军：对虚空的感知，会促使你投身去创造实存的东西。只有对"无"或"虚空"有所体会，才明白该怎样去创造"有"或"意义"。如同面对无序和杂乱，你仍然想通过生命中的能量，使之有序。在本质上，所谓生命力就是这样的一种能量。

任剑琼：你希望别人怎样评价你？

沈军：我不知道怎么描述。我崇敬康德，他的《何谓启蒙》，两百多年之后读起来仍然振聋发聩。我因为找不到好的汉译本，所以找来比较好的英文版本，自己翻了一稿。他是我心目中大写的人。当然，我们绝大多数人都无法到达这样的思想高度。"高山仰止，景行行止。虽不能至，心向往之。"这就是我所向往的精彩。譬如，如果我们今天的对话，若干年之后回过来看仍然有些价值，可以给默默独行和奋进的人们一些启发，那就是有意义的。我就是想，如何在有限的生命里做些有意义的事。

本文节选自《职场》2012年第六期。

何逸静：为了他们脸上的笑容

——东方美德，西方教育和世界级的动力

[校友简介]

何逸静，1984 年至 1990 年就读于华东师大二附中。持有美国堪萨斯大学的最高荣誉工商管理学士学位和芝加哥大学的最高荣誉工商管理硕士学位。一个有远见有业绩的金融高管、天使投资人、活跃的导师，以及中小企业的策略顾问。曾在 Telematics @ China，FutureCom，Next Gen Auto Show 和 South by Southwest 等国际论坛和会议上受邀作为主讲嘉宾。现任 Gentherm 集团执行委员会成员-投资者关系兼企业沟通高级副总裁、Green Tree 咨询公司执行总经理和1000 梦想基金董事兼财务总监。

二十八年前,我站在了人生的岔路口,是参加中国高考,还是出国留学去追求无限的梦想?更准确地说,是我的父母在为我的未来做抉择。

在成长过程中,我总能看到父母脸上引以为傲的笑容——当我成功考入中国最优秀的中学之一、当我战胜了害怕演讲的恐惧(不再是五分加绵羊)、当我在舞台上演奏乐器(钢琴、吉他、琵琶和扬琴)、当我在体育比赛中拼搏(50米赛跑和跳远),以及当我成为第一位女学生会主席。我知道,他们只想把世间最好的给我。作为一名20世纪七八十年代在上海长大的独生子女,我的目标就是成为父母的骄傲——我为他们脸上的笑容而活。

当我降落在堪萨斯市国际机场,推着两个比我还重的行李箱时,恐惧和迷茫吞噬了我。我的亲友团已不再如影随形,我强烈感觉到独在异乡的孤独……一个十几岁的孩子第一次不得不开始自己做决定。

我的内衣就是我的银行账户,母亲把我的全部家当(1000美元)缝在里面,确保长途旅行的安全。虽然父母经济上无力资助我在美国完成本科,但是他们从小就培养了我的自信心,也一直帮助我树立远大的抱负。"你可以做任何你想做的事情。"父亲总是鼓励我要立大志。

为了独立成长旅途中的笑容——斑斓美国梦

我的大学生活极具挑战。我心中的英雄——父亲,在我赴美求学两个月后因肺癌离世。离开中国那天父亲叮嘱我的话,烙印心头,成了他留给我的遗愿:"外面的世界很大,你自己去闯!"

身为一名穷留学生,我不得不在课间或课后做各种兼职工作。有一个学期,我每周要上17个小时的课程,还要打30到45个小时的工。我的父母都是工程师,理科对我来说非常轻松。但是我决定给自己一个更大的挑战:取得商务学位。我和其他国际学生最大的不同就是我一直注重训练自己的书写和口语能力并且愿意找机会和美国学生交流。在我作为学生大使被校报采访的报道中,我说道:"刚到这里时,我更愿意和中国留学生在一起,但是作为一名学生大使,我日渐对学校的方方面面了如指掌,也因此结识了很多的美国朋友。"

我以最优等生的荣誉毕业于堪萨斯大学。那段时光,作为一名学生领导者,我跟数不清的人沟通交流。虽然忙得无暇自顾,我却乐在其中。这种领导力是我在中学时期开始学习的,而在大学里得到了历练和完善。作为第一代移民,我学会了为自己微笑——为能够用自己挣的钱读完大学,为活出自己的美国梦。

为了孩子们脸上的笑容——成为榜样

我来到美国 8 年后，我和先生迎来了我们美丽的女儿泰茜。晋升母亲，人生目标悄然改变——我开始为那张全世界最可爱的小脸上的微笑而努力进取！

泰茜 3 个月大时，我决定继续深造，开始读研究生且继续坚持一周至少工作 4 天。3 年后，我以优等生的成绩，从芝加哥大学获得了 MBA 学位。商学院的一位负责人在给我的推荐信中写道："芝大商学院的课程非常严苛，身为一个妻子和母亲的逸静却可以平衡工作、家庭，同时参加 MBA 课程学习，这是很了不起的。更让我们惊叹的是，这样一名学生有能力保持 GPA 绩点 4.0 分的优异成绩……"

当我获得"少数族裔成功女性科技奖"时，两岁的 Grace 躺在我的怀中笑容甜美。当我拿到研究生文凭时，3 岁的 Grace 坐在观众席里笑颜如花。

成为孩子们的榜样并以身作则，向他们示范只要肯努力做事则一切皆有可能，这成了我新的人生目标。父亲的言传身教塑造了我性格中非常独特的一面：处理棘手问题，置自己于险地，挑战自己的恐惧和疑虑，已成为我的一种习惯。

我们的家庭队伍也逐渐壮大，现在我们有四个聪明可爱的孩子：20 岁的泰茜、16 岁的泰宗，还有一对 12 岁的双胞胎泰宇和泰宁。作为一个母亲，我通常以孩子们的年龄为标尺记录自己取得的成就。2002 年我有幸为作为火炬手为冬季奥运会传递火炬，那时我孕育腹中的大儿子刚满 6 个月。当我被堪萨斯城商业杂志评为堪萨斯城 50 个最有影响力的女性之一时，我们的双胞胎 2 岁。当我被《英格拉姆》杂志评为堪萨斯地区 40 个 40 岁以下最有成就的商界及社区领袖之一时，女儿泰茜在读六年级。我希望当我的女儿看到她的妈妈是名单上仅有的 11 位女性之一，并且是唯一的一个第一代移民，这能给女儿一个坚定的信念，那就是只要意志坚定，她能做到任何她想做的事情。

为了他人脸上的笑容——爱心传递

在中国的成长岁月中，父母总是倾力给我最好的。直到开始自食其力并完成大学学业时,我才终于意识到生活中诸多的来之不易。从朋友、教授、赞助者甚至陌生人那里得到的精神和经济支持不仅帮助我度过了所有艰难的日子,更激励自己尽我所能去帮助别人。

有一份全职工作并忙于照顾四个孩子从来未曾成为我不参加社区活动的借口。我要在孩子们年幼时就教会他们回馈的重要性。无论是主持青年商会的活动,还是多年担任华人协会会长履行职责,或是成为布卢瓦利教育基金会总裁和财务总监,再到义务担任 United Way 财物委员会成员,以及担任 1000 梦想基金的财务主管,我从未停止投入财力和时间,为的是帮助更多的人重展笑颜。

为了永远的笑容——保持健康和年轻的心态

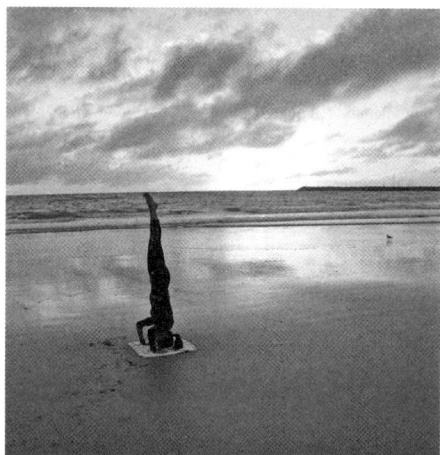

和孩子们在一起时,我总能感受到他们的青春和活力照亮了周围的一切。我希望能永远陪伴在孩子们身边,和他们分享我的智慧和经验。要做到这一点,我必须在精神和身体上都照顾好自己。39 岁那年,在一个好朋友的鼓励下,我走进了健身房。健康饮食和锻炼自此成了我日常生活的一部分,帮助我保持专注和效率。我喜欢和女儿一起练习瑜伽,和儿子们一起徒步。跟上孩子们成长的步伐,保持年轻的心态,已经成为了我衡量成功的新标准。

我非常幸运受到了最优质的教育,并在职业生涯中得到了不少梦寐以求的发展机会。一本杂志这样写道:"何逸静活出了一个自己版本的美国梦,对这样的版本,我们大多数人只能……把它停留在梦想阶段。东方美德、西方教育和世界级的企业财务管理经历,成就了她的不断提升……如果这样的职业轨迹不足以激起人们的嫉妒之情,请别忘记,她是在养育四个孩子的同时做到这些的。"我把这些成绩归功于身边那些一直为我微笑的人。

——致我的父母、我的伴侣以及我们四个优秀的孩子。

2018 年

严佶祺：尊重与信仰

［校友简介］

　　严佶祺，1990 年毕业于华东师大二附中，2000 年获上海交通大学医学院（原上海第二医科大学）外科学博士学位。上海交通大学医学院附属瑞金医院普外科甲状腺血管外科病区主任，主任医师，副教授，硕士生导师。2002 年赴美国 Pittsburgh 大学医学中心进修学习。2004 年在德意志学术交流基金（DAAD）和"二医大百人计划"的资助下赴德国 Hannover 医学院进修学习。擅长肝胆胰良恶性疾病、门脉高压和甲状腺疾病的外科诊治。以第一作者或者通讯作者的身份在国内外学术期刊发表论文 70 余篇，其中 SCI 论文 16 篇，参与编写专著 4 部。主持、参与多项国家及上海市课题。

瑞金医院普外科甲状腺血管外科病区主任、主任医师严佶祺擅于各类复杂良恶性病变的甲状腺手术，包括功能性颈淋巴结清扫术，胸骨后甲状腺肿切除，甲亢甲状腺切除，达芬奇机器人技术在甲状腺微创手术中的应用。

他估计，今年甲状腺癌手术将超过 3000 台，甲状腺手术 3700 台左右，"已经拦住了许多不该做的手术，有病人来了会发急，手术不给做，药也不给配。我说，做手术的决定容易，手术只有对我有好处，但对你就是过度医疗。病人想想有理，顿时心安理得起来。"

他的刀法师承瑞金医院的外科大家李宏为教授，兼容百家，他说，四十五岁之后，才能悟出刀法中的"道"，能够听到"刀丛中的小诗"。他对学生说，要善于发现顶尖刀客的破绽。"即使最好的手术医生，刀法中总有可以改进之处，要是被你发现了，无异于一次对自己的奖励。"

他去德国进修，惊讶于手术中所有的细节管理，高效，清晰，似乎一切都计划好了，没有太多任由发挥的空间。"在严谨近似刻板的规定动作下，术中绝大多数的风险都是可以控制的，这也许是对病人最大的受益。"

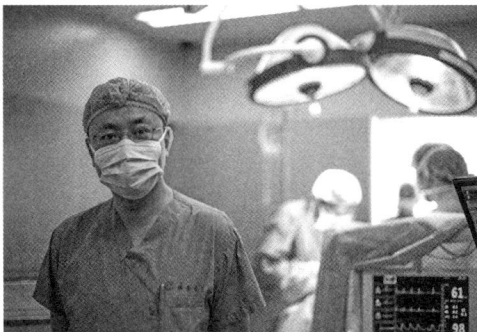

他也做达芬奇手术，他说绝对不是为了做而做，一切要看是否有必要，他坦言，这是战略性的手术，将来人与机器人的合作空间会极其巨大。"外科医生对新科技的运用是终身的挑战，不可以抵触，而就目前来看，达芬奇在某些方面已经超过开放性手术。"他说很庆幸，如果晚生几十年，很可能给智能机器人夺去了饭碗，"忧患意识也好，杞人忧天也好，倒逼着你拼命学，而且一定要把现有的手术做到极致。"

他的枕边是一部《中国历史地理政治十六讲》，我诧异他愿意阅读如此艰涩的著作，他说，作者周振鹤先生是我国历史地理学科奠基人谭其骧教授的弟子。"枯燥的东西，一旦注入干货，其实也不枯燥，土地是历史的舞台，舞台上的人来来去去，舞台上的演出从开幕到谢幕反复交织。行政区划的变迁，可以直接反映出舞台上演出的变化，而这种变化，则大体是我们所看到的历史了。"

他的确爱看舞台剧，很长一段时间，他和夫人把安福路话剧中心当作心灵驿站，《立秋》《暗恋桃花源》《向左转向右转》《无人生还》《长恨歌》，一场接一场的看，他非常迷恋在如此狭小的空间，在固定的时间，有限的道具和场景下，可以做到天遂人和,云蒸霞蔚。

"有没有觉得,这就像一台外科医生的手术呢?"他笑道。

从医之路

"其实,我高考的第一志愿是复旦大学金融系。如果发挥正常的话,坐在你面前的也许是一位银行家。"严佶祺笑道。

严佶祺是上海人,应该说从小就在医生的圈子里长大——母亲是瑞金医院的麻醉科医生,舅舅是新华医院的骨科医生,姨妈是一名内科大夫,外婆则是中国最早的一批助产师。"坦率说,我从小的生活圈就在瑞金医院这一带,因为太熟识了,就想以后走得远一点,但没想到最终上天还是帮我做出了决定。"

五年的本科生涯结束,摆在严佶祺面前的是两个选择,一是毕业分配,二是保研攻读研究生。若是毕业工作分配,似乎对他是最有利的,他会被分配到交大医学院附属瑞金医院,这是他从小到大最熟悉的氛围,并且今后又在母亲的身边工作,他的智慧和才华能够保证事业前途不会低走。"但我意识到,知识储备对于一个将要踏入工作岗位的临床医生来说,太过于浅薄了,只要有保研的机会,我一定会积极争取。"

1995 年本科毕业后,严佶祺继续一路下来到 2000 年时获得博士学位。"读完博士一看,将近 30 岁了,此时家庭的责任需要你去分担,虽然不考虑与同龄人的对比,但完全不考虑收入也是不现实的。"好在最终还是咬咬牙坚持读完了,一边同住院医师在瑞金医院一起培训,一边完成博士课题,那段日子对他来说,艰苦却值得。

严佶祺留在了瑞金医院普外科。当年的瑞金医院普外科十分庞大,病房有固定的医生,四大病区有值班医生轮换——一班是刚毕业的住院医生、研究生;二班是住院总医生;三班是高年主治医师和副主任一级的医师;四班是则备班。急诊手术一班是负责本病区的,二班是负责两个病区,三班和四班是负责整个普外科,根据排班上不停的轮换交叉,青年医生会有许多学习的机会,可以接触各式各样的医生,与他们共事取长补短,收益颇丰。

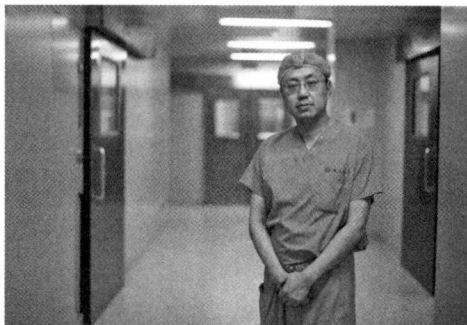

严佶祺在普外科的学习,多是能力的掌握,他特别喜欢观察别人的手术,乐此不疲。"技术想要提高就要综合的学习,我善于发现每个人的长处和短处。哪怕他是

一位名冠中华的医学家,也有值得提升的瑕疵,哪怕他是一位技术还不扎实的新手,也有你值得学习的个人特色。"

张弛有度

"外科手术,有时候天堂和地狱就只有一步之遥。"在严佶祺看来,一名优秀的外科医生要懂得知进退。好比手术突发大出血应当如何处理? 一种情况,医生镇定自若,明白之后每一步要做什么,继续完成操作;另一种情况,医生会搬兵求救。"如果一直求助他人,势必无法成长。所以,合格的医生一定要对自己的技术和能力做出准确的估计,我的手术特点便是时刻关心出血量,2000 毫升是我的底线,在这种情况下很可能血压会降到零。外科医生到最后练的是心态,这都是一台台手术打磨出来的。"

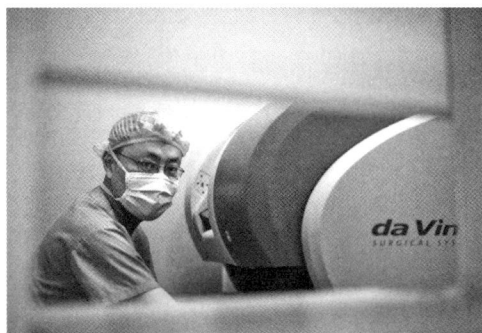

他坦言,无一例外,新人外科医生刚刚开始参与临床工作,获得资源有限,手术时间可能排到较晚开始,助手配置也许不如有资历的大夫,血库的存量可能不会很充足——所有种种状况都在督促着新人,他们必须成长。"这是有两面性的,事业的开始就这么艰苦,只要你可以在较弱的环境下成长起来,压力有多么大,技术的提升就有多么长远。"

严佶祺有两次比较长时间的留学访问经验,第一次是 2002 年在匹兹堡大学移植中心,第二次是 2004 年在德国汉诺威移植中心,两处都在医学界享有盛名。那里的手术模式以及手术思维使他对外科有了颠覆式的理解。

"一台肝移植手术,汉诺威中心的最快纪录,从切皮到关皮全手术流程共 95 分钟。时间比我们短,他们的能力不可小觑,我们需要正视 95 分钟背后的故事,提升的空间叫作熟练度。德国一例肾移植最快只要 35 分钟,可以熟练至此,他们不会轻易改变手术操作流程。举例来说,全院所有医生的切皮、关皮的步骤流程要求完全一致,包括出血后的操作和判断,完全相同。如果需要修改,则全院一起改进。医生个体的自由度和随意性非常小,对病人来说也更加放心。"我坚信 90% 的手术都是提前计划好的,当不断地训练,把每一步固定确认,熟练度自然提升,这是我在德国收获最大的——成熟的规范与体制。"严佶祺表示。

保持创新

2015 年,严佶祺把重心放在甲状腺领域上,这也是瑞金医院源于内分泌科全国强势地位的一项战略性调整。他作为一个甲状腺血管外科的临时集合人,开始组队。

一年以后,瑞金医院完成的甲状腺手术例数是 3500 台,甲状腺癌 2668 台。2017 年,甲状腺癌会超过 3100 台,总手术量将超过 3700 台。在编 10 位医生,四十几张病床,他本人除了一周二十余台的手术量,还要看门诊,工作的强度常人无法想象。

严佶祺解释,甲状腺的常规手术大体有两类,一类是传统的开放式手术,另一类是涵盖达芬奇机器人的微创手术。"最近有一个 25 岁未婚的女病人,200 多斤重的患者,双侧甲状腺癌需要动手术。如果直接使用腔镜手术,手术过程会遇到极大的难关。经过评估,这个病人使用达芬奇手术,在双侧乳晕和双侧腋下做了四个 1 厘米隐蔽切口,比起在脖子上留下 7 厘米切口要美观得多;而术后次日早上就可以喝水,说话声音也没有改变。可以说,达芬奇手术比起腔镜手术更加精细,创伤更小,病人能得到更好的治疗。"

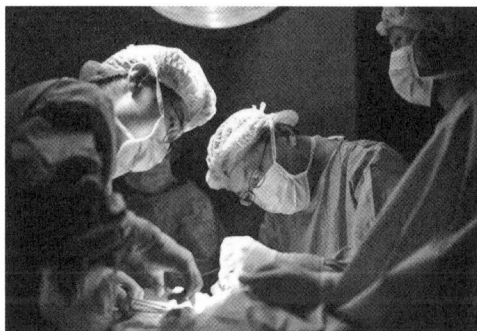

达芬奇手术目前占手术量的 25％,从 2015 年医院引进了达芬奇手术的机器人,这可以算是院里的一种远见。"我会与患者沟通我的评估方案,让病人自己斟酌,如果觉得机器人手术方法可行,那么我当仁不让。我们可以从此想象,二三十年后外科医生的手术方式会和现在完全不同,我们目前在做的,一方面是战术上的要求,另一方面更有战略上的储备。"

严佶祺坦言,对于达芬奇手术,绝不是为了利益或者猎奇而做,"外科医生要对技术有更深层次的理解而去尝试。过去没有办法看到那么微观的技术,如今我同时可以操作三个机器人的臂,而过去开发手术是我的两只手加上两位助手的四只手,我思考的是,如何再去运用好机械臂,放大解剖结构、空间张力,找到恰当的解剖途径。通过微创手术来反思开放手术,相辅相成。"

口述实录(节选)

唐晔:听说您在成为一名医生之前,一直想要报考的是金融系,有什么原因吗?

严佶祺:在改革开放初期,选择金融行业是十分热门的。我对金融抱有很大的热情,原因是我对数字很敏感,有一点天赋(笑)。

唐晔:您在瑞金医院周围长大,有没有想过,毕业后居然直接就到瑞金医院工作呢?

严佶祺:真没有考虑过,身边熟知的事物并不容易发掘它的美好。就像我一个在这一片土生土长的上海人,看到那么多人在思南公馆拍照留念——这番景象我从小看到大,从未变过,司空见惯,找不出让我拍照的冲动。但从一个游人的眼中,那就是一栋景色优美、典雅朴素的建筑,值得欣赏与惊叹。有时候走得远一点,离开一段时间,回过头来再看一看,就会发现当初不察觉的美丽了。

唐晔:当初是老天都您选择了医学院,如今对于这样一个工作,兴趣如何?

严佶祺:自然,应该说必须是激发兴趣了,兴趣是干这份职业必不可少的一个过程。既然选择了这条路,到了30岁了,就不该再思考该不该走这条路,而是怎么将这条路走得更好。我说外科医生算比较幸运的,是可以终生从事的一份职业,无法完全被人工智能所代替,即使医学被人工智能全部攻陷了,外科医生也是被人工智能攻克的最后一道堡垒。所以,在这条路上,只有津津有味地走下去。

唐晔:选择甲状腺作为自己的主攻方向,之前有一段曲折的经历是吗?

严佶祺:是的,这个说起来是挺复杂的。博士毕业后一开始是完成肝移植手术,医院希望把这项手术做得更好,李院长和彭主任就去国外把技术引进过来。当肝移植手术发展得很辉煌时,我转攻门静脉高压手术。2015年,普外科进入专科化阶段,我又来到甲状腺与血管外科专攻甲状腺。

唐晔:有些医生现在拒绝去使用新型科技,您是怎么想的?

严佶祺:不行的。一个外科医生的生命是从45岁开始算,经过这么多年经验累积,成功与失败,从这个年龄开始,你才可以总结超越自己,别人也会愿意听取你的建议。一个优秀的外科医生不能故步自封,你应该去改写,去创造。一个卓越的外科医生,总是将自己的手术当作自己的作品,希望自己的手术越来越完美。

唐晔:您在组建科室的时候,有遇到过什么困难吗?

严佶祺:瑞金医院能人很多,科室还在发展,我只是个临时召集人,业绩是大家闯出来的,不能总揽在我自己身上。病人该不该做手术,做什么手术,这些关乎病人权利的,我会去把控,其他的事不能无端干涉每个医生的自由。科室有问题我会和同事多交流,不论多优秀的医生,能和别人多交流,多一个人来帮你思考,就会少一分犯错的可能。我的内心一直很平静,我始终定位自己是一位为科室勇于奉献的临时召集人,科室得到长足发展,我随时退下来都没关系。我不太计较顶上的头衔,不然如何大步迈前,去做想做的事呢?

唐晔:有没有您的底线和准则呢?

严佶祺:做医生,善良、发自内心对病人好是最基本的,这不是流于天花乱坠的说辞。有病人在门诊的时候质问我,你为什么不配一些药给我,我说,明明知道目前没有药对你的病情有效,干嘛你要多花冤枉钱? 我有些时候会像堂吉诃德一样挑战一些约定俗成的东西,也蛮累的。

现在甲状腺过度治疗很严重,我诊断下来说不用开刀,病人反驳其他医生让我开刀,我只能说,该不该开刀这是底线了。让一个不需要手术的病人去动刀子是不仗义的。每年被我拦住手术的病人就好几百,哪怕需要手术的病人,我们都要去交流,询问他愿不愿意动手术,因为人与人不同。我们必须尊重病人的犹豫,尊重他的逻辑和信仰,这是一种文明的进步。

唐晔:这么多年,工作和生活上有遗憾和失落吗?

严佶祺:时间上极不自由,我很少有照顾家庭的时间,但家人都理解。

唐晔:您空余的时间还有吗? 会去做些什么事呢?

严佶祺:很少,工作肯定是会带回家做的,偶然看一些杂书,比如《国学史纲》等。我很喜欢历史作品,历史的真相通常是在辩驳中才会明晰的,我们之前接受的教育缺乏培养辩证思维。通过读野史可以发现很多历史的隐藏面,比如有本书《三国配角演义》,作者从历史的破绽中深挖其结果,做出推翻三国志的推论,虽然有点荒诞,但至少可以自圆其说。这就好比找出名医大家完美的手术中的微小破绽,用批判性的思维看待事物,眼界就宽泛一些。

唐晔：您觉得医学的核心价值是什么？

严佶祺：一方面是治病救人，另一方面是，给人一种心灵的慰藉。如果医生无法在治愈疾病上给予病人自信心，那么病人自然也没有痊愈的信心了。

唐晔：病人都听您的吗？有什么是您经常与病人说的忠告呢？

严佶祺：我希望病人都能听我的（笑），我会忠告病人，顺其自然，心情平静，得肿瘤的几率就会更少一点，疾病喜欢缠上烦躁而浮夸的人。但医生也要学会倾听，这点我做得还不够，特别是在中国病人数量太多的大环境下。

唐晔采访，宣颖编辑整理。

本文原载于《晔问仁医》，原题为"尊重病人的逻辑与信仰"。

孙文倩：我爱，我在，跑向前！

〔校友简介〕

　　孙文倩，1984 年至 1990 年就读于华东师大二附中。在复旦大学获得国际经济与贸易学士学位。现为 DELL EMC 中国研发集团运营及政府关系高级经理，负责中国研发集团运营及政府关系、企业社会责任和员工关系；身兼 DELL EMC 精益六西格玛见习黑带、黄带课程讲师及项目导师。长跑爱好者、烘焙控。

2015年11月8日是一个值得纪念的日子，那天上海国际马拉松赛迎来了第二十个年头的盛会，35000名选手踏上了赛道；那天也是我的生日，作为跑马小白的我在家门口以2小时13分钟的成绩顺利地完成了首个半程马拉松；这是我给自己，一个刚刚度过五年生存期的癌症幸存者的生日礼物！特别喜欢那一年的大赛标语，"我爱！我在！跑向前！"这些年我就是这样，爱着，被爱着，一路跑起来，希望新生后的每一天都有如夏花般灿烂。

回望几年前拿检查报告的那天，面无表情的护士翻了翻文件夹，竟然没找到报告，又翻找了好一会，在一个压在很下面的本子里找了出来，护士抬起头来一脸和蔼慈祥，却没把报告给我，接着翻开了另一个本子。"你一个人来的吗？没人陪你来吗？我要登记一下你的姓名住址和电话，你要去看医生的噢。"像是关照和叮咛，好奇怪，有什么事这么严重呢，我做的检查并非传染病啊。接过报告单看了，只看到"xx癌"连续出现了好几次，给错了吧？好像拿着别人的报告，接诊的医生看了我一眼，很温柔地说"你这个情况要动手术，你准备在哪家医院做？""啊？做什么手术？"我一脸茫然，医生说"你不要害怕，还好发现得早，孩子多大了？……"这就是确诊了吗？医生后面说的话我都没怎么听见，回到候诊大厅里，阳光透进来，四周是熙熙攘攘的人群，忙碌的护士、排队问诊的病人，还有怀孕的准妈妈和幸福的准爸爸们，自己却好像站在孤岛之上，四周的一切都忽然听不清也看不真切。因为小有不适，做了个常规检查，却突然被告知罹患重病，眼泪夺眶而出，不知道还有多少生的机会。孩子还小，以后即使是一个平常的傍晚陪儿子复习功课也会是一种奢望吗？世界那么大，我还没好好看过呢。

我想要好好地活着，治疗过程波折起伏，好在有家人和朋友的陪伴，休了小半年后半血复活。遵医嘱为养好身体，进行适当的锻炼。什么是适当的锻炼呢？最简单的运动应该就是走路了，早晚半小时的散步，从慢走逐渐加快了脚步，从此八九分钟配速的快走成了我日常的功课，清晨的江湾体育场，傍晚的小区林荫道，周末的卢湾体育场，就这样走了两年。跑步开始热起来，为什么不能试试跑步呢？从来都没想过我还可以长跑，上学的时候，跑一个800米就感觉气血翻涌，在先生的鼓励下和陪伴下我竟然跑了3公里，虽然速度很慢，跑得也很累，但洗了澡却感到前所未有的轻松。第一次跑完5公里感觉浑身都快散架了，第二天腿酸得不行。本来只想跑跑5公里作为日常锻炼，跑步群的同学说，慢跑40分钟才开始减脂，5公里只是热身。跑过5公里不久就出现了极限，想起闺蜜为鼓励我送来的书《潜水钟与蝴蝶》，虽然身体像潜水钟般沉重，但我的心渴望像蝴蝶般自由飞翔。深呼吸，挥动手臂，调整步速，倾听身体的声音，忍一忍跑过极限后竟是海阔天空，路边的风景划过，内心深处的往事、思绪拨开尘封浮现起来,可以把日常的琐碎、烦恼归于一边,跑步成了我一个人既可以放空也可以思考的时间,特别放松愉悦。清晨六点的复兴中路绿荫环绕,静谧无人,偶尔看到对面结伴跑来的大叔笑着和我打招呼或者一句"妹妹加油!"就感觉一下吃了大力丸,特别开心,脚步也轻快起来。爱与美食不可辜负,对于我来说,可以换成爱与好天气,不可辜负,要是哪天天气好,却没能早起跑步,就好像没完成功课,一天都特别难受。我就这样爱上了跑步!

第一次参加完在苏州的十公里跑,就被家人朋友怂恿,既然能跑完 10 公里,为什么不去参加一个半程马拉松呢?想想不可能吧,就被人教育,理想还是要有的,万一实现了呢?还可以全世界去跑马,以跑步的名义,游山玩水。国庆、元旦、除夕、大年初一,我都在跑步打卡,在各个城市打卡,在有趣的跑步路线上花式打卡。虽然每次跑完哪怕只是一个 10 公里,都会感觉筋骨被劳动了一番,但换来活力满满,身体仿佛被唤醒了。

2015 年的上海马拉松来了,原来马拉松就像一个嘉年华,外滩挤满了比赛选手,各种奇装异服,玩各种自拍,那么多人一起快乐地奔跑。在先生的陪伴下,轻松跑完 10 公里,15 公里;沿途志愿者们、演奏、舞蹈、歌唱、加油鼓劲,送上水递上吃的,跑过最美的风景线,用脚步丈量上海,还有两公里就可以发朋友圈啦,就这样轻松完成了首个半马。2016 年一发不可收拾,跑了 4 个半马,2017 年 11 月也是在家门口的上海马拉松赛上以 4 小时 43 分钟的成绩安全完成了首个全程马拉松。听说 30 公里以后会撞墙,一路吃吃喝喝,放缓配速,跟着 4 小时 45 分的兔子跑进体育场的时候,眼泪掉下来,提前准备了两个月,每周 40 公里的跑量积累没有白费。

跑步成了我生命的一部分,身体也没再找过我麻烦,我不但活着,还活得好好的,活得很精彩,奔跑让我快乐,甚至让我身体更有活力,我爱,我在,跑向前!

2018 年

姜昊文：二附中的跬步与医路千里行

［校友简介］

姜昊文，1985 年至 1991 年就读于华东师大二附中。医学博士，现任复旦大学附属华山医院泌尿外科副主任、主任医师、博士生导师，复旦大学上海医学院外科学教授，复旦大学附属华山医院教育处处长，复旦大学教学指导委员会委员。

姜昊文先后入选教育部"新世纪优秀人才"计划、上海市卫生系统优秀学科带头人"新百人计划"和上海市人才发展基金。还获得上海市住院医师"规培优秀管理者"、上海市医务管理"青年十杰"、上海市"新长征突击手"等称号，还获得首届"复旦-复星"健康梦基金优秀教师奖和复旦大学"十大医务青年"称号。

1985年9月到1991年7月在二附中度过了六年的青春岁月,我考入上海医科大学临床医学七年制。进入"上医"的校门时只觉得七年只不过是比中学多一年的学习而已,现在回首,发现进入上医校门的那一刻,自己的职业生涯已经被决定了:1998年毕业到现在整整20个春秋奋斗在临床一线,治病救人;奋斗在医学科研和教学管理的一线,教书育人。成长的过程却颇多感慨。

六年的二附中生活,是衬托众多学霸的一枚绿叶的成长,不太受关注,无论来自老师还是同班的美丽女生,因此可以不用装 x,呼吸着自由的空气,不被成绩排名圈固地读书,享受学习的乐趣而因此兴趣广泛,沉迷于围棋的黑白思索,学习钢琴而协调手眼脚的配合,把素描和书法练了练……我想这是我六年二附中生活,是课业成长之外的最大收获,这些"偏门闲技"帮助我能够在离开二附中校门的20多年医学职业生涯里,能深入学习临床规范并思考,能清晰画好手术图谱并理解,能快速掌握手术技巧并创新,坦然面对困难挫折,越过它战胜它。我希望这种品质能继续保持而且做得更好,第二个20年,第三个20年……

在医学院完成7年的医学课程教育,幸运地进入复旦大学(原上海医科大学)附属华山医院泌尿外科从一名小住院医师开始。自觉学业成绩并不是太优秀,收起悬壶济世的大目标,每天埋头干好苦活累活脏活,扫清眼前的地。外科住院医培训期间每5天一个24小时班,几乎每次值班,晚上急诊手术都有四五台,傍晚6点进手术室,第二天7点回病房,护士们亲切地叫我"夜来香"……大冬天就裹个棉大衣依偎在手术室的热水汀旁打盹,麻醉好了,麻醉师走过来给你一脚,最简洁明了的告知,语言都是多余的,如果没醒再来一脚……揉开惺忪的眼睛刷手消毒铺巾穿无菌衣,在刀尖触划皮肤的一刻,瞬间精神百倍,就如同公牛见到了抖动的红色,那是全身心的投入。一台手术结束把病人送出手术室大门后,赶紧跑回热水汀旁裹上棉大衣续续暂时中断的暖暖的梦……就是这手术室的热水汀和棉大衣把多少个寒冷的夜抱作暖暖的梦。2002年新的手术室启用后,那一排包着棉布的热水汀也就永远地留在了我的记忆里,和我同时代外科住院医师们的梦里……

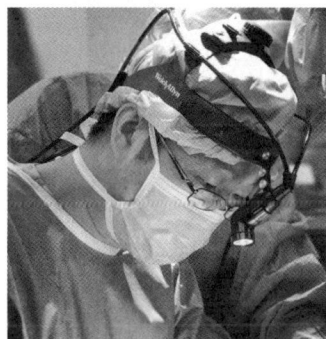

3年的外科住院医训练在上级医师的指导下,掌握了阑尾切除、肠吻合、脾切除、肾脏缝合等一系列基本手术技能,打磨出了沉稳与冷静、"快手"与"冷心"。受益于严格的临床技能训练和自由无拘的学术争论,更得益于二附中扎实深厚的数理逻

辑训练、英语口语表达、思辨写作以及六年中不务正业的围棋、钢琴、书画学习和养成的乐观向上的性格。我在华山医院幸运而幸福、快速并快乐地成长,2003 年入选了首批"上海市优秀青年医学人才"计划,2006 年副主任医师,2007 年副教授,硕士生导师,2011 年主任医师,2012 年博士生导师,2013 年复旦大学上海医学院外科学教授(是当时外科学系最年轻的正教授),入选教育部"新世纪人才"计划,上海市卫生系统"新百人"计划。

2013 年 7 月跨过了职称晋升的最后一扇门,告别了职称"八股文"的羁縻,可以做一些感兴趣的临床技术的创新了。撸起袖子马上干,组建医学工程合作团队,沉下 3 年时间做设备研发和动物实验论证,探索创新了治疗泌尿上皮肿瘤的腔内冷冻消融的设备、技术和方法。从首例膀胱癌腔内冷冻治疗的成功到临床小样本研究的发表再到多中心注册临床研究的开展,一步步踏实地走来。2018 年 3 月细径冷冻球囊的研发成功,2018 年 4 月 10 日开展了全球首例双侧输尿管癌的冷冻消融治疗保留了患者双侧肾脏。6 月份预期开展的首例经皮肾镜和输尿管镜双镜联合下冷冻消融治疗肾盂肿瘤在紧密论证中。五年临床技术创新的过程中,我时刻感受着团队工作的进步与快乐,4 项国家发明专利仅是这快乐的部分佐证。临床医生要做有用的临床技术创新,造福病人,推动医学发展,这是我作为中国 Top10 医院一名教授的历史责任。当生产厂家的工程师把我设计改进的第一把结合冷冻消融和激光治疗的内窥镜操作手件交给我时,我要求在手柄上刻上自己的名字,这一刻也是给自己定一个目标,希望能通过后二十年医学生涯的不断努力,这种新技术方法能够走向世界,这把镜子会作为中国人创立的新技术的见证,留在华山的院史上,留在医学生的课本上……

周末带着我的研究生们去做动物实验是快乐的,不仅教会他们手术的基本技能,更是避开学术江湖的绝好理由。3 年间穿梭于张江、漕河泾、七宝和车墩的动物实验房,在这些猪猪狗狗的身上验证了不同的手术方法,帮助我在泌尿疾病的另一个难题——输尿管整形修复方面创新了两种手术方式和理念,成功修复了 2 例超难的输尿管狭窄病例。设计了输尿管镜下的扩张球囊并完成临床验证,这一产品和方法将很快进入临床应用。

回首走出二附中大门的 27 年,最大的自豪是把自己最好的青春、汗水、智慧和热血奉献给了祖国这片土地，为我们的民众解除病痛。"医学无国界，医生有国界"，家国情怀是从古至今知识精英的应有操守。2013年我从科研处转岗教育处任处长，成为华山医院2000多名本科生、研究生、住院医师和进修学员的大"保姆"。在欢迎每一届新生的入学致辞里，"家"与"国"是出现频率最多的词。我们的"初"在哪里，我们的"终"会在那里。华山110年的历史证明在华山的大舞台上，代代都会出医学的名旦名角。若干年后这些未来的医学名旦名角能唱好中国的歌、民族的曲就是我教育管理工作的最大的成功和奖赏，这一愿望也与二附中共勉……

任宇翔:"工程思维"的三点心得

——宾夕法尼亚大学工程学院 2018 年毕业典礼上的演讲

〔校友简介〕

任宇翔,华东师大二附中 1991 届校友,1991 年在第 22 届国际中学生物理奥林匹克竞赛获得金牌。2015 年初加入特斯拉汽车公司,现任全球副总裁负责全球销售。2010 年 11 月在 XtremIO 公司任职首席技术官,在 EMC 收购 XtremIO 之后继续担任首席技术官一职。曾经在 VMware 的云应用程序和商业服务部门主管研发业务,在 EMC 云基础设施和服务部门负责管理研发团队,为 EMC 中国卓越中心的创始成员之一。任宇翔拥有斯坦福大学电气工程硕士和宾夕法尼亚大学学士学位。

谢谢 Kumar 院长,谢谢尊敬的教授们,祝贺所有毕业生,还有您的家人和朋友!

此刻能站在这里,真是我的荣幸!1995 年,我作为一名本科生毕业于宾夕法尼亚大学工程学院。

1992 年从中国来到宾夕法尼亚大学时,学费对我和家人而言是个很大的负担。没有宾大提供的慷慨支持,我不可能完成自己的学业。对此,我永远感激不尽。

我今天演讲的主题是"工程思维",以及它在商业中的重要性。

我有不少朋友是律师和基金经理,我很尊重他们的职业。但是我觉得全世界需要更多工程师,因为他们能够造出各种各样的东西,从计算机芯片到软件,从道路、桥梁到隧道,从汽车、飞机到火箭。

我想谈的工程思维的第一点心得,就是**"复杂与简单"**。

工程思维的基本逻辑,就是将复杂的业务挑战不断简化:我们从最基本的制约条件开始分析,然后设计解决方案,以便逐一突破这些掣肘。

在过去的 60 年里,我们一直使用磁带和磁盘来保存信息。磁带和磁盘大体属于顺序访问和读写的存储设备,并不是很擅长随机读取和写入信息。因而大多数的企业软件都是针对顺序访问的磁盘特征来编写和优化,这已经成为企业信息领域的首要性能瓶颈。构建复杂的软件和缓存系统,可以缓解这一瓶颈,但不能从根本上解决问题。

大约 10 年前,企业级闪存开始成为磁盘的有前途的替代品。当时闪存非常昂贵,大多数人也只是将它视为一个极其快速而昂贵的磁盘。但他们忽略了一个重要的事实:闪存拥有比传统磁盘好得多的随机访问性能。这是一种类型迥异的存储设备。而当时的企业软件受制于磁盘的随机访问性能不足,并没有对闪存进行优化。

许多大型存储公司已经拥有基于磁盘的成熟产品,并不想重写他们的系统。这些公司显然没有抓住简化复杂系统的机会。但也有一些创业公司,试图从头开始构建闪存存储系统。我很幸运能够担任其中一个公司 XtremIO 的 CTO,在以色列和硅谷拥有一群才华横溢的创始人和工程师。事实上,我们的新设计更简单、更优雅、更具成本效益,而最重要的是,表现更好。XtremIO 于 2012 年被 EMC 收购,成为有史以来成长最快的企业 IT 产品之一。

这是工程思维的一个例子:将一个复杂系统分解成若干简单构架,并分析其基本制约条件,如果其中某个制约得以缓解,就能设计构建一个更好的解决方案。

我想谈的工程思维的第二点心得，就是**"传统与创新"**。

工程思维，就是不断挑战传统，并找到更好的解决方案。当我们设定一个目标后，就应该使用"第一原理思维"①设计最佳解决方案来实现它，而不是按部就班，直接遵循既有的模式。

一个例子是特斯拉直接向消费者销售汽车的独特模式。我们的目标非常简单：希望为客户提供最佳的购车体验。传统的汽车经销商通常把销售场地安置在偏远郊区，因为那里可以有场地来容纳大量的汽车。这就要求用户为了买车而专门去经销店，许多人不喜欢这种体验。

作为一家制造电动汽车的初创公司，特斯拉人会思考什么是接触客户的最佳方式。如果你能发现正确的问题，并应用工程思维的话，答案是显而易见的：应该去顾客所在的地方，而不是让顾客来找你。这就是为什么特斯拉决定在市中心和热闹的购物中心开设销售店，因为那里人流量大。事实证明，这给了客户很好的体验。人们看到特斯拉商店时，自然会产生好奇，于是走进去了解技术、提出问题，甚至试驾。准备购买特斯拉时，他们又都能得到相同的价格，所以不会害怕错过最好的优惠。特斯拉网站也是如此，用户将获得同样出色的体验。

发现真正的问题所在，并应用工程思维，就能找到与众不同的解决方案。只要专注于客户体验，其他一切都会随之而来，水到渠成。

我想谈的工程思维的第三点心得，也是最后一点，就是**"信号与杂音"**。

我出生在20世纪70年代的上海，小时候家里唯一的电器就是一台电子管收音机。我还记得每次打开它都需要几分钟时间来预热，通过收音机背面的小孔可以看到电子管发出的橙色光芒。当我调到最喜欢的电台，就会播放出音乐和我最爱听的

---

① 第一原理思维：马斯克（Elon Musk）在与 TED 策展人 Chris Anderson 的一对一采访中说："第一原理推理……我的意思是，把事情归结为基本事实并从那里推理，而不是通过类比推理。"通俗地说，第一心得思维基本上就是积极质疑你认为你对某个特定问题或情景所知道的每一个假设，然后从头开始创造新知识和解决方案的做法。一切几乎像一个刚出生的婴儿。另一方面，类比推理是基于先前的假设、信念和大多数人认可的广泛持有的"最佳实践"来建立知识和解决问题。

评书。那是我觉得最酷的事情。

后来在高中和宾夕法尼亚大学学习了电磁学，我知道在空气中有各种各样的信号在传播。收音机的作用是调谐到特定的频率后，找到与该频率共振的信号，忽略其他杂音，然后将这个特定的信号放大，变成我们可以听到的声音。

今天我们在生活中无时无刻不被各种信息包围，但每个人在特定时刻都有一个独特的"频率"。你需要做的是忽略所有的杂音，调整并找到能与你的频率产生共鸣的信号。

2010年离开VMware加入无名创业公司XtremIO，因为我认为闪存会取代磁盘；2015年离开EMC加入特斯拉，我认为电动汽车最终将取代内燃机汽车。其实每次开始我都并不太确信自己是对的，很多人也都提醒我不要去。但我很高兴我当初决定忽略这些杂音，调对我的内在频率，并且放大信号让自己听到。

再次祝贺所有毕业生！我希望你们都可以忽略周围的杂音，调对你的独特频率，找到你真正的激情所在。谢谢！

徐　晔：从枣阳路到沙丘路

[校友简介]

　　徐晔，1991 年从华东师大二附中高中部毕业。硅谷连续创业者、知名投资人、科技公司高管、斯坦福商学院校友、云计算巨头 VMware 全球研发高管/网络业务部创始人、Big Switch Networks 创始副总裁、思科(Cisco)云计算全球研发主管、TrustPath CEO/创始人、硅谷顶尖风投 Greylock Partners 唯一华人入驻高管(EIR)。

斯坦福大学西侧的沙丘路对于硅谷如同华尔街对于纽约。这里的风投家拥有的不仅仅是资金，还有全球创业世界的话语权。他们通常是硅谷大公司高管或者是成功的创业家，风险投资往往是他们职业生涯的最后一站，即便硅谷是一个公认的最开放的移民共同体，但在过去十年，沙丘路上的华裔面孔并不多见。如今越来越多的华人找到了自己的通行证：或依靠对复杂市场的理解，或凭借过硬的技术管理背景。毋庸质疑的是，越来越多掌握话语权的群体的崛起，他们的成功轨迹可以追溯。今天的主人公是毕业于枣阳路 600 号华东师大二附中的徐皞。

徐皞在 2002 年加入 VMware，成为 VMware 核心产品 vSphere 的最初一批员工，也是全公司第一位来自大陆的工程师。在 10 年时间里，他帮助这个产品的销售额从 0 增长到 40 亿美元，让虚拟化操作系统团队从几个开发者发展到 15000 个员工。徐皞亲历 VMware 从初创公司到 400 亿美元市值全过程，是公司公认的最有技术能力的高管之一。在那短短 10 年内，华尔街所有银行都从无到大规模使用 VMware 虚拟化系统。徐皞创立和主持了 VMware 的网络部门，他和团队成员一起发明的网络虚拟化技术（network virtualization technology）奠定了 SDN/NFV 这样的数百亿美元的崭新市场的基础。

徐皞帮助改变了 VMware 的轨迹，对这家公司成长起了关键作用。同时 VMware 的经历更是改变了徐皞，他从一个工程师蜕变成了一个公司高管，从一个纯技术人才演变成注重市场的领导人。回忆起 VMware 的十年经历，徐皞经常说他非常幸运，得以在最好的时间点加入最好的技术公司。不时有一些陌生人知道他的经历后会告诉徐皞，"你改变了计算机/网络世界的历史"。显然徐皞为改变世

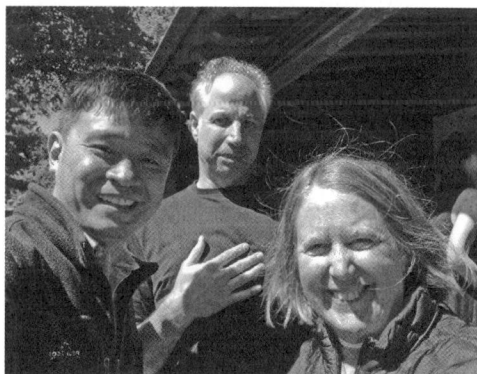

徐皞在 VMware 创始人/CEO DianeGreene 家参加 VMware20 周年庆祝。

界做出贡献而自豪：他人生中的前一次如此幸运如此自豪就是 30 年前就读于枣阳路的华东师大二附中了。

2011 年离开 VMware 之后徐皞继续创业。他创立组建了 Big Switch Networks 的研发团队，这可是当时硅谷最红火的初创公司之一。当年的硅谷不谈人工智能，对他的初创公司的谈论热度甚至超过谈论市值几千亿美元的思科（Cisco）的热度。显然思科是不愿看到这样的局面的，两年后他空降去主持思科云计算全球研发团队

整整两年,思科也开始了她的云时代。

2015 年,徐皞离开思科,就读于斯坦福商学院总裁班。"既然你在职场上想要变化一下,为什么不加入我们?"沙丘路上的老牌风投 Greylock 的全球合伙人,早年 VMware 同事 Jerry 听说徐皞回到斯坦福后,对他发出了正式邀请。

在过去的近 20 年里,徐皞加入过好几家创业公司,一直是坐在风投的对面,向他们介绍自己的商业计划以期融资,然后再努力做出有百十亿收入潜力的产品。加入 Greylock 意味着要坐到"谈判桌"的另一面,他觉得到顶尖风险投资机构里学习一下也不错。

这家历史悠久的老牌投资基金主要投资领域是面向个人消费者的互联网公司以及企业应用,在前一个领域成功地领投了 Facebook、LinkedIn、Airbnb、Dropbox、Coinbase 等巨头。在企业服务领域则投资了 RedHat、Workday、Palo Alto Networks、Docker 等公司。值得一提的是,企业应用领域过去十多年诞生的百亿美元市值以上的所有上市公司都是 Greylock 孵化投资下成长起来的,这也让 Greylock 成为沙丘路上最有分量的风投之一。

不像美国东岸或者全球其他地方的投资人,硅谷的投资人大部分是企业高管出身,比如 Greylock 的投资人们大多来自苹果、谷歌、微软等,徐皞也是如此。硅谷不少创业者或投资人,在企业领域有疑惑时,他们经常向他咨询。徐皞也不吝于分享自己的看法。Greylock 找到他也是因为他对未来云计算、人工智能、安全和网络方面的独特的技术和市场洞见,而现在他可以把这些知识和从业积累带给旗下的创业公司。

Greylock 的风格一直是稳健型。即使在这个十亿美元的大基金里,每个合伙人每年平均才投资一个项目。徐皞希望给这些公司更多的支持,让每个企业软件公司都在投后大大成功。徐皞在 VMware 和 Cisco 工作的十几年时间里,许多很重要的客户都来自华尔街。一些人在采用了 VMware 的产品后为华尔街银行节省了巨大开支,很多人也因此晋升到 CIO 等重要岗位。他们或他们的同僚会害怕错过下一波的科技趋势,会不断咨询下一个应该抓住的产品是什么。他们不会去问陌生人，而是问徐皞这样过去给他们输送过安全产品、网络产品、存储产品的科技领袖。过去徐皞的创新产品让他们自己的职场发展受益过，所以他们愿意信赖他的建议。

除了 Greylock 之外，徐皞也见证过 A16Z 依靠强大且庞大的公关团队，把一家又一家被投公司送上福布斯和《财富》杂志，A16Z 作为新兴风投机构在山丘路异军突起，从默默无闻的新兵成长为硅谷最瞩目的风险投资机构之一。

徐皞也见过欧洲老牌 VC Index Ventures 在硅谷的崛起。在 2011 年的时候，Index Ventures 的合伙人 Michael Volpi 在硅谷组建新团队，他恰好是徐皞当时所在的 Big Switch Networks 的投资人和董事。有一段时间，Michael Volpi 就在 Big Switch Networks 的办公室里办公。Index Ventures 的打法略有激进，为了进一些好的 deal，有时不惜代价，比如靠抬高估值等，但是 Volpi 最终站稳脚跟，成为硅谷风投新贵。

或许正是因为亲身经历过诸多著名公司或风投的运作和成长，他对于华人创业和投资群体成长为硅谷中流砥柱始终抱有乐观的态度。

当年的徐皞因为技术高管背景进入了风险投资领域，成为了一批"更少数群体"，对那些问他如何进入主流投资圈的朋友们，他的回答是"主流是靠自己双手创造的，不是靠加入的"。是的，VMware 本来不是主流，沙丘路本来也不是主流，硅谷新贵本来都不是主流，他们只是靠自己的成绩才成为主流。

徐皞在硅谷投资、创业、科技媒体圈具有强大的人脉和影响力。同时他始终关注着中国市场的动向。最近几年他也通过在元生资本的投资和调研机会，凭借自己的硅谷视角的优势，对中国创投领域也具有独特洞见。

去年上海财经媒体界面新闻记者李潮文通过中美企业服务类公司的对比这个话题对徐皞进行了专访。访谈中，徐皞给中国企业 IT 初创公司发展的机遇和挑战有过这么一段透彻的分析：

"一直到最近，中国企业发展都不主要靠效率提升来实现的。老板做更多事情的方式都是靠招人来解决，然后快速扩张。在美国公司中，IT 的花费一般是企业收入的 3％～5％，而且在技术引导数据引导企业发展的投入上越

来越大,依靠技术提高公司效率和竞争能力已经成为他们的思维方式。但在中国企业里面 IT 预算通常连 1‰ 都不到。但是有几原因会让这个状况大大改变:

首先中国互联网公司发展快。几年前,中国看到美国诞生出一个 Uber 用互联网来颠覆打车公司,Netflix 用互联网颠覆影像公司,Airbnb 用互联网颠覆酒店行业,中国当然马上学习了,而且今天已经超过师父了。这些国内互联网公司在技术上的投入当然都远远超过 5‰。

其次,今天中国的 GDP 红利和人口红利都减少很多了,以前你不在乎的人力成本因素,现在成为一个关键因素了,同时中国公司的体量又出来了,这个时候要往前走靠什么呢? 需要采用新的软硬件技术,使得企业的基础架构和商业效率大大提高。这都是在给中国能够诞生一个下一代微软,下一代 VMware,下一代企业服务领域有"BAT 量级"公司的契机。15 年前 BAT 还没有这么强大,但是今天它们给中国人带来的影响是根深蒂固的,在企业服务领域未来也会诞生出 BAT,给整个中国企业带来根本性的变化。

从中国一直到到美国,从把创新产品深植于华尔街的每一家银行一直到加入全球风投权利中心的沙丘路,从斯坦福商学院一直到上市公司,徐皞走的每一步都有当年枣阳路华东师大二附中的足迹。

李汐撰文,严肃编辑。
本文原载硅谷密探(公众号 ID:guigudiyixian)。

丁祖昱：你的奋斗塑造你

［校友简介］

丁祖昱，1986 年至 1992 年就读于华东师大二附中。现任易居（中国）执行总裁，上海市政协委员。还担任中国房地产研究会常务理事，中国房地产协会中介委员会秘书长，国家住房和城乡建设部房地产市场监测司专家。中国房地产咨询行业领军人物，2012 年荣获"上海首届杰出青商"称号。拥有上海华东师范大学世界经济博士学位。

六秩沧桑,华章煌煌。喜闻母校华东师大二附中迎来 60 周年校庆,观看母校桃李竞秀,作为学子感到非常自豪。

从 1986 年到 2014 年,从华东师大二附中一直到华东师大,从中学到博士,我最青春的记忆都与"华师大"三个字息息相关。母校"卓然独立,越而胜己"的校训和"追求卓越,崇尚创新"的校园精神,20 多年来从不敢忘。两年前,易居中国成立 16 周年的庆典晚会上,我带领一群年轻人宣誓:"在这个最好的时代,我们会永葆初心,坚持梦想,持续创新,不断奋斗,激情拼搏,自强不息,携手走过,风雨彩虹。"这不仅是誓言,也是我一路走来的自我要求和真实写照,某种意义上,更与母校在少年时代赠与我的箴言不谋而合。

从二附中考上华师大后,为了勤工俭学,我被老师介绍去一家只有十几个人的新公司实习。六年后,这家公司已成为中国最大的房地产服务商,当年的实习生肩负老板的使命,打造出了中国第一个房地产数据库,并升任总裁。如今,当年的新公司在全国已拥有数万员工,业务延展到房地产的方方面面。

外人看来,我的人生一路顺风顺水,没有遇到过风浪,甚至连职业瓶颈都没有,还有年轻人因此来咨询过我,想知道如何才能保证自己做出了正确的人生选择。

其实不然。我的人生不是一帆风顺,决定我人生的也不是一个或几个正确的选择。分享我的几个小故事,或许你们会感兴趣。

故事一

人生充满意外,我的也一样。我从二附中毕业时,正逢一波"出国潮",我所属的那一届同学,只要想去美国的都去了,我是唯一被拒签的,而且是连续四次被拒。美国梦没有实现,还导致我晚上两年大学,但现在回头再看却觉得很幸运——美国梦破灭了,我重新燃起了中国梦。是的,我的这段经历和《中国合伙人》很像。

故事二

1997 年,华师大的张永岳教授推荐我去上房置换实习,帮忙做一个展会。实习期间,我接下了所有杂活,接待客人,主动帮忙铺地毯。展会很成功,公司收了上万本房产证需要留档复印,我用了一周时间把这叠小山高的房本复印完,印坏了两台复印机。我的老板周忻说,就是这件事让他留意到了我。

当时的我并不知道这家公司以后会改名为"易居"这个行业内无人不晓的名字,

也没预想过我会走到哪个职位、何种高度。我只知道须用一路勤奋与努力回报，和公司共同成长。那么多年来，对着外面的美好世界，我面临过各种各样的职业诱惑，但我知道，有着源源不断创新氛围的易居本身就是一个更美的世界。坚守20多年，我最大的收获是获得了公司和行业的信任，公司里一路走来的那些人，也成为我一生亦师亦友的好伙伴。

故事三

我很少对人讲下面这段往事。2006年，我开始独当一面打造克而瑞数据库。这是一段苦行僧之旅，需要精耕细作，需要耐得住寂寞。那几年是中国房子最好卖的时候，连售楼处都不需要，画张图纸就能卖房子。别人在赚钱，做数据库却在砸钱，眼看着老板一笔笔钱投下去，自己也做过业务，不免开始怀疑是否真的有人需要数据库，怀疑坚持做专业的必要性。

但自我怀疑反过来给了我更大的压力来产生动力，等待厚积薄发。2008年全球金融风暴后，市场骤冷，亟需调整，行业一夜之间意识到了专业的重要性，从那以后，专业取而代之成了立足之本。而提前几年完成专业布局的CRIC数据库，一下子抓住了业内的痛点，可以帮助房地产企业在投资、建设、推案、营销、定价等各个环节做到精确把控，于是迅速成为每家开发企业进行市场分析的必备。我和团队以苦行僧姿态打造出的数据库，终于迎来大显身手的时代，可以说在后来的几年中对整个行业产生了革命性的意义。

我们把专业"小数据"做精做透后，开始在大数据领域大开火力。2015年，我们打造了数据营销系统，通过对移动大数据的比对，通过对客户行为习惯以及行为轨迹的标签分析，为企业客群研究提供强有力的大数据分析支撑。2017年，克而瑞推出了CRIC投资决策系统，通过严谨的评价运算逻辑以及海量的数据为企业布局，以及为未来存量土地提供全方位的解决方案。2018年，易楼平台上线，这是克而瑞全新打造的，一款提供资产投资人、资产所有人及委托经纪人直接交互的工具，也是目前国内唯一一款由专业资产投资分析师作为第三方对交易资产进行客观评测的APP……

大数据成果实现了纵向飞跃的同时，这些年我们也一直在思考如何将它们同步大面积应用到房地产的各个领域。比如，利用大数据对房企进行全方位的测评，定期发布中国房地产企业500强和上市公司综合实力100强的测评报告，成为行业里企业测评的唯一标准。

在"不创新即死"的新时代,在房地产服务这个极具挑战性的行业,公司每一项业务、产品的推出,我都是怀着不达目的誓不罢休的坚持而去。随着克而瑞数据团队从一开始的几十人扩大到了今天的上千人,时间证明,我们的"誓不罢休",为房地产数据领域的不断进步做出了重要贡献。

故事四

2016 年 8 月,易居营销服务集团与克而瑞信息集团合并成立"易居企业集团",我受命担任易居企业集团首席执行官,开始肩负起更大的职责和使命。如今,易居企业集团拥有 2 万多名员工,服务超过 90％的百强企业,并即将赴港上市。

易居企业集团下属三大版块——克而瑞、易居营销、房友。其中,克而瑞在房地产大数据领域继续做大做强,顺应行业转型,在房地产战略、营销、建筑建材、人才培训领域实现了大数据结构化应用。易居营销专注新房营销代理,通过项目深耕经验和互联网云服务,帮助开发企业实现销售。刚成立一年的房友则通过整合资源、搭建平台,服务中小微中介,当前已有全国合作门店 5000 余家,并正在进行几何级的跨越式发展。作为一家超大型企业的负责人,带领集团持续发展,对行业、股东、公司和员工负责,我深感任重而道远,也继续不遗余力地努力工作,和我深爱的公司一起迎接每一个明天。

故事五

人到中年时,我胖了,健康状况也出现了问题,曾经惧怕长跑的我开始跑步,这一跑就再也停不下来,从初次尝试马拉松到跑进国家二级运动员标准,我只花了 13 个月。

我从不把自己安放在舒适区。人到中年,职业生涯最怕惰性,要突破职业困境,相信自己,没有任何困难是克服不了的,跑步就是不断冲击自己新极限的另一种方式。在我看来,跑步也是一种管理,工作是管理一个团队,跑步是管理自己。我总是为跑步设立目标,目标最后要化成具体数字,制定的目标一定会完成,从没掉过链子。有了目标之后就要定科学计划,紧接着还要有执行力,另外还要有取舍,最后也必须讲求科学。举例来说,准备跑一场马拉松前,包括补给、每公里的配速、事先的场地勘察和路线勘察,所有的准备我都会一一做好。

达到国家专业二级运动员标准后,我的心态也发生了变化,不再把完成 PB(Personal Best 即个人最佳成绩)当作目标,下一阶段的目标是影响更多人去跑步。

我组织起了易居跑团，在全国已有数千成员，也成立了易居运动汇，号召全体同事一起健康身心，拼搏人生。我还组织了房地产业内跑团，努力辐射更多的人群。过去三届上海半程马拉松，易居中国都组织并赞助了房地产赛中赛，吸引了几十家顶尖房企组队参加，在房地产跑团中有了很大的影响力。这也正是我的初衷——影响更多人去健康、快乐地跑步。

故事六

2013 年 12 月 31 号开始，我有了一个新身份——新媒体人。我在微信公众号"丁祖昱评楼市"上发布了第一篇文章，从此一天都没停过。有了这项新事业，我在时间管理上对自己更加严格。每天清晨 5 点我会准时起床，跑步完赶往公司开始一天的工作，时间安排以半小时来划分。我已不是当初那个中学生，但我也依然是那个中学生，在律己和勤勉上，我希望自己永葆初心，正如当初的誓言——永葆初心，坚持梦想，持续创新，不断奋斗，激情拼搏，自强不息，携手走过，风雨彩虹。

——出国还是不出国，A 公司还是 B 公司，一个或两个选择并不会决定你的人生，能决定你人生的只有你的奋斗。

——成功的人生不仅在于学识，更在于性格和情商。专注投入和坚韧不拔的品格是我所欣赏的。正如时间的陈酿让红酒更有价值，更值得细细品味，经过寂寞的等待，才能耐住寂寞，拒绝诱惑，积聚力量，不断前行。

——20 年来，我认准一个老板、一个公司，从实习生到上市公司总裁，初心从未改变。对自己、对同事严格要求，对老板、对公司心存感恩。

这几个小故事，与诸君共勉。愿母校薪火相传，愿你们在葳蕤年华，怀梦致远。

邵亦波：向人类的苦难宣战

〔校友简介〕

邵亦波，1986 年至 1991 年就读于华东师大二附中。哈佛大学商学院 MBA、哈佛大学物理与电子工程双学士。1999 年，结束在波士顿咨询集团的工作和哈佛商学院 MBA 的学业之后回国创业，创办易趣网并任董事长兼首席执行官。2003 年易趣网被 eBay 收购后，出任 eBay 全球副总裁。这是当年全球最引人注目的互联网并购案例之一，邵亦波也因此被《亚洲创业投资期刊》授予"2003 年年度企业家"称号。2006 年邵亦波加入经纬美国，任经纬中国创始合伙人，并投资了宝宝树、猎聘、找钢网、分期乐等著名项目。2018 年初，邵亦波宣布淡出经纬中国，会将更多精力投入公益慈善事业。邵亦波曾当选为上海浦东新区政协常委、上海政协委员，上海青联副主席，全国青联委员。

最近我决定创建一个慈善基金，并承诺先投入一亿美元。总部设在美国硅谷，但放眼全球，也将在中国投资。这个新的基金形式上类似于传统的风险投资，但有本质区别：它不以盈利作为第一目标，而着重于用科技满足人类深层次的需求，减少世界上的苦难。这里我想聊聊这几个关键字背后的思考。

关于世界上的苦难

说起人类的苦难，我们马上联想到外在的苦难，比如饥荒和疾病。然而在很多发达国家，物质匮乏已渐渐不是问题，但另一种苦难——人们内心的空虚、孤独、迷茫、焦虑——并未随之消除。

相反，人们的心理状态每况愈下：统计数字显示，美国近百分之七的成年人在过去一年至少出现过一次重度抑郁；从 2007 年到 2015 年，美国青少年女孩的自杀率翻了一倍；中国有五千多万忧郁症患者，而焦虑症患者最近十年涨了四倍，也达到了五千多万。其中大多数人默默承受，不敢找医生，甚至不愿意让最亲的人知道。

这些数字只是冰山一角，还有很多人未被确诊为精神障碍，他们活在焦虑当中，以为得到朋友圈的下一个点赞、升职机会，或财产再加一个零，就会快乐。许多"有幸"如愿的人却失望地发现：快乐只持续几天，甚至几小时，而焦虑却无止境，因为他们继续渴望被点赞、升职、发财，而且爬得越高，越怕跌回去，焦虑只增无减。

而且，外在物质上的苦难，也源于内心的障碍，并不是因为没有足够的资金去解决外在问题。举例来说，让世界上饥饿的人全都填饱肚子需要 300 亿美元，这个数字看起来很庞大，但美国人一年花费在减肥计划和产品上的费用却超过 600 亿美元。

世界上现有的经济体系和商业模式有自己的"意愿"和惯性，这个意愿显然不是减少人类的苦难。从人心出发，重新审视我们的经济体系和商业模式，新的解决方案也许就会出现。这个慈善基金是我想做的一个尝试。

关于人类深层次的需求

人们想要吃糖，其实需要的是营养；想要性刺激，其实需要的是亲密无间的关系；忍不住埋首手机里，其实是渴望每分钟都能过得有意义；想要名利，其实需要的是爱；想要财务自由，其实需要的是心灵的自由和开放。

就像多吃糖不健康，只关注"想要"什么，不去了解自己和正视心底真正的"需要"，是人们焦虑、空虚、孤独和迷茫的根本。

创业满足人们的"想要"比较容易,但大多时候无法减少苦难,甚至恰好相反。很多科学研究指出,Facebook 的使用和美国青少年忧郁症上升直接挂钩。一个赫赫有名的硅谷 VC 向我坦承,人类的七宗罪——虚荣、嫉妒、愤怒、怠惰、贪婪、过度及色欲,他投资的很多成功公司都依靠和助长其中至少一两条:Facebook 是虚荣,Zygna 是怠惰。

世界上的苦难和不幸,无法靠满足人们的"想要"解决。洞察和满足人们真正的"需要",需要超人的智慧和毅力,需要创业者成为特种兵。他们首先需要修心,像王阳明说的格物致知,了解自己最深层次的需要。自己有所领悟,才能去体会和帮助他人。

对投资者来说,投资那些满足人类的"想要",如占有、刺激或攀比等欲望的企业可能更容易赚钱,但我选择支持有理想的创业者做更加有挑战和更有意义的事。

关于风险投资

十年前,我、张颖和徐传陞共同创立了经纬中国。到今天,它管理着 30 亿美元,是中国最成功的风险投资基金之一。我半职半薪,只亲手进行了十多个早期投资,但其中的五个项目,像宝宝树、猎聘、找钢网、分期乐,已成长为拥有数千名员工,估值超过十亿美金的"独角兽"。我亲眼见证了一群充满热情、有能力的人,凭借他们的远见、坚持和严谨,在不断学习、不断改进中创造出令人惊叹的成长和成就。如今这些公司的产品和服务触及数亿人的生活。

我深知这样的创业精神是完成一项事业的关键,同时我也相信有成千上万的创业者,有能力、有智慧,也和我有共同的愿景:想创造出减少,而不是增加人类苦难的产品和服务。我希望和这一群人合作。

风险投资是一种强大的武器。如果被正确的使用,它可以支持创业者创造产品、集合人才、建立流程,为更快、更长期的发展打下基础,从而吸引更多资本和人才,最终实现爆发性的增长。

我这个慈善基金和传统风险投资有几个重要的区别。

1. 不以盈利作为第一目标。基金的主要目标是实现社会利益的最大化,而不是投资回报最大化。尽管两者兼顾是完全有可能的,但企业家往往不得不在两者之间作出战略和战术选择。我非常重视商业运作的严谨性和规范性,但是我将把"长期社会利益"作为核心目标,这也是我对创业者的期待。"最大化股东价值"不应成为企业的核心目标。

2. 基金的资本是我出的,没有对外部出资者的信托义务,因此可以在社会利益和投资回报之间自由选择。基金没有限期向出资者返还资本的压力，资本可以"长存"于项目中而不必寻求强制出售或者清偿"退出"。

3. 我希望能对创业者提供独特的帮助与价值。我宁愿"反跟风"：如果一家公司很抢手、受许多投资者追捧的话，除非我感觉可以增添其他投资者所不能提供的价值，我会选择不参与。这不是因为要摆架子，而是希望我的资本能够发挥最大的功用。

4. 为了更方便贡献我的经验和人脉资源，我通常会要求一个董事会席位。随着公司的成熟，我的参与度会下降。如果创始人在未来想要让基金提前退出，我比传统的风险投资基金更容易协商——因为我的投资原则是如果不能再增添价值，即便留下能够带来更高的回报，我也乐于回收资本，将其用在其他更能发挥作用的地方。

5. 我相信，只有我继续修心，格物致知，才能真正服务人类，否则做善事也会走偏，只想要得到更多喝彩。我也希望我投资的创业者不断修炼，了解自己，增长睿智，同时带领和关怀员工，一同成长。

这个基金已在深度参与多个公司：

● Insight Timer。全球最大的禅修 APP。一百万的月活跃用户，一千五百个不同老师，平台涵盖佛教各个分支、禅、瑜伽、道，等等。创始人是澳洲最大的票务网站 tix. com. au 的创始人 Christopher Plowman。

● Parent Lab。将于 2018 年初推出 APP（先英文版，后中文版）。基于美国斯坦福、哥伦比亚大学等顶尖专家的研究，把幼儿发展心理学（developmental psychology）、神经科学（neuroscience）和正念禅修（mindfulness）结合在一起，就育儿过程中碰到的实际问题，给家长提供系统并实际可行的建议和帮助。前阿里的资深产品和运营负责人李晶和我是联合创始人。

● Oji Life Lab。将于 2018 年推出面对中大型企业的全新团队培训课程，基于手机 APP 互动，有机融入一对一和一对多视频，彻底推翻传统的演讲式培训。课程会注重员工内心成长。创始人是 MSN 第一任全球总经理 Matt Kursh 和耶鲁大学的 Marc Brackett，EQ（Emotional Intelligence）的发明者。

随着人类步入物质充裕的时代，解除内心的苦痛，满足深层次的需要将成为新的核心问题。有胆识和远见的创业者会提前意识到这一点，并且为此做准备。我很荣幸能够与这样的创业者并肩前进，为他们的事业助力、加速，向人类的苦难宣战。

本文原载 https://medium. com/@bo. shao/the-conscious-accelerator-360e7914 ec97? source＝IinkShare-642f1805aecb-1529155316，发表时名为"*Evolve Ventures*"。

耿　靖：有志之人立长志

[校友简介]

　　耿靖，1987 年至 1993 年就读于华东师大二附中，现任绿地集团执行副总裁，绿地金融控股集团董事长、总裁。曾任职中国光大银行、上海银行高管；爱建证券有限责任公司董事、常务副总裁（主持工作）；上海爱建信托投资有限公司常务副总经理（主持工作）；长江养老保险股份有限公司副总裁；是中国目前极少数担任过银行、证券、信托、保险四大金融领域支柱行业高管的人士。曾在香港汇丰银行、美国摩根大通集团、新加坡金融管理局挂职工作。

有志之人立长志

中学时代是一个人的世界观、人生观、价值观形成的重要时期,也是立下志向、孕育梦想的最佳时期。但是,无志之人常立志,有志之人立长志,立志以后就应该坚定信念并为之付出长期的努力。

说起我的梦想,其实很简单。当年我在华东师大二附中念高中,当时所有的金融机构都汇集在外滩。我和我父亲每次骑着脚踏车路过那里时,我就指着那些高楼对他说:"这就是我未来的办公室。"当时正是这样的一句话,所以后来选择专业及从业领域都与金融相关。其实就是由这么一个非常小的动力起步,直到从事这个行业,才发现无论是从个人价值的实现,还是对于社会的贡献角度来看,金融都是一项很有意义的事业。

九层之台,起于累土。认定了自己的志向,更要有专注的态度和兼容并包的格局。我的职业生涯从一开始就聚焦于金融领域,其间对于银行、证券、信托、保险四大支柱行业都有所涉猎。同时,我也努力去全面了解和学习这个领域的方方面面,无论与自己手头的工作有无实际的联系。这种在无形间的积累和学习对于形成自己的专业能力和综合能力都是至关重要的。

勤学勤思勤进步

学习应该是终生的,但是年轻时是学习的最佳时机。正如"年轻,就是无所畏惧"这句话所表达的,在我们年轻的时候,做很多事情其实成本很小,而随着年龄慢慢增长,不仅很多专业技能考试的难度增加,自己的学习精力也会越来越少。从我自身的角度而言,很早就知道自己要什么,因此在大学毕业后的前三年都在努力考各种从业资格证,把该考的证书都考了出来,让自己的专业技能拥有证明和保障。

凡事预则立,不预则废,机会永远只青睐于有准备的人,"时刻准备着"的状态是成功的前提。因此,在年轻时一定不能蹉跎光阴,应该充分利用每一点时间去做有意义的事情,勤学勤思勤进步,为个人未来发展奠定良好的基础。

会学会玩会交际

华东师大二附中对学生的培养是全面的,在我读书的那个时候就有丰富的课外

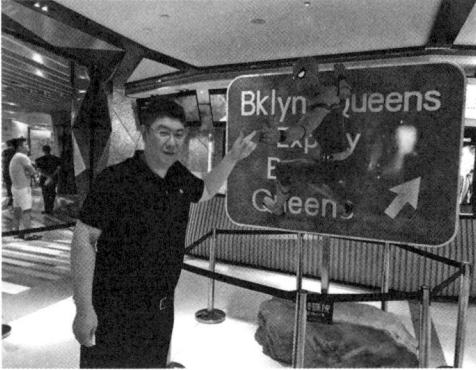

活动、社团活动,有一些活动的经历我至今难忘。我觉得学弟学妹们应该积极参加这些活动,成为会学会玩会交际的人而不是书呆子。

一方面,这些活动可以培养收敛思维和发散思维两种思维模式,有助于课业学习的触类旁通和创新。另一方面,在参加这些活动的过程中,我们更多的将学会人际交往、交流沟通、被管理和管理他人,这些都将有助于形成自己的人格魅力,成为将来受益一生的软实力。

周剑雯：不忘初心

[校友简介]

周剑雯，1987 年至 1993 年就读于华东师大二附中。从复旦大学国际金融系毕业后加入汇丰银行。在汇丰银行期间历任香港总行贸易服务部助理经理、青岛分行银行业务副经理、香港总行中国业务部项目融资主任、上海分行公司业务副总裁、集团伦敦总部风险管理部副总裁、中国总部信贷风险管理部高级副总裁、中国总部内部审计负责人，目前担任汇丰银行大中华区内部审计负责人。

回忆校园往事

我很庆幸当年能考入二附中，在这里度过了六年美好的青春岁月。回想起来，二附中带给我的太多太多。

二附中的学习是严格而又自由的。至今还记得我们第一天入校，数学摸底考难度极大，给了大家一个下马威。耳边还留存着当年的年级组长严秀英老师激励的话语："你们都是一粒粒的珍珠，但是这么多珍珠在一起，怎样才能闪出你的光呢？"同学们的学风非常好。印象中晚自习时，满满一个教室，居然大部分时间都是鸦雀无声的。当年还没有大规模的补课，都是同学自己找参考书来做，自学能力在不经意间培养了出来。也有同学写武打小说自娱的，文笔之好至今想来也令人赞叹不已。课间流行抄歌本、唱流行歌曲。二附中的学生自学和自娱能力都很强，进入大学后，毫无压力地就能适应大学的学习方式，参与多姿多彩的课外生活。

作为第一代独生子女，从初一开始在二附中度过的六年帮助我培养起独立生活的能力，也和寝室室友们结下不逊于手足之情的友谊。至今我们还常常回忆起在熄灯后一边"侦察"宿管老师的动向，一边大吃毛豆芋芳过中秋节的趣事。虽然只能每个周末和父母团聚一天半（那时一周上课五天半），或许是距离产生美，团聚的时间有限，反而让每一次的团聚充满了亲情，和父母有说不完的话，父母也没有时间唠叨，青春期似乎很容易度过。

事业发展感悟

转眼间从二附中毕业 30 年有余，我们有幸搭上了改革开放的快车，在一个又一个的新挑战和新机会中成长。每当遇到一些困难的时候，中学时期打下的扎实基础和学习习惯往往能助一臂之力。

当年二附中的英语教学特色是"听说领先，读写跟上"。除了上通用的教材之外，还会上《新概念英语》。每一间教室里都有一台磁带机，可以让学生们自己放《新概念英语》的录音练习。还有专门的视听室上听力课，这样的教学理念和学习条件在 30 年前是很超前的。在我进入外资企业工作后，第一个月就被派往国外培训，第一次接触纯粹的外语环境，还是有点打击自信心的，得益于在母校留下的底子，最后拿出当年死磕背单词练听力的方法，最后顺利地过了语言关。

当年的校训中，对"求实，奋进，创新"的印象尤为深刻。多年后，发现在事业发展中也是这样一路践行下来的。无论在什么岗位，也无论在哪种文化中，都需要认认真真地做好日常工作，同时保持好奇心和探索心，不断探究新事物，尝试新方法，摸索新路径，保持开放的心态，应对各种挑战。在我每一阶段的职业生涯中，都会接受一些超出日常工作范围的任务，而且经常是时间紧，又没有前例可循的新挑战。比如在 2006 年刚开始进入信贷风险管理部工作时，我的主要工作是对贷款进行审批。而在 2007 年，我行被批准成为第一批在中国本地注册的法人银行之一，在获得审批前，需要建立起完善的风险管理制度。我有幸参与其中，在完成日常工作之余，加班加点完成了信贷风险管理制度的梳理和完善。当时的工作强度非常大，但是回头看来非常值得，既为自己能为这一历史性的工作作出贡献而自豪，也在这个过程中对法律法规和风险管理有了比较完善的认识，又和同事、上司建立了深厚的工作友谊，在后来的工作中，还会时常发现这段经历带来的知识和经验储备的益处。

未来寄语

"江山代有才人出。"现在的同学们远比我们当年聪敏而又见多识广，有更远大的理想和抱负，在世界的舞台上将为祖国的伟大复兴肩负起更大的责任。多年以后，你们会让母校更自豪。愿你们无论何时何地，当回忆起在校园里的点点滴滴，都会有飞扬的青春飘荡在心头，不忘初心，永葆爱心。

杨亮：不离不弃，坚持梦想

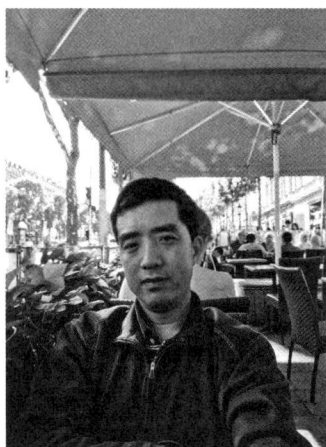

[校友简介]

1988 年至 1994 年就读于华东师大二附中，1994年获得国际高中物理奥林匹克竞赛金奖并取得个人最高得分。之后赴美留学，毕业于耶鲁大学物理系，后获得哈佛大学物理学博士学位，并于 1998 年，获普特南数学竞赛全美前十五名。2007 年至 2011 年在斯坦福直线加速器国家实验室（SLAC）担任助理研究员，设计和建造实验高电压系统和超导磁体系统。2012 年至 2018 年为美国伊利诺伊大学香槟分校助理教授，获伊利诺伊大学校园研究委员会研究基金、美国能源部核物理基金和美国国家科学基金核物理学基金。2018 年成为美国伊利诺伊大学香槟分校终身教授，主要从事基本粒子和核物理的研究工作。

我曾问过杨亮，他做的物理研究，研究的到底是什么，有什么实际的应用。他当时憨厚地笑着对我说："我觉得自己可能还没有长大，还在继续研究和探讨中学时代没有搞清楚的问题。"

在我的记忆中，中学时的他就非常喜欢阅读科普书籍。后来他提及令他印象最深的就是霍金的《时间简史》，书里谈到的是一些宇宙的最基本问题：宇宙从哪里来？到哪里去？宇宙是由什么东西组成的？地球和人类为什么会存在？我想这是因为二附中宽松的学术氛围给了大家充足的时间去阅读自己所感兴趣的书籍，可以更多地去学习自己所感兴趣的科目。杨亮也说，二附中在他记忆里是一片自由而快乐的天地。虽然当时还只是中学生，但老师的信任激发了大家的内在动力。多数时候，二附中的老师更像是大家的朋友。现在杨亮自己也当上了大学教授，他们的系主任经常告诫他们，"你们现在的学生（研究生）将来或许会成为你们的同事，所以不要将他们看成你们的手下，而要把他们看作你们的合作伙伴。"其实这些都是一样的道理。

中学毕业以后，当其他人已经逐渐放弃自己中学时的兴趣爱好时，杨亮却一直不离不弃，执着地坚持着自己中学时的梦想与热忱。他说在真正接触科学研究后，才发现物理实验的研究并没有中学时想象得那么浪漫和激动人心，大多数时间其实都是在解决工程和技术问题：为什么真空系统会漏气？怎样才能将液氩提纯，等等。中学时代的那些问题在大学时代里变得更加现实，他学会了如何通过设计实验来找到问题的答案。

杨亮目前的研究主要集中在两个方面，一个是研究中微子的特性，另一个是探测暗物质。中微子是宇宙中最神秘的粒子之一，物理学家最近才发现它有微小的质量，但对它质量的来源和它对宇宙演化的影响具体还不清楚。暗物质比中微子更加神秘。它比我们看见的物质要多 5 倍，但目前还不知道它到底是什么，也还不能直接在实验里探测到它。为了研究这些粒子，他们的实验合作组在地下搭建了世界领先的探测器去捕获这些粒子留下的蛛丝马迹。

杨亮谦虚地说，虽然不知道最终自己和团队所做的实验和努力是否能够解决中微子质量或暗物质特性的问题，但他知道，如果没有当初中学时代宽松自由的学术环境，还有老师给予的理解，鼓励，支持与帮助，他今天一定不会有机会继续探索中学时的宇宙梦想，也不会有机会与一群志同道合的物理小伙伴们一起在物理学浩瀚之海中努力拼搏。他们以苦为乐,以非凡的创造能力和乐观精神,把学习、实验当作最有趣最伟大的毕生游戏。杨亮,这位爱物理,爱思考、爱读名著的人现已成为同龄人中的佼佼者。作为他的校友,我深感荣幸。

〔作者简介〕

赵轶璐,华东师大二附中 1994 届高中校友。

赵轶璐：勇敢地跨出第一步

［校友简介］

1988 年至 1994 年就读于华东师大二附中。耶鲁大学学士，哈佛大学法学博士。

斑马资本的合伙人和联合创始人，此前曾担任"去哪儿"网首席财务官。之前带领高盛投行部消费品团队。还曾在《纽约时报》总部担任记者，获得2002 年团体普利策奖（"A Nation Challenged"）。

认识轶璐，在了解她的职业生涯后，很多人都会诧异她行业跨度之大，就连她自己也承认，自己总不能学以致用。

中学时期学习理科，大学时期选择文科，轶璐做了很多和中国学生不一样的选择。进入耶鲁大学本科后，她因为喜欢，修读西方文化和历史，在一个叫"Directed Studies"（耶鲁学生戏称"Directed Suicide"）的原培小班。这个小班是耶鲁传承了几十年的项目，跨度从柏拉图到尼采，从荷马史诗到 Virginia Woolf，从希腊民主到马克思主义，学生带着批判的观点，研读分析批评经典。充满了批判精神的教育，深为二附中来的轶璐喜爱。在她看来，只有做自己真心喜欢做的事情时，才能对所做的事有极高的热情，才能够 100％地投入。

2001 年，轶璐成为当时《纽约时报》第一位中国籍记者，并因为报道 911，获得普利策团体奖（"A Nation Challenged"）。作为美国最有影响力的报纸，《纽约时报》对入职人员的要求相当高：高速度、高质量。一个非母语的环境里，有时采访的是面对刚刚发生枪杀案的现场，有时要独自在郊外驾车几小时去采访人的住所。特别是 2001 年"911"事件突发后，当时的轶璐才入职仅三个月不到。轶璐所在的团队采访了 2000 多名受难家属，写出了很多感人的好文。纽约当时处在非常混乱的时期，人们的情绪波动很大，每位记者每天出稿 2—3 篇，这对职业素养和抗压能力要求很高。轶璐在采访中有机会看到美国生活的方方面面，了解到社会的各个阶层，上到总统，下到无家可归的人。现在的轶璐喜欢广交朋友，她觉得与不同层次和背景的人交往，总让她可以学到很多东西，同时，也让你的生活变得丰富多彩。

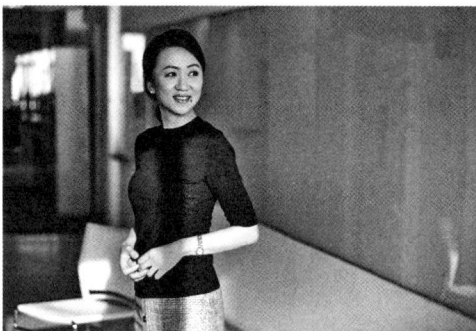

回国后的轶璐加入高盛，从哈佛法学博士到金融领域，她再次跨界。轶璐说高盛给她提供了一个很好的培训平台。想起刚刚进入高盛时，自己没有一点相关经验，仅仅是在法学院时看了几本财务书。她觉得对新事物有好奇心、有勇气去面对新事物的，就是迅速学习的全部必要条件了。不要畏惧新事物，因为，任何事物发展到头，都是归结于本质的。知识其实是融会贯通的，不论法律、金融、物理、心理学，还是计算机。事物表面虽然看起来大不相同，但只要透过它的表面，抓住它的本质规律，你就完全可以驾驭它。此外，如果你拥有一颗强烈的好奇心，用心去学习并坚持下去，就定会有不凡的收获。在高盛时，轶璐带领中国消费品团队，多年主持了中国最优秀的消费品

公司海外上市和并购项目。

2014、2015 年,移动互联网在中国崛起,在线旅游平台竞争异常激烈,轶璐当时所在的"去哪儿"网发展非常之快。在这种内部高举高打、外部激烈竞争的环境下,轶璐作为 CFO 带领的财务团队面临公司大量资金投入且同时要大额融资的挑战。2015 年"去哪儿"的 8 亿美元增发,创了中国互联网企业增发融资最小折让的纪录。轶璐笑着形容当时的挑战是"挺带劲儿的"。2015 年底,"去哪儿"终以 110 亿美元的市值与携程合并。

离开"去哪儿"网,轶璐与另两名伙伴联合创立了斑马资本,又一崭新的行业,轶璐自己也坦陈,这次与以往不同,作为创业者,它要求你要有明确的理想和志向、坚韧不屈的精神和坚定不移的信念。创业公司从零到 1,从资金筹备、业务运转到人员聘用,方方面面都在考验着创业者的能力和耐力。创业的历程,也只有走过的人,才能真正体会其中的挑战和精彩。

最后,轶璐想感谢中学时,二附中给大家提供自由宽松的环境,以及住宿学校同窗亲如手足的感情,让大家有机会去学习自己喜欢和感兴趣的事情,这对她日后的成长有了很深的影响。日后的道路,和二附中给予的一切是分不开的。

年轻人迎接未来的挑战,与学弟学妹的分享:

不畏惧,充满好奇心,勇敢地选择。人的能力和潜力起初都是差不多的,年轻时,要有勇气选择自己想做的事情。在做选择时,最重要的是不畏惧,勇敢地跨出那第一步,你的人生将因此而不同。

〔作者简介〕

庄辰超,华东师大二附中 1994 届校友。

庄辰超：坚持兴趣，永不言败

〔校友简介〕

1988 年至 1994 年就读于华东师大二附中。北京大学电子工程系学士。

现为斑马资本合伙人和联合创始人。

2005 年 1 月，创办"去哪儿"网，2015 年底以 110 亿美元的市值与携程合并。在此之前，1999 年创立中文体育门户网站"鲨威"，并担任首席技术官。鲨威于 2000 年被 TOM 集团以 1500 万美元收购。曾在美国华盛顿工作，是世界银行系统架构的核心成员，设计并开发世界银行网络系统。

谈及职业选择,庄辰超谦虚地说,最初他大学毕业时,出国签证被拒。他的中学同学吴正宇拿到风投,要做一家互联网搜索引擎公司,想邀请他参与。当时互联网还是新兴产业,并非热门,人才稀缺,对就职人员要求也不高。出于对互联网的浓厚兴趣,他便从此入行。这个职业选择也为他之后创业奠定了坚实的基础。2005年初,庄辰超和几位小伙伴们创立"去哪儿"网,对互联网的深厚兴趣激励着他一路前行,克服各种艰难险阻。2016年他选择进入投资行业,原因在于任何的投资决定都在是在对某一行业的深刻研究后做出的。投资本身就是研究,而研究正是他的兴趣所在。

庄辰超在创业过程中面临众多挑战,尤其当他集创始人、领导人、董事会成员及股份持有人等多种不同身份于一身时,每个身份都要求他做出相应的决策。很多时候,他不得不做出非常艰难的抉择。他解释道,不同立场是有矛盾和冲突的,如何能够做到理清主次关系,做出最周全的决策,是极其困难的。在创业过程中,他曾多次遇到过这样的情况。这时,他一般会尽可能做出一个自己内心中最认可的选择,也许并非能令每一方都最满意,但他认定,这是让每一方都比较满意,而且也是综合下来利益最大化的选择。庄辰超也提及,创业者在面对突发新事物时,作为当事人,有时很难看清这个事物是否会成功,它会不会对你目前所做的事情造成颠覆性的影响,在这种情况下,参与与否就要依靠创业者的直觉和历练。因为参与并非确保成功,同时还会耗费大量时间和精力,严重损害企业的资源和战斗力。但如果不参与,这个事一旦被其他人做成功,则会威胁到你在业界的战略地位。

在兴趣与工作的关系上,他一直坚持根据自己的兴趣来选择工作,进入自己感兴趣的行业。兴趣是最好的老师,只有当自己对这一行业非常感兴趣时,自己才会沉浸其中而忘乎所以,才会专心钻研,这样自然学起来就快,很容易上手,并且能再接再厉永不言败。

最后他分享给二附中学子的寄语是:首先要做到博物多闻,在各个知识领域都有所涉猎,在尽量准确地计算风险后,勇于冒险。机会总在那些表面高风险,但在经过准确计算后,实际风险率往往低于表面风险率的地方。其次,要趁年轻,勇于脱离自己的安全舒适地带,尝试进入那些自己并

不熟悉的陌生领域,尤其是没有朋友也没有家人的地方。要试着和不同背景、不同地域文化、不同经济阶层的人深交朋友。不是肤浅地了解对方,而是真正地去了解他们的生活方式、思维方式,试着过他们的生活,甚至变成他们。懂得他们在生活中做出选择的背景,这样,才能明白他们选择背后的原因和故事。年轻时,要让自己多有这种尝试,融入不同背景的生活圈子,切换掉自己原有的思维方式,进入其他人的思维方式。来回切换多种不同的思维方式,可以培养自己从多种不同的角度看问题的能力。

〔作者简介〕

越轶璐,华东师大二附中 1994 届高中校友。

蒋琼耳：爱与美教给我的事

[校友简介]

蒋琼耳，1989 年至 1995 年就读于华东师大二附中，现「上下」品牌合伙人兼艺术总监。

2017 年「上下」"犀皮漆天地盖盒"为大英博物馆收藏（伦敦）。

2016 年"法兰西共和国国家功勋骑士勋章"（上海）。

2014 年入选"1964—2014 中法建交 50 年 50 人"。

2013 年香港南华传媒集团《旭茉》杂志"亚洲成功女性"大奖。

2013 年法国文化部颁发"法兰西共和国文学艺术骑士勋章。

2012 年荣获"2012 ELLE 风尚大典年度特别奖-跃界女性"称号。

2011 年入选福布斯 2011 全球时尚界 25 华人。

2008 年荣获"ELLE DECO 家居廊"国际设计大奖，最佳织物设计奖。

2007 年时尚 Cosmopolitan 年度时尚设计师大奖。

2005 年应邀请作为第一位中国设计师参加法国巴黎家具沙龙。

我出生于艺术世家,从小对艺术就有一种特别的热忱。我的外祖父蒋玄佁是最早留学海外的中国艺术家之一,也是最早把西方油画艺术引入中国的贡献者之一。他出生于 20 世纪初,是我心中的偶像,是真正的大师。那个时候的艺术家,书法、国画、油画、篆刻、考古、音乐、诗词,包括历史,全部触类旁通,他们既是艺术家又是学者。

到我父母这一代他们都是建筑师,我的父亲邢同和,是建造了上海美术馆的著名建筑师。他特别有才华,对建筑充满激情,现在 78 岁了,还经常在给我们介绍他的新项目:"最新的项目在北京,这是云南的美术馆,用那边七色花做的……"我从小受到家庭的熏陶,父母常引导我们绘画,外出写生都会带上我和哥哥,武夷山、黄山,这些名山大川都留下了我们一家的身影。所以我学会画画是从生活当中学会的,是浸润在生命里的一种体验。我乐在其中,毫不觉得枯燥乏味。

特别幸运就是我们在很小的时候就能师从大师程十发、韩天衡,那时我六岁我哥哥八岁。何谓大师,他们不是纯粹教你绘画的技艺技巧,也教你如何练习。每个星期去老师家学习时,他们给我讲了很多做人的道理,那时候真的听不懂,这个耳朵进那个耳朵出,现在回想一下,其实还是有一种无形的影响,很庆幸在自己还很稚嫩的时候就能与大师级的老师们在一起。他们一直说画如其人,要先把人做好,再去做艺术。当时不太理解其含义,现在回过头看,才发现他们的话已经如水一样,无形地渗入我的心里。

一路走来,家人的理解也是对我最大的支持。2000 年,我从同济大学毕业,本来要去美国最好的设计学院继续学习,锦绣前程就在眼前,该办的也都办好了,亲人等都在美国,能够照顾生活,然而一次欧洲的旅行改变了一切。在法国旅行时,那里的人文艺术气息,深深地感染了我。我感受到这个文化的力量,心灵深处有一部分是与它的文化和生活方式密切相连的。这个充满未知的世界,提供给我充分的空间和机会去实践和追求。我决定要在那里开阔自己的视野,找到更多突破固定模式的艺术灵感。

到法国留学是相当冒险的决定,法国对我来说,除了她的艺术,几乎就是一个完全陌生的世界,语言也不通,面对父母已经为我准备好的美国留学生活,不知道如何说服他们。我的父母真的非常好,那时妈妈跟我说:"我们不理解你的想法,但是我们相信女儿,唯一对你的要求就是要想清楚你能坚持到底吗,如果半年后你说不行了,我还要去美国,那是不行的。我们只给你一次机会,自己选择,想清楚了我们就支持。"我考虑了几天,对妈妈说"我想清楚了,我要去法国的"。如果没有那个时候所谓"盲目"的支持(其实不是盲目),我就走不到今天这样的状态。

所以我一直说自己出生在一个最"富有"的家庭，不是金钱，而是精神文化。成就任何一个人最重要的就是生命中的三点，家人、良师、益友，再加上自身的努力这个必要条件。

　　选择去法国时我一点法文都不懂，只是启程之前，在上海法语培训中心集中"突击"了 2 个月的法语。刚到法国，我并没有立即去首都巴黎，而是在法国尼斯大学的文学系就读，先好好地学习语言和当地文化。要在法国学习艺术，如果连这个国家的语言、文化和社会都不怎么熟悉，怎么能把植根于前三者的艺术学好呢？除了在课堂上学习，我还积极融入当地的社会，比如在俱乐部里和法国人聊天，绝对是锻炼自己法语的好机会，同时也能使自己适应法国社会的环境。

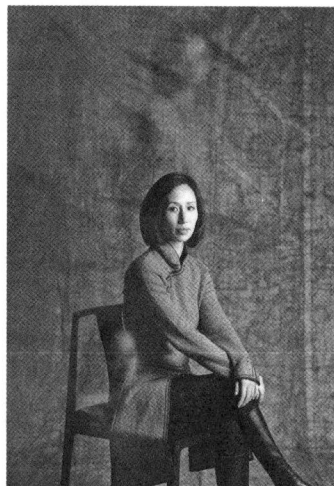

　　法语的学习过程确实是艰难的，每天我都告诉自己要再"坚持一天"，从最初的零起点，不断积累，由量变到质变，我的语言水平得到了快速提高，还积累了广泛的人脉。当时不少国内去的留学生，几乎只和自己的同胞打交道，而不去和当地人多说话多接触，那么留学的意义又在哪里呢？直到我确信自己已经做好了足够的准备，才终于向法国艺术高校的两大高峰之一——法国国家装饰艺术学院进发。

　　在法国，各种形式的原创、尝试和冒险都会受到鼓励，多种思维都能够被允许存在。艺术设计的技巧当然也非常重要，但更重要的是人的内在认识的提升，这也是我留学法国的最大收获。真正的创作是生活和生命的表达，艺术家必须学会尊重人的感受，应该知道创作是自由的，不需要条条框框的限制；同时还必须极为真诚，懂得人类真挚的感情。而这些恰恰是法国国家装饰艺术学院带给我最重要的财富。

　　回国后，双重文化的视野让我的创作自由舒展，并在不同文化的穿梭中找到了动力的源泉，给予了我源源不断的创作灵感。家具、饰品、国画、油画、影像……在各个领域不断尝试、不断积累，为自己的灵感寻找合适的表达方式。在接触到更多美好事物的同时，我也越来越认识到，自己站在一个非常深厚的中国文化的根基之上，并因此而感到自豪。艺术家一定要回到自己的一个文化根基里面。到西方留学后才懂得"不识庐山真面目，只缘身在此山中"，你对自己文化的另外一种理解，是当你走出自己的国家，回过来再看自己文化的那座山，看到的风景是不一样的。中国的文化与美学的独特性，让我愈发产生了一种意愿去演绎它、诠释它，用我们自己的方式。

比如许多深藏于民间的中国传统手工艺,这些技艺精湛巧妙,所创造的物品美丽而充满力量,可惜却未被发扬。一次,我在苏州寻访最好的刺绣和缂丝技艺,才发现这些令人惊叹的工艺只被用在无用的屏风上。我请来专家讲课,才知道"中国刺绣针法有 30 多种,动物羽毛、眼睛、树叶茎脉都有不同的针法,而最杰出的绣娘也只继承了十多种针法而已。流光溢彩的手工艺佳作,以及累积了时间和文化的技艺深深打动我,更坚定了自己读书时就已萌生的梦想——让中国的好工艺、好设计真正被世界看到,是时候开始做这件事了。但这并非易事,而是一场中国传统手工艺的艰难复兴之旅。

"让传统手工艺通过现代设计手法重新回归现代人的日常生活"这一设计理念,恰与爱马仕集团的理念相吻合。众所周知,爱马仕对手工的坚守是其品牌根基之一。我于 2009 年与爱马仕合作正式创立「上下」当代高尚生活品牌,也希望能够借鉴爱马仕对传统手工艺再发展的宝贵经验,来创办一个中国本土的手工艺文化品牌。"上下"这两个简单的汉字,传达的是一种精神,一种令人深思的东方哲学:上下五千年,承上而启下。做「上下」是种使命感,需要耐心,我的工作是"唤醒"和"分享",有的人对传统文化的需求他自己也没有意识到,但当他们有机会开始接触后,就会自自然然被唤醒……我们正是要做这样一种工作。

我觉得生活的组成相对是一个整体,合在一起,才能产生共鸣,例如以茶作为一种器质灵感。茶是什么? 它很平淡,但如果你真的进入其中,它又很绚烂。有时客人在我们店里体验,喝着喝着会流泪,这就是茶的力量。但不是大哭,它不是大甜、大咸、大酸、大辣,它就是很平淡,但又很绚烂。

家庭和事业也是一个整体的组合,需要找到平衡点。我在 CEO、设计师、妈妈这三个角色间切换并不容易,人可以忙,但不可以乱。从来没觉得要画一个饼图,把我的时间分多少给谁。工作、家庭,每一个角色我都给 100%。每天早上 6 点半起床,我会陪孩子们起床并做准备,然后 8 点亲自送他们去学校,之后开始一天的工作;到了晚上,无论多忙,我会在孩子们睡前的一个小时赶到家,给他们讲故事,交流一天发生的点点滴滴,直到他们入睡,之后继续工作,但是当处于工作状态时,我全心投入是不会去管其他事情的,在这一刻,我的身心是属于「上下」的,一心一意投入扮演好 CEO 及艺术总监的角色。我觉得每个人都应该要带有很多个饼,对于每件事情、每个人,都应该给予百分之百的饼。

学习、工作、家庭、生活,每一个点滴都需要关爱,每一段过程都需要坚持,每个片段都可能为你带来不同的期遇。记得我在二附中时,1994 年我曾经参加学校的文艺汇演,我和同学金冰一担任主持,而且一起筹集到演出赞助费 3 万多元,用来给活动布置场地、邀请校友等,忙前忙后,整个活动下来,我们的组织经验大增,也为高中时代留下特别的记忆。

我非常希望现在的年轻人要"站得高,看得远",不要被当下的各种现状、物质所束缚,做事不要太有目的性,只有在做一些充满未知数、问号的事情时,才会遇见更多的"惊喜"。自己每天在忙乎的事情不外乎就是传递爱、传递美。幸福就来自于爱生爱,美生美。"当你周围的人都被你的爱包围的时候,每个人心中也会生出更多的爱来,当你被美所包围的时候,你也会创造出更多的美。"

蒋健蓉：学知识，学做人

〔校友简介〕

　　蒋健蓉，华东师大二附中 1995 届高中校友，现任上海申银万国证券研究所有限公司（简称申万宏源研究所）副所长、研究所发展研究部和产业研究部负责人、首席战略研究员，兼申万宏源证券有限公司战略规划总部副总经理、战略客户部经理。目前，在上海财经大学金融学院和公共经济管理学院担任兼职硕士生导师。2002 年至 2017 年，其研究成果连续 15 年荣获中国证券业协会重点课题优秀成果奖，曾荣获 2009—2010 年度"上海市十大青年经济人物"称号，是业内资深的、具有决策影响力的金融行业研究专家。

1. 什么机缘促使你进入了二附中?

进二附中可以说完全是个巧合。我初中在上海市第一中学,是小学对口的一个区重点初中。1992年初三的时候,我心里只有一个信念:要通过中考去一个市重点高中。所以,当时初中老师多次劝我直升高中,我都态度很决然。但其实我对要去上哪家市重点高中完全没有概念。我是进了二附中以后才知道原来二附中在外人眼里是个超级牛校,人家都说我进的是个"全国重点高中"!哈!当时可见我有多孤陋寡闻!我当时很单纯地想,上海最有名的高校是交大复旦,我要不就考交大附中、复旦附中之类的吧!当时,中考满分510分,语数外各120分,物理、化学、政治各50分,我给自己定了总分480的目标,还把这个目标贴在床头,每天看看激励一下自己。

由于报考那年,家里正好从静安区搬到了普陀区,我属于跨区报考生,需要自行去普陀区报考点报名。报考日当天,因为学校有活动,我老爸代我去的,拿着我填好的志愿交过去。回来,老爸跟我说:"我给你用修正液改了志愿,第一志愿报了华东师大二附中!"为啥改志愿呀!我顿时觉得离交大复旦好远了。老爸说:"人家老师说了,交大和复旦附中在普陀区只招一两个人,机会太小了。老师问我,你孩子大概能考几分,我看你床头贴着480,就说大概能考480左右吧!老师就推荐我报二附中,说真能考这个分数的话,进二附中有点希望,二附中在普陀区,招的人数稍多一点,机会应该会大点。"对老爸帮我临时改志愿一事,开始还埋怨了老爸几天,但后来每每想起这段故事,都真心感激老爸帮我做的这个正确选择。

后来的中考挺顺利的,数学和政治都考了满分,总分490.5分。那年的二附中在普陀区的分数线是488分,没想到比其他区的招生分数都高出好几分。我就这样压着分数线懵懵懂懂地进了二附中!虽然我最后的确也没去成复旦交大,但那是我高考时的另一次自己的人生选择。

2. 你的工作是目前各行业内压力最大的行业之一:证券业。不但需要聪明的头脑,还需要极大的抗压能力。二附中的学习生活,给你这方面带来过什么影响吗?

二附中的学习生活对我后来的职业生涯影响太大了。因为资本市场是瞬息万变的,所以证券行业工作节奏很快,不断提升对工作的驾驭能力是抗压的最有效方法,而一个人的很多基础能力其实都是在高中时代形成的。

工作以后,我主要从事研究工作,写研究报告所需要的文字功底其实都是在二附中的语文课堂里学的。都说二附中有点重理轻文,对我来说并没有这样的感受。文科帮助我们可以更好地理解与表述,理科帮助我们可以更好地梳理逻辑、开拓思维。文理结合,才写得出好文章,做研究才能出得了思想!

除了现在吃饭的看家本领是在二附中里学来的,很多做人的道理也是在二附中里学来的。当时教我们的洪燕芬、张伟、汤跃文等老师都是刚从学校毕业,虽然带着青涩,但都极具责任心且对教学工作充满了热情,因为和我们年龄差异也不太大,平时和我们学生都打成一片。对教学很有经验的凌德生、王申良、陈双双、田伟老师等,对我们每个学生都十分尊重,完全把我们当大人看,虽然都是老教师,但永远都是兢兢业业,对教学工作一丝不苟。做事先做人,每位优秀老师都是我们的榜样,做人就要真诚、靠谱! 有了这样的做人品质,无论走到哪里,无论在什么样的工作环境下,都一定有真心的朋友,有会赏识你的领导。

3. 工作事业上遇到过什么波折?

我的工作事业谈不上有遇到过什么大波折。我觉得人一定要乐观往前看,任何过去的成功和失败都是成就现在这个我的必经过程。对自己所有的过去,都应该去感恩。

我目前的工作是我研究生毕业以后的第一份工作,在我们这个略带点浮躁的行业里,坚守有点不容易。我一直坚信,任何工作其实都要有积累,所以不要去看短期的得失。人生就像我们平时开车,有时旁边的车开得飞快一下子超过了我,但遇到一个红灯,结果大家一样停在十字路口,前面快了也没用。

4. 二附中生活中,谁给你的印象最深刻? 有什么趣事吗?

在二附中的生活,到现在还常常一幕幕的会在眼前浮现,留有深刻印象的人和事太多了。我们当年都挺调皮的,在老师背后给老师起绰号、画漫画都有过。当时,刚毕业带我们的洪燕芬老师一紧张就会脸红,然后班里的男生们老爱逗她;带过我们一年的汤跃文老师天天和我们讲《围城》,结果同学们大多都把《围城》好好看了一遍;王申良老师总觉得我们重理轻文,常常讲到动情处,摇摇头说"看看你们苍白的人生";凌德生老师经常说:"学物理,你们不用怕! 上海滩物理教得过我的没有几个,跟着我学就好!"让我们不明觉厉;陈双双老师属于老师中很严厉的,但怀孕那年突然换了个人似的,待我们特别温柔,温柔到我们都有点不太适应……

讲到有趣的事也太多。那一年,《过把瘾》热播,我们每天晚自习大家都聚着看。教室里的电视放在一个箱子里,天线也不好,常常看不太清,男生们经常都轮流当人工天线。最关键的是,每晚差不多固定时间,值班老师会来巡视。我们每天都会把来巡视的是哪个老师先搞清楚,不同的老师采取不同的应对方案。每天都有专门在门口把风的,有时正好一集快要结束而老师正好来了,就派个同学主动上去围截老师问问题;大多时候就先紧急关掉电视,等老师过去以后再开。同学们每天都分工有序,有负责当天线的,有负责把风的,有负责关电视的,有负责关电视柜门的。记得有一次,老师晚上来巡视,负责关电视的同学没关成,结果电视柜门虽然关起来了,但里面发出电视响声来。老师经过的时候,大家每个人都尽可能发出各种声音来掩盖电视机里的声音,有的大声咳嗽,有的挪挪桌椅,老师不知是真没听见,还是有意不拆穿我们,在我们教室门口稍顿了一下就走了。等老师一走,我们又一起起劲地看。现在偶尔在电视上看到《过把瘾》片断,联想到的都是当年我们一起在教室里追剧的欢乐时光!

5. 现在的工作生活中,有什么二附中留下的烙印吗?

有啊!我现在教学生或新员工写文章还经常用王申良老师教我们的写作方法和举的例子。在二附中不拘谨的学风,也养成了我现在不为上、只为实的研究风格。回想起来,我性格的形成应该就是在二附中的阶段,这个阶段让我受益匪浅,因为性格决定命运。

6. 对学妹、学弟有什么话说?

我知道,现在孩子们的学习竞争比我们那个年代激烈多了,所以能进二附中的学弟、学妹都是天之骄子,非常优秀。现在学校的硬件条件也比我们那个年代不知好多少倍了,所以能在这么好的环境、这么好的学校里学习真的是非常幸福!希望学弟、学妹能好好珍惜,好好学习!我们要学习知识,更要学习做人;要提高智商,更要提高情商。

2018 年 5 月

陆　雯：平凡真实也能闪闪发光

[校友简介]

　　陆雯，华东师大二附中 1995 届高中校友，中级经济师，中国注册会计师。1999 年至 2005 年就职于普华永道会计师事务所担任审计经理。2005 年加入上海临港集团，历任上海临港国际物流发展有限公司财务经理，上海临港奉贤经济发展有限公司总经理助理、副总经理，上海临港经济发展集团投资发展部副总监、总监。2015 年 9 月起担任上海临港控股常务副总裁、董事会秘书、财务总监。2016 年 10 月起担任上海临港常务执行副总裁并兼任董事会秘书。2016 年 3 月获得上海市"巾帼建功标兵"荣誉称号，并数次获得上海临港经济发展集团"先进工作者"称号。

1992 年我还在读初三,因为搬家,不知天高地厚的我放弃学校的市重点推荐和本校直升,从当时市中心的一个普通区重点裸考进了离家最近的华东师大二附中高中部。本以为学习还会一如既往地顺利,可是直到入学,才发现原来误入了学霸的海洋。这里的同学基本分为两类:一类聪敏且勤奋,另一类则是聪敏到不勤奋也能获得优异的成绩。而像我这样的,则需要非常努力才能跟上大部队的节奏。过程比较艰辛,但求学期间很幸运遇到了各位尽职尽责、循循善诱、有教无类的好老师,结果比预想要好。其中最让我印象深刻的是一直数学排名中游的我,在高二的一次立体几何测验中偶尔获得满分。老师当时就大大表扬,并不断鼓励我,给我理科学习树立信心,令我作为二附中里的普通学生也能继续保持学习的兴趣,并获得了超预期的学习成绩,考取了后来比较热门的学校。正是这段高中学习的经历,让我在勇于面对困难的同时,对自我的能力也有了客观的认识;努力与谦逊这两个词一直伴随着我,二附中所形成的学习习惯和掌握的学习方法对我个人成长亦是非常关键。

二附中毕业后,我去了上海财经大学。大学所学的是注册会计师专业,大学毕业加入普华永道会计师事务所,在忙碌的工作之余通过了 CPA 考试,成为一名执业会计师。其实财会专业的学习并不如理科工科那样艰涩难懂,但是每周面对不同的客户,每天阅读大量报告,和各类经营数据打交道,需要的是足够的细心、耐心和专心以及不断更新知识了解新行业的能力。从化工石油到网络科技,对客户行业的了解是审核这些数据的基础。而此时,高中时良好的学习习惯和高效的学习方法起到了非常关键的作用,让我面对新知识新行业不会手足无措,时间管理上也能游刃有余。

在普华永道工作六年后,我加入了临港集团,前后在数家子公司担任副总经理并在集团投资部担任总监。2014 年我参与了 600848 的重大资产重组,这也是一段比较艰难的经历,关键在于资产重组过程中技术上的复杂性和外部环境的不可控性。但面对困难,二附中强调的战胜自我、突破自我的精神一直影响着我,让我能够乐观地面对困难并积极寻求解决办法。终于 2015 年 11 月 18 日完成集团重要资产的借壳上市。其后担

任上市公司执行副总裁兼董秘至今，主要负责投资及证券事务工作。在中国，尤其是 A 股市场上，董秘是个处于风口浪尖的工作，承受了来自证券监管机构、股东、媒体等各方面的压力。除了专业知识外需要很强的学习和沟通能力。我每次面对压力，感觉还像在二附中读书一样，保持一颗平常心，继续踏实学习，勤恳工作。平时多看多想，不断吸取别人的成功经验，把别人的教训案例引以为戒，这样才能稳步前进。

二附中是个开放的大课堂，它张开怀抱欢迎每一个来此求学的学生。无论你今后在哪里，从事什么工作，它都注定在你生命里留下不可磨灭的痕迹，让你在平凡的人生里闪闪发光。

钱　翔：我的科研在路上

[校友简介]

钱翔，华东师大二附中 1995 届初中校友，现就职于清华大学深圳研究生院先进制造学部。清华大学深圳研究生院生命学部，博士后；清华大学深圳研究生院先进制造学部，讲师、副教授。深圳市微米纳米技术学会理事，深圳市科创委、发改委、经信委项目评审专家，深圳市高层次专业人才。主要研究方向为用于生物医学检测的质谱仪联用微流控芯片的设计、工艺实现及应用。主持自然科学基金青年基金、教育部博士点基金、深圳市基础研究基金等，参与国家 863 项目、国家自然科学基金以及其他省、市科研项目多项。

我在母校华东师大二附中的众多学长、学姐、学弟、学妹中可能是微不足道的一个。事实上，在当年的班级里面，我也是毫不出众的那一类型。所以要说分享，我实在缺少那些闪烁着光芒的时刻，而也许只有这样或者那样的一些记忆碎片吧。

初到清华园

2018年，是母校华东师范大学第二附属中学60周年华诞；对于我而言，则是我踏入清华园的第20个年头。20年前，人们常说21世纪是生命科学的世纪，于是在一堆冠以"生物""生命"开头的学科当中，我不知怎么地就一眼选中了清华大学"生物医学工程"专业，也许是又"生物"又"医学"又"工程"，把能占的都占上了吧。9月的清华园，有着故都秋天特有的美，但是初踏入清华园的我还没来得及欣赏一下校园，却先懵了：我怎么被分在了电机系，而班级编号上面又明明白白地写着"生医"。幸而，疑惑很快就被解开了，所谓"生物医学工程"是围绕生物和医学应用，物理、化学、电子、计算机、机械、仪器，无所不用其极的一个跨学科大交叉专业，而清华刚刚好在医学电子方面比较擅长，由电机系衍生出这个专业也是非常合理的。也许，这对我真是一个误打误撞的更好的选择呢？

21世纪初的世界，生物学其实并未展现出她强大的产业能力，但是另一个领域——互联网却似乎有了魔力，清华园亦是有些躁动的。于是，借着清华90周年校庆期间的征文活动，我写下了如下的胡言乱语：

> 走过主干道，发现夹道的白杨树上高高地挂起了横幅，又是某网站CEO莅临清华的报告会，还有精美礼品奉送。
>
> "去吧，一起去吧。"朋友说。
>
> 通常这都是很受欢迎的，而我却始终不明白这到底有什么意义，只看一眼便径直往前走。
>
> 朋友是个不折不扣的电脑高手，可是每次我问他，觉不觉得电脑这东西太死、太缺乏美感时，他总说以后不就是这样吗。
>
> 我疑惑，未来难道真的就是这样？或者说科学的未来难道在我们清华人眼中就是这样？
>
> ……
>
> 是不是还有许多人怀着和我一样的科学梦，在我之前或在我之后踏入清华园？在这片土地上他们也有着与我一样的困惑？是不是他们的梦也都被现实

无情地踏碎呢？但愿没有。但愿在多年以后，在近园春的荷塘边，会有热烈的讨论，会有孤独的沉思，就像在巴黎的那些小咖啡馆里，或者在静静的康河边曾经有过的那样。

这大概是一个科学追梦青年的梦中呓语吧。

南国紫荆亦清华

2004年，我选择跟随导师来到清华大学深圳研究生院完成课题，这完全是一次拓荒之旅。这里有必要用官方语言来介绍一下背景：

> 清华大学深圳研究生院成立于2001年，坐落于深圳市南山区西丽大学城。清华大学深圳研究生院是清华大学和深圳市合作创建的高层次人才培养基地和科技创新基地，直属清华大学，为清华大学唯一的异地办学机构，是清华大学教育改革的试验田和创建世界一流大学的重要组成部分。

初创三年的一个新机构对我而言就是什么都没有。基本的实验设备采购、实验平台搭建、工艺摸索、开展实验，一切都是从头开始。而在这个过程中，我逐渐体会到了学科交叉的乐趣所在，你可以听到各种角度的故事，物理学家告诉你光学的基本原理和最新的发展，仪器科学家告诉你如何设计、实现甚至改造一台好的显微镜，生物学家告诉你他们打算怎么用这台显微镜，而我们则尝试通过图像信息处理的方法自动地呈现结果。这些研究者，无论他是学生还是教授，都可以时常坐在一起吃饭、聊天，这样的学术氛围在当时远在北京的大院系体系下是难以实现的，而只有在深研院小而精的环境下才得以实现。"根系清华，立足深圳""南国紫荆亦芬芳"大概是最好的写照。另一方面，在深圳这片改革开放的热土上，我也见识到了清华生医毕业的学长亲手建立起来的医疗器械公司，逐步成为行业全球领先的公司。在这一段时间里，我为产业发展投一票。

微流控芯片，我的地盘我做主

于是，在这样的学术氛围的影响下，我期待能够在此获得一份教职，即便是没有任何海外背景，以土生土长的土博士身份。独立开展研究以后，我为自己找寻的一个小小的世界是微流控芯片与质谱分析联用的这样一个分析体系。以下又要用一些官方语言来描述了：

> 微流控芯片是利用微加工技术在贵、玻璃、高分子材料等基底上制作出微泵、微阀、反应器等结构，以完成化学、生物等领域所涉及的样品制备、化学反应、分离、检测等操作，从而实现"芯片实验室"。

之所以选择这样一个领域，我所看重的是其科学研究与产业发展的平衡性，即其中蕴含着值得研究的科学问题，同时又是一个值得产业化发展的方向，其最终目标是为临床生物化学检测提供新的仪器和方法。这大概也是我自身的核心价值导向的体现吧：做有趣的事情，也要做有用的事情。（以下属于常规性自吹自擂，读者可以自动忽略。）在这个大目标下，我所带领的研究团队发展了一系列微流控芯片前处理和离子化方法，可以大大的简化质谱操作过程中的操作流程，可以快速分析生物医学样品复杂基质环境下的目标物质，未来有望结合小型化质谱仪面向广大的基层医疗机构形成快速筛查仪器。相关科研成果发表在 *Analytical Chemistry*、*Scientific Reports*、*Journal of Materials Chemistry B*、*RSC Advances* 等国际主流期刊，获得发明专利授权 10 余项。

属于我个人的小小的研究世界已经初步搭建起来，但是未来要走的路依然还很漫长……

顾荣鑫：从并跑到领跑，不断自我超越的产业报国之路

[校友简介]

　　顾荣鑫，华东师大二附中 1995届初中校友。曾就职于德国鲁尔大学先进制造与工业技术研究所、德国大众汽车集团；同济大学教授、博导；弗尔赛能源股份有限公司创始人、董事长；国家"十三五"能源科技总体专家组专家，国家"十三五"新能源汽车重大科技项目评审专家；中国氢能源及燃料电池产业创新战略联盟专家委员会委员、国际氢能燃料电池协会常务理事、国际燃料电池标准委员会中国代表、中国可再生能源学会氢能专业委员会常务理事、江苏省"双创团队"领军人才。

在跟随顾老师为我们国家新能源汽车、新能源技术与产业创新发展不断实现技术与产业的填空白、破瓶颈、补短板、建体系的这些年里，我们学到了许多，收获也非常巨大；借此与大家分享一下有关这些年在他带领下的工作点滴与工作成果。

在德经验无私传授，持续创新产业报国

在顾老师获得国家"千人计划"回国后，我们有幸成为他的学生。对于当时汽车工业以及传统工业、产业领域，国外主流产品与企业占据了较大的主动权，我们国家的企业与科研机构在新能源技术以及新能源汽车技术上的关注与投入非常有限，对于新的技术及其未来对社会与国家的帮助和贡献，我们当时几乎感觉不到。顾老师经常与我们沟通，把他在留德期间的经历与经验与我们分享，特别注重我们自身发展与国家发展的紧密结合，一直教导我们学习工学的最终目标是提高壮大我们国家的产业与技术水平，产业报国是个人价值实现的终极目标。在顾老师带领下，在新能源技术与新能源汽车技术发展上，特别是在最核心的燃料电池技术领域，我们团队不断突破技术瓶颈，攻关取得研究成果。在不断深入了解技术与产业发展的进程中，我们也深刻地意识到，新能源技术、新能源汽车技术与产业的发展对于我国的国家能源安全、创造绿色社会经济发展动力、提高国家工业产业持续竞争能力，以及保障国家国防安全等方面具有重大的战略意义。

以创业带创新，尽心尽力增强完善自主开发能力

在以顾老师作为国家"863"计划项目首席科学家承担国家科研项目过程中，他统筹组织多家国内著名的科研机构、高校以及核心企业一起在新能源技术上取得逐步突破，实现突破国内空白，部分技术指标达到国际先进水平。但产品由多个部件组成，核心部件与工艺的缺失无法在国内形成小批量，更形成不了产品，走不出科研阶段，带动不了相关产业链的发展，他感到非常着急。在与研究团队深入讨论后，为了新技术能够转化、新技术能够走向产业化，他多方筹措资金创立了以产业化、工程化为目标的企业。在此期间，他带领我们不仅开展研究，突破技术瓶颈，而且为企业的创新搭建基石。在面临创新创业的多重压力下，他给我们树立了完美的榜样，我们一起通宵达旦，共同解决技术瓶颈问题、突破产业关键技术、协同产业链同步创新、创新开发新技术产品；同时规划建立应用试点区域，自主开发了核心制造设备与产线。在此基础上的新技术科普、国家与行业技术标准起草、国际标准与规范会议、

企业多阶段融资、核心设备设计与制造、企业管理等也在他的带领下不断取得突破。以企业为主体的创新体系现已基本形成，编制的发明专利、起草参与编制的国家标准也稳步增加。

创新创业成果显著，不断开拓再迈台阶攀高峰

在顾老师的带领下，通过这几个阶段的奋斗，我们已完成了多个国家与地方的重大科研攻关，主要技术水平达到国际先进水平，产品指标与国外一流企业处于同期水平。同时申请的 200 余项专利、起草编制的国家与行业的多项标准已支撑我国在新能源技术、新能源汽车技术等领域建立起我国自主的知识产权体系以及我国产业与行业发展的基础。作为主要发起人，顾老师在我国建立起国际燃料电池与氢能联盟，成功地实现我国在该技术领域与其他国际巨头如日本丰田、本田集团、德国大众、宝马、戴姆勒奔驰集团以及壳牌、林德等企业的同等技术话语权，基于我们自主研发创新技术的实践成果，同步参与国际标准的讨论与制定。

在顾老师的带领下，我们企业已成功上市，稳步地加大在自主科研创新上的投入，通过加强产学研协同创新，逐步地建立、完善我国新能源技术从并跑到领跑的技术体系与产业链架构。我们研发团队也正在现有逐步建立的较薄弱人才团队基础上拓展深度学科融合、深化原始创新，努力为我国建设、壮大新能源技术与产业发展人才团队，为我国工业由大变强奠定关键的创新基础。

作者：徐加忠，同济大学硕士，现任弗尔赛能源科技股份公司技术总监，参与多项国家科技计划项目，中国燃料电池标准委员会委员。

应赓羿: 回归"本源"的新时代

〔校友简介〕

应赓羿,华东师大二附中 1996 届初中毕业生,华东政法大学法学学士,美国亚利桑那州立大学工商管理硕士,现任中国工商银行上海分行团委书记。

可能是 1995 年的某一天吧，我和几位同学骑着自行车从二附中出去，晃晃悠悠地过了苏州河，来到了中山公园万航渡路上的后门口。我已不太记得我们为何要去那里，但令我印象深刻的是，我发现了一个幽静的校园，门前大书"华东政法学院"。少年人总是心血来潮，记得我当时暗自思忖：以后就考这座大学好了。

论二附中对我的影响，大学志愿的确定，恐怕是最微不足道的。宿舍的集体生活，让我拥有了弥足珍贵的友谊和与人相处的智慧；优秀同学的素养，让我在人生任何时候想到他们都知道自己的差距；老师们远不限于学科的教育，更使我形成了比较完整的人生观念。我很庆幸，人生中最"阳光灿烂的日子"是在二附中度过的。

今天，我在中国工商银行工作，担任上海分行团委书记。正如大家所熟知的，金融业正在不断变革，国有商业银行在"新时代"遇到的挑战更为艰巨。

从大的方面来说，我理解"新时代"是一个回归"本源"的时代。我们正在从"高速增长"向"高质量发展"的"本源"靠拢，金融也正在向"服务实体经济""加强供给侧改革"等"本源"回归。因此，工行提出了由"大行"向"强行"跨越的目标，我理解这也是工商银行作为国有大型商业银行的"本源"。

对我来说，在工行仍有很多工作要去实现。线下网点品牌如何年轻化？互联网渠道如何更为开放地和其他企业展开合作？金融监管严周期下，产品成本向客户还是渠道投放？青年员工的管理过程中如何实现其"职业发展"和"企业愿景"的统一？种种复杂的局面，也引发了我许多思考。

我觉得，在拥有一个新的想法之后，在理解现实的基础上，抱着坚定不移的决心，克服现实中遇到的障碍，一步一个脚印去实现自己的想法，这才是十九大报告里讲的"志存高远、脚踏实地"的含义，也是二附中的就学经历教会我的品质。我希望自己能永葆这一品质，不负自己曾经"二过"的印记。

单海冬：从牛津到喀什，
追逐梦想，无畏挑战

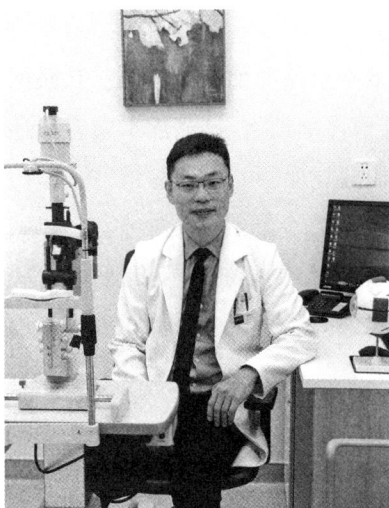

[校友简介]

单海冬，华东师大二附中 1997 届高中校友，现任上海览海门诊部，眼视光科部门主任。

2001 年 7 月至 2002 年 7 月，上海中山医院，实习医师；2002 年 9 月至 2017 年 10 月，复旦大学附属眼耳鼻喉科医院，眼科副主任医师。其间，于 2010 年 2 月至 2012 年 2 月赴英国牛津眼科医院眼科进修。2015 年 7 月至 2017 年 2 月，作为第八批上海援疆卫生干部，在喀什地区第二人民医院担任眼科部门副主任医师；2017 年 11 月至今，上海览海门诊部，眼视光科部门主任。

各位校友,大家好!我是单海冬,1994 年至 1997 年就读于华东师大二附中高中二班。非常有幸值此校庆之际,和大家分享一些我在职业选择和成长中的经历。

我是一名眼科医生,现在上海一家私立医院工作。当年在高三之时,我和很多同学一样,也在思考考什么专业,选哪所大学。父母并没有给我答案,而是反问我想做什么。我突然想到外婆有一天突然腹痛,被紧急送往医院进行急诊手术,后来转危为安化险为夷,我对医生充满了感激和崇拜之情,于是便决定学医了。

当年高三有次预填报志愿,每人可以填三所院校,我写的是上海医科大学、第二医科大学、第二军医大学。之后,我有幸进入了上海医科大学,开始攻读临床医学专业。2002 年本科毕业后,又直升复旦大学附属眼耳鼻喉科医院,进一步学习眼科学专业,2005 年硕士毕业后成为了一名眼科医生,实现了自己从医的梦想。

实现梦想并不是一个终结,而是一个新梦想的开始。2009 年,我偶遇牛津大学的 Robert MacLaren 教授,怀揣攻读博士的梦想,我历时半年,成功申请了国家留学基金委和香港牛津基金会的资助,并获得了牛津大学的入学资格,远赴英伦,开始了为期三年的博士研究学习。这期间,我努力克服了语言和文化上的困难,出色地完成了课题,成为导师团队中第一个完成答辩并获得博士学位的学生。此外,我还利用研究间隙,申请了牛津眼科医院的进修医生资格,学习了国外先进的临床知识和诊疗操作。

2015 年,我从牛津大学毕业回国后不久,便接到了医院援疆的任务,赴新疆喀什第二人民医院眼科开展为期一年半的援助工作。援疆期间,我克服家庭困难,发挥业务特长,共诊治眼病患者三千余人次,成功完成各类眼科手术八百余例,门诊和手术量居援疆医疗队前列。我在当地完成了南疆首例早产儿视网膜病变的筛查,建立了南疆首个早产儿视网膜病变防治网络,率先开展低龄婴幼儿先天性白内障的手术治疗,并带领眼科同事成功开展了白内障和眼底病手术数百例,培养了数位南疆眼底病专家,指导当地医务人员数十人,深受好评。在援疆的一年半中,打造了一支高水平的眼科医疗队伍,有力地推动了喀什乃至南疆地区的防盲治盲事业,并获得了优秀地区援疆干部的荣誉。

一段援疆路,一世援疆情。在我的记忆里,总是会浮现维吾尔族小女孩依力米努那稚嫩又渴望光明的双眼,还有她父母托付孩子时充满信任的目光。当时依力米努年仅 1 岁,是家里的掌上明珠。出生后不久,家人便发现她的眼睛有些异常:不能注视父母,走路跌跌撞撞,总是用手摸索着周围……得知喀什来了一位上海眼科医生,家人赶紧带她来到了喀什地区第二人民医院。

我接诊了孩子,经过仔细检查,发现她患有严重的先天性白内障,双眼视力仅有依稀的光感,几乎失明,需要立即手术治疗。然而,由于婴幼儿眼球小、发育不完全,手术操作难度高、风险大,那时喀什第二人民医院尚未开展此类手术。

以往遇到这种情况,孩子需要辗转前往乌鲁木齐进行治疗。转院不仅费时费力,而且后续随访的费用也是一笔不小的负担,很容易耽误孩子病情,影响治疗效果。不出所料,依力米努的父母得知孩子病情后,面露难色,犹豫了起来。

我察觉到了孩子父母的神情,仔细询问了孩子父母,了解到他们在乡下务农,家里经济条件很差,难以承受来往乌鲁木齐的费用。他们想攒够钱,过两年再带孩子去治疗。这正是我最担心的事情。先天性白内障会影响婴幼儿的视觉发育,如不及时治疗,孩子将出现不可逆转的弱视,导致终身失明。

"不行,孩子需要尽早手术。再等两年,手术效果不好啊!"我解释说。

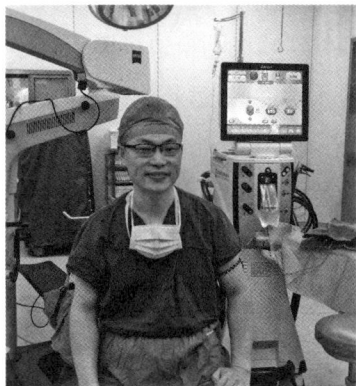

依力米努的父母仍然面色凝重。

"这样吧,在我们喀什二院做手术如何?"为了不耽误孩子的病情,我仔细评估了孩子的手术风险,决定在喀什进行手术。

"是您亲自做手术吗?"孩子父母问。

"嗯,我亲自主刀!"

"好!"孩子父母终于同意了。

彼时,依力米努的父母对我了解并不多,仅知道我是一位上海来的援疆医生。令人感动的是,他们信任上海医生,愿意把孩子托付给我。

此后,孩子入院,完善检查,住院第四天便进行了双眼先天性白内障摘除手术。手术非常成功。

手术后第一天,我早早来到病房,亲手为依力米努揭开了蒙在眼睛上的纱布。她那原本混浊的白内障消失不见了,取而代之的是一双清澈透亮的眼睛。揭开纱布的那一刻,她眯起了双眼,似乎对突如其来的光线措手不及。

很快,依力米努便适应了光亮,转头并注视着身边的父母。此时此刻此景,让我深为感动,孩子的眼睛是那么通透,那一瞬间,我感觉我恢复的不只是她的视力,还有希望!

我深深感到,我的援疆工作给当地人民带来了光明和希望,让他们的"心灵之窗"重放光彩! 就像萧煌奇那首歌《你是我的眼》里所唱的:"因为你是我的眼,让我看见这世界就在我眼前。"

2017 年,援疆归来后不久,我做了一个决定,从工作了十余年的公立医院辞职,担任一家私立医疗的眼科主管。我们的团队从零起步，短短一年多时间内，先后在上海陆家嘴和淮海路开办了两家门诊部，深受业内瞩目。我全程负责了眼科的业务规划、场地筹备、设备购置和人员招聘，现已成为华东地区私立高端医疗领域较大的眼科执业平台，业务涵盖验光配镜、近视防控、眼病防治、整形美容等领域，客户量、影响力与日俱增。

这些年来，我从牛津求学到喀什援疆，从公立医院到私立医疗。既有幸在世界名校做一名博士研究生，也有缘在祖国西域做一名援疆志愿者；既有幸在国内最好的眼科医院学习，也有缘加入私立医疗开创事业。是二附中给了我一个起点，让我能从事热爱的事业，不断地探索激动人心的领域，追逐成长路上的梦想！

最后，祝愿二附中的明天越来越好，二附中的校友桃李满天下！

龚 鸣：和自己赛跑的人

〔校友简介〕

　　龚鸣，华东师大二附中 1997 届高中校友，区块链行业的知名创业者和投资者。2012 年开始致力于推动数字货币和区块链行业的发展，参与编著《区块链社会》《区块链——新经济蓝图》《数字货币》，创办专业新媒体"区块链铅笔"及全球最大的 ICO 平台 ICOAGE，是去中心化交易平台 CYBEX 以及全球孵化平台 Longhash 的创始人。目前担任北京区块链技术应用协会副会长，中国互联网金融协会区块链工作组成员、中国区块链研究联盟高级研究员、中国证券业投资基金协会互联网金融与 IT 专业委员会委员、乌克兰基辅大学区块链研究院副院长等职位。

我大学那段时间正好是互联网第一次大泡沫起来的时候，那时候在大学中不断听说各种网络公司的创业故事，其中自然包括我们校友邵亦波创建易趣网的故事。尽管毕业的时候正好是互联网泡沫大破裂的时候，但我还是义无反顾地投身到互联网的创业中。我肯定不能算是一个成功的连续创业者，但是在不断的失败和成功之中还算是积累了不少经验。而当第一次看到比特币时，可能由于我是数学专业，长期又是从事程序开发，并且还有一点金融背景，所以我对它潜在的力量特别感兴趣，也比别人更快地理解到它对于未来意味着什么。同时，在其中我嗅到互联网刚刚起来的那种味道，无论是蓬勃发展的社区还是大量的开源软件，都让人感到一种前所未有的活力。我觉得这可能会是我人生中将会遇到的最大的机会，于是几乎毫不犹豫地投身其中。

在今天谈论数字货币或者是区块链已经成了一种时髦的事情，几乎所有的Fintech会议中区块链成为了必然的内容，甚至我国也将区块链写入"十三五"的科技规划中。但是在2012年的时候，这还是一个非常小众的领域。在当时，我甚至觉得这些概念真的要到人尽皆知的地步至少还有十年，但是无论如何这都会是一个巨大的机会。我个人不仅翻译了海外大量的资料和书籍，自己还写了一些相关的著作，国内第一部区块链书就是我翻译的。由于我个人没有太大的经济压力，所以在很长的一段时间里，我做这些工作都是免费的。在早期，也有人问我做这些事情有什么意义吗？如果这些最终并没有得到世界的认可，会不会是浪费时间。我的回答是，浪费也没关系，就算毫无回报，只要坚持得够久，至少也能算是一种行为艺术了。

在今天，我个人因为参与在这个新兴行业，在很多方面都得到了巨大的回报。但更加令我高兴的是，有很多二附中的同学在听了我的布道之后加入到我创业的队伍中，和我一起投身这个行业。到写本文的时候，全职参与的就有六个，其中五个是和我同年级的（都是来自上海理科班和全国理科班的，只有我一个平行班的），还有一个比我们小5岁的上海理科班小师妹。我估计这可能是二附中有史以来最大的创业团队了。随着我们团队的影响力越来越大，还有越来越多的同学都在了解区块链，目前包括远有在英国和苏黎世的几位二附中同学也在帮我们一起拓展在当地的影响力。

我觉得，在二附中的毕业生中，我肯定算是一个异类，因为我在大学还没有毕业的时候就开始创业了。这应该在来自二附中的学生中是绝对少数，至少从我周边观察来看，最后走创业这条路的肯定是少部分，更不用说一开始就坚定地走创业这条路的人。但我觉得来自二附中的学生是很适合创业的，因为，从我的个人感受来看，二附中的学生大都单兵能力很强，并且不是那种仅仅读书好，而是无论是智商还是情商都在社会属于前列的。

当然，创业肯定是一条充满了巨大风险且艰巨的道路，对于很多同学而言，可以轻而易举地找个好工作，很多时候也许本不必去承受巨大的机会成本来冒不必要的风险。但我觉得，也许只要勇敢地迈开第一步，也许可以发现自己真的要比自己想象的还要强大。

我"忽悠"同学们的常见套路就是问他"愿不愿意和我一起改变世界"，也许这看来很俗套，甚至很可笑。但实际上，我们在短短五年的时间里就让人们改变了对于数字货币和区块链的看法，这是有目共睹的。作为二附中毕业生中普通的一员，在推动区块链技术发展的过程中，我有幸参与并在其中贡献了我的一份力量。我相信，如果每个人都愿意贡献自己的力量、承担自己的责任，努力去改变世界，肯定会有一个不一样的世界。

写此文的时候，我正在飞机上听着李宗盛的《和自己赛跑的人》，歌词中唱道："我们都是和自己赛跑的人，为了更好的未来拼命努力，争取一种意义非凡的胜利，为了更好的明天拼命努力，前方没有终点，永不停息。"

谨以此文与大家共勉。

余 骏：人生的路是走出来的

[校友简介]

余骏，华东师大二附中 1997 届高中校友，上海交通大学通信工程硕士。

2005—2008 年，华为，无线高级工程师；

2009—2012 年，华为，无线网络物理层开发部部长；

2013—2016 年，华为，成都研究所无线人力资源总监；

2016 年至今，华为，5G 产品线副总裁/5G 终端产品总监。

很多师弟师妹在选择工作的时候往往会在网上听说华为非常苦,总是在纠结所谓性价比的问题。我想站在一个从毕业开始就待在华为,一待就是 13 年的老员工的角度分享下我对这个事情的看法。

2004 年底从交大毕业的时候,我其实内心并没有那么宏伟的目标,也没有所谓的事业心,唯一的核心目标就是钱。而我对赚很多钱的理解是二三十年后职业生涯结束的时候到底能拥有多少财富,因为对于当时上海房价,我已经认为毕业每个月多拿 1000—2000 元,除了能多吃两顿饭外没有任何意义。而我相信,我们的财富积累曲线一定不是直线,而是向上的抛物线,二十年后能赚多少钱则取决于十年后你的个人价值是多少。

当时的华为已经被业界魔化了许多,关于华为的段子也是一个接一个,唯一大家公认的一件事情就是从华为跳槽出来的人非常受欢迎,而且华为的高压式的工作能够让你在早期比别人更快地积累更多的面向未来的能力。所以在同时被华为、IBM 和普华永道这几个公司录用的情况下,我选择了华为。事实上相比于其他选择,华为的薪酬并没有任何优势(除了画了一堆饼)。同时也给自己定了个原则,在华为最多待三年完成原始的技术积累就一定要跳槽。

正是有这样一个心理,其实在华为的开始阶段我基本不是很关注薪酬。甚至我常常现在给新员工座谈的时候讲一个故事,我当时家离公司并不远,班车也就 45 分钟时间,但我仍然会从当时很有限的工资中抽了 1/3 在公司边上租了个房,每天上下班可以节约 1 小时。当时我的想法就是我如果多上 1 小时班,我的技术能力就会比别人强;我多休息 1 小时,我的精力就比别人旺盛;我多娱乐 1 小时,我的心情就比别人更好。到今天我仍然认为当时的这个价值观取向给我带来了非常大的好处。

说回在华为的经历,有时候就是这么奇怪,你越不关注的事情反而越容易向好的方向发展。你会突然发现华为总是在给自己涨工资,奖金也会比同职级的同事高一些,还罕见的在第一年给新员工的我配了股票。当然作为新员工的我非常坚定我的信念,坚定三年原则,绝不会被这些蝇头小利打动。

然而现实大家也看见了,我在华为待了一个又一个的三年。因为每次心里闪过当年那个想法的时候,总是觉得领导也在不停给我新的机会,薪酬似乎也很不错,出去也不见得有更好的选择。其实这个事情上背后的逻辑也很简单,任何一家公司都是看菜下锅的,你赚多少其实真的不由某个公司决定,而由你在市场上的价值决定,每个人都拥有用脚说话的权利。你在追求性价比的同时,你的公司、行业又何尝不是拿一把尺在丈量你的性价比呢?

人生的路不是规划出来的,是走出来的。我也很羡慕那些选择自己喜欢的事业,有着非常清晰的长远目标,能够按照自己的规划走完人生的状态。面朝大海,春暖花开,又有谁不乐意呢,但这样的概率会非常小。对于大多数人来说,有一个中期目标,做好短期的自己,去逼近自己长期的理想也许是更朴实的做法,因为真的会有太多你很难提前想到的意外,退一步说,人生如果不充满意外也许也是一种遗憾。

葛旻垚：医乃仁术

[校友简介]

　　葛旻垚，1992 年至 1998 年就读于华东师大二附中。2003 年毕业于上海第二医科大学，进入曙光医院泌尿外科工作。现为曙光医院泌尿外科副主任，上海中西医结合学会泌尿男科专业委员会青年委员。2010 年受医院指派参加上海世博会 C 片区医疗队担任队长职务半年，获得 2010 年上海世博会优秀个人荣誉。

我是怎么会成为一名医师的

想来,个人能成为一名医师应该是拜母校华东师大二附中高中毕业时的推荐表所赐。当时,高考前我有幸得到二附中的推荐表格,在填报第二医科大学时得以加分5分,最终成就了现在的葛医生。

刚毕业进入三甲医院工作的头两年,小医生面临着多重角色冲突,这种冲突源于患者、医院、政府和医药供应商对医生角色的期待之间的差异。医生的角色冲突带来的是工作状态力不从心,左右为难,进而限制了积极性和创造性的发挥。

当时个人动摇过、迷茫过、徘徊过,通过个人调整,最终坚守一名医师的专业精神坚持为社会大众服务。

二附中所提倡的"卓越"精神的含义是"卓然独立,越而胜己"。其中"卓然独立"有四方面内容:志向不狭窄,人格不依附,思维不趋同,言行不虚浮;"越而胜己"也有四项要求:自我渐清晰,反思成习惯,选择有能力,发展能自觉。二附中时期的学习潜移默化地影响着我,对我的人格产生了重要的影响。如此,我才能遵循母校的"卓越"精神,通过医师工作平台诠释着专业精神,无愧于二附中校友的称号。

医学是一门专业,而不仅仅是一种职业。医师专业精神是医学与社会达成承诺的基础。它要求将患者的利益置于医师的利益之上,要求制定并维护关于能力和正直的标准,还要求就健康问题向社会提供专业意见。医师的职业理想即全面优化医学价值追求的——医乃仁术,大医精诚。

"卓然独立,越而胜己"的目标,引领着个人不断突破自我,挑战更高难度、更棘手的临床问题。经过这十来年的努力,目前临床技能方面,我已能常规开展"经皮肾镜下、输尿管软镜处理上尿路结石,腹腔镜下肾脏切除术"等高难度四级手术。

在科研方面,坚持根据本单位临床实有"上尿路结石、前列腺相关疾病、中西医结合男科"病例资料总结,提炼内涵,撰写文章,申报相关课题。2015年度完成2篇相关疾病论著发表于临床类国家级核心期刊,2篇SCI文章、在其他各核心期刊刊发论文9篇,参与科室共同编写专业书籍一部,目前主持卫生局课题1项,作为主要成员完成卫生局级课题2项。目前我还担任上海中西医结合学会泌尿男科专业委员会青年委员,两次获邀在上海医师协会泌尿外科分会大会交流发言,并在全国中西医结合年会发言交流多次。

同在张江科教园区，甘做华二义务校医

上海中医药大学附属曙光医院是一所沪上的百年老院，为三级甲等综合性医院，位列上海十大综合性医院之一。西部位于卢湾区普安路 185 号，毗邻淮海公园，占地 28 亩。东部位于浦东张江高科技园区张衡路 528 号，占地 160 亩，是上海市打造亚洲医学中心的核心非营利医疗机构之一。母校华东师大二附中是上海唯一的一所教育部直属重点中学，2002 年学校从普陀迁至浦东新区张江高科技园区现校址。工作单位与中学母校同在张江国家科学城科教园区内，相隔一个中医药大学校园。我有幸能成为供职单位距离母校最近的校友，距离上好比是华二的校医院位置。愿以"医者仁心，大医精诚"的专业精神做一名"华二义务校医"。

2018 年 4 月 30 日

陆文军：为天地立心

〔校友简介〕

陆文军，1992年至1998年就读于华东师大二附中，毕业后就读于华东师范大学中文系本科和硕士研究生班。现任新华社上海分社副总编辑，历任新华社经济采访部记者、经济采访部副主任、总编室签发人等职务；并担任上海市黄浦区政协第一届和第二届委员、常委，上海市黄浦区青联常委。在多年的新闻工作中，曾采写大量具有全国影响力的新闻报道，所写稿件每年都获得中央领导批示，并获得各级各类新闻奖多次，曾荣获上海市"五一"劳动奖章。

每每想起中学母校二附中，都不由自主想引用马尔克斯《百年孤独》的开头的写法：多年以后，当再次走在丽娃河畔的时候，准会想起 1991 年盛夏那个遥远的清晨。

确实如此。那是第一次走进二附中校园，许多细节还清晰记得，可能是人生蒙昧期中少有的震撼的记忆，因为，的确，这所学校，改变了我，成就了我。所有老师曾经的传道、授业、解惑，都让我受益终生。

丽娃河畔，附中情缘

上海也是江南，水系密布成就了她的味道。大概，大学里的水，位于华东师大中山北路老校区的丽娃河，算是最给人遐想的，不但有几座桥，还有个弹丸小岛，岛上有更小的亭台，夜里人影浮动，绿植婆娑，印证了这条大学河的旖旎。当然，丽娃河的迷人，在于底蕴、情愫，以及曾经在河畔走过的那些人。

1991 年，是我第一次听说华东师大二附中这个名字，也跟丽娃河产生了情缘。那年，小学毕业的我，一心想考入所在区的"市重点"，后因考分达到所谓区级"状元"的水平，被通知保送至二附中。

完全陌生的名字，而且路途遥远需要住宿，我还犹豫过，最终还是去了一次校园，被丽娃河迷住了，也被当年堪称"超一流"的校舍镇住了，于是去。

当时初中四年，不知不觉就过去了，学了不少独立生活的本领，过了不少开心时光。还记得我们入校时买饭还要用粮票，年代感很强，总之学业和日子，都觉得轻飘飘。后来又直升了三年高中，日子显得"艰辛"一些。一来青春期冲动和学校氛围的宽松，让我这样的小子总感觉心里住着个"麦田里的守望者"；二来随着学业艰进，对文理科兴趣的迥异凸显出来，"人文"的心倍感"数理"折磨之困。

还是很感谢二附中，紧挨大学的中学，大概也有大学的治学之风吧。如果跟当下比，感觉当时班级很少，学生很少，课业很少，压力很少。我的七年初高中，都只有四个班级，尤其是高中时四个班里还有两个理科班，即使非理科班强化的还是理科，即便如此，像我这样的"少数派"也没有被忽略。初中时，当时班主任钱伟老师让我感受到中华文字之美，时任校长顾朝晶亲自开写作兴趣班，给了我文学的启蒙；高中时，叶瑾、吴翼鹏老师也给了我很多启发。

那还是没有"新概念作文"的时代，从初中到高中，学校推荐参赛，我得过几次上海市作文竞赛一等奖。高中时，我开始给《萌芽》等当时我们心中"神存在"的文学杂志悄悄投稿，偶有采用，我都默默开心从不张扬，但每一次，都被语文老师看到,并在课堂上宣读。我想,那时候最质朴的鼓励,给我走下去、准备写字为生的力量吧。

二附中毕业后,一心读纯文科的我,考入了华师大中文系,本科、硕士又读了7年,成就了14年丽娃河畔的求学之路。

既然选择,唯有精彩

毕业时面临选择职业道路,当时有几个工作选项,有国企也有外企,还有两次在康平路工作的机会。后来曾经实习过的新华社,伸来了橄榄枝,我几乎没有犹豫,直奔了衡山路,开始了新闻记者职业。

当记者很难,当好记者更难,当好的新华社记者难上加难。从选择之始,就注定是一条坎坷、艰辛甚至是孤独的路。新闻记者的工作中,绝大多数工作都是单独完成,困苦无援的时候很多;新闻调查实际工作也从来没有既有的套路,更没有教科书可搬,往往都要灵活应变,独自解决各种问题;新闻记者也是典型的脑体结合劳动者,眼力、脚力、脑力、笔力缺一不可;新华社作为中国规格最高、历史最悠久、规模最大、影响力最大的新闻机构,位列全球三大通讯社之一,面对的竞争不仅是地方媒体和其他中央媒体,更要参加全球新闻大战,也要应对各种新媒体冲击,记者压力之大可以想见。

既然选择,唯有精彩。大概二附中人都有这样的倔强,默默奋斗,不甘人后,笨鸟先飞。我的学业背景实际上跟新闻没什么交集,跟许多科班出身的新闻系毕业的记者比起来,只不过是门外汉。所以在工作之初,我就加倍努力,苦活、累活、重活、险活,从不推辞。上海地铁事故,我第一时间冲到现场,写出调查报道;汶川地震我主动报名,在震区40多小时水米未进,还遭遇多次余震;上海世博,每天在园区各地采访,日均步行超过2万步,连续坚持100多天;全国两会,备受新闻大战重压,一边指挥一支报道队,一边亲自写稿数十条……

曾国藩说,自己天分不高,一生走的都是窄路,靠的是"读笨书""打笨仗""想笨法"。其实,脚踏实地稳扎稳打地干,路也就渐渐宽了,我也是靠"笨干",渐渐适应了工作的压力和职责,还连续几年得到了单位考核排名第一,并获得上海市"五一"劳动奖章称号。

空谈误国，实干兴邦

新华社记者，长期关注中央精神、报道经济社会民生发展，使命职责光荣而特殊，从某种角度，具有不可替代的职能。党和国家积极提倡的、人民群众深恶痛绝的、世界各国普遍关注的、社会民生利益攸关的，都是我们的新闻视野和报道领域。

在这一点上，结合本职工作，我体会非常深刻。这几年，我连续参加了新华社"公务车辆改革""厉行节约反对浪费""落实八项规定精神""中国足球改革""当前干部状态""雾霾环境治理"等重大调研报道，通过我们的深入基层、走访现场、掌握一手素材、听取各方观点、认真分析研究、梳理问题对策、精心编辑写作，形成了极有价值的报告，成为高水平的国家级智库智囊。

而且，这些报道都产生了实效，形成了一系列深刻变革，有些直接推动了改革的步伐，改变了社会面貌，在社会一些领域逐步形成了良好风气，让我颇感欣慰，同时踌躇满志。

譬如中国三公浪费之首的"公车浪费"终于真正破题，数十年想解决而未解决的难题，得到了决定性的翻转，营造了社会风清气正的新局。我作为新华社记者，长期关注并报道这一主题，成为全社这类主题稿件和报道最集中的记者，稿件多次受到批示，公开报道引起社会强烈反响。我在稿件中多次提到中国历年来公车改革的弊病，新一轮车改必须斩断"越来越多"的"黄宗羲困境"，在全国推开的改革中，确实割断了以往不彻底不充分甚至涉嫌赎买的一些积弊，"一刀切"的雷厉改革，让社会真正看到希望，也让群众对于党的信心提升，对我而言，感到了多年持续报

（主持长三角市长访谈）

道真正产生了积极效果,深感振奋。

再比如,我执笔的有关推进"光盘行动"的报道,得到重要批示,并将这一"厉行节约、反对浪费"的倡议,逐步推广为全社会普遍认可的行动,一直延续至今。

即使是一个小记者,笔下也有千斤重。通过自身的努力工作,不仅可以成为时代的见证者,还可以有幸成为某些改革的推动者。这就是新华社记者这份工作的独特魅力,只要为时代奋斗过,奉献过,那么相信脑海里一定会藏满波澜壮阔的时代图卷和独家记忆。

不空谈,重实干。在新的历史方位中,只要坚持信仰,相信我们一代人,有着无限挥洒青春、发挥才干的天地和舞台。

耐得寂寞,守得初心

作为历史的记录者、见证者,甚至是参与者,新闻记者是站在潮头看历史的人,尤其是新华社记者,工作中有兴奋,有荣耀,有情怀,有厚重,也有着外界难以想象的压力、艰辛和疲惫。

但,每每遇到艰难困苦,每每体会荒凉孤独,每每感到山雨欲来,我依然能努力保持内心的宁静,克服各种困难,坚持新闻工作者的操守,依然坚守着为天地立心、为生民立命的信念。

我想,这很多力量和习惯,来自青少年时代的长期养成,二附中的七年生活,教会了我独立、刻苦、乐观、豁达、担当,完善了人格,丰满了人生。耐得寂寞,守得信念,都是人生最大的武器,不忘初心、方得始终。

我们成长,逐渐成人,臻于成熟。

感谢母校的培育。

杨李林：今晚查杀希格斯粒子

〔校友简介〕

杨李林，华东师大二附中 1998 届高中全国理科班校友。现为北京大学物理学院理论物理研究所研究员，百人计划研究员。2014 年，入选国家青年千人计划。主要研究方向：量子色动力学与对撞机物理、量子色动力学理论与应用、Top 夸克物理、Higgs 物理、超出标准模型的新物理。

北京大学物理学院的个人主页上写着杨李林的基本情况：第一条是"已婚，一娃一狗一猫"；第二条才是他在 2014 年入选国家青年千人计划的介绍。上个学期，他讲授计算概论课程，早上 7 点 59 分，他会准时进来，轻松几步越过整个教室。在准备电脑的片刻，台下的女生会悄悄讨论他今天的着装——一丝不苟的修身西服是必然的，值得猜测的是他今天会穿布洛克皮鞋还是板鞋，又或者心情大好蹬着高帮帆布鞋就来上课。

当他讲课的时候，脊背直直的，声音有些轻快，切到带着表情包的 PPT 时还会开句玩笑。表情包的素材是自家的一猫一狗，开玩笑的时候也只是轻轻戏谑一句，似乎并不强求把所有人都逗乐。

昔日

20 世纪 90 年代，清华附中、北大附中、北师大附属实验中学、上海华东师大二附中四所学校受教育部委托，承办三年制高中理科实验班，每届向全国招生 100 人。1995 年，15 岁的杨李林在一番斟酌后，离开家乡，只身来到上海求学。

第一年，他自学完成高中课程；第二年，他阅读包括数学、物理、化学、生物、计算机在内的专业书籍，旁听复旦大学物理课程；第三年，他被保送进入北大物理系。本科期间，杨李林不想花太多时间准备托福和 GRE，于是选择保研。博士后，他最终离开故土，游学德国美茵茨大学。

杨李林的主要工作与顶夸克和希格斯粒子有关。夸克（quark）是原子之下更小的物质单位，因为"夸克禁闭"效应至今无法直接被观测到，而它的命名出自乔伊斯的《芬尼根的守灵夜》中的一句呼喊："向麦克老大三呼夸克！""夸克"有六个种类，被称作六种"味"（flavour），顶夸克便是其中的一种。希格斯粒子（Higgs boson）或许更加出名一些——它为物质带来了质量。一切粒子的结合依赖质量，因此希格斯粒子被视为形塑万物，构造宇宙的"上帝粒子"（God particle）。

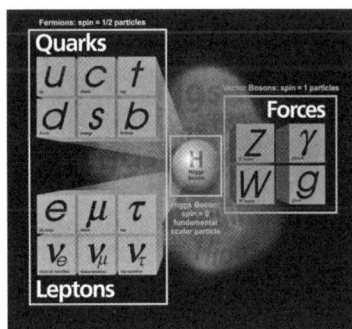

夸克与希格斯粒子是粒子物理标准模型的重要构成部分

我们用眼睛和触觉感受身边的世界，而如杨李林一样的理论物理学家们则依靠横跨法国与瑞士边境的大型强子对撞机（LHC）——它以庞大的能量撕碎粒子，记录下它们留下的种种蛛丝马迹，再于浩瀚的数据中寻找人类文明前进的线索。围绕大型强子对撞机工作的实验物理学家组成庞大的团队，诸如 ATLAS、CMS，注册人数都有数千；而理论物理学家则更倾向于组成小组攻关。如果说实验物理学家是组织有序的繁荣工会，那理论物理学家就是游走在世界探索前沿的赏金猎人。对他们而言，一克拉敏锐的物理直觉、一盎司的勇气和一磅的数学计算就可以构造一个有意义的想法，然后让它经历时间的考验——或籍籍无名，或永载丹青。

杨李林是在这样的未知中摸索的探险家，或者说，是预言家。他的工作是预言各种粒子的出现概率，以检验现有的理论，并据此寻找新的理论。利用量子色动力学，他对不同的散射过程进行高精度计算，判断包括希格斯粒子和顶夸克在内的各种粒子如何在对撞机实验中显现身影。

2009 年初，行业内由 George Sterman 领导的权威团队在一个 QCD 红外发散问题中被困难的积分阻挡，最终选择以部分进展发表成果。彼时还在德国的杨李林年轻气盛，很快与合作者投入这项工作。几个月后，他们掌握了有关这个积分更多的性质，但离找到答案还是遥遥无期。忧心忡忡中，那一克拉的直觉不期而至。某个早晨，杨李林猜出了积分的结果，这让他与合作者都非常兴奋。然而，根据已知的结果回溯求解过程仍然并不容易，直到几天后杨李林在回家的公交车上灵感忽至，他当即在笔记本电脑上编写用于推演的程序。在他准备晚餐的时间里，程序跑完了。再三确认过结果后，杨李林沉静地通知了他的合作者，很快，他们的论文便发表在顶级期刊《物理评论快报》（*Physical Review Letters*）上。杨李林因此声名初显。

再之后，杨李林又一篇关于顶夸克的精准预言被收录在《粒子物理评论》中，他前往瑞士苏黎世大学继续自己的学术生涯，崭露头角，最终在 2012 年接受北京大学的邀请，回国受职。

"为什么不继续留在国外呢？"

"国外的饭不好吃。"

"回国时候的北大和离开时候的北大有什么差别吗？"

"食堂的饭更好吃了。"

理论物理学家总是能够把握事物的"主要矛盾"，并据此作出决断和选择。

今日

杨李林在北大教过三门课，计算概论、量子力学和量子规范场论。与计算概论授课时的侃侃而谈不同，另外两门课中，他经常是在沉默而严肃地写公式。量子力学很难,但终归是一门有上百年历史的成熟课程,杨老师更着重让学生理解这门课程中观测者的特殊地位和波函数统计诠释的重要性。而量子规范场论则连完备的数学基础都不具有,这使得很多数学上的操作让人难以接受,"我尽量把我当年困惑的地方提出来,希望他们能够加深理解"。和本科生教学时的耳提面命不同,他对于研究生的科研积极性有着更高的要求。因为杨李林坚持"不愤不悱,不启不发",不会主动去催促学生的进展,不过他十分乐意同学们和他讨论问题,并期待学生们能够有自己的想法。

杨老师有的时候甚至会"卖弱",在教学群里拱手言"大佬大佬"。据他说在本科的时候就已经掌握这些物院生存必备技巧了,可见在国外的这些年"手艺"并未"荒废"。当谈及出国时,杨李林认为国内的科研环境已经有了长足的进步,假以时日将能与国外顶尖学校相比。"我的建议是不要为了出国而出国,最好是清楚出国要干什么。最好去了之后有更多接触顶尖教授的机会,而不是随便找一个地方。"

当杨李林被要求用三个词描述自己的生活状态时,他脱口而出"压力挺大",闻者背后一寒;但紧接着就是"挺有乐趣",闻者心动。思忖良久后,杨老师说出了第三个词——"想不出来"。接近不惑之年,工作和生活的压力开始让这位英俊的学者头发变灰。"现在也没时间打游戏了,最近偶尔玩一玩《塞尔达传说》。""但是压力是压力,还挺有乐趣的。"当年坚守专业没有转行,后来又避开物理专业的热门方向选择晦涩的纯理论,他的立场非常坚定,没有热爱是很难坚持下来的。乘兴而往,这是杨李林最看重的特质之一。

杨老师端着茶杯说完了这一切,他背后是办公室的书架,一层是中文书籍,一层是英文书籍,旁边有一些小的装饰品和儿子的照片。杯子很普通,有一些陈年的茶垢,一旁的玻璃板上零零散散写着一些公式。他的工作台有数台高配置电脑用于进行解析推演和数值模拟,而他所关注的实验设备则是远在数千公里之外的对撞机。他每天重复着这样不同的生活。

明日

卡尔·萨根说:"我们,代表着宇宙在这个世界的耳目,代表着宇宙在这个世界的想法与情感,我们开始了解人类的起源,思考繁星的故事、物质的演化。回溯意识起源之前那条漫长的道路,我们与这个星球上的其他生物,携带着宇宙进化的遗产跨越了数十亿年。如果我们将这些知识铭记于心,如果我们了解并热爱大自然的本质,我们的子孙们一定会记住我们,因为我们是生命之链中美好而强大的一环。我们的子孙们也会继续这神圣的探索,薪火相传,不断开拓,发现我们做梦都想不到的奇迹,就在这宇宙之中。"

说起明日和期待,每一位理论物理学家的信仰都一样,只不过是"判天地之美,析万物之理"罢了。

本文原刊于微信公众号"北大物理人"2018 年 5 月 3 日的"物理人·他说"栏目。原名"预言家杨李林:今晚查杀希格斯粒子"。采访组成员:梁博(物理学院 17 级本科生)、李一一(物理学院 17 级本科生)、李想(物理学院 16 级本科生)、李聪乔(物理学院 15 级本科生)。

姚 玥：而今迈步从头越

姚玥，华师大二附中 1998 届高中校友。大学毕业后先后供职东信冠群、惠普、Nurun、优 e 网等公司，现已创建专业的品牌数字零售服务公司 D1M。

二附中予我：好奇心与价值观

回顾至今所走过的路，虽然每一段都有独特的经历与收获，但在二附中的七年却给了我人生最重要的坚实基础。

中学是我们开始探索世界、建立社交与人脉的时期，二附中不是只照本宣科、只看考试成绩的学校，它非常鼓励学生全面发展。我在学校时也是体育与文艺积极分子，这些活动不仅培养了进取心，更是激发了对任何事物的好奇心。中学生处于叛逆期，也是价值观与世界观开始建立的重要时期，作为初中起就住校的我，对社会和人生的思考几乎都受于学校。

二附中所拥有的环境氛围、老师的悉心教导、同学们积极健康的影响，使我们形成了健康正确的价值观与世界观。勤奋、求实、开拓、进取，至今我都记着二附中的校训，也是时至今日才体会更深。正是这些基础价值观，让我们能在纷繁复杂的现代社会中既能积极进取，也能保持着一颗平常心。好奇心、价值观、二附中那么多优秀的同学和老师，是我人生最大的财富。

成长与工作经历：每一份经历都是成长

大学毕业以后，我并没有站在高起点，IT 工程师是第一份正式工作，然后几乎每三年都会换一家公司甚至行业，先后从事过技术开发、项目管理、咨询、市场营销、奢侈品电商平台运营等工作，虽看似无关，但每一份工作每一家公司，对于人生的成长都是非常好的积累。

刚毕业时，为移动联通等通信巨头的 IT 技术开发让我掌握了如何利用信息技术；随后的咨询工作让我有机会和世界五百强的高管们对话，并且开始接触全球市场和所需要的 Professional；2008 年进入广告行业以后，更是极大改变了我对世界的看法，除了必须不断补充市场、设计、零售、品牌等专业知识以外，更理解了以前自己认为的"不合理"为什么会是合理的存在，世界如何在理性与感性中不断平衡与运转。

保持一颗好奇，这每一份经历，都让我能在不同领域不断学习这个世界的科技。同时也看到了这个世界正在发生的巨大变化：信息技术正将人类无限连接和驱动，各行各业都从以渠道为核心转为以用户为核心，人类生产力和资源组织与再分配也从工业时代方式往互联网时代方式快速演进。

而在当时细分的品牌数字零售服务领域,还没有出现能提供完整链路的真正有价值的公司。于是我和几个小伙伴2012年决定创业建立一家通过互联网涵盖从品牌到消费者沟通与销售各环节的服务公司,也正好能将此前所做过的各个行业融会贯通,D1M就此诞生。公司的愿景是致力于提供专业的品牌数字零售服务,融合科技与文化,连接中国与全球。

愿景很美好,现实很残酷。作为无背景无资源无融资从零起步的创业公司,又身处一个快速变化竞争极其激烈的开放行业,创业六年无时不刻都面对着各种困难与挑战:前期缺少业务,现金流困难,对手恶意竞争,核心团队离开,超强工作负荷,带领团队和客户成长的重大责任,等等。每周工作一百小时已多年,出差多的时候醒来不知道自己在哪个城市,从来无法预测第二天会有什么新问题,无论多大的麻烦与压力必须要时刻笑着面对每一个人;要解决很多自己和行业都未遇到过的困难,唯有勇敢创新,不忘初心;时刻看清本质,积极乐观,保持生理健康、心理健康。创业六年,最大收获就是这些自我修炼,理解了人性,开阔了胸怀,提升了格局。

凭借着团队的努力,整个集团今天在中高端品牌数字零售服务领域已在国内逐步领先,也是在这个领域中在国际舞台上极少数与国际巨头竞争的中国公司。我们的业务仍在高速增长,国际化布局也紧锣密鼓,在中国经济崛起和互联网全面领先全球的大背景下,未来几年一定会承担更大的责任。D1M整合了此前IT、广告、咨询、贸易、零售服务等不同行业,创建了一个符合这个行业与时代需要的新类型品牌零售服务公司。而背后更深层的难点与价值是,整合来自多个行业不同背景的人才,所摸索出的新时代人才培养和组织方式,正在不断地培养着出自中国的新时代综合型人才。

二附中学子如何迎接新时代的挑战

首先,我们都应该感谢这个国家和这个时代,让我们有机会在一代人的时间里从全球落后人群成为全球精英,不仅是能够跟上世界的领先水平,更是能够引领世界的发展。

今天,中国精英对世界的理解在广度上已不落后于西方精英,而在深度上更胜一筹。这正是源自我们过去和正在经历的快速变化与挑战,也源自我们中华民族所具备的智慧、勤奋与实干和我们的国家日新月异的发展与进步。

这样的优势与机会会越来越明显。对于我们每一个年轻人,除了培养正确的价值观、自控力这些重要的基本素质外,人生前期要尽快提高认知,同时注重平衡发展,取得一些成绩后一定要懂得平和谦逊,分享他人回报社会与国家。

现在的年轻人不要抱怨错过了房产、互联网等行业的历史机遇。每个时代都有每个时代的机遇,而且因为越变越快,机会越来越多。年轻人不要浮躁只重个性,要怀有尊重与敬畏之心。中国改革开放前三十多年,此前更多是国内的经济发展机会,资源导向型行业成为先头兵,甚至已形成了一定门槛,但比起父辈,这一代年轻人视野更宽广,也更国际化,这代人的机会,更多是将中国与世界连接。了解科学与人性,就会知道现在与未来的发展,站高看远,从未来看现在,才能领先于时代。

希望二附中与时俱进,为中国培养更多的新时代人才,为中华崛起而奋斗。

周敬业：那些二附中教我的事

[校友简介]

周敬业，华东师大二附中 1998 届高中校友，Eccogene 联合创始人和首席执行官，具备对于代谢类疾病及免疫代谢的洞见、多年小分子药物的工业界成功研发经验，曾是财富 500 强企业的研发执行团队核心；带领和指导项目团队达成项目里程碑并顺利完成临床前药物发现和开发；曾担任美国化学会上海分会主席，领导建立可持续发展的 ACS 上海分会的核心领导团队，同中国药学会达成长期合作并主持多项业界有广泛影响力的学术会议。

我 1995 年踏入华东师大二附中的大门，1998 年毕业离开二附中校园，掐指已有二十年。其间读大学，出国读博，工作，创业，一路走来，从上海出发，在波士顿十年后，又回到上海。如今两个孩子也已上学，自己常常会思考什么才是好的教育。回顾这一段段的生活和工作经历，越发感激母校春风化雨的熏陶和恩师对我的言传身教，真正称得上"传道授业解惑"。高中阶段的我们正处于建立独立价值观和自我判断系统的萌芽时期，来自学校和老师的教育和指导可能很大程度上帮助我们塑造影响一生的价值观。其中我受益最多的是对待竞争的良好心态和面对人生重大选择的决策方法。

如何激励自己和他人为杰出而冒险？

进入高中阶段，我加入了二附中的全国理科班，放弃了常规的高考路线。看似是冒险和与众不同的决定，但事实上却是锻炼自己的绝佳机会。学校也充分为学生着想，创造了宽松的环境，设置了足够的安全机制：全国理科班的同学有免高考保送大学的机制，在班中选择是否参加竞赛完全是根据个人情况。对于每个选择参赛的同学而言，争金夺银的目标刚开始看似高不可及。因为竞赛准备需要学习大量的大学阶段知识，内容涵盖各个分支学科，还要考验动手实验能力，每一轮比赛都是残酷的淘汰。面对如此高远的目标，仅凭学生本身对学科的兴趣和对知识的渴望是远远不够的。事实上从入学的第一天起，我们就开始接触一个个响当当的名字，这些在不同学科竞赛获得出色成绩的前辈学长带着他们追求卓越背后的故事出现在我们的视野里。此后，在废寝忘食的学习过程中，在校级、市级、全国冬令营，以及在国家集训队的一次次残酷的选拔比赛中，激励我们一步步向前的正是来自前辈学长榜样的力量——"前辈做得到的，我们也一定可以"。

在竞赛之外，学校也鼓励大家积极参与到各种兴趣小组中。还清晰地记得我参加的是业余无线电小组，这是个特别又冷门的小组。特别之处在于我们是负责从无到有组建本校无线电小组的第一届学生。冷门则表现在热心参与者只有寥寥三四人，还都是从未见过无线电的组员。为了争取成功，当时大家都非常拼：比如在比较了多种方案后，选择爬上二附中教学楼的楼顶架设天线。为了和其他业余无线电爱好者实现更专业的交流，我们不厌其烦地背诵和练习无线电缩略语。当我们第一次用亲手搭建起来的无线电装置，通过搜索找到其他爱好者，并用无线电专用语交流的时候，我们的心情是无比兴奋和激动的！在那时候，能实现与陌生人的虚拟交谈并不容易。我们的尝试是在 hotmail 上线的前一年，在微信摇一摇出现的十六年前。最最有意思的是，所有这一切都是无法从书本上学到的。我们并没有因为缺乏书本知识的指导而迷失，反而更坚定了从实践中去探索的信念。最终实现了起初看起来高不可及的目标。

这些人生经历，让我领悟到追求卓越来自于自身对高标准目标执着的追求。设置"跳一跳才能够得到的目标"，激励年轻人参加高难度项目，创造低风险尝试的环境，鼓励年轻人的冒险和乐观精神，坚持一步步走下去，才可能到达新的高度。在此后遇到每次重大选择的时刻，我都争取将目标定得高且可及，同时使风险可控。即使这一决定与大多数人的选择不同，我也会坚定而乐观地坚持下去。

比如高中阶段参加化学竞赛后，我被保送复旦，选择的却是生物学专业。在申请赴美读博士的时候，我又重回化学专业进一步深造。在美国读完博士后，绝大多数化学和生物专业的同学们会继续进行博士后训练，然后再积累足够的论文和资历后进入某所大学执教。而我在那时，已经将研发创新药物、帮助减轻人们的病痛作为人生和职业目标。因此，我决定不去寻找博士后的位置，转而在美国制药界求职。这一选择是有一定难度的，首先是制药工业界的位置相对更少，其次对求职者的经验和资质有很多要求，特别是华人学生的身份问题需要解决，并且那时候正值美国次贷危机的爆发期，许多公司都保守地选择不招聘。我也确实收到了很多委婉的拒绝，但其实求职和做项目一样是需要不懈努力的。通过清晰地阐述如何解决天然产物化学合成中的挑战，终于有一家在波士顿的创业公司给了我机会，让我开始从事用全合成的方法开发一种针对耐药菌的新型抗生素药物。于是在这家初创型生物医药公司，我开始了全新的职业生涯。很快我发现留给我的跑道并不长，我们的目标是在 15 个月内找到能有效抑制多重耐药菌的新型四环素药物，当我加入公司的时候时间已经过去了 11 个月。公司在过去的 11 个月内做了许多新颖的尝试：三环素、五环素、六环素、杂环四环素，但效果并不十分理想。于是我们提出了一个哲学理念，自然选择四环素这个结构是经过亿万年的进化而来的，最有效的改变药物特性的方法是尊重自然的选择，而在自然选择的四环素模板上进行人为的结构修饰来达到设想的生物学效能。很快这个想法得到了实验结果的验证。在确立正确的方向后，我们在短短四个月内找到并确立了候选临床化合物，并完成了初期的放大工作。于是这个分子一步步进入不同阶段的人体实验，目前已经在美国完成了多项 III 期临床试验，并向FDA 提交了 NDA。研发药物治愈病患的理想，在这里看到了实现的可能。

在完成这个项目的早期研发后，我没有理所当然地再做下一个抗生素，而是看中了新兴的技术平台：DNA 编码的化合物库，简称 DEL 的技术。传统的药物筛选技术耗资很大、周期较长，而 DEL 技术利用高通量测序、组合化学，以及化学信息学技术的有机结合能进行低成本且快速的药物筛选。老牌跨国药企 GSK 在这个领域是当之无愧的先锋，通过收购把这项发源于学术界的技术真正应用于工业界。但如何将这项技术高效率低成本的技术转化为一个个产品还需要大量的工作，我就在这时加入了 GSK 的 DEL 项目组，开始了新的挑战。从 DNA 化合物库构建新化学方法开发，到筛选过程中目标蛋白同 DEL 分子的微观结合，再到信息学大数据处理过程中的点点滴滴，最后考虑如何对筛选信息进行分析，进而进行实验验证，这些都是我们部门每天在探讨的课题。经过大家的共同努力，多个项目已转化为产品进入临床研究，还有许多工作都已整理并以论文发表。随着这一系列的推动，时至今日整个业界对这个技术的前景的认识和认可也达到了新的高度。

在美国读书和工作十年后，我看到了中国在生物医药行业的巨大前景。于是在 2012 年，做出了全家回国发展的决定。那时多数在美国制药公司工作又有家有口的制药人，考虑到孩子教育、生活质量、房价等情况还是倾向于留在美国工作。但跨国公司礼来在中国新建研发中心 LCRDC 的工作机会还是吸引了我。这个研发中心会聚焦于代谢病这一领域，可以弥补我在疾病领域上的不足。当初选择 LCRDC 的另一个原因是 LCRDC 营造了一个像二附中一样安全可靠的环境。良好宽松的氛围是孵育创新的土壤。在 LCRDC 同项目团队同事的合作中，我参与贡献了两个可以进入临床试验的分子，并完成了从科研工作者到科研管理者的职业跨越。在礼来研发中心 LCRDC 工作四年后，我有机会担任化学部门的负责人。既要带领不同科研项目克服科学上的挑战，又要激励参与项目的同事一起去完成高难度的目标。在工作中我深深体会到：人才是攻克项目难关的核心所在。我也是土壤种子学说的坚信者和秉持者：只有当土壤环境合适，种子才会发芽。所以在科研管理上我努力的方向是设置一定的安全机制，解决同事的后顾之忧，让大家在一个低风险的土壤中尽力去发挥，去成长，去生根发芽。

2017 年前后，跨国制药外企在国内遇到历史性的困难，很多当年的海归又重新归海。我主动离职，开始创业生涯。这是我职业生涯的又一次巨大的跨越和冒险。目前创业公司成立才半年时间，我还不知道这条路最终会走向何方，这场冒险会带给我什么样的成长。但只要保持研发药物治病救人的初心，尽力做好风险管理，我相信这将是不后悔的旅程。作为有十多年工作经验的制药老兵，经常有初入职场的年轻人问我：如何做到杰出，特别是为了杰出而冒险？我都会将在高中阶段学到的经验转告他们：设立高且可及的目标，同时使风险可控。即使与大多数人的选择不同，也不要紧。

如何面对竞争？尊重竞争者并与其合作

很多职业指导手册会建议：找到一家有30％的人都在某些方面比你聪明的公司，因为通过向周围的人学习而获得的成长速度是最快的。这一原则当然也适合于选择学校。感恩华师大二附中和全国理科班的良好环境和严格的入学筛选标准，我们班级里聚集了一群聪明、上进又怀有各种特长的同学。长期沉浸在高手如云的氛围中，我养成了平和的心态。这一点也是众多校友在回忆录中提到过的："见到大咖，不会有自卑感。因为早就体验过智商被碾压的感觉；遇到某些方面不如自己的人也不会自傲，因为人人各有所长，天赋和兴趣不同。"特别是在平和的心态下，如何处理竞争与合作的关系是我们在学校学到的另一课。这些宝贵的人生经验帮助我在职场生涯完成了从技术人员到合格的管理者的职业进阶。

曾有人说，知识分子是最难领导的。我曾兼任美国化学学会（American Chemistry Society，简称 ACS）上海分会主席，ACS 的分会都是自愿参与的，大多数人有其他的全职工作。在这样的一个组织内，并没有明显上下级的关系，特别是许多参与者非常资深，不乏业内专家。如何激励组织内其他人共同完成项目，需要更多的领导力和影响力。我的做法是首先引导大家统一思想，制定清晰而可执行的战略，再通过战略来孵化项目，最后将由擅长执行的人来运营并解决问题。其中的每一步都离不开对各位参与者性格特点的了解和对其内心激励的把握。在一步步的实践中，我也逐渐找到自我激励的原动力：乐于看到他人成功，愿意帮助他人实现理想。有了这个驱动力，会自然而然尊重每一个人并寻求协作的机会。

回顾毕业至今二十年的工作和生活，无比庆幸当年进入二附中。感恩老师的言传身教，感谢前辈学长的激励，感动于母校和同学们延续至今的情谊。在二附中度过的三年时光，是我内心世界和价值观成熟的重要人生阶段。我极幸运地收获了冒险的勇气、不走寻常路的底气、平和的心态，以及最重要的——帮助他人成功的内心驱动力。二附中生涯在我身上留下的印记，点亮了我求学和职业生涯的每段过往，也必将在未来助我应对更多的挑战和更精彩的人生。

陈玉聊：践行在兹，探寻"诗意地栖居"

[校友简介]

陈玉聊，1992 年至 1999 年就读于华东师大二附中，1999 年至 2009 年在复旦大学获得学士、博士学位，现为复旦大学国际关系与公共事务学院国际政治系副教授。曾在美国加州大学伯克利校区、瑞典隆德大学、德国波鸿鲁尔大学进行访问研究。主要研究领域为国际政治思想史和国际关系的文化透视。出版有专著《人性、战争与正义：从国际关系思想史角度对修昔底德的研究》、译著《马基雅维里与文艺复兴》，在国内外学术期刊发表论文数十篇。

我现在的研究主要在两个方向。做得比较早的一个是国际关系思想史，我的博士论文就是写的修昔底德，后来再延伸到希腊化时期，以及文艺复兴，同时也兼涉中西古典国际政治思想的比较，如古希腊和先秦的正义战争观、斯多亚学派和儒家的世界主义等。另一个研究方向是文化艺术和国际关系，像音乐、美术、文学、体育和饮食这些方面。

这两个方向其实是相通的，就像我的文章《诗与思》中也写到，现在的国际政治研究主要关注实际的政治、经济等方面，试图探究现实世界的客观规律，而思想史和文化研究则更偏重人们对现实国际政治的观感和理解，甚至是想象。两者在方法论上的区别主要在于，前者强调以社会科学的方式进行实证研究，厘清主体和客体；而思想史和文化艺术的研究则强调"物我两相忘"，要求主体去融入个体之中。后两者也往往分享着相同的文本，就像大家都读过的《安提戈涅》（戏剧史上最伟大的作品之一），它反映着永恒的、普遍的正义与现世的、国家的正义之间的纠葛，这就是国际政治在思想史和文艺研究层面一个共同的话题。不同之处仅仅在于，用哲学化理论化的方式来表达就是思想史，用音乐文学的方式来表达则是文化艺术。形式上有所不同，但都是一种世界观，都是主观层面的东西。社会科学式的研究重在揭示国际政治的因果关系和客观规律，而我的研究更关注古往今来的人们如何观察和表达政治。

Part1：浅谈与国际关系思想史之缘

老师当初是怎么走向这个方向的？其中又有着怎样的经历？对我们青年选择方向，找到一个自己喜欢的又有意义的有什么建议？

我的经验不一定符合大家，因为每个人都有不同的道路。我父亲就是大学老师，所以我在家中的读书可能会多一点。我本科也是和大家一样，按部就班地读下来，在最后写毕业论文时，我选了一个比较抽象的题目——国际关系理论中本体论的哲学基础。后来我在读研究生时追本溯源，觉得大家对再往前的国际关系思想研究得比较少，也解读得很随意，大多是站在现在的立场上去解读古人。一些国际关系理论家在读了古人的一两句话之后，就用此去依附自己的学说，就"六经注我"。最突出的就是现在很红的修昔底德，很多关于国际关系理论的书籍都会提及他，把他作为现实主义的鼻祖，后面和他一脉相承的有马基雅维里、霍布斯、卡尔还有摩根索，这样一套谱系就被建立起来了。但是到底修昔底德说了什么东西呢，他们都只是提其中很少的一些段落。所以我就想研究一下古希腊的思想,尤其认为修昔底德是一个很好的切入口,研究生论文就选了这个题目。后来我的主要研究领域就是思想史,不仅仅把修昔底德当作一个个案,也把它作为西方国际关系思想的一个源头。当时有一个很热门的话题就是做中国古代的国际关系思想,这和我们要提升中国地位,要有中国的话语自信有关。但我想我们可以先看看西方是怎么做思想史的,给我们做中国思想史可以有一个参照作用,所以现在我也写了一些文章是关于中西之间对照的。

Part2:深析艺术与国际关系的碰撞

现在的国际政治研究更多的是国家之间的利益博弈,您关注的艺术和思想对政治和国际政治领域的影响是否只是一个学术上的问题? 艺术和思想是怎样具体影响政治的呢?

我个人比较感兴趣的一点就是文化艺术是怎样来反思国际政治的? 这个就和思想史挂钩在一起了。文化艺术不是作为一种工具,而是作为一个主体。学界有一个提法叫"aesthetic turn of international political theory",从美学的角度来研究国际政治,我经常举的一个例子就是《哈利波特》。《哈利波特》背后也有一些很重要的政治主题,平时不一定看得出来,但通过艺术的虚构反而把它放大了。不真实的背后往往隐藏着更加真实的东西,因为它把那些表象去掉了。大家看《世说新语》时可能会看到颊上三毛的故事:顾恺之给一个叫裴楷的人画像,裴楷长得很帅气,但顾恺之画完以后又给他脸上添了三根毛。人们对此很是奇怪,顾恺之解释道这三根毛是裴楷的"识具",他不是把表象的东西画出来,而是把内心的精神气质画出来。虽然只是虚构的,但虚和实背后是有一种辩证关系的。权力斗争往往是一时的,从宏观的角度来说,这些只是人类舞台上一小部分或一幕剧而已。文化艺术有时却是永恒的。比如我们现在看英国内外征战的历史,它们或许在人类历史中已经默默无闻了,因为各国相似的事情太多了,但为什么我们还始终记得它,就是因为莎士比亚的戏剧。文化的力量是更加深远的。

我很喜欢引用琴曲《渔樵问答》的题记:"古今兴废有若反掌,青山绿水则固无恙,千载得失是非,尽付之渔樵一话而已。"那么多年的你争我夺,只不过是翻翻手而已,只有山水是一直永恒的。千古之事不过只是我们闲谈的谈资罢了。

Part3：致时代青年

老师在《诗与思》中论述到，在思想史和文化研究中，我们应在主体间性的基础上，通过对作品的感悟，在思想和情感上沟通彼时和此刻、他处和此在。那我们是否将其理解为思想文化作品是具有时代性的？如果是的话，我们又如何去更好地跨越这种时代的距离？

我觉得做思想史和文化艺术研究是一样的。有一种方法就是完全把人的思想当作一种客观的东西去很精确地解剖。但我更加喜欢的一种方法是去进行对话：和经典对话，和艺术作品对话。以前有这样一种争论：是"六经注我"还是"我注六经"？这样的对立其实没有太大的意义——我们当代人不可能做到完全以经典为标准去解读它，这样经典就变成了老古董。但我们也不可能只是随意地去运用经典，这样经典就没有意义了。所以怎样去和经典更好地对话是我比较关注的。

我觉得阅读经典不是说去跨越时代，而是说既能找到共同之处，同时又能够体现一些差异，把文本世界和现实世界融合起来。我在文章中引用过元代的《我侬词》所描写的："你心中有我，我心中有你，如此多情，情深处，像火焰一样热烈。拿一块泥，捏一个你，捏一个我。将咱俩再一起打破，用水调和，再捏一个你，再捏一个我。我的泥人中有你，你的泥人中有我。"阅读经典也是一样，把我和经典打碎，融合在一起，重新塑出来的看上去是一个本来的自己，一个本来的经典，但其实已经融合在一起，已经有了一种新的精神状态。两者并非完全对立，而是你中有我，我中有你。包括我们看艺术作品，不是要将其完全模仿或利用，而是一种物我两相忘的感觉。我和我的对象能够融合在一起，然后意识到一种统一性，统一性中又有个性。

寄语

我翻译过一句话："Think global，Act local"——"言念天下，践行在兹"。我们要有理想，但并不是好高骛远，而是要做在当下。修身齐家治国平天下，要有"平天下"的理想，首先就要做到"修身齐家"。再比如，讲到和谐社会时常常引用《尚书》中的话："百姓昭明，协和万邦。"而协和万邦的第一步就是"克明俊德"——首先要把自己的人格塑造好，最后才能达到协和万邦。要有理想，就不能仅仅只停留在自己身上；但是要实现理想，首先就要做好自己身边的事情。

海德格尔研究荷尔德林的诗时，提到了诗意地栖居。整个大地劬劳，但是我们不可能远离大地，我们内心还有着对上天的向往。如果我们心中有期望和向往，即使在大地上仍然充满艰辛和苦难，人至少还是能找回自己的本真，诗意地栖居。目前，从政治的角度来说，像"大地"一样——最辛苦、最黑暗、充满着你争我夺的就是国际政治的领域。但是国际政治是不可能完全摆脱的。国际政治看起来离我们的生活很遥远，但其实我们生活的各个方面都和国际政治有关。它也许是一个比较"丑恶"的领域，但关键在于你自己能否达到"诗意地栖居"，有没有坚守的东西。

本文节选自微信公众号"复旦国务团委学生会"，原标题为"对话陈玉聃：践行在兹，探寻'诗意地栖居'"。

周　晔：软银中国合伙人

［校友简介］

周晔，1999 年华东师大二附中高中毕业，拥有清华大学电子工程系学士学位和美国加州大学伯克利分校电子工程和计算机科学系博士学位。周晔是软银中国资本的合伙人，曾经入选创业邦"40 位 40 岁以下投资人"、创业黑马"年度新锐投资人"Top 10、中国 VC 新势力"中国新锐合伙人 100 强"等榜单。加入软银中国资本之前，周晔曾担任麦肯锡公司的咨询项目经理，还是一家社交网络服务公司的联合创始人，该公司后被红杉资本旗下的某公司并购。周晔还曾服务于美国 IBM 公司和腾讯公司，从事研发和产品规划工作。

2011 年，周晔离开了管理咨询业巨头麦肯锡，加盟老牌投资机构软银中国。短短的 4 年半后，他凭借优秀的投资业绩迅速晋升为软银中国合伙人。

如今在 37 岁的周晔身上已经很难看到理工男的影子，其实他在求学时期曾被保送清华电子系，并且在全美排名前三的加州大学伯克利分校电子工程和计算机系念完了博士。比起"周总"这个称呼，他更习惯被人称为 Mervin 或者周博士。

"陪着企业一起成长，这样成就感会比较强。"成为投资人后的周晔这样理解现在这个角色。对于他来说，如果一个企业能够帮助行业提高效率并真正地创造社会价值，那么财务回报将必然是这一过程的副产品。

学霸理工男

实际上，假如回顾周晔的成长经历，比起现在老辣的投资人形象，他一直都是一个高智商的理工男。

上中学期间，周晔是搞竞赛的。高中时他进入了华东师大二附中的全国理科班——教育部直属的试点班级，制度非常灵活，不用参加高考。周晔在高一上学期就学完了整个高中物理的内容，期末在高考试卷的测试中拿到 140 多分，获得了免修资格，高一下学期学完了大学普通物理的课程。

本科周晔被保送进入了清华大学电子工程系，在大学几年一直都是班里 GPA 第一的"学霸"。同时他也热衷于参与各类学生工作，担任过班长、学生会部长、年级团总支书记等职务。2003 年的夏天，在那个刚刚经历过非典肆虐的季节，周晔以"清华优秀毕业生"这个 Top 5‰ 最高荣誉毕业，离开了清华。

本科毕业后，周晔远赴美国，在加州大学伯克利分校以全额奖学金入学攻读电子工程和计算机科学博士。在美国期间，周晔自己第一次创业。

中国版 Facebook

2004 年 2 月 4 日，小有名气的哈佛大学生马克·扎克伯格因为发布了一款名为 The Facebook 的小型社交网络而从此名声大噪，在海内外市场掀起了轩然大波。随后，Facebook 风靡全美。远在太平洋另一面的中国，年轻创业者也开始竞相模仿。与周晔同样被保送清华大学电子系的师兄王兴，从美国特拉华大学博士辍学回国，拉着同样不懂代码的大学同学王慧文和高中同学赖斌强，创办校内网，决定 Copy to China。

2006年,正是国内WEB 2.0概念横流时,六度理论、SNS社区等名词充斥着整个互联网。创业中的王兴在清华大学,通过线下学生团体支持学生活动的方式,拉来无数忠实用户。"注册送鸡腿""送寒假学生回家",这种简单粗暴的方式很快奏效。不久后,校内用户量暴增。然而不幸的是,少年气十足的王兴与资本失之交臂,无力增加服务器跟带宽。最终,校内网易手陈一舟,更名人人网。

无独有偶。同年,在美国加州,曾担任过加州大学伯克利分校华人学生会主席的周晔,与几位志同道合的中国留学生一起发起并创办了海外华人校园社交网站——友林网。在其后一年之内,友林网快速覆盖全球6000多所大学,成为当时全球最有影响力的海外华人平台之一。

国内校园网站烧钱混战。2006年10月,当千橡互动收购时,校内网已经到了资金匮乏的阶段,而在此之前与红杉基金长达三轮的谈判最终破裂,也使得校内网急于找到买家。红杉最终选择投资了校内网的竞争对手占座网。

2007年7月,王兴离开校内网,千橡互动集团副总裁许朝军成为校内网的新掌门人。在硅谷Palo Alto的周晔和来自中国的占座网团队进行了一次会面,紧接着友林网被占座网并购,而周晔也随之结束了自己的第一次创业。

四年半晋升软银中国合伙人

因为这段创业经历,周晔后来受邀去腾讯深圳总部做类似Facebook产品的内部孵化创业工作。然而,考虑到自己工科背景出身,缺乏在商业世界的系统锤炼,周晔最终选择先加入咨询巨头麦肯锡做战略咨询。

在麦肯锡不到两年的时间,这个思维超前的理工男从咨询顾问迅速晋升为项目经理,开始管理团队。也正是在这段时间,累积了他在增长战略、运营改进和大型投资并购的宝贵经验。

2011年夏天的这件事是一个很好的切入点,也是后来故事的开端。从麦肯锡"毕业"后的年轻人,最终往往有两条路可选择:一是做投资,二是去大公司做高管。不论哪条路,在大多数人看来都是可望不可及的机会。虽然在麦

肯锡为行业巨头充当战略军师、排兵布阵指点江山的生活在外人看来颇为高大上，但周晔却更喜欢做一些落地而有影响力的事情。于是，在那个夏天他选择离开麦肯锡。

随后踏上新旅途的周晔，在短短四年半后，就成为老牌投资机构软银中国最年轻的合伙人。在过去的 7 年里，作为一个风险投资人，周晔发掘并投资了一系列高成长的科技公司。凭借着优秀的投资业绩，他入选了创业邦"40 位 40 岁以下投资人"、创业黑马"年度新锐投资人"Top 10、中国 VC 新势力"中国新锐合伙人 100 强"等榜单。

采访周晔的时候已经是工作日的晚上，在软银中国安静的办公室中他畅谈着他的投资理念。正如窗外散尽一天繁杂后的夜色一般，周晔对中国几大万亿级市场做了冷静的复盘。没有风口，没有鸡血，一如他对投资本质的理解。

在竞争日趋激烈的风险投资领域，周晔有着自己的投资理念：独立思考，关注商业本质，投资并扶植那些具有巨大市场潜力且能创造真实价值、满足可持续需求的公司。周晔相信，如果一个企业能够帮助行业提高效率并真正地创造社会价值，那么财务回报将必然是这一过程的副产品。

深入行业前沿，做创业者的朋友，助力优秀的企业家共同成长，可以感觉到周晔对投资有着强烈的发自内心的热爱。"我非常享受陪伴优秀企业家共同成长的感觉。"作为投资人的周晔如是说。

本文整理自《创业邦》2017 年 04 期《寻找独角兽》采访报道。

黄　震：盐碱地上创出的奇迹

[校友简介]

　　黄震，2001 年从华东师大二附中高中毕业后，就读于华东政法大学民商法专业。大学毕业工作数年后选择在农业领域创业。2006 年 6 月，道杰资本 PE 项目经理。2008 年 9 月，上海金振物资利用有限公司，副总经理。2012 年 5 月，上海万禾农业科技发展有限公司，董事长/党支部书记。2017 年 5 月，共青团崇明区委副书记（兼）。上海市十一届党代表，上海市青年英才、上海市青年创业英才、上海市十大青年创业者之星、创业专家团成员、崇明区等一届党代表、第一届政协委员、党员先锋模范、优秀党员、创客代表。

上海在大众创业万众创新进程中爆出传奇故事：一位学法律的大学生，从小在上海市区长大从未接触过农村的青年人，创业选择租崇明农场的土地当农民，经过数年不懈努力，愣是在一片盐碱地上种出百余种有机蔬菜，再以互联网＋现代农业新模式让这些有机蔬菜进入千家万户，他自己则成为一名成功的创业者。

这位传奇创业故事主人翁叫黄震，现为上海万禾农业科技发展有限公司董事长、共青团崇明区委副书记、中共上海市第十一次党代会代表、崇明区政协委员。1983年出身的他，是地地道道的上海人，2006年毕业于华东政法大学法律专业。大学期间，他还选修了金融财经、计算机应用等相关课程。学习成绩优异，并于大三加入中国共产党。

大学毕业后，黄震应聘了一家金融公司，由于工作努力，很快成为这家公司的PE主管经理。在国家大众创业万众创新号召的感召下，已在金融行业工作并初有建树的黄震决心寻找一个属于自己的更大舞台，实现人生的价值。创业，如何创业，是那段时间黄震想得最多的问题。一天，他与做媒体工作的妻子聊天谈起买菜，无意中嗅到了商机。他妻子和上海许多白领一样，早上上班前下班后买菜没时间，去超市买又不够新鲜，外出用餐又担心食品安全。黄震心想，随着生活水准的提高，人们越来越关注"舌尖上"的安全，市民能否吃上放心菜，已成为社会迫切需要解决的问题，自己可以办一家农业企业，通过打造"当日采摘、田间直送""无农药残留"的模式，既可以为市民提供新鲜放心的蔬菜，又圆了自己的创业梦。

经过深入地考察，2011年黄震在崇明中兴镇流转了300亩土地，计划种植有机蔬菜，实现他的创业梦想。

中兴镇位于长江入海口，土地盐碱程度非常高。采访中，黄震向记者展示他当年用手机拍的实况，地上白花花的一片盐碱，到处杂草丛生，大棚全部损坏，棚膜风化，棚架生锈断裂。黄震说，他当年在这样的土地上撒了8次鸡毛菜种子都没长出来，可见土地盐碱化的程度。

从未种过田的黄震面对这种情况没有气馁。他去上海农科院请教专家，专家告诉他首先要洗盐碱。所谓洗盐碱就是翻一遍地，浇一遍淡水再上一层有机肥。

此后的两年内，黄震开始了创业最艰苦的时期，每天早上四五点起床，翻地、用河水洗地，上有机肥，一遍又一遍，直到地里的盐碱全部被冲洗掉。然后修理大棚，请专家鉴定。经过三年的转换期，这块土地终于达到了可以种植有机蔬菜的标准。一个白白净净的都市小伙，在这期间被烈日晒、海风吹，变得黝黑，当地农民说像这样能吃苦的小伙在当地也很少见。

土地改良以后种什么成为黄震新的课题。在改造土壤期间，黄震在崇明认真地调查了当地农民种植的现状：只种小麦、玉米、水稻、花菜。当地农民向他解释说，种其他蔬菜农业成本太高，于是他们宁愿花钱买从山东运来的绿叶菜，也不愿自己种。

2012年，黄震成立了上海万禾农业科技发展有限公司，建立了万禾有机农场。用地面积达2000多亩。他说，中国是一个农业大国，但农业却不强，我要通过自己的努力，修复这一现状，让中国农业强起来。

种有机蔬菜虽然有高附加值，但前提是空气和水土要符合标准，在整个种植过程中不能使用化学农药和化肥，每一茬要送专业检测机构做180项农产检测。黄震说，中国是全球对有机认证最苛刻的，国外只要某个农场通过认证，不需要每一茬都送去检测。顶着这种压力，黄震的万禾公司在崇明租用的地上逐步种上了50多种大类150多种蔬菜。并在2012年后先后获得国内有机认证、欧盟Ceres有机标准认证、美国有机标准NOP/USDA认证、日本有机标准Jas/Maff认证。

有机蔬菜种出来了，俗话说酒好还怕巷子深，怎样才能进入千家万户？初始，万禾采用单一会员制办法，结果前两年还是亏了。这时，黄震下决心要改变销售模式，经进一步市场调研，最终推出了互联网＋现代农业新模式：基地＋城市社区＋宅配＋新零售模式。随着线上线下联动，会员数量不断增加，市场逐步被打开。公司开始有了盈利。2015年，万禾公司在崇明区委区政府的支持下，建起了崇明白山羊养殖基地，开始只养几百头，由于万禾公司只卖新鲜肉的理念，受到广泛欢迎，网上普遍叫好，2016年羊肉全部卖完。在此基础上，未来两年经过两次扩建，原白山羊养殖基地将成为一座1万头规模的现代化花园式新型高科技白山羊扩繁场，并建立种养结合的生态循环链。黄震说，目前是1000头存栏，就会有2500头出栏，第二期我们计划存栏3000头，可以有5000头出栏，第三期将有5000头存栏，那时出栏就有10000头，真正形成规模了。有机蔬菜种植基地和万禾白山羊扩繁场的发展是与崇明三任区委书记的关心支持分不开的，他们多次来农场考察、调研，公司碰到技术问题，唐海龙书记帮助与农科院院长对接，白山羊养殖项目区农委帮助争取农业部项目扶持。万禾公司的发展与崇明良好的营商环境是分不开的。

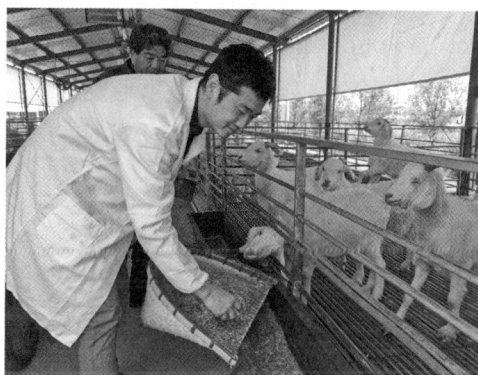

就这样，黄震的万禾公司通过坚持创新，颠覆传统农业的模式，从一个带着父母和妻子一同创业的家庭农场，历时四年，发展到有100多名员工，带动当地超过600户农民共同富裕的农业龙头企业。成为上海知名的有机农产品生产基地，国家级农业标准示范区。2017年公司销售额达3100多万元，2018年随着崇明白山羊二期的投产，销售额突破5000万元。在许多企业增长放缓的情况下，万禾公司几乎以翻番的速度在增长。

黄震的成功创业得到了社会的认可，并获得上海市青年英才等荣誉称号。在谈起下一步打算时，黄震说，崇明正在建设世界级的生态岛，农业也要成为世界级的。未来崇明的产品不只是土特产的概念，而是世界级生态品质的产品。十九大提到当前我国社会的主要矛盾已转化为人民日益增长的美好生活需求和不平衡不充分的发展之间的矛盾。作为一名党员、一位有责任心的企业家，贯彻十九大精神应做出自己的贡献。今后几年，我打算在生产有机蔬菜的同时，为乡镇振兴多做一些事，把公司所在地建成上海美丽乡居生活示范基地，结合农旅、体旅、文旅，首先让附近的农民富裕起来。目前，有数百名当地农民在我这儿工作，他们的工资从3500元至5000元不等，结合发展旅游事业，我帮他们把空房子装修成民宿，搭建电商平台后用于外租游客。房租收入和工资加起来就可以超市区白领收入。贯彻十九大精神应该从我做起，黄震如是说。

作者：杨联民。
本文原载于《现代工商》2017年11月刊。

翁顺砚：用琴声把温情传递给菲律宾孤儿

[校友简介]

翁顺砚，华东师大二附中 2001 届高中校友。上海交通大学遗传学博士，毕业后遵从自己内心的声音走上音乐道路，成为音乐自由职业者，实现童年梦想。现为上海城市交响乐团及上海彩虹室内乐团中提琴首席。上海市自耕园文化中心发起人之一，深入社区、工会、写字楼举办古典音乐欣赏讲座。与国际友人共同成立 Hannahiross 慈善基金会，致力于帮助孤儿和极端贫困地区的儿童获取和改善受教育条件。座右铭：成功无关乎名利，而取决于能否让别人的眼睛闪光！

我是 2001 届一班的翁顺砚,高三在三班化学班。从本科到博士都在上海交通大学生命科学技术学院学习,博士专业是遗传学。2015 年终于在煎熬中毕业之后,还是遵从自己内心的声音,成了自由职业者,当小提琴和中提琴老师,同时在上海城市交响乐团和上海彩虹室内乐团担任中提琴首席。另外,我与国际友人共同成立了 Hannahiross 基金会,帮助菲律宾宿务市 CSB 孤儿院的孤儿,并支持菲律宾贫困地区的小学教育,还希望以后能将慈善活动的重心放在国内来支持贫困儿童和孤儿的教育,或者帮助留守儿童。我还在翻译一本生命科学专业教科书,翻译、编订和校对若干本乐谱,这些都即将出版。换言之,除去即将完成翻译的教科书,我目前和今后从事的工作与我的博士专业没有关系。

有两个很显然的问题是我一定会回答的:第一个,是什么让我毅然决然地放弃自己为之拼搏了整整八年的博士专业,而在没有音乐专业教育背景的情况下投身音乐事业? 第二个,会不会觉得自己浪费了整整十四年的时间在一个与自己的工作和事业看似没有关系的专业的学习之上?

第一个问题要追溯到我四岁的时候。我从那时候开始跟随上海音乐学院吴菲菲教授学习小提琴。我妈妈兄弟姐妹六个,除了大哥"文革"前从上海音乐学院大提琴专业毕业,余下的五位都自学二胡,其中二舅和我妈分别靠自学进入部队文工团和工人文化宫民乐队。我在娘胎里八个月大的时候,跟随我妈在二附中教学楼里参加了华东师大中文系毕业考试。对音乐的热爱以及音乐(包括文学,其他艺术)方面的天赋,显然早已写在我的基因里面。在高中的时候,我梦想考上海音乐学院指挥系。但是因为音乐老师们都劝我不要学以后不容易找工作的专业,最终我选择了理科专业中最接近文科的生物学。但是从四岁开始点燃的音乐梦想,从来没有熄灭过。九岁开始我参加上海市少年宫小伙伴艺术团管弦乐团,从此直到现在,除了高三这一年之外从未中断过乐团演奏活动,即使是在美国辛辛那提大学医学院做交换生的时候也参加了辛大乐团。在交大读本科期间我开始尝试着教同学们拉小提琴,随后开始做古典音乐普及讲座,举办独奏和重奏音乐会,等等。自己各方面条件其实并不适合做科研,对这件事情也缺乏兴趣,事实上我几乎一直把音乐当成自己真正的专业来对待,在繁忙的科研工作之余保持自学音乐理论,提高演奏水平。当我在 2015 年最终熬到毕业却因为不可抗拒因素没有拿到博士学位,找专业对口的工作屡屡受挫之后,在背水一战的情况下干脆开启了自由职业当音乐老师的人生新篇章。以我现在的生存状态而言,无论是经济收入,时间的自由度还是自我价值的实现,都远超过我(假设)在生物学专业内工作所能达到的水平。最关键的是,我得到学生和家长以及乐团方面和音乐爱好者们的尊重,有自己独特而不可取代的价值,活得快乐而有尊严。

关于第二个问题,我想说,不可能完全不觉得可惜。人生能有几个十四年？从表面意义上说,我把人生中美好的十四年青春埋葬在了交大闵行校区,从当年那个心怀梦想、朝气蓬勃、身轻如燕的小伙子变成了油腻的中年大叔。从硕士期间去美国做交换生开始到博士毕业,我承受了太多身体上和精神上的折磨。但是随着阅历的增加,随着我与自己以及整个世界的关系越处越好,我越来越能接纳不完美的自己,学会宽恕别人,用更积极的态度看待事物而少抱怨——现在回过头来看这十四年,我感到命运既然安排我承受这些磨难,应该是天将降大任于斯人也,必先劳其筋骨,苦其心志,那么我为什么不感到高兴呢？有哲人说,挫折和磨难是别人花钱都买不到的财富,为什么不心怀感激呢？

那么具体而言,我要感激这些磨难给我带来了什么？我觉得一个人在成长的关键时期承受一些风雨的敲打,打开一扇内观的窗口,与自己内心那个童年的小孩对话,学会与潜意识层面的自己相处并接纳他,修复自己童年的创伤,内心逐渐变得坚强而充盈,并且真正地学会爱——爱自己,爱别人——那么这些磨难就有宝贵的价值。很多中国的 80 后 90 后并没有真正成长过,并不会倾听自己内心的声音,更遑论做自己命运的主人,而很容易陷入当前社会上常见的焦虑、困惑、无助之类的情绪之中,而不知道自己应该活成怎样的一个人。这样的人,很有可能最终度过庸庸碌碌的一眼望得到头的一生,而且还是挣扎于各种困苦和危机中的一生。相对这样一个结局,一个人在二十多岁的年龄经历一些回过头来看其实无足挂齿的风雨,又算得上什么呢？

在我迄今为止 35 年的人生道路中,最困难的阶段无疑是博士阶段陷入抑郁情绪的那几年。在离抑郁症并不太遥远的状态下,我曾经连续几个月没有去实验室,把自己关在寝室里谁都不见也不联系,连吃饭的欲望都没有。但是我始终没有熄灭的音乐梦想,每周至少一次的排练和演出活动,也是我挣扎着走出那个泥潭所依赖的重要力量。

至于最困难的选择,其实并不是要不要以音乐为职业,而是在博士读到最艰难困苦的时候,要不要放弃。我内心的声音告诉自己,我实在不适合也不喜欢做科研,早放弃早解脱。但是有一些很难抗拒的其他的因素,让我非常难以下决心。这里面包括了我的母亲对我延续她学习梦想完成博士学业这件事的执着。她极其悲惨而无法抗拒或改变的童年经历影响了她的一生,让她无法逃脱不接纳自己所带来的梦魇——那经历不仅仅影响到了她自己的人生,而且将我也置入那个命运的链条。当母亲重病,我的博士学业依然进行得困苦不堪,父亲则因为来自我和我母亲的重压而一夜白头然后掉了好几颗牙齿的时候,我经历了一生中最困难的抉择。最后可能是我的家族所传承的强大责任感,让我选择继续我的学业直到最后一天,尽量满足母亲对我延续她未竟的博士学业那种近乎固执的期待。毕竟我的母亲无法选择她童年的命运,我只是希望命运的链条在我这里就不要延续下去了吧。

在接着谈论"步入新时代,二附中学子如何做好准备迎接新的挑战"这个话题之前,我想先抛去"步入新时代"这个前提,并且先不谈论"挑战",而是讨论一下二附中学子以及其他所有还未高考的孩子们填报志愿前了解自身这方面,我的一些个人见解。我第一次听说"十六型人格测试"和"职业倾向测试"这类能帮助人更妥当地安排职业和人生路线的心理学测试,是在大一开学后不久,是学院里的安排。当时我就意识到已经太晚了。我的测试结果表明我最适合的职业包括艺术类、教师、语言工作者,等等,而最不适合的职业是科研。当时我年少轻狂,不愿服输。现在想来,如果我高二的时候就做过这样的测试,或许我在高三的时候就接受英语老师田伟先生的推荐,免试去北大读阿拉伯语了。或者至少可能我会有理有据地跟向所有劝我不要考文学艺术类专业的成年人表达我自己的想法,坚持自己的梦想。我相信在当前这个网络时代,做一下这类测试简直易如反掌。记得做"十六型人格测试"的话,要做 200 多道题的完整版。

而至于新时代背景下二附中学子如何迎接挑战,我并不想谈论太多关于新时代未来趋势的话题,我也并不擅长于作格局庞大的前瞻。我只想说,学会倾听自己内心的声音。如果你还不明白这意味着什么,抽空看一下《牧羊少年奇幻之旅》这本书吧。并且请记住,现在这个时代早已经不同于上一个世纪,现在的孩子们未来的人生有多得多的可能性。如果你选择做一件自己真正发自内心喜欢的,甚至是离开了就活不下去的事情,你至少一定不至于吃不饱饭。并且我希望孩子们记住龙应台在《亲爱的安德烈》中的一段话,大意是:孩子,我希望你接受良好的教育,只是希望你今后能有选择的自由。你能选择一份给你留下(自由)时间和空间的工作,这让你活得快乐而有尊严。孩子们,慢慢地你们会懂得,名和利都不是人生的终极意义之所在。家庭幸福美满,对社会对人类有充分的价值,能让身边的人眼睛闪光,则更接近我所理解的人生的终极意义:活得快乐而有尊严,内心宁静而满足,爱自己爱别人爱世界,甚而至于,达则兼济天下。

最后几个问题:1. 如果我将来写自己的回忆录,如果只能写一段,其实我并不想写痛苦的博士阶段,而想写一写自由飞翔、身心健康成长的高中三年。我由衷地感谢二附中宽松自由的学习环境,让我从高中开始就学会做自己的主人,并且在进入大学承受磨难之前已经有了一个比较健康的身心状态。二附中从来不搞题海战术,不从心态上压迫学生并制造紧张感。老师们都很注重学习策略和效率而非题海轰炸。一定限度内,只要成绩过硬,学生可以自己安排时间,选择放弃一些不必要的作业。学校里有充足的各方面活动,即使到了高三体育课也一节都不落下,甚至整个高三几乎没有加过课,从来没有占用过哪怕一天的节假日和寒暑假。这让我感觉自己是学习的主人而不是奴隶,反而进入大学之后成了学习的奴隶而无所适从,感觉二附中才是真正的大学! 我还要感谢二附中的老师们不仅传授知识,确保包括我在内的大部分学生考进了理想的大学,在人格养成方面更有润物细无声的丰功伟绩。田伟老师在我们高二的时候就教给了我们非常好的英语学习方法,我在自己的公众号中专门将它们整理成文发表过。他还给我们上大学英语精读和听力课程。高中的英语学习奠定了我当下英语能力的基础。语文老师陈强上课时举手投足间洋溢的文人气质也给我留下了深刻的印象,让我深深地被文学的魅力吸引。尽管高考作文不得不写成八股,但是他鼓励我们在周记中尽情发挥文学上的想象力,给我们说真话、说实话、说心里话的机会。在应试教育的残酷压力下,这至少给学生们人性中真善美的部分留下了一个珍贵的庇护所。

2. 我如何安排我的兴趣、工作和生活之间的矛盾? 我的兴趣、工作、事业和生活之间没有矛盾,它们完全是一体的。曾经我很羡慕那些把兴趣爱好、工作和事业合为一体的人,现在我幸运地也活成了这样一个人。在这样一种状态下,我的事业(向下包含了经济层面的工作和主观层面的兴趣)带给我全面的正能量。我在生活中除去花在生理需求和家庭生活上的必要时间,并不需要额外的时间去消除大部分人的工作带给他们的疲劳感和负能量。我现在恰恰也把几乎所有的时间都花在了音乐、翻译和慈善事业上,我享受这样一种时时刻刻给我带来快乐和尊严的生存状态。二附中的学子们,你们是真正的精英学子,我衷心希望你们当中更多的人,在未来也能活出这样一个状态。至于你具体从事什么职业,收入多少,都并不那么重要。

最后,我想以美国指挥家 Benjamin Zender 在 TED 演讲:Classical Music and Shining Eyes(古典音乐与闪光的眼睛)中所说的一句格言,来结束我这篇又臭又长也不知道如何归类的文章。他说道:(很多年后我才明白)真正的成功无关乎名利,只关乎你能不能让你身边的人的眼睛闪光。

　　二附中的学子们,我希望你们中的一些人在阅读本文之后,眼睛中能闪烁出光芒。这将带给我莫大的快乐和尊严,在你们未来的人生中或许也一样。如果你们活成了一个快乐而有尊严的人,愿你们能将这一句格言的精神传承下去,让更多的人的眼睛里闪烁光芒。谢谢!

周文华：守望留守儿童的蓝信封创始人

周文华，华东师大二附中 2002 届高中全国理科班校友，蓝信封留守儿童关爱中心创始人。2008 年受一则留守儿童自杀的新闻触动，创立蓝信封项目，通过给留守儿童写信的方式陪伴他们成长，十年发展，他们联合全国 456 所高校的大学生，累计给留守儿童写出 15 万封信件，陪伴数万名留守儿童成长，通过对儿童的心理疏导，成功阻止多起辍学、自杀等儿童问题行为的发生。

蓝信封，用传统的书信，一个月一封，持续三年，给孩子一个知心的大哥哥/大姐姐。

一直觉得我们 2002 届全理班在二附中是非常独特的,这种独特一部分来自于我们班外地人的比例要超过上海人。并且我总觉得我们班的上海人也和其他班的不太一样。美国大学录取学生时,非常注意"bring different things to the table",我想我们班这张桌上,还真是有很多与众不同的有趣灵魂。比如我们班当时是体育最好的全理班,我们也是饭量最大的全理班,我们是排小品能赢得满堂彩的全理班,我们还是明明可以靠颜值,却偏偏要比体力比饭量比抄机比翻墙爬树的毫无高智商偶像包袱的全理班……

如今我们毕业十六年了,同学们纷纷取得了各种世俗的成功:有 CFO,有基金经理,有地产大咖,有名校教授,有在美国硅谷大展身手的,有自己创业的,还有在北京买了几套房躺赢的。人到中年,现在大家在群里不比饭量比发量了。这次接到校友会的邀请写校友风云录,我就想有一个特别的人值得写,他做的事完全不能用世俗的成功来衡量,这么多年来他承受了并且现在也承受着来自社会和家人的各种误解和压力,他这一路走来实在需要非凡的勇气,他就是我们班唯一的全职公益人——周文华博士。

文华在高中时就显出一种悲天悯人又懵懂乐观的复杂气质,他发现食堂里有些同学每顿饭只吃一个馒头,就发起了"十份菜"的活动,每天请学校食堂准备十份免费可口的饭菜,给有需要的同学。学校每天人来人往那么多学生,我们自己也是每天提溜着饭缸子流水般去打饭,但是从来没发现有同学居然吃不起菜。我不是个妄自菲薄的人,也没为这件事儿感到特别惭愧,但是这事儿着实让我对文华刮目相看了,嗯,他确实有那么点儿不同。当时我是这么想的。在此也要特别感谢我们慈祥可亲的何校长,当时"十份菜"正是得到了校长何晓文老师的支持,才能进行得如此顺利,在二附中传为美谈,温暖了很多人。

后来再见到文华就是大学毕业了,那时他开始关注留守儿童这个群体的精神孤独问题。他开始发动周围的大学生与留守儿童一对一书信来往来进行心理疏导,从情感上陪伴他们。又过了两年再见到他,他已经辞去了工作,全职做公益。他于 2008 年正式创立了蓝信封留守儿童关爱中心,十年来一直致力于留守儿童心理陪伴。目前该项目已发展到全国多个省份覆盖 230 所留守儿童乡村学校,信件流通量达 15 万封/年,参与项目的书信志愿者来自 600 多所高校。第三方心理学评估显示,该项目有效改善留守儿童孤独水平,让留守儿童更好融入社会,避免了诸多极端案例。该项目,CCTV、《人民日报》均有报道,还获国家民政部、团中央表彰。

曾有人问他,留守儿童这么大一个社会问题,你个人的行动能改变什么。他答:

不是看到希望才去行动的，是行动的人多了，才看到希望。在这里总要一个人先跳出来，先去行动。

我想大家都和我一样，能够感受到这段话里巨大的善、力量和勇气。二附中的校训是"卓然独立，越而胜己"，在这个清浊并下的世道里，我们多少人能够卓尔不群地思想，多少人能够战胜自己内心各种对世俗的妥协。我们做不到甚至想都没想过的事情，文华十余年如一日地践行着，他让我们看到了人生还有另一种不问西东的跋涉，一种完全来自于灵魂共鸣的愉悦。

2018 年 4 月 27 日于南科大慧园

〔作者简介〕

祝渊，华东师大二附中 2002 届高中全国理科班校友。毕业后保送清华大学材料科学与工程系，2011 年获清华博士学位。现任南方科技大学副教授，先进散热技术及解热科仪工程中心主任，兼任南科大创新创业学院教学办公室主任，中国计量测试学会热物性专业委员会委员。

姜文俊：开得了飞机，下得了厨房，型男机长有点"萌"！

[校友简介]

姜文俊，华东师大二附中 2002 届高中校友。上海理工大学电气工程及其自动化专业毕业，美国 Sierra Academy 飞行学院学员。现任上海航空公司飞行一部三分部经理助理，737机型 A 类教员，机长。2006 年获安捷伦杯大学生电子设计大赛上海赛区一等奖，2014 年获上海航空公司模拟机大赛一等奖，2018 年获上海航空公司航空知识竞赛一等奖。

"小时候有想过成为飞行员吗?"

很多人可以讲出跟蓝天结缘的儿时梦想,讲述飞行梦驱使自己努力的故事……但当我们把这个问题抛给在上航飞了九年,现任波音 737 机型责任机长姜文俊时,他不好意思地笑了,很诚实地告诉我们:还真没有。

大学毕业的时候因为就业的压力姜文俊尝试了招飞,没想到一路过关斩将顺利通过,在上航工作的第九年,他回望自己当时的选择:褪去理想的光环,自己一开始就明白,这注定是一场脚踏实地、不断修炼自己的道路。

一步一脚印,学习不要酷

"进入上航之后,接触到了各个不同的教员,他们身上对职业的尊重,对飞行的严谨,让我受益匪浅。"

姜文俊跟我们讲起自己印象深刻的教员,有风趣幽默的,有严肃沉稳的,有大气潇洒的,但是无论是什么性格,教给他的都是对于自己职业的尊重和热爱。他忘不了自己第一次放单飞行,身边没有了老教员的指导,他对第一次没有完美落地耿耿于怀,回程的航班上他记起一位教员说过的话:"没有 100% 完美的飞行,只要每次发挥自己最好的实力,就是对自己和旅客的负责。"放平心态后,姜文俊再次落地平稳又漂亮,现在早已成为 A 类教员的他也经常把这句话告诉年轻的副驾驶,飞行技术的发挥,背后离不开踏实稳定的心态。

升为机长后,姜文俊代表上航去参加了东航飞行员技能大赛,在这场比赛中,年轻气盛的他遇到了更多优秀的同行,也看到了很多人精湛的飞行技术和理论心得,这让他意识到,成为机长只是一个开始,并不意味着你就可以停止学习。飞行也是一门艺术,只有往前不断探索前进,才能成为行业的顶尖者。

责任在肩,飞行不要酷

身为飞行二部四分部的安技督查,姜文俊对安全有自己的准则,他常常说不管一天飞几段,每一次起飞,都是需要打起百分百的精力应对,不能放过每一个细节。

一次执行三亚至温州的航行中，巡航过程中他突然发现无线电波道内时断时续，凭借自己对 737 机型的理论知识，他立刻判断出可能是由于某部发射机故障导致的卡波道，于是他立即测试两部主用 VHF，最后判断出是副驾驶侧 VHF 发射机卡组，成功避免了可能出现的通讯失效，保证了航班运行安全。

"魔鬼藏在细节中"，对于飞行中出现的每一丝异常的重视，都是对于生命的尊重。对于安全准备他牢牢恪守，对于旅客，他更有一份机长沉甸甸的责任心。

有次执飞曼谷回上海的航班，姜文俊接到乘务长的通知有一位旅客反映胃部不适，有呕吐头晕现象。姜文俊立即详细询问了该旅客具体情况并征询其本人意见，最终决定继续飞往目的地浦东。并且在飞行过程中积极与空中管制员沟通，争取直飞。同时积极联系现场保障部门，向检验检疫部门报告有呕吐物污染，同时要求救护人员和救护车到位。之后飞机正常落地，在按规定的情况下最快时间内到达停机位，此时检验检疫、救护人员和救护车也已到位，顺利保证了旅客的及时就医。

虽然不是每一次飞行都会遇到这种情况，但关上舱门，机长就是整个飞机的最高负责人，面对突发情况临危不乱给出自己专业的解决方案是姜文俊对自己一直以来的要求。

陪伴家人，暖男不耍酷

姜文俊的头像是跟自己儿子的合影，这个年轻的爸爸不吝于跟我们分享自己甜蜜的家庭。

被问到自己的职业对儿子有什么影响，他颇为苦恼地说，自己跟另一半都是一线员工，因为节假日要飞行，不能像普通家庭陪儿子去游乐园和动物园是自己最大的遗憾。

"会给儿子培养飞行相关的爱好吗？"

我不想影响他的爱好发展，飞行员只是普通职业之一，每个职业都有自己特殊的魅力，我想让他自己去挖掘。

因为工作没办法常常陪伴家人，生活中的姜文俊更珍惜每一刻的相处时光。脱下制服，系上围裙,这个平时喜欢健身和踢球的男人研究起了甜品配方和糕点菜谱。被问到为什么会爱上厨房,他有些不好意思地告诉我们因为老婆喜欢烘焙,自己只是想在休息的时间里跟她多相处一会儿,能多聊一会儿天。

老婆休息的时间会去跳舞健身,他也会琢磨要不要报个班一起学习,"爱屋及乌"是他对于情感的表达,这背后更是愿意花时间和精力去给另一半最暖心的陪伴。

又到一年招飞季,当我们问起姜文俊,对心怀蓝天梦的年轻孩子,有什么"过来人"的经验之谈时,他认真思索了一下告诉我们:"我希望他们能看到这职业背后所要付出的努力,这是个不能耍酷的职业,褪去光环,踏实生活,飞行才会显示出真正的魅力。"

作者:江南。

本文原载于上海航空内刊,2017 年 11 月 3 日。

应轶群：传承

——二附中物理教与学的继承与传播

〔校友简介〕

应轶群，1997 年至 2003 年就读于华东师大二附中。本科毕业于北京大学物理学院，后取得美国宾州州立大学物理博士学位。高中时代为第 34 届国际物理奥林匹克（IPHO）中国国家队成员（因非典流行病爆发，中国队未能参加当年决赛）。曾在《自然通讯》《物理评论快报》等世界级期刊上发表多篇一作论文。学习和教授物理多年，从事科研、技术咨询，跨多个行业最终植根教育（从选手到教练）。作为奥赛教练，参与并编著华师大版《物理竞赛教程》第五版和《高中物理竞赛考前辅导》。

如今的中学生学科奥赛，早已不像当年我在二附中读高中时那般，能与升学、保送紧密挂钩了。国家大的教育方针不鼓励奥赛，这是去除功利，返璞归真的正确做法。另一方面，对于一小部分有天赋、肯努力的孩子们，奥赛选拔，早已被30多年的实践证明是合理的做法。

我就是在这样的背景下，于2013年初取得宾州州立大学博士之后回国，2015年辞去西门子中央研究院的咨询职位，投身到基础物理教学中的。现在的我，是一名职业奥赛教练和学生的职业规划、心理咨询师。

不忘初心

很多人不解，贴有"北大优秀毕业生""海归博士"的标签，为什么会投入到基础物理教学？我出身物理专业，按理说应该去当教授，或者去华尔街、陆家嘴才符合大众的期望。其实离开科研领域很正常，因为觉得科研作为职业来讲，不合适自己，活着活着，就活出了自己真正向往的东西，而职业科学家需要适应同行评审的圈内规则，需要为科研经费奔走，有时并不能做自己想做的研究。最终我决定离开高校，先找个咨询的岗位过渡一下，看一看各行各业的玩法，把自己的路走宽一些。

这个决定，与年少时在二附中7年的经历是分不开的，二附中的校园文化以宽松、多元、尊重个人意愿著称，选择合适自己的，是二附中人身上一贯的气质，是母校带给我的，伴随一生的内涵。

另一方面，都知道物理专业的学生有着较其他专业更突出的建模能力，而这对于金融行业来说是非常重要的，所以华尔街特别倾向于物理专业的人才。但于我而言，做了几年咨询，见过多个行业后，我更倾向于做教育，因为我对奥赛选手培养的情感比别人更深一些。我的整个中学时代都是伴随着奥赛度过的，像个职业运动员，直到最后入选国家队。可以说物理竞赛代表了我最青涩的学生时代。

我的故事可能是二附中历史上较为"奇葩"的，2003年我同时入选了亚洲奥赛和国际奥赛的中国代表队，满怀期待要去为国争光，但适逢非典流行病爆发，亚洲各国人心惶惶，中国代表团临时决定取消参赛，接到郑永令教授的电话，我哭了。于是，我成了二附中历史上唯一一个没有奖牌的国家队队员。

高中几年的努力，就这样付之东流吗？接下来我要做什么？当时的我打定主意在物理这条路上走下去，因为我为万物的理论着迷。但短期做什么呢？我作为运动员的生涯已经结束了，我能为二附中留下除了一个名字和一段故事以外的东西吗？

我思考了一个月后，做了一个决定：要用在二附中最后几个月的时光，把我过去三年中,为物理竞赛所准备和凝聚的精华变成一本可供未来华二学子使用的习题集——《高中物理难题集萃》。之后的 3 个月,我每天像准备奥赛时那样工作 14 个小时,终于在毕业前完成了这套习题集,一套包括了 400 余道物理竞赛难题以及个人解题构思的习题集。我把手稿交给老师留作毕业的纪念,希望他们传给学弟学妹们使用。

让我感到惊讶不已的是,十年之后 2013 年夏天一次偶然的机会,当我回到母校参加活动时,遇到了一位当时准备参加奥赛的同学。看见他手里拿的打印整齐的习题集,里面的内容正是源自我当初那本手稿。刹那间,十几年前的回忆像潮水般涌了出来。后来我才知道,是 2005 届、2006 届的学弟东方虎、洪辰明、於韬和姬一冰,将那时已经"濒临失传"的手稿一点点挖掘出来,变成了电子版保留了下来。并且,他们对手稿的内容作了系统的修订,把我的错误一一找了出来,进行订正。

从那时起,我就意识到,什么叫二附中人的传承。二附中培养的学生们自然地一代代传承着永不放弃的精神,传承着前辈带后辈的校园文化,传承着奖牌、荣誉背后的奋斗历程。二附中历史上的金牌选手们,是附中铸就的"阳",而我和东方虎、洪辰明、於韬、姬一冰等人,则是附中孕育的"阴"。

二附中的教育,是潜移默化的影响、是讲述、是学长学姐们用成就激励后辈们。这就是我继续教育教学的初心,源自母校的感召,源自传承!

从零开始实验,广泛提高中国学生科学素养

在宾州读书的那几年,我时刻关注着中国学生在国际赛事、科研领域和业界的表现,发现很多中国学生的学术科研都很出色,但是在动手能力和勇于质疑的批判性思维上有所欠缺,而这些能力对于学生在未来的发展起着至关重要的作用。如果中学阶段能够进行一些训练,对于提高学生这两个方面的能力会有很大的帮助。

我能够作为实验研究者完成六年专业博士训练,得益于当年在二附中的物理创新实验室捣鼓实验仪器的经历。母校的物理实验仪器是上海高中当中较为全面和先进的,在帮助老师维护实验仪器,开发新实验题目的过程中,我经历了坏了就拆、

拆了就修、修好了再用的一轮轮动手。日后这项经历在博士期间做研究时派上了用场。

自己做老师后，我明白物理实验是提高学生的动手能力最有效的方式。对此学生大众并不十分了解，那么如何激起大众对实验科学的兴趣呢？首先要从本身就对物理着迷的学生开始培养，于是我从奥赛选手的实验培养入手，希望取得一定的社会影响力后，将沉淀下来的培养模式开发成激发大众学生动手兴趣的内容。

由于很多上海学生起步较晚，所以我决定培养学生从零开始自主搭建、自主实验的能力，使学生形成实验素养。实验训练需要更加贴近科研及工业界实验室的环境，而不能使用现成的成套仪器，因为这些仪器高度集成化、标准化，对于学生而言好像一个个黑盒子。我采取的方法是先让学生拆解旧的成套仪器，搞清楚内部构造，再把一些处于基本零件状态的元件给学生，让他们"开发"原型机，开发出来后，用原型机完成一些奥赛可能涉及的问题。

几年积累下来，培养模式在奥赛选手们身上得到了验证和优化，那么如何对大众学生群体进行普惠呢？我想起在校时物理老师们常常提起的二附中第一位物理特级教师陈延沛先生的故事。80年代初，一附中是教改的先行者，陈老就是在当时从高中物理的战线下沉到初中零基础物理教学研究第一线的，他当年走的是从零到一，从无到有的路。实践证明，他摸索采用的演示实验、学生实验及学生自主设计等一系列教学手段，使学生在获得知识的同时发展了智能。由于初中教改加强了观察和实验，80年代初这批学生的分析能力和动手能力都比较强。后来我与许多为人父母的这个年代校友们交流时，大家对此印象都很深。

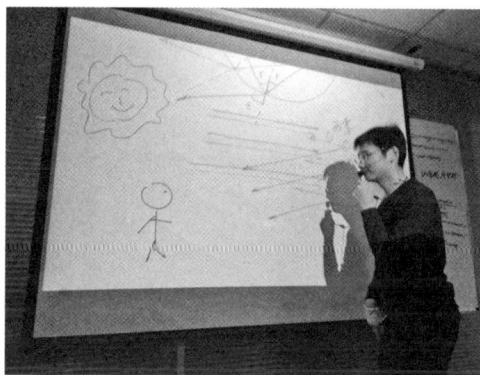

因此，我也决定从未接触过物理的初中学生入手，将从零开始用原型机探索物理概念的这套内容，开发成六七年级学生们喜爱的实验项目，这些项目并不应试，并不告诉学生这就是物理课，而是以科技零基础探索为导向，寻找的是认可我们理念的学生和家长。同时我培养青年教师团队，让他们逐渐学会指导这样的项目。

对学生而言，做项目之初，教师并不告诉他们什么是物理实验，而是让他们自己找寻。学生进入项目后，教师从来不主动提供"答案"给学生，而是不断鼓励学生用各种方法尝试,学生实在未能如愿后,才会给出一点点提示,让他们继续尝试,同时把这个过程记录下来。在项目深度进行时,教师常故意提供有瑕疵的"答案",鼓励学生批判书本内容和现成的答案,让他们知道,细节的积累是靠个人不断试错得来的,而不是靠照葫芦画瓢画出来的。

现在的我,不仅仅自己继续奋斗在一线奥赛训练的岗位,而且已经组建了一支青年教研团队,团队开发的项目在两年的时间里为一千多名初中学生普及了"原型机探索实验"的概念。这套培养模式,传承了母校给我的价值,注入了我自身积累的价值,将母校自由、探索、尊重个人选择的教育理念融入其中,带向更广泛的学生群里,让没有机会进入二附中的学生,一样能够从中受益。

这就是我所传承和发扬的。

谈安迪：寻找真正的热爱

［校友简介］

谈安迪，华东师大二附中 2008 届校友，美国马里兰大学物理学博士候选人。长期在当今实验粒子物理学的前沿领域工作，致力于暗物质直接探测。参与由上海交通大学领导的"熊猫计划"（PandaX 实验组），该实验位于中国锦屏地下实验室，地处四川省凉山彝族自治州。曾作为实验项目组的锦屏现场负责人，领导了该项目一期探测器到二期探测器的升级工作；并作为数据分析骨干成员，为"熊猫计划"在 2016 年、2017 年成为世界上最灵敏的暗物质探测器做出贡献。

一转眼,已经毕业十年了。而在二附中的岁月却恍如隔日般的清晰。还记得某一堂班会课上,吴学良老师在教室后面布置了一个巨大的"Dream Tree",我们每个人在一张便签纸上写下自己的梦想,课后贴到 Tree 上,我的那一片叶子上,与众不同地写着"核物理学家"。最终,我有幸通过自主招生,进入上海交通大学物理系(现物理与天文学院)。我时常感到无比幸运,那三年可谓是我懂事之后最无忧无虑的三年。虽说面临升学的压力,有着严重偏科的不足,二附中依然保留了我的个性化发展,而一个不错的结局给这三年画上了圆满的句号。

后来由于一系列机缘巧合,我进入交大理科班(现致远荣誉计划),其后出国留学。现在是美国马里兰大学 College Park 分校的一名实验粒子物理学博士生。如果忽略核物理与粒子物理的区别,那么看似我即将实现我的"梦想"了,而其实我走过的弯路和折返,却时常令我反思与庆幸。

高考制度的一个重要功能是要解决稀缺的优质高等教育资源分配的问题,而优质的高等教育资源是如此稀缺,以至于大家挤破头去争取的时候甚至还没想好将要如何利用这份资源。以我为例,二附中时期物理成绩优异,虽然不是理科班竞赛生,但是我广泛阅读物理学科普书籍,对物理现象有着浓厚的兴趣。因此,在被上海交通大学自主招生录取的时候我毫不犹豫地选择了物理系。如今回想,其实除了对口父母职业的专业外,我几乎对大学里所有其他专业没有任何理性的认识。

随着大学一年级第一学期的迷茫,我很快意识到这个选择的鲁莽,也许是基于高中突出的成绩所带来的优越感。因为即使是熟悉的物理学科,高中与大学物理系的培养目标大相径庭。不再是学习已有理论的美妙,而是要去试着发现新的现象并用新理论解释,如同一个痴迷于看电影的人并不意味着能成为好的导演。后来我有幸进入 PandaX 实验组,从事暗物质直接探测的前沿研究工作,在几年之间慢慢建

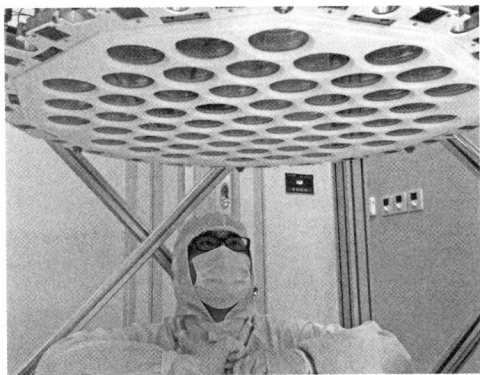

立了我对于科学研究的热爱,并使我确信以此为终生的事业。也许人生的常规模式就是将错就错,但是在重要的选择面前,也许我们至少应该把选项了解清楚。

进入博士阶段之后,我很清楚我想要成为一名实验物理学家。我的项目叫作 PandaX 实验,是利用氙气液二相时间漂移投影室探测器对暗物质粒子

进行直接搜寻,是目前粒子物理学的前沿方向。而为了减少来自宇宙射线的干扰,暗物质直接探测的实验都处于地下实验室,我们的项目也不例外,位于四川省凉山彝族自治州的中国锦屏地下实验室(CJPL)之中。在 2016 年、2017 年,我们团队保持了当年对于暗物质粒子与常规物质自旋无关相互作用的直接探测的世界纪录。

过去四年中,我每年近 300 天在人迹罕至的大山深处生活,在地下实验室从事着实验研究工作。许多人问我,是什么支撑着我从事枯燥的、乏味的、高强度的科研工作? 当我告诉他们,我很确信不是科学家的光环,而是发自心底的热爱,他们总是觉得光谈"热爱"是很空洞的。我想,那一定是因为他们没有体验过真正的热爱。

也许"马斯洛需求层次理论"并不能适用所有情况,在他的理论中,最高层级的需求,给予人最大满足感的,其实是自我实现和自我超越。让我回顾自己高中到博士的阶段,其实高中激励我的那种优越感,就是略低于自我实现层面的一种满足,但是它驱使我在物理这个方向上前进。而当我第一次成功做出一个人类历史上没人做出来的东西的时候,我想自我实现的层面得到了第一次满足。其后的几年博士生涯中,当历时近两年的超高强度、多次反复的调试之后,终于成功运行一个世界上最灵敏的探测器时,自我实现的需求得到过许多次的、更深层的满足。我想这就是我一直在这条路上走下去的原因,这就是我的"热爱"。从事物理学研究,他定义了我的高层次精神需求,并给我满足,给我带来快感,带来幸福感。

我想今天的二附中学子,一定拥有更广阔的视野,有更多的机会寻找到自己真正热爱的一件事。今天似乎不再像我小时候,有这么多人梦想着成为科学家。科学家是带有光环的职业,而一个健康的社会并不需要那么多科学家。这个时代的科学探索往往需要消耗大量社会资源,并且风险很大,投资回报率不高。一个良性的社会结构将会有一个合适比例的资源投入科学探索活动,这个比例不会很高,因此科学家团体竞争异常激烈。但这个竞争过程之所以存在,也是因为从本科到博士,博士到博士后,博士后到助理教授,再到长聘教授,一环一环更大淘汰率的晋升,也是社会制度最大化最后投资回报的机制,筛选出最适合的人去成为科学家。所以依旧梦想着成为科学家的同学们,请勇于尝试,但要明白一路孤寂在所难免。

祝福每位二附中学子,卓然独立,越而胜己。

邵子剑：我的边疆故事

〔校友简介〕

邵子剑，2006 年至 2009 年就读于华东师大二附中，时任校团委副书记，毕业后就读于北京大学国际关系学院国际政治专业，研究生学历，法学硕士学位。曾参与中国青年志愿者研究生支教团，赴新疆、西藏各支教一年，事迹受到新华社等多家主流媒体报道。现就职于中共上海市委宣传部。

这是一篇由前几年的老文修补而成的文字，落笔于 2016 年。我们生命中的一些经历，很难去反复论述，只有当时的体验，历久弥新。时代一直在变，但也有不变的东西。我相信，价值层面的某些东西需要一些人去努力，更需要一些人去坚守。而我们的每一份守望，都是为了让这个世界变得更好。

——写在前面

笃笃悠悠在祖国的边疆荡了两年。

在我这个年纪，似乎每一年都很重要，稍一不慎，青春就在不知不觉中溜走了。当看到师弟师妹们戴上学位帽、穿上学位服，高高兴兴地毕业了；当看到同窗们在职场上打拼了多年，还都当上了奶爸奶妈，在朋友圈里晒伴侣、晒孩子；当发现朋友们的交流话题已经从学分、绩点慢慢转移到了工作、孩子，自己却一句话都插不上……有时候，心真的很累。夜深人静的时候，我常常问自己，到底在做什么？无声的夜从来不会给我答案，只留下头顶眨巴眨巴的繁星，在黑夜里释放着点点光芒。

显然，在很多人眼里，我走上了一条和普通人不一样的青春道路，甚至是一条自己都没有想过的道路。在我二十五年的生命轨迹里，由于这两年的四处游荡，平白无故地添了许多维吾尔族、哈萨克族、蒙古族、藏族、门巴族等边境民族的好朋友。他们听我在一方讲台上说着北京上海的平凡生活，又在休息时间给我讲他们各个地方的精彩故事。他们都叫我：邵老师。

从新疆回来以后，我在北大读了一年研究生。尽管一年的学术生涯充实而饱满，但终究耐不住再次出走边疆的欲望。最终，我如愿以偿地登上了雪域高原。尽管来之前，我吃了近两个礼拜的红景天，但到了高原的第一觉，还是睡得浑身都疼。

和在新疆一样，第一次走进拉中教室，我背着大大的书包，以至于藏族班

主任和全班同学都把我当成修电脑的。我说，我是你们新来的英语老师。话音刚落，不少人便露出了惊讶的神色——这个人竟然是老师？后来的很长一段时间里，

我们班的班主任看到我总是报以尴尬的微笑。

台上台下，我都不是那种很严肃的人，学生看到我根本不害怕。有好几次早自习，班主任前脚从教室离开，我后脚踏进教室，学生便长长舒了一口气，人也放松不少。我时常拿班主任"吓唬"他们——你们再不写作业、再背不出单词，我就告诉班主任，让她来上英语课。这时候，学生总会讨饶：老师，再给我一次机会，再也不敢了。其实我也就吓吓他们，从来不在班主任面前说谁的坏话。除了怕班主任，他们还怕化学老师。有一次化学老师跟我商量，想让我把晚自习让给她讲作业，学生用哀求的眼光看着我，拼命摇头。我笑着说，你们就那么害怕？学生小声说，嗯，她要打人的。我说，我不打你们，你们就看我好欺负对吧？他们笑了，我们才是和谐的师生关系嘛。别看他们知道得少、活得简单，耍起滑头来，还是很会玩。

偶尔，他们也会告诉我一些八卦：这个男孩子跟那个女孩子关系好，谁的女朋友在哪个班。常常瞎起哄。我告诉他们，喜欢对方就要让他或她变得更好，你们一起努力，好好学习，才对得起这么美好的感情。别谈着、爱着，结果成绩都掉下来了，那有什么用？学生平时上课都不怎么认真，听我扯这些闲篇的时候可专注了，一旦有人小声说话，就会有其他学生在那里"嘘"他，说话的人只好赶紧闭嘴。

藏族学生英语成绩不好，虽然在年级的排名还不错，但平均分始终只有三十几分，还不肯好好学，抄单词都会抄错。我骂他们，你们知道问题出在哪吗？他们耷拉着头，一边用手摸脑袋，楚楚可怜地说，老师，我们知道的，我们是懒。看到这副呆萌的样子，你一肚子火也不知道向谁发去。

我喜欢和学生在一起，和他们相处你不需要做什么防备，很轻松，往往还会被他们的简单所感染。你对他们好，他们是知道的，而且会在你没有意识到的情况下表露出来，一点都不露痕迹。

去年12月，我突发急性肠胃炎，要在医院挂整整十多个小时的水，只好请我的同事去帮我代一节课。大概晚上十一点多，我躺在医院的病床上，手机里来了一条拉萨号码的短信：老师，你一定要安心养病，我们会好好学英语的，请你放心。我至今仍然没有查证这个学生是谁，但我确实明白，有时候，学生的一句问候，对于身心脆弱的老师而言，是多么大的慰藉。

还有一次，我上晚自习上到一半感到胃疼，就跟学生说，你们自习一会儿。第二天，有个学生就给我拿来了两包西药，对我说，老师，我们藏族人都是西药、藏药混着吃，你先吃点西药，藏药需要磨的，我明天给你送来。说完拿出了两颗圆圆的、黑黑的矿物给我看，紧紧地攥在手心。直到今天，我的办公桌上依然珍藏着这四包用纸裹着的黑色粉末，这是我第一次近距离接触藏药，也是学生最珍贵的心意。我怎么都舍不得吃。

除了带高一年级六十个人的一个班外，我时不时会被抽调代其他年级其他班级的课，通常都是一周左右。当我的一次代课生涯结束后，居然有学生上来问我，老师，你能不能一直上我们班的英语？我说，这个我说了不算。学生一脸失望地走了，但每一次在校园里面相见时，他们都会热情地打招呼，大声地叫道：邵老师好！尽管你和他们只有一个星期的交情。

5月的高三励志讲座结束后，我收到了许多学生的微信好友添加请求，他们用淳朴的语言，表达了自己内心的感情："老师今晚讲得好棒""听了您的讲座，我觉得对我的帮助很大，所以真的很感谢""老师，如果您来上课，我保证不睡觉，您成了我的偶像"……第二天早上，当我偶遇高三的人流时，他们拼命地朝我挥手，大声地喊着我的名字。

我一直说，传递意识比传授知识更重要，改变人是世界上最难的事情。也许，因为你的出现，因为你自己都不记得的一句话，因为你不经意间的一个动作，就对他们产生了影响，产生了激励，产生了改变。如果是这样的话，我觉得，荡在边疆的两年是有意义的，是值得纪念的。正是怀着这种想法，才让我在每次身心俱疲时，能够继

续匍匐前行。

前不久,我收到了一名新疆哈萨克族学生的微信:"老师,我现在跟你一样,也是一名西部计划志愿者了! 直到前一段时间,我才明白你当时为什么那么不认同我写的文章。人不能有那么多负能量。我现在很讨厌负能量的人。谢谢你的出现带给我正能量。"收到微信的时候,我还真的一愣。我已然记不得她写了什么,更记不得我跟她说了什么。但她却一直记得,一直在思考,一直在回味。放下手机的时候,我的内心早已泪流满面。

至今,我的微信里有几百个名字和脸已经对不上的人,甚至有些人我连名字都没有备注。但我知道,他们都是我在边疆的朋友们。新华社上次对我的支教故事做了一个专访,他们在朋友圈里转得飞起:"这是我曾经的老师,太棒了!""让你们看看,这是我现在的英语老师!""终有一天,我也要成为你!"……

我走过新疆和西藏这两片中国最大的土地,见过与北京上海不一样的风景:喀纳斯的圣洁,那拉提的广袤,珠穆朗玛峰的伟岸,雅鲁藏布江的绵长……伟大祖国的壮丽与秀美早已在我的脑海中深深镌刻。但我始终觉得,这不是最重要的。更让我难以割舍的,其实是人心。我记不住维吾尔族长长的名字,也记不住近乎排列组合的藏族名字,但我的确记住了他们眼中投射出的真、善、美,让我能够在物欲横流的社会寻找到一份真正的宁静。当然,我希望他们也都记住了我,一个其貌不扬的汉族老师曾经出现在他们的生命中,给与他们力量,教导他们坚持。我对边疆所做的事情是有限的,但边疆记忆早已成为我短暂青春的一部分,时刻温暖着我,不断激励着我。

再过两个月,我就要离开圣城拉萨。我第一眼见到这群藏族孩子的时候,就曾告诉他们,好聚好散。如今,真的快走了,这个"散"字确实难以开口。我想,谨以自己简陋的文字,祝福我在边疆生活的这群朋友:幸福安康,扎西德勒。

周　峰：多样经历，多样人生

[校友简介]

　　周峰，华东师大二附中 2009 届校友，复旦大学 2017 届外科学专业博士毕业生。高中期间获得上海市青少年科技创新类大赛一等奖。大学期间，2012 年、2014 年两次获全国大学生基础医学创新论坛暨实验设计大赛三等

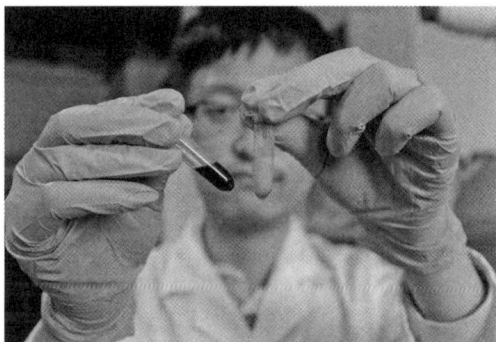

奖，2015 年获第十四届"挑战杯"大学生课外学术科技作品竞赛和创业计划大赛全国二等奖、上海市一等奖。2017 年获上海市医学会神经外科学术年会优秀 SCI 论文二等奖。2017 年作为选调生前往陕西，现任陕西省宝鸡市卫生和计划生育局挂职副局长、陕西省宝鸡市渭滨区姜谭路街道办事处挂职副主任。

刚毕业的时候是二附中的五十岁生日，二附中采访了五十位校友代表，他们分布在各行各业，二附中人的种种优秀事迹在那时为我们树立了榜样。在心底，我也思考着在下一个十年，我将会成为怎样的二附中人，我又有哪些故事。

二附中给了我不一样的学习能力。教科书在二附中只是参考，老师从不照本宣科，而是通过逻辑和思考，将知识串联起来，引导激发学生的自主学习意识，带有启发性地让大家去探索知识。"六个一百"中有一个就是百分百的学生都要进行课题研究，就在生物实验室，完全使用二附中的基本实验室仪器设备和试剂，老师会和我一起设计课题，共同讨论，自助查阅相关文献，完成了《上海地铁空气质量调查报告》这项研究，通过日日夜夜的努力，我获得了第二十三届上海青少年科技创新大赛一等奖、"明日科技之星"荣誉称号等成绩。这些经历，同样影响着我后来的选择。填报高考志愿的时候，清一色我选择了医学专业。进入复旦大学医学院后，也是通过之前在二附中训练的自主学习能力，申请了复旦大学"望道学者""正谊学者""登辉计划"，先后获得第十四届"挑战杯"全国大学生课外学术科技竞赛二等奖、上海赛区一等奖，全国第二届和第三届基础医学暨实验设计大赛三等奖的成绩，在第六届科技部、教育部主办的全国大学生创新创业年会、U21 本科生学术研究会议等学术论坛上作主题汇报。

二附中对我另外一个影响就是改变了我的视野格局。二附中的学生应当始终相信自己将来是要做一番不一样的事业。每周二附中都会举办晨辉讲坛，我参加过，也很荣幸，被邀请从回二附中进行交流。各个演讲者精彩的报告，可能是学术领域的前沿，可能是他人不一样的人生旅行，也可能是针对社会热点进行的调查。丰富多彩的晨晖讲坛就是告诉二附中的学生，在世界观、价值观、人生观刚刚开始逐步形成的青少年成长过程中，不仅仅是书本，还可以通过时政、社会、他人了解更多外面的世界，思考并规划自己该有怎样的人生旅程。一百个课时的志愿者和百分百学生参加社团，就是锻炼了我们的沟通能力、领导能力、表达能力，这些能力恰恰是在书本上学不到的，却是将来在社会上不可或缺的能力。二附中的孩子不仅仅是在学习上领先一筹，更多的是在为人处世上，学校培养了我们不一样的风采。

二附中人是不一样的。回望毕业十年来，我很难定义二附中人具备怎样的品格和特征，但是，二附中人在茫茫人海中却是最独特的，始终能闻得出特殊的二附中人味。我们或许在各行各业从事着各种不同的工作领域，但是二附中人却有着自己的个性，那就是独立思考的能力，会一直知道我想要什么目标，我为了这个目标应当付出怎样的努力。拿得起，放得下，不拘一格是我们二附中人应当具备的大气，也是成大事者应当具备的胸襟和魄力。现在上海人均寿命已经超过八十岁，在十几岁、二十几岁应当是把自己的规划与目标设定好,这才是最重要的,将来有的是时间需要自己去奋斗,二附中就是在这个最关键的步骤给了我最重要的启迪。

在大学的学习生涯过程中,二附中给我带来的影响也是继续延伸的。利用大学更为完善的科研平台,我大一的时候便申请了课题资助,继续深入完善上海地铁空气质量的调查,并在医学院的帮助下,从耐药细菌的角度更专业地评估公共卫生,为上海市民的日常出行提供可信报告,成果也获得了第二届全国大学生基础医学创新论坛暨实验设计大赛三等奖的成绩。进入临床阶段后,有幸能成为复旦大学附属华山医院神经外科的一员,在这个著名脑科学研究中心学习的过程中,依靠前期的科研基础,我获得了多项国家及上海科技竞赛荣誉。

正是二附中造就了我敢想、敢闯、敢做的信心,在复旦大学取得博士学位后,我选择作为陕西省选调生,到西部当一名基层干部。在宝鸡市卫计局挂职副局长期间,我帮助宝鸡妇幼保健院与复旦大学附属儿科医院(国家儿童医学中心)和复旦大学附属妇产科医院(上海红房子医院)建立了进一步深入的合作,对当地的妇女儿童健康及临床业务水平的提高做出了贡献,同时也帮助宝鸡市中心医院、中医医院、人民医院加入了复旦大学附属华山医院的皮肤科医联体,在人才培养方面添砖加瓦。在调研了宝鸡市卫生科技成果和人才培养后,我撰写了7万字161页的图文报告,根据调研结果,开设11场学术讲座及身体力行申请国家自然科学基金,并于2018年4月被陕西省科技厅授予"科普使者"称号。宝鸡市的医学科研论文、科技进步奖、专利数大幅度上升,这都让我体会到了服务群众的幸福和快乐。选择西部,就是选择了责任。世界上所有遗憾的事情往往离不开感叹"如果"两字,既然选择了,就不要后悔,不要犹豫,做出一番大事业才不负自己的青春年华。

十年前,学长学姐们说,好好珍惜二附中的生活,体会在这里的每一天。那个时候的我懵懵懂懂,但现在,我也同样地把这句话送给学弟学妹们。除了书本学习,真的,大家在二附中更多的收获是在书本之外的。

殷 悦：我在南极露营

〔校友简介〕

殷悦,华东师大二附中 2009 届校友。复旦大学财务管理本科,宾夕法尼亚大学沃顿商学院/工商管理硕士,汇丰管理培训生,美林投行经理,科技公司创业经理。

我从来没有想过自己要取得怎样的成就,或者我要有多大的个人影响力。对于我来说,有一个大致的人生目标,3到5年的中短期计划,把每一天踏踏实实过好,不与人攀比,才能让自己过得充实、自然。大气、包容的品格能让我不与小事斤斤计较,因为我有更重要的事情等着我去完成,人生最重要的是善良的品德和保持对世界纯真的好奇心。

学习不仅仅局限在学校和工作中。无论是在南极扎营露宿,还是在智利、阿根廷徒步巴塔哥尼亚山脉,或是学开飞机克服自己对于自由落体的恐惧,或者是在好望角游猎学习野生动物的自然习性进而反思人类进化论的起源,这些经历塑造了我对于世界以及待人接物的态度和观念。

在南极极地探险的经历,让我深刻认识到两点:人的潜力有着无限可能,需要外界的激发和内心的信念;领导力很多时间靠的不是技巧,而是心态。

我们团队一共36人,被分为6个小组。和我一组的有一位美国专业运动员,有三位有着丰富野外探险经历的美国同学。和这样的一组小伙伴在一起是有压力的:一方面,我们每个人都要轮流做一天的队长,带领团队完成当天的任务;另一方面,每一天都是比赛,我不希望自己的短板给整个团队拖后腿。所以在项目开始时,我对自己是否能坚持一周探险生活,并且能很好地领导团队抱有深深的怀疑。

项目开始后,我发现自己不会基本的打包、扎帐篷,不会安排饮食及准备食物,甚至连基本器材的名字都不知道。我只能安静地在旁边观察默默学习。但是这样进展是很慢的:如果我都没有一个亲自实践以及向别人提问的机会,又如何能在后面几天领导大家战胜别的小组呢?于是我开始大胆提问,尝试自己动手:虽然很多时候还是会觉得不好意思,但是小伙伴们都会很友好地教我。很多时候因为戴着手套不方便做事情,所以我都是脱掉手套,最后导致手掌严重被晒伤,皮肤脆弱到出血。不过为了不拖累组员,我都咬咬牙坚持了下来。体质最弱的我,还坚持做雪绳上第一个引路人,结果掉入冰缝中长达10分钟无法把身体拔出来。一个礼拜后回到智利时,想到自己能在冰天雪地每天翻山越岭、生火做菜,在极差的生活条件下身体力行地坚持下来,于平时的我来说,还是很不容易的。

不仅是在南极,或者在美国读书的这两年,让我都意识到作为领导者,很多时候

你是在不利于自己的情况下领导别人，而如何能够在逆境和自己不擅长的处境下，仍然能带领团队向正确的方向，团结一致地一起努力，才是真正的领导力。在南极，就如我前面所提及的，我的各方面，包括体质、经验、文化和语言都是弱势，或者是团队短板，那么在这种情况下，如果让组员心服口服听从你的指导是很难的。我采取的做法是颠覆自己一贯的领导风格（重沟通交流观察），尝试一种部队军事化管理风格，不拖泥带水，用来建立一种威慑力；同时虚心学习，不懂就问，用来拉近与组员关系，协调严肃氛围。最后组员们给我的反馈都很正面，证明了这样一个领导方式可以让我树立自信心和威信，对于我不擅长的事物上的领导力很有效果，需要我把这样的风格渗入自己已有的风格，刚柔并济。

项目结束之后，会有朋友问我，为什么好端端的在家里开空调捂杯子看电影的生活不要，反倒要去一个没有人类生活的严寒恶劣环境待一周呢？是啊，为什么呢？我倒是认为，这是一个一辈子值得回味的经历，它并不是简单的背包旅行或者团建活动。它告诉我，我们现在理所当然的生活是多么来之不易，而一切生活的本质都来自人类的双手、大脑，以及团队合作。它把生活最原始、最本质的东西直接暴露在我面前，告诉我人生的一切不过都是极地探险的衍生。我学会了如何生存、如何合作、如何领导。最重要的是，今后无论做什么事情，会比在平地上建立新大陆、创造新文化更难吗？

曾凡勖：我们的一生，是抗争的一生

[校友简介]

曾凡勖，华东师大二附中 2013 届校友，现上海市消防队员。初以文科见长，高二弃文从理走上一条不归路，遭黑框眼镜怒斥：你这是自断双臂。后考入复旦大学数学系，做过演讲，学过辩论，办过活动，找过各种花式实习，在电视台当过搬砖技术狗，反正就是不好好学数学。大四痛改前非，沉痛反思缺乏自我斗争和更高追求以及快要脱离高级趣味的堕落灵魂，遂报名入伍，成功二世为人，现为某 41 平方公里区块"尸体搬运工"、跑得比谁都快的火场战斗员一枚。

写这篇文章的我,实在是满心惶恐,无论从什么角度来评价,我都不足以代表优秀的2013届二班。可能是因为学霸辈出的华二,居然出了一个消防兵,讲起来更新奇有趣一些吧。八个月不曾写过什么有营养的内容了,文笔拙劣,只能勉强自己尽量通透表达一点点自己的体会。

坦白说,刚入伍的我心中并没有那么澎湃,只是想在毕业、读研、就业这个固定的人生轨迹中开个副本,多一笔可作谈资的经历。万万没想到分去了一个完全摸不到枪的消防部队。从一开始对当了个"假兵"的失落,到真正接触职业的光荣,到如今生死一瞬,"水深火热"个中的苦累与考验,心路历程与转折实在难以言述。

经过了新兵阶段必有的对部队的憎恶期,第一次让我感受到亲近感是在我注意到上海消防的八字精神,也许是一种巧合,它与二附中的校训相当契合,"赴汤蹈火,追求卓越"。初是惊喜,而后是不解,还有几分不屑。在我看来,一群头脑一热的青年聚集在这个人均高中毕业的群体中,谈卓越二字实在遥远得有些过分。这种相当幼稚而无礼的观点始终是我心中深埋的偏见,直至2月21日出警的第二次火灾。

凌晨三时四十分,辖区一个油漆厂着火,由于春节期间保卫力量少、天气干燥、易燃品多,到场时纵深200米长的仓库已是浓烟滚滚,当时仍是新兵的我按部就班供水到仓库内部,目送着九年老班长带着班里士官钻向火情最严重的方向。正当我被烟熏到走投无路,盘算着要不要吸空气呼吸器时,前方传来"伸长"(追击火势)命令。

我赶紧带着一盘支线上了最前面,两个班长正在对话。

"XX,搁这儿打没用,水打上去也成汽了,往里攻。"

"班长,太烫了,我闷得受不了。"

"没事,我给你打掩护。"

升腾的水蒸气,十几米高的火焰,一个踏上去的背影,尔后我的眼前就被反扑的水汽和烟尘遮蔽了一切。我有一瞬是极其恐惧的,这与真火训练的操纵火焰和烟热室的适应训练完全不一样!但是很快,疲于应付浓烟带来的恶心和呼吸困难,以及招架不住的热浪与体力透支,恐惧感被压迫感完全取代:我是谁,我在哪,我该干什么。慌忙戴上面罩的我沿着水带摸回分水,又浑浑噩噩地摸出浓烟笼罩的仓库,在凌晨四点的上海吐到不行。等我一抬头,是班长的一条毛巾与冰冷的眼神。

"以后这种情况戴好空呼。"

我内心有一些恐惧又有一些愤懑,倘若真的倒在里面,实在不敢多想。失神之间,班长已经转身走了。

我才想起这仍是战场,慌忙跟上,这才看清班长右臂战斗服上已然焦黑一片,臂章早已被烧成了灰。

我震惊地有些失神，此时此刻我才真正意识到走入 200℃ 的火场到底需要多大勇气，之前被批评的不满也烟消云散。在一场场前线上奔跑着，有时来不及害怕，更来不及体验光荣，就像一个亡命徒狼狈地与死神与火魔交手，东躲西藏。任何一场烧起来的大火，实质上我们也无力与之抗衡，能做的只是抢救一切可以抢救的。我沮丧地发现，再好的体能，再好的装备，也无法抹去这场对决的不公。那么这一次次飞蛾扑火是为了什么？

荣誉？职责？英雄梦？

我曾问过班长两个有些没出息的问题，怎么才能在火场上尽量避免死亡危险又能完成任务？为什么你那天那么拼，是艺高人胆大吗？见过一代代新兵的他告诉我，三分天注定，无数分靠打拼。至于为什么这么拼，"我这一生灭好每一场火就够了，至于这是不是最后一场火，就是第一个问题。"

我想起入伍时对"追求卓越"四个字的嗤之以鼻，满心羞惭。当我卖弄着自以为是的聪明在单纯的部队生活中谋划着既赢得掌声又赢得懒惰时，当我抱怨着多余的训练与高压的管制时，我忽略了这里真正带给我的价值。从最优秀的铁军尖子到炊事员、卫生员，日复一日地不断奔跑只是为了多几分的打拼，粗暴的教学是急切地让我们多几分未来的胜算。在与命运的猝然交手中，永远都没有"准备充分"与"足够优秀"的说法，如果沉浸于还可以的成绩而偃旗息鼓，下一场大火中，又有多少命运的眷顾足以依恃，"追求卓越"并不是理想的花朵，而是在现实中浴火而战的必然需求，是赋予踏入 200℃ 火场的真正勇气，是战斗不息，别无选择。

在消防兵中，我从未见过一个自诩为英雄的一线战斗员。隔着神秘的面纱，外界只看到我们的光环，我们深知面对火魔我们也仅仅是一个消防兵。当人生的警铃响起，我们以不同的面貌踏上征程，是服从，恐惧，还是还手，抗争？感谢母校，"卓然独立，越而胜己"的校训给了我忠于理想的骄傲与心气，感谢消防部队，"赴汤蹈火，追求卓越"的精神给了我面对现实的勇气与信念。

愿你们永不做怠惰的落后者，踏上一条布满荆棘的道路，无关乎金钱、名誉，亦无关未来与生死，我们所追求的卓越只是在面对命运的选择时，天堂向左，战士向右。

因为我们的一生，是抗争的一生。

华立成：放宽视野，活出精彩

[校友简介]

华立成，华东师大二附中 2017 届校友，毕业后进入北京大学法学院就读，获 2017 级辩论赛最佳辩手称号。

作为 2017 届的毕业生，如果要让我给二附中的学子们提出一些宝贵的建议，实无资格，甚是惭愧。唯站在大学一年级学生的角度上，将视野放宽、放远最为重要，至少站在之后十年，甚或是二十年的通盘考虑上布局自己的发展，并做一些看似无用功的事情。对于正在二附中度过自己美好的三年时光的高中学生来说，一个更加实际的建议，就是不要拘泥于高考的内容，也不要过分重视高考的结果。

　　可能在高考中所考察的内容，模式是固定的，思维陷于定式，知识点限于大纲。也就是存在唯一的标准答案，或者存在"什么是更好"的判断标准。但是在我看来，对于一个人发展最重要的是全面的视野和冷静的思维。

　　首先是全面的视野。全面的视野需要更多的阅读，其根本是不要有功利心。在阅读时，一个应该挂在心头的问题是"我读了什么"，而不是"有什么用"。给大家举一个例子，告诉大家功利心和全面的重要性。

　　作为例子，我最近在阅读卢梭、霍布斯、洛克各自的社会契约论。这也许是大家高中历史要求的，需要背诵自然状态、契约如何签订、签订之后甚或是应用于实际的政体之下会有怎样的结果。不过，希望大家将自己的思考超出课本，甚至超出学科的管辖——这也许既不是政治，也不是历史吧——想想 16 世纪的契约文化对于社会契约论的重要性；想想契约文化的背后意味着什么；想想什么是自由市场；想想，更深层次的，什么是资本主义；想想，一个附带的问题，什么是无产阶级；想想，一个关于自己的，你是什么。

　　当你不自觉地跟随自己的思路，像一个柳絮在空中盘旋时，你并不在跟随某个既定的路线而动；但是，你却又正在跟随一个既定的路线，将你带向更宽广的远方。可以说，作为一个二附中的理科生，我最大的遗憾就是没有在高中更多的阅读——而这一点，现在、将来、甚或是永远都不会给我带来什么实际的损害——我只要构建起需要的法律体系，只要熟读判例，甚至只要多认识几个法官就可以让我成为一个，如果不是很优秀的法律人的话，比较成功的律师。但是难道这就是我们想追寻的吗？

　　全面的视野之余，就是冷静的思维。大家需要尽量以一颗平常心，冷静而自信地处理一切状况，面对一切结果。当我来到北大，接触到更加广

阔的世界和自由的天地时,发现无论在人生的哪个节点如何抢先一步、先声夺人,都不能改变之后依然需要努力甚或是更加努力的事实。高考确实重要,但从不意味着能够决定更远的未来。从来没有任何人站在同一条起跑线上过,所以我们只能够也只需要专注于提升和超越自己。

这样的感受在我参加辩论赛时几乎是达到了顶点。当你面对一个辩题无从下手时,固然可以通过网络找到资料——但是关键字的搜索往往将更多的只是隐藏在背后。当思绪在自己的脑中盘旋时,没有一个随处可取的知识储备,我们更容易陷入混乱的迷思之中。换句话说,在我们疲于为了眼前的目标而奔命,用韦伯的工具理性在一个又一个所谓"人生目标"上盘旋时,有没有想过除此以外你的生活包括了什么?

作为一个原本不甚喜欢阅读的人,在面对如潮的辩题袭来时,尤其是当没有充足的时间准备时,这是我第一次感受到书到用时方恨少。虽然我依靠自己的临场发挥获得了辩论赛的最佳辩手,但是可以说这一系列的辩论赛带给我的与其说是任何的荣誉,不如说是一种向内的反省,一种基于对虚无主义的避免的现代性迷思。这一点与法律作为一个多元的概念的发展,可以说具有几乎相同的内涵。

12世纪世俗皇权与宗教势力的斗争直接导致了罗马法的复兴,当民族国家的诞生与科学将法律实证主义真正推向高潮时,法律从政治和哲学的子学科变成了一门真正独立的学科。柏拉图所谓的智者从立法者变成了法学家。在这个意义上,一个法律职业团体兴起了——他们以法律为业,用缜密的逻辑和严谨的思维将所有可能发生的事件包括进去。然而,正是在这个意义上,法律陷入了现代性迷思,即法律在什么意义上是一种法律,其与道德的关系如何,这是否是一个强盗的命令?

我们应该思考这一点,正如我们在思考法律与道德的关系是什么的时候一样——当我们,二附中学子长大成人,真正成为一个独立的人,并且被证明成功地攻克一个又一个难题成为一个普遍意义上卓越的人才时,我们应当思考自己在什么意义上卓越,并在什么意义上仍旧陷入了一种本体性悖论。当人们——这并不限于二附中学子却事实上包括一切现代社会的主体,甚或包括我最亲爱的二附中——在目标之间疲于奔命时,人们其实陷入了一种本体性悖论,这正是我在离开二附中后一年希望二附中和学子们思考的核心问题,也更是我送给二附中的唯一礼物。事实上,当你在辩论场上,在这个极端相对主义的地方,你会陷入一切的本体性迷思。

值二附中校庆60周年之际,祝愿二附中:风雨春秋六十载,峥嵘岁月一甲子!当然,作为一个学生,一个更为衷心的祝愿是:大学之大,在于大师;高中之高,在于学子。希望二附中的学子可以将眼光放远,真正活出精彩。

张核嘉：过你想过的生活

[校友简介]

张核嘉，2014 年至 2017 年就读于华东师大二附中。2015 年获颁上海唐君远教育基金会"优秀学生君远奖"一等奖。作为平行班学生，他本着自身兴趣投身物理竞赛，于 2016 年获得全国中学生物理竞赛上海赛区一等奖。除此之外，积极参加文艺活动，曾担任学生社团 CV 声动社社长。在 2017 年的高考中，通过上海领军计划考入清华大学电子信息大类，目前就读于电子工程系。

毕业一年以来，竟没有写过什么像样文章；以至于想给本文起个题目，都一时不知如何下笔。思来想去，用了现在这个题目：一来充作我的建议，提给二附中同学们；二来，也是对我过去的几年光阴做一概括。

这几年的日子里，对我影响最大的，大概是我作为一个"非典型"物理竞赛生的经历。

2014年进入二附中的我，是高考改革的首届学生；而改革的风向之一，就是弱化自主招生，弱化竞赛。五大学科竞赛，早已不是通向顶尖高校的捷径。我在初中的基础本就不算顶尖，没能进入学校的理科班，放弃竞赛、转向高考，对当时的我来说，似乎是一个简单而完美的选择。

但是我选择坚持。我想在高中三年里认真地学习自己喜欢的东西。能用它拿到那张录取通知书最好，不能也罢。我坚持，至少在这三年里，我要过我自己想过的生活。

做出和旁人不一样的选择，就需要付出额外的代价。其他人在晚自习做作业的时候，我要去上竞赛课，作业需要另抽出时间补，这是天经地义的事，不算什么额外的代价。令我恐惧的是：我坐在竞赛教室里，周围的同学都是理科、基科班的同学，台上的老师也是他们的班主任。"只有我是一个人，而且很可能是这里能力最差的那个。"这种想法一旦出现就挥之不去。每当周围互相认识的同学们开始窃窃私语，每当高手们聊起我一无所知的知识点，每当老师戏谑地调侃某某人又不认真刷题，我都感觉自己弱小、突兀又无助。除此之外，作为物理竞赛组的编外人员，其他同学视为应有的待遇，我都要自己去争取：基科班已经人手一本的题库，我战战兢兢地去问老师，有没有多印的几本可以留给我；其他同学课间、夜里就能讨论出结果的问题，我要攒起来到竞赛课上请教基科班的同学，麻烦人家看一眼；赛前的停课复习，其他同学可以批量批准，我的申请需要单独审批⋯⋯

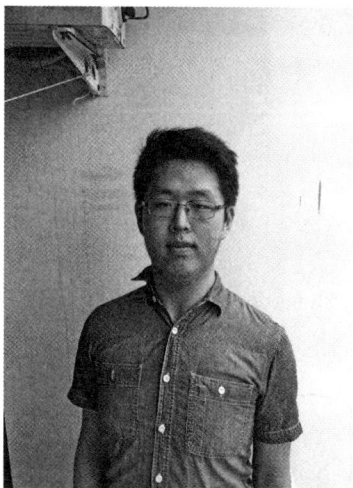

我一个一个地克服了这些额外的挑战。山不来就我，我就一次次走出自己的舒适区去就山。周围的同学不认识我，我就去认识他们；水平不够听不懂人家讲话，我就自己回家钻研；老师对我没有印象，我就表现得加倍主动和认真，让他知道平行班还有我这个真心喜欢物理竞赛的学生。渐渐

地，我发现自己的自卑不过是因为一些孩子气的理由。我的老师们和同学们，也都欢迎我参与到物理竞赛当中。我带着坚持和对于物理的热爱，逐渐走出了那些阴影。

在此之后，学习本身就更多的成了一种享受。从结果来看，最终我拿到了上海的省级一等奖，但在自主招生中颗粒无收，似乎开始的选择的确是选错了；但我知道，这个选择带给我的高中生活，正是我想要的那一种。我在本科阶段偏偏选择了一个培养方案里有量子与统计、电动力学和固体物理的工科专业，可能就是因为这段物理竞赛的美好经历吧。

这也是为什么我想把这个标题，送给所有的二附中同学：世界虽大，但值得我们为之奋斗的寄托并不多；在短暂的人生中，过上自己真正想过的生活，算是我选择的一种寄托，在此与同学们共勉。

我以为，二附中给我的最大的帮助，是为我提供了一个试错的空间。

在二附中，相对于其他高中而言，我的生活体验更像是进入了一所大学：我们有竞赛课（及大学先修课）、选修课、学生社团、科创活动、学生组织、艺术节、志愿活动、晨晖讲坛……很多同学在大学里才能见到的新鲜事物，我们在高中就能接触。

我个人在高中期间，把上面列的所有课程和活动，基本都体验了一遍。我的感受是，这些尝试的经历，一方面使我对于一些工作的性质有所了解，最终影响了我的专业选择；另一方面也使我得以对自己在本科阶段的主要工作有一个比较好的规划，从而能够比较有目的性地调动现在我在清华的一些资源。

因此，我对于二附中的同学的微小的建议，也主要是在这一方面。利用二附中提供的平台，尽量多接触一些新鲜事物；在你时间仍然充裕、精力没有耗竭的时候，多走出自己的舒适区，探索出自己的兴趣与厌恶。

同时，我也认为，高中时期不必给自己太大的学习压力。在清华的所见所闻，让我对于一个优秀的大学能够带给我的东西有了更客观的认识。

清华的头衔固然诱人，清华的同学中确实也有很多强者，但清华也有很多处在迷茫中的同学；所谓的"三年准备高考，七八天填志愿"的现象并不鲜见，而这些同学在进入大学之后，也很可能继续这种没有对自己意愿深入了解的状态。在大学这一个决定我们未来发展方向（至少未来几年的发展方向）的阶段，对自己的想干什么保有认识，或至少对自

己不想干什么保有认识，让我少走了不少弯路。

所以我觉得，相比于念什么大学，简历上多一个什么样的 title，在高中阶段更重要的还是探索出自己真正想要什么。另外，如果能对自己的志趣有一个比较清晰的认识，未来要平衡自己的工作和生活也会轻松一些。当我发现自己能够长时间沉浸在写代码当中的时候，我就知道我可以考虑把它作为将来的职业了；反之，如果工作只是你谋生的工具而不是一种爱好，那么你就可能需要分配加倍的时间用来放松和恢复，从而使得平衡你的生活变成一个难题。

最后，十六七岁的日子，理应是人生中最快乐的几年；如果将来的某天，我在自己的生命走向尽头时回首当年，那么在二附中度过的时光，金钥匙、小树林、琴房、物理实验室和外卖，肯定是我最美好的几段回忆之一。刷了几套题，考了第几名，这些事情很快都会如烟散去。但是二附中的那些物、那些事，还有那些可爱的人，毫无疑问将会伴随我走得更远。

总而言之，还是希望二附中的同学们能够利用好这个优秀的平台，在高中三年打好基础，找对方向，在未来的人生中实现自我价值。与此同时，也希望同学们珍惜自己的青春，在二附中度过快乐而充实的三年。

后　记

《校友风采录》编辑组

　　学校是人类最重要的发明之一,所谓传道授业解惑,所谓教书育人,内化到学生精神内核的精神产品,不是仅仅依凭考试的分数、竞赛的奖牌来外化的。学校是提供精神产品的机构,而其精神产品的品质是以什么方式被社会认知的呢? 是校友们在社会上创造的价值和在人群中呈现的气质。

　　当一届又一届的校友在社会上创造的价值和在人群中呈现的气质总是让人啧啧称赞的时候,一所全国知名的学校的核心价值才得以充分表达,其魅力超越了考试的高分与竞赛的金牌。不是说考试的高分与竞赛的金牌不重要,而是说,一所全国知名的学校为社会创造的价值取决于它培养的学生的优秀与卓越。

　　最后再补充说明一下,优秀与卓越并没有一个简单的可量化的标准,也就是说,我们不是以财富、官衔和知名度来划线的。只要同学们在推荐语里准确表达了该校友值得表彰的人生精彩,值得让其他校友以及母校的学弟学妹分享,我们都尽量搜罗到这本文集里,只有极个别由于体例或者内容不符合出版标准的除外。

　　出版这本文集,其实是在 60 周年校庆之际,大家自发地选出一些校友代表向母校汇报情况。我们觉得应该让汇报者各有性格特点和语言特色,因此,对于入选的文章,我们基本保留原貌,不作大的改动。特此说明。

——尹　荣(1984 届高中)

　　作为临床医学专业毕业的理工科生,我从未想过会成为正式出版物的文字编辑,是母校 60 周年校庆给了我这个机会,令我既担心自己无法胜任,又觉得光荣而不可推卸。沪上乃至全国名校华东师大二附中的校友风采录,毋庸置疑人物出色、故事精彩;但更能触动我的是参与了校庆策划和组织的一位位校友和老师,是他们在繁忙的工作之余为校庆奉献了最宝贵的时间,是他们让这次校庆更熠熠生辉,更令人回味。

——李　芸(1985 届高中)

机缘巧合,在母校 60 周年校庆时能有幸加入"校友风采录"编辑小组。每次夜深人静,打开电脑,读着一篇篇飞扬的风采录时,总会有这样一种奇妙的感觉:自己穿梭在不同的校区,跨越不同的年级,和一群有着不同故事却有着同样"卓然独立、越而胜己"精神的校友在对话。记得一位校友曾说过:"二附中是每一位二附中学子的精神家园,她给学子的是知识的琼浆、人格的浸润、精神的滋养。"感谢二附中,让我在最好的时光里,遇到了最好的导师、最好的挚友、最好的另一半,更重要的是发现了最好的自己。

祝母校生日快乐,愿二附中一切安好!

——楼冠琼(1995 届初中/1998 届高中)

信息技术的高速发展,微信的广泛使用,已然将毕业数年乃至数十年的同窗重新牢牢地联结在一起。通过微信,我们早早地就知道,2018 年二附中将迎来 60 周年的校庆;同时校友会为纪念校庆而准备了哪些活动,我们也在群里也一一知晓。"成为一名志愿者,为母校做一些力所能及的事"这样一个想法一直萦绕在我的脑海。有幸联络到何雄老师,很快我便加入了校友会的《征文编辑组》团队,进而参加了《校友风采录》的编辑工作。编辑的过程,不仅是一门技术活,需要根据一定的规则对文字和图片进行加工、处理,使之达到出版的要求;但更重要的是,在这一过程中,需要融入自己对母校的情感和对同学的情谊。因为有了这样的考虑,我们对收到的征文,没有简单去取舍,而是尽可能地保留,使之得以完美地呈现。这是所有校友合作的结晶,是给母校 60 周年的贺礼,值得感恩,值得回忆,更值得珍藏。

——潘　钢(1991 届高中)

离校多年,这次有幸为二附中 60 周年的校庆尽绵薄之力,参与《校友风采录》的编辑团队,稿件纷纷而不觉辛苦,却似在时光的长河中打开了一扇扇窗,展示着前所未见的、二附中从诞生到如今的全景。白驹过隙,校址几易,我校风骨依旧,风貌不改,培育出一代又一代出色的学生。他们的精彩人生,使得我们在编辑时也充满了钦佩和自豪。这本风采录便如星海,汇聚了诸多在各自年代、各自领域熠熠生辉的校友。相信这样的光辉,也会随着二附中的精神,永远传承下去。可惜风采录篇幅所限,不免有遗珠之憾,只能对校友们说一声抱歉了。

——李蕙桦(1995 届初中/1998 届高中)

我编辑的稿件都来自 60 年代毕业的校友。我想对这些学长说：你们离开中学后上山下乡的经历，我读着流泪了。非常时代，非常经历，非常艰难；但是，你们非常坚毅，非常出色。

——钱红林（1985 届高中）

江山代有才人出，各领风骚数百年。通过校友风采录的编辑，我认识了一批优秀的校友。他们各不相同，在各自的领域发挥着各自的能力。他们又是如此相似，每个人的骨子里都散发着同样的卓然独立的气质。为二附中感到骄傲！

——史捷飞（1995 届高中）

掩卷感叹，一群游刃有余的年轻编辑历时许多个日日夜夜编纂的校庆丛书，随着母校生日的临近即将出版了，这是二附中人的大喜事。尽管，由于多种原因不能把所有优秀校友的事迹和有特色的校友故事都囊括其中，难免令人遗憾！"宝剑锋从磨砺出，梅花香自苦寒来"，每个校友都是一段传奇，都用朴实无华的演技诠释着自己华美或斑驳的岁月。今天，当我们仰慕校友的成就而赞叹时，当我们以同为校友而同享荣耀时，切不可只看到他们的成绩，而忘了他们的自强不息和坚持不懈的韧性，还有他们所弘扬的母校校训"卓然独立，越而胜己"的精神。

感谢校友会对我的信任，让我参与"校友风采录"的编辑团队，虽然只承担很少的任务，于我是一种责任、荣誉、享受的践行，是对母校光辉历史的一个记录，是向校庆 60 周年献上的一份具有纪念意义的礼物。我自封老年文学爱好者，在这个年轻的团队里学到了许多许多，为自己夕阳人生留下了一个挥之不去的美好记忆。

——束强弟（1966 届初中）

哈萨克斯坦诗人、思想家阿拜说过："前浪如兄长，后浪是兄弟，风拥后浪推前浪，亘古及今皆如此。"有幸成为《校友风采录》的编辑，虽然所做之事微不足道，但是我从投稿里认识了诸多杰出的校友，可以说每一篇文章都让我感慨不已。从 1960届的老前辈，到 2017 届的新生代，各行各业都有我们二附中的优秀校友。他们勤奋而坚持，认真而谦逊，卓然独立，越而胜己，将二附中的精神不断传承。还有许许多多没有投稿的校友，他们在各自的领域里也一样精彩纷呈。行胜于言者，不论有声无声，都是二附中的骄傲。感恩母校，我们永远都是二附中人！

——俞　励（1987 届初中/1990 届高中）

回到 2018 年 3 月的那个上午，如果有人说，我们要 100 天内，从无到有完成一本 25 万字的校友文集，我是一定不会相信的。此刻，当最后一个文档的修改时间定格在 2018 年 6 月底的一天凌晨，我知道这个看似不可能完成的任务已经完成了。103 篇校友来稿，228 张插图，近 30 万字，在一个从没有编辑经验的人看来，这真是一本巨作。

也许还会有人习惯性地把《校友风采录》理解为"杰出校友录"。但从第一天开始准备的时候,参加筹备组的校友们就决定这不是校友排行榜或者校友名人堂,入选《风采录》的唯一条件就是主人公是华东师大二附中的历届校友,只要是发生在校友身上的精彩故事都可以推荐或自荐。在给所有校友的《三大征文问答汇总》里,也明确了我们的初衷:"希望通过《校友风采录》汇总校友人生成长中的一个个精彩故事,从而给学弟学妹、校友子女等关注二附中的各界人士以人生启示。"从"杰出校友录"到"校友风采录",这在理念上既是提升,也是开放。

本来觉得还可以说一说自己在这次征文编辑和统稿过程中所遇到的困难。但到了最后完稿的那一刻,却觉得那些困难既然都已经克服了,那还能叫困难么!

人生的每一次经历,都是一种体验。

感谢老师的信任,感谢校友召集人的帮助,感谢编辑组团队的支持。

感谢母校再一次给了我一个学习的机会!

——何旭东(1990 届高中)

华东师范大学第二附属中学
60周年校庆纪念文集

我与二附中

MY YOUTH &
MY SCHOOL

华东师大二附中校友会 编

上海三联书店

《我与二附中》征文编辑组

统　　筹：蒋建国

统　　稿：严蓓雯　周海民　戴伟佳

编　　辑：蒋知勤　金　耘　史捷飞　翁海勤

友情支持：蒋建国　何　雄　张炼红　何旭东
　　　　　　　王建良　朱佳怡
　　　　　　　校友会各届召集人　　各班联络人

顾　　问：顾朝晶　李志聪

华东师大二附中校歌

/=F4/4

亲切活泼

金复载　作曲
集　体　作词

3 · 1 5 3 1 | 2 0 5 — — — | 2 · 3 4 3 2 | 3 5 5 — — — |

温暖和煦的　　阳光，　　多　　么令人　　神往；

为了美好的　　未来，　　我　　们坚定　　信念；

玉兰花开的　　时候，　　我　　们将会　　重逢；

5 · 3 6 5 4 | 3 0 6 — — — | 6 · 4 3 2 2 1 | 2 — — — |

校　园书声　琅琅，　　随　风飘向远　方。

追　求人生的　真谛，　　努　力学习和锻炼。

回　忆美好的　时光，　　思　绪定如泉　涌。

3 3 5 3 1 2 1 · | 3 3 5 3 1 2 1 · | 6 6 4 4 5 5 3 3 |

我 们 生 活 在 这 里 　 我 们 学 习 在 一 起，　 共 同 倾 述 美 好 理 想，

2 2 2 1 3 — — | 3 3 5 3 1 2 1 · | 3 3 5 3 1 2 1 · |

友 谊 吐 芬 芳。　　我 们 生 活 在 这 里，　 我 们 学 习 在 一 起，

4 4 6 6 3 3 5 5 | 2 2 3 4 6 5 0 4 3 2 | 1 — — — 0 ‖

共 同 倾 述 美 好 理 想，　 友 谊 比 天 长，　比 天 长!

目录

1

果熟枣阳

潮涨张江

写在前面的话

李志聪

2018 年,华东师大二附中走过了 60 年的峥嵘岁月。如今都说二附中名闻遐迩,在上海位居"四大名校",今年还被某网站排到全国百强中学前列。然而,时光倒回 60 年前,二附中可没有这般风光。

1958 年,当华东师大和普陀区决定选址金沙江路建校时,学校周遭还多是乡野阡陌。为了宣传这所无名新校,老师们甚至无奈地把招生广告贴在了电线杆上。即便如此,据首任校长毛校长当年的工作日记记载,高中报名也只有 49 个人,参加考试 46 人,最终录取 45 人,后来还是靠区教育局从其他学校调剂,才勉强凑够两个班级。建校之初我们也还没有自己的校舍,临时在华东师大地理馆、化学馆、数学馆借用几间教室和办公室,到了上下课时间,老师们就要摇着手摇铃,从一幢楼跑到另一幢楼。

抚今追昔,令人感慨万千。感慨之余,我常常会想,究竟是什么神奇的力量,60 年里让这所学校历尽艰辛而奋勇向前,不断攀登上新的高峰。今天人们常把二附中简称为"华二",还谐称为"花儿",那花儿又为什么这样红呢?

为了庆祝二附中建校 60 周年,年初校友会筹备组自发提议编撰几本书作为纪念,书名校友们也想好了,分别是《我与二附中》《校友风采录》和《师说传薪火》。

《我与二附中》记录的是校友和二附中的缘分,多写当年就读时的难忘经历,《校友风采录》则侧重写校友后来的成长,《师说传薪火》顾名思义就是写当年的老师了。起初,我还不是很确定,工作如此繁忙又身处世界各地的二附中校友能否如期把书编出来,但我对这套书所表现的三个角度倒是很感兴趣:什么样的学校,什么样的老师,什么样的校友,这不正是解答花儿为什么这样红的最好角度么。

工程浩大。六个月后,这套书居然奇迹般地完成了。翻看着这一篇篇用心、用情写下的文章,读罢这一个又一个动人的青春故事,答案也已经跃然纸上。的确,二附中不是一开始就有一流的好生源,学校也并没有一流的硬件设施,但我们的的确确拥有一流的好老师!这些真正一流的好老师,多少年来都珍藏在校友的心灵最深处。他们的情怀、学养无愧人师,他们共同拥有的爱心、平等心和平常心更令校友铭感一生。拥有这样的老师,二附中自然会弥漫着宽松、自由的空气,校园就注定是一片最能滋养学生茁壮成长的水土,从中也必然会走出洋溢着大气、大雅气质的学生,而当他们走向社会得到历练之后,也就更能成为一个个卓尔不群、气宇轩昂的二附中人。

作为一个还在为天下校友守护着这一方精神家园的二附中人,感谢校友们老师们笔下满含深情的叙事,让我更明白什么是好学校,也让我知道怎样才能让二附中发展得更好!

这套书,就是解码花儿为什么这样红的秘笈。

花儿为什么这样红?
红得好像燃烧的火……
它是用了青春的血液来浇灌!

歌如是。是为序。

2018 年 8 月 15 日

风起金沙

难忘的"两论"读书小组

任大文　张韧（1962 届预科）

　　1959 年，我们考进华东师大预科，即后来的二附中高中部，校长毛仲磐，党支部书记王新三。

　　我俩是同班同学。当时的课外生活很丰富，不过班主任蒋国华另有想法，他引导我们去学马克思主义的一些基本观点，为了培育哲学兴趣，他提议由团支部组织喜欢学理论的部分同学参加《矛盾论》和《实践论》两个课外学习小组。主要学毛泽东著作中的这两篇和艾思奇的《辩证唯物主义和历史唯物主义》，对此，学校领导和其他任课老师都支持。蒋老师还设计了一个让大家阐发思想的平台，叫"谈天说地"，可以有主讲，可以讨论，可以辩论。那时我们住校，往往两周回家一次，读书小组在课余很活跃。

　　学理论并非空谈哦！我们在一起用"生产力是社会发展决定力量""人民是历史的创造者""好事与坏事互相转换"，以及意识与存在的关系、量变与质变的关系等理论观点热烈评点时事，思考自己的社会责任。当年我们都在 18 岁左右，正是"恰同学少年，风华正茂""书生意气""指点江山，激扬文字"的时光，有了理论观点的文章，就有骨子，有说服力，对提升思考力很给力。蒋老师教语文课，在本班发起论文写作赛，孙文忠同学的大作因观点鲜明、论据充足、逻辑性强、语言流畅而斩获群首，被大家戏称"大文豪"。我们全班同学，在那个国外掀起反华大合唱、国内存在严重经济困难的时期，保持了良好精神状态。当时粮食不够吃，肚里没油水，学校划出一块地，我们课后去种瓜种菜，拔草捉虫，补充副食；在食堂打饭时，女生们默默从自己的饭卡上转出一两二两给那些身强力壮的男生。物质贫乏，精神丰富，我们坚信社会主义事业符合社会发展规律，全国团结一心，自力更生，一定能克服困难。

学理论并不枯燥呀！我们不定期在丽娃河边的凉亭、电视室或风雨操场"谈天说地"，专题很多，"新生事物有强大生命力""事物的螺旋形上升""内因是决定性因素""奉贤一周劳动有感"——记得1962年夏，张韧为了准备"谈友谊"这个话题，特地到中山公园坐20路电车去上海图书馆，找寻马克思与恩格斯，还有鲁迅与瞿秋白之间深厚友谊的资料。不巧，那天军队通知学校，批准任大文等几个同学应征入伍。学校安排我们班当天拍张毕业照，同学们无法通知张韧（那时没手机）。虽然缺席集体照很遗憾，但是做好了一次"谈天说地"也很高兴！

张韧、任大文夫妇
2011年摄于上海东方绿舟

我们俩都76岁了，每每回忆母校，总觉得老师在传授自然科学、人文知识的同时，组织我们学些马克思主义基本观点，学点哲学，是我们在形成世界观、人生观时期的最大收获，受用一辈子。几十年来，我们经历过部队、农村的磨练，上过大学，做过科研、经济、新闻文化工作，也在一些单位的领导岗位上工作过，无论在顺境还是逆境、是成功还是失误、受表彰还是受委屈，我们往往会自然地运用这些思想观点和方法，让自己的主观与客观相适应，不满足现状，抓主要矛盾，依靠大家，通过深入实践找寻解决矛盾的途径，不断地前行着。更重要的，使我们懂得了：一个人，坚持做社会前进的促进派，甘于为公众利益奉献，就能获得精神上的自由，努力着并快乐着！

感恩母校！

〔作者简介〕

张韧，女，1943年7月生于上海。1959—1962年就读于华东师大二附中（原师大预科），曾担任学生会主席、校团总支委员。1962年8月录取于上海戏剧学院导演系。1962年9月自愿从上海落户安徽肥西县袁店公社利和大队小局子庄（现为柿树乡利和村）。1962—1970年，当农民，其间被省共青团授予"安徽省青年标兵"称号。

1965年10月在农村加入共产党。1970年11月调入《安徽日报》任编辑记者，是报社党组成员。1973年4月任安徽团省委副书记、党组副书记。1978年9月任当涂县委副书记。1981年10月任省农业区划委员会办公室副主任，被评为全国农业区划先进工作者。1986—1993历任省计委经济信息预测中心主任、省信息中心常务副主任、安徽省发改委商贸处长等职。1990年被评为高级经济师。获安徽省科技论文二等、三等奖。系全国第九次团代会代表，安徽省第三届人大代表，省第三次党代会代表，省政协第三届、第四届委员。1993年回沪定居。1993.8—2006历任华

张韧

亭集团宣传部副部长，《新民晚报》党委副书记，文汇新民报业集团纪委书记（现组建为上海报业集团）。2006年退休。2004—2009担任上海慈善基金会常务副秘书长，上海世纪出版集团独立董事。曾任上海报业协会副主席，中国报业协会常委。系上海第八次党代会代表，中国第九次妇代会代表。

任大文

任大文，男，1943年7月出生于上海。1959—1962求学于华东师大预科（二附中），曾任校学生会主席。1962年6月应征入伍，战士。1963年11月在部队加入共产党，1966年3月在部队提干，担任团新闻干事。1966年9月调任师政治部新闻干事。1973年10月调入安徽省军区政治部宣传处，任新闻干事。1980.11—1988.3安徽省军区政治部宣传处副处长、处长。1988.3—1993.9安徽省军区宿县（今宿州市）军分区、淮南军分区政治部主任，大校军衔。1993年9月由军队转业至上海广播电视局（后为广播电影电视局），历任处级调研员、局党政办主任、机关党委书记。1998年5月上海人民广播电台党委书记，上海广电局党委委员。2001年5月组建上海SMG集团（现上海广播电视台），任党委副书记，2006年退休。2003—2014历任上海电视艺术家协会常务副主席、中国电视艺术家协会理事、上海音像制品分销行业协会会长、上海老新闻工作者协会副会长。

回忆母校可敬可爱的班主任

1964 届初三(1)班多位同学

　　母校二附中迎来了 60 周年校庆节日。在 60 年的辉煌历程中,母校创建和积累了一系列的成功经验。母校班主任的辛勤劳动,浇灌了我们成长的根基,影响了我们以后的世界观、价值观和人生观的形成和确立,使我们终身受益。

　　我们是 1964 届初中毕业生,1961 年入校,进校的第一位班主任是顾丽倩老师。她 30 出头,短发,圆脸,大眼睛,笑容可掬,和蔼可亲,青春活力。她亲切地督促我们佩戴红领巾,说红旗的一角标志着要肩负祖国所托而完成学业。她组织我们唱革命歌曲,说嘹亮的歌声会激发蓬勃的朝气与斗志。她按男女搭配安排座位,说是二附中的传统,令正处于少年叛逆期的我们,受到新时代新文明的思想滋润。豆蔻年华的我们扫除了男女同学相处的懵懂羞涩,从而有利于相互学习和交流。

　　当时二附中通往曹杨新村的是一条泥泞小道,一到雨天,上学的同学与周围居民苦不堪言。班级第五小队的同学们,利用课余时间填土修道,修成平坦整洁之道。顾老师鼓励我们以此事自己创作谱曲表演。陆秀英、徐杏珍等女同学组成的伴唱队,王松平、严蓓伦表演的小品《夸夸中一(1)第五小队》获得区少年宫表演奖。就这样,当志愿者参与社会活动实践的感觉真好!感恩社会报效社会的思想感情沁入我们的心田。

　　顾老师是位有经验的语文老师,送走预科(文科)班后带我们班。她教两个班语文,备两套教案,用不同的方法教学,进行对比和反思,尝试教学改革。她教学的特点是寓教于乐,我们不感到累。班级经常组织成语接龙比赛。春游西郊公园的路上,设立的"关卡"要背几段古诗词方能过行。写周记是班主任与我们沟通的桥梁,也是顾老师训练我们文笔的手段之一。她抓得很顶真,暑假中嘱咐外出的同学以书信形式邮寄给她。樊颂贤同学说,一个暑假寄了五篇周记给她,没想到顾老师篇篇都认认真真地回复。就在这种励志的教学氛围中,我们班的语文水平得到了大幅提高。丁凯雄、商银宝等同学的作文,获得市作文竞赛优胜奖,还被选登在著名的《少年文艺》杂志上。

1962年正是国家困难时期,粮食实行计划供应。顾老师和梁静谦老师经常将自己的饭菜票赠与学生,说我们正是长身体的时候,要吃饱。於福康同学至今还能回味当年白馒头的香味。

只可惜顾老师英年早逝,过早地离开了我们班。然而她那正如楷模、教如恩师、亲如大姐的形象,令我们刻骨铭心。

顾老师生病期间由副班主任李寅文老师和凌贤骅老师带我们班。

李寅文老师教我们历史。他博览群书,知识面广,讲起唐宋明清历史,一集一集,娓娓道来,环环相扣,引人入胜。他将故事情节及繁荣或腐败的社会根源,分析得淋漓尽致,堪比当今的电视剧,让我们享受着醇厚的中华文化底蕴的熏陶,一生受益匪浅。

凌贤骅老师教我们外语。用呕心沥血、废寝忘食和贴心贴肺来描述她对教学的执着和对学生的感情一点不为过。她为了抓紧时间给学习有困难的同学补课,中午经常啃一个冷大饼当作午餐。她还介绍莫斯科和基辅的青少年与我们互通书信,让我们能胸怀全球放眼世界掌握外语技能。她和她的团队将当年二附中的外语教学成绩,提高到附近兄弟学校望尘莫及的水平。她那对教育的敬业精神,深深地感动着我们,激励着我们。

我们初三的班主任是蒋凤芳老师,副班主任是童乃文老师。

蒋凤芳老师教我们政治。她指导我们学习《毛选》和理论文章,指导我们如何当好班干部和课代表,指导我们如何组织主题班会。这些少年时期的组织能力和宽容能力的训练,为我们以后立足社会建立良好的人脉关系,打下了扎实的基础。她将思想工作深入到每个学生家庭,根据不同脾气性格的学生个性化教育。我们毕业后多年,还会听到家长在叨念她,可见她循循善诱的教育方式感人之深。她是位资深班主任,我们毕业后,她一直担任班主任,直到退休。

童乃文老师也是位语文老师。她教学文路清晰,表达方法细腻,板书隽秀。值得称赞的是,童老师在困难时期,仍能以简洁的方法打理自己,以端庄优雅高贵的形象,展现在同学面前。举手投足淑女一般,给予我们气质上的潜移默化。

总之,在二附中这片沃土上,优秀班主任辈出,涌现出一批又一批的以全国模范班主任万琳老师为代表的班主任。我们敬爱的毛仲磐校长在"文革"后期,也默默无闻地担任班主任。这些班主任和同仁为二附中种植了参天大树,弹奏了博爱音符,赐予了绿色祝福,向社会输送了一批又一批的人才。二附中成为名校,他们功不可没。现如今他们中的一些人已经作古,愿他们在天堂继续为二附中的发展而感到骄傲;他们中的一些人已颐养晚年,愿他们天天快乐。愿母校在岗的班主任能传承老班主任的精神财富,为祖国教育事业的繁荣,为新时代民族复兴谱写出崭新的篇章。

1964 届初三(1)班 陆秀英 丁凯雄 陈新秋 林君宛 苏统宁 刘家梅 王松平
孙梅娣 黄莲媛 张蓓莉 高伯详 盛祖平 包美华 樊颂贤 於福康 赵培明

2018 年 4 月 16 日

[执笔者简介]

丁凯雄,1948 年 3 月 30 日出生,华师大二附中读初中,曹杨三中读高中,上海市财经大学会计专业读大专,华师大夜大学专升本。先后在上海人造板机器厂有限公司、机电工业管理局审计室、上海东亚集团上海体育实业有限公司工作,现退休。

陆秀英，中学高级教师，初、高中都在二附中就读，1964届初三（1）班，1967届高三（3）班毕业。毕业后分配至崇明东方红农场工作（后改为长江农场），后上调至华师大艺术系学习，分配至长宁区少年宫工作。先后担任长宁区少年宫党支部书记、宫主任、长宁区教育局党委副书记等职，现任长宁区教育局关心下一代工作委员会常务副主任。

好学校、好校长、好教师影响了人的一生

丁解放(1964届初中/1967届高中)

离开二附中已经半个多世纪了。

母校的教育理念,是播下的种子,深深地扎根于我们的心中;母校老师言传身教的榜样力量,深深地渗透在我们的灵魂中。记得班主任胡明生老师,经常督促学生写好日记,把每天在学习生活中的心得、体验用文字记录下来,既锻炼了笔头,也便于不断督促自己进步。这个好习惯,我保持至今。语文老师蒋国华,在课堂上多次介绍上海图书馆,要我们走出课堂,不局限于教科书,要博览群书,丰富自己的阅历。至今,我保持有坚持看纸质书的习惯,从书本里,我学到了很多新知识,也知道了许多以前不曾关注的人生真谛。这辈子最使我难忘的,是退休后被聘请到教导大队为士官生上政治课,让我的职业生涯上了一个台阶。这样的机会不是所有人都会得到的。

有一件事,也是让人有些难忘的。那天,我在行知职业学校上课,放学的路上,我走向公交车站,忽然一辆自行车噌地一下窜到我前面,飞快向前驰去,同时从车上掉下来一团东西。我仔细一看,是一沓钱,略微翻看一下,少说也有五六千块。捡起来后,我欲喊骑车人回来,可是自行车已经无影无踪,他的车速极快。那阵子,我买的股票跌得厉害,账面上损失不少,手里拿着钱,心里暗自想,是老天爷帮我吗,让我堤内损失堤外补?马上,又一个想法占了上风,那个骑车人分明是农民工模样,好像是急着要去办什么事,也许这些钱正是一家子一个月的生活费,也许是给父母看病的钱……这些年上海城市建设发展那么快,少不了这些外来务工者的付出。想到这些,我感觉脸上一阵发烧,于是我决定等他。过了大半个小时,他回来了,拿回了已经丢失的钱。不贪便宜,做人诚信,给人以应得,这也是我母校长期以来的教育成果。

有较长一段时间,我独自带着女儿生活,一个人既当爹又当妈。孩子毕竟缺少父爱,早早谈起了恋爱。在初中即将毕业、临近中考还有两个月那个时间点上,她与社会上的一个小混混谈起了所谓的恋爱,成绩直线下降,头发梳理得怪怪的,精神面貌萎靡不振。我看在眼里急在心上,晚上下班回家,做完家务,等到女儿功课完成就找她谈话,摆明利弊,几次三番,反反复复。但是,她就是转不过弯来。后来,我就对她揭示社会上误入歧途的孩子的坏结局,展示成功的同龄孩子的正面榜样。女儿最终觉醒了,中考时全力以赴,如愿进入七宝中学就读高中。大学期间入了党,一毕业就进入工商银行就职。现在在工商银行一个部门担任团总支书记。她本人能弹琴,会唱歌。在学习中,女儿有一个纠错本。她对数学感到有些困难,我坚持让她把曾经做错的题目,包括考卷上的作业本上的,全部集中到一个本子上,然后举一个反三地去做好。因为是经常出现,面熟了,题目的正确做法,深深地印在了脑中,以后碰到类似题目就会做了。外语单词是每天必须背出的,规定好数目,不完成不罢休。买了些课外书给她,也按照规定页数来看。弹琴比较枯燥,她常常会不耐烦,我就在众多曲子中抽查,写成小纸条让她随机抽取,她觉得有趣,弹琴的兴趣也高了。考试考出好成绩,给她买了双溜冰鞋。女儿穿上溜冰鞋,在水泥地上穿行,溜得有模有样的,既激励了她的学习热情,又锻炼了她的体魄。

我们母校在教育和培养接班人的事业上是"追求卓越"。这和几十年前的追求德智体全面发展的理念是一脉相承的。它是二附中精神的传承。学校这样要求学生,我们也这样要求自己乃至下一代直至第三代。

现在,我已经70岁了,虽然容颜已老,但是心还年轻。我感恩二附中我的母校对我的教诲和辅导,感谢毛校长及众多好老师的辛勤培育,感恩这个时代带给我的美好生活。

〔作者简介〕

丁解放,1968年去崇明农场,1972年回上海进上钢一厂,做过早、中班工人。企业学校需要教师,经应聘就任政治教师。退休后又在其他学校继续任教,后在部队教导大队任教政治课。

以德育人，成长基石

章萍（1965 届初中/1968 届高中）

历史的年轮已跨越半个多世纪，回忆我与华师大二附中的情结，真是心潮澎湃，思绪万千。从 1962 年 9 月入学到 1969 年 5 月离开二附中赴黑龙江，我在华师大二附中度过了近 7 年的中学时代。从 13 岁少先队员入学到 20 岁佩戴着共青团徽离开母校，近七年的中学生活，留下了太多的美好回忆。这七年，实现了从少年到青年的转变，从毛毛丫头幼稚不成熟到逐步形成正确的世界观人生观，这一切都离不开华师大二附中领导和老师们的精心耕耘。正值母校迎来 60 周年华诞之际，作为老校友，步入古稀之年的我，不由得提笔倾诉对母校的感激之情。

育德树人，全面发展

1962 年是国家三年自然灾害的时期，考入华师大二附中的不少工人子女，家庭条件比较差，衣服裤子打着补丁，有的鞋子还露出了豁口。进校后，发现校内无论是华师大教授子女，还是工人子女，大家的关系非常融洽，让我们感受到学校的校风很正派。校长的身教、老师的言传，无形的榜样在我们幼小的心灵里深深扎下根。最使我难忘的事情是亲眼目睹头发花白略有谢顶的毛仲磐校长，为校园的整洁，经常弯腰捡拾地上的纸屑。老校长放下身价干保洁，在那个年代的学校并不多见，此事常常被校园传为佳话。

学校非常重视学生的思想品德教育，让学生积极参与各种活动，在先进人物的优秀事迹感召下，培养学生积极向上的正确人生观。在校期间，我们学习过雷锋、王杰、麦贤德、焦裕禄、董加耕等先进人物的先进事迹，听过校友张韧下乡的事迹报告会。这些正能量对成长中的我们，起到了潜移默化的作用。

在校期间，我们曾多次参加过上海郊区"三夏""三秋"劳动，每次虽然只有两个星期，但对我们生在新社会、长在红旗下的十几岁的学生来讲，无疑是个艰苦的磨练。记得有一次到嘉定马陆公社去劳动，睡在地

章萍 1968 年摄于华东师范大学

上，上面铺的稻草，还算暖和却有点扎人，时刻要担心小虫的叮咬。每次劳动回来，小脸蛋都晒得黑黑的。学生时代到农村参加农业劳动，接触社会，与当地的农民面对面交流，了解他们的生活，对我们后来步入上山下乡工作的第一站还是有帮助的。

记得刚进二附中不久，经常会遇到当年的大队辅导员兼校团总支副书记戴德才老师利用中午休息的时间，活跃在我们初中各个班级里，与同学们交流，促膝谈心。在我心目中，戴老师是"学生政治上成长的启蒙老师"。在戴老师的关心下，我们6204初中班有七位同学入了团。进入高中后，我到学生会工作，学生时期的锻炼，对今后走上工作岗位后的能力培养很有帮助。

当年二附中的学生人才层出不穷，在那个条件艰苦、物质匮乏、油盐柴米都要凭票供应的年代，学生的文化生活、体育活动异常活跃，同学们自编自演的文艺节目水平相当不错。50多年过去了，至今我还清楚地记得由王松平、行军（1967届高中）、黄维信（6203班）、陈新一（6203班）、马淑翘（6204班）、张树本（6201班）等同学演的话剧《放下你的鞭子》，栩栩如生，催人泪下。不少同学和老师还记得当年在华师大礼堂演出话剧《爸爸要出卖眼睛》，表演者是二附中初高中的学生王松平、行军、马淑翘等。话剧演得生动逼真，让台下的师生感动得热泪盈眶。还有当年董小红（原6203班）的手风琴表演、史敏珍（1967届高中）的小提琴独奏等精彩表演经常出现在校园舞台上。最使我难忘的是高二（1）和我们高一（2）同学联合演唱的《长征组歌》，我们歌声嘹亮，富有情感，多次赢得了台下师生的掌声。当年二附中的黑板报也是相当有水平。

二附中的400米跑道我的印象特别深，在那个年代，有400米跑道，又有足球场、篮球场和排球场的学校是相当不错的。学校还成立了学生田径队、篮球队、排球队等，每天上完课，操场上就能看见同学们在开展各种体育运动。学校的足球、篮

球、排球精彩比赛经常吸引各班同学前去观看。

总之，在我的记忆中，二附中到处充满活力，给人一种催人奋进的动力。我们从来不觉得生活条件艰苦，只深感在二附中上学多幸福啊！

以人为本，培养能力

二附中学生给人的印象是学习成绩好，优异的成绩来源于二附中有一支优秀的教师队伍。无论是当年刚从大学毕业的年轻教师，还是有着丰富经验的老教师，他们都热爱教育事业，对学生倾注了爱。

记得在初中时，刚从华师大毕业教我们语文的顾朝晶老师，讲课是那么投入生动，批改的作文用词是那么严谨；语文童乃文老师讲课条理清晰，语句运用恰到好处；物理许晓梅老师讲课通俗易懂，对学生严格要求又关心备至；数学郑锡兆老师、李振芳老师的教学很有方法，不仅讲清数学概念，还经常举一反三，讲述解题的方法，让我这个爱好数学的学生受益匪浅。外语杨景盛老师对学生特别耐心，记得有一次上俄语课，我们班调皮的男生把他准备的小黑板藏起来了，他竟然没发火。给我的印象是杨老师对学生总是带着微笑，和蔼可亲。初中三年在各位老师的谆谆教导下，我们打下了坚实的文化基础，为进入高中阶段的学习做好了充分的准备。

高中阶段正规上课时间仅一年，各位老师的教学方法完全不同于初中，在我的印象中，各门学科的老师十分注重培养学生的自学能力。记得教我们俄语的郭大樵老师，在初中三年俄语学习的基础上，高一下学期指导我们到图书馆借阅前苏联的物理教材，边阅读边解题目，对我们提高俄语翻译水平很有帮助。

值得一提的是当年教我们代数的王鸿仁校长，在我们高一（2）班开展了教学试点，"因材施教"，缩短学制，两年学完三年高中课程直接参加高考。在60年代，这种大胆的教学改革是充满风险的。记得在我们班选了6位同学，免考高一数学，参加高三解析几何的数学考试。当时虽然很辛苦，每天作业都要忙到深夜，有时为了解题,晚上睡觉还在想,但毕竟比别人多学到了知识,对我后来走上教育工作岗位还是有帮助的。我十分佩服当年王校长的胆识和为教育事业倾注的心血,他是我们学习的楷模。想起"文革"中王校长为此事曾遭受冲击,不堪回首!2008年2月我们高中同学相聚华师大,特邀了当年教过我们的王鸿仁校长、郭大樵教导主任、傅伯华老师、张国志老师以及当年的团总支书记戴德才老师等参加。谈语中得知王校长退休后继续发挥余热,65岁受邀华师大侨联,把白手起家的侨华中学办成了一所优秀民办中学,真让我敬佩不已!

在二附中学习的那几年,有一支优秀的教师团队,不仅传授知识,深入浅出,完成教学课程,而且注重以人为本,提高学生的自学能力,这对我们以后走上工作岗位,是金钱买不到的无形财富。

我的中学时代能与二附中结缘,真是我一生的欣慰。提起二附中无人不知,二附中的名声响当当。当年上山下乡的号令吹响,1969年5月我们二附中1968届初高中毕业生一行百余人奔赴黑龙江建设兵团四十团,在北大荒黑土地战天斗地,奉献我们的青春年华。在四十团里二附中学生也是好样的。1970年以后,二附中先后有8位同学担任了连队领导,有不少同学担任了连队中层,有的被抽调到团部学校、机关工作。这些都是学校重视素质教育的成果。

如今我们已步入古稀之年,我们这一代的人生道路坎坷不平,经历过三年自然灾害、上山下乡、当兵、返城、上学、下岗——生活的磨难使我们更懂得珍惜,感恩!感恩母校对我们的教育和培养!感恩曾经教授我们知识的各位老师!你们的谆谆教诲使我们受益终身!万丈高楼平地起,高楼的地基最关键。我们这代人的健康成长,中学时期文化学习是基石,基础打好了,无论是对今后学习深造,还是走上工作岗位后的成长关系重大。二附中——我的母校,无愧当年的市重点中学。今天在网上看到母校日新月异的变化,人才辈出,一代更比一代强,作为老校友为此感到骄傲!

我文章中提到的毛仲磐校长、王鸿仁校长、郑锡兆老师、童乃文老师、许晓梅老师已相继离开人世,我们永远怀念他们。

〔作者简介〕

　　章萍,6204 班初中、6512 班高中。大专,经济师和政工师。1969 年 5 月离开华师大二附中赴黑龙江生产建设兵团四十团农二连,1970 年入党,同年担任连队副指导员;1973 年 8 月在江苏省仪征矿区任团委副书记,上学,任江苏仪征矿区中学教师;1980 年调至南京,在南京电子系统工作 18 年,从事干部组织人事工作;1997 年调南京市劳动和社会保障局就管中心、南京市再就业办公室工作,负责全市就业再就业工作。2004 年从正处岗位退休。退休后,继续发挥余热,担任南京市创业培训师。2005 年获国家劳动和社会保障部、国际劳工组织 GYB/SYB 教师资格证书。2017 年 7 月被江苏省人力资源和社会保障厅认定江苏省四星创业培训讲师。

50年前，我曾在这里上学

吴凤娟（1965 届初中/1968 届高中）

我是二附中 1965 届初中和 1968 届高中毕业生，在校时间共六年半（因"文革"，延至 1968 年底毕业）。其中前三年，即初中阶段，学校教育虽已开始"左"转，但尚未否定传统文化，学生得以健康成长；后三年半，即高中阶段，除了第一学年教学秩序尚属正常，第二学年即遭遇"文革"，开始"停课闹革命"，实为"大革文化命"。由于传统文化被视为封建主义，现代文明属于资产阶级，传承则成罪过。倘若传承者出身于非"正统"阶级，那更罪加一等。而当"造反"学生将自己的老师作为批斗对象时，该悲哀的当不只是教师！

我们最终以"接受贫下中农再教育"的方式，结束了自己的中学生生涯。

回顾这六年半，前三年可谓阳光灿烂，回味无穷；后三年半的多半时间则是困惑、迷茫，不堪回首。好在二附中有许多在人品和学识上皆一流的老师，多亏他（她）们在"文革"前对我们的言传身教，才让我们中的多数人在非常社会状态下，保持了积极向上的姿态。

我与二附中结缘，源于小学毕业前的一次参观——按照小学老师的嘱咐，揣着写有我们名字的"通知"，我随两个同在中北一小六年级但并不同班的男生，前往华东师大二附中参观。记得当时乘了一段车，但却下早了站，所以又走了很长一段路才赶到金沙江路 155 号。穿过紧邻校门的三层高的教学楼，看见不大的操场上已聚集了不少与我们年龄相仿的同学。大家正饶有兴致地观看比自己大不了多少的运动员的技巧表演。随后在二附中老师的指导下，组队前行。一路上，我们欣赏了风景如画的大校园，见识了堪称神秘的实验室，其中，用酒精喷灯改造玻璃器皿的实验令我大开眼界(后来知道,以上所见均属华东师大)。我自此立志报考二附中——在我眼中,再无别的中学能与师大二附中相媲美,尽管当时我对其他中学也不甚了解,但由于已将二附中与华东师大视为一体,所以我确信无疑。

入学后我才知道,属于二附中的"地盘"其实很有限——估摸不超过四个运动场面积。除却两栋教学楼、一座新建的学生宿舍(原址为小礼堂)、一间体操房后,可供课外活动的空间十分有限。即便如此,学校为了优化教学环境,仍将两栋教学楼间的空地(原为篮球场)建设绿化,剩下的只有体操房前一个不大的球场。不过我们在其中并不觉得逼仄。这一方面是因为紧邻华东师大,给了二附中师生"回旋"空间,比如出学校东南边门不远,在二附中通往华东师大的主路边,就"闲置"着一个标准运动场,我们田径类的体育课都在那里上。二附中没有像样的会场,全校大会或文艺表演等就借师大礼堂举行。至于我们自己去师大校园打球、看露天电影等,则更是家常便饭。就此而言,说二附中与华东师大"一体",并非全错。另一方面,是二附中的校园布置弥补了其空间上的不足,比如在教学楼前的水泥便道旁增设了不少橱窗,用于陈列师生作品等;并不单调的绿化及绿化中的曲径,可供养眼、散步;加上丰富的课外兴趣小组活动,二附中学生断不会有"无处可去"的惆怅。我当年就很喜欢浏览道旁橱窗,看得最多、印象最深的是"应明速写"。我当时纳闷:这个"应明"是谁?他的作品怎么会陈列在校园橱窗里?后来知道,应明是二附中学生,只比我们高两届!之后虽说也见过美术老师的作品展示,但远不及应明同学的多。

而二附中的优势不仅在于地理位置上背靠师大,更主要的是行政关系隶属华东师大,因而在师资方面"得天独厚",比如,我们的数学可以同时有两位师大毕业生辅导,有时还会有大学老师来给我们授课。我至今记得有位浙江口音很重的吴老师曾给我班教授"因式分解",那是我理解最透彻的一种数学解法,以至十多年后还能为比我高两届的复旦附中同学解"难题",心中很是自豪。其他科目的师大实习老师对我们的帮助,更多体现在扩展课外知识方面,如政治老师会向我们介绍如何解读外交方面的报道,以及外交礼仪细节等。

进二附中学习的另一好处,是学习氛围好。学生学习成绩优良,懂得自律;多数同学曾任少先队干部,一些同学还拥有数种专长,但从未有人据此自傲。大家互相关心,关系融洽。我至今记得初一暑假时,家住师大一村的束际清偕同学来我家看我,这让我很感动。因为我家离师大较远,之间并无直达公交;我家的地址也不太好找,附近的路曲里拐弯,个别方向的路还不太好走,还要冒着暑热!而当时的同学能这样做,首先是基于其友善本性,其次也离不开教师平时的教育引导。记得班主任许老师曾当众表扬束际清同学,说她能正确对待班里分工,毫不介意从曾经的大队长转任小队长。

二附中带给我的额外收获,是体质上的提高。这既是学校奉行德、智、体全面发展宗旨的必然结果,同时也是客观条件促成。当年的二附中虽说是上海市屈指可数的重点中学,但在其中学习的我们全无紧张之感。我们有充裕的时间参加课外活动,进行体育锻炼。至于我的特殊情况,就是家离学校较远(单程步行 50 分钟),当时家庭经济条件不允许我每天乘车上下学或住校乃至在学校食堂就餐,加上是我自己舍近求远选择了二附中,所以我只能每天肩背书包、手拎饭盒(有时外加雨具)步行,风雨无阻! 好在初三时,我家有机会搬入曹杨五村,从而结束了这段"苦旅"(有同伴,其实不苦)。但之前及之后的锻炼,早已磨练了我的意志、强健了我的体魄,以至 1969 年初下乡插队时,我这个来自大城市的女生要比一般县城知青更能吃苦、更能承受辛劳。我也因此成了下乡知青的先进典型,并得以在随后的选拔、培养及深造举荐中脱颖而出,为自己赢得了新的发展机会。

尽管离开二附中至今已有 50 年,自己也已成了古稀老人,但当年在校时的许多老师及场景仍历历在目——记得我班最初的班主任是语文老师罗秀芳。罗老师留给我的印象是年轻、热情,青春洋溢。听说罗老师是共产党员,她与我们相处不久就去支援新疆建设了;之后接手我班语文课的有童乃文、顾朝晶、戴德英老师。童老师给我们授课时已不年轻,但气质、风度仍佳。看着童老师讲课,我爱生联想;顾老师讲课精神饱满、中气十足,且注重与学生互动,而我也算是课堂讨论的积极参与者;戴老师讲课时常显得若有所思,她为我摘录名言警句的本子题词"有志者,事竟成",曾给我很大鼓励。教我班历史的是梁静谦老师,我喜欢梁老师的一手好字。教我班美术的是印尼归侨鲍友才老师,从鲍老师处,我了解了透视原理、色彩构成关系,学会了水彩晕染,前者曾在定制家具、服装改色时派了用场,后者让我获得了"优-"。教我班俄语的是杨景盛老师,当时的杨老师似初"入道",故作严肃的表情总禁不住调皮学生的打趣。但玩笑归玩笑,同学们对学习还是自觉认真的,以至近 50 年后师生相聚,同学们仍能以当年课上所学的俄语歌曲向老师表达敬意!

初中阶段不能忘记的,还有卫生室的许耐涵老师,因为她的奔走与坚持,让我们这些第一次参加"三秋"劳动的女生,懂得并学会了如何因陋就简进行个人卫生保健。

初中阶段我最感激的是班主任许晓梅老师,她曾与我促膝谈心,分析我的优缺点,让我受益匪浅。许老师教我班物理,她简练、明快的讲课风格,让我较早知晓了理科学者的优势。当时的副班主任是数学老师李振芳,李老师曾是复旦女排队员。我本来就对数学专业的女生怀有敬意,又加上复旦女排队员身份,那就更佩服了。

令我没想到的是,初三毕业时,李老师主动推荐我和同班的王小娟去参加二附中女排的假期训练!尽管后来由于"文革",类似的活动不再持续,但打排球自此成为我的终身爱好。

担任我初中及高中班政治课的老师有姚瑞榆、曹康绥、邵瑞欣。之所以记得那么清楚,是因为我 1. 曾任"课代表";2. 侥幸得过高分;3. 姚老师曾请我吃饭;4. 听曹老师讲课感觉顺畅;5. 因赴中学"支教",一度与邵老师成为"同事"。

我高中班主任是数学老师马惠生。马老师给我的印象是敬业、随和、周到。他会仔细批阅学生周记,曾帮我答疑解惑;带班参加近郊"三秋(夏)"劳动,随身总备着"创可贴";"文革"停课期间,曾随班里部分同学徒步赴井冈山;"复课"阶段,热心帮我们补习数学(后因同学缺席太多而作罢)。当时的副班主任是语文老师李舒研,我曾从她这里获得过不错的成绩。只是那时"文革"已近,语文课的政治色彩渐浓,期间印象最深的意外收获,来自于一次题为"高一(3)班在前进"的作文。我不喜欢此类讨论,但会认真作文。令我意外的是,老师竟让同学刻印了文章,组织全班讨论,而蓝本就是拙文!我并不清楚老师当时的想法,但同学随后的点评却令我汗颜:文章立意不高,只是从个人角度出发⋯⋯自此以后,我开始关注文章的思想内涵,努力避免浅薄。从语文课得到肯定的小品文写作,在下乡插队期间得到了应用和发挥——应大队支书的要求,我以若干短文组成专栏的形式,对附近生产队个别人的霸蛮言行进行了批判,收到了很好的效果。

中学阶段的集体欢乐离不开团委、学生会的组织与安排,在这方面,二附中的团委书记兼大队辅导员戴德才老师功不可没。我虽然不了解戴老师的具体工作,但没少见他"身先士卒"——携一把绑着口琴的胡琴,往返于各班"巡演"。学生会的突出表现,是有效组织各类课外活动,其中的"支柱"则是若干有相当水准的专门队伍,如舞蹈队、话剧队等。当年二附中的话剧队尤为出色,一出《爸爸要出卖眼睛》,曾让我感动落泪;而经常的排练和演出,不仅让更多同学展示了才艺、增长了才干,也让我这样的观众看到了自己的差距。我之前不知道,班里那么多同学都身怀"长技",一寝室的男生居然都会吹口琴!它推动我"见贤思齐",迅速为自己购置了乐器——笛子进行练习,并将其带下了乡。

50 年的时间,弹指一挥间。当年的莘莘学子,如今多数已两鬓如霜、满脸沧桑,从而迅速缩短了与自己老师的岁月差距。50 年中,有不少曾为我们授课的老先生及中年教师离世,我们为此感到难过;当年的同学,也有多位永远离开了大家;还有些同学至今音讯全无,也不知他(她)们现在是否过得好,生活可如意。但愿他(她)们在他乡能够感知老同学的牵挂,早日"入群",与大家一起重温师生情、同窗谊。

回顾我们这届(主指1968届)毕业生的人生之路,虽然总体上受制于时代,经历过不少坎坷,但与社会上同龄人相比,我们中多数人的境遇还是略优于他们。这首先是得益于我们在二附中所受的教育与熏陶,它赋予了我们立身处世的基本能力。这不仅仅是指二附中授予我们的文化知识,也包括在健康人格形成方面给我们的深远影响。就我而言,正是这一时期的教育,让我确立起自信、正直、勤勉的做人原则。我的自信源于我是二附中的学生,"文革"前所接受的系统训练,足以让我应对同龄人的文化比试——当年的大学入学测试,我的确胜出了。多年的传统文化熏陶,则让我在艰难困苦面前,不灰心丧气、勇于面对。正直和勤勉则几乎是二附中老校友的共同习性:不屑投机取巧,甘愿被人讥为书生意气!

作为曾经的二附中学生,我们的发展过程多多少少受惠于母校的光辉——二附中的名校效应,提升了我们的"附加值"。当年无论是招生,还是招代课教师,师大二附中的毕业生可是响当当的品牌。而无论我们后来走多远,二附中始终是我们的起点。

感恩二附中! 感恩二附中的老师!

〔作者简介〕

吴凤娟,1948 年 10 月生。1962.9—1968.12 在师大二附中学习;1969.1—1973.8 在上海市崇明县合作人民公社第三生产大队第六小队插队落户,曾任大队党支部副书记、公社党委委员;1973.9—1976.7 在复旦大学哲学系学习;1976.7—2008.10 在复旦大学任教。2008 年 10 月退休,退休前为复旦大学社会科学基础部(现为马克思主义学院)副教授。

二附中少体校伴我成长

张力言（1965 届初中/1968 届高中）

我是 1962—1968 年二附中的在校生，即 1965 届初中、1968 届高中生。我与二附中大多数同学的主要差别，在于我是二附中少体校的首批运动员。后者丰富了我的中学生活，增添了青少年时代的生活色彩。虽然离开母校已经 50 年了，自己也已是 70 岁的老人，但当年的情景仍历历在目。

可能是为改变以往我国运动员文化素质普遍偏低的状况，同时也为贯彻党的教育方针，培养德智体全面发展的运动员，1963 年 11 月二附中成立了由上海市体委直属领导的青少体校。同时成立青少体校的还有上海中学、复旦附中、交大附中，进而为高校培养体育运动的后备人才。

二附中少体校的校长由毛仲磐校长兼任，之后调来的王鸿仁副校长兼任少体校副校长，吴光焘教导主任兼任少体校教导主任，徐荣华老师兼任政治辅导员。

二附中少体校除了田径队，还有乒乓球队、女子篮球队、男子手球队、男子足球队。我属于田径队跑组，教练是施能枫老师。施老师本是华东师范大学的优秀长跑运动员，曾在第二届上海市田径运动会上打破 1500 米市纪录。原二附中田径运动队教练陈志超老师转任少体校副教导主任（主管业务）兼乒乓球队教练。

我们由此开始了新的作息生活：每周 4 次，每次 2 个小时左右的训练。每逢训练时间，当我们来到运动场，只见教练早已等候在那里。我们根据教练要求，首先慢跑 2 个或多个 400 米，小步跑、高抬腿、后蹬跑，再经过拉伸等热身运动，然后换钉鞋进入正式训练，项目有若干个 100 米或 200 米，以及若干个 400 米变速跑，接着是每个人的专项训练……最后慢跑放松、整理活动、结束训练。

训练过程中,施老师会拿着卷尺测量每个人的步距,纠正跑步的姿势乃至脚掌落地的错误;给我们讲述要领、比赛策略;训练我们的起跑和冲刺。遇到下雨天,施老师就安排身体素质训练、力量训练,还会让我们在楼内跑楼梯。

寒暑假是少体校的集训时间,所谓夏练三伏、冬练三九,锻炼的不仅是我们的身体,更是我们的意志!无论是烈日炎炎,还是瑟瑟寒风,都无法阻挡少体校师生的训练热情。而少体校各队热火朝天的训练场面,则成为当年二附中校园里一道道独特的风景线。

运动场上挥洒的汗水最终换来了累累硕果:在学校、华东师范大学、普陀区、上海市的各届运动会上,二附中少体校田径队的同学以顽强的毅力、坚强的意志勇敢拼搏,屡屡取得名次,有些同学还打破了区、市纪录。如1966届初中的周夏芳打破了800米的上海市女子少年纪录,1966届高中丁孔博创造和保持的800米、1500米、3000米的普陀区男子少年纪录,又被1966届初中陆贞元刷新了800米、1500米纪录,真是长江后浪推前浪!1965届初中刘金富的跳高和手榴弹不仅在区、市中学生运动会取得第一、第三名的成绩,并且都打破了校纪录;1968届高中的丁宏博是男子110中栏、200低栏的校纪录保持者;1965届初中蔡莲芳平了女子100米校纪录;男子和女子的4×100、4×200米校纪录被打破;竺才明打破了男子三级跳远的纪录,并且达到了二级运动员的标准。至于校纪录,除男子100米11秒2的纪录外,其余都被我们田径队一遍遍刷新。

自创办少体校,两年半时间里,二附中培养了大批田径三级运动员,还有2名二级运动员。运动员们为学校争得了荣誉,创造了二附中田径运动史上的辉煌!

与此同时,由于有制度保证,我们少体校人的文化学习也毫不逊色。当年所有少体校田径队的同学都在校住宿,晚上集中在一个教室上晚自修,可以相互帮助和讨论。班级的体育课时间我们在教室自修,以保证我们的学习时间。而我们自己也比较自觉和自律,清晨的校园里经常可以看到同伴们背诵单词、复习功课的身影。创建少体校后的首届中考,少体校同学的平均分都在70分以上。

少体校的生活其实多姿多彩,我们在学校的集体生活除了正常的学习、训练,逢学校举办活动或者有体育赛事,我们周六训练结束后会留在学校。记得是1964年的国庆前夕,学校举办庆祝晚会。我们田径队多才多艺的郑隆海同学,在晚会结束后,利用校话剧组演员化妆后多余的化妆材料,在宿舍里为我们化妆。将蔡莲芳、邵美娟和我分别化妆为印度人、黑人、白人,然后我们相视大笑。可惜那时没有相机,否则把我们化妆后的形象留下影,今天再看也一定忍俊不禁!

周六晚上的师大灯光球场常有篮球比赛,当比赛的双方是二附中的体育老师与师大体育教研室的老师时,我们这些二附中老师的忠实粉丝,每赛必到。每次的比赛都非常精彩,老师们打球是那样酣畅淋漓、精彩纷呈!每场比分双方差不多都会超过100分。比赛中我们不断地为老师们呐喊助威,为二附中加油!二附中教师队也往往不负众望,极少告负。差不多每次赛后我们都非常兴奋,边走边议回宿舍,意犹未尽。有一年的端午节正好是周日,回学校时我们都从家里带来了粽子,几位同学一合计,一起拿了粽子找到了施老师在男生那边的二楼小宿舍。在门口你推我、我推你,进了门,一看施老师的女朋友(现在的师母)还有一个小男孩也在,然后我们说请施老师吃粽子,把粽子放在了桌上就一溜烟地逃离了。大家一边笑一边逃跑似的回宿舍,一路上还有同学说那男孩是施老师的小舅子吧!大家又一阵大笑,那天很开心。

学校重视运动队的思想教育,组织我们学习讨论徐寅生的讲话《如何打乒乓球》。为了学习日本女排主教练东洋魔女的训练方式,1965年学校组织我们乘坐大巴士去江湾体育馆现场观看日本教练指导日本女排训练。那时提出"三从一大"的口号,即从严从难从实战出发,坚持大运动量训练。观看回学校后,毛校长还专门找了当时初一的孟晓蕾同学,勉励她学习日本女排的精神,刻苦训练。用孟晓蕾的话说,那时尽管自己运动员的条件和基础都不差,但是训练不够刻苦。

学校也很关心运动员的膳食营养,每天午餐都有加菜。吃饭的时候,我们是在食堂(兼大礼堂)的主席台上,在台下吃饭的同学总会投来羡慕的眼光,或者很想看看我们吃什么?我们似乎也蛮有优越感。有一段时间我们是在师大河西食堂与大学生运动员一起用餐,不在学校吃中饭的同学每天一瓶牛奶。那时居民的食糖定量供应,每位运动员每月增加一张糖票,以保证一定能量的补充。

我在少体校的训练中还有一件难忘的事情。那是1965年秋冬季的一天下午,我像往常一样训练,准备活动后大家挨个儿进入计时测试100米。可能天气比较冷,轮到我测试时,热身活动的效果已经比较差了,大概跑了80米左右的距离只听到一声很响的声音,我的左腿开始疼痛,跑不了了。施老师说是肌纤维拉断了,发生了运动损伤。第一次拉伤了腿,非常沮丧。训练的时间到了,我在教室里掉眼泪,同学顾江来安慰我说,你知道吗,这说明你要出成绩了。我半信半疑,但愿如此吧!受伤后,已忘记是哪位同学给我送来了一把韭菜,告诉我晚上睡觉时把韭菜捣烂用布包在伤痛处。韭菜的热量传递给了我,它散发出来的实在难闻的气味在8人寝室里久久不散,大家却都毫不介意。同学的安慰、关心、理解,对我是一种温暖和力量!施老师根据我短时间内不能正常训练的情况,就指导我练习投掷铅球,他为我示范投掷铅球的正确姿势,又讲解投掷铅球的分解动作。在伤痛痊愈之前我每次的训练就是在双杠区,右手握住双杠的一头,身体一遍又一遍地90度转身挺腹挺胸,练习分解动作也训练了腰部和腿部的力量,然后逐渐将各个分解动作连贯起来,逐步掌握投掷铅球的正确姿势。练习投掷铅球的动作对场地没有太多要求,因此只要有一块空地,觉得自己闲着的时候我就自然而然会练起投掷铅球的动作,乐此不疲。记得是1966年的春季普陀区中学生运动会,那时我伤病基本痊愈,施老师帮我报了三项全能项目,即100米、跳高、铅球三项,尽管我从来没有参加过跳高和铅球比赛。在铅球赛场轮到我投掷铅球了,准备、弯腰、摆动左腿、带动右腿向前滑动、突然90度转身蹬右腿挺腹挺胸、用力出右手,铅球被右手的手掌和五指投出,一气呵成!铅球沿着受力方向的抛物线轨迹落地,成绩8米56!三项比赛的总分我得到了1600多分,而二级运动员的标准是1500分。我和市少体校转入我校1966届高中年级的一名运动员分获普陀区女子高中组三项全能第二和第一名。我能达到二级运动员的标准,自然十分欣喜,这也是教练的成功策略。当初受伤时的低落情绪一扫而空,是教练及时调整了我的训练项目,康复复出后收获了意外惊喜。我原本擅长的是径赛,并没有田赛的身材,然而只要有信心,认真学习,刻苦训练并且善于思考,就一定能超越自我!

正当我怀揣着在二附中高中的后两年冲刺1800分的三项全能、实现成为一级运动员的梦想时,"文革"却使我的梦想破灭了。当然,被破灭理想的决不止我一人!

离开母校半个世纪了,年龄已近古稀,但在二附中及二附中少体校的这段经历却是终身难忘的。正如我们的物理老师许晓梅所说,我们都是在二附中长大的孩子!在二附中所受的教育和训练,影响并塑造了我后来的人生,尤其是培养了我们顽强的毅力、坚强的意志、不怕苦不怕累的作风、遇到困难勇于挑战的精神,让我们不断追求更高更强!尽管我们这一代人人生之路相对坎坷曲折,但是有母校教育为我们一生发展奠基,无论在以后的继续学习中,还是在教师的工作岗位上,都有一种强大的力量激励自己去争取完美。

在二附中的岁月是一首歌,是一首难以忘怀的歌!

穿着二附中少体校运动衣的合影,见证着花季年华的我们在少体校田径队训练、学习的成长经历,使我们回忆起田径场上在施能枫教练指导下刻苦训练的情景。那一次次比赛中顽强拼搏的身影又仿佛历历在目。

我们是1963年11月二附中少体校田径队成立后女子4×100米接力赛的原班人马。郑隆海反应敏捷起跑快,司第一棒;邵美娟跑直道有优势,跑第二棒;张力言善长跑弯道,安排为第三棒;蔡莲芳拼劲足冲刺好,第四棒非她莫属。在华东师大的田径运动会上我们曾获得过第一名,在普陀区中学生田径运动会上我们又荣获第

这是我们四位同学在初中阶段仅有的一张合影,照片中前排为郑隆海(左)和邵美娟(右),后排为蔡莲芳(左)和张力言(右),记得是在一次参加上海市田径选拔比赛后相约去照相馆拍摄的

二。我们曾经打破二附中 4×100 米的校纪录,还刷新了 4×200 米的校纪录。

记得那一年,华东师大田径运动会上,4×200 米接力赛正在紧张地角逐着,二附中队遥遥领先。正当第三棒张力言要把接力棒传递给第四棒的蔡莲芳时,在两人之间意外地横闪过一个人,蔡莲芳跑了几步,迟疑地放慢了速度。眼看着物理系超上去了,生物系也赶上来了。其他人见状,在后面拼命叫着"蔡莲芳快跑",可是她还停在那里。突然,蔡莲芳甩掉了一只钉鞋,光着一只脚飞快地在跑道上重新奔跑,终于冲过终点,获得了第三名。

当她跑到了终点后,大家才发现,她的脚被鞋钉踩了几个洞。原来她接棒后准备加速时,突然发现有一只钉鞋的后跟被人踩下,无法正常跑了。怎么办啊?情急之下只能甩掉那只钉鞋赤着脚跑了。那时她什么也顾不上,唯一的想法就是快跑!她就是这样忍着疼痛,任凭脚上流着鲜血,顽强地跑完了最后一棒。

滴滴鲜血流淌在她最后 200 米赛程的跑道上。老师赶紧安排几位男队员用自行车送蔡莲芳去医院治疗,医生给蔡莲芳注射了破伤风针。

在如此受伤的情况下跑完全程,这种拼搏、坚持、不言放弃的精神令我们每个人都深受感动。那天下午我们参加的 4×100 米接力赛时,第四棒由周夏芳补位上场,我们每个人都发挥了最佳水平,夺回了第一名。

照片留下了我们很多美好而又难忘的回忆。我们人生中更多的成长经历,都是从那时的历练开始的。

[作者简介]

　　张力言，1965 届初中、1968 届高中，理学学士，中学高级教师。1978—2003 年在上海市梅陇中学、兰溪中学当教师，是民办梅陇中学生物教师兼学校科技总辅导员，1988 年被评为普陀区园丁奖。退休后，2003—2015 年受聘于上海市民办进华中学，任生命科学教师兼学校科技总辅导员。曾组织指导学生参加上海市青少年各项科技竞赛，主要有上海市明日科技之星评选、上海市青少年科技创新大赛等，获奖学生人数众多。培养指导几十名学生成为普陀少年科学院少年院士。多次获得优秀教师指导奖、金牌教师指导奖。

诗词十二首：
一个二附中学子的成长与感悟

刘绪恒（1968 届高中）

重游华东师范大学校园忆高中时情景

夏雨洲旁水尽头，黄墙黛顶读书楼。
丽娃河畔青青草，化作闲云看晚秋。

忆事

萧肃秋寒连夜雨，依稀旧日读书天。
会当还我轻狂梦，阅透乾坤数万年。

寄友人

总有欢欣在梦间，人生莫道路行难。
思嵇命驾遥无策，又剪梅枝问尔安。

图书馆
——深秋呓语之二

觅觅寻寻探墨林,书经尺素总传神。
重重影影灯千具,又照当年夜读人。

初登长城

风卷霞飞昂奋时,轻衫劲步暗吟诗。
长城不是最高处,怀梦少年浑不知。

旧宅小楼

小楼简雅梦中藏,风雨当年图自强。
帘畔新花萌碧树,檐间旧雪湿泥墙。
晨迎雾满望无尽,月走星空思有章。
蓬壁丹青春燕子,殷殷长伴读书郎。

西江月·怀念恩师

　　刘荣坤先生为我初中政治教师和班主任老师,曾任新力中学教导主任。后在虹口区昆山中学校长任上英年早逝。李舒研女士为华东师大二附中语文教师,是我的高中班主任老师。因为过劳亦于其50岁时离世。每每怀念时皆甚感沉痛。

年少心高志远,前程雨雪迷离。雏鹰振翅欲飞时,幸有恩师指点。
教室之乎者也,校园桃李成蹊。梦回褒奖笑谈时,泪洒丽娃河汉。

永遇乐·新春

凉草霜凝,半江冰化,酒醒何地? 翠点摇枝,红苞垂笑,雨散晴空媚。浮云如土,男儿遗恨,曾向寒冬伤唉。天还冷、横斜疏影,毕竟暖风情味。

易安梦觉,新桐初引,燕入谢王邻里。遍野神州,晴明万象,多少祥和气。古人如我,盼阳春脚,唤起殷勤心计。怕遮莫、无端误了,瑞光得意。

怀念记忆中的豪放歌曲

当年高咏唱青春,鼓韵铿锵撼九神。
乐魄歌魂飘未绝,秋宵托梦扫凡尘。

旧地重游,忆十同学太湖行

寒窗博学初成就,得意春风结伴游。
岁月磨消书卷气,碧湖秋老几人愁?

母校六十周年校庆日前夕抒怀

戊戌轮回同一庆,青春作伴忆当时。
若非澍雨萌新木,焉得秋枫盈旧枝。
碧苑楼前花照影,清风廊畔鸟吟诗。
后生学子多勤奋,莫枉吾侪一段痴。

将入从心之年自题情境小照

燕舞春光岁复年,神情飘逸最天然。
身心未老须珍惜,莫负欣欣盛世缘。

［作者简介］

刘绪恒，华东师大二附中1968届高中校友。1969年毕业后加入中国人民解放军，1973年复员回上海。当过工人、科员。毕业于上海教育学院中文系。资深媒体人，历任报社记者与编辑、杂志编辑、出版社编辑与编审，是上海市离退休高级专家协会会员、上海诗词学会会员。擅长艺术与文化评论。

我们的初中，在二附中

黄维信（1965届初中）

1962年9月，我们幸运地踏入了二附中。初中设六个班，我们编在三班。全班53位同学。班主任初一、初二是王刚民老师，初三是徐容容老师。

一、紧挨着华师大校园，真好

那年小学将毕业，都想进个好中学。一个星期天，组织我们参观二附中。学校好大好漂亮！是小学的100倍，是曹杨公园的20倍，可以与长风公园媲美。每个班由一位学姐（学兄）任志愿者，领着我们从校门口逶迤至大礼堂。一路上有河有亭有桥有船，穿越大操场，浏览地理馆走廊两侧的标本，瞻仰办公红楼，眺望图书馆，美景看不够呀，小学生真个进了大观园。来不及大礼堂听毛校长的介绍，已下决心没商量，就考她了。

入校后，时间的推移，愈显示出学校在地理位置上真正附属于大学的优势来。我们可是中学的学习，大学的待遇，做到了资源共享。这才是名副其实的二附中！

一是课余活动丰富了。花上一两角钱，几个同学划小船荡漾在丽娃河上，时不时有鱼儿跃出。我们时常跑到共青操场，两人一组一上一下玩滚铁圈，围着400米跑道一圈又一圈。我们欣赏大学生各种比赛。一个晚上，灯光球场有校女篮与男教师的篮球赛。中途响起掌声，走来一位衣着日常的老人。别人说是师大党委书记常溪萍。他向大家挥挥手，找个地方坐下来，比赛一直持续着。原来也是个球迷。他在百忙中承包了生物系旁边一个垃圾箱的清洁卫生。还有一回，足球场人山人海，原来郑凤荣、倪志钦等国家名将被请来比赛表演。学校专门为我们附中辟出观看场地。我们一睹运动健将跳高、长跑、标枪等竞技风采。据说倪志钦准备破纪录的。体育教研室主任、国家级田径裁判黄中老师把跳高杆子量了又量,奈何土质较软而作罢。

二是校园文化拓宽了。电影是那个年代的奢侈品。师大每周都有电影,票价比外面电影院便宜许多,有时还在文史楼前草坪上露天放映。我们舍不得不看,就跑到银幕后面反看电影,尽管李向阳、李双双都是左撇子,依然看得津津有味。没有人来撵我们,我们也没有跨越齐腰高的冬青栅栏的意识。群贤堂里的节目表演、阅览室里琳琅满目的书报杂志、草坪上席地而坐的班会组会……这些硬软件的校园文化,潜移默化着每一位学生。校朗诵队排练《接班人之歌》,一次次请来大哥哥、大姐姐帮助精雕细琢。上海少先队成立10年纪念大会上,此节目登上友谊会堂表演。我们也为师大做贡献。国庆十五周年,师大抽调我们组成手旗方阵。经过一个月的紧张排练,我们代表华师大,白跑鞋、白长裤、海纹衫,亮相在人民广场游行队伍中,打出"祖国万岁"旗语。

三是师资力量扩大了。附中的不少老师、学生与师大有着各种联系,学校随时可以请到专家学者,阶梯教室时不时有精彩讲座。每年师大应届毕业生实习,更是我们的鲜活时间段。每个班级分来四五位实习生。怪不得二附中的教室比别的学

华东师大二附中65届初中(3)班毕业留念

校大好多,后面空出三四排是为听课预备的。实习生每人都要登台讲一课。他们精心准备。这是另一种考试,还是蛮紧张的。有的没讲完下课铃就响了,有的板书一个字粉笔断了三回。一位政教系的河南籍学生,一句"那个垄——断",阴顿阳亢,至今余音绕耳。这些我们是不在意的。在意的是实习老师能带我们到他的寝室去玩,帮我们图书馆里借书,邀请我们列席他们的班会,教我们出黑板报墙报,帮我们排节目,和我们一起做游戏。我们班的《大刀舞》就是校舞蹈队队长谈王瑜老师辅导的。他怎么起了这么个名字?上海话念成"淡黄鱼"了。不过,实习结束时他赠送同学明信片的署名改成"谈玉瑜"。谈老师,还记得我们吗?

二、倡导德智体美发展,真好

学生的整体发展,与紧挨着大学分不开,也与办学方针紧密相连。感谢不知哪位老师的校徽设计,红色的舒同体"华东师范大学"大大的一行,"第二附中"小小的一行在下面。很有虚荣心的我们佩戴时,总是用上衣口袋遮掩一半。当时还没有少年班一说。否则,就是我们了。

那时的学习负担感觉不很重,分数第一的意识不很浓。当然,也带有不少的时代烙印。偏向于工人子弟,好像对干部子弟、师大员工子女不是特别青睐。有的学生即使成绩优秀,由于出身不好,俨然落榜或考入三流学校。这是学雷锋的年代,以朴素为荣,悄悄做好事。高中楼与初中楼之间正修建中心花园,曲径已规划出。在班长孙国平的带领下,几天功夫,大家四处捡来了铺路的小石头,受到学校的表扬。最开心的是负责绿化的花师傅。班里成立了学雷锋小组,学日记,写日记,学毛选,写心得,真个诚心一片。我们清晨4点到陆家宅、三官堂桥等处与环卫工人一起倒马桶收粪便,还学师傅用苏北口音高呼:"倒马桶噢——倒马桶!"开始开不了口,后来越叫越起劲。臭在身上香在心里。到南翔等郊区农村参加三秋劳动,黑了皮肤红了思想。到师大学生食堂帮厨包包子,大的大小的小不在褶子上。到机床锻铁厂学工,用锯条锯碗口粗的铁杵,只要功夫深。

我们的课外作业不是很多,基本上放学前就能完成。因此有了许多闲暇。学校涌现了许多英才。美术有应明等同学,他的作品还送到欧洲参展。话剧表演有行军、王松平、张树本、马淑翘、陈新一等同学,《渔人之家》《爸爸要出卖眼睛》《放下你的鞭子》《骨肉》等节目真是高水平。不但区里脍炙人口,在市里也小有名气。

学校举行运动会,那是我们班大显身手的好机会。每次奖状名次多多,团体总分总是第一。4×100百米接力赛在学校所向披靡,参加华师大的第11届校运动会比赛也是第一。蔡连芳、邵美娟、孙国平、孙渝兴、郑建民、竺才明、丁宏博等人是主力,他们后来加入了1963年成立的校体校。当时丁宏博创造了区中学生200米低栏纪录,竺才明三级跳远保持了学校纪录,蔡连芳的短跑100米平校纪录,成绩13.4秒。1964年普陀区田径运动会上,她在少年女子组200米、100米短跑中分别获得第二、三名,并代表区选手队参加了市里比赛。学校心疼他们,每人补助一瓶牛奶。那是应该的,我们蛮羡慕的。

班里有文艺细胞的不少,先后表演的节目有:《歌唱光荣的八大员》,其中陆晓雄(炊事员)、陈婉萍(保育员)、孙渝兴(邮递员)、周玲珍(售货员)、丁宏博(理发员)、徐瑞芬(售票员)、李荣明(缝纫员)、朱芬芳(文工团员),手风琴伴奏董小红。三句半,分别由陈新一、俞莲芳、于宗英、黄维信出演。《大刀舞》,由孙国平、陈婉萍、孙瑜兴、周玲珍、丁宏博、徐瑞芬、董小红、潘维明等亮相。我们还与高中联合排练《长征组歌》。还有,王顺德、朱大栋硬笔书法获区并列第一名。榜样的力量是无穷的。以此为动力,王刚民老师要求大家练习书法。

初二时,我们班被共青团市委命名为优秀中队,孔令太当选为学校标兵。孙国平去领奖,领到许多书。回来后,每人自愿捐书,班里办了个小小图书馆。那是我们班的黄金时代,三千宠爱在三班。

三、师生关系打成一片,真好

校长毛仲磬,一副老学究样态,不苟言笑,训话条理清晰,滴水不漏。我们不太怕他。他经常巡视于各个教室,见到地上有纸屑,一声不吭地弯腰捡起来。长风公园新开辟了游泳池,学校包了专场。毛校长搬了把椅子,坐在池边,陪了整一个小时。

六一、国庆前夕,是学生最兴奋的日子。不仅要放几天假,且是班级学校喜庆、展露才艺的舞台。晚上学校在篮球场举行文艺汇演,下午是各班在自己教室里演节目做游戏等。各科任课老师走街串巷,向同学们祝贺节日,亮出自己的绝活。教导主任吴光焘老师天生好嗓子,有机会就一展歌喉。语文任课老师季振宙总是来上一段京戏。他讲解的《鲁智深拳打镇关西》一课声情并茂,带有磁性,不亚于单田芳。至今想起如临其境。另一位语文任课老师童乃文擅长朗诵。她辅导王松平、陈新一、于宗英等同学朗诵《我的"自白书"》《帽子的秘密》《他就在我们身边》等,多次获奖。团总支书记陆老师拿着歌篇唱新学会的《人民军队忠于党》:"雄伟的井冈山八一军旗红……"归国华侨、美术老师鲍友才一支印尼歌,声情并茂。大队辅导员戴德才老师口吹口琴手拉二胡,上下忙活。印象最深的是刚毕业的数学任课老师傅伯华,先是用帽子、手帕表演变苹果的魔术,后是用两卷纸,演示拓扑学案例:同样是粘好的两个纸圈,一个剪成两个圆,一个剪成一个大圆。这让懵懂的我们,更加喜爱数学了。

学校组织了各种课外兴趣小组,骨干教师分别担任指导老师。他们备课认真,知识丰富,深入浅出。在数学兴趣小组里,那位教授平面几何的李绍宗老师,一下子打开了解题的思路,让人有一种醍醐灌顶的感觉。

值得大书特书的是与我们共处两年的王刚民班主任,他同时教我们俄语。据说之前他是前苏联专家的翻译,专家撤离后被分到这里,可谓半路出家,在教学和管理上也往往爱剑走偏锋。他慷慨,自行车是班里的共享车,他用积蓄购买的珍贵外国照相机是热爱摄影同学的道具。他苦口婆心,放学后与一些同学谈心至天黑。他严厉,遇到调皮捣蛋的就在大成绩册上打个红2分(吓唬吓唬而已,不作数的)。一次,在丽娃河畔见到一群划船的同学,他大怒:明天就要期末考试了,你们还在玩!你们几个我记住了,不考出5分来,一律2分。结果都考了5分。他认真,不管上什么课,几乎都要来听课。老师们反映我们班课堂纪律最好。那还用说!尊神坐在后面呢。他一边听课,一边用两枚硬币拔胡子,成为一道诙谐的风景线。几十年后,每次有王老师参加的聚会,他的这些趣事都是席上的胡椒面。他心细,善于发现学生的闪光点。郑小陆同学回忆起,一个星期天她跑到教室里,把墙报美化了一下。王老师知道后,逢机会就表扬,讲得她都不好意思了。这件事情让她至今难忘。

难能可贵的是,1965年或1968年同学们陆续离开二附中后,许多人与王老师一直保持着联系。王顺德、董小红、孙国平、邵美娟、黄金娣等人每年春节都去看望他,之后成为我们班的一个活动项目。王老师知道一些同学有困难,也尽己所能,还是像对自己当年的学生一样助一臂之力。师生的联系一直持续到王老师病故,在沪的同学多来送他一程。吃豆腐饭时,与我们一桌的几位,一聊起来,原来也是二附中校友,小我们好多届,王老师也当过他们的班主任。所以师生的关系更要看毕业以后。

总之,二附中初中生涯是完整的三年,是值得回忆的三年,也是无法复制的三年。1965年,班里有20位同学继续在二附中读高中,那是另一番记忆了。

初中岁月咏叹三十六韵

欢乐金秋月,壬寅六二年。

校园偏一角,师大紧相连。

中北金沙路,三班五十编。

王刚民主任,两载换坤乾。

墙外农家菜,旗遥冒紫烟。

读书无压力,复习去划船。

河水澄清底,鱼虾戏藕莲。

教师临学府,家室住周边。

数学方程式,文章政治先。

俄文哈拉哨,物理写真妍。

化学玻璃脆,侨胞美术仙。

门门非小可,课课觉新鲜。

赛事多金奖,声名亦靠前。

班为三好秀,积极尽婵娟。

桂径铺沙细，松坛筑陌阡。
入团胜入党，三代看三全。
个个雷锋学，人人日记传。
操行丝不苟，毛著认真研。
艰苦堪为乐，勤劳正视贤。
补丁遮洁服，秀发掩脂胭。
严肃兼团结，情开暗手牵。
两分随处打，惩处不需怜。
心软伤疤痛，时移境已迁。
铿锵三句半，锣鼓四人宣。
演出风琴响，同台八大员。
这边金嗓子，那里舞翩跹。
接力如飞兔，铅球似卧筌。
跨栏拼骏马，长跑比苍鸢。
钢笔成书法，颉颃并列肩。
长征歌壮士，与会唱诚虔。
一唱羲和过，溪流已百川。
三年诚为短，多少一千天。
昨日声音笑，今晨竟睡眠。
旧楼还在否，新舍浦东缘。
豆蔻稀冲突，朦胧爱有焉。
若能时永驻，愿在此缠绵。

讲不清的特殊时代，说不尽的同学故事

——华东师大二附中 1968 届高中一班杂忆

朱希祥（1968 届高中）

上篇

年逼古稀，念旧日益。

近来老同学、老同事的聚会颇为频繁，酒足饭饱，醉眼惺忪，畅谈生活的甜酸苦辣，痛说往日的趣闻糗事。

以往苦撰论文，今赋闲偶写随笔的我，身处此境，诚如鲁迅中后期喜欢回忆往事，写作《朝花夕拾》相似，也试图以陈旧的笔触，记录一下我们的那个青葱年代，特别是 1965 年至 1969 年我们在华东师大二附中念高中的那个青春年华和难忘的师生情谊。下面这张我与舒光先同学 1965 年进校不久在师大丽娃河大桥上的合影，可见"夕拾"到的一点"朝花"（实为"朝草"）模样。

但那 4 年左右的光景，却是一个很难定义和书写的时期与空间、社会与人群。我迟疑过较长时间，一则是因为我们

舒光先（左）　朱希祥（右）

那时的同学个个才气满溢、身怀绝技,怕自己写出的文字会贻笑大方,更怕的是写不清那个年代。因为那是中国的特殊时期——"文化大革命"的主要时段。现在看来,实际如英国大作家狄更斯在《双城记》的开头所说:"这是最好的时代,这是最坏的时代;这是智慧的时代,这是愚蠢的时代;这是信仰的时期,这是怀疑的时期;这是光明的季节,这是黑暗的季节;这是希望之春,这是失望之冬;人们面前有着各样事物,人们面前一无所有;人们正在直登天堂,人们正在直下地狱。"

当然,我还是以写我们同学有趣与有意义的故事和经历为主,也就顾不得那个讲不清、道不明的时代和政治了。

引语太长,言归正传。

先说我们那个高中一班(名单如下)的基本组合吧。大家念念不忘的班主任邵瑞欣老师最清楚我们班各位同学的来龙去脉、个性脾气。

据我所知,当时已作为上海市重点中学(后升为教育部直属重点学校和上海市"四大名校"里数一数二的中学)的高一同学,主要由本校初中部和外校各区县高分考入的两大块学生组成。本校进入的同学都基础扎实、学习优异、文理皆佳;外校同学因为一般都来自普通中学,故而水平有点参差不齐。我就是属于后者中较一般化的同学,理科和外语学得比较吃力。同学间的学习水平和能力,大家都相互不服,背后与暗中也是处处较劲。特别是男女同学,相互竞争得厉害。班里还组织过一次规模不小的谁强谁弱的论辩。最后好像也只是打了个平手而已。

那个特殊年代,我们虽然只正正经经地读了一年的高中,但邵老师的唯物主义与辩证法、郑老师的语文、马老师的平面几何与三角、杨老师的生物、陈老师的体育和多位老师的俄语等课程,以及已叫不出名字的化学教师所传授的"克分子浓度"等内容,都给我们留下了较为深刻的印象。毛校长、邵老师和那位化学老师当时还都是华师大的教师,这足以令我们肃然起敬,不敢怠慢与懒散。

这一年多的不长时间,却又给我们打下了积极上进的精神品格、读书学习的良好习惯和比较坚实的知识基础。后来大家能在各个不同的岗位取得了较为突出的业绩,也都与二附中雄厚师资和严谨教学分不开。我后来撰写的拙著《当代文化的哲学阐释》《中国文艺的民俗审美研究》、季博青的洋洋大著《棋道》等,恐怕都与汲取了当年邵老师的哲学、郑老师的课文分析的启蒙教育与教学的营养有关。所以,我当了大学老师后,常与学生开玩笑说:"我这样的,在二附中是条'虫',出来倒有点像一条'龙'!"

我们上高中的第二年,所谓"轰轰烈烈"的"无产阶级文化大革命"开始了。

记得听"五一六"通知时,我们正在川沙(南汇?)三夏劳动。广播里传来铿锵激昂的中央人民广播电台播音员的声音时,大家都被惊呆了。不久就知道停课闹革命了……我们班的一位高才生(现在叫学霸)到学校后,就掉眼泪了:"我们的大学梦破灭了!"因为我们班的许多优秀同学,都已准备高二就去参加高考,北大、人大的什么专业都已想好了。这下全成泡影。

其后,我们就是无休无止地写大字报、上街游行,扫四旧、斗牛鬼蛇神、彻夜辩论、大串联……红革会、"303"、"孙悟空"、"烈火正熊"各类组织五花八门、争奇斗雄……

现在想想,那是一场全国、全民狂欢的胡闹剧,但却毁了我们大好的青春时光,实在是不堪回首的经历!

还好,二附中的"文革"一般还是文斗多,很少有武斗。但学校领导和教职员工还是吃尽苦头,受尽屈辱。所以,"文革"后,有人要余秋雨为"文革"中的行为忏悔时,我倒认为,我们当时的几乎所有的中国人,特别是大中小学生,都应像德国人那样,从上到下,为"文革"行为,人人忏悔,个个道歉。因为正如一位普通德国人所说,没有我们的全民参与,希特勒一个人不可能发动二次世界大战!

也因如此,所以现在再听说有人怀念"文革"或为"文革"翻案,我就浑身冒火,一定要与他争个是非曲直不可。

然而,即使在那么一个乱哄哄的时期,二附中的同学还经常吵着要"复课闹革命"。我班男同学则另辟蹊径,几乎每天到学校里来,在宿舍里侃大山,到教室里练毛笔,去体操房学武术。结果,人人能说会道,个个书写不差,群群懂点练功……近期(2014年12月)全班集中人数最多的一次聚会(全班共53人,来了26人),就是观

41

看担任国际武术训练营总教头的徐国民同学带领各国武术高手的练拳与对打表演。大家看得津津有味却又大气不喘。

......

屋漏偏遇连绵雨，船破又逢冲天浪。我们还没走完那段荒诞胡闹的年份，接踵而来的则是凶猛如潮、铺天盖地的知识青年"上山下乡"运动——

我们1968届和后面的1969届是"一片红"，即一个不落地全部到农村插队和去兵团屯垦戍边。

我们大家沉默了许久后，突然开始作鸟兽散，各奔东西——

最好的出路是参军。

可我们那时近视眼特多，要达到参军标准，视力首先要过关。当时听说高中生视力只要0.8以上即可，于是，一大帮二附中的学生哗啦啦地涌入普陀中心医院的针灸科——去扎针，治近视。我也是很起劲的一员。数个疗程下来，我与一些同学的眼睛周围被扎得红彤彤、酸溜溜的一圈，可视力却还是没有达标。只知道二班的阿毛（郑忠华）被扎好了，结果他到东海舰队去了。我班的何文禄、计秋荣、周秀泉、洪国强（复员后进上海广播台、上海电视台后改名洪浚浩，气势更大更强了）四位同学光荣入伍。我们也只有羡慕嫉妒他们而恨自己的份。

参军不成求其次。我们一帮人就到解放军的序列——黑龙江兴凯地区的生产建设兵团屯垦戍边去了。我们挑大泥，干农活，番号却是"中国人民解放军沈阳军区黑龙江建设兵团第四师第四十团"，名称冗长却可敬！在四十团的除我之外，还有我们同班同学俞莲芳、吴小萍、曹远明、张树本、袁学武，共六人。我与俞莲芳原在一个连队，她聪明能干，从排长做到副指导员。两年后，我从统计员调入营部的五七中学，吴小萍从连队教师同时调入营部五七中学，我俩共事了两年左右。因那所学校的独特个性与色彩，故我前不久写过两篇题为《啊，五七中学》的纪念文章。曹远明和袁学武也先后担任了连队和团部学校的教员。张树本还是凭借他的艺术才干，不久就到团部文艺演出队任职了。二附中的品格与文化的基础发挥了作用，大家过得都还不错。

当我们坐上去黑龙江的火车时，大家还像以往去三秋三夏劳动一般，说说笑笑，天真无邪。可当一声汽笛和火车"哐唧"声响起时，大伙才觉要远离上海了，于是与站台下送行的亲友一并嚎啕大哭起来。然而，不到半小时，同学们又恢复到孩子似的无忧无虑状态，不知天高地厚地说笑玩耍起来。真是"少年不识愁滋味"！

在我们1969年5月15日去黑龙江之前，梁汉森几位赴吉林插队入户的同学好像是3月就出发了。全兴芳、李国勤等是否一起去了？我们都不晓得了。

多年后,大家回沪聚会时,才又知道缪恒生、徐永嘉、王杏春、徐国民、吴志存等同学去了江西,徐时俊、郜仁伟、盛霞娣、徐原东等到贵州,王雨萱转至安徽……

我怕写错名字和地方,不敢再细写了。

以下是出发前,我们几个男同学的合影。看看那时我们(中间是工宣队女师傅)的神态与穿着,有点傻呆与质朴,虽好笑但真实。

下篇

这张照片背面,我曾清晰地写有"88.10.2"的字样——

哈,这竟又是近 30 年前的事情了。相片中 13 位同学当时聚会于二附中 30 年校庆日时是 40 的壮年年华,仍具清瘦干练、意气风发的颜值与身姿,实际却已离我们高中毕业也有 20 年了!

那是毕业后多位同学难得的一次相聚。因为上山下乡后的数年间,同班学友除个别有来往外,大家都基本失联了。

这 20 年间和其后的光景中,同学们都战天斗地在哪里?努力奋斗在何岗位?

大家都难以知晓和不甚明了。近期频繁的聚会接触，我们才陆陆续续、依依稀稀地了解了各位的昔日与当下。

因此，凭着这种断续的交流和模糊的记忆，我再来续写华东师大二附中1968届高中一班杂忆之下篇。

到农村、干农活，在我们那特殊的高中四年的学校期间，却没有间断过。记得我们到过嘉定的南翔、徐行和南汇、川沙的某几个公社去参加三夏和三秋的劳动，在那里一住也有十来天。我如今想起来的只有三件事印象深刻：几个男同学恶作剧，将青蛙和癞蛤蟆吊在另一宿舍的门框上吓唬其他同学；洪熹、陆晓雄等同学与教外语的朱老师干料理，有一次烧了极香的菜饭，同学们吃得不肯放下饭碗，连添连吞；周秀泉在南翔感染肝炎，回上海后又住在大渡河路的一家隔离医院多天才痊愈。徐时俊后来也说过那时在浦东突然患病，同学急送医院……

短暂的艰辛，毕竟能熬过。想不到持续而来的是"前无古人，后无来者"的上山下乡运动，让我们少则四五年，多则十余年"修地球"的生活！

后来我们才知道，去江西的同学比我们去黑龙江要苦得多，他们种多季的庄稼，特别是种水稻，而且收入也低。我们班到江西的同学比较多，好像有七八个。去黑龙江的除我们四十团的6位同学外，还有章小星、蒋彦新、洪熹、陆晓雄等，他们在另外的兵团和农场连队。其他到吉林、贵州、内蒙、安徽等地同学，因具体名单与状况不熟，怕有误差，恕不多述。

我们1969年5月15日到黑龙江兵团时，山边还有积雪。早晨4点多，天就亮了。不一会，太阳出来了，我们想起床了。老职工说："起来干啥，早着呢！"但到夏天，我们这时就得下地除草了。10月一过，马上就天寒地冻，除继续在雪中和冰块中抢收玉米大豆外，就是用镐头刨石头一般硬的土块，修渠道，做肥料……

苦干到1972年，总算有探亲假，第一次回家看父母。1973年，大学恢复招生。我们不少同学都以"工农兵学员"的身份进入高校。我在华师大中文系。其他同学据我所知，似乎是：徐国民到数学系，王雨萱学化学，俞莲芳去复旦高分子专业……1977年和1978年正式恢复高考后，曹远明、宋大图也进入华师大的物理系和历史系（宋大图不久又考研究生到中文系，那时我还能常常看到他和徐国民，以后他们去美国，联系就少了）。后来又知道王杏春、全兴芳等同学也是那两年考入大学的。

不久，熊治东、周秀泉、俞莲芳也相继调入华师大，我们留守在母校的队伍比较壮大了。熊治东、周秀泉都与我同桌过，可惜当年体壮如熊的治东学兄却英年早逝，让人甚为痛心。近期聚会，又听说我班走了三位女同学，更令人扼腕！

其间有两件同学趣事还可说说——

70 年代在华师大文史楼前的草坪,一次是见到徐国民。他说在数学系读书,我刚接口要谈数学专业他立即阻止我,说:"不谈数学,我现在是游泳运动员,是校队的主力队员!"我一下语塞,只有敬佩和仰慕的份了。他原先练书法,后钟情武术,现又游泳,真是多才多艺,学啥精啥!

另一次是 1989 年 5 月左右的一天。我正在草坪与毕业班学生合影,只见有人在栏杆外招呼我。走近一看,啊,是宋大图老同学!他说:"我老远看你像朱希祥,果然是朱希祥!"我忙掏出笔记本,让他写下联系信息。他唰唰几笔写下了电话地址。不是我记性好,而是我眼下还保留着这个笔记本。遗憾的是,那也是个讲不清的特殊时期,校园里一切都是乱乱哄哄的,我也没顾上去拜访他,自此再未晤面。

实际上,那些个讲不清的特殊时期的前后,我们除个别外,几乎所有的同学都以不同的方式回到了上海。

等大家事业有成、生活安定后的十年左右时间,念旧怀旧心理逐步升腾。于是,大大小小的聚会碰头开始了。我还是比较早的联系人,请看下面的三张照片,都是男同学较早聚会时所拍(合影是在洪熹当普陀区餐饮公司党委书记时属下的玉佛寺附近的安远路一家餐馆),因没记下日期,只能从同学的音容笑貌中猜测年份了。

不愧是二附中毕业的学生,虽然只念了一年的高中,但品格、处世、学识、情谊、道德都不输他人。所以大家见面,都还有可以"吹吹牛"的蹉跎岁月,丰富的经历和职业可圈可点,一言难尽,因此,以后的每次聚会碰头都有新料猛料可秀可爆。部长、检察长、区委办公室主任、董事长、总经理、经理、厂长、书记、工会主席、科室主任、编辑、记者、公务员、主任医生、高级评估、武术教头、大学教授、中学高级教师、财务会计、审计……社会上的各行各业,我们几乎应有尽有。

当然,同学之间永远是平等的,只有职业与岗位的不同,没有身份的高低。所以,每次聚会,大家都无拘无束,畅所欲言。学生时,我们男女同学"授受不亲",不相往来。如今也是无所顾忌,谈笑风生。

同学相聚会面,除了抒发友情、友谊外,大家也力所能及,资源共享,互相帮助。我协助学院办公司时,就得到过缪恒生、张亚林、何文禄、洪熹、张树本、舒光先等同学的不同帮助;我的拙著和拙文的出版和发表,也得益于袁学武和梁汉森等学友的鼎力;90年代我患病住六院,又得到过季博青的关照……在此一并致以谢意!

诚然,我们班也免不了有"一人向隅"的不快与尴尬。

我90年代住在曹阳七村。有一次带着上小学的儿子,与一位在弄堂修补旧鞋的老师傅聊天,不知怎么谈及我读中学之事。老师傅感慨地说他儿子与我差不多年龄,也曾在二附中念书。一听二附中,我就知道学校同学的习惯,那时无论是否一个班级,大家都有点认识,特别是高中部,三个年级同学都有过接触。我急忙问老师傅儿子的名字。老师傅说了一个名字。我一惊,那不是我们同班的一位男同学吗?我与他当时还是一个所谓的"战斗组"呢!……过了几天,我又与老师傅相遇,正说着话。那位男同学抱着一个两三岁的孩子过来了。我站起来与他打招呼,叫他的名字,问他是否还认识我。他微微一笑说认识,但后面就再也无语了,默默地蹲在他父亲边上……我也很尴尬,不知再说什么。以后就没有再见到他。不久,我搬离了曹杨新村,更不知他的去向。同学聚会,有人问起他,我就讲了这么一段经历。大家也感慨万分,唏嘘不已。

据说,我们1968届高中四班,最近的一次聚会,全班同学竟然一个不少,连同在国外的几位同学都来了。真是让人羡慕!

我们班聚会到的同学最多的,我记得有两次:一次是张亚林做东的在徐家汇实业大厦酒店,当时连邵老师好像有近30人;另一次是何文禄组织的集体到苏州的度假。前一次,我没有留下相片。后一次(2008年?),连外地的不少同学都赶来了。我也留下了几张珍贵的照片,如下面的两张。

大家认出来了吧?徐时俊与郜仁伟,一个弹烟灰,一个持烟斗,神情淡然中寓深沉。袁学武认真投入,我也笑容满面……

那天，每一位同学和邵老师都讲了话，简短地介绍了自己40年来的经历与感悟，热烈而亲切，和谐而动人。

与下篇第一张照片时间相隔整整28年后的2016年10月1日，我们18位同学与邵老师又一次在实业大厦的梅园村酒店，缪恒生做东，张亚林定位，何文禄、朱洁芳联络，为周秀泉回沪和筹划明年全班同学的庆70诞辰而欢聚一堂。

我们班的女同学都比较含蓄内秀，聚会时也是男同学话语杂多，我的叙述中，女生故事也较少。这里想弥补一下，一方面增添她们的照片。

另一方面则想到，本拙文也如《红楼梦》中凤姐所提的"一夜北风紧"诗句一样，以留无数地步予我班的才子，特别是女同胞，厚望她们再接再厉，续写我们华东师大二附中1968届高中一班的回忆妙文佳句……

［作者简介］

朱希祥，1948 年生，浙江诸暨人。1965—1968 年于华师大二附中高一（1）就学。1969—1973 年在黑龙江建设兵团务农、任中学教员。1973 年后在华师大就学、留校，任教授、博士生导师。研究方向是文艺学（比较美学、写作学、文化学）和教育学。出版专著及各类著作、教材 30 余种。发表学术论文和各类文章 300 余篇。现任上海东方青少年培训中心校长、镇江市赛珍珠研究会顾问。

迈出青春的脚步

——记郑氏三姐妹入选少体校的故事

郑隆海（1965 届初中/1968 届高中）

　　岁月如梭，时光倒流。时隔 50 多年，当我们姐妹三人又一次站在华东师大河西共青操场前环顾四周，那个让我们魂牵梦萦的地方又一次展现在我们的眼前。

　　共青操场的周边，熟悉的深黑色 400 米环形跑道和那白色的新跑道线整齐划一。围在中央的，是一块块深浅相间的绿色条形草垫子铺成的足球场，比 50 多年前更显美丽大方，在熟悉的老位置上平卧着填满棕色沙粒的沙坑，边上还配有给运动员做拉伸运动的场地和辅助架。400 米跑道的正东面，设有主席台和看台。可以想象当年二附中在这里举办校运会的热闹场景：彩旗飘扬，人声鼎沸。起跑的发令声、同学们的加油声、广播台传来的播报声……不绝于耳。它打动着全校每位同学那一颗颗激动的心！突然"砰"的一声，女子 100 米决赛的枪声响起，有一个熟悉的声音高叫："看！郑隆海像一个皮球在跑道上滚动！""冲过去了冲过去了！"而在沙坑的这边，女子跳高赛正在紧张地进行着，有同学大声喊着："哇！郑隆霞的剪式跳高姿势太漂亮了！"只见一位高年级同学，说时迟那时快，拿起相机"咔嚓"一下拍下了这个美妙的一瞬间！可惜，我们赛后没有想到借底片去印一张，但这画面却已深深定格在我们的记忆中，至今挥之不去。不知这位高年级同学还收藏着这张照片吗？假如还收藏着请你尽早与我们取得联系，让我们一起共享那个欢乐的时光！而在另一个沙坑旁，郑隆襄热身后正在试跳，她努力在踏板上寻找最佳的起跳点。这时远远又传来加油声，声声震天响。男子、女子跳高、跳远、短跑、长跑、跨栏、接力、铁饼、

郑隆海(左),郑隆霞(右)
(摄于 1969 年上山下乡前)

标枪……一个接一个。它把校运会推向了一个又一个高潮!

记得当年施能枫老师是田径队的跑组教练,他来自华东师大。当郑隆海 100 米成绩达到 13 秒 8 时,施老师鼓励她:"你的 100 米成绩已经达到国家女子 100 米短跑三级运动员标准,但还要继续加油啊!"没有想到时隔 8 年,她在大二时还能代表贵州工学院大学生参加 1974 年的贵州省大学生运动会 100 米短跑和跳远比赛,并获得贵州省大学生女子 100 米的第三名,还以 14 秒 8 的成绩打破了贵州工学院女子 100 米的校记录,那年她已 26 岁,距十年浩劫已远去 8 年。虽然 8 年之间不再有少体校和集中训练,100 米的速度也下降了 1 秒,但她仍感谢当年少体校的专业化训练带来的胜利喜悦。想当年田径队跑组女子 4×100 米接力赛,在华师大运动会上与物理系、生物系一决高低,我们荣获了第一名,也是得益于施能枫老师的强化训练和灵活战术!出击的第一棒是郑隆海,她起跑快,跑步频率高是她的强项;第二棒是邵美娟,直道跑是她的强项;第三棒是张力言,弯道跑是她的强项;第四棒是蔡莲芳,冲刺跑是她的强项。那时郑隆海的主攻项目是 100 米短跑、跳远。

张荣春老师是田径队的跳组教练,他来自于上海市体委。在他的指导下,郑隆霞在跳高的技巧上有了更深的领悟。她跳高的最好成绩达到 1.36 米,小学、初中,她在女子跳高比赛中一直名列第一,无人撼动。她的最大优势在于她具有很好的弹跳力,当我们看她脚底板的凹面时,就知道她的厉害了! 她的一张显示不出年月但保存了几十年的发黄的中华人民共和国体育运动委员会颁发的三级运动员称号证书(第 0086839 号),中间已经裂开来了,但证书上的照片却依然清晰可见! 她的主攻项目是女子跳高和女子跳远。

张荣春老师也是郑隆襄的跳组教练。郑隆襄的最大优势是动作敏捷,反应快。她的主攻项目是跳高和跳远。在张荣春教练的指导下她有很大的进步。遗憾的是我们至今还没有找到张老师。

郑隆襄——1968届初中4班—跳组

我们青春的脚步已经迈出，我们是如何迈出的呢？

这要感谢我们的毛仲磐校长的全盘决策和一个教育家的独到眼光！他根据我国教育部人才培养的方针，在德、智、体诸方面的"体"上下足了功夫！率先在二附中建立了青少年业余体校，并顺应华东师大田径项目的优势首先搭建了"田径队"，并将相关措施落实到位。

其一从二附中、华东师范大学和上海市体委调派田径项目的相关教练，建立了一支强大的师资队伍；其二将德、智、体、美、劳诸方面表现好的、体育成绩在田径赛相关方面有特长和潜力的学生作为入队的基本对象和依托；其三实施田径队集体住宿统一管理（包括每天晨练15分钟和每周3—4次的集中训练，每次至少2个课时，有时假期还要参加集训）。

当我们田径队投掷组一位同学谈起当年的生活时，她感慨地说："虽然我们训练很辛苦，但少体校在膳食方面也多有照顾。我们每天早上有15分钟的早锻炼，每人吃一个鸡蛋，喝一瓶牛奶。午餐还有加菜，能吃到肉。"讲到这里脸上露出了甜蜜的微笑！在此，我们真诚地感谢二附中的第一任校长——毛仲磐校长！

时间过得飞快，有幸40周年校庆之际大姐和妹妹与毛校长在枣阳路的一张合影让我们终身难忘！最使人感动的是毛校长每次见到我们还能直呼我们三姐妹每个人的名字！这使我们感到万分亲切与温暖！

我们还要感谢我们的老教导主任吴光焘老师的对少体校的严格管

40周年校庆，郑隆海（左一）、郑隆襄和毛仲磐校长合影留念

理和对学生的谆谆诱导！50多年后当通过互联网聊天时，吴老师成了我的师生群里最受欢迎的一位老长辈！在谈到我们姐妹三人入选少体校时，他亲切地对我说："郑隆海是以短跑项目的天赋参加进来的，你个子不高，但奔跑速度很快，有潜力才入选的。郑隆霞有跳高的才能，她那时身轻体健。郑隆襄是因为两姐的条件被看好的，刚进校就参加少体校了。"当谈到他的工作时，他直言不讳地说："我因为分管体育组，接触较多，担任教导主任。"但谦虚地说："实际上我在读大学时是免修体育的，陈志超老师上课我在旁听，什么动作都不做的，哈哈！"讲到教练时他说："施老师以跑专长，陈崇祥投掷专长，张荣春管跳。陈志超管全面又任乒乓教练，带了虞东南和陆秀珍，黄济成带男女蓝和手球。男足谁带甚至有无建队我都不清楚了。"后来我们打听到了是陈清翰老师担任足球队的教练。

回顾50多年前的少体校生活，我们感慨万千，我们还要特别感谢当年少体校的教练们，是他们的辛勤劳动和汗水为当年的少体校添砖加瓦。

在二附中校庆60周年到来之际，我们衷心祝愿母校的明天更加辉煌！

〔作者简介〕

郑隆海，中学高级教师，1948年10月生，祖籍安徽旌德。1962年至1969年在华东师大二附中学习，后毕业于华东师大化学系。1987年2月至2003年10月在华东师大二附中任化学教师，其中有9年为班主任。作为指导老师，指导1992届高中三班学生沈珺获得1992年在美国举行的第24届国际中学生奥林匹克化学竞赛金牌，指导1998届高中三班学生胡文君获得1996年在土耳其举行的第4届国际中学生奥林匹克环境科研项目竞赛铜牌，为国争光。1994年底，率先开展的"小课题研究"，后来成为学校落实学生素质教育的重要抓手之一。

二附中有个"穷棒子"

穷棒子（1966 届初中）

"文革"初期，全国各地特别是学校内各类组织和社团风起云涌，二附中也不可能例外。其中就有一个"另类"的团体——1966 届初三(4)的"穷棒子"宣传队。说它"另类"，"穷棒子"与当时有各类"宣言"的组织截然不同，既没有造谁的反，也不去保哪个"皇"，就是以老红军的长征宣言书、宣传队、播种机为楷模，由班内原来的毛泽东思想学习小组转变为一个走出小校园、迈向大社会，以文艺形式传播毛泽东思想的宣传队，类似当时风靡一时的"乌兰牧骑"。之所以取名"穷棒子"，除了受毛主席题词精神的感召外，我们还是一文不名的"穷"学生，千方百计凑起来的整个"家当"中最"奢侈"的就是一架手风琴，外加一把二胡、一支笛子和锣鼓、快板等，靠的是"艰苦奋斗"的精神。

"另类"宣传队

"穷棒子"的 15 个成员(9 个男生 6 个女生)全部都是同班同学，靠的是"自力更生"的精神。可能也是当时二附中唯一没有跨学校、跨年级、跨班级的一支文艺宣传队伍，男女演员拉琴、吹奏、敲打、说唱、跳舞、打杂，没有一个"外援"。

在当时"唯成分论"盛行的时代背景下，"穷棒子"的组成是有些"大逆不道"的。15 个成员中既有父辈是上海市劳动模范、工人、农民和革命干部的"无产阶级革命事业接班人"，也有出身为地主、资本家、"右派"、国民党、小业主的所谓"黑五类"后

"穷棒子"的 15 个成员：
前排左起：王水华、李一平、李大佐、陈晓灵
第二排左起：戚成丽、袁贝贝、徐以昕、厉利、殷健、
毛月芳
第三排左起：周文起、张荣水、黄兰兴、李国强、尹秋化

代，还有教授、学者、职员等"臭老九"的子女⋯⋯

现在究其原因也许很"简单"。"文革"曾"埋单"让我们这些少年学生结伴"大串联"，天南海北见世面。没想当年在外"自报家门"（问出身成分）辨"好坏人"的经历，让我们得出了一个更简单的结论：我们"同座同窗"的出身（原本不知）根本不会影响我们之间的"知己知彼"。这也就是后来"重在表现"的口号吧。

特别是我们其中一个女同学，"文革"一开始就给她原本令人羡慕的家庭带来了灭顶之灾，使得她一个尚未涉世的初中学生已经面临了即将独自一人挑起上有奶奶下有弟妹的家庭生活重担。尽管如此，她还是毅然决然加入了"穷棒子"，自始至终和大家一起自强不息！（这个时隔半个多世纪的大伤疤，再揭的确很残忍！虽然她后来远渡重洋，但是我们的心一直贴得很近。）

"少年不知愁滋味。""穷棒子"朝气蓬勃、志同道合、互相信任、团结融洽，自觉地投身到社会大课堂去接受教育、宣传大众，拉开了我们人生"自找苦吃"，在困难中奋发图强、自强不息磨练成长的序幕。

1967 年 5 月 19 日，我们二附中初三(4)班"穷棒子"毛泽东思想宣传队抱着向老红军学习的决心，打起背包，臂戴袖章，带着所有的"家当"，高举战旗，一路高歌，从二附中校园出发，徒步野营拉练，途经松江、枫泾、石湖荡、嘉善直至嘉兴，去瞻仰共产党一大南湖红船革命圣地。我们一路学习，一路创作，一路演出，一路宣传，一路接受革命精神的教育，同时也经受了一路"风风雨雨"的考验！南湖之行成为凝聚我们"穷棒子"同学间深情厚谊的原点。队友李国强创作了快板书《风华正茂的岁月》记录和描述了我们那段芳华片段的真情实感。

快板书

《风华正茂的岁月》手稿和南湖之行演出照。

自从建队以来，"穷棒子"15 个同学胜似兄弟姐妹、情意绵绵延续。从 15 个人到各自的父母、兄弟、姐妹，从 15 个单身到各自组建了家庭，几十年来始终保持着密切的你来我往。毕业以后，尽管各奔东西南北、身居国内国外，相互间的关心、帮衬、支持、牵挂一如初始。时隔 47 年，再次阅读其中一封"穷棒子"的"家信"即可略见一斑：

××战友：你好！

新春佳节倍思亲。当我们举杯祝贺新春的时候，心就飞向了远方……让我们举杯捧起芬香的美酒，先祝亲爱的战友。初三那天，我们齐聚在戚成丽家，他们是王水华、黄兰兴、李一平、李大佐、周文起、徐以昕、历利、毛月芳、殷健、戚成丽、袁贝贝。戚成丽的弟弟作为主人极其盛情地款待了我们。陈元春、陈定馆作为我们邀请的尊贵的客人莅临了我们的聚会。环顾一个个面容，我们看到了雪原朔风中的军垦战士张荣水、李国强，一身江西革命根据地的泥土香味的新型农民尹秧化，新近穿上军装从四川成都风尘仆仆赶来的陈晓灵。工农兵欢聚一堂兴高采烈，"穷棒子"十五个战友一个没有少哇。南湖的急浪冲得李大佐兴致勃勃，他手拿竹板又清唱了一段样板戏，鼓棒拨动了李一平和戚成丽的心弦，他们拉起嗓子也唱了一段。扁鼓声引起了大家的共鸣，我们放开了嗓子高唱了"全世界人民团结起来，打败美国侵略者及其走狗"，唱了一遍又一遍。乘着笑唱余兴，大家侃侃而谈；大佐、历利首先谈起我他们响应伟大领袖毛主席关于野营训练的批示参加长途拉练的体会。从拉练自然联想起我们的嘉兴之行。从嘉兴之行又谈到参加三大革命的接受再教育的体会。从世界观的转变、思想感情的变化谈起，又转入到国内外的大好形势。从中国革命和世界革命又畅谈了我们这一代人应尽的革命职责。思潮辗转联想翩翩，"恰同学少年风华正茂，书生意气挥斥方遒"，好一派穷棒子兴会啊！谈起过去是为了更好地激励将来，牢记战斗的过去是为了迎接新的战斗。我们有值得回首的骄傲的过去，也有"看红妆素裹，分外妖娆"的将来。我们谁也没有回避"今后我们怎么继续革命"这样的一个议题………

看到信里这些充满时代烙印的"豪言壮语"，我们今天再读不免会发出笑声，但那是真实的我们！那是由衷的心声！每一代人面对的历史使命和抱负里一定会沉淀一些时代留给你的痕迹。

在我们这一代独处的那个历史片段中，别说成人，有许多娃娃也会在一夜之间突然变成再也抬不起头的"黑孩子"，许多社会的精英顷刻间就成了被唾弃的对象。特别是在学校，由于学生心智尚不成熟，更容易发生因行为过激而酿成的悲剧，师生、同学之间就此由亲变疏，甚至成为势不两立的终身仇人。也许就因为"穷棒子"的存在和影响，在那特殊的时代背景下，我们初三(4)班五十几位同学同学之间虽也有过一些不愉快的事情发生，但最终还是保持了持续至今的和睦和亲密。

"穷棒子"还真的挺棒！15个人中学毕业时，与所有"老三届"一样，出路完全是国家安排的，巧在工、农、商、学、兵全部齐全。

我们是与共和国同龄、同行、同命运的老三届。无论后人怎么评价，作为老三届的一员，我们的人生几乎都会带有一些悲剧的色彩，可是我们谁也没有放弃过不断学习、勤奋工作、积极向上、改变命运的努力。"穷棒子"里有在工厂做工人的，有搞技术、当书记和厂长的，也有在大中小学做老师、当校长的，还有在报社做编辑、当社

长的。有位同学甚至在单位一直"霸占"了局长办公室主任的"椅子"好几十年，直至
副局级岗位退休，堪称奇迹。"老黄牛"？"老黄忠"？好像都是也都不是。也许从我
们"穷棒子"身上可以折射出"老三届"人群的一些影子：充满激情和理想，执着还是
犯傻有时也真还不好说；也许本事不大，但是始终的认真负责可能已近古板固执了。

特殊的历史进程造就了我们这个并不那么起眼却又不可替代的"老三届"特殊
群体。现在我们都已退休，可以自豪地说：历史交给的包袱都已卸下，我们再无重
担可挑。

现在，"穷棒子"们大多已在国内养老安度晚年，也有三分之一的同学长期或阶
段性到海外居住。可是我们还是不会忘记"穷棒子"精神。去年庆祝 5.19 建队半个
世纪纪念，"穷帮子"还又接收了 4 个退休已久的同班老同学的"入队申请"，并举
行了欢快热烈而又"文艺"的欢迎仪式。"穷棒子"们几十年没有间断过寻找种种
"借口"的见面、聚会，也许这就是我们年轻时代养成的群体意识不可磨灭的延
续吧！

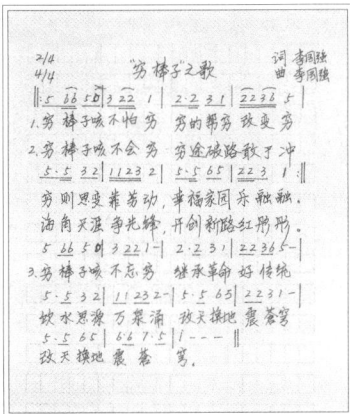

"穷棒子"队友重新创作了新时期的《穷棒子之歌》(李国强词曲)

现在也许已经少有人知,源于 50 年代初的"穷棒子"社,是我党自力更生、艰苦奋斗的精神典范,受到了毛泽东同志的高度评价:"我看这就是我们的国家形象。"习近平总书记指出:"我们的国家、我们的民族从积贫积弱,一步一步走到今天的繁荣发展,靠的就是一代又一代人的顽强拼搏,靠的就是中华民族自强不息的奋斗精神"。"穷棒子"精神就是艰苦奋斗的精神!就是自力更生的精神!就是自强不息的精神!我们要实现中国梦,成为世界强国没有捷径,只能靠穷棒子精神!穷棒子精神就是中国精神!

[执笔人简介]

陈晓灵,1966 届初中,曾在上海市综合贸易公司工作,于中国人民解放军 7854 部队师政治部宣传科服兵役,毕业于华东师范大学中文系。先后在上海财政金融学校、上海银行学校、上海金融高等专科学校(副校长)、上海民办诚信学院(执行董事,董事长)工作,2009 年退休。

舅舅与二附中

昌新月（1966届初中）

常溪萍是我的舅舅，自小我就一直生活在他的身边，我是他外甥女，更是他的女儿。从小到大他从来就是我的老爸。

春天是万物萌生、绽放的季节，春天是桃红柳绿、姹紫嫣红的季节，春天还是祭奠先人、缅怀故人的季节。在这个美好的日子里，我们老少四代齐聚莱西院上镇常溪萍小学，为舅舅老爸坐落于校园内的雕塑（铜像）揭幕，以纪念常溪萍诞辰100周年。

常溪萍

舅父的坐像栩栩如生，那炯炯有神的双眼注视着远方。我无限深情地仰望着熠熠闪光的铜像，仿佛有千言万语要对舅父倾诉。

光阴似箭，日月如梭。老爸他离开我们已近50年了，无限感慨！朴实无华、纯洁善良，他的音容笑貌始终萦绕我脑海。他刚正不阿，追求真理，一身正气，两袖清风，学以修身。上善若水，厚德载物，他是高风亮节的战士，坚信只有共产党才能救中国，一生跟定共产党。

"九一八"事变后，他与同学共同组织"救国图存宣传队"，开展"抵制日货"、收复东三省的宣传活动。1933年考入平度中学。1935年"一二·九"学生运动爆发后，他在校刊《文锋》上发表抗日救国的文章，并组织学生罢课游行。1937年9月，他与

59

从北平回家的同学共同组织"中华民族解放先锋队",任中华民族解放先锋队区队部负责人。1938年3月16日,他带领40余名中华民族解放先锋队队员参加小沽河抗日阻击战,之后加入了中国共产党。

他先后担任中共胶东区委秘书长、南海专员公署专员和西海专员公署专员、山东省委秘书长等要职。

人们忘不了他"革命先革自己的命",土改复查,带领群众去复查自己的家庭,以"军工属带头接受土改"的道理说服父亲,献出了土地,带动全村土改顺利进行,被西海群众赞为"模范专员"。

解放后他受命于华东师范大学,担任校党委书记兼副校长,为人民服务,联系群众;发展教育,支持科研;严于律己,以身作则,脚踏实地,心系教职工。社会主义建设时期被上海市委确认为"党的好干部",在他工作过的地方,人们异口同声地赞誉他为"焦裕禄式的好干部"。

人们记得他与知识分子交朋友,促膝谈心,发展党员,增强高校党的力量。

人们记得他组织全校卫生运动,建立美丽校园;他带领校文工团、篮球队去苏州、杭州为兄弟院校演出、比赛交流(有幸也带我去苏州了,回来的路上关照司机这是因私而不是因公,费用不能报销)。他自己参加教职工篮球队与校女篮比赛,切磋球艺。华师大的篮球队、航海队、校文工团在高校中赫赫有名啊!

人们还记得三年困难时期他每周去学生食堂与学生共餐,亲自品尝饭菜;在丽娃河养殖鲤鱼,送到教工及学生食堂改善伙食。

1958年,在他的带领下,学校白手起家,创办了校中校华师大预科和二附中,并确立要把二附中办成上海、全国一流和世界知名学校的目标,除在师大各系和一附中抽调大批骨干教师,还将应届毕业班中的优秀大学生分配到二附中,建立起兵强马壮的领导班子和老中青三结合、以老带新的师资队伍,为实现远大目标创造有利条件。

1963年我从华师大附小毕业,我们那个班除一位同学因家境贫困辍学外,大多数都考进了重点中学,二附中最多,6个班班班都有附小我班的同学,共计近30人。

一踏进二附中的校门,被分配在初中一班第一号,我有那么点沾沾自喜,心里明白:要严格要求自己,可别给舅舅丢脸啊!

他时常语重心长地告诫:千万不要翘尾巴,要严格要求自己,通过自身的努力完成学业。这件事给我留下了难以抹去的印象,对我今后的人生也有深刻的启迪。

戴上了华师大二附中的校徽,走在大街上都神采奕奕,羡慕的眼光注视着你。

左起：陈波浪（常溪萍夫人，原上海财经学院书记）、昌新月（本文作者）、常溪萍（华东师大原党委书记）

在以后的日子里只要有人问起，我会自豪地告诉他们，我是华东师范大学二附中毕业的。

在二附中度过五年时光，开放、宽容、严谨、活泼的学风，让我受益匪浅。课余生活丰富多彩，文艺、体育及各科兴趣小组活动在校园广泛开展。学校还安排我们到工厂、到农村学工学农，学校也建有小工厂，我就在小工厂里的机器上车过零件，刀具是有专门老师傅磨的，听说挣的钱为文艺汇演买漂亮的服装了。

我们师大二附中的游泳课就是在丽娃游泳池进行的，男女同学分别在泳池两边，在那里学会的简单游泳，让我终生受益。大学运动队是在物理馆后面蓄水池改造成的游泳池里训练的，一时"咸菜缸游泳池"成了"美称"。

平时，舅父总是忙于工作，无暇顾及我们孩子。一到节假日，舅父就会把我叫到跟前，自然而然地询问起我在二附中的学习、生活情况，还布置我和姐姐每天练习毛笔字，多次嘱咐说学习中华传统文化要从练习毛笔字开始，既能培养学习的专注力，又能陶冶情操，可谓一举多得。

舅父不仅关心我的学习，更关心我的思想。在二附中多年的校园生活中，每年学校还特意组织各年级的学生去工厂、农村参加劳动，接触社会。记得有一次我们班级组织到嘉定徐行去支援"三秋"，当两个星期的艰苦劳动结束，我扬起晒红的脸颊出现在舅父面前时，从舅父欣慰的笑容中我感到他既是对我经受劳动锻炼的肯定，更是对二附中注重学生德智体全面发展的肯定。

初二我入团了，当时的辅导员是戴德才老师，在他的带领下，共青团活跃在校园里。榜样的作用时时呈现：记得快过新年了，辅导员带领我们青年团员，到居民居住点去倒马桶，好臭、好脏，一不小心就会溅在身上，可辅导员老师不怕脏，不怕别人嘲笑，默默付出，真是好样的。

1964年舅舅调任上海市委教育卫生部工作，他提出我应该转校，到离家近的学校读书，我义无反顾地表示，绝不离开二附中，那里有教书育人的老师，有朝夕相处的同学。利用业余时间，我在师大共青场学会了骑自行车，以后的日子每天从武康路骑车近一小时到校，风雨无阻，一直到1968年离校，奔赴大西北。

1970年我有幸招工进入西北轴承厂，响应"备战、备荒、建设三线"号召，在贺兰山深沟里（离山外7公里路程），与来自瓦房店的老厂职工、700名全国各地分派的大中专毕业生、北京的500名初高中生，以及东北地区的近千名农民工，奋战建设起三线大中型企业。

尽管"文化大革命"使我们失去了继续上学的机会，但是二附中为我们打下的良好的学习基础和学习方法、学习习惯，使得我自进厂不到一年便被选拔进了财务科。

财务科一路走来，从现金、银行出纳员，到材料会计、销售、成本会计以至总账报表，都是老师傅带徒弟手把手教的。通过自学，我获得了宁夏广播电视大学大专文聘，并获得了高级会计师称号。

喝水不忘挖井人，感谢舅舅这些华师大的老前辈和许多像毛校长那样的二附中老前辈，二附中今天的辉煌就是对你们最好的告慰！

[作者简介]

昌新月，1968届初中校友。1970年12月在西北轴承厂学徒，1972年调入厂财务科工作，至1995年离厂时担任财务副处长，高级会计师职称。1995年调任北京赛特集团赛特购物中心和赛特俱乐部财务经理，港中旅国际商务旅行管理（北京）有限公司财务经理，退休至今。

二附中的教育让我的理想实现了

华荣（1966 届初中）

　　我是二附中 1966 届初中毕业的学生，在校学习期间，我就对语文课及文科方面的知识情有独钟，当时我想走上工作岗位后如果能从事文字工作该有多好，这便是我在青少年时期的一个理想。

　　1968 年仲夏我和同学以及校友们来到了黑龙江生产建设兵团四十二团，以后又到了五十九团（后来恢复为农场）。在广阔天地里一切都感觉新鲜，接触的人和事也较以往多了，感想也丰富了，就萌生了要把所见所闻和我的感悟写下来的念头。

　　许是好长时间没有动笔的缘故，真要动手写却不知该如何落笔了，踌躇之际，就自然而然想到了先后教过我们语文的徐荣华、陈伟桐两位老师，回忆起他们所传授的写作知识，于是，我就大胆地写起来。有位老师曾说过："初学者刚开始写可以像书法描红那样，找些范文学着写。"我认真地分析了范文写作方法，学着写，写

欲穷千里目，更上一层楼

着写着就熟能生巧了。功夫不负有心人，就这样，我把发生在我们连队的一件好人好事写成了一篇稿件，被团里广播站广播了，当时心里别提有多高兴了，打那以后我就不停地写。

后来,我调到了另外一个农场,分别参加了农场和管理局党委宣传部举办的通讯报道员培训班,学习新闻写作,学习了消息、通讯、小故事、调查报告等的写作方法,没有多长时间便如愿以偿地到了农场党委宣传部工作。接着我参加了报社和佳木斯人民广播电台的培训班的学习,在新的工作岗位上,我把在二附中和培训班学到的知识结合起来,以勤补拙地下基层,多积累,勤写作。一时工作蛮有起色的,撰写的稿件不仅在本农场起到了鼓舞斗志的作用,还有部分稿件被中央、省、市一级的报刊和电台刊登和广播过。其中有一份《调查报告》是写在兵团恢复为农场后,如何办好职工食堂。带着这个问题,我采访了这个农场的一个生产队的食堂,并写成了一篇调查报告,三易其稿,一个多月后刊登在农垦部主办的《中国农垦》杂志上。

　　由于我年年都能出色地完成上级交给我的任务,为此,受到了管理局党委宣传部的表彰。然而,天有不测风云,一场大病把我击倒了,我被千里迢迢抬回上海治病。也正在这个时候,正值全国新闻系统编辑、记者职称评定考试前的辅导,我们单位经上级批准包括我在内3人参加考试,由于我回上海治病,没能在当地参加辅导,与可能的职称评定失之交臂。农场管理局党委宣传部给我开了介绍信,让我和上海新闻单位联系能否在上海参加辅导,由于种种原因,也没能如愿以偿,我只能望介绍信兴叹了。

　　我是回族居民,1986年承蒙区民族宗教局的关心和帮助,安排我在区少数民族联合会所属的经济实体工作。1987年我的户口迁回了上海。我想,新闻报道是要外出采访后才写出来的,但我行走不便,不得不离开了我所钟爱的新闻工作。我一面上班,一面治病。中途患病,行走不便,另换岗位,又才疏学浅,所以必须努力,于是我参加了财会专业的学习。回忆起那段学习财会的经历,我难以忘怀,那是我第二次走进课堂。已经是近40岁的人了,在我们这个班里,40多位学员年龄也是参差不齐的,有20来岁的,有30多岁的,还有40岁左右的。在几年的学习时间里,我担任了班长,学习成绩在班里一直名列前茅。他们问我:“你曾经是哪个学校毕业的?”我自豪地告诉他们:“华东师大二附中。”听罢,他们便竖起大拇指称赞道:“二附中打的文化知识基础就是扎实!”通过几年的学习,我财会专业毕业了并获得了会计资格证书,同时担任了店经理和会计。

　　回沪后我没有放下手中的笔,我喜欢看书、看报、看电视和听广播,我喜欢写作,我努力去观察自己的工作和生活环境,思考对生活的深切感受。我要把所熟悉的工作单位、社区和左邻右舍中的点点滴滴的好思想、好作风写出来。2014年上海市民文化节举办了市民写作大赛,我参加了这次大赛活动。在历时4个月的征稿期内,全市有3万多市民踊跃投稿。经过三轮评审后,最终选拔出了“百位市民作家”和

"百篇美文"。我撰写的作品《邻里的情谊》也有幸成为"百篇美文"之一,获得了上海市市民文化节指导委员会颁发的获奖证书,荣获了"百名市民作家"的称号。我也有幸成为了上海市民作家俱乐部的成员。

我虽腿脚不便但始终笔耕不辍,拙作也时常见诸报刊杂志,如《民族团结》《新民晚报》《每周广播电视》《我们退休啦》《新普陀报》《新桃浦报》等,也上了中央人民广播电台、上海人民广播电台等。去年7月份,我成为了上海市普陀区作家协会首批会员,这给我提供了交流、学习、提高的平台。为了使我退休以后的生活更充实,更有滋有味,我要像唐代诗人王之涣所写的那样:"欲穷千里目,更上一层楼。"

今年是母校建校60周年华诞。在校庆之际,作为学子的我献上一篇文章,向母校汇报我的成长经历。饮水思源,我在二附中学习期间的理想实现,离不开母校和恩师的培养和教育。我由衷地表达:谢谢您——我的母校和恩师!祝福您,再创佳绩!

[作者简介]

李明华,1966届初三(1)班学生。1968年8月—1969年1月在黑龙江生产建设兵团四十二团;1969年2月—1977年10月在黑龙江生产建设兵团五十九团;1977年10月—1987年10月在黑龙江生产建设兵团六十二团(后改为红卫农场);1987年9月—2000年3月在上海市普陀区少数民族联合会经济实体工作。2000年3月因病提前退休。

少年乐园

周全胜（1966 届初中）

1963 年，上海开始实行重点中学制度。我和我的那帮 13 岁的少年伙伴，是其中的第一批中学生。

那时我们的学业远没今天的紧张，竞争也远没今天的激烈。那时没有家庭老师，也没有名目繁多的业余补课学校。课外作业，一般在校都完成了，只有要背的口头作业，需要回家再做。

我们学校与华东师大连在一起，大学和中学没有分界线，除了学校南面是一条河与师大分割，东面是四百米环形跑道与师大直接相通，西面则是与师大的第四学生宿舍相连。

中午和下午放学后，是我们最快乐的时候。吃完午饭（有的同学带饭，有的同学吃食堂，离家近的回家吃）或放学后，大家就在大学里乱窜，好似闯进了一片"欢乐谷"。有时，我们会溜到生物系的一个实验场去逗那只看门的白色哈巴狗（那时城里根本没有狗，不像今天满街都是）。只要我们一接近那栋房子，那条小狗就会叫，我们就假装逃跑，那狗就拼命追我们，看看要追上了，我们只要赶紧蹲下，那狗就不追了，如此三番。有时我们跑得慢，就真叫狗给追上了，狗鼻子几乎够到了裤腿。我们到底害怕被狗咬，哪敢蹲下，假跑就变成了真跑，那狗还不依不饶，我们就被撵得屁滚尿流，呼呼直喘。那小狗追出一段距离，就放弃了追赶，我们才得以逃生。几次过后，我们掌握了规律，胆子就大了，知道那狗是不会咬人的。后来，也许因为我们去的次数多了，那小狗认识了我们，它见了我们，无论我们怎么逗它，它都不理我们了。没了小狗的追赶，也觉得无趣了，我们就不再去那里了。

在大学里玩耍,最怕也最可恨的是大学保卫科的一个高高瘦瘦的40来岁的山东汉子。

他每每在我们玩得最高兴时,像幽灵一样突然出现在我们面前。如果我们当时正在树上采桑椹或捉知了,或者在大豆地里捕蟋蟀,甚或在高高的单杠上闲坐,乃至在伏虎圈里耍弄,他就会把我们直接驱回学校,如果此刻谁还爬在树上,那就惨了。

那一次,我们在桑树上采桑椹。师大的桑树长得特别好,每年六月左右,树上长满了长长的(足有一寸多)、粗粗的(小拇指粗)、黑紫黑紫的桑椹,咬在嘴里甜甜的。没有人摘,就便宜了我们这些小馋猫。我们分别爬在几棵树上,把桑椹一个劲地往嘴里填,嘴里吃饱了,还往口袋里装,边装还边比谁摘的个大。正热闹着,突然一声断喝:"下来,统统下来!"往下一看:来人穿着一身褪了色,洗得发白的军装,没有领章、帽徽,呀! 保卫科山东人! 我们乖乖地下树,"站好了! 几年级的? 哪个班的?"我们不吱声。"走,跟我去保卫科!"我们排着队往前走,他大摇大摆地跟在后面。到了保卫科,他对我们一通训话,都说了些什么,我早忘了,结果是,他命令我们写检查,我们每人写了一份,临放我们前,他要我们回去跟老师交待。可一出门,我们谁也没敢跟老师说。

后来我们学精了,再做坏事时就派一人站岗,这样被抓的概率就少了,可冥顽的天性往往使站岗的也忘了职责。

生物系有一块实验田,那年,做实验的几条蝮蛇逃出了实验室,不知去向。我们到生物系大豆地里抓蟋蟀,才进地里不久,还没听见放哨的呼喊,就听山东口音的吼声:"出来!"

我们又成了他的"俘虏"。"又是你们! 走,保卫科去!"我们又被押往了保卫科,又一顿训,又一份检查,又让我们向老师交待。有了第一次经验,我们回到学校照样装得跟没事人一样(尽管心里忐忑不安)。

我们心里恨透了他。我们曾讨论像电影里抓坏蛋一样,把他塞进麻袋里,可上哪儿找麻袋呢? 又讨论把衣服脱了扣在他的脑袋上,可用谁的衣服呢? 衣服没了,怎么回家向父母交代呢? 我们只能放弃了这个打算。

我们恨他恨得牙根痒痒的。

可是我们的顽劣,老师始终不知道,直到我们毕业,也从没人向我们提起过这些事。

直到我懂事了,我才懂了那位山东大叔!

啊,少年,不知好歹的少年!

那个已经夷为一片平地的金沙江路二附中校区,它为我们所"创造"的这个"少年乐园"永远留存在了我们少年时代的美好记忆中！

后记：直到前两年，我才知道，师大保卫科那个山东汉子的女儿，就跟我住一个楼。她告诉我父亲刚过世。真是造化弄人！十几年与他女儿住一幢楼，居然不知道！否则，在他有生之年，多去看看他，谢谢他对自己少年时顽劣的宽容，该多好呀！

〔**作者简介**〕

周全胜，1966 届初中校友。1968 年 9 月至 1978 年 12 月在黑龙江虎林 854 农场十一连；1978 年 12 至 1994 年 4 月在上海半导体器件十三厂（装卸工、保卫干事、车间主任、副厂长兼实验工厂厂长）；1994 年 4 月至 2010 年 7 月在上海创新科技有限公司（1998 年并入上海复兴集团）。

1982 年 9 月至 1985 年 7 月就读上海电视大学，大专毕业。

二附中教会我学习的方法

赵炯心（1966届初中）

　　小学六年级，中考前大概一个月，班主任张老师问我打算考哪个中学，我回答：二附中。张老师言简意赅地说：够呛。张老师知道男孩子争强好胜，故意用了个激将法。接下来的一个月，我认真做每一次模拟考卷。

　　考试前一天下午，爸妈突然告诉我，晚上去看苏联电影《魔术师奇遇记》，这当然是爸妈为我放松情绪。电影轻松有趣，我晚上好好睡了一觉。第二天，我早早来到位于曹杨新村第六小学的考场。数学考得毫不费劲，语文是最后一个交卷。发榜日，我如愿拿到了华东师范大学二附中的入学通知。

　　二附中有校徽，是在华师大学生校徽下加了一排第二附中的小字。记得初一还戴红领巾的时候，我把"第二附中"四个字用衣袋上沿遮住，只露出"华东师范大学"六个字炫耀一下，往往会引来路人的惊奇，说这个红领巾是大学生。

　　二附中拥有最好的师资，老师多是来自华师大的优秀毕业生，还有华师大的教授。初二，恰逢减轻学生负担的教育改革，我们用了新编的课本，考试科目有了精简，也有了较多的课余时间，每天完成作业后，都可以到球场运动一番。在二附中，我还参加了数学兴趣小组，课余还有时间制作晶体管收音机。初中三年，二附中不但传授给我们知识，更教会了我们正确的学习方法，培养了我们优良的学习习惯——自觉、兴趣和自学。

　　由于"文革"，我们的学习中断了。1968年10月16日我被分配到上海奉贤五四农场。农场的生活是比较艰苦的，但在农场五年中，我保持了一些二附中培养的学习习惯，买了几本数理化自学丛书，有时会翻阅一下。我发现，由于使用了新教材，尽管我们只读到初三,但是中学数理化的大部分内容我们已经学习过了。1972 年 1 月,我上调到上海市建筑材料供应公司工作,经常需要出差,有时我会带上一本数理化自学丛书,闲暇时翻一下。

1977 年 10 月下旬恢复高考消息传来,我第一时间到上海科技书店把数理化自学丛书补齐。过后几天,数理化自学丛书开始缺货,排长队也无法买到全套的了。由于距离考试只有一个多月,我只能粗略复习一下初中已学习的知识,浏览一下高中需要学习的内容,来不及做好准备便匆忙上阵,满分 400 分得到 279 分,第一次高考失败。1978 年 5 月,我在出差的田间路上听到人民公社的有线广播大喇叭通报,1978 年还将继续高考,考试在 8 月间举行。这回时间比较充裕,单位也非常照顾我。我把数理化自学丛书后面的习题做了一多半,加上第一次高考的准备时间,前后一共花了 5 个月准备,结果满分 500 分得到 426.5 分的高分,顺利进入华东纺织工学院(现东华大学)化纤专业学习。大学毕业后分配到上海市科技情报研究所工作,两年后,又考取母校的硕士研究生,获得硕士学位后留校工作。

大学本科和研究生学习期间,我的学习成绩一直名列前茅,特别是数学,一直是班级第一,很多同学觉得困难的电工学我得到满分 100 分。在东华大学工作期间,我还得到了在职博士学位。这些都和在二附中学习期间养成的优良学习习惯和方法密不可分。

我进东华大学工作时已 37 岁,经过不断努力工作和学习,任教授和博士研究生导师。东华大学是一所以纺织为特色的国家重点大学,我所在的学院是学校科研实力最强的材料科学与工程学院,在化学纤维领域具国际一流水平。2017 年中国化学纤维产量为 4714 万吨,占世界的 71％,是名副其实的化学纤维大国。化学纤维作为一种重要的原材料,在人民生活、产业、航空航天、国防军事等领域起着不可缺少

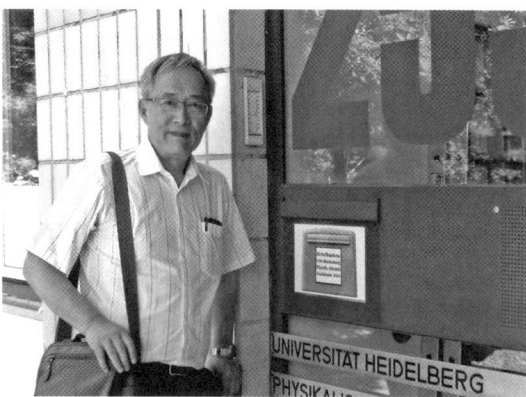

的作用。我担任过东华大学材料科学与工程学院化学纤维研究所所长、副院长、党总支书记,以及化学与化工学院院长;发表高分子材料和化纤方面的研究论文 170 余篇,获得发明专利 40 余项,主持和参加了许多国家重点研究课题和企业委托的研发项目,多次获得上海市和全国行业协会的科技进步

奖,被评为上海市教委优秀党员,培养了几十名硕士和博士,为提升中国的高分子材料和化学纤维的水平做出了自己应有的贡献。

现在我已退休,除了承担了一些科研任务外,还参加了学校的"关心下一代"工作委员会学生咨询组的工作。咨询组工作中,经常会遇到一年级本科生就怎样适应大学学习生活提出问题。我的回答是,自觉安排好学习时间,培养对所学知识的兴趣,自学是提高学习效率和效果的有效方法。这些都来自于二附中给我的启蒙,使我受益无穷,现在又使我的学生们能够受益。

成为二附中的校友,是我一生的骄傲。和同事、朋友聊天,我说二附中是我的母校,然后还会加上一句,我的女儿是我的二附中校友,大家都会投来敬佩的目光。现在,我女儿给我们家添了一对聪明漂亮的宝贝,希望他们能够完成二附中校友三连冠。

2018 年 5 月 4 日

[作者简介]

赵炯心,华东师范大学第二附属中学 1966 届初中一班毕业生,在东华大学材料科学与工程学院、纤维材料改性国家重点实验室工作,教授、博士、博导,曾任东华大学材料科学与工程学院化学纤维研究所所长、副院长、党总支书记,以及化学与化工学院院长,现退休返聘。发表高分子材料和化纤方面的研究论文 170 余篇,获得发明专利 40 余项,主持和参加了许多国家重点研究课题和企业委托的研发项目,多次获得省部市级上海市和全国行业协会的科技进步奖,被评为上海市教委优秀党员,培养了几十名硕士和博士。

花甲母校庆生辰，游子复归敬意深

1966 届初三(1)班

母校二附中六十华诞感怀

我们是二附中 66 届初三(1)班的学子，

离别母校已经整整半个世纪。

在喜迎母校六十华诞的时刻，

有昔日四十余位同窗的微信群里，

晒出了一张张我们班级以往的集体合影，

犹如一石击水引起阵阵涟漪。

其中一张略显泛黄的毕业集体照尤其催人追忆。

每人胸前佩戴的校徽依稀可视，

只是"华东师大二附中"的字样已浑然一体。

望着这张弥足珍贵的合影，

一张张熟悉而又充满阳光的脸庞定格在遥远的昨日，

往事如电影般一幕幕浮现在眼际。

那是一九六三年初秋的一天风和日丽，

我们怀揣喜悦从不同的小学一起走进二附中窗明几净的教室，

朝夕相处的课堂生活就此开始。

昔日绿树环绕的校园，

荟萃了毕业于华师大的教授、讲师，

还有荣获市、区教育战线优秀称号的名师；

昔日欢声笑语的校园，

有翰墨散发的浓郁香气，

更有生龙活虎的蓬勃生机。

经年累月蔚然而成"追求卓越、崇尚创新"的校风，

鼓励学生既要善于学习书本知识，

又要独立思索敢于提出自己的质疑。

潜移默化凝练而成"卓然独立、越而胜己"的校训，

不仅注重传授最新的教研成果与学识，

而且倡导理论联系实际，

鼓励学子上下求索、勇于投身社会的广阔天地。

曾记否,这里的园丁用心灵点拨我们成长的轨迹；

曾记否,这里的良师用智慧驱除我们身上"骄""娇"的气息。

青春的岁月如灿烂花季,不倦的教诲似春雨润滋。

我们初一班主任黄素行恩师，

端秀的面庞总是展露出春风般的笑靥，

即便严厉批评学生的语气，

也有直达心扉的亲和力；

我们初二班主任米敏岚恩师，

内在与外表一样的靓丽，

课堂授学不乏专业与幽默，

课外走访家庭擅长捕捉学生的心理。

我们初三班主任陈伟桐恩师，

华师大历史系的翘楚才子，

授课循循善诱游刃有余，

漂亮的板书蕴含着人格的魅力。

还有各具风采的其他授课老师，

他们的音容笑貌也深深地镌刻在我们的脑海里。

满嘴闽南口音语气，

肯定是教历史引经据典、从不看讲义的李寅文老师；

常挂有一句"学习化学要自觉呵"口头禅，

无疑是教化学的方朝谦老师；

擅长练剑习拳曾任华师大武术队长，

一猜便是教平面几何的唐清成老师；

有着齐耳短发及两根乌黑长辫的，

分别是教数学的张佩蓓和李振芳老师；

开启思想、塑造品格促使净心明理，

正是先后教政治的曹康绥、奚根荣和奚新年老师；

钟情绘画艺术颇有印尼归侨风范与气质，

理应是教美术的鲍友才老师；

咬文嚼字让人回味著名散文"落花生"的，

错不了是教语文的徐荣华老师；

授课诙趣生动、以谐音"鲫鱼进庐"巧记各省的简称，

当然就是教地理的吴其宝老师；

当优美的琴声和着激昂的旋律传到耳际，

就会看到杜秀林老师颀丽的身影。

数载霖雨催苗秀，春秋和风舞叶香，

正是恩师们的辛勤耕耘，

我们日复一日遨游在知识的海洋里，

充满登攀向上的青春活力。

在母校"教学相长"校园氛围熏陶下，

从德高望重的老校长到埋头实干的普通员工，

从甘为人梯忠于教育事业的老师到各年级的莘莘学子，

凝聚起一股内心默契的无形的力量，

一届届学子由此颖悟到人生的真谛。

校园生活终有期，

当祖国发出"四个面向"的号召时，

我们1966届毕业生第一次面临前途的抉择，

陈伟桐恩师言传身教义不容辞，

带领我们班级交出的答卷令时代满意。

有的同学自告奋勇前往天山戈壁；

有的同学争先接受挑选身着戎装成为光荣的解放军战士；

有的同学毅然进发偏远的农村、辽阔的草原和市郊农场；

哪里艰苦去哪里，

更有十余位同学满怀激情奔赴北大荒广袤的黑土地；

还有更多的同学服从安排走向不同的工厂、企业。

人生的风帆就此扬起，

母校良好教育的垫底，

加上各自的不懈努力，

我们一步步攀援人生前进的阶梯。

当恢复高考的喜讯传遍神州大地，

我们班有近半数已在不同单位各自工作岗位的游子，

以内化于心外表于行秉烛夜读的刻苦努力，

锲而不舍充实提高自身，

分别取得了大专、本科及以上学历，

使人生的新航程再度开启。

时光荏苒、斗转星移，

无论我们走到哪里，

母校的校训铬刻心底。

经数十载改革开放的春风洗礼，

我们班的游子在不同的岗位上砥砺前行、脚踏实地，

尽管成长的道路崎岖复逶迤，

我们锐意进取，兢兢业业交出了无愧于时代期望的生命履历；

我们爱岗敬业，忠于职守收获了生命的春华秋实。

有的同学成为出类拔萃的东华大学博士生导师；

有的同学成为大中型企业一线战斗堡垒的党支部书记；

有的同学成为基层厂矿的管理骨干；

有的同学成为救死扶伤的白衣天使；

更有同学在平凡岗位上坚守职业本分和良知，默默无闻地干了一辈子。

时至今日，

仍有同学在单位继续发光发热不遗余力。

值得一提的是，

已故同窗胡道芳学子，

在金华电大多次获省、市优秀教师殊荣和优秀共产党员称号，

传授师道取得丰硕果实。

昔日的艰苦磨砺，

铸就了我们品质的刚毅；

过往的坎坷经历，

锤炼了我们坚持理想、信念的动力。

看今朝，

我们行将步入生命的古稀，

躬逢母校六十华诞的喜庆日，

怎能不心潮澎湃逐浪涌起？

由衷地企盼校庆之日，

师生共襄盛举衷肠叙旧梦，

执手再聚慰相思；

由衷地企盼校庆之日，

历届万千学子如燕复归衔春泥，

共献赤子心迹；

更由衷地企盼校庆之后，

母校各项工作更上一层楼，

再创辉煌业绩。

夕阳颂晚晴，

斜晖映老枝。

无论我们前行的身影离开母校的时间有多久，

无论我们坚实的脚步离开母校的距离有多远，

始终都不会忘记，我们曾经是二附中的学子。

参加二附中六十周年校庆有感

花甲母校庆生辰，

游子复归敬意深。

培育每称园丁情，

成材毋忘谢师恩。

笑谈旧地桃李芳，

喜看新址涌后昆。

六十辉煌重立业，

相承最是树人魂。

［执笔人简介］

王健康，1963—1968，二附中初中；1968.9—
1974，市建六公司六〇五工程队（期间参加大屯
煤矿建设一年半）；1974—1980，市建六公司工会
（其间参加上海大学文学院自学大专考试）；
1980—1988，市住宅六公司办公室；1988—1992，
市住宅六公司宣传科；1992—1993，市住宅六公
司生活服务公司党支部书记；1993—2000，市建
设委员会办公室；2000—2010.6，市委、市政府特
设机构市联席会议办公室（其间参加市委党校经济管理本科考试）。

李老师邀请我们喝咖啡

——在庆祝母校华师大二附中 60 华诞之际

吴振鹭（1966 届初中）

上海有条弄堂叫幸福里，弄堂两头一头连着幸福路，一头是番禺路。今天李绍宗老师邀请我们喝咖啡。

幸福里有一家星巴克，闹中取静，是个喝咖啡的好地方。这里离开李老师家很近，步行约两分钟路程。李老师今年 80 整。

李绍宗老师 1959 年毕业于上海师院（现在的上海师范大学）。同年，即被毛校长招入华师大二附中，担任数学课的教学工作，在二附中工作了 19 年。1978 年，根据上海市教育局的安排，李老师调入上海市长宁区教师进修学院工作，在该学院工作了 21 年，于 1999 年退休。

李老师上课十分严格，推导严谨，思路严密。听他的课，你不能有一丝一毫的分心。

他经常说："我上课，不喜欢啰嗦，不喜欢重复，而且从不拖堂。"下课铃声响时，他的课也就结束了。

1965 年，我读初三。李老师是我的班主任，同时教授数学课。他当时还担任高三的数学课。他是我们升学的数学教练！我那时候看见李老师总是有点害怕，因为他很严肃，很少有笑容。但是我和我们班级的数学成绩在他的指导下提高很快，在年级排名一直靠前。

1966 年我们期末考试结束，填完高中报考志愿书，"文化大革命"开始了。

1965 年下半年，去农村劳动两周，在马陆公社钱桥三队。队里没有住宿的地方，借用南翔铁路机务段的临时工棚，睡觉没有床，用稻草铺的一大长排地铺。工棚两边,一边是农田,一边是铁路。铁路离工棚仅两米远,火车开过,地动山摇,没法睡觉。但是,对我来说,太开心了。样样都是新鲜的,好玩的。农田的瓜果可以尝尝,河里的鱼虾可以摸摸,走走铁轨也很有意思,还可以爬火车……

第二天早上,天还没有亮,我已经鱼、蚌也摸了,瓜也摘了,还在铁路上跳来跳去,甚至爬上了火车车厢……

李老师吹哨集合,宣布纪律。

"不准采摘瓜果,不准下河游泳,不准在铁轨上玩耍,不准……"我们感兴趣的基本都被禁止了。真无语啊!

有一天,炊事班买菜的三轮车坏了。李伟钧向村长借了条小船,约我同去(因为李伟钧见过我在丽娃河划船)。我可高兴了!也没有向李老师请假。等我们回来才知道,李老师在村口等了两个多小时,他一直在为我们担心啊……

有一次劳动回来,我和张霜带头走近路,穿过一片蔬菜地时,突然几位人高马大的农民拿着锄头冲过来要打我们,我们惊呆了,不知所措……眼看一场群架不可避免。幸好,李老师及时赶到,制止了一场群架。原来,这是一块留种的蔬菜地,农民将这地当命根子,怕被我们踩坏了,实际上我们之只是想少走几步路。

李老师说:"李下不整帽,瓜田不系鞋。不懂吗?"

是的。李老师的话不多,但是我们都听明白了。

从此以后,我们就是多走再多的路也不敢穿越这片地了。

同年,我们又去了华丰钢铁厂学工。我们分在铸造车间,车间平时气温都在 40℃左右。我的师傅是开"天车"的,平时不让我上车,只有在完成任务后让我帮他擦车!我只能当师傅的助手,骑三轮帮师傅们领材料,送冷饮。我特别不喜欢穿厚厚的工作服,更不喜欢戴安全帽,所以李老师看到我就帮我戴上安全帽,扣上工作服的纽扣……

"呜～"的刺耳的救护车,开到我们车间,原来是我们另外一个班级的同学,违规开动天车,造成触电事故,李老师及时赶到,将该同学送去医院抢救。李老师说,"我当时担心的是你!"

李老师对我们要求严,对自己要求更严。

李老师的儿子诞生后,他来找我母亲——托儿所的所长谈儿子入托的事。那时候,华师大子女入托,优先解决女教工的子女,男教工必须是骨干教师。李老师那时是教研组长,李师母在纺织厂工作,又是"三班倒",属于困难

李绍宗老师近影

家庭,应该解决。纺织厂女工产假只有 56 天,产假结束就上班。但是,李老师和师母商量克服困难,自己解决!

还有一点,令我佩服的是,李老师坚持不做家教。几十年都不做家教。我问李老师为什么?李老师说,不仅我不做家教,李师母也坚决拥护和支持我不做家教!在当今的社会,很多教师做家教后买房子,买别墅,而能坚持清贫,坚守教师的职业道德,这是非常不容易的!

值得尊敬的不仅是李老师,还有站在李老师身后的师母!

李老师,严谨教学,严于律己。二附中最需要这样的好老师。我们的社会更需要这样的好老师!

我和蒋林森穿上了军装,李老师(后排左四)和同学们来送别留影

咖啡馆里欢聚一堂

1988 年二附中 30 年校庆,枣阳路校区合影,李老师是第四排左一

2016 年班级 50 周年庆祝后，拜访因师母过世而未能前来参加聚会的李老师

2017 年 6 月，李老师出院，部分同学去探望乐观的李老师

那个年代，有许许多多这样勤勤恳恳埋头耕耘的园丁，他们是我们永远的恩师和榜样，我们永远忘不了他们，我们的社会，我们的国家也永远不能忘记他们！

〔作者简介〕

吴振鹭，1966 届初三（6）班，1968—1971，上海警备区，服役；1971—1988，上海焦化厂工人、副工段长、车间主任助理；1988—2010，华东师大环境科学系、资源与环境学院、研究生院，教学管理工作。

2010 年退休。

大爱无疆

李金生（1966届初中）

诗和远方

暮年回首，五十多年前学生时期的往事，记忆犹新，历历在目。

师者三尺讲台，诲人不倦，春风化雨，金针度人，为社会培育、输送了各方面的精英人才。我非成功人士，一介草民。学生时期老师的教诲，每每想起，使人难以忘怀。

曹康绥老师是我们初一（4）班的班主任。那时我和另外二位同学喜欢看历史小说《三国演义》。受书中情节影响，模仿《桃园三结义》的故事，义结金兰。曹老师知道后，邀我们到办公室，没有"非白即黑"地指责和批评，而是谆谆引导，给我们讲和看"雷锋和雷凯不是亲兄弟，胜似亲兄弟助人为乐"的故事。人间自有"真""善""美"，聚集小"爱"成大"爱"。我懵懂之中，未完全理解，踏上社会后才有所发现和感悟。在美国，为讨生活，我在餐馆打过杂，做过装修工，开过"集卡"和"巴士"。有一天在餐馆打工，我连续干了12个小时，下班时累倒在墙角边走不动了。台籍大师傅见后，慢慢把我扶上他的车，一路把我送回家，临走时对我说："明天你晚点来，活，我顶着。"我看着他远去的车影，心里暖暖的，疲惫顿消。华人之间有句老话："Blood is thicker than water!"（血浓于水啊！）早年，华人之间为抵抗压迫，抱团取暖。小"爱"并非像我们以前所摈弃的狭隘小团体主义。

老同学们，我们可以集班里的小"爱"，成学校的"大爱"，成中华民族，乃至全世界更大的"爱"。大爱无疆！

徐玉仑老师是我们初三时的班主任，教我们语文课。他朗读毛主席诗词时"声情并茂"。解读唐诗宋词更是精妙绝伦。诗韵上口心已醉，始知人间有真味。我萌发了对诗词的爱好，生活除了"苟且"，还有诗和远方。沉下心来，对生活进行诸多探索，心中的远方和地域上的远方会融会贯通。我曾开着大卡车行驶在异国他乡远方的土地上，40号洲际公路进入俄克拉荷马洲后，有段路一马平川，天高云淡，直指天边。路边星星点点长满了野菊花，微风吹拂，香气袭人，一幅大自然赐给我们如诗如画的独好风景。然而一年中，并不全是晴天和阳光，有风、雪、雷雨天和雾霾天。只是你如何看待：雷声贯耳，催醒大地，瑞雪兆丰年；闪电划破夜空，带来一线光的希望；雨滴滋润百花；清新微风也能拂面，沁人心肺。风轻云淡，看庭前花开花落；宠辱不惊，望天上云卷云舒；生活中并不都是"鲜花"，百花园里也并不都是牡丹，更多的是满山遍野的野菊花。野菊花耐寒，有顽强的生命力，香气醉人，撮一簇煮水入茶，更是清肝明目。

梁老师在央视大型文化节目《经典咏流传》上，带领一帮山里孩子唱响了一首清朝袁枚的小诗："白日不到处，青春恰自来。苔花如米小，也学牡丹开。"这首孤独了300年的小诗，网上点击率超出小诗300年点击率的总和，改写了以往的溢美之词，唱哭了评委，唱哭了观众。

感谢母校，感谢恩师，教会了我们独立思考，努力探索社会的方法。

我们每个人都在画一个圆，从起点到终点。尽管大多数人都画得不太圆，那才是真实的。弯弯曲曲那是真实生活和生命的轨迹！我们在拼一幅硕大无比的图，每个人都有自己闪光的地方。英雄诚然可点，豪杰无异能赞。师者的润物无声，平"头"百姓的助人无痕，更让人敬佩。

落叶归根，退休了，终于可以放下了。热爱生活，拥抱平常那才是真谛。洗尽铅华仍从容，平凡一生亦英雄。

2018 年 4 月 18 日

怀念恩师凌贤骅

离校 50 多年，生活奔波，疏于同学之间的联系，毕业以后学校发生的事一概不知。某次同学聚会，聊及往事，感慨万千。听说凌贤骅老师已离世多年。我们失去了一位尊敬的师长，心口感到阵阵疼痛，堵得厉害。

回家以后，久久不能入眠。凌老师的身影一直在我脑海里徘徊，朦朦胧胧像是在梦中。

（德娃里希）一声同学们好！凌老师怀抱教案登上了她那心爱的三尺讲台……

我进二附中是 1963 年。凌老师是我们初一时的副班主任，教俄语。刚拿到录取通知书，正值暑期，还未开学。有一天她和曹老师来家访。听我父亲说，因为家贫，本不打算让我考二附中，让我去读南翔技校，早点工作，挣钱补贴家用。凌老师拉着我的手，淡淡地对我父亲说："小孩子要读书，就让他继续升学。"然后看着我说："是嘛？"一个眼神，让我温暖了好久。给我的感觉，她是一方淑女，话语温婉，却真情浓烈。笑靥在脸，平凡而透着智慧，似"女神"的那种。

凌老师的教学风格是教学严谨，氛围宽松。令人欣赏，让人留念。俄语和其他语种不同，有许多高难度的卷舌音和繁复的语法变格。记得有一堂俄语课，一个同学朗读课文，卷舌音发得特别扭，引来了哄堂大笑。凌老师没有多说什么，只是不断地用标准的发音演绎着那高难度的卷舌，同学们一起跟读的声音即刻伴着凌老师那宽容的善意此起彼伏，稻花香里蛙声一片，煞是好听。

1963 年以前，二附中是清一色的俄语班。建校之初，选学俄语很时尚，因为那是"老大哥"的语言。政治环境，影响学校学科的取向，我们无从针砭。时间会诉说。1963 年到 1965 年，进入中苏论战最激烈时期。随之，"老大哥"的语言贬值许多。这种大气候下，凌老师教俄语真的很难。凌老师给我们上第一节俄语课，第一句话就是："外语是工具，希望同学们认真学习。"话直白不沾水，淡墨暗香，留白艺术，隐隐如茶。傻傻的我不甚理解，以为"工具"那是蓝领工匠的事，和我们莘莘学子没有一毛关系。许是一种预感，果不其然，凌老师"文革"中遭受了许多莫须有的罪名，受尽责难。历史总是给才女以悲哀，悲怆得让人潸然泪下。好在历史已翻过那灰暗的一页。

离开学校后进入工厂，我当了一名木匠。后又转入上海歌剧院，工作就是和工具打交道。凭技术、用工具，我曾为大型歌剧《卡门》《朵兰多》等制作过许多美丽的舞台背景。这就是实际意义上的工具之说。

命运驱使，我到了美国。那是一个英语国度，学生时期没学过英语，连俄语也都忘了。为生计我自学了英语，去考大驾照（大卡车和巴士驾照必须用英语考）。考出后，我开着大卡车（truck），跑遍了大半个美国。操着一口"洋泾浜"英语，为工作带来许多方便，养家糊口也不成问题。这是对"工具""糊口"式的理解。然则"外语是工具"，有它高层次的解读。据说它是打开世界科学大门的钥匙。科学无国界。象牙塔是由各种语言全集而成。只有娴熟掌握各门外语，才能开启象牙塔里不同殿堂的大门，攀登科学的高峰。凌老师教育我们，用的不是"高、大、上"的词语，而是爱心。她把我们当自己的孩子，呵护冷暖，我们却浑然不知不觉。现在想起，愧对当年。

（达斯威达尼娅）一声再见，凌老师化成一缕青烟，羽化而去。但愿在另一个世界您能得到上苍的呵护！美丽的鲜花，真情开放。如果有来世，我们仍做您的学生，做您的儿女。凌波仙子，您会飘然下凡。为了我们那永无止境的学习知识，了却我们那颗对您还未报答的孝心。安息吧！我们心中的"女神"。

凌波仙子三尺台，书影暗香六十载。桃李天下春满园，辛勤耕耘情深怀。

2018 年 5 月 9 日

同学铭
——献给老三届学友

昔日同学，寒窗校友。

择日欢聚，不会作秀。

话语沧桑，往事春秋。

满怀似豪情，曾经橘子洲。

人生路坎坷，真经确难求。

生活之不易，惜拥有。

退休绕膝天伦，无杂乱之乞求。

沉湎同学情，健走山水悠。

主席云：同学方遒。

2017 年 11 月 12 日

［作者简介］

李金生，1963—1968 年，二附中 1966 届初中。1968—1979 年，长城电镀厂，工人；1979—2003 年，上海歌剧院，舞台技师；2003 年移民美国加州。现已退休，定居上海。

情系二附中

黄关兴（1966届初中）

那时，我在普陀中心小学学习，即将毕业，准备报考重点中学。小学组织我们去金沙江路参观华东师大二附中。走近大门，左侧挂有浓墨重泼般书写的校匾，顿时使人肃然起敬，空气中仿佛传来了浓浓的书香气息。走进校园，楼外绿荫葱茏，校内还有条弯弯的河道，向西连着师大有名的小岛，小河畔柳叶倒垂，迎风摇摆。河边大路向南直通师大校区，没有任何阻隔。河东校内有一大片草坪，建有四百米圆形跑道。镶嵌其中有个真正的足球场，两个门框相距是那么遥远。这一切对于十四五岁的小学生，感觉真是太新鲜太震撼了。它比自己的小学操场不知大了几倍。

穿过绿树环抱的小道，走上二楼实验室，整洁的室内摆放着各种仪器设备。我还是第一次抚摸着显微镜，第一次学着自己操作，调焦距，转动镜头最底下的反光镜片角度，再微调焦距吧，逐渐看清了被染色的细胞、细胞核、细胞壁。微观世界真是太神奇，我们太兴奋了！

在二附中校园的参观，尤其实验使人茅塞顿开，事无巨悉，大到宇宙天体，小到分子细胞。它把我的心深深吸引到了二附中，把我的思绪引向探索世间万物中去了。一种想要踏入二附中努力学习，将来为人师表的进取之心，油然而生，为我选定二附中埋下了种子，从此报考二附中就成了我内心的唯一志愿。少年梦想，憧憬着未来升入大学⋯⋯

不久，我和班里的其他五位同学考进了。戴上华师大二附中的校徽，我们像不少同学那样，把底下小字样的"第二附中"，恰到好处地埋进上衣口袋，让人一看还误以为是华师大的学生。不少同学正是从小小校徽，冲着报考华东师大呢⋯⋯

到了新的环境,没过几天,师生都熟悉了。原来本班53人中,一半以上是小学大、中队长。新班长曹建芬是我小学同班班长。上课了,班主任季老师在黑板上工工整整、横平竖直地写下了"季振宙"三个大字,算是语文课老师开场白了……事后才听说,季老师家里的几代都是教书育人。他是毛校长得力助手,还是语文教研组组长,文学功底那可了得,六班同学真有幸哟!

记得50多年前,语文课上了篇《落花生》。那时,老师的课上得真叫好,不是一点点的好。不像如今有些个老师,上课时藏着掖着,等课外补课时再讲。虽然55年过去了,我们当时在课堂对文章的吸收理解,对人生将来的学习带来了很大的启发和教育。对此,我仍记忆犹新。往事历历在目! 季老师不仅在课堂上为人师表,而且在校外带领我们学工,帮助中药厂拣"柏籽仁",培养同学认真仔细的精神。他带领同学第一次出上海远门游昆山。课余带我们到德高望重的毛校长家访问,以校长的儿子任空军飞行中队长为例,在思想品德上教育我们做人的道理。老校长常年在校园绿化丛中捡纸屑,他的背影,至今仍深深留在我脑海中……二附中的绿化出名,形同华师大一样,同为全国高校的先进模范。

今日正是:清明时节雨纷纷,校外学子情系魂!

这就是我对二附中季老师,对毛校长及先人的浓情记忆。这段情系二附中的小我之作,是对校园内五年中(加两年"文革")辛勤劳作的恩师之牵挂,是雨水对蓝天的感恩,是小草对大地的依恋。老师们一日为师,终身为父。

清明时节雨纷纷,学子思绪条条顺,
欲问弟子何所指,翻天覆地华二仁。
二附中,我为你六十华诞而作,
二附中,我为你六十芳芬而贺,
二附中,永远都是我最热恋的母校,
二附中,永远只是我最心底的骄傲!
二附中,一个魂牵梦绕的名字,
二附中,一个美丽动人的传承。
二附中,你成就了一个两代二附中人的记忆。
二附中,你或成了我们下下一代人追求的新目标。
二附中,你我永远都不会忘记你,无论我们走向何处,身上都带有你的气质,
二附中,您的名字,终将伴随我们,走向更美好的明天。
二附中,你的美名成了时下的网红,你的成就,网传世界,四海传颂。

二附中,您好!

二附中,她也永远铭记着你,永远镌刻每一届学子的姓名。

2018 年 4 月 5 日清明节,4 月 6 日再稿

〔作者简介〕

黄关兴,1949 年 12 月生于上海;1957—1963 年普陀区中心小学;1963—1968 年华东师大二附中,初中毕业;1968—2009 年 12 月在上海皮革金属厂工作至退休。

奉献

束强弟（1966 届初中）

伟大的人民教育家陶行知的三句名言："爱满天下。""捧着一颗心来，不带半根草去。""千教万教教人求真，千学万学学做真人。"二附中经过历届老师辛勤付出，在学生的"知识学习、体育运动、艺术文化、学做真人"等方面都得到了均衡发展，卓有成效，桃李满天下。这也许就是二附中最大的魅力和成功的秘籍。

"奉献"这个词，是我在读初二的下半年，第一次听班主任蔡尔韵老师讲的。1965 年下半学年刚开学，我就打了入团报告，有一天放学时，她让我留一下有事给我讲。记得那时她年纪还轻，皮肤白白，笑容慈祥，头发短短，活泼善讲，穿着打扮没有花哨浮夸，一身干净得体的素色衣服显得格外神气，略带上海口音的普通话极有亲和力。她是我们尊敬的师长，更是我们最亲近的朋友。她对我说："束强弟，打了入团报告，总得做一点社会工作了，初中部《青年报》的发放工作，你是否可以担当起来？为大家作一点奉献吧。"于是，我记住了"奉献"这个词，做起了服务他人，做"奉献"的事情。

二附中老校舍坐南朝北，对着金沙江路。进入学校大门，走过一条水泥路是初中部大楼。穿过大楼过街楼道是一个用冬青树围着的种着姹紫嫣红各种花草的花园。花园中间有东南西北四个出口的十字水泥路走廊，小花坛处在走廊中间，花坛里种着的四季常绿的花草尤为显眼。几十棵高大挺拔的梧桐树，像打开的大伞一样，呵护着花园。花园的南北走廊两边，都竖立着几排刊登学生优秀文章的玻璃橱窗，南出口对面就是高中部大楼了。花园东面是篮球场和体操房，东南处是一块有四百米跑道的标准体育场地，往南走能直接进入华师大校园。二附中的老校园虽小却五脏俱全，尤其是与华师大校园连为一体，是一个得天独厚的优势，给了我们业余文体生活更大的活动空间。我从小热爱足球运动，放学后时常约上邻班同学找地方踢足球。自从做起《青年报》发放工作后，每周《青年报》送来的这一天放学，我就捧着厚厚一叠报纸，从初中部大楼一楼跑到三楼，把报纸分发到初中每个班级，每次需要相当长的一段时间，才能完成任务。哦，不能踢球，完成任务重要，"奉献"也要有敢于"舍弃""小我"的勇气。

后来，我成了一名解放军战士，在部队革命大熔炉里也乐于助人。新战士陈水根和我同时被分到一排一班。一天，我见他心事重重的样子，乘休息时间，约他到篮球场。"水根，有什么难处吗?"我问他。他见我善意真诚，就把因识字不多、无法给家里写信的困扰，对我和盘托出。于是，我就帮他写了家信，还每天教他识字。在战斗班锻炼三个月之后，我被调到连部工作。在我调离前，他基本上能独立写信了。临走时，我见他泪水涌满眼眶，感受到了他依依不舍的情愫。虽然，这是一件普通小事，却得到了首长和战友们的赞扬。其实，"奉献"不需要地位，不需要财产，只要把手伸出去就足够了。

我复员到仪表局工作时，利用业余时间带领"青年突击队"造好军工产品，支援国防建设。我与时俱进、思想解放，利用许多业余时间，做他人的思想工作，发展了许多优秀知识分子和青年佼佼者入党，为党组织增添了新鲜血液。我在航空公司工作期间，毅然支援大西北发展航空事业，全年无休、兢兢业业工作，为国家航空事业快速发展尽了一份力。的确，无私奉献也要有足够的思想准备，哪里需要就要到那里去，这才是二附中努力培养能为国效力的有用人才的初衷。

花开花落，我在不经意间走向人生暮年，寻找一片可以寄情快乐有价值的天空，留下属于自己的风景，让夕阳人生更加精彩。退休之后，我参加了各种公益活动，尤其是参加了区、镇的市民巡访团。这是一个"城市巡访、助力创建、传播文明、不取报酬、奉献社会"的志愿者团体，巡访员都具有舍小家为大家、为民服务不取酬、甘于奉献的崇高思想。我组织和带领巡访团员佩挂着证件，夏天冒着酷暑，冬天顶着凛冽寒风，穿梭在大街小巷、干道广场、商店菜场，用照相机和手机拍下发现的问题，还和周围群众进行交流，听取他们的意见和建议，把然后市民意见反映给区、镇的相关部门，并且督促整改，被市民尊称为城市文明建设的"啄木鸟"。有一次巡访沪闵路时，我听到市民反映轻轨 5 号线颛桥车站门前沪闵路上的一个窨井盖坏了,流出来的臭烘烘污水污染了空气,妨碍市容整洁,便及时用微信和电话,找到相关负责部门,尽快修好了窨井盖。我们还把损坏的马路整修一新,让市民行路更加方便,起到了城市"啄木鸟"的积极有效作用。我在担任闵行区《市民巡访简讯》编辑期间,撰写了几万字的先进人物事迹和小故事,《闵行报》还专门作了报道。作为《颛桥》报的特约通讯员,我积极挖掘"亮点",不仅写可爱的颛桥人、"组团式服务群众",为创建文明社区献计献策,而且配合采访、报道好人好事,还撰写了散文、诗歌等,为"文明闵行颛桥"做了力所能及的事情。我想,这也是一种"奉献"吧。

其实,无私的奉献,指的是奉献者本人出于一种理想信念的驱动,对于他人、组织或社会,甘愿做出无回报的劳动,投入或者物资赠送的行为。它是一种真诚、自愿的付出行为,是一种纯洁高尚的精神境界。世界上最美的花在哪里? 其实就在我们的身边,在我们的心里。乐于奉献人的心里,就有一颗心灵最美之花。文明社会需要无私奉献的精神,我们社会提倡无私奉献的行动。

文明社会需要无私奉献的精神,我们社会提倡无私奉献的行动

多年以来,我在践行无私奉献的道路上,得到了社会的认可,社会也给了我诸多荣誉。我被多次评为区镇优秀共产党员、先进党务工作者,以及区镇优秀志愿者,2018 年还被评为上海市优秀志愿者。这些都起源于蔡老师早先的一段经典的"奉献"之说,和给了我为他人服务作奉献的机遇,取自于母校培养学生"必须从德智体美全面发展"的满满的正能量。我想:这些荣誉证书记下的是曾经的历史,但这些都体现了二附中人无私奉献的崇高精神。是啊,人生心灵富有是最重要的,一个人生活知足而又能自在付出作奉献,就是真正的富有宽心,才无愧于二附中的一员。

如今,习近平新时代特色社会主义的中国,正扬帆起航、勇往直前。百年梦想,曾经如此遥远;伟大复兴,今日伸手可及。二附中是我成长的摇篮,是我学知识的殿堂,也是我们青春的舞台。虽然,二附中的老校舍已经拆掉不复存在,但是,漂亮大气的二附中新校区,已经名闻天下。这是二附中人的骄傲和自豪,心有所想足必往之。我魂牵梦萦的二附中无私奉献的精神,必定会如影随形伴我一生,辛苦并快乐着。

白驹过隙光阴逝,年轮掏空魂犹存。

师生重聚六十庆,恰似回归殿堂中。

志愿服务乐奉献,桑榆非晚绘愿景。

中华复兴正有时,重塑风华一小卒。

[作者简介]

束强弟,华东师范大学第二附属中学
1966届初三(5)班学生,曾入伍当兵,后在
上海仪表电讯局下属企业从事党政领导工
作,在东方航空下属子公司担任管理人员。
上海市闵行区市民巡访团副团长,兼颛桥镇
市民巡访团团长。

诗缘

李国强（1966 届初中）

开学的心愿

当年收到二附中录取通知书，
我捧在手，心里像灌了蜜，
与姐姐能同校上学，
喜出望外，脸上刻满了笑意，
姐念的是中学，我去过没忘记，
重点中学，校园美丽。
蜿蜒河边绿树成荫，
小桥流水，百花艳丽，
紧连着大学的校区。
流连忘返，充满诗情画意，
梦见绚丽的开学典礼，
鲜花拥簇，手擎队旗，
击鼓鸣号，列队敬礼，
国歌随乐曲声响起，
校园升起了五星红旗。

在梦幻里，我上台发言，

庄严时刻美妙的记忆，
所有的一切都富有诗意，
写首诗，献给新同学是份心意，
摊开纸拿起笔，
憋了半天没写一行字，
头伸进爸爸的书柜里，
找出诗刊查看诗集，
熬到深夜，越看越急，
从诗集中，东抄西凑写成诗。
新生报到，我交给班主任这首诗，
读出心愿，也是一份心意。
命运的玩笑，让我伤心的泪滴，
期盼开学的九月一，
我无法背起书包上学去，
却独自静静躺在病房里，
脑海里遐想神圣的开学典礼。

春秋五十载，酷暑严寒，
往事嵌入，岁月的年轮里，
那首没念的诗，
写点什么，早已忘记，
而那开学的新月，
时隔久远还惦记。
今日正逢二附中六十年校庆，
在隆重庆典的班会里，
同学，同窗，同桌同坐，
笑谈回首且围坐一起，
两鬓灰白不失芳华的记忆，
重写一首，富有诗意，
表达同学间深深的情谊，
也了却久远的心愿，
在充满热烈的掌声笑声里，
仿佛新的学年将会重新开启。

无言的怀念

芙蓉仙游水连天，
女神凌空缕青烟，
碧水丹心吐铮言，
凝眸芳华颂师贤。
师恩高耸浮眼前，
教诲填膺殷切切。
莘子泪奔汇涓流，
告慰恩师庆典见。

〔作者简介〕

李国强，69 岁，中共党员，二附中 1966 届初中毕业生。1968 年到黑龙江建设兵团虎林县迎春农场十连，廿四连农工，基建班长。1979 年返沪后，在上海染化八厂车间当操作工，之后分别在科室、教育科、党委办工作，曾任科室党支部书记、厂工会副主席。

在校时的学农劳动

史兰芳（1967届初中）

　　1964年，我考入华东师大二附中。学校提倡培养学生"德智体劳"全面发展理念，实行校内学习校外实践机制。为了学习贫下中农的好思想好作风、拓展知识面、锻炼体魄、培养吃苦耐劳的作风，学校每年分两次组织全体学生赴嘉定农村学农务农各两个星期。五月中下旬"麦苗青青菜花黄"的季节有"三夏劳动"，十月中下旬"稻穗金黄棉花白"的季节有"三秋劳动"。"文革"前在校就读的两年里，学校共组织了四次学农劳动，其中，有两次是到嘉定徐行公社。1965年的"三夏劳动""三秋劳动"的地点在娄塘公社。当年，我们只有十四五岁，离开父母，参加下乡劳动，脑海里对农村充满好奇和憧憬。

　　记得那年"三秋劳动"，上午出发，同学们带着简单的行李，登上车顶带着大煤气包的公交车，一路上满载着欢歌笑语，车子行驰近两小时到达学农目的地——娄塘生产队。男女同学鱼贯而下，分别由当地农民带领着进入该家大客堂间，房间里事先准备好的木板门板，连贯铺在地上成我们的床铺，同学们打开自己的简单行李解决了住宿大事。而后生产队领导致欢迎词，并简单介绍该村概况以及同学的劳动项目。陪同一起下乡的班主任蒋坤玉、王元吉、曹康绥老师，对我们两星期的生活、劳动提出了要求又强调了注意事项；接着同学代表纷纷表示下决心努力完成学农任务。晚上8点，老师重申统一睡觉起床等作息时间。同学们刚睡下，左右相邻的同学还小声唧唧喳喳交谈着，到底年纪还小，没讲几句都呼呼进入了梦乡。

　　早晨，雄鸡一唱天下白。老师像闹钟般催促着"起床啦"，同学们睡眼惺忪地爬起叠被。到屋外洗漱时，哇！放眼望去，远处的朝霞红红彤彤，大气中雾气飘渺，稻田里金黄灿烂,棉花地里似雪皑皑。往近处看,农舍白墙黛瓦,家家屋顶炊烟袅袅,好一幅色彩斑斓水墨画。深深呼吸早晨清新的空气,整个人沉浸在大自然无比美妙的景色中,真惬意呀!

蒋老师等几位老师负责我们的一日三餐,他们早早地先起床,已烧好早饭等我们用餐。农家大灶锅用柴禾烧,煮出的大米粥呈淡绿色,闻着喷香扑鼻,吃在嘴里好糯,吃了还想吃,那就等明天吧。很快集合,由生产队长布置当天的劳动内容,着重强调安全。这次两个星期的劳动主要是割稻、摘棉花,都有农民好手帮教带。因参加过"三夏劳动"割麦的学习锻炼,大家割稻有了一定的基础。割稻是技术体力活,每人发得一把镰刀,站在每垄垄头。两脚扒开,人弯腰90度以下,镰刀刀口略平,左手拿足一把稻穗,右手朝里一把镰刀割下去,割下的稻穗往左放。一刀一刀一步一步往前迈,割下的稻穗在左手边要整整齐齐一排排到垄尽头。在炙热的阳光下,不一会儿,汗水便顺着脸颊流下来,那真是"锄禾日当午,汗滴禾下土"。又累又热,实在吃不消就坐在田埂上休息片刻继续往前。半天割下来都叫腰酸背痛,但大家始终坚持着,没人打退堂鼓。不用几天,同学们渐渐地熟练了,还相互比赛谁割得快呢。摘棉花相对轻松多了,每人一个大布袋扎在腰间,站在棉花垄中,两手同时左右开弓,抓住棉花从根部一齐抓起放入袋内,不能把外壳带进来,不一会儿装满一大袋再倒入大筐。反反复复倒出再摘,半天就装得袋满、筐满。一天劳动结束,虽然很疲劳,但同学们望着割下的稻、摘出的棉花,满心欢喜,充满自豪!

晚饭后自由活动,到河边洗衣洗脸洗脚。那时农村的河水清澈见底,长方形石板从河岸上一直铺到河水边。河岸边有多处这样的石板台阶,供农民们用于洗衣等洗涤家务劳动。同学们在河边尽情地嬉笑玩水,愉快的心情很快就消除了一天的疲劳。

这年劳动给我留下了深刻印象的两件事,至今记忆犹新。

"三夏劳动"期间有一天割完麦,中午回去吃午饭,往回要走大约十分钟路程。当时我饥肠辘辘,看到田埂上有颗掉下的大蒜头,心想肚子饿了吃它可以充充饥呀。于是捡起剥了一瓣吃了下去,哪知没走几步,胃部开始疼痛起来,我一屁股坐在田埂上,双手捂住胃,一阵一阵的胃痉挛痛得我恨不得在地上打滚。同学们看到吓坏了,有的赶紧跑回去告诉老师。蒋老师赶来问明原委后语重心长对我说:"肚子饿时生大蒜千万不能吃,强烈刺激空胃就会痛得厉害。你下午休息休息别去劳动了。"这天害得我午饭都没吃下,无知让我吃足苦头。

农村中烧饭喝水都是用井水,每家每户都有口井,时时需要用木桶从井中打水。用根长绳拴住木桶把手,放入井中打水上来,农家除了小孩都会打井水。看似很简单,只要把木桶放下去往上拎呗,我们都去试着打水,可那木桶就是不听话浮在水面上下不去。农民叔叔耐心地教我们:手拿着长绳将木桶放下去,要在水面上左右晃动木桶,使木桶在晃动中斜入水中,它自然会沉入水下,那就可以装满一桶往上拎了。哎,几经试验果真会打井水了。

两个星期很快过去,临走前一天晚上开总结大会,生产队长发表谢词,老师简短总结。队长为表谢意,特地端上一筐刚炒好的硬蚕豆,发给每个同学一大把,同学们"嘎嘣嘎嘣"吃得格外香,不一会儿全消灭干净。那年头物资极其匮乏,根本没有零食可吃,能吃上炒蚕豆还真是件饱享口福的稀罕事呢!

那个年代,从城市学校里走出去,参加下乡学农劳动,让我们享受到农村大自然的优美景色,感到农民们的纯朴气息。学农劳动还开阔了我们的视野,像学文化知识那样,认识了稻、麦、棉花、油菜、大蒜等农作物。向农民们学习农家活,增强了我们不怕苦不怕累的信心,锤炼了我们青少年时期的身心。

1968年底,我离开二附中,幸运地分配到工厂当工人,自那以后也再没有去农村劳动过。50多年前在二附中读书时的下乡劳动,给我留下了深刻的印象,是一辈子都抹不去的美好的记忆。

〔作者简介〕

史兰芳,华东师大二附中1967届初二(3)班学生。1968年11月,分配到上海第二十织布厂,先后获得"操作能手"、"质量标兵"、公司"先进工作者"等多种称号。1978年考取上海纺织大学,因工厂不放人未果。后取得业余高中文凭。1979年底,先后任第十四织布厂织布操作总教练、车间主任助理、车间主任。1996年5月,经上海市纺织局推荐,到普陀区街道居民委员会,担任了3年党支部书记。1999年4月,到外资企业做仓库管理员兼出纳。其间,考出会计从业资格证书。2006年后,先后受聘于几家企业担任会计工作至今。

老师的教诲终生不忘

李亚平（1967 届初中）

我是 1967 届初中毕业生，1968 年踏上工作岗位，离开母校已整整 50 年了。回想起在母校学习的点点滴滴，很多美好的记忆清晰地呈现在眼前。老师认真、踏实的教学风格，细节处体现的为人师表，令我终生不忘。

吴其宝老师教我们地理。每每上课前对同学们深深一鞠躬，随后生动活泼的地理课开始了。她把那些没有规律，比较难记的地域名，编了个顺口溜："苏浙皖——数只碗"，"鄂湘赣——勿相干"，我至今都记得。

金者老师教我们历史。为了让同学们牢记马克思的生卒年 1818—1883，教了我们容易记住的方法，"一爬，一爬，一爬，爬上山"，多好的方法啊。

许根生老师教我们英语。他用的是"听说领先、读写跟上"八字教学法，不仅对国人学的哑巴英语有很大变革，而且让我们学生受益很大，能够做到有信心大胆开口讲英语。许老师的标准发音也给我们学生打下扎实基础。我在外资企业时，英语就派上用场，一些年轻同事还以为我受过专门训练。我多年前去国外旅游，用英语买公园门票、过海关、退税，都能勉强过关，靠的就是二附中的英语基础。我为此感到很自豪。

我印象最深的是班主任数学老师蒋坤玉。他每天穿戴得"山青水绿"，头发更是天天打理得一丝不苟。有一次，蒋老师感冒，咳嗽有痰，拿出手绢接痰后，随手折好手绢放在衣服口袋里。这细小动作，印证了那句话——身教重于言教。这就是为人师表。

初进二附中，我们同学的自我感觉都不错，夜郎自大的神情流露出来都没有感觉到。不久,蒋老师便在一次小测验时,出了一套比较有深度的题目,结果全班一下子考"糊"了。记得60—70分成绩已算不错了,还有不及格的。我们同学在小学时,都是考高分的,这一下,全部"闷"掉了。蒋老师没有教训我们,而是一一解析题目。啊,原来这些题目,都是我们学过的知识点,是我们学得比较浮夸,没有做到举一反三,而这是学数学必须做到的啊。同学们以后便吸取教训,一道题目会有几个解题方式,便不厌其烦地把几个演算过程都做一遍,以取得正确答案。蒋老师也常常会出一些课外题目,我们渐渐也习惯了这种训练方式,学数学的兴趣日益提高。

蒋老师为了给学生打好扎实数学基础,加速教学进度。初二时,我们并没有像其他学校那样学几何,而是把数学课程有关联性的内容,如初三,甚至高一的知识点先教给我们,提高了学习的进度。我班几个对数学特别感兴趣的同学,还会主动向蒋老师要一些相关题目来做。一次蒋老师不动声色地拿了高一的小测验题目让我们做。当考试成绩一点也不输给高中生时,蒋老师脸上的喜悦之情展露无遗,着实把我们夸奖了一番,那情景一直都记在我心里。他是把我们当作自己的孩子一样关注和培养。在蒋老师的教导下,扎实的数学基础为我以后工作带来了无限的收获。

那时候,年纪还小,玩心比较重。一次中午,我们几个女同学在华东师大体操房玩,没有手表也不知道具体时间,等到发现操场上不见人影,猜想大学生一定上课了,随后一路狂奔赶回学校,果然数学课已开始了。蒋老师一脸严肃,看到我们满头是汗,知道肯定在哪里玩疯忘记上课了,但他并没有叫我们"立壁角",而是让我们马上坐好。记得那以后几次上课,我都格外认真,做作业也特别仔细,想弥补自己的过错。后来也一直牢记再也不敢犯错了。现在想来这些回忆,都是十分美好的。

1968年,我被分配在上海工矿——纺织厂,成为一位光荣的纺织女工。纺织厂三班倒24小时不停机器,做挡车工需要8小时不停走来走去巡回检查质量,还有许多必须做的事情,如换纬纱、经纱,拆掉织好花边的坏花,穿好断了的纱线等,总之每天忙得不亦乐乎。这种累是做学生时想象不到的,只有硬着头皮上。

但身体给我颜色看了,进厂2个多月我就生病了,先是发烧不退,无论用什么药都不管用,后来烧到41度住进了医院。记得在昏迷时朦胧中感到有个无底的黑色深渊,我在快速往下掉。再上班时,师傅蛮心疼我的,特别是夜班时,看我吃不消便示意我到机器后面别人看不到的地方坐一会儿,这样的休息是十分珍贵的,我一直心存感激。

因我经常生病,加上大家知道我父母均是教师,就把我调到长日班业余学校,教老工人文化课。但时间并不长,因我家庭出身不好,领导又让我返回车间继续做三班倒工人。从此以后任何机会再也不属于我,基干民兵也没有资格参加。师傅知情后并没有对我有任何成见,而是朴实地对我说:这是不搭界的,只要自己做好,人家怎么都说不出你的坏来。短短的一句话,说出了事情的真谛。就是这个理,从此后我用努力工作来证明自己。

为了能胜任工作,在那物资十分匮乏的年代,家里每年一到"冬至",便开始给我补营养(家里五兄弟姐妹只有我可以吃),一直要吃到来年开春。挡车技术除了自己师傅教我还向其他师傅学习,关注他们每个细微动作,取长补短。后来我不仅以优异成绩考出一级挡车工前三名,几次荣获工厂和公司操作练兵比赛前三名,还开始担任学习组长、生产组长。我在这样的日日夜夜里,变得越来越坚强。

改革开放后,一次厂领导悄悄告诉我,我父亲平反了。我从此后有了机会。我做了13年挡车工后,参加了1000多人中型厂的提干考试,是母校的教育给了我信心,让我通过文化考试坐进了办公室。后来纺织局给我读书机会,属于干部编制都可以参加入门考试。记得入门考试内容不少,但总的题目——管理数学,我得了100分,成为正式学生了。对于只有两年初中学历的我,二附中的扎实基础,明显有优势了。后来厂里一起读书的学员中,我虽学历最低,但每每成绩名列前茅,大家均评价说,到底是二附中毕业的。当时读书都是用业余时间,我却十分珍惜这样的机会。记得一次考英语科目,我已是怀孕五六个月,还挺了大肚子,由家人骑着黄鱼车送到考场,成了一个奇葩"风景"。

1984年,我担任车间主任,当年加入中国共产党。我入党属于当时的"突击入党"范畴。因我是7月1日打的入党报告,11月就开了正式审批会,并很快通过了。当时领导对此事解释是:我们组织已审查、考验了她十几年,根据一贯表现,决定同意她加入党组织。我听了此话,只觉得喉咙口一阵一阵发热,师傅当时给我的教诲今日终于兑现了。

后来,我又调到财务科、计划经营科、企业三产,每到一个部门,都如饥似渴地学习新的知识,努力做好本职工作。1992年初,我是厂里第一个跳出国营企业的女性,在外商企业担任上海负责人。记得当时老板面试我时,本来是安排做财务工作的,一听到我是党员,马上决定让我做负责人。他虽是外籍人士,却直言不讳地说,共产党员必定是各方面都不错的,值得信任的。那时的信息传达没有现在方便,往往是老板从美国一个电话来,问询资金账,我不要看资料一连串数据马上出来了,就连角角分分都不会错。这些,就是蒋老师的严格培训,使我对数据十分敏感,在那时竞争比较激烈的职场,我在此职位上十多年。以后这十多年换了两家公司,目前在一家外资企业担任财务经理。现在我每天仍旧和年轻人一样,朝九晚五地工作,还要不断地学习新的知识,跟上不断进步的潮流。

回顾这些经历，毕竟进厂时刚满 17 周岁，那个阶段正是自己世界观慢慢形成的日子，作为一个平民百姓，我有一个做人的原则：要求自己做一个正直的人，不说违心的话，不做违心的事。后来，我有了一些小小的权力，可以管人，可以管钱了，便给自己增加八个字：不谋私利、秉公办事。这里有家庭的教育和熏陶，有自己的本性使然，还和老师们的言传身教密不可分。

由于种种原因，我从二附中毕业后，没有机会再像在母校那样接受正规教育，所以在母校的学习经历弥足珍贵，也给我留下了很多美好的记忆。正是有了二附中老师教我们如何做人，如何学习，如何做事，在我刚开始懂事时，给予正确引导，才使我在职场上有如此的自信。后来，我因为工作需要，考出了不少证书和文凭，也是因为有了二附中的基础，才使我能一步一个脚印地向前进。我们常说机会是给有准备的人的，细细想来，我的好多机会是母校给我准备的，是我们的老师给我准备的。我为自己是二附中人而感到无比自豪。

在母校建校 60 周年大庆的日子里，衷心地感谢母校的培养。愿母校在今后的岁月里，为祖国培养更多的有用之才，让每一个二附中人为母校争光。

〔作者简介〕

李亚平，华东师大二附中 1967 届初二（3）班校友。工作经历：1968 年上海花边商标厂，挡车工、花边车间主任、财务科、计划经营科、企业三产；1992 年前后经历了 3 家公司，外资企业上海负责人、销售经理、财务经理，至今。

欢迎外宾，见到周总理

钱初颖（1967届初中）

　　1965年春夏之交的一天下午，班主任贾老师在班上宣读了包括我在内的几位学生的名字，要求我们放学后留下。我的心忐忑着，不知道等待我们的，是好事还是坏事。

　　好不容易等到放学，老师把我们带到了梯形教室。进去一看，里面已经坐了许多人，有初二的，初三的，还有高中的。大家窃窃私语，谁都不知道发生了什么事情，纷纷猜测着。

　　这时候，团委书记麦老师来了，她满脸带笑，使我们心中的一块石头落了地。只见她走上讲台，环顾了一周，笑着宣布道：明天，印尼的苏加诺总统要来上海访问，还有一位中央首长从北京飞到上海迎接他，我们接到欢迎的任务，在座的同学们明天都要去欢迎。"哪位首长？"一位胆大的高中同学插嘴问道。老师说，这我也不知道，反正是位大首长。教室里顿时沸腾起来，大家议论纷纷，一位同学道出了所有人的愿望：要是周总理来就好了！接着，麦老师布置了任务：高中生去校园剪冬青属枝，我们扎花束。

　　第二天清晨，我穿上白衬衫、花裙子、白跑鞋来到学校。集合完毕后，头上戴着彩色的花环，手里捧着彩色的花朵，胸前飘着鲜艳的红领巾的我们，迎着拂面的微风出发了。蓝天、白云、初升的太阳，一切都如歌里唱的那么美好："小鸟在前面带路，风啊吹向我们，我们像春天一样，来到花园里，来到草地上。鲜艳的红领巾，美丽的衣裳，像许多花儿开放……"

　　我们乘上了豪华的"外宾"车，在一路歌声一路笑声中，来到了虹桥国际机场的停机坪,在预定的位置排好了队列。在这个华师大的方阵中,我们初中生站在最前排,后面是高中生,再是大学生。大学的男生们带有锣鼓,刚站好队,一些人已经迫不及待地将锣鼓打起来了。

这是我第一次见到机场的停机坪,欢迎的人围成了一大圈。彩旗飘扬,万紫千红;歌声嘹亮,此起彼伏。只觉得和其他学校相比,我们二附中的装束最大气,最典雅。

等待中,忽见一架不大的银灰色飞机徐徐降落,飞机上走下的一群人中,有一个熟悉的身影进入眼帘。"周恩来!周总理!"有人情不自禁地高呼了一声。顿时全场欢声雷动,锣鼓声震天。虽然我们是第一次看见周恩来,但却一眼就能认出,我感到自己真的是太幸福了!

不多久,一架大飞机降落在周恩来飞机的旁边,看标识似乎是朝鲜的飞机(后来知道,苏加诺是直接从朝鲜飞上海的,在中国只逗留一天,所以周总理到上海和他会面)。印尼总统苏加诺在众人的拥簇下徐徐走下来,周总理迎上前去,两个少先队员献了鲜花,乐队奏起两国国歌,周总理陪同苏加诺检阅了三军仪仗队,随后登上了敞篷汽车,绕场一周。

一时间,停机坪上锣鼓喧天,彩旗招展,人们跳跃着,挥舞着手中的花束,一遍遍地高呼"欢迎!欢迎!苏加诺总统!"

我的眼睛紧紧跟随着缓缓行驶的车队。周恩来和苏加诺站在敞篷车上,向欢迎的人群频频招手。车缓缓经过我们面前,周总理站在靠我们的这一边,我们和周总理之间的距离是那么近,那么近……只见他微笑着,用慈祥的、充满鼓励的眼光看着我们,频频向我们招手。这时的我,看不见、听不见周围的一切,眼里只有周总理。

第二天,我在《解放日报》登载的一组照片中看到了华东师大的方阵,并且在小得不能再小的人群中找到了我自己。报纸后来遗失了,但记忆却永存心中。

之后,又参加了几次欢迎外宾的活动,见到了坦桑尼亚的尼雷尔总统、阿尔巴尼亚的部长会议主席谢胡等外国元首和领导人。除了再次见到周总理,还见到了陈毅等许多党和国家领导人。

二附中为我打开了世界之窗,开阔了我的心胸,使我受益终生。

〔作者简介〕

钱初颖，1967 届初中校友。中央广播电视大学语言文学专业毕业。1969 年在安徽插队；1976 年进厂；1989 年调太仓，任太仓科技局成果科科长。目前在单位的"国家技术转移联盟太仓工作站"工作。是太仓市科学技术协会第十次代表大会委员。

优良的中学教育伴随我的一生

张林（1967 届初中）

　　金秋十月，将迎来我的母校华东师大二附中建校 60 周年校庆。60 周年，一个甲子。对于母校来说，更是迎来发展壮大再辉煌的新开始。此时此刻的我——二附中一个普通学生，浮想联翩，回想起在校接受恩师们授业的四年，我是终身受益的。

　　1964 年 9 月笔者有幸进入母校学习，母校优秀的老师群体，高尚的师德，捧着一颗心来，不带半根草去的奉献精神，陪伴我们的一生，教育感染甚至鞭策着我们去努力学习，打开知识宝库，吸取知识养分。我们清晰记得戴德英老师、顾朝晶老师二位先后担任过我们的班主任，并教授我们语文。他们的文学素养，加上丰富的语文教育经验，使得我们深深地爱上了中国文化，获益匪浅，打下厚厚的语文底子。54 年后的现在，我还记得语文课上《荔枝图序》时，戴老师先把课文的主题大致介绍以后，开始逐段逐句逐字分析推敲首句"荔枝生巴峡间"的"间"的含义。这样的分析让我们养成了字斟句酌的习惯，了解了"一日而色变，二日而香变，三日而味变"的荔枝不宜保鲜的特性，也了解了"一骑红尘妃子笑，无人知是荔枝来"的典故。老师教授《爱莲说》时，教育我们要做出淤泥而不染的君子；上《落花生》课时，使我们明白要做一个对社会有用的人；教授《老山界》课文后，我们碰上折腾的"文革"，从此有了一个共同的称呼"老三届"。

　　数学老师唐清成也担任过我们的班主任。唐老师毕业于华东师大数学系，深厚的数学功底，使得他能够深入浅出地给我们讲授数学，使我们面对枯燥乏味的数学时，看到了其中千变万化的美和充满了神奇的运动。我从此爱上数学，进入数学殿堂，探索里面无穷的奥妙。更重要的是，对数学产生浓厚的兴趣，也就有了学好数理化的动力。我还清清楚楚地记得,唐老师上完一堂课,布置完作业,会在黑板上再附加两道难度高点的作业题。虽然这些附加题,不要求大家去做,但是,我们会努力地完成。出附加题,也体现了老师的辛劳和付出,用现在的话说,附加题也是教学大纲＋的体现,超出部分太多太少,均会影响大家的兴趣,程度的把握、掌控,耗费了唐老师的时间和精力。现在流行互联网＋,如果穿越到 50 年前,我们的老师们已经在教育大纲＋的基础上要求我们,使我们的知识储备领先同时代的人,也使我们在碰到困难时,可以从容应对。唐老师引领我们在充分条件和必要条件里求索论证,使我们明白了一个道理,数学里没有忽悠,生活中不能忽悠,工作中更不能忽悠。知识的储备加严谨的态度,使我们在应对现代工业中碰到的一些技术难点时,通过运用数理分析的方法,让问题迎刃而解,所有的一切使我们终生受益。

我们看到北师大二附中教师纪连海走进百家讲坛,为我们拨开大清的历史迷雾。几乎同样的校名,一个北京,一个上海,我们很容易联想到我们的任课老师金者和吴其宝,他们分别教我们历史和地理,他们丰富的史地知识,在严谨的同时,又不失妙趣横生的讲授,在我的心目中,那个气场与纪连海有得一比。有了金者和吴其宝老师,我们特别爱上历史和地理课。

令人留恋的中学时代结束后,我于 1968 年在服兵役后分配到发电厂工作,然后在 1972 年被选送到清华大学热能工程系燃气轮机专业学习。良好的中学底子,加上热爱学习的好习惯,令我在专业学习上更上 层楼。

我毕业后又回到电厂工作,幸运地迎来电力工业大发展的好时机,电力工业也从国产单机容量 125MW 发展到 300MW。为了加快电力工业发展,我国从美国西屋公司引进了亚临界 300MW 和 600MW,以后又合资引进超临界超超临界 600MW 和 100MW 机组,无论是装机容量还是机组的热效率,都进入世界先进水平,部分还实现了弯道超车。但是,在实际工作中,也使我们明白了一个道理、核心技术,先进技术是引不进来的,要靠知识积累,靠消化国外的先进技术、核心技术,并且精心调试,才能把先进设备的先进性调试出来,才能为我所用。

举例来说,我国引进亚临界 600MW 机组,并将其中第五、六台机组安装在我们厂,取得经验后在全国推广,为机组配套也购买了六大辅机。我参加了全部的调试工作,其中包括从美国 WSA 公司进口的胶球清洗装置,在进行技术协议谈判时他们在核心参数里设置了许多陷阱,核心数据要么缺失,要么糊弄一个错误数据,明显诱导你往错误的方向,目的只有一个:技术垄断,他们也不准备拿最后 10％的质量保证金。因此,机组的胶球清洗的投用率奇低,大约 70％的设备不能正常地使用,尤其大型机组能正常使用的更少。我用中学时养成的严谨认真,明显标识出对方设置的陷阱，并根据我厂提供的技术参数，循环水系统、凝汽器的布置和胶球清洗系统的实际情况，进行综合分析和计算，化繁为简地将调试的范围限定在数量和胶球的直径上。通过改变装球的数量、胶球的直径和运行的时间，使胶球清洗发挥了很大的作用，每年可以节煤 3.86 万吨，每吨标煤 500 元，可以产生经济效益约 2000 万元。在现代工业里，我们要制造出先进水平的设备，但是，对于制造出来的先进水平的设备，也要把它调试好，发挥出应有的作用，否则再好的设备也体现不出它应有的价值。

万丈高楼平地起，我们在工作、生活中取得的成绩，与母校的栽培分不开。要问我们一生中取得的最大的成绩在哪里，我可以毫不犹豫地说，是进入二附中，得到那么多恩师的培养，与那么多"人精"为同学、为朋友。谢谢了母校，谢谢了恩师，铭记着师恩。

〔作者简介〕

张林，1967 届初中五班校友。1968 年服兵役后到上海吴泾热电厂工作；1972 年 5 月到北京清华大学热能工程系燃气轮机专业学习；1976 年回到原吴泾热电厂工作；1986 年参加引进型 300MW 机组工程建设工作；1992 年参加引进型 600MW 机组工程建设工作。曾任汽机专业工程师，职称高级工程师。现退休赋闲在家。

校园，农场，故里

周海民（1967届初中）

上篇：初一的美好时光

一、温暖创意的新生报到

1964年7月，上海天气赤日炎炎似火烧。我奋力拼搏小学升初中考试，终于如愿以偿拿到华东师大二附中的录取通知书，体感瞬间清凉。

8月11日上午，是二附中1967届初中新生报到的喜庆日子。我看到一幢三层尖顶红砖墙面的初中部教学大楼，坐落在金沙江路南面；洞开的校大门右立柱上，悬挂着写有"华东师大二附中"7个"方正舒体"美术字的优雅的长方形校牌；校门里，彩旗飘飘，一片喜气洋洋的景象；彩旗下，几块黑板上彩色的楷体粉笔字分别写着"热烈欢迎初一新生来校报到！""亲爱的同学，学校欢迎你！"；黑板的旁边，几位老师和辅导员微笑着为新生释疑解惑、指点引路。教学楼大堂的正面墙壁上，挂着一块写有"热烈欢迎——新生同学！"黄色黑体字的硕大红色宣传牌。左面墙壁上，贴着张张白纸，上面密密麻麻地写着近三百位新生的所在班级和姓名。教室里，黑板上方是"团结、紧张、严肃、活泼"八个红色隶书体字；黑板上，各位新生的具体座位赫然在目。

"这是你的卡片。"每一位新生报到后，都会领到一块写有班级名称和学生姓名的硬卡片，被要求统一固定在自己上衣的左上方。陌生同学初次相见，先是羞涩相视，继而互看对方胸牌，脸上情不自禁露出会心微笑。

二附中金沙江路大门

"各位同学,各位老师,初一(3)班的新生联欢活动现在开始!"校图书馆姜老师受班主任蒋坤玉老师委托,向同学们一一介绍了各课任课老师后,师生联欢表演节目精彩登场了。男生张申生和谢鹤鸣,联手表演相声"鬼剃头"。张申生个子矮小,长着一张方脸,出演主角。他上场时表情故作严肃,力图压住场面。可是,他毕竟年少,缺乏舞台经验,说到精彩处,自己会先捂住嘴巴笑出声来。张申生的板寸头靠右眼上方,因为"斑秃"缺了一角头发。我一开始听到他演"鬼剃头"相声,还以为他是要说自己的事呢!谢鹤鸣是个精灵男生,说话会笑,演配角很合适。他表演时,眼神、腔调、肢体动作比较到位,直逗得台下笑声连连。女生博小蓉表演的是独舞。她在小学里是大队文体委员,有一定的舞蹈基础。博小蓉少女身材婀娜多姿,将舞蹈美感一再推向高潮。只是,我当时看她单独出场,心里在想,这个女生的胆子还是蛮大的,竟敢在大庭广众之下,一个人独舞!英语老师许根生的年龄与大龄同学相差无几。他戴着一副金丝边眼镜,英俊潇洒,一上台,立即获得台下尤其是女同学的热烈掌声。许老师演奏口琴,技术娴熟,一个个美妙的音符飘出,回响在教室的上空。

二附中的这些新生报到创意元素,让初来乍到的初一学生,迅速平复因为环境陌生而带来的心理紧张,较快地融入了和谐的集体。

二、印象深刻的公开课

二附中是华东师大教育实验基地。大学老师出现在初一年级的讲台上,着实让学生获益匪浅。华东师大中文系谭维汉副教授,曾经在高中部教学楼的梯形教室,给我班上过几次教学示范公开课。谭教授讲课风格是博古通今,生动严谨,近乎演话剧,非常吸引人。他主讲的"生命的意义"公开课,吸引了很多外校中学语文老师前来观摩旁听。据说,有一位老师临课前不巧骨折,但又不想放弃难得机会,竟然坐着轮椅赶来听课。

"人最宝贵的是生命……生命只有一次……当我们回首往事的时候……"谭教授登上讲台,开口引用了《钢铁是怎样炼成的》一书中的经典语句。他讲课时,从容不迫,娓娓道来,时而引经据典,时而慷慨诵读,时而细细剖析,自始至终牢牢吸引住了全场师生的注意力。

在我班学生的座位旁边,密密坐满了外校的听课老师。谭教授在台上激情演讲,同学们在台下认真聆听;谭教授先后提出问题,同学们频频举手抢答。师生互动的良好场面,不仅让谭教授面露喜色,也让外校老师惊讶其中。

谭教授在返回华东师大前,给我班上的一堂关于鲁迅的语文课,让我至今记忆犹新。谭教授讲起鲁迅,声情并茂,崇敬有加;分析鲁迅作品,深入浅出,层层到位,学生听得懂,记得住。令同学们难忘的是,谭教授在临下课时,讲课的语调突然变得低沉。他讲了一段自己与鲁迅的往事:"1956年10月14日上午,鲁迅先生灵柩迁葬仪式在上海虹口公园鲁迅新墓墓地隆重举行。当时,宋庆龄、茅盾、周扬、柯庆施、金仲华、许广平、锺民、李琦涛、巴金、靳以、唐弢等护送灵柩,从虹口公园大门口沿着钳形墓道,朝西北隅墓地方向缓步前进。我是和众多市民一起,跟在领导们的后面默默行走。"

谭教授的这堂语文课,不仅将鲁迅先生的光辉形象,立体地展示在同学们面前,同时,也使大家通过学习鲁迅作品,认识到了文章写作的重要性和它具有的宣传、战斗作用,将爱好写作的种子,悄然播入同学们的心田。在二附中这样的语文教学氛围里,我渐渐喜欢上了语文课,并且逐步掌握了记叙文写作的一些技巧,给以后的文学创作打下了一定的基础。

三、丰富多彩的课外讲座

二附中除了课堂教学有经验外,在开发学生智力能力,提高学习兴趣方面也颇有办法。学校不仅要求住校学生晚上必须参加自修课,而且会在休息日,安排学生参加观摩讲座报告会和科学知识竞赛等辅助教学活动。

"老师,请您看一下,我写的答案对吗?我的答题速度是否可以参加数学比赛了?"在高中部梯形教室里,我参加学校组织的十分钟数学竞赛答题活动,取得了比旁人多做出几道题的成绩。

"你的数学题目解答基本上是对的,答题的速度也是比较快的。但是,你离参加比赛的速度标准,还是有那么一点点小距离,还要再加倍努力些。"评判老师没有打击我的积极性,热情鼓励我继续努力学习争取竞赛获奖。

说真的,我是已经竭尽全力了。评判老师的话,让我看到了自己身上的不足,但是,我没有灰心丧气,反而被被激起了好胜的勇气,成为日后努力学好数学的动力。

金沙江路校舍的梯形教室

同样在梯形教室,学校请来了一位化学专家,为同学们开化学讲座。这位专家精通业务,讲课时会穿插一些有趣的化学实验。我看到,专家将两种化学物质轻轻相碰,瞬间火花四溅。我是第一次看到这种奇妙现象,被深深吸引住了,当时,头脑里立即产生了学习化学的念头。只可惜,我们学校初中教学采用的是数(学)(物)理领先法,先学完数学和物理,然后才学习几何和化学,我的化学梦想,在昙花一现后,没能继续绽放开来。

在梯形教室里,学校除了安排文理科辅导活动外,有时也会举办德育方面的讲座。有一天,我班副班主任曹康绥老师外请了一位中年女同志,给初一年级的全体学生作"忆旧思苦"德育报告会。我惊讶地发现,报告人竟然是我所在居委的治保干部黄金凤。她讲的是解放前村里的地主老财,欺压剥削农民长工的种种悲惨事情。她讲到自己被地主老财调戏侮辱,特别是差点被霸占时,禁不住难过地在讲台上长时间低声哭泣起来。学生们看着讲台,没有发出一点声响,整个梯形教室一片寂静。曹老师见状,及时走向讲台,低声安慰黄金凤,并且陪她退场。这类德育讲座,较能震撼学生心灵,也为同学们树立正确"三观"起到了潜移默化的作用。

四、终身难忘的"迎新晚会"

1964 年 9 月 30 日国庆节前夕,学校少先队大队部开始酝酿举办"华东师大二附中迎新篝火晚会"。"篝火晚会"那天上午,学校后勤职工早早将同学们带来的和学校里的废旧木材,搬运到校体操房前面空地上,架起了一座空心木头小山。傍晚,天上明月高照,繁星点点。当夜幕快要降临的时候,身穿白衬衫蓝裤子脖子系着红领巾的初中新生,从教室鱼贯而出,团团围坐在"木材山"旁边。

"各位同学,各位老师,'1964 年华东师大二附中迎新篝火晚会'现在正式开始!"晚上 6 点半,高高瘦瘦戴着黑边近视眼镜,脖子上系着丝绸红领巾的戴德才老师,手持铅皮喇叭,高声宣布。"下面,请毛校长点燃篝火!"

毛仲磐校长闻声起身，"嚓"的一声，用火柴点燃引火棒，将它抛向浇了柴油的木材堆。刹那间，木头小山燃起一团红色火焰，之后变成了熊熊大火。橘红色的火焰高高升腾到两人高，摇曳不定的火光照亮夜空，映得篝火周围的学生、老师个个满脸通红。

华东师大二附中首任校长毛仲磐

看着毛校长的背影，我想起了报到时他的声音。"各位新生，我是华东师大二附中校长毛仲磐，现在，我代表学校全体教职员工，热烈欢迎你们来校学习！"拉线广播里传出的声音，让所有新生感到和蔼可亲。"各位新生，你们知道吗，你们考入二附中，你们的一只脚，可以说是已经跨入了大学的校门！"我们已经跨入了大学的校门！这话让我听了热血沸腾。我立即想起第一次走近学校大门，看见校牌上"华东师大"几个字时的激动心情。我的脑海里跳出来一些想象的画面，仿佛看到了自己的光明前途。

"下面，初一年级的文娱演出，现在开始……"学生报幕员的话，打断了我的回想。六个班级按照顺序先后向"篝火晚会"奉献了精心准备的表演节目。节目中有男女学生二重唱的，也有学生、老师一起大合唱的；有女生独舞的，也有男、女生双人舞的；更有年轻老师表演口琴、二胡、小提琴等乐器的……晚会在欢乐气氛中不断出现高潮，精彩节目时不时地得到大家的高声喝彩和热烈掌声。

当晚会进入尾声行将结束的时候，个子不高鼻梁上架着眼镜的校教导主任吴光焘走到了同学们的面前。他热情洋溢地代表学校教职员工欢迎新同学来到学校，饱含深情地勉励同学们尽快适应在校期间早锻炼、晚自习的丰富多彩生活，努力做到思想好、学习好、身体好；他谆谆教导同学们要珍惜在二附中的每分每秒。最后，吴主任意味深长一句一顿地对同学们说："各位同学，你们想过没有……今天……你们来到学校是学生……20年后……你们会变成什么样？"吴主任的话字字掷地有声，仿佛一颗颗石头投进学生们心中的池塘，荡漾起一阵又一阵的涟漪。多少年后，我班傅小蓉同学回忆说，当时，听了吴主任的问话，就在想，是啊，20年后，我会变成什么样……30年后呢……更长以后呢……

中篇：崇明农场难忘事

一、分配崇明务农，注销市区户口

1968年4月，党中央向全国知青发出"面向农村、面向边疆、面向工矿、面向基层"的号召。9月，华师大二附中1967届初中生开始毕业分配。我班成立了班主任负责、"工宣队"师傅和学生代表配合的毕业分配工作小组。年底，班级毕业分配工作基本结束：除参军入伍外，其他是工矿和农村（农场）。我被分配到崇明农场。

崇明农场地处市区北郊，去那里务农，要注销市区户口。当年，我刚过16岁。虽然年龄尚小，却也知道，在计划经济条件下，市区户口是城市生活不可替代的重要凭证。没有它，就没有了粮油票证，生活就会发生困难。特别是当我听到去新疆农场的社会青年，谈起失去市区户口后的亲身经历，也意识到注销市区户口非常容易，但是要想恢复它，却是难上加难了。只是，不注销市区户口，就不能到崇明农场报到，无法领取工资，日后还将成为被再次动员"上山下乡"的重点对象，最终分配到比崇明路途更远、条件更艰苦的农村去插队落户。这样的结局，我不想去尝试。

在市区户口注销截止前几天，我稚嫩的胸腔里，开始有了第一件心事，心思也渐渐变得复杂起来，整个心被这桩事情牵扯得隐隐作痛。一直煎熬到最后一天，我才极不情愿地从家里拿出户口本，独自前往公安派出所。一路上，我低着头，步子慢吞吞地越走越重，全靠时间老人推着往前走。到了派出所，我无奈、机械地将户口本递进将要主宰自己人生命运的"窗口"。

"小同学，是来注销户口的吧？"接待我的是一位穿着草绿色警服的中年男民警。他只是看了我一眼，就随口说了这句话。

注销户口？民警同志，你为什么开口就问我这样令人伤心的话？难道我的命运，注定是要被注销户口的吗？你难道就不能问问我，是不是来申报户口的？听了民警的这句问话，我的心里很不是滋味。

"小同学，你是到哪里去？是到外地农村插队落户，还是到边疆农场干革命？"民警见我一声不吭，又连续发问。

他的两句问话，让我再次感到不舒服。

实际上，市区1966、1967届高、初中毕业生，分配到市区工矿企业的，不需要动市区户口，只有前往农村（农场）务农的，才要注销市区户口。

"我是到崇明农场。"我轻声回答。

"喔，你是分配到崇明农场的啊？"民警抬头正眼看了看我。

"嗯。"我看到民警脸带笑容，可是，不知怎么，却不想与他多说话。

"小同学，精神振作一点，不要垂头丧气的。你能够分配到崇明农场，算是相当不错的！那里可是个好地方啊，路近啊！"民警似乎看出我心情不佳，连声安慰我。

我依旧不吭声。

"小同学，在你之前，我刚刚注销了两个学生的户口，一个是到黑龙江农场的，一个是到江西插队的。你说，你是不是分配得不错啊？如果他们能够换到崇明农场，肯定会很高兴的！只是，他们想去，也去不成呢！"民警并不留意我的感受，一边继续自言自语，一边"吧哒"一下，盖下了一个小长方形的红条橡皮图章。

我从民警手里接过户口本，连忙打开内页。"户口注销"4个醒目的红色隶书体字，赫然出现在我的户籍栏上。它们就像4颗炸弹，在我面前爆炸，震得我脑子"嗡"的一下，差点闷了过去。虽然，我对注销户口的结果，有一定思想准备，但是，在第一时间直面它时，心里还是非常难受，胸口像是堵了一件东西，憋得慌。

我拿着这本熟悉却已经不属于自己的凭证，高一脚低一脚地走出派出所，无力地坐在马路边的石阶上，好大一会儿才缓过神来。我知道，从现在起，我已经从一个学校学生、市区居民，变成了郊区农场职工。我只能接受事实，退而求其次。我拿出粉红色的毕业分配通知书，看着上面的"崇明东方红农场机械化大队"几个字，觉得民警劝慰我的话不无道理。前往崇明农场务农，在"面向农村、面向边疆、面向工矿、面向基层"的毕业分配方向里，还是"比上不足，比下有余"。想到这里，我脑海里开始出现自己驾驶拖拉机，操纵农用机械，工作在农场广阔天地上的情景，心情也随之变得轻松了起来。（原载于 2016 年 10 月 30 日《新民晚报》老三届专版）

二、农场的第一天过得非常艰苦

下午 4 点半，从吴淞码头出发，在长江行驶近 2 个小时的渡轮，终于靠上了崇明堡镇码头。前来迎接华师大二附中 90 多位知青的是东方红农场机械化大队三中队的副中队长。他个子不高，长着一张圆圆的娃娃脸，态度很热情。我们手忙脚乱地将行李搬上解放牌卡车车厢，然后翻身跟上。

卡车沿着八一（北沿）战备公路，一路颠簸着急速西行。太阳渐渐西下，天色开始变得昏暗，气温明显降低。卡车先后驶过"推化港"桥和东方红农场的轧米厂、机修厂、二机耕队后，停了下来。

"你们的家,要到了。"副中队长跳下驾驶室,向大家招呼。

大家听后一一跳下车厢,手提肩扛行李,跟在手拿强力电筒的副中队长后面,先是摸黑上桥,然后走了 20 分钟机耕路后,终于到达了务农目的地。

1967 届初中二班女知青陈清,后面即大家住的草棚

三中队提供给知青住宿的是一幢简易草棚。我拉开芦苇门,点亮蜡烛后,吃惊地发现:芦苇做的墙壁十分粗劣,站在屋里,能够隐约看到屋外;墙体与屋顶的接缝处,有一条三到四指宽的缝隙。当晚,强劲湿冷的海岛寒风,在平坦无遮挡的土地上,不仅刮得异常猛烈,而且迅速在草棚屋顶的接缝处,找到了宽敞的肆虐通道。

晚饭只能自己解决。我借着摇晃不定的蜡烛光,将就着吞吃自己带来的炒面粉果腹。干干的炒面粉放进嘴里,没有饮水相拌,只能和着唾沫,艰难吞咽下肚。虽然,长长的蜡烛将要点完,但是,同宿舍的 4 位同学,看着稻草地铺,还是不想铺床睡觉。大家在房间里不停地跺脚取暖,准备熬个通宵。潮湿泥地上的寒气实在太厉害了,只要停止跺脚一会儿,寒气就会马上逼进鞋底,冻得 5 个脚趾头轮番疼痛。夜越来越深了,在舟车劳顿的疲惫和倦意的双重进攻下,大家只能打开被褥睡觉。只是,稻草地铺非常潮湿,各种虫子会爬到身上,让人在睡梦中猛然惊醒。

然而,艰苦的农场生活,就像是要玩弄初来乍到的城市知青一样,在连续给出了"草棚""地铺""无晚饭""无开水"等一连串的"下马威"后,又迫不及待地使出了最厉害的"杀手锏"。

半夜里,一场大雪夹杂着冻雨突然降临。由于新建草棚屋顶上的稻草是刚刚铺上,没有自然压紧,给雪雨作孽提供了绝佳的可乘之机。虽然,密集的雪雨落在屋顶上后,大部分流向了地面,但是,有一小部分却渗过稻草,落在了油毛毡上,又通过上面穿铁丝留下的孔洞,钻了房间。"不好啦!快起来啦!房间漏雨啦!"一声声的惊呼,将草棚宿舍里的所有男女,从睡梦里惊醒。大家手忙脚乱地点亮蜡烛,用最快速度,拿出脸盆、饭碗、茶杯等一切可以用来接水的大小器皿,极不情愿又无可奈何地"迎接"绝不受欢迎的"来客"。

天上,密集的雪雨不以知青的意志转移而转移,继续我行我素地急急下着,没有一点想要停止的样子；室内，雪雨滴滴答答地落在各种搪瓷器皿里，不断发出"叮叮当当"的响声；大家只能打开事先告知随身带来的大块塑料布，蜷缩在下面暂避。虽然，每个知青在下农场时，心里或多或少都有吃苦的思想准备，但是，当农场艰苦居住条件、荒凉生活环境的真情实景，出现在面前的时候，都感到了失望。男知青大多一声不吭，无可奈何的脸，茫然不知所措；女知青中个别意志薄弱的人，禁不住开始小声抽泣起来。

这一夜，住在草棚宿舍里的所有知青，都彻夜难眠。冰冷的雪雨不仅淋湿了他们唯一的御寒棉被，也淋湿了他们原本想战天斗地的火热决心。寒冷、饥饿和疲惫，轮番向每一个知青袭来，大家只能和着衣服或坐或躺在宿舍里，准备一分一秒地熬过到达农场后第一个令人终身难忘的艰苦夜晚。幸好雪雨在后半夜渐渐停了下来。忙碌一宿的知青们，这才在干燥稻草上铺开被褥，穿着绒线衫裤钻进被头洞，哆嗦、蜷缩着让身子由冷变暖，并且尽量保持姿势不动，以免洞里的温暖漏了出去。就这样，疲惫不堪的知青们，在寒风肃杀孤寂冷清的冬夜里，渐渐进入了梦乡。（原载于2016年10月30日《新民晚报》老三届专版）

三、冬季里"开河"令知青终身难忘

到过崇明农场务过农的知青都知道，种地"修地球"是露天劳作，很辛苦。但是，要说一年中的农活，哪一件最辛苦？答案必定是：既不是夏天的插秧，也不是秋天的割稻，而是冬天的"开河"。这个"开河"，让有的女知青回忆农场生活时，还会谈"河"色变，心有余悸。

我在农场，先后参加过三次"开河"。其中，要数1970年在外连队的那次"开河"大会战，最为难忘。

那年冬天，气温跌到零下4度，凄厉寒风吹在脸上，刀割般疼痛。清晨5点，天还没亮，知青就摸黑起床。穿上两双厚尼龙袜的双脚，只要伸进冰冷雨靴一会儿，10个脚趾立刻冻得全部疼痛起来。大家顾不上许多，打好行李，马上奔向食堂，匆匆吞下一两稀饭二两馒头，立即将铺盖送上拖拉机，然后各自拿着铁锹，挑着泥担，扛着箩筐等"开河"工具，匆忙赶路了。

农场"开河"现场，喇叭声声，彩旗猎猎，人声鼎沸，场面壮观。由于"开河"采用的是任务包干到队，早完工早收工的方式，所以任务刚下达，各连队下属单位立即按照男女体力强弱搭配，组成数个挖泥小组。大家以"河"中线为轴线，向左右两旁开挖，开始了长达一周的拼体力拼意志比赛。

"开河"，挖泥工用的是手臂力量，"出泥"速度的快慢，决定任务完成的早晚。年轻人往往好胜争强。隔壁排里的一位男知青，也许是连续用力挖泥出汗了，抑或是想在众人面前"秀"一下发达的手臂肌肉，竟然不顾冬天寒冷，脱掉棉袄绒衫，只留一件弹力背心紧绷上身。

"皮肤好白啊！""哇！这么粗的手臂啊！"两个等待装泥的女知青首先发出惊呼。

"哇赛……""不得了……""这个手臂是怎么练出来的……"这个挖泥小组的男女知青纷纷发出赞叹。

惊呼声和赞叹声，将附近原本专注"开河"的知青的眼光吸引了过去。这是条约有35厘米粗的胳臂。发达的两头肌，随着挖泥动作，一上一下清晰地运动着。"35厘米"挖泥时，脸上没露出一丁点表情，手臂像是不费力地挖着；心里却是在告诉大家：怎么样？长见识了吧！有谁的胳臂比我粗！

然而，令"35厘米"没有想到的是，另一位知青也开始脱衣了。他将上衣全部脱光，完全裸露了上半身体。只见他40厘米粗手臂，二指高胸肌，结实后背肌，将三角形健硕身材展现得淋漓尽致。

所有男女知青的眼光，都转向了"40厘米"。"35厘米"停住手中铁锹，看着"40厘米"挖泥，脸上露出敬佩神色。

"开河"，挑泥工用的是肩膀。男知青的泥担，两头各放两块，重达百余斤；女知青虽然减半，也有近60斤。知青们第一次在泥坡上挑重担，担子完全不听使唤，走起路来跌跌撞撞。没过几个来回，压担肩膀开始红肿起来，渐渐起了血泡，继而血泡破裂，肩膀变得疼痛难忍。

崇明农场旱地"开河"，从地面开挖到一人深时，沙质土下慢慢渗出水来，挖出的泥块，变得既潮湿又黏糊，重量也增加许多。这可苦了挑泥的知青，担子湿泥越粘越多，爬坡也越来越费力，最后，不得不采用铁锹"接龙"和双手相传的输送形式。

我曾经与同校1967届初二(6)班的马金鸿搭档，我站在河坡上，用铁锹接他从河底挖起抛上来的泥块。时间一长，铁锹上掉落下的碎泥，盖没了我的脚面。我想挪位拔出双脚,左右扭动雨靴,只觉得鞋底近与烂泥合为一体,无法分离。我转而奋力向上抬起右脚脚面,只听到"噗嗤"一声,鞋帮竟与鞋底完全脱开。我猝不及防右脚直接踩入烂泥,只觉得一股冰冷直入脚骨,钻心般地疼痛了起来。但是,没过一会儿,脚又迅速麻木,疼痛消失得无影无踪。一位老职工见状,告诫我要小心脚。他说,当年农场围垦时,有一人赤脚站在冰水里"开河"挖泥,结果把自己的大脚趾切掉了,自己还不知道,是挑泥人看到烂泥上有血大声呼叫,方才知道自己受了伤。老职工的话,吓得我顿时目瞪口呆。

"开河"奋战一个星期后,"河"的两边终于露出了阶梯状轮廓。随着三角形泥土被逐步挖去,河道的斜坡,清晰地出现在知青们的面前。当"开河"质量验收完毕后,拦河堤坝被挖开了一个口子。顷刻,一股河水立即喷涌而出。知青们开始欢呼雀跃。此刻,那股河水,已经化为胜利后的喜悦,像一股暖流注入了每位知青的心田。

（原载于 2017 年 9 月 10 日《新民晚报》老三届专版）

四、当上手扶拖拉机驾驶员

在农场大田干活,因为多是体力劳作,既苦又累,非常辛苦。我被告知担任手扶拖拉机驾驶员,是在大田劳动两年以后。当我听了这个消息后,起初非常兴奋,但看到裸露在外、需要用力气去手摇发动的拖拉机时,心里还真是担心,自己有没有能力驾驭它。

后来,我听说,当时连队拟定驾驶员的第一人选并不是我,是因为分管生产的连长担心另一位知青的手臂力量不足,而将平时一直坚持体育锻炼的我换了上去。

说实在话,连长的眼光一点也没有错。因为在气温高时,手摇发动拖拉机还比较容易,然而在气温低时,就会比较困难。遇到天冷,我往往先给水箱灌满沸水,进行"热缸",然后手握大飞轮上的把手,吸气屏气,在减压的状态下,一口气连续摇动十多圈,再突然增压,让缸体活塞在惯性运动下作"功",幸运的时候,排气管会连续"扑扑扑"地吐出几个黑圈,一次发动成功。可是,到了寒冬腊月结冰天,发动就非常困难了,常常摇得我眼冒金星。后来,我实在是感到早晨发动累得不行,就想出了在晚上休车前将车停在电动机旁,第二天用马达来发动的好办法。

就这样,我在边学习边实践中,很快熟悉了驾驶技术,并在 1972 年 10 月 6 日,拿到了崇明县革委会车务管理部门颁发的全岛第一批正规手扶拖拉机驾驶证。当我看到持有这本手扶拖拉机驾驶证,就可以驾车到市区道路行驶的文字时,心里竟

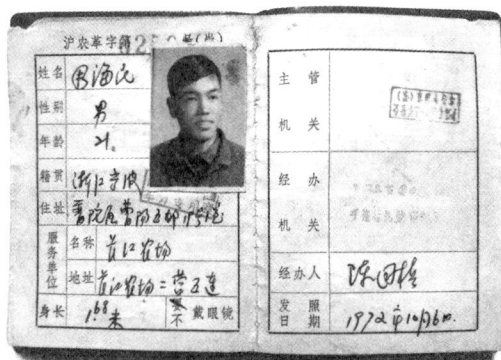

然产生过驾驶拖拉机去市区见父母的甜蜜梦想。只是，因为受海岛交通限制，这个梦想一直没有能够实现。

当年我驾驶手扶拖拉机，是在边学边开几天后就仓促上路的。因为没有经过专门学习和考试，特别是没有学习事故防范和处理知识，让我在以后的驾车过程中受到不小的惊吓。

有一天，我开车带两名知青去场部跑运输。半路上，原来"突突突"均匀有序的排气声，突然一下子变得急促起来，整个发动机剧烈地抖动着。我感到情况不妙，于是，马上将车停靠到路边，然后跳下驾驶室。

发动机由于分离了离合器，没有了一点负荷，飞轮越发疯狂地旋转起来，排气声音变得更加撕心裂肺。第一次遇到这种情况，尽管我感到非常害怕，但还是准备走到发动机旁看个究竟。

"飞车了，飞车了！"坐在后车厢的一个男知青，跳下车厢大声叫了起来。他躲在我的背后，拉住我的衣服，好像发动机随时都会爆炸一样。

"不要过去！当心爆炸！"抓住我的衣服的知青不让我上前。

排气管的吼叫声越来越大，我想上前关闭油路的决心，在吼叫声中渐渐变没了。但我还不敢逃跑，责任感让我站在驾驶室旁边，呆呆地看着越转越快的发动机。

"突……咔嚓！"一阵尖利的吼叫声后，发动机内传出一声闷响，戛然停止了转动。

爆炸没有发生。我终于放下心来。

事后我才知道，解决这种紧急故障的办法有两种：一是关闭进油阀门，放掉过滤器中的柴油，让发动机没有进油，自己熄火；二是索性挂上快速挡位，让车一下子增加负荷，屏熄火。我真是没有想到，原来处理"飞车"的办法不止一种，心里感到非常惭愧。

在一个寒风刺骨的清晨，连队安排我一早出车。我二话没说，披上工作棉袄，来到打谷场，用电动机牵引发动拖拉机后，载上一位老农，就驾车一个直行冲向前去。在转弯上机耕路时，我捏住手把式转向器，想利用惯性顺势冲上坡，可是那拖拉机的车头竟然不听我的指挥，一下子突然转向，还没有等我反应过来，猛地一头冲下机耕路,扎进了明沟。拖拉机的车把在大幅度的转向中,将我的棉衣"哧啦"拉开了一个大口子。那位站在车斗内的老农,一脸茫然地看着我。

"哎,你怎么搞的!怎么一下子把车开进明沟里面去了!"老农一脸不悦地问道。

"我也不知道。上坡时,我只捏了一把右面的转向把,没想到车头不听使唤,'哗啦'一下子就下去了。"我感到有点莫名其妙。

还好,冬天的明沟里没有水,拖拉机冲向沟底碰到的都是污泥。拖拉机没有受到一点损伤。老农叫来了十几个人,大家齐声呐喊,将冲入沟底的拖拉机拉了上来。

我再次发动拖拉机,双手十分警惕地操纵着转向机,慢慢地驾车上路。我发现,被我捏过的转向机,恢复起来很慢。我想,刚才事故的原因,可能是转向机上的弹簧弹性软了,没有执行我的操作指令所致。待我出车回来后,应该换零件了。然而,我开了一段时间后,却又感到转向机的反应灵活了。我这才明白,是寒冷的气温将齿轮油冻得异常黏稠,以至于转向机上的弹簧力量也难以一下子将分离开的齿轮复位,结果造成了不该发生的事故。

一次,一位领导的家里要造新房子,我出车帮他运砖头。为了抢进度,他们在我的车上装满了砖,直压得车轮胎扁了大半。农村的路修得很狭窄,桥的坡度却很陡,上桥基本上都是直角,重车行驶起来,非常危险。我真害怕拖拉机上桥到一半时,因为载重过大马力不足,突然屏熄火,被重力倒拖下路,发生不测。

虽然我非常谨慎地驾驶着拖拉机,但是,一个意想不到的事故还是发生了。拖拉机的一个前右驱动轮胎,竟然在颠簸中飞了出去,车头也随之猛地一拐,冲进了旁边的麦田里。我在倾斜的驾驶室内一下子没有反应过来,完全愣住了。要知道,这条道路的左边是条水较深的河。路面离水面足足有三米。我想,如果是车的左轮胎掉落,我的这条小命恐怕就葬送在这条河里了。

"哎,你怎么搞的!怎么这么缺德!怎么把车子开到了麦地里,把这么多麦子弄坏了!你要知道,这么大一块地,少说也要收百来斤麦子的!"一个过路的老农愤愤地走进麦地,指着我的鼻梁骂道。

"不要急,不要急!是拖拉机的轮胎飞掉了!你以为我想冲进你们的麦田啊!真是的!"我在后怕了一阵后,突然对眼前的老农发起火来。

那个老农看了看缺少了一个轮胎的拖拉机后,没有吱声,讪讪地走了。

经过检查,轮胎飞掉是因为轮轴上的油封坏了,漏油通过轮轴,渗透到轮胎的紧固螺丝上,使得原本拧得很紧的螺帽,在高低不平路面的不断震动下,松弛掉落,最终导致脱胎事故。

1974 年 1 月 13 日,我离开了工作生活了 5 年的农场,被抽调到市公安局工作。

其间,凭着这张手扶拖拉机驾驶证和驾车能力,我先后学会了驾驶两轮、侧三轮摩托车和四轮小轿车,终于实现了当年在崇明农场时想驾驶车辆在市区行驶的愿望。

(2011 年 4 月刊登于《上海滩》杂志第四期)

下篇:崇明行,再回首

一、同学结伴旅游重回崇明故里

时光飞逝,斗转星移。时间一晃过去了数十年。好在,母校每隔 5 年或 10 年举办的隆重庆典活动,给同学们聚会共叙友情,提供了绝佳平台。在这之后,同学们又重新熟悉了,大家开始隔三差五地聚会,有时还会结伴外地旅游,将疏远的同学友情之火,燃烧得越来越旺。今年 3 月 16 日,我们 14 位初中同学,邀请高中学长一起结伴旅游崇明三天。因为所住前卫生态村别墅,距离我中学毕业分配务农的连队旧址较近,我在同学们参观"东平国家森林公园"和"根宝足球基地"时,商请学长驾车,与李雷坤同学一起,前往连队旧地。

别克商务车,在北沿公路(当年又名"八一"战备公路)上"沙沙"急驶。过去的县级碎石路,已经变成市级柏油路。路两旁的小树苗,都长成了参天大树,遮天蔽日,朝上望去,天空俨然成了"一线天"。

别克车行驶十多分钟后,我指引它右拐上桥。桥下的河道里,河水充盈清澈,水面被风吹成一棱棱的锯齿状。1972 年,河道拦坝截水时,我在坝上小开口流水处,惊讶发现水草里有不少鱼,连忙跑到附近畜牧三场范安强宿舍,拿来脸盆,竟然捞到大半盆大小不一的河鲫鱼。当年,知识青年正处在发育长身体阶段,需要补充营养,可是,又限于收入无法落实。当时想的是有煤油炉的范安强,一定会将这些鱼洗干净后,或煮或煎,有滋有味地吃个干干净净。

桥下的路,已经不是当年一遇到下雨,就会变得泥泞不堪的机耕路,而是部队修筑得宽阔结实的水泥道。我们刚到三中队时,新建食堂一时无法使用,一天三顿饭,都要搭伙在千米之外的二中队食堂。那年冬天的海岛北风刮得异常猛烈,气温特别低，大家左手提饭碗，右手拎热水瓶，顶着刺骨寒风，艰难向前行走。有一位女知识青年，在雨雪天行走时，双脚一不小心突然滑向一边，身体瞬间失去控制摔倒在地，手不巧按在热水瓶的玻璃片上，立即割开一条血淋淋的大口子。有的女知识青年听闻此事，吓得雨雪天不敢出门，"窝"在宿舍里，一整天以干粮充饥。

水泥道左面的畜牧三场，已经围上了一圈围墙；水泥道右边的三中队"西街"大田，也全部被部队征用，建设成了一所现代化医院。

"学长、雷坤，在这块地里，原来有一个食堂，一个老虎灶，五排知识青年宿舍和两排'小家户'单元。"我指着一片绿油油麦田，心有感触地向他们介绍："当年，我就住在靠路边第三排最西边的男知识青年宿舍里。"

学长听了我的话，脸上表情比较平静，没有露出一丝惊讶。当年，他在二附中刚开始1967届高中生毕业分配时，就立即自告奋勇报名去了黑龙江建设兵团。那里的农田长度，真是一望无边，干起农活来，一天只能一个来回。倒是初中毕业分配前参军的李雷坤同学，显得有点好奇。或许，在他的眼里，农场的田地，要比中学在嘉定"马陆""娄塘"公社学农劳动时看到的农村地块，大了许多。

只是，原来三中队生活区的食堂、老虎灶和宿舍等建筑，因为部队需要，已被全部拆除，彻底不见了踪影；食堂前面的小河，也被完全填平，改建成了一条马路。然而，即使眼前的面貌，发生了翻天覆地的变化，我依然会触景生情。我16岁年龄尚小，就来到三中队，在这个生活区里，整整生活了五年。现在，哪怕是这里没有留下一丝痕迹，我的脑海里，依然会浮现出当年日夜相伴农友的身影，一些印象深刻的人和事，甚至就像过电影一样，连续不断地出现在我的眼前。

二、驾驶拖拉机回忆务农往事

在西沙国家湿地公园，我看到一大片芦苇地里，停放着一辆老旧手扶拖拉机。这辆在风景区里跑运输的小车，不会引起观景游客的注意，却死死拖住我的目光，勾起了我在三中队驾驶手扶拖拉机的一些往事。

三中队创建时，只有数十亩地和两幢旧瓦房。后来，农场直属第二机耕队，调拨给中队一辆手扶拖拉机，家底才算厚了一点。虽然，这辆工农牌单缸手扶拖拉机的"马力"只有8匹，不能下农田干活，但是，跑起运输来，速度远比"牛车"快许多，成为队里的骄傲。首任两位驾驶员，分别是三中队和畜牧三场的高、初中知识青年。那个年代，大田劳作全凭体力，还要日晒雨淋，真是既苦又累。而中队的卫生员、植保员、保管员、炊事员、财会员和驾驶员，工作相对轻松。我比较羡慕驾驶员的技术工

作,在大田劳作时,只要听到手扶拖拉机的"突突突"声音,就会抬起头来,寻找它的身影。1971年6月,三中队手扶拖拉机驾驶员"上调"到市区当老师,我有幸接班,坐进了驾驶室。

湿地公园的小道,多以木质栈道架空铺设,高度离芦苇地面一米多。我不想错过与手扶拖拉机亲密接触的机会,没有过多考虑,纵身跳了下去,脚踩着寸把高"咯吱、咯吱"作响的干枯芦苇根,兴冲冲地走到它的面前。这辆手扶拖拉机是我当年驾驶的改进型,不仅发动机"马力"增大,而且减掉了旁边附着的一个大铁圆盘,显得比较轻巧、有力。它的车身油漆,许多地方已经脱落,后车厢更是锈迹斑斑,两个前驱动轮胎上,裹满了泥土。这种老旧形象,恰如我当年驾驶的手扶拖拉机。

倪韬同学毕业后,分配到吉林农村插队落户。他能理解我的农场情结,紧跟着我跳下栈道,拿出"苹果"手机,帮我留影。我按照驾驶手扶拖拉机的要领做出准备开车的连贯动作:先是站在发动机旁,摆出手摇发动姿势;接着跨上驾驶座,左手拉上离合器,右手操纵档位……我看到,倪韬在不断变换取景位置,不停转变手机角度,连续拍着照。我也看到,栈道上来来往往的游客中,有几个人拿起照相机和手机,以我和手扶拖拉机为景,不停地按着快门。

"海民,我刚才在栈道上,帮你拍了不少'驾驶农场手扶拖拉机'的怀旧全景照片呢。"当我爬上栈道,毕业待分配多年后留市区工作的周幼萍同学马上告诉我。

"谢谢,谢谢你的帮忙!"我对她的善解人意,报以满脸微笑。

"海民,刚才你驾驶手扶拖拉机时,我们女同学蛮好一起站到后车厢里,摆出一个女知识青年头包三角丝巾,搭乘手扶拖拉机收工回家的集体造型。这样的忆旧照片,不仅画面好看,而且很有纪念意义的!"在返回住宿地的路上,有过上海近郊华漕乡农村投亲插队落户经历的周善芬同学,流露出了些许遗憾。

周善芬同学的话,让我一下子想起,1972年冬天,我驾驶手扶拖拉机前往青龙港,为连队战备执勤民兵运送生活物资的往事。当时,我驾车一路上捎带了不少刚从市区探亲回归,手提大包小包的女知识青年。她们都是头上包着羊毛围巾,手拉手地站在后车厢里。我送她们到住地路口时,她们纷纷对我表示了暖心的感谢。

崇明三日游，一眨眼就结束了。虽然，这只是一次短暂停留，可是，对我来说，因为有了旧地重访和亲手触摸手扶拖拉机的两次忆旧机会，极大地满足了我的农场情结，使我的脑海深处，本已留下不多，有的正在变淡，即将远逝的农场生活记忆碎片，重新又变得清晰、完整、深刻了起来。我会永远记得，在某年某月某日，我们华东师大二附中的一群同学，在崇明的一个地方，一起度过了同吃同住同游同乐的三天美好、难忘的日子。

崇明游之集体照

〔作者简介〕

周海民，中共党员。华东师大二附中 1967 届初二（3）班校友。先后在崇明东方红农场务农和在上海市公安局出入境管理局工作。任中国刑事警察学院客座教授、华东政法大学兼职教授、上海公安学院兼职高级教官。上海公安作家，出版散文集，中、短篇小说集等著作共五本。

我的母校，我的恩师

张永胜（1966 届初中）

    20 世纪 60 年代初的一天傍晚，我去二附中给哥哥送书时，他正在师大礼堂看电影《我们村里的年轻人》。从金沙江路门口到礼堂那段路程好深好远，给我的感觉是我能进二附中多好啊！还真没想到，几年后我也进二附中读书了。记得毛校长给我们的新生祝辞有一句"祝贺你们一条腿已经跨进了大学的校门"，听了无比激动，心想一定不辜负校长期望，升高中，考大学，为祖国建设出力。毛校长和蔼可亲，长者风度，从不和同学摆架子、发脾气。他走路习惯手背在后面，捎带着一个废纸篓，见到垃圾顺手就捡起来，一点没有校长的"范"。

    当时的二附中，北边是初中部楼，南边是高中部楼，两楼间有水泥道相连。靠近初中部楼的过道两边是报廊，中间有一圆形花坛。西面靠农民菜田，设有简易气象台；东面是篮球场、体操房和宿舍楼。朝师大方向有一个四百米跑道操场。二附中与大学相通，让别的中学羡慕无比。我进校时十三四岁，懵懂感觉一条腿已经跨进大学，故经常在外和小学同学吹嘘。

    华东师大校园很美，对我们来讲，形容它是仙境一点不为过。那时，走在师大校园里，除了我们一群好奇的小同学路过偶尔叽叽喳喳外，基本一片寂静。当然顽皮也有顽皮的好处，自行车、游泳等许多野外项目，我和好多同学都是在师大校园内无师自通的。进校第二年的 1965 年，适逢抗日战争胜利 20 周年，文史楼草坪上每周六晚上都要上映相关抗战题材的老片，我们这些小同学东窜西跑，不亦乐乎。印象较深的是在银幕后看，打枪、吃饭手势都是向左的，常引起不敢发声的低笑。当年，国家田径队为参加雅加达新兴力量运动会的汇报练兵比赛，也在我校操场进行，我们有幸见到陈家全、倪志钦和郑凤荣等国宝级运动员。

环境再好，也是外部因素，没有老师的谆谆教导都是白搭，而班主任和众多任课老师就是学生和学校沟通的重要桥梁和枢纽。我的班主任蒋坤玉还兼数学老师，副班主任许根生兼英语老师。两位班主任的外貌都很漂亮，有同学说，蒋老师像电影《红日》张灵甫的扮演者项堃，英俊威武，而许老师则是标准的白面书生，潇洒倜傥。两位老师我们都暗自喜欢。

蒋老师的数学基础很扎实，上课深入浅出，容易消化，同学们至今没人反映有听不懂的章节。到了复习阶段，他往往把复习提纲往黑板上一写，眼睛逐个扫过每个同学。我们知道他要单个提问了。所以同学们上课都很认真听讲，避免提问时被"吊黑板"的尴尬。蒋老师平时很注意仪表，衣冠整洁，皮鞋铮亮。虽有抽烟习惯，但绝对没看到他在教室和办公室叼着烟。他在上课铃声响前在走廊尽头抽烟，完事后掐灭扔废纸篓，然后大步走进教室。他言语不是很多，同学们都敬畏他，但在他带领我们下乡嘉定娄塘劳动数周后，我们由敬畏转为了钦佩。

那年，蒋老师也不过30岁，带领50位学生在外独立生活，责任可谓"亚力山大"。从买菜到清洗、上灶、分餐，蒋老师都是亲力亲为。灶台是单独建在田头的小破屋，找了一把破损的小铁锹洗净后当炒勺。为了节省费用，也让学生吃饱吃好，经常看到蒋老师不声不响骑着自行车，到十公里外的陆渡镇，买来便宜的蔬菜、豆制品与肉糜一起烧，名曰营养不流失。

许老师整天笑嘻嘻的，和同学没架子，上课时经常讲些国外见闻，深受欢迎。事隔50多年同学聚会，回忆起他和我们讲的"百万英镑"故事，依然印象深刻。后因公需要，他调到有关外事部门去了。新来的副班主任王元吉，年龄和许老师相仿，和同学相处很融洽，凡有事都是王老师抢着和同学一起干。可惜"文革"初期他入伍了，又听说他是直接到南昌步兵学院学习，毕业就有军衔，同样让我们诧异不已。总之，三位班主任我们都很爱戴他们。

其他任课老师同样也给我们留下深刻印象。曹康绥老师上政治课，谈到周总理接见，穿着一件袖口打了补丁的大衣，潸然泪下，给同学感染力极大。地理老师吴其宝每次上下课都主动向学生鞠躬，她编撰的各省简称顺口溜简直神了。"数只碗（苏浙皖），勿相干（鄂湘赣）"，有谁能记不住呢。历史老师金者那"一爬一爬爬上山"口诀，讲授马克思诞辰及逝世年份（1818—1883），朗朗上口，易记易懂。

印象较深的还有初一教授我们语文的徐荣华老师，和蔼可亲很随意，同学们也乐意和他接触。上课朗诵古诗词时眼睛微眯，摇头晃脑，深醉其中。课文《虎求百兽而食之》令好多同学至今不忘，徐老师功不可没。我记得那时学校还是普及普通话重点单位，刚进校时，徐老师吐音"b""p"等辅音字母，会拿卡片放在嘴边上，根据嘴唇细微变化，让大家仔细观察二者的发音区别。又如要办作文展示了，徐老师会放弃休息时间，亲自到各班教室督促几位被选中的学生重新誊写，并不时提醒大家不要写错和漏写。他上下班的自行车也经常成为同学操练的"行当"。

几位体育老师应该大家都熟悉，陈志超老师挺直的头部，始终如一的军人姿态；陈崇祥老师有厚实的体魄；施能枫老师拥有天生的跑步身材，见谁都笑；应该还有一位小陈体育老师，好像是主导排球的，后来他和教我们生物的廖老师喜结连理了。所有这些，尽管那时我们什么都不懂，但接触过的，经历过的，印象哪怕淡泊，这辈子恐怕是忘不了了。

还有几位当时已经年长的教师。初二教语文的贾斯才老师，一副深深的近视眼镜，不苟言笑，老学究神态，上课总习惯手心攥着粉笔头，随朗读声调一起抖动。美术老师鲍友才，据说是归国华侨，性格开朗，上课习惯会拿同学画画中的一些错误，在课堂展示并模仿画中的怪动作，引得同学哈哈大笑。心理放松了，彼此拉近了距离，我们都喜欢上美术课。鲍老师还会开汽车，可谓稀缺人才，当时学校配备了一辆类似"皮卡"型号的汽车，他在操场跑道上驾驶，常引起不少人驻足观望和羡慕。

都说一个学校的好坏，重点与否，教师素质是第一因素，这话一点不假，我们有亲身体会。我们此生为有这样的老师感到幸福和骄傲。

初中楼每层六个教室，初一我们在一楼南边靠中间楼梯的教室，第二年就转到二楼最西面的朝北教室了。原则上男女同桌，"三八线"依然是阻碍二者之间沟通的人为屏障。那时羞于说话，现在见面，同桌照遍地开花。课余时间，尽管只有短短的十分钟，同学们一窝蜂地奔向乒乓室，大家排队一球定胜负，高手长霸，引人注目，好多人上场"吃"一转球便快快下场的情景也比比皆是。午饭前下课铃响后的场面则更热闹，住读生朝食堂跑，走读生朝蒸饭间奔，吃饭期间还不时将家里的带菜互相交流，大家品尝。尚有部分离校不远的回家吃饭。放学的路上，同学三五结伴，可谓情深意长。

众多的回忆，随便哪一点都是满满的幸福，到了嘴边，就有丝丝的甜味。就这样，不知不觉过了两年，同学们还在憧憬登三楼（初三），升高中，一场不该到来的运动打乱了我们的美好学习秩序，也把梦想进大学的一条腿给生生拽了回来。之后我们看到的都是一幕幕的悲剧。毛校长和好多敬重的老师被折磨批斗，大字报到处飞扬，满目疮痍。更让我难受的是，同学们之后都各奔东西了，好多同学几十年都不知音讯。都是十七八岁的同学，读书时处境都一样，为啥会这样，心中隐隐有点忿忿不平。

好在大多同学又相聚了,大家都已进入老年队伍,两鬓白发已是常态。平时言谈范围甚广,但最亲切的话题依然是初中的同窗情谊,同时仍然为二附中的优良素质而感到骄傲。

感恩老师是校友们永恒的主题,我们也时常去看望老班主任蒋老师,祝他身体健康,和他一起回忆那温馨的学习场景。记得前年国庆团聚,同学相互倾诉,蒋老师不时插话,说到动情处,已是耄耋之年的蒋老师突然老泪纵横,不能自已。至此,我们才知道,五十多年来,不仅是我们单向地牵挂老师,蒋老师同样也在这几十年中,无时无刻不挂念每位同学,正所谓,手心手背都是肉啊。

都说十几岁是长身体的重要阶段,同时也是长脑发育,最不易忘记的优质年代。我们有幸此阶段在二附中读书学习,相聚相处了四年,我们满足了,一辈子永远都不会忘记这如花似玉的芳华岁月。

感恩二附中! 感恩蒋老师! 感恩所有的二附中人民教师!

[作者简介]

张永胜,华东师大二附中初二(3)班学生。1968 年,分配到上海纺织机械专件厂,先后担任新产品车间技术副主任、装备部副经理。1974 年,就读于华东纺织工学院机械制造专业。2005 年,担任上海继东精密机械有限公司技术部经理。2008 年后,先后担任上海电视大学普陀分校、长宁分校教师。

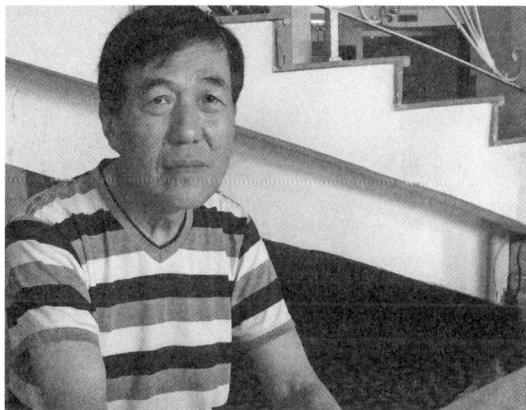

体育之路伴随我的人生

1967 届初中四班

10 月 6 日在"红叶胜于二月花"的金秋时节,即将迎来我的母校二附中建校 60 周年大庆。此时此刻我浮想联翩,虽然在校期间不算长,但它却是我人生职场最重要的转折之站,母校培养了我健康向上、努力拼搏、刚毅坚强的体育精神。

1964 年 9 月有幸进入华师大二附中首届"特色体育班"大家庭,它一直是我从事体育事业最原始的动力之源。凡是"老三届"同学都知道,当年中国乒乓球队夺取世界冠军后,全国掀起体育热潮。当时作为二附中体校足球队守门员的我,正式进入了体校正规的集训和锻炼。

足球是一个挑战自我,展现自我,突破极限的高强度运动项目。记得体校足球教练陈清翰、苏明仁老师先后对我进行了严格的集训,尤其是原国家足球队主力守门员苏明仁老师特别"凶狠",跌打滚爬,小雨苦练,大雨大练,一个动作几百次反复循环。那时学日本女排大松教练的"魔鬼式训练",苦字当头,我还在初中学习阶段,也没有任何杂念,一心想守好球门,为二附中赢球,多争荣誉。想不到就是这两年的"科班"足球正规集训和锻炼,成就了我以后的事业。

1969 年我上山下乡远赴黑龙江建设兵团,后又送哈尔滨电机制造专科学习,毕业后分配到央企齐齐哈尔第一重型机器厂内的中学当了体育老师,其缘就是履历表的体育特长。在参加市内足球大赛时,我因表现突出被正式选入齐齐哈尔足球队任主力守门员。我非常清晰地记得,有一次省际大赛与省内另一支强队决赛,东北人喜欢足球有时会如醉如痴,那个场面真是人山人海,呼喊声震天响。当日天公又不作美下起大雨,作为主力守门员压力是一般人无法承受的。好在体校时锻炼、训练已是惯性，尤其苏明仁老师对付这类恶劣天气有自己的"绝招"，早已全盘传授于我，因而我临阵不慌不乱，发挥出色，阻挡了几个必进之球，直到终场保持大门不破而顺利晋级。随着终场哨声吹响，场内突然爆发出阵阵"钟妙发"的名字，震耳欲聋，场景感人，当时我手持足球站在球场中央，泪流满面，脑海中立即想到母校——华师大二附中对我的培养，我的一切荣誉都应该归属于我的老师、教练们，感恩之情，油然而腾。

1995 年我作为体育人才进入当时卢湾区教育学院附中担任体育老师，继续从事我热爱的体育事业，指导教授校内有关足球类的各种教务工作，直至退休。

在我从事体育工作的这么多年里，有过苦闷，有过彷徨，但更多的是成功与快乐。当我一次又一次地守住了对方进攻之球时会自然有一种职业的兴奋、胜利的幸福感，每当我看到一批又一批的学生快快乐乐健健康康地成长，心中又充满了无限的爱和欣慰，想到了当年母校老师的爱，怀念起教练对我的点点滴滴的情，这种情感是发自心底的，是深沉的，是真诚的。

华师大二附中，我的母校，我要向您敬礼，华师大二附中体校，我要为您喝彩。

2018 年 4 月 8 日

[作者简介]

钟妙发口述，谢钧言执笔，初中 1967 届 4 班全体同学提供素材。谢钧言 1968 年 12 月底去崇明农场，1974 年底上调，先后在央企三航局、石化总厂维纶厂、金山区园林署工作，曾任副署长，区民革常务副主委，区政协常委等公职。现退休回市区居住。

难忘的岁月

吴建中（1967 届初中）

　　1964 年夏，我从上海织袜一厂职工子弟小学考入市重点中学——华东师大二附中，开启了我的中学时代。

　　二附中作为直属华东师范大学的附属中学，师资力量较强，多数教师是由华东师大调入的中坚骨干，实验条件也很好。学校紧连华东师大，实际已成大学校园的一部分。清澈的丽娃河流经校区，校园绿树成荫，美丽幽静。特别是校园里的天鹅绒草坪，正如其名柔软细腻，是当时的名贵草种。我每次或走或坐在绿色鹅绒般的茵茵草坪上，都会无比享受它带来的美感，也会生出要细心呵护这片草地的心，生怕自己的一个粗鲁动作，会损伤高贵典雅的草坪，破坏我的美好心境。

　　我的班主任是数学老师蒋坤玉先生。那时日常生活是：上午四节课，中午吃饭休息一个半小时，下午两到三节课，其余时间开展课外文体活动，晚上有自修课。刚上中学，因为一下子要学六七门课，学业很紧张，特别是数学和外语。当时，学校正

在试行教学改革,数学的代数课程压缩在两年内教完,然后,再单独开设几何课程,这样进度就加快了。外语则搞"听读领先法",先不讲语法和音标,一上课就听老师朗读外语课文,用英语进行问答交流和互动。开始时,我不太适应紧张的课程,后来通过不断努力和同学们互助互学,慢慢逐步适应了。

到了初一下半学期,我因为上学路途较远,开始住宿。初期,年级住宿生有 40 多人,大家"混班"住宿在北大楼三楼西端由教室改制的大房间内。每天晚自修结束,宿舍里就会人声鼎沸,热闹非凡,可以想象那是一种多么生动有趣的画面。这么多年轻活力的涌动,所带来的种种故事,用现在的话语来形容,是"没有你做不到,只有你想不到的"。

时隔那么多年后,回想起中学时的情景,有些人和事还是记忆犹新。物理课我很感兴趣,加之物理老师许晓梅上课很有经验,纯正的北京口音,字正腔圆,抑扬顿挫,颇能吸引学生的注意力。至今我还记得许老师讲解"阿基米德定律"的思路过程。英语老师许根生从华东师大毕业不久,分配到二附中。他是典型的文弱书生和年轻学者的标准形象,戴副眼镜,文质彬彬。他在带领我们到化工研究院学工劳动时,利用劳动间隙,用英语讲电影"百万英镑"的故事,十分生动有趣。许老师为了发音标准,还不时露出一口整洁的白牙,好像是有意向我们"显摆"。

副班主任政治老师曹康绥给我的印象比较深刻。她是一位党员教师,平时梳着齐耳短发,衣着整洁,脸上总是露着微笑,给人一种天然亲和的感觉。除了在课堂上讲解政治理论外,还经常在课余时间与同学促膝谈心,交流思想,循循善诱,关心班级工作。在我的心目中,曹老师不愧为政治工作者的楷模。初一有段时间,我太爱看小说和踢球,没有支配好时间和精力,放松了学习,导致成绩有所下降。她知道这事后,多次找我谈心,谆谆告诫我要努力刻苦学习,掌握文化知识,争做革命接班人。虽然,曹老师说的都是大道理,也带着一些时代的烙印,但是,我觉得特别容易接受,有亲切感。

蒋坤玉老师近照

最值得一提的是我们的班主任——数学老师蒋坤玉。他是中学时代陪伴我们学习和生活时间最长的一位老师,也是最受同学们尊敬的长者。他讲课时的学者风度和洒脱自信的风格,常常使年少的我佩服有加,惊叹于他脑海怎么能容纳如此浩瀚的知识。虽然,他在"文革"初期受到冲击,但是,这并没有改变他的人生哲理,他依然是那么热爱教师岗位,那么勤勉敬业,唯一让我们感觉到的是在严谨中又平添了几分幽默感。我至今记得每次上数学课时,蒋老师总是梳着精心打理过的"背头"发型,肩挂一个木制大三角尺,腰板笔直,神采奕奕跨进教室,从容地站在讲台前。2016年9月4日,我曾同张申生和陆志萍,为当年10月班级同学聚会,前往师大一村拜访蒋老师。那时,他已年过八旬,前几年还得过轻微脑中风,心脏也装了支架。但我们在交谈中,时不时会感叹蒋老师的睿智和惊人记忆力。他对社会,对人生的思考和感悟,以及至今保持的乐观豁达,洞察社会人事的宽广胸怀和眼界视野,不仅给我留下深刻印象,而且被他的人格魅力所折服。蒋老师,您对我们的教诲终生难忘,我愿向您致以一辈子的敬礼!

就这样,我和同学们一起上课、读书和学习,阅读各类读物,开展多种形式的文体活动,以及组织课余学习小组,学校的生活是那么的丰富多彩。特别是每天课后,在华东师大文史楼前草坪的踢足球运动,更像是我们每天必需的狂欢,令人向往。因为担心时间晚了,体操房里的足球会被其他同学借完,每天下午最后一节的下课铃声响起,我们几位同学一声欢呼,纷纷站起来离开课桌,争先恐后百米冲刺般奔向体操房,向那位头发花白,身体精瘦的负责体育器材的老师借用足球。有时还要挑挑拣拣,最好能借到一个外表气足滚圆、表皮锃亮的新球。因为那样踢起来似乎弹性足,更带劲。然后,大家一起欢快地跑向师大文史楼草坪。先由几位同学用脚步丈量好尺寸,然后其他同学把书包一个个叠起,一个临时球门就完成了。记得那时,每每运动后的大汗淋漓,让年轻的心脏承受着每分钟180次跳动的高频,外加偶尔花5分钱购买的一包炒黄豆,这些于我当年都是无上的享受。少年壮志不言愁,有时,大家在一起海阔天空地畅谈自己的理想,单纯幼稚,无忧无虑,美好的未来似乎正在向我们招手,亦如漫天的朝霞缓缓铺设开来。这段美好的学生生活,至今给我留下如同阳光般灿烂般的回忆。

这样的学生生活,到了1966年下半年,由于"文革"而戛然而止。作为特殊年代的"老三届"学生,我们的学生时代不可避免地要和"文革"这个特定的政治词汇有所交集,任何人都避开不了。1966年下半年,一场影响全国的"文化大革命"以一种史无前例的社会运动形态,在各行各业中开始席卷而来。二附中也不可避免地卷入其中。它不仅打破了我们平静而美好的学生生活,更打破了我们对未来美好人生的憧憬,彻底改变了我们的人生轨迹。

多年以后,当我觉得政治上已经较为成熟的时候,思考自己的成长经历,我认为在二附中的学生时代,正处于12岁到16岁的青少年时期,这个年龄段的思想应该是单纯的,可容性和可塑性都很大,世界观和人生观都还不成熟,或者说正处于价值观逐步形成的初始阶段,很容易受到外部社会环境的影响,但是总体来看,1966年"文革"前,学校和社会对我们正统的道德品质和共产主义思想的人格教育,是占主导地位的。这其中,母校和令人尊敬的老师们,他们尽心尽职的教书育人,高尚的行为风范,不断潜移默化地影响着我们,既像日积月累的润物细无声,又像涓涓细流,浇灌着我们心灵的种子,对我们未来成长和价值观形成,起到了最初的决定性作用。我感恩二附中母校,感恩我的师长们。

1968年9月后,学校开始毕业分配工作。根据当时政策和家庭条件,我被分配到了上海工矿。同年11月,我告别了学习和生活了四年的母校,告别了教育和帮助我成长的老师们,告别了曾经朝夕相处的同学们,带着对那些即将奔赴艰苦农村和外地同学的一丝隐隐的眷念和忧心,迈进了上海革新电机厂那扇带有历史厚重感的大门。

上海革新电机厂是一家大中型工业企业,前身是成立于1916的华生电机厂,主要生产中型交流发电机和电动机,包括船舶、舰艇电机和其他军工电机,属于一机部的重点骨干企业,全厂员工有1800多人。

刚进厂时,我在生产一线的二车间的装配组里工作。装配工作既是一门技术活,又是一份繁重的体力活。而榔头是我们使用的最主要工具之一,大大小小的榔头可排成一列,最重的有24磅。我们每天需要用单臂或双臂挥舞榔头几百上千下,直至手臂酸麻,满头大汗,日复一日艰苦而又单调。因此,从某种意义上可以说,榔头不仅是敲打工件,更像是锤炼我的灵魂。

在和工人师傅的共同劳动中,他们的朴实品质、宽广胸怀、脚踏实地的作风,使我日复一日地受到熏陶和教育。如同中学读书时,老师们对我的循循善诱一样,这种潜移默化的量变最终会引起质变,老师们播下的心灵种子,开始发芽成长,使我在思想感情上得到了升华,认识上有了一个飞跃。生活真谛就在于脚踏实地地劳动和工作。这是一种负重前行。只有无数的平凡才能孕育而生出伟大。

当时,我面对的是一个知识饥渴的年代,也是一个求知欲特别旺盛年代。在工作之余,我保持在二附中养成的阅读习惯,埋头阅读许多政治理论书籍,如艾思奇等编写的《辩证唯物主义与历史唯物主义》、贝克莱的《人类知识原理》、赫胥黎的《进化论与伦理学》和《人类在自然界的位置》《天演论》,等等。1971年以后,我更是幸运地参与了工厂图书馆的重建工作。在整理审核"文革"前的大量书籍的过程中,更是有机会阅读了许多当时所谓的"封、资、修"的文艺书籍。后来,普陀区图书馆重新对外开放,就设在我厂隔壁的玉佛寺禅房内,我近水楼台申请了借书证。现在回想起来,那时的读书真可谓是如饥似渴,这些精神食粮极大地满足了一个年轻人的求知欲。这应该感谢二附中培养了我的阅读爱好和习惯。

在车间劳动期间,我自觉钻研技术,认真劳动工作,得到工厂领导和师傅们的认可,获得了多次荣誉和奖励。我还有幸参与我国第一代核动力 09 型潜艇的电机试制与装配,参与仿苏自动高射炮控制电机的试制等工作。后来,我在工厂老工程师指导下,在二附中学到的数学和物理知识的基础上,自学了机械设计和制图,成功完成了两项技术革新项目,免除了工人师傅延续二十多年装配作业的繁重体力劳动。现在回想起来,是当年二附中老师们所培养的求知欲和对知识的认真钻研精神起到了积极作用,使我体验到当年的使命感和自豪感,更重要的是为我以后从事工程技术工作打下了良好的技术实践基础。

1974 年 11 月,我加入中国共产党。次年 9 月,经过本人报名,单位组织推荐,并在通过大学 2 名招生老师的面试后,我进入了向往已久的上海交通大学,就读船舶电机工程专业,开启了我从学生到工人,再由工人到学生的又一新的人生历程。当我张开双臂,满怀憧憬地拥抱交大校园的瞬间,眼前也似乎浮现出二附中的美丽校园,不禁感叹冥冥之中的命运安排,似乎又一次论证了事物螺旋式上升和波浪式推进的发展规律。

流水不回头。多年以后,每每回忆起那段逝水年华,我都会感慨万千,情不自禁地想起在二附中的那段青春岁月,几十年的风雨历程,无论世事变迁,岁月更迭,我的此情如初。都说往事如烟,也不定算得上精彩乐章,但于我来说,那是多么难忘的岁月啊。

[作者简介]

吴建中,中共党员。华东师大二附中 1967 届初二(3)班学生。1968 年 11 月后,在国企上海革新电机厂,历任工人、工程师、科长、厂长助理。1975 年 9 月,就读上海交通大学船舶电机工程专业。1985 年 2 月,就读上海理工大学系统工程与经营管理专业。1991 年 9 月,参加市委党校后备干部培训班。1992 年 9 月后,投身于上海汽车工业,先后在上海实业交通电器有限公司、上海埃梯梯汽车雨刮电机系统有限公司、法雷奥汽车雨刮电机系统有限公司、上海博泽汽车部件有限公司等多家汽车零部件合资公司,担任部门总监、厂长、总经理等职务。高级经济师职称。2004 年 6 月,就读新加坡华夏管理学院 MBA。

乒乓队记忆

吴立人（1967 届初中）

星移斗转，母校已走过了辉煌的 60 年，作为每一个二附中人都为之骄傲。我离开母校也 50 年了，但在母校期间的点点滴滴始终在脑海里萦绕。

我是 1967 届初中毕业生，1964 年 9 月进校。当时，学校根据德智体全面发展的要求，成立了青少体校。我从小喜爱打乒乓，小学期间就是校队队员，曾获得区小学生单打第三名，所以一进校就参加了体校乒乓队，教练是陈志超老师。当时，为了增强乒乓队实力，陈志超老师，在我们没有进校，还在小学期间，就有意识到小学乒乓比赛场地，观察选手，鼓励有发展前途的小队员报考二附中，所以后来好几个乒乓队员都是在这种情况下报考了二附中。当时，普陀区长寿路一小乒乓队在区里面是名列前茅的，陈老师特别关注长一小学的这些队员。后来这些队员进校后，在乒乓队里占了 50％以上，成了主力队员。

当时乒乓队训练都是在下午两节课后，暑假里还组织集训。由于暑假集训，队员集体住校，更显得亲密无间，大家都很有新鲜感，其中也有不少趣事。白天训练结束，晚上就到师大校园区闲逛，买点小零食，那时有种辣橄榄，口味独特，至今印象深刻。由于天气炎热，晚上我们就在北大楼教室里，把课桌椅拼拢来睡觉，三楼的穿堂风厉害，很是风凉，但蚊子不少，怎么办？人人穿起长袖线衫线裤，躲避蚊虫的叮咬。集训期间我们还邀请了师大一附中乒乓队来校共同训练，增强了校际间的友谊。我们还到上海中学，和他们乒乓队进行比赛，这次比赛是英语刘鼎立老师促成的，他弟弟刘鼎三是上中的乒乓队员，由于这层关系，大家相互之间非常亲切。

那时的少体校，学校非常重视，由于训练强度大，为了增加营养，每个队员每天供应一瓶牛奶,这在当时物资供应还非常匮乏的情况下,是非常不容易的。当时牛奶是在体操房领取的,由管体育器材的老伯伯负责发放,记得有时没有去领取,老伯伯还会提醒大家不要忘记。

为了提高训练质量,陈老师动足脑筋。1964年,周总理邀请日本著名排球教练大松博文,率日本女排到中国示范表演训练方式。为了把这种训练方式也运用到乒乓训练中,陈老师就带领乒乓队全体队员到江湾体育馆,观看日本女排训练,大松不断扣球,女队员滚地救球,如果动作不到位,还会受到处罚,当时看了非常震撼。后来,我们在乒乓训练中也加大了运动量,陈老师在每一次训练前都精心准备教案。通过科学训练,加大运动量,训练的质量明显提高了,乒乓队员的水平也有不同程度的提高。

离开学校后,由于学校期间打下的坚实基础,不少队员依然活跃在各类赛场,有的参加了区队,有的成为上海警备区乒乓队教练,率队二次获得市锦标赛团体冠军。现在乒乓队员都是70左右了,但依然热爱乒乓球,时不时要到乒乓房去露一手,乒乓球将成为我们一生中的最爱。

在回忆乒乓队往事时,我们更加深深地缅怀我们的教练陈志超老师,是他培育我们德智体全面发展,是他既是训练中的严父,高标准、严要求,又是日常生活中的慈母,关心当时只有十三四岁的小队员的生活起居。

母校已走过60年,母校对我们的教益我们将永远铭记,我们将始终关注母校的发展,衷心祝愿母校明天会更好!

2018 年 5 月 10 日

〔作者简介〕

吴立人,1967届初中二班校友,本科学历。1968年12月—1974年1月去崇明长江农场,1974年2月由农场上调至上海建工集团四建公司做工人,后从事企业管理工作,2011年退休。

二附中，你给了我们什么？

陈梅林（1968 届初中）

作为二附中的 1968 届初中生，说起来有点尴尬。原因如下：

说我们毕业于二附中的吧，我们居然拿不出一张毕业证；说我们不是吧，二附中毕业生名簿上清清楚楚有我们的名字。

说我们在校时间短吧，可我们从 1965 年 9 月入校，到 1969 年 5 月才"毕业"离校，在校时间差不多有 4 年之久！可是我们的在读时间除了 1965—1966 年之间是完整的一学年两学期外，其他的被"文革"搞得支离破碎。要么进厂学工要么下乡学农，就算"复课闹革命"也才持续了几个月，后来干脆全部被送到边疆农村。此为后话不提。总之我们是在校时间最长学得最少的初中生！

二附中，你给了我们什么？

虽然二附中没有给我们一张毕业证书，在那个年代我们也丧失了很多学习的机会，可我们还是那么为身为二附中人而自豪。那在校的 1000 多个日子里的人和事，常常魂牵梦绕，在睡梦中出现，在和别人聊天时淡淡地提起。

比如，我们的数学课进度比普通学校快，学会了同级生不会的计算方法。比如，我们的生物课一年里把应该两年学完的植物和动物全都解决了。比如，我们的英语课跟人家不一样，没有教科书，我们用的是油印讲义。比如，我们的生物课显微镜是两个人一台，其他学校是四个人一台。比如，我们学校有 400 米正规跑道，这是连华东师大也不具备的。还比如，我们的……这些都深深地烙在脑海里了。

为什么我们那么爱二附中？是因为她现在声名显赫，从区重点、市重点到教育部重点，当年曾是上海最好的中学且没有之一，现在仍是沪上四大名校之一吗？是她早就告别坐落在金沙江路上华师大一隅而住进"豪宅"了吗？显然不是。

答案是：二附中你给予了我们最重要的东西。二附中你教会了我们自学的能力！这种能力将伴随我们终身。

记得20多年前，在和同在区机关工作的同班同学聊天时提到，为什么区机关大院里，我们二附中的同学并不多？同学思索后回答说，我们二附中的学生具有很强的自学能力，因此当学者的比较多。这是因为二附中教会了我们自学的能力。这位叫陆永新的同学后来当了副区长。

细细想来，确实如此。拿本人来说，小学时特别喜欢数学。进了二附中以后，有一次我的一篇作文被老师在课堂上作了评点，具体内容忘了，就因为老师的评点击中了我，从此阅读成了我终生的乐趣，以后的工作都和写作有关，使我终生受益。

二附中，你给了我们生命中重要的东西。它既是我们谋生的能力，也是我们处世的能力。所以我们一辈子都会以你为豪。

桃李满天下的二附中，你给予我们的，我们也已以另一种形式回馈于你，我们没有辱没你的名声！

［作者简介］

陈梅林，1968届初中6班校友。1969年去黑龙江军垦农场，回沪后曾在上海市普陀区委宣传部工作。后辞职去日本18年，曾在华文报社任编辑记者，现回国定居。

训练场上的再坚持

蒋如蓉（1968 届初中）

1965 年秋天，我考上师大二附中后参加了少体校，在田径队的跑步组。

田径是一个比较辛苦的体育运动项目，但一个田径运动员在跑道上飞驰时的内心感受也是一种很微妙的感觉，尤其百米冲刺的感觉每次想起来都很让人激动。二附中少体校的生活已经过去半个世纪了，如今回忆那时的点点滴滴虽然已经非常困难，但还是有一些印象比较深的情景令人难以忘怀。

那时，每星期总有那么几天我们到华师大的操场训练，第一次见到只有在专业体育场才能见到的场地时非常惊喜，那操场有正规化的 400 米跑道，跑道左边是长满茵茵绿草的足球场及其他运动项目的训练场，跑道右边印象中有看台和一些建筑物。每到训练的日子，下午放了学以后带着运动衣和钉鞋到训练场。我们的教练是施能枫老师，他高高瘦瘦很干练，训练时严肃执着，休息时和蔼可亲。每次看到我们报到了就利落地说：先围着操场跑 N 圈（每次不是固定的，最多的一次好像有 10 圈）。开始时我想不通，认为把力气用完了就训练不动了，但在我跑的时候施老师也跟着跑，当我磨磨蹭蹭时，就会听见施老师紧跟在身后催促"快点"，每次有他跟在后面就只能坚持，乖乖跑完一圈又一圈，这成了习惯后不用老师的督促都能独自完成；然后就是热身，按老师教的动作压腿、拉韧带，活动脚踝和髋等各个关节，然后转腰、小步跑、高抬腿等，总之就是充分活动开；以后的训练中越来越明白运动前的热身是不可缺少的步骤，只有让身体逐渐兴奋起来才好进行后面的训练。热身完毕就是换上钉鞋上跑道。

短跑训练中的内容一般包括起跑训练、起跑后的加速跑训练、途中跑训练、冲刺训练等,这些都是通过在不同距离的跑步项目中完成的。

有的时候是起跑训练,我是练短跑的,短距离项目的起跑很关键,我们练蹲踞式的起跑,在施老师的发令下,预备、抬起、开跑,这时脚使劲往起跑器上蹬,听到枪声马上起步反应是关键,既不能抢跑也不能滞后,那一刻是最紧张的时候,思想要高度集中。

有时是100米跑训练,那是最常见的训练项目也是纯速度的练习,每一趟都必须用95％以上的力量跑,步伐的频率、速度、爆发力,以及摆动双手的姿势及频率,都是决定短跑速度的因素,最后30米至关重要,不能让自己慢下来,直到冲过终点数米后才可以减速。

有时是400米跑训练,介于短跑和中长跑之间的400米对跑步者身体素质要求比较高,我在训练中根据自己的能力采用匀速跑方法,除起跑后加速跑和最后冲刺跑外,途中基本上采用较高速度的匀速跑;但是400米跑的呼吸方法很重要,尤其跑到300米左右时,会出现胸部发闷,呼吸困难,四肢无力和难以再跑下去的感受,这就是"极点",当"极点"出现后必须以顽强的意志继续跑下去,同时加强呼吸;最后100米就只有硬拼了,如果这天前面300米跑得好拼起就比较轻松,跑得不好就非常吃力,但最后100米不管怎样累,都要竭尽全力,告诫自己:坚持、再坚持,直到终点。

有时是200米跑训练,在室外400米跑道上,弯道处起跑,在终点直道结束。我的理解200米跑那是一个纯力量型的训练,对我而言200米训练是最痛苦的,一方面是我的体能比较差,进到后100米时体力下降,又是在直道上,必须保持速度;另一方面少年时的我在似乎全程的冲刺中很难做到节奏控制,因为那节奏只是一个略微的变化;所以每次到200米跑步训练就心里打鼓。

这天的训练项目正是200米,看到施老师在终点处拿着秒表,就知道必须竭尽全力完成。那天跑的次数及过程已经没有印象了,只记得有一趟跑完后腹痛(以后才明白是由胃肠痉挛引起),趴在草地上直吐苦胆水,这时很想就躺在地上不起来了。学姐们关切地给我拍背,但施老师坚决让我起来慢慢地跑,做做深呼吸。当时的我心里很生气,觉得他没有同情心,我都这样了他还让我坚持跑。慢慢跑着,我的紧张情绪缓解了,疼痛的感觉也消失了,后面我是带着对施老师的怨气和不服输的情绪完成了当天的训练。后来明白了在训练中出现那种情况是很正常的,施老师的做法是正确的,是我自己太娇气了,这以后又恢复了在施老师面前叽叽喳喳的本性,他给我起了个外号叫"小麻雀"。

二附中的少体校生活在第二年因"文化大革命"就停止了,虽然只是短短的一年,但这期间接受系统训练被培养起来的身体潜能发挥和勇于挑战、再坚持一下的精神却让我终身受益。人的一生中学校生活是短暂的,更多的是进入社会以后遇到的种种困难和挑战,我觉得"再坚持"是身体智能中最重要的一项品质——坚持不懈,这恰好是成功最重要的因素。少体校的训练增强了我的耐力和毅力,这远比身体本身更重要。我1993年脱离体制开始创业,在20多年的经历中正是凭着这样的精神力量一步一步地往前走。少体校的这段生活也给我打下了身体上的基础。我是工作狂,在很多时候被人戏称为"超人",但常年的体力透支也给我带来极大伤害,我成了"亚健康"人士。看着令人担忧的体检报告,我渴望回到少年时代那挥汗的日子,于是我在2017年又走进了训练场馆——健身房。本来以为身体已经衰老,行动已经迟缓,肢体已经僵硬,对自己没有抱很大的期望。没想到,进了健身房每做一个动作都会重新激发起身体潜在的记忆(我现在真的相信人的身体是会有记忆的),对每一项训练动作和要点的理解优于常人,仅仅半年多的时间不少训练项目的成绩就遥遥领先,身体重新变得轻盈灵活,思维重新变得敏捷。66岁的人又充满了活力,在工作中不输给任何年轻人。

当今国家倡导的全民健身计划旨在全面提高国民体质和健康水平,在尤其以青少年和儿童为重点的体育健身活动中,我以自己进入暮年的现状证明从小就培养起的运动精神和身体基础会使人受益无穷,我感谢给我提供过少体校生活的二附中母校!感谢为我打下坚实基础的老师!

〔作者简介〕

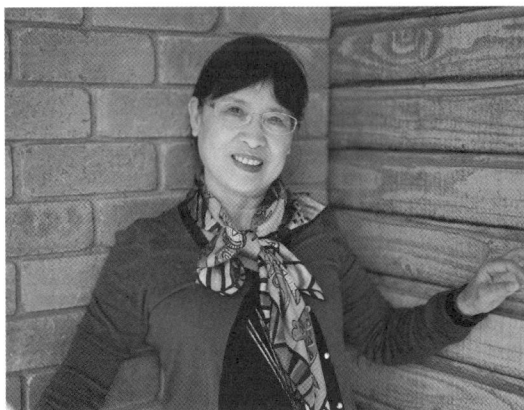

蒋如蓉,1968届初中校友。1969年3月到云南插队当知青,1971年10月到开远商业部门工作,1993年5月下海经商至今,现居北京。

生命是一次长长的旅行，

学校老师教会我最基本的学习方法，

田径训练场教会我什么叫再坚持，

工作教会我唯有勤奋才能积累经验，

创业教会我唯有放下才能有所收获，

生活告诉我：

唯有心中充满阳光才能欣赏到沿途美景，

岁月告诉我：

到达终点时尘归尘，土归土，看过就好。

怀念

朱子国（1968 届初中）

    足球，有"世界第一运动"的美誉，是全球体育界最具影响力的单项体育运动。我爱足球，小小的足球令我魂萦梦绕。从小学三年级开始我就喜欢上了踢足球，参加了上海市第一届少年足球夏令营训练班。我喜欢绿茵场，喜欢阳光和风雨，喜欢在球场上与小伙伴们挥泪如雨，为胜利一起欢呼，为失败一起伤感。

    1965 年 9 月，我被录取到华东师大第二附属中学，分在初一（4）班。4 班在同级里是体育特长班，我们的好多同学在小学里就有很好的体育基础。通过选拔训练，同学们有参加少体校田径队的、少体校乒乓球队的，我被选拔到了少体校足球队。被选拔到少体校足球队的，还有杨鸿福、朱杏生、孙阿龙、陈捷同学，我们每天都在一起学习、一起训练。我们的教练是苏明仁老师（上海队的守门员）。苏老师和蔼可亲，平易近人。即便你在训练中，有过一点小犯错，他也不会责怪你，而是耐心地指导你。训练中，教了我们许多踢足球的基本要领和技术性的动作。每天下午两节课后，最愉快的时刻来了，除了参加我们少体校足球队正规时间训练外，平时我们就自己组织训练。每天差不多 2 个小时的训练，使我们每个喜欢足球的同学每天都有一点小小的收获。训练完毕，还商讨关于足球的一些技术问题。进入少体校差不多一年时间后，"文化大革命"完全改变了我们的生活规律，不上课了，少体校也没有了。

    离开母校已近 50 年，初中同学和初中的很多事都记不清了，但是在少体校足球队的一件事，却一直在我脑海中回荡着。

    记得在初一下学期，初二（4）班有个叫"骚头"（记不清叫什么名字了，只记得绰号）的对我说：星期六下午下课后（少体校星期六下午是不训练的）我们两个班举办一场友谊赛。表面上看是一场友谊赛，实际上二（4）班想给我们一（4）班一点颜色看看。初二（4）班也是一个体育特长班，在少体校足球队里，有几个还是二附中的主力队员呢！"骚头"就是其中之一。我们班呢，只有五个人是少体校足球队的，其余上场的队员都是体育爱好者，有倪海明、滕全克、施建岳、马伟君、王广兵（我们班足球队的守门员）。我们将班上上场的几位少体校足球队队员分成前中后，和其他同学搭配参加比赛。我们有一股"初生牛犊不怕虎"的精神，在友谊赛中，敢抢、敢拼，教练平时训练的战术，在实战中发挥了很大的作用。经过50分钟的鏖战，依靠大家巧妙的配合和团体奋战的精神，最后赢得了胜利！使他们对我们初一（4）班的足球队有了一种新的认识。有好几次，我们约高年级的同学来和我们踢友谊赛，主要目的是想磨练我们自己，提高我们自己的技战术水平，他们都推脱没空！"文化大革命"刚开始的时候，我们班足球队还和蔡加葆的邻居队也进行了一场友谊赛，结果也是我们获胜！

足球不仅仅是一项能够带来健康的运动，也是一项能够让同学们快乐的运动，我们挥洒着运动的汗水，快乐地度过了美好的时光。尤其是我们在初中的时候，更喜欢在茵茵草地上踢足球，享受足球带来的快乐。

在此，感谢朱杏生同学的通力合作和指点！感谢马伟君同学提供的信息！

［作者简介］

朱子国，1968届初中校友。1950年11月出生，中共党员。1971年10月到胶州路街道办事处（后撤建为长寿路街道办事处）工作。从事劳动力调配工作16年，经济工作14年，宣传工作10年。历任办事员、科员、副科长、科长。2010年11月退休，现居住在上海市普陀区。

贺母校华诞

陈建（1968 届初中）

恩师点迷津，
稚子开窍目。
孰料狂暴扰，
九州丧宁途。

稚子伤离远，
恩师挂牵心。
隔山隔水处，
无尽无绝情。

归来鬓生雪，
稚子花甲年。
恩师携手日，
祈愿永平安。

2018 年 3 月

[作者简介]

　　陈建，1968届初中校友。1969年赴吉林务农，在农村入团；1972年到云南当工人；1978年春考入大学；1982年春毕业到针织厂任技术员，入党，任技术、质监、产品室负责人、分厂厂长；1986年考取CDC奖学金赴德进修；1988年回国，任针织总厂研究所副所长、所长；1991年调云南省机电技术研究所任室主任、所长助理、综合部主任至退休。

二附中你我

马伟君（1968 届初中）

一九六五的那个秋季

人生花季过半个世纪

当年的往事历历在目

少年的理想校园足迹

二附中时刻看着我

快成长天真的孩子

天天早操是五星红旗升起

朗朗书声是我们课堂学习

课余生活是那样丰富多彩

孜孜不倦是各位辛勤老师

你是参天大树

我是一片叶子

你历史辉煌桃李芬芳

我卓然独立越而胜己

昨天你是这样风采

我们也再不能忘记

今天你还继续发展

我们十分关注在意

明天你更灿烂辉煌

我们盼望注目敬意
这辈子我会牢记你
刻在我心中的印记

〔作者简介〕

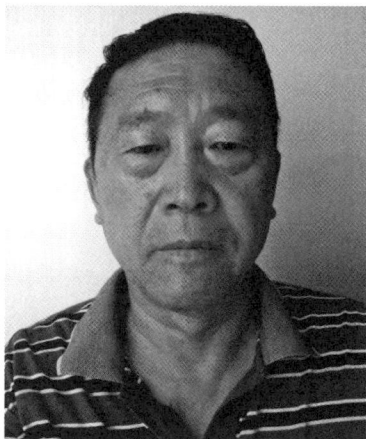

马伟君。
半个世纪来，下过乡北大荒，
当工人橡胶厂，公务员工商局。
2012年退休，爱旅游八十分。
我们相逢秋季，我们校庆秋日。
我们是四班一分子，我们要永记一辈子。

胡老师,您在哪里……

陆广祥(1968届初中)

满满60载,整整一甲子。华师大二附中——我的母校今年将迎来60周年华诞。随着校友会一道道"召唤令"的发布,莘莘学子纷纷按捺不住激动的心情,甚至连我们这些年逾花甲、已近"古稀之年"的"老校友"也春潮涌动,仿佛一夜之间回到当年的"豆蔻年华"。

然而,翻开这一页好沉重,毕竟时间跨度长达53年。

我们1968届初中是二附中校史上最"奇葩"的一届,正规学习仅10个月时间。然而,就是这短短的300天学习生涯,却教会了我们怎样做人,怎样做事,奠定了我们人生的"三观"基础,让人留下终身难忘的记忆。

1965年9月,我戴着红领巾跨进了二附中校门。开学第一周的课程安排中有一堂我们从未接触过的"地理课"。当上课铃响起时,大步走进一位身材魁梧、体格壮硕的老师。他年龄看上去并不大,却已微微谢顶,厚厚的近视镜片中透出一双深邃的眼睛。一开口,竟是标准的男高音。"我叫胡明生,这学期担任你们地理课老师。"一见面就这样干脆利落、言简意赅。同学们都被胡老师的学者风度、教授气质吸引,以致不少人都忘了打开课本。

胡老师一开讲,更是紧紧抓住了全班同学的眼睛。他简明扼要地介绍了中华人民共和国的基本概况后,便有条不紊地讲解东西部不同的地理特征和南北方差异化的气候现象,正当大家沉浸在"我的国"中时,不知不觉已经时针已走过了30分。"请同学们打开作业本,今天课堂作业是画中华人民共和国地图。"五分钟后,我抬起头四处顾盼、瞄着左右"同桌"的窘境。这一幕,立即被胡老师发现了:"这位同学,你为什么不画?!"我应声答道:"画完了。""画完了?!"胡老师立即走到我身边。当他接过我的作业本一番审视后,神情越来越严肃,厚厚近视镜片中的眼睛简直凸了出来:"你是不是摁在课本上描的?!"这一下,课堂顿时像炸开了的锅,50多双眼睛齐刷刷地盯着我。我赶紧站起身来,连声解释:"我没描,是我画的!"谁料想,温文尔雅的胡老师嗓音竟提高了八度:"如果真是你画的,你能不能在黑板上画给大家看看?!"刚入学就面对如此尴尬的场景,为自证"清白",我只得涨红着脸,硬着头皮走上讲台……几分钟后,一幅"精准"的中国地图出现在黑板上,鸦雀无声的课堂中立刻传来了同学们不住的赞叹声……这就是我在二附中经历的第一堂地理课的情景,竟如此跌宕起伏、富有戏剧性!

第二周地理课后接到通知,胡老师让我放学后到他办公室去。当我忐忑不安地踏进他狭小的办公室时,却传来胡老师温馨的问候声。

"听说你报考少体校乒乓队被淘汰了?"

"是的。"

"那你还准备报其他课外兴趣小组吗?"

"唉……"我一声长叹:"感兴趣的考不上,其他的没兴趣。"

"气象兴趣小组你不考虑吗?"

"气象我一窍不通。"

"不懂可以学嘛!你一手中国地图画得很不错,说明你是专门训练过的,你的'地图'已经反映出你对地理学的浓厚兴趣……"

不知不觉中,一个多小时过去了。当胡老师送我到校门口时,回眼望去,厚厚镜片后的一双眼睛中充满了慈父般的眼神……

第三周的一天放学后,二附中校史上第一个课外气象兴趣小组正式成立。活动室就是胡老师狭小的办公室。10位学员清一色初中生,年长的两位学姐也仅为初三年级。大家见面一交流,都乐呵了,几乎每个学员都是被胡老师动员来的。气象小组成立大会更具有当年的时代特色。胡老师在着重讲解气象学对国民经济与百姓生活的重要意义后,对我们全体学员提出了气象小组观察活动的四项要求,即真实性、长期性、综合性、艰苦性。看着我们这批娃娃生一知半解的稚嫩脸庞,胡老师语重心长地说:"尽管你们可能还不完全理解,但我还是要明确地提出来,相信你们在今后的气象观察实践中会逐步理解。"接着,胡老师话锋一转,"今天大家初次见面,互相之间还不熟悉,我建议由陆广祥同学担任组长。"这完全出乎我的意料,总不会是"不打不相识"吧?!多少年后,我始终未弄明白胡老师怎么会"任命"我担任二附中第一任气象小组组长。

第二天放学以后，真的考验就开始了。胡老师亲自带领我们进行"一穷二白"的艰苦"创业"，架设百叶箱、埋设风向测量仪、安装日光观察器……

更没想到气象小组刚一成立，一场重大的挑战便接踵而至。刚经历了几天观测、测量的全体学员被胡老师紧急召到了办公室，他手里拿着一张通知：上海市将于10月举办中学生气象观察预报大赛。参赛还是弃权？每个学员心里都在打鼓。胡老师看穿了大家的心思，积极鼓动着："这可是一次难得的机遇，通过参赛你们一定能大大提高气象观察能力和预报水平！"事后证明，胡老师的决定是多么的正确、英明！

报名参赛以后，我们全体学员在确保正常学习的基础上，全力以赴投入10月的气象观察测量活动。胡老师就更忙了。他一面组织我们收集民间观察谚语，会同各项观察测量数据进行综合分析指导；一面又向学校申请加装短波频道（那年月，学校收音机加装短波频道须经批准），并亲赴虹江路淘来专用电子管改装收音机，让我们每天收听紫金山天文台内部专业气象预报，提高我们大气环流变化的分析预测水平。一个月中，日复一日、一日三次不间断地观察测量实践，使我们对气象观察工作的"四性"有了进一步理解。我们每一次观察、测量数据都必须真实、可靠，绝不能拍脑袋、毛估估；每一次观察、测量、记录，尽管人员轮换但数据统计要求始终统一；每一次观察、测量都必须进行数据汇总分析，尤其是气象观察的艰苦性，使我们有了更深刻的体会。就在十月中旬大赛期间，东南沿海6000米上空大气环流发生巨大变化，太平洋暖湿气流形成一个巨大涡旋，以每小时25公里速度向我国东南沿海扑来。恰逢那天星期日是我值班，一清早，大雨倾盆，水天一线。我从家到学校路程步行需30分钟，途中还要穿越真西铁路和沪杭铁路。为保证测量数据的真实性，我早、中、晚三次在瓢泼的大雨中来回进行测量统计。当傍晚第三次准时打开百叶箱时，一把雨伞遮上了我的头顶，回头一看竟是胡老师。他身上米黄色的雨衣也淋透了。我说："胡老师你怎么也来了？""今天一天雷暴雨未停，天色晚了，我不放心！"说着他指着远处操场的篱笆墙告诉我，前两年，学校团委书记就是在雷雨中趟水不幸触电身亡的。

经过我们小组全体学员20多天的辛勤观察测量，期末的几天，小组进入了白热化的综合分析阶段。大赛的主要内容，就是通过十月份气象观察数据结合大气环流的变化情况，预报11月第一周的天气情况。当我将参赛的大气环流趋势分析报告与一周天气预报的初稿请胡老师审阅时，却遭到胡老师的断然拒绝："这是你们中学生的比赛，指导老师不能发表意见！这既是比赛规则，也是我做人的原则。"大赛稿寄出以后，我们天天都在忐忑不安的气氛中度过。当实际天气与我们预报结果一致时，我们欢呼雀跃；当实际天气与我们预报结果有差距时，我们便垂头丧气。然胡老师却不为情绪所动，坚持每天放学以后为我们的预报和实际结果分析原因，找出差距，吸取教训。

12月初的一天，我们刚放学，胡老师急匆匆从校门口进来，一看见我便大声喊道："赶紧通知大家办公室集中！"当我们全体学员到齐后，胡老师笑眯眯地从包里拿出了一张奖状，当众宣布："上海市1965年中学生气象观察预报大赛师大二附中荣获团体第二名。"我们一下都惊呆了，半晌说不出话来，谁想到，我们竟成了亚军！看着我们一个个的傻样，胡老师却呵呵地笑了起来："还不错，总成绩80分。大同中学第一名，84分。""大同中学可是上海的老牌冠军，他们大部分主力队员都是有三年以上组龄的高中生。你们刚建组就参赛并获得第二名，还真不容易！"说着胡老师为我们每人沏了一杯茶犒劳我们，那年月这可是学校的最高奖励！两个月来的朝夕相处，大家都与胡老师成了忘年交，简直无话不说。当有同学打探胡老师兴趣爱好时，他的回答出乎大家的预料："我喜欢足球！"看大家有些迷惑，胡老师赶紧解释："你们可不要小看我，我可是华师大足球队的前锋！""哈哈！哈哈！哈……"同学们个个笑得人仰马翻。一位女学员捧着肚子说："得了吧，我看你当个守门员还差不多！这回可轮到胡老师涨红了脸。他从抽屉里拿出一本相册，翻开扉页，只见照片中的胡老师头发乌黑、脸庞俊朗，在绿茵场上冲锋陷阵、凌空抽射的身姿是那样的矫健优美，大家伙全都纳了闷："同是一人，怎么会反差那么大啊?!"自然，尴尬的空气还是由胡老师打破："这下，你们信了吧?! 我的问题主要是大学期间运动过度，当了教师后运动太少……"庆功会在欢快的气氛中结束。最后话别时，胡老师仍不忘叮嘱："好好学，且莫骄，明年争取更好成绩！"

第二天，胡老师找了一个旧镜框请木工师傅装上奖状后挂在了办公室的墙上……

正当我们潜心学习、不断摸索气象观察的规律、全力以赴备战1966年全市中学生气象观察预报大赛时，一场史无前例的"文化大革命"开始了。学校一切正常的教学都停滞了，我们的气象兴趣小组活动也就戛然而止……

53年后回顾这段历史，百感交集，不胜唏嘘。由于历史的原因，我和气象小组其他学员都未能走上专业的气象工作道路，但胡老师提出的"真实性、长期性、综合性、艰苦性"要求却一直鞭策着我们的人生、规范着我们的言行……

在欢庆二附中60华诞的大喜日子里，我们不禁要大声呼喊："胡老师！您在哪里？……"

2018年5月11日

［作者简介］

陆广祥，中共党员。1951 年出生，1965 年 9 月入学华师大二附中初一（2）班。先后任职普陀区沙洪浜街道办事处、中共普陀区委组织部、普陀区计划经济委员会、普陀区发展改革委员会、普陀区国有资产监督管理委员会。2011 年退休。

初中生活的点滴回忆

简大章（1968 届初中）

1965 年 9 月，我被录取到华东师大第二附属中学，进入初一（4）班这个集体。当时只有 11 岁的我还是一个青葱懵懂的小孩，我和邻居、小学同学彭冰是这个班年纪最小的两位。不过，我们的英语老师兼班主任何桂芸老师也是刚刚参加工作、只比我们大八九岁的大姑娘，她年轻漂亮、和蔼可亲，既是师长又像姐姐，得到同学们的尊敬和爱戴。

四班在同级里是体育特长班，我们班的很多同学在小学就有很好的体育成绩，进到初中就被学校的田径队、乒乓球队、足球队等吸纳，看着下午课余时间他们参加训练，中午饭还有特殊照顾，我心里很是羡慕。自己也曾参加过足球队的选拔，可名落孙山。不过 6 年后，我成了羊场煤矿篮球队的一员，逐渐在矿上、宣威县、云南煤炭系统有了名气，但那是后话啦。

没有能够参加体育运动队心有不甘，可不久胡明生老师让我加入了他指导的气象小组。胡明生老师教我们地理，他曾经和我母亲是师大地理系的同事。气象小组除了课余时间听胡老师传授气象知识外，在学校的西边草地上还有一个小小的气象站，里边有测气温、风向、降雨等的小设备。气象小组的同学不多，记得有六七个人，每天要轮流值班，上午收听天气预报，中午和下午到小气象站检测数据并作记录，还要在校园中心橱窗位置专门的小黑板上预报第二天的天气。胡明生老师带我们去参观过华东师大的气象站，指导我们参加了上海中学生天气预报竞赛，至今还记得他教我们的诸如"月有晕，不雨也风颠""天上鱼鳞斑，晒谷不用翻"那样的天气谚语，记得他和蔼可亲的脸庞和说话慢条斯理的神态。当年的自己逐渐喜欢上了这个在二附中并不起眼的兴趣小组，曾经想过以后学习天文。可惜不久后发生的"文化大革命"完全改变了原有的学习生活轨迹，不学习了不考试了，兴趣小组也没有了，再以后就去了云南插队落户。多年后一次回上海探亲，向母亲问起胡明生老师，她告诉我胡老师已经故去了，顿时心中泛起一丝酸楚。

离开母校已近 50 年了，初中同学和初中的事很多都想不起记不清了，但胡明生老师的模样以及我们那个气象兴趣小组却深深地刻在我的脑海中。

2018 年 3 月

〔作者简介〕

简大章，1954 年 1 月出生，中共党员。1969年 3 月到云南省红河州弥勒县朋普区插队落户；1971 年 11 月招入云南羊场煤矿，先后当过木匠、保卫科干事、党委宣传部干事（1984 年 9 月至1986 年 7 月就读成都煤炭干部管理学院）；1987年 9 月调云南省煤炭工业学校教书，先后任教研室主任、副校长、党委书记（其间就读中央党校函授学院经济管理本科班）；1997 年 4 月调任云南省煤炭工业厅局组织人事处副处长，之后任云南煤矿安全监察局人事培训处处长、直属机关党委专职副书记。2014 年退休，现居云南昆明。

岁月留痕

——二附中往事杂忆

陈海东（1968 届初中）

二附中的第一天

1965 年 9 月初的一天刚走进二附中那时我还是个十分幼稚的孩子,尚不到 12 周岁,身高仅有 1.30 米,玩心很重,满脸的稚气。记得第一天走进二附中初中部的那幢红楼的初一（3）班教室,坐在陌生的教室里,环顾四周尽是陌生的新面孔,也许是因为阅历太少,与外界接触不多的缘故吧,心里颇有一种新奇的感觉。我是比较早进入教室的,因此留在我脑海里有这样的"景象":自己坐在教室里看着教室门口时不时地、三三两两地走进新同学。我的印象中最后一个进入教室的是胖胖的陆惠兰,当时教室里已坐满了人,忽然一个胖乎乎的同学急匆匆、慌慌张张地冲进教室,边跑边嘻嘻哈哈地笑着,似乎对自己的迟到表示歉意,他的那副模样把同学们逗得哈哈大笑。

我们班在红楼的西南角

二附中初中部的红楼是一幢三层瓦房,每一层的西边都是教室。底层的西边是我们初中一年级 6 个班级的教室,二楼的西边是初二 6 个班级的教室,三楼的西边是初三 6 个班级的教室。每一层楼面的中间都有一条走廊,走廊的南、北两面各有三个同样大小的教室。我们 3 班的教室位于红楼一楼的最西头的阳面。我们的隔壁是 2 班的教室，2 班再往东是 1 班的教室。隔着走廊，在我们 3 班教室的对面是 6 班的教室，6 班的隔壁分别是 5 班和 4 班的教室。4 班是体育班，班上有许多挺牛气的体育特长生，他们班和我们 3 班是由相同的老师——相同的语文、数学、外语老师教授的。

我们的两位班主任

我们 1968 届初中三班先后有两位班主任，这两位班主任都是我们的数学老师，一位是杨琳仙老师，一位是王永利老师。

杨琳仙老师瘦弱娇小，文质彬彬，当初刚见识杨老师的时候，她就给我一种灵巧若仙的感觉。后来第一次下乡劳动，杨老师带我们班吃住在嘉定县徐行公社的一个村子里，当时看到她每餐只吃一两饭，大家颇为吃惊，我也因此更加深了早已有的杨老师名若其人，有如灵、仙的感觉。大约是在进入二附中学习的第二学期之始，一天杨老师在课堂上向我们热情地介绍了我们的新任班主任王永利老师。杨老师说："这学期我不再担任你们班的数学课老师和班主任了，由王永利老师来教你们的数学课并担任你们班的班主任。"接着她特别强调地告诉同学们："王老师是师大数学系的助教！"杨老师后面这句话强烈地打动了同学们的心，记得当时同学们的眼光里都流露出对王老师的崇敬之情：大学的老师哎！一定很有水平！居然来教我们这些中学生，我们真是太有幸了！当时我心里就是这样想的，在外面我也自豪地吹嘘过我们的老师是大学的老师。当年二附中实际就在师大校园内，进入二附中校园也就是进入了师大校园，二附中的老师许多都毕业自师大，并且不少老师实际是师大、二附中的兼职教师，这方面最明显的是我们的许多体育老师就是师大体育教研室教授大学生体育课的教师。

当年的王老师帅气精干，说话、动作都很麻利，上课板书快速有力，给人一种朝气蓬勃、年轻有为、干劲十足的感觉。当时王老师接替杨老师继续教授我们初等代数课，其间他还带我们班去嘉定县娄塘公社下乡劳动过一次，我的印象中还有他挑着担子、担子两头沉重的稻捆随着他健步如飞的步伐节奏上下颤动的样子呢！1966年 6 月初，"文化大革命"爆发，学校停课闹革命，原先正在准备进行的升级考试被取消了，学校的教学不得不停止了。那个时候大部分时间我都在"逍遥"，逛逛马路，装装半导体收音机……，还和焦沪文等人徒步去杭州串连过，说是串连，实为游玩。大约过了一年多，1967 年暑假之后上海各中、小学校开始"复课闹革命"，王老师又重新走上讲台教授我们数学，但动乱、散漫之后的学生的学习自觉性和积极性已经非比从前，教师也不敢太多过问课堂纪律，只管一个劲地在讲台上讲课，学生听不听全靠自觉，也没有考试，我们就这样稀稀松松地混到了毕业分配——"一片红"全都下乡的 1969 年初。我们在二附中的后三年时间（我们本来应该在 1968 年 7 月毕业，被延长了半年直到 1969 年 3 月才毕业）一直是王老师担任我们班的班主任。

我们的初中时代是既幸福又不幸的。

我们的"小人老师"

小学时我们没学过外语，进入二附中才开始学习外语。记得除了 1 班和 2 班是学俄语外，其他班级都是学英语。我们的英语老师名叫何桂芸，相当年轻，大概是刚从学校毕业的，皮肤白净，娃娃脸，有点腼腆，有时还会脸红，就像是一个比我们大不了多少的姐姐，我的印象中她有点镇不住我们，当时我们背后称何老师为"小人老师"。后来在上海外国语大学工作期间曾接触过一位来上外进修的女教师，她告诉我何老师是她市三女中的同学，并说何老师是锡伯族。市三女中可是个一向重视英语教学的名校。我们就是在这样一位出自名校的文雅、腼腆的何老师的引导下步入英语之门的。在我现在的记忆里，每当我回想当年英语课的情景，我的脑海里就会泛起何老师带领我们全班反复练习"This is a ……""That is a ……"等英语最基本句型的景象。我还记得何老师还曾教我们唱过一首她自己翻译的"Wang Jie's Gun"（《王杰的枪》）的歌呢！另外我还记得我们英语课上发生过的一件趣事。在一次英语课上，何老师教大家说"Sit down"，纪效良同学因为浓重的口音的影响总是把"Sit down"这个英语词组的音发成"杏糖"的音，何老师不厌其烦地一遍一遍地示范发音位置，将舌尖抵在上齿龈上："Si—Si—Sit down"，可纪效良就是改不过来，发出的音始终就是"杏糖"、"杏糖"，全班同学哈哈大笑，最后何老师只好作罢。后来纪效良同学也因此得了个"杏糖"的外号。何老师是我们最早的英语老师。

我们那个时代的二附中校园

在我的脑海中，我们那个时代的二附中校园是这样的：

那时候由于家住师大一村，每天上学我几乎都是和焦沪文、六班的刘征雄、二班的乔迪文、经常的还有冯象从师大一村的家走过师大先锋路、再沿着师大小校河边的梧桐树林荫道走到底，横穿过师大校园，从二附中的南门进入二附中的。从二附中的南门进入二附中，首先映入眼帘的是一个堪与师大共青操场相媲美的大操场——一个标准的 400 跑道围绕的大足球场、外加几个篮球场和沙坑及单、双杠、攀登架等体育训练设施场地(这个大操场后来为师大附属工厂所占,现在已经不见其踪影了)。当时学校每天早晨的早操就是在这个大操场上进行的——随着学校广播室大喇叭里播放的《海军进行曲》的雄壮的乐曲声,学生们列队进入操场,早操结束后学生们又随着《骑兵进行曲》的欢快的曲调排着队走回教室开始一天的课程。

当年师大二附中的占地面积并不小,除了上述的大操场外,还有就是现在仍保留的两幢教学楼——靠金沙江路校门口的初中部的红楼和南面的高中部的白楼的区域,在这两幢教学主楼之间至今仍保留着一排平房——那是我们当年上室内体育课的体操房的所在。此外当年二附中为少数住读学生提供住宿的小宿舍楼今天也还保留着,但当年小宿舍楼东边的内部颇为高大的食堂现已不见了踪影——师大校园里的毛主席像的泥塑原形就是在当年二附中的食堂里用苏州运来的黑泥塑造的。

师大校园里西边的大河——丽娃河与东边的小河——小校河原先是相通的,它们相连的一段河道就在今天的师大夏雨岛的北部到今天的师大学生活动中心北边和二附中高中部白楼南边之间的网球场区域、再到今天师大校医院一带,当年这片区域包括这一段水域都曾是二附中的地盘。这段水域的北岸有一片土地还是当年我所参加的二附中生物兴趣小组的活动基地呢!我们曾在那里跟生物课黄老师、廖老师学习过树木的嫁接技术。当年我还是普陀区少年宫生物兴趣小组的成员,每周六下午学校放学就会和几个同学钻弄堂、穿铁路,抄近路去区少年宫活动,做青蛙的骨骼模型,做桂花树叶的叶脉书签,养花种庄稼……那个时代的中学生的教育真的是德、智、体三方面全面发展的,学校的学习生活既是严谨的,也是活泼、有趣的,是相当重视学生兴趣爱好的培养的。正是这一段虽然短暂、但却相当正规、全面、健康的中学学习经历,给我们打下了日后自学和继续求学、探索社会、探索世界的良好的心、智基础。

二附中的老校园绿树成荫,碧草如茵,小河流水,清波荡漾,校园里书声朗朗,欢声笑语,那是比现在任何新校区都美好的,她是我脑海里永远的美好记忆!

[作者简介]

陈海东,1953 年 12 月出生,华东师范大学副教授。1968 届华东师大二附中初中校友。1969 年 3 月赴吉林延边插队;1971 年底进《延边日报》工作;1975 年由报社推荐进吉林大学中文系学习;1978 年毕业后留校于中文系语言教研室由指定导师

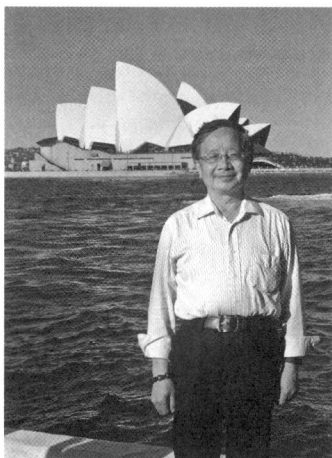

单独指导继续语言理论、音韵学、汉语史等专业知识的研习，并曾担负中文系 1979、1980、1981、1982 级本科生《语言学概论》课的教学和辅导工作；1983 年调上海第二工业大学担任校长秘书；1984 年调上海外国语大学对外汉语系任教，曾教授外国留学生现代汉语、古代汉语方面多门课程；1989 年自费赴澳大利亚留学；1993 年回国后任职于华东师范大学图书馆直至退休。

著有《汉语情景会话》《通俗易懂的语言学》《汉语史话》《中国传统文化概论·汉语篇》等著作及多篇学术论文，编译有《美国艺术家随笔》一书，与人合编有《中国年谱辞典》《百年郑和研究资料索引》及《申报索引》等著作，并译有荷兰著名汉学家高罗佩所著《狄公案·黄金迷案》长篇小说一部。

受益一生的珍贵财富

丁国森（1970届初中）

每个少年都有一个二附中梦。小学四年级时，我参加了普陀区小学生萤火联欢晚会，是在二附中举办的。晚会前组织我们参观了二附中。郁郁葱葱的校园、明亮宽敞的教室、器材完备的实验室……面对如此优美的学习环境，我心里就想：我如果能考上二附中该有多好啊。但这仅仅是一个梦想。记得在我们的邻居中，似乎只有一个人是考上二附中的，每当看到他胸前的校徽上"华东师范大学第二附中"几个闪闪发光的字，我的心里都无比羡慕。

过了两年，十年浩劫开始。社会上的一切秩序都被打乱了，尤其是文教系统受冲击最严重。知识分子被整得灰溜溜的，还被统称为"臭老九"，斯文扫地。学校的毕业升学考试都被取消了，我们就在这荒诞的时代背景下进入了二附中学习。

当时，由于不断有各种政治活动，教学几乎是停顿的，教材也是非常简易的。但是我们的任课老师从不抱怨，总是尽自己所能变着花样为我们传授知识。教语文的陆诚老师给我们上文言文《触龙说赵太后》。他旁征博引、深入浅出的教学方法，抑扬顿挫的讲解语调令在座的每一位同学深深着迷，我也因此爱上了古典文学作品。物理和化学课本也取消了，取而代之的是《工农业基础知识》，教一些实用技术。授课的老师也能从基础的实用知识出发，教我们学会了安装日光灯、家用电表、电路等技能。

在今天的孩子们看来，我们那时身处的时代环境可以说是非常令人无奈的。但我们仍然有属于那个年代的青春闪光点。1970届毕业前分别有6个月的学工、学农劳动。学工劳动是在上海汽车修理六厂，同学们被分配到各车间当学徒，做一些简单的工作,我学的是钣金工。学农劳动在嘉定县徐行公社范桥大队。当时提倡年轻人和贫下中农打成一片,口号是"走与工农相结合的道路""滚一身泥巴,炼一颗红心"。学农期间我们都住在当地农民家,每天和当地农民一起参加劳动,学会了割稻、摘棉花、种小麦、种油菜等农活。割稻时大家奋勇争先,有的同学割破了手指,轻伤不下火线,包扎一下继续干。有个同学甚至割破了鞋子,伤到了脚趾,也毫无怨言。有些男同学们不怕苦不怕累更不怕脏,和社员们一起挑河泥,一天劳动下来,人都像泥猴儿似的。

我们参加学农劳动的徐行公社是著名的草编之乡。当地生产队种植黄草,用黄草的杆和茎编织各种手工艺品,出口国外,为国家换取外汇。我们心灵手巧的女同学跟着房东大妈、大嫂编织芦花靴。那芦花靴冬天穿着又轻巧又暖和又透气。大家还跟着大妈、老奶奶学纺纱织布。梭子在双手间灵活地穿梭,土布就一寸寸地织出来了。

学农期间,有一件事情至今记忆犹新。我们的班主任程桐荪老师是学化学的,她利用下雨天不出门劳动的时间,带领我们学习制作"5406"菌肥。"5406"菌肥和"920"生长激素在当时都是新生事物。老师指导我们的场面至今我还记忆犹新。记得程老师介绍说,"5406"是1954年发现的第6号(种)菌种,是从根瘤作物根部的瘤球内分离提取的。根瘤作物之所以能在贫瘠的土地上蓬勃生长,主要原因就在于根瘤能吸收和固定空气中的氮,起到固氮作用,为植物合成养分。"5406"这种从根瘤作物根部瘤球提取的菌肥有助于其他作物的种植生长。程老师带我们去吴淞中学、马陆公社、徐行化工厂参观学习。受当时条件的限制,许多材料是买不到的。我们在程老师的带领下,自己试制培养基。没有高压锅消毒,我们就用蒸锅加长时间蒸煮消毒。没有恒温箱,用棉被包好,里面放热水袋,不断观察温度表,不断换热水袋。当我们看到二代菌种在玻璃试管内的培养基上长出厚厚一层白毛时,程老师用沉着的女中音宣布"成功了"。大家高兴地围着程老师,那种成就感和自豪感至今回想起来还真真切切。

在程老师身上,我们学到了认真的工作态度、严谨的工作作风,不怕困难、迎难而上,有条件要上,没有条件创造条件也要上。尽管这只是程老师诸多教学案例中的一个,但这种言传身教、润物无声的教诲,使我受益终身。

我们1970届在临毕业前,有许多男同学幸运地应征入伍,成为了光荣的解放军战士。当时毕业分配是四个面向:面向农村、面向工矿、面向基层、面向边疆。许多同学去了黑龙江、贵州、安徽等艰苦的农村。同学们在各自的岗位上努力工作,有的成为行业的技术能手,为各自的单位做出了很大的贡献。这些都和二附中的影响是分不开的。现在，我们这届的同学都已经退休，又从祖国的四面八方回到了上海。当我们重新相聚时，经常还会聊到在二附中的经历。

如今，当我再次回到二附中的校园，看到比以往更加美丽大气的校园，青春洋溢的莘莘学子，往事又历历在目。今天的青少年是幸运的，身处和平的环境、过着优越的生活。在学习方面，过硬的教学条件、强大的师资力量令这些小校友们前途不可限量。我想，无论是过去还是现在，无论是逆境还是顺境，二附中优良的校风传统、全身心爱着学生的老师们、团结友爱互相激励的同学们都是我们强大的支持，在二附中的几年学习生活是我们人生道路上一段永不磨灭的美好回忆，也是一笔滋养人生的永恒财富。我想对当今的二附中小校友们说，如果说你们是一只只雏鹰，那么二附中的精神就是你们的翼下之风，它是无形的，却会伴随你的一生，助你在梦想的蓝天中振翅高飞。

2018 年 5 月 10 日

[作者简介]

丁国森，华东师范大学第二附中 1970 届初中毕业生。1972 年赴安徽省宣城县插队落户务农；1976 年招工至冶金部华东冶金地质机械厂工作；1991 年调入冶金部华东超硬材料研究所工作，任业务部主任、中间试验厂厂长；2003 年调入华东超硬材料有限公司，任生产部部长。2014 年退休回沪定居。

二附中毕业的……

刘伟华（1972 届初中）

我们这一代人是新中国成立后的第一代，按理应该沐浴着党的阳光雨露健康地成长。每个人学习文化、增长知识，为实现自己的人生梦想而努力，但是一场突如其来"文化大革命"让这一切都消失了。

但是上帝是公平的，他在为你关上一扇门的同时，又为你打开了一扇窗。正是由于"文化大革命"这一特殊时期，命运将我们一群十五六岁的孩子安排进了华东师大二附中，这是一所令无数孩子充满向往却遥不可及处在宝塔尖的学府。

虽然那时还处在"文革"期间，教学还没有走上正轨，很多课没有开设，如化学课、地理课，物理课改成了工基课，历史课改成了政治课，但我们还是如饥似渴地将所能学到的任何一点知识装进脑袋，班主任李绍宗老师经常会与我讨论一题多解等一些数学问题，找寻每一种解题方法的内在联系。我还在李老师的辅导下参加了学生上讲台的活动，讲的是如何计算操场的面积。

在二附中求学的日子已经过去几十年了，但很多事情现在回忆起来好像昨天刚刚发生。当时十几岁的我们活泼好动，整天异想天开，常常喜欢给老师起外号。英语老师那时不教音标，不教单词，一学期就教了毛主席万岁，于是英语老师的名字就成了"阿郎郎"。工基老师讲了一学期的大吊车，于是老师的名字就成了"大吊车"。体育老师长得脸方方的，名字就成了"方老师"。工农讲师团老师给我们上英语课，讲到美国（U.S.）时说不能读成豆油或者菜籽油的油，但我们听来听去还是菜籽油的油，于是农民老师的名字就成了"菜籽油"。如今这些老师已经年迈，有的已经故去，但我们还是非常非常怀念他们，他们的音容笑貌仍然是那么年轻地留在我们心中。

最难忘的是临毕业的最后一年,我们
1972届10名同学在严尔苓、朱开馨等四
位老师的带领下成立了二附中电子组,任
务是研制开发"光敏管"。光敏管包括二
极管和三极管,主要用于光感自动化装
置。当时不光是我们学生不知道"光敏
管"是什么东西,连老师都是门外汉。但
老师们不管原来是教什么课程的,都全身
心地投入到新的领域,在一无设备、二无
技术的艰难条件下,翻阅了大量的专业书
本,还到一些大学去参观取经。设备有现

照片摄于 1972 年初春(电子组劳动岗位)

成的就买回来,没有现成的就自己动手做,一个需耐高温的石英船就是老师们夜以
继日、不断摸索、不断改进才达到要求的,这样的例子是无数的,有时我们早上到学
校看见老师眼睛红红的,那肯定又是一夜未睡。老师们这种不怕吃苦、肯钻研的精
神让我们后来在踏上工作岗位时受益匪浅。我们10名学生被分配在4个不同的部
门,每个部门有一个带队老师,我当时被分在热压部门,带队的就是我前面提到的大
吊车李兴诗老师,我们的主要任务是用金丝将光敏管上两个触点连接起来。金丝非
常细,是头发的几十分之一。操作都在显微镜下,刚开始时很不习惯,但经过不懈的
努力,产量从最初的每天几个到最后的几十个,顺利地成为流水操作中的一个部分,
没有拖整个电子组的后腿。那时电子组的设备和原材料等都是老师和同学们自己
去运回来的,有一次运输的车子坏了,还借了农村的手扶拖拉机到吴淞把氮气钢瓶
运了回来,坐在拖拉机后面的老师和同学都被风吹晕了。

带着"二附中毕业"的光环,我们走向社会,踏上了工作岗位,在我们自豪的同
时,自感有一份责任在肩,只能为二附中添彩,不能让二附中蒙尘。在以后几十年的
工作中,我们认真学习,努力工作,为的是不落人后,对得起"二附中毕业"这几个字。
"文革"结束后,我们这一代人又成为补文凭大军。在刚补完初中文凭时,我怀孕了,
要不要继续补高中文凭,考虑了很久后我决定继续补。白天上班、晚上补习,这对一
个孕妇来说是很辛苦的,庆幸的是终于在孩子出生前一个星期,我完成了最后一门
课程物理的统考。我非常高兴,因为我同时孕育了两个孩子:儿子和高中文凭,也
开始了自己新的人生之路。

退休以后,我积极投入社会活动,成了一名助残志愿者,十几年来尽心为残疾人
这一社会弱势群体解决包括就业、生活、经济、康复等各方面的困难,让他们能提高

生活质量,共享改革开放成果。当他们热情地叫我一声刘老师时,我内心感到无限欣慰,觉得这是他们对我的认可。为了成为一名合格的助残志愿者,我不断扩充自己在助残领域的专业知识,参加了"中国手语""盲人定向行走""残疾人心理咨询"等培训,都以不错的成绩取得了合格证书,在58岁时还参加了劳动局主办的"助残社工师"统考以及清华大学"残疾人就业援助员"远程教育,都顺利取得了证书。

这一切都源于我是"二附中毕业"的,既然命运给了我如此高的起点,我就要无愧于这个起点,给自己创造一个丰富的中点,最后能圆满地到达终点。

〔作者简介〕

刘伟华,1972届真北一排学生,曾担任班级学习委员。1972年9月1日离开二附中回长征镇务农。1972年12月因征地进东海化工油脂厂(后改名为上海贵稀金属提炼厂)工作。曾担任团支部组织委员,做过生产工人、化学分析员、会计、机要员、统计员。退休后是一名助残志愿者,热心于帮助残疾人走出家门,融入社会,完善人生。2005年荣获普陀区"五心"工程先进个人、2012年被评为长征镇"残疾人康复工作"先进个人。

玩掉的中学时代

潘迎全（1972届初中）

1972届的我们在 10 岁时"文革"开始，13 岁进二附中时只有小学三年级的文化程度。在读书无用论的毒蚀中，我对自己的无知毫无认知，进了中学后也不好好上课，整天只知道玩，逃课、捣蛋的事没少干。师大校园每个角落都玩个遍，特别是共青操场。不是吗？哥哥姐姐们都上山下乡，也是我们以后要走的路。中学 4 年中，半年学工，半年学农，加上无数次去工厂劳动，拉练，上街游行，在教室里学习的记忆很浅很少。老师们深知学习的重要，变着法子让我们学点东西。在工基农基课的幌子下上数学物理课。可惜幼稚的我们浑然不懂老师的用心良苦。那些教过我们的老师一定是恨铁不成钢。

校庆来临，同学们都在回忆在二附中的往事，老师们活生生的容貌及零零星星的片段也由此浮现。顾朝晶老师好像是大渡河二排的班主任，班上有一半学生是师大二村的。他带过我们班的课。早上要朗读毛主席语录，他的评价是，大渡河排，响亮，师大一村排，准确。大概是因为他班上有一半是校外的，普通话带着本地口音。

对数学老师马惠生印象深刻，很帅。他是复旦数学系毕业的，讲课从容不迫条理清晰，很喜欢上他的数学课。

胡明生老师高高胖胖和蔼可亲。给我们上地理课，班上乱哄哄没有人要听。他那无可奈何摇头的样子有点可怜。胡老师人很善良。那时去国棉六厂劳动前要买饭菜票，老师把钱和粮票收上来，由我和佘明华骑车去工厂食堂买。胡老师让我也代他班买，有一次粮票和钱没有放好丢了，我又急又愧疚，他完全没有责备的意思，反来安慰我，自己掏腰包补上了，多好的老师。如果有机会，真想再上一次胡老师的地理课。

我们二个班主任严秀英和曹康绥是不同类型。严老师如同慈母,对我们一视同仁,平时与我们很亲近,训起话来也很严厉,但我们并不怕她。我们几个女同学去成都路附近严老师家玩,煮一锅菜汤面大家一起吃,开心得不得了。曹老师如同严母,对我们政治觉悟要求高,好像怎么努力也不能让她满意。写过无数次要求参加红卫兵的申请书,到了也没混进组织,可想而知当时的表现有多差。如果没记错的话,严老师是中文系毕业,曹老师是政教系的(其实是地理系的——编注)。曹老师对我们是尽心尽力,她对革命教育事业的付出和虔诚让人敬佩。

体育老师毛文荣(绰号毛茸茸)的嗓音不是很洪亮,立正稍息喊得脸红脖子粗也无法让我们排好队,没人听他的。体育课大多都溜出去玩了。

第一次拉练我是卫生员,比别人多背一个木头的医药箱,其实里面就一小瓶红药水、一瓶紫药水、棉花球和几块纱布。奚新年老师是年级教导员,前前后后忙着照顾每个人,到了休息点也不停。几次问我背药箱重不重,他那关心和同情的目光现在想起来温度还在。

后来我上了华东师范大学,主要是培养中学老师。四年级要去中学实习,正巧我分到师大二附中当化学老师和班主任。记得在二附中看到过沈伟民,她是辅导员吧。不知那时是不是重点中学。我教的班级学生聪明努力,还懂事。与我们当年是天壤之别。当年我们有最好的老师却不珍惜这么好的学习机会,只知道玩。这也许是不成熟的最高境界。

若有来世,还上师大二附中(能不能考进另说),再也不调皮捣蛋了,一定好好学习。

中学时代照

近照

〔作者简介〕

潘迎全,1972届师大一村排。中学毕业后进了上海胶鞋一厂的技校,后留厂当工人。1977届华东师范大学化学系毕业生,后在上海环保局工作。之后出国,美国佐治亚理工学院博士。现定居美国,在新泽西州制药厂做研发。

忆中学时代

沈建荣（1972 届初中）

清晨，吃了简单的早餐，拿着当天上课的书本，聚在弄堂口，差不多同学们到齐了就沿着中山北路，穿过金家巷，走进了金沙江路华东师范大学附属第二附属中学，开始了一天的学习生活。

与其说三四年的学习生活，还不如说是工，农，兵，学。因为我们经历了半年的学工劳动，在大渡河路上的化工机修总厂，我记得我和陈丽娟、干国平同学分在电工班学电工。后来我们又去了嘉定徐行公社，在徐行大队进行为期半年的学农劳动。挑过粪，割过稻，也在农民师傅家里吃过饭，那是一段艰苦的日子。为了练好铁脚板，我们还进行了 15 天的野营拉练，差不多走遍了上海大部分的郊区，这也算学习解放军吧。

真正留给我们学习的时间确实不多，但还是留下了清晰的回忆：让人尊敬的毛仲磐老师是我们的第一任班主任，万琳老师的外语课，金者老师的政治课，顾朝晶老师的语文课，影响最深的算是杨琳仙老师教的数学课，这都为我们以后的工作打下了基础。

中学时代还有很多有趣的事情：大操场让我们挖成了防空洞和战壕，教室的玻璃上都贴上了米字纸，工宣队苏北口音的训斥，军宣队紧急集合的哨声……在校办工厂我学会了开车床，加工了起重机上的吊钩。知道我们的校办工厂为我们学校争得了很大荣誉的是什么吗？发明了光敏管。那时是个了不起的发明。最后不要忘记体育室的老陆，借篮球、足球、乒乓球，少他不行。

华师大二附中是我们人生过程中一段很短的时光，却给我一生留下了难忘的记忆！老师们您们还好吗！同学们大家都好吗！

[作者简介]

沈建荣,1996—1998 年在上海市第二工业大学经济管理专业学习,毕业后分配进普陀区运输公司,其间担任党总支书记、总经理。2010 年由组织调动进上海中盛房屋动迁有限责任公司担任总经理。后任上海市普陀区第一房屋收服务事务所有限公司监事长。

我和我的老校长

刘秀龙（1972届初中）

金秋十月丹桂飘香。在二附中建校 60 周年的喜庆日子里，我们特别怀念老校长毛仲磐老师。

第一次见到毛仲磐老师是 1969 年，那还是在"文革"中。记得那时我刚进二附中，那天毛老师被人押着进入我们教室进行批斗，听说他是二附中的第一任校长，可又说他是"地主""走资派"，因为他一直低着头故看不清他的脸，当要他抬头"交代问题"时才真真切切地看清了他的脸，白皙的皮肤、大大的眼睛、略微扁扁的嘴巴，怎么看也不像那种十恶不赦的坏人，倒是给人一种文静、和善的感觉。因此心中不由地产生了一股怜悯之情。

而真正认识和熟悉毛老师，那就是 1972 年了。毕业前的最后一年，我们进行了为期一年的"学工学农"活动，所谓学农就是与农民同吃同住同劳动，我们当时是在二附中的学农基地嘉定县徐行公社东风大队学农。那年普陀区学农指挥部要举办全区驻嘉定县学农学校的文艺汇演，当时盛行"样板戏"，而二附中的《沙家浜》剧组在全区还小有名气，于是学校学农指挥部决定用《沙家浜》剧中的一场戏《坚持》即大家熟悉的"十八棵青松"作为参演曲目，而我在剧中扮演主人公郭建光。令人惊讶的是操京胡的琴师竟是毛仲磐老师，就这样我们在剧组中相识了。

毛老师的京胡不仅仅是会拉，而且拉得是有板有眼，颇具专业水准。由于剧中我有大段的唱腔，除了与剧组一起排练外，毛老师还经常为我单独伴奏，在此期间毛老师的那份认真、执着及和善令我敬佩不已。他说话时轻声轻语，时常面带着和蔼的微笑，拉琴时一板一眼透着一股兢兢业业，有时见我唱得有些累了，他会关切地说休息一下喝点水再唱。为了保护好我的嗓子,伴奏时他还不厌其烦地经常调整琴弦降低调。他像一个长者那样关心着我、爱护着我,令我感动。就这样,经过全剧组的努力终于达到了参演的水平。演出那天,嘉定体育场内人山人海,连围墙和大树上都坐满了人。其他各校只表演一些唱段呀,舞蹈呀,而我们演出的《坚持》这场戏则取得了轰动效应,深受各方好评。

40多年过去了,每每想起那段难忘的经历便止不住心潮澎湃、思绪万千。既有对人生中青春岁月的那份惦念和眷恋,更有对毛老师的一份敬爱与缅怀。虽然他不曾带我们班,也未曾在讲台上教授过我,然而他的人格魅力却时常感染着我,激励着我,在我的人生经历中烙下了一份深深地记忆。为此我将自豪无比,受用一生。

〔作者简介〕

刘秀龙,1972届初中校友。大专,政工师(中级)。时任二附中1972届红卫兵团团长、学生第一团支部书记,系1972届真北一排学生。1972年12月赴云南思茅中国人民解放军2461部队服役,曾获部队通令嘉奖等荣誉;1976年退伍被分配至上海海运局立丰船厂工会工作,多次被评为局工会先进工作者和厂先进工作者;1987年参加成人高考进入上海工会学院学习,曾任院学生会文体部部长等职,1989年毕业回原单位工作至退休。

中学时代照

近照

一堂难忘的物理课

朱锡祥（1972 届初中）

  我们在那个年代，是以居住地所处的街道，被统一安排到"华东师大二附中"上学的。这将近四年的学习生活并没有给我留下太多的印象，只记得当时整天就是革命加批判，批过来，批过去，真不知哪来那么多的东西可批判。实在没有什么可批了，就把我们古代的孔夫子揪出来批判一阵子，宁可批错也不能放过。空下来就是到工厂，我们在工厂学会了按照师傅们的要求把各种材料，搬过来，搬过去。到农村我们学会了挑大粪、翻地、割麦子，反正需要什么就学什么吧！再不然就去学习解放军吧，背起背包，练起铁脚板，连续走上十多天……在实践出真知的鼓励下，基本上没有系统的文化学习，即使断断续续地学了一些也没能学好，但是却有一堂课我听得很认真，课堂内容直至到现在还有较深的印象。

  那是一个很平常的日子，早上我和往常一样，拿了几本书上学去了，我们上学的路上要经过一些村宅和田间小路。那些年在田间，路旁到处都有广播，平时大多播些革命歌曲和当时的样板戏，那天却反复播放一条重大喜讯"我国第一颗人造卫星上天"，并从卫星上传来了断断续续的、有些失真的乐曲"东方红"。当时我对"人造卫星"充满着好奇和神秘的感觉，到了学校，只见整个校园都沉浸在这个特大喜讯中，从学校大门口到各年级的走廊，到处贴着"热烈祝贺"我国第一颗人造卫星上天的大红喜报。同学们三个一群，五个一堆，在那里议论着争论着，用什么方法送上去的呢？在上面能停留多久？会不会掉下来？谁也说服不了谁。直到上课铃声响了，同学们各自向教室走去。到了上午第三节课时，我们的物理老师来了（当时的"物理"这个名词已经改成工业基础知识，简称"工基"）。那是一个戴着黑框眼镜，剪着一头齐耳短发,长得非常清秀而精神的中年女教师(据现在反复回忆,她就是许晓梅老师)。在课堂上她把卫星上天的基本原理详细地讲解着,尽管当时有很多内容听不懂,但却听进了一些从未听说的名词,大气层、速度、惯性、轨道等。最后我壮着胆子问老师,卫星为什么不会掉下来呢?老师并没有直接回答我的问题,而是拿出了一只系了一根细绳的小瓶子,里面盛满了水,她突然用力作垂直方向的圆周运动,而瓶子里面的水却一点也没有洒出来。这就是卫星为什么不掉下来的原理,记得我当时很惊奇,那么深奥的卫星上天,却被这么简单的原理说明白了。

这堂物理课,老师讲得生动,我也听得认真,尽管有些知识是后来才理解的。通过这堂课,使我明白了一些道理,没有正确踏实的科学知识,任何的实践活动只能是一种重复的手工劳动。这是一堂使我认识知识重要性的启蒙课,对我后来的学习起到一个助推作用。4年的中学生活对于整个人生来讲是短暂的,但这些经历却是宝贵的,我们经历了一个所谓"前无先例,后不可续"的年代,毕竟我们过来了,最后愿我们附中的校友们人人安康。

2018 年 5 月 13 日

[作者简介]

朱锡祥,华东师大二附中 1972 届真北二排。毕业后分配普陀区房地局技工学校,学员;1975—1989 年由技工学校分配普陀区沙洪浜房管所,修理工、质量查勘员;1989—2012 年经组织调动到普陀大楼物业有限公司任部门负责经理。

感恩母校，祝福六十华诞

陆政（1972 届初中）

记忆中的母校是朴实无华

如今的母校更是令人羡慕

明天的母校一定会更美好

在那里有我们难忘的初中生涯

在那里有我们最亲切的师生情

在那里有我们珍贵美好的回忆

母校，您像慈爱的母亲

用爱的光辉照亮我们每个人心灵

母校，您像严厉的父亲

用博大胸怀包容着我们茁壮成长

母校，您像杰出的画家

用笔绘出我们光明又美好的未来

你似绿色森林栖息雏鸟展翅高飞

你让学子在知识海洋中击浪遨游

你指引着我们在人生轨道上航行

可亲的母校，生命的摇篮

难忘的师恩，智慧的钥匙

人生的基石，永远将铭记

六十年，一步一个坚实的脚印

六十年，一年一层喜人的发展

六十年，一批一批英才和栋梁

为你而骄傲——我们的母校

为你而自豪——我们的母校

为你而喝彩——我们的母校

祝福你盛如日月

祝福你灿若星河

祝福你再创辉煌

华师大二附中

育人育德六十载

硕果累累振中华

我们拥有同一颗心同一个梦想

春风桃李满天下

一代更比一代强

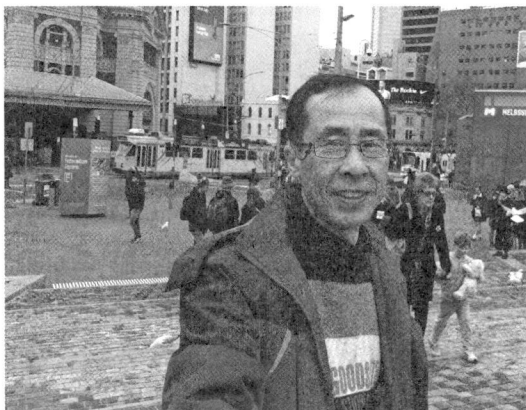

〔作者简介〕

陆政，1972 届初中校友。1972—1974 年上海培训工作；1974—1994 年航空航天部三线建设工作；1994—1997 年上海工作。1997 年移民澳大利亚至今。

良师益友，天凉好个秋

胡伟伟（1973 届初中）

1972 年秋，我离开母校华东师大二附中，去崇明新海农场务农。

这是我生平第一次离开家离开上海，离开父母兄弟，离开华师大深宅大院，走上社会，去外面的世界经风雨见世面。

虽说崇明也属上海的版图，但它却是唯一不在上海本土的区县。一道江海水，拉开了崇明岛和大上海物理上与心理上的距离。

那个秋天有点冷。从表面上看，去崇明农场总比去外地务农（农场或插队）要好些，但其实在所有的四个面向里，崇明农场的劳动和生活条件是最艰巨也是最艰苦的，在上海，这是众所周知的不争的事实。

所以，当时的我，一个 16 足岁的少年，在吴淞口码头登船时的景象和心境可想而知：整个一个秋风秋雨愁煞人。当然，同道亦然，我不是一个人在颤抖。

开船后，颇为意外地发现前来送行的班主任严秀英老师也在船上，原来她是看见同学们的情绪不对，放心不下，临时起意决定亲自将我们一路送到农场。严老师心细如发雪中送炭，同学们感动不已，不约而同紧紧地围向老师抱团取暖，恰似一群小鸡围着母亲。

抵达农场后，见到的环境竟比我们做的最坏的打算还要糟。同学们的情绪顿时跌落到了谷底，不少女生当场泪奔，其状惨不忍睹。我是男生，在二附中又是

一班之长，过去的同班同学此刻共为农场同事的有 12 人之多，一打霜打的茄子都在看着我呢！我假装坚强，心里却拔凉。我等将要在这片荒滩野地战天斗地一辈子？我简直不敢想象！

当天晚上，严老师找我单独谈话，她说：情况我都看到了，条件确实很艰苦，同学们的失落可以理解。但一个人不能只看到眼前而要放眼未来。未来怎样谁也不知道，既来之则受之，有利的情况和主动的恢复往往存在于再坚持一下的努力之中。你是班长，更是男人，相信你知道如何做……

老师一席话，严慈并济，拨云见日，尽管没有指明方向，但却点出了应对的方式方法，这就是"路漫漫其修远兮，吾将上下而求索"；翻译成白话文是：前途漫漫，路在脚下。用当下的话来说：要做打不死的小强！

后来在崇明的整整 6 年，再苦再难，每每想起老师的这番话，我便生出力量，坚持着走了出来……

一晃 45 年过去了，但我仍然清晰地记得那个场景：临别喝师一碗酒，浑身是胆雄赳赳……

[作者简介]

胡伟伟，1969—1973 年华东师大二附中 10 班；1973—1979 年崇明新海农场 9 连；1979—1992 年上海第十七羊毛衫厂；1992—1996 年上海银星皇冠假日酒店；1996—2016 年日本森林公司（上海茉莉林纺织品有限公司）。2016 年退休。

尘封已久的记忆

夏振庆（1973届初中）

同学们

　　封存的老酒起封后，如果你喝上一口，那种醇香的味，流入口中然后慢慢咽了下去，瞬时沁入心肺，口里留有余香，挥之不去。并且那种味还从你的齿缝间中流出，慢慢散发在空气中，发出阵阵的酒香味……

　　同学之情，就像酒一样醇厚。近半个世纪，想起他们，记忆是那么清晰，我还是那么激动。

　　记得那时冬天上学，天气很冷，学校倡导同学们到操场上跑步。学校的操场还是比较大的，这在上海的中学学校里很少有的，这得益于华师大的眷顾。我们早早上学的同学，进教室放下书包，因时间离上课还早，都会到操场上跑上几圈。住在师大一村的老师不少，老师上班时见到操场上人那么多也大多会加入锻炼的行列，操场上顿时形成了壮观的人流，几圈下来大家不再感觉冷，身子暖和多了，有的还用手绢擦了擦额头、脖子上冒出的微汗。

　　同学中有不少是住在曹家巷和师大一村的。我们在操场上锻炼时，经常看到许富英同学，她可是我们年级的红卫兵营长哦！她是不大来操场跑步的，她和她们班的一个叫骆玲娣的闺蜜上学时，时常一起有说有笑朝着教室方向匆匆走去。德利是八班长，个儿不高。他偶尔也来操场上跑上几圈，更多的时间是活跃在篮球场。我们在操场上还看到一位小可爱的女同学，她就是毛梅兰同学，是九班长，永远不变的羊角辫，显得活泼机灵。她说话像机关枪一样，声音有点像京剧中程派嗓音，不像小女孩细声细气的声音,她经常上台念稿子,总是一口气读完。还有,我们锻炼身体时还能看到离上课时间快到而赶来的黄若雄同学,她总是踩着点,不到上学时间,是不会出现在同学的视线中的。她斜挎小包像部队女工团小女兵一样大跨步走路。不过我没有看到她穿过几回军装。她个子真的不高,羊角辫梳得比毛梅兰长点。她是学校组织文艺汇演的必不可少的主角,是个有文艺细胞的女孩。可惜部队招女兵时没有发现她,否则的话,到部队里一定是个好苗子。

我记得在女同学中有两个姚明式的人物,她们都是十班的同学,一个是原十班长刘皎,个子最高!人如其名,白白的,也很靓丽。听说后来移居国外。还有一个是王春风,最近战友同学聚会遇见了她,至今还是比我高。那时的她,梳的是齐耳的红军头,感觉那时不苟言笑。后来到农场,当了个拖拉机手,后又当兵去了。和戴沪宁一样,海军!

我们班的老师是程桐荪老师,是教化学的。在班里同学中很有威信,她非常干练,用流行话来说是个女强人,能镇得住班里所有的同学。后来一度调到高年级班任教,分别时,师生难舍难分。老师、同学相互握着手惜别,大家眼睛都湿润着,记得程老师还送给我一个笔记本。程老师走后,班里有点乱,新来的黄素行老师可费心了。再后来,程老师又回到班里担任班主任,班里又恢复了以往的秩序,但师生的默契感不像以前那么好了。

那个年代,学校里,有学农、学工和学军项目。我们二班和七班、九班编在一个连队。学军最苦,整天在飞机场跑道上搞队列,江面上的冷风时不时刮来,最主要是枯燥乏味,那位书生样的军代表小结时,不说刚才,而说方才。地方不一样,说话也不一样。

学农还好,在嘉定、罗店那一带。我的房东是一位和气的老伯。家里没有什么摆设,但收拾得挺干净的。那时家家时兴墙上挂上相框,里面都是家庭合影和相馆里照的照片。他家的一大相框,里面挂着年轻帅气的解放军战士的相片,引起了我的注意和兴趣。老伯告诉我,这是大儿子,是个志愿军战士,抗美援朝时在朝鲜战场上牺牲了……我不禁对相片中人产生了敬意!同时也对老伯产生了敬意。在国家危难时刻,老伯毅然让儿子当兵,参加抗美援朝。而今,我们学农,他不嫌麻烦,又接纳我们住在他的家里。

那时我们学校还搞过大规模的拉练,那时学校驻扎着军宣队、工宣队。拉练时军宣队解放军叔叔跑前跑后的。拉练那也是枯燥乏味,还累。不知大家还记得否。

我们二班同学中有不少是农村的同学,一班就是全部都是农村同学了。那时身价不菲的自行车(就感觉像拥有一辆轿车一样)在他们那里真的是小菜一碟,同学家哪家没有几辆自行车?他们每天上学和放学骑自行车,让我们走路上学的同学非常羡慕。中午他们带的饭不是肉,就是鸡呀带鱼呀什么的。他们的菜不用买,都是自家地里种出来的。秋末上学,他们裤包里总是塞满了香瓜子,一嗑瓜子满教室都是瓜子香气。这都是同学家秋天的收获。我记得有位同学带我到农村玩,到地里偷摘了几个圆盘大的向日葵,还塞给我两个呢。

其实,三班、四班、五班、六班都有农村同学,那时二附中周围都有农田的。

小时候大家的生活水平都差不多,我们家六口人,离最低生活水平还差一截子呢!时至今日,想到儿时,邻家的和学校的同学,都挺有意思的。

有同学提议我写点学校时的片段,所以我胡乱地写了些,有些时间地点上可能有出入,供大家一起回忆,让我们思绪一起飞向那个年代吧!

老师们

师生之情,也像酒一样醇厚。近半个世纪,每当想起母校,想起老师们,我还是那么激动,那些人那些事历历在目。

我们班主任是程桐荪老师,是教化学的。我们很喜欢老师的化学课,因为它的趣味性很强。一次程老师带我们做了一个实验:把碳酸钠和盐酸混合,经过沉淀,点燃酒精灯对着烧杯和弯管进行烘焙,一会烧杯里出现了白色的晶体。老师说这就是日常吃的盐——氯化钠,大家可以尝尝!看大家没动静,老师说没事的,说着自己先尝了一下。后来逐渐有同学尝试。有时老师还叫我们卜夫实际操作,真的有趣极了。程老师上课时严肃认真,下课时和我们一起说说笑笑,是一位很有亲和力的老师。后来她调到高年级任教,分别时,师生相互握着手惜别,大家眼睛都湿润了。新来的黄素行老师也对同学们很好。记得老师身体不是很好,但她利用暑假休息时间,顶着烈日进行家访,要知道我们班的同学大多住得很远,到达同学家时,老师手上捏着的手绢早已被汗水浸湿了。至今我都记得老师满脸通红,汗津津的样子。

教我们英语的是九班的班主任刘鼎立老师,他头上时常带着黑色的八角帽,年轻帅气,充满了活力。他比我们大不了多少,但话总是能说到我们心坎里。他上课有幽默感,同学们挺喜欢他的。他有个习惯,喜欢时不时捋袖子,很像抓鸡摸鱼的样子。当然他也有大男孩子气和滑稽动作。同学们私底下议论刘老师时,会模仿他的习惯动作。

教我们班语文的是六班班主任林炳枢老师。听说是福建人,他和爱人住在学校里一间很简陋的小屋里。他是个有很深文化功底的资深老师,喜欢咬文嚼字,卷头发,脸和皮肤有点像麦子咖啡色,很像在海上作业的艄公。林老师上课时语气不紧不慢,时常用他厚嘴唇朗诵诗歌和散文,很有老夫子的味道。还有一位徐玉仑老师,他是八班的老师,也是年级组长,也时常到我班上语文课,他的语气风格和林老师决然不同。一次徐老师在课堂上念了我和另外一位女同学沈亚辉的作文,我记得先念我写的《我的师傅》。该篇作文描述的是我们在国棉十七厂学工几个月和师傅在一起劳动结下的情谊。在徐老师忽高忽低富有感情的念读下,班里没有一点声音,同学们静静地听完了这篇作文。下面又读了另一篇作文,也许平时这位同学在老师中印象很好,学习成绩优异,老师说她写得很好。这下私底下同学们嘀咕了,意思说第一篇作文更富有情调。老师听到了同学们的议论,最后说其实夏振庆写的也是篇好文章。这是我第一次听到同学、老师的表扬。

我们的美术老师是鲍友才老师,他是印尼华侨,高个子,人很壮实,上课声音很大,但咬字不甚清楚,上课经常拿些学长们颇有创意的画给我们观摩。我忘不掉其中有三幅画,一个是人字的画,远看像是排笔写的人字,近看就是个人画,很有意思。有一张画,它把画按邮票样子画出来,很有创意。最后一张是炮弹壳里插着花,有和平鸽,有僧人在那里打坐。右上角写有"放下屠刀,立地成佛"小字。是一幅小样,草草几笔恰到好处的水墨画。这是齐白石的画,很有禅意! 不过那时红色年代,这是受到批判的。老师逐一介绍当今的画派和同学的作品,推荐我们参考当时影响力很大的《浙江画报》,那是浙江美院(如今它已是中国美院了)办的刊物。我喜欢画画,也是年级美术小组成员,我们每周活动一次,我们画的画和高年级同学的画,常常摆放在学校门口连廊中展出,我经常驻足观赏。画廊里的画,数 1970 届曹家巷一位同学最好,那水粉画,画得真叫人拍案叫绝。按我们部队话来说,好得没治了。我也碰到过低年级同学点评我的画,他们不知道画画的同学就在他们身边倾心听他们议论呢。

年级组有两位体育老师,我印象很深,一位毛老师,口音像两广一带的,他教我们体操类的项目,单、双杠,鞍马他都玩得非常洒脱。还有一位是学校体育教研组长陈志超老师。想到他,我就会笑,他长得和我现住的川沙农村的人差不多,中个儿,人很壮实,国字脸,面相凶,其实人挺好的,普通话里夹着上海本地口音。每天上课前的广播操,由他指挥着,主席台上还有一位一成不变的领操员——小个子黄若雄同学。我和陈老师熟识,源于他教我们年级体育课,还有每年学校都要派同学参加区里的中学生田径运动会,都是他组织的。参加的同学里,我记得一位三班男同学,他是跑 3000 米的。九班的陈爱芳也是能跑的一位女同学,她的项目是跳远或短跑,我搞不清了。我跑的项目是 800 米,有时也跑 3000 米长跑。当时学校还有两毛钱补贴,是给你买个包子馒头垫垫肚子的。还有一位体育老师面和善,不大吭气,经常帮我们按秒表,记不清老师名字了。其实年级里老师有体育特长的蛮多的。如七班的施老师篮球玩得像魔术一样,运球,跳投,出神入化。二班的卢老师投篮很准。后来的数学王老师,山西人,听说他原是师大篮球队长呢!七班的蔡老师排球打得非常好。一次我看到老师们和区少体校中学生在学校的一场比赛,蔡老师是主攻手,那个扣球真是惊天地,泣鬼神!打得对方毫无招架之力,不过最后还是输了,我们这里老师体力、实力不济,斗不过初生牛犊,但也虽败犹荣,相当精彩了。

杜老师是教音乐的,听说她的手风琴是参加过比赛,在市里拿过名次的。那个时代,她空有一身才华,有谁能得到她的真传呢?80年代初我出差坐80次开往上海的列车,途经桂林段时在列车上见到过杜老师,当时她带着女儿去游玩。师生异地遇见别提多高兴了,她听说我在部队工作,一个劲地夸我,说我在校时就是不错的学生。途经漳州段时,我下车和她辞别了。

其实,在那个年代学校还是很注重培养德智体全面发展的学生的,不管是学农、学工、学军,还是拉练,都坚持了学生以学业为主。1972年上半年,我记得市文教委专门派一位资深记者专程来到学校,了解学校办学经验,并在我们1973届二班进行教学旁听。没过多久,一篇介绍华师大二附中办学经验的文章就出现在《解放日报》头版上。二附中在体育教学方面师资能力也是很强的,我印象最深的,一位是毛老师,我们在他的悉心指导下学会了上鞍马、单杠、双杠等基本动作。还有一位是学校体育教研组长陈志超老师,每天穿着运动服和运动裤。

我们学校还搞过大规模的拉练。四班陈国发同学在他撰写的回忆录里有过这样的描述:在那个备战、备荒的年代,学校组织野营拉练,我们班姚瑞榆、鲍友才两位老师和学生一样背着背包在行列中风雨兼程。每到扎营住宿点,他们不顾自己的疲劳,炊饭查房,像爱护自己的孩子一样爱护我们。虽然鲍老师离开了我们,但那种师生情,我至今未忘!

我们这一届同学出生在50年代中后期,那时共和国才成立几年,我们经历了最为艰苦的三年困难时期,在特殊年代进了华东师大二附中学习,那时条件有限,我们学到的知识有限,我们在特定条件下毕业离开学校,开启了自己的人生道路。

几十年过去了,如今我们绝大多数人都退休了,但我们没有忘记过去的岁月,没有忘记亲爱的母校。

今天,在校庆60年之际,同学们聚在一起,回忆起了当年学校的学习生活。九班一位女同学说得好:"那个史无前例的年代,被我们碰上了。但回头看看,也并非一无是处,它磨练了我们的意志、锻炼了我们的品格、培养了我们的能力。那时条件艰苦,但能锻炼人啊。现在国家领导人中,许多和我们是同龄人,也是经历了这么多坎坷成长起来的。就是那时,我学会了独立、自强。虽然那时我们还没有实行高考,但我一边工作,一边学习。如今我研究生毕业,经过严格考核,评上了高级职称。"

有些同学毕业到农场和边远农村,他们不悲观、不自弃,坚持学习,通过高考,上了名牌大学,如今他们有的是硕果累累的大学教授,有的是中学老师,有的是律师,有的是企业老总,也有的当过兵,参加过闻名遐迩的对越自卫反击战,有着近 20 年的军旅生涯。

饮水思源,回想我们所走过的路程,所取得的成就,都离不开老师的谆谆教诲和培养。我们敬仰老师甘作人梯的精神,我们永远是老师的学生。

我的战友听说我是华东师大二附中人,如今又正值学校 60 华诞之际,纷纷向我祝贺。更有战友欣然提笔,和我一起,写了几首小诗呈上,以表对母校,对老师的敬意。

其一·忆母校

喜迎母校六十年,
犹如娘亲庆华诞。
呕心沥血不言悔,
诲人不倦永不忘。

常忆校园书声朗,
久怀谆谆好师长。
耳提面命佳园丁,
精心浇灌苗苗壮!

其二·校庆华诞 60 载

园丁辛勤浇灌,
誉满四海五洲;
如今学子归来,
同庆母校华诞!

其三·母校 60 年庆有感

寒来暑往六十春,
英才无数出此门。
玉阶碧草怜无语,
长空霜雁笑有痕。

难忘夫子三秋露，

永怀人梯百世恩。

今日欢歌庆耳顺，

满园桃李颂芳芬。

其四·校庆 60 年

卓然独立铸精魂，

胜已越而媲翰林。

甲子回眸多翘楚，

满园送目桃李春。

何须细数状元秀，

但念成灰蜡炬心。

今日欢歌迎庆典，

深怀虔敬报君恩。

〔作者简介〕

夏振庆（网名 Billy），1955 年 8 月 5 日出生于上海。学历高中，政治面貌党员。曾是二附中 1973 届学生，毕业后参军。在空军某雷达部队工作。因工作出色，提为部队技术干部。1978 年 12 月因中越边境紧张，奉命调往云南前线，参加了对越自卫防御战。军旅生涯近 20 年。后转业回上海在中外运公司工作。个人生性开朗，喜欢与人交往。长期的部队生活，养成不畏艰苦、刚正不阿的气质。平时喜欢运动，空闲时写点军旅生活和旅游游记。

记忆中的晨操

陈国发（1973 届初中）

想起中学时代的人和事，抹不去的情结就是做晨操，晨操是校园里的一道亮丽风景线，那地方是 1973 届全体同学汇聚的地方；是中学 4 年伴我们成长的地方；也是眷恋母校怀有情缘的地方。

曾记得，操场上总有一个扎着羊角辫的小姑娘和一个敦实的帅小伙，他们是九班黄若雄同学和八班朱飞龙同学。两位同学是百里挑一、同学仰慕的领操员。他们以模特般的身材优势，在主席台上做广播体操示范。全身焕发出青春朝气，精神饱满地率领全年级同学做早操。他们各展风采，直面操场 10 个班级的同学和老师，其亮相已成为年级里的公众人物，体操明星。他俩领操时的一抬一举、一伸一展的优美舒展的示范动作，让人记忆犹新，久久不能忘怀。喇叭里"广播体操现在开始"的清脆嘹亮声音，响彻校园，顿时整个操场有了勃勃生机，全体同学目注领操员，迎着朝阳踏着音节，队列有序、整齐划一做早操，这预示着迎接晨曦新一天的到来，也意味着一天学习生活的开始。耳熟能详的广播操音乐，多么悦耳动听，富有节奏感，回想起来，那雄壮明快优美的旋律，仿佛又在耳边回荡，令人心旷神怡。同学们做操时挺胸挥臂，那专注投入的精神状态，展示出了 1973 届同学蓬勃朝气的青春活力与精神风貌。那年轻时呈现的精气神力度，给人鼓舞和力量。是母校给予了良好的学习环境，是老师辛勤哺育了我们成长。二附中的操场上留下了我们的青春足迹，更留下了我们美好的回忆⋯⋯

我们二附中一贯很重视学生体育锻炼，注重培养学生德、智、体全面发展，从不偏废，从不间断。因此，在我们毕业后，踏入社会参加工作能有个良好体魄，得益于当年做广播体操,只要你当时认真做了,坚持做了,如今显现的效果,只有自己知道。当年学校组织学生做早操身体锻炼,是发展体育运动、增强学生体质的明智之举,使同学们受益终生。现在我们到了花甲年龄,怀旧心理难以释怀,找回年轻,找回自信,是共同的心态。时光荏苒,希望自己老得慢一些,身体好一点,能有健康的体魄。

追求无悔,努力无憾,在庆祝华师大二附中 60 周年华诞的日子里,有太多的欣喜和感慨,我们回忆那学生年代的芳华岁月,想念那 4 年同窗的良师益友,高兴与庆幸,骄傲并自豪。不忘初心树理想,不忘园丁勤栽培,"谁言寸草心,报得三春晖",这是我们每一个同学由衷表达的心声。只要时光不老,我们不散,与母校同心、同梦、同行。让我们相逢在金秋十月,为母校 60 岁生日,助兴喝彩,给恩师敬上一杯庆功酒。

[作者简介]

陈国发,1973 届初中四班。大专学历,统计师、政工师,1979 年 6 月入党。从二附中毕业后去崇明新海农场,然后入伍参军;1976 年复员到纺织局第十八漂染厂,单位兼并重组多次,最后 2016 年在棉纺印管理中心工会岗位退休。

人生格言:在人生道路中学会释然,懂得感恩,真诚待人。

"数列"为我打开学习数学的兴趣之窗

李平（1977 届高中）

中学是少年激情燃烧的岁月，回望 40 多年前二附中的生活，那难忘的校园映射着"文化大革命"刚刚结束后，一个个少年学生对知识极度渴望的时代特征和强烈追求，也在我们二附中的学生心中凝结了一个个永恒的美好回忆。

作为华东师范大学二附中 1977 届高中的一名学生，基于时代的局限性，我们没有受到系统规范的德智体美教育，工基、农基式的教学使我们深感知识与能力的贫乏，更无法感受科学的奥妙与趣味。1977 年恢复高考后，二附中审时度势地、填鸭式地开始给我们补课，没过多久，我们的学习热情被彻底激发了。

我们的数学课程是傅伯华老师教授的。傅老师教学严谨，深知数学的重要，想方设法让我们学习数学知识、训练可以培养的数学能力。数学世界蕴含的自然规律，像颗颗闪耀着智慧的珍珠，构成了一个群芳争艳的百花园。在傅伯华老师的数学课上，我立刻被其中一朵富有魅力的小花"数列"深深地吸引。当时课堂上讲的数列内容都是面向全体同学的基础知识，然而我对数列却产生了浓厚的兴趣，也感到当时课堂上讲的内容已不能满足我的兴趣。那时没有合适的教材，更没有数列的相关内容，为此我专门花了 0.80 元买了一本《数学手册》。在 20 世纪 70 年代，我们一个月的零花钱也只有 1 元左右。这本《数学手册》大大拓宽了我对数列的认识，也渐渐让我了解了当数列从数字过渡到函数时所形成的更加广义的"极数"概念。《数学手册》帮助我学习了许多当时中学没有教的数学知识，并伴随着我的大学学习和未来的教学工作与科学研究。到目前为止，我在教学中还经常向我的学生展示这本《数学手册》，告诉他们在互联网社会的今天，碎片化的知识还是需要系统的书籍来给予支撑。

购于 1977 年的《数学手册》　　　　上海市第七届数学竞赛决赛参加证

　　"数列"为我打开了学习数学的兴趣之窗,从此我对求解各类数学题目都特别有兴趣,并且也更关心这些数学公式背后所隐藏的关联与关系。例如,在三角函数中存在的和角、倍角、半角、积化和差、和差化积等一系列公式,是当时许多同学学习三角函数时的难点。如何攻克这一难点,我就从它们之间的关系着手思考,通过反复推演,渐渐认识到完全可从其中任一个公式推演出所有的其他三角函数公式,这就省去了记一大堆公式的麻烦,同时也培养了对三角函数关系的推演能力。在傅老师推荐下,我有幸参加了 1978 年上海市第七届中学生数学竞赛,这是"文化大革命"后恢复数学竞赛后的第一次。

　　1977 年恢复高考后,1978 年上半年是我们高中毕业的最后一学期,也是我们"复习"迎考的最后半年。那时就根本没有复习,完全是现学现卖,硬着头皮走进关闭了十余年的高考考场。1978 年的 7 月 20 日至 7 月 22 日,是全国恢复高考后的第一次全国统考。7 月 21 日上午是数学科目考试,其中第 9 题如下:

> 9.（20分）已知△ABC的三内角的大小成等差数列,tgAtgC= $2+\sqrt{3}$ 求角A,B,C的大小,又已知顶点C的对边c上的高等于 $4\sqrt{3}$,求三角形各边a,b,c的长。（提示:必要时可验证 $(1+\sqrt{3})^2=4+2\sqrt{3}$)

1978 年全国统考数学试卷第 9 题

　　题目专门标出了"等差数列"这一提示信息。我利用等差数列中项式关系,很快求解了三个角的大小关系,又利用我所熟悉的三角函数关系,准确地求解了这一分值为 20 分的大题。

　　高考后不久,父亲在复旦大学的朋友打电话说我被复旦大学物理系录取了,当时我一点喜悦感都没有,因为我志愿填报的是数学系,被物理系录取是因为物理成绩比数学成绩还高一些。为此,我进了复旦大学,还时常去听数学系的一些课程。这些课没听懂多少,但数学思维的方法一直给我带来许多帮助。

　　工作后进入南京某高校,担任大学物理等教学科研及教学管理工作 30 余年。在教学中,数学思维、数学方法仍是我传授知识、培养学生能力的一条主线。如在讲解简谐振动的典型案例——单摆与复摆时,为什么要做摆角 θ 的小角近似,我还专门引入 sin 函数的级数展开

$$\sin\theta = \frac{\theta^1}{1!} - \frac{\theta^3}{3!} + \frac{\theta^5}{5!} - \frac{\theta^7}{7!} + \frac{\theta^9}{9!} \cdots\cdots$$

显然,在摆角 θ 为一个小量时,θ^3、θ^5 等高阶小量就可以省去,由此得到 $\sin\theta \approx \theta$。在这一线性近似下,单摆与复摆的运动则为简谐运动,这里,从"数列"概念演变后的"级数"概念的灵活运用,使我们能更深刻地理解简谐运动的物理本质——它是一种线性近似的结果。

　　2000 年我以访问学者身份进入中国科技大学,在导师指导下学习并开展非线性动力学研究。2002 年的 SARS 疫情以及互联网上计算机病毒的传播及公共社会中谣言的散布,几乎都以一传十、十传百的形式雪崩式地发展。人们既无能力也无资源对所有"人"或"位置"予以保护或隔离。为此,我们提出了如何在有限资源条件下抑制这种传播(或扩散)的非线性动力学问题。在前人研究的基础上,我们构建了一个级数动力学模型,并在此基础上将离散性问题转换为一个连续性问题,通过该模型可有效地识别出病毒(或谣言)传播的关键"人"或"位置",对这些关键"人"或"位置"加以屏蔽,就可以集中有限资源来阻止病毒(或谣言)的快速传播(或扩散)。这一模型的数值模拟结果与真实数据有着较好的吻合,相关研究论文发表在欧洲 EPJB 杂志,论文被引用数已超过百次。有趣的是,近期刚刚获知我的导师也是数学竞赛的参赛者,他参加了 1961 年的上海市中学生数学竞赛,共同的数学兴趣使不同年代的人走到了一起。

　　对一个知识点的兴趣,激发了对一门学科的兴趣,而这种兴趣又成为一个学子成长发展的原动力。感谢母校对我的培养、教育与宽容,使我能肆意地按照自己的兴趣学习与成长。

[作者简介]

李平，1978 年毕业于华东师范大学二附中高中 1977 届 2 班，考入复旦大学物理系。现任职南京某高校，教授；兼职于麦可思教育研究院，高等教育管理学术顾问；为 CPL、APS、CPB 等学术期刊特约审稿人。在 SCI、EI 等期刊上发表各类学术论文 30 多篇，主持或参与国家级、省级教学科研课题 6 项，主编国家级等规划教材 3 本，获省级高等教育教学成果一等奖、二等奖各 1 项。

中学的那些往事

张菊萍（1975 届初中）

我是华师大二附中 75 届 10 班的一名学生，恰知学校将举办校庆征文活动，一些中学往事，点点滴滴，又浮上心头，借此机会，我将几十年都未曾说出口但总想说的一些往事，与大家道道。

诸葛亮《诫子书》中云："夫学须静也，才需学也。非学无以广才，非志无以成学。"我的中学时代，说实在的，学知识文化并非是第一位的，全社会似乎选择性地忘记了学生真正应该做什么。但就在这种大环境下，还是有一些真正的老师没有放弃他们的情怀，尽他们的可能，坚守他们的本分，教书育人。

在那特殊时期，学习氛围不比当下，但我的几位老师，却影响了我的一生。教我们语文的是毛仲磐老师，一位温敦和蔼的长者，一口浓浓的本地口音，儒风雅道。一次布置课外作业，说要写出 20 个形容词。仗着自己学过许多成语，又想偷懒，不过脑的，我就在作业簿上写，成语都是形容词，交了上去，还在窃喜，多简单的事。未曾想，第二天，毛老师把我叫到了办公室，问我说，所有的成语都好好读过了？读懂了？我懵了，一时无语。接着老师拿出了成语词典，翻到一页，指着一成语，说你看看这是什么词？我马上脸红，脑子里只有一词，班门弄斧。毛老师温和地对我说，学习要认真，半桶水是不行的。就这句话，让我刻骨铭心。老师这是在教我，为学为人，要严谨，不能马虎。我明白了什么是真正的治学精神。

我们的班主任是邵瑞欣老师。那时，我是班长，工作能力有限，难免出错。邵老师耐心细致地帮助我，和颜悦色，那么的宽容与包容。尤其是在以后我得知她当时自己的困难处境时，我知道了什么是难得与可贵。

我们的英语老师是俞秀珍老师。那时的考试分笔试与口试。口试就是老师叫一个个学生到讲台前，提问回答。一次，轮到我口试，俞老师竟然没有考我任何题目，反而问我学习上有没有问题，接着给我了一个优。我当时十分不解，只听俞老师说，这点考试对你没有任何难度，希望你能自己去更多地学习。一股暖流顿时充斥我心间。面对这样的信任，无以回报，我明白了，读书不仅仅是为了应试，我唯有更加自觉地学习，让自己的精神世界更加丰满，感悟天地人。

三位老师、三件事，真正体现的是师德、师责、师范与师道，我至今记忆犹新。都说学生时代能遇到好老师，是一种福分。亲爱的老师，我谢谢你们。学术、求道，你们是引路人。我多么希望，来生，我还能做你们的学生，继续聆听你们的教诲。

再说说我们那时的同学关系，也蛮有意思的。那时的我们，年少无猜，学习的时间真的不多，经常疯在外面野在外面。还记得有一次在外玩耍时，不小心摔了个大跟头，摔破了额头，血流不止，见此张美珍同学从衣袋中拿出一块非常漂亮的手帕，捂在我的额头上帮我止血，如果以现在的标准看，好像是万万应该的。可在当时物资贫乏，我知道这块手帕张美珍非常爱惜，甚至当宝贝一样，为了帮助我，哪怕毁了手帕。当时我万分感谢，而她却笑着对我说，你没事就好了。这是什么精神与境界？这是助人为乐的最好体现。事情虽小，但我不会忘记。哪怕现在，赠人玫瑰，手留余香，又有几人体会与实践？慢慢的，助人为乐、知足常乐，也成了我的人生哲学。

那时的我们，由于考试的结果不是很重要，所以学习上也没有现在这种激烈的竞争关系，缺乏竞争，不说好与坏、对与错，但总也形成了一种独特的思维方式和行为模式，可以称之为一种文化。结果是同学间的关系更多的是友情，当然也有深与浅、亲与疏之别，中学毕业分别后，沉淀下来，我与许多同学从同窗成为真正的朋友。几十年来，许多同学帮助了我许多许多，不管时世变迁，虽不常见面，他们在我心间，温暖总在。我这人口拙，在此，我总算能说出，谢谢同学，谢谢你们。我不得不提的，周林、袁衡、张美珍、包雪度、金向红、刘金福、陈伟忠、龚美华、陆新，还有许许多多同学。这些年来，友情没有蒙尘，不为世俗所动。寒天饮热水，点滴在心头。我珍惜这些，没齿不忘。

道行三千，只取大义。恒沙亿万，宁拾细微。生命的意义，不是你能做什么，而是你能选择做什么。人生如夏花，这是一个不能停留太久的世界，如风行水，雁过空。但总有一些事，一些人，总是难以忘忙，不能忘，也不敢忘。

以此小文，为了不可忘却的纪念。

2018 年 5 月于上海

〔作者简介〕

张菊萍，1972—1976 年华东师大二附中；1976—1978 年上海人民机器厂；1983—1987 年华东师大中文系；1987—2013 年高斯图文印刷系统（中国）有限公司。

春华秋实

——记华师大二附中 1975 届毕业 40 周年庆典

刘政（1975 届初中）

逝者如斯夫，不舍昼夜，一晃 40 多年过去了，我们这些曾在华师大二附中就读的莘莘学子，难忘母校之恩，难忘师生之情，终于在公元 2016 年 6 月 4 日欢聚一堂。

初衷是十 班的刘金福同学和十班的张菊萍同学想组织一次两个班级的联欢活动，闻讯而来的七班沈文奇同学和二班李俊华同学也要求带班参加，接着四班九班也来了，人员在不断增加，队伍在不断壮大。这下可忙坏了发起者，刘金福和张菊萍商量立即成立了临时核心小组，由刘金福、陈伟忠、张菊萍、沈文奇、李俊华、庄凌娟等组成，在 2016 年 4 月 23 日华师大逸夫楼茶室开会讨论，最后商定搞一次华师大二附中 1975 届毕业 40 周年庆典。

如何把活动搞得丰富多彩又安全可靠，核心小组动了不少脑筋，几次三番开会，还去实地考察。首先定车定人，往返交通工具是自驾车，有小轿车、面包车、商务车、中巴，每辆车都编号统筹安排，落实到每一位同学坐几号车都交待得清清楚楚，明明白白。更为温馨的是核心小组派同学专车接送受邀前来参加庆典的四位老师。那是必须的，那可是我们的老师啊，是我们年事已高的老师啊！真正做到了尽心尽责。

6 月 4 日那天风和日丽，天高气爽，好天气陪伴着好心情。早上 7 点半，我们百来号师生一路欢歌笑语来到了太仓沙溪天竹园。天竹园正门横幅"华师大二附中七五届同学联谊会"几个大字夺人眼球，激动的我们立刻奔至幅下，"拍照""拍照"的呼声不绝于耳，摄影师陆新同学架起支架，随着"咔嚓""咔嚓"的响声，一张张照片留下了我们美好的瞬间。

9点半，主持人程玲与程屏同学宣布：华师大二附中1975届毕业40周年庆典活动正式开始。筹委刘金福、陈伟忠、张菊萍代表同学作了热情洋溢的发言，他们深情地说，我们要庆幸自己能在如此优秀的学校读书，感恩二附中老师有教无类，今日的聚会，证明了我们的师生情谊如长江之水，绵绵流长。

老校长王鸿仁老师代表教师祝贺。王老师首先肯定我们通过四年的努力学习，根据当时国家需要走向农村，进入工厂，为国家的工农业做出了应有的贡献。然后又语重心长地告诫我们要珍惜同学友情，经常搞搞联谊活动，不忘和我们同龄的母校。最后祝我们大家身体健康！

接着各班的文艺表演开场了。我们人虽退休了，心却还年青着呢。唱歌、跳舞、武术都是我们退休生活的冰山一角。十一班的小合唱《我们走在大路上》为这次演出拉开了序幕，男女声独唱《偏偏喜欢你》《不白活一回》，太极武舞《蝶恋花》、独舞《想西藏》、男女对唱《跟你一辈子》《泛水荷塘》，十班的集体舞《嗨歌》，等等，每一个节目都嗨翻全场。二班的李俊华女声独唱《感恩》，在动听而深情的歌声中，一束束鲜花分别送到了王鸿仁老师、邵瑞欣老师、蔡尔韵老师、俞秀珍老师的怀中，师生相拥，泪眼迷离……"感恩父母给我生命，感恩老师教会我成长……"此情此景，挥之不去。爱，一份真挚滚烫的爱，使我们师生紧紧相依；感动，一份深深的感动，为我们留下了难忘的记忆。最后全体大合唱《同一首歌》把庆典活动引向高潮。看，快看，无数的气球升起来了，彩花飞扬，一个20寸的大蛋糕缓缓推到了舞台中央，上书"40周年庆典"，全场雷动，我们的庆典活动再一次得到升华。

在这次庆典活动中，老师的爱、学生的敬、师生的情，都表现得淋漓尽致，感恩华师大二附中给了我们学习的平台，感恩华师大二附中的老师使我们学到了文化知识，更让我们懂得了做人的道理，我们作为华师大二附中的学生感念母校，华师大二附中的光环永远照亮着我们，直到生命的永远……

2018 年 5 月 15 日

［作者简介］

刘政,1972—1975 年在上海华师大二附中就读;1976—1979 年崇明前哨农场六连;1979—1988 年崇明前哨职工子弟学校,班主任兼语文教师;1988—1989 年华东师范大学教育科学研究院比较教育研究院;1989—1991 年上海大孚橡胶厂;1991—2008 年退休上无廿厂,后勤科;2016—2017 年,姆卡音乐教室七宝分店,店长。

自我评价:无愧母校,无愧恩师,无愧于心。

学军轶事

洪美平（1976届初中）

　　1974年秋天,初二的时候,我们年级9个班400多人要去学军了,这是我们二附中第一次组织这样的活动,大家高兴坏了。出发的那天,学校门口早早挤满了同学,每个人都背着一条大棉被和一些生活必需品。因为第一次出门,而且还要坐船去,大家更是兴奋得不得了。按照计划,九个班一分为二,五个班去横沙岛,我们八班和四班、七班、九班4个班去长兴岛。经过几个小时的奔波,到达目的地的时候已经是下午了,这是一处旧营房,就两排平房,每排4间,两排房子的中间是一个小操场,房子的左侧有一条小河,河的那一边也有一排平房是饭堂兼会堂。解放军来了大约10个人,我们的领队是汤文鹏老师,记得还有施能枫、李振芳、杨琳仙等老师。经过简单的交谈,汤老师为我们介绍了这次学军的连长、指导员、排长等解放军战士,接着由解放军排长带我们去宿舍。女生住第一排,我们八班住第一排第二间,到了门口往里一看,傻了,只见地上铺了两排稻草,靠里放了一只马桶,其他啥都没有,这就是我们二十几个女生住的地方;算一算每人就一个平躺的位置。这样艰苦的条件是大家没有想到的,但那时毛主席的著作学得好,"一不怕苦,二不怕死",这点困难算什么,大家很快商量好解决的办法,两个人一组,一条被子垫,一条被子盖,一会儿全搞定。

　　从第二天开始,天还没亮就得起床了,大家赶紧去小河边洗漱,然后全连集合,开始出早操。从那天开始,单单立正、稍息、向右看齐就练了无数无数遍。吃了早饭后的活动有几种:政治学习,队列操训练,全体排好队步行去地里劳动(其实那里是个解放军的农场)。日程排得满满的,晚上还要去小河边洗衣服,几天下来大家都累得不行。大概是第4天吧,4班有个女生在小河边洗饭盒的时候不慎掉到了河里,那时天已经很冷了,是解放军排长把她救了上来,只见她面孔煞白煞白的,嘴唇发紫,浑身湿透了,大家都吓死了,这时候宿舍里一片哭声,毕竟那时我们只有14岁。

但是渐渐的我们适应了,渐渐的我们爱上了这样痛并快乐的生活,在这里我们吃了人生第一次的忆苦饭,真正体会到了什么是吃糠咽菜,晚上的紧急集合也不再丢三落四了。我们还经历了一次在半夜里的长途急行军,那天白天刚下过大雨,路上泥泞不堪,许多同学都是光着脚走的,因为那时大多数的同学都没有一双好的跟脚的鞋子。走了四五个小时,我们来到了海边,天才蒙蒙亮,按原定计划是安排看日出,结果是阴天,也没看到,大家再原路返回。那天回来后,许多同学的脚上打满了水泡,但是没有人再哭了。

学军的后半程是快乐的,各班忙着队列操的操练(因为要比赛)。我们班得天独厚的是我们的班长黄彦同学父母都是军人,所以他喊起口令来准确到位,而且我们班是二附中有史以来第一个球类体育班,男生高大帅气,女生高挑靓丽,走出去绝对是一道风景线,加上同学们训练起来也很带劲,比赛的结果当然是我们第一了。

学军的最后一项就是文艺汇演,这也是我们班的强项。经过短短几天的排练,我们班一共拿出了男生独唱《红星照我去战斗》(鲁耀东,他现在是上海著名的歌唱家)、男生二重唱《一对好兄弟》(鲁耀东、王伟)、男生小组唱《打靶归来》、女生独唱(王秀珠)、女生二重唱(王秀珠、陈佳华)、女生小组唱、独舞《延边人民热爱毛主席派来的解放军》(鄢苹)、根据我们急行军创作的相声《急行军》(高云飞、韩勇),一个个精彩的节目获得了满堂彩,我作为这次文艺汇演的主持人也感到非常自豪。

短短十几天的学军生活是在大家的欢声笑语中结束的,现在回想起来,在那个特殊年代,学校还是千方百计地为我们创造条件,让我们接受正统的教育,免走歪路,更难以想象的是:几个老师带着几百个孩子出门,这需要多么大的勇气,要承受多么大的压力啊,这就是担当,这就是奉献。

谨以此文献给1976届的所有老师,你们是真正的灵魂工程师,你们的精神永垂不朽!

2018 年 5 月 15 日

〔作者简介〕

洪美平,二附中 1976 届八班学生,长期从事教育工作,现已退休。

学生时代照　　　　　　　近照

人生转型的里程碑

刘毅（1979 届高中）

年过半百，时常会想起儿时的故事。有趣的，无聊的……但无论怎么回忆，总绕不过在华东师大二附中的那段记忆，那段改变了自己一生的高中岁月。

入学

已记不清确切的时间，当我初中班主任高举着二附中录取通知书在楼下狂吼时，我便知道接下来的两年高中将面临难以想象的挑战。通知书上说明去学校报到的那一天需带好笔和橡皮。我还以为是做一些简单的测试，但等待我们这些新生的却是一次非常难的数理化考试，而我却什么也没有准备！考试结果可想而知，除了数学稍微满意些，物理和化学全线崩溃！我沮丧地坐在校园的草坪上，父亲却兴奋地为他一直引以为傲的儿子在成绩公布栏前等待着。然而幸运又一次眷顾了我，我以还算差强人意的数学成绩被数学小组录取，并被分在高一理科一班（物理班）。我对这一结果一直不解，为什么我没有被分到三班（数学班）？物理屈肇堃老师后来给我解惑，他认为要读好物理，必须要有扎实的数学基础，因此我被优先选入物理班。可惜我后来还是辜负了屈老师的期望，没有坚持自己的选择，成了一个建筑师。

我们这些 60 后是恢复高考后第一届重点中学高中生，在 70 年代末肩负着中华民族实现"四个现代化"的重任。华东师大二附中作为上海唯一的国家教委部属重点高中，受到的重视是其他高中无法比拟的。我班的赵隽杨同学放弃了复旦大学物理系的工作来到这里，卢湾区数学竞赛前 12 名也来到了这里，那时的二附中理科班人才济济。为了更好地培养我们，国家及上海做出了很大的投入，蔡多瑞老师从师大一附中被抽调到二附中担任校长，学校更从外面挖了不少优秀教师来理科班任教，可以说我们享受了当时最优秀的师资。

数学小组成立后，立即在暑假结束前开始了为期两周的数学夏令营活动。记得学习内容主要是立体几何，一些华东师范大学教授受邀为我们授课，我们还参观了华东师大计算机系，激光三维立体成像技术令我印象深刻。由于还处于刚刚被录取的兴奋期，我的数学夏令营成绩实在惨不忍睹，好在开学后第一学期的立体几何成绩拿到了 97 分，才让我重拾了信心。夏令营每天的上课、讲座以及参观活动，第一次在我们这些踌躇满志的青年学子面前展现了一幅灿烂的前景，我们憧憬着新的校园生活及可预期的未来。

随着暑期结束，正式开学的日子终于到来。父亲把我送到学校，整理好床铺便离开了。当时的二附中坐落在上海普陀区金沙江路上，一进校门，迎面是一幢红砖砌成的三层教学大楼，楼前的旗杆飘扬着五星红旗。教学大楼的左侧是我们的宿舍楼，男生住底楼，女生住楼上。每个房间有四张上下铺的双层床，住七至八位同学。紧挨宿舍楼是我们的食堂及澡堂，教学大楼另一面朝向一个拥有 200 米跑跑道的大操场，它是我们每天早上上完两节课后做体操的场所。大操场有一条小径与华东师范大学校园连接，我早上在操场跑完步后就顺着这条小径去师大校园丽娃河边，在安静的小树林里背着英语单词，听着小鸟欢鸣，应该说这条小径和丽娃河承载着我高中的快乐。

从来没有在集体寝室生活过的我对一切都感到好奇。第一个遇见的室友是个胖墩墩的男孩，打着赤膊坐在椅子上，自我介绍方培君，青春又不乏老成，后来得知是我们的班长。随后，其他室友陆陆续续来了，有董浩风、冯正涵、郑韫瑜、张洁、沈立涛、华恭学。我的床铺是上铺，帐子一拉，便是自己的小天地了。整理好东西，大家互相介绍认识后，这个小集体算是形成了。第一天晚上还发生了一个小插曲，我一早起床准备去盥洗室刷牙，门一打开，只见张洁同学穿着短裤背心哆哆嗦嗦站在门外。原来他凌晨两点左右起床解手，不小心把门反锁了，怕吵醒室友，竟在门外一直站到天亮，如此憨厚，令人感动。

学校食堂紧挨着宿舍楼，非常方便。菜式是两菜一汤，一荤一素，都是用大脸盆盛好放在桌上，一室一桌。食堂先把同学们事先准备好的饭蒸熟了，放在橱窗前的桌上，同学们各自取回自己的饭盒回到寝室的桌前，然后大家一起开吃，场面壮观。都是在长身体的青春期，饭量特别大，最后一位室友就倒霉了，白饭只能就着剩余一丁点的菜汤填进肚子。这以后，大家就特别注意给最后那位室友多留一些，从来没有过过集体生活的我们终于开始懂得在生活上互相适应，互相照顾了。

学习生活

紧张的学习生活终究不能回避，早自习从早上七点三十分开始，到八点结束，然后每四十分钟一节课，中间有十分钟的休息。上午四节课，第二、第三节课之间休息时间较长，我们集中在大操场上做体操，学校提供一些点心及豆浆，为我们补充营养。下午是两节课，大约在三点后我们就拥有自己的活动时间了。课外活动包括篮球、排球、足球等体育活动，各类课外兴趣小组也积极开展活动，这是一天里最为松弛的时光。

每一位新生，都是来自各个初中的佼佼者。我来自上海徐汇区零陵中学，初中各科成绩都是满分或接近满分，从未尝过失败的滋味。我们周围五所中学，只有我一人被二附中录取。从入学第一天起，我就知道过去的辉煌将一去不复返了。于是，我把作息时间调整为早晨 5 点起床，晚上 12 点睡觉，开启人生第一次"笨鸟先飞"模式。早晨起床后先跑步 30 分钟，然后背英语单词 30 分钟，再收听电台英语广播中级及高级课程各 20 分钟，坚持了整个高中阶段，很不容易。

开学不久我们去了横沙岛学军，在部队的营房铺草甸睡觉。白天练站姿、正步走、瞄准射击，晚上站岗放哨。严格的部队训练及管理大大改变了我们自由散漫的生活陋习。我们曾盘坐在部队操场，把试卷铺在膝盖上考试；我们也曾在晚上紧急集合去坟堆找"敌特"隐藏的"情报"。日日夜夜的亲密相处，使每位同学很快融入到理科班这个大家庭中，建立了战友般的情谊。离别前，我们与部队战士一起杀猪包饺子，晚上联欢会纵情高歌。陈达刚同学的手风琴独奏《野蜂飞舞》令人惊叹，我也凑热闹用手风琴演奏了朝鲜电影《卖花姑娘》的主题曲以及苏联歌曲《同志们勇敢地前进》，引得了战士们一阵喝彩。惜别时我们泪眼蒙眬，身心都受到了洗礼。

我们班的班主任先由傅伯华老师担任，后由陈康煊老师接班至毕业。傅老师是数学教研组组长，有着结结实实的身材，方方正正的脸庞，浓眉大眼。他教学条理清晰，对基础知识尤为重视，不时对我们这些整天痴迷于高深数学竞赛题的学生进行"纠偏"。在傅老师的指导下，我感觉自己的数学基础进一步加强，学习数学的兴趣也更加浓厚，不再那么好高骛远了。另一个印象深刻的数学老师是滕永康，他每天戴着袖套上课，说话风趣幽默，枯燥乏味的数学定律在他"口若悬河"的讲解中变得"栩栩如生"起来，很容易理解。

由于我们是物理班，物理老师屈肇塑就是我们班的灵魂。屈老师是所有老师中唯一一个用上海话授课的老师,他那一口浓浓的吴音,让我们这些"老上海"备感亲切,却苦了那些习惯于华师大"普通话"的师大子弟们。屈老师的一条腿在"文革"中残废了,挂着个拐杖,每天勤勤恳恳上课,把满腔热情投到我们这批天之骄子身上。屈老师真的是把我们当作"天才"学生来教的,每天上课大多数时间都用在难题的解题上,只是在上课快结束时才布置课外必须完成的读书页数及作业。第二天上课的时候,他又让同学们逐一上讲台解题,一直到解对为止。他那句"下一位同学"一直让物理解题能力并不出众的我胆战心惊,唯恐出洋相,但屈老师与众不同的教学方法让我从原来的被动学习中跳了出来,懂得了主动学习的重要性,一生受益无穷。屈老师对班上每位同学的物理基础都了如指掌,参加高考那些天,屈老师每天都会挂着拐杖站在校门口迎接我们。我至今耳畔还回响着他关切的声音:"刘毅,这次物理考试强调基础,你应该会考得不错。"有如此负责的老师,真是我们的人生之大幸!

俞秀珍老师是我们的英语老师,英语在我们那个时代刚刚开始显出它的重要性,我是当时班上为数不多的入学英语成绩在 90 分以上的新生。在第一堂课上,俞老师让所有 90 分以上的同学站起来,让我备感骄傲。但我的尴尬来自于我不懂国际音标,英语学习就靠死记硬背及中文注解。有一天,俞老师发现我在 revolutionary 下标注中文发音,毫不客气地让我再次当着全班同学的面起立,狠狠地批评了我一顿,这也是我下狠心自修英语中高级班的动力。高考结束后,俞老师告诉我,上海外国语学院根据我的英语成绩,给我一次口试机会,但我当时并没有选择读外语,家里也强烈希望我读医学院,所以就放弃了。俞老师为我们打下扎实的英语基础,相信我们这些如今还在海外奋斗的同学都深有体会。

化学张雪琴老师是位妈妈型的老师,非常耐心,和蔼可亲,听她的课以及课后向她请教绝无压力。我初中化学成绩非常好,但不知什么原因打心眼里就是不喜欢化学,这也是我对学医一直有抵触情绪的原因之一。在班级里,我的化学成绩也就在八九十分之间,属于中游水平。高二最后一学期,我找到张老师,请求加入化学小组,张老师说,根据我高中的化学成绩,还不够资格。我表示参加化学小组,就是想在化学上多花些功夫,争取考得好些,张老师沉思了一会,也就爽快地同意了。进入化学小组后,和张老师接触多了,更能感受到她认真严谨的治学态度。我以后能在医学院的有机化学以及生物化学学习中能游刃有余,张老师给我打下的基础功不可没。

我从小对文学情有独钟,特别喜欢作文课,一直是学校通讯员。如果不是 70 年代末全社会为实现四个现代化而重视数理化,我可能会选择文科,追求自己的作家梦。进入二附中理科班后,只有在语文课上才能过把写作瘾,因此语文课是我的最爱。前面提到的张洁同学也特别喜爱文学，他一手漂亮文章使我们走得更近。张洁同学曾突发奇想，要拉我一起参加二附中新成立的中文班考试，我最后退却了。张洁同学以数学不及格(59分)落选，后来，他告诉我说，他只答了60分的题，因为中文班数学考试太简单了，谁知阅卷老师硬是以卷面不整洁扣了他一分，让他含恨而归。我估计是学校为了保护理科班的优秀学生，硬把张洁同学留在理科班的。我印象最深的是徐荣华老师，他特别喜欢我的作文，常常在语文教研室传阅我写的较好的文章。由于受到徐老师的厚爱，我越发写得任性，以至于其中有一篇作文让来学校实习的中文系学生批了个勉强及格。徐老师安慰我说，他尊重学生的评分，但鼓励我继续按照自己的兴趣去写，不要放弃自己的爱好。我高中毕业因为去医学院郁郁寡欢，徐老师是唯一祝贺我的老师。他说："刘毅，你做了个正确的决定，以后你会明白这个决定对你有多么重要！"

陈康煊老师教政治课，内容与当时的时事紧密相连。我印象最深的是陈老师对学生的关心。高考前夕，每个同学都要填志愿，我对建筑学非常感兴趣，于是第一志愿上填了同济大学建筑系。当时我们班申请同济大学的好像有七个同学，大家还一起去了附近的长风公园疯玩了一天。然而由于我家的因素，我填正式表格时，将第一志愿改为"上海第一医学院医学系"。那天陈老师走过我的书桌，发现我修改了志愿，便轻轻敲了一下我的桌子，然后回讲台宣布他的办公室会一直开到晚上12点，方便我们在最后时刻改变决定。我知道这是对我说的，那天晚上我在陈老师办公室外徘徊了好久，终于不敢违背家里的要求，选择了医学。许多年以后，很多病人得知我这段选志愿的经历，都认为那是个正确的决定。

我们是那个时代的幸运儿，有这些优秀老师们的言传身教，我们顺利度过了艰难却充满快乐的高中时光。我们班出了当年同济状元林青同学、交大状元汪阳同学，还有上海科技大学状元钱念白同学。两年青春的付出，换来的是一生受益。没有这些二附中老师的辛勤施教，我们的成长一定会多些坎坷。

结语

人生已近黄昏，能铭刻在心的记忆是那些改变了自己人生的大事，二附中的岁月肯定是我们人生转型时期的里程碑。二附中的校训"卓然独立，越而胜己"真实反映了一代又一代二附中人追求完美、超越自我的精神，这种精神离不开忘我的奋斗及远大的志向。

不管离开二附中多少年，我永远不会忘记自己是个二附中人，永远会感触到二附中亢奋的时代脉搏，也永远会为二附中每一个喜讯和进步而感到兴奋与骄傲。当我走进二附中在浦东新区张江科技园区如大学一般美丽的新校园时，眼前闪过的是金沙江路的寝室、食堂、教室、操场……当我的耳畔回荡着二附中学生快乐幸福的喧闹声时，听到的是我们过去亲密无间、打打闹闹的欢笑声……有时我在想，我们真的离开二附中了吗？二附中不仅仅给了我们这段难忘的经历，还给了我们终身受益的学习热情和永不服输的坚强意志，我们可能会永远活在二附中的荣耀中。

〔作者简介〕

刘毅，1978 年毕业于上海零陵中学，同年进入华东师大二附中高一（1）班理科班。1980 年进入上海第一医学院医学系，1985 年毕业后师从著名显微外科专家陈中伟教授攻读骨科及显微外科临床医学博士学位。1991 年至 1997 年在美国 Loma Linda 大学攻读人体解剖学博士学位，毕业后历经博士后及家庭全科住院医师培训，现任 Loma Linda 大学医学院家庭全科 Urgent Care 医学主任。

比学什么更重要的,
是跟谁学和跟谁一起学

曹明华(1980 届高中)

我喜欢的一句名言是:"比学什么更重要的是跟谁一起学。"

我很庆幸曾经有高中理科班在华师大二附中度过的这样一段经历。二附中的老师和同学们构成了一种氛围,在我们可塑性最强的岁月里,在这种氛围中一起学习和生活的体验,给了我们一种眼界和选择的高度。

人生中是有很多偶然的。记得初中毕业时,第一次有了考重点高中的选择,在选择学校上,我完全是茫然的,仅仅因为华师大二附中是当时上海唯一的一所全国重点,我就填了它作为第一志愿,第二志愿是我家附近的南洋模范中学。

结果呢,第一批录取通知书中没有我,我收到的是"南模"的录取通知书,这可能也正常吧,因为二附中作为全国重点,在我们整个徐汇区只招 5 个学生。

但是我的初中班主任,也是我的数学老师却坚决不相信,他先是去想办法查并不对外公布的分数,发现我的政治只有 29 分,然后,他又想了很多办法查找到了我的政治考卷,发现是 79 分,是填写分数的人笔稍往上一带,变成了 29 分。

新学期已经开学了,我已经去"南模"报到。初秋的一个晚上,寂静的新村里来了一辆摩托车,像送电报一样,在"突突"的马达声中呼叫着我的名字,我跑出门问道:"是谁呀?"

"是华师大二附中的老师!"啊,这个惊喜是巨大的! 我就这样收到了二附中的录取通知书……

现在回想起来,我是要非常感谢二附中对我做出的这个破格录取的,那就是,在一个心高气傲的少年人第一次对自己的人生有所选择时,她赢得了自己的"第一志愿"。

在感谢二附中留给我的这些难忘的记忆时,让我来回忆一下二附中优秀的老师。

首先是语文老师戴德英。我在二附中虽然读的是理科班,但我在写作方面却也受到了很大的影响。刚进学校,就参加了一次作文比赛得了奖,作文被贴在学校的专栏橱窗里。班主任戴德英老师是我们的语文老师,她对我的鼓励和影响很大。戴老师曾经是全国中学生《作文通讯》创始时的编委,第一期的《作文通讯》是她负责主编的。她把我的作文编进了这一期的《作文通讯》里面,我因此收到了一些各地中学生读者的来信,对我的影响很大。高二时,戴老师又推荐我去采访二附中的第一任校长毛校长,并鼓励我写了一篇文章投给了《青年报》。看到自己的文章在《青年报》上发表,拿到了生平第一笔稿费,那种感觉还是很深刻的。所以,我要感谢戴老师在我文学道路上对我最初的启发和引导,并给了我真诚的鼓励和提携。

数学老师袁霞如也让我回忆至今,如果说数学让我联想到的是用脑的话,那么袁老师真正地用她年轻的心灵……她让我们体验到了什么是用心灵来教数学和学数学。在她的数学课上,我的眼睛总是全神贯注地跟着她,因为她教数学的方式会引起我的感动,我会感觉到,她把一颗心托在手上,演示给我们看,虽然她讲解的是抽象的算式推理……

还有俞秀珍老师,我们的英语老师。当我进了上海交通大学时,才发现我当时的英语基本功多亏了俞老师。刚进了大学时我就通过了一个英语考试,于是被允许选第二外语——德语。直到大学毕业,我的英语水平基本上就是在二附中毕业时的水平。俞老师教我们的许多语法基本功,让我受益匪浅。到美国后,我看到不少美国人用'lie'的过去式和过去分词时都会犯错,我就会想到俞老师——因为俞老师没教过他们语法!

化学老师叶佩玉也留给我极深印象,她年轻灵动的身影配以清脆的嗓音,使她以极其缜密的逻辑思维讲解的化学方程式充满了魅力……

另外,我很久以后才知道,我们当时的教导主任顾朝晶老师,在后来很长一段时间,曾经是声誉越来越高的二附中的校长。而在高中毕业之后,我跟他失去了联系。但是在十年前,我为《文汇报》写一篇《中医之争》(后被《文汇报》改名为"他们没有遇见真正好的中医")时,我却情不自禁地回忆起顾老师当年曾建议我报考中医的往事,并从未如此深刻地体会到顾老师的一片良苦用心……

时间真快呀,如今,我自己已经到了超过当年那些教我们的老师的年龄。10 年

俞秀珍、戴德英、袁霞如三位老师(前排从左到右)和 1980 届二班部分同学

前,二附中的几个可爱的学生来找到我的时候,是她们第一时间告诉我:我曾经写过的一篇文章被选入了"人教版"语文选修教材,中国有好多中学在上这篇文章的课呢! 我有些受宠若惊,中学,中学生……,我又一次强烈地回忆起我的中学时代,我告诉她们:"我为自己曾毕业于这样一所优秀的学校而感到自豪。"我感谢曾经教过我的老师,我感谢曾经携手并肩的同学……

〔作者简介〕

曹明华,曾就读于华东师大二附中 1980 届高中理科班,高中毕业后进入上海交通大学生物医学工程专业学习,后赴美留学,获美国南加州大学神经老化分子生物学硕士学位,目前在美国生活和工作。在上海交大就读时,曾出版《一个女大学生的手记》一书,获 1987 年"全国畅销书奖"和 1989 年"新时期(十年)全国优秀作品奖"。赴美后,1999 年出版《世纪末,在美国》一书,并在上海《文汇报》先后开设"世纪末,在美国"和"生命科学手记"专栏。

我能在二附中 1980 届五班是幸运的

陈洁（1980 届高中）

沿着华师大的丽娃河散步,岸边黄色的迎春花,粉色的海棠都尽情地开放着,绿色的水杉整齐排列,高大参天,河边"风细柳斜斜",不知不觉来了到华东师大附属第二附中最老的金沙江路的校址,那时二附中的校舍就在华师大北面。踏进我们曾经的校园,沧海桑田,我们的教室已不复存在,只有操场边的松柏长高了许多,能拾起的还有满地的回忆。人生难得几回搏,在这里我们发奋苦读,完成了人生第一次选择,度过了懵懂的青葱岁月。

我的初高中都是在这里度过的。二附中是一所一流的学校,那时如果你说你是1980 届 5 班万琳班上的学生,更是有许多人会羡慕。我们的班级有许多个独一无二,我们是第一届二附中对全市招生的高中,而我们班是理科唯一的俄语班,高考那年我们班还出了理科状元,我们的班主任是全国模范班主任,高考 100% 升学率。是不是很神奇?

忆起中学时代,就不能不想到我们的班主任万琳。你知道我们班的班主任万琳么? 她个子不高,方方的脸庞,走起路来风风火火,她带过的每一届学生都对她既敬又爱,不管是什么年代,即使在"文革"期间,她始终告诫学生要好好学习,天天向上。更何况那时我们高考恢复才几年,我感觉我们一考进二附中,还在兴奋之中,班主任和任课老师已经开始了解和分析每个同学,开学前就进行了家访,他们对每一个同学都了如指掌。

我的成绩在班上不算特别好,看到我们班有那么多优秀的同学,很是着急,我觉得老师看到我有一点点进步,就会在班上表扬我,我不是班上最聪明的,最优秀的,我一直不明白老师为什么不断地鼓励我,我想可能是我认真努力向上的态度吧!这成了我的动力,增强了信心,激起了我们的好胜心,使我们一直向前看。

爱因斯坦说过:要是没有好胜心这种精神刺激,人类合作就完全不可能。那时班上的同学都你追我赶,从不敢懈怠,总是追赶着努力使自己更优秀。"态度决定一切"这是老师教给我的,"若欲梅花香扑鼻,还他一番彻骨寒",任何时候都不要放弃人生的目标,以一颗平常心,做好人生事,努力、坚持,一切都有可能,"积跬步以至千里",风景在路上。

那时候,老师不仅仅让每一个同学在学习上努力提高自己,在其他方面也要求我们努力做到最好。印象最深的是每天早上广播操的铃声一响,我们班几乎总是最先出现在操场上,同学个个朝气蓬勃,精神饱满,整整齐齐,认真做好每一节广播体操。"一日之计在于晨",每天早上我们以良好的精神状态开始每一天,如果那个时候你早上到二附中来,一定能看到这道亮丽的风景线。

班级还经常组织活动、演出,就像现在的团队建设,忘不了在长风公园的湖上我们荡起双桨,小舟上水珠四溅;忘不了在班会上同学们用俄语演唱的苏联歌曲"喀秋莎站在那峻峭的岸上,歌声好像明媚的春光"。老师还要求学习优秀的同学要帮助有困难的同学,在高考那么紧张的日子,优秀的同学从没有怕耽误自己的宝贵时间,总是不厌其烦地解答同学提来的所有问题。水涨船高,这些大概就是为什么我们班能有100%的升学率的原因吧。能在这样温暖、有团队精神的集体里是不是很幸运?

另一个让我念念不忘的老师就是物理老师孙杏君。孙老师上课生动有趣,既有逻辑清晰的理论讲解,深入浅出,又有让我们加深理解的实验,加上她引人入胜的肢体语言,凭着她对物理学的热爱,为我们打开了一扇窗,让我们窥见了宇宙万物的奥秘,发现了周围世界的美丽和力量。我不知道她用什么方法,让我慢慢爱上了物理,高考报了自动化专业,成了一名现东华大学(原中国纺织大学)的工科女,踏上工作岗位后,成了一名工程师。

多年以后,去看望孙老师,她仍住在华师大一村,从她家高层的窗户望去,苏州河和长风公园的景色尽收眼底,还能看见原二附中枣阳路校区的操场和操场上跑步的学生。她的女儿在外面都有大房子,让父母搬出去,她不愿意,她说一出家门,就能看见年轻的学生,很开心,觉得自己也充满活力,永远不会老。

优秀的老师们对学生都有发自内心的爱,正是这种爱让老师们恪守敬业精神,把学生都当成自己的孩子。爱因斯坦说过:只有爱才是最好的老师,它远远超过责任感。苏霍姆林斯基说过:没有爱,就没有教育。老师是我们人生第一个贵人,我们的老师都是最好的老师:我们的语文老师顾朝晶、化学老师叶佩玉、数学老师章小英老师，还有所有学科的老师，他们时而温柔时而严格的形象、崇高的师德、高超的教学艺术和那颗慈父慈母般的心，让我们终身受益。就像我们班级当年的状元、现任交大教授薛雷平在《华东师范大学第二附属中学 50 位杰出校友访谈录》中说的：所有这些老师留给他的印象就是对学生十分负责，这也为我们班级同学后来的发展打下了良好的基础。他说，也许是因为大学和高中的教学模式不同的缘故，如今作为交大的教授，他觉得自己对学生还没有能做到像当年他的老师那样负责，但他在教学上一直以二附中老师为楷模，不断向着这个方向努力。

亲爱的老师，就像歌中唱到的：你用辛勤的汗水浇灌着祖国的花朵。你是航海的灯塔，为我们指引航向。你是春天的细雨，沐浴着鲜花盛开，桃李遍布天下，是你一生的骄傲。你为我们的成长付出了青春的年华！你的"一片冰心在玉壶"！

我是不是很幸运，能在这样的 1980 届 5 班度过了那段高考前的既紧张又充实的岁月。谨以此文纪念我的高中时代，感谢我们亲爱的老师，感谢我能和那么多优秀的同学们相遇。

2018 年 5 月 8 日

［作者简介］

陈洁，1978—1980 年就读华东师大二附中高二(5)班；1980 年考入东华大学（原中国纺织大学），自动化仪表专业；1984 年毕业，合成纤维研究所工作。

电脑上的蓝图，成了工厂里生产线的控制枢纽，一按电钮，它们开始正常运转；一粒粒的原料送入机器，吐出一匹匹布匹；运用微积分，调整好参数，预知干扰，克服干扰，使机器听从指令，平稳运转……我喜爱我的工作。我喜欢读书，爱好旅游。一直不断学习着成为一个有专业精神、有生活情趣、健康豁达的人。

二附中的磨砺开启了我的人生思考

沈英毅（1980 届高中）

1978 年，才智平庸的我幸运地被二附中理科班录取。今年是二附中建校 60 周年，也是我进二附中的 40 周年。这 40 年恰恰也是中国发生历史性巨变的 40 年，我幸运地抓住了这难得的历史性机遇，按照自己内心的理解大胆地进行人生实践和探索，做了不少的尝试，遇到了一些重大挫折并接受了许多挑战，不断学习与持续独立思考。到今天，终于突破在二附中已形成的追求成功和卓越的心智模式，找到了属于自己的内心——做自己并体验与享受生活工作的过程！现在，我能在中国农业科学院茶叶研究所顶级专家团队的指导下，每年在桂林龙胜海拔 1200 米的高山上，常住四五个月，静下心来专注于茶园管理和生产，借助高山环境的独特天赋打造超越顶级西湖龙井品质的高山雀舌，并享受在这过程中接受的种种挑战。平凡的我能有这样的心智发展和对人生的认知，首先要感谢在二附中两年理科班不寻常的学习经历！

我是从静安区培英中学（现改名为华东模范中学）考入二附中理科班的。能进入二附中理科班学习是我的幸运。二附中为我们安排了优秀的老师，不仅让我们的学习效率很高，也训练了我们科学的思考方法。在培英中学读书时，也参加过数学竞赛，成绩糟糕。由于周边同学成绩也很糟糕，我以为只是我们的数学老师能力有限。进入二附中理科四班，与有数理化天赋同学一起学习，又是住读，近距离地与这些有天赋的同学相处，知道了自己在数理化方面的才智很平庸。当时的我，追求成功和卓越的心智模式已经初见雏形，梦想着成为大科学家。而自己缺乏数理化天赋的残酷现实，对我的心灵造成了巨大的打击，我开始思考自己的未来。我尝试了数理化以外的学习，希望找到合适自己的天地，甚至准备改考文科。在困境中，我开始用孟子的"故天将降大任于斯人也,必先苦其心志,劳其筋骨,饿其体肤,空乏其身,行拂乱其所为,所以动心忍性,增益其所不能"来鞭策自己,这成为我以后身陷困境时用于自我鼓励的箴言。邵瑞欣老师也不断鼓励我,在最后一年里,我专心于理科班的学习,最终幸运地被复旦大学生物系录取。

就读二附中的短短两年之间,我曾经迷茫和困惑,也思考未来并积极尝试,最终通过这次挑战,我的心智得到了锤炼,我的抗挫折能力得到了提高,并开始用积极的心态和思考方式来面对困难。这对我后来的人生实践有着不可估量的意义!

我的人生梦想是从二附中理科班开始,我的人生思考也是从二附中理科班开始,我的第一次人生挑战也是从二附中理科班开始!

我是一个遵从内心并付诸行动的人,但同时又被追求卓越和渴望成功的心智模式控制。在随后的几十年的社会实践中,我做过许多大胆的决策,抓住过一些重大机遇,也多次陷入困境。每次陷入困境时,我就像在二附中时一样,开始思考自己的问题,寻找合适的解决方案。随着陷入困境的次数增多,对自己的反思也就越深入。开始的反思是在追求成功和卓越的心智模式下进行的,思维结构都是:我这次为什么会惨遭损失,我有哪些需要改进?伴随着连续的商业上失利,我对人生的思考才深入到人的本体,从而思考生命的意义这个核心问题。正是对人生意义和死亡的思考,我开始质疑并抛弃已经掌控了我30多年的心智模式——追求成功和卓越,找到了自己的初心——做自己,体验和享受工作生活的过程,人生就是过程的体验! 当领悟到这点,我就变得淡定、谦逊和尊重科学,不再寻求存在感,坦然接受各种挑战。我的心智和人生认知能有这样的发展,要再次感恩于二附中理科班的学习经历!

[作者简介]

沈英毅,出生于 1962 年 11 月,1978 年考入华东师大二附中理科 4 班。1980—1987 年复旦大学生物系,生态学硕士。1987 年 8 月—1988 年 2 月,上海农科院畜牧所。1988 年 3 月辞职去海南,开启了自己的人生社会实践。1988 年—1998 年,先后在广西北海与贵港从事进口生意。这个时期是我人生最为疯狂也是自我迷失和内心充满焦虑的时期。2001 年,继续在追求成功的心智模式下开始创建"源禾清",希望快速做成连锁餐饮企业。在惨遭"非典"打击后,自己开始深层次反思。2009 年初,受桂林朋友邀请,开始介入桂林扬之水有机茶业公司的建设,2014 年底开始全面管理茶园和公司,在中国农科院茶叶研究所顶级专家团队指导下,静心打造高山雀舌。现在每年有四五个月在山上,其余时间主要在上海。

加西亚，王胖，长脚，高考

陈百助（1981届高中）

　　第一件事是我的外号：加西亚。那时候学校放一个外国电影，电影名字叫《佐罗》，里面有个反面丑角——名字叫加西亚的士兵，人很胖，动作笨拙，经常出丑，被英雄佐罗逗得不是扣子掉落，就是裤子绷开。其实同我一点都没有任何关系。但是凑巧了，那时候正好体检，每个学生都必须称重。给人称重的是我同寝室的同学吴剑青，因为人长得很高，是我班最高，又特别瘦，我们就给他起了一个"长脚"的外号。那天称重轮到我，我一踏上秤，长脚就用夸张的神色大叫起来："143斤，嘎胖，加西亚。"我当时一点都没有143斤的概念，不知道是重，还是轻，既然长脚大叫起来，又说我胖，还说我是加西亚，自己觉得应该就是胖了，感觉有点无地自容，赶紧跑开。从此，这个外号就传开了，同班的男同学不再叫我名字，而叫我"加西亚"。久而久之，我也习惯了，也不再当回事，自己也开始自称"西亚同志"。我后来想想，男同学143斤，其实应该属于正常。我后来的体重一直在140斤左右徘徊，今天看来，140斤根本不算超重。当时男同学普遍热量不够，大家长得都偏瘦，所以当我体重是正常的时候，反而被大家认为是不正常的。还有一种可能，或许是"长脚"恶作剧，故意给我虚报体重，多加了好几斤。不管如何，今天老同学见面，一声"加西亚"或者"西亚同志"，确实让人觉得非常亲切，仿佛又回到了二附中的青葱年月。

　　第二件事，是我和"长脚"打闹的事。我班还有一个同学，也是我的同寝室，名叫王成杰，我们叫他"王胖"。我已经不记得这个外号是怎么来的，不过，我估计，也是"长脚"搞出来的，因为这个"长脚"不但给男同学而且还给女同学到处起外号。同学都认为我班有两个胖子，一个是"王胖"——王成杰，一个就是"加西亚"——我，其实,我们两人都属于正常,说我们胖,实在有点冤枉。有一天,不知什么事情,"长脚"和两个胖子下战书,说两个胖子打不过他一个瘦子。那个时候的二附中同学们读书都很用功,大家都会在教室里自习到很晚。那天晚自习很晚了,对面二班的同学几乎都走光了,只有一两个学生还在自习,教室基本空了出来,长脚、王胖和我三人就去了二班的教室里,我和"王胖"两人打"长脚"一人,终极目标是把"长脚"按倒在地上,我们开打之后,二班的最后几个同学也只好走了,结果我们把二班的教室搞得乱七八糟,椅子桌子翻倒在地,横七竖八,满地狼藉,到最后我们还是没法把"长脚"按倒在地。第二天一早上课,我班的班主任王元吉老师板着个脸进了教室,我一看,就知道昨晚我们闹事被王老师知道了,一定是二班的同学告的状。王老师是英文老师,我是英文课代表,王老师一直对我很好,我也一直自认为是王老师最宠爱的学生。王老师一进教室,就说:"昨天晚上是谁把对面教室搞乱的,给我站起来? 据说是两个胖子打一个瘦子。"我们三人只好乖乖地站了起来,心想,这下好,不知道王老师会如何惩罚我们。出乎我的意料,王老师并没有怎么说我们,他见我们站起来之后,马上又让我们坐了下去,只是说:"以后闹着玩,不要把别人的教室弄乱,昨天把人家弄乱之后,也应该把教室清理干净才对,而且,这么个打闹,万一有个闪失,搞伤了怎么办?"王老师没有严厉训斥我们,而是用非常平静、关心的口吻对我们说,这种特别的教育方式,让我心里觉得非常温暖,心服口服,心想,以后一定不能再惹麻烦,决不能再让王老师丢脸。

第三件事,是高考选择志愿的事。我出身医生世家,外祖母,舅公,母亲都是医生,我外祖母以前还是开医院的,母亲和外祖母自然希望我也能从医。但我父亲是研究天体物理的,他希望我学习物理。当年高考的时候需要先填志愿,填写什么学校、什么专业,我一点都没有头绪,不知道自己想要干什么,选择职业的事从来没有想过。记得有一天晚自习休息的时候,我和同班华仲学同学一起聊天,谈起高考志愿和未来前景的时候,他非常清楚地告诉我,他想学医,准备报考协和医科大,鼓动我一起去考。他还说以后要当医生,每年挣六位数的美元收入,我当时听了,觉得那是个天文数字,心想,这个华仲学野心怎么那么大啊。现在来看,华仲学当时还真有远见,今天,六位数的美元年收入应该很正常的了,估计华仲学应该有七、八位数了吧。虽然有母亲和几个同学的鼓动,最终我还是在父亲的说服下,报考了复旦物理系作为我的第一志愿。其实,我在二附中时,成绩最好的是英文和数学,物理成绩一般,也没有显示出特别的兴趣,报考物理系纯粹是受父亲的影响。高考发榜之后,我的第一志愿没有录取,录了复旦数学系,是我的第二志愿,我当时填数学系作为第二志愿,根本就没有想过会去那里。拿到录取通知,我当时特别得沮丧,觉得受到人生莫大的打击。母亲见我整日不开心，就通过关系找了复旦的教务长，希望能够把我转去物理系。教务长表示无法办到，并告诉我说，数学系是复旦最好的系，能进复旦数学系，并没有任何亏待的意思。我只好接受去数学系的现实。30多年过去后，回头去看当年选择志愿的事，觉得进数学系这条路对我来说，还真是走对了。其实，人生道路就是如此，冥冥当中好像有一双无形的手，在牵着你往前走，不管当时如何喜怒哀乐，最终坚持下去，走出来的，都是一条最适合自己的路。

我这三件小事里的几个人物，现在都居住在美国。"长脚"在美联航做事，因为可以免费乘坐飞机，所以经常进行说走就走的旅行，有时候还会出其不意地出现在同学的面前。"王胖"今天在纽约的一家国际金融机构做事。华仲学一直在纽约警察局当法医，经常处理纽约的凶杀事件，后来他从警察局退休，自己开了家咨询公司，法庭取证经常找他。

在二附中度过的学习生活的日子，虽然只有短短两年，但那是我一辈子最快乐的时光，在那里，我学会了学习，学会了做人，学会了处事，也学会了交友。我们今天能有的一点点成功，追本溯源，都能归结到二附中的源头。

[作者简介]

陈百助，1979年进华东师大二附中高中部就读；1981年，考进了复旦大学数学系理论数学专业；1985年，在美国罗切斯特大学攻读经济学博士；1991年，博士毕业后，在北美几所学校里担任教职；从1994年开始，转入美国南加州大学马歇尔商学院的金融和商业经济系，一直在那里当教授。现在复旦大学管理学院和上海交通大学文创学院担任特聘教授。

难忘的舐犊之情

1981 届高中四班

从二附中高中毕业至今已有 37 年了。每每想起高中时代，一直觉得我们 1981 届（4）班真是非常幸运。我们不仅拥有了两位非常优秀的班主任（高一是化学叶佩玉老师，高二是俄语万琳老师），还拥有了多位优秀的任课教师（数学章小英老师、物理孙

前排左二是叶佩玉老师，左三是万琳老师

杏君老师、语文陈康煊老师等）。有各位老师的全身心投入、忘我育人，才有我们学生的厚积薄发、超常发挥。每每我们聚会，都怀着深深的敬意和感恩。校庆 60 周年征文，我班一致认为应该写一写深刻留在我们记忆中的班主任，记下难忘的舐犊之情。

年轻的老师

班长指示写一篇关于叶老师的短文，以应母校纪念日征文之需，而且今天要交卷。说实话，我是属于反应比较慢的一类，更没有急智天赋。所以，勉力为之，实为

221

引玉。

屈指算来,从二附中毕业至今,倏忽已37年,几近半生缘了哈。

一般说来,讲到老师的文章,无外乎"昔时谆谆,今犹在耳,享用一生,桃李满天下"云云,然而这次,我却想从一名捣蛋学生自己的视角,给大家介绍叶老师的一个侧面。

我外语学的是俄语,当时已经很少人学了,而学俄语从外区考入二附中的更少。我们这个班,集中了这些学俄语的。

叶老师当时就是我们的班主任。当年的叶老师,好年轻,呵呵。后来我们才知道,叶老师刚刚结婚。

我不是个好学生,嘿嘿。头一回离家住校,没有了家长的严厉管教,那个身心自由啊,白天学骑自行车,晚上草地上抓蟋蟀,课堂上也没心思认真学了,很自然的,被叶老师一次又一次抓去办公室批评啦!二附中的老师和我以前的老师不同,他们普遍都说国语,呵呵,我听着觉得好笑,还在想,为何上海人要说普通话呢?

终于到了首次期中考试过后,因为我的成绩大幅下降,叶老师大发雷霆,通知我:把家长叫来!这下我自己也知不妙了,妈妈一碰到叶老师,肯定我要被妈妈打一顿了,我妈妈的"法式"教育,是邻里左右闻名的,惨!不料,可能还是叶老师说了情,我这次没有挨打,只是被老妈告知:再不好好读书,就退学!

后来,我就没能再这样放肆玩了,收心读书了。

再后来,叶老师怀孕了,看到她依然坚持上课,我觉得不好好学对不起叶老师。于是那一年我的化学成绩还可以。叶老师表扬我了,嘿嘿,原来叶老师喜欢成绩好的学生。

接着,叶老师生孩子休假了,没有了她的"锐利的目光",我的化学成绩又下来了。我还记得我们同学一起去叶老师家探望她,那时候我真的不大懂,觉得,哦,原来老师在家里也是普通人一样的,不像在学校里那么可怕,哈哈。

很快,2年高中生活结束了,我还记得,当我们回学校拿高考分数的时候,叶老师和我们一样的开心,那一刻,叶老师不像是我们的老师,更像是我们的家长。

离开二附中时,我们都是青春年少,现在的我们,已过知天命之年。但是每次聚会碰到叶老师时,你总可以听到她那熟悉的笑声,仿佛时光就驻足在我们毕业那年。和叶老师在一起,你更多感受到的是关怀、理解和共鸣。

幸何如之!

愿我们的叶老师身体健康,青春永驻。(赵炎)

我的二附中，我的万琳老师

30多年前，我在二附中读的高中。虽说在二附中只有两年，但我忘不了我的班主任万琳老师。

我和万老师的近距离接触是在填高考志愿的时候。祖母把考进交大作为对我的期望。因而我高考第一志愿就填了交大。对于进了交大学什么，心里不很清楚。父母则认为计算机是当时领先的行业，进交大应该有许多新的机遇。

万老师找我谈话了。记得她说我成绩并不优秀，成绩排名也不是班级前列。据各科老师反映，我的兴趣偏文科，即使学理科也偏重感性认识。学习是努力的，脑子不灵活、偏重死记硬背。所以她建议我第一志愿报同济建筑系，这样对我很合适。我心里想：你不就是为了升学率嘛。

于是她到我家家访，我父母不在上海，她让祖母给我父母写信，务必和她联系。

在她的分析之后，父母也觉得我比较适合同济，但我不能辜负祖母的期望啊。最后，我还是第一志愿报了交大。高考理科分不高，但总分之中不可低估的是俄语的满分。为此我非常感谢万老师的俄语课，感谢她的付出。

进了交大，那确实是理工科的世界。万老师的话说得真对，我简直后悔极了。但万老师对我努力的肯定让我在大学里获得了"永动机"的称号。我付出了比别人多几倍的努力学会了英语和日语，毕业留校，做了自己喜欢的程序员工作，并获得了当时很少的赴日研修的机会。

时刻牢记万老师对我的评价。我工作之余积极学习自己喜欢的文科知识。考了日语翻译证、项目管理证，培养自己的综合能力，使本来短暂的IT生命延长了再延长，直到目前将近退休还奋战在IT行业的第一线。

几年前终于找到了我的恩师万老师，然而她却不太认识我了。

是啊，万老师您满园的桃李芬芳桃李，而我只不过是一棵不起眼的小草。您的阳光曾经照到、并永远地留在了我的心中。（陈敏）

后记

叶佩玉老师：上海市特级教师，中学高级教师，现任普陀区教育学院中学教研室化学教研员，上海市教育功臣。2002年7月国际天文联合会、美国麻省理工学院（MIT）林肯实验室用她的名字命名了一颗小行星"Yepeiyu"，编号为12881。

万琳老师：1980 年上海市教育战线先进工作者，1984 年全国"三八"红旗手，1988 年上海市园丁奖。

我班几名超优秀的同学：

倪明康，中国数学会理事，中国数学会奇异摄动专业委员会副理事长，2005 年 1 月当选为俄罗斯自然科学院外籍院士……

于连忠，正高级工程师，博士生导师，中国科学院地质与地球物理研究所千人计划引进专家。承担的项目一：国家科技重大专项"十二五"《MEMS 加速度传感器规模化制造技术与数字检波器集成（2011ZX05008－005）》，主要研发人员。项目二：国家科技重大专项"十三五"《MEMS 技术及工业化试验（2017ZX05008－008）》，课题负责人。

我们班还出了复旦大学教授陈骏逸同学、交通大学副教授王明宏同学、华东理工大学教授系主任孙自强同学等许多优秀教师。还有最早的基金经理、民营企业家……

二附中，十年树木，百年树人。我们，沧海一粟，流星之光。珍惜母校的培养、珍爱母校的荣誉，是我们想留给学弟学妹的忠言。

愿母校繁荣昌盛、桃李芬芳。

2018 年 5 月 20 日

［执笔者近照］

陈敏　　　　　　　　　　　赵焱

离不开的"家"

张天胜（1982 届高中）

  1978 年,13 岁的我离开父母,开始了在二附中的 4 年寄宿生活。从那时起,金沙江路 155 号成为我第二个家。虽然 40 年里,这个家先后迁址紧邻华师大校园丽娃河畔的枣阳路 600 号、中国改革开放最前沿的浦东张江晨晖路 555 号,但我和家的联系一直在延续。

  那是上海恢复重点中学入学招生考试的第一年,我们这一届,二附中在全市仅招收两个班级,其中,分配给我所在的南市区只有 7 个名额。成为全区的七分之一,当时的兴奋和忐忑至今难忘。我是家里的独生子,一下子脱离父母寄宿学校,可是个不小的考验。幸运的是,我遇到了慈爱的班主任邱美珍老师,她像母亲一样对待我和班里的其他同学。快 40 年了,我现在依然忘不了她在好多个清晨,从家里带来热腾腾的豆浆给我喝的情景。

  后来中学毕业了,二附中依然是魂牵梦萦的家。大学时代,我每年都要到二附中看望邱美珍老师,还有高二班主任吴春复老师、高一班主任陈国强老师。

  大学毕业后,我分配到《解放日报》工作,与二附中的联系也与报纸相关。1988年校庆 30 周年时,季振宙老师来找我,要我为校庆编辑两期校友报,图文由学校组织。几千份铅印小报,非公开出版物,这样的小生意,只有通过校友资源解决。这个任务让我觉得自豪,也感到义不容辞:作为一个走出家门的年轻人,我终于可以为家里做点什么了。

  第一期是在金山石化总厂《新金山报》报社排印的,校友王水华时任《新金山报》报社社长。盛夏时节,我调休两天,在中山公园附近的火车站乘火车到金山,王水华学长热情安排,在石化宾馆住了一晚,两个白天在《新金山报》排字车间完成四个版排版改样付印。

第二期的排版印刷十分感谢当年《解放日报》主管夜班编辑工作的总编辑助理贾安坤老师。贾老师见我又要调休又要来回奔波,对我说:"小阿弟,侬勿要去金山了。我来跟印刷厂厂长打个招呼,就在报社做吧。《解放日报》印报的轮转机转几分钟,几千份就出来了。"解放日报印刷厂每天的印数几十上百万,报社领导的面子,做成了这桩不起眼的小买卖。两天凌晨三点,解放日报版面付印之后,徐龙法、谢凤英等几位老师傅加班为校友报排版。那一期的校友报上,还刊登了江泽民为二附中建校30周年的题词:尊师重教。

5年后的1993年,二附中校庆35周年前夕,朱锦章老师联系我,约《解放日报》跑中学的老记者庄玉兴到二附中采访。庄玉兴从事普教新闻报道几十年,当年堪称上海媒体教育记者的"一哥"。那天,陪老法师庄玉兴在枣阳路二附中校园采访,与张济正校长、顾朝晶副校长相谈甚欢。好多年后才知道,张校长是同一年级张红锋同学的爸爸。

2008年50周年校庆,两位在校小学妹来到汉口路300号报社办公室,约我做校友访谈。我记得当时对她们说,毕业以后我们同学相遇聊起来,都庆幸自己能在二附中受到最正统的教育。这里的学习氛围浓厚、老师好,教会我们兢兢业业、脚踏实地做人,认真对待每一件工作。

一晃又是10年,母校60周年华诞,我期待着10月6日返校日,重回二附中,重回我永远的家。

[作者简介]

张天胜,1965年3月出生。1986年毕业于复旦大学经济系进入《解放日报》工作至今,现任解放日报新闻编辑中心主任。上海市第十四届人大代表,多次获得中国新闻奖二、三等奖,上海新闻奖一、二等奖,上海市十优中青年编辑,上海市新长征突击手,上海市十大杰出青年提名奖,全国优秀新闻工作者,上海市宣传系统优秀共产党员,上海市五一劳动奖章等荣誉。

我心中的桃花源

——二附中

李峰(1981 届初中/1984 届高中)

一眨眼,60 年又是一个甲子,时光,总是能将一切都推进历史。于是,那间明亮宽敞的教室,渐渐变成了模糊斑驳的墙影,而那些清脆如铜铃般的欢快笑声,渐渐变成了漂浮在空中被重力压弯了的沙哑声线。时光,那是一个怎样轻浮又飘忽的精灵呢? 竟然将一个个晶莹如露珠、鲜艳似彩虹的现在,通通变成了黑白色的过去!

我多么渴望能回到依旧晶莹、依旧鲜艳的过去,如同回到母亲温暖的怀抱那样,回到老师们谆谆教诲的话语里,回到那些慈爱的眼光中,回到教室里、过道间、操场上,回到你扎着羊角辫、我剃着板刷头的一个个青涩呆萌的瞬间:想靠近,却不敢太近,想说话,却欲言又止。

那一座校园,是曾经沧海后的美丽童话,是徒步荒原时的海市蜃楼,是我心中的桃花源。在那里,我或许还能遥望到现在的我那有些佝偻的背影。可那时,我把它想象成伟岸挺拔的身躯;那时,我把它称为梦想。

我们的青春就结缘在这座校园里:上海唯一的一所全国重点中学。于是,当懵懂少年刚刚踏进校门的伊始,便戴上了一圈高傲的光环。有些茫然,有些晕眩,有些飘忽摇摆。可就在这样的有些惊奇、有些惶恐、有些不知所以的时刻,老师们巨擘遥指:目标就在那里,你们要去拼搏,要去攀登,你们要奋勇地向前。于是,我们开始了长达 6 年的遥望——望见了绚丽如画的诗与远方,望见了英雄骏马驰过时扬起的烟尘,望见了那隐隐约约伟岸挺拔的背影,望见了星空中梦想的模样。于是,6 年之后,我们中间涌现出若干状元,还有榜眼、还有探花,还有……就连什么都不是的我,也昂首阔步跨进了复旦的校园,成为了一位名副其实的"进士"。

那一年就像一个神话被载入了母校的史册,而我们便像绚烂的烟花散开在祖国的星空里。这是可以被无愧地称呼为成就的,我曾经那样地为之自豪,虽然我只是一片小小的绿叶,但伴随着鲜花绽放的春天,那也是绿叶的春天,那也是令人陶醉的鼓舞欢欣。

数十年之后的今天,我对母校怀有的情愫仍是感恩。那时的老师们都是那么耐心,那么勤勉,那么循循善诱,那么孜孜不倦。毫无疑问,他们是把教育当作一项伟大的事业,并因此灌注了心血甚至于生命。他们教给了我们异乎寻常的知识体系,让我们的人生从此有了与众不同的坚实基础。虽然有时候,他们曾撕碎过我们在上课时偷偷阅读的小说书,虽然有时候,我们曾被关在办公室里反省只因童心顽皮所造成的过失,虽然终考前的夜晚总是让十几岁的少年辗转难眠,虽然到了20岁时呆萌如我仍不懂得如何和女孩子开启一段刻骨铭心的恋情;但我们毕竟像烟花一样绽放在夜空,我们的绚烂自己也能看得见,此时此刻,但愿我们的感恩与敬佩,须发皆白的老师们也能听得见。

此时此刻,对60岁的母校我还想说出我心中的期望,就像对自己的母亲那样无所隐瞒。毫无疑问,母校的美丽时光让我们获得了身心健康的成长,而我们还期望在踏入社会时能变得足够成熟;在母校期间的刻苦学习,让我们获得了广博的知识,而我们还期望拥有创造与贡献的能力。我希望今天的学弟学妹们在知识的学习之外,能够有机会学到与人交流的技能,学会拥有宽广的胸怀、博大的爱心,学会在困境中的忍耐和沉着,希望他们有机会通过学校的窗口,能够窥探到世界繁复幽深的美妙,并从而思考渺小的人类该如何在其中快乐地生活。

在二附中的孩子们当中,我知道我很普通,就像野百合开放在寂寞的山谷,从未拥有难以自拔的哀伤和欢愉,从未吐露真情以空幻的物语。但我想跟母校汇报的是,我一直都是一个快乐的孩子。我不知道,这是否足以告慰她,还是我该因此而觉得愧疚。但我知道,母亲对孩子最根本的期望,或许只是他(她)能成为一个快乐的孩子。所以,虽然我很普通,虽然我也没有哪怕一般意义上值得炫耀的"成功"——既无登峰造极之高,也无腰缠万贯之富,更没有振臂一呼引领众生之帅,可生活能给予我的美好,似乎并无残缺,我因此十分地满足,并深深地感恩。忽然又记起孙中山先生的那句名言:革命尚未成功,同志仍须努力。忽然也想起老师说过的话:你要有梦想,你要努力。是的,因为时至今日,我相信我仍有梦想,我相信我仍在努力,我因此万分地满足,并深深地感恩。

二附中,那是一个烙在我生命中的名字,我与她早已难舍难离。你可曾看见我脸上纵横驰骋的皱纹和头上斑白如流星的脉络？我想，那便是她为我刻下的独特印章。我想衷心地祝愿她：生日快乐！

2018 年 4 月 25 日

〔作者简介〕

李峰，1981 届初中一班、1984 届高中二班班长，1981 年在联合国教科文组织举办的"外空探索"作文比赛中获得全国一等奖。1984 年考入复旦大学电子工程系，直至硕士毕业，后又留校任教数年。1996 年前往美国旧金山湾区从事集成电路设计软件的开发及研究至今。热爱文学，偶作笔耕，著有长篇小说一部《鸿羽残烟》。

那些年，我们一起捣的蛋

——记愚人节停水事件

1984 届高中 109 寝室男生

"To end our special news bulletin," said the voice of the television announcer, "we're taking you to the macaroni field of Calabria......"这是我们高一英文课本 "*New Con*"(*New Concept English*)第二册 Practice and Progress 的第 76 课 *The April Fool's Day* 的第一句话。在那个信息闭塞的年代，我们第一次知道了这个普天共愚的节日，并对这个可以名正言顺搞恶作剧的机会充满期待。

1982 年 3 月 31 日的整个白天在大家暗暗的兴奋中很快地过着，班上和寝室里的几个同学时不时地交换主意，讨论能做点什么事情。晚上八点二十分晚自修结束后，高中一班和三班混合寝室的同学们飞也般地回了宿舍，开始执行小打小闹的计划。例如在其他寝室同学要回来填肚子的炒麦粉里放盐；用完同学热水瓶里的热水，然后再很负责地装满……自来水；把不同寝室同学的毛巾脸盆交换放，等等。

在狂欢节般的混乱氛围中，熄灯时间九点很快就到了，大家意犹未尽地开始卧谈会。本着步子要迈得大些，想法要大胆些的方针，大家对今天的得失展开细致而热烈的讨论和总结，一致得出共识：再接再厉，集智积勇，让全校师生都感受到愚人节的快乐，不让一个拉下。于是乎点子一个接一个地从九个脑袋瓜里不断地涌出，大家逐一地对每个进行论证分析和虚拟操作，并且在可行性、有趣性、影响面以及可能受罚的程度等方面进行综合评估。其中讨论过的方案有："半夜鸡叫"——假称地震等突发事件，惊醒全宿舍楼；"引蛇出洞"——写告示让全年级在早自修间，去大教室开会,有要事通知,等等。

讨论许久,但无结果。突然间在黑暗中,天才 W 同学的头上灵光一闪,一个停水的想法诞生了。这个主意马上得到全体一致通过,具体细节也有条不紊地开始贯彻:1)趁夜深人静,把一楼管理员门前的小黑板搬进寝室;2)为了保密,必须在寝室里板书告示,所以要等天亮以后。为了让老师不易猜出是哪伙人干的,由外寝室的 G 同学执笔;3)在大家尚未起床时,把黑板放回原处。

4 月 1 日,清晨进出宿舍楼的同学们见到了如此停水通告:"接有关部门通知,今天停水一天,望大家做好准备。"很快非常多的人去食堂打开水,宿舍里的桌子上和地上也放着盛水的脸盆。为掩人耳目,肇事者们也提着热水瓶,难抑窃喜地混在人群中。30 年后有同学回忆,当时就发觉这几个人在队伍中表现出不寻常的兴奋。

上午上课后校方很快发觉事情的真相并要求肇事者自首,老师也开始在教室里询问。W 同学对事态发展颇为满意,也不认为学校会对他们怎么样,于是就自豪地向老师坦白了。然而接下去事情并不像惹事同学想象的那样进行:校方以令人惊讶的效率,雷厉风行的果断,把事情定性定义为"4.1 停水事件",坚决地要处分这 8 个同学,以整治校纪校风。

在这险恶关头,我们的张根荣老师挺身而出,大义凛然地护了犊子。他承担了责任,检讨了自己对资本主义国家的教材没在思想上正确引导学生、对愚人节可能带来非常动静没有做到防患于未然,因此要求引咎辞职,不再担任高中一班班主任之职,换来的结果是犯事的同学免去处分之灾。8 位同学各写了一封深刻的检讨书,全年级在大教室开会批评,家长被请到学校听校领导的絮叨。那天下午,出现了8 个脸色铁青的父亲捉对跟犯错误的儿子在宿舍内、走廊上、校园里严肃训话的场景。就此一场热热闹闹的愚人节事件宣告结束。

30 多年来,同学们时常谈起这段趣事。在一起度过的那些岁月中,它的确给我们带来了点快乐。

2014 年 2 月 24 日写于毕业 30 年聚会前
2018 年 4 月 28 日改于母校 60 周年校庆前

80 年代师生关系之样本

钱红林（1982 届初中/1985 届高中）

2000 多年前,当耶稣带领门徒行走在平原山谷中的时候,那是一种朝夕相处的老师与学生的关系,传道、身教、牺牲全然合一;大约 2500 年前,在中国齐鲁大地上,孔子建立私学招收学生,将精英与平民平等视之,后代尊奉孔子为"万世之师"。

宏大久远的教育背景似乎与我们这些懵懵懂懂的孩子无关,因为人在历史的长河中只能非常近视地看到一小段。

我们在 1979 年踏入华东师大二附中,这是实行初中入学进行上海市统一考试之后的第二年,也就是说,我们能踏入华东师大二附中的校门,是通过了严格的考试遴选,我清晰地记得,二附中在我们黄浦区只招收 10 名学生。

就这样,老师与学生相遇了。

特殊的年份,特殊的一代,特殊的情怀

【特殊的年代】"文革"结束,恢复高考才两年,满目萧索,青黄不接,人才奇缺。就是在这样的时候,全民开始崇拜知识。

【特殊的两代人】我们当时觉得我们每个人都没有什么不一样,因为那时候不太强调个性,但是,我们和老师确实是非常特殊的两代人。我们的老师都是"文革"前华师大的毕业生,他们毕业之后,经过了十几年的学业和教育的荒芜,终于迎来了重视学业和教育的时代,那时,我们的老师们由衷地幸福着。有些年岁稍

长的老师曾经上过私塾，读过教会学校，也就是说他们体验过什么是好的教育。而我们则少年早知愁滋味。1949 年之后历次运动的烙印都深深地烙在我们年幼的心底：与我同寝室的女孩，她父亲在"文革"中受冲击而死，她爷爷奶奶在解放初因资本家被没收财产；另有一女孩父亲支援内地，她由爷爷奶奶带大；而我虽然对于爷爷辈的往事细节全然不知，但是，我爷爷资本家的"穷愁末路"，我外公被批为地主后自尽的遗憾，已经成为我生命的底色，一个家族 20 多年前的往事实际上是非常切肤的真实……我们带着相同的"貌似灿烂的微笑"，内心却不同程度地有着忧郁的底色。但是，在老师的眼里，我们都是那么宝贵那么聪明那么可爱。正因为我中学老师的帮助，我生命底色中某些忧郁的部分才被改写了。

【特殊的情怀】我们这么两代人：一群历经患难，渴望传递知识、施展才华的老师；一群渴望爱、渴望学习知识的孩子在一所学校中相遇，就有了特殊的情怀。那时的老师并不在乎孩子们不同的背景，他们那么看重每一个孩子，那么地呕心沥血、掏心挖肺。那时的学生又是那么样地尊敬老师，努力学习，珍惜向老师学习的宝贵机会。

既是恩师，又是慈父慈母

王云仪老师是我们初一的班主任，她端庄美丽，身上透出一股江南女子的温柔。她那时大概 30 来岁，我真的不知道她的内在怎么会有这么丰沛的母爱。她对待我们就如慈母那般，我们班级的好多男生在自己为人父之后还记忆犹深地说："当时王老师就像我妈妈。"远在大洋彼岸的王云仪老师，当您知道有这么多学生视您为慈母，您是否会感觉到幸福？

我们初一新生报到的一幕，在我记忆中永志不忘。

1979 年 8 月，初一报到。从东边到西边，横穿了上海。我走上二附中初中教学楼，突然传来一声"钱红林"（上海话），不知是谁在走廊那头叫我？走近，原来是三班班主任王云仪老师。碎花衬衫，齐耳烫发。哇，老师认得出我！

为什么王老师能将从未谋面的同学叫出名来呢？她根本没有跟我们见过面呀。原来呀，王老师特别的兴奋，前几天她将我们的学生登记表翻了一遍又一遍，把我们每一个人的名字和人脸都背下来了，所以一见到走廊那头出现的同学，她就大声地叫出了名字。

世间有很多新生报到，如此亲切的新生报名恐怕是难得中的难得。

美丽温婉的王云仪老师，1980年代的她，我们记忆中的她就是这么美

顾朝晶老师，是我们当时的教导主任，也是语文老师，在我将要去参加区里市里演讲比赛之前，他总爱轻轻地拍拍我们的手臂，好像父亲在孩子远征前打气鼓劲。

几年后，顾老师升为校长，但是我与顾老师却依然没大没小。大学读书时，我们经常去顾老师家看电视，记得有一次，顾老师师母有事不在家，就将房门钥匙交给我。

去二附中校长家看电视，有时顾老师还将钥匙交给我！当时觉得是挺平常的事，但现在想来，不平常呀！这可是上海滩乃至全国的牛校长呀！

中学毕业四五年之后，我在华师大校园内偶遇顾朝晶老师，这时，他已是著名的二附中校长

诗意地栖息在校园中

80年代的人，身上身下有一股土气，即使在大上海。

但是我们觉得老师是很酷的，尤其是语文老师，有位男生就是这么说戴德英老师的。

在高中，戴老师给我们讲解"勃朗特姐妹及其作品"，酷不酷？不仅讲解，还有声有色地发表独特的理解，带着安徽合肥口音，普通话讲得抑扬顿挫，对于十几岁的我们来说，就是一个丰富的世界，就是酷毙了。学生在教师节向戴老师问好，戴老师说："此时感到做教师是如此荣耀！"

汤文鹏老师，即老汤，老师中不被称"老师"的唯有老汤。魏晋遗风，潇洒不羁，衣着"邋遢"，也唯有老汤。按现在的标准，这样的老师是不是会被劝退，真的很难说。但是有多少同学在怀念这位老汤啊！就是这位奇葩老师不顾压力，带领文学社多次采风：杭州富春江、甬绍之行……

有同学在回忆文章中写道："听说，他曾经是华师大中文系的高材生，那个年代的耿直坦荡，为怀揣文学梦的他带来了被发落到中学教语文的待遇，然后就安下心来，不声不响地教了几十届学生。听说，他家住上方花园，自行车往返于淮海路和枣阳路之间，春夏秋冬经年如一，与学生、文章和美酒作伴，把这一切当作了有意思的人生。"

很酷的戴老师，1980 年代，她的名著赏析是她独特的酷

我们那时的衣着打扮如此土气，物质是如此匮乏，却是那样地诗意地栖息，我们的老师诗意地栖息，我们也随着……

老汤被陈力文学社同学们簇拥着，这是我们拍的第一张彩色照片。遗憾，老汤已经离开我们好些年了，人生不再，陈力文学社不再，但，精神依然在
（前排左五是"老汤"——汤文鹏老师）

毕业之后

我们于 1985 年中学毕业，之后，全民不再崇拜知识，上世纪 80 年代末再度高调出现的"读书无用论""手术刀不如剃头刀"，如今已成为社会现实，我们同学中接近一半远渡重洋求学并定居海外，在国内的同学经受着经济大潮的起起伏伏，人生旅途的坎坎坷坷。在价值观丧失、经济大潮覆盖一切的 20 多年中，昔日固守清贫的中学老师在人们的心中恐怕有些过时，甚至被轻视。

但是，他们在我们同学们的眼中却依然那么可爱，在二附中毕业近 30 多年后，大家不约而同地将清澈见底的中学师生情谊视为珍宝。这颗珍宝在中国改革开放 40 多年的风风雨雨中重新被捡拾：我们在青少年时期遇到这么博学、淳朴的老师，倾其心血教导我们，我们是何其幸运呀！

物质主义时代　教师美好依旧

从"文革"刚刚结束的 1979 年到理想主义情操高涨的 1980 年代，我们这代人在中学校园的历史似乎有些特殊，在如今这个年代很难复制。然而那个时代的老师，那个时代的师生情却在今天依然发出清澈的历史回响：一群有知识、有理想、有志向的老师在那个知识荒芜的年代用爱心培育了一群心中刻着伤痕、怀中充满梦想的孩子，让当时稀薄的文化空气在我们这一代身上可以重新燃烧，他们的学养、品格、情操，深深地影响了我们。当我们这群人在人生进入下半场的时候，蓦然回首，发现最美、最感恩的人，就在当时的中学校园中。

珍惜

我好想
拥抱二附中的老师们
岁月流逝
人生所剩岁月有限
老师们
愿你们在每日清晨满足地微笑
愿我们在每日夜晚安静地入睡

我们珍惜

上帝赐给我们在二附中校园中的师生情

在每一个清晨和夜晚

［作者简介］

钱红林，1982 届初中，1985 届高中，硕士。曾是出版社的编辑部主任，后成为独立出版人。11 年前创办非营利组织北京爱加倍关爱家庭促进中心，11 年共 44 万人次受益。任中国教育学会家庭教育专业委员会常务理事、中国家庭文化研究会理事。组织译介美国杜布森博士系列作品，前瞻性译介引领风潮。

我想把我的孩子交给你们

邹宇红（1982 届初中/1985 届高中）

离开二附中已经 35 年，我已从青涩少年成长为略有沧桑感的中年人，在一家国营大公司里担任经营管理者的角色。历经中国社会从拨乱反正、改革开放到和谐社会、长治久安的大变迁，无论身在何处，我都不改初心，永远以一个勤奋工作的奉献者自处，又以拥有独立见解明辨是非自傲，因为我自觉有一个标签，即自己是从二附中走出来的。且不说二附中的同学有多么优秀，我时常以与你们同校为荣，只要想到那些二附中的老师，我的心头更是涌起阵阵暖意，我是多么幸运，能成为你们的学生，是你们的培养奠定了现在的我。

亲爱的老师，每次从师生聚会的相片或视频上看到你们，虽然可能不在上海直接参加拜望和叙旧，但总觉得离你们很近很近。视频中的声音虽然有些沙哑和朦胧，照片上的影像有时不那么清晰，但你们的身形依然清晰和挺拔，你们脸上的慈爱更甚于当年。曾经在课堂上，你们站在上面，我们坐在下面，我用仰视定格了你们的微笑，你们眼神深处透出的爱和关切就那么一辈子留在了我的记忆中。

我心里不止一次涌起那个念头：能不能把我的孩子交给你们，能不能让她也有我们当年的幸运，在每天的晨读中朗诵古文经典，在已交的作文本中得到那么多的圈圈点点，在《新概念英语》的独家教学中完成听说读写四统一，在上海说得一口正宗的伦敦音，还能在教室观赏俺英语老师的戏剧表演。当现在的孩子寒暑假还在拼补习，宅在家里孤独上网，30 年前同年龄的我们一伙 13 人却夏游西湖，冬走宁波，跟着一位老教师在凛冽的风雪中踏访阿育王寺和天一阁藏书楼，在长途跋涉之后品尝臭豆腐的奇味和绍兴老酒的甘醇。在骄阳如火中于杭州灵隐寺闭关，在潺潺流水声修竹茂林中细数九溪十八涧的清凉。"三味书屋"里有我们畅谈家事国事天下事,兰亭曲水边有我们流觞咏诗,铁皮车厢里有我们青春的朦胧,那些踏破的旧跑鞋,觅来的何止是少年一望无际的梦想,还有"行万里路读万卷书"的真知灼见。虽然以上只是二附中"陈力"文学社某两个寒暑假里的短小片段,串联起来却真正是一部回味无穷的"青春万岁"。如果可以把它集成一本书,那么我的每一个社友都是作者之一,书的题注是:谨以此"述"献给带我们疯玩的老汤头。值得一提的是,老汤头姓汤,胡子拉碴,怒发冲冠,浑身上下弥漫着不羁甚至稍有些落拓,但内心的耿直、极深的文学修养和对我们这些孩子的殷殷爱心,让我们对他崇拜有加而亲密无间。对他为我们所放弃的那么多休息时间我们真的无以回报,也许只有在《蒹葭》这本油印的校园杂志里才会看到文学幼苗欣欣向荣的成长硕果。

　　时间无价,永远记得像老汤头那样的好老师曾经给予我们的时间,麦嘉馨老师、顾朝晶老师、吴春复老师还有杜秀林老师等,都一样舍得花时间陪我们。年少时总免不了偷懒,总会不自觉地迷茫,时常自卑过度又自傲失当,但老师就在我们身边,在每一节早晚自习"盯着"我们,在每一堂课里课外"诱逼"我们,背古文背单词,办比赛办演讲,激励我们做最好的自己,把深奥的古典文学音乐哲学的种子播种在我们的心里,像我这样一种沉默寡言不事张扬的个性竟然也被选拔为课代表,后做到班长,同学中更层出不穷美术音乐尖子、梵文研究者等,可见他们在教导每一个孩子乃至在教学每一个细节上的颇费心思。当现在的孩子在学校外面被补习课强行填鸭的时候,我们是何其幸运,不需要任何补课就在二附中的课堂里学到了那么多,在课堂以外又"寓学于乐"并至今融会贯通。

　　亲爱的老师,我们而立且不惑,但我还是由衷期望,能不能把我的孩子和孩子的孩子交给你们?如何才能代代相传,让二附中的优秀传统发扬光大?假如有可能,我愿意用我的时间来换回你们的健康和青春,让你们的言传身教直指今天的教育,阐述教书育人的真谛,宽容是爱,严厉是爱,你们的无私"舍得"源于爱,因为这份大爱,你们才亲自实践并带领我们走上一条"人生无悔"之路。

　　谢谢老师!

2018 年 5 月 15 日

[作者简介]

邹宇红，1982 届初中，1985 届高中，硕士学历。工作经历：1989 年进入中国建设银行上海市分行工作。曾任分行办公室副主任、长宁支行等副行长、分行创新与产品质量部副总经理。

2013 年派驻台湾，现任中国建设银行台北分行金融市场部主管。

致 15 岁的我的信

张岿（1982 届初中/1985 届高中）

15 岁的岿，你好！

你可能很奇怪，会收到这封信。你还不认识我，等你见到我的时候，会是在 35 年以后了。而我只要打开记忆的大门，就可以看见你。想知道我长什么样，看一下镜中的那个人，脸上少些娃娃肥，多几条线纹，头发剪短一半，加些白发，再加副眼镜，就差不多了。

前一阵，在微信上看见二附中北楼被拆的照片（微信为何物，30 年后就会知道的），想跟你分享一下我的感受。

你应该记得，第一次见北楼，是初中入学来二附中报到的那一天。下着小雨，你乘 69 路到金沙江路和中山北路口。路口的一边是家工厂，不记得那厂造什么的，只记得路上一层锈红色的水。空气里怪怪的气味，可以一下把你从睡意蒙胧中惊醒。

正在拆除中的华师大二附中老校舍

我们在北楼一层的教室是在走廊的尽头，靠左边。你坐在教室里，王云仪老师在前面讲话，欢迎新学生。你充满了憧憬，同时心里很忐忑，不知道中学住读生活会是什么样。

王老师讲了什么，都忘了，只记得老师语调柔和，一字一句，非常清晰，对学生要求明确。心里想,这位老师的课,要认真上的。过几年,你就会知道,王老师这里学的扎实英文,对赴美学习生活起的作用有多大!

你往窗外看去,雨已经停了,想找宿舍楼,看到的是南大楼,看起来不像宿舍。

当年的华师大二附中老校舍

往近看,是窗外草地上的水泥墩子,猜测那是什么。后来知道那是防空洞入口,大约两米高,一边是个斜坡,可以走到顶上,然后抬头看,是没有雾霾的天,多么蓝的天,一直朝前走,不要往两边看,走过去,就会融化在蓝天里。你和一些同学常常这样跳下来,很刺激。现在看照片,觉得那个顶是有点高的。最近才听说真的有同学跳得骨折的,在不知不觉中,你也冒过一次险,无知是福啊。

北楼的一边,就是学校大门了。冬天,你常和几个要好同学出大门,顺着空中的香味,找到路旁卖萝卜丝油墩子的。尽管老师一再警告不卫生,可是你会记住这个油炸的色香味,时隔多年,想起来,还是垂涎三尺。人生的幸福享受,其实很简单,冬天里刚炸出的油墩子,如夏日的冰啤酒,一大口,一声哈,给个赞:日子真不错!

校门口的萝卜丝油墩子

能在二附中度过6年中学生活,是很有福的。在那些日子里,你从敬业的老师们那里得到了最好的教育,从志气相投的同学们那里得到了安稳的成长环境。可是在你那个年纪,还不会感到这些。你正忙着向前看,一个考试接一个考试,一个学期接一个学期,总以为快乐是躲在下一个目标的后面。直到很多年后,才意识到,生活重在历程,不在于目的。真正的喜乐,源于每天的知足感恩。

前几年,带着年纪和你相仿的儿女来到旧校园,看着依旧的北楼,有种回家的感觉。试着打开记忆大门也让他们看一眼,他们看见了一个模模糊糊的你。

不知你对这些话会有多少共鸣,建议慢慢体验在二附中的每一天。有一天,学校会搬走,再有一天,校楼会被拆,可是二附中的6年,会变成一个美好的回忆,让你每次想起它的时候，会给个赞：那些日子还真不错！

此致

50 岁的峀

2018 年 4 月 12 日　于美国加州

附：不用担心，没几年，你就会长高一个头！

〔作者简介〕

张峀，1985 届 3 班高中毕业，1979—1985 年在二附中学习，1985—1990 年在华师大学习，后赴美学习工作，现就职于谷歌。

15 岁的我很勉强地与我合照，我却很努力地搜索他头脑里关于二附中的青春记忆。

我的语文老师

刘忠群（1982 届初中/1985 届高中）

2013 年 8 月的一天，和几个同学约了一起去看初中的班主任严秀英老师。老师已经 75 岁，白发苍苍，明显老了，毕竟岁月不饶人。不过她身体很好，三高一样没有，胃口也很不错，还能和我们一起小酌海聊。虽然膝盖不太好，但走路依然相当快。时隔 30 年之后再见到严老师，感慨万分，初中时老师教了我们三年语文，给我们上第一堂语文课的情景，依旧历历在目。

第一课课文是白居易的《荔枝图序》："荔枝生巴峡间，树形团团如帷盖。叶如桂，冬青……若离本枝，一日而色变，二日而香变，三日而味变，四五日外，色香味尽去矣。"突然要学习古文，我觉得特别难，只能靠死记硬背。我小学里只想学好数理化，对语文是完全没有兴趣的。好在老师讲课浅显易懂，总算还能跟上。不想一两年后竟喜欢上古文，喜欢上中国古代历史了。现在拿起古文来，大致还能读懂，主要便是受益于中学的语文学习。

可能因为我年龄较同学略小，初中时个子矮小而瘦弱，又在学校住宿，老师对我特别照顾。看到我头发长了，会给我学校理发室的理发券，让我去理发。有一次头皮撞破，流了不少血，也是老师带我去医务室包扎，还帮我把沾上血迹的白衬衣洗干净。

在严老师家里看到了她的清贫，与如今名校老师的待遇相差太多，不免替老师难过，而老师却不以为意，依旧乐观豁达。老师的健康，我想自然与老师的心胸有关。老师的板书非常漂亮，舒展大气而有力，完全没有江南女子的柔弱，真是字如其人。

我的语文老师严秀英

　　临走时，老师给了我们每人一袋牛肉干，老字号立丰的，味道和小时候一样，在老师眼里我们永远都是她的学生。

　　我记性很不好，看过的电影，过一段时间再看，常常是只知道自己曾经看过这个电影，很多情节想不起来，几乎像看新的一样。不过老师对我的教诲和照顾，却是无论如何不敢忘记的。

本文初写于 2013 年 8 月，修改于 2018 年 5 月

[作者简介]

　　刘忠群，1982 届初中一班、1985 届高中二班校友。复旦大学计算机系毕业，毕业后任职于上海铁道学院，后赴日从事软件开发工作。其后回国经商，现任日本 olona 公司总经理。

永远的感恩

蒋知勤（1983 届初中/1986 届高中）

　　高中毕业整整 30 年的时候，我的中学同学选了 2016 年 11 月的感恩节周末，回母校办了个整个年级的校友大聚会。海外同学回不去，就通过摄像头看实时转播，同时微信群里看海量照片。当年的少男少女现在年富力强，成为各行各业的栋梁，最感温暖的还属看到老师们亲切慈祥的笑容。我一边惋惜不能亲临现场，一边又庆幸仍能通过网络感受那扑面而来的浓浓情谊。

　　不吹牛，我的中学当年是鼎鼎有名的全国重点——华东师大二附中，培养了好多高考状元和中学生奥林匹克竞赛的金牌选手。这次老师同学再聚首就选在华师大的逸夫楼里午餐，然后再分别旧地重游二附中的老校舍和新校舍，请了一位学霸摄影师全程记录，张张照片都拍得很美。我心里一直觉得华师大就是上海最美的高校，脑海里挥之不去的是丽娃河的柔波、夏雨岛的晨读，还有秋天满地的梧桐树叶。当年虽然是中学生，可从来就觉得是师大的一分子，校运会在共青体育场开，女生又恨又怕的 800 米也在师大 400 米跑道上跑，排球馆看比赛从来当仁不让和大学生挤一块。还记得那时有幢楼的顶层矗立着一座钢铁结构的电视塔，爬上去绝对挑战勇气胆量，也带来无比的自豪。通过微信看到深秋校园照片美得一如当年，不禁心醉神驰。

　　记得初一考进去的时候，从全上海招来的 200 个尖子生按生源所属的各区分成四个班。除了上海市的统一教材，我们开了很多小灶。英文是额外加了新概念英语，每个教室都有那种老式的厚重录音机，每天早上课代表要放英文磁带给我们听。语文则是华师大专门为我们编的教材，初一第一册第一课就是《荔枝图序》。语文教研组还和全国另外 12 所重点中学一起,编了一个《作文通讯》,每月刊登各自学校的学生习作。其实相比一班二班试点数学、四班试点体育,我所在的三班属于最轻松了。可不知为何,我们三班常被老师数落为又懒又散,还出了名的调皮捣蛋。相对而言我虽然小时候男孩子性格,大大咧咧的不太守纪律,但属于自己闷皮,还没胆给老师添麻烦。初一的时候我们教室在老校舍的北大楼一层,有次教室门锁了,三个合谋打碎玻璃窗进教室的是我班成绩很好的女孩子,我不在场。那时教语文的顾驷驷老师常被我们班气跑,也都是因为男生们在课堂上吵吵闹闹不听讲,等赵班长好不容易去办公室请顾老师回教室继续授课时,我坐在下面一样大气不敢出的。想来想去,我干过的坏事不外是上课偷看小说、晚上就寝熄灯后照样讲话、课间休息沿着校园防空洞的斜坡疯跑上去再冲下来之类的,反正印象里我没记得我惹老师生气过。这次聚会照片上看见我们三班的历任班主任,从初一何桂芸老师、初二陶嘉炜老师、初三严秀英老师、高一叶瑾老师,一直到高二高三的王运生老师。岁月流转,老师们风采如昔,还更添慈爱的神色,看着心中倍感温暖亲切。

的确,我们是受 80 年代自由之风吹拂的幸运一代,我们的老师都是华师大挑的最好的毕业生,有些老师比如我们王运生老师都有硕士学位并曾留学英美,堪称第一代海归。那时我校好像和联合国教科文组织有联系,好几次外宾来访都是英文俞秀珍老师当翻译。同学间也彼此告诫如有女外宾跟我们说英文,千万不能问人年龄。课业之外校园活动也丰富多彩,每年各班都要出元旦文艺汇演的节目。在全校的大合唱比赛中,我们初一(3)班更是战胜了初中高中的所有班级,代表我们学校参加区里的歌咏比赛,靠的就是老师剑走偏锋,帮我们挑了一首《铁臂阿童木》打败了那些千篇一律唱《共产主义接班人》的班级。至于我个人,最风光的还是在乒乓桌旁,体育课上的乒乓练习我记得是在防空洞的地下室里,而课间我们班女生老是能抢占石头乒乓桌。凭着小学时练过几年乒乓球,高中时我还幸运地入选校队,参加区里女子团体赛得了亚军。除此之外就在天文小组打过酱油,地理钱老师辛辛苦苦组织我们半夜三更夜观星象,我好像去过一次就不参加了。倒是数学小组我从初一一直参加到高三整整六年,还考进了青年宫的数学协会,只可惜各级数学竞赛包括全国比赛都没少参加,却连鼓励奖都没得过一个。印象最深的是数学小组的滕永康老师辅导我们学复数时,告诉我们复数无法比大小,他说多少年来无数人孜孜以求想让复数比大小来着,可惜都无法如愿遗憾得不行。我清楚记得我当时听了止不住地心花怒放,庆幸自己可以因此少学一样,当时不是碍着滕老师会生气,我都要喜形于色地拍手叫好了。

没法子,我就是天生的不自觉。那时同学中都时髦崇拜科学家像居里夫人啥的,我却常常烦恼他们为什么要发现那么多定理让我们学,我就觉得古代武侠小说里的人生也是很快意的嘛。可是老师却常常点名让课堂上开小差的我收回心神来。还有一个烦恼就是我进初一的时候我哥正好是高中最后一年,他可是老师眼里的红人,数理化竞赛老是得奖,高考全校第三、全上海第十四。可我一直觉得有这样的哥真是负担,偏偏我妈给我们兄妹俩缝了一模一样花色的碗袋,中午全体学生上食堂吃饭时,同学们一看我哥的饭碗袋就知道那是我哥。那时候高我一级的还有我妈妈的一个表妹,按辈分算我姨,也让很多同学没少笑话我有一个大一岁的阿姨。可等我表妹也考进我们中学时,我却刚巧毕业,没能在她面前摆摆老,算是一憾。

现在回想,我们班其实就是初一初二最调皮,初三开始就老实不少,到高中后更是懂事很多。高三的时候我们从师大北面的老校舍搬到了西南面的新校舍,环境及装备样样齐全崭新。我的宿舍在6楼,每天早上我把热水瓶拿下来打好开水带去教室,晚自习结束才再打一瓶开水带回宿舍。那个教学楼设计得很不错,南边是大走廊,太阳晒在走廊上晒不进教室,北边明亮的大玻璃窗,我们的教室在三楼最东边,紧挨着露天的楼梯,平时没人来,就文科班在四楼有时会上上下下。春夏的时候准备高考,傍晚我们几个女孩子有时把课桌搬到走廊上,吹着凉风学习,再逗玩一下来讨鱼片干吃的流浪猫。高三的时候我的成绩也好似坐上了火箭,终于得以名列前茅,并赶在最后一批加入了共青团。回首高三岁月,总觉得平静充实,记忆里教学楼东边初升的那轮月亮也显得分外皎洁。

当年一个有趣的现象也许是我们那届独有的,就是中学六年男女生几乎不说话,因此最后只成就了二班男生和三班女生这幸福美满的一对,他们漂亮可爱的小女儿这次也参加了大聚会,成了众位老师和同学的宝。对我来说,男生好似一个奇妙的背景存在,因为从不是班干部,连课代表都没当过,我六年都严格遵守不说话这条不知怎么来的纪律。不过有时也能从女生那听到关于他们的小道消息,什么二班女生称她们班四个数学好的男生为四大数学王子啥啥的,但我基本无暇关注,因为女孩子中间和谁要好和谁不理不睬都够我忙活了。那时我还存着一个小心思,就是觉得我爸妈给我生的哥哥待我不好,我指望着能在好朋友里发展一个会待我好的当我嫂子。说心里话,那些女同学真的个个都是名副其实的德才貌三全,委实让我难以抉择,正当我那些年一厢情愿地忙着比较来比较去这也好那也好的时候,我哥压根等不及她们长大,我们高中没毕业,他就找好了女朋友。好在虽然没一个同学成为我嫂子,她们却是我结结实实可以陪伴一辈子的好姐妹,每每想到就心下大慰。

拜此远距离间接参与的校友会,我那个感恩节过得意义非凡。想到滕老师说过的复数不能比大小,我真心觉得我每一个同学都那么优秀,当年硬要用成绩衡量排名次,其实每个人都好比复数,是比不出大小的。我感谢老师辛勤培育了我们,感谢这些年来同学们给予我的种种鼓励和帮助,师生情同窗谊我哪一样都完美无缺,写此文配照片,永远感恩我那美玉无瑕的中学时光。

1986 届毕业 30 年师生重聚在深秋华师大

文章初写于 2016 年 11 月底的感恩节,为 60 年校庆改动了下

2018 年 7 月 8 日在高尔农庄

〔作者简介〕

蒋知勤，1980—1986 年在二附中学习，后考入上海交大，再留学美国获理工科博士学位，目前是美国休斯敦社区大学工程系的全职教授。兴趣爱好广泛，业余是美国侨报特约记者、侨报网专栏作家、休斯敦中文学校老师，还持有德州房地产经纪执照。育有一儿一女，热爱生活乐于分享，和二附中老师同学的情感极为深厚。

我的乒乓球追星生涯

康岚（1983 届初中/1986 届高中）

我儿 Peter 今年已经 8 岁了，每天放学回家写完作业，就会拉着他爷爷去地下室打乒乓。望着祖孙俩你来我往的阵势，望着小儿欢快的笑脸，我总是忍不住思绪万千。

曾几何时，小小银球是那样地牵动着我的心，我少年时代的梦萦绕着乒乓球情结！我不禁想说："孩子，长在异乡的你可知妈妈年少的梦、年少的情吗？"

时光飞回上世纪 70 年代末，我从小就喜欢在弄堂里和小朋友们一起玩，稍大一点就开始在向阳院的水泥乒乓球台上打球了。那个年代乒乓球运动最有娱乐性，玩起来也不累，可以单打、双打，还可以结成两派比个高低。常常是对阵的两孩子你抽我挡玩得来劲，旁观的孩子又是裁判帮忙记分又是啦啦队员喊着加油，真的是非常热闹。到了上中学的年纪，体育课上最喜爱的运动也是打乒乓。那年月二附中的乒乓桌放在废置的防空洞里，场地虽然不宽敞，照明也全靠昏暗灯光，但那块宝地冬暖夏凉，一样带给我们很多快乐时光。正式乒乓桌之外，学校还在教学楼前砌了好几个水泥球台，使我们的课余活动也增添了最亮的色彩。

1981 年春天，第 36 届世乒赛在南斯拉夫举行，中国队在那届比赛上囊括全部 7 项冠军并 5 个单项的亚军，创造了世界乒坛史上的奇迹。那年我正读初一，我们一群小女孩本来就喜欢乒乓球，为这振奋人心的消息所鼓舞，开始热切关注乒乓球队。当时铺天盖地的报道中，有一个名字最为引人瞩目，那就是年仅 19 岁的谢赛克。众所周知，男子团体赛是最大看点，而那一年为夺回冠军奖杯，谢赛克独得 3 分，立下汗马功劳，同时他也和黄俊群合作获得混双冠军。记得有篇文章描写他时用了"场上是巨人,场下是孩子"的标题,说他赛场上犹如猛虎下山,每赛必克,但场下却又害羞腼腆,全无明星架子,让人觉得尤其可亲可近。这样一来,谢赛克稚气英俊又羞涩的笑容,连同他的左撇子打法,深深地刻入了我的脑海。

在谢赛克那个年代,体坛上有着许许多多的耀眼明星,激励着无数人为振兴中华的梦想而努力。女排、乒乓、体操、跳高、跳水、羽毛球都有着各自的辉煌,甚至中国足球也曾带来过几许激动人心的瞬间。单说当时的乒乓队,郭跃华、蔡振华、曹燕华乃至后来的陈新华、江嘉良等,可谓明星济济,但谢赛克却成为当年13岁的我最崇拜的人,我和几个好朋友分别给各自的偶像写信,一起开始了追星生涯。

相比别的同学顺利收到女排、体操、竞走运动员的回信,我给谢赛克的信却从来石沉大海、没有回音。突然有一天在做课间眼保健操时,班主任给了我一封信,信封上几个大字"中国北京"差点让我激动得无法自制。我永远忘不了那一刻,地球似乎停止了转动。打开信一看,却是许绍发的太太写给我的,当时许绍发是主管谢赛克的教练。她写道,谢赛克收到了我所有的信,感谢我对他的支持及对许指导的支持,因为他们平常训练非常忙碌,所以由她执笔回信。那时候的"粉丝"可以说真的非常单纯,就这么一封信成了我的宝贝,同时也为我赢来了很多羡慕的目光。与此同时,另外一个同学也收到了由郭跃华妻子代笔的回信,还夹了一张郭的照片。现在想来,80年代的体育明星虽然受到全国人民的追捧,但心地朴实,收到球迷信后,不少运动员还是会由本人或请人代笔回信的。以后的岁月里我每每想起许太太,都有着一份莫名的感动,因为她安慰了我久久期待的情怀。那份情怀其实非常的单纯,就是一种寄托,因为少年的我们渴望着将来也能为国争光扬名四海,世界冠军的出现正好以他们的奋斗精神和超人本领赢得了我们的敬意。不管崇拜哪一个具体个人,都是自然而然的移情作用,好像他们代表我们实现了共同的梦想一般。

做"粉丝"的日子是狂热的,也是快乐的。我把有限的零用钱花在《乒乓世界》杂志和红双喜乒乓邀请赛的门票上。清楚记得,比赛都是晚间在黄埔体育馆举行,从二附中坐车过去要40分钟,我们一些女孩就逃了晚自习去看比赛。预先料定回学校时宿舍楼肯定关门了,就请别的同学事先把被褥带去教室,帮我们把床铺在课桌上。现在回想真是胆大包天啊！回校是翻墙才进的校园，深夜是在无锁的教室里入睡，在蚊叮虫咬中我们这几个十来岁的小姑娘差不多一晚上都在兴奋地回忆和哪个运动员说了话、显摆谁得到的签名多。我的收获自然很大，亲眼见到谢赛克并得了他3个签名，真的是余愿已足！还有3个同学本事更大，探听到乒乓球队下榻在某处之后，居然锲而不舍地给每个楼层打电话，终于打通了一个并约好某周六的下午和陈新华见面。结果她们真见到了，聊天了不算，还跟随陈新华及所有运动员去了上海体育宫旁观他们训练。不用说，这三个女孩的奇遇让我们旁人是多么的羡慕啊！好在陈新华是个有心人，送她们乒乓球作纪念时没忘让她们带一个给我，上面写着："小康，为革命努力学习！"惠钧也曾经把瑞典乒乓球队的一个小礼物转送于我，这些都是成为我最珍贵的收藏。

整个中学6年，我们这些"粉丝"见证了中国乒乓球队乃至整个中国体育的辉煌与崛起，尤其乒乓运动员在第36、37、38连续三届世乒赛上取得的骄人战绩，让我们这些小球迷分享了作为中国人的荣耀和骄傲。为了让更多的国人支持中国乒乓球队，我们几人还策划成立全国范围内的球迷会，章程、宣言、人事安排都已拟好，就差顾问一职想挑个德高望重的，结果把眼光瞄到了当时的乒协名誉主席杨尚昆身上，由知勤起草了一份自以为写得无比动人的书信，我抄写工整后让许文去寄的挂号信。可惜后来一直没得到回音，渐渐的，随着谢赛克1985年退役去了国外打球，我们的生活重心也慢慢转移了：上大学、谈恋爱、毕业工作、出国留学到生儿育女，往日的梦想和激情永远定格在中学6年，像永不凋谢的花儿，在记忆深处散发着永远的芬芳……

"好球！"儿子大叫一声，把我从回忆的思绪中唤回。现在的我整天忙忙碌碌，为工作为家庭更为孩子！人生难道就不应该这样吗？什么样的年龄做什么样的事，过什么样的生活。祝愿我的两个孩子未来的人生旅途也和我当年一样，有激情有梦想，活得实在，活得精彩！

〔作者简介〕

康岚，1980—1986年在二附中就读。上海交通大学、美国罗格斯大学毕业。现为惠普融资租赁部高级架构师、软件工程师。

男生，女生

施文伟（1983 届初中/1986 届高中）

女儿上了中学，还是那样和男孩们嬉闹、争吵，回到家毫无顾忌地描述给我听；有时搞家庭聚会，请来了她的同学，60％女生，40％的男生，看着孩子们一起闹腾，我很享受，觉得充满了两小无猜的纯真。

朋友间也免不了有关于孩子早恋问题的讨论。坦白地说，我很难像西方父母那样放任自流，我不会一味批评阻止但也绝不可能袖手旁观，一旦真碰到了这种情形，相信大部分的家长多少都会有些纠结。这或许还是和我们从小接受的教育有关吧，不禁回忆起当年我们的中学时代，男生女生以那种"若即若离"的方式相处着。

二附中是传统的、保守的，我们那一届的男女生是不讲话的，现在想不起来这种状况是如何形成的，但可以肯定不是校规。那时，因为住校，同学们可谓朝夕相处，而且就在那么个教室、食堂、宿舍三点一线的有限的空间里，对方任何的举动和声响都在彼此的感知范围里，可是我们男女生之间是决然没有对话的。比如谁说了个笑话，同性同学可以开怀大笑，异性的往往低头忍俊，佯装不闻。记得那时，男生间发生了什么事件，我们女生往往是回到寝室，8 个人努力回忆各自捕捉到的细节，拼拼凑凑地把故事讲完整，但即使再好奇，谁也不会开口去向任何男生了解一下原委。

我当时当了个小干部，算是有理由和机会与男生说上几句，但是，充其量也只是传达个通知，召集个会议啥的，每每还总是表现出一副正经八百的样子，尽量言简意赅，三言两语结束谈话。直到高二时参加了上海市中学生记者团，亲眼目睹外校的男女生间的"勾肩搭背""嬉笑怒骂",才了解原来男女生是可以这样"亲密无间"的,那会儿才意识到二附中的我们像是生活在中世纪。

就这样,我们的男生女生们在一起度过了含蓄的6年,临写毕业留言才发现,我们男生女生原来是那么彼此了解,每一句留言都直入主题,切中要害。记得当时我的一位同班同学,展示了他给班里很多同学作的漫画,幅幅堪称真实写照,活灵活现,没有长时间的默默关注是绝对出不来这样的传神之作的。显然,我们其实一直以那种没有对话的方式注视着彼此,逐渐了解,我们在二附中的那一小片天空下,同吃一锅饭,同喝一炉水,朝夕相处了6年,友谊在无声中悄然生长。感谢二附中的老师们,在那个年代保留着毕业留言的传统,这留言本成了男女生间最早的沟通,虽然来得有些迟,虽然还有些欲语还羞,但是那时我们男生女生"正常交往"的开始。

毕业后的那个暑假,我们有了男女生共同参加的聚会,大家无不感叹:在那一次聚会上,男生女生说的话,远远超过了6年的总和。

我们的同学之间几乎没有结婚甚至恋爱的,是不是曾经的"封建"模式多少阻碍了情窦初开的我们去发展友谊?当年《青年报》上的小说《柳眉儿落了》因为触及早恋,在上海广大中学生中引起很大反响,但是在二附中似乎全然没有被关注。

至今不知,当年男生女生相处的模式究竟是好还是坏,只是深深地明白,已经不可能让我们的儿女们,现在的男生女生重复,甚至理解我们的当时了。

2018年初夏,男生女生之重聚

［作者简介］

施文伟，1980—1986 年就读于二附中，1990年毕业于上海海运学院（现为上海海事大学）国际航运系国际航运专业，并于 2001 年获得 MBA硕士学位。长期从事国际货运代理工作，现为某瑞士公司中国区总经理。

最好的年龄遇见你

李洁（1986 届高中）

在 80 年代，华东师大二附中是上海唯一的一所全国重点中学，考上二附中是我给自己定下的第一个人生目标。小升初时因为数学的几分之差我与二附中失之交臂。初中毕业时我放弃了直升本校的机会再度报考二附中，终于得偿所愿。

当拿到二附中的录取通知书时，我的心情颇有几分复杂。高兴是一方面，另一方面也担心会进入一家特别"收骨头"的学校。初中我就读于历史悠久的晋元中学。甫一进校，学校就颁布了一系列军规，比如不能披长发，不能戴手表，当然也绝对不能谈恋爱！平时学校对学生的管束也相当严格，老师管，还得让小干部管，我自己就作为语文课代表督导过早自习课。对那些调皮捣蛋、不好好学习的学生，立壁角、叫家长是分分钟的事。而作为一家全国重点中学，二附中会不会比晋元管得更紧？老师会不会更威严？同学会不会都是考试机器？……

我的担心很快被证明是多余的。高中三年，我没有听到学校发布过任何限制学生穿衣打扮的天规天条。二附中的学生也完全不像书呆子，反而时髦得紧。记得牛仔裤刚刚开始流行，校园里忽如一夜春风来，很多男生女生都穿上了牛仔裤，衬托着一个个年轻的身躯更加青春飞扬；而当"街上流行红裙子"的时候，二附中校园里也常常可以看到红裙子、蝙蝠袖、飘带领，让花季少女成为一道道美丽的风景。男生们的爆炸头、女生们的"小鹿纯子"头，只要喜欢没有什么不可以。偶尔与其他中学的学生聚在一处，二附中的学生往往是人群中最活泼鲜亮的一个……

二附中可能也是在当时的中学中最少"师道尊严"的学校。我高中的第一任班主任是教化学的王运生老师。那时他刚从英国留学归来，第一次也是唯一一次当班主任。记忆中的王老师无论是上课还是布置班级任务，永远平心静气、有条不紊。尽管二附中的学生是从全市选拔来的精英，但一样也会有青春期的躁动，比如有贪玩耽误作业的，有缺席自习外出追星的，当然还有功课吃力成绩掉队的，王老师从未对任何学生加以斥责，永远都是信任和鼓励。在王老师的眼中，我们不是一部部学习机器，而是一棵棵成长中的幼苗，只要给予充分的空间，给予充足的雨露，每一棵都能长成大树。

像王老师一样，二附中的其他老师也都是开明和宽容的，同时又以他们各自的风格令学生们难忘。顾老师是我就读文科班时的语文老师，同时还是学校的教导主任。讲台上的顾老师激情四射，下了讲台，他又会和学生们一起谈天说地，俨然就是我们的一个大朋友。唐彬钰老师教了我们整整三年的体育课，他示范起动作来很标准，对大家的要求也够严，但如果真有女生拼尽全力还是差点意思，唐老师也会心软让你过关。休息的时候，唐老师会和我们一起聊聊运动员们的趣闻轶事，这时候的他更像是我们这些女孩子们的闺蜜。我在二附中的最后一个班主任是沈明岚老师。他既是我们的地理老师，也是我们的"慈母"，因为除了学业，所有文科班孩子的头疼脑热他都放在心上。高三那年，我因为学习太紧张，得了胃出血，从此就成了沈老师的重点关心对象。他时常叮嘱我要注意休息不要太累，还时不时告诉我他在哪里看到的治胃病偏方。高考那天，他特意提前赶到考场告诉监考老师有个考生胃不好需要吃药。因为他的拜托，高考三天，我是唯一一个桌上始终放着一杯水的考生……

当然二附中也不乏"严父"型的老师。教英文的俞秀珍老师腿脚不好，所以常常坐着上课，不过气场照样震慑全场。她讲起话来呱啦松脆，指出学生的错误时毫不客气，但俞老师就有本事把课上得非常生动，而被她批评的学生们也个个服气，课堂上总是充满了欢声笑语。"*New Concept English*"是二附中在教育大纲之外给自己学生加的小灶，俞老师上起来一样毫不含糊，一句"明朝上纽康"往往能令我们打起十二分精神来预复习。每一篇文章要背生词、背词组、复述全文，还得完成好几页的练习题……也正是由于俞老师的一丝不苟，我们打下了扎实的英文功底，至今我还能脱口而出"*New Concept English*"里的那些桥段，并记得"put"的十几种介词搭配，在工作中我能信手用英文写公司的新闻稿、演讲稿，二附中和俞老师功不可没。

在二附中这个学霸扎堆的地方，自然不可能人人都在学科成绩上出类拔萃，但我们好像也没有为此太焦虑，因为无论是在老师还是同学的眼里，衡量优秀的标准都是多元的。大家会为那些考高分的同学点赞，也会为打一手好球、写一手好诗、弹一手好吉他，或有一个好嗓子欢呼。在二附中的三年，我曾为年级文学社舞文弄墨，也曾在联欢会舞台上欢跳吉特巴，还在每一年的运动会上都拿到年级短跑冠军……

此刻回想起来，当时的掌声加油声犹在耳畔。高中时代的我虽未能像初中时在考分榜上显山露水，但一样收获了满满的成就感，因为二附中给每一个学生都提供了可以展现自我的平台。

我人生的很多第一次都发生在二附中年代，比如第一次下工厂学工，比如第一次下乡学农。当我从早到晚站在车间里往一个个空酒瓶里塞人参的时候，我想到的是卓别林的《摩登时代》以及人的异化；当我在广阔天地里割稻、采棉花时，我反复咀嚼的是路遥的《人生》。每一次的实践都让我们有机会用皮肤来感受社会现实和思考书本以外的人生命题。校园之内，二附中也提供了足够的资源帮我们来了解世界。学校的图书馆有大量的书籍杂志可供阅读，学校甚至还提供了电视机供大家看新闻、观球赛、追剧，迄今还记得同学们济济一堂看《霍元甲》的情景。在那个千军万马过独木桥的年代，可能也只有二附中会"放任"自己的学生们看闲书看电视了。二附中的老师充分信任每个孩子的自我管理能力，更重要的是，他们不唯高考是从，从一开始就想把自己的学生培养成拥有广阔视野的未来栋梁。

离开母校已经30多年了，少年时代的记忆渐行渐远，曾经苦读过的数理化知识也大多还给了老师，但二附中包容、平等、开放、多元的人文精神却深深烙印在每个学子的心中。走出校门的我们的确成长为各行各业的栋梁之才乃至领军人物，即使是坚守在平凡岗位上的同学们，也无一例外地拥有落落大方的姿态和一颗周正而自由的心。相对于漫长的一生，校园光阴雪泥鸿爪，但那些人、那些事、那些交会时互放的光芒，早已润物无声。

感谢二附中，让我在最好的年龄遇见你！

2018 年 5 月 16 日

[作者简介]

李洁，1983—1986 年就读与二附中高中部，1990年毕业于上海外国语大学德语系。后赴德深造，获达姆斯达特理工大学日耳曼学和经济及企业管理专业硕士。历任德国博朗品牌经理、欧莱雅中国区公关经理、液化空气中国区传播总监。现为液化空气工程与制造亚洲区传播总监。

音乐,人,那支歌

官昕(1983 届初中/1986 届高中)

二附中的音乐课

38 年前,小小少年的我有幸被著名的当时唯一的全国重点中学——华东师大二附中录取。听大人们说,这就意味着我一只脚已经踏入大学的门槛。

毕竟是全国重点中学,在初中一年级的起始阶段,主课的授课内容就完全超越于其他中学用的全国统一教材之上。语文以古文开始,数学以美国加州大学伯克利分校的教材为蓝本,英语以世界著名的权威教材"新概念英语"为起点。

毫无疑问,二附中的主课教材的选用是创新的、成功的,教师的水平是一流的。但是在这里,我想主要回忆一下二附中的副科——音乐方面的教育。

初一的时候,杜秀林老师教我们音乐,记得印象最深的是杜老师给我们上的古典音乐赏析课,这在全国统一教材上是没有的。

音乐课上,杜老师用现在恐怕已是古董的开盘式录音机,给我们播放古典乐曲,介绍乐曲的作者、创作背景和音乐主题。从杜老师那里,我第一次听说了巴赫、莫扎特、贝多芬、李斯特、肖邦,第一次听说了巴洛克派、古典派、浪漫派。

记得杜老师给我们介绍贝多芬的《致爱丽丝》,她形象地介绍说乐曲开始的半音,能够体现爱丽丝的优雅,然后乐句的下行,表示爱丽丝的翩翩而来。在介绍肖邦的《升 C 小调圆舞曲》时,第二段为急速的音符流动,杜老师解释那是久居异乡、孑然一身的肖邦充满着无奈的一种旋律,仿佛是作者在倾诉他孤寂的晚年生活。

杜老师形象的授课把我深深吸引。杜老师要求我们要记住这些旋律,以后要考试,听乐曲写出作者名和作品名。由于当时家庭几乎都没有收录机,音乐课以外就很难再听到这些曲子了,于是我在我的笔记本上画了一些波浪式曲线,代表表达肖邦孤寂无奈的急速旋律。

初二和初三年级,赵云珍老师给我们上音乐课。最难忘的是赵老师的声乐课。她教我们如何科学发声,教我们通俗唱法和美声唱法的区别。记得有一次,赵老师用通俗发声法和美声发声法各说了一句:"你来了。"当赵老师用美声法说的时候,我感到了一种声音的穿透力。

赵老师常给我们介绍古典歌曲,要求我们考试的时候唱。最难忘的古典曲子是赵老师教的莫扎特的《渴望春天》和舒伯特的《鳟鱼》。考试时候我唱了《鳟鱼》,赵老师伴奏,得到了赵老师的肯定和鼓励。

我并非音乐科班出身,小时候也没有条件受过音乐教育,可以说在中学之前,音乐对我来说是一片空白。但是二附中的音乐课,让我爱上了音乐。于是,我越来越多次地往音乐教室跑,喜欢上了唱歌,成为校园歌手,还参加过市级的歌唱比赛,感谢赵老师在演唱方面给我很多宝贵的指导和建议。

从那以后,音乐就一直伴随着我,从未离开过,使我受益至今。

肖邦的《升 C 小调圆舞曲》和舒伯特的《鳟鱼》是在二附中音乐课上最难忘的两首曲子。如今每次这两首曲子的再现,我总会感慨万千。尤其是去年,我女儿加入了学校合唱团,在一次合唱团的演出中,我再一次听到童声合唱《鳟鱼》,一刹那间油然而生一种时光倒流、恍若隔世的感觉,仿佛回到了二附中的音乐课堂……

我的那些老师们

严师——语文王佩娥老师

俗话说严师出高徒,此话用在我的初一语文王佩娥老师身上是再恰当不过了。王老师上课语气坚定,目光犀利,特别强调用词的得法、贴切,她告诉我们:"如果把语言比作一道墙,那么词汇就是砖,如果砖都用不对,那么墙不就倒了吗?"

有一次,我在收集同学订阅《青年报》的报费,男生的报费都缴齐了,就差一些女生还未缴纳。可是我们男女生不说话呀!于是我就想在黑板上留言,提醒女生们赶快缴费。课间休息的时候,我在黑板上写下:"快交青年报……"啊呀!我猛然发现,我不会用词了,怎么表达啊?我丈二和尚摸不着头脑,于是就胡乱地写下了"快交青年报钞票!"。不料下一节课正好是语文课,只见王老师看了看我写的那行字,严肃地问:"这是谁写的?"这时,有个别同学偷笑着看我,我一下子紧张起来。王老师严厉地说："什么叫钞票？这词汇也太贫乏了！"。说完，王老师转身擦去"钞票"两个字，用粉笔写下了大大的两个字"报费"。我尴尬极了，真想找个地缝钻进去。那大大的"报费"两个字，从那时起就一直在我的脑海里浮现，鞭策着我要提高词汇量，于是我大量阅读报刊杂志，看到好词好句就摘录下来。

王老师非常注重我们口语表达能力，每次上课前会挪出 5—10 分钟让学生演讲。有一次轮到我演讲，我演讲的话题是中国足球队力挽狂澜，在世界杯足球预选赛上战胜了亚洲劲旅科威特足球队。在演讲当中，我用到了"劲旅"这个词汇，王老师夸我用得恰当、贴切。我第一次被王老师表扬，心里感到格外高兴。这时候，我感到王老师对我的严厉起到了效果。

"如果把语言比作一道墙，那么词汇就是砖，如果砖都用不对，那么墙不就倒了吗？"王老师的这句话从那时就一直深深地记在我的心里。

生活上关心我、注重学以致用的英语刘鼎立老师

刘老师是我初中二、三年级的班主任兼英语老师。

我初中时候身体不太好，经常胃不舒服，学校的食堂里的饭又比较硬，刘老师就时常给我带来他自己做的饭菜。有一次，我腹泻，胃里装不下食物，刘老师见我一天多没吃什么东西，就骑车赶回家，给我熬了粥，煮了鸡蛋给我带来，并且时刻关心我的病情是否好转。刘老师对我生活上的无微不至的关怀，至今令我感动、难忘！

刘老师特别注重学生的实际应用能力。初中时候，有一位英国学者约翰·梅（John May）访问我校。有一天，刘老师在学校操场上向约翰介绍学校的情况，正好看见我，就立刻把我介绍给约翰，期待我和约翰聊上几句。"How do you do?"约翰友好地向我伸出手。我当时是第一次见到老外，竟然紧张地把学过的英语寒暄全都抛至九霄云外，我胆怯地握手，仅仅轻声地回了句"how do you do?"就转身走开了。

刘老师立刻看出了问题，在不久的一次家长会上，刘老师向我父母提出了要培养我大胆说话的能力。同时，刘老师上课时候也有意多让我站起来回答问题，并不时地用语气词鼓励我。刘老师对我说："学了英语就是要学以致用，光啃书本是没有用的。"

可以说，在刘老师发觉我这个问题之前，我是一个十足的"书呆子"，但是从那以后，这种情况逐渐得到了改变。后来有一次我们几个男生去华师大打排球，我们看到留学生宿舍楼前坐着几位外国留学生，我大胆地上前用英语邀请他们和我们一起打，并用学过的英语和他们交谈。当我发现书本上的英语单词和词组能在实际生活中被对方接受和理解时，我感到格外高兴。这时候我真正体会到了刘老师所说的

"学以致用"的乐趣。

雍容儒雅的数学郑庭曜老师

郑老师是我高中三年的数学老师,他从美国留学回来,坚实的数学功底无需多说。给我印象最深刻的是郑老师的雍容儒雅和幽默风趣,说话的语气永远是那么心平气和。

有一次课堂上,一位同学趴在课桌上睡着了。郑老师看见了,并没有直接把他叫醒,而是等到一次向同学提问的机会,点名了那位同学,让他来回答提问。那位同学被郑老师的点名惊醒,懵懵懂懂地根本不知道要回答什么问题。于是郑老师转过身,在黑板上挥洒出隽永的字迹:"惊蛰"。

值得一提的是,郑老师是在中学阶段唯一读准我姓名的老师。我的姓氏"官",往往被老师认为是"管"的变体,所以大多都读作上声(汉语四声中的第三声),唯有郑老师始终如一地读作阴平(汉语四声当中的第一声),他读我的名字"官昕"的时候,两个阴平发音是那么的清晰,至今回忆起来,仿佛仍在耳边回响。

2015年夏,我到美国纽约州罗切斯特市去拜访郑老师,我跟郑老师聊起此事,郑老师说:"念对学生的名字,一是怕闹笑话,二来更是对学生的尊重。这不,竟让你记了近30年,值!在美教书,对这事更是战战兢兢,不敢轻心。"

时尚的女神——英语经昭华老师

2016年11月,即我从华师大二附中高中毕业整整30年的时候,我的中学同学回母校办了个整个年级的校友和老师的大聚会。我由于身在加拿大未能参加,就一边通过网络看实况转播,一边浏览微信群里的同学和老师的聚会照片。在一张集体照中,我忽然发现一位充满时尚和气质的老师,我心里一阵激动,那不是我的恩师——英文经昭华老师嘛!

我按捺不住内心的喜悦,立刻和同学联系,请求在微信里联络经老师。当晚,我激动得彻夜难眠,我寻找经老师好久了,今天终于找到了!

第二天,我和经老师联系上了,通过微信语音,我给经老师背诵了《新概念英语》第三册第一课"逍遥的美洲狮"的前两句,这是经老师给我们上的英文课呀!

经老师是我高中三年的英文老师。记得每一次英文课,经老师总是衣着时尚得体、精神抖擞、气质优雅地走进教室,首先在视觉上就已经征服了我们。紧接着,纯正的英式发音更给人一种美的享受。这种视觉和听觉的超完美结合,真让你上课开小差也难呀。

经老师上课的一大特点是非常注重用英文思维,所有生词全部用英文来解释。她一般会用低级字汇解释高级字汇,比如用 proof 去解释 evidence,但是同时也会用高级字汇去解释低级字汇,比如用 feline 去解释 cat-like(cat-like 和 evidence 这两个词汇都出现在"逍遥的美洲狮"里)。同时,经老师还会在字汇上延伸,比如课文中仅出现 cat-like,经老师会延伸到 dog-like(canine)、monkey-like(simian),等等。这样在生词上向低级和高级字汇两边扩展,同时加入第三维联想和延伸,大大提高了我们的英文思维和词汇量。

经老师非常注重我们的口语能力,每次上课都会挪出 5 到 10 分钟让同学看图说话。经老师知道我胆子比较小,就有意多让我站起来看图说话,并不时地用语气词鼓励我。她还激励我在更大的场合下说英语。有一次学校组织英语演讲比赛,我有些胆怯。经老师鼓励我,给我一篇英语散文让我阅读,是美国作家海伦·凯勒写的《假若给我三天光明》。于是我受到鼓舞,写了读后感作为演讲稿,参加了英语演讲比赛,虽然最后没有获得名次,但是在心理上已经过了一道坎。

在当时"托福"还是比较陌生的名词时,经老师已经开始向我推荐"托福"考试,并借给我很多"托福"听力磁带和考试真题。当我把这些"托福"考试真题做完之后,我感到英语又上了一个台阶。

经老师还帮我听写了许多英文歌曲,其中包括约翰丹佛的"*Leaving on a Jet Plan*"和"*Follow Me*"。尤其是"*Follow Me*"这首歌对我来说有着特别重要的意义,因为那是我 1984 年参加上海首届英文歌曲大奖赛的参赛歌曲。在当初那个年代,英文歌曲的资料是非常缺乏的,很多参赛选手都选择了一些传统的英文老歌,比如《绿袖子》《红河谷》,而我唱了一首流行歌曲,引起了节目组的关注。赛后节目组的老师来找到我,问我如何学会这首流行歌曲的,还希望我把歌词给节目组寄过去。所以我要特别感谢经老师,因为我是带着音带到经老师府上请经老师帮我听写这首歌的。经老师听歌词非常严谨,其中有一个地方音带不太清楚,经老师还特地请她的母亲(也是英文老师)一起听写和校对。

师恩难忘!和经老师联系上后,我真切地希望,能够再一次做经老师的学生,再一次抱起吉他,给亲爱的经老师弹唱"*Leaving on a Jet Plan*"和"*Follow Me*"。我期待着……

我的初中同学郑大圣

1980 年夏,我小学毕业,考取了当时唯一的全国重点中学—华东师大二附中。

班主任袁霞如老师家访的时候告诉我,我们班上有一位大导演黄蜀芹的儿子郑大圣,我激动万分。

不吹牛,我小时候特别喜欢演电影。那时外公带我去看电影《小兵张嘎》,银幕上演员的台词还没说,我已经在台下说出台词了,前排的观众回过头来夸我是个聪明的孩子,外公的脸上露出惬意的笑容。于是怀着对电影的热爱,怀着对艺术家庭的仰慕,我期待着开学的第一天。

开学第一天,我欣喜若狂,因为郑大圣不仅和我同班,还和我住同寝室,是隔壁上铺的兄弟。对电影的共同热爱使我们很快成为好朋友。

大圣经常在宿舍里给我们说戏,介绍电影的拍摄过程。他告诉我们,作为一个演员的首要条件就是模仿能力,于是他给我们展示他高超的模仿能力,模仿不同老师的讲话,让我们猜猜是哪位老师。

只见大圣缓缓走来,转身用手比划在黑板上写了几个字,再转过身做了一个把粉笔扔在讲台上的动作,慢条斯理地说:"今天我们讲这两个字。"同学们立刻齐声回答:"物理许晓梅老师!"

接着,大圣清了清嗓子,一板一眼地说:"游标卡尺,(停顿片刻),分——主尺,和——游标。""物理蒋建国老师!"同学们一齐鼓掌。大圣惟妙惟肖的模仿,把我们逗得前俯后仰。

大圣不仅自己表演,还挖掘我们同学的表演能力,导演我们入戏。我们演了很多电影场景,比如《虎口脱险》《小兵张嘎》《追捕》《姿三四郎》《尼罗河上的惨案》,等等,其中最难忘的是大圣在宿舍里给我们导演电影《追捕》里杜丘救真由美那段"英雄救美"的场景。我被大圣选中演英雄杜丘,王军反串真由美,还有几位同学演坏人——袭击真由美的狗熊。大圣说,我们这里改编一下哈,电影里是一只狗熊,我们这里多个狗熊,更能体现英雄的高大。

"各剧组预备,灯光、摄像师,预备——开始!"随着大圣的一声开始,几位演狗熊的同学一齐拥上,反串真由美的王军大叫:"救命啊!"大圣给我使了个眼色,于是我一跃而起,击垮了"狗熊",救下了"真由美"。由于太入戏,王军的呼叫声惊动了宿舍管理员梁老师,梁老师还以为我们这里发生了紧急事件呢。

那时候的每周三,大部分的同学家长都会来看望孩子,带来一些饼干、麦乳精等干粮。由于当时学生的用餐还是限量制,我们正处于青春期,学校的限量餐量是远远不够的,这些干粮对我们来说就极其重要了。大圣的父母经常来看望大圣,我很荣幸有机会和大圣父母交谈,受到艺术的熏陶。同时,大圣还经常与我分享他父母带来的干粮。有时候,即便吃了干粮,还是觉得饿。于是我们就去枣阳路、金沙江路饭店里吃阳春面,吃完之后我在街头小商贩那里买了一张电影明星张瑜的黑白照片。大圣是个有心人,没过几天,给我一张张瑜的彩色照片,我高兴极了,感觉这已经是当时最大的福利了。

大圣请我们看了他妈妈黄蜀芹导演的两部影片——1982年的《当代人》和1983年的《青春万岁》。《当代人》的主题歌曲"年轻的心"和《青春万岁》片头的赞美青春的颂歌至今耳熟能详。

由于当时严格的考分制度,大圣没能留在二附中高中,那时我平生第一次品尝了与好友分别的不舍。我给大圣写了长长的一封信,表达了我的不舍之情。不久,我收到了大圣的回信,里面有一张大圣的相片,相片的背面有大圣的赠言:

"挚友官昕惠存:

大圣乘车方欲行,忽闻路上踏歌声。

桃花潭水深千尺,不及官昕送我情。

学友大圣赠

八三年金秋"

顿时,我的眼睛湿润了······

如今,35年过去了,可是每次回忆,我仿佛感觉那些往事就发生在昨天。

此时此刻的我,眼前又出现了电影《青春万岁》赞美青春的颂歌:"所有的日子,所有的日子都来吧,让我编织你们,用青春的金线,和幸福的璎珞,编织你们。"那时候,青葱岁月的我们,怀着对未来的憧憬,热情拥抱青春。如今,我们要说:让所有的日子都去吧,因为我们——青春一去无悔······

大圣曾答应过以后有机会拍一部描写二附中学生生活的电影,由于大圣工作繁忙,一直没有机会实现。我真切地希望,大圣将来能有机会实现这个梦想,展示我们二附中学生的芳华。

回忆是红色的

《玫瑰是红色的》是波兰裔美国歌星鲍比·文滕(Bobby Vinton)1962年荣获流行乐榜首的金曲,表现一对同窗情侣在高中毕业即将分别之时,男生给女生留下的毕业赠言。

初次听到这首歌,是在华师大二附中读高一的时候。我的同班好友周坚从家里带来一盘录音带给我分享,是美国60年代流行歌曲集锦,里面包含了这支著名的爱情歌曲。那时正处于青春萌动时代的我们，都非常喜欢此曲，便立刻分工协作，边听磁带边记谱，并听写下了英文歌词。歌词里有一句"We dated through high school"，我们不懂"date"一词的确切含义，通过查阅字典才明白是"约会"的意思。我当时无限感慨，美国的高中生可真自由，高中就可以与心仪的对象约会，而我别说约会，几乎都没和女生说过话。

那个时代，学校虽然没有明文规定男女生之间不能交往，但老师们对男女学生之间说话都会非常敏感，这使我们觉得，男女生不说话是好学生的一种"潜准则"。然而，行为上的约束并不能压抑源自心灵的对异性的倾慕。在寝室的卧谈会上，大家时常会谈论女生，开给男女同学配对的玩笑。一位室友把我和低我们几届的一位女生配对，只是因为我在音乐教室里教过她弹吉他，被他撞见。我承认，我对这位女生有朦胧的好感，但时过境迁，如今却连她的芳踪都无觅处。

高中时代，我和周坚成为音乐搭档，经常在校园的舞台上演出，这首《玫瑰是红色的》是我俩的经典曲目。我们一次次弹着吉他，在校园里唱起：

"Roses are red，My Love，

Violets are blue，

Sugar is sweet，My Love，

But not as sweet as you."

在排练和演出过程中，我认识了不少我们的"粉丝"，所以和女生说话的机会逐渐多了起来。忽然有一天，我感到歌唱已不能完全抒怀，我有一种想将爱慕表白出来的欲望。可是我知道，这在学校是不被允许的，于是只能将之深深地埋藏于心底。直到高中毕业的那一天，同学们互相在毕业赠言簿上留言，我想，这是我最后的表白机会，终于鼓足勇气，在那位女生的赠言簿上写下：

"Roses are red，

Violets are blue，

Sugar is sweet，my friend，

But not as sweet as you……"

前些年，我和周坚回忆起我们高中时共同弹奏演唱的这首歌，期待有机会重回二附中再次登上舞台。斗转星移，当两位年过半百的大叔级校友，面对着风华正茂的中学生们，带着回忆唱起这首浸润了我们几十年前朦胧情愫的《玫瑰是红色的》，该是一幅多么令人感慨的场景……

2018 年 4 月 15—17 日于多伦多

〔作者简介〕

官昕，男，1980—1986 年就读于华东师大二附中。上海交通大学船舶工程学士，澳大利亚北领地大学（现改名查尔斯达尔文大学）工商管理硕士。现移民加拿大，从事数据编程的工作。

梦想成为一名二附中的教师

戴嵘（1983 届初中/1986 届高中）

　　我是戴嵘，1980 年从黄浦区荣幸地被华东师大二附中初中部录取，1986 年高中毕业后进入上海交大精密仪器专业，大学毕业后去日本工作，然后搬到美国西雅图地区生活，现有一妻二子，家庭美满，在太平洋的那头过着平淡而充实的生活。

　　如今已过半百的我头发虽没怎么白，但睡眠时间却有增无减，睡梦中对将来的梦想日渐减少，对往事的回想却越来越多。在梦里也会再现以前的学校生活，特别是在二附中住读的那段漫长而短暂的 6 年，其中最难忘的事情之一自然是二附中老师们给我们留下的那些点点滴滴却极其珍贵的谆谆教诲。

　　蒋建国老师曾经在金沙江路上的老校舍教过我们 1986 届部分学生编程课。记得当时的教室就在食堂的旁边，下午最后一堂课正好是隔壁快开晚饭的时候，一缕缕饭菜香味飘进透风不隔音的临时房里的计算机教室，但是同学们并未受太多的诱惑，因为蒋老师讲课时言简意赅，而且句句切中要点。在某些关键的地方，蒋老师不厌其烦，讲解得非常仔细，比如说关于在编程时如何交换两个变量间的数值，我至今还清清楚楚地记得当时蒋老师的生动讲解，这对我今天在编写英文版编程教材时仍然深有启发。毫不夸张地说，蒋老师的课为我毕业后从事电脑代码设计工作起到了启蒙作用。

　　数学组的滕永康老师把他教师生涯中宝贵的六年时间投入到了我们班的数学教学工作中。当时我们属于全国 13 所新教材试点学校之一，使用的是在一位美籍华人教授起草的基础数学纲要基础上编著的中学数学试点教科书。教科书的设计理念比较海派，和教育部制定的教学大纲有明显的不同，这对我们绝大多数学生和授课老师来说都是个很大的挑战。滕老师精心准备每天的教案,他的口袋里总是藏着许多像豆腐干大小的纸片,上面记着大概只有他自己才看得懂的要点心得,上课时他袖套一戴,在黑板上用白粉笔来回挥舞,于是一行行自成一体的板书就出来了,效率很高。我最喜欢听滕老师上课时用派头十足的上海话腔调说教和发表见解,觉得他思路敏捷,一针见血,又幽默风趣,经常引起同学们的哄堂欢笑,课堂气氛调节得很好。滕老师以前经常教导我们,"读数学书是将一本书从薄到厚,然后又由厚到薄的过程。"这句话成为我读书的座右铭之一。

曾经教过我的语文老师不少,让我对阅读和作文真正产生认知的是戴德英老师。其实刚进初一的第一个学期就是她教我们语文课,在戴老师课上曾被"强迫"背了不少古文诗词,尽管几十年来用的机会不多,已经忘掉了很多诗词,但是在需要的时候还是能够马上查到。戴老师给人的印象永远是那种自然的和蔼可亲,她的笑容总是灿烂的,她嘴唇皮薄薄的,确实能说会道,碰到来劲的时候,她会立马摘下眼镜,凑到学生跟前娓娓道来,那个时刻,她的家乡口音显得异常动听感人。我从她高三毕业班的语文课上受益匪浅,戴老师经常是健步走进教室,同学们以为她会要求大家翻开课本朗读某某章节,然后分析主题思想,没想到她并不按常规出牌,上课一开始就合上课本,即兴地把课堂讨论的内容引申出去,天南地北,无所不谈,最后又自然而然地把"聊天"的结论点回到课堂上讨论的主题,仔细咀嚼戴老师聊天的过程后发现,她其实无时无刻不在启发。我们要树立自己的思想观点,因为只有当我们通过思考,具备了有深度和广度的立意后,才可能写出高质量的文章。

在我的二附中回忆视频里,还有很多老师的音容笑貌和言行举止,每当回想起这一幕幕,一种莫名的幸福和无比的感恩会涌上心头。因为文章篇幅关系,我无法一一在此描述,请校友们见谅。

前几天,九年级的儿子认真地和我们说,他想以后成为一名教师。他说原因是在学校里他遇到了很多优秀老师,在他最困难最迷惘的时候,是这些老师给了他莫大的帮助和鼓励,而且每位老师都各有特点,他们从各方面影响和教育了他,成为他今后人生的楷模。

听到儿子的叙述,我联想到我所邂逅过的二附中的老师们,由于他们普通而伟大的教育工作,造就了今天充满自信和憧憬的我和我们,于是我把这份感动记录了下来。同时,我还产生了一种"冲动",为了参与培养明天更多健康幸福的我你他,我有一个新的梦想,以后有机会我要申请回到二附中成为教师队伍的一员。

［作者简介］

　　戴嵘，男，1980—1986 年在二附中学习，后考入上海交大精密仪器专业，大学毕业后去日本工作，现在美国西雅图生活。

难忘的劳动课

江逸群(1983 届初中)

在人们的印象中,二附中毕业的都是英才,读书学习一级棒!

但是,我想写的只是我们当时的劳动课。

对于劳动课的记忆,最常常出现在眼前的就是我和朱缨各拿个生锈的铁勺到寝室楼通下水道了。

我们俩学号一个 5 号一个 6 号,正好一个组合,分配给我们的工作就是通宿舍楼下水道,不知其他同学有没有做过这个工作,也不知大家知不知道,这可算是一个有味道的工作,冬天还好,阻塞下水道的那些菜皮剩饭一时半会儿不会酸馊,用锈铁勺挖一挖也就干净了,下水也就通畅了。

但是,到了天气暖和一点,我的娘啊,我说你们这帮住宿的,怎么吃饭的啊?不喜欢吃就别去打饭啊,打了饭就好好吃下去呀!且不谈浪不浪费的问题,你们洗碗前咋不把剩饭剩菜倒那泔脚桶里呢?图个方便都是直接往下水道倒。而且,据我观察,这轮到我们打扫时感觉都是一星期的量啊,都由我们俩来清理了。这个味道啊,不仔细阐述那气味咋样了,想到那股馊味上礼拜吃的饭都快出来了……用那个圆圆的破铁勺哪挖得干净啊,常常朱缨在里面,我跑到外面下水出水口,俩人直接挽起袖子,

直接用手去捞了……大家就直接脑补这不怕脏不怕累的画面吧。

不过,若干年后,当我提起在下水道捞馊饭馊菜的往事时,王向征同学@了我:"唯一比你更苦的是我和王征。两节课下课时垃圾桶还没收拾干净,十几只垃圾桶的味道只怕比你的还难忘。"孙海音同学也快速反应:"我们打扫过寝室里的公用厕所,累死人! 人生第一次尝到了腰酸的滋味!"好吧,我们都拥有难忘的人生体验,从小不怕脏不怕累!! 以至于前两年提出"撸起袖子加油干"的口号时,我感觉我们学校不是从小就这么教育我们的吗? 简直就是几十年的政治正确啊!

还有一次,终于轮到我们去食堂帮忙了,那天中午学生食堂的菜单是花菜肉片,我们帮着洗花菜,掰成小块儿,接着是要把大块儿肉切成肉片儿,心想那么多肉肉切成肉片,那要折腾到什么时候啊? 呵呵,还真别说,虽然那还是 80 年代初,而二附中食堂后厨那个切肉片的工作竟然是由机器来完成哒,一排圆圆的刀片,间隔就是肉片的厚度,马达一转,这排圆刀就飞快地转动起来了,大块儿的肉肉往里一扔,瞬间厚薄均匀的肉片儿就出来了,看着这机器工作极其过瘾哦,哈哈! 然后厨房大师傅在浴盆般大的大锅里用那铲土似的大铲子翻炒出香喷喷的花菜肉片。到了中午分菜的时候,终于自己开了一记后门,把自己那桌的菜盆盛得满满的,还多挑了几片肉片儿,所以那天中午的花菜肉片这唯一的一道菜,感觉是我这辈子吃过最最好吃的一次了,没有之一。

若干年以后,我自己去采购厨房用品,就一直想找那个切肉片的机器,但未果,心想那个也许是二附中校办工厂自创的革新产品吧!

和现居新加坡的朱缨同学,我们这对老搭档于
2016 年底在农庄聚首

到了初三,劳动课也是一学期里安排一整天的。

我们的工作是去枣阳路新校舍工地搬砖,这可是真正的搬砖。很庆幸自己竟然那天会带着照相机,海鸥 120 拍下的珍贵照片,还是自己在家,晚上打上红光,由我老爸指导着冲洗晒的照片。35 年前的照片，记载了我们 15 岁的青春芳华。

(2017 年班级聚会，各位同学在农庄欢乐地劳动，土灶上炒菜做饭)

［作者简介］

江逸群，1980—1983 年在二附中度过初中岁月，大学学习了服装设计。2006 年之前一直从事服装进出口贸易，2006 年之后改行农业休闲旅游，现经营着松江"高尔乡村度假屋"。

依然记起的二附中生活

1984 届初中/1987 届高中二班

无论离开二附中 20 年还是 30 年,记住的一直是那样的清晰。值此母校 60 周年校庆之际,谨将 10 年前的回忆再次串起,共同描绘我们曾经共同的年少青春。

最后一个儿童节

回忆中学时代,时不时会想起初二时的六一节。那一年我们 14 岁,要离队了,也是最后一次过六一,心情固然是既兴奋又留恋。我们当时的走读女生:王一敏、杨建寰、瞿群英和我,别出心裁,自发组织了一次特别的活动来纪念这个成长中的里程碑。

郊游和野餐在当时是大家所向往的浪漫。我们决定四人各带一菜,去郊外 Pot Luck。记得我准备的是土豆色拉,色拉酱还是亲手用蛋黄和炒菜油调出来的,很不简单。那年头,很少有现成的东西。

我们 4 人长途跋涉地来到西郊公园,围坐在空旷的草坪上,海阔天空,无所不谈。那种“长大了”和“自我做主”的神圣感,令大家备感自豪。最值得回味的是,为了最后一次体验儿童节的滋味,大家一起旁若无人地哼唱起少先队队歌。当时那种真挚的热情,时隔二十几年,每每想起仍深有感触。记忆中再也没有重复过同样的“傻”事,为此,也更觉得年少时的情感尤为珍贵。(陈阳)

潜伏记、接力赛

初中时毕竟年岁还小，虽然每个星期都那么自豪地换乘两趟车，横穿整个上海市区赶回位于金沙江路的二附中校舍，但是当时校园的格局现在却已经不能百分之百地复述了，不知当年分散掉自己注意力的是什么，不过至少有两件事还能划亮我已经有些灰蒙的记忆星空。

轶事一：潜伏记

隐约记得初二上半年每人每月的伙食费是 11 元，好像是每逢月初上缴。班里总有些大意的同学把刚从家里带来的现金留在课桌里，连续两个月都有同学说钱在上缴前一夜被偷，当时那已是不小的经济损失，而且又查不出贼的出处。

到了第 3 个月的月初，应该是 11 月吧，我们 402 寝室的几个女生决定在缴费的前一晚溜出宿舍楼，通宵埋伏在教学楼边，准备守株待兔。参战的记得还有何春鸣、张缨、王静、郑璇，似乎还有王剑璋。上半夜我们真的潜伏在冬青树丛里，听到一些动静还换了几次埋伏点。后来夜愈深，气温愈降，而且睡意又成了我们最大的敌人，我们几个决定撤回教室，就算捉不到贼总也能保证那晚钱不会被偷。后来几个小时大家轮流着值班，其他人就趴在课桌上睡一会儿。

那晚的收获是发现学校请来巡逻的保安整个夜晚只来兜了一圈，后遗症则是挥之不去的困乏，记得第二天上午第四堂的历史课上有那么几个平时挺专心的学生几乎都要趴到桌上。

不知这事当年让老师知道了我们会受什么罚。

轶事二：校运会女生 4×100 接力赛

那该是我们初中最后一次的春季校运会吧，借的还是华师大的场子。4×100 接力总是高潮之一，等到我们女生上场的时候看台和操场周围已有很多同学在观战。二班的一棒到四棒是：经旭、何春鸣、我和王静，我们在年级里最强的竞争对手是一班。

起跑令响过，在同学们的一片加油声中一棒、二棒战绩不错，等我在弯道启动的时候我们正处在当中的名次。我都不记得一班第三棒跟我较劲的是谁，只顾使出浑身解数往前冲，眼角余光里记录着以何等的速度缩短了差距以致领先。等我把接力棒交到王静手里，我们居然已经有了几个步长的优势，就是一班最后一棒的奚宏文也赶不上我们飞奔在前的王静了。我们居然获得了年级的第一名，那股自豪到今天都还体味得到。（李英）

学农轶事

　　话说高中次年,二班为响应学校"到农村接受再教育"的号召,组织全班学生浩浩荡荡开赴嘉定县徐行乡某生产队进行为期一个月的学农教育。俗话说兵马未动,粮草先行。于是乎特别成立一支炊事班先遣队,成员有陆、金两位学兄,蒋、王二位学妹,并辅以一施姓体育老师组成,一路风风火火,快马加鞭先行赶赴目的地。

　　先说到达后第一件事即要安顿炊事班驻地,因为此处关系到大队人马的用餐场所,马虎不得,正在为难之际,生产队长已为众人找到一空旷房屋,虽是泥土地,茅草屋,并伴有些许臭味,但打扫一下应可入住。谁知这一打扫,竟扫出数百公斤的牛粪,列位知道何故?原来此处原为队里牛圈所在,地上厚厚一层泥土皆为干透的牛粪。无奈只得住下,只可叹后面一个月里全班同学只能在伴有隐隐粪臭的牛棚里进餐,倒真是接受了一回"农村再教育"。但据闻有若干同学直到今日仍不能食得牛肉,疑似当年此牛棚落下的病根。

　　又说炊事班开工后,二位学兄专管买米买菜,挑水砍柴,每日里三四点即起床,骑一旧单车,披星戴月,往返十余里去集市买回所需之柴米油盐。二位学妹则负责淘米洗菜,生火做饭。可怜两位城里大小姐哪经过此等场面,平日里在家虽偶有下厨,但都是几人小餐,现在是几十人的大餐场面,还不弄得手忙脚乱、笑话频出。不是生火半天不着,弄得满脸乌黑,就是烧菜搁多了盐外加一锅夹生饭。还好各位同学在接受农村再教育阶段都食欲超旺,口味超低。但我们这二位学妹是何等要强之人,岂肯服输,自此每日勤练厨艺,加之二位学兄的精神鼓励,不日就厨艺大进。至今还有很多学友念念不忘几道名菜:超级肉馄饨——绝对超过时下的"阿娘馄饨";红烧大肉圆——估计如今的餐厅酒家决做不出那味儿;老骚酱油蛋——上海滩已绝迹。风传其中一学妹后来的先生就是被其厨艺所打动,可见抓住了男人的胃,就抓住了男人的心。学妹们当年苦练厨艺原来是日后还另有大用啊!

　　再说二位学兄也有趣事。一日事毕众人休息闲聊时,陆姓学兄突然想起当日是其生日,众人闻后顿觉手足无措,在此偏僻农乡哪有什么生日蛋糕可作庆贺。无奈只得以水当酒,幸得当时金姓学兄有烟一包在身,即以香烟一支权当庆贺,更加二位学妹亮歌一曲,倒令陆姓学兄觉得此生日过得别有情调。岂料陆姓学兄生日抽的这人生第一支烟,竟是其日后廿余年烟龄的开始。有趣的是,当初的吸烟引路人金姓学兄今日却已戒烟,更令其备感郁闷。想来其如今远赴大洋岛国,估计目的之一也是为了戒掉其多年的烟瘾吧!(金伟文)

偶像

记不清是初中的哪一年,日本电视剧《排球女将》讲述了小鹿纯子打排球的故事,女同学们个个都是粉丝,每天晚自习回寝室后还大练倒立,好像耿缨、范洁都练得很在行,常常示范给我们看。体育课上任冬鸣老师教的鱼跃前滚翻被一次又一次地操练,体锻课成了快乐的自觉。大家还去师大外的小摊买那种从电视上拍的黑白明星照。看看,连拍照都学着电视剧中排球队加油的样子。(陈喆)

何时再来过把瘾

很想再跳橡皮筋,跳他个痛快,小时候总觉得没有跳过瘾。

没有玩过瘾的还有跨大步,记得初三时,一下课,一群人就聚在一起争分夺秒地在走廊或操场上玩得乐此不疲,梁同学因为个矮重心较低,总是跳第一个,一步跨出,单脚稳稳落地,定下乾坤,潘同学、蒋同学等高手往往留在最后闪亮登场,甩开大步,与对手一决高低。而我属于中不溜秋之列,经常早早出局,只能站在旁边过眼瘾。

还有拔河!太喜欢拔河了,可是一个在大家眼中的小小弱女子,关键时刻哪有我的份啊!这种集体性的竞技运动又不能单练。强烈建议下次聚会时组织一次拔河比赛,让我也过把瘾。

小时候不能满足的一个小小心愿长大后往往会成为一个永远的心结。举个例子,当年食堂难得有汤供应,偶尔有那么几次,番茄冬瓜汤,寝室值班员捧着搪瓷盆争争挤挤中好不容易挨到食堂工作人员的勺子底下,被他一晃二抖,进盆的汤水好比游泳馆里的娃娃池,冬瓜是不指望了,番茄能有几张皮漂在上面就已不错,可真难为了值班员,要填满8个人的碗底还真要发扬一点自我牺牲的精神。物以稀为贵,因为这个小小的不满足,长大以后,当年总也喝不畅快的番茄冬瓜汤至今仍是我眼

中百喝不厌的美味。（范洁）

老实人的得意回想

我不知道大家怎样看我的,我自认为那时的我还是比较老实,甚至有点木讷的。虽然以后表面变得很油滑,但骨子里还算忠厚。

那时能考上二附中,是一种莫大的荣耀,虚荣心也一度膨胀,后来进校一看,人家个个比自己强,不禁又心灰意冷。

回顾下来,也有几件事自己很得意!

——6年的黑板报工作,后来加入了蒋青和薛卫东,我很怀念鲍友才老师!

——第一次上电视,上海市中学生生理知识竞赛第一名。剑璋,还记得“何日彩云归”吗?

——去长风公园划船,一脚踩两船,银锄湖的水只有我尝过!

——文艺演出,吉他弹唱“小草”(初中时),表演到一半竟然忘词了,尴尬啊!那时候没有卡拉OK。

——学农劳动,大肉圆子和王一敏的“老骚蛋”(酱油蛋),金伟文给了我人生第一支烟,如今他倒戒烟了。

……很多事情就在眼前。（陆忠）

岁月不旧青葱在

一直以为历年的旧事会渐渐淡漠,直到这次20年后的聚会,突然发现,那些记忆会很鲜活很踊跃地冒腾,就像当初每周为逃避食堂豆芽菜到师大后门吃的那碗辣肉面,总能那样热腾腾很开胃地摆在面前……

冒起的记忆很多:名字、脸、老师讲课的声调、轮转的课桌、考试抱的佛脚、打饭的小铁牌以及抢饭的众嘴脸、学农的“头长”以及割稻挥汗的乐趣、第一次长途旅行那个飞走的暑假、寝室里那窝初生的老鼠、戒烟日抽的那支“金花茶”、偷去又偷来的自行车、高考前整日的篮球西瓜……

当年糗事一箩筐,但那些时光,即使当初觉得囧,现在回味,却总能一片灿烂……

记得初一刚进附中,给摸底考一记闷棍,一下就从一个N流学校的一流学生沦为了一个一流学校的N流学生,无所适从惶惶终日,上课做着白日梦般,道貌岸然地做了好一段时日的貌似"好"学生,但一到课堂被叫起来背书就吃瘪,眼冒金星口吐螺丝,故屡屡被留下来默生词背课文,考试佛脚也屡屡抱错,如是三番,就有一度周六回家后周日晚就赖着不想再回校了……现在看,那时是被彻底推倒重来了一次,是第一次深刻的挫折教育。但渐渐地,在附中老师的谆谆教导循循善诱以及附中环境的熏陶下,获得了不错的疗效,慢慢又找到了适应的学习方法,重拾了信心,逐渐踏实地回到了N-1流学生的康庄大道……

若干年后,发现当初吞吞吐吐的古文,居然会自发性地泉涌而出了;若干年后,发现有何桂芸老师当初令人闻风丧胆的单词本的精神资助,居然拿下传说中那巨难的考试了;若干年后,发现当初拿不起的体育,已渐渐成为放不下的例行趣味了;若干年后,俯视对面那座当年愤愤行乞的天象馆古楼,一见如故兴奋洋溢了;若干年后,当年的青葱岁月窘迫蹉跎,都只是心中阳光普照的安然一隅了……

附中六年,正是我们处于认知世界和自我认知的时期,奠定了我们往后面对人生各种处境的观念、态度和方法的基础。附中没有灌输我们什么,但附中赋予了我们很多,也因为附中的包容,给予了我们自省自觉的空间和时间,让我们拥有了一笔经历的财富,以及若干年后回忆时豁然的一笑。(戎兵)

挟着清风拂过我的二附中

真觉自己很钝,大家写得那么细那么好,自己却想不起那么多,唯有跟着,念得津津有味。

一直想找那首初次让我喜欢上现代诗的作品,在不知背了多少首唐诗后,它像一阵清风,带着稚气拂过我的童年。

在我后来的很多时光里,在一笑一哭一跳跃一顿脚时,都能因当初它给我心的萌动而多一份青青向往和傻傻执着。

现附上,权作我对最美好无瑕闪亮动人岁月的谦卑纪念。

我是一个任性的孩子

作者:顾城

也许

我是被妈妈宠坏的孩子

我任性

希望

每一个时刻

都像彩色蜡笔那样美丽

我希望

能在心爱的白纸上画画

画出笨拙的自由

画下一只永远不会

流泪的眼睛

一片天空

一片属于天空的羽毛和树叶

一个淡绿的夜晚的苹果

我想画下早晨

画下露水

所能看见的微笑

画下所有最年轻的

没有痛苦的爱情

画下想象中

我的爱人

她没有见过阴云

她的眼睛是晴空的颜色

她永远年年看着我

永远,看着

绝不会忽然掉过头去

我想画下遥远的风景

画下清晰的地平线和水波

画下许许多多快乐的小河

画下丘陵——

长满淡淡的茸毛

我让他们挨得很近

让它们相爱

让每一个默许

每一阵静静的春天的激动

都成为一朵小花的生日

我还想画下未来

我没见过她，也不可能

但知道她很美

我画下她秋天的风衣

画下那些燃烧的烛火和枫叶

画下许多因为爱她

而熄灭的心

画下婚礼

画下一个个早早醒来的节日——

上面贴着玻璃糖纸

和北方童话的插图

我是一个任性孩子

我想涂去一切不幸

我想在大地上

画满窗子

让所有习惯黑暗的眼睛

都习惯光明

我想画下风

画下一架比一架更高大的山岭

画下东方民族的渴望

画下大海——

无边无际愉快的声音

最后，在纸角上

我还想画下自己

画下一只树熊

他坐在维多利亚深色的丛林里

坐在安安静静的树枝上

发愣

他没有家

没有一颗留在远处的心

他只有，很多很多

浆果一样的梦

和很大很大的眼睛

我在希望

在想

但不知为什么

我没有领到蜡笔

没有得到一个彩色的时刻

我只有我

我的手指和创痛

只有撕碎那一张张

心爱的白纸

让它们去寻找蝴蝶

让它们从今天消失

我是一个任性的孩子

一个被幻想妈妈宠坏的孩子

我任性

（王一敏）

1983年春,华东师大二附中初二(2)中队离队纪念,摄于普陀区少年宫

1984 年冬，华东师大二附中初三（2）班女生与何桂芸老师和英语实习老师合影，摄于学校南大楼前

果熟枣阳

千江有水千江月

王磊（1985 届初中/1988 届高中）

俗话说：铁打的校园，流水的学生。这话在二附中却不适用。

1982 年成为二附中人，进的是金沙江路上小小的朴素的校门。一块白底黑字的木牌上竖写着"华东师大二附中"。我们初中毕业的时候，3 位高三的学长在木牌下合影，分别是那年上海高考的理工、文史、外语类状元。这张黑白照片是二附中印象的底色，低调朴实而无可置疑的卓越。

1985 年入高中，我们搬到了刚刚建成的枣阳路校园。那时候的紫藤架刚刚栽下，听说日后繁密如盖，蔚为壮观。

金沙江路和枣阳路校园都依附着华师大。下午放学后，夜自习前，我们有大段时间游弋在丽娃河畔。师大的游泳池、溜冰场、书店和夏雨岛是我们的集体记忆。在师大书店购置的"走向未来丛书"，至今还在书架上。

去国离家多年，知道二附中如今在浦东的校舍十分气派。听说门口有著名的金钥匙，听说宿舍的条件比大学的还要好，可惜还没有机会亲眼见识。

对于我们这些 80 年代的二附中人，回母校不是一个空间上的概念。

空间维度的母校不断挪移，而我们的二附中是时间维度上的永久定格。从 12 岁到 18 岁，如一朵花渐次绽放的年华。一切都美好、光洁、充满期待。

我们的二附中是许多个第一次的叠加。第一次微醺，是在春游绍兴的咸亨酒店。第一次发表文章，是在全国十三所重点中学合办的《作文通讯》。第一次和男生牵手，是在文艺汇演的舞台。

我们的二附中是隽永的友谊，长情的闺蜜。那时候的一间宿舍要摆下 4 张上下铺,一屋 8 个室友。如果宿舍朝北,冬天非常冷。我的手因此长满冻疮,不能沾水,洗碗之类的活儿都需要室友们代劳。遇到寒流突然来袭,家里来不及加送棉被,我们就两个人挤一张床,盖两床被子。熄灯之后的卧谈是每日盛事。有一半的金庸、古龙、琼瑶、三毛是在卧谈会上了解梗概,另一半是在蚊帐里打着手电看完。那时候不知道,多年后的我们,绿叶成荫子满枝,依旧在微信上用情诗互相思念:"岂止于米,相期以茶,要爱到 100 岁还多哦。"

我们的二附中是老师们充满人格魅力的群像。我常常想,为什么外界会以为二附中这样一个平均智商过高的地方,必然培养的是读书机器,而事实却是相反?我们回忆起二附中,常用的词汇是宽容、自由、全面发展。老师们的"名士风度"应该是极重要的原因。物理老师对好学生的定义深入人心:大考大玩儿,小考小玩儿,拿手在胸口一摸,竹子都一根根长好了。语文老师兴之所至可以花两整节课讲《白杨礼赞》开篇 16 个字,也可以花一个学期单讲鲁迅,从百草园一口气讲到且介亭;教我们读万卷书不如行万里路,在莺飞草长的季节带我们在江南寻找兰亭的曲水流觞、沈园的红酥手、虎跑泉水泡开的龙井。英语老师索性撇开课本,搬一台老式的盘式胶带录音机教伦敦音的 New Con(新概念英语)。地理老师半夜里叫醒我们,扛着天文望远镜去看流星雨。教科书是可以抛弃的,学校围墙是可以跨越的,老师指给我们看的是诗和远方。

我们的二附中是陶器成型的转轮。刚入校时,我们是懵懂少年,如柔嫩的陶泥,在师长手中慢慢塑造成型,毕业时已初见形状。日后我们会有釉彩的点缀,会在窑炉中煅烧成为坚实,而初坯的形状却总是留在了那里。从成绩单上看,我并不是一个偏科的学生,虽然听上去是件好事,其实在选择专业上增加了难度。二附中的老师们看到的学生可不是成绩单上的一个数字,他们看到的是潜能,而提示我们的方式是"个别谈话"。比如,我的物理成绩虽然一贯很好,从来没有一位物理老师来找我"个别谈话",也从来没有一位数学老师邀请我参加过数学兴趣小组,而几乎教过我的每一位语文老师都找过我"个别谈话"。虽然未经世事,我也能看到他们眼睛里闪闪发亮。老师会自己掏钱,为我的文章投稿。有一位可爱率性的老师,在偶遇我父亲时,脱口背诵出我的作文。借着他们的眼睛,我看到这一团柔嫩陶泥中隐藏的形状。

遇见二附中时,是我们最好的年华。

我们遇见的二附中,亦是她飞扬的青春。与沪上一些有百年历史的学校相比,二附中很年轻。我们入学前几年,二附中被指定为上海唯一的一所教育部直属重点中学,从此称霸武林。80 年代是一个特殊的时代。物质生活仍贫乏,精神生活极丰富。校园外百废待兴、万象更新,校园内同学少年、挥斥方遒。那首一起唱过的歌说,"再过 20 年,我们再相会"。一眨眼,已经 30 年。那本一起读过的书说,"千江有水千江月"。二附中的岁月是那一轮月亮,天涯海角,不曾稍离。

〔作者简介〕

王磊,复旦大学新闻学学士、硕士,美国西北大学整合营销传播硕士。历任 DDB Chicago 品牌策划群总监,智威汤逊大中华区品牌策划总监。经手许多品牌,其中印象最深、故事最多的包括:联合利华、宝洁、三星、Levi Strauss、百事、诺基亚、劳力士、麦当劳。

自由，自在，自得：写给二附中的情书

顾军（1985 届初中/1988 届高中）

我 12 岁与华东师大二附中结缘，受教 6 年，如今毕业整整 30 年。

12 生肖算一轮，3 个轮回过去了，二附中于我，还是心中那片桃源："从来不需要想起，永远也不会忘记。"

二附中于我，印象之深，影响之广，可以说改变了我一生的轨迹。

但今天，真的要提笔要写《我与二附中》，吃了多年文字饭的我，颇费踌躇，几番犹豫，尽管一直在心里酝酿诉说，却迟迟不敢动笔。

此时，我忽然在微博上看到一句话："越是高级的书，它的高级越说不出来。"

深得我心。

越是高级的书，越是高级的情感，大概都是说不出来的。

我对二附中的感觉大体如此。

所以我放弃了宏大叙事，高大上的大历史、大风云就让高大上的校友来写吧，而我，只想写写我记忆深处那些小感动，小细节。

自由

回顾母校教育，6 年从少年到青春，最大的感恩是，这样一所一流的学校，当年却没有"不要输在起跑线上"的竞争硝烟和功利氛围。

傻傻如我，一直特别喜欢弥漫在校园里自由的空气，让我们恣意生长。每个人都长成他（她）自己的模样，窃以为这是二附中最大的特点和优点。

【随笔】刚入母校,语文就有一项每周要做的作业,作业,每周做,烦吗累吗? 可是我竟然很喜欢,因为老师说,这叫"随笔",在这本黑封面的硬皮本上,每个同学可以自由发挥,与语文相关的文章摘抄、个人习作都可以,美化也靠自己,喜欢画的画几笔,总之随意。

随笔大概是我最最喜欢的语文功课,每次收上去,第一任语文老师顾驷驷的红笔点评都是鼓励为主,同学交流也很有乐趣,至少大家抄的写的画的都是自己喜爱的。

随笔作业是我热爱诗歌的缘起,小学,我就有感而发,开始写诗,其实是特别稚嫩的短诗。真正爱上诗歌就在初中,因为在随笔里随手摘抄了几首诗,结果承蒙顾老师表扬,说诗是很精炼美好的语言,值得喜欢。

不曾想,因为语文老师从顾驷驷老师、朱千红老师以及之后改变了我人生道路的恩师朱开馨的一路鼓励,我不仅走上了终身为文的道路,而且大爱诗歌,从古诗词到新诗都特别喜欢,读诗、写诗、参加诗社乐此不疲,现在的我,诗写的少了,但诗心仍在,前几年还编了一本给孩子看的诗集。

至今,我还保留着自己的几大本随笔作业。这些文字、手绘虽然稚嫩,但敝帚自珍,还向同为初中生的儿子献宝——因为他的学校也属华二系列。

【自编自选教材】在我的珍藏里,我也保留着初中试用课本第一册《语文》,华师大中文系和二附中语文试用教材编写组编。我们学的教材跟其他学校不一样,这也是一种自由的感觉吧。

刚入母校,我们就自豪地得知,我们英语学英国人编的新概念英语,简称为"New Con",因为强调听说读写,那台老式的大盘磁带录放机(不时飞出定位的纸片)就是我们最亲切的朋友。

每到中午,教室里的这台机器总是传出《Doremi》《雪绒花》等英语歌曲的美妙旋律,班主任、英语王金耀老师说,这样学英文不是又快又有趣吗? 至今我仍然爱听英语歌,爱看英文电影,认同这是学英语最佳最有趣的方法。对了,现在我的微信名就叫:Doremi。

【一人一桌】刚入母校,我们一人一桌,独立成列,大家间距相等,没有同桌只有邻里,自由吧。

这样的好处明显,学习靠自觉,偶尔开小差只要不影响课堂纪律,老师大都也宽容待之——窃以为,这才是好学校好教育的真谛。

现在我坦白,我好像常常是一边轻松听课一边自己探究自己认为有意思有兴趣的事,两不耽误,而且还能跟上老师的节奏回答问题,成绩也能稳居中游——这是我一直非常自得的地方。

眼观我的其他二附中同学好友,在这6年里,有的在课堂或者夜自修时间读英语《圣经》,有的读小说,有的自学自己感兴趣的领域,还有的打瞌睡(也许是因为在家自学到夜深很刻苦),都不影响他们成为学霸、学神,这充分证明了老师的宽容、学风的宽松,也是自由的重要组成部分吧。

记得初中课间,稚气未脱的我们在小课桌上两军对垒,玩自己发明的滚弹珠游戏,手挡嘴吹,感觉特别好玩。

【一件小事】一件小事我记忆尤深。在高中阶段我这个一向乖乖听话的女孩子也到了反叛的年纪。有一天早读,其他同学都在教室里读书,可我偏偏在教室外走廊上,站着,看书。这时,前方来了万琳老师,她不教我们班,但她是全国优秀班主任,她看着我,迟疑了一下,走开了。

这一天晚些时候,她有机会向我们班同学解释,为何她警告了另一位不守纪律的男生回班级,却对我网开一面,她说,她看到了我,本想劝我,却不忍打扰,因为我手持一本书。

对老师的宽容和理解,我深深折服。

我对万琳老师,对很多二附中老师有深深的尊敬和爱戴,二附中之所以美好,因为有心意相通的同学知己,也因为有很多很多好老师。

【住宿生活】不仅如此,自由的空气还弥漫在师生、生生的交流中。我一直走读,是有多么羡慕那些住读的同学,那种深厚的情感和默契,感觉他们在二附中得到了双份奖赏。

所以当我高三,我也有申请到住宿的机会时,特别珍惜。我珍惜夜自修的静,夜自修结束后回寝室路上的轻松歌声,寝室夜谈的热闹,同学与同学心与心的靠近,高三末尾在寝室走廊里铺开毯子和零食席地而坐开夜车背历史的疯狂和激情——当时并不以为苦,而是感觉难得的唯一的青春体验,难再现,难再续。

【纯真情感】男女生之间微妙的纯真的情感,也是中学时代最美好的回忆。记得我和闺蜜挂在嘴边的那些阳光男孩的名字,也记得我曾惴惴不安地在离别校园的时候请心中的男神为我题词,他写的是“书山有路勤为径”,我一直珍藏。还有珍藏在毕业纪念册里的同班男生女生难得的情感表露,每次翻看都会 shy。高中时代,从一本当年很火的文学刊物读到报告文学作家罗达成(巧的是,后来他是我的《文汇报》顶头上司)写我们二附中的罗曼史,现在想想也颇正常,青春的少男少女,自然而然生发的纯真的美好情感和五味杂陈的体验,我也记得文章里年轻的陈双双老师与学生坦然交心:“我以前感情守得牢,现在感情大爆发……”

自在

【考试排名】在我读书的 6 年里,成绩排名么也是有的,不过,好像在绝大多数时间,我都没有感受过那种剑拔弩张、刀光剑影。初中物理许晓梅老师骄傲地教给我们的名言是:什么是好学生?那就是小考小休息,大考大休息。

名次的荣耀,仅仅属于排名靠前的少数同学,我们称之为"考试机器"的那种,可以膜拜,无法效仿。作为平凡人,虽也有"燕雀安知鸿鹄之志"的向往,但日常维持着中等的成绩,安安静静地读自己的书,安安静静地做自己,安之若素。好像我的师长、我身边的好友都没有那么在意成绩,名次并非第一位的。我难得为成绩发愁,记得只有一次我哭过,因为某次物理考红灯高挂。

【课余生活】同学之间,谈论的更多是情感、阅读、人生,是教科书之外的那个斑斓又广阔的世界。

在语文老师的鼓励下,我爱上了文学,喜欢写点文章和诗歌,那就去做一个文艺青年,在图书馆、阅览室读书读报刊,有《文汇月刊》《世界知识画报》等。因为家贫,为买《朦胧诗选》曾吃一个月的阳春面当午饭。记得我大爱电台的上译厂的电影录音剪辑,常听中央广播电台的《今晚八点半》,听评书相声滑稽戏,也听电台里的外国文学讲座并做笔记。在学校我参加了文学社,请来了华师大的老师、诗人开讲座,丰富我们的视野。

【文艺汇演】文艺汇演,是二附中的传统项目之一,也是我对中学时代最美好的回忆。我们为之学唱过《长江之歌》《可爱的中华》,学跳过集体舞《高山青》。舞台上,印海蓉表演她参演的张志新女儿片段,男女生二重唱《纷纷飘坠的音符》一直飘坠到今天,男生四重唱《你好啊峡江》,还有王海虎的哑剧也都历历在目……本年级同学能歌善舞、多才多艺的同学也很多,还有青葱广播台的歌声乐声,但是很奇怪,印象居然不如对前辈的深。

【体育】学生时代,我并不擅长体育,但是爱打排球和乒乓,说起来排球和乒乓是二附中的传统特色项目,早锻炼、上课、下课经常打的两种球,一旦雨天,体育课时间,我们就到散发着梅雨味道的防空洞里打乒乓,至今想来还能闻到这股亲切的味道,充满温馨。我对排球和乒乓都充满兴趣。

乒乓是国球,又十分好玩,我常常打。而排球本来是我比较不擅长的,能够爱上排球,一是因为当时有一部风靡一时的日本励志剧《青春的火焰》(《排球女将》),加上初二时,新来的帅哥体育老师吸引了包括我在内很多女生的目光,他参加师生课余排球对垒,常用潇洒的跳发球,太帅了!因此,我们打球,打球,享受阳光下一群同学打球的乐趣。在二附中苦练排球,结果却在复旦新闻系参加了系排球队,还骄傲地打到了甲级队亚军!

【博采众长】在这 6 年里,每个同学都在成长,成为他(她)自己。我记得我的 6 年同班同学余虹,她当年淹没在人群中,如我一样,如今聚会却特别骄傲地告诉我们,她儿子是标准的华二代,而且儿子博采众长,在她的悉心教育下学的都是当年她的学霸同学之所长。这就特别厉害了!

自得

【老师们的金句】同学陈炜曾在著名的《作文通讯》里发表过写初中物理老师许晓梅的文章,许老师一口标准的京片子,"咱这物理都是连着的",她教物理真如行云流水,虽然时不时会从宽大的蓝大褂里掏出一叠卷子说今天测验,可是我们还是喜欢上她的物理课。感恩她教过我们:

黄昏的树叶最美。

我已经忘了其中的物理原理,但是我一直记得她说的这句话,时时品味其中的诗意。

记得白发的数学老师滕永康先生给我们上的《最后一课》,以亲身经历告诉我们中学时代的友情最珍贵,最值得珍惜。(这是真理!)我后来把他的这番话写成一篇小文,发表在《青年报》上,送给了滕先生。

我特别记得和感恩是恩师朱开馨,是他的鼓励和关爱改变了我的人生。朱老师在我初中、高中时代都当过我的班主任,当年,初中毕业,因家贫,妈妈曾希望我去读幼师、中师,早点工作养家,是朱老师力劝我妈妈,说不读高中可惜了。后来,我如愿第一批直升了二附中高中,三年后考上了复旦新闻系,进报社当记者编辑,圆了自己18 岁的青春梦。

朱开馨老师是一个特别纯正的语文老师,人如其板书,清高自傲。看到他我常常想起一句话:人不可有傲气,但不可无傲骨。那时他刚刚送走了我们二附中最牛的那届学生——1984 届,来接我们这届希望"再创辉煌",他常常说起那届师兄师姐的大名,如数家珍。上课时,他可以两节课都在讲《白杨礼赞》第一段话,滔滔不绝。

文学是人学,教语文其实是教做人。这方面他一直是我们的榜样。我特别记得他在课上教给我们的关汉卿的一句话:

我是个蒸不烂、煮不熟、捶不匾、炒不爆、响珰珰一粒铜豌豆！

在之后的那么多岁月，每当遇到一些人生的艰难时刻，这句话就会从心底跳出来，给我力量！让我做出一些抉择，无愧于自己，无愧于二附中人这样一个光荣的称号。

从 1988 年毕业算起，远离母校已经 30 年，可是心从未离开，连同身。

我至今珍藏着古老的二附中校徽，二附中初中学生证编号"820120"。我大学毕业后，在《文汇报》跑过 3 年教育条线，还常到有机会到母校（尽管是我不太熟悉的张江校区）吃顿饭，坐坐走走，大概是因为永远的华二情结，成家后我有幸一直比邻母校而居，金沙江路校区和枣阳路校区都近在咫尺，随时可以怀旧。如今儿子读了华二初中，承继了华二很多传统。

更重要的是心灵的连结，不仅与同年级的二附中人交往，与很多当年同学成为彼此的精神知己。二附中闺蜜王磊把我们的交流称为"心灵的沐浴"。也在工作和生活中结交了很多很多二附中不同年级的朋友，奇妙的是，我们之前并不相识，但是一定会有种只属于二附中的默契交融，有共同的精神世界的丰富话题可以讨论，甚至可以互相交换书单……

就像闺蜜、建筑设计师陈缨在 1994 年写给我的贺卡说的：

常觉得与周围合作开心，但也有些东西或许只有二附中的人才能交流。现在才发觉"二附中"像小孩子玩的"丢手绢"，藏在我们每个人身后。

每个人有每个人心中的二附中，记得文学青年、初中同班的黄峰同学的大作名字就叫《二附中人》。大学时代，我曾与闺蜜王磊讨论，我们二附中人与其他中学名校出来的同学有啥不同。至今，我也没有确切的答案，心中依稀想起杨绛先生对三联书店的评价，可以套用一下：

不官不商，有书香。

能够在二附中 60 大庆的时候，写一封给我的二附中的"情书"，真好！

最近，恩师朱开馨老师找出珍藏的我和闺蜜王磊在 1992 年即将大学毕业时给他写的贺卡，其中有句话代表了我的心：

我们毕竟永远是二附中的孩子……

希望出走三十载

归来，仍是少年。

二附中种种美好 TOP10

1. 初二那年记得那个青涩帅气的男生牵起我的手,说:"来,拉着我的手,让我们来跳舞!"那一晚,是正式跳集体舞《高山青》的可爱时光,排练时,羞涩腼腆如我们一开始怎么也不肯男女同学手拉手,可是在正式晚会时,我们全班同学都勇敢地牵起了手。那一刻真美好!

2. 初中放学,好友应敏乐呵呵推着一部自行车,我们三个好友一起快快乐乐回家。我记得我站在车蹬脚上,郭未坐在后座。我们俩享受着应敏的慷慨的美好的友情。后来,郭未教会了应敏骑自行车。而在二附中的后操场上,在华师大毛像前,应敏又教会了笨拙的我骑自行车。

3. 初三,食堂忽然改成点菜制,从此可以喜欢吃啥就点啥,我们的幸福指数陡然提升。高中,卖饭菜票的老师一周来一二次,每次都引起轰动——排队人山人海。我们戏称戴眼镜的她:倾国倾城。记得高中时代食堂的面包喷香,下课后大家飞奔入食堂。也记得二附中的名菜:如意卷、烂糊肉丝、罗宋汤。记得我们一直都是站着吃饭的,好像没啥不妥。

4. 高一那年春天,"读万卷书、行万里路",实行语文课改革,领先"带着课本游绍兴"20年。朱开馨老师不仅给我们讲鲁迅,还讲了浙江美食绉纱馄饨。从鲁迅到周恩来、秋瑾,从越王台、大禹陵到发了厚厚一叠关于绍兴人文历史的资料。我们全年级少男少女乘夜火车赴绍兴、杭州,那几天有很多很多美好的记忆,是我们这一级全体同学的"致青春"。绍兴,是我们共同的美好的青春标签。至今,绍兴还是我们聚会聊天永远的话题,一直想再去重走青春路,又怕惊扰当年那个美梦。

5. 高一那年我所在的继风文学社昆山、甪直、苏州行,由语文老师汤文鹏、张以谦带领安排,1987、1988级的文学青年参加。头一晚住在昆山亭林园半山腰的翠微山庄,在寂静的满眼翠绿的阳台上,我读着雨果的《巴黎圣母院》,感觉永远读不完。在苏州访留园,留下特别温暖的印象,在苏州中学我交到了我青春时代唯一一位笔友,通信数载。在甪直拜访叶圣陶故乡,在又一村饭店,吃到了今生第一次圆台面的饭菜,美好!

6. 高中,一个雪夜,我回家吃了晚饭,特意再赶到学校看经典电影《牛虻》,再骑车回家。充满幸福。那一阵,学校每每有经典电影电视剧放映,真好!

7. 高中,语文课要背成语字典还要考试,当时不觉苦只觉酷。来了几位华师大实习老师,我们一起看电影《边城》,讨论沈从文原著和电影。还有一位华师大周老师教我们古汉字——象形文字的神奇,令我大感兴趣。

8. 在毕业的聚餐会,我、徐蔚等整桌同学唱起了《飞扬的青春》,从此青春一直在心中飞扬。

9. 高三,因为珍惜最后的高中时光,男女同学从来没有像那个时候那么真诚和谐坦然地相处,一起复习一起聊天一起打水,亲密无间,特别特别美好。至今,翻开毕业留言,很多亲切的美好的言语扑面而来,如同昨天。

10. 高三,得知高考成绩的那天,阳光灿烂,我们几位男女生兴高采烈地去长风公园划船,庆祝圆满完成了高中学业。

〔**作者简介**〕

顾军,1982—1988 年就读于华东师大二附中;1988 年考入复旦大学新闻学院;1992 年进入《文汇报》社,在新闻行业从业超过 25 年。曾在《新民周刊》《文汇读书周报》任记者、编辑。现任《文汇报》编辑、记者。

写给我的母校

闾丘露薇（1985 届初中/1988 届高中）

我到现在还记得，戴着华师大二附中的那枚陶瓷做的校徽，每次走在上海街头的那种自豪感，更准确说，是某种程度上的虚荣心。可是，一个十多岁的孩子，人生刚刚开始，有这样一个可以炫耀的人生成就，确实也不需要隐藏。

如果说，我之所以成为今天的自己，中学时代才是最最重要的。不管是基础知识的积累，还是人生价值观的养成，都离不开中学时代的这所学校和老师们。在二附中的 6 年，我体会到了何谓独立、自主和自由，如何培养各种技能，做一个对自己负责，也对别人负责的人。

我最喜欢的地方，是老校舍的图书馆阅读室，每天中午在食堂吃完饭，我都会去阅读室看各种文学杂志。从《收获》《人民文学》《小说月报》《十月》到《萌芽》，那个时候正好是伤痕文学流行的时候，也因为这些作家们的文字，对于"文革"，竟然有了一种切身的感受。那个时候，从来没有老师，会提醒大家应该把时间放在课本上，反而是相当鼓励大家进行课外阅读，至于阅读的内容，也没有划定过任何范围，一切都靠自我选择。也因为这样，我自己的阅读范围相当广泛。不管是图书馆里的世界名著，还有各大书店里 80 年代流行的西方哲学著作，或是同学间流传的武侠小说和言情读物，都能看得津津有味。甚至因此萌发出当作家的想法。我的第一篇，也是唯一一篇小说，是关于自己暗恋的一段故事。说到恋爱，当年，有几对高中学生情侣，是我们这些初中生仰望和崇拜的对象。在我们的眼中，他们成绩优异、相貌登对，出双入对相当得有型。

虽然收到了退稿信，也从此打消了写小说的念头，但是回想起来，如果当时没有那种鼓励大家自由创作的氛围,我也不会有勇气动笔,然后贴上邮票,寄给出版社。虽然没有成为作家,但是最终有机会编印校园刊物。我已经不记得具体内容,但是还记得蓝色的复印纸搞得满手都是蓝印,满满一版的钢笔刻写,搞得手指生疼,以及捧着充满油墨香的那只有一页的刊物的欣喜。

高中的时候,我成为了学校学生会的宣传委员,让我觉得值得骄傲的,就是利用课余时间,串联了上海的多家重点中学,结果搞了一场上海中学生汇演,演出场地,就是二附中的礼堂。那个时候,只要不影响学习,老师们对于我们的任何建议和活动都抱着支持的态度,所以一切都很顺利,甚至有些晚上我在别的学校的学生宿舍留宿,但是也并没有因此遭到任何麻烦,现在回想,应该是有老师睁一只眼闭一只眼,给与我们充分的自由。也就是几个星期,我们搞成了这个活动,只可惜我已经记不起那首歌的名字,我和我的学生会的伙伴们的群唱,当年的一首群星演唱的流行歌曲。

说到流行歌曲,我的中学时代,从1982年到1988年,正好处在社会逐渐开放的时期。我还记得,初中时,周末从学校回家,听到读大学的表哥表姐听港台流行歌曲,我所表现出来地诧异,因为在我的印象中,这是"靡靡之音",并不健康。但是也就是几个月之后,我已经能够放开偏见,带着这些音乐,在班会上和同学一起分享,而老师们也相当鼓励,鼓励我们分享不同类型的音乐,从古典到刚刚开始出现的港台流行歌曲。

学校经常安排娱乐活动。大家一起看港剧就是其中之一。那个时候,电视并不普遍,上海的不少地方,还是大家聚集在弄堂里一起看一部黑白电视,学校的这种安排,让我们激动不已。也就是在那个时候,我知道了刘德华,但是当时很想不明白,他在"猎鹰"里面扮演的到底是好人还是坏人,因为那个时候的我,对于人的判断,尤其是影视作品,还处于非黑即白的二元化的时期,电视剧中人物塑造的复杂性,超出了我的固有的理解范围。

和其他学校不同,从初一开始,二附中使用的英文教材是"新概念英语"里面的课文,更多的是展现一种不同的文化,现在回想,确实也潜移默化我的人生观和价值观。我的同学里面,有几位英文比某些老师还要出色,也因为这样,我们成功地发动了一次罢免一位英文老师的活动,因为在大家看来,这位老师的水平,并没有达到可以教授高中生的水平,更重要的,传说她能够进入我们这所学校,并不是凭借她的能力。大家抗议的方式,就是由那几位水平极高的学生在课堂不断提问,目的是让这位老师知难而退。很快,我们换了一位新老师。现在回想,真有点点不敢相信,但同时,这也是一直让我觉得骄傲的事情,为有这样的同学和这样的学校。

高中快毕业前的一次春游,我们去了绍兴,除了参观作家们的故居,自然不能错过鲁迅笔下咸亨酒店的茴香豆和黄酒。年轻气盛的我们,在酒店里面比赛喝酒,结果我把隔壁班的一位男同学喝倒,他被送到了医院。后来听说,他醒来之后告诉带队老师,不要责怪我,要怪怪他自己。我记得这位戴眼镜的男生的样子,但是已经不记得他的名字,而我确实也没有因此被任何老师批评。当时觉得这是很自然的事情,因为对于老师和学校一直是这样的预期。但是现在回想,这是多么宽容和难得的一个环境,也因为这样,有把我们当成成年人看待的老师们,预期我们能为自己负责,也有了我们这些,准备好为自己负责的学生。让我们进入大学,甚至是之后的社会之后,已经早早地做好了准备,不管是生活技能上的,还是心理上的。

也因为这样,在我的中学 60 岁生日的时候,我希望用这些文字和记忆表达我的感激。感谢这所学校,老师们和同学们,让我拥有了一个丰富和自由的青少年时期,打下基础,让我在成年后懂得如何学习,如何做人。

〔作者简介〕

闾丘露薇,1988 届高三(4)班,本科毕业于复旦大学哲学系,香港浸会大学大众传播硕士。香港浸会大学传理学院助理教授,宾州州立大学大众传播博士。知名媒体人,首位进入阿富汗以及伊拉克采访的华人女记者。曾任凤凰卫视采访总监、记者、评论员,哈佛大学尼曼学者。

打排球的快乐

施佳临（1985 届初中/1988 届高中）

80 年代初，日本电视连续剧"排球女将"风靡一时。小鹿纯子几乎成了每个孩子的偶像。学校的操场上经常可以听到"晴空霹雳""幻影旋风"的叫喊声。不仅女孩学打排球，男孩也不甘落后。加上中国女排连夺世界冠军，兴奋和骄傲使这股排球旋风刮得更加猛烈了。

我那时刚上初中不久，和别人一样迷上了排球。我以前练过田径，但没打过球。不过这难不倒我。身为班级体育委员，课余借个排球还是很容易的。当时班里颇有几个女孩和我一样是"纯子迷"，很快地，我们就建立了一支班级球队。其实我们中没人会打排球，完全是模仿电影里的动作，从最基础的垫球，发球开始练，我还野心勃勃地欲练扣球呢。是啊，哪个女孩不想呢？我们几个在课后"刻苦训练"的情景引起了我校女排教练蒋钟挺老师的注意。或许是因为我的身高，蒋老师看中了我。他鼓动我加入校女子排球队。我简直不敢相信自己的耳朵。那些高高大大，身着印有校名运动服的神气女孩，我也可以成为她们中的一员吗？和纯子一样打球是我当时的梦想啊！我忙不迭地点头说好。不料，回家和父母一说却遭到了反对。因为二附中学业繁重，竞争激烈，我的学习成绩又不好，爸爸妈妈唯恐我打球影响学习，于是我只好无奈地放弃了这次机会。

但我们班级女排的训练却照旧，大家越打越好。记得好像在初二那年（1984 年）的全校排球比赛中，我们班打败了所有其他初中队，晋级与高中队对垒，最后获得全校第四名。但前三均是高中队，而且都有校队主力加盟，我们是虽败犹荣。也就是这次比赛后，蒋老师又来找我，游说我和班队其他几位同学加入校队。说他已在初中物色了几个队员,希望我们都能参加。我实在太想去了,便硬着头皮瞒过家长,开始了我长达4年的中学排球"生涯"。不久,因我训练经常迟归,引起了妈妈的怀疑。一天她悄悄来到学校,发现了我的秘密,对我的"先斩后奏"极为恼怒。但生气之余,她也被我感动,终于开了"绿灯",自此我才不必提心吊胆地打球了。

洁、蕾、冰和静四人比我低一个年级(1989届高中),是和我同时进队的。后来虽还有小队员加入,但我们五个感情最好。至今想起她们,心中还是一片温馨。洁是个漂亮的女孩,我们的二传。她心地善良,活泼开朗,俏皮话一串一串的。一次寒假在校集训,她每晚都在宿舍开讲金庸的《射雕英雄传》,绘声绘色,我们都听入了迷。就是那以后,我知道了金庸,并读了他所有的武侠作品。但一提起"射雕",我首先想到的还是洁。出身艺术家庭的蕾是个极有主见的女孩,从小习舞,有着完美的体型,气质独特。中学未毕业她就以高分通过 TOEFL 考试,去美国读大学。清秀的冰话不多,有着非常动听的嗓音,她来自体育家庭,父亲和哥哥是市网球队的教练和队员。冰也是我们中最高的一个,又是身体素质最好的一个。听说当时各校队都争着要她,因为她田径、网球、篮球、排球样样行。不过她最后还是来了排球队,是我们当中最厉害的主攻手。静,名如其人,虽是运动员,但总是文文静静的。调皮的洁给她起了个绰号"林妹妹",主要因为静即瘦且高,像风中的杨柳,仿佛一吹就折似的柔弱,倒不是因为她爱哭。

蒋老师偏爱我们五个,平时很是和颜悦色。平时训练打对抗赛,只要一算分,一比输赢他就着急,球网两边的队员他都骂,更不用说正式比赛了。我们领先的时候,对方叫暂停,他就不急不慢地踱过来,笑眯眯地两手一摊说:"看见了吧?就要这样打!"若我们落后,他叫暂停可了不得,一步冲过来,一手叉腰,一手轮番指着我们每个人,像对自家女儿似的毫不客气,把每个人的失误都说一遍,然后伸手和大家的握一起,大吼一声"加油!",意思是想输想赢就看你们的了。以至我看到俄罗斯女排的主教练在场上骂队员,就不由想起他。其实我们都很喜欢也尊敬蒋老师,他当年是个50开外,矮矮胖胖的半老头子。虽说胖,在球场上动作却很灵活。我们刚进队时,他常一人对我们3人在3米线内比赛,我们还经常输给他。后来渐渐地,我们的球技越来越成熟,他一人已不是对手了,常被刁钻的我们吊球吊得气喘吁吁,但蒋老师输了球比赢球还高兴!我离开上海的时候去和他告别,想不到那就是最后一面,听同学说蒋老师几年前因病去世,让我非常难过。他是带我进入排球天地的人,我至今仍然热爱排球和他有非常大的关系。还清楚地记得他当年几次三番找我,鼓励我加入校队。非常怀念和蒋老师一起训练的快乐时光!

我们平时的训练一星期三次,寒暑假还要在学校集训,一周回家一次。那时体育馆没有冷暖空调,大冷的天我们都可以练得浑身是汗,夏天更是练到球衣起盐花。受伤是常有的事。记得有一次训练,我跃起扣球,落地时不巧脚侧了一侧,排球行话叫"内翻",顿时脚脖子就肿了,有半个月不能打球,连走路都是一瘸一拐的。

最开心的是打赢比赛——我校多次赢得普陀区第一名。在球场上情绪高昂,怎么打都赢——扣球准定扣死在底线,救球一个鱼跃肯定起死回生,连一向薄弱的拦网都能封死对手。可一旦球打得不顺就很难回天,我们到底年轻,沉不住气。不过,球赛完后,不管输赢,我们都会在街上小饭店大吃一顿生煎包、小馄饨之类来慰劳自己。吃完后,我们几个十几岁的女孩穿着整齐的球衣走在街上,欢声笑语引来不少行人注目。常有人认出我们球衣上的校名,赞赏或羡慕地说"噢,华师大二附中的啊!"那时便是我们最得意的时候⋯⋯

一转眼,30 年过去了,那一段快乐的时光在我记忆中是永不褪色的。至今我都可以回想起我们在球场上的叫声:"XX,4 号位! 扣!""(进攻)机会机会!""XX,当心吊(球)!""6 号位保护!"仿佛就在耳边。岁月如歌,那真是我们最美好的青春岁月啊!

[作者简介]

施佳临,1982—1988 年就读于华东师大二附中,1988 年考入原上海第二医科大学。毕业后曾在上海长征医院附属长征公司工作。90 年代末去美国,在 University of Bridgeport 获得计算机硕士学位。目前在美国宾州 Villanova 大学 IT 部门任职。

在二附中的青葱岁月

王剑菁(1987 届初中/1990 届高中)

　　我们进华师大二附中那年,适逢二附中出了个上海理工类高考状元,还有 5 位高考前 10 名的同学。当时二附中在上海的排名比较靠前,进二附中比较难。二附中所在的区和附近的区,还有十几个,或十来个名额,偏远的区,像宝山/吴淞区,就只有两个名额。考进去的这一帮十二三岁的小朋友们,高兴地不得了,又是第一次离家住在学校,真是又激动,又紧张。

　　我们当时住校的宿舍都是上下铺,8 个人一间。这 8 张小床上,睡着 8 个完全不同的人。到了晚上熄灯的时候,有打呼噜的,有说梦话的,有一碰枕头就失去知觉的,有喋喋不休不到万不得已不愿意休息的,有别人稍有动静就无法入睡的,有想睡觉又不舍得不参与聊天的……这 8 个完全不同的人,日日夜夜地一起生活了 3 年,甚至 6 年,当时哪里知道就这样孕育了一辈子的友谊……

　　80 年代的中学校园,还没有很好的条件。上课的大楼底下有两个水泥的乒乓桌,是课间抢手的去处。同班的郭艺和我,喜欢打乒乓,但是我们的教室在 4 楼,没有近水楼台之功,只能在上课的最后几分钟,就先准备好拍子和球,一听铃响,以百米冲刺的速度往楼梯口冲,才有抢到桌子的可能。记忆中好像有时候攥着拍子的手都能攥出汗来,为了课间 10 分钟的快乐,呵呵。

　　后来学校条件好了,有专门的乒乓室了。乒乓室宽敞得很,估计有 10 来张全新的乒乓桌吧,课余都可以去打。是物以稀为贵么,我们倒是不经常去打了。

　　每年,到四五月的时候,有那么一天两天的傍晚,忽然一阵风吹来,呼吸到的不再是春天的味道,而是微微的初夏的味道……每到这时候,就会想起在二附中晚自习的时候,大家都在安静地做功课,教室的窗子开着,吹进来也是这样的风,这样的微微的初夏的味道……

那时候我们晚自习,老师们轮流值班检查纪律。有个刚毕业的生物老师,叫何雄。检查纪律特别认真,每个班上,总能找出一两个不守纪律的同学,讲话的、调皮的,等等,叫起来站着,反省几分钟。这个事情发生得频繁了一点儿,后来同学们就在背后叫何老师"大吊车"……不过你别说,何老师值班的时候,一般都是晚自习纪律特别好的时候……

二附中的初中,教英文用的是《新概念英语》。用这本教材在 80 年代的中国,算是很先进的了。老师上课时经常在教室放个体积很大的放磁带的那种录音机,放《新概念英语》的录音。记得当时某一课里第一次听到"It's none of your business!"好像是一个女生说给男生听的,当时觉得特别好玩。同学们下了课开玩笑,经常"It's none of your business!"地互相调侃。

当时教我们英文的老师,叫刘晨旭,很年轻,特别优雅的一位老师。刘老师注重听力和读音,经常叫我们起来用英文对话,还让同学们互相评价。很多年以后,有次我们的班长李京真和我说,初一上英文课的时候,老师让我评价他的英文发言,我说:"Li Jing Zhen's pronunciation is very poor!"班长虽然是笑着说这个事情的,而我也完全没有相关记忆,估计当时这句评论还是给他幼小的心灵造成了些许创伤……班长现在所在的投资公司,是我们公司的股东之一。我心想,还好当时没给他更糟糕的评论,不然呵呵。

高中的时候,我是化学课代表,教化学的老师叫夏家骥。这位老师,不像其他老师这么严肃,上课的时候有时候会冒出几句玩笑来。我记得有次上课学电解池。老师让我上黑板画一个电解池的示意图。我一边画一边只看见老师在旁边抿着嘴很努力地忍着笑的样子。"怎么啦?"我说。老师扑哧一声终于笑出来,说:"这个电解池怎么画得像我的拎包……"

高二的时候,有次立体几何的考试特别难,班上大部分同学不及格,公布成绩的时候简直是哀鸿遍野。没想到过了几天,教数学的唐清成老师笑嘻嘻地走进教室,宣布那次立体几何的成绩全部开根号乘 10……同学们都在欢呼,我只记得心里在想,哇,老师怎么想出这个办法,36 分以上的就会及格,然后分数高的同学成绩处理后又不会超过 100……

唐老师现在在我的微信朋友圈,天天在旅游,一会儿两广,一会儿印度,天南地北,不亦乐乎。小时候,老师们对我们来说,是特别有权威的人,我们都把老师当成和我们不一样的生物来看待。现在,看着老师的朋友圈,感觉到,其实老师们是和我们亲爱的父母、朋友、我们自己一样的人。

高中时候还有个英文老师,兼我们的班主任,叫张根荣。张老师以前参加上山下乡,回上海以后考上大学,成为二附中的老师。记得张老师每次上课,总是夹着厚厚的材料一副风尘仆仆的样子走进教室,说话做事动作有力,雷厉风行。当班主任,很多细节也都放在心上,把我们照顾得好好的。

毕业以后多年,班长告诉我们,张老师病逝了,留下妻子和一个还在上学的女儿。班长组织大家捐了款。听说现在张老师的女儿也已经结婚,有自己的孩子了。

在二附中的初中、高中6年,是人生中快乐的青葱岁月。现在想来的都是点滴,但是想得到的每一位老师,都是朴实、认真、亲切而又有特点的。而现在还有联系的各位同学,虽然事业上的成就大小不一,家庭生活也有美满不美满的,但是大多善良、努力、快乐,有正义感。我们都觉得很幸运,在二附中度过人生里最纯粹、最努力、最懵懂的岁月。二附中这个地方,这些老师,在潜移默化中,教会了我们人生最最基本的东西:朴实、认真,努力地生活、学习、创业、工作,还有回报社会。

［作者简介］

王剑菁,1990届高中二班校友。原就读于复旦大学生化系,1992年赴美国留学,获得美国罗彻斯特大学学士、加州大学伯克利分校工商管理硕士。曾任职于美国华尔街高盛集团。2002年回国与二附中1986届校友骆鹰一起创立维讯化工(南京)有限公司至今。

舞台与众生

严蓓雯（1987 届初中/1990 届高中）

之前看到一句话："最近我身边的人都在读小学。"起初不明白是什么意思，后经人解释，有大量的父母，陪伴着孩子，开始了重新读小学、读初中的过程……再一看自己周围，可不是吗！我身边同学朋友的孩子有不少在读小学，他们重新拿起了书本，坐在奥数教室的最后一排，一边观察孩子，一边狂抄笔记。这个时代的教育，把它的中坚一代，绑缚在孩子身上，他们牺牲了自己成长的时间、对自己工作专业的再推进，却投入了茫茫的作业与题海之中……

当年的二附中可不是这样子。我不记得我的父母帮我报过什么班，也不记得老师会每天每天给家长布置"作业"。那时候我们有奥数，我的同桌就是个奥数天才，参加竞赛的那种，取得了骄人的成绩，但他是班上的"独苗"。除了学习，印象中我们更多时间是在玩耍，去隔壁的华师大遛弯、排戏、跳集体舞……尤其初中实行素质教育，下午经常没正经课，大家可以报各种兴趣班，我记得去学了五十音图的日语，还有听不全乎的英语听力，英语老师在课堂上教我们唱"sing, sing a song"。高中语文课有华师大学生来实习，上课时干脆放起了齐秦的《大约在冬季》。我们班参加元旦汇演，演了一出《雷雨》，不仅四凤真的扑进了周萍的怀里（天哪，那时候真的讲究

男女授受不亲），而且最后周冲自尽，舞台上响起了枪声，惊动四方！据说是问体育老师借来了发令枪。当然，初中时那出《威尼斯商人》也是让大家津津乐道好久。那时流行排球女将，好几个高中女生，留起了小鹿纯子的发型，扎上了夏川由加的发带。美好的 80 年代。

虽然记忆飘忽不确，但情绪却很真实。按照现在的说法，我就是个学渣，记得我妈去二附中参加家长会，临近高考也开始搞排名了，她说每次她都特容易找到我名字，只要从后往前数，没几个就看到了；但我并不觉得学校向我关上了大门。二附中就是色彩斑斓的代名词。哪怕是高中一开始，班主任一进门就在黑板上写下一个数字，说那是"距高考还有多少多少日"，然后会有值日生每天减掉一天，我依然没觉得我只坐在开往高考的那个专列上，它只有一个方向，只追求最快的速度。

在我心里，人生可以慢腾腾，可以漫无目的。重要的是要有自己的判断，重要的是"一切皆有可能，一切也皆得可能"。初中有次课上，我在座位上看小说，大概是莫泊桑的《羊脂球》。我正在那里看前言呢，语文老师沈吉走过来说，你看前言做什么？你可以不用看前言，你可以直接看小说。看完后，再把自己的感想去和前言对比对比。这真的可以说是我今后人生的座右铭。你可以不按常规的读书法，你需要自己去认识作品与世界，但最后你也要学会把自己的想法再跟别人的比对切磋，切勿一己之见一叶障目。

读书那么多，学习那么多，我可能用不上物理的电路，用不上化学的分子式，用不上立体几何的圆锥棱柱，用不上"New Con"的新概念，甚至用不上"院子里有一棵枣树，另一棵还是枣树"，但我记住了那一个观察文本和观察世界的方式，观察自己

和观察他人的入口。二附中教会了我知识，也教会了我如何对待知识。

二附中是舞台，也是众生。对我来说，它的另一个特色就是我们高中四班这个奇异的班级，因为有近一半人，他们的前15年，与枣阳路这条街道并没有太大关系。但是，1987的夏末秋初，他们从这个城市的各个角落里冒出来，随身携带着各式各样的过往。要用现在的热门词语，30年前的高中四班就已是多元杂糅的代表。46位同学中，有21位是初中四班的精英，5位来自原来的二班，其余的，都是藏身各校的武林高手。我们在一起制造了属于我们自己的、属于四班的独特文化，那就是人人有个性，个个有才华。当然成绩也是其中一项才华。我至今仍记得我们班从高一一开始摸底考的最后一名，到了高考，跃升平均分年级第一，要不是因为我这样的"落后分子"，还能更高呢。

但此外，还是在这个每天写着高考倒计时的教室，我们听过晨报，热烈讨论过该不该有"自我"；每天早上由一个人自己挑选一个成语进行释义；举行过班长竞选，搞过笑翻天的联欢会；邀请过外校的学生联谊，我还记得那几个外校男生唱起崔健的"我曾经问了很久，你何时跟我走"，因为住校，有人大声回答：礼拜六！而在教室外的广阔天地，我们在学校里演过话剧，进行过时装表演，下过乡学过农……如果说老师教我学有所得，我从同学身上学到的更多，每个人都像一个万花筒，向我展示了一个独特而丰富的存在。

我的中学生活就是这样，我觉得它一直该是那样。有启迪思想的老师，有各有特色的同学。每个人都在摸索自己的人生，不需要父母的陪绑，不需要统一的标准，不需要唯一的成功。我们能带给我们下一代的，只有我们自己的进步。

2018 年 5 月 13 日

[作者简介]

严蓓雯，女，1984—1990 年在二附中就读。北京大学中文系毕业，现为中国社会科学院外国文学研究所《外国文学评论》编辑部编审。

卫生室里的漂亮老师

陆珉（1987届初中/1990届高中）

　　大概很少人会记起卫生室的老师，似乎大家都觉得那只是涂红药水的工作。可是二附中卫生室里那位文雅漂亮的女老师永远给我一个美好的印象。她就是邱福珍老师。

　　当年，我们的卫生室就在寝室楼的底层，我因发烧头痛进去"报到"过几次。邱老师穿着很朴素，一头黑黑的短发，额前有弯弯的刘海。她的五官小巧清秀，说起话来柔声细语，很有江南姑娘温文尔雅的气质。不管谁去卫生室，她总是笑嘻嘻的。好多次，看到受伤的男生们从操场上一瘸一拐走到她的办公室，她都会细心地照料他们。我从来没有看到她生气过，也从没见她不耐烦，只有一脸舒心的微笑。

　　那一年，我们年级集体下乡劳动。班里的劳动委员徐晓萍告诉我，临走前，邱老师给了她一大堆棉花、红药水和碘酒，以防不测（大概每个班级的劳动委员都收到了这么一大包吧）。本来觉得带那么多有点夸张，毕竟只是去上海郊区。结果正逢秋天收获，农民给了大家每人一把镰刀割稻子，全班所有下地的人都挂了彩，无一幸免。这时候才知道邱老师很有先见之明，想得真周到啊！

　　卫生室老师的工作是很忙的。每年一次的体检，要给每个学生查视力、量身高、称体重。一个学校就有近千号人。更不要说，平时也常常有意外的事故。小则擦破皮扭伤脚，严重的还有骨折，要通知家长并送医院。医务工作是要有责任心的，哪怕只是在学校的卫生室。我们这一代，大多数家庭只有一两个孩子，有一个好的卫生老师，还是让家长们放心很多，尤其是对那些住宿的学生来说。

　　我的母亲和邱老师很早以前是曹杨中学的同事。有一次，母亲来学校，真好碰上邱老师，非常兴奋地和她打招呼，"小邱，你怎么在这里？"

"哎呀，是蒋老师！好久不见。我刚刚调到这里来工作。"邱老师也热情地回答，"二附中的领导真好，他们知道我家里有困难，对我非常关照……"邱老师还欣喜地告诉母亲，她的女儿才上中学，很有艺术天分。每天起早贪黑，花几个小时练习工笔画。中国的工笔画是要慢工出细活的，很多人不愿意去学，可是她女儿不怕苦，天天坚持，居然有日本人愿意出好价钱想买她的画。

事后，母亲告诉我，邱老师的先生很早就过世了，留下两个年幼的孩子，一男一女。母亲常常叹

邱福珍老师旧照

息："这么好的一个人，心地善良，脾气好，又长得清秀漂亮，就是生活太辛苦了。卫生老师的工资本来就不高，还要带大两个孩子，真不容易。"我听了以后，很不是滋味，怎么想得到她温柔的微笑里藏着如此的艰辛。可我从来没有听到她叹气发愁，更没有怨天尤人。每次走进卫生室，就觉得春风和煦，到处是温柔。她那乐观、和气的性格真的能赶走卫生室里酒精棉的怪味道。母亲还说："你们二附中的校长也真厉害，连卫生室里都请了这么个好老师，还对她那么照顾。"我想这话倒是真的，二附中的每一个教职员工，都是老校长们挑过的。任课老师的水准很高是众所周知的，就连其他员工也都尽心尽力。顺便提一句，在二附中待了6年，不太记得当年的校长长什么模样。我们的老校长是很低调的，没有什么长篇大论。可是老校长做的

邱福珍老师近影

事，的确让一批又一批的学生终身受益。卫生室里的、寝室里的，还有那个食堂管理员（她总是会制止那帮插队买大肉的男生，给我们女生撑起半边天）……这些平凡的人一直默默工作着，留给我美好的回忆。母亲说二附中的员工福利是很好的，想必老校长也花了不少心思奖励员工吧。

几十年过去了，母亲随我来了美国。她偶尔还和邱老师有联系。据说，邱老师现在的日子过得很好了，子女都很孝顺。她女儿很早就给她买了房子，没有后顾之忧。我和母亲很为她高兴，苦尽甘来，坚强的人总能有自己的春天。二附中留给我的，不只

是知识，而是对生活的积极乐观的态度。邱老师在我心里，永远漂亮。

［作者简介］

陆珉，1990 届高中一班；现居美国加州（尔湾 Irvine）；本科：City College of New York；MBA：New York University；曾就职于 Zeus Scientific（研究员），Merrill Lynch/Bank of America（证券分析师）。现已辞职在家，做一个幸福的家庭主妇。

规则与打破规则

范承工(1987 届初中/1990 届高中)

　　二附中教会了我很多。它教会了我学习,也教会了我怎么和别人相处;它教会了我规则,也教会了我怎样打破规则。

康师傅[①]

　　康师傅是我们男生宿舍的管理员,年纪在 60 上下。政治课学到本世纪末我国要达到小康水平,下世纪要达到中等发达国家水平时,不知哪位同学提出,下世纪末要达到"老康水平"。于是,从此以后康师傅就成了"老康"。

　　不知是由于天生的还是环境原因,我们许多同学早晨经常起不来,逐渐引起学校重视,特地在宿舍大楼三楼用三夹板制大门一座,水泄不通。而看守大门的重任就交给了"老康",负责早晨 7 点、晚上 9 点封门。康师傅因此就多了两项装备,叮叮作响的钥匙,和沙沙发声的小收音机。

　　每天早晨 6 点 55 分,总能在被窝里听到康师傅的高亮的嗓门:"起床了,关门了。"伴随着同学的叫骂声,我慢腾腾地坐直身子,睁开眼睛,披上衬衫,套上裤子,跺起鞋子,抓着袜子,挤好牙膏,带好毛巾,开始向楼下冲锋。每回冲到四楼就能听到小收音机里传出来"这次节目播送完了",当我冲过康师傅高大身躯旁的窄小门缝时,收音机往往传出那最后一响,于是心情一松,一边听着门那边康师傅的教导声,一边系上扣子,穿上袜子,提上鞋子……

---

① 编注:康师傅名叫康义顺,我们只知道他 1984 年初来二附中工作。(据高俊刚老师回忆)

终有一天我还是给关住了,同时被关的还有 5 个。我们向康师傅讲述着各种理由,诸如表慢了、今天值日打扫卫生,或是生病本不去上课之类。他突然提高嗓子说:"不要说了。校长叫我 7 点钟关门我就 7 点钟关门,这是制度。我就是这把钥匙。"他的声音很响,可我觉得这声音像是哭着发出的。"平时我喊时,你们骂我山门,现在又口口声声康师傅。是的,我只是这把钥匙,你们有话 7 点半和校长说去。"他走进办公室,坐在那张属于他的小课桌后面。小课桌上是他随身的那个黑包,一叠住宿生名单,一串钥匙,一打包裹出门条和一个倒立的手电筒。

康师傅每天晚上 6 点钟上班,正是我们上晚自修的时候。他总是穿着那身蓝灰色的旧制服,拎着那个黑包,稳稳地走着,穿过一群群鲜艳的小鸟似穿梭的同学们和偶尔夹在同学中轩昂的老师。他总是这么走着,微驼着背,微低着头,微沉着脸,重重地一步一步地走向夕阳下的宿舍楼。以前甚至我都看不见他,或许因为地也是蓝灰色的,楼也是蓝灰色的,只有鲜艳的同学和轩昂的老师才能被认出,而他,已经与这地这楼,融为一体。

我开始在去晚自修的路上与他打招呼,他向我点点头,但脸似乎总也晴不起来。

又一个新学期开始了,我到他那儿领新的宿舍钥匙。当我拿完钥匙转身要走时,他把我叫住:"范承工,你人也不小了,也不用多说了,早晨早点起来啊?!"我回头看去,他显然心情很好,但脸上的肌肉还是绷着,看不到一点笑容,与窗外的阳光显得那么不和谐。

从此以后,无论是我熄灯后去刷牙,或是熄灯后讲话,或是早晨从门缝中挤出门外去,他总是说:"范承工,你人也不小了。"不久,我参加了英语夜校,晚上 9 点前很难赶回学校,于是敲已经锁上的门,等待着门里叮吟叮吟越来越近的钥匙声。他听完我的解释,说:"这是制度不允许的,但你是学习,我替你向校长申请,你上去吧。"

过几天,当我再次敲开大门时,他说:"校长同意了,你现在就符合制度了。符合制度的事我都支持。"一边说着,一边稳稳地把大门关上。

我是暑假里才知道自己要走了。开学后没几天的一个傍晚,爸爸来学校告诉我打包裹离校,匆忙得甚至来不及告诉同学。我好不容易把包裹扛到楼下,才想起还需要开包裹出门条,于是气喘吁吁地跑到三楼办公室。整个房间被晚霞映得很红。康师傅背对着窗坐在小课桌后,窗上新贴了一张新学期作息制度表,白白的正挡住窗外红彤彤的落日。他看见我进来,就把包裹出门条递给我。

他知道了,我想。

"我从窗口看到了。"他说。

我把条子填好,他签字,慢慢的,稳稳的,"康"字又大又方正。我想说些告别的话,可还是他先开了口:"范承工,好好干。"这时,我看见他笑了,原本紧紧的肌肉,向脸颊上拉开。我还看见太阳从白纸底下钻出来,整个房间更红了。

"再见了,康师傅。"我说。他还是那样笑着:"再见。"我犹豫了一秒钟,转身跑下了寝室楼。

天色已渐渐暗下来,寝室楼显得尤其高大,灰色的稳稳地站着,就像康师傅一样。

写于 1989 年

补记

我 1984 年考入二附中读初一,直到 1989 年高三期间出国,度过了 12 岁到 17 岁的 5 年多时光。现在离开二附中已经快 30 年了,但是那段住读经历对我成长的影响,一直保留到今天,实在已成为我的一部分。趁着母校 60 周年校庆之际,回忆总结一下我在二附中学到的东西,谨以此表达我对于母校的思念和感激。

首先,二附中帮助我打了一个比较坚实的文化基础,使我觉得自己是一个有文化的人。记得 17 岁出国入关时,美国海关人员惊讶于为什么我英文能够和他流利交流,我骄傲地对他说,我上的是上海的一所好中学。他不知道,我在学校里只是成绩不咋地的一名同学。最近几年偶尔会写一些小随笔,也有朋友羡慕我小留学生居然还有勇气用中文写文章,而这也是二附中时留下的习惯。记得那时徐荣华老师要求每周一篇随笔,我一开始只是把它当作作业,敷衍了事。但是逐渐地,我认识到,能够通过语言来表达自己的感觉和想法,还真是件快乐的事呢。而且通过表达,能够帮助捋顺和延伸自己的想法。

说起学习,和老师分不开。二附中有很多很多优秀的老师。他们专业水平高、工作投入、以身作则,同时又各有自己的鲜明性格。有严厉而又爽快的英语何桂芸老师;有使我对数学、物理、计算机兴趣高涨的蔡尔韵、戴秀珠和蒋建国老师,有组织天文小组通宵活动的地理曹康绥老师;还有能和我们一起疯 5 年的班主任何雄老师,等等,他们对我们言传身教,真正做到了传道、授业、解惑。不仅仅是直接教课的老师,校领导包括王校长、顾校长、林副校长,也都是那么令人尊敬而又令人亲近。学校里充满浓郁的尊重知识、追求真理的学习气氛,图书馆、阅览室,也成为我们留下足迹最多的地方。

在二附中除了学习知识,我还学到了规则的作用。二附中的住校生活是十分有规律的,规定了几点起床、几点关宿舍门、几点早自修、几点午饭、几点晚自修、几点熄灯,日复一日,年复一年,似乎十分枯燥。但是同时学校非常鼓励课外活动和个性发展,甚

315

至,因为课外兴趣,可以调整这些规则。我那时经常参加课外的竞赛与竞赛培训,每周几次在校外活动,而每次回来的路上都会去师大后门口的"满园春"吃盘锅贴,再溜达溜达回学校。每年一度的校运会也是全校动员、全天比赛,食堂还会特别加菜。

但是由于我的广泛兴趣,会不时违反学校的规则。有一段时间,集中体现在"爬墙"上,连续爬了几次。一次是私下和同学组队去师大参加晚上的模拟股市活动,和其他大学生队伍比赛谁操盘本领强。回到学校校门已关,只能翻墙进校。然后被当场抓获。还有一次是着迷打乒乓,与球友爬窗偷入乒乓房打球,没打多久,看到汪老师站在身后看了半天了。又被当场抓获。这说明第一,学校维护规则的执行力很强,我稍有不轨,即被当场抓获;第二,学校对于我们这些"有个性"的同学,还是非常爱护的。所以尽管屡屡被抓获,但我幼小的心灵并没有受伤。我学会了,规则是重要的,但有时该爬的墙还是得爬。

在二附中的 5 年,是我从一个小男孩儿转变成一个能为自己负责的小伙子的 5 年。而这其中最重要的转变点之一,就是可以作为一个独立个体进行社交。二附中的住读生活,给予我们很多的锻炼机会。二附中班级里的同学,不少成为了一辈子的朋友。而我们那几届的男生又有一个得天独厚的优势,就是班级里的女生比例比较高。那时由于女生小升初考试的成绩比较高,一般在班级里的比例都在 60% 以上。这使得天性害羞的我,也学会了和女同学搭讪说话,这对于以后的工作生活,可功莫大焉……

左起:蒋谦、钟歆、范承工、徐立钧、杨隽一

所以,二附中教会了我很多。它教会了我学习,也教会了我怎么和别人相处;它教会了我规则,也教会了我怎么打破规则;它教我要正直向上,也给予了我深深的自

信。毕业以后的这么些年里，偶尔会遇到一些气味相投的新朋友，最后一问起来，也是二附中毕业的。原来我们身上早已经烙下了二附中的印记，染上了二附中的味道。

〔作者简介〕

范承工，二附中 1987 届初中毕业，1990 届高中肄业，去美国留学获得库柏联合学院电子工程学士、加州理工学院电子工程硕士和博士学位。在美国创立 Rainfinity 公司，被 EMC 公司收购。回国创立 EMC 公司和 VMware 公司的中国研发中心。之后在 VMware 担任高级副总裁，在猎豹移动担任首席技术官，带领开发新产品。现在再次创业，建立 MemVerge 公司，担任 CEO。

1990 届高中一班毕业 20 周年聚会助兴花絮

王砺邡（1987 届初中/1990 届高中）

话说 1984 年,本人侥幸（凭小学生美术作品加分,还差 0.5 分）进入二附中。

报道第一天,一位来自曹村一小的**A 同学**,很老嘎地走到我面前,"我是 xxx,跟你做个朋友吧!"见有如此老江湖,本人诚惶诚恐⋯⋯要知道,一路自师大附托、附幼、附小上来,鲜见如此,受宠若惊。

初一上来便是摸底考,让我认识了班上另外两位高人。

一位是英文课代表**B 同学**,摸底考似乎是满分,而本人 30 多分,十分郁闷,因为连国际音标是什么东东都不知道。还是这位曹村一小的朋友见多识广,"格宁伐好搭脉哦"⋯⋯之后,还好这位课代表在作文里讲述了自己从小喝墨水的秘诀,这才释然,曰此神功还是不练为好,"赤裸脚啊追伐上"。

另一位是数学课代表**C 同学**,此人让我佩服的是,文科功底了得,引经据典,头头是道,记得语文课陶嘉伟老师曾经夸奖其一篇作文——评《射雕》一段诗词,听得本人云山雾罩,原因是本人到大学才刚刚武侠启蒙⋯⋯而且此人从不怯场（当年是说皮厚）,凭着"是的,我们曾经有过⋯⋯"的演说到处领奖⋯⋯不成想,此人身为数学课代表,3 年只收别人作业,而自己不做作业,东窗事发之后立遭革职。

当然,瑕不掩瑜,此人记忆力超好,高中时,有好事者考其英文单词,河马（hippopotamus）,当他第二天早晨从前门进来,有一位**D 同学**,大声挑战（颇有挑衅的味道）C 同学,有印象吗? 当然,D 同学也是个高人,初中时是政治课代表,看上去很严肃,不苟言笑,高中时浑然另一个人!

回到 C 同学,本人与其也是大学校友,一次在球场上遇到他的班级,和他班上的同学闲聊,我问道:"你们班有了 C 同学是不是挺乱的?",这位同学想了想,正色道,"嗯,有了他是挺乱的,不过,要是没有他,那会更乱……"

当然,班上的高人岂止这两位……

记得文娱委员 **E 同学**,搞活动很有一套,有一次奉命凑合唱团拉壮丁,男生报名不踊跃,她便以下五子棋为由头,输了无条件去唱歌,赢了便自愿,倒也抓了几个壮丁。本人手气不错,五盘三胜,原以为逃过此劫,无奈 E 同学凑不齐人数,自食其言,本人迫于淫威,只得去食堂排练。

劳动委员 **F 同学**很厉害,也很能干,没有她不认识的人,没有她不会做的事,而且动作很快,生物解剖蚯蚓,我这边已是血肉模糊,她那厢已作为模范,整整齐齐地摆着让大家参观。

宣传委员 **G 同学**,写得一手好字,画得一笔好画,而且据说打架很厉害(眼睛都会红)。G 同学体育也很强,当然也很好胜,初一的时候还和女生比过百米赛跑,那还是在老校舍喽,是否?

另一位家住万航渡路 **H 同学**,自从学校搬到新校址,便与其相约早上在中山桥下碰头,最初本人没有自行车的时候,还是他载我。记得当时 99% 的时候是这位同学先到,在桥下等我,待我到时,经常告诉我"施文菊刚刚过去!"那是我们比较害怕的情况,因为一般来说这就意味着要迟到了,意味着门口戴红袖章的老伯伯要记名字了,意味着……

还是与自曹村一小的 A 同学,当时参加气象组,借科学为名,其实为了装酷,显得与众不同。既然从事科学活动,当然无法参加集体活动。每天也就是到点读个温度/湿度什么的。剩下时间便是坐在树下闲聊,聊来聊去,便聊到正经话题,开始把班上所有女生一个个评点一番,结果英雄所见略同,甚欢,从此视为知己……

另一个晚上,已经熄灯了,我所在的寝室还在吵吵地讲谁喜欢谁的事情,好像争了很久也没个了断,这时候,室长 **I 同学**突然开口了,"好了,好了,伐要吵了,这么晚了都困觉吧,明朝还有活动哩,有女朋友的想女朋友,没有女朋友的就自嘎单相思吧!"此言一出,整个寝室立刻鸦雀无声……多年之后回想起来,这大概是人生第一次感受到什么叫做 Leadership!

初中的第一个暑假是挺无聊的,有一次我和孔祥宏同学在师大校园里玩,彼此都觉得班上问题多多,感慨当官的没有体察民情,于是决定联名写信给当时的一位大队长 **J 同学**反映一下,具体写的什么都记不住了,似乎是讽刺打击居多,原想玩笑一下就完事了,没想到 J 同学很认真地回了我们的来信,令我们受宠若惊,之后与 J 同学的交流不断加深,成为很好的朋友。

初二无锡春游,主观上本人睡过头,客观上两位师大附小的同学敲门太轻(怕吵了邻居),没有赶上校车,在家中极其郁闷地待了一天,不成想好几个同学回来之后到我家来,其中的**K 同学**还送给我一个无锡特产,泥老鼠。

……

光阴似箭,日月如梭,三年初中在懵懂中过去。

……

1987 年,高中报道,还未上课便是军训,多半是初中时期的老同学,感觉就和初中差不多。多年以后想来,对于高中从外校新来的同学,要适应二附中这种老生居多的新环境,而且要融入"主流"社会,不是易事。

记得很快就得知新来的同学中有一位体育明星**L 同学**,足球是他的强项,而其他球类也是样样精通,很快便成为班上体育比赛的中流砥柱。记得似乎是他带来了当时沪上一种流行的说法,"不要太好哦!",对我这个从初中才开始讲沪语的来说,一时间搞不清这到底是"太好"还是"太不好"!

记得军训当时电视里正在播放《天涯同命鸟》,剧中的"杀黑"好像挺流行的。之后某位同学带来的一副"强手",一时间玩得好不热闹,出操结束后人人争先,个个上场,好像是大家都最怕拿到"海滨散步",最爱在"小木克"建房,坐在银行里发钞票感觉最好……

军训中好像有"分大排"这么一段。中午会餐,**M 同学**分大排,为保证分配均匀,**N 同学**要求 M 同学将眼睛蒙上。M 同学先分自己,手气不错,得了一块大的,接下去分给 N 同学,锅中一挖,拿了块小的,N 同学当下十分郁闷,愤愤不平,心说幸福只能靠自己,于是趁 M 同学仍蒙着眼睛分大排,将自家的小排与 M 同学的大排对换了一下……(注:此事非本人亲见,道听而已,需向当事人考证)

既然说到吃饭,大家一定还记得食堂的饭菜吧,记得打来的饭先刮掉上面一层吗?还有人记得《十六岁的花季》在食堂拍摄的事情,记得摄制人员很诧异地问我们难道都是站着吃饭吗……现在看来,站着吃饭还是有好处的嘛,至少肚子会小一点……

高二下乡是令人难忘的,很多场景仍历历在目,你还记得和谁一起割稻子吗?

似乎女生第二天就把老乡的井水打干了……

炊事班的**O 同学**,清晨早四点就去为大家买油条,道路不熟,车翻"条"亡,好在 N 同学身手敏捷,整顿一下又为大家去买菜了……

下乡前数学唐清成老师一再强调"精编"的重要性,而且与男生们同住一屋,反复叮嘱,从此,人送外号唐精编!

记得有几位国际友人不远万里来到中国,参加我们的下乡劳动,每天还与我们一起做广播操……其中一位老外勤学好问,晚上熄灯后还努力学习汉语,弄得几位男生很积极地教他学说脏话,好像还是沪语版……

同时,我们也从国际友人这里学了不少新鲜东西,其中之一是 21 点。劳动回来后必定玩到出局。一天,**N 同学**玩性正浓,无奈手头筹码已尽,只能观局。不一会,鼾声大作,原来是 N 同学早已神游他乡(唉,割稻子还是蛮辛苦的),此时,局中几位正在聚精会神地进行最后的生死搏杀,忽然间,N 同学猛然坐起,大喊一声,"我买!",局中几位一时愕然,不知如何是好,再看 N 同学,喊完之后,倒头便睡,继续神游……

高二春游似乎是坐的隔夜火车站着去杭州,"杭州人钳牢上海人"的老话似乎有所应验。**H 同学**付了钱而小贩却硬说没付,无论 H 同学如何耐心解释"某些上海人是不好,但大多数还是好的……"小贩就是不给面包。在一旁的 **P 同学**见状,立刻在人群中找了个穿军装(还是警服?)的,不由分说,拉过来评论,见不能立即摆平,拉起H 同学,抓过小贩的面包,拔腿便走……

高中男生体育课上惊现的一幕至今还记得,当时是练习跳箱,**L 同学**做保护,其他同学在体育汪亚平老师("汪汪",虽然这样大不敬,但很亲切)的指导下一个个跳。也不知怎么,**O 同学**撑箱后,人并未按预期地向前,而是笔直向下,说是迟那时快,L 同学一把将 O 同学拦腰夹住,在场的人无不吓出一身冷汗,还未做动作的几位立即借此罢操……

高中还有一位神人,**Q 同学**,每次上课被老师叫,先不起来,四下看一下,好像要确认一下叫的是不是他,直到第二次,才慢慢站起来,一般都会要求老师重复一下问题。1989 年春上海闹毛蚶,开学后有两位同学没来,此君便是其中之一。都以为他也中招了,后来才知道已赴米国。原先上课都在专心背英文字典……

高中有段时间很投入地下围棋,很快将语文课中的段落活学活用,比如看别人围空太多,这边会说:"洪哥,咱动手吧!"那边道:"No,No,No,这是洋文,你们不懂!"然而语文课的徐荣华老师并不领情,经常很不以为然地破坏掉中午没有下完的棋,当时觉得实在是可恼……

转眼高中三年即将结束,冲刺阶段语文课上的范文朗读,**R 同学**的《寂寞》一文,令本人深深感动,"寂寞像一首歌……"很羞愧,当年从 R 同学那里要来的手抄本已然不知去处,所幸同学情谊不减。

　　……

回首附中 6 年,与很多同学在校交往,就象与 R 同学一样,虽同窗三/六载,然说过的话加在一起也没有几分钟。一来受座位"地理"限制,二来走读而非住校,更主要是本人生性不大方,仅限于小圈子活动,然而离校后每每遇到附中同学,都有他乡遇故知的感觉。

掰指算来，近几年与40％的同学还有接触，另外的60％同学则是20年未曾谋面，本人对此次活动甚为期待，更期待的是，以这700＋人年（man-year）的人生经历，是否可将我们的同学友情绵延下去？

对了，1990年上海语文高考的命题是"时间啊，时间"……

文中，A：陈炯；B：钟泓；C：朱力；D：陆珉；E：欧阳；F：徐晓萍；G：胡海洋；H：应隆；I：傅亮；J：王勤；K：苏林；L：张池；M：史劲勇；N：凌东鹰；O：唐勤华；P：金铭；Q：朱凯；R：封芸。

［作者简介］

中学时代照

近照

王砺邡，二附中（1984—1990），后就读于上海交通大学及美国伊州理工学院，获电子工程硕士学位，毕业后从事宽带通讯和数字广播的芯片研发，2011年起进入医疗电子领域，目前就任于硅谷一助听器初创公司，任软件部门总监。

在青春最好的时候，遇到了您

何小兰（1991 届高中）

　　1988 年到 1991 年，我是华东师大二附中高中三班的学生，迄今离开二附中已有 27 个年头了。最近一次去二附中给学弟学妹们交流自己的成长经历，恰遇李志聪校长，他很认真地问我：作为二附中的学生，你觉得二附中给你最重要的收获是什么？我同样认真地想了想回答说：我在自己最重要的青春年华，遇到了最优秀的老师、最优秀的同学，这样的高起点、高要求，为我后来的成长奠定了基础、提升了眼界。优秀的学业基础，让我更容易如愿以偿进入自己当时心仪的复旦大学新闻专业，并最终进入媒体行业，成为一名媒体人。所以，尽管只有三年时间在二附中，那却是我求学生涯最重要的一站，也是我实现梦想的加油站。

　　回想起 1988 年的那个夏天，曾经我心里是喜悦的，踌躇满志的。那年二附中给杨浦区只有三个名额，我不仅在列，而且还排名第一。我初中就读于杨浦区重点学校延吉中学，初二起就在年级所有考试中名列前茅，我自认为进入二附中后取得同样的成绩是顺理成章、驾轻就熟的事情。万没料到第一场数学摸底测验就给了我一个下马威，居然只得了 61 分！当班主任，也是我的数学老师王德纲点到一批同学要到办公室面谈的时候，作为其中的一员，我羞愧难当，心中的骄傲和锐气被一扫而光。在王老师面前，我做好了挨批的准备，可是王老师和蔼可亲，并没有责怪我，而是语重心长地对我说：你初中不是在二附中，教学基础不一样，不要着急，只要上课认真听讲，下课后多做习题，是一定会有进步的。他的谈心让我压力小了点，经过王老师的指点，我的数学很快就赶上了同学们。我记得上王老师的课自己一点不怵，每当要到黑板上去解题的时候我都踊跃举手，为了能做得更好，每每晚自习时我

323

都认真做题,进步相当快。1991 年的高考数学题目虽然非常非常难,可是我每一步的解题步骤都做出来了,尽管最后的答案未必正确,但我拿到了每个步骤的分数,最终数学单项成绩成为二附中文科考试同学中的第一名。王老师不仅在数学上启发和鼓励我们,对我们的生活也是很关心的,最近一次和同学去看望老师,他逐个询问同学们的家里情况,并向各自的父母问好。王老师和我们父母年纪差不多,当时家长会次数也不多,却和每一位的家长都很熟悉,后来我才知道,当我们在成长道路上取得成绩或者发生问题的时候,王老师都会和我们的家长及时沟通交流,提出他的意见和建议来帮助我们成长,尤其是高考前放羊在家自己复习的那几个月,王老师一家家跑过来,即便天热、路远,即使是宝钢、嘉定那么路途遥远,王老师总是坚持走完每一家。见到我,他总是简单的几句话:你可以的,好好考,就是按照平时的水平发挥,就可以心想事成。27 年前老师的这番话,依然记忆犹新。

二附中名师荟萃。我文科相对突出,所以教我语文的汤文鹏老师我就会特别关注和喜爱了。他的脸型像极了鲁迅先生,研究的对象也是鲁迅,留着偶像般的八字胡,穿着偶像般的长衫,时不时还会带一些微醺的仙气。只可惜老师几年前过世了,我至今仍会经常想念他,每当想起的时候,也会闪回出鲁迅的影子。回想当年课上,他讲解自由随意,不为考试,却为我们搭建了古代文学、近代文学、当代文学的系统框架。布置的课外作业是《论语》和《成语词典》,背得我们昏天黑地、愁眉不展,要求会写只是基本,还要知道词意、出处,最难的是要背出处,没有一定的古文功底是硬记不下来的。我记得当年背这些功课占据了我大量学习时间,而历经近 30 年,我依然从中受益匪浅:学古文没有障碍,对语言词汇的应用游刃有余,这些都得益于当年的艰苦训练。忆当年,刚学到鲁迅文章的时候,汤老师就带我们去绍兴拜谒鲁迅故居去了,看咸亨酒店、吃茴香豆、坐坐可以穿行在小巷的黄包车,感受绍兴当地的生活,回到课桌前再读鲁迅,他笔下那淳朴的风土和底层小人物的心态,不仅跃然纸上,居然还立体呈现出来。

教化学的叶佩玉老师、教物理的戴秀珠老师,对我这个学生也是很耐心,所以尽管二附中的同学有那么多优秀的种子竞赛选手,在化学和物理的日常学习中,我也会有不错的成绩。教我生物的何雄老师当年还刚进入到二附中工作不久,他上课充满激情,还带领我参加上海市中学生环境保护演讲比赛,演讲稿的专业知识是他把关的,我负责发挥自己的演讲特长,最后也获得了上海市的二等奖。教英语的葛淑琴老师在让我们默写单词的时候,中文词汇有时会说不准,可是她那漂亮的英语发音、娴熟的教学方式,让我现在在国际谈判中都能吃老本。那时,二附中就有英语视听室了,我们学习的教材一开始是《新概念英语》,后来是“*Step by Step*”,我本身就喜欢英语,所以学习得相当不错。葛老师看到我的成绩,给我会考免考资格,英语高考我也取得高分。当时的副校长张止静老师对我们学生非常好,我考进复旦后才听说,张老师亲自到复旦招生办,对二附中报考复旦的学生一一作了重点推荐。这让我非常感动,在我们二附中,老师不仅是老师,校长也不仅是领导,他们视学生如己出,他们用心教学,用心培育我们的成长。

在二附中的三年学习课程,可能与其他中学并无太多的不同,而其中许多细节却值得回味。比如高考前放假三个月自习,为了学习鲁迅去绍兴,又如英语教材教学的广泛选材,高中会考拥有免考资格,再如老师可以穿长衫授课,这难道不体现出了二附中的宽厚、自信、眼界及实力吗?从15岁到18岁,我遇到的是品质优秀的名师,所上的是高起点的名校,这样的学习经历肯定有紧迫感的,取得成绩必定是扎实的,每一个二附中学子也注定会与众不同。

我的同学们也很可爱,同班同学马彬就是其中之一,马彬和我是同年同月同日生,又坐在我右手边。和二附中大多数男同学一样,聪明、调皮。晚自习时候,他们会用纸条团成球打来打去,有次马彬没有小纸团了,就拿橡皮打其他男生,结果一偏,小橡皮正好打到了我的耳朵里,嗡地一下我被吓了一大跳,花了很大力气才倒出来。后来听老师说,马彬的故事还有很多,比如到化学实验室直接喝实验用

左起:何小兰,王德纲,陈强,林懋,高岷

的瓶装水,比如把实验用品涂在椅子上,结果老师坐下去把裤子都弄破之类的。现在的马彬成熟了,是一家企业的高级管理人员,他的聪明才智在管理和经营上发挥得非常淋漓尽致。同学吴勇经常在课上擤鼻涕、陈强经常和大家开玩笑,现在他们都在美国工作。当时的小画家胡炜,现在是大画家,还是教育工作者,在中国文化的海外传播中扮演重要角色。我在班级里担任生活委员,指挥大家擦窗、交饭费啥的,当时班委的工作压力挺大的,直到现在我还常常梦回二附中,组织这些同学一起在教室里打扫卫生,梦醒时分,才发现我是有多么怀念二附中的求学生涯。

在二附中,除了学习,还有印象深刻的一些内容。比如打排球,打得好的班级和

同学太多了，我们经常输，可是直到现在我还喜欢打排球，扣起球来仍是有模有样。又比如学工，金沙江路的一家工厂是我们的基地，王老师看我长得壮，女生岗位不够，就让我和男生一起学做车工，车榔头。他说我模子大、力气大，这话能干得了。可是我的手不巧，所以车出来的榔头总不像样。比如我们食堂吃饭只有桌子没有椅子，都站着吃，这在中学里应该也不常见，从今天的眼光看很科学，有助于消化。二附中的伙食真好，我早上一般吃三个肉包或者三个菜包，最喜欢的菜是鱼香肉丝、烂糊肉丝还有狮子头或者红烧大排。三两饭加一盆青菜、两个肉圆，就可以吃得心满意足。我还特别对我们的学农记忆犹新，老师把我们带到长兴岛，摘了橘子后弄干净，蜡纸包好，再放口袋里，全班同学分工合作，很快完成了任务。晚上，我们全班同学躺在地上，仰望星空，那星星是那么低，那么亮，星空是那么的纯净和迷人。

白驹过隙，岁月荏苒，刚跨过不惑，行将知天命。我的孩子几年后也将要参加中考，我给他的建议一定是二附中。我不是虎妈，不会对孩子有过分要求，但是我真心觉得，在不一样的氛围里，在一个有着优秀的师资力量、优秀的学习氛围和优秀传统的优秀学校里读书三年，养成的优秀的学习能力和卓越的开拓精神将会是孩子人生最宝贵的财富。

二附中，见证了我们的一段青春岁月。我感恩，在那最好的年华遇见了您！

2018 年 5 月 16 日

[作者简介]

何小兰，上海广播电视台上市公司东方明珠新媒体股份有限公司副总裁。研究生学历，文学硕士，主任记者。1988 年到 1991 年在华东师大二附中高中就读。后就读于复旦大学新闻学院，曾经是复旦大学狮城舌战 1993 年国际华语大专辩论赛冠军队队员。美国乔治梅森大学、英国威斯敏斯特大学访问学者。历任上海东方电视台记者，上海广播电视台总编室副主任、版权资产中心主任，上海音像资料馆馆长，上海五岸传播有限公司总经理。

二附中，我心底的小骄傲

曹容昊（1989 届初中/1992 届高中）

　　我，一个相当平凡的女生，论容貌就是个路人甲，论学业和事业，也没有可圈可点的，但就是这么一个普普通通的我，二附中 6 年的点点滴滴，却始终留在心底的某个地方。

　　那年夏天，对二附中几乎一无所知的我走进了枣阳路校园。气派的教学楼和宿舍楼、大大的田径场、漂亮的大礼堂、水池边满眼的莵丝花和挂着紫藤花的幽静长廊……这所有的美好足以打消一个小女孩初次离家住校的不安。

　　6 年的二附中生活，6 年的三班，留在记忆里的大多是不完整的碎片，但却是鲜活而珍贵的。老师写板书的时候，同学们偷偷地往他背上扔苍耳……教室里为教学而放置的电视机却被我们用来看奥斯卡颁奖……每天早上宿舍管理阿姨锁门之前，总有我和另一个女生大叫着"还有人"……班里一位日本男孩永远是那么地认真好学，在课桌里放了好多的参考书，而另一位美国女孩又总是那么地爱笑爱闹，让我们的晚自习开心无比……在蒙古包骑马，在长兴岛摘橘子，体验着汗水和欢乐……《十六岁的花季》来学校拍摄，大家凑着热闹去看当年的青春偶像……初二开学，全班悼念暑假中不幸离去的同学，十几岁的孩子们泣不成声……军训的时候因为不够百分百服从教官，三班集体受罚倔强地跑圈……那时候一周 6 个工作日，我们却总能提早半天放假，觉得好幸福……三班的同学不乏才情，自己作词作曲的班歌唱响大礼堂……

　　善忘的我，很内疚地表示记不清很多老师和同学的名字，但大家的身影却一直依稀地印在脑海中。和几个要好女生晚自习逃课去华师大买吃的，不幸被班主任郭老师抓个正着，而年轻的她正坐在男朋友的自行车上，反倒不好意思批评我们……军训射击项目训练刚好赶上倾盆大雨，在雨里在泥地里趴了一个小时，好多的老师和校领导心疼地为我们送来姜汤……后来几年的班主任郑老师，始终像家长般照顾和关心着全班孩子，甚至在我们高中毕业后还组织同学间的聚会，让三班更像一个友爱的大家庭……

多年之后，每当有人提到二附中，我还是会自豪，因为自己也是二附中人，而每当有人因为我是二附中人而称赞的时候，我也会小小地骄傲，虽然我并不是一个出色的学生，但"二附中"这三个字担得起这份赞誉。

出国多年，虽然早已不懂国内的教育体制，但还是经常能听到"四大金刚"的说法。在我心中，二附中当之无愧。当年我的班长、我的同学们就经常拿着各项奥数奥物奥化的金牌，那现如今的学弟学妹们只会更加的战果辉煌。

虽然二附中没有百年的历史，但60年的成就足以傲视群校。时代在前行，二附中更在蓬勃前行。身为二附中人，母校的光环是我平凡人生中的一抹重彩。

为你骄傲，为你自豪，为60年校庆送上最由衷的祝福。

［作者简介］

曹容昊，1986—1992年就读于二附中初中及高中，曾任职于IT公司（Sun Microsystems）及半导体公司（ADI），现长期居住在温哥华。

原来从未远离

——写在母校华东师大二附中 60 周年

施维（1989 届初中/1992 届高中）

又到了凤凰花开的季节，青青校园又开始上演离别的一幕。

上礼拜出差，填个人信息表，突然就被自己的年龄吓住了，何时，已经 45 岁了？心理认知上，总觉得自己还是 30 岁的样子。20 岁还是昨天，离开学校也就在不久之前，并且一直未曾远离。

中学时代，只觉得日子好长好长，长得好像怎么也过不完，一直都可以坐在紫藤花架下，等待远方笔友的来信。借着母校 60 周年的校庆，我也回望了一下自己的上半生：一所小学 6 年，一所中学 6 年，一所大学 4 年，一个单位 20 年……哇，大半辈子花掉了。

大学毕业之后，对着待了整整 10 年的师大校园，也有说不出的留恋，但更多的，是对未来的期待，很决然的没有选择留校。20 年过去，中间几次返校，也觉得在这个花园一般的校园里工作，不应该是人生最幸福的事么？而人生无法重新来过，多少欢笑泪水挥洒其中，留在大草坪，留在丽娃河，留在了树洞里。

很多同窗，成了一辈子的朋友。我们在一起聊天，诉说，抱怨，发泄，但很少回去过。旧址现在是对外汉语学院，正是我大学的母校。算起来也是缘分罢。有一次回系里见老师，不曾想竟然到了二附中，6 年青春所在，食堂，宿舍，操场，花坛，处处都留着记忆深处的香气。怀着甜蜜的思念，对大学老师说，我再四处走走，看看，看看当年的走廊、楼道、教室。很古怪，我对二附中的楼道备感亲切。从来没对别人说起，工作之后，梦里的场景常常是二附中的校舍。这也是我觉得自己一直并未远离的缘故吧。悄悄地想，也许这是青春在我此生心里留下的永久的纪念。

写文回忆二附中，百感交集，想说的太多，可又难以言表，只能挑几件事一起回忆：

其一，我一直津津乐道二附中功课少，每天几道数学题，做完好像就没啥了。戴着耳机听音乐广播，或者一边再看看闲书，晚饭后还能看看电视剧，父母也不怎么管，第二天早自修时偷偷说给同学听。整个6年中学光景就没有做功课做到很晚的记忆。这在现在，或者说在当时也是很特别的吧。陪伴了我整个6年中学时代的记忆多是港台歌星和风靡当时的武侠小说言情小说以及图书馆借来的各类世界经典名著。对于文字和文艺的喜爱大概也是从那时得到启蒙的，以至于毕业之后把爱好当作了职业，从事出版廿载光景。

其二，我们初中时去了浏河一个基地玩，整整一周在外面，现在来说大概是拓展，却也是很奢侈的事吧。白天做做活动，晚上看录像《射雕英雄传》，看得我那个入迷呀，觉得怎么有那么好看的电视剧呢。回来之后，中午继续在阶梯教室里巴巴地等。语文老师上鲁迅的课，然后组织大家去绍兴玩了一次，很开心。高一学农，到长兴岛采橘子，白天摘橘子，夜里在宿舍里跟同学说话，有一个凌晨地理老师带我们去观星，漫天璀璨的星河，一下子让我震惊了。原来星光灿烂这个词语是真的存在的呀！

其三，各种老师各具风采，初中的语文老师兼班主任李宝山老师，特别和善，又很爱好书法，他的板书俊秀潇洒，初中毕业时还给每个人赠送了他的书法墨宝，以至于我们整个班级都很受影响，至今好多同学的笔迹都带着李老师的风采。偏文科的我数学成绩一直不理想，进入高中后，滕永康和唐清成两位数学老师，给我留下了极深的印象。唐老师看似憨厚，实则幽默，上课时常常口吐莲花，频出佳句，让艰深的数学公式变得栩栩如生，令人拍案叫绝，也让我这个惧怕数学的文科女生爱上了数学，高考数学考了最高分。还有好多老师，也是很有性格，现在想来都是名师风范，但是他们个个都那么亲切和蔼，让上课变成一桩有趣的事。正因为如此，我一直觉得二附中的课业压力不那么大，老师关注的也不都是成绩。

随着微信这个社交工具的流行，各种朋友圈也渐渐开始建立，中学同学的圈子也渐渐出现。班上好些同学都出国定居，看着朋友圈里五湖四海的缤纷生活，不由感叹人生，对于母校来说，杰出校友令学校增光添彩，也让我们这些普通人倍觉荣耀。而对于每个人来说，青春都是最珍贵的记忆。有幸的是，在我的成长过程中，青春少年时代最美好的6年是在二附中度过的，给我的人生留下了难以磨灭的印记。

我相信，很多校友走出校门后，都能在相遇时会心一笑，嗯，你也是二附中人。

［作者简介］

施维，1986—1992 年于 1992 届一班就学，1992—1996 年就读华东师范大学对外汉语系。

1996 至今，就职于世界图书出版上海有限公司，任编辑、版权部经理、综合图书事业部经理、副总编辑。

我在二附中的那些"第一次"

高兴（1991 届初中/1994 届高中）

　　如果要列出人生中 100 个有意义的"第一次"，我想，发生在中学里的"人生第一次"，大概不会少于一半吧。

　　……

　　电光火石间，许多人脑海中是否已经浮现出了：第一个喜欢的女孩/男孩，第一次写情书/收到情书，第一次有暗恋的对象，第一次自作多情，第一次有父母月供的零花钱，第一部手机，第一个属于自己的电话号码，第一次剃胡子，第一次过集体生活，第一次长青春痘，第一次发现身体发生了某种变化……

　　我猜想，每个人肯定能接下去好多，并且附带着一下记起好多人，翻出一串串青春记忆。

　　好吧，给你 10 分钟，定一下神。

　　人的一生，包括一身，到了中学这 6 年，便开始一盛。春林初盛，春水初生，春风十里，不负 16 岁的花季嘛。同时，人生观、世界观也开始慢慢建立起来。

　　回想起来，还有不少看不见摸不着的心理上的、意识里的"第一次"，也在这 6 年中，悄悄生根发芽。

　　比如，人生第一次受到很大委屈。那是一次生物课分组做实验。我正看得专心，突然，邻桌一男生从后一下搭上了我的肩，桌子因此稍稍震动了一下，使得正小心翼翼把一个器皿放在火焰支架上的女同学，手一滑，器皿掉在地上，碎了。

　　赔！

　　生物老师一口咬定要我与那个男同学赔。可我错个毛啊，我只是一个路人甲。

尽管得到了不少目击者的同情，但我还是难受了好长一段时间。如果当时就兴求什么心理"阴影面积"，我这个肯定要变成"心理黑洞"了。

若干年后，再回过头来想，大概那个委屈是生物老师奖励给我的一次挫折教育吧——只花了半个器皿的钱，真是物美价廉，够朋友！

受了那次委屈后，我发誓，高考不加生物，一辈子不沾"花"惹"草"，并认真对待每个人。于是，便有了人生第一次戏剧性的交友经历。

高中时，班里来了一个外地插班生，就坐在我的后面。你可以想象，初来乍到的他，万般不适应也没有朋友，而且据他说，他父母平时还不能一直在上海照顾他，于是，我便和"饭搭子"李斌商量，把他也拉进来，三个人搭伙，"还能匀一点给他"。当时想，虽然伙食标准可能会从肉圆变成肉丸，但也是帮人家一把。

结果呢？人家其实是一个富二代！当时还没有"富二代"的说法（马上加一个：第一次碰到富二代）！

有一次，他前一晚给我电话，说第二天要请假一天不来学校，由于饭菜票都在他那里，所以中饭让我们去枣阳路上找个地方吃，末了，加了一句——这应该也算是一个"第一次"——"开张发票，我来报销。"

后来我们三人理所当然地成为了很要好的朋友，"天使轮"那种、"参加过长征"的那种好朋友。我与李斌还应邀去了他在外地的家度周末——这是我们人生第一次"到外地度周末"。

他在家乡表现出来的各种能耐、应对、成熟，与他在上海读书时不一样，完全换了一个人。在那里，我与李斌一下成了"弱势群体"，像刘姥姥进大观园一般。我们还生平第一次知道，有一种进口车，叫凯迪拉克，FLEETWOOD。虽然这样戏剧性的交友，在我后面的人生中，几乎没有再出现过，但我始终告诫自己：善以待人，每个人。

2017 年摄于香港街头

其实，每个人都是独一无二的，他在这方面可能表现平平，但一定会在其他方面有过人之处，尤其是在二附中这样藏龙卧虎的地方。有时，只是暂时没有找到适合自己的舞台罢了。

好吧，我还算幸运的，有了属于自己的"高光时刻"。高二时，一篇命题作文《又来到这个熟悉的地方》，被当时的语文老师顾骊骊点名表扬，最后还推荐给了《作文通讯》。当时由全国 13 所重点中学轮流编辑的《作文通讯》，就是医学界的《柳叶刀》、文艺青年心中的《萌芽》。对于一个只是平时喜欢写随笔的理科生来说，这种第一次文字被印成铅字的感觉，绝对是一种"春风得意马蹄疾，一日看尽长安花"的愉悦与畅快。

文章刊印出来后，我舅舅兴奋地到处收购那期《作文通讯》，好像收了快 10 本了。他还问摊主，为何不多进一点？我那边整整一个月，天天收到好多来自全国各地的信，"雪片"称不上，但"头屑"绝对是有的，总共应该有 100 多封。知道不少溢美之词只是别人出于礼貌或者想拉近距离，更知道受之有愧，但还是忍不住地开心。

那种因为兴奋而变得亢奋的状态，即使后来我在《新民晚报》当体育记者去采访各种世界大赛时，也从未有过。

最后一个想说的"第一次"，是一个中国人觉得不太吉利的字眼：死亡。我有两个挺要好的哥们，在初中同一年没了母亲。我记得我们班主任刘砚老师，为了帮助他们尽快从悲伤中走出来，还专门陪他们聊天，甚至还找我谈，让我有空陪着他们说说话。老实说，他们外在的表现，都比我想象的要坚强，他们的世界并没有塌下来，地球还在公转与自转。

也许就是从那时开始，我想明白了，自己终有一天也会离开这个世界。死亡本身并不可怕。感到可怕与痛苦的，往往是那些活着的亲人与好友。

我不知道，对于死亡的理解与顿悟，这算是早还是晚。反正，我是第一次写出来，以前聊天时说过，怕不吉利，从没写过。现在想想也没什么，《高兴死了》不还是一本畅销世界的书嘛。

40 好几了，身体早坐上了"下行电梯"，甚至同年级已经有三个哥们先去那边等我们了。其中一位还是我以前的邻桌——张剑，一个老好老好的人，惜哉惜哉。

参加校庆，犹如在网上看一部电影，还没看完，强迫自己拖着进度条往前拉。随着每次回拉的距离越来越长，类似"回首向来萧瑟处，也无风雨也无晴"，"古今多少事，都付笑谈中"这样的词句，都会不自觉得冒出来……

好吧，二附中的校庆，让我"第一次"有了老了的感觉。

［作者简介］

高兴，1991 届初中、1994 届高中校友。曾任《新民晚报》体育记者，驻美记者，《新民网》主编，新媒体编辑部主任。2016年去阿基米德 FM，任首席内容官。

忆枣阳路旧园

杨光风（1991 届初中/1994 届高中）

如如一甲子，戊戌又逢春。
相约贺诞去，不曾忘师恩。
絮语历经年，神游返故园。
几处早樱盛，一架紫藤鲜。
丽娃庭前绕，铁臂郭外桓。
泛舟银锄回，舌尖枣阳东。
君问食何速？源从少时功。
日日餐堂里，个个站姿松。
六载诵华章，一朝跃龙魁。
鹏程万里志，兄弟百战归。
归来花径深，不期立黄昏。
匆匆那年事，没入旧时尘。
言说新园立，老树分新枝。
唯愿新枝盛，亭亭芳四时。

［作者简介］

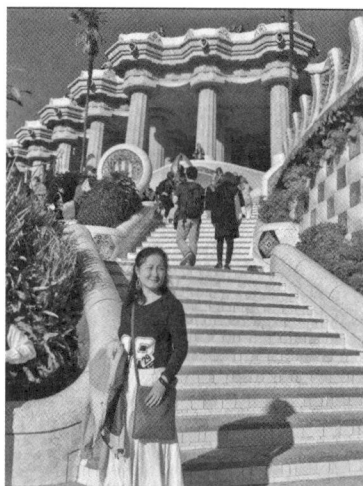

  杨光风，1988 级初中二班，1991 级高中二班校友。毕业于复旦大学国际金融系，毕业后主要从事审计及财务领域工作，曾在毕马威会计师事务所任职 8 年。

一段无需导航的路

姚白（1992 届初中/1995 届高中）

　　2017 年的 12 月初的一天早晨，迟到的初冬的降温还是伴着西风给同伴和我带来了手忙脚乱。公司承办的展览在苏州河畔的长风国际会展中心开幕。挣扎着下了内环高架，驶入金沙江路时，副驾驶座位上的同事开始反复刷导航。"全是红的，肯定迟到了……"过了杨柳青路，到了枣阳路，左转。

　　"这是哪里？确定能到吗？这么空的路为什么不开快一点？"在那一刻，我内心充满温暖、喜悦和平静，相信我的脸上一定傻傻地挂着微笑。我真的很想安静地开完这一段路。可是，同事的好奇，还有导航的"你已偏离路线"叫嚣，让我不得不走出内心的安宁。"我以前就在这里上中学，到了苏州河右拐就是大渡河路，你可以把导航关了。"熟悉的窄路，路旁依然是没有商店、没有住户、鲜有行人，我把车速控制在 40。对于第三个问题，我不想告诉同事，这段路承载了我少年时代所有的自信与彷徨、快乐和痛楚、奋斗和骄傲、冲动和平静……如果那 7 年不是在这条路边，我，肯定不是现在的我。

　　我的一个语文老师吴翼鹏，高中语文老师，中等个子肤色有点黑，戴着一副眼镜，肩膀宽而厚实，走路很快背挺得笔直。声如洪钟明亮而铿锵有力。若干年后，我第一次听安德烈波切利的歌，竟然第一反应就是，吴老师如果唱歌，大概就是这个声音。"历史的道路，不全是平坦的，有时走到艰难险阻的境界……"吴老师带我们读这篇课文。都已经高一了，老师还带着读课文，那会儿觉得有点幼稚，有点好玩，但真的很轻松。"背得了吗？""背得了。"跟着读，还竟然就背了出来。"历史的道路，不全是平坦的，那人生的道路呢？"吴老师留了一个问题。这个问题伴随我至今。每当遭遇困惑、沮丧、委屈,我就想到这个问题。不会是平坦的,但总会过去的。每一次过去,就是一次磨练,一次长大。

吴老师教学的另一个重要内容就是背《成语词典》。对于理科班,吴老师尽了一个语文老师最大的包容和理解,然而他又是严格和十分认真的。我那会真的在背诵成语上不够用功,也不懂那些背后的典故。吴老师说:"背得了,自然就明白了。"背着背着还真明白了不少。就是这样,早自习上 20 个成语默写,常常只是勉强及格。吴老师每次总是批评后立刻鼓励,我每每感觉有压力,却不是负担。

我的一个数学老师李振芳,初中的数学老师。她讲话缓慢而清晰,偶尔说到开心的地方,微微一笑。她有个女儿比我们大几岁。我不记得她什么时候跟同学急过,时时刻刻对我们保持着耐心。

她有时会提前来教室,看到黑板上前一堂课的板书,她总是问:"可以擦掉了吗?"得到肯定的点头后,她拿起黑板擦,转过身,轻轻地仔细地把黑板擦干净。回过身来,刚好上课铃响。后来,有点懂事的我们跑上讲台,跟她抢着擦黑板,她总是说,"没关系,你们小孩子吸粉笔灰不好。"实在拗不过男同学,她就微微一笑站在讲台上低头看她准备的教案,依然是一副不紧不慢的样子。

课堂上,她留给我印象最深的是在黑板上几何作图。一把长尺、一张大三角板,她小心翼翼地演示如何推平行线。后来,她每次上课都带一把大的木圆规,把粉笔细细地磨好后,插在圆规的一脚。这把圆规简直是万能的,李老师用它细细地教会我们画角平分线、画线段的垂直平分线、画等边三角形……后来,很多所谓很牛的老师,在黑板上徒手画圆,在我眼里,都及不过李老师的一丝不苟。如今,我的女儿也上初中了,教室里的黑板被 ppt 的演示屏占去了大半,我意识到,也许不会有学生再有我这份幸运了。

印象里,李老师从不强调"要细心,要仔细"。而我从上初中开始,就再也没粗心过。因为,李老师的数学课上,没有"毛估估"的场景。即使画个直角坐标系,箭头必须大小适合,在右下方标清楚 x 和 y。

再后来,李老师仿佛生病请了几个月的假。我现在每每想到她,都希望她身体健康,能够时常微微一笑。

我的英语老师刘砚,教了我七年。初见她,觉得她是一个既漂亮又会打扮的姐姐。大大的眼睛,白白的皮肤,笑起来的时候,眼睛也在笑。初中时,她的经典造型,就是白衬衣配绛红色灯芯绒背带裙,扎两根烫得微卷的麻花辫。她很少化妆,可每次都打扮得体,令我赏心悦目。我大概就是这样爱上英语的。现在我知道,这就是"女神"了。我一直猜不到她的年龄,更不敢问,直到最近她退休了,我才有个大致的估摸。

刘老师十分注重英语的听和说。她要求学生只要开口,必须语法正确。现在回想起那七年的英语课,竟然大部分都是在课堂上和同学两人一组反复练习对话,操练各种时态和从句。"although, NO but!""主将,从现"……我一直好奇这样的学习会有怎样的结果,因为上了理科班,我错过了中考和高考。到了大学,终于有机会检验七年学习的效果了:大一上学期,我斗胆报了四级,优秀通过;大一下学期,六级,优秀通过……那是在1995年,没有现在的昂立新东方,我有的只是那七年刘老师的两千个课时。

在同学们和辅导员惊异的目光中,我从容而自信。很快我有机会做了两个高中生的英语家教,每周可以赚够自己的生活费和零花钱。我感到了自立的乐趣。知识改变命运,对我而言,英语改变命运。

刘老师的神奇还在于,我们已经长大步入中年,她依然年轻。朋友圈里,有她和她亲爱的张医生一起种植的花草、去南极的探索、陪伴父亲前去交大、在海岛的学校支教、指导国际部的学生表演莎士比亚。朋友圈外,同学们都知道她热爱画画,喜欢弹钢琴。

女神不老,她对事业和生活的态度激励和影响着我。虽然偶然相见,我却一直感受到她释放出的能量,仿佛经常能认识一个新的她,被她的热忱、敬业和好奇感染。60周年校庆,我们可以采访老师写特稿,我第一个想到的就是刘老师,不确定是否可以约到。不过没有关系,时常感受到刘老师的润物细无声,感觉安心又踏实。

时常想起

经历艰辛心地善良的陈荷芳老师

笑容可掬的张伟平老师

可敬可畏的严鸿淇老师,施文菊老师

和蔼的麦嘉馨老师

敬爱的曹康绥老师

鼓励我的滕永康老师、唐清成老师、王德纲老师

一直年轻的陈双双老师

幽默的谢元峰老师

声音好听的陈国强老师

举重若轻的王运生老师

有趣的何雄老师

别人的班主任田伟老师

有爱的丁军老师、袁军老师

可爱的吴春复老师

教我们 DOS 的蒋建国老师

有条有理的周靖老师

幽默的夏家骥老师

小姐姐洪燕芬老师

老华侨美术鲍老师

励志的宁大明老师

带我入门经典音乐的易晓珏老师

1992 届初中六班毕业照

2018 年 4 月

[作者简介]

姚白，1988—1995 年在二附中就读。从上海外国语大学本科毕业后，在锦江麦德龙工作至今，先后担任培训、项目管理等工作，曾任店长、世博会餐饮原料保障协调人。现担任苏北安徽区域经理。业余时间喜欢烹饪和听音乐。

给了我人生智慧五行拼图的那六年

周人杰（1992 届初中/1995 届高中）

二附中的六年里，我和我的老师们，遇到了很多个第一次。我们是初中班主任骆蔚老师带的第一届学生；我们是初中数学老师陈双双老师带的第一届初中生；我们是高中班主任汤跃文老师带的第一届学生；我是高中化学洪燕芬老师的第一个课代表；我们是二附中历史上夏德和老师带的第一个管乐队的成员。

人生总是这样，时不时有个过来人，为你的人生上一课。也许是一个苹果，也许是一句支持，也许是一个巴掌。对于我最幸运是，在二附中六年满满的时间里，所有遇到的人给我的都是知识、帮助和教诲。

如果用五行比喻一下，五位老师给了我五种人生的关键信条：土——语文是一切学习和生活的基础；金——唯一已经被时间检验过的真实；水——数学之美在于揭示了世界运行的基本逻辑，孕育了一切宇宙运行的规律；木——音乐是从心灵生长出来的参天大树；火——化学揭示了尘世间万物变化的原理。

五个品质能够大致圆满了人生所需要的关键元素。没想到能在短短六年内，让我遇到了足以拼起我人生品格所需要的全部好老师。

第一必须要从初中班主任骆蔚老师开始。非常严格，尤其对古文的学习要求。对于每篇课文，必须在作业本上在第一行抄原文，每个字之间空一格，第二行就对照第一行写现代文翻译。对此一丝不苟，绝无讨价还价的余地。直到四十岁后，随着人生阅历的增加，逐渐体会到了古诗文的美，才发现，如果没有当年地操练，要重读古文是多么的困难。现在案头一直有套四书五经，每次拿来抄写的时候，一定能想起那个严格的美女班主任。

其二是初中教我们数学并在高二做我们班主任的陈双双老师。数学几乎是我的第二生存技能。工作上，数学是信息技术的基础。生活上，前几年，我兴致所至，在我儿子的班级里开了个公益的奥数课，带了十个孩子一起学习奥数。尤其在市级统考时，发现最后的数学附加题是我前几周刚教过的，孩子们从此对我崇拜得不行。当我把我的奥数课照片传给陈老师看的时候，她给我点了个大大的赞。在她的鼓励下，我们坚持到了小学毕业。

高中时候最荣幸的是成为了洪燕芬老师的第一个课代表，到现在为止，都能自豪地自称是洪老师的开山大弟子。大学时代学的是生化，基本就是靠着洪老师教的东西作为底子。还记得在办公室里帮洪老师整理作业时，偷听她用舟山话和男友打电话的场景，直到有一天说漏了嘴，告诉她我祖籍宁波能听懂舟山话的时候，她的脸是多么的红。

初高中时代的历史周靖老师，除了历史知识丰富、上课有趣、讲故事多多之外，最令人震惊的一次是初中某堂课的时候，周老师因为眼疾，不方便看书，全堂课程脱稿，并且对划重点这样的教学内容，都是可以告诉我们第某某页第某某行。当时给我极大的震撼，一个人怎么能对自己的专业熟悉到这种程度。工作后才发现，"敬业"两个字是多么难得。

初中时间，学校组织过一次管乐队。夏德和老师是管乐队的教练。对于我这样没什么音乐天赋的孩子来说，第一次深刻体验到了音乐之美。那时分配到的是中音号，但我非常羡慕分到小号的同学，一直到工作后，才自己去买了个小号。从来不懂古典音乐是什么的我，从此喜欢上了音乐。虽然没有什么天赋能把某个乐器练出来，但是至少能够在闭目聆听的过程中，带来身心的浸润和洗涤。

作为一个孩子，我经常带领其他同学做一些学习以外的事情——俗称"调皮捣蛋"。老师们也不是真的不知情，只是他们对这样的行为很宽容。

大学毕业的时候，有个同寝室的同学送了我一句离别赠言——"你就像个精密的时钟，从入校的第一天到离校的最后一天，都保持着完美的一致"。殊不知我人生骨骼的打磨工作在二附中的六年里已经完成。

〔作者简介〕

周人杰，1989—1995 年就读于华东师大二附中，1995 年考入中国科学技术大学，现任上海城市测量师行信息技术总监。

吴妈

许平（1994 届初中/1997 届高中）

读到了高年级师兄写的《康师傅》，突然就想起了吴妈，一瞬间穿越了中年人白天的琐碎，精准地回到了近 30 年前。

"阿姨，我忘记带钥匙了，我是 403 的。"

"我不是阿姨，我是胡老师。你已经是中学生了，学会独立生活要从保管好自己的钥匙开始。""哦。"

"不用害怕，谁都会忘记带钥匙的，借给你，下次记得带好。买一个钥匙圈，把钥匙串在一起放在固定的地方就不会忘不会掉了。"

吴妈的声音很清脆响亮，威严中带着一份慈爱，30 年代的波浪卷发散着那个年代流行的摩丝香味，花色的自创毛线大衣总是衬得她气色很好。她指导和监督我们的起居，准时起床，打扫卫生，按时睡觉。亲自给我们示范鞋子排成一条直线，杯子排成一条直线，就连雨天晾在寝室里一条钢丝线上的衣服也要排整齐。有时也会走到水房，"你洗一件衬衫，不用放那么多肥皂粉""这个杯子用洗碟精泡一会儿再洗就干净了""背书早点起来背最好，快要熄灯了，快点收拾起来吧"。也许就是这样的"管头管脚"，我们又爱又恨地背地里叫她"吴妈"。

最怕的是晚上九点半以后熄灯，哪个寝室还有声响搞不好就要停宿。终于有一天，我们 403 还是被逮住了。一起被叫到她的办公室，小伙伴的眼神告诉我，这次该轮到我生病了。吴妈最后把我留了下来。淡淡的摩丝味让我有些窒息感。"要按时睡觉，休息好了，身体才会好，才能好好读书。这药片我还是给你，不过，药可不能乱吃。"有一种莫名的感动油然而生。后来我们还是停宿了一周，不管家有多远。那个年代去学校感觉一路跋涉已经到了城市的边缘。一周的奔波让我们深深记住了教训。

初二时多了劳技课。吴妈成了我们女生的任课老师，教我们刺绣和编织。用十种针法绣一只兔子，编织一块带纹理的正方形。吴妈手把手地教每一个人，我们的笨拙常让她忍俊不禁。"女生要会女工，只会读书不会生活怎么行呢。"考试那天，我的作业她看了许久，最后让我当面重新织给她看。那股摩丝味又扑面而来，毛线和针怎么也合不到一起。"别紧张，你织得挺好，只是花纹怎么会变成这样，和我教你们的有点不一样。"我这才安心地重新做了一遍。原来，回家抓紧补课的我，学会了左撇子妈妈的起针和老师教的右手编织。织出了一块意外收获。吴妈说，我倒学会了一个新花样。我们这也算是教学相长。

毕业退钥匙时吴妈叫着每个人的名字，说了一段叮嘱。满脸微笑，眼睛里却闪着不舍。"你问我借过多少次钥匙吖，以后当家了可要管好自己家里的钥匙啊。拿一个钥匙圈串起来，放在固定的地方就不会掉了。"

这话我到现在都记得，谢谢您，亲爱的胡文琴老师。

〔作者简介〕

许平，1994 届初中二班、1997 届高中一班。现工作于复旦大学。

（前排中间的是作者许平）

来自二附中的馈赠

施进军（1994 届初中/1997 届高中）

引子

在清新的紫藤花园里入迷地看书，在宽阔的操场上肆意地飞奔，在站着吃饭的食堂里大摆龙门阵……这些令人向往的校园景象来自于 90 年代一部大家耳熟能详的校园青春剧《16 岁的花季》。没想到这一幕幕日后成为我们美好青春不可分割的一部分。

在入学之前，二附中对我来说是一个神话般的存在，在大人们的嘴里，进了二附中简直就像大学直达电梯一样。踏进校园后我对神话有了新的理解，在这里进大学简直就是标配。慢慢习惯了各路竞赛的如云高手，习惯了中午梯形教室看原版片鄙视字幕的高中学长，我还是发现不断，擦身而过的一个同学竟然是和赖宁齐名的全国十佳少年；那张著名的邓公视察少年宫，指示"电脑要从娃娃抓起"照片里，为其演示编程的少年竟然是学长……

如今中学生涯已经离我远去多年，这些学生年代的神话传说并不是我今天想说的。春风化雨的恩师之情，情同手足的同学之谊，实在数不胜数，说不过来。经过岁月的沉淀，我们这些当年的普通附中人在学校留下的印记以及学校在我们的人生留下的印记才是我今天想和大家分享的。

宽松的环境

有朋友问我，二附中有什么特点。我脑海里首先浮现出的既不是高考升学率，也不是竞赛成绩,而是宽松的学习生活环境。

当年我和一个哥们很谈得来,上课经常聊天,上历史课聊三国隋唐,上地理课拿起地图册互相考冷门地理知识。有一次地理课上聊得兴起,声音越来越大,老师停下来全班都看着我们的时候我们才发觉。地理老师只说了一句:讲话声音轻一点,不要影响别的同学听课。有一年新来一个大学刚毕业的物理老师,还没有立威。一天发现不少同学都没有按时交作业。那天老师当场把我们这些没交作业的同学点名站出来。本以为少不了一顿严厉的训斥,出乎意料的是老师指着没交作业同学中物理最好的一位,对我们说:你们只要物理也和他一样好,以后都可以不交作业。那被点名的哥们本来是一副满不在乎的表情,一下子脸比任何人都红得厉害,而其他人以后更是不敢托大不交作业了。有一次我班一个同学因为"早恋"被老师叫去谈话,大家都为他捏一把汗。回来后问他如何处理,结果他很得意地告诉我老师谈话的要点是"天涯何处无芳草"。最有意思的一次是寝室楼里一帮调皮的学生往楼下扔鞭炮吓路过的同学,一次不巧鞭炮正好在一个副校长身边爆炸,副校长上楼了解情况,大家不约而同指着刚入党的哥们说:是他干的!那哥们百口莫辩的窘迫样子让人忍俊不禁。副校长知道这哥们最不可能干这么调皮的事情,也就例行教育几句做事情要考虑后果,没有深究下去。

类似的例子数不胜数。我觉得这来之不易的宽松环境首先来源于二附中的老师们给予学生很深的信任,善于并敢于放手。除了日常教学管理以外,二附中几乎是一个学生自治社区,这在我国的教育体制内十分另类。在我记忆中,中学生活最浓墨重彩的一章是学生会选举。我们那届涌现出两个势均力敌的学生会主席候选人,每个候选人背后都有一个精干的幕僚团队。很难想象 20 年前的中国校园内出现这样真刀真枪、精彩纷呈、创意百出的竞选活动。首先双方都要拿出切实可行的施政纲领,纲领内容都涉及实际生活的方方面面,而不是抽象的口号。比如,不同年级不同班级都想在操场踢球,经常产生场地分配的矛盾,竞选纲领中就有关于操场分配规则的条款。学校有一个设施很好的乒乓房,但由于难以管理,课余时间不开放,而实际上打乒乓需求又很大,很多乒乓迷为了打乒乓不惜违反校规,把房间铁栅栏撑大后爬进去玩。竞选纲领中就有内容涉及说服校方开放乒乓房,并且由学生会管理。那时大家都没有多少零花钱,竞选资金就需要各显神通了。一个候选人颇有白马王子风范,想出了拍卖共进午餐的点子——这可是原创,比巴菲特拍卖午餐都早。另外一个候选人,买了包香烟,"贿赂"了管梯形教室钥匙的保安大爷,通过中午放录像筹集资金(要求校方开放梯形教室给学生提供娱乐并由学生会管理本来就是其竞选主张。)之后,候选人需要通过各种途径将自己竞选主张传达到选民手中。大家想办法张贴标语,印发传单,并通过自己的影响力口口相传等。夸张的是一方为了加强宣传效果,搞了一个巨大的几层楼高的标语挂在寝室楼外面,学校很大度没有予以干涉,还很慷慨地将周二固定的班会时间给予竞选的电视辩论——你没看错,真正的电视辩论! 每个班都有一台电视机,闭路电视可以现场直播。这次电视辩论是我记忆中除了邓公去世直播外,教室电视机最声势浩大的一次使用。最后一个高潮是全校集会时的候选人竞选演讲。演讲内容我无从记得,但候选人洋溢着青春活力的样子,以及全校学生们认真严肃的气氛,永远定格在我的脑海中。结果出来了,一方欢喜一方忧。那天下午秋风瑟瑟,我走过贴满标语的主席台,落选一方的候选人正在那里清理标语。他问我:能不能帮着一起把标语撕掉。我答应了,从此我们成了朋友,一直到今天。

二附中宽松的环境另一个因素在于学生普遍较高的素质。一堆优秀的人在一起很容易形成过度竞争,难能可贵的是在二附中环境下良性竞争和团队合作方面达到了一个很好的平衡。话说学生会竞选时刀刀见血,但竞选结束后当选学生会主席的也很清楚败选团队同样能力出众,便邀请败选团队入阁,结果我们这届学生会实际上就是两个竞选团队的结合。事后证明强强联合的学生会超额兑现了竞选承诺,全面管理起学生的课余生活。午休时的学生电台为大家营造出很好的放松气氛,还与时俱进搞起了点歌活动。一天中午电台里传来了模拟港台腔的声音,宣布一个女生为其暗恋的男生点了一首《今夜你会不会来》,瞬间把大家都笑趴下了(事后发现是一个哥们的恶作剧。)体育部不仅管好了场地分配的老大难问题,还一手办起了足球联赛和篮球联赛。当时数理化奥赛金牌级选手在球场上攻城略地的形象,一定超出如今大多数父母的想象力。值得一提的是当年佳得乐刚刚在中国试水,不知哪位能人神来之笔为联赛搞来了佳得乐赞助的饮料。宣传部长为了搞好黑板报评比,说服在必胜客担任高管的亲戚,为黑板报评比第一名赞助大奖——全班去必胜客免费大吃一顿。重赏之下必有勇夫,那次各班为了大奖都拼了,黑板报质量达到了一个新的高度。

二附中校园文化里,重中之重是每年的元旦文艺汇演。这活动既考验各班同学的创意表演能力,也考验学生会的组织能力。每个班至少出一个节目,然后学生会组织审核敲定。其间经过初选、复选、彩排、串联等环节,最终将一台节目类型均衡、质量出众且充满互动的演出展现在全校面前。一支学生乐队以很高的水准演绎了 *The Starry Night*,令人难忘;一届初三的学生歌舞表演了《朋友再见》,让人动容;兄弟班级轮滑版的《美女与野兽》让人赞叹;有一个节目歌颂和平,为了烘托气氛从菜场买了两只鸽子放飞,谁知肉鸽挣扎了两下根本飞不起来,当场落在了舞台上,这一幕和之前高大上的主题形成了巨大的反差,爆笑全场。我们班贡献过一出压轴大戏《阿里巴巴与四十大盗》。开场《男儿当自强》的音乐响起,幕布拉开,一出队形整齐正儿八经的武术表演镇住了全场。大家还没缓过神来,剧情便转向了搞笑路线,其间充满了原创段子并揉入了大量现实内容,全程高能,看下来肚子基本都笑抽筋了。最后高潮阿里巴巴发现了宝藏,舞台上彩带飞扬,而场下安排好的四十大盗全场撒金币(巧克力)与之呼应,欢乐的气氛一浪高过一浪……

二附中的几堂课

宽松的环境下,高素质的学生和佛系的老师聚集在一起产生了奇妙的化学反应,大家从中得到的收获远远超过高中教科书。在这里,我上了人生中重要的几堂课。

在二附中我们遇上了一个很另类的年轻美术老师。他一上来就告诉大家:你们会不会画画和我一点关系也没有,你们会不会画画和你们以后的人生也没有什么关系,但是你们对"美"有没有感悟会影响你们一生的幸福。接下来的课上他总是用小半节课时间讲完大纲内容,然后大量时间和我们大侃美术史。除了绘画以外,其话题还广泛涉及雕塑、建筑、摄影等艺术的方方面面。拉斐尔、伦勃朗、鲁本斯、莫奈、梵高、米罗这些名字一点一滴地流入并滋润了我们的心田。最近我们中学微信群还提到了野兽派马蒂斯的梗。有一次教学内容是人物素描,老师让一个女生上去当模特,大家在下面画。我画技拙劣,画出来身体各部分比例严重失调。老师看后没有一棍子打死,反而对我说:你这样的画是漫画插图风格,有想法!有一次上课,老师跳出教学内容让我们用颜料泼洒在纸头上,尝试 action painting 的作画方式,那次大家都很 high,下课了都收不住。第一次体会到人人都能当画家的感觉。虽然这位美术老师说画画不重要,但当他燃起了大家对美术的热情以后,他告诉我们一个秘密:我以前和你们很多人一样近视,后来我搞了一两年的野外写生,现在我的视力比你们都好。太坏了!在二附中我体会到了就算我画画没有天分,也可以体会到美,体会到 Marcel Duchamp 所提倡的万物皆是艺术。(日后我在国外美术馆看到那传说中的便壶时,颇为感动,因为它已经成了我青春记忆的一部分。)而审美至今都是我国教育体制中严重缺失的东西。

大家都知道二附中有很强的物理氛围。我初中时也曾和同学一起狂热地阅读《从一到无穷大》《物理世界奇遇记》这些科普读物,渐渐走火入魔,自不量力做起了民科的事情,试着去证明一些命题。物理老师告诫我们这样做是徒劳无益,但他无法阻止我们的热情。有一次看到一个光学命题,我们把它简化成一道几何题目,想了很久都没有证明出来。我们一早拿去问数学老师,数学老师很有把握让我们等一会,没想到等到上课铃响还没有搞定,就让我们先去上课。下课后我们又过去,看到老师紧锁眉头对着纸头继续沉思,手里多出了一根香烟,四周烟雾缭绕。上课铃又响了,我们继续上课。再次下课来到办公室,发现老师的烟灰缸已经堆满了香烟头,添满辅助线的草稿纸一张张散落在桌案上。第二天他特地过来告诉我们,这道题好像是证不出来的,希望给他看一下原题。后来我们了解到,这道光学命题只是一个近似命题,严格意义上的确是证明不出来的,想来实在对不起数学老师的肺。老师当年的行为很让我感动,他并没有对我们这种看似闹剧的行为嗤之以鼻,而是言传身教告诉我们什么是严谨。

有一次在政治课上提到关于树立社会主义理想的话题。作为刺头的我在课上当堂质疑书本:作为学生我们很早就已经被束缚在预定的轨道上,小学目标就是考上好初中,初中目标就是考上好高中,高中目标就是考上好大学,大学以后就是找份好工作,找到工作后就是成家养儿育女,孩子长大后,也就退休养老,谈何理想? 理想何用? 我的发言引起了同学们的共鸣。老师没有压制我们的思想,干脆抛开书本组织大家进行理想的大讨论。课后老师还自己做了很多功课,下一节课上没有灌输教条而是和我们分享了他自己的学习心得。另一次政治课上,我调皮捣蛋,在黑板上写下:纪念希特勒诞辰＊＊周年。政治老师问我为什么写这个,我狡辩说为了让世人记住和平来之不易,不要忘却历史。老师让我写文章详细阐述想法。我挖空心思写完后当堂宣读,内容得到同学们和老师的认可,竟然逃过一劫,一点批评都没有。一次历史考试,我对一道题目发表了很不同于答案的见解,历史老师找我聊了一次,说:在这里我可以给你分数,但外面考试的时候不要这样答题,一定丢分。你独立思考是一件很好的事情,以后保持下去。思想自由的空气让我们能在成长年代畅快地呼吸。

初中时一个自然常识老师带了几颗种子给大家观察植物的生长。一开始仅限于教室内的花盆养殖,接着一些较大的植物花盆种不下,我们开始种到学校花园里。再后来,我们发现给植物浇水的效率太低,于是开始拿起十八般兵器挖灌溉渠(最好用的是窗子的调节杆),挖好后只要一开水龙头,浇水就自动搞定了。等被发现,花园已经被我们挖得一塌糊涂了。班主任找到我们谈话,告诉我们这样做不但毁坏公物,还破坏了园丁的劳动。之后的处理没有什么惩罚,只是让我们自己劳动把破坏的花园填平,恢复原状。这对我来说第一次明白了每个人要为自己的行为负责。(我们最后还是在花园深处偷偷地留了一棵玉米,最后还真的收获果实了。）

我们班体育很强,强到4×100接力第四棒随便谁去跑都是冠军,篮球也是像山王工业一样霸主般的存在。但运动会上给我留下最深印象的却不是我们班的争金夺银。我们同届招了第一届全国理科班,他们在体育场上竞争力有限,没什么拿得出手的项目。学校为了鼓励该班,专门增设了一个引体向上的项目。他们班上一个体重比较轻的哥们不负众望获得一枚宝贵的金牌。很多年后我看了《窗边的小豆豆》,发现这做法和巴学园小林校长几乎如出一辙,作为家长的我突然体会到了学校的良苦用心——孩子的信心和荣誉感对一生都有着重大的影响。

二附中没有特招的足球队,大家都是操场上自娱自乐。有一年学校接到了一封中学足球赛的邀请函。一看其他参赛学校都是鞍山中学、大同中学这类有特招运动员的足球传统学校,大家第一反应是邀请函肯定发错学校了。我们不确定的是组织方是无意中发错邀请还是想在绿茵场羞辱我们这个以理科见长的学校。不过负责带队的体育老师并没有放弃这次机会,既来之则赛之,坚持抱着学习的态度去参赛。我们临时组了一支足球队,像模像样地训练起来。第一场比赛,我们一见到对手就意识到来者不善,全套的专业装备不说,他们队员那黝黑的脸庞以及比我们粗一圈的小腿就彰显了实力的悬殊。比赛一边倒,我们很少有机会攻到对方半场。中场休息时队长拍拍一名防守队员的肩膀赞赏道:除了攻入两个乌龙球以外,你上半场表现很出色。结果毫无悬念地一败涂地。赛后我们像2002年的中国队一样把目标从赢一场比赛调整到平一场比赛,后来又调整到进一个球。三场小组赛踢完,我们都是大比分落败,不过让人自豪的是我们进步速度很快,三场比赛场面上我们每次都有明显的提升。踢到第三场我们已经可以到对方半场走上几个回合,最终攻入一个球。赛后我们不但没有灰心丧气,反而是愈挫愈坚,士气大振。大家向体育老师提议:二附中真的应该组一支正规足球队,如果我们坚持练下去,和那些足球传统学校一定可以一战!二附中在自己擅长的领域往往是捷报频传,而这次误打误撞的足球赛让我们学习了面对强敌,面对失败,并在失败中爬起进步。这样的经历十分宝贵。

三观的塑造

有一次和一个朋友聊起孩子上学的事情,他有一句话打动了我:"把孩子送到一所三观不正的学校,不论学校排名多高,都是害了孩子!"要理解这句话需要相当的人生阅历,中学时代的我们一定无法参透。所幸在三观形成的青春年代,我们处于二附中这样一个良好的环境中。纯洁无菌的象牙塔并不是一个形成三观的良好环境，就像温室的花朵难以在草原绽放。事实上二附中也有着各种缺陷和不足。二附中宽松的环境导致了学生自由的精神，自由的精神让大家有勇气去面对现实的问题，付诸行动，予以修正。从而追求正义，追求真理的种子就在大家心中埋下。

　　高中时讨论到未来的理想，我好友班长说将来想当医生。我当时借用钱钟书的话开了一句玩笑：医生也是屠夫的一种。本以为这是一个无害的玩笑，没想到脾气一向温和敦厚的他当时就怒从胆边生。这是我唯一一次看见他真正的发怒。他是很认真严肃地对待自己的理想，把治病救人当成神圣的使命。当时，七年制本硕医科是一个很流行的选择，但他选择去读五年制的本科。他说：首先五年制医科可以把基础打得更扎实，其次我目前对医学了解不深入，希望先学习几年后有了初步了解再选择方向。五年本科结束时，面临激烈的保研竞争，他作为最有力的竞争人选主动放弃了保研。说及此事，他淡淡地解释道：反正我考研也能考得上，何必同学之间争得面红耳赤呢？当决定未来专业时，我问他为什么选择并不热门的眼科。他说：固然选择外科、骨科这些将来收入会比较高，但脑神经科和眼科是目前医学了解最不充分的领域，只有在这种领域才更有希望取得学术进展，更能造福人。当他从世界一流学府学成归来，已经成为业界翘楚时，医疗援疆任务的指标下达到医院里。年轻力壮的医生推说自己水平不够，无法胜任；经验丰富的老医生表示自己精力有限，身体状况不适合边远的环境。实际上，我很清楚当时的班长同学困难不比任何人小，他上有老下有小，大孩子从海外回来需要适应新环境，老二刚刚出生，正是最需要家人照料的时候。但他没有推辞，苦心说服了家人后，踏上了西进的道路。当他在新疆的时候，我曾和他聊起当时的情况，他既没有提及艰苦的环境，也没有抱怨不佳的治安状况，而是对我说：新疆本地的医生其实很聪明，就是没有条件接触到先进的医疗知识和经验。我在这里很快就能带出几个本地医生，以后他们就可以代代相传，大大提高本地的医疗水平。我在这里可能比上海更有价值。数年后，他援疆回沪，显然已经成为了医疗体制内德才兼备的闪耀新星。让我始料未及的是他这个时候选择了离开体制，走进了体制外的医院。为了解答我的疑惑，他说：现在医疗体制比较僵化，体制内的人能做的事很有限。离开体制虽然对我个人风险很大，但我可以用自己的理念建设一个科室、一个医院，对整个医疗行业来说一定是好事，对病人来说一定是好事。大多数人到了一定年纪都会被社会磨去年少时的棱角，剩下圆滑和世故，像他那样在人生各个关口都不忘初心的人想来的确不多。希望你在新的征程中保持住这份纯真，这份热情！

性骚扰是一件难以启齿的事情，哪怕在性意识强烈的西方国家也是直到最近"Me Too"活动才形成燎原之势，很多人在社会风气的鼓励下才有勇气说出不堪回首的经历。针对男生的性骚扰在中国更是话题的禁区，也是法律的盲区。如果侵害人是一位声名卓著的奥赛金牌教练、高考命题人的话，更是让人觉得匪夷所思。然而这样的事情在二附中发生了。事隔多年后，我们这届几个当事人挺身而出，勇敢地揭露出丑闻。责任心告诉他们：作为如今的家长将当年发生在自己身上的丑恶放到阳光下，义不容辞。如果选择沉默，社会的将来会怎样？他们在2012年不仅实名举报，而且将校园性侵的话题带到了社会，引发了关注与讨论，甚至鼓起勇气走上中央电视台的节目大声疾呼。随着年龄的增加，职场上的是非成败看得多了，我越来越觉得只有这些内心向往正义，并有勇气用实际行动去执着追求的同学才是我心中的英雄！

尾声：我与二附中

当年我很幸运地走进了二附中。在这里夜晚静悄悄，没有老师巡视的晚自修无人嬉闹，只听得唰唰的落笔声和翻书声；在这里人声鼎沸，自诩为罗马里奥、樱木花道的大孩子们挥洒着汗水，放飞着青春；在这里相伴到黎明，寝室夜话成了一天中最美好的时光，门神的管理更是激发了大家突破禁忌的创造力，一度试验起无线电夜话……

在这里，我结识了一帮人生的挚友。这里有一同上学、一同回家、一同打游戏、一同恶作剧的发小，暑假时互相掩护老师的家访，我伴郎便出自这群发小，在婚礼上为我两肋插刀挡去一阵阵的敬酒；这里有我日后一遇到专业问题就去求教的学霸，一路走来其见解从未让我失望过；这里有我日后遇到人生困惑常去请教的老班长，他超过年龄的成熟稳重一次次平复我的焦虑；这里有我血流满面时送我去医院，一路照顾的好友，缝针时按着我的肩让我坚持住；这里有"新民晚报杯"冒着40度高温赶来现场加油助威的好姐妹们；这里有志同道合一起追求飞行梦想的死党；这里有瓢泼大雨中一同骑车穿过半个上海的哥们，事毕饥肠辘辘的我们第一次品尝了传说中的麦当劳；这里有一起为兵败默迪卡伤心，一起为《辛德勒的名单》落泪的、睡在上铺的我的兄弟们；这里有国庆节来到新落成的人民广场，在音乐喷泉旁，一边感受秋日美好，一边挥斥方遒的一批书生；这里有千禧之交拿着充气锤子在淮海路人群里打闹到引来警察制止的一群傻瓜，在外滩看完焰火边聊边走，长路漫漫畅谈人生，沿着延安路一直走到西郊，吃着火锅迎接新千年的曙光……

漂亮的女生和白发的先生是校园永远的亮色。在这里我遇到把我当成重点帮纠对象的严厉的班主任,寒假把我"绑架"到家里,进行魔鬼特训;在这里我遇到温婉优雅的英语老师,在我模拟考发挥不佳的时候,只对我说了一句:不用压力很大,相信你的实力,接下来一定能考好;这里我遇到不仅把我当学生,更是把我当晚辈,谆谆教导如何做人的语文老师;这里的生物老师风趣幽默,在课上把我当成遗传学坐标,引来笑声阵阵,他还在课上睡着,醒来后大侃昨晚阿根廷队的比赛;这里的地理老师知识渊博,随手在黑板上画出的圆十分完美……

在二附中高手如云的氛围里,我养成了很好的心态。日后面对猛人时不会产生自卑感,因为在二附中已经见过不少智商碾压我的大牛;日后遇到不如我的人也不会自傲,因为在二附中我就很清楚这个世界上比我厉害的人多如牛毛。这良好的心态是二附中赠与我最好的礼物。有了这个法宝,以后面对错综复杂充满挑战的人生就容易得多坦然得多。

价值观、人生观和世界观虽然看不见摸不着,但影响却无处不在,就像在茫茫人生中的一座灯塔,指引着方向。在二附中宽松的环境里,在老师和同学的影响下,我人生灯塔的基座在此铸就!

心灵的深处,定有一份抹也抹不去的回忆,随着岁月的流逝变得醇厚……

在听到一个名字的时候颤然心动,在遇到一些面孔的时候悄然微笑……

我们在这里结交一生的朋友,找到今世的情宿!

我们都在追忆这段往事,在思考那段生活,我们一起在把过去的故事诉说——我与二附中。

[作者简介]

施进军,华东师大二附中 1997届高中二班。先后从事法律咨询及衍生金融产品交易工作,现担任契诚融资租赁公司董事长。

记忆中的二附中食堂

陈文钰(1998 届高中)

网上所见到的对于中学大学食堂的描写,基本以极品居多,什么馒头硬如诺基亚啦,菜里看到毛毛虫脸不红心不跳啦,包子三口没咬到馅第四口就咬过啦……说实话当过二附中的学生就会对那些网友深表同情,因为二附中的食堂在学校的食堂中,简直就是百年一遇的赞啊。

1995 年到 1998 年的时候,一份酱爆肉片三块钱,糖醋小排两块四,最贵的咖喱牛肉才三块二,最实惠的要数一块六的鱼香肉丝,都是达到了小饭店水平的好味道。不仅仅是长身体时的同学们一提到食堂的饭菜就流口水,老师也不例外,一到周末都会去打包二附中食堂声名远扬的酱鸭带回家和家人分享。当时甚至于有老师在课堂上给我们普及美食学,算是理科班紧张忙碌的理科学习之余的轻松一刻。从二附中毕业的学生天生一副被食堂喂饱的幸福人模样,却在进入大学之后看到节节败退的食堂水准愁上眉梢,都是被二附中的食堂宠坏了。

早上六点三刻离开寝室,新的一天就从食堂开始,二附中的肉包子是绝对会让现今怕长胖的女生望而却步的,面粉皮薄薄的一层,里面都是肉,咬一口油水都会流出来。吃完肉包我也会有顾虑积累在碗上的油,但这对于理科班学生并不算难题,粥里面有亲水基团和疏水基团嘛,有用的攻略就出来了:早饭就两个包子一碗粥,包子吃完了把粥倒到沾上包子油的碗里,油就能洗掉了,比洗洁净还管用。

二附中人多,所以午饭都是初中提前 5 分钟,高中晚 5 分钟。比较令人兴奋的是有的时候上午第四节课老师临时有事,我们就能提前去食堂赶在初中之前吃上最新鲜的饭菜,一到 11 点 35 分,看着一大群初中生冲进来,我们呢则已在一旁悠哉悠哉地享受美食。提前吃到午饭另一大好处是能够享用热气腾腾的汤。二附中食堂中午的汤都是上海家常类型,不见得能上得了正规菜谱,但非常爽口,十分合适推广到家庭中去。年级大群中有位同学提到当年食堂首创将红肠、花菜、木耳放在汤里煮,加上淀粉勾芡,滑爽度适中,可口下饭,以至于这道菜成了他们现在家里人人喜爱的一道汤。我从二附中学会的大概是香菇笋丝肉糜羹吧,比前面的红肠花菜汤勾芡需要更多一点,加上点青豆香菜作点缀色香味就都齐全了。还有一种组合汤也挺有新意,比如青菜汤狮子头,狮子头有扬州菜的那种温和粉嫩不油腻,青菜汤则是蔬菜纤维的首选,搭配在一起也别有风味。

我们班来自五湖四海,各个地方来的同学都有各自的吃饭习惯。湖北那一带的吃得比较辣,每当上海同学都在津津有味享用甜酸可口的咕老肉的时候,他们都要在里面放一勺辣椒才吃得有滋有味。周末的食堂则是为在校的全国理科班不能回家的同学开的,精心准备的几种选择外加几瓶按自己口味添加的调料也是十分的有心。

也许二附中的食堂有点出名吧,小学中学时代风靡全上海的青春连续剧《十六岁的花季》借用了食堂和篮球馆两个景点。那个为韩小乐开后门买排骨给陈非儿的食堂师傅是二附中食堂的经理,还有盛菜的那个阿姨,在我进二附中的时候都还在那里工作。

进了大学,就开始体会出大部分学校的食堂和二附中食堂是啥差距了。尽管我在复旦也没碰到过网上写得那么奇葩的饭菜质量,但也碰到过拿可乐擦洗桌子的食堂管理员啦……若不是毕业时饭卡已经打孔注销了,在毕业后能常常回二附中食堂吃上一顿午饭会成为毕业生们长期的憧憬吧。

[作者简介]

陈文钰,1998 届四班(第二届全国理科班)学生,本科毕业于复旦大学物理系,博士毕业于美国纽约大学物理系,后为日立国际存储技术研究中心博士后,在 TDK 集团公司做研发工作至今。

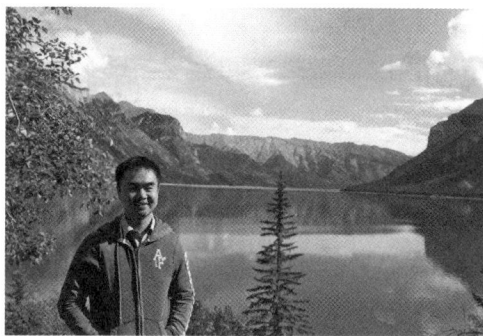

云上太阳

顾佳（1995 届初中）

此时，在我面前的屏幕上显示着：飞行高度 11,700 米，距离上海浦东机场的距离还有约 8,000 公里，机舱外温度为零下 52 摄氏度。

我正在从悉尼飞往上海的国际航班上。

机舱内还是很嘈杂，此时的心情就像窗外的云海一样，看似平静却又波澜不止。

今年是华东师大二附中 60 华诞，一个甲子，多少莘莘学子在这里度过了自己最美好的青春年华，自己在华二的 4 年时光还历历在目，转眼已近不惑之年。只能寄情纸笔，遥祝母校生日快乐！

我是典型的华东师大人，生于斯，长于斯，学于斯，从牙牙学语直到大学毕业就没有离开过华东师大。在华东师大附小的 5 年，在华东师大本科的 4 年时光，都不如华东师大二附中带给我的人生烙印。4 年初中，连高中也是华二的姐妹学校，进华中学，最后几年连家都搬到华二隔壁，走路到学校后门不到一分钟，在阳台上就可饱览整个操场和大半个校舍。这种浸透到骨子里的亲近感，就好像人像鸟，不管飞到哪里，都记得家在哪里。

记得刚进华二，对我这个走出小学的十一二岁的女孩子来说，这么大的学校像是一个全新的更大的世界在我面前一下子敞开了它神秘的大门。大操场，大礼堂，阶梯教室，美丽的花园，那么多的同学和老师，还有不得不提的，那么多的课本、参考书和作业。

最深刻的体会，华二和很多"名校"不同，在这里学习固然重要，大家都很拼，但最让我一生受益的（也是其他中国学校不会传授的）是那些社会技能——沟通、组织、协调、调度、演讲、辩论、解决问题。踏上工作岗位之后,写报告这种技术活从来难不倒我,想来就是在二附中打下的坚实的基础;做路演或者参加商务谈判也总能让我找回在华二的感觉。组织商务活动老实说还不如在华二准备学校新年晚会的节目或主办一场班级活动来得刺激,还记得那时候为了布置教室,我们把彩纸在灯管上一圈一圈缠绕起来……可能年纪大了,想到小时候的事情总是这些鸡毛蒜皮的小事最为印象深刻。

就在我觉得自己在华二最风光无限的时候,生活向我展现了它冷酷而现实的一面。父母离异,母亲住院,自己在经历这些遭遇之后学习成绩一路下滑。为了远离父亲的骚扰,母亲让我短期住校一阵。有一段时间我会怀疑自己还有家吗,学校真的成了我的家。走读时候体会不到的在学校一日三餐,晚自习,在学校里"过日子",还有室友之间的友谊和一些小矛盾现在回忆起来都那么美好,就像一部真人版的《十六岁的花季》。但在那个时候,我一直很确定的人生坐标一下子找不到了,校园里满是我彷徨的足迹和眼泪,伴随我走过来的是老师的鞭策,同学们的鼓励,还有那几个"打断骨头连着筋"的"死党"。

遗憾的是,我的彷徨让我中考失意,以为我就会像一片浮萍不知漂到何处的时候,又是华二的姐妹学校,进华高中接纳了我。同一个校舍,同样的老师,甚至我们班级的编制都算是"华东师大二附中高一(5)班",经过那么多事,至少我还在这里。

在这段高中时间里,我终于醒过来了,让我不再彷徨并重新找到学习乐趣的是华二的老师们。吴翼鹏老师的让人敬仰的丰厚学识和每周一亲手刻写印制的试卷;从小熟悉的孟东海老师忍着胃疼对我们的耳提面命;王德纲老师"宠爱"地让我在他办公室里一整个下午一边和他唠家常一边做完数学试卷……他们倾尽心血地传授知识,一开始是真心不想让他们失望,也想达成他们心目中对我的期许,后来,学习变得有趣了,不再是为了完成老师或母亲对我的心愿,而是自己想去不断尝试了解新的东西。

高考成绩不错,进入了我的第一志愿,华东师大金融学系,之前华二的学长像陆文磊、陈雪峻又成了大学的学长。大学里的学习和学生会活动感觉就像华二生活的一种延续,不变的是,每次在华师大校园里遇到吴翼鹏老师,我总会跳下单车鞠躬致意。吴老师知道我一直小心保留着他每周的语文试卷,还问我能否送给他,我回家整理了两大包怀着敬虔的心给他送过去,还被华二的小朋友在门口拦住要查看我的校徽。

这一路我都在想,华二传授给我的最深的教导是什么,其实就是生活本身:如何去学习,如何与人相处,如何正视并解决问题。在这云端之上,万里高空,我想起之前读过的一篇短文：

一个人有一天站在一座高山顶上，云端之上，那里阳光闪烁，而山谷的密云下正在下着阵雨；他看见一头鹰冲出黑云，向上高飞，身上带着的水珠，在日光下闪烁，好似金刚钻一般美丽。

在离开华二的这些年，我有过志得意满海外留学的经验，也经历过失业、赋闲在家、全职家庭主妇、创业、创业失败、二次创业……就在昨天，公司的另一位重要合伙人决定离开。

在这世界上，完全的"舒适区"是不存在的，但是不要质疑为什么生命中没有阳光，因为就算小雨洒在脸上，在漫天密布的乌云之上，太阳依旧散发着耀眼的光芒。

云上太阳，它总不改变！

2018 年 4 月 7 日

［作者简介］

作为一名持证的注册金融分析师（CFA），顾佳在中国和澳洲从事金融和投资业务超过 15 年。在英国 Fxeter 大学获得金融和投资学硕士学位之后，回到中国，在一家 NASDAQ 上市公司上海分公司担任高级项目经理，帮助中国中小企业以买壳上市的方式登陆美国资本市场，在任期间，曾参与帮助三家中国企业成功挂牌美国 OTCBB 市场，平均融资规模超过百万美元。于 2006 年移居悉尼，曾先后担任澳洲《理财》和《投资》杂志的主编和财经类专栏作家。于 2012 年创办了华澳商圈（SinoBuz），成立初衷是为了帮助促进中国和澳洲在矿产和房地产领域的交流和投融资，2013 年以后公司开始从矿产和房地产领域向科技创新、农产品和金融服务领域转型，帮助多家不同行业的澳洲企业在中国建立起自己的人脉圈，某些公司还和中国的企业和政府部门签订了合作意向书。她于 2016 年参与创办了澳大利亚 Litmus 股权投资有限公司，致力帮助澳洲科技型企业寻找中国战略投资者，并在中国实现产业化。目前已成功帮助两家癌症检测和癌症治疗企业获得中国投资人几千万美元的投资，并和中国企业展开合资洽谈。

致我们的 90 年代

王蔚峰（*1995 届初中 / 1998 届高中*）

你所走过的每一条路，你所到过的每一个地方，你所说过的和听到的每一句话，你所经历的每一件事，你所遇见的每一个人，和你所承受的每一份酸甜苦辣与每一次悲欢离合，让你成为今天的你。

1993 年的暑假，我在舅妈从日本带来的 walkman 上以一种屏气凝神、如痴如醉、激情澎湃而又汗流浃背的状态，收听了新加坡国际大专辩论会决赛的《人性本善》之辩。今天的中学生可能已不了解 90 年代初复旦大学辩论队在全国人民和海外华人面前那场史诗般的胜利。那是一个有趣的人生时刻，正在从小男孩走向小伙子的 14 岁的我，内心在那一夜间被蒋昌建们浇铸起了对"精英"二字雕塑般的定义和无限的向往。虽然辩论赛的场景之后被无数次复制乃至招来诟病，但多年后《新京报》在回顾"狮城舌战"时仍然写道："辩论赛中既有家国情怀，又有理想主义的光辉，并以一种个人表达的形式展现出来。"而这，恰恰命中了那时二附中师生内心的自我认知，确切地说是打中了因为"二附中"这几个字而自觉肩负的一种使命感。

两年以后的 9 月，我第一次见到了高中物理老师凌德生先生。仲夏时节，凌老师标志性的短袖绸衬衫，一脸甘道夫式的慈祥。"现有统编教材对二附中学生基本不适用"，凌老师一开讲却是犀利鲜明甚至带些火药味的观点，"二附中学生的舞台是全国性的乃至世界性的"、"欢迎世界到中国来投资，我们一手是市场，一手是微笑，但我们总有一天还要有自己的人才和技术。"凌老师辛辣凌厉的话锋和他慈眉善目的外表让同学们真切看到一位知识分子的讲坛魅力。凌老师的物理课沉稳扎实，大巧若拙，好似杨过手上的玄铁重剑，化迷局于无形。高中 3 年物理课，凌老师时不时给我们"讲点政治",让毛头小子们顿时打上鸡血回去挑战自我。20 年后,他那一堂课的台下已经走出了国防科研的尖兵,走出了世界工业巨头的研发带头人,走出了顶级互联网架构师,桃李天下矣。但前些年凌老师因病永远离开了我们,同学们如果还记得凌老师的教诲,可以带一束花去看望他。

1995 年的春天,枣阳路 600 号里飘扬着足球场独有的青草和泥土的味道。林海还在主持 101.7 的《健牌音乐天地》,《大话西游》正在附近的电影院上映却门可罗雀,而街上最红的是张学友的《只想一生跟你走》,在每一家磁带店门口回荡。而此刻,正是中国民谣和摇滚在大中院校生机勃发的年代。从 80 年代蔓延而来的朦胧诗和打开国门后扑面而来的迈克尔·杰克逊和格莱美们在留言本和随身听里涌动。高晓松和老狼用一曲《同桌的你》教会了我们忧伤,用《睡在我上铺的兄弟》勾起我们对大学生活的向往。当黑豹、唐朝、魔岩三杰用严肃的音乐态度呐喊出现实和浪漫时,汪峰正在鲍家街 43 号奔向他的梦想。原创的热情和青年人的自我觉醒交相辉映,竟然席卷为潮流,成了我们今天看到的 90 年代的文化符号。那年,我们 16 岁。

在还没有互联网的时代,二附中坐落在华师大校园的一角,看起来简单得像几米的风景绘本。踩一辆自行车出学校后门就可以自由徜徉在丽娃河与荷花池畔,去文副楼自习或者去篮球场打野球。许多次同学聚会,大家总是聊起那时二附中与其他学校相比所独有的那种介于中学与大学之间的气质。从清晨的楼道到空旷的大礼堂,二附中人找地方自习蔚然成风。同学好友间则是书信不断,喜欢文字落在信纸上然后被展开的仪式感,仿佛带着一种大学生的认真、成熟。贺雪斐老师是我当时的班主任,同时是位英语特别好的历史老师。年轻的贺老师身上就带着大学校园的气息——中西交融、开放敢为、十分注重师生间的思想交流,有时会借历史人物来品评班中各位同学。我与贺老师之间的对话开放而理性,可聊的话题非常多,而那时的二附中有着一群这样朝气蓬勃的青年老师,把一股大学校园的人文新风吹进学生们的心田。

写着上面的回忆,我内心好像插上翅膀回到青葱岁月。再回首,我竟然已经在写 20 年前的回忆文章,但我想我的内心还要继续年轻而好奇,一如当年在附中的时光。

有一天,你会成为你想要成为的那个人。虽然还在路上,但在二附中的 7 年,让我知道了我要变成谁。

2018 年 4 月 27 日

［作者简介］

王蔚峰，1991—1998 年就读于华东师大二附中。大学毕业后先后就职于四大会计师事务所和全球最大个人征信局益博睿公司（Experian Corporation），历任并购咨询高级经理、大中华区首席财务官、大中华区信用服务业务总经理，并担任上海市信用服务行业协会副会长。

写在母校六十周年校庆之际

陈晓春（1996 届初中/1999 届高中）

清晨，你背起行囊。

一个梦圆，更长的梦启航。

和你一样的少年，笑起来各不一样。

她说，

挑颗种子吧。

你抬头，

太阳正在树梢上。

风拂过眼睑，

你看见自己，

看见光。

你低头，

拉长的影子渐渐来到脚下。

尘土拂过鞋面，

顺流逆流，

都是对浊的冲刷。

你回头，

总有更年轻的少年，

问种子后来的模样。

有鸟儿飞翔，

你想起她给的翅膀。

〔作者简介〕

陈晓春，1992 级初中四班，1996 级高中一班。

通往母校的路

程凌（1996 届初中/1999 届高中）

被德国五月的阳光照得目眩神迷时，中学时代的女友微信敲我："母校 60 周年校庆征文，要不要写点小文抒发一下对母校的情愫。"到了中流砥柱的年纪，别说怀念青春感叹人生，就连发个呆都成了奢侈品。只汗颜旅居欧洲 18 年，中文水平只倒退不长进，但用粗陋文笔表达对母校的深情。

1992 年夏，小学毕业前夕，因在提前录学考试中成绩突出，我可以在三所中学里自由选择。其中两所中学是户口所在区的市重点，还有一所便是位于邻区的全国重点中学，颇具名声的华师大二附中。从父母口中了解到三所中学的情况，毫不犹豫地选择了离家最远的华师大二附中。之后的 7 年里，我便骑着一辆男式 28 寸自行车，穿梭于家与学校之间的大街小巷。

因为二附中与华师大相通，我便有了两条上学的路。

一条路，翻过交通繁忙的中山桥，从华师大正门口沿着丽娃河直行。绿树成荫的静谧校园里，丽娃河畔成双成对的身影，撩动着少男少女悸动不安分的浪漫情怀。华师大的东侧有一扇常年敞开的铁门，是与二附中校区的唯一分隔。骑过这扇门就是二附中的大操场。清晨的阳光洒在红色塑胶跑道上，依稀可见三三两两的住校生在那里奔跑。我的思绪也跟着飞扬起来，车也就骑得格外快一些。

另一条路因为离家近，是我更常骑的。首先要穿过拥挤的自由集市。一条本就不宽的马路两边摆满摊位，小贩的吆喝夹杂着顾客的议价声，此起彼伏。而我的自行车轱辘上，也时不时会粘上几片已被碾压得烂糟糟的菜叶。随后，我要跨越一座架在苏州河上的桥。蓝漆斑驳的铁桥连接着我居住的区和学校所在的邻区，是通往二附中的必经之路。无论在什么季节,当我费力地把自行车推上桥,脊背和手心都会渗出汗来。在初夏时分,和其他行人一样,偶尔我也会在桥上驻足片刻。泛着黑色波光的苏州河水飘来一股股腥臭,这丝毫不会妨碍我对未来的憧憬。过桥后沿着河边那条坑坑洼洼的柏油路骑行五六分钟,再拐个弯便是二附中位于枣阳路的正门了。那一带的居民,对这所中学的盛名都有所耳闻。只要看见穿着校服,别着二附中校徽的孩子们,他们就会啧啧称赞。我便故意放慢车速,让人们的褒扬声在耳旁停留得更久一些,我也伴着二附中的光环飞舞了起来。

每一条通往二附中的路,都深深刻进了我的脑沟回里。尽管离开母校近20年,彼时的情景依然生动,且一遍遍地出现在我的酣梦里。在二附中的7年,是我对青春的全部记忆,也是我所有梦想的起点。愿有一日,牵着我的孩子重回母校旧址,追寻我魂牵梦绕的二附中。

〔作者简介〕

程凌,1981年出生于上海。1992年9月进入华师大二附中初中部,1996年6月直升华师大二附中高中部。德国慕尼黑大学生物化学学士 B. Sc. Biochemistry;德国柏林工业大学药物临床试验管理硕士 M. Sc. Clinical Trial Management。2007—2009年,罗氏诊断(Roche Diagnostics)cobas ® HIV - 1研发工程师;2009—2013年,马克斯-普朗克研究所(MPI)研究员;2013—2017年,为 Biomex 公司开拓体外诊断原料的亚洲市场;2017年5月至今:为Biomex 公司创立首家中国分公司,内卡(上海)生物科技有限公司,并担任大中华营销总监。为中国体外诊断生产商提供生物原料以及欧盟 CE 认证。

二附中的"味道"

任翀（1998 届初中/2001 届高中）

"我在二附中待了 7 年！"这是 2001 年高三毕业前，我对周其聪老师的感叹。记得当年毕业聚餐时，周老师还说起这事，说我说这句话时充满了骄傲。

一晃毕业 18 年，我仍旧为"我在二附中待了 7 年"感到骄傲。1994 年刚刚迈入二附中的校园前，听到的是"金牌学校"的美誉；7 年的学习中，真正获得金牌毕竟是少数人，但只要在二附中学习过、生活过，就会发现二附中给我们带来的不仅仅是学业成绩，不仅仅是名校光环，而是对我们人生观、价值观的影响。这些影响的价值，远远超过金牌。

同学聚会的时候，我们常常觉得，二附中人身上有种特殊的"气味"——不知怎样来形容，却又经常在一些陌生人身上发现。而进一步的了解让我们惊讶："原来，你也是从二附中毕业的呀！"时值母校甲子校庆，回想起当年在二附中的生活和学习，觉得这种"气味"或许来自宿舍楼过道里的打闹，或许是文艺汇演上的载歌载舞，或许又因为吃了美食节的"黑暗料理"，或许也和运动会上的汗水和泪水有关……当然，还有老师们的谆谆教诲。这一切都融在一起，让我们学会学习，更学会做人。

抵足而眠的住宿生活

二附中的住宿生活应该是一大特色吧。记得在 1994 年，整个上海提供住宿的中学并不多，尤其是接纳十一二岁预备班学生住宿的学校更少，但是二附中没有拒绝这些刚刚走出小学的孩子，当年那幢绿色外墙的宿舍楼成为很多学生在校园里的"家"。

每当我给别人说自己从预备班（六年级）就开始住宿，常会引来惊讶"那么小！"现在想想，住宿生活推着我们从懵懂稚童早早进入自我管理的新阶段。

要说硬件条件，当年宿舍的条件真的很简陋。8个人一间寝室，摇摇晃晃的桌椅，每人一小隔储物柜，没有电源，没有电话，没有任何家用电器，热水要提着热水瓶去一楼接。冬天8个人挤在一间房里还勉强，但也免不了生冻疮什么的；一到夏天，就热得在床上"摊大饼"。我们想过很多降温的土办法，比如床边放盆冷水，热了就擦一把脸；还有用花露水、风油精涂遍全身，借着酒精挥发来降温。

可即便条件简陋，住宿生活的乐趣却是走读生体会不到的：我们有"阴阳门"（男女宿舍分别在宿舍的一边，中间隔门的戏称），哪天"老梆"（对宿管老师的戏称，可能源自巡夜打梆）"阴阳门"忘了关，男生那边就会传来各种怪叫；还有1995年申花队夺冠那年，我们虽然只能听广播了解赛况，可比赛结果出来后，几乎所有人都爬起来，拿着脸盆敲打宿舍窗外晾衣服的绳子表示庆祝；传闻有流星雨时，男女生偷偷避开"老梆"裹着被子穿过宿舍楼顶的小门去天台等候；最常规的则是每天熄灯后小心翼翼开启的"卧谈会"，"望风"的会一直盯着门上的窗口何时出现"老梆"的身影……有些举动现在回想很幼稚，可在当年，却是"人不轻狂枉少年"。

当然，住宿也有"不自由"的地方。每天的作息时间很规律：早上7点前必须离开宿舍，不然会被锁在楼里出不去，算"违纪"；晚上9点半熄灯，要是想打手电筒或去唯一亮灯的公共厕所"开夜车"，得小心别被"老梆"发现，否则也是"违纪"；还有每天要打扫卫生、整理内务并接受"老梆"检查，结果在楼道小黑板公示并同步到教室里……如果"违纪"次数多了或情节严重，就可能面临"停宿"。对住宿生来说，不让住在学校不仅意味着要很早起床上学，还意味着自己在学校"不遵守纪律"会直接被父母知道。

不过，"不自由"并不会减少住宿生活的快乐。虽然记得刚住宿时，不论男生女生都因为内务不达标被当时的班主任李德伟老师责罚，也有过"卧谈会"、晚自修被"老梆"和老师训斥乃至勒令停宿的经历，但是住宿生活不仅培养了我们的生活自理能力、时间管理能力（因为不能"开夜车"，要在有限的时间里完成作业并兼顾个人兴趣爱好，比如看闲书），而且同学间的情谊也比一般的走读学校来得更加深厚，用"抵足而眠"来形容一点也不夸张。能够在学校收获这份情同姐妹、兄弟的情感，恐怕是我们这群独生子女最大的幸运。而且这种亲密的关系，一直延续到了现在，这都是需要感谢二附中的。

那些难忘的"不务正业"

进学校之前,听到的是"金牌学校""国家重点中学"的美誉,但进入学校后,实际感受却是宽松的学习环境。"素质教育"一词似乎是从我进入高中、1998年左右才流行起来的,但在1994年的二附中,各种"不务正业"的活动已经风风火火,带来了浓浓的素质教育的氛围。

难忘的故事太多。比如,元旦文艺汇演和"五一"文艺汇演是文化活动的重头戏。每个班级为了自己的节目能够顺利通过筛选最终登上舞台,可谓费尽心思:既要小心自己的演出创意不被其他班级抄袭,又要把握一切课余机会、一切校园空地进行排练,其中大礼堂旁、食堂的天台堪称排练胜地,英语老师的录音机则被借来播放伴奏磁带……而到了最后汇演那天,即便节目从筛选到彩排早就被"剧透",可迎来的掌声总是响亮。当然,演出结束后比较不同的节目,还有"哪个师兄帅""哪个师妹美"的七嘴八舌,都能让我们回味上几天。

还有,文艺汇演舞台布置也让人充满期待,往往带来惊喜。如果没有记错,1994年底,为迎接1995年的元旦文艺汇演,大礼堂的背景被布置成一座城堡,中间还有可以放下来的吊桥,穿着礼服的主持人就像从城堡里走出来的王子和公主。当天的舞台还给了全场人一个惊喜:在临近尾声的时候,大礼堂的灯光暗了,天花板上的吊扇开始转动,一张张小卡片被吊扇吹落,好像细雪霏霏。直到今天我都没想明白,是要爬多高的梯子、架多少次梯子,才能在每一台吊扇的转叶上摆上那些小卡片。

除了文艺汇演,还有运动会——每个班级在入场式的"秀"又是一场"恶战"、体育比赛——好像有过"思必得杯"(speed)、美食节等等完全由学生自己策划、全员参与的活动。记得有一年的美食节我们班的主打菜品是炸薯条和水果羹,但当时学校提供的炉灶火力有限,油总是不热,薯条炸不脆。可即便这样,"热情"的顾客仍旧蜂拥而来,只要是倒上番茄酱,就能迅速售出。水果羹也供不应求,来不及切配的"大厨"们直接上手,用手把香蕉捏碎就丢进锅里。最后,连水果已被舀尽、只是勾芡过的汤底都卖了出去。不过,比起赚得"盆满钵满"的得意,我们更满足的是一起劳动、一起协作的快乐。

回想起来,我们还有过社会考察、学工、学农等各种实践课程。初中时去南京社会考察,坐的是半夜的火车,更深露重去上海站集合,然后在绿皮车上肆无忌惮地大声说笑、打牌,一点都不嫌慢车慢。如果没有记错,当时大家住的酒店在莒蓿园附近,没有人嫌弃酒店的条件,有的是男生偷偷买酒庆祝自己的"成熟",女生们彻夜卧谈分享自己的秘密……现在回想，老师们承担了风险带我们这群自以为成熟的孩子们出门，而我们获得了青春独一无二的记忆。

还有那些劳技课也点缀了学校生活。初中时，教学楼五楼有女生们的缝纫课教室，我们学习缝纫袖套、枕套、绣花；水泥小操场旁沙坑边是男生们的劳技课堂，他们学习补胎之类的"粗活"。高中时，学校联系了外面的场地，安排女生学习烹饪、男生学习金工。无论今天的我们是否有洗手作羹汤或者再打磨一把小榔头的兴趣，当时这些课程让我们看到了课本外的世界。而且在实践中，同学们相互切磋、分享，还有善意的打闹和嘲笑，都让二附中的学习生活变得色彩斑斓，与众不同。

学高为师、身正为范

二附中之所以能给我和我的同学们留下那么多的美好回忆，和老师们的付出是分不开的——是他们的理解和包容，为我们提供了自由生长的中学时代。回想起二附中的老师，总是会想起当年华东师大中山北路校门口上的八个字：学高为师，身正为范。在二附中，老师们教导的不仅有知识，更有做人的道理。

即便过了十几年，我们同学聚会时，常会忍不住说起当年老师们的趣事。有些知识已经淡忘，但老师们的教学方式、为人处世始终记忆犹新。比如，当年刚出校门的英语老师何越只教了我们一年英语就离开了学校，但她在课堂上给大家播放卡朋特的《yesterday once more》却为我们打开了英语流行歌曲的大门；地理老师吴开源传授了很多记忆技巧，上海话版的"青（青海）菜（四川）、虾（甘肃）仁（宁夏）、蘑菇（内蒙古）、三（陕西）斤（山西）一（河南）笋（山东）"串起黄河流域的9个省级行政区，至今让我们津津乐道；音乐老师夏德和让我们分享对《三套车》的理解，美术老师宁大明让我们尝试为企业设计 logo；还有如今的学校领导、教学骨干施洪亮老师、施安兵老师、王娟老师，当年都只是比我们大不了几岁的年轻人，在学业上为我们答疑解惑，在生活上包容了我们的捉弄和玩笑……

中学7年，教过我的老师太多，原谅我不能一一列举。但无论是主课还是副课，每一位老师都让我难以忘怀，因为他们不仅给了我知识，更让我感受到老师对学生的爱、对教育的热情。在这些老师中，我的初中班主任、语文老师瞿平应该是对我影响最大的那位吧。在学习和生活上，她总是鼓励我们不要看重结果，而要学会享受过程。初中的时候，黑板报评比没有得奖、体育比赛错过名次等，都会让我们觉得不公平，想要"讨个说法"。可是瞿老师总是让我们享受过程，不要只争胜负。那时候的我并没有完全理解这点，但随着年龄增长，越来越觉得享受过程的重要性。回想初中的那些主题班会,好几次的主题与"认识自我""完善自我"有关,通过各种形式引导我们了解自己,选择最适合自己的发展道路。

更重要的是,瞿老师不仅在当年教导我们,即便是我们毕业后,她本人对工作、对生活的选择仍旧影响着我们——这几年,她去海南乐东黎族自治县黄流镇担任了华师大二附中乐东黄流中学的校长,追寻她的教育梦想,希望用先进的教育理念帮助经济落后地区的孩子们。今年初,我走进那所学校时,有惊讶也有感动:我看到上海和当地生活条件的差异,看到教育理念的差异,更看到她在那所容纳上千人的"巨型"中学时所要负责的各种琐屑。理想是丰满的,现实是骨感的,但她是坚定的。如果用最近一句流行的话来形容,莫过于"只问初心,无问西东"来得贴切。她说:"痛并快乐着。"这样的态度,怎么能不感染我呢?

不是结语的结语

回忆太满,纸短情长。不知道我的同学们看到这些文字会怎样评价。中学时代的我曾"为赋新词强说愁",但踏上工作岗位、成为记者之后,我已经习惯抛弃华丽的辞藻,用最直白的语句记录事实。所以这一次,我只能撷取记忆中的几个片段,为母校的生日送上一份小小的祝福,也算毕业那么多年后,再写一次随笔。

如今的我们已经为人父母,面对自己孩子的未来,有过很多畅想,也会时不时交流。而二附中的学习和生活经历、二附中老师们的教导,或许影响的不仅仅是我们,还会是我们的孩子——在我们的交流中,会谈起当年的往事,会希望自己的孩子也有机会感受我们当时的住宿生活,体会学业之外的乐趣,更希望他们像我们一样,

带着"附二代"回母校

能够自由选择属于自己的道路。所以,写这篇文章的我,不仅仅想记录"我"、"我们"与二附中的短暂交集,也希望以后把这些故事告诉孩子,骄傲地告诉他们:看,你妈妈(爸爸)的中学是这样的,希望你也能如此享受中学时代!

2018 年 5 月 15 日

〔作者简介〕

任翀,1994 年 9 月至 2001 年 6 月在华师大二附中就读,中学毕业后进入复旦大学新闻学院学习,2005 年大学本科毕业,成为《解放日报》的一名记者,现为《解放日报·上观新闻》记者、上观新闻 App 财经频道"创客驿站"栏目主编。

竞赛往事

聂焱（1998 届初中／2001 届高中）

　　我从小学起便开始接触学科竞赛，后来又很幸运地从湖南省津市市第一中学转入著名的华东师大二附中就读，身边有不少同学从小学起就在上海乃至全国的各类学科竞赛中频频获奖。在这个大环境的熏陶下，我也一度成为过中学生竞赛大军中的一员，取得过一点成绩。虽然我获得的奖项和学校里的竞赛尖子生相比还有很大的差距，不过对我而言，已是中学时代的难忘回忆，而且直接影响了我的高考志愿。从更长远的角度来看，在备战竞赛时获得的一些学习心得和感悟，也激发了我对相关学科进行深入学习的兴趣。我之所以选择成为一名研究生命科学的科研工作者，在很大程度上也与中学时参加过的一些竞赛有关。

　　1995 年秋季，我从湖南转学至二附中。上海的英语教学深度远远超过湖南，其他科目的教学套路也不尽相同。我当时已经在湖南读完初一，可是却看不懂二附中初一的英语期末试卷，只得留级重读初一。也许是因为不适应新环境的原因，第一次期中考试排在全班倒数第九。后面在很长一段时间内我都忙于追赶课程进度，基本没有精力顾及各项学科竞赛。唯一的一次竞赛经历是上海市初中物理竞赛初赛，但是连复赛都没能进入。

　　1998 年秋季，我顺利入读二附中高中部。由于已经适应了学校的学习环境，加上自己对生物学的兴趣，便开始旁听学校在周末开设的生物兴趣班。当时的授课老师是何雄，他也是我后来的竞赛辅导老师。参加兴趣班的同学以普通班成员为主，而上海理科实验班和全国理科实验班的学生则能享受相关辅导老师为他们另开的"小灶"。我们那一届二附中学生由 8 个班组成，一个上海理科实验班，一个全国理科实验班和六个普通班(又叫做平行班)。作为普通班的学生,我们的主要任务是力争在高考中取得高分。普通班的学生虽然也会参加各类学科竞赛,但是和具有特殊背景并在专门的教学计划中培养出来的理科实验班学生相比,我们的劣势还是很明显的。总体而言,普通班的学生很少有拿到市级竞赛奖项的,至于全国级别竞赛奖项的,就更是寥寥。我还记起缪伶超同学对我说起过的一件趣事:高中时有不少人参加过一项数学竞赛——"希望杯全国数学邀请赛"。我们当时的数学老师钟贞说起理科实验班的同学有多人进入复赛,我们在讲台下发出奇怪的声音,表示自愧不如。钟贞老师马上安慰我们说:不要紧,你们的功能不同……

由于普通班与理科实验班"功能"的不同,我在参加兴趣班的当时,并没有对竞赛拿奖抱过什么期望。我在高一时就参加过上海市中学生生物学竞赛的初赛,考得很不好,部分题目考察的知识点更是闻所未闻。在此之后,我深感自己知识背景的不足是需要通过加倍的努力来弥补的。很幸运的是,何雄老师在当时对我很是关照,给了我不少鼓励和建议。他当时推荐的竞赛参考书单里便有陈阅增先生的《普通生物学》,当时在上海还不容易买到这本书,后来还是父亲托朋友在北京代购才到手的。这本书大概也是我仔细读过的第一部大学教材,写得清楚易懂,而其中不少精彩的点睛之句对我而言更是起到了振聋发聩的作用,也让我感觉到生物学的各门看似散乱的分支其实还是有其内在的统一性的。现在看来,中学生生物学竞赛的套路和其他的理科竞赛还是不大一样,基本没有什么繁琐的数学运算,也不大考察学生系统地分析复杂问题的技巧。理论考题多为选择题或正误判断,学生的记忆力和对知识点进行系统梳理的能力大概是最为关键的。这一特点也决定了生物学竞赛的成绩不容易通过短期突击的手段来获得明显的提升,平时点滴的知识积累也许更为重要。

在高一的那次生物学竞赛之后的很长一段时间里,我并没有刻意地为参加竞赛而进行系统的准备,这里的"系统"指的是根据"全国中学生生物学竞赛纲要"之类的文件来进行有针对性的学习。只是由着自己当时的兴趣,在闲暇的时间读读《普通生物学》《中国少年儿童百科全书》(自然环境卷和科学技术卷)之类书籍。另外,我在高中阶段开始连续收看的"Discovery"系列科普节目也极大地开拓了我的视野。高二开始后我们有了生物课,任课老师是严鸿淇——对我很关照的一位老太太。由于我在高一时已经很"嚣张"地在教室里看那本厚厚的《普通生物学》,不少同学便推举我当生物课代表,而我也很开心地接下了这个差事。让我没有料到的是,我在第一次生物小考中考得很差,当时还被梅竹松同学小小调侃了一把。后来严鸿淇老师安慰我说,搞竞赛的同学和普通学生在解题时的思路不同,在做普通试卷的时候未必能及得上不搞竞赛的学生,让我不要对一次考试的成绩过于在意。

到了 2000 年春季,眼看新一届上海市中学生生物学竞赛的临近,我也打算进行再一次的尝试。由于信息不畅,我去找何雄老师报名的时候已经很晚了,当时好像连准考证都快要发下来了。我险些错过了那届竞赛,参赛的名额还是何雄老师帮我去争取到的。另外,当时的我作为为数不多的参加竞赛的普通班学生,是没法享受理科实验班的小班辅导待遇的。欣慰的是,严鸿淇老师对我非常支持,她把她的竞赛资料悉数借给我,而且还默许我在上她的生物课的时候可以不听讲,自己在下面看竞赛的辅导材料。就这样,我在竞赛前集中复习了两个礼拜,忐忑不安地混杂在一大堆二附中理科实验班的学生中,参加了那届在光明中学举行的上海市中学生生物学竞赛。我在答题的当时没有什么特别的感觉,当然,经过为期一年的课外阅读,我对考题的陌生感已经大为降低了,但我对于自己的水平还是很没有自信,总觉得自己是无法和理科实验班的同学来竞争的。

短暂的午休之后就是发榜时间了。在这里说明一下:每届参加市竞赛的学生大概在 1000 人左右,最后取 60 至 70 人进入复赛。复赛一般是考实验,而初赛则通常是考理论。那一年公布成绩的方法是:进入复赛的学生的考号会写在一块小黑板上,由负责老师抬到学校操场上来进行发布。所以,发榜前的操场上站满了等待结果的考生和老师。实际的发榜大概比预定的时间晚了一刻钟左右,当大批老师和学生涌过去看榜的时候,我们则等候在一边,等何雄老师抄下名单后,回来通报结果。当我意外地听到何雄老师报出我的考号的时候,兴奋得连蹦了好几次,那种激动的感觉在多年后仍然记忆犹新。由于只要进入复赛就至少有市级三等奖保底,所以我在参加后面的实验复赛的时候并没有什么压力,虽然我在之前根本没有,也无法进行有针对性的准备。后来听何雄老师说,我的初赛分数属于正好过线的那种,在实验考之后,我的排名一下跃升至二十至三十名之间,和一等奖的分数线只差一点点。这对我而言,是很大的鼓励,也激发了我继续努力的信心。

市级竞赛成绩给我带来的兴奋还没有消散,我们又接到通知:上海市将会组织获得市级竞赛前 150 名的高二学生参加全国中学生生物学联赛上海赛区的比赛。学校的生物教研组也为准备这次竞赛而制定了相应的竞赛课程,并且请到了华东师大的教授来给我们讲课,授课时间安排在晚上。凭借着我在市级竞赛中的表现,我也如愿地加入了这次的小班教学。来给我们上课的教授头发已经全白,我隐约记得他姓冯,是位很和蔼的长者,很细致地为我们讲植物分类学以及植物形态解剖的相关要点。由于全国联赛试题的难度要高于市级竞赛,何老师又往我们的复习书单中加入了《普通动物学》和《普通植物学》之类的大学教材,并且还把他自己的借书证借给我,使我能够进入华东师大的图书馆借阅相关的参考书籍。父亲也趁着出差的机会从深圳为我买到了湖南师大版的《生物奥林匹克教程》,使我得以为此后的冲刺阶段做好充分的准备。

在备考全国联赛的一个多月的时间里,我在课余时间做了四五千道各省市的生物竞赛考题,也写满了几大本读书笔记。由于时间紧张的关系,每天大概只能睡上四五个小时,我也正是在这段时间里逐渐习惯了二附中住校男生在熄灯后的自修方式。由于学校宿舍在每天晚上9点半会准时熄灯,在此之后想要自习的同学一般只能带着学习资料和两个板凳跑到走廊或是水房里看书。我们通常用其中一个板凳当作写字台,另一个板凳则侧向放倒作为座椅。当时,在水房里自修到凌晨一两点是很普遍的事情,水房里的空间有限,大家只好相互靠近来节省空间。偶尔有些水龙头会滴滴答答地漏水,我们便也习惯了在这有节奏的水声中自习的感觉。全国理科班的学生住在我们楼下,据说他们有专门的用来通宵自习的房间,我是从来没有亲眼见过,也不知道是不是真事。像普通班,甚至上海理科班的学生,如果想要找通宵自习的好去处,大概唯一的选择便是华东师大的少数几个通宵教室了。

可以说,备考全国联赛的那段日子是我在高中最努力的时段之一,但我却无法在竞赛之外的日子中保持这样的学习强度。和我形成鲜明对比的是,据说当年和我住同一楼层、后来在高考前又分到同一个班的邬可遥以这样的学习强度度过了他三年的高中生涯。他是不是天天如此,我不清楚,至少我每次在熄灯后的水房或是走廊里自修时,总能看到他的身影。他是我们那一届二附中学生的传奇之一(2001年上海市高考理科状元),他的勤奋刻苦也让我高山仰止,自愧不如。当年经常一起在水房里自修的同学里,还有后来获得物理奥赛金牌的上理班学生魏轶旻和其他一批非常优秀的同龄人。这种良好的学习氛围培养了大批的尖子生,他们取得的成绩我在后面还会提到。

有趣的是,我是从曾经的数学老师施洪亮口中得知自己的理论考试成绩的。成绩公布的那一周,正好轮到我们班级值勤,我和其他几位同学负责每天早上在学校正门"站岗"。有一天早上,只见施洪亮老师笑嘻嘻地走过来,拍着我的肩膀说:"考得不错,第八名。"我当时非常兴奋,但又不能离开值勤岗位,于是便站在原地作挺腰握拳状,看着施洪亮老师开心地走远——他带的上海理科班中有4人进入了上海市理论考前10名,加上全国理科班的两人和在普通班的我,二附中一共有7人进入上海联赛理论考前10。在理论考与实验考的间隙里,何雄老师又联系了华东师大生物系的教授来为我们进行了实验复赛的辅导。在实验复赛后,我以总分第7的成绩入选了上海市生物竞赛集训队,在上海市的前7名选手中,二附中的学生占了6人。

而这样的压倒性优势,对于二附中的竞赛集体而言是常有的事。我们那届有两位同学入选物理奥赛国家队(全国共 5 人入选)。至于全国联赛一等奖及以上的奖项,更是多得不计其数。我所获得的奖项与那些真正的竞赛尖子相比,还是差了好几个等级的。在这样的环境中,学生大概是不会形生出自命不凡的心态的。没有奥赛奖牌,你基本不属于这个学校的最优秀的人群,而就算有了奥赛金牌,也只不过是续写了前人所留下的辉煌,大可不必为此沾沾自喜。

进入上海市集训队的一个好处是可以免考部分高二会考的科目,这样有利于选手集中时间为后面的选拔考试做好准备。当时上海市竞赛委员会安排我们利用周末时间在华东师大生物系进行集训。在听了一个月的竞赛强化课程之后,竞赛委员会组织了一场选拔考试,首先是理论和实验考,选出前 7 名进入后面的口试。我自觉那天的状态还不坏,植物学实验考还得了全队第一,所以也顺利地进入了最后的 7 人大名单。口试的题目由选手自由抽取,我记得是先进行对考题的口头解答,然后是自我介绍,包括对个人目前知识架构的梳理,以及对今后学习和培训计划的想法。抽考题的时候,我排在倒数第二位,所以只是在最后的两个题目中二选一。不走运的是,我当时抽到的是关于细胞克隆方面的问题,而这个词条甚至都没有在"全国生物竞赛纲要"这份文件中出现过。于是,我只能根据我的一点模糊记忆进行了回答。在口试结束之后,一位老先生便拿纸过来,让我们留下联系方式,竞赛委员会会在稍后联系入选上海队的学生,但我之后一直没有收到通知。后来得知,我们那届入选上海队的三名选手分别来自二附中、建平中学和吴淞中学。那届全国决赛的地点在武汉,代表二附中参赛的一名全理班学生获得银牌,另外两名上海队选手获得铜牌。入选上海队以及获得全国联赛一等奖的学生都有保送资格,而入选集训队的其他学生在高考后也都基本被复旦或者上海交大录取了。

在 2001 年上半年,我又参加了在市北中学举办的上海市中学生生物学竞赛,并顺利拿到了上海市一等奖和 20 分的高考加分。正是有了加分,我才有了报考复旦的底气。当时的第一志愿自然是生命科学,只可惜正好赶上生物学超级火热的那几年,竞争极其激烈,所以最后被第二志愿的物理系录取。

现在回想起那些个为了竞赛名次而废寝忘食的日子,还是可以感受到自己当年的奋斗激情的。诚然,当时的竞赛考题在现在看来未免显得有些小儿科,而这些竞赛所考察的也不全然是做学问和做科研的潜力,死记硬背的东西还是占了大多数。那时之所以会心甘情愿地为了备考竞赛而全力打拼,除了对知识的渴求之外,大概更多的是对所谓"荣誉"、保送,或是高考加分的"觊觎"。幸运的是,自己对于生命科学的热情还能保留至今。而在反复诵读荀子的"君子之学也,以美其身。小人之学也，以为禽犊"的时候，也可以心安而不至于羞惭。

原稿成文时间：2007 年 5 月 29 日，本稿在原稿基础上进行了一定的修改；文章来源：作者原 MSN 空间。

［作者简介］

聂焱，1998 届初中/2001 届高中校友。2005 年获得复旦大学物理学学士学位，2008 年获得瑞典皇家工学院生物物理学硕士学位，2012 年获得欧洲分子生物学实验室及法国格勒诺布尔第一大学联合培养的分子生物学博士学位。现任上海科技大学副研究员、诺贝尔奖实验室共同课题组长。长期从事生物医学研究，获得过"国家优秀自费留学生奖学金""上海高校青年东方学者"等多项荣誉。

潮涨张江

致我深爱的二附中

孟奕（2009 届高中）

离开二附中已近 10 个年头，二附中迎来了第 60 个生日。于记忆里，二附中似乎还是我初入学时的模样，但不自觉已过去了好些年，二附中也成为了久未谋面的老友，我熟悉她的每一寸土地，却也不时惊诧于她的发展。

闭上眼睛，我依稀还能看到金钥匙广场上冉冉初升的朝阳，院落里秋千旁洒落满地的银杏叶，紫藤花架下向深处蔓延的人行步道。是红墙白砖、海棠花开、树木成荫，是池塘微波、柳絮翻飞、青草飘香勾勒出了记忆中二附中的轮廓。那一段在二附中度过的青春岁月因时间的流逝而变得历久弥新，对二附中的深爱与感恩之情也因时间的沉淀变得更加强烈。

我所深爱的二附中是自由的，并非恣意不羁，而是对每一个学生的平等对待和对每一个选择的尊重理解。每一天，我们有权去支配所有的课外时间，走入社区参与志愿者活动，加入社团打造兴趣的舞台，在实验室潜心学术，或在球场上挥汗如雨，在这里没有人会干涉你所做的每一个抉择；我们有权去讨论所有感兴趣的话题，上到国家大事，下到家长里短，在这里所有人深知言论自由所代表的意义；我们也有权去追求一切所热爱的事物，成为心中想要成为的那个自己，在这里有为梦想插上翅膀的一百种可能。二附中所教会我的，是对自由权利的绝对捍卫，是随心所欲不逾矩的自我克制，在自由的土壤中慢慢成长是二附中予我的最好馈赠。

我所深爱的二附中是包容的，任何人不必因为与他人观点不同而惶惶不安，也不用为自己的特立独行而自惭形秽。课上我们会和老师分庭抗礼，课后我们为了自己的观点据理力争，文艺晚会上我们会调侃着寻常的校园生活，运动会上我们和老师们并肩加油呐喊助威。在这里，我们都有一个统一的名字——二附中人，但是每一个二附中人都是鲜活的，有个性的，与众不同的。在二附中撑起的穹顶之下，每一个人的天性都能得到正确的释放和引导，每一个人都能找到属于自己的舞台，保持着灵魂深处最本真的那一面。二附中所教会我的，是对追求真理的不懈执着，是对一切事物的包容理解，直面真实的自我和尊重他人是二附中予我最有益的教诲。

我所深爱的二附中是追求卓越的，在二附中最不缺的就是兢兢业业的教育工作者和勤奋刻苦的莘莘学子。在这里，"追求卓越，崇尚创新"不再是一句标语，而是作为一种校园文化精神为二附中人所代代相传。犹记带病坚持的班主任沙哑的嗓音，犹记而立之年的老师却晕上白华的两鬓，犹记与挚友相伴拼搏的寒暑和无数挑灯的夜晚。虽然也遇到瓶颈和挫折，虽然也会犹疑和踯躅，但正是这些患难与共的良师益友，让我们在黑夜之中找到了方向和继续前行的力量。二附中所教会我的，是对成功的不断进取，是跌倒后重新爬起的勇气。天道酬勤，砥砺前行。这是二附中予我最可贵的人生财富。

多年过去，那些点滴的瞬间已日渐模糊，但二附中所教会我的却已深深烙印在我的思想中。当我走出二附中选择攻读法律专业，踏上社会选择成为一名法律工作者，才深切感受到这个选择并非偶然，而是因为二附中早已在我身上埋下一颗种子，它以自由和知识为养分，以包容和理解为肥料，能够不惧风雨，能够抵御严寒，绝不随波逐流，也不趋炎附势，终有一天它会茂密成荫，开花结果，可它的根仍然深埋于名为二附中的土壤。落叶归根之时，希望它能够为国家、为社会、为人民有所贡献，终不负二附中之名。

我所深爱的二附中，诚挚地祝愿您60周年生日快乐！

2018 年 5 月 20 日

[作者简介]

孟奕，华师大二附中 2009 届高中毕业生，复旦大学 2013 届法学院法学专业本科毕业生，美国康奈尔大学 2014 届法学硕士毕业生。美国纽约州执业律师，中华人民共和国执业律师，现就职于北京市中伦（上海）律师事务所。

永远的二附中人

周峰（2009 届高中）

　　刚毕业的时候是二附中的 50 岁生日，二附中采访了 50 位校友代表，他们分布在各行各业，二附中人的种种优秀事迹在那时为我们树立了榜样，在心底，我也思考着在下一个 10 年，我将会成为怎样的二附中人，我又有哪些故事。

　　二附中给了我不一样的学习能力。教科书在二附中只是参考，老师们从不照本宣科，而是通过逻辑和思考，将知识串联起来，引导激发学生们的自主学习意识，带有启发性的让大家去探索知识。六个一百中有一个就是百分百的学生都要进行课题研究，就在生物实验室，完全使用二附中的基本实验室仪器设备和试剂，老师会和我一起设计课题，共同讨论。自助查阅相关文献，自己完成相关实验研究，通过日日夜夜的努力，我完成了自己的课题报告，获得了上海高中生科技竞赛的最高荣誉和奖励。这些经历，同样影响着我后来的选择。填报高考志愿的时候，清一色我选择了医学专业，进入复旦大学后，也是通过之前在二附中训练的自主学习能力，申请了各类科研资助，完成相关研究，在国内外各类学术会议及展示平台上进行介绍。

　　二附中对我另外一个影响就是改变了我的视野格局。二附中的学生应当始终相信自己将来是要做不一样的一番事业。每周二附中都会举办晨晖讲坛，我参加过，也很荣幸，被邀请过回二附中进行交流。通过讲者精彩的报告，可能是学术领域的前沿，可能是他人不一样的人生旅行，也可能是针对社会热点进行的调查，丰富多彩的晨晖讲坛就是告诉二附中的学生，在世界观、价值观、人生观刚刚开始形成的青少年成长过程中，不仅仅是通过书本，还可以通过时政、社会、他人了解更多外面的世界状况，思考并规划自己该有怎样的人生旅程。一百个课时的志愿者和百分百学生参加社团，就是锻炼了我们的沟通能力、领导能力、表达能力，这些能力恰恰是在书本上学不到的，也却是将来在社会上不可或缺的能力。二附中的孩子不仅仅是在学习上领先一筹，更多的是在为人处世上，我们培养了不一样的风采。

二附中人是不一样的。回望毕业10年来，我很难定义二附中人具备怎样的品格和特征，但是，二附中人在茫茫人海中却是最独特的，始终能闻得出特殊的二附中人味。我们或许在各行各业从事着各种不同的工作，但是二附中人却有着自己的个性，那就是独立思考的能力，会一直知道我想要什么目标，我为了这个目标应当付出怎样的努力。拿得起，放得下，不拘小节是我们二附中人应当具备的素养，也是成大事者应当具备的胸襟和魄力。现在上海人均寿命已经超过80岁，在十几岁、二十几岁时应当是把自己的规划与目标设定好，这才是最重要的，将来有的是时间需要自己去奋斗，二附中就是在这个最关键的步骤给了我最重要的启迪。

10年前，学长学姐说，好好珍惜二附中的生活，体会在这里的每一天。那个时候的我懵懵懂懂，但现在，我也同样地把这句话送给学弟学妹们。除了书本中的学习，真的，大家在二附中更多的收获是在书本之外的。

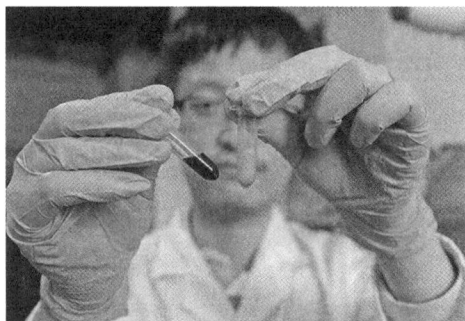

〔作者简介〕

周峰，华东师大二附中2009届高中毕业生，复旦大学2017届外科学专业博士毕业生。现于陕西省宝鸡市卫生和计划生育局挂职副局长、陕西省宝鸡市渭滨区姜谭路街道办事处挂职副主任。

日记十则

徐剑涵（2013 届高中）

2010 年 1 月 30 日　星期六　晴

今天是华师大二附中冬令营的第二天，我参加了人生中最长的一次考试，长达 3 个小时。而且最有意思的是它是数理化 3 张卷子一起发下来，让我们自主安排时间。虽然从题量看数学题最多，物理其次，化学最少，但是我给它们分配了差不多的时间。明天还有 2.5 小时的语文和英语，希望自己好运吧。今天下午还有科技创新班的老师给我们做讲座，这学校真是越来越让我觉得有趣了。

2010 年 7 月 12 日　星期一　雨

今天收到了华师大二附中的《2013 届新生报到及家长会通知》。妈妈看到通知就开始唠叨了："涵涵呀，你看你们 7 月 24 日就要报到了，然后你是不是要为分班考好好复习一下呀？"真的的，难得有个假期可以放松放松，结果还不是和其他假期一样，学习学习学习！而且通知书上还说考上理科班的同学还要从 7 月底开始上竞赛课。唉，我怎么觉得未来的假期都没有自主控制权了。

2010 年 9 月 1 日　星期三　晴

今天是我正式成为高中生的第一天，真的非常兴奋。早上起床我决定做点什么，来彰显自己不再是一个稚嫩的初中生了，所以我给自己定下了一个目标：每天坚持晨跑。在操场上挥洒汗水的感觉还是不错的，尤其是我能独自霸占整个大操场。今天唯一需要吐槽的就是教室太高了，每次都要爬 4 楼还是很累的，也算是对理科班的一种锻炼吧。高中生活,我来了!

2011 年 1 月 20 日　星期四　雪

今天是回学校拿成绩单的日子,不过我觉得这种不写排名的成绩单没啥用,我的主要重心放在了下午的活动上。虽然上午的雪很大,但下午雪就渐渐地停了。貌似从 2008 年那场大雪之后上海就没再下过这么大的雪。校园里随处可见各类雪的艺术品,比如教学楼下的大大的"囧"字。下午我和 3 位同学踏上了毅行之旅。我们从学校出发,一路步行到了陆家嘴,看到了浦东落后的地方,也看到了浦东最繁华的地方。今天很开心,如果能把毅行活动一直办下去就好了。

2011 年 6 月 6 日　星期一　雨

明天是高考的日子,不过一想到我还有两年的时间才要踏上考场,以及我将迎来高中第一次"夏游",整个人都兴奋了起来。年级组长在出发前一再强调不能划船,虽然不是很理解为啥年级组长谈水色变,不过我还是决定做一个"乖宝宝"。这将是我第一次去南京,我一定要好好感受这座城市。也祝高三学子们武运昌隆!

2011 年 11 月 11 日　星期五　晴

今天是所谓的世纪大光棍节,我们的运动会也赶上了这个好日子。我们班级依旧保持着去年低迷的成绩,也是很无奈。惜哉我班女生寥寥,男同胞沉迷学习,故在多个项目屡败屡战,诚然精神可嘉,然则得分无几。抛开这些不愉快的,今天让我记忆犹新的是国际部的同学们自发组织的"Hug EFZ"活动。说实话一开始我被吓到了,但是很快我就被他们的热情感染,加入了他们,给身边的人一个大大的拥抱。在这个世纪大光棍节日里,也能感受到温暖。

2012 年 2 月 6 日　星期一　阴

又开学啦,这个寒假可以说是过得非常的充实,抛去在外上课不谈,我独自完成了一篇对以前校友的访谈,并将其汇编成文。这是晨晖党章学习小组的课题:"十八大前话'十八'——全球二附中'晨晖'校友寄语汇编"。在昨晚奋斗多时交稿后,我也总结一下自己的感受。首先是要感谢老胡,给了我这样的机会去和 2009 届的校友面对面交流,感受来自前辈的关怀。其次也是让我有了听录音、撰写录音稿的经验,相信在我未来的某天,它能派得上用场。最后还是要感谢 2009 届的邵子剑校友,给了我许多指导和建议,为我照亮了未来的道路。

2012 年 10 月 13 日　星期六　雨

今天是全国高中生数学联赛的日子,我发挥得不是很好,加试题两道没有做出完整的答案。真的很无奈,为了这场考试,从高一入学奋斗至今,可是却没有得到满意的成绩。那么我的未来在哪里呢?如果没有了一等奖,我这两年多的努力又算得了什么呢?奇迹会出现吗,幸运女神会降临吗?

2013 年 3 月 8 日　星期五　晴

今天是复旦千分考面试的日子,也恰逢妇女节。我高中阶段首次穿上了西装西裤,来到了复旦大学。按照网上上届学长学姐的面试经历,我的千分成绩在面试五人中排列第三,只要面试发挥略超出平均水平,就能通过面试。回顾一下今天的面试过程,我觉得应该没啥问题。5 个房间,5 个教授,5 名学生,5 分钟/人。复旦别具特色的面试让我回想起了当初华二的冬令营,深深地吸引上了我。那么希望 9.1 能再见吧。

2013 年 6 月 8 日　星期六　雨

今天是高考结束的日子,我的脑袋晕沉沉的,貌似是昨晚被子盖得太紧,有点感冒。英语的听力部分我大多是闭着眼听完的,只有涂卡的时候才微微睁开眼睛。上午的物理应该没啥问题,140 左右吧。之前一直在恐惧的所谓"人生的分界线",我终于跨了过去。原来真的没有那么特别,就像过去 3 年的每一天一样,普普通通的,过去了。晚上约了保送的同学吃了晚饭,他会去北京,而我会留在上海。未来是什么样的呢?让我们拭目以待吧。

2018 年 5 月 19 日　星期六　雨

回顾以上的 10 篇日记,脑海中许多回忆又渐渐涌现,那些美好又掺杂着些许心酸的记忆伴随着我成长,让我成了更好的现在的独一无二的自己。我与二附中的牵绊有很多很多,但限于篇幅,就不多赘言。祝母校生日快乐,万事胜意!

2018 年 5 月 19 日

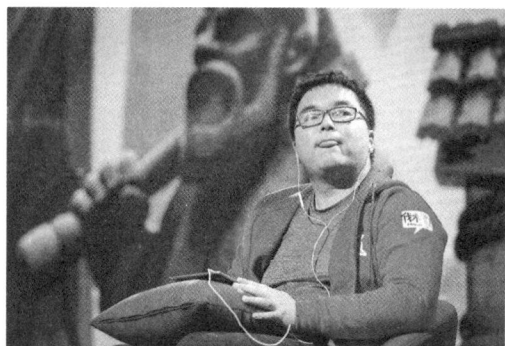

［作者简介］

徐剑涵，华东师范大学第二附属中学 2013 届 10 班，2017 年毕业于复旦大学，现就职于上海华谊集团股份有限公司。

关于二附中的只言片语

郑贤文（2013 届高中）

接到老高派下来的"任务"的时候，再次回到了当初绞尽脑汁的状态。曾经在高考结束后有着饱满的写作冲动，但由于很多事情耽搁了下来，本来有的大纲也遗失了。如今，高中毕业竟然已经 5 年了，本科毕业竟然也 1 年了。想到二附中的机会和场景开始越来越少。很多人物、很多事件、很多情感开始变得模糊，甚至互相纠缠在一起。

为了解决相应的困惑，我提前看了部分长辈们的回忆录，和学弟学妹们聊了一下，又重新把那本《党旗映衬晨晖》看了一遍。部分细节被还原的同时，更多未知的要素让我感到陌生。和大家共享相同的片段的同时，更多的记忆是异质的。我不禁在想，这还是我认识的二附中吗？舞台总在迭代更新，好戏总在推陈出新，角色们总让人耳目一新。或许大家缅怀的是自以为是的二附中。每个人都是二附中的过客，每个人都有他们专属于自己的二附中。

二附中在变，我们也在变。有的人从短头发变成长头发，有的人从长头发变成短头发。有的人眼睁睁地看到他头发越来越稀疏了，有的人眼睁睁地看到他从地中海变成乌发浓密。有的人结婚了，有的人感觉要结婚了，有的人终于结婚了，有的人因二附中结缘，有的人因不在二附中而无缘。有的人长得不一样了，有的人绰号不一样了，有的人身份不一样了，有的人圈子不一样了，有的人目标不一样了。人与人的关系不一样了，人与人的选择不一样了，人与人的未来不一样了。

人与人变得彼此不同。不同的角色在迈向下一个人生舞台时闪烁着不同的光芒，它既有着相吸规定性的一面，也有着努力背离规定性的一面。这样的光芒并不是无来由的,而是有迹可循的。我们可能会在二附中阶段甚至更早,观测到一颗颗火种,有些是自发的,有些纯属或然,有些甚至莫名其妙。二附中就是这么一个始点,我们往往做着外界认为有意义的事情,但同样做着自认为有意思的事情。可以说,二附中形塑着二附中人的整全。

二附中何以成为二附中,二附中人何以成为二附中人?历史见证着每一代际的答卷。答卷各式各样,但追求卓越恐怕成为了每一代际的共同精神源泉。当然我们必须指出,这种精神是被大历史所给予的,而不可能自外于大历史。追求卓越指向的不是无定型,而是一个可预见可兑现的未来。二附中不只是晨晖路 555 号的地理组合体,二附中人也不能仅仅说在那个地方上过 3 年学就说自己是二附中人。这种卓越的品格恐怕要在更宏大的时空方位中加以考察。我们需要在接下来的人生舞台上做出进一步的证明,才可能产生出对于追求卓越的切实体认。我们并不能天然地享受一个二附中人的虚名,而是在不断践行中锤炼出二附中人的真实可感的形象。二附中人不断在成全自我的过程中,也是在不断确证和定义着二附中。而这样意义的二附中是有可能被共享的。

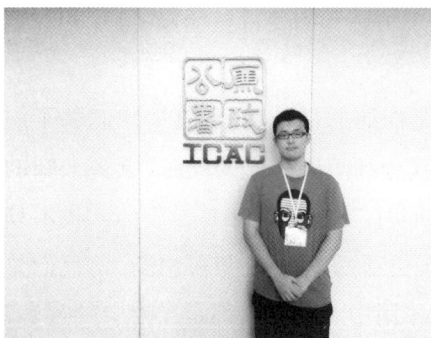

〔作者简介〕

郑贤文,2013 届高中学生,现就读于复旦大学。

鸭腿

顾恺丰（2013 届高中）

"来来都坐下了！提前一点上课好不好？月考卷拿出来接着讲。"

教室里的喧闹渐渐小了下来，除了一两组打闹尚未分出胜负，正在叫嚣回头再战，大多数人都坐回了自己的位子，仿佛习以为常。这正是上午的最后一节课。

大约 40 分钟后，人群渐渐躁动了起来，虽然并没有人发出声响，空气中却弥漫着大战前的气息，我的心思也已经飞出了窗外。

就在这焦灼的沉默中，鼓点般的声音忽然从远处传来，又向更远处散去，其间不时夹杂着几声欢畅的呼喊"快啊！"教室里的人群再也按捺不住了，又不好发作，有人故意咳嗽个几声，或者偷偷鼓捣前排的同学提醒老师。

"一个个急的，就上到这里吧，下课了——"

善解人意的话音未落已是一阵欢呼和噼里啪啦的关书声，离门近的同学占据地势之利，此刻一下就不见踪影了，最惨的是远离门靠窗坐的。我一边随着人流往外走去，一边回头同情地看了他们一眼，我记得那种坐得离门最远的感觉：只能一边等待人群散开，一边幻想着下周换座位后的形势逆转。

转眼间我已来到了天桥。这一连接教学楼和食堂的天桥，是高三同学的中午必经之地，此刻俨然成为一条通往希望的天路，也在密集的奔跑脚步声中如同真的有火车通过般震动着。

等我到达食堂的时候，四条队伍长龙已经从食堂窗口排出了快半个食堂的长度，我迅速地估计了一下哪条人比较少，以及人比较少是不是有什么原因，然后马上选择了一条。一分钟后，这几条队伍长度就翻了倍一直顶到了食堂大门。此时赶到的人们虽然嘴里发出懊恼的叹息，却被脸上荡漾的笑容所出卖：他们其实还尚存机会。

不一会儿排到我了，这时铃声也响了起来。又是密集的脚步声由远及近地传来。学弟学妹大军将至，而大战却已近尾声了。我终于有资格说道：

"鸭腿。我要一个鸭腿。"

坐定下来，一边开饭，一边和大师、方丈等谈笑风生，放眼望去，一些不再能天天见到的朋友有时也能看到。坐着的每个人都一脸幸福，仿佛考砸的试卷、对未来的迷茫、青春的遗憾，都已被抛在脑后了。

"真香！"

啃上一口来之不易的鸭腿，满足得简直要昏过去了。

"这鸭——鸭腿有毒！"

然后我就真的昏过去了……

"饭上来了！"

我一个激灵醒了过来，发现自己趴在桌前。眼前铺着白布的餐桌上除了餐具空空如也。"我的鸭腿呢？"

"急什么不正上呢么？"老板把一盘饭菜端到我面前。看来是最近忙的事情太多，趴在餐馆桌上就睡着了么。

老板知道我算半个熟客，洋洋得意地说道："我在这边啊，不知道吃过多少中餐馆，很多水平都不行的，还是我们家做的好吃！"我一边应承着支走老板。一边把注意力放在眼前的餐盘上。洁白的米饭上赫然躺着一只鸭腿。模样、做法都和刚刚梦里的相去甚远，却令我心潮澎湃。

狠狠咬上一口咀嚼起来，我情难自已热泪盈眶：

这也太难吃了。

[作者简介]

顾恺丰，二附中 2013 届 7 班，本科毕业于复旦大学经济学院国际金融系，目前在美国康奈尔大学运筹学院就读金融工程硕士项目，兴趣方向投资组合优化、金融数据挖掘等。

我有两个家，紫竹和张江

娄世彧（2015 届高中）

　　作为首届二附中紫竹校区的学生，我的 3 年二附中生涯是在两个校区度过的——高一和高二是在二附中紫竹校区（位于闵行区吴泾镇，虹梅南路紫凤路路口）学习，而高三来到张江，和张江 9 个班的小伙伴们共同生活。所以对我而言，二附中至少是一个包括张江和紫竹的概念。

　　对于紫竹，我对它的感情之深不必再说。从 2012 年入校并住宿，到现在 2018 年近乎每周乘坐 958 路返校回家经过紫竹校区，看着紫竹的发展就好比看着家里养的花长大。一晃而过，6 年过去了，当初撒下的种子开花结果了，这种喜悦之情是无可替代的。可是不同于大部分紫竹的同学只和张江有一年的交集，我和张江的更多相处经历使得我对张江同样充满感情。张江是一个我在 2012 年前完全没有概念可现在却时常回忆起的地方，是一个我曾经从这里出发以 100 条路线回家的地方，是一个我把暑假奉献给竞赛集训并奋战的地方，是一个我一旦想念就会从紫竹乘校车过来探望的地方。当然张江还是一个每年文艺汇演我都会回去的地方。和紫竹相对比较低调不同，张江个性张扬、鲜明，象征着对一切美好事物的追求，以它无处不在的活力和能量及其热情开放，始终在我心里占据一席之地。

　　紫竹还是张江？初来紫竹时的我就体会到了这一矛盾。紫竹小伙伴们和张江小伙伴们，穿着一样的校服，使用一样的教材，做着一样的练习，一起参加运动会和文艺汇演。可是一边是张江高科技园区，另一边是距离张江 40 km 的闵大荒；一个高考属于浦东，另一个则属于闵行。除了上述明显的界线，紫竹和张江之间似乎还有一道无形的壁垒。入学之初，别人一听到华师大二附中紫竹校区这个概念往往一脸茫然,不明白二附中和紫竹校区是什么关系,更有甚者把紫竹校区和边上的初中混为一谈。

也许由于那时紫竹校区地广人稀,人气略显不足,高一高二时我身在紫竹却从不掩饰对张江的羡慕和向往之情。一旦得知有机会去张江,接下来几天就每时每刻盼着出发。在前往张江的大巴车上,大家一路观察外面的景色,车内洋溢着欢乐的气氛。所有的欢乐在到达目的地——晨晖路555号时达到顶峰。伴随着"终于来到高中了"的欢呼声,大家飞快地下了车就冲往小卖部扫货(紫竹可是没有小卖部的!),然后假装和周围的张江小伙伴们一样去玩。而在紫竹平常的日子里,我晚自习作业完成后就走出教室散步,抬头望天联想到地理课讲的月相图,然后开始奇思妙想:在张江看月亮和在紫竹看月亮一样吗?上次夜晚坐在金钥匙广场的台阶上看到的星星今天还在吗?对面的紫竹半岛什么时候可以像张江汤臣豪园一样灯火通明呢?这么晚了,张江的小伙伴们都在干什么呢?远处闵行11路公交车口哨般的加速声打破了夜晚的宁静,不禁让我联想到去张江报到那天科苑路上的各种公司班车,此刻的张江一定人来人往,十分有意思呢。由于对张江的向往,每次离开张江我都有些不舍得。记得高一暑假在张江参加竞赛班的最后一天,得知接下来要回紫竹度过高二一年,我去看了南北教学楼每一间教室,对张江的每一处景色都特别留意,似乎这里的一切都是那么值得纪念。那天傍晚我迈出祖冲之路校门的那一刻,想起了上学期学过的课文《再别康桥》,于是转过身默念道:一年后见。之后就钻入地铁站。尽管现在的我早已习惯进出祖冲之路和晨晖路的大门,不过每次看到二附中的校服,都会羡慕在二附中的日子。

始终羡慕张江的光环的我,在高三的时候,终于如愿"来到"张江,过上了和2015届其他班级一样的生活。虽然之前来过张江许多次早已适应这里的节奏,可是这次,我终于能够和张江的小伙伴们一样,放心大胆自由自在地发现张江特有的美丽。张江给我留下印象最深刻的东西,除了之前许多校友提到过的校园内"著名景点",那一定是早上去张江的旅程。每次踏上2号线我总是期待会和哪些二附中的同学同车厢。列车运行至张江高科站,黄色红色蓝色的身影像水流一样穿过闸机后排成一列站在2号出口的自动扶梯上。钻出地铁站时太阳早已升起,阳光有些刺眼,仿佛来到了别的世界。路口绿灯一亮,所有的身影都向着同一个目标——祖冲之路736号前进,新一天的二附中生活就此开始。

人在张江,不免拿这里和紫竹进行一番比较,然后回想之前两年在紫竹的点点滴滴。说起张江和紫竹的不同点之一——小卖部,只能说我并不是常客。我在小卖部买过最贵的东西是一份地图。拿到那份地图,我本能地把它翻过来,往左下角(西南方向,大致位置对应闵行区)扫视。在黄浦江拐弯的那个地方,我发现了"华师大二附中紫竹校区"10 个字——那是我第一次在地图上看见紫竹校区被标注。想到两年之前没多少人知道紫竹,我暗自高兴,原来紫竹校区的地位也在提升啊!

二附中的三年生活结束了,可我真正对二附中这个概念有了更深的理解则是在毕业之后。后二附中的我们各奔东西,然而二附中还是和我们有着密切的关系,毕业之后遇到校友,之前在二附中的经历就是热门话题之一。我遇到的校友之中,其中一位是英语培训班的老师,他了解我紫竹校区的身份之后,主动问我紫竹的各种情况,让我首次产生作为紫竹校区学生被认可的那种荣耀感——无论是张江还是紫竹,我们都是二附中人。还有一位校友在校的经历非常丰富多样,可以说是充满活力和追求美好事物的代表,和我一起回忆了许多过往的经历。而在这样的影响下我也变得更勇敢去探索未知事物,自己决定自己将来要过怎么样的生活,并且不断地给自己以新的改变。那些校友们身上流淌着的二附中的血液,是后二附中的我们区别于他人的标志,也影响着我们每一个二附中人。正如去年文艺汇演的主题曲《永远都会在》这个歌名所示,每个二附中人的魂永远都会留在二附中,而二附中的精神会永远体现在每个二附中人的身上。Once an efzer,forever efzer,我们走到哪里都是二附中人。

和一年一次去张江看文艺汇演比起来,毕业之后我倒是经常见到紫竹。但凡乘坐 958 路过虹梅南路紫凤路,我总会下意识将目光定位至紫竹校区。而且由于学校距离紫竹较近,我也有机会经常回到紫竹。可以说,现在的紫竹和 2012 年刚入校那时相比真是翻天覆地的变化。校内的变化除了硬件设施之外就主要是比以前充满了生机,人气更旺了。至于校园周围的变化,看看门前的虹梅南路便可略知一二。从刚来紫竹时虹梅南路工地的扬尘和坑坑洼洼的路面到现在的清爽整洁,从出行条件艰难到虹梅南路隧道和高架相继开通,这些都是 6 年之间发生在紫竹的变化。向南面东川路看去,6 年前一片荒凉的紫竹半岛,已基本构建成型。看到越来越干净的环境和越来越健全的设施,我明白这是我从 2012 年就开始期待的,直到 2018 年才得以实现。6 年过去了,我早已毕业。可站在紫竹见证者的立场上,我看到了紫竹更美好的明天,心里别提多开心了。在此顺便表达一下对紫竹今后更多更美好发展的希望。

　　写到这里,我拿出 2015 届的毕业纪念册,看见封面上"遇见未来"四个字,想到目前为止最美好的相遇莫过于遇见二附中和二附中的一群人。我们从二附中出发前往各地,而也许在未来的某一天又会重新回到二附中这里,这个梦想开始的地方,然后明白原来二附中永远都在你身旁,陪伴着你走完每一段征程。紫竹也好,张江也罢,抑或是枣阳路校区,大家都是二附中人嘛。事实上,能在 16 岁的年纪遇见二附中本身就是一段美好的缘分,不是吗?

〔**作者简介**〕

　　娄世彧,华师大二附中紫竹校区 2015 届毕业生,现在上海交通大学读大三。由于交大离紫竹较近,所以能经常回家,紫竹 6 年来的成长尽在眼里。同时,作者的"双重身份",令其对张江也有一份特别的情感。

二附中是什么样的

吕一（2016 届高中）

    又是一年升学季。有学妹问我二附中是什么样的,我自觉回答得不充分。高一时写过一篇关于二附中的文章,但那时的情感还太朦胧,文绉绉的,有隔靴搔痒之嫌,也太主观。网上有很多关于二附中的介绍,有的说二附中金光闪闪,那当然不全是二附中;有的说二附中美丽动人,那还不全是二附中;有的说二附中温馨活泼,那依旧不全是二附中。

    二附中似乎不那么"单纯"。

    一进二附中,你就会发现她很要强,要强得近乎小性。故意称呼她的同伴为"某",还老是想着和这个"上海某中学"争第一。就好像北大喜欢称清华"五道口男子职业技术学校"一般。其实她和上海某中学争,实是半认真半不认真的。半认真,是因为她的确会很努力地想变得更出色,而上海某中学便是衡量她够不够出色的一种标杆。半不认真,是因为她知道自己值得自豪的地方,也承认那些不如人之处;而更多的时候,就如同北大和清华,有时只是各具特色罢了。二附中人的这份小性和要强,是傲娇,也是骄傲。

    二附中很重理,重理得有些过分(比如每天理科作业量远超文科),但这确也是情理之中的。从外部来说,目前理科更易作为一种选拔人才的标准,重理是适时的。而从内部来说,二附中理科实力确实强大,因为二附中有悠久的"竞赛历史",也有一群巨神级的老师,他们中有数学老师是物理学霸的,也有体育老师自学成物理特级老师的。他们不仅自己做学生时就是巨神,做老师也做得巨神,而且还之所以是"神"就在于他们无论做题还是上课都巨得很轻松。这里的理科氛围,的确是理科生的天堂。但我更要说的是，二附中重理，可她并不是轻文的，恰恰相反，是文得太深。你或许不能天天见到文科作业，但渐渐你会明显感受到一种人文情怀的笼罩——上课的时候老师信口推荐的一本好书，讲课文时几乎从不讲答题方法而看似随口说出的一些品析字句，其实背后都藏着很深很深的积淀和思想。你若是抓住一句，都可以品上好久。周末和假期邮箱会有事没事莫名多一些英文篇章或名家散文，那是老师"有事没事"就往你邮箱里塞的，你可以看也可以不看，但你若仔细看了，总会有触动你内心的东西。你也许只会因此有一点小小的改变，但三年后你会发现，二附中就是这样一点一滴"小小地"改变你的。这便是我所说的"笼罩"，那是一种由外而内浸润你，又由内而外打动你的人文情怀。但如果你的心真是铁板一块，那二附中的文科老师也奈何不了你，甚至也不会来奈何你。这种"情怀式"的文科教育是充分尊重学生的，但也正因其太过尊重而不一定如每天几页数学作业来得有效。从这个意义上说，二附中是重理的。

二附中很像历史，严峻又温情。她贴近你，但始终和你的心隔着玻璃式的清醒的距离。失败和挫折是难免的，而且会有很多，不论你是谁。这已经是老生常谈之辞了。更重要的是受挫之后的事。老师会安慰你，同学也会安慰你，但多半是你要主动倾诉。你闷在那儿不说话，很少能让人察觉，因为别人觉得你可能只是闷在那儿思考人生，而且别人也有很多事情要"闷"，诸如刷题之类。你偷偷去了厕所红着眼睛回来，脸上还挂着故意没擦干净的泪痕，除非你有那天刚好比较闲的知心朋友，大家顶多出于礼貌和同情拍拍你的肩，因为每个人都有这样的时刻，若每次都要安慰，那还了得。相比之下，老师的安慰可能会耐心得多——二附中的老师的确都像朋友一般。但老师终究是老师，安慰也终究只是安慰。人不能靠安慰麻痹自己而苟且偷生啊！总之，二附中太个性，也太追求效率，没有时间给你一直沉湎于悲伤，你终究会学会一声不吭地自己拍拍屁股站起来。她教你变得坚强而理性。理性虽然总是显得冷漠而残酷，但它却又能让你踏实地走好人生的每一步。毕竟理性是这个世界目前的运行法则。从大家那里，你会获得感动，但不一定获得全部的理解和释放，你要学会懂你自己。

在二附中，人很容易迷失。因为自由的人太自由，不自由的人太不自由。有一个学长跟我说过一句很经典的话："有些学校是老师虐学生，而二附中学生是自己找虐。"二附中是很自由的，作业跟大多数学校比起来确实不多，也有很多很多可以自己安排的时间，又会提供多种多样的活动和机会，没有人来"虐"你、管束你，而此时，如果你不学会牺牲和选择，不学会"自虐"，那你就完了。你太投入二附中给你的自由，就失去了你自己，而被二附中真正的自由抛弃了。这是我所说的"迷失"的太过自由者。那迷失的太过不自由者是什么呢？——其实这才是多数人——二附中有太优秀的环境，有句老话叫"来这里谈你的过去都是可耻的"，大家都是很优秀很要强的人，都有一种"优秀的惯性"，所以总有无形而巨大的推动力使你"自虐"。但这种要强也极易形成攀比之心，比如我们班有段时间就形成一种"刷题热"，几乎全班都在超前刷精博。跟正常作业进度相比，多者多刷 60 页。才多刷 5 页？你已经落伍了。可是最后发现这有什么意义呢？每个人该有自己的学习节奏和方法。被裹挟着"自虐"，便是一种不自由的自我迷失，这便也辜负了二附中给予的自由时光。所以说，二附中是极易让人迷失的，特别是新高一，能一直保持清醒的人实在少之又少。

但往往，也正是因为迷失才容易找到最真实的自己。夸张点说，就好像世界大战催生对人性探讨和深度剖析的思潮一般。有过"初极狭"才有"豁然开朗"，有过迷失才会更珍惜、更理性地看待自己现在和以后的选择。或许这才是二附中的卓越和自由真正给予我们的吧。

当然，每个二附中人都还会有自己的二附中记忆。二附中的垂丝海棠、银杏、秋千，很美；二附中的元旦文艺汇演很精彩，很动人。但我在这里却不说，因为若没有亲自为垂丝海棠的花瓣雨吹过发梢那一瞬的柔软所触动，没有在元旦文艺汇演现场疯狂地扔过荧光棒，再精致的描写都是苍白无力的。至于欢脱的老师、丰富的夜宵，便更是如此。因此，正如同"有很多活动，有元旦文艺汇演的不是二附中，世界各地，各行各业的校友在同一天回来的才是二附中"一般，我在文首时说"金光闪闪的""美丽动人的""温馨和谐的"——那些对二附中人来说太浅白，对非二附中人来说又太主观深邃的形容词——都不全是二附中。

二附中是卓越的，但不是所有的二附中人都如出一辙地卓越。在二附中广阔的科创世界中，有的人学到一种"为天地立心，为生民立命"的时代责任感；有的人学会以一颗平常心与到校讲座的院士交流；有的人学会如何进行自主的课题研究；而有的人只学会如何拼拼凑凑扯出一篇论文。所以，与其说二附中是卓越的，不如说二附中提供了很多卓越的可能；但究竟是由此走向"卓然独立越而胜己"，还是走向"蹉跎光阴消磨自己"，终究在你而不在二附中。

我不知这些是否足以回答学妹"二附中是什么样的"的问题，也是否依旧夹带了很多主观因素，毕竟我是二附中人，而二附中也一直在变化。我现在是高三，也许毕业后还会有更多更深彻的感悟。但我希望能呈现我所了解的最客观最切实的二附中，而不是能套在好多学校身上的二附中的壳。

总之，二附中并不全然是可爱的，她是自由而多元的，立体而复杂的，但正如同社会，如同生活，二附中因复杂而精彩。你会带走属于你自己的二附中，但二附中依旧在那里。你有时觉得自己和她是一体的，有时又觉得她离你很远。有时你会觉得你不过是她的一小部分，但有时你又会不经意间发现二附中已经成为了你的一部分。

谨以此答学妹，并献予我最爱的 EFZ。

2016.01.28 02:58

〔**作者简介**〕

吕一，华东师大二附中 2016 届科创班毕业生，现就读于北京大学中文系文学专业。高中时是一名"文艺青年"，进入中文系之后开始重新思考"何为文学"以及"文学何为"，正在努力转变为一名合格的学术青年。

油封鸭腿

王存俊（2016 届高中）

下了 lab 出来已经是晚上 8 点多了。尽管天还大亮，街上也还有不少人，路边的小店却大都已经打烊。"还是去破店吧"，饥肠辘辘的我一边这样想着，一边走向车站。

来温哥华 4 年，早就习惯了这里 9 点多才天黑的夏天，习惯了店铺每天早早关门的营业时间，也吃腻了学校里选择不多味道一般的食物。好在距离学校几站路的范围内有一些别的选择，破店便是其中一家。

服务员招呼我坐下，给我菜单。"哦不用了，来个油封鸭腿饭，不用加黑椒酱。再来个柠檬红茶。"我熟练地点了这个吃了很多次的组合。

第一次吃破店是刚来温哥华不久，和几个朋友一起探索温哥华的"未知区域"（其实离学校也就几公里罢了），回校路上被"破店"这个名字吸引。当时我还没适应花加币，买任何东西看到价格总是忍不住乘以 6 换算成人民币，然后就不舍得花钱了。看到菜单上均价 15 刀左右，我自然是觉得心疼的，只是一个 $18.99 的 combo 吸引了我的目光：油封鸭腿套餐。

焦黑的铁板滋啦滋啦地叫着，上面躺着一只煎得金黄的鸭腿。它把黑椒酱披在身上，香气四溢，摆着妖娆的姿势望着我，一旁点缀着几颗西兰花和一些玉米粒。我拿起鸭腿咬了一大口。外皮虽然油腻，但是做得酥脆；鸭肉煎得正好，汁水也被鸭皮锁住，一口咬下去在嘴里散开。酥皮，鸭肉和肉汁很快在嘴里融合，形成一种很独特的口感。

是啊，就是这个味儿。高中毕业这么久之后终于又尝到了。

二附中食堂的鸭腿可以说是我高中时的明星了，当然也是我的最爱。是的，比爱食堂的红烧茄子和腐乳肉还要爱。有这么一段时间大家去吃饭的路上会猜测今天有没有鸭腿，好像这是一个很有趣的话题。有时候鸭腿比较晚才被端出来放在某个窗口，那么在其他窗口排队的同学会请阿姨去那个窗口盛一个鸭腿。东一勺西一勺，一盘鸭腿很快售罄。排在后面的同学眼睁睁看着心爱的鸭腿没了自然觉得失望，一些在鸭腿上来之前早早打完饭的同学听说有鸭腿也会觉得懊恼，为什么自己不晚点来吃饭呢。渐渐地大家摸出了鸭腿出现的规律，会在那天早去食堂，若是到了食堂发现没有鸭腿还会有些失望呢。

我已经不记得二附中的鸭腿多少钱，但是那些为了抢到鸭腿，一下课就奔向食堂的中午，我还是记得的。跟破店的鸭腿相比，二附中的鸭腿打扮得就朴实多了。没有黄灿灿的外皮，没有黑椒酱的陪衬，也没有浓郁的香气。就这么带着一点焦黑，一个个堆在大铁盘子里。刚做出来的鸭腿最好吃，咬一口能听到鸭皮在嘴里裂开，能感受到汁水慢慢流出。常有人因为太烫，一边嚼着鸭肉一边把嘴挤得圆圆的往外呼气。凉了的鸭腿口感虽没有那么好，皮有些软掉，肉有些硬，汁水也不多，但对于高中时的我们来说那已经足够美味，足够我们大快朵颐了。

油封鸭腿是当之无愧的食堂第一，但二附中食堂还有很多令我回味的美食。刚提到的红烧茄子油够多，酱够腻，有时阿姨还会放一点辣椒片和豆瓣酱做成鱼香茄子。夹一块拌在一口饭上，吃起来别提有多香了。鲜红 Q 弹的腐乳肉来上一块，再请阿姨在饭上浇一勺酱汁，这顿饭不用点别的菜也能吃完了。炒饭窗口的三丁辣酱面更是一绝。面条劲道爽口，辣酱里的肉丁、笋丁、豆腐干丁配上香喷喷的花生米和面条全部拌在一起。哧溜哧溜地一碗面很快就见底，连汤头也因为辣酱的存在变得特别好喝，一滴不剩。

太多了。二附中食堂好吃的东西太多了。三年的时光，几百顿饭，我从未觉得吃腻过。我想念可口的饭菜，想念天天一起吃饭的朋友们，更想念的是那紧凑辛苦却目标明确的日子。

"滋啦滋啦……""您的鸭腿饭来了。"服务员端上我的饭打断了我的思绪。我左手拿起鸭腿啃着，右手划着手机查着下一个 deadline 是什么时候，又不小心被溅出的汁水烫到了嘴，不断地向外呼着气。

〔作者简介〕

王存俊,2013 级 1 班校友,毕业于加拿大英属哥伦比亚大学计算机科学专业,现于温哥华发展。

二附中于我

——写在两年之后

朱泽宇（2016 届高中）

　　这篇文章写于我高中毕业的那个暑假，距今已经过去了两年。两年是很短的，但我已经忘了我还写过这篇东西。1602 的刘张奕是我们年级的联系人，他找到我说他读过我这篇东西，问我要不要投稿，我很惊讶，说得改一改。我确实改了很多（主要是删了很多，尤其是关于我自己的部分）。也要感谢刘张奕同学。没有他，恐怕我也没有动力重新审视这一段经历。

　　在重读这些矫揉造作的文字的过程中，我发现自己并没有太多的触动。我想给自己一个解释。或许这些事情还历历在目，根本不能算是勾起了回忆；也有可能它们所传达的东西已经溶入了我的血液之中，才显得稀松平常。

　　我怎么也没有想到，自己最终会来到清华大学学习新闻与传播。现在看来，这是一个很好的专业，让我以新的视角思考了许多从未思考过的问题。在科创班的经历让我能够迅速补充任何我需要的东西。可以说，我在从一名理科生转变为一名文科生的过程中，没有遇到什么困难。事实上，科创班给我帮助最大的，就是广阔的视野和学习的能力。这是我将受益终身的。另一方面，经历过了科创班的那种拼死拼活的日子，现在的生活看起来倒显得清闲了。我在科创班的同学们，如今无论在哪里，都是最优秀的人才。他们拥有这些品质：好学、勤奋、坚持不懈。感谢科创班。感谢二附中。

　　非常惭愧，征文活动的题目是《我与二附中》，但我写来写去，只能是"二附中于我"。希望有朝一日可以为二附中做些什么。

最后，我希望这篇文章只是提供一些二附中生活的细节，而非要传达什么观念。另外，尽管我尽力避免，如果文章中的某些细节不属实而对任何人有伤害，那一定是我的错。我道歉。

祝二附中 60 岁生日快乐。祝福二附中。

序

三年的科创班生活，倏地过去了。要不是鹏总催促我们把它记录下来，恐怕我也没有勇气，也没有决心，来做这件事情。但总之，我现在已经想好了——哪怕所写的只是一些闲散的片段，哪怕 10 年之后自己也不知道当初在写什么，哪怕找不到了，或是没有一个人读——我一定要把它写下来。

科创班是二附中的一个实验班。"二附中"是"华东师范大学第二附属中学"的"二附中"，"科创班"是"科技创新班"的"科创班"。我于 2009 年 9 月入学，而事实上在之前的那个暑假里，就已经和科创班的小伙伴们参加了科技夏令营的活动。所以，我们在一起的时间，要比其他班级长一些。

所谓"科创"，按照娄维义副校长的设想，就是要"在研究中学会研究"，方式就是做课题；同时通过参加科技创新大赛，在整个过程中提高学生的总体素质。每一届科创班也都是这么做的。在这每一届的科创班中，似乎由鹏总——也就是我们的张成鹏老师——带领的这两届，都格外出色。很幸运，我就是在这么一个出色的集体中度过了这三年。

三年基本是平稳地、按照计划地、顺利地度过的。我们的计划很简单：高一、高二玩，高三学。其实，不仅是对我们班，对二附中的每一名学生都是如此。不过，我们在高一、高二时玩得更疯一些，同时又学得和别班一样多（其实我一直怀疑，比别班还要多不少，但我不是这样的）。这带来的后果就是，科创班的小朋友（"小朋友"是鹏总喜爱的说法）时时刻刻都忙碌着，他们每天要做的事比别人多出许多。这或许可以称作是充实吧。不过我现在看来，是很累的。等到了高三，情况就不同了。大家纷纷收敛起来，拼命学习。由于已经习惯了高一、高二时的那种超强负荷，我们班的小朋友们比别班的更刻苦许多。有一个细节，是别班的同学告诉我的：每天中午，只有七班（也就是古往今来科创班的班号）是安静的，所有人都在学习。他告诉我时，脸上写满了惊愕。我也是。

在这样一个优秀的集体里，我就好像一颗果子，随着这棵大树慢慢成长，最终与同伴一起成熟落地。我收获的不仅仅是喜悦，这里头有一种高超的愉悦在。

第一印象

初识科创班，是在科技夏令营。

那年学校刚刚提出"卓越学院"的概念（现在似乎已经跟当时不一样了），把四个实验班纳入其中。还搞了个很大的排场，请来了四位院士、一群专家学者来做卓越学院的导师。这自然是一件大事——我们的年级组长田伟老师要求全年级同学站起来鼓掌欢迎。

在领导们发完言后，科创班便和科学社成员一同来到学校电视台。这是一个很不错的小空间，我很喜欢。它不起眼，却是我对二附中的回忆里重要的一部分。刚才那4个院士中的一个来给我们作报告。我的新同学王泰戈告诉我，这个院士现在常年搞科普。我不知道他这话是什么意思。我连院士是啥都不清楚。我没在意，只管听。他讲的是传感器，各种各样的传感器，现在美国人能做成什么样了，中国人能做成什么样了。完了，还耐心回答了科创班和科学社同学提出的各种不着调的问题。

之后的那几天都是这样度过的，只是没有院士了，但总之对我来说都是一样的。现在回想起来没什么，但那几天我仿佛是初见了科学的圣光！在那几天里，我的心中升起了一股许多人难以理解的（我现在都难以理解），却又是真实的对科学的敬意。我对科学顶礼膜拜，并醉倒于宇宙的鬼斧神工。在这里，我遇到了一批与我此刻有着相同志趣的同学们，我可以和他们畅谈心中的一切灵感与情感。那是我在整个高中生涯中最为珍视的一段美好时光。

我的老师

三年间，教过我的老师太多啦！姑且说几个吧。（科创方面的，留与之后再说。）

张成鹏老师

张成鹏老师，也就是鹏总，班主任，教数学。在科技夏令营时便带着我们了。当时，他总喜欢跟我们强调时间观念的重要性，后来倒不怎么说了，应该是对自己的教育成果满意了。作为班主任，他确实对我产生了极深的影响。他让我们认识到了身边的是怎样的一群人，让我们认识了二附中，并且认识了自己，认识了人类、国家、社会与我们的关系。对于带科创班，他是喜欢的——我们已经是他带的第二届科创班了，似乎他之后还会带科创班。他在我们高一、高二时，鼓励我们尽情做自己想做的事,并且把它做好;到了高三,又率领大家奋力拼搏,就好像《自由领导人民》中的女神,高举旗帜,领导大家向前。

他的数学课很有意思:如果任何人有任何问题,都可以立刻打断、提问,然后讨论、解决,不惜任何代价。确实,一些用来讲知识点的时间,本就是廉价的,却能够在解答疑问中得到价值的升华。

石昆老师

石昆老师教语文,是位很别致的老师。我最喜欢用"中国文人"这个词形容他。或许应该说他的课充满了浪漫主义的色彩,然而他这个人本身却是现实主义的绝佳素材。即便到了高三,他还是会从现代文阅读和作文说开去——

"昨天我看到有个人骑着辆自行车,车篮里装着一沓红色的臭铜。结果车篮里的东西洒出来了,周旁的一个人上去疯抢,然后说是自己的——"

如是者往往。

不过,他终究也不是圣人,每当他抱怨完了,总要承认自己的平凡。作为一个略肥胖的中年男人,挺可爱的。

然而,就这样,他的课被分成了许许多多的"时间模块"。他就把自己课前准备要讲的东西(比如一张卷子,或是什么知识点),作为模块与模块间的谈资。我们给他想了许多办法,分散他的注意力,效果总是不好。(但我们班的语文成绩是极好的。)

李孝琴老师

李孝琴老师教英语。我们高中毕业,她结婚。我们是她的第一届学生。可以看出,她十分用心。高一高二时,每节课几乎都是按照牛津课本上的顺序,一个一个章节上的。自己做PPT,内容翔实,构图精美,我做了一本又一本的笔记。高三的日子比较痛苦,几乎每节课都在讲卷子。虽然无聊,但这更贴近生活,因为生活本来就是重复而无聊的。这样的日子,她陪我们在一起,让人尤为难忘。

张兵荣老师

张兵荣老师在我们高一、高二时教过我们物理。他是从曹杨二中来的,我们是他在二附中带的第一届学生。来的时候,他还是一个极为严肃的人,不苟言笑。他语速缓慢,却切中要害。物理这方面,我还是很佩服他的。他能条理清晰而游刃有余地复现整个高中物理体系。这与我在高一时的那种对自然科学的无上崇敬恰好吻合。然而,丁军老师说过,我们是一个闷骚的班级。我们的闷骚似乎感染了张兵荣老师,使得其由原本单纯的闷,转变为了与我们一样的闷骚,且极冷。他有许多金句值得回味,在此就不列举了。

他还有个爱好，我看是到二附中后再培养出来的——打乒乓球。他最爱和看机房的老大爷打。据说，那位大爷是清华精仪毕业的，之后在过去的华师大教具厂工作。是真是假，也不得而知了。

苏根宝老师

苏根宝老师教化学。他只带高一，所以我们也只上了他一年的课。

先说他的课。我本人是记不清了，但据同学回忆，他的第一节课是这样的：

1. 甩手臂走上讲台。

2. 聊天。

3. "要学化学先要学物理。今天要讲的东西，你们物理课也会讲，但是我等不及了。"

4. 在黑板上写下克拉珀龙方程。

5. 由此推出波义耳定律、查理定律、盖-吕萨克定律、玻马定律、道尔顿分压定律。

6. 甩手臂走下讲台，下课。

其中，步骤 2 花了 30 分钟，之后是全班的急速抄写时间。

他的课大致如此，显著特征就是：把一个个知识点抛给你，让你自己去组建知识网络。要是能够通过自己的摸爬滚打，最终组建起这张网络，那么，高中化学无比清晰；做不到，便是一头雾水。

接着是他的人。首先，据无数人物证实，有钱。据说财力雄厚，难以估量。其次，有意思。他常常跟我们聊天、谈人生，做事率性而为（这也是他只带高一的原因）。他始终坚持自己的一套东西：教书、做事、为人。

施安兵老师

施安兵老师教我们高三物理。极为认真负责，难以言述，难以想象，可能是我有生之年遇见的最认真、最负责的人民教师了。除了教物理，他还热爱物理，关注社会。他常常鼓励我们今后研究自然科学，造福人类，似是真心的，绝非随口一说。另外，是不是凡物理老师都是金句王？在这点上，施老师和张老师挺像，冷不丁的，来一句，哈！

梁铁老师

这是一位美术老师，令人敬重的那种。他绝对是有真本事的（二附中的许多老师都身怀绝技，平时低调，深藏不露，待到需要他们发挥的时候，才显山露水）。身为一个美术老师，他仍保有对艺术的热情——从课堂上可以看出，从他的工作室也能看出。在我们学校里，有许多不起眼的小角落。梁老师的工作室占据其一。我是没能有幸去拜访过——平时那儿大门紧闭——但据我一位同学说,那里头的情形,还真是符合一个艺术家的形象。据说是颜料斑驳,到处堆满了画布、画笔、石膏……这番道听途说,倒也增强了梁老师在我心中的神秘感,让我认定:这确是位高人,隐于市间。

做课题

科创班,培养科技创新能力。其方式,就是做课题。通常,自然科学与技术科学课题更受鼓励,社科较弱势些。而我最主要的成果,是一个计算机课题(《基于用户面部特征的疲劳状况评估系统》,计算机视觉、机器学习),一个工程课题(《Automobin——智能垃圾接取装置》,Kinect、Arduino)和一个数学课题(《一种新的描述概率图连通性的方法》,图论)。第一个是自己做的,第二个与李光伟合作,第三个与王泰戈合作。前两个由俞晓瑾老师辅导,第三个由鹏总辅导。

我这人不够严谨,也耐不下性子,所以做的都是这些课题。它们有几个共同的特征:

1. 需要拍脑袋。

2. 实用性强。

3. 实验简单。

做第一个课题时是懵懂的,而到了后面两个就比较老到了。记得一开始——高一时我还很羞涩——我并不知道自己要选什么样的课题,随便找老师聊一聊,还是没有灵感。好不容易找了一个,做了两天又放弃——太难了。并且,即使我找到了后来完成了的那个课题,在当时,我也是惊慌失措。高一时,每周二的下午与晚上是卓越课程,也就是我们班的课题时间。我已然不能记得那一个个空虚的半天是如何度过的了。现在回忆起来,真是无趣——又不知道该做些什么、怎么做,事实上却是忙极的! 可或许正因如此,那段日子,在当时看,是极有趣的。

正因我看起来总是在做着些什么,而且时常能倒腾出一些东西(虽然都没什么用),老师看起来对我是信心十足的。第一个课题时,俞老师她不闻不问,只是常常来我们实验室兜圈子,看看大家都在折腾些啥,然后又回去忙她的了。说实话,因为我也没有什么实质性的进展,所以也没问题要请教或是讨论,只是在自己以为干了一些奇奇怪怪的事情之后,跟她说一声(比如在学校的电脑上装了个双系统,又自己从源码编译了 OpenCV)。在很长一段时间里,我们之间的交流都不算很多。

待到冬令营——这是课题进展的主要时期,可以说之前为厚积,而此为薄发——我的课题还是没有什么实质性的进展。好吧,大家都没有,所以也并不怎么慌张。老师们为了推进大家的课题进展,组织了一次又一次的报告会。同一个学科的聚在一起,一个个上台展示自己的进展,以及下一步的规划。俞老师在我们工程与计算机学科组，特地邀请了计算机老师金靖与劳技老师陈向东（他俩大学时都是物理方向的）。于是所有人便头脑风暴起来，互相激励、促进、借鉴、讨论，纷纷取得进展。俞老师本人对此也是很欣慰的。我们也是她带的第一届学生。

课题弄完了，要写论文。我的论文格外简洁，超凡脱俗。工作量庞大，论文却短得惊人。发给俞老师，她给我不到十页的论文内容写了满满一页的修改意见。她对每个人都是这样的。

说起这个课题，还要感谢王泰戈同学。我做这个课题的时候是 2012、2013 年之交。当时正苦于疲劳的判断依据无从寻找——无论如何找不到相关的医学或生理学方面的论文。泰戈随口一句"机器学习"，为我打开了一扇天窗。当时的我对此丝毫不了解，只是听说过这么个名字。后来才明白，计算机视觉也算是机器学习的一个重要应用了。而且 2012 年 Alex Krezhevsky 的 AlexNet 霸榜 ImageNet，使得深度学习开始复兴。不过这些，我当时都不知道。我的方法是，先提取面部特征点，再用支持向量机来做回归，得出疲劳程度。但不管怎么说，这方面的课题，在上海市青少年科技创新大赛里，我算第一个。后来，这类东西在比赛里逐渐流行，我也算是个鼻祖。

我的同学

关于同学，我不想这样写的。但我不知道那样写是否合适，也不知道这样或那样写又有什么分别。好吧，那我就这样笼统地谈一谈，希望自己若干年后还能从这段抽象的文字中猜出个一二来。

我的同学，是这样一群人，他们聪慧、伶俐、有见识、坚毅过人。

有些人爱玩儿，有些人不太爱玩儿。但只要玩儿起来——我是说，无论是谁，还是可以玩的起来的。有些人可爱，有些人不够可爱。但放在一块儿，我宁愿说，这是一个较为可爱的集体。

太难描述了。这是一个矛盾的综合体。对个人、对集体的评述，永远不能统一。我可以有百般看法，但多元永远不是坏事，我也不能确定自己在哪里。好吧。别的事需要记录一下，备忘；同学们就不必了。我相信我们会常联系。

我的寝室

寝室生活是高中最难忘之一了。那我就谈谈我们寝室吧。

我们的寝室最初是 602，后来换到了 510，接着依次是 329、326，最后是 221。就这么五个寝。前一半时间，室友是陈少卿、张天纵、胡晟源，后来胡晟源离开了，去了一个出国的同学凑起来的寝室以便交流与统一作息，换来了吴啸东。

我们寝应该说是男生寝里面最用功的了，同时也是最安静和最干净的。我想这一点应该是大家公认的。最终两个清华、一个港大、一个复旦、一个康奈尔的结果，差不多是所有寝室里最好的了。然而，除此之外，我们也是一个极欢乐的寝室——这一点或许被大家忽略，毕竟每个寝室都很欢乐。应该来讲，我们寝的欢乐是带有一种独特的、属于我们寝的气质的。这种气质来源于每位室友的专属特质。

我们每晚轮流分享一个故事。这些故事其实是极无聊的，却是那些渴望着的日子里的不平凡的养料。这些故事错综复杂，互相交织，每个听起来都一样，循环往复着。在这无限的往复中，我们每个人得到自己想要的东西。我们开始了一些其他的活动。除了夜话之外，我们交流着一切的所知与所想。通常，一人起头，随口一句，少顷便接话，滔滔不绝，其后分别由他人做出犀利与中肯的评价。或许，其他寝室非要一块儿做些什么实质性的东西，而我们只需交流便得以满足。这或许也是我们寝室格外安分的原因。

这一节，原本是可以写得最长，但是和《我的同学》一样，大不必写下去了。

离别

没有什么好伤感的了！三番五次地，我们说，这终于是离别了。然而，又相聚。因此，我也不刻意地逃避任何重聚的机会。从学校的毕业典礼，再到填报综合评价志愿、特殊类型志愿，以及后来的毕业旅行、寝室聚会，还有看望 2019 届科创班和鹏总。虽然，我总在去时的路上犹豫，又在回家的路上果决。

其实很多人，并没有意识到这就是与他们的最后一次相逢。为什么没有这种感觉呢？微信朋友圈或许起到了很大的作用。有时候，这东西真的挺烦人的——它破坏了一些原本该有的东西。不过，或许这也不是什么坏事。

总之，与不同人在不同的时候分别，并且不知道这就是诀别。如果太认真，不免要沉浸在了悲伤之中。只能有意或是无意地封闭自己。有许多同学让我写同学录——我本身是不找别人写的，而我给别人写的时候也很难认真起来。起初，还没有高考时，就有人给我递过来了。我想，现在写未免敷衍，也没有感觉，不如留到分别之际。到了分别之际，又觉得，这同学录写完，至多不过是初读时一刻的感动，而其代价是书写者一次又一次的痛苦。这样想，这东西未免有些残忍。值吗？我看是不值的。该感动的，便留与今后再来往；莫名的感动，舍弃了也罢。

最终，我们还是别了。祝愿的话，没什么好多说的了。各人过上自己想过的生活吧。

后记

以上写的这些，真是出人意料地浅薄。不知怎么的，每当我想要就某一点深入下去，就有一股无形的力量阻拦着我，我只能点到为止。事实上，这每一节，都可以写成一本书的。并且，总是有一种虎头蛇尾的感觉——开始写某一段文字，总饱含激情；写着写着，却苦恼起来，于是放弃。

二附中是我的精神家园。科创班是在这家园中，我栖息的小屋。离开这屋子，搬去别处，中国人将其视作是喜事，那我也姑且板起笑容，来庆祝这乔迁之喜。尽管我总是不能控制自己，让自己不要去规划未来，但我还有一种感觉：在漫长的生命中，每一段的生活应有明晰的界限；在每一段独立的生活中，应该尽情投入之、拥抱之，最好能够享受之。这样，在下一段生活不可控地到来的时候，便不会为过去懊悔，也不必因为留恋而过分悲伤。我希望，我也相信，我在二附中，过的应该就是这样一段生活。

2016 年 8 月

[作者简介]

朱泽宇，2016 届科创班学生，现就读于清华大学新闻与传播学院。

回响

谢冰灵（2017 届高中）

　　我第一次遇见二附中（以下简称 EFZ）是在 2014 年 4 月 6 号。那天是自招考试。我记得我第一次走进校园，踩着当年还是鹅卵石和大块方砖路面的金钥匙广场走到考场（是南 404），看见吊在教室东北角的大电视和反光的米色瓷砖，还有那时还是灰绿色的带敞口桌肚的桌子。那个时候我并不觉得它很漂亮，甚至相当不满瓷砖的地面。

　　我记得临近考试结束的时候老爹打我电话，那个摩托罗拉的小手机在桌肚里震动。它第二次响起来以后监考老师问是谁的，我想起那些高考、中考考场上因为手机无端发出声音就被判作弊的恐怖故事，非常慌张，没敢承认。那时我不懂 EFZ 是个多么自由的地方，觉得老师没有追究下去是我运气好。

　　我记得临走我觉得自己这辈子都进不了华二，并且这样奶了自己（那时候甚至还没有"奶"这个词），于是考试结束之后我在学校里逛了好久。

　　但不管怎样我记住了华二，所以后来在纠结推优还是裸考的时候，纠结的仅仅是复兴还是华二。就因为它最初的赏识和一面之缘，我不会再去选其他三校了。

　　9 月之后我渐渐认识了那些出卷子的老师们，骆小姐、老吴……认识了管招生的骁公子，才明白当初那些我们小心翼翼对待的是什么人，才明白当初那个似乎高不可攀的华二到底是什么样的。

　　我一度认为我对 EFZ 没什么感情，直到毕业，但刚到南大的时候我竟然会经常不经意地跟我的室友们讲起高中的段子，以致最后这种情感竟然喷薄而出。我终于明白这几年对 EFZ 的冷漠都是假的，我对它的感情实则可能比对我的初中还要深厚，毕竟我无法判断是不是因为我的初中把我送进了华二我才想它。而 EFZ 不同，我从来不是大佬，甚至垫了很长一段时间的底，可我依然克制不住地思念它，并且不由自主地把南大的方方面面跟它对比，然后得出南大各种贫穷寒酸不自由且无秩序的结论。我知道我现在这样嫌弃南大而花那么多时间去想 EFZ，4 年以后我会后悔的，就像现在想起高一的我一样。但是，随它去吧。

当军训晚会上大家打开手电的时候，我会想起文艺汇演的手电光和飞向校长的荧光棒，还有音乐厅里带着霉味的潮湿气息。

当秋天到了开运动会的时候，我会想起高三在运动会上坐在操场中间的阳光里看古诗文书，并且真的带着书去了操场，可是怎么也找不到那时候的心情。

当银杏叶变成金色的时候，我会想起在南楼四楼看对面的秋千和金黄色的银杏树的日子。

当海棠花开满积学路的时候，我会想起高一那个叫"春色如许"的作文题，还有我们曾经因为老唐布置的海棠诗而焦头烂额，扬言要把北楼那排海棠树砍掉。

甚至给室友过生日的时候，寝室里只有烛光的样子，让我想起最后一个晚自修，我们灭了灯点着蜡烛，听老吴扯的最后一次淡。

甚至有一次课上老师说起理想、社会责任、生命价值，还有谈恋爱，他的话，他说这些的情绪，全都似曾相识，仿佛老唐又在讲台上挥着大手让我们做航空母舰的舰长。

甚至我看到食堂给新推出的烤鸭腿饭做的广告，突然怀念 EFZ 的香酥鸭腿，还有每个星期四纠结吃酱鸭还是龙利鱼的日子。

我们曾经在小池塘里放河灯，荡着秋千看树叶之间的太阳光晕和龙骨背后的天空，挥舞着开手电的手机唱《路一直都在》，听着学霸璋唱《新贵妃醉酒》和《一剪梅》刷题，在没人的教室里从电脑没关但上了锁的讲台里掏出鼠标通过软键盘打开网易云音乐，循环播放《神经病之歌》，销毁罪证然后迅速逃离，事后把锅甩给电脑：我们也不知道是怎么回事，是它自己突然开始放音乐的。

我本以为我想起 EFZ 的时候最怀念的会是话剧社或者古诗文大赛，可是竟然不是。我直接联想到的是我似乎经历过很多次的平凡的下午，仲春，第三或第四节下课，一天最好的阳光明媚地照在走廊上，教室里没什么人，阳光烤过的风都是温热的，作业还有许多，又将是一个要修仙的夜晚，暖和的空气也并不能减轻由此带来的压抑，但心情却不糟糕，至多算是有些惆怅和无措。这个画面里并没有我，但是有我的蓝白藏青的春秋校服。而由这个画面生发出的，也不是一个个无望的夜晚，却是在香樟树下刷生物卷子的下午，是在科学楼的顶端拍盛放的东京早樱的下午，是阳光透过窗户照进空荡荡的不算明亮的图书馆，照在棕色大方桌上的下午，甚至是某个下半学期的 3 月月考或期中考结束之后的下午。

于是这些温暖又压抑的下午，就再也没有什么能够让人厌恶的理由了。

三月的时候看到四校开放日的消息，我真想去冲考。我觉得我现在一定比 4 年前考得好。我真想去再听老唐讲一次课。我甚至想象我在教室的最后一排出现的时候老唐的神情。

可是不可能啊，我连上海都回不去，还妄想冲考。

那些考试场面的照片，如今我已经能够一眼认出是在南楼四楼拍的，那是我站着看过无数次金钥匙广场的角度。

我好像能从那些图里，找到 4 年前第一次走进这里，站在跟照片里相仿的人群里拘束又羞怯的自己。

然后我想哭。

"我很好，只是想你。"

4 年前的那张开放日通知还在我的抽屉里，校园卡已经刷不开门禁了，放在 pose 机上只会显示卡挂失，我不知道我还能有多少次回来跟大家一起聚在体育馆里看文艺汇演。但是无论有没有能用的校园卡，无论将来的年末是在哪里看晚会的直播或者转播，这些都无法改变我们曾经且永远的 EFZer 的身份。EFZ 的印记早就在不知不觉间烙在我们的身上和心里了。

有一句话每年都会刷一波屏。这句话从前我从未用过，但今天我真心地把它写在这里：

"此生不悔入华二。"

2018 年 5 月 12 日

[作者简介]

谢冰灵，2017 届华师大二附中高中毕业生，现就读于南京大学。

莫逆于心

魏智德（2017 届高中）

昔我往矣，杨柳依依；今我来思，雨雪霏霏。

行道迟迟，载渴载饥；我心伤悲，莫知我哀。

转眼间高考就要过去一年了呢，毕业也快一年了呢，好想念母校呀，听说阶教漏水了，不知道是怎么修的呀，听说有好多人回母校秀恩爱呀，好羡慕，听说各类竞赛都捷报频传呀，后生可畏呀。

在大学待了快一年，感觉和高一也没什么区别呀，刚进二附中的时候发现自己在厉害的同学面前几乎什么都不会呀，平面几何呀、数论呀、组合呀、代数呀，什么都比不过人家。大一也差不多，抽象代数呀、拓扑呀、微分流形呀，还是什么都不会呀，怎么办呀？和高一的时候一样，跟着厉害的同学抓紧学呗。只是突然有些悲伤，我想念我的高一生活了。

我与二附中呀，怎么说呢，我生于斯，长于斯——我还记得高一的时候我在四楼的走廊突然就觉得，不应该随随便便地过下去呀，应该要好好学习呀，决定自己以什么样的态度面对世界，应该也算是重生吧——我记得我小时候起就一直和高三的学长学姐一起在阶教学习了；后来呀，她们毕业了，可我还是在和高三的学长学姐在阶教学习；再后来呀，她们也毕业了，可我依然在和高三的同学在阶教学习——只是不能再当作学长学姐了；而现在，不知道又有谁还在那里呢？挺羡慕南北楼之间的大树的，它可以坐在那里十几载，看人来人往人又来。

毕业以后，怎么说呢，还是太懒，不得不选了很多难度大的课来激励自己学习；还是不愿意随随便便地认识别人——脸熟就挺好的；还是太忙——高中时到食堂还是坐着吃饭，到了大学却发现还是站着吃饭更省事。高中时读了不甚懂的文章到大学竟全懂了，《师说》中的"师道之不复可知矣"，《朋党论》里对上古时代的贤臣结为一大朋的认同，虽然朋党终究是一群乌合之众为了自身的利益而聚集在一起，可是毕竟他们互相认识呀。道家的"莫逆于心"在高中的确很合适，学长学姐教给我学习的态度时并不需要用言语，春风化雨之教，应该也是这个意思吧，在心里产生强大的认同感，又何必在言语上表达出来呢，又何必通过"认识"来把这种认同感世俗化呢？于是那么多的小伙伴从此都杳无音讯，那么多的学长学姐走了，从此只在照片上看到过，后来在照片上也看不到了。

"想不想"和"应该不应该"大概是两件不同的事吧，而当它们发生冲突时，这个冲突应该就叫"责任"吧，不禁想起记得当年有一位老师偶尔提起校训中的"卓然独立"显得太孤单了，我觉得我也是这样来理解校训的吧——"卓然独立"或许指为了追求卓越而只认识很少的人，"越而胜己"或许指即使不认识多少人也不能自暴自弃，始终要完成新的目标来超越旧的自己。

很想念高三时的日子，想念学校图书馆的那么多书，《二手时间》《文明的度量》《全球通史》……到大学哪里还有时间读？想念《加缪全集》中那张 2011 年方舟文学社的"Everything for love"的书签，想念那好几个周日开的自主招生的化学课、历史课，想念周五开的物理课，想念周三开的有那么多女孩的数学课……但想念也不过是想念，孔雀东南飞，三里一回头，五里一徘徊，终究还是飞走了。一附中是个好地方，总有新的故事会不断上演。

在二附中待了那么久，也有好多想过但没有做过的事，比如想到食堂去晚自习，想在教学楼熄灯以后躺在四楼抑或楼下草坪看星星……反正想象力足够丰富，又何必真的去做呢？

我一切都好，只是想你。

［作者简介］

魏智德，共青团员。2014 年 9 月—2017 年 6 月就读于华东师范大学第二附属中学基础科学实验班，高中毕业；2017 年 9 月至今就读于北京大学信息科学技术学院，担任班长。

绿山墙的二附中

薛尔清（2017届高中）

写这篇文章的时候，北京正巧下了大雨，北大因为糟透了的排水系统也不负众望地成了泽国，于是天气又有了上海的味道，我也忽然想起二附中，起码二附中排水是十分顺畅的。

我在二附中的3年，相对于二附中60岁的生命，是十分年轻的。加之在校期间自觉表现不佳，因此对二附中的生活做一番宏篇大论是一种奢望，倒不如写一些小的事情更为实际一些。

说起二附中，作为一个大学生，尤其是北京大学的大学生，体味最为深刻的便是"自由"二字。在大学所见的不自由的社会现象愈是多，对二附中时期简单的自由的怀念便愈加浓烈。自由或许是一个人在遇见自己独立人格的道路上所能获得的最为宝贵的东西，进入二附中一下子浸入自由的环境之中的时候，确实是"得未曾有，心净踊跃"的。

然而二附中的馈赠却不止是让你拥有它，还会让你学会使用它，并好好保护它。

二附中的一切，除了上课以外都是要自己安排的，学习和课外活动都是如此，此之谓拥有它。然而若是二附中学子的野心仅仅停留在完成作业上，考试内容的灵活多变一上来就会让你尝到苦头。我至今仍然记得第一次数学考试后几乎心碎的痛苦，也记得在那次垫底之后发愤图强开始刷《精编》的决心。经历了小一年的大学生活，回头想想，在二附中学习到的自己为自己负责的态度，直到现在还让自己受用。

虽然二附中的一切你可以自由支配，但并不代表它们可以被随意浪费。你周围总有人刻苦学习，他们的优秀一定会深深地刺激你，让你不自觉地一起努力，或是认真刷题,或是做很多其他的事情。在二附中你总是会遇到有趣的人和事情,指不定哪位活宝或者哪件好玩的活动就会紧紧地抓住你的心,甚至让你为之废寝忘食,于我而言,便是高中阶段接触的模拟联合国,此之谓使用它。

二附中的自由还在于,二附中人在学习和生活中什么都可以讨论,你会发现二附中讲什么的都有,恣意汪洋,无拘无束。我记得和室友还争论了半天"如果你是总理,如何拯救中国经济"这样的问题。但是这样的讨论并不会让你越来越极端,相反,充分接触各类思想会让你的理性越来越得到发挥,并且形成自己的价值观,我想这才是高中学习3年收获最为宝贵的东西,而且也是在其他学校很难获得的;同时,二附中的自由还告诉我们,沟通是比谩骂更为有效地解决问题的方式。在二附中,老师和同学往往不是对立的关系,他们沟通顺畅,互相理解,校领导们也很乐意接受学生的批评并很快做出回应,每年的团、代会中提出的议案都很有建设性也能被很快执行,比如在厕所隔间中加个衣服挂钩等等。每年文艺晚会的一个保留节目就是荧光棒砸校长,在我看来这并不是一种对校长的侮辱或是单纯的好玩,而是告诉所有二附中人一件事:权力是可以被质疑的,而且对权力的质疑并不是对学校本身的否定。因而所有事情都是可以解决的,也应当由我们去尽一份力,对二附中如此,对社会、国家、世界更是如此。此之谓保护它。

于是,用原先班主任唐老师的一句话说:"在自由的土壤中我们便这样'默默成长'着,相信一切努力都'功不唐捐',用理性的眼光看待世界,用乐观的态度面对未来。"然而这一切都会有尽头——对于在二附中的最后一年,令我印象最深的并不是毕业照、毕业典礼或是某次考试,而恰恰是一次晚自习。没有人会记得那是哪一天了,我只记得那天离高考很近很近,接近到已经是大家最后一次聚集在一起上晚自习的机会了。那天是老傅的生日,她收到了很多礼物,许是为她庆生,又或是单纯想要为二附中生涯留念——其实大家怎么想的都不重要,只是那一瞬间大家都认为需要,于是我们便把灯关上,把老傅礼物中一本发光的笔记本打开。教室里霎时间充满了发光的斑点,一闪一闪的,我们围在老傅旁边,有一搭没一搭地设想自己高中之后的生活。记得A向B打趣道,B之后在北大绝对前途无量,可千万要记得请他吃食堂云云,B只是在一旁笑并连连摆手,我当时缩坐在椅子上默默看着这一切,只有羡慕。谁知道自己竟然是班级里唯一和B一起去北大的同学,然而如今常常望着食堂饭菜发呆,还傻乎乎地盼着A会突然出现,想起他自己的要求……其他,甚至关于那天的记忆都不多了,唯独还记起的是那天已届初夏,天气已经热了起来,时不时夹杂着虫鸣,大家浅浅地笑着,空气中弥漫着洗发水好闻的味道……

现在想起来这一幕幕,虽然已经不能再勾勒原貌,但上述的几个片段却一直也忘不掉，空气中洗发水的味道更总是飘散在心头，依然可以嗅到。我自诩不是一个怀旧的人，然而有一天深夜躺在宿舍的床上，这一幕突然袭上心头，不知道为什么悲不自胜，呜呜哭了起来，为了不让舍友担心，硬是把头蒙在被子中，任凭它被泪水沾湿。我自己在事后补记的日记中写道："为什么深夜会回忆起那个晚上啊……可为什么突然会哭啊。"12 月 29 日文艺汇演的事后，在上海的大家都回去了，看到他们合照的那一瞬间的孤独也曾经让我如此悲伤，但是我知道，不论我再怎么悲伤，对于二附中我终于也是一个局外人了，恰似里尔克那句诗："谁没有房子，就不必建造/谁此时孤独，就永远孤独/就醒来，读书，写长长的信/在林荫道上不停地，徘徊，落叶纷飞。"也许我并不是十足地怀念高中生活的全部，可能我只是喜欢自己当时不计成本的激情，喜欢当时可以随意抒发的友善，或者喜欢当时不用考虑的爱的感情吧。

毕业了快一年了，好想念二附中啊。

这是一个关于从未有过信仰的人忠诚的故事。

〔作者简介〕

薛尔清，2017 届六班毕业生，现就读于北京大学历史学系，高中时期曾担任班级的班长。

稻草人

王康桥（2017 届高中）

　　稻草人在城市矗立。

　　也并非一直那样。有些时候我也得过去待一会儿，常常是在空旷的时候，我不抢它的风头，周围也没什么人。我总会顺手拿几小袋粮食过去垫垫，然后放心地睡上半个钟头。不过，既然算是小城，自然不以空旷为常态。大概一过两点，太阳晒热起来，有些散会的人们就跑到城里，采购的倒是不多，但总是有事情要办的。

　　这个时候，稻草人是很挺拔的。我早已习惯这般格局，绝不能被它唬住。有人喊我，我就走，那稻草人的小黑眼珠即使照我两下，也不能怎么样。喊我的那个人喜欢吃蒸菜，一到饭点，我想不好吃什么，他却总是自信满满地主张"蒸菜，蒸菜"，我就称他小菜吧。

　　我和小菜是去城外的网吧，打乒乓球。下一周还是这样。上一周也是。后来甚至明天是、昨天也是。小菜操一手地道的直拍，球扣起来噼里啪啦的，像下冰雹一样，谁也打不过他。我说打不过可不是乱说，我们的风俗是凡打球必计分，因而胜负显见。他经常负几个球。这样下去，随着小菜经验的积累，等级不断升高，因此游戏难度也不断加大。他的屏幕上会出现弹性各异的障碍物，一旦回球落在障碍物上，弹起后球路便五花八门，这常常让小菜手舞足蹈，也无力回天。

　　无论网吧因偏僻人迹罕至，还是因狭窄人声鼎沸，都使人陷入远离城市的沉静与狂欢。但是人心却摆脱不了城市的牵制，似乎总得去看看，稻草人还在，城市井然有序，才能安心。要是能顺带清一清杂物，就更好。稻草人不哭，也不笑，笑了，皮笑，肉不笑。城市摆出它的现代结构，在稻草人这个中心上拴定。

这种稳定结构的可怕之处在于,中心处昏暗,外围却排满了一间一间的小房子。除了小几间被市政府挪作他用,别的都建成了会议室。可是那么多会议室,都开什么会呢?他们不管,只管找人来开。有的时候发学习材料讨论,有的时候还要写学习心得,开完了会也逃不过总结整理。听说他们要争创什么先进城市,各区都不敢懈怠,请了不少领头的管开会。有的时候抓来开会的人太多,领头的又不够,就得把几个组凑到一起开会,反正是装个样子。样子归样子,人头是少不了要点的。该来的市民,一个个都来。开始,人们甚至要把稻草人也弄进会议室立着,说什么独留一个稻草人在市中心影响市容。后来也嫌烦了,况且拥挤又昏暗的会议室里再添一把烂稻草的馊味实在也难受,就随它去了。稻草人就堂堂正正地定在了市中心。

这座城市有个特色,就是每年都会飞来一大群乌鸦。更大的特色是,连乌鸦也要开会。乌鸦和这座城市倒是默契得很,说开会就和人们一样聚着开会。有些会议笔记不方便做,就三三两两合力做出来。乌鸦和人不一样,没事就喜欢衔小石子,领那群乌鸦的人看它们整整齐齐地开会也不容易,就网开一面,特许它们在会议室摆弄小石子。

会议室也不是固定的。这样的会、那样的会,会议室也各有用处。我的会就碰上过在常有乌鸦逗留的会议室开,一进会议室,就看到很多小石子,这种小石子市里的街上倒是不少,会议室里可还是少见。我对大部分会都没什么兴趣,对作为会议补充的小石子自然也没什么兴趣。要是抬眼看见一群乌鸦飞过,就觉得乌烟瘴气的,很是烦躁。开会也没有开会的样子,创先进还能创吗?

早先稻草人还一起开会的时候,也常见乌鸦。说来也怪,我们人来人往,稻草人没什么反应,但只要乌鸦乱窜,稻草人身上的土黄色竟变得敞亮。倒是乌鸦的拜访使稻草人有了活动的生机?又难不成乌鸦还真怕稻草人?怕不怕说不上来,它们不喜欢稻草人是肯定的。乌鸦自然认为它们绝犯不着糟蹋粮食,还用得着稻草人这样戒备吗?稻草人旁渐渐地竟积了不少粮食,乌鸦的粮食不小心掉到稻草人手上,也管不了。它们成群结队,力量仿佛大到了不屑与稻草人为敌的程度。可稻草人不这么看,乌鸦落下那么多粮食,不正是丰收的体现吗?它一动不动,管着它的粮食。

说来也巧,小菜绝大部分的会都在一个会议室开。这么一来,他是见不着小石子。他只管半糊弄半自力更生地把学习材料对付过去,市中心呢,要去也去,但也不过是同行。再就是去网吧。躲开嘈杂的城市还是很吸引人的,我和小菜越去越频繁,一来二去就成了我们作用的领地。

争创先进城市的脚步缓缓迈进,会议室里的空头支票越来越少,促进生产的目的越来越受重视。市民察觉,我们必须将会议学习转化为现实的生产力,头子们要的空头支票恐怕是有限了。稻草人早已与此类事务脱离干系,它去欣赏往复迁徙的乌鸦,对它们的嘴、腿、鼻须、羽毛了然于心。不过,乌鸦在粮食生产上总是遇到更大的困难,有的工作三三两两已经完不成了,个别乌鸦就气急败坏,到处啄食,小石子遍地开花。就这样,它们越窜越乱,对稻草人已经厌烦透顶。好在勉强宽余的空头支票还能稳一稳乌鸦群的心气。我和小菜的压力则越来越大,往城里搬运粮食的工作也逐步加紧,正如我们所习惯的,都堆在稻草人边的台子上。稻草人孤静地矗立,我和小菜似乎也独立起来,又发生出一种不明所以的对待关系。这对待关系不像乌鸦中的对待关系那样在城里就浮现起来,反而是在网吧见得一清二楚——对我和小菜来说,出城是少不了的。支票管不管都不作数,我们自己管去。不像散会的乌鸦到处乱窜,人们散会后,尤其是有的组散会后,就在城里自主地穿梭,很可能进了市中心。去市中心就是为了安心,或是如稻草人所象征的那样,运粮进去。会议也越来越冗长,不过学习材料往往也不过如此,生产活动秩序井然。我们去网吧也无所用心,干净利落地走,全不为会议所累。城市边缘的一圈会议室尽管不会稳住市民,但稻草人似乎将城市的心拴得死死的,怎么也动摇不了。

这么着也没过多久。事情回忆起来是过得很快的。评选先进城市那天,人们都在城外很远的角斗场聚集在一起。乌鸦也该离开这座城市了,便跟着人群顺一段路。稻草人呢?好像没人见过它。

它举着编成扫把模样双臂,一点没有游走的样子。乌鸦不再,要稻草人做什么呢?它似乎成了一个无用的家伙,也没什么资格知道评选的结果。后来人们也在它身边交谈过,听说市政府育养乌鸦的行为得到了高度赞赏,展现了生态文明的建设成果。想起曾经团团转的乌鸦,稻草人不禁为它们高兴,但也不可控制地要为自己尴尬的处境而悲哀。它本是为粮食生产服务的,哪里会想到生态治理会是这样宽容呢?尽管它心里确是这么想的。

成群的乌鸦飞向远空,城市又将成何面目?令人安慰的是,没有乌鸦的城市又焕然一新了,真真切切仿佛就是一座新城。也不知道是已经评上了先进还是市政府放弃了评比,总之会议室是空旷下来了。不过城里是有人的,人们是不断生产粮食的。稻草人就还在那里,观照着这一切。有的人想忘记开会的过往,也有人对某些开会的记忆津津乐道,当然,极小部分人就此被永远可悲地扭曲了。不管怎样,对其中大部分人,或者说最称得上先进的一帮人来说,无休无止的会议从未对他们造成困扰,他们也无须再集会。只要愿意,他们可以从会议中脱身;只要愿意,甚至可以从城市的阴影中脱身。周围总有许多杂事,那些都无所谓。连稻草人之巨大也不免要堕落成一桩杂物。

而他们确真愿意，在一座新得甚至看不出同一的城市里，往市中心走一走，办些事务。也不管稻草人怎样，就算仍如坚守的稻草人所象征的那样，也仅仅是像朝向一个死的灵魂那样，自己就在暗潮涌动的中心处堆出越来越高的粮食。

时光飞逝，物是人非，稻草人还矗立在那里。

那是一座苍凉而滑稽的丰碑。

[作者简介]

王康桥，1999 年 8 月生于江苏苏州，2014 年 9 月至 2017 年 6 月就读于华东师范大学第二附属中学基础科学实验班，高中毕业；2017 年 9 月至今就读于北京大学哲学系、宗教学系，大学本科在读。

代跋：桃李梦圆二附中

顾朝晶

　　1958 年的高考作文题目是《大跃进中最让我感动的人》。钢铁工人邱财康为保护集体利益而被全身烧伤，面积达到 80％，他的英雄事迹让我感动不已。一篇优秀作文使我从 240 名同伴中脱颖而出，并成了年级学习委员，一当就是四年。真是"一考定终身"，我进了华师大中文系深造。毕业后留在华东师大第二附属中学工作，当了一辈子教师。

　　美丽的师大园有"花园大学"之美称，曾被评为全国三所最美大学之一。美丽的丽娃河，幽静的夏雨岛，宏伟的文史楼，华东师大的秀美十景，让人流连忘返。四年的大学生活，使我感到最享受、最受教育的，莫过于聆听大师们的讲课了。许杰、施蛰存、徐中玉、王西彦、史存直……大师的风范，精深的学术造诣，深深地感化着我这个年轻人。程俊英先生诵读《诗经》时的特有声调，徐震堮教授如品香茗的唐诗赏析，还有那钱谷融先生讲析《雷雨》人物繁漪时声泪俱下的动人情景，至今仍历历在目。正源于此，我对中国语言文学如痴如醉。

　　中文系的学生生活，使我感到难以忘怀的，还有那一连串的教育实践活动。赴嘉定农村学农，一边学农一边编写着自己的文学刊物《新芽》；去南翔修筑铁路，去安亭建造公路，穿着"保尔筑路队"的衣衫，挥舞着铁锹；到中华造船厂体验生活，冒着高温学习电焊，看着一艘艘航船下水；在崇明海滩围垦，披星戴月，唱着《红军不怕远征难》的战歌，在沼泽芦苇地中行进……这些经历，磨练了我和同伴们的筋骨和意志。

　　师范大学的生活是丰富多彩的，在澄衷学堂的教育实习，第一次学当老师，吟诵着《教师之歌》，给中学生上《湖南农民运动考察报告》；和同伴们一起挑灯夜战，编写《中学课外阅读参考资料》；还有那在拍摄赵丹主演的电影《聂耳》中当群众演员，和我们年级"小红花合唱队"的一次次演出……这一幕幕场景又重现在我的眼前。正是华师大给了我最丰厚的人文素养和最坚实的中文专业底子。我由衷地感恩我的大学母校！……只要说到我的母校华东师大，我依然对她一往情深，引起我无限美好的遐想……我好像又回到了大学时代的青春岁月。

当教师要有梦想，我在追梦中前进。我有三个梦：桃李梦、讲台梦、下一个梦。

一是我的桃李梦。1962 年我怀着"桃李满天下"的美好梦想，走进二附中的大门。那时，"桃李满天下"对我来说，是那么崇高而又遥远。几十年的中学教师生涯，甜酸苦辣都尝遍，但终究还是甜的多。我终于真正感受到了"桃李满天下"的幸福和甜蜜，有滋有味，无怨无悔。当教师最大的欣慰莫过于看到学生的进步和成长。我仿佛又看到了我的学生们，他们中有上海电视台著名新闻节目首席主持人、党的十八大、十九大代表印海蓉，曾任上海市副市长、人大常委会副主任、中学时我的语文课代表杨定华，曾受邓小平接见的电脑科学家李劲，现任上海音乐学院党委书记兼院长的林在勇，荣获法国总统授予的文化艺术骑士勋章的艺术家蒋琼耳，当年上海最年轻的全国劳动模范李星，还有更多在自己领域默默奋斗着的人……他们都没有忘记二附中，没有忘记老师。因为学生们的不断成长、成熟和成功，给我的心灵源源不断地注入新的活水，我真是热爱这些学生，热爱教育这项神圣的事业。我的耳边又响起那首耳熟能详的《教师之歌》："到那时，劳动模范、战斗英雄、科学家、工程师、医生、作家，教师……他们都曾经是我的学生。"而今，这"桃李满天下"的梦想竟成了现实！教师是永远年轻的职业，是富于创造的专业，更是为了祖国明天和未来的

顾朝晶与学生们

事业。永远年轻，永远创造，永远发展，这就是我们生命的价值所在。"人的一生应该'求真'，求真诚，求真知，求真理。"这是我的人生格言。即使被推上了校长的岗位，我依然认为要保持教师本色。我喜欢语文教学，喜欢和学生在一起。我希望自己是一名学者型、情感性的校长。当一辈子教师，我感到非常值得。如果可以选择，下辈子我依然会选择教师这个崇高而又光荣的职业，培养我们的学生争当世界第一。

二是我的讲台梦。我钟爱我的语文教学，当好一名语文教师要有"一、一、三"（一手好字、一口普通话和三百篇文章）的扎实功底，要有掌握"语文八字宪法"（"字词句篇，语修逻文"）的良好基础，并有广博的知识。这样，在教学中才能应对自如，游刃有余。这也是我的导师叶百丰先生的谆谆教诲。"教学有法，教无定法。"我努力探索"朗读教学法""视听教学法""思路探究法"等多种教学方法，把学生带到特定的教学情境中去。我和初中学生一起对视听课文配音，分角色表演；我和高中学生一起讨论争辩《雷雨》中的人物情感真伪……我的学生林在勇说："顾老师的语文教学严谨，一丝不苟，又充分开发和挖掘学生的学习潜能，发挥学生的个性和聪明才智。""备课要精雕细刻，讲课要以情动人，教法要不拘一格，教育要循循善诱。"这大概就是我的教学风格。中文系的实习老师说："顾老师的教学活而不乱，充分调动了学生的积极性。在教学中，力求尽善尽美，这种情绪一直感染着我们……"语文教学是一门科学，也是一门艺术，它的创造天地无限广阔啊！我被过早地推向领导岗位，不过值得庆幸的是，我始终没有脱离教学第一线，坚持兼课，长期行政、教学双肩挑，从而获得指导教学的话语权。我主管学校语文等学科的教学改革，主张办文科班，在理科班开设"中国文化课"，提倡学生要文理兼通，学有所长。学生进入大学后来信说："现在越来越觉得中学语文教学对我们所起的潜在作用，写文章很快，欣赏水平也比一般同学高。"国际奥林匹克化学金牌得主沈珺说："我从顾老师那儿真正看到了教书育人的完美结合。"1996 年，我光荣的被评为上海市特级教师，更激励我继续努力，成为真正的"师德的表率，育人的楷模，教学的专家"。我曾受聘为教育部中学校长培训中心、华东师大中文系兼职教授，上海首期课改语文

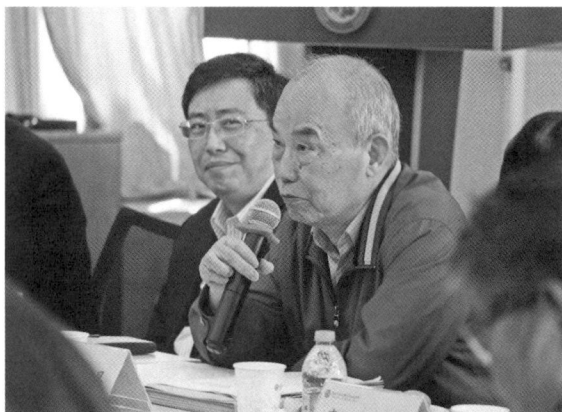

师德的表率，育人的楷模，教学的专家

教材编写组成员。我参加了国家教委中学语文调查研究,学术成果荣获国家科学技术进步三等奖,还荣获过亚太地区华文教学成果金奖。

三是我的下一个梦。1978 年,我校被命名为国家教育部属重点中学,担负着"出经验、出人才"的光荣任务。90 年代,在我担任校长期间,靠着宽松和谐的党政班子和全校师生的齐心协力,学校取得了丰硕的成果。二附中的孩子真是争气,为学校、为祖国夺得了一块又一块的国际奥林匹克学科竞赛金牌,在社会上享有"金牌学校"之美誉,创造了学校历史上新的辉煌。我们在学生中倡导"金牌精神",那就是:为国、为校争光的爱国主义集体荣誉感,顽强拼搏、锲而不舍的意志和团结互助、谦虚好学、充分发挥聪明才智的品质。二附中学生是优秀学生组成的团队,立足点高,眼光长远,勤奋向上,胸怀大志。他们说,将来要为全人类的进步做出贡献。为此,我们倡导追求卓越的精英教育,培养优秀加特长,创造未来的人。我曾参加教育部校长培训中心研修班和高级研修班,认识到"实现观念的转变是办好升学预备教育的关键"。领导课程教材改革,必须"忠于方案,保持特色,提高素质,培育英才"。这也是我撰写的两篇论文的主题。90 年代,我还分别随校长培训中心和中国教育学会赴美国和欧洲考察教育,和校长同伴们一起出了本《90 年代美国的基础教育》。考察后我深深感悟到我们的教育一要中西合璧,二要走向世界。"他山之石,可以攻玉。"我的学生、著名主持人杨澜,曾来我校拍摄了一部电视片《2000 年毕业的那一班》。我想,21 世纪的二附中,前景一定更美。她应该成为一所上海和全中国一流学校中的佼佼者,成为能与发达国家名牌学校相媲美的世界一流学校。我们期盼着二附中的毕业校友,能出越来越多的科学家、文学家、艺术家、劳动模范和杰出教师……甚至能出两院院士和诺贝尔奖获得者。在世界的舞台上,有我们二附中人的声音,为祖国赢得一定的国际声誉。人们会说:"在中国的上海,有一个华东师大二附中。"这就是我的下一个梦。

[作者简介]

顾朝晶,语文特级教师,华东师范大学第二附属中学原校长。1939 年 5 月出生于贵州省贵阳市,1958 年毕业于上海市南洋模范中学,1962 年 7 月毕业于华东师范大学中文系中国语言文学专业;自 1962 年 9

月起,在华东师大二附中担任语文教师,历任教导副主任、教导主任、副校长、校长;曾任教育部中学校长培训中心兼职副主任。发表论文《美国中学培养目标与课程设置》,获亚太地区华文教学成果金奖、世界华人教育优秀论文一等奖;调查报告《全国初中语文调查与分析》成果获国家教委科学技术进步奖三等奖。

后记：永远的灯塔

2018 年初，母校华东师大二附中 60 周年校庆的集结号，吹响了呼唤的第一声，吹开了五湖四海二附中人的心扉。

母校，于我们，如回望时遥远的灯塔，不曾远去，不曾熄灭。母校，是思念，是感恩，是今生最好的学校，没有之一。

在跨越半个世纪的历史长河中，多少蹉跎岁月留下二附中人一代又一代的足迹，多少青春之歌依然回荡起伏……我们看到二附中人在各领域各行业中孜孜以求，体现着母校校训"卓然独立，越而胜己"的价值内涵。也因此，二附中校友会筹备组讨论时，我们决定突破以往格局，推出《师说传薪火》《校友风采录》和《我与二附中》三大征文，向母校献上我们诚挚而特殊的"生日礼物"。

《我与二附中》属于芸芸众生之"舞台"，立足于展现"我"和"二附中"的故事，文体题材风格均不限。顾朝晶老校长还提议："二附中的学生多才多艺，小说、戏剧都可以是表达方式。"

征文这样发起："回首成长之路，我们都曾经'二过'，却烙下了最深沉、最持久的底色。忆往昔岁月，恰同学少年，风华正茂，书生意气，挥斥方遒。这段人生路，它值得记录下。给母校，给自己，给孩子。"

二附中的芳华，有我们的故事。

明媚的 4 月之初，邮箱中收到了第一篇投稿，来自于 60 年代老校友章萍的《以德育人，成长基石》。不久之后是 1972 届高中刘秀龙校友的《我和我的老校长》，文中怀念了二附中第一任老校长毛仲磐老师。1967 届初中的周海民校友一人投稿多篇，一丝不苟的精神令人钦佩。老校友们虽已步入古稀之年，经历生活磨练的他们，字里行间却充满珍惜、感恩母校之情。

在校友们的传播下，之后的一个多月内，老一代、中间代、新生代海内外校友通过邮件、微信、美篇、微博、知乎等各种途径纷纷投稿。虽然后期统一体例颇费人力和时间，但是能让校友们通过不同方式自由地表达自己在二附中时代的回忆和美好，让我们备感值得。这样的交流分享，出乎意料地让更多不同年代的二附中人，彼此交错，彼此相识，彼此鼓励，更牵出感人至深的故事……我们仿佛穿越在这六十年的时间隧道里，手握万花筒，旋转着看到万变不离其宗的美丽，看到二附中人对母校深爱、对老师感恩的永恒主题，更用"真善美"回馈社会。

感人的事例不断涌现。1966 届陈晓灵校友讲述了老三届因撰写《师说》稿件去采访黄素行老师，黄老师向到访的 1966 届初三（1）同学拿出一份保存了 20 多年的《新民晚报》，上面报道了他们班当年一次非同寻常的聚会——《为了爱再开趟"班会"》的故事。原来，班上赵燕校友看到《新民晚报》上刊登的《佳佳，你要挺住！》一文，得知患白血病的佳佳正是同班同学赵炯心的女儿。于是三十多位师生共同为佳佳募捐，尽管这群"老三届"都已年近半百，饱尝艰辛，不少还下岗退休，并不宽裕……这份忘我的真情，支撑着赵炯心全家渡过了难关！

看到这张泛黄的《新民晚报》上署名"实习生金耘"，这是不是我们征文组里 1994 届的才女金耘？一问，果然是。蒋建国老师带来了故事结局：佳佳在大家的关爱下，奇迹般地战胜了病魔，现在有了一儿一女的幸福家庭。她也有一颗金子般的爱心，在她病情稳定后就将父母单位及社会爱心人士捐赠的 30 万元又转赠给医院作为抢救少儿白血病基金。金耘听到这好消息后说："想笑又想哭，美好的力量！"

奇妙的是，故事中所有人物都是二附中的校友，一群在传播着爱心的可敬的校友！

这样的故事，我们有已知的、未知的。

这样的大爱，无论现在、未来，必将传承。

二附中这片故土所养育的，是我们所有人崇尚的心灵家园。

来稿中校友们几乎很少用笔墨宣扬自我,而是饮水思源,感叹母校好老师对我们一生的影响和人格熏陶,更愿意把这种教诲化作身体力行来回馈母校,不辱自己作为二附中人的初心与使命。

2009届高中孟奕这样写道:我们都有一个统一的名字——二附中人,但是每一个二附中人都是鲜活的,个性的,与众不同的。在二附中撑起的穹顶之下,每一个人的天性得到正确的释放和引导,每一个人都能找到属于自己的舞台,保持着灵魂深处最本真的那一面。二附中是自由的,对每一个学生平等对待,对每一个选择尊重理解。二附中是包容的,不必为自己的特立独行而自惭形秽。二附中在我们身上埋下种子,它以自由和知识为养分,以包容和理解为肥料,不惧风雨,抵御严寒,不随波逐流,也不趋炎附势,它根植于二附中的土壤中。今天它茂密成荫,开花结果。

学生的进步与成长也成为老师们"桃李满天下"的幸福与甜蜜。蒋建国老师递来顾朝晶老校长的投稿时,令人喜出望外。认真拜读了顾老师亲笔撰文的《桃李圆梦二附中》,心潮澎湃,高山仰止,景行行止。老校长以其"师德的表率,育人的楷模,教学的专家"给了我们一个巨人的肩膀,也激励二附中人不断发展,"立足高点,眼光长远,勤奋向上,胸怀大志"。

征文与汇编的过程是一场洗礼,浇灌心之所向,坚定道之践行。

编辑会议中的蒋建国老师和周海民校友

特别感谢学校和蒋建国老师、何雄老师的鼎力支持。母校再次宽松地给予我们空间,每次编辑组的夜间工作会议,蒋老师都亲自到会,与我们一起参与讨论,确定进程细节……还贴心地带来了印有二附中校标的U盘供大家拷录文章使用。何雄老师半年多来一直致力于联络各届校友,让二附中的游子们重新与母校连接。正是这张网,奠定了校友会初期的基础启动。母校的人文关怀始终如一地陪伴着我们。

诚挚地感谢各届的召集人、各班级的联络人,有你们的传递和热情推动,短短两个月不到,我们三大征文收稿 300 多篇,其中最接地气的《我与二附中》最早突破百篇。校友们的责任心让我们感动。

最要感谢每一位投稿者,读你们的故事是一种沉醉,如再度沐浴母校雨露,闻到心底同样的沉香……笑与泪,苦与甜,弹指间,未相忘,赤子心,不曾远。

要深情地感谢各届志愿者编辑们,我们有缘不分届别年龄汇聚一起,工作之余,夜以继日地审稿讨论,重新过了一把二附中文学社的瘾,酣畅又淋漓。

1990 届严蓓雯身在北京,当我们编委开讨论会时,她微信语音始终在线……有编辑来不及看稿或有新稿要增加时,她简单一句"都给我!"不仅包揽了 30% 以上来稿的审阅,还最终完成了上百篇稿件的编审合成,是当之无愧的 Super woman!

1967 届周海民校友提供了很多宝贵经验和建议,主动与老校友们沟通稿件,并承担了第一稿统稿,还帮助联系了出版社。

远在美国的 1986 届蒋知勤校友和我们有时差,每天醒来就会表白:"今天给我新稿吧!"而且再忙,当日事当日毕。她不仅自己投稿,还不断推动年级校友投稿,并提议在学校官网的校友会网页上,专门开设 60 周年校庆寄语区,刊登校友们的感言。她坚持尊重每一位投稿者,提倡多保留、少修改原则。

经常,我们汇编组的交流在凌晨时分;经常,我们在互道晚安后继续阅稿……

有时候,流泪是因为被《我与二附中》故事中的恩师情、同学情、青春歌打动;有时候,是被点滴朴素的暖意融化了……

完稿时,没有如释重负的感觉,心里沉甸甸的。近乡情更怯,不敢问来人。

编辑部的校友们因见证《我与二附中》的诞生,而备感幸运——

"老三届"学子,当年响应国家"四个面向"号召,从校园步入社会各行各业,从城市进入广阔农村,修地球,尝艰辛,经磨砺,却闪烁出青春特有的光芒!这成为人生难得的宝贵精神财富,也使得他们在二附中 60 周年的喜庆日子里,有说不完的问候,讲不完的故事,照不完的留影。

——周海民(1967 届初中)

感恩带来快乐,胜己更能卓越!有幸成为校庆征文编辑组一员,篇篇文章里感受到校友们对母校的深情。师恩深如海,友情明似月,纯真的少年岁月有着那么多难忘回忆。信任、尊重、宽容,母校给予了别具一格的"松是爱"。感恩、自信、努力,校友们从此树立了追求卓越的人生理念。一分耕耘,许多收获,美好的情谊永驻心田。

——蒋知勤(1986 届高中)

看了一遍母校 60 周年征文,从 60 年代初的意气风发,到一场运动让学习戛然而止奔赴四海边疆,再到 80 年代的浓烈,直至多彩的如今,人真的要在历史之中才看得清自我,看得清世界。感谢编辑组,让百来位校友对我进行了一番集中"教育",让我看到了每个平凡而又卓越的灵魂,也看到了二附中从未中断的传承。

——严蓓雯(1990 届高中)

有缘加入中学 60 周年校庆的《我与二附中》征文编辑组。再晚,还是把老校友们的文章一一细读修订完毕。与其说是编辑,不如说是一次人生观、价值观的升华。我被分配的是 60 年代校友们的回忆录,年逾古稀的他们饱含感情地回忆青葱岁月,反思荒诞的运动,感恩老师和母校提供的一片净土。让我这个缺乏集体荣誉感的自由散漫分子,感慨无比。转发顾朝晶校长的文字,总记得他长得像列宁,读到老校友们对他的回忆,很希望能听他说说当年的故事。

——金耘(1994 届高中)

特殊的时期阻挡了这一代人继续完成学业的梦想,但二附中共同的经历时刻激励鼓舞着大家砥砺前行,在各自不同的领域奉献了青春。青春无悔!

现在正是享受人生成果的好时节,衷心祝愿各位学长健康平安,阖家幸福!

——史捷飞(1995 届)

有幸加入二附中 60 周年校庆《我与二附中》征文编辑组,我在阅读校友们真情流露的文字中,重新感悟了二附中的校风以及对我潜移默化的影响。同龄人的回忆,把我带回那些美好的年华,年轻一代校友们各具特色的记叙,更让我看到二附中依然人才辈出。无论是抒写师生情、同窗谊,还是丰富多彩的校园生活,开放、自由、包容、独立……这些是二附中给学生们留下的共同印象,正是这些让二附中人具备了广阔的视野和胸襟,不断追求卓越。

——翁海勤(1998 届高中)

最后,想用校友来稿中的这几句话来结尾:

让我们心存自豪,傲视苍穹!

润万物而不争利,

居本位而不求誉。

借涓涓一躯,

发涛涛万力。

向我们的母校致敬!

向我们的老师致敬!

向我们自己致敬!

我们是彼此永远的灯塔!

谨以此校友心声,献给我们深爱的母校——华东师大二附中,以及所有的二附中人。

祝母校六十岁生日快乐!

《我与二附中》征文编辑组

1990 届　戴伟佳

2018 年 5 月 29 日凌晨于上海

〔作者简介〕

戴伟佳,1984—1990 年在华东师大二附中就读,上海外国语学院日语系毕业,交大安泰商学院 MBA。现为日本 SHO-BI 株式会社中国区董事、总经理。爱好旅行,沉醉艺术,热心公益,不忘初心。

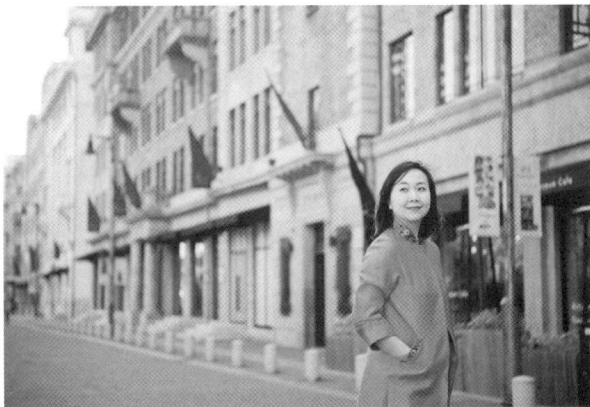